**Finanznachrichten
lesen – verstehen – nutzen**

Rolf Beike / Johannes Schlütz

FINANZNACHRICHTEN
lesen – verstehen – nutzen

Ein Wegweiser
durch Kursnotierungen und Marktberichte

1996
Schäffer-Poeschel Verlag Stuttgart

Autoren:
Dipl.-Kfm. Rolf Beike ist Wissenschaftlicher Mitarbeiter am Lehrstuhl für Bankbetriebslehre und Finanzwirtschaft der Universität Paderborn.
Johannes Schlütz ist ehem. Mitarbeiter der Canadian Imperial Bank of Commerce, Edmonton.

Soweit nicht anders vermerkt, stammen die abgebildeten Finanzzeitungsausschnitte in der Regel aus dem Handelsblatt vom 6.6.1995.

Die Deutsche Bibliothek – CIP-Einheitsaufnahme
Finanznachrichten lesen, verstehen, nutzen:
ein Wegweiser durch Kursnotierungen und Marktberichte / Rolf Beike ... –
Stuttgart: Schäffer-Poeschel, 1996
ISBN 3-7910-0991-5
NE: Beike, Rolf

Gedruckt auf chlorfrei gebleichtem, säurefreiem und alterungsbeständigem Papier

ISBN 3-7910-0991-5

Dieses Werk einschließlich aller seiner Teile ist urheberrechtlich geschützt. Jede Verwertung außerhalb der engen Grenzen des Urheberrechtsgesetzes ist ohne Zustimmung des Verlages unzulässig und strafbar. Das gilt insbesondere für Vervielfältigungen, Übersetzungen, Mikroverfilmungen und die Einspeicherung und Verarbeitung in elektronischen Systemen.

© 1996 Schäffer-Poeschel Verlag für Wirtschaft · Steuern · Recht GmbH

Einbandgestaltung: Willy Löffelhardt
Satz: Kittelberger GmbH, Reutlingen
Druck und Bindung: Franz Spiegel Buch GmbH, Ulm
Printed in Germany

Schäffer-Poeschel Verlag Stuttgart

Ein Tochterunternehmen der Verlagsgruppe Handelsblatt

Vorwort

Finanznachrichten wie Börsenkurse, Indexstände, Renditen oder Risikokennziffern erreichen uns tagtäglich über alle nur denkbaren Medien. Dazu zählen Fernsehen und Radio, mittlerweile auch das Internet, im besonderen jedoch die Presse. Die verbreiteten Informationen richten sich fürwahr nicht nur an einige wenige Auserwählte, etwa Banker und Börsianer – sie gehen vielmehr uns alle an. Schließlich ist jeder vom Geschehen auf den Finanzmärkten betroffen, sei es bei der Kreditaufnahme, der Geldanlage oder dem Kauf ausländischer Währungen.

Heutzutage ist ein tiefgreifendes Verständnis des Finanzmarktgeschehens nahezu unverzichtbar. Diese Feststellung wird durch die Entwicklung in der jüngsten Vergangenheit getragen. Banken lösen sich beispielsweise zunehmend von kostenintensiver Beratung bei Finanzgeschäften, gerade bei Geldanlagen – was der Trend hin zum »Direct Banking« bestätigt. So sind immer mehr Menschen gezwungen, selbst in das Finanzmarktgeschehen einzutauchen und ihr Wissen diesbezüglich zu fundieren.

Die Medien wollen nun die Brücken zwischen den Entstehungsorten der Finanznachrichten, also Börsen, Banken, Industrieunternehmen usw., und ihren Adressaten schlagen. Diese Aufgabe ist nicht ganz einfach zu lösen. Immerhin sind zwei sehr unterschiedliche Klientelen gleichzeitig zu bedienen – einerseits die verhältnismäßig kleine Gruppe professioneller Akteure, etwa Börsenhändler und Bankkaufleute, andererseits aber auch die beträchtliche Schar derjenigen, denen ein tieferer Einblick in das Finanz- und Börsengeschehen fehlt. Die Präsentation der Nachrichten – man denke etwa an den Jargon oder die gestraffte Darstellung – orientiert sich nur allzu oft an den Anforderungen der Spezialisten, während das Verständnis bei den meisten anderen mehr oder weniger zu kurz kommt. Obendrein läßt sich feststellen, daß selbst Experten profunde Kenntnisse oftmals nur in besonderen Fachgebieten vorzuweisen haben und ihnen der »Blick über den Tellerrand« mitunter recht schwer fallen kann.

Dieses Buch soll Profis und Laien gleichermaßen helfen. Es veranschaulicht alle nur denkbaren Finanznachrichten, ist aber nicht auf Nachrichten als solche beschränkt. Viel größerer Wert wird auf die Erklärung derjenigen Ereignisse, Finanzinstrumente und Zusammenhänge gelegt, die den Nährboden für die Meldungen bilden. Einer kompakten Einführung, die Aufschluß über Finanzmarktakteure und ihre Motive gibt, folgen sieben weitere Kapitel. Sie befassen sich eingehend mit sämtlichen Finanzmärkten und -instrumenten – angefangen bei Aktien über Anleihen und Devisen bis hin zu Financial Futures. Neben einer gründlichen Beschreibung der Finanzobjekte, ihrer Wirkungsweise und den Handelsusancen findet der Leser eine detaillierte Bearbeitung der jeweiligen Kurszettel - und zwar nicht nur für das In-, sondern genauso für das Ausland.

Das *Handelsblatt* gilt hierzulande als die bedeutendste Wirtschafts- und Finanzzeitung. Seine Stellung ist vergleichbar mit der des *Wall Street Journals* in den USA oder der *Financial Times* in Großbritannien. Deshalb basieren die folgenden Ausführungen durchweg auf den Notizen, die das *Handelsblatt* in einem separaten Teil, der sogenannten »Finanzzeitung«, publiziert. Überdies spielt die Börsenberichterstattung im Ausland eine beachtliche Rolle. An zahlreichen Stellen werden Notierungen aus dem US-amerikanischen *Wall Street Journal* sowie dem *Wall Street Journal Europe* abgebildet und intensiv aufbereitet. Da die Daten im *Handelsblatt* und *Wall Street Journal* häufig den verschiedenen Nachrichtensystemen entstammen, etwa denen von Reuters, Telerate, VWD oder Bloomberg, sind die im Buch aufgegriffenen Kurszettel regelmäßig mit einschlägigen »Seiten« der Informationsanbieter unterlegt.

Das Buch soll den Leser in die Lage versetzen, den Aussagegehalt der Kursnotizen, Indexzahlen und sonstigen Kennziffern zu erfassen und in den jeweiligen Kontext einzuordnen. Aus diesem Grunde haben wir eine einfache Sprache gewählt und behandeln ökonomische Sachverhalte überwiegend verbal, anstatt mit komplexen mathematischen Modellen zu arbeiten. Die Ausführungen werden mit einer Fülle von Graphiken, Originalausschnitten aus der Finanzzeitung und dem *Wall Street Journal* sowie anschaulichen Praxisbeispielen illustriert.[1]

Ohne die Mithilfe diverser Personen und Institutionen, etwa in- und ausländischer Geschäftsbanken, Nachrichtenagenturen oder Börsen, hätte dieses Buch, dessen Entstehung sich immerhin über mehr als eineinhalb Jahre erstreckte, nicht geschrieben werden können. Wir bedanken uns daher ausdrücklich bei allen nachstehend Aufgeführten für die Unterstützung in fachlicher Hinsicht sowie die Bereitstellung von Statistiken, graphischen Vorlagen und Fotos.

American Stock Exchange, New York City ● *Utho Baader*, München ● *Bankhaus Maffay*, München ● *Banque Générale du Luxembourg*, Luxemburg ● *Banque Paribas*, Paris und London ● *Kursmakler Bering vom Maklerbüro Liebel*, Frankfurt am Main ● *Bertelsmann AG*, Gütersloh ● *BHF-Bank*, Frankfurt am Main ● *Bloomberg*, Frankfurt am Main ● *BMW AG*, München ● *Tracy Botha*, Johannesburg Stock Exchange, Johannesburg ● *Al Brinkman*, Philadelphia Stock Exchange, Philadelphia ● *Sebastian Brunner*, ADIG, München ● Bundesfinanzministerium Österreich, Wien ● Bundesschuldenverwaltung, Bad Homburg v. d. H. ● *Tom Butcher, Lipper Analytical Services*, New York City ● BVI, Frankfurt am Main ● *Chicago Board of Trade*, Chicago ● *Chicago Mercantile Exchange*, Chicago ● *Citibank AG*, Frankfurt am Main ● *Commerzbank*, Frankfurt am Main ● *Credit Suisse First Boston*, Frankfurt am Main ●

---

1 *Ferner verzichten wir weitgehend auf Fußnoten, um den Lesefluß nicht zu stören.*

Daimler-Benz AG, Stuttgart • *Nannette DeGroot u. a., Morgan Stanley*, New York/London • *Despa*, Frankfurt am Main • *Deutsche Bank*, Frankfurt am Main • *Deutsche Verkehrsbank*, Frankfurt am Main • *DG Bank*, Frankfurt am Main • DIT, Frankfurt am Main • *Dresdner Bank*, Frankfurt am Main • *DSL Bank*, Berlin/Bonn • *Deutsche Ausgleichsbank*, Bonn • DWS, Frankfurt am Main • *Federal Reserve Bank of New York*, New York City • *Reinhold Felber, WestLB International S. A.*, Luxemburg • *Financial Instruments Exchange*, New York City • *Andreas Fink, DekaBank*, Frankfurt am Main • *Goldman, Sachs & Co.*, Frankfurt am Main • *Mark W. Green, Morgan Stanley Capital International*, Genf • *Lisa Grossmann, Morningstar Mutual Funds*, Chicago • *Grit Haentsch, Dow Jones Telerate*, Frankfurt am Main • *Naila Haider, Philadelphia Stock Exchange*, Philadelphia • *Hessische Landesbank*, Frankfurt am Main • *Beate Hüllencremer, Verlag Hoppenstedt*, Darmstadt • *Andreas Hülsmann, Hypo Capital Management*, Frankfurt am Main • *Hypo Capital Management*, München • Informationsdienst für Bundeswertpapiere, Frankfurt am Main • *ISMA*, London • *J. P. Morgan*, Frankfurt am Main • *Veena Jain, Securities and Exchange Commission*, Washington D. C. • *Kreditanstalt für Wiederaufbau*, Frankfurt am Main • *Wolfgang Kirschner u. a., Hypo-Bank*, München • *Ralf Kissinger, VWD*, Eschborn • *Paula Kittendaugh, Investment Company Institute*, Washington D. C. • *Michael B. Lehmann*, University of San Francisco, San Francisco • *London International Financial Futures and Options Exchange*, London • *Marché à Terme International de France*, Paris • *Wolfgang Meyer-Parpart, Standard* & *Poor's*, Frankfurt am Main • *Moody's Investors Service*, Frankfurt am Main und New York City • *Ludger Mues u. a., WestLB*, Düsseldorf • *Dirk Müller u. a., Bayerische Vereinsbank*, München • *Klaus-Dieter Müller, DekaBank*, Frankfurt am Main • *Ute Munscheid, Reuters*, Frankfurt am Main • *National Association of Securities Dealers*, New York City • *New York Stock Exchange*, New York City • *next Werbeagentur*, Wiesbaden • *NordLB*, Hannover • *Mark Olson, Reuters*, New York City • *Magnus Olsson u. a., Deutsche Börse*, Frankfurt am Main • *Mary Ann O'Mea, Lipper Analytical Services*, New York City • *Andrea Papperger, ADIG*, München • *John Pitt, Financial Times*, London • *Salomon Brothers*, London und New York City • *Karen Schuppe, Reuters*, Frankfurt am Main/München • *Schweizer Bankverein*, Frankfurt am Main • *Standard & Poor's*, London • *Gerhard Stelzig, Deutsche Bundesbank*, Frankfurt am Main • *Len Tait*, CIBC, Wetaskiwin, Alberta • *Michael Van Damme, Morningstar Mutual Funds*, Chicago • *Vanguard Group of Investment Companies*, Valley Forge, Pennsylvania • *Kay Uwe Wahner, Micropal Deutschland (Harrop & Associates)*, Beckum • *Cly Wallace, Coca-Cola*, Atlanta, Georgia • *Jim Winder, Merrill Lynch*, New York City • *Diane* und *Bruce Wouters*, CIBC, Wetaskiwin, Alberta • *Dr. Thomas Zwirner u. a., Bankhaus Trinkaus & Burkhardt*, Düsseldorf.

Der größte Dank gebührt allerdings dem *Handelsblatt* in Düsseldorf, insbesondere Hannelore Hollad und Oliver-Friedrich Jacobi, sowie Michael Justus vom Schäffer-Poeschel Verlag. Sie haben uns hervorragend unterstützt und die Verwirklichung dieses Buches erst möglich gemacht. Verständlicherweise standen uns auch die Redaktion des *Handelsblatts* in Frankfurt, allen voran Chefredakteur Hermann Kutzer, sowie weitere Mitarbeiter vom *Handelsblatt* in Düsseldorf, unter anderem Renate Dziurleja und Lieselotte Warmt, zur Seite.

Für ihre Unterstützung, Diskussionsbereitschaft und Geduld bedanken wir uns ganz besonders bei Prof. Dr. Bettina Schiller, Prof. Dr. Horst Gräfer, Andreas Köhler, Shannon Loov, Thomas Padberg, Dagmar Tytko und Margret Thiesmann.

Einen wertvollen Beitrag leisteten natürlich unsere Korrektoren Michael Backhove, Jörg Cornelius, Marko Lehner, Johannes Rettig, Kai-Uwe Schmidt, Christiane Sorgenfrei, Frank Theilmeier, Andreas Volkhausen, Dorothea Volkhausen und Dieter (»Charly«) Wignanek.

Die Verantwortung für Fehler und Unvollkommenheiten liegt allein bei uns. Für Kritik und Anregungen sind wir jederzeit offen und sehr dankbar.

Paderborn im Mai 1996

Rolf Beike   Johannes Schlütz

Inhaltsübersicht

1.	**EINFÜHRUNG**	**1**
1.1	Finanzmärkte	3
1.2	Arten	3
1.3	Finanzmarktteilnehmer	7
1.4	Motive der Finanzmarktteilnehmer	10
2.	**AKTIEN**	**41**
2.1	Aktien	43
2.2	Genußscheine	100
2.3	Indizes und Umsatzstatistiken	106
2.4	Kennziffern für Aktien	131
3.	**AUSLÄNDISCHE BÖRSEN**	**149**
3.1	Aktienrechtliche Vorschriften im Ausland am Beispiel der USA	151
3.2	Aktienerwerb an ausländischen Börsen	157
3.3	Kurse ausländischer Börsen in der Finanzzeitung	159
3.4	Tabelle »Aktienkurse ausländischer Börsen« im Handelsblatt	159
3.5	Ausländische Aktienindizes	164
3.6	Börsenberichte	187
4.	**GELDMARKT**	**189**
4.1	Inlandsgeldmarkt	191
4.2	Geldmarkt in den USA	224
4.3	Euro-Geldmarkt	237
4.4	Tabelle »Ausländische Leitzinsen«	245
4.5	Zinsswaps	246
5.	**DEVISEN**	**251**
5.1	Grundlagen	253
5.2	Devisenhandel	272
5.3	Tabellen in der Finanzzeitung	285
5.4	Marktbericht »Devisen«	298
6.	**ANLEIHEN**	**299**
6.1	Einführung	301
6.2	Sonderformen	316
6.3	Emission und Handel	330
6.4	Kurs- und Ertragskennziffern	338
6.5	Risiken und Risikomaßzahlen	366
6.6	Anleihen in der Finanzzeitung	383
6.7	Schuldverschreibungen der öffentlichen Hand	404
6.8	Bankschuldverschreibungen	435
6.9	Industrieobligationen	440

6.10	Euroanleihen	441
6.11	Rentenindizes	444
6.12	Marktbericht »Anleihen«	461

7.	**DERIVATE**	**463**
7.1	Einführung	465
7.2	Fowards und Futures	485
7.3	Optionen und Optionsscheine	551
7.4	Indexpartizipationsscheine	631
7.5	Bericht »Terminmärkte«	633

8.	**INVESTMENTFONDS**	**635**
8.1	Einführung	637
8.2	Arten	649
8.3	Fondserwerb	685

Inhaltsverzeichnis

Vorwort	V
Inhaltsübersicht	IX
Inhaltsverzeichnis	XI

1. EINFÜHRUNG 1

1.1	Finanzmärkte	3
1.2	Arten	3
	1.2.1 Kapitalmarkt	3
	1.2.2 Geldmarkt	5
	1.2.3 Devisenmarkt	5
	1.2.4 Derivatemarkt	6
1.3	Finanzmarktteilnehmer	7
1.4	Motive der Finanzmarktteilnehmer	10
	1.4.1 Private	10
	1.4.1.1 Geldanlage	10
	1.4.1.2 Kreditaufnahme	24
	1.4.2 Nichtbanken	26
	1.4.3 Banken	28
	1.4.3.1 Deutsche Bundesbank	28
	1.4.3.2 Geschäftsbanken	35
	1.4.4 Staat	37

2. AKTIEN 41

2.1	Aktien	43
	2.1.1 Aktiengesellschaft	43
	2.1.2 Wertpapierbörse	45
	2.1.2.1 Organisation	45
	2.1.2.2 Deutsche Börse AG	46
	2.1.2.2.1 Beteiligungen	46
	2.1.2.2.2 Aufgaben der Kassenvereine	48
	2.1.2.3 Wertpapierhandelsformen	48
	2.1.2.3.1 Übersicht	48
	2.1.2.3.2 Börslicher Handel	49
	2.1.2.3.2.1 Präsenzhandel	49
	2.1.2.3.2.2 Integriertes-Börsenhandels- und Informations-System (IBIS)	51
	2.1.2.3.3 Außerbörslicher Handel	55
	2.1.3 Aktienkurstabellen und Börsenberichte	55
	2.1.3.1 Amtlicher Handel – Fortlaufende Notierungen	55
	2.1.3.1.1 Kurstabelle, Mindestordervolumen, Handelszeit	55
	2.1.3.1.2 Aktienarten	58
	2.1.3.1.3 Weitere, bei Aktienkursen verwendete Abkürzungen	63
	2.1.3.1.4 Auslandsaktien	66

2.1.3.1.5	Dividende		69
2.1.3.1.6	Börsenplatz		76
2.1.3.1.7	Kurszusätze		77
2.1.3.1.8	Aussetzung einer Kursnotierung		80
2.1.3.1.9	Kursbezeichnungen im Börsenverlauf		80
2.1.3.1.10	Veränderungen der Schlußkurse		81
2.1.3.1.11	Jahreshöchst- und -tiefstkurse		81
2.1.3.2	Amtlicher Handel Kassakurse		81
2.1.3.3	Geregelter Markt und Freiverkehr		84
2.1.3.4	Telefonhandel		86
2.1.3.5	Ibis-System		86
2.1.3.6	Börsenberichte		87
2.1.3.6.1	Börsengeschehen		87
2.1.3.6.2	Aktie im Blickpunkt		88
2.1.4	Kapitalmaßnahmen der Aktiengesellschaft		90
	2.1.4.1	Kapitalerhöhung	90
	2.1.4.1.1	Formen	90
	2.1.4.1.2	Bezugsrechte auf Aktien	91
	2.1.4.1.2.1	Begriff	91
	2.1.4.1.2.2	Rechnerischer Wert des Bezugsrechts	93
	2.1.4.1.2.3	Tabelle »Bezugsrecht-Handel«	96
	2.1.4.2	Kapitalherabsetzung	97
2.2	Genußscheine		100
2.2.1	Begriff		100
2.2.2	Kurstabelle		101
2.2.3	Genußschein-Typen		104
2.3	Indizes und Umsatzstatistiken		106
2.3.1	Deutscher Aktienindex		106
	2.3.1.1	Begriff	106
	2.3.1.2	Berechnung	108
	2.3.1.3	Bereinigung	110
	2.3.1.4	DAX als Performancemaßstab	112
	2.3.1.5	Planmäßige Verkettung	113
	2.3.1.6	Nutzung	114
	2.3.1.7	Graphische Darstellung im Handelsblatt	115
2.3.2	Tabelle »Deutsche Indizes/Dax«		117
2.3.3	Zusammengesetzte Indizes		121
	2.3.3.1	CDax	121
	2.3.3.2	WestLB-Aktienindex	123
	2.3.3.3	Commerzbank-Index	124
2.3.4	Weltaktien- und Rentenindizes		125
2.3.5	Tagesstatistik Frankfurt		125
2.3.6	Börsenumsätze		128
2.4	Kennziffern für Aktien		131
2.4.1	Einführung		131
2.4.2	Ertragskennziffern		133
	2.4.2.1	KGV	133

		2.4.2.2	Dividendenrendite	136
	2.4.3	Risikomaße		138
		2.4.3.1	Tabelle »Deutscher Aktienindex (Dax)«	138
		2.4.3.2	Volatilität	139
		2.4.3.3	Beta und Korrelation	141

3. AUSLÄNDISCHE BÖRSEN ... 149

3.1	Aktienrechtliche Vorschriften im Ausland am Beispiel der USA		151
	3.1.1	Aktienarten	151
	3.1.2	Stock Split	154
	3.1.3	Gang der Daimler-Benz AG an die New York Stock Exchange	156
3.2	Aktienerwerb an ausländischen Börsen		157
3.3	Kurse ausländischer Börsen in der Finanzzeitung		159
	3.3.1	Tabelle »Aktienkurse ausländischer Börsen« im Handelsblatt	159
	3.3.2	Aktienkurse im Wall Street Journal	163
3.4	Ausländische Aktienindizes		164
	3.4.1	Tabelle »Ausländische Indizes«	164
		3.4.1.1 Nordamerikanische Aktienindizes	165
		3.4.1.1.1 Nordamerika	165
		3.4.1.1.2 Dow Jones Industrial Average	166
		3.4.1.1.3 Weitere nordamerikanische Aktienindizes	170
		3.4.1.1.4 NYSE-Statistik	173
		3.4.1.2 Weitere ausländische Indizes	175
	3.4.2	Tabelle »MSCI-Indizes der Welt-Aktienmärkte«	182
3.5	Börsenberichte		187

4. GELDMARKT ... 189

4.1	Inlandsgeldmarkt		191
	4.1.1	Begriff	191
	4.1.2	Geldhandel	191
		4.1.2.1 Usancen	191
		4.1.2.2 Tabelle »Geldmarktsätze«	194
		4.1.2.3 Tages- und Termingeld	197
		4.1.2.4 Fibor	201
	4.1.3	Geldmarktgeschäfte der Bundesbank	205
		4.1.3.1 Organisation der Bundesbank	205
		4.1.3.2 Leitzinsen	206
		4.1.3.2.1 Tabelle »Deutsche Leitzinsen«	206
		4.1.3.2.2 Diskont- und Lombardpolitik	207
		4.1.3.2.3 Wertpapierpensionsgeschäfte	211
	4.1.4	Geldmarktpapiere	213
	4.1.5	Geldmarkt-Bericht	223
4.2	Geldmarkt in den USA		224
	4.2.1	Begriff	224
	4.2.2	Federal Reserve System	224

4.2.3	Tabelle »US-Zinssätze«	227
4.2.3.1	Inhalt	227
4.2.3.2	Tagesgeldsatz	228
4.2.3.3	Diskontsatz	230
4.2.3.4	Prime Rate	231
4.2.3.5	Sätze für Geldmarktpapiere	231
4.3	Euro-Geldmarkt	237
4.3.1	Euromarkt	237
4.3.2	Tabelle »Eurogeldmarktsätze«	238
4.3.3	Libor	241
4.4	Tabelle »Ausländische Leitzinsen«	245
4.5	Zinsswaps	246
4.5.1	Begriff	246
4.5.2	Tabelle »Indikative Swapsätze«	250

5. DEVISEN 251

5.1	Grundlagen	253
5.1.1	Einführung	253
5.1.2	Kurse und Notierungen	254
5.1.2.1	Übersicht	254
5.1.2.2	Geld- und Briefkurs	254
5.1.2.3	Devisen- und Sortenkurs	255
5.1.2.4	Preis- und Mengennotierung	256
5.1.2.5	Kassa- und Terminkurs	257
5.1.2.6	Cross Rates	262
5.1.3	Auf- und Abwertung	265
5.1.3.1	Begriff	265
5.1.3.2	Determinanten	268
5.2	Devisenhandel	272
5.2.1	Marktsegmente	272
5.2.2	Akteure und ihre Motive	273
5.2.3	Handel	279
5.2.3.1	Einführung	279
5.2.3.2	Devisenbörsen in Deutschland	279
5.2.3.2.1	Bedeutung	279
5.2.3.2.2	Frankfurter Fixing	280
5.2.3.3	OTC-Handel	283
5.3	Tabellen in der Finanzzeitung	285
5.3.1	»Devisen- und Sortenkurse«	285
5.3.2	»Devisen im Freiverkehr«	289
5.3.3	»Devisenkurse Lateinamerika«	289
5.3.4	»Devisen-Cross Rates«	290
5.3.5	»Europäische Währungseinheit«	291
5.3.6	»Sonderziehungsrechte«	294
5.3.7	Devisenkurse im Wall Street Journal	296
5.4	Marktbericht »Devisen«	298

6. ANLEIHEN 299

6.1   Einführung 301
    6.1.1   Begriff und Klassifizierung 301
    6.1.2   Übertragung der Rechte 302
    6.1.3   Laufzeit 302
    6.1.4   Verzinsung 302
    6.1.5   Tilgung 309
    6.1.6   Negativklausel 314
    6.1.7   Währung 315
    6.1.8   Zusatzrechte 315

6.2   Sonderformen 316
    6.2.1   Wandel– und Optionsanleihen 316
    6.2.2   Gewinnschuldverschreibungen 323
    6.2.3   Stripped Bonds 324
    6.2.4   Indexanleihen 329

6.3   Emission und Handel 330
    6.3.1   Plazierung 330
    6.3.2   Handel 332
    6.3.3   Kauf einer Anleihe 335

6.4   Kurs– und Ertragskennziffern 338
    6.4.1   Barwert 338
        6.4.1.1   Begriff 338
        6.4.1.2   Anleihe-Bewertung 345
        6.4.1.3   Kritik 349
    6.4.2   Rendite 352
        6.4.2.1   Begriff 352
        6.4.2.2   Emissions- versus Umlaufrendite 356
        6.4.2.3   Kritik 357
        6.4.2.4   Renditestrukturkurve 360
        6.4.2.5   Renditen in der Finanzzeitung 361
        6.4.2.5.1   DM-Renditen 361
        6.4.2.5.2   Tagesstatistik Frankfurt und Rentenindizes 362
        6.4.2.5.3   US-Zinssätze 362
        6.4.2.5.4   Internationale Renditen 10jähr. Staatsanleihen 365
        6.4.2.5.5   Eurobondrenditen 365

6.5   Risiken und Risikomaßzahlen 366
    6.5.1   Duration 366
    6.5.2   Wiederanlage- und Kursrisiko 368
    6.5.3   Bonitätsrisiko 378
    6.5.4   Sonstige Risiken 382

6.6   Anleihen in der Finanzzeitung 383
    6.6.1   Kurszettel 383
    6.6.2   Rubrik »Zero-Bonds« 387
    6.6.3   Rubrik »Anleihen ausländischer Schuldner« 389
    6.6.4   Rubrik »Zinsen«, Tabelle »ECU-Anleihen« 394
    6.6.5   Rubrik »Wandelanleihen, Optionsanleihen, Optionsscheine« 395

	6.6.5.1	Tabellen »Wandelanleihen«, »Optionsanleihen«, »Optionsscheine«	395
	6.6.5.2	Tabelle »Währungsanleihen«	397
6.6.6	Rubrik »Öffentliche Anleihen«		398
6.6.7	Bond-Notierungen im Wall Street Journal		399
6.7	Schuldverschreibungen der öffentlichen Hand		404
6.7.1	Wertpapiere des Bundes und seiner Sondervermögen		404
	6.7.1.1	Anleihen, Obligationen und Schatzanweisungen	404
	6.7.1.2	Fundierungsschuldverschreibungen	414
	6.7.1.2.1	Begriff	414
	6.7.1.2.2	Ausstattungsmerkmale und Börsennotierung	417
	6.7.1.3	Bundesschatzbriefe und Finanzierungs-Schätze des Bundes	420
	6.7.1.4	Tabelle »Titel des Bundes«	427
	6.7.1.5	Lieferung und Verwahrung von Bundeswertpapieren	429
6.7.2	Anleihen der Bundesländer und der Gemeinden		433
	6.7.2.1	Begriff	433
	6.7.2.2	Tabelle »Länder und Städte«	435
6.8	Bankschuldverschreibungen		435
6.8.1	Begriff		435
6.8.2	Tabelle »Spezial-Institute«		436
6.9	Industrieobligationen		440
6.9.1	Begriff		440
6.9.2	Tabelle »Industrieanleihen«		440
6.10	Euroanleihen		441
6.10.1	Begriff und Handel		441
6.10.2	Tabelle »Neue internationale Anleihen«		443
6.11	Rentenindizes		444
6.11.1	Grundlagen		444
6.11.2	Deutsche Rentenindizes		445
	6.11.2.1	REX und REXP	445
	6.11.2.2	Tabelle »Tagesstatistik Frankfurt und Rentenindizes«	448
6.11.3	Internationale Rentenindizes		451
	6.11.3.1	Salomon Brothers World Government Bond Market Performance Indices	451
	6.11.3.2	Merrill-Lynch-Weltindizes von Staatsanleihen	457
	6.11.3.3	Ecu-Bond-Indikatoren	460
6.12	Marktbericht »Anleihen«		461

7. DERIVATE 463

7.1	Einführung		465
7.1.1	Kassa- versus Terminhandel		465
7.1.2	Motive für Termingeschäfte		467
7.1.3	Klassifizierung		472
	7.1.3.1	Einführung	472
	7.1.3.2	Underlying	473
	7.1.3.3	Erfüllungspflicht	474

	7.1.3.4	Handelsform	475
	7.1.3.4.1	OTC- versus Börsenhandel	475
	7.1.3.4.2	Präsenzbörsen	478
	7.1.3.4.3	Computerbörsen	481
7.2	Forwards und Futures		485
	7.2.1	Abgrenzung der Begriffe	485
	7.2.2	Forwards	487
	7.2.2.1	Devisentermingeschäft	487
	7.2.2.2	Forward Rate Agreement	492
	7.2.3	Futures	499
	7.2.3.1	Grundlagen	499
	7.2.3.1.1	Standardisierung	499
	7.2.3.1.2	Notierungen und Settlement Price	501
	7.2.3.1.3	Umsatz und Open Interest	502
	7.2.3.1.4	Futures in der Finanzzeitung	504
	7.2.3.1.4.1	Tabelle »DM- und ECU-Terminkontrakte«	504
	7.2.3.1.4.2	Tabelle »Internationale Terminkontrakte«	506
	7.2.3.2	Aktienindex-Futures	506
	7.2.3.2.1	Grundlagen	506
	7.2.3.2.2	DAX-Future	506
	7.2.3.2.3	Weitere Aktienindex-Futures	513
	7.2.3.3	Zinsfutures	514
	7.2.3.3.1	Begriff	514
	7.2.3.3.2	Futures auf fiktive Anleihen	515
	7.2.3.3.2.1	Grundlagen	515
	7.2.3.3.2.2	Bund-Future	516
	7.2.3.3.2.3	Weitere Futures auf fiktive Anleihen	527
	7.2.3.3.3	Futures auf Termingeld	531
	7.2.3.3.3.1	Grundlagen	531
	7.2.3.3.3.2	Fibor-Future	531
	7.2.3.3.4	Weitere Zinsfutures	536
	7.2.3.4	Devisen-Futures	540
	7.2.3.4.1	Grundlagen	540
	7.2.3.4.2	Deutsche Mark Future an der CME	540
	7.2.3.5	Preisbildung	544
	7.2.3.6	Chancen und Risiken	547
7.3	Optionen und Optionsscheine		551
	7.3.1	Grundlagen	551
	7.3.1.1	Begriff	551
	7.3.1.2	Funktionsweise	553
	7.3.1.3	Preisbildung	556
	7.3.1.3.1	Innerer Wert und Zeitprämie	556
	7.3.1.3.2	Einflußfaktoren auf die Optionsprämie	562
	7.3.1.3.3	Zeitwertverfall	567
	7.3.1.3.4	Vorzeitige Ausübung	568
	7.3.1.4	Handel und Entstehung	571
	7.3.2	OTC-Optionen	575

		7.3.2.1	Tabelle »Devisenoptionen« im Handelsblatt	575
		7.3.2.2	Caps und Floors	576
	7.3.3	Börsengehandelte Optionen		579
		7.3.3.1	Grundlagen	579
		7.3.3.2	Börsengehandelte Optionen in der Finanzzeitung und im Internet	580
		7.3.3.3	Optionen an der Deutschen Terminbörse	581
		7.3.3.3.1	Einführung	581
		7.3.3.3.2	Aktienoptionen	584
		7.3.3.3.3	Index-Optionen	586
		7.3.3.3.3.1	DAX-Optionen	586
		7.3.3.3.3.2	Optionen auf den DAX-Future	588
		7.3.3.3.4	Zinsoptionen	591
		7.3.3.4	Handel mit Aktienoptionen an der Frankfurter Wertpapierbörse	593
		7.3.3.4.1	Einführung	593
		7.3.3.4.2	Tabelle »Aktien-Optionshandel«	593
		7.3.3.5	Zinsoptionen an der LIFFE	594
		7.3.3.6	Devisenoptionen an der PBOT	595
	7.3.4	Optionsscheine		600
		7.3.4.1	Klassifizierung	600
		7.3.4.1.1	Einführung	600
		7.3.4.1.2	Optionsscheine nach dem Underlying	601
		7.3.4.1.3	Plain-Vanilla- versus exotische Optionsscheine	605
		7.3.4.1.4	Klassische versus nackte Optionsscheine	611
		7.3.4.1.5	Gedeckte versus ungedeckte Optionsscheine	613
		7.3.4.2	Optionsscheine in der Finanzzeitung	615
		7.3.4.2.1	Tabelle »Optionsscheine«	615
		7.3.4.2.2	Tabelle »IBIS-System«	618
		7.3.4.3	TUBOS	619
	7.3.5	Kennzahlen		621
		7.3.5.1	Einführung	621
		7.3.5.2	Aufgeld	621
		7.3.5.3	Break-Even-Kurs	623
		7.3.5.4	Hebel und Delta	625
	7.3.6	VDAX		628
7.4	Indexpartizipationsscheine			631
	7.4.1	Begriff		631
	7.4.2	Tabelle »Indexscheine«		632
7.5	Bericht »Terminmärkte«			633

8. INVESTMENTFONDS ... 635

8.1	Einführung		637
	8.1.1	Begriff und gesetzliche Grundlagen	637
	8.1.2	Organisation	639
	8.1.3	Investmentfonds versus Direktanlage	643
	8.1.4	Preisbildung	645

8.2	Arten		649
	8.2.1	Klassifizierung der Grundformen	649
		8.2.1.1 Einführung	649
		8.2.1.2 Erwerbs- und Zugangsbeschränkungen	650
		8.2.1.3 Ausschüttungspolitik	656
		8.2.1.4 Geographische Ausrichtung	662
		8.2.1.5 Währung	664
		8.2.1.6 Anlageschwerpunkt	665
		8.2.1.6.1 Grundlagen	665
		8.2.1.6.2 Geldmarktfonds	666
		8.2.1.6.3 Wertpapierfonds	668
		8.2.1.6.4 Immobilien- und Beteiligungsfonds	672
		8.2.1.6.5 Terminbörsen- und Optionsscheinfonds	673
		8.2.1.7 Zusammensetzung des Anlageschwerpunktes	675
		8.2.1.8 Anlageziele	678
		8.2.1.9 Laufzeit	681
		8.2.1.10 Garantien	682
		8.2.1.11 Loads	682
	8.2.2	Sonderformen	684
8.3	Fondserwerb		685
	8.3.1	Auswahlprozeß	685
	8.3.2	Auswahlkriterien	690
		8.3.2.1 Charakteristika der Investmentgesellschaft	690
		8.3.2.2 Fondsspezifische Charakteristika	691
		8.3.2.2.1 Einführung	691
		8.3.2.2.2 Fonds- und Portfoliostruktur	691
		8.3.2.2.3 Risiken	698
		8.3.2.3 Historische Performance	703
		8.3.2.3.1 Begriff	703
		8.3.2.3.2 Risikoadjustierung	707
		8.3.2.3.3 Anwendungsmöglichkeiten	709
		8.3.2.3.4 Performance-Messung bei US-Money Market Funds	714
	8.3.3	Informationsquellen	716
		8.3.3.1 Verkaufsprospekt, Rechenschaftsbericht, Sonstiges	716
		8.3.3.2 Fonds in der Finanzzeitung	721
		8.3.3.2.1 Rubriken »Investment-Fonds« und »Mutual Funds Quotations«	721
		8.3.3.2.2 Tabelle »HB-Fonds-Index«	723
	8.3.4	Vertrieb und Verwahrung von Investmentanteilen	725
	8.3.5	Anspar- und Auszahlpläne	726

Kapitel 1

EINFÜHRUNG

Finanzmärkte 1.1

Finanzmärkte sind – vereinfacht formuliert – Orte, an denen

- Wertpapiere;
- Geld;
- Devisen und
- Derivate

gehandelt werden. Das Handelsgeschehen auf den Finanzmärkten kann sowohl an festen Orten, an denen die Marktteilnehmer physisch präsent sind, stattfinden, als auch über »Netzwerke« wie zum Beispiel Telefone, Telexes oder Computerterminals geleitet werden. Die Finanzmärkte lassen sich grundsätzlich in den Kapital-, Geld-, Devisen- und Derivatemarkt aufteilen (vgl. Abb. 1/1)

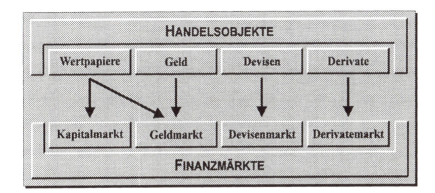

Abb. 1/1: Finanzmärkte und Handelsobjekte

Finanzmärkte haben zum einen die Funktion, Anbieter und Nachfrager von Wertpapieren, Geld, Devisen und Derivaten zusammenzuführen, zum anderen sollen sie die Bildung »fairer Preise« für die einzelnen Marktobjekte gewährleisten.

Arten 1.2

Kapitalmarkt 1.2.1

Am Kapitalmarkt werden Wertpapiere gehandelt. Wertpapiere sind Urkunden, die Anleger für die Hingabe ihres Geldes erhalten. Sie dokumentieren

- das Recht auf Eigentum und einen Anteil am zukünftigen Gewinn des Wertpapierausgebers (Emittent) oder
- eine Forderung des Geldgebers gegenüber dem Emittenten auf Zinszahlungen und eine Rückzahlung des geliehenen Betrages.

Im ersten Fall spricht man von Beteiligungspapieren und im zweiten Fall von Forderungspapieren. Mit dem Erwerb eines **Beteiligungspapiers** (z. B. Aktie) wird der Käufer Teilhaber am Unternehmen des Emittenten. Er erlangt in aller Regel einen Anspruch auf einen Teil des Gewinns, den der Emittent erwirtschaftet, und ein Mitsprache- sowie Mitwirkungsrecht an der Unternehmung. **Forderungspapiere** (z. B. Anleihen) verbriefen dagegen keine Eigentumsrechte. Der Anleger wird nicht Eigentümer, sondern Gläubiger. Er überläßt dem Emittenten (Schuldner) Geld für einen in der Regel befristeten Zeitraum und erhält dafür Zinsen und eine Rückzahlung in Höhe des ausgeliehenen Geldbetrages. Das über Beteiligungspapiere dem Unternehmen zugeführte Geld stellt Eigenkapital, das über Forderungspapiere zugeflossene Geld Fremdkapital dar. Im Unterschied zum Fremdkapital muß Eigenkapital nicht zurückgezahlt werden.

Neben Wertpapieren, die ausschließlich Beteiligungs- oder Forderungsrechte verbriefen existieren noch Mischformen (z. B. Genußscheine), die sowohl Beteiligungs- als auch Forderungsrechte beinhalten.

Auf dem Kapitalmarkt werden zum einen Wertpapiere neu emittiert – also erstmalig ausgegeben – als auch bereits emittierte Papiere zwischen den Anlegern gehandelt. Der Markt für Neuemissionen wird als **Primärmarkt** bezeichnet und der Markt bereits emittierter Wertpapiere als **Sekundärmarkt**. Auf dem Primärmarkt treffen Unternehmen, die Geld durch die Ausgabe von Wertpapieren (Aktien, Anleihen usw.) beschaffen wollen und Investoren, die ihr Geld anlegen wollen, aufeinander. Zwischen kapitalsuchenden Unternehmen und den Anlegern ist oftmals eine Bank geschaltet, die die Emission abwickelt. Im Gegensatz zum Primärmarkt führt der Sekundärmarkt Anleger zusammen, die Wertpapiere verkaufen und solche, die ihr Geld in Wertpapiere investieren wollen. Einen bedeutenden Teil des Sekundärmarktes bilden die Wertpapierbörsen.

Börsen stellen hoch organisierte, behördlich genehmigte, zentralisierte Märkte dar, auf denen das Geschehen nach strengen Regeln abläuft. Die Handelsobjekte selbst werden nicht direkt an der Börse getauscht, sondern dort lediglich ihre Preise ausgehandelt. Der Börsenhandel kann einerseits an einem bestimmten Ort (Börsengebäude/Börsensaal), an dem Börsenteilnehmer zugegen sind, abgewickelt werden, andererseits können sämtliche Orders (Kauf- und Verkaufsaufträge) ebenso in einem Zentralcomputer einander zugeordnet werden. Im ersten Fall spricht man von Präsenzbörsen, im letzten Fall von Computerbörsen. Präsenzbörsen verlieren immer stärker an Bedeutung, wohingegen Computerbörsen die Börsen der Zukunft sein werden. Sie ermöglichen einen schnellen Datenaustausch und führen Marktteilnehmer auch über große Distanzen zusammen, so daß selbst Märkte auf unterschiedlichen Kontinenten immer enger aneinanderrücken.

Der Börsenhandel findet zu festen Zeiten statt. Die Konzentration des Handelsgeschehens auf einen bestimmten Ort und eine bestimmte Zeit führt zu einer Reduktion der Such- und Informationskosten der Handelswilligen. Dies und die Standardisierung (Vereinheitlichung) gewährleisten eine gewisse »Markttiefe« für die an der Börse gehandelten Titel. Damit ist gemeint, daß immer genügend Anbieter und Nachfrager für die an einer Börse vertretenen Handelsobjekte vorhanden sein müssen. Börsenteilnehmer kommen so mit hoher Wahrscheinlichkeit zu einem Geschäftsabschluß. Wertpapierbörsen garantieren, daß die von einem Anleger erworbenen Papiere jederzeit wieder verkauft werden können. Wertpapiere ohne Börsenzulassung weisen im Vergleich zu Papieren mit Börsenzulassung eine weitaus geringere Fungibilität (jederzeitige Veräußerbarkeit) auf und werden außerbörslich – z.B. über Telefone – gehandelt.

Der außerbörsliche Handel – und zwar nicht nur für Wertpapiere, sondern ebenso für alle anderen Finanzmarktobjekte – wird zumeist mit dem Sammelbegriff **OTC** (OTC = »Over The Counter«) umschrieben. Auf OTC-Märkten werden häufig Finanzprodukte mit individuellen Merkmalen – im Vergleich zu Börsenprodukten also unstandardisierte Finanzprodukte – aber auch standardisierte Handelsobjekte ausgetauscht.

OTC

Der Kapitalmarkt erfüllt zum einen die Funktion, Sparer und Geldnachfrager zusammenzuführen, zum anderen lenkt er das Geld der Anleger in die Unternehmen, die die höchsten Erträge für das Geld erwarten lassen. Dies sind in aller Regel die Unternehmen, die effizient wirtschaften und rentable Investitionsvorhaben realisieren. Ein funktionsfähiger Kapitalmarkt stärkt somit die Leistungsfähigkeit einer Volkswirtschaft.

Geldmarkt

1.2.2

Auf dem Geldmarkt werden kurzfristige Kredite und Geldanlagen, die nur zum Teil als Wertpapiere verbrieft sind, gehandelt. Die »kurze Frist«, die den Geld- vom Kapitalmarkt abgrenzen soll, steht jedoch nicht eindeutig fest. Vielfach fallen darunter Geldaufnahmen und -anlagen mit Laufzeiten von bis zu einem, höchstens jedoch zwei Jahren. Nach traditionellem Verständnis handeln auf dem Geldmarkt nur Geschäftsbanken und die Zentralbank. In diesem Fall spricht man auch vom Geldmarkt im engeren Sinne oder vom **organisierten Geldmarkt**. Der Handel auf dem organisierten Geldmarkt findet einerseits zwischen Zentralbank und Geschäftsbanken und andererseits zwischen den Geschäftsbanken statt. Inzwischen besteht auch für andere Unternehmen und Privatleute – bei entsprechend großen Anlagebeträgen – die Möglichkeit, sich auf dem organisierten Geldmarkt zu engagieren. Der Geldhandel findet mittlerweile sogar außerhalb des Gültigkeitsbereiches nationaler Währungen statt, so daß ausländische Unternehmen und Privatpersonen ebenfalls Zugang zum organisierten Geldmarkt haben.

organisierter Geldmarkt

Devisenmarkt

1.2.3

Der Handel mit Bankguthaben, die auf eine fremde Währung lauten, findet auf dem Devisenmarkt[1] statt. Er läßt sich in den Kassa- und Terminmarkt aufteilen. Devisenkäufe und -verkäufe, die sofort – das heißt, in der Regel nach Ablauf von 2 Geschäftstagen nach Abschluß des Devisenkaufs bzw. -verkaufs – zu erfüllen sind, heißen Kassageschäfte. Wenn ein Kauf oder Verkauf von Devisen bereits heute vertraglich fixiert wird, der Transfer der

1 Der Begriff Devisen steht für die auf eine Fremdwährung lautenden Bankguthaben.

6 Arten

fremden Währung aber erst zu einem zukünftigen Zeitpunkt erfolgt, spricht man von einem Termingeschäft.

Der überwiegende Teil des Handelsvolumens an Devisen wird im Freiverkehr abgewickelt. Das bedeutet, daß Banken – zum Teil unter Einschaltung von Devisenmaklern – über Telefone, Telexes, Telefaxe und insbesondere über Dealingsysteme Devisen handeln. In einigen Ländern – wie zum Beispiel Deutschland – existiert außerdem noch ein amtlicher Handel an einer Devisenbörse. Hier werden aber ausschließlich Kassa- und keine Termingeschäfte abgewickelt.

1.2.4 Derivatemarkt

Auf den Finanzmärkten hat sich in den vergangenen Jahren ein Strukturwandel vollzogen, der durch erhöhte Umsätze auf den Geld-, Devisen- und Kapitalmärkten und steigende Risiken – hervorgerufen durch Währungs-, Aktienkurs- sowie Zinsschwankungen – gekennzeichnet ist. Anders als in den USA oder Großbritannien verhinderten fehlende rechtliche und organisatorische Rahmenbedingungen in der Bundesrepublik Deutschland lange Zeit eine Anpassung an diese Entwicklungen. Erst im Jahre 1989 mit der Einrichtung der Deutschen Terminbörse (DTB), an der ausschließlich derivative Finanzinstrumente gehandelt werden, wurden die Voraussetzungen geschaffen, die ein effizientes Management der Finanzmarktrisiken auch in Deutschland möglich machten. In den vergangenen Jahren hat der

Derivate

Markt für derivative Finanzierungsinstrumente – oder kurz **Derivate** – enorm an Bedeutung gewonnen. Der Begriff »Derivate« stammt vom lateinischen Verb derivare, das mit »ableiten« übersetzt werden kann. Derivate sind Finanzprodukte, die aus anderen Finanzprodukten abgeleitet werden, oder besser: Derivate sind Finanzprodukte, denen andere Finanzprodukte zugrundeliegen. Die zugrundeliegenden Produkte werden auch als Basiswerte oder *Underlyings* bezeichnet. Sie können sowohl konkrete Finanzmarktobjekte (Aktien, Anleihen, Devisen usw.) als auch abstrakte Größen (z.B. Aktienindizes) sein und bestimmen ganz entscheidend den Wert des entsprechenden derivativen Instrumentes. Derivate sind für gewöhnlich Termingeschäfte, also Geschäfte (z.B. Devisenkauf) die erst zu einem Zeitpunkt in der Zukunft erfüllt werden müssen, deren Preise die jeweiligen Marktteilnehmer jedoch vorab festlegen.

Bei Derivaten läßt sich – genau wie bei anderen Finanzmarktsegmenten – eine Trennung zwischen OTC- und Börsenhandel beobachten. Börsengehandelte Derivate (z.B. Futures) sind standardisiert im Hinblick auf Kontraktgrößen, Laufzeiten und Underlying, während die Ausstattung der OTC-Produkte (z.B. OTC-Optionen) individuell zwischen dem Käufer und Verkäufer vereinbart werden kann. Auf die Ausstattung und den Handel der Derivate wird im weiteren Verlauf dieses Buches ausführlich eingegangen.

Finanzmärkte sind heutzutage keine national beschränkten Veranstaltungen mehr, zu denen Marktteilnehmer anderer Länder keinen Zugang hätten. Finanzmärkte sind vielmehr durch ihre Internationalität gekennzeichnet. Börsen und OTC-Märkte stehen nicht nur inländischen Emittenten und Anlegern offen, sondern ebenso ausländischen Marktteilnehmern. Finanzmarktobjekte, wie zum Beispiel Devisen und Derivate, werden weltweit und zum Teil »rund um die Uhr« gehandelt. Dieser Prozeß des länderübergreifenden Finanztransfers wird sich im Zuge weiterer Liberalisierungen wohl immer weiter fortsetzen. Eine scharfe Trennung zwischen nationalen und internationalen Finanzmärkten erscheint unangebracht, weil die Grenzen zunehmend verschwimmen.

Finanzmarktteilnehmer 1.3

Eine Vielzahl von Institutionen und Personen, die sich entweder dem Banken- oder dem Nichtbankensektor zuordnen lassen, agieren direkt oder indirekt auf den Finanzmärkten. Die Deutsche Bundesbank und die Geschäftsbanken zählen zum Bankensektor. Alle anderen Marktteilnehmer bilden den Nichtbankensektor. Er umfaßt neben öffentlichen und privaten Haushalten auch die Unternehmen, die keine Banken sind. Unternehmen des Nichtbankensektors werden im weiteren der Einfachheit halber als »Unternehmen« bezeichnet.

Unternehmen lassen sich in »große« und »kleine Unternehmen« unterteilen. Große Unternehmen (z.B. Daimler Benz AG, Stuttgart) haben oftmals einen direkten Zugang zu den Finanzmärkten, weil sie bestimmte Voraussetzungen (z.B. eine hohe Bonität) erfüllen, die an die Marktteilnehmer gestellt werden. Unternehmen, die diesen Anforderungen nicht genügen – und das sind häufig »kleine« Unternehmen (z.B. mittelständische Industrie- und Handelsunternehmen) – schalten dagegen in aller Regel Banken ein, die die Transaktionen an den Finanzmärkten abwickeln.

*Zahlungsfähig-
keit f. (lat)*

Finanzmärkte können ihren Zweck nur dann erfüllen, wenn die Markttransaktionen reibungslos ablaufen. Dafür müssen Rahmenbedingungen festgelegt und das Handelsgeschehen überwacht werden. Diese Aufgabe übernehmen die Finanzmarktorganisatoren, zu denen jene Institutionen und Personen zählen, die die organisatorischen und rechtlichen Rahmenbedingungen, die eine Funktionsfähigkeit der Finanzmärkte gewährleisten, schaffen, überwachen und aufrechterhalten. Hierunter fallen beispielsweise die Börsenträger, die Bundesbank aber auch der Gesetzgeber. Er erläßt zum Beispiel Gesetze, die die Bestimmungen über Börsen und ihre Organe beinhalten, Wertpapieremissionen regeln, den Insider-Handel untersagen usw.

Am Geschehen auf den Finanzmärkten beteiligen sich außerdem Makler. Ihre eigentliche Aufgabe besteht in der Vermittlung von Handelsgeschäften zwischen einzelnen Marktteilnehmern. Darüber hinaus schließen sie aber auch Geschäfte auf eigene Rechnung ab. Makler nehmen in gewisser Hinsicht eine Zwitterstellung ein; sie übernehmen Organisationsfunktionen, wenn sie Geschäfte vermitteln, sie sind aber auch Marktteilnehmer, wenn sie Geschäfte auf eigene Rechnung tätigen.

Zu den wichtigsten Finanzmarktteilnehmern zählen die Mitglieder des Bankensektors. Das Bankensystem einer marktwirtschaftlich orientierten

Volkswirtschaft ist in aller Regel zweigeteilt. An der Spitze steht eine staatliche Zentralbank, die den anderen Banken – den Geschäftsbanken – »übergeordnet« ist.

Abb. 1/2: Finanzmarktteilnehmer

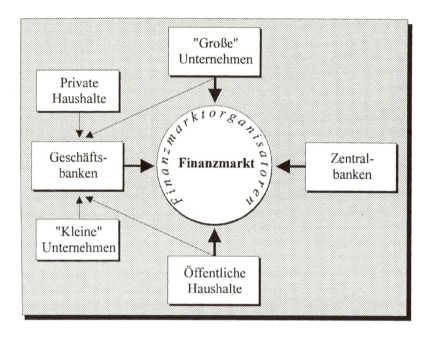

Deutsche Bundesbank

In der Bundesrepublik Deutschland ist die **Deutsche Bundesbank** die Zentralbank. Sie ist eine Körperschaft des öffentlichen Rechts und hat ihren Sitz in Frankfurt am Main. In den einzelnen Bundesländern nehmen die Landeszentralbanken (LZB) die Aufgaben der Bundesbank auf Landesebene wahr. Es existieren insgesamt 9 Landeszentralbanken, die jeweils für ein oder mehrere Bundesländer zuständig sind.

Die Deutsche Bundesbank hat auf der einen Seite die Abwicklung des Zahlungsverkehrs sicherzustellen, auf der anderen Seite reguliert sie die Geldmenge der Volkswirtschaft. Diese Aufgaben sind von der Bundesbank jederzeit zu erfüllen. Darüber hinaus verfolgt die Bundesbank immer das Ziel, sowohl den Binnenwert (Preisniveaustabilität) als auch den Außenwert der Währung zu sichern. Die Bundesbank versucht, dieses Ziel durch den Einsatz geldpolitischer Instrumente zu erreichen (vgl. Abschnitt 1.4.3.1).

Die Deutsche Bundesbank hat das alleinige Recht, Banknoten herzustellen und in Umlauf zu bringen, wohingegen Münzen auf Initiative der Bundesregierung in staatlichen Münzanstalten geprägt und dann der Bundesbank übergeben werden. Die Bundesregierung darf Münzen jedoch nur im Einvernehmen mit der Bundesbank dem Geldkreislauf zuführen. Die Regulierung der gesamten Bargeldmenge, die sich aus Banknoten und Münzen zusammensetzt, obliegt also der Deutschen Bundesbank. Sie wird deshalb auch als »Bank der Banken« bezeichnet.

Geschäftsbanken sind Dienstleistungsunternehmen, die mit anderen Dienstleistungs-, Industrie- und Handelsunternehmungen (Firmenkunden), Privatleuten (Privatkunden) sowie Institutionen der öffentlichen Hand (z.B. Städte und Gemeinden) in Verbindung stehen. Zu den Geschäftsbanken zählen

Geschäftsbanken

- private Geschäftsbanken (z.B. Deutsche Bank AG, Dresdner Bank AG, Commerzbank AG),
- öffentlich-rechtliche Geschäftsbanken (z.B. Sparkassen),
- genossenschaftliche Geschäftsbanken (z.B. Volksbanken) und
- Spezialbanken (z.B. Bausparkassen, Kapitalanlagegesellschaften).

Die bedeutendsten Felder, auf denen sich Geschäftsbanken betätigen sind

- die Annahme von Einlagen (Passivgeschäft) und die Gewährung von Krediten (Aktivgeschäft);
- das Angebot an Dienstleistungen (Abwicklung des Inlands- und Auslandszahlungsverkehrs, Anlageberatung, Begleitung von Wertpapieremissionen usw.) und
- Eigengeschäfte (Kauf und Verkauf von Wertpapieren, Devisen usw. auf eigene Rechnung).

Neben Banken sind heutzutage zunehmend auch Unternehmen an den Finanzmärkten präsent. Hierzu zählen sowohl Industriebetriebe, als auch Dienstleistungsunternehmen, die keine Geschäftsbanken sind (Handelsbetriebe, Verkehrsbetriebe usw.) und letztendlich auch private Haushalte.

Industrieunternehmen sind dadurch gekennzeichnet, daß sie

- Rohstoffe (Holz, Erze, usw.) und Energie (Strom, Gas, Atomkraft usw.) gewinnen;
- eigene und/oder gekaufte Rohstoffe mit selbst gewonnener und/oder fremdbezogener Energie zu Gütern verarbeiten und
- ihre Erzeugnisse entweder direkt an den Verbraucher oder an Handelsunternehmen verkaufen.

Dienstleistungsunternehmen dagegen gewinnen weder Energie oder Rohstoffe, noch stellen sie Güter her. Sie erbringen vielmehr Arbeitsleistungen, die an andere Unternehmen oder Privatpersonen abgegeben werden.

Eine besondere Bedeutung für die Finanzmärkte erlangen große Industrie- und Dienstleistungsunternehmen, die direkt – ohne Einschaltung von Geschäftsbanken – auf den Finanzmärkten agieren. Man spricht in diesem Zusammenhang auch vom **Inhouse-Banking**. Damit ist die eigenständige Erbringung von Bankgeschäften durch Nichtbanken gemeint. Industrie- und Dienstleistungsunternehmungen, die Bankdienstleistungen »inhouse« abwickeln umgehen die Banken und handeln zum Beispiel selbst auf den Devisenmärkten, plazieren Anleihen auf dem Kapitalmarkt, beteiligen sich am OTC-Handel mit Derivaten usw.

Inhouse-Banking

Während Unternehmen die Aufgabe zukommt, Güter und Dienstleistungen zu produzieren und Investitionen zu tätigen, zählt die Erzielung und Verwendung von Einkommen zu den Funktionen der privaten Haushalte. Zu den privaten Haushalten gehören sowohl Einzelpersonen und Familien als auch Institutionen wie z.B. Kirchen, Vereine usw.

Finanzmärkte werden nicht nur von Privatpersonen oder privaten Institutionen beansprucht, sondern auch von Institutionen der öffentlichen Hand. Zu den öffentlichen Haushalten zählen die

- Gebietskörperschaften (Bund, Länder, Gemeinden),
- Sozialversicherungen (Kranken-, Renten-, Arbeitslosenversicherung) und
- Hoheitsverwaltungen (Bundesbank, Universitäten usw.).

In der Bundesrepublik Deutschland plaziert zum Beispiel die Bundesbank im Auftrag der Bundesregierung Staatsanleihen am Kapitalmarkt, sie kauft und verkauft Wertpapiere am Kapitalmarkt, agiert am Geld- und Devisenmarkt usw.

Nicht alle Marktteilnehmer haben einen direkten Zugang zum Kapital- und Derivate- sowie zum Geld- und Devisenmarkt. Dies trifft insbesondere für Privatpersonen und – wie oben bereits erwähnt – für kleine Nichtbanken zu. Sie wenden sich in aller Regel an Geschäftsbanken, die Transaktionen (z.B. Aktienan- und -verkäufe, Emission von Anleihen) zwischen diesen Marktteilnehmern und den Finanzmärkten abwickeln. Auch Institutionen der öffentlichen Hand schalten für Finanzmarkttransaktionen Geschäftsbanken ein.

1.4 Motive der Finanzmarktteilnehmer

1.4.1 Private

1.4.1.1 Geldanlage

Die meisten Menschen beziehen ein regelmäßiges Einkommen

- für die Arbeit, die sie verrichten (Lohn, Gehalt, ...);
- durch staatliche Transferzahlungen (Arbeitslosengeld, Kindergeld, ...);
- aufgrund von Versicherungen (Rente, ...);
- usw.

Ein Teil dieses Geldes wird zur Befriedigung von Grundbedürfnissen (Ernährung, Kleidung, Wohnung, usw.) verwendet, während der verbleibende Rest des Einkommens für andere Zwecke disponiert werden kann. Es ist denkbar, daß der einzelne damit zusätzliche Konsumausgaben zum Beispiel für ein »luxuriöses« Leben (Urlaub, Segelyacht, usw.) finanziert. Es ist jedoch auch vorstellbar, daß ein Privater zunächst auf den Konsum verzichtet, der über die Befriedigung seiner Grundbedürfnisse hinausgeht und das verbleibende Geld anlegt, um

- es für zukünftige Konsumzwecke zu verwenden;
- in einer Notsituation über ein »finanzielles Polster« zu verfügen;
- daraus in der Zukunft ein Einkommen zu beziehen;
- für eine größere Investition in der Zukunft zu sparen.

Privatleute, die einen Teil ihres Einkommens übrig haben und aus einem der oben genannten Gründe zunächst auf eine Ausgabe dieses Geldes verzichten und es stattdessen anlegen, werden auch als Privatanlger oder Privatinvestoren bezeichnet.

Die Möglichkeiten der Geldanlage sind ausgesprochen mannigfaltig. Ein Privatinvestor könnte Bargeld vorhalten, ein Festgeldkonto bei einer Bank einrichten, Wertpapiere, Edelmetalle, Kunstobjekte oder Immobilien erwerben, um nur einige Möglichkeiten zu nennen. Die mit dem Geld erworbenen »Anlageobjekte« werden allgemein auch als **Assets** und die Gesamtheit aller Anlagen eines Investors als **Portefeuille** oder Portfolio bezeichnet. Dabei drängt sich die Frage auf, wie ein Privatinvestor sein Portefeuille strukturieren sollte, das heißt, welche Alternativen er aus dem gewaltigen Spektrum an Anlagen auswählen sollte. Die Strukturierung eines Portefeuilles wird auch als Asset Allocation bezeichnet.

Portefeuille

Die einzelnen Assets lassen sich anhand einer Reihe von Merkmalen beschreiben, die generell auch als Anlagekriterien bezeichnet werden. Die bedeutendsten Kriterien sind

a) die Rendite,
b) das Risiko und
c) die Liquidität.

Jede Anlagealternative weist bezüglich dieser Kriterien unterschiedliche Ausprägungen auf. Ein Privatanleger wird sich für die Alternativen entscheiden, die seinen individuellen Präferenzen am nächsten kommen.

a) Rendite

Unter dem Begriff Rendite versteht man im allgemeinen den auf das eingesetzte Kapital bezogenen Ertrag, den eine Anlage nach Ablauf eines bestimmten Zeitraumes erzielt hat. Die Rendite wird üblicherweise als Prozentwert angegeben und bezieht sich meist auf einen Zeitraum von einem Jahr (Annualisierung). Durch diese Standardisierung sollen einzelne Anlagealternativen – auch wenn sie über unterschiedlich lange Zeiträume gehalten werden und die eingesetzten Kapitalbeträge unterschiedlich hoch sind – direkt miteinander verglichen werden können.

Der Privatinvestor P. Rofit erwirbt am 1.1.1995 eine Feinunze Gold zum Preis von 550 D-Mark, die er am 1.9.1995 für 616 D-Mark wieder verkauft.

Beispiel 1/1

Der Privatmann R. Endite kauft am 1.1.1995 auf einer Kunstauktion ein Gemälde für 18.000 D-Mark, das er am 1.11.1995 für 20.250 D-Mark wieder veräußert.

Rofit erzielt bei einem Kapitaleinsatz von 550 D-Mark für einen Zeitraum von 8 Monaten einen Ertrag von 66 D-Mark. Das entspricht einer Rendite von

$$\underbrace{\frac{616-550}{550}}_{\text{relativer Ertrag}} \cdot \underbrace{\frac{12\,\text{Monate}}{8\,\text{Monate}}}_{\text{Annualisierung}} \cdot \underbrace{100\%}_{\substack{\text{Umwandlung in}\\\text{einen Prozentwert}}} = 18\%\ \text{p.a.}$$

während Endite für sein eingesetztes Kapital in Höhe von 18.000 D-Mark einen Ertrag von 2.250 D-Mark erzielt. Er erwirtschaftet folglich eine Rendite in Höhe von

$$\frac{20250-18000}{18000} \cdot \frac{12}{10} \cdot 100\ \% = 15\%\ \text{p.a.}$$

Der absolute Ertrag des Gemäldes ist größer als der des Goldes. Ein direkter Vergleich der absoluten Erträge darf jedoch nur dann vorgenommen werden, wenn sowohl die eingesetzten Geldbeträge als auch die Laufzeiten der miteinander verglichenen Anlagen identisch sind. Das ist hier nicht der Fall. Deshalb muß eine relative Größe als Vergleichsmaßstab herangezogen werden. Die Rendite gibt den auf ein Jahr bezogenen Ertrag pro eingesetzter Mark an.

Die Anlage in Gold erwirtschaftet einen Ertrag von 18 Pfennigen für jede investierte Mark und das Gemälde einen Ertrag von 15 Pfennigen pro Mark. Erst die Rendite zeigt an, daß eine Investition in Gold gegenüber dem Gemäldekauf vorteilhafter war.

Die Rendite einer Anlage wird – je nach Anlageform – von unterschiedlichen Faktoren bestimmt. Dies sind im einzelnen

- die Kosten, die beim An- und Verkauf sowie bei der laufenden Verwaltung der Anlage entstehen,
- die laufenden Erträge der Anlage (Kuponzahlungen einer Anleihe, Dividenzahlungen bei Aktien usw.) und
- Kurs- bzw. Marktpreisveränderungen.

Nicht jede Anlageform weist alle Renditebestandteile auf. Sachwertanlagen (Edelmetalle, Kunstgegenstände usw.) erwirtschaften beispielsweise keine laufenden Erträge, aber Gewinne und Verluste aufgrund gestiegener bzw. gesunkener Marktpreise, wohingegen die Rendite bei Aktien nicht nur von Kursveränderungen bestimmt wird, sondern auch von laufenden Erträgen (Dividenden).

Brutto- und Nettorendite

Werden bei der Renditeermittlung nur die Erträge und die Kurs- bzw. Marktpreisveränderungen der Anlage berücksichtigt, so spricht man von der **Bruttorendite**. Die wirkliche Rentabilität einer Anlage zeigt sich jedoch erst, wenn neben der Wertentwicklung auch die Kosten einbezogen werden, die für den An- und Verkauf sowie die Verwaltung der Assets entstehen. Die Renditeermittlung unter Berücksichtigung der mit einer Anlage verbundenen Kosten führt schließlich zur **Nettorendite**, die sich nach folgender Formel bestimmen läßt:

$$\underbrace{\dfrac{\overbrace{\left(\substack{\text{Verkaufskurs} \\ \text{der Anlage}} - \substack{\text{Kaufkurs} \\ \text{der Anlage}}\right)}^{\text{Kursgewinn}} + \substack{\text{Erträge während} \\ \text{der Haltezeit}} - \substack{\text{sonstige Auf-} \\ \text{wendungen}}}{\underbrace{\text{Kaufpreis der Anlage} + \text{Kosten beim Kauf der Anlage}}_{\text{eingesetztes Kapital}}} \cdot \dfrac{365}{\text{Haltezeit in Tagen}} \cdot 100\,\% = \text{Nettorendite p.a.}}$$

Die Nettorendite wird häufig auch **Rendite vor Steuern** genannt. Sie ist für einen Investor häufig von untergeordneter Bedeutung, weil sie steuerliche Aspekte unberücksichtigt läßt. Der sogenannten »**Rendite nach Steuern**«, die den individuellen steuerlichen Kontext des Investors einbezieht, wird oftmals eine größere Beachtung geschenkt. Bestimmte Renditebestandteile werden gar nicht (z.B. Kursgewinne außerhalb der Spekulationsfrist) oder nur geringfügig besteuert, während andere Komponenten voll besteuert werden. Die Höhe der Besteuerung der einzelnen Renditekomponenten ist von Anleger zu Anleger aufgrund der persönlichen steuerlichen Einkommenssituation verschieden. Aus diesem Grunde läßt sich die Rendite nach Steuern nicht allgemein für eine Anlage angeben. In der Praxis wird deshalb ein konkreter (Grenz-) Steuersatz unterstellt (häufig 50 %), auf dessen Basis die Rendite nach Steuern ermittelt wird. Die Nettorendite erlaubt die Beurteilung einer Anlage, und zwar unabhängig vom steuerlichen Kontext eines einzelnen Investors. Die Rendite nach Steuern kann nur dann als Auswahlkriterium herangezogen werden, wenn der individuelle (Grenz-) Steuersatz des Anlegers mit dem in der Berechnung unterstellten (Grenz-) Steuersatz identisch ist.

Die Auswahl einer Anlagealternative anhand des Kriteriums Rendite ist nicht unproblematisch, weil sie die Wert- und Ertragsentwicklung einer Anlage in der Vergangenheit widerspiegelt. Daraus kann jedoch keineswegs eine zukünftige Renditeentwicklung abgeleitet werden. Vergleicht ein Investor die Renditen zweier oder mehrerer Anlagealternativen miteinander, so kann er zwar angeben, welche Alternative in der Vergangenheit den größten Ertrags- und Wertzuwachs zu verzeichnen hatte, Aussagen über zukünftige Renditeausprägungen sind jedoch nur bei bestimmten Anlageformen – wie zum Beispiel Null-Kupon-Anleihen, wenn sie bis zur ihrer Fälligkeit gehalten werden – möglich.

Für den Privatinvestor spielt weniger die in der Vergangenheit erzielte Rendite (**historische Rendite**) als vielmehr die zukünftige Rendite einer Anlage (**zu erwartende Rendite**) die entscheidende Rolle bei der Auswahl einer Anlagealternative. Die zu erwartende Rendite läßt sich zum Zeitpunkt der

Rendite vor und nach Steuern

historische und zu erwartende Rendite

14   Motive der Finanzmarktteilnehmer

Entscheidung des Investors in aller Regel jedoch nicht angeben, weil nicht alle Faktoren bekannt sind, die einen Einfluß auf die Rendite ausüben oder die zukünftigen Ausprägungen dieser Faktoren nicht prognostiziert werden können. In der Praxis wird deshalb häufig der Durchschnittswert der historischen Renditen einer Anlage als zu erwartende Rendite herangezogen.

Ein weiteres Problem einer Anlageauswahl auf der Basis der Rendite stellt die Annualisierung dar, die zu einer verzerrten Darstellung der effektiven Ertrags- und Wertentwicklung einer Anlage führen kann, weil der tatsächliche Anlagezeitraum aus dieser Kennzahl nicht hervorgeht. Um dies zu verdeutlichen wird auf das Beispiel 1/1 zurückgegriffen. Wenn man zum Beispiel unterstellt, daß das Geld, das beim Verkauf des Goldes bzw. beim Verkauf des Gemäldes an den Anleger zurückfließt bis zum Ende des Jahres 1995 nicht wieder angelegt werden kann, dann erzielt Rofit insgesamt eine Rendite in Höhe von 12 % p.a. und Endite eine Rendite in Höhe von 12,5 % p.a. In diesem Fall wäre der Kauf des Gemäldes und dessen Verkauf nach zehn Monaten profitabler als die achtmonatige Geldanlage in Gold. Besteht dagegen die Möglichkeit, das beim Verkauf des Goldes bzw. beim Verkauf des Gemäldes an den Anleger zurückgeflossene Geld für den Rest des Jahres bei einer Bank zu einem Zinssatz von 2,7 % p.a. zum Beispiel auf einem Sparkonto anzulegen, so erzielen beide Anleger eine Rendite von 13 % p.a. In diesem Fall ist weder die Goldanlage noch die Anlage in das Gemälde der jeweils anderen Alternative vorzuziehen.

Häufig wird die Rendite nach Steuern noch um die Inflation (Änderung des Preisniveaus) während der Haltezeit einer Anlage bereinigt, so daß man

Realrendite

zur **Realrendite** gelangt. Vergleicht man die Kaufkraft des Geldbetrages, der zum Zeitpunkt der Anlage investiert wird, mit der Kaufkraft desjenigen Geldbetrages, welcher an den Investor zurückfließt, so gibt die Realrendite die gewonnene bzw. verlorene Kaufkraft an.

Beispiel 1/2

Ein Investor erwirbt am Anfang eines Jahres eine Anlage in Höhe von 1.000 D-Mark, die am Jahresende für 1.050 D-Mark verkauft wird. Er erzielt demnach eine Rendite von 5% p.a. (Kosten für Anschaffung, Verwaltung und Verkauf der Anlage sowie Steuern werden der Einfachheit halber nicht berücksichtigt).

Es soll unterstellt werden, daß das Preisniveau innerhalb dieses Jahres um 5 % gestiegen ist. Das bedeutet beispielsweise, daß für ein Produkt, das zum Jahresbeginn 100 D-Mark kostete am Ende des Jahres 105 D-Mark bezahlt werden müssen.

Der Investor kann am Jahresbeginn mit seinem Geldbetrag von 1.000 D-Mark 10 Produkte kaufen und am Ende des Jahres mit einem Geldbetrag in Höhe von 1.050 D-Mark ebenfalls 10 Produkte erwerben. Die Realrendite beträgt in diesem Fall also 0 %.

b) Risiko

Bei einer Anlageentscheidung spielt neben der zu erwartenden Rendite auch das mit der Anlage in Kauf genommene Risiko eine Rolle. Da der Begriff Risiko jedoch eine Reihe unterschiedlicher Bedeutungen aufzeigt, fällt eine Begriffsbestimmung nicht leicht. Einige verbinden mit dem Risiko einer Anlage die Gefahr, daß der vom Investor eingesetzte Geldbetrag nicht oder nicht vollständig zurückgezahlt wird (Gefahr eines Kapitalverlustes), während andere darunter die Gefahr verstehen, daß ein angestrebtes Anlageziel wie zum Beispiel eine bestimmte Mindestrendite nicht erreicht wird (Gefahr einer Zielverfehlung). Wieder andere fassen die im Zeitablauf zu beobachtenden Schwankungen der Rendite (Renditeschwankungen) als Risiko einer Anlage auf. Im Assetmanagement hat sich die zuletzt genannte Sichtweise des Begriffs Risiko weitgehend durchgesetzt.

Beispiel 1/3

Zwei Anlagealternativen A und B erzielten in den Jahren von 1990 bis 1994 folgende Renditen:

	1990	1991	1992	1993	1994
Anlage A	10 %	2 %	10 %	2 %	10 %
Anlage B	7 %	5 %	7 %	5 %	7 %

Die einzelnen Renditen einer jeden Anlage lassen sich als Punkte in einem Diagramm darstellen. Verbindet man die Renditepunkte jeder Anlagealternative miteinander, um die Schwankungsbreite der Renditen optisch zu veranschaulichen, so erhält man folgende grafische Darstellung:

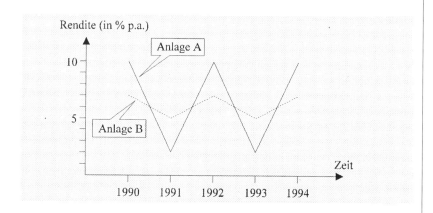

Aus dem Linienverlauf ist eindeutig zu erkennen, daß die Renditen der Anlage A im Zeitablauf stärker schwankten, als die Renditen der Anlage B.

Ein Investor kann eine riskante von einer weniger riskanten Anlage in aller Regel nicht oder nur mühsam durch einen Vergleich der Renditeverläufe der jeweiligen Alternativen voneinander trennen. Zweckmäßig wäre viel-

16   **Motive der Finanzmarktteilnehmer**

Standard-
abweichung
der Rendite

mehr eine Kennzahl, die den Risikogehalt einer Anlage ausdrückt und die einen direkten Vergleich der zur Auswahl stehenden Alternativen ermöglicht. Eine solche Kennzahl stellt die **Standardabweichung der Rendite** dar. Um das Konstruktionsprinzip und den Aussagegehalt dieser Kennzahl zu durchleuchten, werden zunächst die einzelnen Berechnungsschritte vorgestellt, die anschließend an einem Beispiel verdeutlicht werden.

1. Schritt: Erfassung der historischen Renditen der betrachteten Anlage (**Zeitreihe der Renditen**).

2. Schritt: Bildung des Durchschnittswertes der historischen Renditen.

3. Schritt: Subtraktion des Durchschnittswertes von jedem einzelnen Renditewert aus der Zeitreihe (**Abweichung einer einzelnen Rendite von der Durchschnittsrendite**). Der Differenzwert wird sodann quadriert. Als Ergebnis erhält man die Zeitreihe der quadrierten Abweichungen.

4. Schritt: Die quadrierten Abweichungen werden addiert.

5. Schritt: Die Summe der quadrierten Abweichungen wird durch die Anzahl der historischen Renditen dividiert.

6. Schritt: Aus dem nach dem 5. Schritt erhaltenen Wert wird die Quadratwurzel gezogen.

Beispiel 1/4

Eine Anlage erzielte in den zurückliegenden Jahren folgende Renditen:

1991	1992	1993	1994
6 %	4 %	9 %	5 %

Die Ermittlung der Standardabweichung der Rendite dieser Anlage wird nun in den oben genannten Schritten vollzogen.

1. Schritt: Die Zeitreihe der Renditen läßt sich der Tabelle entnehmen.

2. Schritt: $\frac{1}{4}$ (6 + 4 + 9 + 5) = 6 %

3. Schritt:
$$6 - 6 = 0 \quad \rightarrow \quad \text{Quadrierung} \quad \rightarrow \quad 0$$
$$4 - 6 = -2 \quad \rightarrow \quad (-2)^2 \quad \rightarrow \quad 4$$
$$9 - 6 = 3 \quad \rightarrow \quad 3^2 \quad \rightarrow \quad 9$$
$$5 - 6 = -1 \quad \rightarrow \quad (-1)^2 \quad \rightarrow \quad 1$$

4. Schritt: 0 + 4 + 9 + 1 = 14

5. Schritt: 14 ÷ 4 = 3,5

6. Schritt: $\sqrt{3,5}$ = 1,8708287 ≈ 1,87

Es scheint die Frage berechtigt, warum die Abweichungen der Renditen erst quadriert und dann addiert werden anstatt die Abweichungen sofort zu summieren. Der Grund liegt darin, daß die Summe der Abweichungen **immer** Null ergibt. Dies kann anhand der im 3. Schritt berechneten Abweichungen leicht nachvollzogen werden. Die Addition der Abweichungen lautet:

$$0 + (-2) + 3 + (-1) = 0$$

Da jede Anlagealternative, deren Renditeschwankungen untersucht werden, eine Abweichungssumme von Null aufweist, kann die Addition der einfachen Abweichungen keine geeignete Vorgehensweise zur Bildung einer Risikokennziffer darstellen. Aus diesem Grunde werden die einfachen Abweichungen quadriert. Dadurch wird erreicht, daß die negativen Vorzeichen bei den jeweiligen Abweichungen »verschwinden«.

Die Standardabweichung der Renditen einer Anlage gibt an, um wieviel die Einzelrenditen im Durchschnitt von ihrem Mittelwert – und zwar sowohl nach oben als auch nach unten – abweichen. Im obigen Beispiel weichen die Renditen der Anlage im Durchschnitt um 1,87 Prozentpunkte vom Mittelwert (6%) ab.

Die Standardabweichung der Renditen läßt sich als Formel so schreiben:

$$\sigma = \sqrt{\frac{1}{n} \sum_{i=1}^{n} (r_i - \mu)^2}$$

Mit

σ: Standardabweichung der Renditen

n: Anzahl der Einzelrenditen

r_i: i-te Rendite

μ: Mittelwert der Renditen

Die Standardabweichung erfaßt sowohl postive als auch negative Abweichungen und nimmt nur dann einen Wert von Null an, wenn die Rendite im Zeitablauf konstant bleibt, also nicht schwankt. In diesem Fall wird von einer risikolosen (sicheren) Anlage gesprochen. Eine Anlagealternative wird bei einer Risikoquantifizierung mittels der Standardabweichung umso riskanter eingeschätzt, je höher der Wert der Standardabweichung ist.

Eine Beurteilung des Risikogehalts einer Anlage anhand der Standardabweichung ist aber nicht unproblematisch. Sie basiert auf Renditen und damit auf historischen Daten, die in der Zukunft ganz andere Ausprägungen annehmen können als in der Vergangenheit. Die Standardabweichung eignet sich deshalb nur bedingt zur Abschätzung des Ausmaßes zukünftiger Abweichungen. Es ist außerdem fraglich, ob sich der Risikogehalt einer Anlage mit der Standardabweichung angemessen erfassen läßt. Eine Anlage, deren Rendite im Zeitablauf zum Beispiel ständig steigt, weist eine Standardabweichung größer als Null auf, obwohl in diesem Fall kaum von einem Risiko gesprochen werden darf.

Motive der Finanzmarktteilnehmer

Beispiel 1/5

Zwei Anlagen A und B weisen folgende Renditezeitreihen auf:

	1991	1992	1993	1994
Anlage A	5 %	11 %	17 %	22 %
Anlage B	4 %	–8 %	2 %	–11 %

Die Standardabweichung der Renditen beträgt sowohl für Anlage A als auch für Anlage B 6,3786754. Obwohl die Renditen der Anlage A ständig größer waren als die der Anlage B und im Zeitablauf – im Gegensatz zur Anlage B – stetig gestiegen sind, weisen beide Anlagen dasselbe Risiko auf, wenn als Maß die Standardabweichung zugrundegelegt wird. Die Betrachtung der Renditeentwicklung der Anlage A kann jedoch kaum den Schluß zulassen, daß es sich um eine riskante Anlage handelt.

Dieses Beispiel verdeutlicht, daß die Standardabweichung weder die Renditeentwicklung im Zeitablauf noch die Vorzeichen der Renditen berücksichtigt. Eine Anlage, die in den einzelnen Jahren von 1991 bis 1994 Renditen von -5 %, –11 %, –17 % und –22 % erwirtschaftet, weist ebenfalls eine Standardabweichung von 6,3786754 auf.

Zur Beurteilung des Risikogehalts einer Anlage sollte deshalb nicht nur die Standardabweichung der Renditen herangezogen werden. Ein Anleger sollte zusätzlich zumindest die Durchschnittsrendite der Anlage einbeziehen.

Für einige Anlagealternativen – insbesondere für Aktien – werden regelmäßig Risikokennziffern, die sog. Volatilitäten, veröffentlicht. Sie basieren auf der Standardabweichung und werden im Kapitel 2.4 ausführlich erörtert.

Diversifikation

Investoren teilen ihr Geld häufig auf diverse Anlagealternativen auf, anstatt ausschließlich eine einzige Anlage zu erwerben. Dieses Vorgehen wird auch als **Diversifikation** bezeichnet. Eine Diversifikation kann durchaus sinnvoll sein, wenn zwischen den Renditeentwicklungen der einzelnen Anlagealternativen ein entsprechender Zusammenhang vermutet werden kann. Dies soll an folgendem Beispiel illustriert werden.

Beispiel 1/6

Ein Investor will einen Geldbetrag in Höhe von 10.000 D-Mark anlegen. Als Alternativen stehen Aktien eines Bademodenherstellers (»Badeaktie«) und eines Regenschirmproduzenten (»Regenaktie«) zur Auswahl. Der Investor überlegt, daß eine Anlage des gesamten Geldbetrages in Badeaktien in Jahren mit einem verregneten Sommer zu einer geringen Rendite führen wird, weil der Bademodenhersteller vermutlich relativ wenig Produkte verkaufen wird und folglich nur einen geringen Gewinn in Form einer Dividende an seine Aktionäre ausschütten kann. Bei einer Geldanlage in Regenaktien verhält es sich dagegen genau umgekehrt. Jahre mit einem verregneten Sommer führen vermutlich zu hohen Gewinnen, weil relativ viele Regenschirme verkauft werden können.

Die Renditen der Bade- und Regenaktien könnten sich im Zeitraum von 1991 bis 1994 beispielsweise so entwickelt haben:

	1991 (verregnet)	1992 (sonnig)	1993 (verregnet)	1994 (sonnig)
Badeaktie	2 %	10 %	2 %	10 %
Regenaktie	10 %	2 %	10 %	2 %

Investiert der Anleger den gesamten Geldbetrag in Badeaktien, so nimmt er ein Risiko – ausgedrückt durch die Standardabweichung der Renditen – in Höhe von

$$\sigma = \sqrt{\frac{1}{n} \sum_{i=1}^{n} (r_i - \mu)^2} = \sqrt{\frac{1}{4} [(2-6)^2 + (10-6)^2 + (2-6)^2 + (10-6)^2]} = 4$$

bei einer durchschnittlichen Rendite von 6 % in Kauf. Eine Aufteilung des Geldbetrages jeweils zur Hälfte auf Bade- und Regenaktien – also eine Diversifikation des Portefeuilles – beschert einem Anleger im Jahre 1991 eine Rendite von

5.000 · 2 % (Badeaktie) + 5.000 · 10 % (Regenaktie)
= 600 D-Mark $\cong$ 6 % p.a.

und in den folgenden Jahren ebenfalls eine Rendite von 6 %, wie leicht nachvollzogen werden kann. Für das diversifizierte Portefeuille läßt sich dann folgende Zeitreihe der Renditen aufstellen:

	1991 (verregnet)	1992 (sonnig)	1993 (verregnet)	1994 (sonnig)
Portefeuille	6 %	6 %	6 %	6 %

Bei einer Aufteilung des Geldbetrages im Verhältnis 1:1 auf die beiden Aktien trägt der Anleger ein Risiko in Höhe von

$$\sigma = \sqrt{\frac{1}{4} [(6-6)^2 + (6-6)^2 + (6-6)^2 + (6-6)^2]} = 0$$

Einzig und allein durch eine geschickte Aufteilung des Geldbetrages auf die beiden Aktien hat der Anleger das Risiko vollständig eliminiert und – in diesem speziellen Fall – sogar keine Renditeeinbußen hinnehmen müssen.

Der Sachverhalt soll schließlich noch an einer grafischen Darstellung veranschaulicht werden.

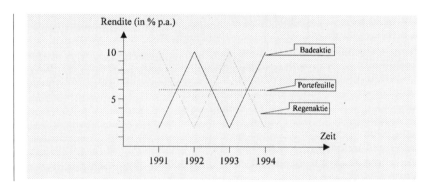

Diversifikationseffekt

Eine Diversifikation führt nur dann zu einer Risikoreduktion wenn zwischen den Renditen der ausgewählten Anlagen ein Zusammenhang in dem Sinne besteht, daß in Zeiten geringer Renditen des einen Teils der Anlagen der andere Teil des Portefeuilles hoch rentiert und umgekehrt. Man spricht in diesem Fall auch von einem **Diversifikationseffekt**.

Teilt der Anleger im Beispiel 1/6 sein Geld zum Beispiel nicht auf Bade- und Regenaktien, sondern auf Regenaktien und Aktien eines Herstellers von Schlechtwetterkleidung auf, so könnte ein Diversifikationseffekt ausbleiben, weil beide Aktien von Schön- und Schlechtwetterzeiten gleichermaßen betroffen sind.

Es wird ausdrücklich darauf hingewiesen, daß die Renditen einzelner Anlagen von einer Vielzahl von Faktoren (Zinsniveau, Steigerung des Bruttosozialprodukts, Bautätigkeit, Ölpreisentwicklung usw.) abhängen, die sich in ihrer ganzen Fülle kaum erfassen lassen. Die Renditen einiger Anlagen reagieren auf bestimmte Faktoren gar nicht oder nur schwach, auf andere Faktoren dagegen weitaus sensibler. Renditen verschiedener Anlagen können sich bei ein und demselben Faktor auch völlig unterschiedlich auswirken. Dies wird am Beispiel der Bade- und Regenaktien (vgl. Beispiel 1.6) sehr deutlich. Auf den Faktor »Wetter« reagiert die Rendite der Badeaktie entgegengesetzt zur Rendite der Regenaktie. Schwierigkeiten bereitet jedoch die zahlenmäßige Erfassung des Einflusses einzelner Faktoren auf die Anlagerendite und damit die Zurechnung der entsprechenden Renditekomponenten auf ihre jeweiligen Einflußfaktoren.

unsystematisches Risiko

Im Assetmanagement teilt man das gesamte Risiko einer Anlage in eine systematische und eine unsystematische Komponente auf. Risiken, die nur bestimmte Anlagen betreffen, werden als **unsystematisch** – oder titelspezifisch – bezeichnet. Bei Aktien entstehen unsystematische Risiken zum Beispiel durch Ereignisse in der betreffenden Aktiengesellschaft oder der gesamten Branche, dem die jeweilige Aktiengesellschaft angehört. Ein Streik sämtlicher Metallarbeiter beispielsweise betrifft besonders die Hersteller von Kraftfahrzeugen, aber weniger die Unternehmen der Baubranche. Ein

Großbrand im Lager eines Unternehmens wirkt sich nur auf dieses eine Unternehmen und damit auf die Renditen seiner Aktionäre aus, aber in aller Regel nicht auf andere Aktiengesellschaften. Die Palette an Beispielen für unsystematische Risiken ließe sich noch beliebig ausweiten.

Unsystematische Risiken lassen sich durch Diversifikation mindern und sogar vollständig eliminieren, weil sie nicht alle Anlagen eines breit gestreuten Portefeuilles gleichermaßen berühren. Investiert ein Anleger zum Beispiel einen Teil seines Geldes in Aktien eines inländischen Kraftfahrzeug-Herstellers (Kraftfahrzeug-Aktie) und den Rest in Papiere eines inländischen Unternehmens aus der Baubranche (Bau-Aktie), so ist nur der in Kraftfahrzeug-Aktien angelegte Geldbetrag der Gefahr eines Metallerstreiks ausgesetzt.

In der Realität ist eine Risikoreduktion durch Diversifikation fast immer mit einer Renditeeinbuße verbunden, getreu dem Motto: »Wer nicht wagt, der nicht gewinnt.« Das Beispiel der Bade- und Regenaktien ist deshalb ein wenig praxisfern, weil das Risiko, bei gleichbleibender Durchschnittsrendite, vollständig eliminiert wurde.

Eine Reduktion **systematischer** Risiken läßt sich, anders als bei unsystematischen Risiken, nicht durch eine Diversifikation innerhalb einer Anlagekategorie (inländische Aktien, ausländische Aktien, Immobilien, Anleihen usw.) erreichen, weil die gesamte Anlagekategorie von diesen Risiken gleichermaßen betroffen wird. Von einer Steuerreform in der Bundesrepublik Deutschland, die vorsieht, Unternehmensgewinne stärker zu besteuern sind zum Beispiel alle inländischen Unternehmen in derselben Weise betroffen, völlig unabhängig davon, welcher Branche sie angehören. Das systematische Risiko »Steuerreform« läßt sich deshalb auch nicht dadurch dämpfen, daß ein Anleger sein Geld innerhalb derselben Anlagekategorie diversifiziert, weil – um beim Beispiel der Kraftfahrzeug- und Bau-Aktien zu bleiben – im Falle der Steuerreform beiden Unternehmen weniger Gewinn verbleibt, der an die Aktionäre ausgeschüttet werden kann. Um Renditeeinbußen, die durch systematische Risiken induziert werden, zu verringern, muß der Investor Anlagen anderer Kategorien in sein Portefeuille aufnehmen. Er würde also eine Diversifikation in unterschiedliche Anlagekategorien vornehmen und in diesem Fall einen Teil der inländischen Kraftfahrzeug- und Bau-Aktien verkaufen, um dafür zum Beispiel Anleihen, Immobilien oder ausländische Aktien zu erwerben.

Ist mit einer Aufteilung des Geldbetrages auf unterschiedliche Anlagekategorien kein Diversifikationseffekt mehr zu erzielen oder möchte ein Anleger, aus welchen Gründen auch immer, auf eine Diversifikation verzichten, so steht eine Vielzahl von Finanzinstrumenten bereit, die eine Absicherung gegen systematische und unsystematische Risiken erlauben. Eine besondere Bedeutung kommt hier den Derivaten (z.B. Optionen) zu.

Einige Anleger verzichten bewußt auf eine Streuung ihres Geldes und damit auf einen Diversifikationseffekt oder auf eine Absicherung ihres Portefeuilles mit Derivaten, weil sie sich dadurch die Chance auf relativ hohe Renditen erhalten. Kauft der Investor im Beispiel 1/6 im Jahre 1991 nur Regenaktien, die er im selben Jahr wieder verkauft, um 1992 Badeaktien

systematisches Risiko

Motive der Finanzmarktteilnehmer

zu erwerben, die am Jahresende erneut verkauft werden usw., so kann er eine verhältnismäßig hohe Rendite von 10 % p. a. realisieren. Entscheidend ist dabei, die richtigen Ein- und Ausstiegszeitpunkte (**Timing**) zu finden. Bei falschem Timing stellt sich nämlich ein genau entgegengesetzter Effekt ein, und der Anleger erzielt eine relativ geringe Rendite oder einen Verlust.

In der Praxis existiert zwar eine Vielzahl von Verfahren (z.B. Technische Analyseverfahren), die den Anleger beim Aufspüren der richtigen Ein- und Ausstiegszeitpunkte unterstützen sollen; es muß jedoch festgestellt werden, daß keines dieser »Hilfsmittel« Kauf- und Verkaufszeitpunkte verläßlich anzeigt. Einen stetigen überdurchschnittlichen Anlageerfolg erreicht man weniger durch eine systematische Analyse historischer Daten oder den Versuch zukünftige Renditeeinflußfaktoren zu quantifizieren, als vielmehr durch eine – oftmals langjährige – Erfahrung, die privaten wie professionellen Investoren das richtige Gespür für Kauf- und Verkaufszeitpunkte verleiht.

Bei der Auswahl einer Anlage spielt nicht nur die zu erwartende Rendite eine Rolle, sondern auch die mit der Anlage verbundene Übernahme von Risiko. Entscheidend für eine Anlageauswahl ist deshalb die Rendite-Risiko-Relation (**Performance**). Der Begriff »Performance«, der aus dem Englischen stammt und soviel wie »Leistung« bedeutet, setzt sich im Zusammenhang mit der Beurteilung von Anlagen und professionellen Anlegern (z.B. Fondsmanager) immer mehr durch. Die Leistung eines Privatanlegers oder professionellen Portfolio-Managers äußert sich letztendlich durch die Rendite, die für das eingesetzte Geld erzielt wird. Allein die Angabe der Rendite reicht zur Leistungsbeurteilung aber nicht aus; es ist vielmehr zu hinterfragen, wie die Leistung zustande kam. Eine Rendite, die durch Inkaufnahme eines hohen Risikos erzielt wurde ist anders zu bewerten als eine ähnlich große Rendite, die ein weniger riskantes Portefeuille erwirtschaftete. In der Praxis wird der Begriff »Performance« jedoch häufig mit der Rendite einer Anlage gleichgesetzt, ohne daß der Entstehungshintergrund der Rendite berücksichtigt wird.

Viele Anleger sind nicht gewillt, beliebig viel Risiko zu tragen – auch wenn die Renditeerwartungen dadurch steigen. Die Bereitschaft zur Risikoübernahme hängt von der Einstellung eines jeden Anlegers zum Risiko ab. Einige Investoren akzeptieren bei einer Geldanlage gar kein Risiko (Sicherheitstyp), wohingegen andere auch höchste Risiken, die sogar bis zum Totalverlust des eingesetzten Kapitals führen können, auf sich nehmen (Spielertyp). Bei einer Anlageentscheidung wird deshalb zumeist so vorgegangen, daß aus Anlagealternativen, die ein bestimmtes – vom Investor toleriertes – Risiko nicht überschreiten, diejenigen ausgewählt werden, die die höchste Rendite erwarten lassen.

Da sich die Rendite und das Risiko einer Anlage – wie oben beschrieben – oftmals erst angeben lassen, wenn die Anlage wieder verkauft wurde, kann auch die Performance erst im nachhinein bestimmt werden.

c) Liquidität

Investoren interessieren sich nicht nur für die Rendite und das Risiko einer Anlage, sondern auch für die Möglichkeit, eine Anlage in angemessener Zeit zu einem angemessenen Preis verkaufen zu können, um wieder über Geld zu verfügen. Die »Schnelligkeit« und »Leichtigkeit«, mit der sich eine Anlage zu einem fairen Preis veräußern und damit wieder in Geld verwandeln läßt, wird als Liquidität bezeichnet.

Grundsätzlich gilt: Je weniger liquide eine Anlage ist, desto höher ist ihre Rendite. Je länger der Zeitraum, über den ein Investor sein Geld binden will, desto höher ist die Rendite[1]. Das Sprichwort »Zeit ist Geld« beschreibt exakt diesen Zusammenhang. Je mehr Zeit vergeht, bis ein Investor wieder über sein angelegtes Geld verfügen kann, desto höher wird er hiefür entlohnt. Bargeld (Geldscheine und Münzen) stellt zum Beispiel eine Anlage mit höchster Liquidität dar. Ein Investor, der Bargeld hält, ist zwar ausgesprochen liquide, nimmt jedoch in Kauf, daß das Geld keine Erträge erwirtschaftet.

Anlagen, die Geld relativ lange binden, sind liquide, sofern sie standardisiert sind (z.B. eine an einer Wertpapierbörse zugelassene Industrieanleihe). Die Standardisierung und die damit verbundene Handelbarkeit an Börsen bewirkt eine jederzeitige Veräußerbarkeit (Fungibilität) der Anlage. Nicht standardisierte Anlagen (z.B. Sparbriefe) lassen sich hingegen nicht problemlos jederzeit wieder verkaufen.

Standardisierte Anlagen mit langer Laufzeit versprechen in aller Regel zwar eine entsprechend hohe Rendite, diese wird jedoch nur dann mit Sicherheit erzielt, wenn die Anlage bis zu ihrer Fälligkeit gehalten wird. Bei vorzeitiger Veräußerung trägt der Anleger das Risiko, einen Kursverlust hinnehmen zu müssen. Die hohe Rendite und die gleichzeitig hohe Fungibilität langlaufender standardisierter Anlagen »erkauft« der Anleger mit der Gefahr, bei einem vorzeitigen Verkauf Kursverluste zu erleiden.

Im Zusammenhang mit der Liquidität einer Anlage spielt auch der Zeitraum der Geldanlage eine Rolle. Ein Investor, der bereit ist, Geld über einen langen Zeitraum anzulegen, nimmt in Kauf, während dieser Zeit nicht über sein Geld verfügen zu können. Damit setzt er sich der Unsicherheit über zukünftige Entwicklungen aus, die sein Geld betreffen. Gemeint ist hier insbesondere die Veränderung des Preisniveaus und in diesem Zusammenhang vor allem ein Anstieg des Preisniveaus und der damit verbundene Kaufkraftverlust des Geldes.

Anlagen, die in gewisser Hinsicht standardisiert sind, sind ausgesprochen liquide, während Assets, die keine Vereinheitlichung aufweisen nur beschränkt liquide sind. Die Vereinheitlichung bewirkt, daß sehr viele Anleger über Assets verfügen, die sich direkt miteinander vergleichen lassen. Dadurch wächst die Wahrscheinlichkeit, daß genau zu dem Zeitpunkt, zu dem ein Investor seine Anlage verkaufen möchte ein anderer zum Kauf bereit ist. Nicht standardisierte Assets zeichnen sich dagegen durch ihre zum Teil höchst individuellen Merkmale aus (z.B. ein Bungalow mit Tennisplatz auf einer Nordseeinsel), die das Auffinden eines Käufers, der eben diese

1 Eine Ausnahme bilden Zeiten einer inversen Zinsstruktur.

spezifischen Charakteristika bei einer Anlage sucht, erschweren. Das kann dann dazu führen, daß lange nach einem Käufer gesucht und damit lange auf eine Umwandlung der Anlage in Geld gewartet werden muß.

Investoren, die zum Zeitpunkt der Geldanlage vermuten, daß das in den Assets gebundene Geld in Zukunft unvorhergesehen benötigt werden könnte, wählen liquide Anlagealternativen und nehmen dafür eine entsprechend reduzierte Rendite in Kauf. Anleger dagegen, die einen ungeplanten Geldbedarf für die Anlagedauer ausschließen können, entscheiden sich eher für wenig liquide oder standardisierte, langfristige Anlagealternativen, die höhere Renditen versprechen.

Ein Investor wählt eine Anlage nach den Kriterien Rendite, Risiko und Liquidität aus. Die »ideale« Anlage soll eine relativ hohe Rendite erwarten lassen, kein Risiko beinhalten und jederzeit zum fairen Preis veräußert werden können. Eine solche Anlage existiert jedoch nicht, weil zwischen den einzelnen Kriterien – wie oben bereits beschrieben – ein Spannungsverhältnis besteht. Eine verhältnismäßig hohe Rendite kann nur *der* Investor erwarten, der bereit ist, ein gewisses Risiko zu tragen, während eine sehr liquide Anlage für den Investor eine entsprechend geringere Rendite bedeutet. Diesen Zusammenhang zwischen Rendite, Risiko und Liquidität bezeichnet man auch als »magisches Dreieck« der Geldanlage.

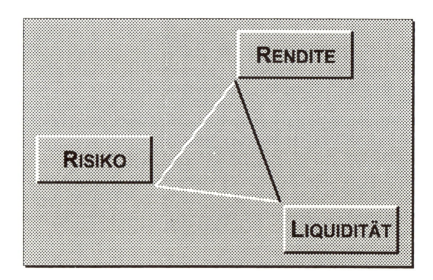

Abb. 1/3: Magisches Dreieck der Geldanlage

1.4.1.2 Kreditaufnahme

Privatpersonen stehen nicht nur vor dem Problem, für überschüssiges Geld geeignete Anlagealternativen zu finden, sie werden oftmals auch mit Ausgaben konfrontiert (z.B. Erwerb eines Eigenheims), für die die eigenen finanziellen Mittel (Eigenkapital) – also das Einkommen und das angelegte Geld – nicht ausreichen. In diesem Fall müssen sie Geld leihen (Fremdkapital), um die Ausgaben zu finanzieren. Die Privaten werden damit zu Kreditnehmern. Sie wenden sich in der Regel an eine Bank, die einen Kredit zur Verfügung stellt.

Zwischen Geldanlegern und Kreditnehmern läßt sich eine Verbindung herstellen. Die Investoren wollen ihr Geld zunächst nicht ausgeben und den Konsum oder Anschaffungen in die Zukunft verschieben, wohingegen die Kreditnehmer genau entgegengesetzte Interessen hegen. Die Investoren verfügen über Geld, ihnen fehlt jedoch die Kaufabsicht. Die Kreditnehmer dagegen wollen kaufen, ihnen fehlt aber das Geld. Während die einen Geld auf den Finanzmärkten anbieten, suchen die anderen nach Möglichkeiten, Geld aufzunehmen.

Kreditnehmer beurteilen Alternativen zur Geldaufnahme anhand bestimmter Kriterien – genau wie Investoren zur Analyse von Geldanlagen gewisse Maßstäbe (Rendite, Risiko, Liquidität) heranziehen. Das bedeutendste Entscheidungskriterium bei der Auswahl eines Kredites stellt die effektive Verzinsung dar, die neben der nominellen Verzinsung des Kredites (z.B. 6 % auf den Kredibetrag) und dem Disagio (Abschlag auf den Kreditbetrag) auch sämtliche Nebenkosten (z.B. Bearbeitungsgebühren, Provisionen) einbezieht.

Die Konditionen für Kredite der Privaten werden zumeist direkt zwischen den Kreditnehmern und den Banken ausgehandelt. Man könnte in diesem Zusammenhang auch von einem »Finanzmarkt im kleineren Rahmen« sprechen. Der direkte Bezug zu »großen Finanzmärkten« wie zum Beispiel Börsen tritt bei einer Kreditaufnahme, verglichen mit einer Geldanlage, eher in den Hintergrund. Eine Verschuldung durch die Emission von Anleihen und der damit verbundene »Gang an die Börse« ist bedeutenden institutionellen Anlegern (z.B. große Industrieunternehmen, Banken) und dem Staat vorbehalten, so daß Private diese Möglichkeit einer Geldbeschaffung nicht nutzen können. Sie erfüllen in aller Regel nicht die strengen Anforderungen (z.B. Mindestemissionsbetrag usw.), die an Emittenten gestellt werden. Die Zinsen, die die Banken für Kredite verlangen orientieren sich zwar an den Zinssätzen, die auf dem Geld- und Kapitalmarkt ausgehandelt bzw. von der Bundesbank vorgegeben werden (primär Diskont- und Lombardsatz), sie liegen jedoch, je nach **Bonität** des Kreditnehmers, zum Teil deutlich über diesen Zinssätzen. Der Begriff »Bonität« stammt vom lateinischen Adjektiv »bonus«, das mit »gut« übersetzt werden kann. Die Bonität drückt also die »Güte« eines Kreditnehmers aus. Sie birgt die Gefahr, daß die Bedienung – also die Zinszahlungen – und/oder die Tilgung – das ist die Rückzahlung – des Kredites ausbleiben. Je höher die Gewißheit, daß ein Schuldner einen Kredit bedient und tilgt, desto höher ist seine Bonität. Da sich einzelne Kreditnehmer hinsichtlich ihrer Bonität voneinander unterscheiden, können sie Geld zu unterschiedlichen Zinssätzen leihen. Neben der Bonität des Kreditnehmers übt auch die Laufzeit des Kredites einen Einfluß auf die Kreditkosten aus. Je länger die Kreditlaufzeit, dest höher sind die Kreditkosten. Der Grund hierfür liegt darin, daß mit einem längeren Kreditzeitraum auch die Ungewißheit der kreditgebenden Bank im Hinblick auf die zukünftige Zahlungsfähigkeit des Kreditnehmers steigt.

Bonität

26   **Motive der Finanzmarktteilnehmer**

Neben der Geldanlage und Kreditaufnahme beanspruchen Privatpersonen die Finanzmärkte noch aus anderen Gründen. Hier sollen beispielhaft der Bedarf an fremden Währungen und die Absicherung gegen die mit einer Geldanlage verbundenen Risiken genannt werden. Private benötigen fremde Währungen zum Beispiel für Auslandsaufenthalte. Zur Beschaffung einer Fremdwährung wenden sie sich in aller Regel an eine Bank, die die ausländische Währung auf dem Devisenmarkt beschafft und an die Privaten weiterverkauft.

Mit einer Geldanlage setzen sich Private oft der Gefahr aus, daß sich der Wert ihrer Assets im Zeitablauf ungünstiger entwickelt als erwartet. Zur Absicherung gegen diese Gefahr werden häufig derivative Finanzinstrumente eingesetzt, die an Börsen, aber auch außerbörslich gehandelt und in aller Regel unter Einschaltung einer Bank beschafft werden.

1.4.2   **Nichtbanken**

Die Motive, die Nichtbanken zur Beanspruchung der Finanzmärkte bewegen, decken sich zum Teil mit denen der Privaten. Unternehmen verfügen oftmals über Geldbeträge, für die sie gegenwärtig keine Verwendung finden und die erst in Zukunft ausgegeben werden sollen. Als Beispiel lassen sich Versicherungsgesellschaften anführen. Sie erhalten die Prämien der Versicherungsnehmer zu einem gegenwärtigen Zeitpunkt, Auszahlungen an die Versicherten erfolgen in aller Regel jedoch erst in der Zukunft. In der Zwischenzeit wird das Geld zumeist angelegt. Die Kriterien, die Unternehmen bei der Anlageauswahl zugrundelegen, entsprechen weitgehend denen der Privaten. Eine Anlage soll eine möglichst hohe Rendite erwirtschaften, wobei die Entscheidung für eine Alternative maßgeblich von der Risikoeinstellung des betreffenden Unternehmens abhängt. Eine wichtige Rolle bei der Anlageauswahl spielt außerdem die Liquidität der Assets und zwar insbesondere dann, wenn der Zeitpunkt, zu dem das angelegte Geld in der Zukunft benötigt wird, zum Anlagezeitpunkt noch nicht feststeht. Viele Unternehmen beanspruchen beispielsweise den Geldmarkt, um liquide Mittel solange zu »parken«, bis sie ihrem eigentlichen Zweck (z.B. Finanzierung einer Sachinvestition) zugeführt werden.

Neben Rendite-, Risiko- und Liquiditätsaspekten lassen sich Unternehmen bei einer Anlageauswahl häufig noch von einem weiteren Motiv leiten. Sie streben eine Einflußnahme auf andere Unternehmen und manchmal sogar eine Beherrschung dieser Unternehmen an. Aus diesem Grunde erwerben sie Anteile (z.B. Aktien) an anderen Unternehmen.

Industrie- und Dienstleistungsunternehmen werden oftmals mit einem Finanzierungsbedarf (z.B. für die Errichtung einer neuen Produktionsstätte) konfrontiert, der durch die zur Verfügung stehenden Finanzmittel nicht gedeckt werden kann. In diesem Fall können sie, ähnlich wie Privatleute, Kredite bei einer Bank aufnehmen. Im Unterschied zu Privaten haben Unternehmen, und zwar insbesondere Industrie- und Dienstleistungsunternehmen mit entsprechender Bonität, grundsätzlich die Möglichkeit, Fremdkapital direkt am Kapitalmarkt durch die Emission von Anleihen oder am Geldmarkt durch Ausgabe von Geldmarktpapieren zu beschaffen.

Nichtbanken 27

Einige Unternehmen bringen Wertpapiere selbst – also ohne Mitwirkung von Geschäftsbanken – am Geld- und Kapitalmarkt unter (Selbstemission). Als Beispiel soll die Daimler Benz AG genannt werden. Sie betreibt Bankgeschäfte zum Teil inhouse und plazierte im Jahre 1990 ohne Einschaltung einer Geschäftsbank Commercial Papers (vgl. Kapitel 4.1.4) auf dem deutschen Geldmarkt, die herkömmliche Bankkredite ersetzten.

Unternehmen steht aber auch der Weg offen, einen Finanzierungsbedarf nicht oder nicht vollständig mit geliehenem Geld, sondern durch eine Erhöhung ihres Eigenkapitals zu decken. Dies kann anschaulich am Beispiel einer Unternehmung verdeutlicht werden, die in der Rechtsform einer Aktiengesellschaft geführt wird. Zur Beschaffung von Eigenkapital gibt die Aktiengesellschaft neue Aktien – sogenannte »junge« Aktien – aus. Die Verkaufserlöse für die emittierten Aktien fließen der Unternehmung zu und können eine bestehende oder zukünftige »Finanzierungslücke« schließen.

Die zunehmende Internationalisierung führt dazu, daß immer mehr Unternehmen Geschäfte mit ausländischen Partnern abschließen. Da die Güter- und Geldströme über Ländergrenzen hinweg für die betroffenen Unternehmen Zahlungsein- und -ausgänge in fremden Währungen zur Folge haben, beanspruchen viele Industrie- und Dienstleistungsunternehmen die Devisenmärkte, um heimische Währung in ausländische zu tauschen und umgekehrt. Dies gilt insbesondere für Ex- und Importeure sowie Unternehmen, die Geld in einer fremden Währung anlegen oder aufnehmen. Exportorientierte Unternehmen haben in aller Regel Devisenüberschüsse, die am Devisenmarkt verkauft werden, während Importeure an den Devisenmarkt herantreten, um ausländische Währungen zu kaufen. Unternehmen, die ihre Bankgeschäfte inhouse abwickeln, agieren oftmals selbst an den Devisenmärkten und tätigen Devisentransaktionen eigenständig, ohne Einschaltung einer Bank.

Die mit Finanzmarkttransaktionen wie

- dem Kauf von Aktien und Anleihen;
- der Emission von Wertpapieren;
- Geschäften in ausländischen Währungen
- usw.

verbundenen Risiken, also die Schwankungen von Aktienkursen, Zinssätzen und Devisenkursen, haben sich in den vergangenen Jahren zum Teil dramatisch erhöht. Betroffen sind davon nahezu alle Unternehmen, insbesondere aber international ausgerichtete Industrieunternehmen (Ex- und Importeure), Kapitalanlagegesellschaften usw. Die Zunahme der Risiken hat dazu geführt, daß die Unternehmen zunehmend nach Mitteln und Wegen suchen, die Finanzmarktrisiken effizient zu managen. In vielen Unternehmen wurden Abteilungen geschaffen, die häufig Risk-Management oder Treasury genannt werden, und sich unter anderem mit der Bewältigung von Aktien- und Devisenkursschwankungen sowie Zinssatzänderungen befassen. Treasury-Abteilungen setzen zur Absicherung dieser Risiken neben anderen Instrumenten insbesondere Derivate wie zum Beispiel Op-

Motive der Finanzmarktteilnehmer

tionen und Futures ein. Eine Absicherung gegen Aktien- und Devisenkurs- sowie Zinssatzschwankungen mit derivativen Finanzinstrumenten bezeich-

Hedging

net man allgemein auch als **Hedging.** Das Hedging hat in den vergangenen Jahren erheblich an Bedeutung gewonnen.

Neben der Geldanlage und -aufnahme lassen sich also die Absicherung gegen Finanzmarktrisiken sowie der Kauf- bzw. Verkauf fremder Wäh- rungen als Gründe ausmachen, die Nichtbanken zur Beanspruchung der Finanzmärkte bewegen.

1.4.3 Banken

1.4.3.1 Deutsche Bundesbank

Das wesentliche Motiv, das die Deutsche Bundesbank zur Beanspruchung der Finanzmärkte veranlaßt, liegt in der Steuerung der Geldmenge.

Zur Geldmenge einer Volkswirtschaft zählen neben dem Bargeld auch Sicht- und Termineinlagen der Wirtschaftsteilnehmer bei Geschäftsbanken. Unter Sichteinlagen versteht man Guthaben – zum Beispiel auf einem Giro- konto –, über die jederzeit verfügt werden kann. Termingelder stellen dage- gen Einlagen dar, die für einen gewissen Zeitraum fest angelegt sind und über die erst nach Ablauf dieses Zeitraums wieder disponiert werden kann. Sie werden häufig auch als Quasigeld bezeichnet. Je nach Verfügbarkeit un- terscheidet die Bundesbank verschiedene Geldmengen (vgl. Tab. 1/1).

Tab. 1/1:
Abgrenzung
der Geldmengen

Geldmenge M1	Bargeldumlauf (ohne Kassenbestände der Geschäfts- banken) + Sichteinlagen (Sichtguthaben inländischer Nichtbanken bei Geschäftsbanken, ohne die Zentral- bankguthaben öffentlicher Haushalte)
Geldmenge M2	M1 + Termineinlagen (bis zu einer Laufzeit von 4 Jahren)
Geldmenge M3	M2 + Spareinlagen mit gesetzlicher Kündigungsfrist

Zentralbankgeld-
menge

Neben den in Tab. 1/1 aufgeführten Geldmengenbegriffen verwendet die Deutsche Bundesbank auch den Begriff der »**Zentralbankgeldmenge**«. Da- mit ist der gesamte Bargeldumlauf, über den die Geschäftsbanken verfügen können, also die Kassenbestände und die Guthaben bei der Deutschen Bundesbank, gemeint. Für Kundeneinlagen muß jede Geschäftsbank die sogenannte Mindestreserve in Form von Zentralbankgeld bei der Deut- schen Bundesbank zinslos hinterlegen. Die Geschäftsbanken handeln bör- sentäglich untereinander Zentralbankgeld, damit von jeder Geschäftsbank die Mindestreservepflicht erfüllt werden kann.

Die Geldmenge M3 wird von der Bundesbank regelmäßig erfaßt und mit einer Zielgröße, dem sogenannten Geldmengenziel, verglichen. Das Geld- mengenziel wird so festgelegt, daß die Wirtschaft wachsen kann, der Preis- anstieg aber in engen Grenzen gehalten wird, wobei die konjunkturelle Verfassung und die außenwirtschaftlichen Verhältnisse berücksichtigt werden.

Banken **29**

Bei Abweichungen vom Geldmengenziel setzt die Deutsche Bundesbank ihr geldpolitisches Instrumentarium ein. Dabei nimmt sie direkt Einfluß auf die Finanzmärkte (vgl. Kapitel 4.1.3). Zu den geldpolitischen Instrumenten zählen in erster Linie

- die Mindestreservepolitik,
- die Refinanzierungspolitik und
- die Offenmarktpolitik.

Zahlungsverpflichtungen können nicht nur mit Bargeld (Banknoten und Münzen), sondern auch bargeldlos (Überweisungen von Bankkonto zu Bankkonto) beglichen werden. Bargeld wird von den Geschäftsbanken für die jederzeitige Zahlungsbereitschaft gegenüber ihren Kunden benötigt. Buchgeld wird geschaffen, indem die Geschäftsbanken Kredite gewähren und den Kreditbetrag dem Kunden auf dem Girokonto gutschreiben (Sichteinlagen). Einen Teil der gesamten Einlagen (Sichteinlagen, Termineinlagen bis zu 4 Jahren und Spareinlagen mit gesetzlicher Kündigungsfrist), die sogenannte **Mindestreserve**, müssen die Geschäftsbanken zinslos mit Zentralbankgeld bei der Deutschen Bundesbank hinterlegen. Dadurch werden die Möglichkeiten zur Kreditvergabe und demzufolge auch zur Buchgeldschöpfung (Einlagen) beschnitten. Dieser Sachverhalt soll an folgendem stark vereinfachten Beispiel illustriert werden:

Mindestreserve

Der von der Bundesbank festgelegte Mindestreservesatz betrage 20 %. Das bedeutet, daß eine Geschäftsbank 20 % ihrer Einlagen in Form von Zentralbankgeld zinslos auf einem Konto der Bundesbank hinterlegen muß.

Beispiel 1/7

Ein Kunde A zahlt bei einer Geschäftsbank P 1.000 D-Mark in bar auf sein Girokonto ein. Damit erhöht sich der Kassenbestand der Bank um 1.000 D-Mark (Aktiva), aber auch die Kundeneinlagen um 1.000 D-Mark (Passiva). A kann weiterhin über sein Geld verfügen und zum Beispiel eine Überweisung tätigen.

Die Bank P ist verpflichtet 20 % der vom Kunden A eingezahlten 1.000 D-Mark – das sind 200 D-Mark – in Form von Zentralbankgeld zinslos bei der Bundesbank zu hinterlegen. Den Rest – also 800 D-Mark – kann die Bank als Kredit an einen Kunden B vergeben.

B zahlt die 800 D-Mark beispielsweise bei der Geschäftsbank Q ein, um eine Rechnung zu begleichen. Die Bank Q muß nun wiederum 20 % der eingezahlten 800 D-Mark – also 160 D-Mark – zinslos bei der Bundesbank hinterlegen, so daß ihr 640 D-Mark verbleiben, die sie zum Beispiel an den Kunden C als Kredit vergibt. C kann nun wiederum die 640 D-Mark bei einer Bank einzahlen, die 20 % dieses Betrages in Form von Zentralbankgeld bei der Bundesbank hinterlegt und den Rest als Kredit vergibt usw. Dieser Prozeß läßt sich theoretisch beliebig lange fortsetzen.

Motive der Finanzmarktteilnehmer

Aus den 1.000 D-Mark des Kunden A sind nach **zweimaliger** Kreditvergabe bereits

1.000 + 800 + 640 = 2.440 D-Mark

»entstanden«. Von den 2.440 D-Mark sind 1.000 D-Mark Bar- und 1.440 D-Mark Buchgeld.

Mindestreservepolitik

Durch Variation der Mindestreservesätze steuert die Bundesbank die Buchgeldschöpfung der Geschäftsbanken. Senkt sie den Mindestreservesatz, so verbessert sich die Möglichkeit der Geschäftsbanken, Kredite zu gewähren. Damit steigt das Geldangebot, was tendenziell zu einem Sinken des Zinsniveaus auf dem Geldmarkt führt. Kreditnehmer können sich in diesem Fall günstiger verschulden. Sie werden – bei entsprechender Verschuldungsbereitschaft – mehr Geld leihen, um es für Konsum- oder Investitionsgüter auszugeben. Dadurch erhöht sich die Nachfrage nach Gütern, was wiederum einen Anstieg der Produktion und damit der Beschäftigung zur Folge haben kann.

Wenn die Bundesbank die Mindestreservesätze erhöht, dann können die Geschäftsbanken weniger Buchgeld schöpfen. Dadurch wird das Geldangebot verknappt, so daß die »Preise« für Geld – also die Zinsen – steigen. Die Bereitschaft der Privaten und der Unternehmen, Geld aufzunehmen wird tendenziell zurückgehen, wohingegen Geldanlagen – zum Beispiel auf dem Geldmarkt – an Attraktivität gewinnen.

Die **Mindestreservepolitik** der Bundesbank wirkt sich unmittelbar auf die Geldmenge aus; aus diesem Grunde nennt man sie auch Geldmengenpolitik. Durch eine Veränderung der Mindestreservesätze beeinflußt die Bundesbank indirekt das Zinsniveau und damit die Konditionen, zu denen sich Kreditnehmer und Anleger am Geld- und Kapitalmarkt engagieren können.

Diskont- und Lombardpolitik

Geschäftsbanken haben die Möglichkeit, Geld zu beschaffen, indem sie bei der Deutschen Bundesbank Kredite aufnehmen (Refinanzierung der Geschäftsbanken bei der Bundesbank). Kredite werden gewährt, wenn die Geschäftsbanken im Gegenzug Handelswechsel an die Bundesbank verkaufen (Diskontkredit) oder Wertpapiere bei der Bundesbank verpfänden (Lombardkredit). Die Bundesbank fixiert den sogenannten Diskont- und Lombardsatz, zu dem die Geschäftsbanken Diskont- und Lombardkredite verzinsen müssen. Die Geschäftsbanken können diese Kredite aber nicht in beliebiger Höhe beanspruchen, da zum einen das Kontingent der Diskontkredite, die insgesamt an die Geschäftsbanken vergeben werden, begrenzt ist und zum anderen Lombardkredite nur bei Erfüllung bestimmter Voraussetzungen (z. B. kurzfristige Überbrückung eines vorübergehenden Liquiditätsbedarfs einer Bank) vergeben werden.

Die Fixierung des Diskont- und Lombardsatzes sowie die Kontingentierung der Diskontkredite durch die Bundesbank bezeichnet man auch als **Diskont- und Lombardpolitik**, **Refinanzierungspolitik** oder **Zinspolitik**.

Variiert die Bundesbank den Diskont- und Lombardsatz, verteuert oder verbilligt sie diese Form der Refinanzierung für die Geschäftsbanken. Da die Geschäftsbanken die für sie gesunkenen oder erhöhten Kreditkosten in aller Regel an ihre Kunden weitergeben, verändern sich auch die Kreditkonditionen für private und institutionelle Kreditnehmer. Die Diskont- und Lombardpolitik der Bundesbank beeinflußt damit das allgemeine Zinsniveau für Bankkredite und infolgedessen auch die Bereitschaft zur Kreditaufnahme.

Von der Refinanzierungspolitik der Bundesbank geht eine gewisse Signalwirkung aus, weil die Bundesbank damit den »Kurs« ihrer Geldpolitik andeutet. Sie will die Geschäftsbanken zu einem bestimmten Verhalten (z.B. Erhöhung der Kreditzinsen und damit einhergehend eine Reduzierung der Kreditnachfrage) bewegen. In einem freiheitlichen Wirtschaftssystem können Geldaufnahmen und -anlagen nicht diktiert werden. Private, Banken und andere Unternehmen entscheiden und disponieren vielmehr autonom. Bleiben die mit der Diskont- und Lombardpolitik beabsichtigten Reaktionen jedoch aus, so kann die Bundesbank die Geschäftsbanken durch den verstärkten Einsatz anderer geldpolitischer Instrumente (z.B. Intensivierung der Offenmarktpolitik) »maßregeln«.

Die Refinanzierungspolitik der Bundesbank löst zum Teil heftige Reaktionen auf den Finanzmärkten aus. Dies belegt ein Artikel aus dem Handelsblatt vom 31. März 1995.

Abb. 1/4: Diskontpolitik der Bundesbank (Handelsblatt vom 31. 3. 1995, S. 35)

FINANZMÄRKTE / Dollar zeitweise über 1,42 DM

Kurssprung nach Zinsbeschluß

Nach dem unerwarteten Zinsschritt der Bundesbank brach am Donnerstag Hektik an den internationalen Finanzmärkten aus. Besonders der Dollar und Aktien profitierten von der Entscheidung.

HANDELSBLATT, Donnerstag, 30.3.95 rob FRANKFURT/M. Der Zentralbankrat der Bundesbank beschloß auf seiner gestrigen Sitzung, den Diskontsatz um einen halben Prozentsatz auf 4 % zu senken. Außerdem wurde das nächste Wertpapierpensionsgeschäft als Mengentender mit einem Festsatz von 4,50 (bisher: 4,85) % angekündigt. Für die Präsenzbörse kam die unerwartete Entscheidung zu spät. Der Deutsche Aktienindex (Dax) hatte nahezu unverändert gegenüber dem Vortag bei 1918,46 Punkten geschlossen. Nachbörslich setzte das Stimmungsbarometer dann zum Höhenflug an. Besonders gefragt waren Aktien, die zuvor unter der Dollarschwäche gelitten hatten. Der Dax notierte auf Ibis-Basis mit 1966,84 Zählern auf Tageshoch. Am Abend schloß er bei 1949,76 Punkten.

Offenmarktpolitik

Neben der Mindestreserve- und Refinanzierungspolitik kann die Bundesbank durch den Kauf und Verkauf bestimmter Wertpapiere (z. B. zum amtlichen Börsenhandel zugelassene Schuldverschreibungen) für eigene Rechnung am »offenen Markt« die Geldmenge beeinflussen. Diese Maßnahme bezeichnet man auch als **Offenmarktpolitik**. Der Begriff »offener Markt« soll andeuten, daß die Bundesbank am Kapitalmarkt wie »jeder andere« Marktteilnehmer auftritt und keine Sonderrechte banspruchen kann. Eine Direktübernahme von Wertpapieren aus der Hand eines Emittenten ist der Bundesbank untersagt.

Durch den Verkauf von Wertpapieren am Geld- und Kapitalmarkt fließt der Bundesbank Geld zu (Verkaufserlöse für die Wertpapiere). Dem Wirtschaftskreislauf wird damit Geld entzogen. Beim Kauf von Wertpapieren ist es dagegen genau umgekehrt. Die Bundesbank gibt Geld und erhält im Gegenzug Wertpapiere – der Geldumlauf vergrößert sich.

Mit der Offenmarktpolitik kann die Bundesbank also einen direkten Einfluß auf die Geldmenge ausüben und zum Beispiel das Kreditvergabeverhalten der Geschäftsbanken steuern. Investieren Geschäftsbanken ihr Geld vorzugsweise in die von der Bundesbank angebotenen Wertpapiere, weil die Bundesbank diese zu einem günstigen Kurs anbietet, so stehen den Geschäftsbanken weniger Mittel für Kredite an andere Unternehmen und Private zur Verfügung. Fragt die Bundesbank am Geld- und Kapitalmarkt hingegen Wertpapiere nach und die Banken verkaufen diese, dann verbes-

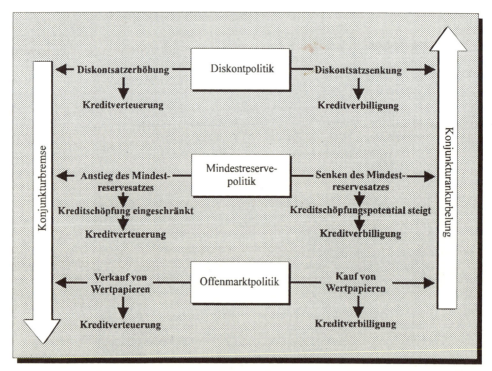

Abb. 1/5: Geldpolitische Instrumente

sern sich deren Möglichkeiten zur Kreditvergabe, weil Geld aus dem Wertpapierverkauf zugeflossen ist.

Die Bundesbank kann die Instrumente der Mindestreserve-, Refinanzierungs- und Offenmarktpolitik sowohl isoliert als auch in Kombination miteinander einsetzen. Für die Erreichung einer Geldwertstabilität ist entscheidend, welche Instrumente ausgewählt, wie sie »dosiert« und zu welchem Zeitpunkt sie eingesetzt werden.

In einer Marktwirtschaft bilden sich die Preise für Güter und Dienstleistungen im Regelfalle frei, das heißt, daß die Preise aufgrund von Angebot und Nachfrage zustandekommen. Damit entfällt die Möglichkeit, eine geringe Inflation und die damit verbundene Geldwertstabilität durch eine Diktierung der Preise zu erreichen. Den Ansatzpunkt für eine Stabilerhaltung der Währung bietet vielmehr das Geld, das zur Bezahlung der Güter benötigt wird. Einer Inflation kann durch eine sachgemäße Steuerung der Geldmenge begegnet werden.

Während der Binnenwert des Geldes das Austauschverhältnis zwischen Geld und Gütern ausdrückt, stellt der Außenwert des Geldes das Austauschverhältnis zwischen inländischer und ausländischer Währung dar.

Da jede Volkswirtschaft über eine eigene Währung verfügt, können Güter zwischen verschiedenen Ländern nur dann getauscht werden, wenn ein Markt existiert, auf dem die unterschiedlichen Landeswährungen gehandelt werden. Dieser Markt ist der Devisenmarkt.

Auf dem Devisenmarkt können sich die Währungskurse zum einen völlig frei bilden (reines Floating), und zwar aufgrund von Angebot und Nachfrage nach einer Währung, zum anderen können die Kurse aber auch fixiert werden. Der Staat legt dann die Preise für ausländisches Geld fest. In diesem Fall kann eigentlich nicht mehr von einem Devisenmarkt gesprochen werden.

Zwischen einem System völlig freier und staatlich fixierter Währungskurse existieren eine Reihe weiterer Währungssysteme wie zum Beispiel Systeme mit kontrolliertem Floating, Systeme mit Bandbreitenfixierung, stufenflexible Systeme usw., auf die hier aber nicht näher eingegangen werden soll.

Das bedeutendste Währungssystem der Vergangenheit war das »System von Bretton Woods«, das im Jahre 1944 von Vertretern der wichtigsten Industrienationen (insgesamt 44 Länder) – angeführt von den USA und England – beschlossen wurde. Es war dadurch gekennzeichnet, daß der Währungskurs eines jeden Mitgliedslandes gegenüber dem US-Dollar festgelegt wurde. Diese Fixierung brachte es mit sich, daß auch die Währungskurse der übrigen Mitgliedsstaaten untereinander eindeutig feststanden. Der US-Dollar übernahm die Funktion einer Leitwährung.

Das System fester Währungskurse von Bretton Woods brach im Jahre 1973 zusammen. Nach einer längeren Übergangsphase bildete sich ein Weltwährungssystem, das durch eine verhältnismäßig hohe Flexibilität der Währungskurse charakterisiert wird. Heute bilden sich die Währungskurse bedeutender Industrienationen, wie zum Beispiel

- der USA,
- Großbritannien und
- Japan

untereinander flexibel. Obwohl gegenüber dem US-Dollar keine festen Währungskurse mehr existieren, behält der Dollar seine Stellung als wichtigste internationale Währung.

Dagegen sind die Währungen der Mitgliedsstaaten der Europäischen Gemeinschaft – innerhalb bestimmter Bandbreiten – fest miteinander verknüpft, während sie gegenüber allen anderen Währungen frei schwanken.

Das Europäische Währungssystem (EWS) trat im März 1979 in Kraft und stellt eine Reaktion der am EWS beteiligten europäischen Staaten auf die heftigen Devisenkursschwankungen nach dem Zusammenbruch des Währungssystems von Bretton Woods dar. Mit der Implementierung des EWS sollte eine Zone stabiler Währungskurse geschaffen werden, die langfristig eine vollständige Integration der europäischen Mitgliedsstaaten und die Schaffung einer einheitlichen europäischen Währung gewährleisten soll. Bedeutende Komponenten des EWS sind

- die ECU,
- das Interventionssystem und
- die Abweichungsschwelle.

Die Europäische Währungseinheit ECU repräsentiert einen Währungskorb, der sich aus festen Beträgen aller Währungen der EU-Mitgliedsstaaten zusammensetzt. Der Anteil einer Währung am Korb wird u.a. durch

- den Handel zwischen den Mitgliedsstaaten und
- das Bruttosozialprodukt eines Landes

bestimmt.

Die Regierungen der am EWS beteiligten Länder legen sogenannte bilaterale Leitkurse ihrer Währungen fest. Der Währungskurs darf dann innerhalb einer für jede einzelne Währung festgelegten Bandbreite um den Leitkurs schwanken. Droht der Kurs einer Währung die aus den Breiten des Bandes resultierenden Höchst- und Tiefstkurse zu über- bzw. unterschreiten, dann sind die Zentralbanken der beteiligten Länder zur Intervention verpflichtet. Von den Ländern werden währungskurssenkende bzw. -steigernde Maßnahmen jedoch schon dann erwartet, wenn die sog. Abweichungsschwelle erreicht wird. Dies ist der Fall, wenn 75 % der größtmöglichen Abweichung einer Währung von ihrem Leitkurs erreicht ist.

Von einer Aufwertung der inländischen Währung spricht man, wenn für den Erwerb einer fremden Währung weniger inländische Währungseinheiten hingegeben werden müssen, als zu einem früheren Zeitpunkt. Bei einer Abwertung ist es dagegen genau umgekehrt.

Für eine Volkswirtschaft ist weder eine zu starke Ab- noch eine zu starke

Aufwertung der Inlandswährung gegenüber einer ausländischen Währung erstrebenswert. Eine Aufwertung der D-Mark gegenüber dem US-Dollar beeinträchtigt zum Beispiel den Umsatz deutscher Exportunternehmen, weil die Preise für deutsche Güter – ausgedrückt in US-Dollar – steigen. Dies kann mit einem Verlust von Arbeitsplätzen verbunden sein. Bei einer starken Abwertung der D-Mark gegenüber dem US-Dollar steigen zwar die Exportchancen deutscher Unternehmen, die erhöhte Nachfrage nach Inlandsgütern und die damit verbundenen Preissteigerungen bewirken aber eine Zunahme der Inflation.

Die Wirtschaftspolitik der Bundesregierung und damit auch die Geldpolitik der Bundesbank verfolgen neben einem angemessenen Wirtschaftswachstum und einem außenwirtschaftlichen Gleichgewicht sowohl das Ziel der Vollbeschäftigung als auch das Ziel der Geldwertstabilität (»magisches Viereck«). Eine zu starke Aufwertung der D-Mark gefährdet jedoch das Ziel der Vollbeschäftigung, wohingegen eine zu starke Abwertung eine Geldwertstabilität beeinträchtigt.

Die Deutsche Bundesbank verkauft staatliche Devisenreserven mit dem Ziel, den Währungskurs der jeweiligen Fremdwährung zu senken, sie kauft Devisen, um einen Währungskurs zu stützen. Mit diesen Transaktionen werden die

- Güter-Importe und -Exporte und
- Kapital-Importe und -Exporte

eines Landes beeinflußt. Diese wirken sich dann zum Beispiel auf die Beschäftigung oder das Preisniveau in einer Volkswirtschaft aus. Die Bundesbank verfolgt mit Devisentransaktionen zumeist gesamtwirtschaftliche Zielsetzungen. Darüber hinaus wickelt sie auch Transaktionen im sog. Kundengeschäft (Einzug von Auslandswechseln, Fremdwährungszahlungen für Banken und andere Unternehmen usw.) und Regierungszahlungen (Unterstützungszahlungen usw.) ab.

Geschäftsbanken
1.4.3.2

Im Gegensatz zur Deutschen Bundesbank verfolgen Geschäftsbanken – mit Ausnahme öffentlich-rechtlicher Geschäftsbanken (z. B. Sparkassen), genossenschaftlicher Banken (z. B. Volksbanken) usw. – das Ziel der Gewinnmaximierung.

Neben der Deutschen Bundesbank zählen die Geschäftsbanken zu den Teilnehmern, die die Finanzmärkte am stärksten beanspruchen. Die Motive, die zu Finanzmarkttransaktionen führen, sind ausgesprochen vielfältig und sollen hier nicht vollständig aufgeführt werden. Die Ausführungen in den übrigen Kapiteln werden sowohl die Stellung der Geschäftsbanken auf den Finanzmärkten als auch ihre Beweggründe für Finanzmarkttransaktionen verdeutlichen. An dieser Stelle sollen vielmehr exemplarisch einige Motive für Finanzmarkttransaktionen der Geschäftsbanken aufgegriffen werden.

Aufgrund unterschiedlicher Kundenstrukturen haben einige Geschäftsbanken höhere kurzfristige Einlagen (z. B. Termineinlagen) als kurzfristige Kredite (z. B. Dispositionskredit), bei anderen Geschäftsbanken ist es dagegen genau umgekehrt. Geschäftsbanken beanspruchen deshalb den Geldmarkt. Sie

- legen Geld an, wenn ihre Einlagen die Kredite übertreffen und
- nehmen Geld auf, wenn ihre Einlagen zur Kreditvergabe nicht ausreichen.

Der Geldmarkt ermöglicht den Liquiditätsausgleich zwischen einzelnen Geschäftsbanken und sichert somit deren jederzeitige Zahlungsbereitschaft. Außerdem decken sich Geschäftsbanken am Geldmarkt mit Zentralbankgeld ein, das sie zur Erfüllung ihrer Mindestreservepflicht benötigen. Auf dem Geldmarkt werden darüber hinaus Spekulationsgeschäfte getätigt. Spekuliert der Geldhändler einer Bank beispielsweise auf einen Anstieg des Zinsniveaus am Geldmarkt, dann nimmt er für einen längeren Zeitraum (z. B. 3 Monate) Geld auf und legt es für einen kürzeren Zeitraum (z. B. 1 Monat) an. Nach Ablauf des kürzeren Zeitraums können die aus der Geldanlage zurückgeflossenen Mittel – unter der Voraussetzung einer korrekten Zinsprognose – zum dann höheren Zinssatz wieder am Geldmarkt für die Restlaufzeit (in diesem Fall 2 Monate) angelegt werden. Die Zinserträge sind, bei entsprechend hohem Zinsanstieg, größer als die Zinsaufwendungen.

Während die Geschäftsbanken zur kurzfristigen Geldaufnahme und -anlage den Geldmarkt beanspruchen, engagieren sie sich am Kapitalmarkt, wenn Geld langfristig angelegt oder aufgenommen wird. Im Gegensatz zum Geldmarkt kann am Kapitalmarkt auch Eigenkapital, zum Beispiel durch Emission von Aktien, beschafft werden.

Die Geschäftsbanken kaufen Wertpapiere am Kapitalmarkt sowohl im Auftrag ihrer Kunden (Effektenkundengeschäfte) als auch im eigenen Namen und für eigene Rechnung (Effekteneigengeschäfte). Genauso emittieren Geschäftsbanken eigene Wertpapiere (Selbstemission) und wirken – aufgrund ihrer Kapitalmarkt- und Vertriebserfahrung – bei der Unterbringung von Wertpapieren anderer Unternehmen sowie öffentlicher Haushalte mit (Fremdemission).

Geschäftsbanken engagieren sich ausgesprochen stark auf den Devisenmärkten. Sie wickeln hier sowohl Kauf- und Verkaufsaufträge für ihre Kunden als auch Eigengeschäfte ab. Eigengeschäfte weisen keinen unmittelbaren Bezug zu den Geschäften der Bankkunden auf und werden häufig aus Spekulationsmotiven – auch Meinungsarbitrage genannt – betrieben. Die Devisenhändler der Geschäftsbanken werten die für die Devisenkursbildung relevanten Informationen aus, bilden sich eine Meinung über die zukünftige Devisenkursentwicklung und leiten bei entsprechender Kursprognose Transaktionen am Devisenmarkt ein. Wird ein Kursanstieg für eine bestimmte Währung vorausgesagt, so kauft der Händler diese Währung in der Hoffnung, sie später zu einem höheren Kurs wieder verkaufen zu können. Die Eigengeschäfte stellen den mit Abstand größten Teil am weltweiten Devisenhandelsvolumen dar.

Staat **37**

Banken, die aufgrund ihrer Infrastruktur und weltweiten Präsenz in der Lage sind, ständig verbindliche An- und Verkaufskurse für eine oder mehrere Währungen zu stellen, heißen »Market-Maker«. Zu den vom Market-Maker gestellten Kursen handeln die übrigen Marktteilnehmer, so daß ein Market-Maker unter Umständen zu Geldkursen (Kaufkurs) Währungen kaufen und zu höheren Briefkursen (Verkaufskurs) wieder verkaufen kann. Eine Market-Maker-Position kann aber auch mit Nachteilen verbunden sein, da die Marktteilnehmer vom Market-Maker ständig Kursquotierungen erwarten. Für Market-Maker ist eine Kursstellung insbesondere bei Unsicherheit über politische und ökonomische Entwicklungen jedoch häufig problematisch.

Market Maker

An den Finanzmärkten konnte in den zurückliegenden 20 Jahren eine zum Teil erhebliche Zunahme von Preisrisiken – also Devisen- und Aktienkurs- sowie Zinsschwankungen – beobachtet werden. Dies ist auf Ereignisse wie zum Beispiel den Zusammenbruch des Währungssystems von Bretton-Woods im Jahre 1973, den Zerfall kommunistischer Regime, die Wiedervereinigung Deutschlands usw. zurückzuführen. Aufgrund des Anstiegs der Preisrisiken, aber auch aufgrund einer zunehmenden Sensibilisierung der Finanzmarktteilnehmer für solche Risiken gewannen Instrumente zur Risikoabsicherung, insbesondere die Derivate, in den letzten Jahren immer mehr an Bedeutung. Viele Geschäftsbanken haben dies frühzeitig erkannt und sich auf den Bedarf der Marktteilnehmer eingestellt. Die Anbieter von OTC-Derivaten (OTC-Optionen, Forwards usw.) – also auf die individuellen Anforderungen der Marktteilnehmer »zugeschnittenen« derivativen Finanzinstrumente – sind nahezu ausnahmslos Geschäftsbanken. Sie betreiben den Handel mit OTC-Derivaten aus zweierlei Gründen: Zum einen erzielen sie damit Margen, zum anderen sichern sie durch den Kauf und Verkauf derivativer Finanzinstrumente eigene Bilanzpositionen gegen Preisrisiken ab.

Geschäftsbanken handeln aber nicht nur OTC-Derivate, sie engagieren sich auch an Terminbörsen und kaufen bzw. verkaufen standardisierte Derivate. Die an Terminbörsen teilnehmenden Banken lassen sich grundsätzlich in zwei Gruppen einteilen. Der einen Gruppe gehören die Banken an, die ausschließlich Geschäfte für Kunden, aber auch Geschäfte auf eigene Rechnung (Eigengeschäfte) abschließen, wohingegen die Banken der anderen Gruppe nicht nur Eigen- und Kundengeschäfte abwickeln, sondern zusätzlich Market-Maker-Funktionen ausüben. Es ist Aufgabe eines Market-Makers für ein bestimmtes derivatives Finanzinstrument (z.B. DAX-Future) auf Anfrage anderer Marktteilnehmer verbindliche Geld- und Briefkurse zu stellen.

Staat

1.4.4

In einer sozialen Marktwirtschaft überläßt der Staat – anders als in einer idealtypischen freien Marktwirtschaft – die wirtschaftliche Entwicklung eines Landes nicht sich selbst. Er setzt vielmehr Rahmenbedingungen, an denen die Marktteilnehmer (Private Haushalte und Unternehmen) ihre Aktivitäten ausrichten. Unter Umständen greift der Staat auch selbst in das

Wirtschaftsgeschehen ein, und zwar immer dann, wenn das Wohl der Gemeinschaft dies erfordert. Die sporadischen Interventionen des Staates sollen die Vorteile einer freien Marktwirtschaft erhalten, ihre Schwächen jedoch so weit wie möglich eliminieren, damit der Verlauf der Konjunktur (Schwankungen der wirtschaftlichen Entwicklung) stabilisiert wird und die Wirtschaft stetig wächst.

Zur Beeinflussung des Wirtschaftsgeschehens (Konjunktur, Wirtschaftswachstum usw.) eines Landes setzt der Staat sowohl Elemente zur Gestaltung der Rahmenbedingungen als auch Instrumente zur direkten Steuerung der Wirtschaft ein. Rahmenbedingungen sollen die Voraussetzungen zum Aufbau und zur Erhaltung der sozialen Marktwirtschaft ermöglichen, sie werden zum Beispiel durch Gesetze wie das »Gesetz gegen Wettbewerbsbeschränkungen« geschaffen.

Hier soll der Schwerpunkt jedoch auf die Instrumente zur direkten Beeinflussung des Wirtschaftgeschehens – und zwar insbesondere auf die Geld- und Fiskalpolitik – gelegt werden, weil dabei die Motive des Staates für Finanzmarkttransaktionen besonders deutlich werden. Wenn im weiteren von der »Wirtschaftspolitik« gesprochen wird, ist damit immer die Geld- und Fiskalpolitik gemeint.

Mit seiner Wirtschaftspolitik verfolgt der Staat eine Reihe unterschiedlicher Ziele. Vier wesentliche Ziele stehen aber immer im Vordergrund. Dies sind im einzelnen die Geldwertstabilität, die Vollbeschäftigung, ein angemessenes Wirtschaftswachstum und ein außenwirtschaftliches Gleichgewicht. Diese vier Ziele stehen in einem bestimmten Verhältnis zueinander, das häufig mit dem Begriff »magisches Viereck« umschrieben wird. Die Bezeichnung »magisch« soll andeuten, daß eine gleichzeitige Erreichung alle vier Ziele nicht möglich ist. Welchem Ziel der Vorrang gewährt wird hängt

Abb. 1/6: Magisches Viereck

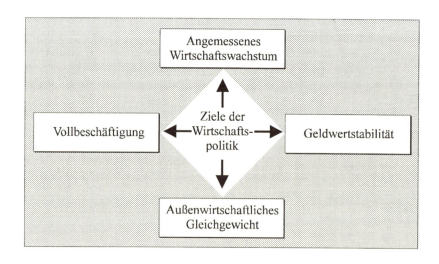

sowohl von der jeweiligen wirtschaftlichen Verfassung eines Landes als auch von der Einstellung der Entscheidungsträger (Bundesregierung, Bundesbank usw.) zu den einzelnen Zielen des magischen Vierecks ab. Häufig wird dem Ziel die größte Aufmerksamkeit geschenkt, das am meisten gefährdet scheint.

Zur Erreichung der wirtschaftspolitischen Ziele setzt der Staat geld- und fiskalpolitische Instrumente ein. Die fiskalpolitischen Instrumente umfassen die Veränderungen der Staatseinnahmen (z. B. Steuern) und -ausgaben (z. B. Ausgaben für den Bau von Straßen). Fiskalpolitische Entscheidungen werden in der Bundesrepublik Deutschland von Bundes- und Landesregierungen getragen; geldpolitische Entscheidungen dagegen von der Deutschen Bundesbank. Die Bundesbank ist bei der Ausübung ihrer Befugnisse von den Weisungen der Bundesregierung unabhängig. Sie ist jedoch verpflichtet, die Wirtschaftspolitik der Bundesregierung zu unterstützen, wobei sie ihre eigenen Aufgaben aber wahren muß.

Die Bundesregierung folgt bei ihren fiskalpolitischen Entscheidungen unter anderem den Erkenntnissen des englischen Ökonomen John Maynard Keynes und tätigt Staatsausgaben und -einnahmen antizyklisch. Damit ist eine dem Konjunkturzyklus gegenläufige Einnahmen- und Ausgabenpolitik gemeint. In Zeiten eines wirtschaftlichen Abschwungs erhöht die Bundesregierung die Staatsausgaben und senkt die Staatseinnahmen (z. B. die Steuern), wohingegen die Regierung bei einem konjunkturellen Aufschwung genau entgegengesetzt handelt – die Ausgaben werden gedrosselt und die Einnahmen gegebenenfalls erhöht. Das antizyklische Verhalten soll die »Konjunkturausschläge« glätten, so daß nicht nur einer Rezession, sondern auch einer »überschäumenden« Konjunktur und der damit verbundenen hohen Inflation entgegengewirkt wird.

Die Einflüsse fiskalpolitischer Entscheidungen auf die Finanzmärkte sind vielfältig. Eine vollständige Abhandlung sämtlicher Auswirkungen würde aber zu weit führen, so daß der Zusammenhang zwischen Fiskalpolitik und Reaktionen auf den Finanzmärkten an einigen Beispielen veranschaulicht werden soll.

Im Zuge einer Rezession (wirtschaftlicher Abschwung) wird die Bundesregierung beispielsweise zusätzliche Ausgaben tätigen (expansive Ausgabenpolitik) und

- öffentliche Investitionen durchführen (z. B. im Bildungs- und Gesundheitswesen),
- Unternehmen subventionieren (z. B. Investitionszuschüsse) oder
- Private verstärkt unterstützen (z. B. Erhöhung des Wohngelds).

Dadurch erhöht sich die öffentliche Nachfrage, was zu einem Anstieg der Beschäftigung führen und damit der Rezession entgegenwirken kann. Die zusätzlichen Ausgaben finanziert die Bundesregierung oftmals durch die Emission von Anleihen (Bundesanleihen), die am Kapitalmarkt plaziert werden. Anstelle oder zusätzlich zu einer expansiven Ausgabenpolitik könnte die Bundesregierung aber auch die Einkommen- und/oder Körperschaftsteuer senken. Diese Maßnahme senkt die Abgaben der Privaten und Unternehmen. Die zusätzlichen finanziellen Mittel könnten konsumiert und investiert aber auch am Kapitalmarkt angelegt werden.

In einer Boomphase wird der Staat die öffentliche Nachfrage drosseln, indem Ausgaben nicht mehr getätigt oder in die Zukunft verschoben werden (kontraktive Ausgabenpolitik).

AKTIEN

Aktien

Aktiengesellschaft

Investitionen wie der Bau von Kraftwerken oder die Produktion von Kraftfahrzeugen, Flugzeugen usw. erfordern so große Kapitalmengen, daß in der Regel weder eine einzelne Person noch eine kleine Gruppe von Personen imstande ist, diese Beträge bereitzustellen oder das damit verbundene Kapitalverlustrisiko zu tragen. Die Unternehmungsform der Aktiengesellschaft (AG) bietet die Möglichkeit, solche Summen durch die Beteiligung einer großen Zahl von Geldgebern aufzubringen, die lediglich ihre Einlage riskieren.

Die Leitung der Aktiengesellschaft übernimmt der Vorstand. Dieser besteht aus mehreren Managern, die vom Überwachungsorgan der AG, dem Aufsichtsrat, eingesetzt werden.

Um das notwendige Eigenkapital bei der Gründung einer Aktiengesellschaft aufzubringen, werden die Anteilsrechte an der Gesellschaft an Investoren verkauft. Hierzu wird das vorher bestimmte Grundkapital, das man auch gezeichnetes Kapital, haftendes Kapital oder Nennkapital nennt, auf eine Vielzahl von Zertifikaten, die sogenannten **Aktien**, verteilt. Der Nennbetrag, das heißt, der verbriefte Anteilsbetrag pro Zertifikat, muß nach deutschem Aktienrecht mindestens 5 D-Mark betragen.

Aktien

Der Käufer einer Aktie wird Miteigentümer der Unternehmung. Als Aktionär hat er Anspruch auf einen Anteil des Gewinns der Aktiengesellschaft, der ihm in Form einer Dividende ausgeschüttet wird. Die Dividende ist von der Ertragslage des Unternehmens abhängig und deshalb im Zeitverlauf keine feste Größe.

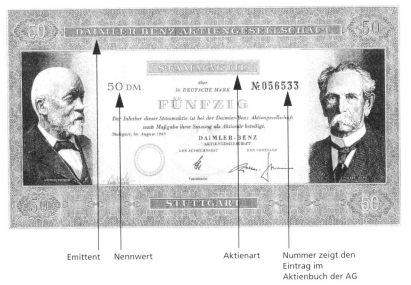

Abb. 2/1: Stammaktie der Daimler-Benz AG

Weiterhin kann sich der Aktionär einmal jährlich in der Hauptversammlung durch ein in der Aktie verbrieftes Stimmrecht an wichtigen Entscheidungen der Aktiengesellschaft beteiligen.[1] Dazu gehören beispielsweise Entscheidungen über die Gewinnverwendung oder über die Entlastung des Vorstandes und des Aufsichtsrates.

Abb. 2/2: Organe der Aktiengesellschaft

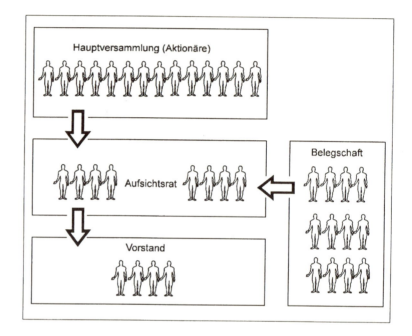

Abb. 2/3: Vollmacht zur Stimmrechtsausübung

---

[1] *Eine Ausnahme bilden hier die Inhaber stimmrechtloser Aktien.*

Will ein Aktionär sein Stimmrecht nicht persönlich ausüben, so kann er es auf andere Personen oder Institutionen übertragen. In den meisten Fällen betrauen Aktionäre die Depotbank, das heißt, die Bank, die die Wertpapiere für sie verwahrt, mit der Wahrnehmung ihrer Rechte in der Hauptversammlung. Dafür erteilen sie der Bank eine Vollmacht, die grundsätzlich auf 15 Monate befristet ist (vgl. Abb. 2/3). Dieser Vorgang wird als Erteilung des **Depotstimmrechts** bezeichnet und kann jederzeit rückgängig gemacht werden.

Depotstimmrecht

Wertpapierbörse

2.1.2

Organisation

2.1.2.1

Zahlreiche Aktiengesellschaften bedienen sich bei der Aktienemission der amtlichen Handelsplätze für Wertpapiere, der Börsen. Die gesetzliche Grundlage für den Börsenhandel in Deutschland ist das **Börsengesetz** von 1896. Hierin sind allgemeine Bestimmungen über den Aufbau einer Börse, den Ablauf des Börsengeschäftes, die Börsenaufsicht usw. festgehalten. Die Vorschriften des Börsengesetzes werden für jede regionale Börse durch eine entsprechende **Börsenordnung** konkretisiert.

Börsengesetz

Börsenordnung

Der Börsenhandel selbst spielt sich im Rahmen traditioneller Handelsusancen (Handelsbräuche) ab. Diese sind heute weitgehend vereinheitlicht und von den Börsenvorständen schriftlich fixiert worden.

Die **Börsenträger** weisen in Deutschland die Rechtsform

Börsenträger

- einer öffentlich-rechtlichen Körperschaft (z.B. Industrie- und Handelskammern),
- eines Vereins des bürgerlichen Rechts (Börsenverein e. V.) oder
- einer Körperschaft des privaten Rechts (z.B. Deutsche Börse Aktiengesellschaft, Frankfurt am Main)

auf. Der Träger einer Börse stellt auf Anforderung der Börsenleitung oder der Börsenverwaltung und im Einvernehmen mit diesen die personellen und finanziellen Mittel sowie die erforderlichen Räume zur Abwicklung der Börse zur Verfügung. Er darf nicht in das Börsengeschehen eingreifen.

Für die Verwaltung und Leitung der Börse zeigt sich der Börsenvorstand – auch Börsenrat genannt – verantwortlich. Er erläßt die Börsen- und Gebührenordnung und bestellt die Geschäftsführer, denen die »aktive« Börsenleitung obliegt. Die Börsenaufsicht wird von der zuständigen obersten Behörde des betreffenden Bundeslandes wahrgenommen – in Hessen beispielsweise vom Ministerium für Wirtschaft, Verkehr, Technologie und Europaangelegenheiten.

Börsenverwaltung/-leitung

46 Aktien

2.1.2.2 **Deutsche Börse AG**

2.1.2.2.1 **Beteiligungen**

Der Börsenvorstand der Frankfurter Wertpapierbörse hat im Jahre 1990 entschieden, die Trägerschaft der Börse mit Wirkung vom 1.1.1991 von der Industrie- und Handelskammer zu Frankfurt auf die Deutsche Börse Aktiengesellschaft zu übertragen.

Abb. 2/4: Deutsche Börse AG, Beteiligungen

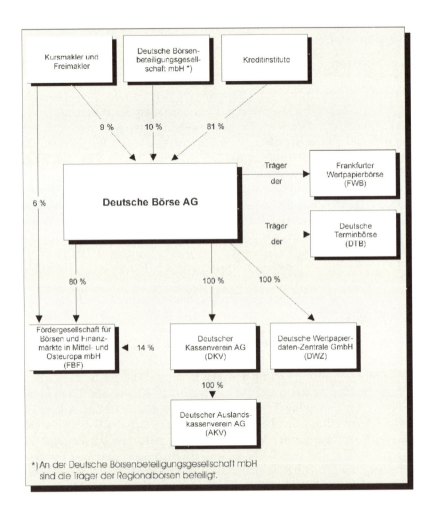

Die Aktien der Deutsche Börse AG wurden den Mitgliedern der Börse, namentlich in- und ausländischen Banken sowie Maklerfirmen, zum Kauf angeboten. Zudem sind alle anderen deutschen Börsen gemeinsam an der Deutschen Börse AG beteiligt (Vgl. Abb. 2/4). Um sicherzustellen, daß die Aktien im Besitz der ursprünglichen Anteilseigner verbleiben, ist ihre Übertragung auf Dritte ausgeschlossen.

Die Wahl der Rechtsform einer Kapitalgesellschaft als Träger der Wertpapierbörse ist mit dem enormen Kapitalbedarf zu begründen, den die permanenten Verbesserungen des Börsenapparates mit Hinblick auf eine kostengünstige Abwicklung der Börsengeschäfte erfordern. Beispielsweise wird die am Börsenplatz Frankfurt geplante Umstellung vom Präsenz- auf den Computerhandel einer Studie zu Folge Investitionsaufwendungen in Höhe von ca. 300 Millionen D-Mark verursachen.

Deutsche Börse setzt auf den Computer

Hohes Risiko

Von FRANZ-JOSEF EBEL

Das deutsche Börsenwesen befindet sich im Umbruch. In den nächsten drei bis fünf Jahren soll das Parkett abgeschafft und ein vollelektronischer Handel installiert werden. Trotz mancher Widerstände rückt Deutsche-Börse-Vorstandschef Dr. Werner G. Seifert von diesem in der Projektstudie „Zeus" anvisierten Ziel nicht ab. Die Konsequenzen für den Wertpapierhandel sind weitreichend. So werden beispielsweise die Kursmakler von der Bildfläche verschwinden. Doch auch für viele Banken dürfte die Transformation kein Zuckerschlecken werden. Eine EDV-Börse erfordert hohe Investitionen. Diese können sich nur die größeren – vielleicht auch noch die mittleren – Geldinstitute leisten.

Der Computerhandel wird daher die Zahl der Marktteilnehmer verringern. Ein Verlust an Liquidität ist nicht auszuschließen, obwohl genau das Gegenteil erreicht werden soll. Die ohnehin bestehende Oligopolisierung dürfte sich noch verstärken. Es besteht sogar die Gefahr, daß nur die Großen übrigbleiben. Eine derart „exklusive" Veranstaltung wäre jedoch von einem funktionierenden Markt weit entfernt. Und die Horrorvision, daß einige Banken ihre EDV ins Rennen um Eigenhandelsgewinne schicken werden und es zu einem Kampf Computer gegen Computer kommen könnte, ist nicht völlige Utopie.

Natürlich muß das deutsche Börsenwesen sich grundlegend ändern, wenn es im schärfer werdenden europäischen Wettbewerb eine Führungsposition beanspruchen will. Ein EDV-Handel ist dafür jedoch nicht unabdingbar. Viele erfolgreiche Börsen – z.B. in New York und Tokio – setzen auf den computerunterstützten Präsenzhandel. An der Liffe – einer Parkettbörse – weist der Bund-Future-Handel immer noch eine höhere Liquidität als an der DTB auf. In schlechter Erinnerung ist auch das mangelhafte Funktionieren der London Stock Exchange – einer Bildschirmbörse – während des Börsenkrachs von 1987.

In jedem Fall ist die Strategie der Deutschen Börse AG mit einem hohen Risiko verbunden. Der vollelektronische Handel erfordert Investitionen in Höhe von 300 Mill. DM. Das Experiment Computerbörse kann nicht einfach gestoppt werden, wenn es erst einmal richtig angelaufen ist. Sollte der gewünschte Erfolg ausbleiben, kann auch das Parkett nicht wiederbelebt werden. Von einem Fehlschlag oder einer Konzentration des DM-Wertpapierhandels an einem anderen ausländischen Platz würden besonders die kleineren und mittleren Banken betroffen sein. Sie müßten sich entweder völlig aus diesem Geschäftsfeld verabschieden oder derartige Leistungen im Ausland über die großen Institute teuer einkaufen. Die großen Banken können sich dagegen beruhigt zurücklehnen. Bei einem Scheitern des geplanten elektronischen Handelssystems werden sie ihr deutsches Wertpapiergeschäft halt auf den ohnehin schon führenden Finanzplatz London konzentrieren. Dort sind sie, im Gegensatz zu den kleineren Instituten, bereits stark präsent.

| 48 | Aktien |

2.1.2.2.2

Aufgaben der Kassenvereine

Ein erster wichtiger Schritt zur Kostenreduktion im Wertpapierhandel war die Einrichtung der »Deutscher Kassenverein Aktiengesellschaft« im Dezember 1989. Die Gesellschaft ist eine 100%ige Tochter der Deutschen Börse AG und für die zentrale Verwahrung börsengehandelter Wertpapiere verantwortlich. Börsenteilnehmern wird hierdurch die Möglichkeit eröffnet, Wertpapierübertragungen ohne die Bewegung effektiver Stücke, das heißt, lediglich durch einen Buchübertrag, vorzunehmen. Die rechtliche Voraussetzung dafür schafft das Depotgesetz.

Das Depotgesetz unterscheidet bei der Verwahrung von Wertpapieren durch Kreditinstitute zwischen der Sonderverwahrung (auch Einzel- oder Streifbandverwahrung genannt) und der Sammelverwahrung, die in der Praxis häufig als Girosammelverwahrung bezeichnet wird.

Sonderver-
wahrung

Die **Sonderverwahrung** ermöglicht dem Eigentümer eines Wertpapiers, im Besitz der ursprünglich erworbenen Originalurkunde zu bleiben. Der Verwahrer (Depotbank) ist bei einer Sonderverwahrung verpflichtet, die hinterlegten Wertpapiere so zu kennzeichnen, daß sie von den eigenen Beständen und von den Beständen Dritter unterschieden werden können.

Verwahrung in
Wertpapiersam-
melbank

Anstelle einer Sonderverwahrung ist für die meisten Wertpapiertitel heute eine **Sammelverwahrung** in einer **Wertpapiersammelbank** vorgesehen. Die Zertifikate werden dabei nicht mehr nach den Eigentümern getrennt, sondern als Sammelbestand bei einem sogenannten Kassenverein hinterlegt. Lange Zeit bestanden in Deutschland insgesamt sieben Kassenvereine an den Börsenplätzen Berlin, Hamburg, Hannover, Düsseldorf, Frankfurt am Main, München und Stuttgart. Für die Geschäfte der Bremer Börse war die Norddeutsche Kassenverein AG, Hamburg, mitverantwortlich. Im Dezember 1989 kam es zu einer Verschmelzung der sieben Kassenvereine zur »Deutscher Kassenverein Aktiengesellschaft« mit ihrer Zentrale in Frankfurt am Main.

Für die Aufbewahrung ausländischer Effekten gründeten die deutschen Wertpapiersammelbanken bereits 1970 die »Deutscher Auslandskassenverein Aktiengesellschaft« ebenfalls mit Sitz in Frankfurt am Main.

Die Vorteile der Sammel- gegenüber der Einzelverwahrung sind in erster Linie der verminderte Zeit- und Arbeitsaufwand und die damit verbundene Kostenersparnis, aber auch die verminderte Gefahr eines Diebstahls oder Verlustes der Originalzertifikate.

2.1.2.3

Wertpapierhandelsformen

2.1.2.3.1

Übersicht

Wertpapiere werden in Deutschland börslich und außerbörslich gehandelt (vgl. Abb. 2/5).

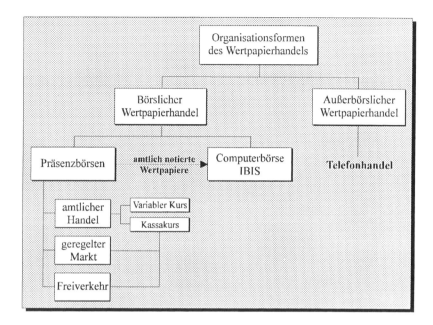

Abb. 2/5: Organisation des Wertpapierhandels

Börslicher Handel 2.1.2.3.2

Präsenzhandel 2.1.2.3.2.1

Die an den deutschen Präsenzbörsen gehandelten Wertpapiere lassen sich drei unterschiedlichen Marktsegmenten zuordnen. Die Segmente unterscheiden sich voneinander durch unterschiedliche Zulassungsvoraussetzungen, die von den Wertpapieremittenten zu erfüllen sind. Im **amtlichen Handel** gelten die strengsten Formvorschriften für in- und ausländische Kapitalgesellschaften. Zu den wesentlichen Bedingungen, die bei einer Aktienemission zu erfüllen sind, zählen

amtlicher Handel

- der Zulassungsprospekt auf der Basis dreier Jahresabschlüsse,
- die Veröffentlichung von Zwischenberichten,
- die umgehende Information der Anleger über Umstände mit erheblichen Folgen für den Kurs,
- ein voraussichtlicher Gesamtkurswert von mindestens 2,5 Millionen D-Mark,
- ein Mindeststreubesitz von einem Viertel sowie
- ein Mitantragsteller bei der Einführung, der ein zum Börsenhandel zugelassenes Kreditinstitut sein muß.

Die Marktteilnehmer können davon ausgehen, daß amtlich gehandelte Aktien immer ge- und verkauft werden können, weil die Umsätze an jedem Börsentag ausreichend hoch sind.

Die im amtlichen Handel notierten Aktien stammen häufig von Unternehmen mit erstklassiger Bonität. In den USA werden solche Aktien mit dem Begriff *blue chips* bezeichnet, der sich mittlerweile auch in Deutschland durchgesetzt hat.

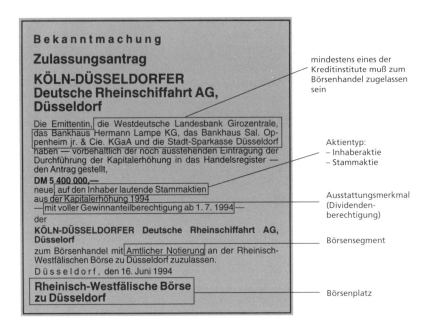

Abb. 2/6: Publikation eines Zulassungsantrages in der Finanzzeitung

geregelter Markt

Das zweite Marktsegment, der **geregelte Markt**, bietet im Vergleich zum amtlichen Handel geringere Auflagen für Emittenten. Es besteht seit dem 1.5.1987. Die Zulassung von Wertpapieren zum geregelten Markt ist zusammen mit einem anderen Unternehmen zu beantragen. Dies kann ein zum Handel an einer inländischen Börse zugelassenes Kreditinstitut sein oder aber ein Unternehmen, das die fachliche Eignung und die erforderliche Zuverlässigkeit für die Beurteilung des Emittenten nachweisen kann. Bei der Antragstellung wird vom Emittenten ein aktueller Unternehmensbericht gefordert, so daß die umfassendere Prospektveröffentlichung nicht notwendig ist. Bei der Zulassung von Wertpapieren zum geregelten Markt ist ein Gesamtnennbetrag von mindestens 0,5 Millionen D-Mark Voraussetzung. Schließlich hat der Emittent mit dem Antrag die Verpflichtung zu übernehmen, Neuigkeiten, die das Unternehmen betreffen, sowie Jahresabschluß und Lagebericht zu veröffentlichen.

Freiverkehr

Die dritte Form des Parkettbörsenhandels ist der **Freiverkehr**. Der Freiverkehr soll den ordnungsgemäßen Handel mit solchen Werten sicherstellen, die die Anforderungen des amtlichen Handels und des Geregelten Marktes nicht erfüllen, bei denen aber ein Interesse am Börsenhandel vorliegt.

Der Freiverkehr ist im Börsengesetz nicht genauer geregelt. Die Rahmenbedingungen werden durch die jeweilige Börsenordnung geschaffen. Überwachungsorgan für den Freiverkehr ist ein besonderer Ausschuß an der betreffenden Börse.

Im Gegensatz zum amtlichen Handel werden die Geschäfte im geregelten Markt und im Freiverkehr von freien und nicht von amtlichen Maklern abgewickelt. Diese können keine amtlichen Kurse, sondern »nur« Preise für die betreffenden Aktientitel feststellen, beachten dabei jedoch dieselben Vorschriften wie die amtlichen Makler.

Die Aufnahme einer Gesellschaft in den Freiverkehr erfolgt auf Initiative der freien Makler – gegebenenfalls auch einer Bank. Eine Antragstellung durch den Emittenten entfällt somit. Notiert sind im Freiverkehr derzeit rund 500 inländische und ausländische Aktientitel. Die Mehrzahl der Aktien in diesem Marktsegment stammt von ausländischen Unternehmen.

Im geregelten Markt und Freiverkehr werden Aktien gehandelt, die dem »breiten Börsenpublikum« eher unbekannt sind. Da die Zugangsvoraussetzungen für die Unternehmen nicht so streng sind, wie die zum amtlichen Handel, weisen dort notierte Titel oftmals ein relativ hohes Risiko auf. Die Aktien beider Marktsegmente stammen zumeist von »kleineren« Unternehmen und sind nicht »breit gestreut«. Infolgedessen

- lassen sich solche Papiere häufig nicht rechtzeitig veräußern, weil Nachfrager fehlen, außerdem
- können bereits relativ geringe Ordervolumen für diese Titel erhebliche Kursschwankungen auslösen.

Im Geregelten Markt und Freiverkehr gehandelte Aktien werden häufig als »marktenge« Titel bezeichnet. Die Marktenge verhindert in aller Regel die Bildung eines fairen Preises.

Integriertes-Börsenhandels- und Informations-System (IBIS)   2.1.2.3.2.2

Im Jahre 1991 wurde das Integrierte-Börsenhandels- und Informations-System (IBIS) geschaffen, das den vor – und nachbörslichen Handel, also den Handel vor und nach der offiziellen Börsenhandelszeit, in bedeutenden deutschen Wertpapieren stark vereinfacht hat. IBIS ist ein vollcomputerisiertes Wertpapierhandelssystem, das von der Deutschen Börse AG angeboten wird. Für den IBIS-Handel gelten die gleichen Vorschriften und aufsichtsrechtlichen Bedingungen wie für den Parketthandel. Den angeschlossenen Kreditinstituten und Kursmaklern steht IBIS bundesweit in der Zeit von 8 Uhr 30 bis 17 Uhr zur Verfügung.

Über IBIS handeln derzeit ca. 250 Teilnehmer die 30 DAX-Werte, weitere umsatzstarke Aktien, Aktienoptionsscheine sowie öffentliche Anleihen und D-Mark-Auslandsanleihen. Der Marktanteil des Computerhandelssystems IBIS bewegt sich bei den DAX-Werten auf 40 % des Umsatzes aller deutschen Börsen zu.

Für einige Aktien und Optionsscheine besteht mittlerweile eine Mindestauftragsgröße von nur noch 100 Stück. Die Entwicklung der IBIS-Umsätze belegt, daß nur ein geringer Teil (ca. 1 %) der Umsätze auf Privatpersonen entfällt und der Rest auf institutionelle Marktteilnehmer (Banken, Kapitalanlagegesellschaften, andere Unternehmen usw.) zurückzuführen ist.

Im Gegensatz zum Parketthandel werden im IBIS bei den Geschäftsabschlüssen keine Kursmakler als Vermittler der Geschäfte zwischengeschaltet. Jeder IBIS-Teilnehmer kann völlig unabhängig von seinem jeweiligen Standort das Marktgeschehen permanent beobachten und an seinem Terminal Kauf- und Verkaufsorders für Wertpapiere erteilen. Die von einem Marktteilnehmer in das System eingegebenen Preise sind für die anderen Teilnehmer verbindlich, das heißt, die Reaktion auf ein gestelltes Kauf- oder Verkaufsgebot muß

- dem eingestellten Preis entsprechen oder diesen übertreffen, im Falle eines Wertpapierkaufs;
- dem eingestellten Preis entsprechen oder diesen unterbieten, im Falle eines Wertpapierverkaufs.

```
DAX 2109,98   0,15- ·        ·                    K:  1  05.07.95 14:27
  MMW      436,00 -  132500   KFH      494,30 -     3000  DRB      40,55 +  256500
  PRS      416,90 +    9600   BVM       42,00 +   130400  ALV    2487,00 +   17700
  THY      260,60 +   88500   BHW      383,85 +    19400  BMW     767,00 +    6500
  VIA   c  556,00    11200    CBK      337,30 +    37500  DAI     637,50 -  140500
  KAR      603,00     1200    DBK      .67,90     930500  VOW     406,15 +  ·77500
=== B7000UA8->1 ============= AKTIEN : BID/ASK ==================== 14 27
56
DBK    L    67,90         0,09+   E    67,90    T    67,79   H     68,22
14:26
P   35 LV   4500             G       191   VOL    930500 M        500
   QUOTENR    NR     VOL       GELD          BRIEF        VOL     NR   QUOTENR
              1   10000        67,86         67,91       5000     1
              2     500        67,86         67,92       7000     2
              3    5000        67,85         67,93      10000G    3
              4    2000        67,84         67,94      10000     4
              5    5000G       67,83         67,97      20000     5
              6    5000        67,81         67,99      49500     6
              7    5000        67,80         68,02       5000     7
              8    3000        67,80         68,10       6500     8
=LHA/VIA AB 16.00 UHR EX=========================================================
NP
F     WP        KURS                  VOL            KONTR
ZUSATZ

  3=ENDE 4=RENTE 5=ABS.U 6=ABS.H 7=RUECK 8=VORW  9=BEST  10=HAUS 11=USER 12=E-
LO
Online to   DWZ1(108)    ¦4B#                        ¦A4 DOS   ¦A10 EXIT
```

Abb. 2/7: IBIS-Aktien-Schirm (Quelle: Deutsche Börse AG)

Der IBIS-Bildschirm ist in verschiedene Zonen aufgeteilt. Der obere Teil zeigt Informationen zum DAX und zu 15 Aktien, die vom IBIS-Teilnehmer aufgerufen werden können. Hier sieht der Händler wichtige Informationen zu den einzelnen Aktien auf einen Blick.

Wertpapierbörse

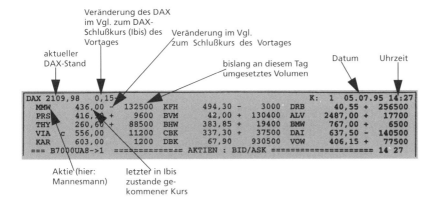

Der Händler kann eine einzelne Aktie auswählen und zu diesem Titel weitere Daten auf dem Schirm anzeigen lassen. Es wird unter anderem die Zahl der IBIS-Teilnehmer gezeigt, die zum betreffenden Zeitpunkt dieselbe Aktie ebenfalls sichten. Der Händler kann so auf das Interesse der übrigen Marktteilnehmer an dem jeweiligen Aktientitel schließen.

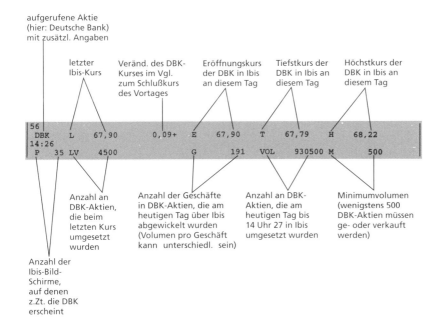

Aktien

Die Kauf – und Verkaufsangebote der IBIS-Teilnehmer zur ausgewählten Aktie stehen einander direkt gegenüber. Die Reihenfolge der Angebote ist dabei so gewählt, daß die Marktteilnehmer, die den höchsten Geldkurs bzw. den niedrigsten Briefkurs für die ausgewählte Aktie stellen, an der Spitze stehen. Es folgen die Teilnehmer, die den nächsthöheren bzw. -niedrigeren Kurs bieten usw.

Der Händler mit der Quotennummer 1 (Brief) offeriert beispielsweise insgesamt 5.000 Aktien der Deutschen Bank AG zu einem Kurs von 67,91 D-Mark/Aktie. Ein Marktteilnehmer, der bereit ist, zu diesem Kurs zu kaufen, gibt unter Beachtung des Mindestvolumens die Anzahl der Aktien, die er erwerben möchte, und den entsprechenden Kurs direkt am Bildschirm ein. Die Eingabe erfolgt in der sogenannten »Händler-Zone«. Damit kommt das Geschäft zustande.

Ein Händler, der Aktien der Deutschen Bank AG zu einem Kurs von 67,89 D-Mark-Aktie kaufen möchte und einen Geldkurs in Höhe von 67,89 D-Mark ins IBIS-System einstellt, rückt automatisch an die erste Position. Die anderen Marktteilnehmer nehmen einen Platz weiter hinten ein. Der IBIS-Teilnehmer, der einen Geldkurs in Höhe von 67,86 D-Mark bietet, steht damit auf Platz 2 usw.

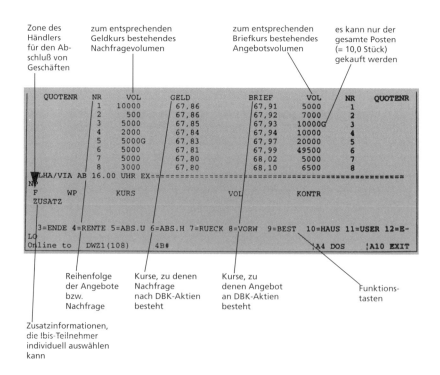

Aktienkurstabellen und Börsenberichte 55

Das Integrierte-Börsenhandels- und Informations-System kann Anlegern wichtige Hinweise auf das Geschehen im Handel an den Parkettbörsen geben. Die sich beim IBIS-Handel nach der Eröffnung um 8 Uhr 30 andeutenden Trends (z. B. starke Kursrückgänge bei den DAX-Werten) können erfahrungsgemäß jedoch nicht immer als »Barometer« für den Präsenzhandel herangezogen werden und sind deshalb nicht uneingeschränkt als Indikator tauglich.

Außerbörslicher Handel   2.1.2.3.3
Neben dem Präsenz- und dem Computerhandel existiert in Deutschland eine weitere, jedoch außerbörslich organisierte Handelsform für Wertpapiere, der **Telefonhandel**. Der Begriff Telefonhandel umschreibt alle Geschäftsabschlüsse in Wertpapieren, die in erster Linie von Banken über das Telefon getätigt werden. Der außerbörsliche Handel ist keinen gesetzlichen Regelungen unterworfen. Gehandelt werden grundsätzlich alle Wertpapiere, also auch solche, die in den Börsensegmenten notieren. Für Wertpapiere, deren Kurse ausschließlich im Telefonverkehr gebildet werden, hat sich die Bezeichnung »**Telefonpapiere**« bzw. »Telefonwerte« durchgesetzt.

Telefonhandel

Das Handelsblatt veröffentlicht die an den Börsen sowie im IBIS- und Telefonhandel festgestellten Kurse jeweils am folgenden Tag. Eine Ausnahme bilden verständlicherweise die Freitags-Kurse und Notierungen an einem Tag vor einem Feiertag, die erst am darauffolgenden Montag bzw. am Tag nach dem Feiertag (Ausnahme samstags) publiziert werden.

Aktienkurstabellen und Börsenberichte   2.1.3

Amtlicher Handel – Fortlaufende Notierungen   2.1.3.1

Kurstabelle, Mindestordervolumen, Handelszeit   2.1.3.1.1
Die Tabelle »*Fortlaufende Notierungen*« enthält die börsenumsatzstärksten in Deutschland amtlich gehandelten in- und ausländischen Aktien. Für alle dort notierten Aktientitel wird eine fortlaufende Kursnotierung – auch variable Notierung genannt – vorgenommen.

Aktien

Abb. 2/8:
Fortlaufende
Notierungen

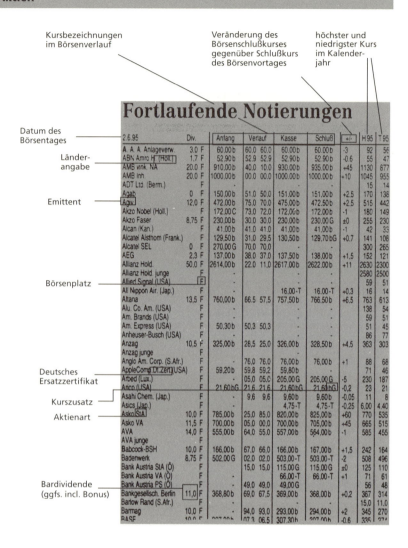

variabler
Handel

Der Begriff fortlaufende Notierung ist auf die Vorgehensweise des Kursmaklers bei der Kursermittlung der Aktientitel zurückzuführen. Beim **variablen Handel** vermittelt der Makler die eingehenden Kauf- und Verkaufsaufträge fortlaufend und individuell. Für jedes abgewickelte Geschäft wird der Preis gesondert fixiert und, falls er sich vom Preis des vorhergehenden Geschäftes unterscheidet, als Kurs notiert. Bei regerem Handel in einem bestimmten Wert entsteht auf diese Weise eine Reihe unterschiedlicher Kurse im Börsenverlauf. Stellt der Kursmakler bei der fortlaufenden Kursnotierung fest, daß ein neu zu ermittelnder Kurs erheblich von dem zuletzt notierten Kurs oder der zuletzt genannten Kursschätzung (Taxe) abweichen könnte, so hat er erwartete Kursveränderungen

Aktienkurstabellen und Börsenberichte

- von mehr als 5 bis 10 Prozent des Kurswertes mit »+« bzw. »-«,
- von mehr als 10 bis 20 Prozent mit »+ +« bzw. »- -« und
- von mehr als 20 Prozent mit »+ + +« bzw. »- - -«

unter Angabe einer Taxe (Kursschätzung) den Börsenteilnehmern anzuzeigen. Bei Aktien mit einem *Kurswert* bis einschließlich 5 D-Mark sind nur erwartete Kursveränderungen von mehr als 10 Prozent mit den entsprechenden Signalen zu versehen.

Anleger, die ihre Aufträge zu fortlaufenden Kursen abwickeln wollen, müssen sich mit einer Auftragsgröße von mindestens 50 Stück einer Aktiengattung (z.B. 50 Stammaktien der Volkswagen AG) oder einem Vielfachen davon am Markt engagieren. Bei Aktien mit einem Nennwert von 5 D-Mark beträgt das Ordervolumen mindestens 100 Stück. Die Mindestauftragsgröße bei ausländischen Aktien kann unter Umständen sogar 1.000 Stück überschreiten. Orders, die den Voraussetzungen zur Teilnahme am variablen Handel entsprechen, können vor oder während der offiziellen Börsenhandelszeit (10 Uhr 30 bis 13 Uhr 30) bei der Hausbank eingereicht werden, während kleinere Orders rechtzeitig vor Börsenbeginn (möglichst bis 9 Uhr) bei der Bank des Anlegers eingegangen sein sollten.

Abb. 2/9:
Kaufauftrag
für Wertpapiere

Kleinaufträge unter 50 Stück einer Aktiengattung und Spitzenbeträge[1] größerer Positionen werden nicht zu fortlaufenden Kursen abgewickelt, sondern einheitlich zum *Kassakurs* (Einheitskurs). Dieser wird nur einmal pro Börsensitzung bestimmt. Der Makler berücksichtigt dabei offene Orders, für die im variablen Handel kein geeigneter Handelspartner gefunden werden konnte, ferner die nicht variabel handelbaren Kleinaufträge und solche, die laut Vorgabe des Auftraggebers zum Einheitskurs abgewickelt werden sollen.

1 *Spitzenbetrag = Anzahl an Aktien bei Großaufträgen, die nicht mehr durch 50 teilbar ist*

In der ersten Spalte der Tabelle »*Fortlaufende Notierungen*« sind die Namen derjenigen Gesellschaften aufgeführt, deren Aktien am variablen Handel in Deutschland teilnehmen. Bei ausländischen Titeln findet der Anleger die Länderangaben in Klammern direkt hinter dem Gesellschaftsnamen.

Fortlaufende Notierungen

2.6.95	Div.	Anfang	Verlauf	Kasse	Schluß	+/-	H 95	T 95
A. A. A. Anlageverw.	3,0 F	60,00 b	60,0 60,0	60,00 b	60,00 b	-3	92	56
ABN Amro H. (Holl.)	1,7 F	52,90 b	52,9 52,9	52,90 b	52,90 b	-0,6	55	47

2.1.3.1.2 Aktienarten

Aktien lassen sich grundsätzlich

- nach Rechten der Aktieninhaber,
- nach Möglichkeiten zur Eigentumsübertragung der Aktien sowie
- nach der Stückelung des Grundkapitals

Stämme und Vorzüge (StA, VA)

klassifizieren. Nach dem Kriterium der im Aktienzertifikat verbrieften Rechte unterscheidet das Aktiengesetz **Stamm**- und **Vorzugsaktien**. In den Tabellen des Handelsblattes erkennt der Leser die beiden Aktientypen anhand der Abkürzungen »*StA*« (**Stammaktie**) und »*VA*« (Vorzugsaktie). Aktientitel ohne Zusatz sind immer Stammaktien.

Fortlaufende Notierungen

Inhaber von Stammaktien haben das Recht auf

- Anteil am Bilanzgewinn,
- Teilnahme an der Hauptversammlung (HV),
- Auskunftserteilung in der HV,
- Stimmrecht in der HV,
- Anteil am Liquidationserlös,
- Anfechtung von Hauptversammlungsbeschlüssen

sowie ein Recht zum Bezug junger Aktien.

Vorzugsaktionäre besitzen gegenüber den Stammaktionären Vorrechte beispielsweise bei der Gewinnverwendung oder der Verteilung des Vermögens. Die Ausstattung von Vorzugsaktien erfolgt von Aktiengesellschaft zu Aktiengesellschaft unterschiedlich. Gewöhnlich besteht der Vorzug aber in einem prioritätischen Dividendenanspruch mit Überdividende, wobei die Vorzugsaktionäre dann in aller Regel auf ein Stimmrecht in der Hauptver-

Aktienkurstabellen und Börsenberichte

sammlung verzichten müssen (**stimmrechtlose Aktien**). Die folgende Tabelle zeigt verschiedene Ausgestaltungsmöglichkeiten des Dividendenvorzugs.

stimmrechtlose Aktien

Prioritätischer Dividendenanspruch:	Aus dem ausschüttungsfähigen Gewinn werden zuerst die Vorzugsaktionäre bedient und erst danach die Stammaktionäre.
Prioritätischer Dividendenanspruch mit Überdividende:	Die Vorzugsaktionäre werden nicht nur vorrangig bedient, der für sie vorgesehene Dividendensatz liegt zudem auch immer über dem der Stammaktionäre.
Limitierte Vorzugsdividende:	Die Vorzugsaktionäre besitzen zwar einen prioritätischen Dividendenanspruch, für die jährliche Dividendenzahlung wird jedoch von vornherein ein Limit bestimmt. Im Falle eines hohen, ausschüttungsfähigen Gewinns kann die Dividendenzahlung an die Stammaktionäre dann unter Umständen höher ausfallen, als die Ausschüttung an die Vorzugsaktionäre.
Kumulative Vorzugsdividende:	Der Dividendenanspruch der Vorzugsaktionäre besteht auch in Verlustjahren, so daß eine in Verlustjahren nicht erfolgte Dividendenzahlung dann nachgeholt werden muß, wenn die AG wieder Gewinne erzielt.

Tab. 2/1: Ausstattungsmöglichkeiten von Dividendenvorzugsaktien

Ein weiteres Kriterium zur Gruppierung von Aktien ist die Übertragbarkeit des Eigentums an einer Aktie. In diesem Zusammenhang unterscheidet das Aktiengesetz Order- und Inhaberpapiere. Orderpapiere existieren als **Namensaktien** oder **vinkulierte Namensaktien**. In der Finanzzeitung werden sie mit dem Zusatz »*NA*« bzw. »*vink. NA*« gekennzeichnet.[1]

Namensaktien (NA) und vinkulierte Namensaktien (vink. NA)

Bei allen Titeln ohne diese Zusätze handelt es sich für gewöhnlich um **Inhaberaktien**. In einigen Fällen sind aber auch Inhaberaktien mit einem Zusatz – und zwar »*Inh.*« – versehen. An der Kurstabelle »*Fortlaufende Notierungen*« ist zu erkennen, daß Inhaberaktien weitaus häufiger vertreten sind, als Orderpapiere. Die Begründung dafür liegt in der formlosen Übertragbarkeit der Inhaberaktien, die durch Einigung und Übergabe erfolgt. Sie sind deshalb leicht an der Börse handelbar.

Inhaberaktien (Inh.)

Die Übertragung einer Namensaktie vom Verkäufer auf den Käufer ist im Vergleich zu einer Inhaberaktie aufwendiger. Eine Namensaktie lautet auf den Namen ihres Eigentümers, welcher in das Aktienbuch der Gesellschaft eingetragen und bei einem Eigentümerwechsel gelöscht werden muß. Nur die namentlich registrierten Aktionäre haben einen Anspruch auf Zahlung einer Dividende sowie auf Teilnahme an der Hauptversammlung.

1 Bei einigen Namens- bzw. vinkulierten Namensaktien fehlt die Beschriftung.

Blanko-indossament

Eine uneingeschränkte Handelbarkeit ist durch die namentliche Erfassung der Aktionäre nicht mehr gegeben, kann aber mit Hilfe eines **Blankoindossaments** erreicht werden.[1] Äußerst umständlich ist der Handel mit vinkulierten Namensaktien, einer Sonderform der Namensaktien. Ihre Übertragung bedarf der Zustimmung durch die Aktiengesellschaft, wodurch diese den Verkauf der Papiere gezielt steuern kann. Nach Abschluß eines Börsengeschäftes sendet die Bank des Aktienverkäufers die Wertpapierurkunden zusammen mit einer Eintragungsbestätigung sowie einer Abtretungserklärung an die Bank des Käufers. Letzterer muß anschließend ein Eintragungsgesuch an die Emittentin, also die Aktiengesellschaft, richten. Nach Zustimmung zum Eigentumswechsel sendet die Emittentin eine Eintragungsbestätigung sowie eine Blankoabtretungserklärung an die Depotbank des Käufers. Erst nach Umschreibung im Aktienbuch erwirbt der Aktionär alle mit den Aktien verbundenen Rechte. Verkauft er die Titel an einen anderen Investor, gibt er seine Rechte per Unterschrift auf der Blankoabtretungserklärung weiter. Dieser Vorgang heißt auch **Blankozession**.

Blankozession

Ab Frühjahr 1997 sollen vinkulierte Namensaktien in Deutschland erstmals stückelos, also im Giroverkehr, übertragbar sein. Das folgende Beispiel erläutert das sogenannte System »CARGO« des Deutschen Kassenvereins, das speziell für den beschriebenen Aktientyp entwickelt wurde.

Beispiel 2/1

Vinkulierte Namensaktien können künftig beim Deutschen Kassenverein girosammelverwahrt werden. Girosammelverwahrung im Rahmen von »CARGO« drückt aus, daß alle Daten der eingelieferten Aktien, also Anzahl, Stückelung, eingetragene Aktionäre usw., beim Deutschen Kassenverein gespeichert sind. Zudem werden zu Beginn der Sammelverwahrung sämtliche Einzelurkunden vernichtet und stattdessen in einer Globalurkunde verbrieft. Die Urkunde kann fortlaufend, etwa bei Kapitalmaßnahmen, angepaßt werden (»variable Globalurkunde«). Die Umschreibungen der Aktionäre in den Aktienbüchern wickelt der Kassenverein ausschließlich elektronisch ab, und zwar »online« per Datenfernübertragung. Die Zuordnung einer Aktie zu einem bestimmten Aktionär erfolgt über sogenannte Zuordnungsnummern, die mit den Stückenummern der zuvor vernichteten Einzelurkunden identisch sind.

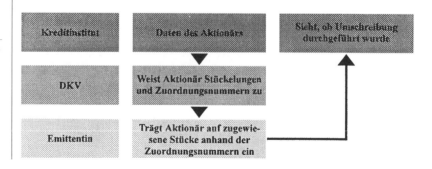

---

[1] Ein Blankoindossament ist im Grunde genommen nichts anderes als die Unterschrift des bisherigen Aktieninhabers, womit dieser alle Rechte auf eine andere Person überträgt.

Darüber hinaus können die Emittenten Geschäfts- und Aktionärsdaten jederzeit über standardisierte Eingabemasken eingeben oder auch abfragen und erfahren sofort, wenn neue Aktionäre ins Aktienregister eingetragen werden sollen.

Obwohl der Handel vinkulierter Namensaktien bisher mit einem relativ hohen Verwaltungsaufwand verbunden ist, bietet die namentliche Erfassung sowie die Möglichkeit zur Abweisung bestimmter Aktionäre den Vorteil, daß Übernahmebestrebungen durch andere Unternehmen frühzeitig erkannt und abgewehrt werden können.

Ein weiterer wichtiger Unterschied zwischen Namens- und Inhaberaktien ist die Möglichkeit **der Teileinzahlung des Nennbetrages** bei Namensaktien. Bei ihrer Emission ist die Deckung von 25 % des Nennwertes – also die Einstellung von nur einem Viertel des Nennwertes ins Grundkapital der AG – aus dem Emissionskurs ausreichend, wohingegen Inhaberaktien voll eingezahlt werden müssen. Bei teileingezahlten Aktien kann die Aktiengesellschaft im Bedarfsfall den Rest des Nennbetrages von den namentlich registrierten Aktionären einfordern.

> Voll- und Teileinzahlung

Zu beachten ist jedoch, daß der Emissionskurs auch bei teileingezahlten Aktien mindestens dem Nennwert der Aktie entsprechen muß, da eine Ausgabe unter Nennwert (Unter-Pari-Emission) für sämtliche Aktienarten in Deutschland gesetzlich untersagt ist.

Bei der Frankona-Rückversicherungs-AG befinden sich hinter dem Namen der Aktiengesellschaft unter anderem die Buchstaben B, C, D und E. Während B, C und D die verschiedenen Aktienserien kennzeichnen, die die Gesellschaft im Laufe der Jahre aufgelegt hat, steht das »E« als Kürzel für »Einzahlung«.

> **Beispiel 2/2**
>
> E

Frankfurter Hypobank	16,5	F	700,00 G	700,00 G	760	690
Frankona-R. Inh. C	9,0	F	360,00 G	360,00 bG	410	341
Frankona-R. NA B	9,0	F	360,00 G	360,00 bG	403	343
Frank.-R.NA D 50%E	4,5	F	347,00 B	349,00 b	395	326
Fr.-R.NA D 50%E jge.		F	340,00 G	335,00 bG	345	330
Fröhlich Bauunt. StA	10,0	F	235,00 bB	235,00 bB	290	198

Der Aktientitel »Frank.-R. NA D 50 % E« ist eine vinkulierte Namens-Stammaktie, bei der aus dem ursprünglichen Emissionserlös je Aktie erst 50 % des Nennwertes in das Grundkapital eingezahlt wurden.

Die bei der letzten Kapitalerhöhung ausgegebenen vinkulierten Namens-Stammaktien (Aktien mit Zusatz »jge.«) mit einem Nennwert von 50 D-Mark wurden zu einem Kurs von 175 D-Mark ausgegeben, davon entfielen 25 D-Mark auf das Grundkapital (50-%-ige »Nennwert-Einzahlung«) und 150 D-Mark (Aufgeld) auf die Kapitalrücklage.

Als Emittenten teileingezahlter Aktien treten typischerweise Rückversicherungsgesellschaften auf. Diese benötigen für den normalen Geschäftsbetrieb nur ein geringes Eigenkapital und können durch die Möglichkeit der Nachforderung etwa immer dann auf den noch nicht eingezahlten Teil des

Nennwert

Mindestnennbetrag: 5-D-Mark

Nennwertherabsetzung

Nennbetrages zurückgreifen, wenn außergewöhnliche Schadensfälle einen zusätzlichen Kapitalbedarf erfordern.

Aktien lassen sich schließlich noch entsprechend der Stückelung des Grundkapitals in Nennwert- und nennwertlose Aktien unterteilen.

Aktien, die von einer deutschen Aktiengesellschaft emittiert werden, müssen immer auf einen **Nennwert** lauten. Der Nennwert ist der D-Mark-Teilbetrag am Grundkapital der Aktiengesellschaft, den ein einzelnes Aktienzertifikat verbrieft. Im Zuge des Zweiten Finanzmarktförderungsgesetzes wurde im deutschen Aktiengesetz im Jahre 1994 ein neuer Mindestnennbetrag in Höhe von 5 D-Mark festgelegt. Zuvor hatte dieser Wert 50 D-Mark betragen.

Aktiengesellschaften, die bis 1994 aufgrund der alten »Nennwert-Vorschrift« Aktien mit einem Nennwert von 50 D-Mark und mehr begeben hatten, ist es nun gestattet, sogenannte Nennwertherabsetzungen unter Beachtung des neuen Mindestnennwertes vorzunehmen.

Am 1.6.1995 verminderten die Deutsche Bank AG, die Dresdner Bank AG und die Schering AG den Nennwert ihrer umlaufenden Aktien von 50 auf 5 D-Mark. Dem folgenden Tabellenausschnitt können die Börsenkurse der Deutsche Bank AG und der Dresdner Bank AG vor und nach Durchführung der **Nennwertherabsetzung** entnommen werden.

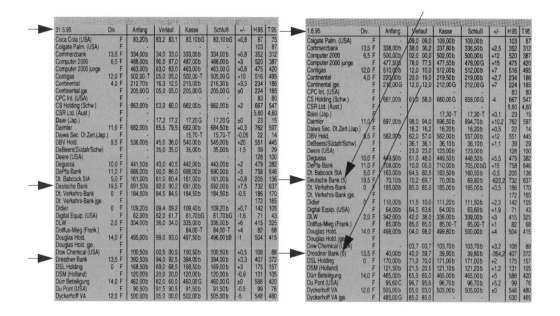

Die Eröffnungskurse am 1.6.1995 betragen nur noch ca. 1/10 der jeweiligen Schlußkurse vom Vortag.

Da die Mehrzahl der umlaufenden Aktien auch heute noch einen Nennwert von 50 D-Mark aufweist, erfahren diese in den Tabellen des Handels-

Aktienkurstabellen und Börsenberichte

blattes keine besondere Kennzeichnung. Lediglich kleinere und größere Nennwerte werden in Klammern direkt hinter der Angabe zum Aktientyp angegeben.

DePfa-Bank	11,0 F	706,00 b	06,0 97,0	700,00 b	704,00 b	-1	758	646
Dt. Babcock StA	5,0 F	162,00 b	64,3 62,0	163,50 b	164,30 b	+3,8	205	136
Deutsche Bank (5)	19,5 F	69,90 b	70,1 69,7	69,90 b	70,10 b	+0,3	73	63
Dt. Verkehrs-Bank	0 F	-	85,0 85,0	185,00 b	185,00 b	±0	186	170
Dt. Verkehrs-Bank jge.	F			-	-		172	165
Didier	0 F	115,00 b	26,0 15,0	119,00 b	121,50 b	+10	142	105

Die sogenannten **Quotenaktien** – das sind nennwertlose Aktien –, die in Nordamerika neben Nennwertaktien emittiert werden, repräsentieren einen Bruchteil (z. B. 1/100.000) am Reinvermögen der Aktiengesellschaft. Die Emission nennwertloser Aktien ist deutschen Aktiengesellschaften, wie bereits weiter oben ausgeführt, untersagt.

Quotenaktien

Weitere, bei Aktienkursen verwendete Abkürzungen

2.1.3.1.3

Aktien ein und derselben Gesellschaft, die dieselbe Wertpapier-Kenn-Nummer aufweisen, also denselben numerischen Code zur Identifizierung, aber zum Beispiel unterschiedliche Rechte dokumentieren, sind in den Kurstabellen mit

- »**Lit.**« zuzüglich eines Buchstabens – also zum Beispiel »Lit.A« – oder
- nur mit einem Buchstaben

Lit.

versehen. »Lit.« ist die Abkürzung für »Litera« und bedeutet soviel wie »Buchstabe«.

Junge Aktien sind Aktien, die im Zuge einer Kapitalerhöhung von einer Aktiengesellschaft emittiert werden. Der Zusatz »**junge**« oder »**jge.**« im Kursblatt entfällt dann, wenn die Ausstattungsmerkmale (Dividendenberechtigung usw.) alter und neuer Aktien keine Unterschiede mehr aufweisen (vgl. Bsp. 2/8).

jge., junge

Allianz Hold.	50,0 F	2614,00 b	22,0 11,0	2617,00 b	2622,00 b	+11	2630	2300
Allianz Hold. junge	F	-		-	-		2580	2500
Allied Signal (USA)	L						59	51

64   **Aktien**

jüngste, jgste.

Erhöht eine Aktiengesellschaft in ein und demselben Geschäftsjahr ihr Grundkapital zweimal, so werden die im Rahmen der zweiten Emission begebenen Aktien »jüngste Aktien« genannt und im Kurszettel entsprechend ausgewiesen.

VW VA	4,0 F	308,00 b	10,0	06,0	309,00 b	310,00 xD	+4	339	262
VW VA jge.	F							340	270
VW VA jgste.	F	-			300,00 -T	300,00 -T	±0		
Wayss & Freytag	11,0 F	424,00 b	25,0	24,0	424,00 b	425,00 b	+10	540	405

konv.

Die Abkürzung »*konv.*« steht für »konvertiert« und drückt einen Aktienumtausch aus. Ein Aktienumtausch erfolgt
- nach einer »Verschmelzung« zweier oder mehrerer Aktiengesellschaften – die Aktien der aufgenommenen Gesellschaft bzw. Gesellschaften werden in Aktien der aufnehmenden Gesellschaft getauscht;
- unter Umständen bei einer Kapitalherabsetzung;
- aus anderen Gründen, die hier jedoch nicht weiter vertieft werden.

Pascale, Jean	16,50 H	442,00 G	442,00 b		465	375
Patrizier-Bräu	0 M	126,00 bG	125,00 B		155	125
Pegasus Bet. StA konv.	0 D	71,00 bG	70,00 b		103	70
Pegasus Bet. VA konv.	0 D	70,70 b	72,00 bG		103	71
Pelikan Holding (Schw.)	D	103,00 b	100,00 b		130	92
Pietzsch StA	4,08 S	185,00 G	185,00 xD		205	185

Aus den Angaben der Kurstabelle wird der Grund für einen Aktienumtausch nicht ersichtlich. Dies ist vielmehr für jeden Einzelfall zu ergründen, indem die Motive, die zu einer Konvertierung führten, zum Beispiel bei der betreffenden Aktiengesellschaft erfragt werden.

Spar

Das Kürzel »*Spar*« kennzeichnet eine besondere Aktienform italienischer Gesellschaften, die sogenannte Sparaktie. Sparaktien sind nicht stimmberechtigt, bieten dem Anleger aber nach italienischem Steuerrecht erhebliche Vorteile gegenüber herkömmlichen Wertpapieren.

Moenus	0 F	43,00 b	43,0	42,0	42,20 b	42,00 b	-2	73	37
Moksel	0 F	64,00 b	64,0	60,0	64,00 b	60,00 G		147	35
Montedison StA(I)	F	0,98 b	0,99	0,98	0,99 b	0,99 b	-0,02	1,31	0,85
Montedison Spar o.W.(I)	F	0,86 b	0,86	0,84	0,84 G	0,84 G	-0,05	1,10	0,70
Montedison Spar m.W.(I)	F	1,08 b	1,08	1,08	1,08 -T	1,08 -T	-0,12	1,40	0,92
Münchn. R. NA(100)	12,0 F	2845,00 b	70,0	45,0	2870,00 b	2865,00 b	+35	2895	2450

m. W./o. W.
oder
m. WR./o. WR.

Die Abkürzungen »*m. W./o. W.*« oder »*m. WR./o. WR.*« stehen für »mit« bzw. »ohne Wandlungsrecht« und werden in aller Regel nur bei Sparaktien in der Kurstabelle ausgewiesen. Eine »Sparaktie mit Wandlungsrecht« kann im Laufe der Zeit in eine »herkömmliche« Aktie getauscht werden, wohingegen dem Besitzer einer »Sparaktie ohne Wandlungsrecht« eben dieses versagt bleibt.

Aktienkurstabellen und Börsenberichte

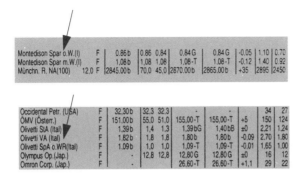

Eine besonders in der Schweiz und Liechtenstein weit verbreitete Wertpapierform ist der **Partizipationsschein**. In den Kurstabellen sind diese Papiere an der Abkürzung »*PS*« zu erkennen, die direkt hinter dem Namen der Gesellschaft zu finden ist. Durch den Kauf eines Partizipationsscheins erlangt der Inhaber keine Mitspracherechte im Unternehmen, sondern einen Anspruch auf eine angemessene Beteiligung an dessen Gewinn und Vermögen. Der Partizipationsschein ist mit einem deutschen Genußschein vergleichbar.

Partizipations-
schein (PS)

Der Zusatz »*(%)*« deklariert einen Aktienkurs, der nicht in D-Mark, sondern als Prozentsatz vom Nennwert ausgedrückt wird. Die prozentuale Kursnotierung wurde in Deutschland 1967 durch Stücknotierungen ersetzt, so daß Prozentnotierungen heute nur noch selten vorgenommen werden.

(%)

Das Grundkapital der Forst Ebnath AG ist beispielsweise in Aktien mit Nennwerten von 20, 50 und 100 D-Mark gestückelt. Eine Kursnotierung von 4.000 (= 4000 %) für Forst Ebnath bedeutet, daß die »20-D-Mark-Aktie« zu dem betreffenden Zeitpunkt einen Börsenwert von 800 D-Mark, die »50-D-Mark-Aktie« von 2.000 D-Mark und die »100-D-Mark-Aktie« von 4.000 D-Mark hat.

Beispiel 2/3

Aktien

m. D. G./o. D. G.

Die Aktie der Vereinte Versicherungs-AG (vgl. Tabelle »*Kassakurse Amtlicher Handel*«: »*V.Ver.NA (100)*«) ist mit dem Zusatz »*m. D. G./o. D. G.*« versehen. »*m.*« bzw. »*o. D. G.*« bedeutet »mit« bzw. »ohne Dividendengarantie«.

Verseidag	5.0	D	139.00 b	140,00 b	152	118
Vereinte Vers (100)	43.0	M	2450.00 G	2450,00 G	2520	2350
V.Ver.NAo.D.G(100)	43.0	M	2100.00 G	2100,00 G	2200	1980
V.Ver.NAm.D.G(100)	43.0	M	2100.00 G	2100,00 G	2200	2000
V.Ver.NA jge.m.D.G		M	1040.00 G*	1040,00 G	1050	910
Verbund A (Österr.)		F	102.50 b	100,00 -T	100	82

Dividendengarantie

Dem Inhaber einer Aktie *mit* **Dividendengarantie** wird, wie es der Bezeichnung schon zu entnehmen ist, eine feste jährliche Dividendenzahlung garantiert (z.B. 10 % vom Nennwert). Die Dividende wird auch dann gezahlt, wenn die Gesellschaft in einem Geschäftsjahr keinen Gewinn erzielt. Zur Tilgung der Dividenden-Verbindlichkeiten muß die AG dann unter Umständen Teile der Gewinnrücklage auflösen.

Die Gewährung einer Dividendengarantie wird vom Aktiengesetz für bestimmte Aktiengesellschaften vorgeschrieben, die aufgrund einer vorhandenen Mehrheitsbeteiligung von einer Obergesellschaft, auch Holding- oder Dachgesellschaft genannt, beherrscht werden. Die Übernahme des Aktienkapitals muß dabei nicht unbedingt gegen den Willen des Vorstandes der übernommenen AG erfolgt sein. Vielmehr kann es aus Wettbewerbs- oder Kostengründen durchaus sinnvoll sein, mehrere Aktiengesellschaften unter die einheitliche Leitung einer neu gegründeten Holding-Gesellschaft zu stellen. Dazu bringen die beteiligten Unternehmen einen Großteil ihrer Aktien in die Dachgesellschaft ein und betrauen sie mit sämtlichen Verwaltungsaufgaben. Oftmals bestehen zwischen der Holding und den untergeordneten Gesellschaften Beherrschungs- und/oder Gewinnabführungsverträge. Diese versetzen die Obergesellschaft in die Lage, Teile des Jahresüberschusses oder gar den gesamten Gewinn der abhängigen Gesellschaften »buchtechnisch« in eine gemeinsame Bilanz (Konzernbilanz) zu transferieren, wodurch die verbleibenden Minderheitenaktionäre der untergeordneten Gesellschaften gegebenenfalls von regelmäßigen Gewinnausschüttungen »ausgeschlossen« werden. Um dies von vornherein zu verhindern, muß die Obergesellschaft den Minderheitenaktionären aufgrund der Vorschriften des Aktiengesetzes eine feste jährliche Dividendenausschüttung garantieren.

2.1.3.1.4 Auslandsaktien

Die Zulassung ausländischer Aktien zum Handel an einer nationalen Wertpapierbörse ist aufgrund weltweit unterschiedlicher aktienrechtlicher Vorschriften und Börsenusancen grundsätzlich mit Schwierigkeiten verbunden. Bei der Plazierung ausländischer Aktien an einer deutschen Börse sind vom Emittenten die gleichen Zugangsbedingungen zu erfüllen, wie bei Aktien deutscher Emittenten. Sollen in Deutschland ausländische Originalzertifikate gehandelt werden, müssen diese den deutschen Richtlinien für

Aktienkurstabellen und Börsenberichte

Druck und Ausstattung entsprechen. Ist letzteres nicht der Fall, können die Originalzertifikate als Einzelstücke oder in Form einer Sammelurkunde bei der Deutschen Auslandskassenverein Aktiengesellschaft, die eine Tochtergesellschaft der Deutschen Börse ist, hinterlegt werden. Eine Sammelurkunde repräsentiert dann den Gegenwert eines ausländischen Wertpapierbestandes, der auf einem Treuhanddepot entweder von einer Wertpapierbörse oder von einer Bank in dem betreffenden Heimatland verwahrt wird. Die Lieferung effektiver Stücke ist bei der Sammelverwahrung ausländischer Aktien ausgeschlossen. Der Käufer einer Aktie wird Miteigentümer an dem Sammelbestand bzw. der Sammelurkunde.

Da aber alle in Deutschland amtlich gehandelten Wertpapiere grundsätzlich effektiv lieferbar sein müssen, werden für ausländische Aktientitel, die zum amtlichen Handel zugelassen werden sollen, immer dann neue Inhaberzertifikate angefertigt, wenn die Originalzertifikate den deutschen Anforderungen nicht entsprechen. Die Ersatzzertifikate genügen den deutschen Formvorschriften und sind problemlos an der Börse handelbar. Das Vorhandensein von Ersatzzertifikaten wird im Handelsblatt durch die Abkürzung »*Dt.Zert.*« hinter dem Aktientitel angezeigt.

Dt.Zert.

Herlitz StA	10,0 F	286,00 b	96,0 86,0	286,00 b	286,00 b	+1	298	248
Herlitz StA junge	F	-	-	-	-		290	246
Herlitz VA	10,6 F	265,00 b	65,0 65,0	265,00 b	265,00 b	±0	278	235
Highv.St.Dt.Zert.(S.Afr.)	F	-	12,7 12,7	12,70 b	12,70 b	+0,1	15,9	12,5
Hitachi (Jap.)	F	-	-	1375,00-T	1375,00-T	-20	1550	1235
Hochtief	13,5 F	820,00 b	35,0 13,0	816,00 b	830,00 b	+8	934	703

An US-amerikanischen Börsen werden ausländische Aktien in der Regel als sogenannte *american depositary receipts*, oder kurz *ADRs*, notiert. Ein *ADR* ist ein handelbares Zertifikat, das seinem Inhaber einen Anteil an einer ausländischen Aktiengesellschaft verbrieft. Die Original-Aktienurkunden werden von der emittierenden ausländischen Unternehmung bei einer amerikanischen Bank hinterlegt, die Nennwerte (bei Nennwertaktien) oder Anteilswerte (bei Quotenaktien) auf eine höhere Anzahl *ADRs* verteilt bzw. in einer geringeren Anzahl *ADRs* zusammengefaßt und diese dann anstelle der ausländischen Aktienzertifikate an die Anleger ausgegeben. *ADRs* werden auch an den deutschen Präsenzbörsen, und zwar ausschließlich im Freiverkehr, zugelassen.

ADRs

Im Zusammenhang mit den *ADRs* taucht z.B. auch der Zusatz »*As=4A*« auf. Das bedeutet, daß für jeweils vier Aktien ein *ADR* ausgestellt wurde.

As=4A

68   **Aktien**

Ein *ADR* kann sich natürlich auch auf eine größere oder kleinere Zahl von Aktien beziehen (z. B. *A's = 3A*)

In Deutschland ist es des weiteren üblich, Aktien mit einem Dividendenschein auszugeben, so daß ein Aktionär neben dem eigentlichen Aktienzertifikat, dem Mantel, zusätzlich einen sogenannten **Bogen** erhält. Mantel und Bogen zusammen bilden die Wertpapierurkunde. Ein Bogen besteht bei deutschen Aktien aus zehn oder zwanzig Dividendenscheinen, auch Gewinnanteilscheine oder **Kupons** genannt, und einem Erneuerungsschein (**Talon**). Um den Dividendenanspruch aus seiner Aktie geltend zu machen, muß der Aktionär den in der Dividendenbekanntmachung angegebenen Dividendenschein vom Bogen abtrennen und bei einem der in der Bekanntmachung aufgeführten Kreditinstitute vorlegen (vgl. Abb. 2/13). Bei depotverwahrten Stücken erfolgt dieser Vorgang durch die Depotbank.

Mantel/Bogen

Kupons

Talon

Abb. 2/10: Dividenden- und Erneuerungsschein

Die an deutschen Börsen gehandelten ausländischen Aktien sind zumeist bogenlos. US-amerikanische Aktien beispielsweise werden heute generell ohne Dividendenkupons begeben. Die Gesellschaften registrieren ihre Anteilseigner namentlich im Aktienbuch und zahlen Dividenden ausschließlich an solche Aktionäre, die an einem bestimmten Tag, dem sogenannten record date, im Aktienregister aufgeführt sind.

Record Dates im Wall Street Journal

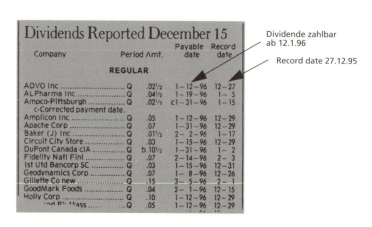

Aktienkurstabellen und Börsenberichte

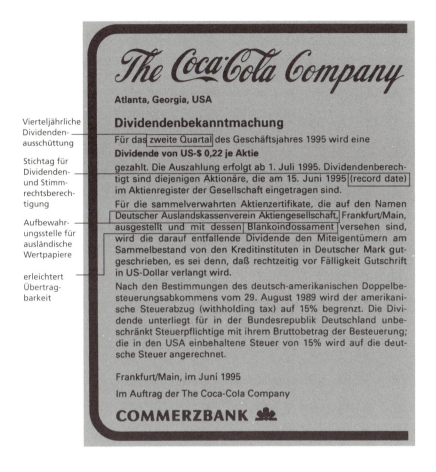

Abb. 2/11: Dividendenbekanntmachung für eine ausl. Aktie

Damit der Börsenhandel mit US-amerikanischen Aktien in Deutschland ohne Schwierigkeiten und möglichst kostengünstig abgewickelt werden kann, sind in den Aktienbüchern der US-Gesellschaften stellvertretend nur die Namen deutscher Geschäfts- oder Wertpapiersammelbanken erfaßt und die Papiere durchweg per Blankoindossament übertragbar. Ausgeschüttete Dividenden werden von den betreffenden Instituten an die deutschen Aktionäre weitergeleitet (vgl. Abb. 2/11). Obendrein können die Anteilseigner ihre Stimmrechte durchaus persönlich ausüben, sie aber ebenso – genau wie bei Aktien inländischer Gesellschaften – auf Dritte, etwa die depotführende Geschäftsbank, übertragen.

Dividende 2.1.3.1.5

Die erste Spalte der Tabelle »*Fortlaufende Notierungen*« enthält Angaben über die Höhe der zuletzt gezahlten Bardividende (ggfs. einschließlich Boni).

Deere (USA)	F	·			·		·		128	100
Degussa	10,0 F	449,00b	50,0	48,0	448,50b	449,00b	+0,5		479	382
DePfa-Bank	11,0 F	706,00b	06,0	97,0	700,00b	704,00b	-1		758	646
Dt. Babcock StA	5,0 F	162,00b	64,3	62,0	163,50b	164,30b	+3.8		205	136
Deutsche Bank (5)	19,5 F	69,90b	70,1	69,7	69,90b	70.10b	+0,3		73	63
Dt. Verkehrs-Bank	0 F	·	85,0	85,0	185,00b	185.00b	±0		186	170

Die Bardividende ist der Anteil am ausgeschütteten Gewinn einer Aktiengesellschaft, der nach Abzug der Körperschaftsteuer (KSt) in Höhe von 30 % auf eine einzelne Aktie entfällt. Im Falle einer Bonuszahlung setzt sich die Bardividende aus einer Bonus- sowie einer Dividendenkomponente zusammen. Bei Boni handelt es sich um Sonderausschüttungen einer Aktiengesellschaft, die beispielsweise auf ein besonders gutes Geschäftsjahr zurückzuführen sind.

Beispiel 2/4

Die Deutsche Bank AG, Frankfurt am Main, erzielte im Geschäftsjahr 1994 einen ausschüttbaren Konzerngewinn vor Steuern in Höhe von ca. 1.321 Millionen D-Mark.

Das deutsche Steuerrecht sieht für den tatsächlich zur Ausschüttung gelangenden Gewinn einer Kapitalgesellschaft einen Körperschaftsteuersatz von 30 % vor, so daß die Deutsche Bank AG vor der Dividendenzahlung ca. 396 Millionen D-Mark an das zuständige Finanzamt abführen mußte. Für die Aktionäre verblieb nach Steuern ein Ausschüttungsbetrag in Höhe von ca. 925 Millionen D-Mark.

Dieser wurde im Fall der Deutschen Bank AG wiederum auf Aktien mit unterschiedlichen Nennwerten verteilt, da sich ihr Grundkapital aus »50-«, »100-« und »1.000-DM-Aktien« zusammensetzt.

Zusammensetzung des Grundkapitals der Deutschen Bank AG am 31.12.94

Anzahl in Stück	Nennbetrag	Grundkaptialbetrag
300.000	1.000 DM	300.000.000 DM
500.000	100 DM	50.000.000 DM
40.424.596	50 DM	2.021.229.800 DM
Summe Grundkapital:		2.371.229.800 DM

Um die Bestimmung des Ausschüttungsbetrages je Aktie zu vereinfachen, bezog der Vorstand die Dividendenangabe auf je 50 D-Mark Grundkapital.

$$\text{50-DM-Anteile am Grundkapital} = \frac{2.371.229.800 \text{ DM}}{50 \text{ DM}} = 47.424.596 \text{ Stück}$$

Aus diesen Angaben läßt sich nun die Bardividende je 50-DM-Anteil berechnen:

Brutto-Gewinnausschüttung
der Deutschen Bank: | | 1.321 Millionen DM
./. 30 % Körperschaftsteuerbelastung: | ./. | 396 Millionen DM
Netto-Gewinnausschüttung
(= Barzufluß bei den Aktionären): | | 925 Millionen DM

$$\text{Bardividende je 50-D-Mark-Anteil} = \frac{925 \text{ Millionen DM}}{47.424.596 \text{ Anteile}} = 19,50 \text{ DM}$$

Der Vorstand der Deutsche Bank AG machte der Hauptversammlung am 18. Mai 1995 aufgrund der vorliegenden Zahlen den Vorschlag, eine Dividende in Höhe von 16,50 D-Mark und zusätzlich einen »Jubiläums-Bonus« in Höhe von 3,00 D-Mark je 50 D-Mark Grundkapital auszuschütten (vgl. Abb. 2/12).

Deere (USA)		F	-		-		-		128	100
Degussa	10,0	F	449,00 b	50,0	48,0	448,50 b	449,00 b	+0,5	479	382
DePfa-Bank	11,0	F	706,00 b	06,0	97,0	700,00 b	704,00 b	-1	758	646
Dt. Babcock StA	5,0	F	162,00 b	64,3	62,0	163,50 b	164,30 b	+3,8	205	136
Deutsche Bank (5)	19,5	F	69,90 b	70,1	69,7	69,90 b	70,10 b	+0,3	73	63
Dt. Verkehrs-Bank	0	F	-	85,0	85,0	185,00 b	185,00 b	±0	186	170

Die Bardividende, die einem unbeschränkt steuerpflichtigen Aktionär zufließt, stellt für diesen einen Teil seiner Einkünfte aus Kapitalvermögen dar. Die Einkünfte aus Kapitalvermögen werden dem zu versteuernden Einkommen des Aktionärs hinzugerechnet und im Falle einer **Einkommensteuerveranlagung** mit dessen persönlichem Steuersatz voll besteuert. Die so ermittelte Einkommensteuerschuld des Aktionärs entspricht aber nicht seiner tatsächlichen Einkommensteuerzahlung an das Finanzamt, da ihm die Körperschaftsteuer, die die Aktiengesellschaft treuhänderisch auf seinen Anteil am Gesamtausschüttungsbetrag entrichtet hatte, auf seine individuelle Einkommensteuer angerechnet wird (vgl. Sachverhalt 1 in Abb. 2/12).

Kommt es **nicht zu einer Einkommensteuerveranlagung** des Aktionärs, hat er Anspruch auf die Rückerstattung seines Körperschaftsteueranteils in voller Höhe (vgl. Sachverhalt 2 in Abb. 2/12).

Das Ziel dieses Anrechnungs- bzw. Vergütungsverfahrens besteht darin, die Gewinne einer Aktiengesellschaft endgültig nur bei den Anteilseignern mit derjenigen Einkommensteuer zu belasten, die sich aufgrund der individuellen Verhältnisse der jeweiligen Aktionäre ergibt.

Anrechnungs-
verfahren der
Körperschaft-
steuer

72 **Aktien**

Abb. 2/12:
Anrechnungs-
verfahren der KSt

Sachverhalt 1:
Anrechnung der Körperschaftsteuer auf die Einkommensteuerzahlung

Voraussetzung:

Das Einkommen des unbeschränkt steuerpflichtigen Aktionärs wird zur Einkommensteuer veranlagt.

Verfahren:

Der Ermittlung der Einkünfte aus Kapitalvermögen wird nicht nur die empfangene Ausschüttung (Bardividende) zugrundegelegt, sondern die Summe aus Bardividende plus Anrechnungsanspruch (**Bruttodividende**). Der Anrechnungsanspruch läßt sich aus der Bardividende und dem Körperschaftsteuersatz (30 %) ableiten, was im folgenden anhand der Dividendenausschüttung der Deutschen Bank AG gezeigt wird:

Bardividende	19,50 DM (= 70 %)
+ Erstattungsbetrag (= 42,86 % oder 30/70 der Bardividende)	8,36 DM (= 30 %)
= Bruttodividende	**27,86 DM** (= 100 %)

Für die Einkommensermittlung des Aktionärs ist also die Bruttodividende – und nicht die Bardividende – ausschlaggebend:

Einkünfte aus Kapitalvermögen
= Bardividende + Anrechnungsbetrag
= Bruttodividende

Unter Berücksichtigung der weiteren Einkünfte des Aktionärs ergibt sich in Verbindung mit seinem persönlichen Steuersatz seine Einkommensteuerschuld. Diese entspricht aber nicht seiner tatsächlichen Einkommensteuerzahlung, da er zuvor den Anrechnungsbetrag mit seiner Einkommensteuerschuld wieder verrechnen darf.

Bardividende + **Anrechnungsbetrag**
= Einkünfte aus Kapitalvermögen + Andere Einkünfte – Sonderausgaben und andere Abzüge
= Zu versteuerndes Einkommen × persönlicher Steuersatz
= Einkommensteuerschuld – **Anrechnungsbetrag**
= Einkommensteuerzahlung oder -rückerstattung

Der Anrechnungsbetrag wird also zunächst den Einkünften aus Kapitalvermögen hinzugerechnet und für die Ermittlung der tatsächlichen Einkommensteuerzahlung von der Einkommensteuerschuld wieder abgezogen.

Ist der Anrechnungsbetrag größer als die Einkommensteuerschuld, wird dem Aktionär ein Teil der Körperschaftsteuer zurückerstattet. Ist er kleiner, schuldet der Aktionär dem Finanzamt die Differenz zwischen Einkommensteuerschuld und Anrechnungsbetrag.

Sachverhalt 2:
Vergütung der Körperschaftsteuer durch das Bundesamt für Finanzen

Voraussetzung:

Das Einkommen des unbeschränkt steuerpflichtigen Aktionärs wird *nicht* zur Einkommensteuer veranlagt.

Verfahren:

Der Aktionär erhält die Körperschaftsteuer, die auf seinen Anteil der Bruttoausschüttung entfallen war, auf Antrag vom Bundesamt für Finanzen in voller Höhe vergütet. Die Antragstellung erfolgt über die die Dividende auszahlenden Kreditinstitute. Diese nehmen auch die Rückerstattung bzw. Gutschrift des Körperschaftsteuerbetrages vor. Laut Einkommensteuergesetz muß der Aktionär bei der Antragstellung einen **Freistellungsauftrag** vorlegen oder den Nachweis erbringen, daß für ihn eine Veranlagung zur Einkommensteuer nicht in Betracht kommt (**Nichtveranlagungs-Bescheinigung** – oder kurz **NV-Bescheinigung** – vom zuständigen Finanzamt). Für den Freistellungsauftrag gilt dabei die Einschränkung, daß das in dem Auftrag angeführte Freistellungsvolumen noch nicht durch andere Erträge aus Kapitalvermögen aufgezehrt sein darf.

Für einen Aktionär der Deutsche Bank AG, dessen Einkommen nicht zur Einkommensteuer veranlagt wird, bedeutet die Rückvergütung, daß sich sein Dividendenertrag je »50-D-Mark-Aktie« für das Geschäftsjahr 1994 auf insgesamt 27,86 D-Mark beläuft.

Aktiengesellschaften sind im Falle einer Gewinnausschüttung verpflichtet, bei der Dividendenzahlung für Rechnung der Aktionäre zusätzlich einen Kapitalertragsteuerabzug vorzunehmen und den einbehaltenen Betrag an das Finanzamt abzuführen. Der Steuersatz beträgt hier 25 % der dem Empfänger zustehenden Bardividende. Der in Deuschland nur vorübergehend erhobene Solidaritätszuschlag bleibt im weiteren unberücksichtigt.

    Die Bardividende nach Abzug der Kapitalertragsteuer wird als **Nettodividende** bezeichnet. Ein Aktionär erhält somit grundsätzlich nur 52,5 % der Bruttodividende auf seinen Dividendenkupon ausbezahlt:

Kapitalertragsteuer

	Bruttodividende	= 100,0 %
./.	Körperschaft-steuerbelastung bei der AG	./. 30,0 %
=	**Bardividende**	= 70,0 %
./.	Kapitalertrag-steuerbelastung für Rechnung der Aktionäre	./. 17,5 % (= 25 % von 70 %)
=	Nettodividende	= 52,5 %

Legt ein Aktionär seiner Depotbank eine NV-Bescheinigung oder einen Freistellungsauftrag mit ausreichendem Freistellungsvolumen vor, wird vom Kapitalertragsteuerabzug abgesehen.

Unbeschränkt steuerpflichtige Gesellschafter, deren Einkommen zur Einkommensteuer veranlagt wird, können sich den von der AG im voraus einbehaltenen Kapitalertragsteuerbetrag wiederum auf ihre Einkommensteuerschuld anrechnen lassen.

Abb. 2/13: Dividenden-bekannt-machung

Deutsche Bank

Aktiengesellschaft

Frankfurt am Main

Dividendenbekanntmachung

Die ordentliche Hauptversammlung vom 18. Mai 1995 hat beschlossen, den Bilanzgewinn des Geschäftsjahres 1994 von 924.779.622,00 DM zur Ausschüttung **einer Dividende von 16,50 DM zuzüglich 3,00 DM Jubiläumsbonus je Aktie im Nennbetrag von 50 DM** auf das Grundkapital von 2.371.229.800,00 DM zu verwenden.

Kennzeichnung des Dividendenscheins

Der Gesamtbetrag von 19,50 DM wird vom 19. Mai 1995 an gegen Einreichung des Gewinnanteilscheins Nr. 60 unter Abzug von 25 % Kapitalertragsteuer sowie 7,5 % Solidaritätszuschlag auf die Kapitalertragsteuer von den im Bundesanzeiger Nr. 95 vom 19. Mai 1995 aufgeführten inländischen und ausländischen Zahlstellen ausgezahlt.

Banken, über die Dividendenausschüttung erfolgt

Zahlstellen in der Bundesrepublik Deutschland sind:
Sämtliche Niederlassungen der
Deutschen Bank AG, Frankfurt am Main,
Deutschen Bank Lübeck AG vormals Handelsbank, Lübeck,
Deutschen Bank Saar AG, Saarbrücken.

Anrechnungs-betrag

Mit der Dividende ist ein Körperschaftsteuer-Guthaben von 3/7 des Gesamtbetrags, das sind – aufgerundet – 8,36 DM je Aktie, verbunden. Dieses Guthaben wird ebenso wie die Kapitalertragsteuer und der Solidaritätszuschlag auf die Steuerschuld der inländischen, nicht von der Steuer befreiten Aktionäre angerechnet.

Skizzierung des Dividendenbe-steuerungsverfahrens

Den unbeschränkt steuerpflichtigen Aktionären, die ihrer Depotbank eine Nichtveranlagungs-Bescheinigung ihres Wohnsitzfinanzamts vorgelegt haben, wird der Gesamtbetrag ohne Abzug von Kapitalertragsteuer und Solidaritätszuschlag zuzüglich der anrechenbaren Körperschaftsteuer ausgezahlt. Das gleiche gilt für Aktionäre, die ihrer Depotbank einen Freistellungsauftrag eingereicht haben, soweit das in diesem Auftrag genannte Freistellungsvolumen nicht durch andere Erträge aus Kapitalvermögen bereits aufgebraucht ist.

Frankfurt am Main, den 19. Mai 1995

Der Vorstand

Aktienkurstabellen und Börsenberichte

Der Vorstand einer Aktiengesellschaft macht der Hauptversammlung in jedem Jahr einen neuen Dividendenvorschlag. In den Kurstabellen der Finanzzeitung wird der Dividendenbetrag des Vorjahres schon dann durch den vom Vorstand vorgeschlagenen Betrag abgelöst, wenn dieser für die bevorstehende Hauptversammlung offiziell bekanntgegeben wurde.

Besonderheiten in der Finanzzeitung

Der folgende Ausschnitt ist der Dividendenbekanntmachung der Deutschen Bank AG aus dem Handelsblatt vom 22.5.1995 entnommen (vgl. Abb. 2/13).

Beispiel 2/5

Das Datum der Hauptversammlung bzw. des Dividendenbeschlusses war der 18.5.1995. Im Handelsblatt wurde die Dividendenzahlung bereits vor dem Dividendenbeschluß der Hauptversammlung veröffentlicht, was die Kursnotierungen für den 17.5.1995 belegen.

76 **Aktien**

Bei jungen bzw. jüngsten Aktien bleibt die »Dividenden-Spalte« bis zur ersten erfolgten Dividendenausschüttung frei. Dividendenangaben entfallen auch bei in Deutschland gehandelten ausländischen Aktien, weil viele der ausländischen Emittenten Dividendenausschüttungen entgegen den deutschen Gepflogenheiten viertel- oder halbjährlich vornehmen.

(R)

In sehr seltenen Fällen findet der Leser vor einigen Dividenden den Zusatz »*(R)*« für »Rumpfgeschäftsjahr«. Die Dividendenzahlung bezieht sich hier auf die Berichtsperiode einer Aktiengesellschaft, die weniger als 12 Monate umfaßt.

2.1.3.1.6 Börsenplatz

Als Börsenplätze werden die Städte bezeichnet, in denen Börsen bestehen. Der ersten Spalte der Kurstabellen kann der Börsenplatz entnommen werden, an dem der Kurs für ein Wertpapier festgestellt wurde.

Freiverkehr

Freiverkehr

Name	Platz	2.6.95	1.6.95	H 95	T 95
Abbott Lab. (USA)	M	55.70 G	56.90 b	59	47
ABE Westafr.PflanzStA	F	8.00 B	8.00 B	12.0	6,0
Accor (Frank.)	S	183.80 b	183.00 G	183	148
Acennox (Span)	M	171.00 G	171.00 G	179	129
Advanced Micro (USA)	M	48.20 b	46.70 G	53	38
Aegon (Holl.)	M	46.30 b	112.50 b	47	37
Aetna Life & Cas.(USA)	B	84.00-T	84.40-T	86	73
AG Bad Neuenahr	D	850.00-T	850.00 G	880	850
AG Bad Salzschl.(100)	F	205.00-T	205.00-T	222	200
AG Joh. Jeserich	B	2500.00-T	2500.00-T		
AGF Union Fenix	S	17.05 b	17.20 b	20	14
Ahaus Ensch. Eisenb.	D	285.00 G	285.00 G	320	235
Ahold (Holl.)	M	48.10 b	48.20 b	50	45
L´Air Liqu.(Frank.)	F	225.00 G	224.00 b	230	200
Aker A (Norw.)	M	18.30 G	18.00 G	20	16
Aker B(frei)(Norw.)	M	17.50 G	17.50 G	19	15
Alanco Env.(USA)	B	3.30 B	3.33 b	3.33	1,70
Aldila (USA)	B	7.50-T	7.70-T	16	8
Alitalia (Ital.)	F	0.67 G	0.67 G	0.95	0.63

B, Br, D, F, H, Hn, M, S

In Deutschland existieren insgesamt 8 Börsenplätze:
Berlin (*B*), Bremen (*Br*), Düsseldorf (*D*), Frankfurt (*F*), Hamburg (*H*), Hannover (*Hn*), München (*M*) und Stuttgart (*S*).

Die bedeutendsten deutschen Wertpapierbörsen befinden sich in Frankfurt und Düsseldorf, wobei Frankfurt mit Abstand die umsatzstärkste ist und internationale Anerkennung genießt. Durch die Gründung der Deutschen Börse AG mit ihrem Sitz in Frankfurt am Main, die

- die Deutsche Terminbörse (DTB),
- den Inlands- und Auslandskassenverein sowie
- die Wertpapier-Datenzentrale (DWZ)

unter einem Dach vereint, gewann Frankfurt gegenüber den anderen Börsenplätzen, die infolgedessen auch als Nebenplätze bezeichnet werden, noch mehr an Bedeutung. Die Aufgabe der Nebenplätze besteht heute in erster Linie in der Betreuung ihrer Regionalwerte, also Aktien von Gesellschaften aus der Region, in der die jeweilige Börse ansässig ist. Um ihre Stellung jedoch nicht vollständig gegenüber Frankfurt einzubüßen, konzentrieren einige Regionalbörsen ihr Geschäft auf bestimmte Wertpapierformen, Düsseldorf beispielsweise auf Optionsscheine, Hamburg auf Genußscheine und München auf Auslandsaktien.

Kurszusätze

2.1.3.1.7

Im Börsenverlauf können in der Regel nicht alle vorliegenden Orders durch die Makler ausgeführt werden. Das ist häufig darauf zurückzuführen, daß Marktteilnehmer ihre Aufträge limitieren. Damit ist die Vorgabe eines Kurses gemeint, der vom Makler

- im Falle eines Verkaufs nicht unterschritten und
- im Falle eines Kaufs nicht überschritten werden darf.

Für den Makler ist eine Limitierung verbindlich. Das kann zur Folge haben, daß er einen Auftrag nicht oder nicht vollständig ausführt.

Eine unlimitierte Order, die im Falle eines Wertpapierverkaufs als »bestens«- und im Falle eines Wertpapierkaufs als **billigst**«-Auftrag bezeichnet wird, wird hingegen nur dann nicht bzw. nicht vollständig ausgeführt, wenn der Makler im Börsenverlauf kein **mengen**mäßig entsprechendes Gegengebot finden konnte.

bestens, billigst

Zum Zeitpunkt der Kursfeststellung sind Angebots- und Nachfragemengen somit nicht in jedem Fall ausgeglichen. Um den am Marktgeschehen Interessierten aber einen Überblick über das tatsächliche Verhältnis zwischen Angebot und Nachfrage beim Zustandekommen der jeweiligen Kurse zu geben, werden die Kurse mit entsprechenden Zusätzen versehen.

Kurszusätze werden außerdem dann verwendet, wenn Kursrückgänge aufgrund von Kapitalmaßnahmen oder Dividendenausschüttungen auftreten.

Eine Dividendenzahlung kann von den Marktteilnehmern beispielsweise als »Teilliquidierung« der ausschüttenden Gesellschaft interpretiert werden. Infolgedessen bewerten sie das Vermögen pro Aktie ab dem Tag der Dividendenausschüttung geringer. Ein Marktteilnehmer, der die Aktie am Ausschüttungstag erwirbt, hat keinen Anspruch auf die Dividende und nimmt wegen der eintretenden Vermögensminderung einen Abschlag, den sogenannten **Dividendenabschlag**, auf den Kurs der Aktie vor. Ein inländischer Aktienkäufer, der bei der Dividendenzahlung zusätzlich zur Dividende eine Körperschaftsteuergutschrift erhalten hätte, reduziert sein Kursgebot ungefähr in Höhe der Bruttodividende, weil ihm die Dividende in dieser Höhe entgangen ist. Ein ausländischer Aktienkäufer hat demgegenüber keinen Anspruch auf Rückerstattung oder Anrechnung der Körperschaftsteuer, so daß sich sein Dividendenabschlag an der Bardividende orientiert. Anzumerken ist aber, daß neben der Körperschaftsteuer auch weitere in- und ausländische steuerliche Regelungen den Dividendenabschlag beeinflussen.

Dividenden-
abschlag

Aufgrund seiner Abhängigkeit von den individuell bestimmten Dividendenabschlägen kann der tatsächliche Kursrückgang von den Marktteilnehmern von vornherein nicht genau quantifiziert werden. Um alle Beteiligten

Aktien

exD, exDiv, xD

auf den besonderen Umstand hinzuweisen, versieht der Kursmakler den letzten Kurs der Aktie am Tag der Dividendenausschüttung bzw. des Dividendenabschlags mit dem Zusatz »*ex Dividende*« – die offizielle Abkürzung der deutschen Börsen lautet: **exD, exDiv**. In den Kurstabellen der Zeitungen findet der Leser häufig sogar nur den Zusatz »**xD**«.

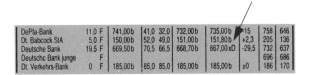

Im folgenden werden die wichtigsten Kurszusätze aufgelistet und erläutert. Sie erfolgen von Börsenplatz zu Börsenplatz unterschiedlich.

Tab. 2/2: Kurszusätze

	**a) Zusätze, die anzeigen, inwieweit die zum festgestellten Kurs limitierten und unlimitierten Kauf- und Verkaufsaufträge ausgeführt werden konnten.**
b, bz, bez oder Kurs ohne Zusatz	bezahlt	Angebot und Nachfrage waren ausgeglichen.
bG, bzG, bezG	bezahlt Geld	Die zum festgestellten Kurs limitierten Kaufaufträge müssen nicht vollständig ausgeführt sein; es bestand weitere Nachfrage.
bB, bzB, bezB	bezahlt Brief	Die zum festgestellten Kurs limitierten Verkaufsaufträge konnten nicht vollständig ausgeführt werden; es bestand weiteres Angebot.
ebG, etw. bG, etw. bzG, etw. bezG	etwas bezahlt Geld	Die zum festgestellten Kurs limitierten Kaufaufträge konnten nur zu einem geringen Teil ausgeführt werden.
ebB, etwas bB, etw. bzB, etw. bezB	etwas bezahlt Brief	Die zum festgestellten Kurs limitierten Verkaufsaufträge konnten nur zu einem geringen Teil ausgeführt werden.
ratG, bG rep., bzG rep., bezG rep.	rationiert Geld bzw. bezahlt Geld repartiert	Die zum Kurs und darüber limitierten sowie die unlimitierten Kaufaufträge konnten nur beschränkt ausgeführt werden.
ratB, bB rep., bzB rep., bezB rep.	rationiert Brief bzw. bezahlt Brief repartiert	Die zum Kurs und niedriger limitierten sowie die unlimitierten Verkaufsaufträge konnten nur beschränkt ausgeführt werden.

b) Außerdem werden folgende Hinweise verwendet.		
G	Geld	Zu diesem Preis bestand nur Nachfrage.
B	Brief	Zu diesem Preis bestand nur Angebot.
–	gestrichen	Ein Kurs konnte nicht festgestellt werden.
-G	gestrichen Geld	Ein Kurs konnte nicht festgstellt werden. Es lagen Billigst-Kauforders ohne Angebot vor.
-B	gestrichen Brief	Ein Kurs konnte nicht festgestellt werden. Es lagen Bestens-Verkaufsorders ohne Nachfrage vor.
-T	gestrichen Taxe	Ein Kurs konnte nicht festgestellt werden, der Preis ist geschätzt.
-GT	gestrichen Geld/ Taxe	Ein Kurs konnte nicht festgestellt werden, da der Preis auf der Nachfrageseite geschätzt ist.
-BT	gestrichen Brief/Taxe	Ein Kurs konnte nicht festgestellt werden, da der Preis auf der Angebotsseite geschätzt ist.
ex D, ex Div.	ohne Dividende	Erste Notiz nach Dividendenabschlag (im Regelfalle am ersten Tag nach der Hauptversammlung).
ex B, ex BR	ohne Bezugs-recht	Erste Notiz unter Abschlag des Wertes des Bezugsrechts (im Regelfalle am ersten Handelstag des Bezugsrechts, vgl. dazu Abschnitt ...).
ex BA	ohne Berichti-gungsaktien	Erste Notiz nach Umstellung des Kurses auf das aus Gesellschaftsmitteln berichtigte Aktienkapital (Kurs ist um den Berichtigungsaktienabschlag korrigiert, Vgl. dazu Abschnitt ...).
ex SP	nach Splitting	Erste Notiz nach Umstellung des Kurses auf die geteilten Aktien.
-Z	gestrichen Ziehung (nur bei Schuldverschreibungen)	Die Notierung ist an den beiden dem Auslosungstag vorangehenden Börsentagen ausgesetzt.
ex Z, ex Ziehung	ausgenommen Ziehung (nur bei Schuldverschreibungen)	Der notierte Kurs versteht sich für die nicht ausgelosten Stücke (der Hinweis ist nur am Auslosungstag zu verwenden).

2.1.3.1.8 Aussetzung einer Kursnotierung

Es kann vorkommen, daß der Börsenvorstand die Kursnotierung eines bestimmten Wertes aussetzt. Bei einer Aussetzung können in dem betreffenden Papier keine Umsätze mehr getätigt werden. In den Tabellen der Finanzzeitung findet der Leser dann keine Kursnotiz, sondern das Wort »*ausgesetzt*« oder eine entsprechende Abkürzung.

ausgesetzt

Gründe für die Aussetzung sind zum Beispiel Neuigkeiten über eine Aktiengesellschaft (Übernahmeangebote, Kapitalerhöhungen etc.), die voraussichtlich einen entscheidenden Einfluß auf die Bewertung der Aktie haben werden. Die Gruppe der Anleger soll hierdurch vor Maßnahmen bestimmter Personen (z. B. Insider) geschützt werden, die aufgrund von Informationsvorteilen den eingetretenen Umstand ausnutzen könnten.

2.1.3.1.9 Kursbezeichnungen im Börsenverlauf

Die Tabelle »*Fortlaufende Notierungen*« enthält einen Auszug der Kurse, die im variablen Handel für die dort notierten Aktientitel im Börsenverlauf ermittelt wurden. In der Spalte »*Anfang*« findet der Leser die Eröffnungskurse. Diese erste Kursfeststellung ergibt sich aufgrund der den Kursmaklern zu Börsenbeginn vorliegenden Aufträge (der Eingang erfolgte bereits vor der Börseneröffnung um 10 Uhr 30).

Anfang, Verlauf, Kasse, Schluß

Die Angabe *aller* weiteren Kurse aus dem Handel ist im Kursteil einer Zeitung nicht möglich. Deshalb beschränkt sich das Handelsblatt in der Spalte »*Verlauf*« zunächst auf den höchsten und niedrigsten Tageskurs, der für eine Aktie festgestellt wurde. Aus Platzgründen werden hier alle Zahlen nur mit den letzten beiden Ziffern und einer Nachkommastelle angegeben.

Der Kassa- oder Einheitskurs steht in der Spalte »*Kasse*«. Einheitskurse werden gegen 12 Uhr festgestellt.

Die Spalte »*Schluß*« der Tabelle beinhaltet die von den Maklern zum Ende der offiziellen Börsenzeit gegen 13 Uhr 30 bekanntgegebenen Kurse.

Veränderungen der Schlußkurse

2.1.3.1.10

Die mit »*+/-*« überschriebene Spalte der Tabelle »*Fortlaufende Notierungen*« zeigt die Veränderungen der Börsenschlußkurse gegenüber dem vorausgegangenen Börsentag.

+/-

Fortlaufende Notierungen

2.6.95	Div.		Anfang	Verlauf		Kasse	Schluß	+/-	H 95	T 95
A. A. A. Anlageverw.	3,0	F	60,00 b	60,0	60,0	60,00 b	60,00 b	-3	92	56
ABN Amro H. (Holl.)	1,7	F	52,90 b	52,9	52,9	52,90 b	52,90 b	-0,6	55	47
AMB vink. NA	20,0	F	910,00 b	40,0	10,0	930,00 b	935,00 b	+45	1130	877
AMB Inh.	20,0	F	1000,00 b	00,0	00,0	1000,00 b	1000,00 b	+10	1045	955
ADT Ltd. (Berm.)		F	-	-		-	-		15	14
Agab	0	F	150,00 b	51,0	50,0	151,00 b	151,00 b	+2,5	170	138
Agiv	12,0	F	472,00 b	75,0	70,0	475,00 b	472,50 b	+2,5	515	442
Akzo Nobel (Holl.)		F	172,00 C	73,0	72,0	172,00 b	172,00 b	-1	180	149
Akzo Faser	8,75	F	230,00 b	30,0	30,0	230,00 b	230,00 G	±0	255	230
Alcan (Kan.)		F	41,00 b	41,0	41,0	41,00 b	41,00 b	-1	42	33
Alcatel Alsthom (Frank.)		F	129,50 b	31,0	29,5	130,50 b	129,70 bG	+0,7	141	108

Jahreshöchst- und -tiefstkurse

2.1.3.1.11

Über die Entwicklung der Aktienkurse im Jahresverlauf geben die beiden letzten Spalten »*H95*« und »*T95*« Aufschluß. Der Leser kann hier den jeweils höchsten und niedrigsten Kurs des laufenden Kalenderjahres ablesen.

H95 und T95

Fortlaufende Notierungen

2.6.95	Div.		Anfang	Verlauf		Kasse	Schluß	+/-	H 95	T 95
A. A. A. Anlageverw.	3,0	F	60,00 b	60,0	60,0	60,00 b	60,00 b	-3	92	56
ABN Amro H. (Holl.)	1,7	F	52,90 b	52,9	52,9	52,90 b	52,90 b	-0,6	55	47
AMB vink. NA	20,0	F	910,00 b	40,0	10,0	930,00 b	935,00 b	+45	1130	877

Die Höchst (»*H*«)-/Tiefstkurse (»*T*«) werden ohne Nachkommastellen abgedruckt und haben somit in der Regel eine leichte Rundung erfahren. Sie beziehen sich auf den Börsenplatz, der in der ersten Spalte angegeben ist und basieren nur auf »bezahlt«-Notierungen, das heißt, Kursen, die bei einem ausgeglichenen Markt zustande gekommen waren. Die Auswirkungen von Kapitalmaßnahmen (Bezugsrechtsabschläge etc.) sind in den Werten nicht berücksichtigt.

Allein aus den Höchst- und Tiefstkursen kann ein Anleger nicht ohne weiteres Schlüsse auf das Kurspotential eines Titels ziehen, da historische Daten je nach Markt- und Unternehmenslage in der Gegenwart und vor allem in der Zukunft keine Aussagekraft mehr besitzen müssen.

Amtlicher Handel Kassakurse

2.1.3.2

Die Überschrift der unten abgebildeten Tabelle (vgl. Abb. 2/14) macht deutlich, daß nicht alle amtlich gehandelten Aktien fortlaufend notiert werden. Das ist darauf zurückzuführen, daß einige Papiere den Anforderungen für den variablen Verkehr nicht entsprechen. Zugelassen werden nur Aktientitel mit regelmäßig hohen Umsätzen.

Abb. 2/14:
Kassakurse
Amtlicher Handel

Börsensegment: Amtlicher Handel
Kursfeststellung: ausschließlich per Kasse (Einheitskursfeststellung)

Kassakurse Amtlicher Handel

	Div.	2.6.95	1.6.95	H95	T95		Div.	2.6.95	1.6.95	H95	T95
Aach.u.Mü.Leben	12,5 D	710,00b	715,00b	715	585	Dt.Hyp.Hann.-Bl.	13,5 Hm	448,00b	448,00b	468	423
Aach.u.Münch.Vers.	11,0 F	470,00bG	462,00b	493	410	Dt.Spezialglas	8,0 Hm	232,00b	225,00-T	260	205
Aach.-Rück. Vers.	11,0 F	802,00b	805,00b	860	755	Dt. Steinzeug	15,0 F	540,00bB	525,00-T	545	450
Aach. Strb. (100)	4,0 D	490,00G	490,00G	545	485	Dibag (100)	11,0 D	625,00G	625,00bG	685	580
Adia PS (Schw.)	F	55,00b	54,00b	55	47	Dierig Holding	0 F	123,00bB	120,00bG	175	120
Adlerwerke	12,0 F	246,00b	241,00b	370	225	Doag Holding	10,0 H	300,00b	315,00b	357	295
Aesculap	14,0 F	769,00b	769,00bB	810	720	Dörries Scharmann	0 D	130,00bB	139,00b	196	139
Agripp. RV(100)	10,0 D	1510,00-T	1520,00G	1550	1410	Dortm.Actien Brau.	0 D	167,00b	165,00b	188	163
Agrob St.A (100)	0 M	405,00b	420,00B	591	401	Dürkopp Adler	8,0 D	170,00b	169,00bB	170	126
Agrob VA (100)	0 M	396,00b	399,00b	550	383	Duewag	0 D	420,00G*	420,00G*	430	400
Aigner, Etienne	30,0 M	590,00-G	580,00-G	595	475	Dyckerhoff StA	12,0 F	650,00b	665,00b	709	605
Akt. Br. Kaufb. (100)	22,0 M	1150,00B	1150,00B	12u2	1110	Dyckerhoff StA ige.	F	650,00b	650,00b	665	590
Albingia StA	6,0 H	860,00-B	865,00-T	1000	850	Dyckerh. & Widmann	11,0 M	300,00b	300,50b	348	281
Albingia VA	11,0 H	450,00G	450,00G	515	445	Eckstahl Witten (100)	0 D	400,00G	400,00G	425	395
Albingia VA ige.	H	450,00G	450,00G	490	429	Eichbaum-Brauerei	9,0 F	350,00bG	350,00G	422	350
Alexanderwerk	0 D	115,00b	115,00b	140	115	Eisenb. Verkehrsm.	13,07 D	270,00G	270,00G	295	350
Allerthal-Werke (100)	3,0 Hm	649,00b	663,00B	695	640	Energieversor.Oberfr.	0 M	350,00G	350,00b	375	308
Allianz Leben vink.	10,0 F	1310,00b	1340,00xD	1740	1340	Energieversorg.Ostb.	11,5 M	390,00b	380,00b	400	330
Allweiler StA	5,5 F	-	275,00G	305	248	Erlus	20,0 M	830,00b	830,00b	880	820
Allweiler VA	6,1 F	215,00bG	217,00bB	225	175	Erste Kulmbacher	10,0 M	1635,00G	1635,00G	1745	1630
Altenb.u.Stral.Spielk	0 H	94,00-T	94,00-T	94	78	Escom (5)	0 D	27,40b	27,40b	30	21
Alusuisse-L.(Schw)	F	840,00b	835,00G	840	715	Esslinger Maschinen	7,0 S	920,00b	920,00b	950	910
Amira Verwaltung	0 M	1070,00-B	1120,00-B	1560	1060	E ZWO Computerv.	0 M	75,00-G	75,00-G	85	59
Anterra Verm.	20,0 M	277,00bG	277,00b	280	245	Flachglas	51,45 M	660,00-B	665,00B	670	630
Archer-Daniels (USA)	F			32	26	Flender, Friedrich	5,0 F	241,00bB	241,00bB	285	230
Asea Brown Boveri	5,51 F	645,00b	648,00b	695	636	Ford Werke (100)	10,4 D	745,00-T	745,00b	800	700
AtlasCop.A(Schwed)	F	20,50b	20,50b	21	16	Forst Ebnath (%)	8,0 B	4650,00-T	4700,00G	4700	3600
AtlasCop.B(Schwed)	F	21,00b	20,50-T	21	16	FPB Holding	17,5 D	319,50b	320,00b	325	301
Audi	F	448,00xD	445,00G	505	418	Fränk. Überl.	33,1 M	420,00bB	420,00b	446	380
Augsb. Kamingarn	0 M	46,50b	46,00-G	75	43	Fränk. Überl. junge	M	395,00G	395,00G	409	370
Bad. Württ. Bank	3,0 F	653,00b	653,00G*	684	650	Frankfurter Hypobank	16,5 F	700,00G	700,00G	760	690
Bär Hold.Inh.(Schw)	F	1720,00G	1680,00G	1680	1310	Frankona-R. Inh. C	9,0 F	360,00G	360,00bG	410	341
Bav. St. Pauli Br.	4,1 H	458,00G	450,00G	530	450	Frankona-R. NA B	9,0 F	360,00G	360,00bG	403	343
Bay. Handelsbank	14,5 M	423,00b	423,00b	493	418	Frank.-R.NA D 50%E	4,5 F	347,00B	349,00b	395	326
Bay. Hartstein	12,5 M	585,00B	585,00B	620	585	Fr.-R.NA D 50%E ige.	F	340,00G	335,00bG	345	330
Bay. Lloyd	0 M	315,00bG	315,00bG	320	315	Fröhlich Bauunt. StA	10,0 F	235,00bB	235,00bB	290	198
Berl.El.Hold.StA	20,0 B	400,00b	397,00b	420	350	Fröhlich Bauunt. VA	10,0 F	214,00b	215,00b	224	163
Berl.El.Hold.StA ige.	B			363	345	Fuchs Petrolub StA	5,0 S	191,00b	194,00b	230	194
Berl.El.Hold.VA	21,0 B	403,00b	404,00b	411	356						

Partizipationsschein
Nennwert
Kurs vom Börsenvortag
Bardividende (evtl. incl. Bonus)
junge Aktie

50 %-Einzahlung (Nennwerteinzahlung erfolgte zu 50 %) Prozentnotierung

Amtlich notierte Aktien, die vom Börsenvorstand nicht zum variablen Handel zugelassen sind, werden im Börsenverlauf nur »zur Kasse« abgerechnet, das heißt: Für sie wird im Börsenverlauf nur *ein* amtlicher Kurs festgestellt. Dieser Kurs wird als »Kurs per Kasse«, Einheits- oder **Kassakurs** bezeichnet. Im Gegensatz zum Kassakurs bei fortlaufend notierten Aktientiteln berücksichtigt der Makler bei der Ermittlung des Kassakurses nicht fortlaufend notierter Titel *alle* vorliegenden Kauf- und Verkaufsorders.

Zur Ermittlung des Einheitskurses sammeln die Kursmakler die eingehenden Aufträge in ihrem Skontrobuch. Zu einem vom Börsenvorstand bestimmten Zeitpunkt im Börsenverlauf (gegen 12 Uhr) müssen alle Skontrobücher geschlossen und aus den vorliegenden Werten der Einheitskurs errechnet werden. Hierbei findet das **Meistausführungsprinzip** Anwendung. Der Makler bestimmt den Kurs, zu dem die größten Umsätze möglich sind.

Kassakurs

Meistausführungsprinzip

Beispiel 2/6

Das Skontrobuch eines Maklers stellt sich zum Zeitpunkt der Feststellung des Kassakurses folgendermaßen dar:

Aktienkurstabellen und Börsenberichte

Nachfrage (Käufer)	Summe
54 Stück billigst (unlimitiert)	54
9 Stück zu 156 DM	63
45 Stück zu 155 DM	108
27 Stück zu 154 DM	135
45 Stück zu 153 DM	180
30 Stück zu 152 DM	210
18 Stück zu 150 DM	228

Angebot (Verkäufer)	Summe
72 Stück bestens (unlimitiert)	72
24 Stück zu 152 DM	96
99 Stück zu 153 DM	195
21 Stück zu 154 DM	216
18 Stück zu 155 DM	234
3 Stück zu 157 DM	237

Die angebotenen bzw. nachgefragten Aktien werden zu jedem Preis aufsummiert und die jeweilige Gesamtsumme in der Spalte »Summe« wiedergegeben. Bei einem Kurs von 155 DM stehen beispielsweise 108 nachgefragten Aktien 234 angebotene gegenüber. Zu diesem Preis könnten also nur 108 Aktien mit einem Volumen von 16.740 D-Mark umgesetzt werden.

Aufgrund der bisher vorliegenden Aufträge kann der Kursmakler den Kurs nur schätzen. Der größte Umsatz scheint im Bereich eines Kurses von 153 D-Mark möglich zu sein, da dort insgesamt 180 Aktien nachgefragt und 195 angeboten werden. Der tatsächlichen Marktlage entspräche ein Kassakurs von 153 D-Mark aber nicht, da sich Angebot und Nachfrage zu diesem Preis nicht ausgleichen lassen.

Der Kursmakler versucht deshalb, für die bei einem Kurs von 153 D-Mark überhängende Angebotsmenge von 15 Stück einen Käufer zu finden oder – unter Beachtung des Meistausführungsprinzipes – für die bei 152 D-Mark überhängende Nachfragemenge von 144 Stück einen Verkäufer (210 Stück × 152 D-Mark > 196 Stück × 153 D-Mark). Er gibt den Börsenteilnehmern einen vorerst nur geschätzten Kurs von »2 zu 3« (152 D-Mark zu 153 D-Mark) bekannt.

Das Ausrufen des geschätzten Kurses hat in der Regel zur Folge, daß die Händler weitere Aufträge abgeben, was gegebenenfalls zu einem Gleichgewicht zwischen Angebots- und Nachfragemenge führt. Läßt sich beispielsweise noch ein Käufer von 15 Aktien zu 153 D-Mark finden, legt der Kursmakler 153 D-Mark als Kassakurs fest und sorgt damit für einen Ausgleich. Der Kurs kann in diesem Fall mit dem Zusatz »*bezahlt*« oder auch ohne jeglichen Zusatz veröffentlicht werden (Vgl. Tabelle 2/2).

Gehen nach dem Ausruf des geschätzten Kurses keine weiteren Aufträge mehr beim Kursmakler ein, erlaubt ihm das Börsengesetz, das Skontro durch **Selbsteintritt**, das heißt, durch den Kauf der Aktien für eigene Rechnung und auf eigenes Risiko, auszugleichen. Er kann sich aber auch vorbehalten, einen Kontrahenten für die offene Position später zu benennen.

Selbsteintritt

Dem Makler ist es zudem gestattet, die vorliegenden Aufträge nur prozentual zu bedienen. Dieser Vorgang wird im Börsenjargon als »**Repartierung**« oder »**Rationierung**« bezeichnet und der veröffentlichte Kassakurs in den Kursblättern dann mit dem Zusatz repartiert bzw. rationiert versehen (vgl. Tabelle 2/2).

Repartierung

Aufgrund der Feststellung eines Einheitskurses entfallen in der oben abgebildeten Tabelle (vgl. Abb. 2/14) die Spalten »Anfang«, »Verlauf« und »Schluß«. Die Veränderungen des Kassakurses zum Vortag sind hier vom Leser selbst zu errechnen. Spalte 2 und 3 enthalten die Kurse vom letzten Börsen- und dem jeweiligen Vortag. In den verbleibenden Spalten sind die Höchst- und Tiefstkurse im Verlauf des Kalenderjahres angegeben.

Durch die beiden bisher dargestellten Tabellen wurde die Wiedergabe der Kurse des amtlichen Handels in der Finanzzeitung beschrieben. Im folgenden findet der Leser entsprechende Ausführungen zu den Börsensegmenten geregelter Markt und Freiverkehr sowie zum außerbörslich organisierten Telefonverkehr und zum IBIS-Handel.

2.1.3.3 Geregelter Markt und Freiverkehr

Außerhalb des amtlichen Marktes – also im geregelten Markt und im Freiverkehr – sind Freimakler für die Abwicklung der eingehenden Orders verantwortlich. In diesen beiden Marktsegmenten werden nichtamtliche Kurse – auch Preise genannt – für die gehandelten Papiere ermittelt.

Abb. 2/15
Geregelter Markt

Börsensegment: Geregelter Markt
Kursfeststellung: nicht amtlich

Geregelter Markt

Name	Div.	2.6.95	1.6.95	H95	T95
Ahlers, Adolf	16.00 D	359.00 bB	350.00 b	360	298
Ahlers, Adolf VA	4.25 D	303.00 B	303.00 b	305	245
Allg. Privatkundenbank	3.00 Hn	357.00 G	356.00 G	356	350
Aqua Signal	0 Br	74.50 -T	82.50 T	110	80
Autania	0 F	59.50 b	60.00 bB	95	58
De Ball (Kan.)	F	7.50 bG	7.50 -B	9.9	6.3
Ballmaier & Schultz	F	226.00 b	227.00 b	235	223
Baumwolle Gronau	0 D	71.00 b	71.00 G	95	70
Bausch	12.00 M	310.00 bG	308.00 b	308	270
Bau-Verein Hbg. NA (100)	90.00 H	4570.00 B	4570.00 -T	4743	4420
BayWa vink. NA (100)	7.00 M	330.00 -G	328.00 -G	404	305
BayWa NA (100)	7.00 M	410.00 -G	400.00 -G	473	375
BBS VA	0 F	247.00 b	250.00 G	288	230
Behrens, J.F.	10.00 H	280.00 b	274.00 b	303	270
Benz. Rolf	S	315.00 b	311.00 G	328	300
Berentzen-Gruppe VA	F	362.00 b	363.50 b	365	318
Bijou Brigitte	22.00 H	405.00 b	410.00 b	455	405
Böwe Systec	11.00 M	264.00 G	264.00 G	305	261
Brauerei Cluss	5.00 S	337.00 b	330.00 b	670	324
Brauerei Moninger	0 F	174.00 bB	172.00 bG	190	172
Brem.Hann.Eisenb.(300)	0 Br	7400.00 -T	7400.00 -T		
Bremer Lagerhaus	0 D	93.00 -B	95.00 -B	98	86
burgbad	F	25.50 b	25.70 b	27	25
BUS Berz. Umw. S. StA	0 F	157.50 b	160.00 b	177	136
BUS Berz. Umw. S. VA	0 F	143.20 b	136.00 b	154	124
CeWe Color Hold.	14.00 Br	500.00 G	500.00 G	515	403
C.H.A. Holding	12.50 M	315.00 b	316.00 b	333	290
Compudent VA	0 F	330.00 bB	320.00 bB	330	260
Cordier Robert	0 F	101.00 bG	100.00 bG	130	100
CS-Interglas	0 S	127.00 B	128.00 b	145	101
Data Modul	13.50 M	358.00 b	358.20 bG	360	284
Deutsche Beteil. StA	5.50 F	170.00 b	168.00 -T	210	166
Deutsche Beteil. VA	6.50 F	141.00 bG	142.00 b	152	135
Deutschland Inv. Co. (Kai.)	B	12.00 -T	12.00 -T	14.0	12.0
Dinkelacker	10.50 S	1400.00 G	1420.00 G	1650	1420
Dolerit- Basalt	3.00 D	105.00 -T	107.00 -G	114	100
Dorstener Masch.	0 D	690.00 -T	690.00 -B	740	570
Drägerwerk VA	6.50 H	266.00 b	270.00 b	299	237
Edding VA	25.00 H	464.00 b	454.00 b	454	420
Ehlebracht	17.00 D	484.00 b	480.00 G	484	415
Ehlebracht VA	18.00 D	414.00 bB	419.50 b	425	370
Eifelhöhen-Klinik	7.00 D	226.00 b	230.00 bB	245	215
Einbecker Brauhaus	11.00 Hn	1065.00 b	1058.00 b	1120	995
Einhell VA	11.00 M	317.00 b	313.00 b	322	278
Eisenhütten (100)	10.00 D	315.00 G	315.00 b	350	308
Elektra Beckum	13.00 F	252.00 b	260.00 -T	355	235
Elkraft	0 H	82.50 b	82.00 G	90	79
Eisbether Werft	0 Br			30	25
Energy Intern. (NL Ant.)	F	209.00 -T	202.00 -T	208	183
Euro-Kai VA	4.00 H	112.50 b	113.00 b	123	109
Fernhwk. Neukölln	7.00 B	226.00 b	224.00 G	232	200
Fiender ATB-Loher	0 S	105.10 -G	102.50 b	133	95
Garant Schuh VA	6.00 D	136.80 b	137.50 b	138	132
Garny	20.00 F	590.00 B	590.00 B	734	460
Gem.Wohn. NA VA (100)	4.00 D	1400.00 G	1400.00 -T	1420	1350
Glunz StA	D	159.70 b	156.00 b	161	125
Greffenberger	4.00 M	167.00 bG	170.00 bB	194	158
Gruschwitz (100)	4.00 B	680.00 G	700.00 B	720	660
Haake-Beck	11.00 Br	750.00 b	750.00 b	785	700
Hach VA	44.00 F	635.00 -T	631.00 b	692	569
Hbg. Getreide StA	3.00 H	148.00 G	148.00 b	160	138

Name	Div.	2.6.95	1.6.95	H95	T95
Macrotron StA	15.25 M	200.00 B	200.00 B	319	177
Macrotron VA	16.25 M	130.00 B	130.00 B	187	119
März, Gebrüder	0 M	69.00 b	77.50 b	170	56
Maingas	43.50 F	249.00 B	249.00 B	250	241
Markant-Südwest	0 F	210.00 G	209.00 b	242	199
Marscholiek L. & P. StA	17.00 S	970.00 bG	980.00 B*	1020	880
Marscholiek L. & P VA	18.00 S	890.00 b	885.00 b	920	780
Marseille-Kliniken (5)	0 F	19.35 -T	19.35 b	24	16
M.A.X. Holding	14.00 M	303.00 b	300.00 b	307	260
MCS Systeme	4.00 F	176.00 -T	179.00 bG	277	170
MD Bau Hold.	12.00 M	294.00 bb	292.00 b	310	246
MHM Mode	M	320.00 b	319.00 G	426	310
Möbel Walther StA	13.00 F	723.00 b	725.00 b	750	705
Möbel Walther VA	14.00 F	703.00 b	704.00 b	726	642
Moto Meter i.L.	0 S	270.00 -T	270.00 -T	270	270
Nebelhornbahn	0 M	450.00 B	450.00 bB	570	440
NY-Hbg. Gummi StA	0 H	81.00 G	78.00 b	110	70
NY-Hbg. Gummi VA	0 H	58.00 G	57.00 b	60	48
Nordd.Hyp.u.W.-Bank	8.00 H	325.00 b	325.00 G	329	310
Nordstern Lebensmittel	12.00 Br	281.00 b	284.00 rB	310	270
Nucletron	0 M	50.00 -B	50.60 B	52	44
Oelmühle Hamburg	0 H	170.00 G	167.00 G	180	167
Oppermann Versand	6.00 H	188.00 b	188.00 bG	238	172
Panda Fund	0 D	142.10 b	144.30 b	154	133
Pascale, Jean	16.50 H	442.00 G	442.00 b	465	375
Patrizier-Bräu	0 M	126.00 bG	125.00 B	155	125
Pegasus Bet. StA konv.	0 D	71.00 bG	70.00 b	103	70
Pegasus Bet. VA konv.	0 D	70.70 b	72.00 bG	103	71
Pelikan Holding (Schw.)	D	103.00 b	100.00 b	130	92
Pietzsch StA	4.08 S	185.00 bG	185.00 xD	205	185
Pietzsch VA	4.71 S	177.50 b	172.50 xD	195	157
Piper	0 F	105.00 -G	106.00 -T	105	85
Residenz Real. (Österr.)	M	30.00 G	30.00 G	35	30
Revell	0 F	300.00 G	305.00 b	305	275
Rh.W.Kreditgar.Bk.	0 D	67.70 b	67.00 G	75	64
Rheiner Moden	18.50 D	184.00 b	180.00 b	280	180
Rheinhold & Mahla	9.00 M	320.00 b	320.00 b	335	306
Röder Zeltsysteme	0 F	85.00 b	85.00 b	96	70
Rösler Draht	0 D	445.00 G	445.00 G	445	425
Sachsenmilch	0 B	55.50 b	55.50 b	89	56
Sartorius StA	4.00 F	225.00 -T	227.00 -T	275	219
Sartorius VA	6.00 F	203.00 G	201.00 G	260	191
Schaerf VA	14.00 F	322.00 b	316.00 b	381	310
Schaltbau	10.00 M	254.00 b	252.00 b	265	227
Schenck StA	0 F	148.00 bB	148.00 bG	175	145
Schenck VA	0 F	145.00 G	145.00 b	185	135
Scheu + Wirth VA	0 M	142.00 b	142.10 b	183	136
Schichau Seebeckwerft	0 Br	54.00 -T	53.00 -T	66	49
Schleicher	0 S	133.00 b	133.00 -T	220	128
Schlenk	5.00 M	362.00 b	362.00 -B	362	350
Schloßgartenb. Stg.	14.00 S	950.00 G	950.00 b	1200	901
Schön & Cie.	0 F	220.00 -T	220.00 -T	225	181
Schwabenverl. (100)	0 S	335.00 -G	330.00 bB	337	330
Schwalbchen Molk.	10.00 F	320.00 b	310.00 bG	385	300
Schweizer Electronic	0 S	220.00 G	211.50 b	224	180
Securitas (100)	0 Br	1885.00 -G	1880.00 -G	1810	1700
Sedlbauer	0 M	72.80 b	71.50 b	110	57
Sema Gr. Syst. StA	0 Br	143.00 -T	143.00 -T		

Aktienkurstabellen und Börsenberichte

Die Kurse, die in den entsprechenden Tabellen zum geregelten Markt und Freiverkehr abgedruckt sind, kommen aber ebenfalls durch Feststellung eines Einheitskurses zustande, wobei der Makler wiederum nach dem Meistausführungsprinzip vorgeht. Es handelt sich sozusagen um »nichtamtliche Kassakurse«.

Börsensegment: Freiverkehr
Kursfeststellung: nicht amtlich

Abb. 2/16
Freiverkehr

Freiverkehr

Name	Platz	2.6.95	1.6.95	H95	T95
Abbott Lab. (USA)	M	55,70 G	56,90 b	59	47
ABE Westafr.PflanzStA	F	8,00 B	8,00 B	12,0	6,0
Accor (Frank.)	S	183,80 b	183,00 G	183	148
Acennox (Span)	M	171,00 G	171,00 G	179	129
Advanced Micro (USA)	M	48,20 b	46,70 G	53	38
Aegon (Holl.)	M	46,30 b	112,50 b	47	37
Aetna Life & Cas.(USA)	B	84,00 -T	84,40 -T	86	73
AG Bad Neuenahr	D	850,00 -T	850,00 G	880	850
AG Bad Salzschl.(100)	F	205,00 -T	205,00 -T	222	200
AG Joh. Jeserich	B	2500,00 -T	2500,00 -T		
AGF Union Fenix	S	17,05 b	17,20 b	20	14
Ahaus Ensch. Eisenb.	D	285,00 G	285,00 G	320	235
Ahold (Holl.)	M	48,10 b	48,20 b	50	45
L´Air Liqu.(Frank.)	F	225,00 G	224,00 b	230	200
Aker A (Norw.)	M	18,30 G	18,00 G	20	16
Aker B(frei)(Norw.)	M	17,50 G	17,50 G	19	15
Alanco Env.(USA)	B	3,30 B	3,33 b	3,33	1,70
Aldia (USA)	B	7,50 -T	7,70 -T	16	8
Alitalia (Ital.)	F	0,67 G	0,67 G	0,95	0,63
Allg. Brauhaus	M	449,00 -G	445,00 -T	460	445
Allg. G.&S. Scheide.	F	500,00 G	500,00 G	535	485
Alps Electr. (Jap.)	M	15,40 B	15,50 B	21	15
A. Lpz. NA-A	F	320,00 -T	320,00 -T	630	300
A. Lpz. NA-B (70)	F	590,00 -T	590,00 -T	600	590
A. Lpz. NA-C (100)	F	470,00 G	470,00 G	510	470
Aluminiumw. Unna	D	285,00 -B	290,00 -B	300	280
Alza Corp. (USA)	M	28,90 G	29,40 G	36	25
Anz. Bk.(ADR)(Austr)	M	24,70 b	25,50 G	27	23
Amax Gold (USA)	S	7,55 b	7,55 G	9	7
Amer. A (Finl.)	M	31,00 B	30,90 b	32	22
Ameritech (USA)	F	62,00 -T	62,10 -T	66	56
Amgen Inc.(USA)	B	102,00 -T	102,70 G	107	86
Ampolex (Austr.)	S	3,47 b	3,35 G	4,25	3,27
AMR Corp. (USA)	M	96,60 G	97,20 G	99	81
Anacomp(USA)	B	1,28 -T	1,15 -T	3,90	0,99
Anglo Am.G.(Südaf.)	M	11,70 G	11,70 bG	16	11
Argentina Fund (USA)	S	16,30 b	16,50 b	20	11
Armco(USA)	D	8,85 G	8,90 G	10,5	8,5
Asarco(USA)	S	40,60 G	41,00 b	46	34
Asea (Schwed.)	M	120,00 G	120,00 b	122	105
Ashanti Goldfields	M	31,90 B	33,40 B	35	30
Ashley H.Laura(Engl.)	S	1,65 G	1,65 b	1,85	1,36
Asiand (Span.)	F	23,60 G		24	16
Assi Generali(Ital.)	M	34,20 b	34,30 b	38	30
Assritalia (Ital.)	F	8,50 b	8,60 G	11,2	8,2
Atlanta Gold (Kan.)	B	0,87 G	0,87 G	1,04	0,70
Atlantic Richf.(USA)	M	164,50 b	165,00 b	166	150
ATT (USA)	F	71,90 bB	69,20 -T	80	67
Aust.Nat.Ind.(Austr.)	B	1,34 b	1,35 b	1,90	1,18
Avon Products(USA)	M	94,70 b	96,00 G	96	77
Baker-Hugh.(USA)	F	31,50 -T	31,80 -T	33	26
Bally Gaming Intl.	B	13,00 -T	12,50 -T	17	11
Bco.Com.Port.(Port.)	M	18,20 G	17,80 bG	20	17
Bco.di Roma (Ital.)	M	1,27 b	1,27 b	1,75	1,01
Bco.Port.de Inv.(Port.)	M	24,10 G	24,10 G	25	22
Bank America(USA)	S	74,10 G	74,50 b	75	61
Bank of Boston(USA)	M	52,20 G	52,00 b	52	36
Barrick Gold(Kan.)	S	35,80 b	35,80 b	36	30
Bastfaser Kontor St.A	B	2600,00 G	2600,00 G	2600	600
Bastog: Sp.A.(Ital.)	M	0,08 -G	0,08 -G	0,11	0,08

Name	Platz	2.6.95	1.6.95	H95	T95
Electrolux (Schwed.)	M	66,00 G	67,00 G	79	62
Elektramy Opat.(Tschech.)	M	160,00 G	163,00 G	230	140
Elekt.Zav.Praha(Tschech.)	M	224,90 b	224,00 G	267	218
Elsevier (Holl.)	M	16,20 b	16,30 b	17	13
Emerg. Germ. Fund	B	10,30 B	10,70 -T	12	9
Empresa (Span.)	F	68,00 -T	68,00 -T	69	55
EnergyServ.Comp.(USA)	B	23,30 -T	22,50 -T	24,2	16,8
Engen	B	9,60 G	9,60 G	14	9
Enron(USA)	B	51,40 -T	51,40 -T	48	44
Ercros (Span.)	F	1,70 -T	1,70 -T	1,84	1,36
Erste Bay.Basalt (100)	M	1200,00 B	1200,00 B	1585	1200
Eschweiler Berg (100)	D	380,00 G	380,00 G	381	375
Essilor (Frank.)	M	247,50 G	248,50 G	2111	193
EuroDisneyland (Frank.)	S	4,68 b	4,88 b	5,7	2,9
Fasa Renault (Span.)	F	43,00 -T	42,00 -T	58	40
Fed.N.Mortg.Ass.(USA)	M	130,00 G	132,80 G	136	100
Ferruzzi Fin. (Ital)	D	0,92 b	0,89 G	1,28	0,70
Fid. Medical	B	0,60 bB	0,60 G	0,74	0,47
First Iberian F.(USA)	B	10,50 G	10,50 G	12	8
First Israel F.(Isr.)	B	16,80 G	17,00 G	18	13
First Russ.Fr.Tr.	B	13,00 G	12,80 G	16	12
Fleischereibedarf (100)	M	900,00 -G	900,00 -G	900	900
Fluor (USA)	M	72,50 b	70,00 G	75	65
Fondiana (Ital)	F	7,45 b	7,60 b	12	6
Forte (Engl.)	M	5,25 G	5,25 G	5,90	5,15
Fortec Elektronik	S	125,00 bB	126,10 G	143	120
Fortis Amev (Holl)	D	77,70 G	78,00 G	78	63
Fotex Rt.	M	2,30 b	2,30 B	4,8	1,7
Frankenluk	M	800,00 G	800,00 G	810	800
Fuel Tech (USA)	B	7,90 B	7,92 G	10	7
Fuji Photo (Jap.)	S	33,90 G	33,90 G	37	29
GarAgent (Ung.)	M	24,50 G	25,10 G	35	24
Garbe Lahmeyer	D	1150,00 G	1150,00 G	1550	1140
Gas K´lautern	F	318,00 -T	318,00 -T	350	312
Gas K´lautern jge.	F	307,00 G	307,00 G	307	300
GBWAG NA-StA	M	362,00 b	362,00 b	390	340
GBWAG NA-VA	M	356,00 G	356,00 G	390	350
Gemina (Ital.)	D	0,78 b	0,84 G	1,36	0,72
Genentech Inc.(USA)	B	69,00 B	68,60 -T	75	65
General Electric (USA)	M	81,00 b	82,50 G	85	73
Gen.El.(ADR)(Engl.)	M	7,40 b	7,25 b	7,75	6,30
Gen.Physics (USA)	B	3,72 G	3,90 -T	4,70	3,20
Genting (Mal.)	M	15,00 xD	15,30 b	16	11
Genzyme (USA)	B	52,20 -T	52,40 G	62	45
Geographe Rsc.(Austr.)	F	0,53 G	0,53 bG	0,77	0,50
Georg. Arnold	F	240,00 bB	240,00 B	240	230
Georgia Pac.(USA)	M	108,60 b	111,00 G	120	99
Gerlg.Allg.StA(500)	F	3020,00 -T	3020,00 G	3020	2750
Gerlg.Allg.StA	F	304,00 b	300,00 bB	310	256
Gerlg. Allg.VA	F	265,00 B	265,00 B	275	255
Gerlg.N.A.50% Einz.	F	260,00 G	263,00 b	275	235
Germania Epe konv.	D	250,00 G*	246,00 G	274	180
Girodet (Frankr.)	S	19,00 G	19,10 b	21	17
Gist Brocades (Holl.)	M	35,10 b	34,80 b	42	31
GlaxoWellcome(Engl)	M	31,60 b	32,60 b	33	29
Global Marine (USA)	M	7,00 b	7,00 -T	7,00	5,00
GlobalNaturalRes.(USA)	F	15,10 b	15,20 b	17	10
Global Privat Fd.(USA)	M	17,40 G	17,20 G	18	15
GoldenH.Pl.(Sing Zert)	M	2,57 G	2,60 G	2,75	2,20
Golden Resourc. (Hongk.)	B	0,13 G	0,13 G	0,17	0,10

Die Tabelle »*Freiverkehr*« unterscheidet sich geringfügig von denen des amtlichen Handels und des geregelten Marktes. Auf die Wiedergabe von Dividendenzahlungen wird hier verzichtet. Die Begründung dafür liegt in der großen Anzahl der im Freiverkehr vertretenen ausländischen Aktientitel und den daraus resultierenden Problemen mit der Umrechnung der Gewinnausschüttungen.

86 Aktien

2.1.3.4

Telefonhandel

Im Telefonhandel stellen nicht nur Geschäftsbanken, sondern auch Freimakler die Kurse für die entsprechenden Titel. Genau diese Kurse werden in die Tabelle des Handelsblattes übernommen. Der Börsenplatz hinter jeder Kursnotiz gibt den Sitz des betreffenden Freimaklers an.

Abb.: 2/17
Telefonhandel

außerbörsliches Marktsegment: Telefonhandel
(Kursangaben stammen von Freimaklern)

Telefonhandel

Name	Platz	2.6.95	1.6.95	H 95	T 95	Name	Platz	2.6.95	1.6.95	H 95	T 95
AGIB	F	44,30 b	44,10 b	50	40	Kunstm. Aichach *	M	1100,00 T	1100,00 T	1100	1100
AG f.chem.Ind.StA	S	58,00 B	58,00 B	64	50	Löwenbr. Stockb. *	M	1200,00 TB	1200,00 TB	1200	1200
AG f.chem.Ind.NA	S	.	.	62	60	Mangfall Kraft *	M	125,00 G	125,00 G	125	125
AG f.chem.Ind.VA	S	65,00 G	65,00 G	38	58	Mech. Bayreuth *	M	185,00 TG	185,00 TG	185	160
AG f.chem.Inf.VAjunge	S	62,00 G	60,00 G	75	60	Nationalbk. Essen	D	440,00 G	440,00 G	448	425
Baiatoh	S	116,00 G	116,00 G	180	115	Para Einkauf *	M	2650,00 B	2650,00 B	2800	2650
BCT-Comp. VA *	M	0,40 T	0,40 T	0,40	0,40	Porz. Scherzer *	M	98,00 TB	98,00 TB	98	98
Bicycles Räder	S	50,00 G	50,00 G	50	50	Salewa *	M	750,00 TG	750,00 TG	750	750
Bicycles Verwaltung	S	75,00 G	75,00 G	75	65	Securenta	S	117,80 b	117,90 b	136	82
BID StA	H	31,00 T	31,00 T	31	14	SM Software *	M	4,10 G	4,10 G	4,10	4,00
British Steel (Engl.)	M	3,95 B	4,00 G	4,00	3,35	Soba Software	S	58,00 TB	60,00 G	65	47
Bürg.& Engelbrau *	M	1100,00 TG	1100,00 TG	1100	1100	Stratega-Ost Bet.	M	299,00 B	300,00 b	306	167
Dt. Ring Leben	H	450,00 B	450,00 B	450	430	Tewidata VA *	S	0,45 G	0,45 G	0,45	0,40
DLB StA	S	25,10 G	25,10 G	27	21	TKV	S	63,00 TG	60,00 G	60	20
DLB VA	S	27,00 G	27,00 G	44	25	Transglobal *	M	0,40 G	0,40 G	0,41	0,30
Donnt	D	275,00 b	275,00 b	277	268	Unikat	S	128,00 B	128,00 B	135	128
Dr. Beyer Verm.V.	S	25,00 G	25,00 G	35	22	Valora Inh. StA	S	90,00 T	90,00 T	114	90
Dübag	H	700,00 T	700,00 T	1440	700	Verlag A. Schmidt	H	85,00 B	85,00 B	90	60
Effag	S	10,00 B	10,00 B	17	10	Victoria Effect. Inh.	S	22,90 B	22,90 B	28	15
Effag PS	S	3,00 B	3,00 B	16,50	2,00	Victoria Effect. PS	S	2,80 G	2,80 G	3,8	1,9
Einkaufs AG Inh.St.A. *	M	1290,00 B	1290,00 B	1200	1200	Vome	S	7,50 G	7,50 G	8,00	6,00
Einkaufs AG NA. St.A. *	M	1200,00 B	1200,00 B	1200	1200	Weißmainkraft *	M	1200,00 TB	1200,00 TB	1200	1180
Fehling Medical	M	8,00 TB	8,50 T	17	9	Westafr. Pflanz. StA	S	8,00 B	8,00 B	12	8
Fival	H	130,00 bG	127,00 T	127	107	Westafr. Pflanz. VA	S	8,00 B	8,00 B	9	7
Geiling *	M	60,00 B	60,00 B	60	60	Westend StA Inh.	S	60,00 TB	62,00 G	85	60
Hold.Che.Ind.Inh.(Schw)	S	44,00 B	44,00 B	55	35	Westfalia Separator	D	240,00 G	240,00 G	240	220
Hotel 3 Mohren *	M	365,00 TG	365,00 TG	365	350	WiRe Industrie	S	12,00 G	11,00 G	11	9
Iborsa StA (Liecht.)	S	17,10 G	17,10 G	20	14	Ytong *	M	1600,00 G	1600,00 G	1600	1600
Iborsa PS (Liecht.)	S	4,00 G	4,00 G	6	4						
Ilka Hold	S	20,00 B	20,00 B	30	18						
IVB (Schw.)	S	270,00 B	270,00 B	295	270						
IVB PS (Schw.)	S	17,00 B	17,00 B	20	13						
Karwendelbahn (100)	M	195,00 T	195,00 T	200	190						
Kulmbacher Spinnerei *	M										

* Preisfeststellung jeweils am letzten Freitag des Monats

Sitz des Freimaklers

Im Telefonhandel ermittelte Kurse für Wertpapiere aus dem amtlichen Handel, dem geregelten Markt oder dem Freiverkehr werden in der Tabelle nicht abgedruckt. Angaben zu Dividendenzahlungen entfallen hier ebenfalls. Ansonsten ist die gewählte Darstellungsform mit den vorhergehenden identisch. Anzumerken ist, daß für einige Werte (z.B. Ytong AG) aufgrund des geringen Umsatzes nur einmal im Monat – und zwar jeweils am letzten Freitag des Monats – Kurse gestellt werden. In der Tabelle sind diese Werte mit einem Stern gekennzeichnet.

2.1.3.5

Ibis-System

Die Abbildung 2/18 »*IBIS-System*« beinhaltet unter anderem

- die Werte des Deutschen Aktienindexes (DAX);
- die im Laufe eines Tages im IBIS-Handel ermittelten Höchst- und Tiefstkurse der jeweiligen Papiere;
- die Schlußkurse um 17 Uhr sowie
- die erzielten Umsätze.

Ibis-System

Ibis-Schluß-Kurse — Umsätze im Ibis — Ibis Höchst- und Tiefkurse des letzten Börsentages

Abb.: 2/18
IBIS-System

2.6.95	Tages Hoch	Tages Tief	17.00 Uhr	Umsätze
Dax	2139,32	2117,31	2133,28	
Allianz	2630,00	2591,00	2611,00	36200
BASF	307,90	303,00	306,00	204000
Bay. Hyp	385,20	379,10	385,00	73800
BMW	783,00	774,00	779,00	82000
Bay. Vereinsbk.	427,50	417,80	424,60	79200
Bayer	348,90	345,30	347,00	265000
Bilfinger & Berger	700,00	700,00	700,00	1000
Commerzbank	338,50	335,50	337,50	126000
Continental	218,00	213,50	216,90	16800
Daimler - Benz	698,70	690,00	695,00	399000
Degussa	450,40	441,50	449,50	11200
Dt. Babcock	164,50	160,00	164,00	25000
Deutsche Bank	71,00	69,70	70,90	6396000
Douglas Hold.	513,00	510,00	513,00	800
Dresdner Bank	40,30	39,70	40,20	1541000
Henkel KGaG	559,50	542,00	552,00	7200
Hochtief	825,00	815,00	825,00	800
Hoechst	312,60	308,00	311,00	159000
Holzmann				
Karstadt	588,00	580,00	587,00	22200
Kaufhof	478,00	471,50	474,10	27200
KHD	41,00	40,50	40,50	6600
Linde	837,00	830,00	835,00	7200
Lufthansa	199,00	195,00	197,60	87800
MAN	390,50	382,50	385,50	17000
Mannesmann	427,00	422,50	423,00	227000
Metallgesellschaft	24,40	23,50	24,30	334600
Münchn. Rück NA				
Preussag	429,80	425,60	426,50	55600
RWE StA	490,50	483,70	489,80	173000
RWE VA	391,40	384,00	387,00	45800
SAP StA				
SAP VA	1680,00	1670,00	1670,00	800
Schering	98,70	96,30	97,30	252200
Siemens	685,90	680,00	683,00	317000
Thyssen	273,90	270,00	272,00	208000
Veba	554,00	547,00	549,50	397000
VIAG	556,00	547,00	551,00	92200
VW StA	403,50	398,50	400,50	519000
VW VA	311,00	308,00	311,00	6400
Optionsscheine				
Allianz 89/96	1290,00	1256,00	1282,60	4200
Allianz 93/98	72,60	70,70	70,70	20000
Bayer 87/97	82,00	82,00	82,00	1000
Bay. Hyp. 92/99				
Bay. Hyp. 86/96				
Commerzbank 87.97	26,30	26,00	26,20	20000
Commerzbank 91.95	68,00	68,00	68,00	1000
Commerzbank 93.96	41,50	41,00	41,50	2000
Commerzbank 93.97				
Continental 93/2000				
Deutsche Bank 91.95	158,20	148,00	158,20	46000
Deutsche Bank 92/97	36,00	34,60	36,00	25000
Dresdner Bank 86/96	59,00	57,50	59,00	3000
Dresdner Bank 92/97	23,60	23,60	23,60	2000
RWE VA 86/96	205,00	198,00	202,00	3000
Siemens 92/98	136,50	136,50	136,50	1000
Veba 93/98	196,00	193,10	193,10	15000

2.6.95	Tages Hoch	Tages Tief	17.00 Uhr	Umsätze
VW 86/95	54,00	54,00	54,00	1000
VW VA 88/98	112,00	111,00	111,00	4000
Anleihen				
7,125% Bd.92/02				
6,500% Bd.93/03				
6,000% Bd.93/03				
6,250% Bd.94/24	88,35	88,25	88,35	16
6,750% Bd.94/04				
(FRN) Bd.94/04				
7,500% Bd.94/04				
7,375% Bd.94/04				
6,875% Bd.95/05	102,43	101,78	102,39	488
7,125% THA93/03				
6,625% THA93/03	100,60	100,20	100,60	40
6,000% THA93/03				
6,250% THA94/04	97,85	97,85	97,85	4
6,750% THA94/04				
7,500% THA94/04	105,90	105,35	105,90	10
5,750% TH-Obl.94/99				
6,375% TH-Obl.94/99				
6,250% TH-Obl.94/99				
7,000% TH-Obl.94/99				
5,375% Bundobl.110				
6,125% Bundobl.111				
6,750% Bundobl.112				
7,000% Bundobl.113	105,15	105,15	105,15	10
6,500% Bundobl.114	103,68	103,32	103,67	180
6,875% Sch.An.95/99				
5,750% Sch.An.95/99	100,98	100,66	100,95	102
7,500% Nieders. 95/05				
6,750% Post 94/04	99,55	99,38	99,55	26
7,500% Post 94/04				
7,750% Post 94/04				
DM-Auslandsanl.				
6,375% Belgien93/98				
6,250% Belgien93/03				
7,250%Cred.Fonc.93/03				
6,125% Dänem.93/98				
6,250% EIB93/00				
5,750% EIB93/98				
6,500% EWG93/00				
7,500% Finnl.93/00				
7,250% Irland93/03				
7,250% Italien93/98				
6,625% KFWInt.93/03				
6,625%LKB B.-W.93/03				
6,125% Norweg.93/98				
7,125% Portugal93/03				
8,000%Schweden92/97				
7,250% Spanien93/03				
7,125% UTD K.92/97				
7,000% VW 93/03				
5,875% Weltbk.93/03				

Umsätze bei Aktien in Stück, bei Anleihen in Mill. DM.

Umsatz in Stück — Umsatz in Stück — Umsatz in Millionen DM

Erläuterungen zu den Optionsscheinen, Anleihen und DM-Auslandsanleihen, die ebenfalls im IBIS-System gehandelt werden, erfolgen im Kapitel 6 und 7.

Im IBIS-Handel werden keine Kurszusätze vorgenommen.

Börsenberichte

2.1.3.6

Börsengeschehen

2.1.3.6.1

Im Handelsblatt werden unter der Reburik »Aktien« börsentäglich Zusammenfassungen der Handelsaktivitäten an den acht deutschen Wertpa-

88 **Aktien**

pierbörsen vom Vortag abgedruckt (vgl. Abb. 2/19). Es wird kurz erläutert, welche Aktientitel eine Veränderung des Deutschen Aktienindexes verursachten. Am 2.6.1995 war das Kaufinteresse zum Beispiel vor allem auf Kaufhaus- und Versorgertitel gerichtet, was dem Bericht in Abbildung 2/19 zu entnehmen ist.

Außerdem wird die Tendenz an den deutschen Wertpapierbörsen – also die »Richtung« der Aktienkurs- und -umsatzentwicklung – geschildert. Die Tendenz an der Börse bezeichnet man als

Börsenwetter

- »erholt«, »freundlich«, »fest« usw., falls die Kurse im großen und ganzen steigen,
- »abbröckelnd«, »leicht«, »schwach« usw., bei fallenden Kursen,
- »behauptet«, »gehalten« usw., im Falle unveränderter Kurse und Umsätze,
- »unregelmäßig«, wenn einige Aktien Kurssteigerungen andere dagegen Kursrückgänge verzeichnen,
- »lustlos«, falls wenige Aktien umgesetzt werden und die Kurse sich nur geringfügig ändern.

Die Tendenz an der Börse wird häufig sehr nuanciert angegeben (»knapp gehalten«, »gut behauptet« usw.).

DEUTSCHE AKTIEN / Dax legt leicht zu – Einzelhandelstitel und Versorger gefragt

Freundliche Tendenz vor dem Pfingstwochenende

Nach den kräftigen Kursgewinnen vom Donnerstag hat sich das Geschäft am deutschen Aktienmarkt zum Wochenschluß zwar spürbar beruhigt. Dennoch ging die Börse mit freundlicher Tendenz ins lange Wochenende.

HANDELSBLATT, Montag, 5.6.95 gja DÜSSELDORF. Vor dem Pfingstwochenende schwächte sich das Kaufinteresse insgesamt ab. Doch belebte sich das Geschäft gegen Ende der Börsensitzung. Händler sagten, die Marktstimmung habe sich gegenüber dem Morgen spürbar aufgehellt. „Offenbar sind jetzt manche der Meinung, daß wir noch ein bißchen höher gehen können", meinte ein Börsianer. Der insgesamt ruhigere Verlauf wurde auch mit der abwartenden Haltung des Berufshandels vor der Bekanntgabe neuer US-Konjunkturdaten erklärt.

Der Deutsche Aktienindex (Dax) lag zum Schluß der Präsenzbörse mit 2 136,26 Punkten um 9,88 Zähler über dem Schlußstand vom Vortag. Das Kaufinteresse richtete sich vor allem auf Kaufhaus- und Versorgertitel. Asko profitierten offenbar von Ertragsprognosen für die Tochtergesellschaft Massa. Die Stämme stiegen um 60 auf 825 DM, die Vorzüge legten 45 auf 705 DM zu. Karstadt gewannen auf 588 (+9) DM und Kaufhof Holding auf 476 (+7,50) DM.

Unter den Versorgern verbuchten Veba mit 552,80 (+6,80) DM, Viag (+6,50 auf 557 DM) und RWE (+5,50 auf 490,50 DM) Kursgewinne. Bei den Nebenwerten gab es für Moksel einen Kurssprung um 25 auf 60 DM.

Frankfurt: Linde –8 DM. Die Standardwerte des Banken- und Chemiebereichs blieben eher vernachlässigt und verbuchten meist nur kleine Kursveränderungen. Durch Kursverluste einige Bauaktien auf. Holzmann gaben 19 DM, Bilfinger 18 DM und Heidelberger Zement 6 DM ab.

Düsseldorf: Henkel +4,80 DM. Auffällig war der Veba-Kursgewinn von 6 DM. Gerüchten auf dem Parkett zufolge hat die Veba-Tochter PreussenElektra für die Aufgabe des KKW Würgassen höhere Rückstellungen gebildet als nunmehr nötig. Ausreißer bildeten Strabag, die im Kassavergleich 22 DM verloren.

Hamburg: Holsten +9 DM. Etwas größere Umsätze registrierten Händler bei Doag, die um 15 DM fielen, und bei Volksfürsorge, die um 2 DM nachgaben. Edding stiegen um 10 DM, Hapag Lloyd und Beiersdorf um je 20 DM und Springer um 4 DM.

Bremen: aqua signal –8 DM. Uneinheitlich tendierten auch hier die Regionalwerte. Mit Ausnahme der relativ stark gehandelten Bremer Vulkan (plus 2,10 DM) blieben die Umsätze laut Händlern mäßig. Securitas legten 5 DM und Bremer Wolle 3 DM zu. Kursverluste verzeichneten Wilkens Bremer Silber mit minus 4 DM, Nordstern Lebensmittel und Sloman Neptun mit je minus 3 DM.

München: Aigner +10 DM. Gut behauptet zeigte sich die Bayerische Börse. Isar Amper zogen zur Kasse um 5 DM an, Löwenbräu um 15 DM, NAK-Stoffe-StA um 4,50 DM und die Vorzüge um 3 DM. Audi notierten unverändert.

Stuttgart: DLW +10 DM. Fester tendierten die heimischen Werte in Stuttgart. Zur Kasse wurden Dürr um 10 DM, Gehe um 8 DM, Kolb &

Schüle um 12 DM, Michael Weinig um 17 DM, ZEAG um 15 DM und Württ. Leben um 17 DM höher bewertet. Dagegen gaben Hugo Boss um 10 DM und Südzucker-VA um 7 DM nach.

Berlin: Günther –7 DM. An der Berliner Börse waren Bewag gefragt, sie zogen zum Kassakurs um 2 DM und danach bis 14.00 Uhr um weitere 7 DM an. Kempinski erholten sich um 20 DM, Berliner Kindl um 5 DM und Otto Reichelt um 6 DM. Bankgesellschaft Berlin legten bei lebhaftem Handel um 0,50 DM zu.

Hannover: Gilde –10 DM. Insgesamt uneinheitlich schlossen die Lokalwerte an der Niedersächsischen Börse. Kleine Wanze stiegen um 10 DM, Einbecker und Deutsche Spezialglas um je 7 DM, Schmalbach um 5 DM. Bei Sartorius gewannen die Stämme 2 DM, die Vorzüge 3 DM.

Abb. 2/19: Börsenberichte

2.1.3.6.2 **Aktie im Blickpunkt**

Im Zusammenhang mit dem Börsenbericht wird für die zurückliegenden Monate der Kursverlauf einer ausgewählten Aktie dem Verlauf des Deutschen Aktienindexes in einer Graphik gegenübergestellt (vgl. Abb. 2/20).

Aktienkurstabellen und Börsenberichte

Aktienkurs und Index werden jeweils auf 100 gesetzt

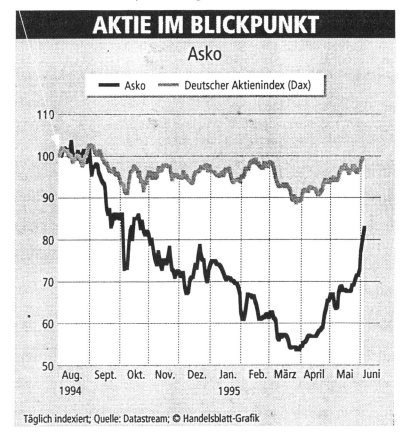

Abb. 2/20: Aktie im Blickpunkt

Der Aktienkurs- und der Indexverlauf werden jeweils anhand eines **Linienchart** dargestellt. Ein Linienchart wird erstellt, indem die Aktien- bzw. Indexkurse eines jeden Zeitintervalls (z.B. Minute, Stunde, Tag, Woche) in ein Diagramm eingetragen und die einzelnen Punkte durch eine Linie miteinander verbunden werden.

Im Fall der »Aktie im Blickpunkt« werden die Schluß- bzw. Kassakurse der Aktie und die Schlußstände des DAX eines jeden Börsentages berücksichtigt. Der Linienchart basiert nicht auf absoluten Kursen bzw. Indexständen. Vielmehr wird sowohl der Kurs der ausgewählten Aktie als auch der DAX-Stand für den Börsentag, für den die erste Eintragung in das Diagramm erfolgt, gleich 100 % gesetzt (Normierung). Die erste Eintragung in das in Abbildung 2/20 dargestellte Diagramm erfolgte für den 1. August 1994. Die Aktienkurse bzw. Index-Werte aller folgenden Börsentage werden auf die Basis von 100 % bezogen. Ein Wert von 61 für die Aktie der Asko-AG Anfang Februar 1995 zeigt beispielsweise an, daß ihr Kurs zu diesem Zeitpunkt nurmehr 61 % des Kurses vom 1. August 1994 ausmachte.

Linienchart

Die Normierung vereinfacht die Darstellung des Kurses einer einzelnen Aktie und des DAX-Standes in einer gemeinsamen Graphik.

Anhand des Liniencharts der ausgewählten Aktie erkennt man auf einen Blick

- die Entwicklung des DAX (Höchst-, Tiefststände, Heftigkeit der Indexschwankungen, Trends usw.) im Zeitablauf,
- die Entwicklung des Kurses der ausgewählten Aktie (Höchst-, Tiefststände, Heftigkeit der Kursschwankungen, Trends usw.) im Zeitablauf sowie
- die Kursentwicklung der ausgewählten Aktie im Vergleich zur Entwicklung des »Gesamtmarktes«.

Der Linienchart in Abbildung 2/20 verdeutlicht, daß der Kurs der »Asko-Aktie« im Zeitraum von August 1994 bis März 1995 einen Abwärtstrend verzeichnete und um nahezu 50 % sank, seit April 1995 hingegen einen steigenden Trend aufweist. Die Richtung der Kursänderungen der Asko-Aktie verläuft über gewisse Phasen ähnlich wie die Änderungen des Gesamtmarktes (z. B. September 1994), während anderer Zeiträume ist die Entwicklung allerdings gegenläufig (z. B. Anfang November 1994).

2.1.4   Kapitalmaßnahmen der Aktiengesellschaft

2.1.4.1   Kapitalerhöhung

2.1.4.1.1   Formen

Unter dem Begriff »Kapitalerhöhung« ist in erster Linie die Erhöhung des Grundkapitals einer Aktiengesellschaft zu verstehen. Grundsätzlich kann eine AG ihr Grundkapital durch Kapitalzuflüsse von außerhalb des Unternehmens (Außenfinanzierung) und durch gesellschaftseigene Reserven (Innenfinanzierung) aufstocken. Das deutsche Aktiengesetz unterscheidet bei der externen Kapitalaufbringung

> Kapitalerhöhung gegen Einlagen

- die Kapitalerhöhung gegen Einlagen
- die genehmigte Kapitalerhöhung[6] – als eine Sonderform der Kapitalerhöhung gegen Einlagen – und
- die bedingte Kapitalerhöhung.

---

6 Der Begriff »genehmigte Kapitalerhöhung« entstammt nicht dem Aktiengesetz - vielmehr wird dort im selben Zusammenhang der Begriff »Genehmigtes Kapital« verwendet.

Der Begriff »**Kapitalerhöhung gegen Einlagen**« beschreibt die Erhöhung des G r u n d kapitals durch den Verkauf neuer (junger) Aktien. Der Betrag der Kapitalerhöhung wird dabei aus dem Emissionserlös der jungen Aktien aufgebracht. Liegt der Emissionskurs der Aktien über ihrem Nennwert, stellt die Aktiengesellschaft den überschüssigen Betrag, auch Aufgeld oder Agio genannt, in ihre Kapitalrücklagen ein. Eine Aktiengesellschaft emittiert junge Aktien, wenn beispielsweise Erweiterungsinvestitionen erforderlich werden oder eine Beteiligung an anderen Unternehmen geplant ist.

Eine Sonderform der Kapitalerhöhung gegen Einlagen stellt die Erhö-

Kapitalmaßnahmen der Aktiengesellschaft

hung des Grundkapitals um das sogenannte »genehmigte Kapital« dar. Einer Kapitalerhöhung gegen Einlagen muß nach deutschem Aktiengesetz immer ein Beschluß der Hauptversammlung vorausgegangen sein. Der Vorstand ist somit ohne die Zustimmung der Aktionäre nicht in der Lage, durch die Ausgabe junger Aktien umgehend auf einen Kapitalbedarf zu reagieren. Die Hauptversammlung kann dem Vorstand aber laut Aktiengesetz für einen Zeitraum von maximal fünf Jahren eine Ermächtigung (Genehmigung) erteilen, das Grundkapital jederzeit durch die Ausgabe junger Aktien bis zu einem bestimmten Betrag (genehmigtes Kapital) zu erhöhen. Dieser Betrag darf die Hälfte des zum Zeitpunkt der Ermächtigung vorhandenen Grundkapitals jedoch nicht überschreiten.

Die dritte Form der Kapitalerhöhung aus externen Quellen ist die sogenannte **bedingte Kapitalerhöhung**. Bei der bedingten Kapitalerhöhung wird der Vorstand der Aktiengesellschaft von der Hauptversammlung nicht für einen bestimmten Zeitraum, sondern bei Eintritt bestimmter Bedingungen berechtigt, das Kapital der Unternehmung von sich aus durch die Ausgabe neuer Aktien aufzustocken.

> bedingte Kapital-
> erhöhung

Diese Form der Kapitalerhöhung kann nur zu folgenden Zwecken beschlossen werden:

- Zur Gewährung von Umtausch- oder Bezugsrechten an Gläubiger von Wandel- bzw. Optionsanleihen, die in Zukunft von ihrem Bezugsrecht usw. Gebrauch machen wollen,
- zur Vorbereitung eines Zusammenschlusses mehrerer Unternehmen und
- zur Gewährung von Bezugsrechten an Arbeitnehmer der Gesellschaft, wenn das Unternehmen die Ausgabe von Belegschaftsaktien plant.

Die Kapitalaufbringung aus unternehmensinternen Quellen wird im Aktiengesetz als **Kapitalerhöhung aus Gesellschaftsmitteln** bezeichnet. Bei einer Kapitalerhöhung aus Gesellschaftsmitteln werden Teile des Eigenkapitals einer Aktiengesellschaft, die in der Bilanz bisher als Kapital- und/oder Gewinnrücklagen ausgewiesen wurden, in Grundkapital umgewandelt. Es handelt sich dabei immer um eine rein buchmäßige Kapitalerhöhung – das Grundkapital der AG erhöht sich exakt um den Betrag, um den die Rücklagen zuvor vermindert wurden (Strukturveränderung des Eigenkapitals). Der gewandelte Betrag wird auf sogenannte **Berichtigungsaktien**, auch »Gratis«-Aktien genannt, verteilt und diese anschließend kostenlos an die Altaktionäre im Verhältnis ihrer bisherigen Anteile ausgegeben.

> Kapitalerhöhung
> aus Gesellschafts-
> mitteln

> Berichtigungs-
> aktien

Bezugsrechte auf Aktien

2.1.4.1.2

Begriff

2.1.4.1.2.1

Emittiert eine Aktiengesellschaft junge Aktien, muß sie den bisherigen Aktionären die Möglichkeit einräumen, einen ihrem Anteil an dem bisherigen Grundkapital entsprechenden Teil der jungen Aktien zu erwerben. In der Praxis geschieht das über die Zuteilung von **Bezugsrechten**. Die Ausstat-

> Bezugsrechte

tungsmerkmale eines solchen Rechtes werden vom Vorstand der Aktiengesellschaft exakt definiert. Im Vordergrund stehen dabei

- das Bezugsverhältnis und
- der Bezugspreis der jungen Aktien,

die die entscheidenden Bestimmungsfaktoren für den Wert des Bezugsrechts darstellen. Ein weiteres Merkmal ist die Bezugsfrist.

Bezugsverhältnis

Das **Bezugsverhältnis** ergibt sich aus der Relation zwischen dem bisherigen Grundkapital und dem Kapitalerhöhungsbetrag. Ein Bezugsverhältnis von zum Beispiel 4:1 bedeutet, daß das Grundkapital etwa von 400.000 auf 500.000 D-Mark erhöht wird, und ein Aktionär für vier alte Aktien eine neue beziehen darf.

Bezugsfrist

Für die Ausübung des Bezugsrechts ist vom Vorstand der AG eine Frist (**Bezugsfrist**) von mindestens zwei Wochen zu bestimmen. Die Ausübung erfolgt durch Unterzeichnung einer schriftlichen Erklärung (Zeichnungsschein), aus der die Beteiligung nach

- der Zahl,
- dem Nennbetrag und, wenn mehrere Gattungen ausgegeben werden,
- der Gattung der Aktien

hervorgehen muß.

Will ein Altaktionär seinen Anspruch auf den Erwerb junger Aktien nicht ausüben, das heißt, auf deren Zeichnung verzichten, dann kann er seine Bezugsrechte über die Börse verkaufen. Das Bezugsrecht je Aktie wird somit zu einem selbständig handelbaren »Papier«, dessen Preis durch Angebot und Nachfrage am Markt bestimmt wird.

Kleinaktionäre

Kleinaktionäre, die, um beim obigen Beispiel zu bleiben, bei einem Bezugsverhältnis von 4:1 weniger als vier Aktien besitzen, können durch den Zukauf weiterer Bezugsrechte an der Börse junge Aktien erwerben oder aber die vorhandenen Rechte veräußern.

Bezugsrechtshandelszeit

Der **Handel mit Bezugsrechten** beginnt am ersten Tag der Bezugsfrist. Der Zeitraum des Bezugsrechtshandels erstreckt sich in der Regel über die gesamte Bezugsfrist mit Ausnahme der letzten beiden Bezugstage.

Ausgabe der jungen Aktien

Die jungen Aktien selbst können von der Gesellschaft erst dann ausgegeben werden, wenn die Durchführung der Erhöhung des Grundkapitals in das Handelsregister des zuständigen Amtsgerichts eingetragen worden ist. Bei der Eintragung sind die Zweitschriften sämtlicher Zeichnungsscheine vorzulegen. Da Zeichnungsscheine bis zum letzten Tag der Bezugsfrist bei der AG eingereicht werden können, folgt daraus, daß die Ausgabe junger Aktien frühestens nach Ablauf der Bezugsfrist beginnen kann.

Handel mit jungen Aktien

Der Erwerb junger Aktien nach Ablauf der Bezugsfrist bereitet in der Praxis häufig Probleme, da einer großen Nachfrage nach den Papieren oftmals kein Angebot gegenübersteht. Jemand, der in der Bezugsfrist junge Aktien gezeichnet hatte, wird gemeinhin kein Interesse daran haben, die Papiere sofort wieder zu veräußern. Junge Aktien werden deshalb besonders während der ersten Wochen nach Ende der Bezugsfrist nur mit relativ geringen Volumina umgesetzt oder gar nicht gehandelt. Besonders deutlich wird der schwache Handel an den Kurstabellen, in denen nur selten ein Kurs für die Papiere abgedruckt wird und deshalb häufig der Kurszusatz »-« erscheint.

Deutsche Bank	19,5	F	669,00 b	70,5	66,5	668,70 b	667,00 xD	-29,5	732	637
Deutsche Bank junge		F							696	686
Dt. Verkehrs-Bank	0	F	185,00 b	85,0	85,0	185,00 b	185,00 b	±0	186	170
Dt. Verkehrs-Bank jge.		F				-			172	165
Didier	0	F	107,50 b	07,5	06,5	107,00 b	106,50 G	-1	142	105
Digital Equip. (USA)		F	67,20 b	67,2	67,0	67,20 b	67,00 bG	-2,1	69	43

Rechnerischer Wert des Bezugsrechts

2.1.4.1.2.2

Der Grundgedanke bei der gesetzlichen Verankerung eines Bezugsrechts ist der Schutz der Altaktionäre. Die bisherigen Anteilseigner sollen bei der Ausgabe junger Aktien keine Benachteiligung durch eine Änderung der Besitzverhältnisse erfahren. Zu bedenken ist, daß die Streuung des vorhandenen Vermögens auf eine größere Anzahl Aktien für den Besitzer einer Aktie einen Vermögensverlust bedeutet. In der Praxis wird dieser Sachverhalt mit dem Begriff »**Kapitalverwässerung**« umschrieben.

Kapitalver-
wässerung

Durch die Gewährung von Bezugsrechten kann die Streuung des Vermögens auf eine größere Anzahl Aktien verständlicherweise nicht verhindert werden. Die Altaktionäre erleiden aber keine Vermögensbenachteiligung, da ihnen durch das Recht zum Bezug junger Aktien die Möglichkeit geboten wird, ihren bisherigen Anteil an der AG zu halten.

In den meisten Fällen liegt der Emissionskurs der jungen Aktien unter dem aktuellen Börsenkurs der alten. Verbriefen beide Aktien die gleichen Rechte und Ausstattungsmerkmale (gleicher Nennbetrag, gleicher Dividendenanspruch etc.) wird sich der Marktpreis der alten Aktien infolgedessen reduzieren. Einen Kursverlust, den ein Altaktionär bei einem Verkauf der alten Aktien im Anschluß an die Emission der jungen erleiden würde, soll das Bezugsrecht bzw. der Erlös aus dessen Verkauf ausgleichen.

Ausgleich für
Kursverlust

Die korrekte Bewertung eines Bezugsrechts läßt sich unter Berücksichtigung der vorgenannten Aspekte

- der Kapitalverwässerung und
- des Kursrückgangs

finanzmathematisch bestimmen. Dies soll im folgenden kurz erläutert werden.

Die den Marktteilnehmern bekannten Angaben wie

- der Börsenschlußkurs der alten Aktien vor der Kapitalerhöhung,
- der Bezugspreis der jungen Aktien und
- das Bezugsverhältnis

dienen im ersten Schritt der Bezugsrechtsbewertung dazu, den sogenannten Mittelkurs zu berechnen. Unter der Voraussetzung, daß für alte und junge Aktien nach der Emission der jungen Aktien einheitlich nur ein Börsenkurs notiert wird, stellt der Mittelkurs, zumindest theoretisch, eben diesen gemeinsamen Börsenkurs dar. Er wird folgendermaßen berechnet:

$$\text{Mittelkurs} = \frac{a \times K_a + n \times K_{em}}{a + n}$$

mit

a	=	Anzahl alte Aktien laut Bezugsverhältnis
n	=	Anzahl neue Aktien laut Bezugsverhältnis
K_a	=	Kurs der alten Aktien vor der Kapitalerhöhung
K_{em}	=	Emissionskurs der neuen Aktien

Nach der Ermittlung des Mittelkurses (rechnerischer Börsenkurs) und unter Einbezug des gegenwärtigen Börsenkurses der alten Aktien wird im zweiten Schritt der rechnerische Kursrückgang der alten Aktien bestimmt:

Rechnerischer Kursrückgang (je alte Aktie) = Kurs alte Aktie - Mittelkurs

Damit über den Verkauf des Bezugsrechts ein Ausgleich für den Kursrückgang erzielt werden kann, muß der rechnerische Wert des Bezugsrechts dem gerade ermittelten Betrag entsprechen.

Rechnerischer Kursrückgang = Rechnerischer Bezugsrechtswert

Aus den vorstehenden Formeln kann nun folgende Formel für den rechnerischen Bezugsrechtswert pro alte Aktie abgeleitet werden:

$$\text{Rechnerischer Bezugsrechtswert} = \frac{\text{Kurs alte Aktie} - \text{Emissionskurs junge Aktie}}{\text{Bezugsverhältnis} + 1}$$

Am ersten Börsentag innerhalb der Bezugsfrist, also am ersten Tag des Bezugsrechtshandels, reduziert sich der Wert der alten Aktien, zumindest theoretisch exakt um den rechnerischen Wert des Bezugsrechts, da Aktienerwerber den Papieren aufgrund der Kapitalverwässerung einen nur noch verminderten Wert beimessen.

Den finanziellen Ausgleich für den Abschlag erhält der Altaktionär nun entweder durch den Verkauf oder die Ausübung des Bezugsrechts. Dieser Sachverhalt soll an dem folgenden Beispiel erläutert werden.

Beispiel 2/7

Eine Aktiengesellschaft erhöht ihr Grundkapital von 400 Mio. auf 500 Mio. D-Mark. Die alten Aktien notieren vor der Kapitalerhöhung zu einem Kurs von 400 D-Mark an der Börse. Die jungen Aktien sollen zu einem Kurs von 200 D-Mark ausgegeben werden, wobei Altaktionäre zu einem Verhältnis von 4:1 junge Aktien beziehen können. Nennwert und Ausstattungsmerkmale alter und junger Aktien entsprechen sich.

Am ersten Tag der Bezugsfrist wird der Kurs der Altaktie theoretisch auf 360 D-Mark (Mittelkurs) sinken. Der Kursabschlag von 40 D-Mark entspricht dem rechnerischen Bezugsrechtswert, was durch eine Kontrollrechnung mit Hilfe der vorstehenden Formeln bestätigt wird.

Ein Altaktionär, der vier alte Aktien besitzt, kann auf der einen Seite durch die Ausübung seiner Bezugsrechte eine junge Aktie im Wert von 200 D-Mark erwerben. Er »spart« dadurch, rein theoretisch, 160 D-Mark. Dieser Wert ergibt sich durch die Subtraktion des Bezugspreises (200 D-Mark) vom rechnerischen Börsenkurs der jungen Aktien. Der gesparte Betrag in Höhe von 160 D-Mark gleicht exakt den Verlust aus, den der Altaktionär durch den Verkauf der alten Aktien zum verminderten Börsenkurs erleiden würde:

4 alte Aktien × 40 D-Mark (Verlust pro Aktie) = 160 D-Mark.

Bei Nichtausübung kann der Aktionär auf der anderen Seite einen Veräußerungserlös von 160 D-Mark für die Bezugsrechte über die Börse erzielen. Der Erlös ergibt sich aus der Multiplikation des rechnerischen Bezugsrechtswertes pro alte Aktie (40 D-Mark) und der Anzahl der Bezugsrechte (4 Stück):

40 DM × 4 = 160 D-Mark.

Auch dieser Betrag gleicht den rechnerischen Kursrückgang der Altaktien exakt aus.

Der Wert eines Bezugsrechts läßt sich zwar rechnerisch bestimmen – durch das Aufeinandertreffen von Angebot und Nachfrage an der Börse können jedoch erhebliche Unterschiede zwischen dem tatsächlichen Marktwert und dem rechnerischen Wert des Bezugsrechts auftreten. Weiterhin ist zu berücksichtigen, daß die bei der Mittelkursbestimmung getroffene Annahme einer einheitlichen Kursnotierung alter und junger Aktien nach der Kapitalerhöhung in der Realität nur selten bestätigt wird. In vielen Fällen bestehen aufgrund unterschiedlicher Dividendenansprüche der jungen und der alten Aktien erhebliche Kursunterschiede. Ein Blick auf die Aktienkurstabellen zeigt, daß die Börsenkurse für junge Aktien im Regelfalle unter dem entsprechenden Kurs der alten Aktien liegen. Das ist darauf zurückzuführen, daß die betreffenden jungen Aktien für das laufende Geschäftsjahr keinen vollen Dividendenanspruch verbriefen und – im Vergleich zu Altaktien – bis zum nächsten Dividendentermin einen nur verminderten Dividendenertrag bieten.

Beispiel 2/8

Der folgende Ausschnitt stammt aus der Kurstabelle »*Fortlaufende Notierungen*« und zeigt unter anderem die Börsenkurse der Computer 2000 AG vom 2.6.1995.

2.6.95	Div.	Anfang	Verlauf		Kasse	Schluß	+/-	H 95	T 95
Colgate Palm. (USA)	F	·			·	·		109	87
Commerzbank	13,5 F	337,30 b	37,3	36,2	336,60 b	337,00 b	+0,5	352	312
Computer 2000	6,5 F	505,00 b	05,0	01,0	504,00 b	502,00 b	+2	520	387
Computer 2000 junge	F	485,00 b	85,0	77,0	481,00 b	477,00 b	-1	478	420
Contigas	12,0 F	515,00 b	15,0	08,0	508,00 b	515,00 b	+3	516	495
	4,0 F	219,00 b	19,0	16,0	216,50 b	216,00 b	-1	234	186

Der Aktientitel »Computer 2000 junge« ist für das Geschäftsjahr vom 1.10.1994 bis zum 30.9.1995 nur für das zweite Halbjahr (1.4.1995 – 30.9.1995) dividendenberechtigt. Da die Altaktien im Gegensatz dazu aber einen Anspruch auf Dividende für das volle Geschäftsjahr verbriefen, ist ihr Anspruch folglich doppelt so hoch. Dies spiegelt sich in den unterschiedlich hohen Börsenkursen der alten und jungen Aktien wider.

Die Formel des rechnerischen Bezugsrechtswertes kann bei ungleichen Dividendenansprüchen junger und alter Aktien entsprechend modifiziert werden, was hier aber nicht näher ausgeführt wird.

2.1.4.1.2.3 Tabelle »Bezugsrecht-Handel«

Im Vergleich zu den vorher beschriebenen Tableaus ist die Tabelle »Bezugsrecht-Handel« (vgl. Abbildung 2/21) eher unscheinbar, was darauf zurückzuführen ist, daß Aktiengesellschaften Kapitalerhöhungen in der Regel selten durchführen.

Abb. 2/21: Bezugsrecht-Handel

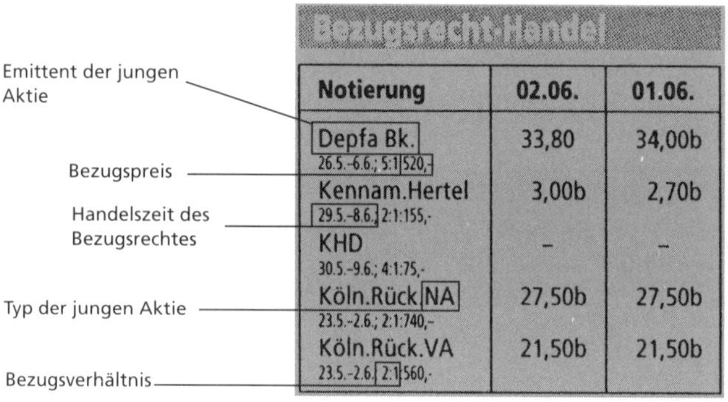

Bezugsrecht-Handel

Notierung	02.06.	01.06.
Depfa Bk. 26.5.–6.6.; 5:1 520,-	33,80	34,00b
Kennam.Hertel 29.5.–8.6.; 2:1:155,-	3,00b	2,70b
KHD 30.5.–9.6.; 4:1:75,-	–	–
Köln.Rück.NA 23.5.–2.6.; 2:1:740,-	27,50b	27,50b
Köln.Rück.VA 23.5.–2.6.; 2:1:560,-	21,50b	21,50b

Die Tabelle »*Bezugsrecht-Handel*« beinhaltet

- den Namen der Gesellschaft, die junge Aktien ausgibt,
- den Typ der jungen Aktie,
- die Kurse der Bezugsrechte vom letzten und vorletzten Börsentag sowie
- Kurszusätze.

In der ersten Spalte sind zudem Angaben über

- den Zeitraum des Bezugsrechtshandels,
- das Bezugsverhältnis (alte Aktien zu junge Aktien) und
- den Bezugspreis der jungen Aktie

zu finden.

Die Tabelle »*Bezugsrecht-Handel*« in Abbildung 2/21 zeigt eine Besonderheit. Das Bezugsrecht für die junge Aktie der Klöckner Humboldt Deutz AG (KHD) weist keine Kursnotierung auf.

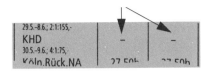

Bezugsrecht-Handel

Der ersten Spalte der Tabelle ist zu entnehmen, daß eine junge KHD-Aktie zu einem Preis von 75 D-Mark bezogen werden kann.

Ein Blick in die Kurstabelle »*Fortlaufende Notierungen*« gibt Aufschluß über den Kurs der alten KHD-Aktie am 2.6.1995.

Fortlaufende Notierungen

Vergleicht man den Bezugspreis (75 D-Mark) mit dem Börsenschlußkurs der alten Aktie (40,60 D-Mark), so stellt man fest, daß das Bezugsrecht wertlos ist. Der Schlußkurs liegt 34,40 D-Mark unter dem Bezugskurs der jungen Aktie. Demzufolge lohnt sich der Erwerb junger Aktien nicht.

Um diesen Sachverhalt zu durchschauen, müssen einige zusätzliche Informationen zur wirtschaftlichen Lage der Klöckner Humboldt Deutz AG genannt werden. Im zurückliegenden Geschäftsjahr erwirtschaftete die Klöckner Humboldt Deutz AG hohe Verluste, die einen Teil des Eigenkapitals der Gesellschaft aufzehren. Um einer Existenzgefährdung des Unternehmens entgegenzuwirken, beschlossen deutsche Großbanken, die sowohl Aktionäre als auch Gläubiger der Klöckner Humboldt Deutz AG sind,

- eine Kapitalerhöhung mit der Verpflichtung durchzuführen, sämtliche jungen Aktien zum Bezugspreis von 75 D-Mark selbst zu erwerben und
- der Gesellschaft weitere Kredite einzuräumen.

Die Banken hoffen, daß die Klöckner Humboldt Deutz AG durch diese Maßnahmen die Krise überwinden und langfristig wieder Gewinne erwirtschaften wird. Davon profitieren die Banken in ihren Rollen als Aktionär und Gläubiger.

Kapitalherabsetzung   2.1.4.2

Die Verminderung des bilanzierten Grundkapitals (gezeichnetes Kapital) einer Aktiengesellschaft wird als **Kapitalherabsetzung** bezeichnet. Entsprechend der Zwecke der Kapitalherabsetzung lassen sich die

- effektive Kapitalherabsetzung und
- die nominelle Kapitalherabsetzung

unterscheiden.

98   Aktien

Zahlt eine Aktiengesellschaft Gesellschaftsvermögen gegen Rückgabe der Aktien an die Aktionäre zurück, spricht man von einer **effektiven Kapitalherabsetzung.** Für die Unternehmung bedeutet dies

- einen Abfluß finanzieller Mittel und
- eine Reduzierung des Grundkapitals.

Die effektive Kapitalherabsetzung darf nur mit Zustimmung der Gläubiger der Gesellschaft oder bei Sicherstellung der Gläubigeransprüche durchgeführt werden.

Die **nominelle Kapitalherabsetzung** ist für eine Aktiengesellschaft immer dann von Bedeutung, wenn die Gewinn- und Verlustrechnung (GuV) der AG einen Verlust ergibt, der durch die in der Bilanz ausgewiesenen Rücklagen nicht mehr ausgeglichen werden kann.

Zehrt der Verlust in einem solchen Fall nur einen Teil des Grundkapitals auf, entsteht der AG ein Bilanzverlust. Ein Bilanzverlust bedeutet – vereinfacht formuliert –, daß die AG mehr Grundkapital bilanziert, als tatsächlich vorhanden ist. Ein Bilanzverlust läßt sich buchtechnisch durch eine Kapitalherabsetzung ausgleichen (vgl. Beispiel 2/9).

Eine AG ist überschuldet, wenn die aufgelaufenen Verluste größer sind, als das bilanzierte Grundkapital. Die AG schließt das Geschäftsjahr dann mit einer sogenannten Unterbilanz ab, in der die Differenz zwischen Verlust und Grundkapital auf der Aktivseite als »Nicht durch Eigenkapital gedeckter Fehlbetrag« ausgewiesen wird. Eine Unterbilanz kann durch eine Kapitalherabsetzung nicht ausgeglichen werden und führt gegebenenfalls zum Konkurs der AG.

Beispiel 2/9

Die Bilanzposition »Eigenkapital« der Papagei Beteiligungen AG stellt sich zum 31.12.1993 (vgl. Spalte »Vorjahr«) und zum 31.12.1994 folgendermaßen dar:

Bilanz der Papagei Beteiligungen AG zum 31. Dezember 1994

PASSIVA	DM	DM	Vorjahr TDM
A. Eigenkapital			
I. Gezeichnetes Kapital		15.000.000,00	20.000
(Bedingtes Kapital DM 1.200.000,00)			
II. Bilanzverlust - davon Verlustvortrag TDM 9.581		-1.356.974,55	-9.581
		13.643.025,45	10.419

Kapitalmaßnahmen der Aktiengesellschaft

Die AG weist unter der Position »Eigenkapital« am 31.12.1993 und am 31.12.1994 weder Kapital- noch Gewinnrücklagen aus. Da der Papagei Beteiligungen AG in den letzten Jahren ein Verlust in Höhe von 9,581 Millionen D-Mark entstanden war, reduziert sich das Grundkapital 1993 – aufgrund der fehlenden Rücklagen – rechnerisch exakt um diesen Betrag. Die Papagei Beteiligungen AG schloß das Geschäftsjahr infolgedessen mit einer Unterbilanz und einem Bilanzverlust in Höhe von 9,581 Millionen D-Mark ab.

Um einen Ausgleich der Unterbilanz bzw. die buchtechnische »Beseitigung« des Bilanzverlustes zu erreichen, beschließt die Hauptversammlung der Papagei Beteiligungen AG am 4.7.1994,

- eine Herabsetzung des Grundkapitals von 20 Millionen auf 10 Millionen D-Mark und anschließend
- eine Kapitalerhöhung um 5 Millionen auf 15 Millionen D-Mark

durchzuführen.

Im Zuge der Kapitalherabsetzung werden 400.000 umlaufende Aktien mit einem Nennwert von 50 D-Mark eingezogen und 200.000 neue Aktien ebenfalls mit einem Nennwert von 50 D-Mark, aber neuen Wertpapier-Kenn-Nummern, ausgegeben. Die Papagei Beteiligungen AG führt eine sogenannte Aktienzusammenlegung im Verhältnis von 2:1 durch. Im Handelsblatt sind die umgetauschten Aktien der Papagei Beteiligungen AG mit dem Zusatz »*konv.*« (konvertiert) versehen.

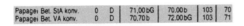

Geregelter Markt

Der »Ertrag« aus der Kapitalherabsetzung (10 Millionen D-Mark) ermöglicht der AG, den Bilanzverlust in Höhe von 9,581 Millionen D-Mark aus dem Geschäftsjahr 1993, der in die Bilanz für das Geschäftsjahr 1994 übertragen wurde, auszugleichen.

Ihr Grundkapital erhöht die Papagei Beteiligungen AG durch die Ausgabe von 100.000 Aktien mit einem Nennwert von 50 D-Mark. Die Aktien werden zum Nennwert ausgegeben, so daß die Bildung von Kapitalrücklagen nicht möglich ist. Das bilanzierte Grundkapital ergibt sich durch die Kapitalherabsetzung und anschließende Kapitalerhöhung im Geschäftsjahr 1994 zu 15 Millionen D-Mark, das bilanzierte Eigenkapital durch einen erneuten Bilanzverlust im selben Geschäftsjahr zu 13,643 Millionen D-Mark.

2.2 Genußscheine

2.2.1 Begriff

Eine besondere Stellung bei der Kapitalbeschaffung einer Unternehmung, unabhängig von deren Rechtsform, nehmen Genußscheine ein. Genußscheine sind Wertpapiere, die eine »Mischform« aus Aktien (Eigenfinanzierung) und Anleihen (Fremdfinanzierung) darstellen. Sie werden, genau wie Aktien und Anleihen, auch an Wertpapierbörsen gehandelt.

Die Emission und die Ausgestaltung von Genußscheinen wird weder durch den Gesetzgeber noch durch Wertpapierbörsen vorgeschrieben. Genußscheine sind **un**standardisierte Wertpapiere, die sich als ausgesprochen flexibel hinsichtlich ihrer Ausgestaltung erweisen. Infolgedessen existiert eine Vielzahl zum Teil recht unterschiedlich gestalteter Genußscheine.

Die Titel verbriefen in erster Linie Gläubigerrechte; darüber hinaus können sie aber auch bestimmte Vermögensrechte wie z. B. den Anspruch auf einen Teil des Unternehmensgewinns, Options- und Wandlungsrechte usw. beinhalten. Eine Beteiligung am Liquidationserlös ist für gewöhnlich bei allen Genußscheinen ausgeschlossen.

Genußscheine sind gegenüber Anleihen gegebenenfalls mit einer zusätzlichen Risikokomponente versehen und zwar dann, wenn sie eine Verlustbeteiligung verbriefen.

Abb. 2/22:
Rechtsform und
Branchen börsennotierter Genußscheinemittenten
(Quelle:
Commerzbank
AG, Frankfurt am
Main)

Rechtsform und Branchen
von börsennotierten Genußscheinemittenten

Rechtsform \ Branche	Kredit-institute	Versicherungs-unternehmen	Industrie-unternehmen	Summe
AG	13.174,1 (75)	509,5 (7)	982,7 (5)	14.666,2 (87)
KGaA	550,0 (4)	–	13,0 (2)	563,0 (6)
GmbH	30,0 (1)	–	350,0 (3)	380,0 (4)
Genossenschaft	1.362,7 (22)	–	30,0 (1)	1.392,7 (23)
GmbH & Co. KG	25,0 (1)	–	11,0 (1)	36,0 (2)
Körp. d. Öff. Rechts	7.149,3 (87)	–	10,0 (1)	7.159,3 (88)
Summe	22.291,1 (190)	509,5 (7)	1.396,7 (13)	24.197,2 (210)

Emittiertes Genußschein-Volumen in Mio DM
(in Klammern: Zahl der Emissionen)

Stand: Mai 1995

Obwohl ein Genußschein hinsichtlich seiner Ausstattung einer Aktie ähneln kann, nimmt ein Genußscheininhaber nicht die rechtliche Stellung eines Gesellschafters ein; er besitzt weder Mitbestimmungs- noch Mitspracherechte in der Gesellschafterversammlung des Emittenten.

Eine herausragende Bedeutung erlangen Genußscheine für Unternehmen, die nicht in der Rechtsform einer Aktiengesellschaft geführt werden. Genußscheine ermöglichen diesen Unternehmen eine Kapitalbeschaffung bei einem »breiten« Publikum über die Börse.

Der größte Teil sämtlicher emittierter Genußscheine stammt von den Geschäftsbanken. Genußrechtskapital wird in Deutschland bei entsprechender Ausgestaltung der Genußscheinbedingungen als haftendes Eigenkapital im Sinne des Bankenaufsichtsrechts anerkannt. Die Kapitalaufbringung durch Genußscheine stärkt deshalb die Kreditvergabebasis der emittierenden Bank, bewirkt aber, im Gegensatz zur Ausgabe junger Aktien, keine Änderung der Anteilsverhältnisse. Dies hat dazu geführt, daß nahezu 92 % des börsennotierten Genußscheinvolumens auf die Geschäftsbanken entfällt.

Die Zuordnung des Genußscheinkapitals zum Eigen- oder Fremdkapital einer Unternehmung hängt von der Ausgestaltung der Genußrechte im Einzelfall ab. Abbildung 2/23 zeigt exemplarisch die Ausgestaltung eines Genußscheins der Bertelsmann AG, Gütersloh.

Genußscheine werden, genau wie Aktien, an der Wertpapierbörse in drei Marktsegmenten gehandelt – und zwar im amtlichen Handel, im geregelten Markt und im Freiverkehr. Sie werden zumeist

- mit einer festen Ausschüttung,
- mit einem Rückzahlungsversprechen des Emittenten sowie
- mit einer begrenzten Laufzeit aber
- ohne einen Anspruch auf einen Anteil am Liquidationserlös

ausgestattet.

Wenn der Emittent sich zur Rückzahlung verpflichtet, gleichen Genußscheine Forderungspapieren (Anleihe usw.). Dies führt dazu, daß das durch Genußscheine aufgebrachte Kapital nicht immer eindeutig dem Eigen- oder Fremdkapital des Emittenten zuzuordnen ist.

Kurstabelle

2.2.2

In der Tabelle »*Genußscheine*« (vgl. Abb. 2/24) findet der Leser ähnliche Informationen wie in den Kurstabellen zu Aktien. Die Marktsegmente amtlicher Handel, geregelter Markt und Freiverkehr werden jedoch in einer einzigen Tabelle zusammengefaßt und entsprechend gekennzeichnet.

Genußscheinkurse notieren meistens in Form von Prozentsätzen. Nur sehr wenige Genußscheine weisen eine Stücknotiz auf. Die Prozentangaben beziehen sich auf den Nennwert der Papiere, den der Leser der Tabelle aber nicht entnehmen kann. Nennwerte für Genußscheine variieren zwischen 100 und 10.000 D-Mark.

%-Notierung

Genußscheine notieren »flat«. Mit dem Begriff »Flat-Notierung« ist gemeint, daß die Stückzinsen in der Kursnotierung der Genußscheine »enthalten« sind und nicht separat ausgewiesen werden, wie bei Anleihen. Ein Genußschein wird demzufolge unmittelbar nach einer Ausschüttung – genau wie Aktien nach einer Dividendenzahlung – einen Kursrückgang erleiden.

Flat-Notierung

Genußscheine

Abb. 2/23:
Bedingungen
des Bertels-
mann
Genußscheins

Genußscheinbedingungen

§ 1 Ausgabe von Genußscheinen

Die Satzung der Bertelsmann AG - im folgenden: Gesellschaft - sieht die Schaffung von Genußkapital und die Ausgabe von Genußscheinen vor.

§ 2 Ausstattung der Genußscheine

(1) Die Genußscheine lauten auf den Inhaber. Der Grundbetrag der Genußscheine beträgt DM 100,-.

(2) Jede Genußscheinurkunde enthält die Bezeichnung der Urkunde als Genußschein, die Genußscheinbedingungen, den durch die Urkunde verbrieften Betrag, die Gesellschaft als Ausstellerin sowie die Faksimile-Unterschriften des Aufsichtsratsvorsitzenden und des Vorstandsvorsitzenden der Gesellschaft. Jede Urkunde ist mit einem Prägestempel der Gesellschaft versehen und von einem Kontrolleur eigenhändig unterzeichnet.

(3) Jeder Genußscheinurkunde ist ein Bogen mit 20 Ausschüttungsanteilscheinen und einem Erneuerungsschein beigefügt.

§ 3 Ansprüche der Genußscheininhaber und Abgrenzung zu Aktionärsrechten

(1) Die Genußscheine gewähren einen dem Gewinnanteil der Aktionäre vorgehenden Gewinnanspruch (§§ 4, 5) und einen Rückzahlungsanspruch bei Beendigung der Genußscheine (§ 15).

(2) Die Genußscheine verbriefen Gläubigerrechte und keine Gesellschafterrechte, insbesondere kein Teilnahme-, Mitwirkungs- und Stimmrecht in der Hauptversammlung der Bertelsmann AG.

§ 4 Bestimmung von Gewinn- und Verlustbeteiligung

(1) Der Gewinnanteil der Genußscheine bestimmt sich nach der Gesamtkapitalrendite der Gesellschaft und ihrer in- und ausländischen Konzernunternehmen. Gesamtkapitalrendite ist das Verhältnis des Gewinns zum arithmetischen Mittel des Vermögens zu Beginn und Ende des Geschäftsjahres. Bei einer Gesamtkapitalrendite zwischen 12% und 16% beträgt der Gewinnanteil der Genußscheine 15% des Grundbetrages. Beträgt die Gesamtkapitalrendite weniger als 12% oder mehr als 16%, ist der Gewinnanteil um einen Prozentpunkt höher als die Gesamtkapitalrendite.

(2) Gewinn und Vermögen werden aus dem vom Abschlußprüfer geprüften Konzernjahresabschluß wie folgt abgeleitet:

a) Gewinn ist der Konzernjahresüberschuß zuzüglich der Aufwendungen (nach Verrechnung mit entsprechenden Erträgen) für Steuern vom Einkommen und vom Ertrag und für eine freiwillige Gewinnbeteiligung der Arbeitnehmer in Deutschland.

b) Das Vermögen entspricht der Konzernbilanzsumme.

c) Gewinn und Vermögen werden wie folgt verändert: Aufwendungen zur Schaffung immaterieller Wirtschaftsgüter (außer Firmenwert) werden abweichend von § 248 Abs. 2 HGB aktiviert, wenn es sich um Erweiterungsinvestitionen handelt und wenn die Aufwendungen im Rahmen eines Investitionsvorhabens in dem Geschäftsjahr den Betrag von 1% der Konzernbilanzsumme zu Beginn des Geschäftsjahres übersteigen. Die aktivierten Beträge werden über die betriebsgewöhnliche Nutzungsdauer, höchstens jedoch in vier Jahren, planmäßig abzuschreiben.

(3) Im Falle einer negativen Gesamtkapitalrendite bestimmt deren Prozentsatz, auf den Grundbetrag bezogen, die Verlustbeteiligung der Genußscheine. Ein Verlust, der auf das Genußkapital entfällt, ist gesondert auszuweisen und durch Gewinnanteile der Folgejahre auszugleichen.

§ 5 Gewinnanspruch

Anspruch auf den Gewinnanteil haben die Genußscheininhaber, soweit der Jahresüberschuß der Gesellschaft, erhöht um Gewinnvorträge und gemindert um Verlustvorträge und Zuführungen zur gesetzlichen Rücklage, für die Gewinnanteile aller Arten von Genußscheinen der Gesellschaft ausreicht. Reicht er nicht aus, erhöhen Fehlbeträge den Gewinnanspruch des Folgejahres, gegebenenfalls späterer Folgejahre, soweit der nach Satz 1 korrigierte Jahresüberschuß des Folgejahres oder der Folgejahre ausreicht.

§ 6 Prüfung durch den Abschlußprüfer

Die Gesellschaft läßt durch ihren Abschlußprüfer prüfen, ob der Gewinnanteil (§ 4) und der Gewinnanspruch (§ 5) nach diesen Genußscheinbedingungen ermittelt wurden. Über das Ergebnis dieser Prüfung erteilt der Abschlußprüfer einen Bestätigungsvermerk.

§ 7 Bilanzpolitik der Gesellschaft

Die Gesellschaft verpflichtet sich, bei der Aufstellung der Jahresabschlüsse der Konzernunternehmen und insbesondere bei der Bildung und Auflösung von Rücklagen den berechtigten Interessen der Genußscheininhaber auf Ausschüttung Rechnung zu tragen.

§ 8 Gewinnausschüttung

Der Gewinnanspruch wird am ersten Bankarbeitstag nach der ordentlichen Hauptversammlung fällig. Die Auszahlung erfolgt gegen Einreichung des jeweiligen Ausschüttungsanteilscheins bei den Zahlstellen gemäß § 9 bezeichneten Zahlstellen. Bei Verlust oder Vernichtung des Ausschüttungsanteilscheins kann der bisherige Inhaber entgegen § 804 Abs. 1 Satz 1 BGB keine Zahlung verlangen.

§ 9 Zahlstellen

Die Stellen, bei denen Ausschüttungsanteilscheine eingelöst werden können, bei denen die Kündigung (§ 15 Abs. 2) vorgenommen werden kann und bei denen die Rückzahlung (§ 15 Abs. 3) erfolgt (Zahlstellen), werden zusammen mit der Ankündigung der Gewinnausschüttung jeweils mit Wirkung bis zur Ankündigung der nächsten Gewinnausschüttung bekanntgemacht.

§ 10 Unterrichtung der Genußscheininhaber

Zur Unterrichtung über ihre wirtschaftlichen Verhältnisse stellt die Gesellschaft einen Jahresbericht (einschließlich Konzernjahresabschluß) und einen Zwischenbericht auf die Mitte des Geschäftsjahres zur Verfügung. Die Berichte werden den Depotbanken zugeleitet. Außerdem kann sie jeder Genußscheininhaber bei der Gesellschaft anfordern.

§ 11 Erwerb eigener Genußscheine

Die Gesellschaft ist berechtigt, eigene Genußscheine zu erwerben. Aus eigenen Genußscheinen darf sie kein Stimmrecht in der Versammlung der Genußscheininhaber ausüben. Der Gesamtgrundbetrag der von der Gesellschaft und ihren Konzerngesellschaften zu einem Zeitpunkt gehaltenen eigenen Genußscheine darf 10% des Genußkapitals nicht übersteigen.

§ 12 Genußkapitalerhöhungen

(1) Mit Zustimmung ihrer Hauptversammlung kann die Gesellschaft ihr Genußkapital durch Ausgabe weiterer Genußscheine zu gleichen oder anderen Bedingungen erhöhen. Sie wird den Inhalt anderer Bedingungen danach ausrichten, was sie aufgrund der jeweiligen Gegebenheiten des Kapitalmarktes für erforderlich hält.

(2) Neue Genußscheine mit den gleichen Bedingungen dürfen nicht für einen geringeren Betrag als den Grundbetrag ausgegeben werden. Auf jeden solchen Genußschein entfällt ein rückständiger Betrag gemäß § 5 Satz 2 oder ein nicht ausgeglichener Verlust gemäß § 4 Abs. 3 in der gleichen Höhe wie zuvor auf jeden alten solchen Genußschein.

§ 13 Änderung der steuerlichen Behandlung von Genußscheinen

(1) Falls sich die steuerliche Behandlung im Zusammenhang mit Genußscheinen ändert, ist die Gesellschaft berechtigt, diese Bedingungen durch einseitige Willenserklärung nach billigem Ermessen (§ 315 BGB) an die veränderten Umstände anzupassen.

(2) Wenn die Gewinnausschüttung auf die Genußscheine bei der Gesellschaft mit Körperschaftsteuer belastet wird, geschieht die Anpassung durch Minderung der Ausschüttung um die Körperschaftsteuer.

§ 14 Änderung von Genußscheinbedingungen

(1) Die in diesen Genußscheinen verbrieften Rechte können nur mit Zustimmung einer Versammlung der Genußscheininhaber geändert werden, die mit Monatsfrist durch Bekanntmachung im Bundesanzeiger vom Vorstand der Gesellschaft nach Gütersloh oder an einen deutschen Börsenplatz einberufen wird. Die Einberufung muß die Firma, den Sitz der Gesellschaft, Zeit und Ort der Versammlung und die Bedingungen angeben, von denen die Teilnahme an der Versammlung und die Ausübung des Stimmrechts abhängen. Der Wortlaut der vorgesehenen Änderung ist beizufügen.

(2) Die Änderung von Genußscheinbedingungen ist angenommen, wenn 75% der abgegebenen Stimmen ihr zustimmen. Je DM 100,- Grundbetrag gewähren eine Stimme.

(3) Jeder Beschluß der Versammlung ist durch eine über die Versammlung notariell aufgenommene Niederschrift zu beurkunden. § 130 Absätze 2 bis 4 AktG gelten.

(4) Der Bestand der Genußscheine wird durch eine Erhöhung oder Herabsetzung des Grundkapitals der Gesellschaft nicht berührt.

(5) Änderungen der Genußscheinbedingungen, die nur die Fassung betreffen, kann die Gesellschaft mit Zustimmung des Aufsichtsrats vornehmen.

§ 15 Beendigung der Genußscheine

(1) Die Gesellschaft kann den Genußschein nicht kündigen.

(2) Der Inhaber kann den Genußschein kündigen. Die Kündigung kann erstmals zum 30. Juni 2017 erfolgen, danach mit Wirkung zum Ende jedes Geschäftsjahres. Die Kündigungsfrist beträgt zwei Jahre. Die Kündigung ist gegenüber der Gesellschaft oder gegenüber einer Zahlstelle (§ 9) schriftlich zu erklären.

(3) Gekündigte Genußscheine sind zurückzuzahlen. Der Rückzahlungsbetrag ist das gewogene Mittel der Ausgabekurse aller Emissionen von Genußkapital mit gleichen und den früheren Bedingungen, erhöht um rückständige Beträge gemäß § 5 Satz 2 und gemindert um nicht ausgeglichene Verluste gemäß § 4 Abs. 3. Der Rückzahlungsbetrag wird auf den Tag ermittelt, auf den gekündigt wird. Er ist an erster Bankarbeitstag nach diesem Tag fällig. Die Rückzahlung erfolgt bei einer der gemäß § 9 bezeichneten Zahlstellen.

(4) Von der Rückzahlung bleibt der Anspruch auf die Gewinnanteile für die Geschäftsjahre vor der Rückzahlung unberührt.

(5) Rückzahlungsbeträge, die nicht angefordert werden, kann die Gesellschaft unter Verzicht auf das Recht zur Zurücknahme bei dem Amtsgericht Gütersloh zugunsten der Inhaber hinterlegen.

(6) Bei Auflösung der Gesellschaft sind die Genußscheine mit dem sich nach Abs. 3 ergebenden Betrag zurückzuzahlen. Der Anspruch auf Rückzahlung tritt gegenüber den Forderungen aller Gesellschaftsgläubiger, die nicht ebenso nachrangig sind, im Rang zurück.

§ 16 Bekanntmachungen

(1) Bekanntmachungen der Gesellschaft, die die Genußscheine betreffen, erfolgen im Bundesanzeiger.

(2) Bekanntzumachen sind

– Gewinnausschüttungen mit dem Bestätigungsvermerk des Abschlußprüfers,

– die Zahlstellen nach § 9,

– Genußkapitalerhöhung und -herabsetzung,

– Änderung von Genußscheinbedingungen gemäß §§ 13 und 14,

– Einberufung einer Versammlung der Genußscheininhaber,

– Beendigung der Genußscheine.

(3) Einer Benachrichtigung der einzelnen Genußscheininhaber bedarf es nicht. Für die Wirksamkeit der Bekanntmachung genügt die Veröffentlichung im Bundesanzeiger.

§ 17 Schlußbestimmungen

(1) Erfüllungsort ist Gütersloh. Es gilt deutsches Recht.

(2) Wenn sich einzelne Bestimmungen der Genußscheinbedingungen als unwirksam oder undurchführbar erweisen, bleiben die anderen wirksam. In übrigen gilt diejenige Regelung, die dem in diesen Bedingungen erkennbar gewordenen Willen am nächsten kommt und wirksam und durchführbar ist.

Gütersloh, im Oktober 1992   **Bertelsmann Aktiengesellschaft**

2045 904 Bertelsmann AG Genußscheine Genußscheinbedingungen   RW

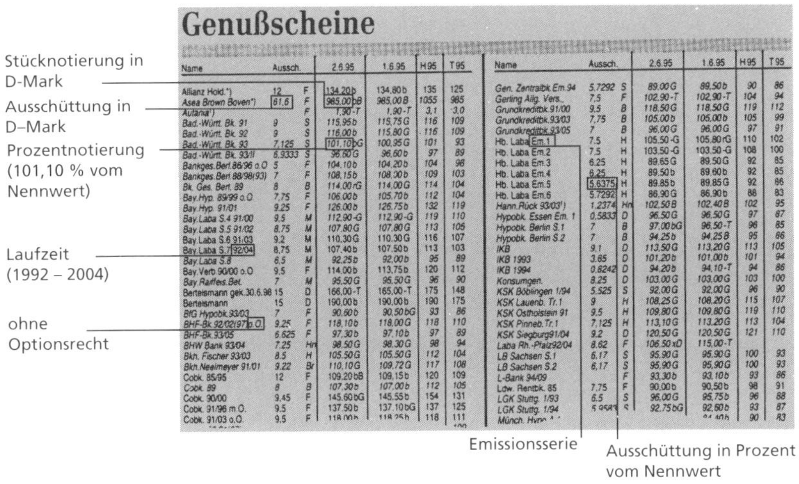
Genußscheine
Stücknotierung in D-Mark
Ausschüttung in D-Mark
Prozentnotierung (101,10 % vom Nennwert)
Laufzeit (1992 – 2004)
ohne Optionsrecht
Emissionsserie
Ausschüttung in Prozent vom Nennwert

Name	Aussch.		2.6.95	1.6.95	H95	T95
Allianz Hold.*)	12	F	134,20b	134,80b	135	125
Asea Brown Boven*)	61,6	F	985,00bB	985,00B	1055	985
Autania*)		F	1,90-T	1,90-T	3,1	3,0
Bad.-Württ. Bk. 91	9	S	115,95b	115,75G	116	109
Bad.-Württ. Bk. 92	9	S	116,00b	115,80G	116	109
Bad.-Württ. Bk. 93	7,125	S	101,10bG	100,95G	101	93
Bad.-Württ. Bk. 93/II	6,9333	S	96,60G	96,60b	97	89
Bankges.Berl.86/96 o.O	5	F	104,10b	104,20b	104	96
Bankges.Berl.88/98(93)	7	F	108,15b	108,00b	109	103
Bk. Ges. Berl. 89	8	B	114,00rG	114,00G	114	104
Bay.Hyp. 89/99 o.O	7,75	F	106,00b	105,70b	112	104
Bay.Hyp. 91/01	9,25	F	126,00b	126,75b	132	119
Bay.Laba S.4 91/00	9,5	M	112,90-G	112,90-G	119	110
Bay.Laba S.5 91/02	8,75	M	107,80G	107,80G	113	105
Bay.Laba S.6 91/03	9,2	M	110,30G	110,30G	116	107
Bay.Laba S.7 92/04	8,75	M	107,40b	107,50b	113	103
Bay.Laba S.8	6,5	M	92,25b	92,00b	95	89
Bay.Verb.90/00 o.O	9,5	F	114,00b	113,75b	120	112
Bay.Raiffeis.Bet.	7	M	95,50G	95,50G	96	90
Bertelsmann gek.30.6.98	15	D	166,00-T	165,00-T	175	148
Bertelsmann	15	D	190,00b	190,00b	190	175
BfG Hypobk.93/03	7	F	90,60b	90,50bG	93	86
BHF-Bk.92/02(97)o.O.	9,25	F	118,10b	118,00G	118	110
BHF-Bk.93/05	6,625	F	97,30b	97,10b	97	89
BHW Bank 93/04	7,25	Hn	98,50G	98,30G	98	94
Bkh. Fischer 93/03	8,5	H	105,50G	105,50G	112	104
Bkh.Neelmeyer 91/01	9,22	Br	110,10G	109,72G	117	108
Cobk. 85/95	12	F	109,20bB	109,15b	120	109
Cobk. 89	8	B	107,30b	107,00b	112	105
Cobk. 90/00	9,45	F	145,60bG	145,55b	154	131
Cobk. 91/96 m.O.	9,5	F	137,50b	137,10bG	137	125
Cobk. 91/03 o.O.	9,5	F	118,00b	118,25b	118	111

Name	Aussch.		2.6.95	1.6.95	H95	T95
Gen. Zentralbk.Em.94	5,7292	S	89,00G	89,50b	90	86
Gerling Allg. Vers..	7,5	F	102,90-T	102,90-T	104	94
Grundkreditbk.91/00	9,5	B	118,50G	118,50G	119	112
Grundkreditbk.93/03	7,75	B	105,00b	105,00b	105	99
Grundkreditbk.93/05	7	B	96,00G	96,00G	97	91
Hb. Laba Em.1	7,5	H	105,50-G	105,80rG	110	102
Hb. Laba Em.2	7,5	H	103,50-G	103,50-G	108	100
Hb. Laba Em.3	6,25	H	89,65G	89,50G	92	85
Hb. Laba Em.4	6,25	H	89,50b	89,60b	92	85
Hb. Laba Em.5	5,6375	H	89,85b	89,85G	92	86
Hb. Laba Em.6	5,7292	H	86,90G	86,90b	88	83
Hann.Rück 93/03[1])	1,2374	Hn	102,50B	102,40B	102	95
Hypobk. Essen Em. 1	0,5833	D	96,50G	96,50G	97	87
Hypobk. Berlin S.1	7	B	97,00bG	96,50-T	96	85
Hypobk. Berlin S.2	7	B	94,25b	94,25B	95	86
IKB	9,1	D	113,50G	113,20G	113	105
IKB 1993	3,65	D	101,20b	101,00b	101	94
IKB 1994	0,8242	D	94,20b	94,10-T	94	86
Konsumgen.	8,25	D	103,00G	103,00G	103	100
KSK Böblingen 1/94	5,525	S	92,00G	92,00G	96	90
KSK Lauenb. Tr.1	9	H	108,25G	108,20G	115	107
KSK Ostholstein 91	9,5	H	109,80G	109,80G	119	110
KSK Pinneb.Tr.1	7,125	H	113,10G	113,20G	113	104
KSK Siegburg91/04	9,2	D	120,50G	120,50G	121	110
Laba Rh.-Pfalz92/04	8,62	F	106,50xD	115,00-T		
LB Sachsen S.1	6,17	S	95,90G	95,90G	100	93
LB Sachsen S.2	6,17	S	95,90G	95,90G	100	93
L-Bank 94/09		F	93,30b	93,10b	93	86
Ldw. Rentbk. 85	7,75	F	90,00b	90,50b	98	91
LGK Stuttg. 1/93	6,5	S	96,00G	95,75b	96	88
LGK Stuttg. 1/94	5,958[illegible]	S	92,75bG	92,60b	93	87
Münch. Hypo [illegible]				94,40b	90	83

Abb. 2/24: Genußscheine

Einige der Genußscheintitel sind mit Zusätzen wie z.B.

S. 1, A. 1, Em. 1

- S.1, S.2, ...
- A.1, A.2, ...
- Em.1, Em.2, ...
- Tr.A, Tr.B, ...
- I, II, ...
- 1, 2, ...
- A, B, ...
- usw.

versehen. Dies soll eine bessere Unterscheidung der verschiedenen Emissionen *eines* Emittenten gewährleisten.

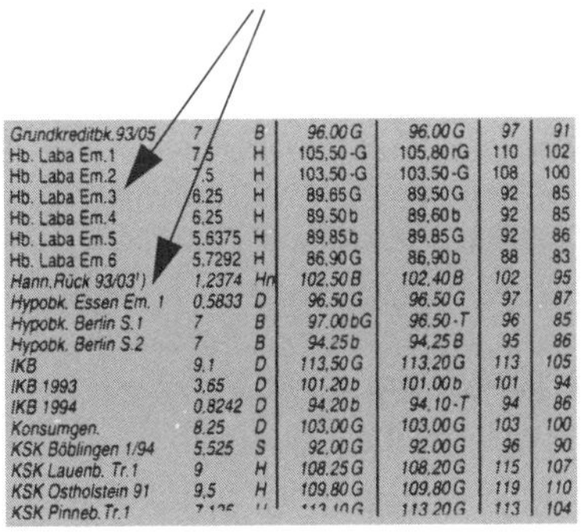

Grundkreditbk.93/05	7	B	96,00G	96,00G	97	91
Hb. Laba Em.1	7,5	H	105,50-G	105,80rG	110	102
Hb. Laba Em.2	7,5	H	103,50-G	103,50-G	108	100
Hb. Laba Em.3	6,25	H	89,65G	89,50G	92	85
Hb. Laba Em.4	6,25	H	89,50b	89,60b	92	85
Hb. Laba Em.5	5,6375	H	89,85b	89,85G	92	86
Hb. Laba Em.6	5,7292	H	86,90G	86,90b	88	83
Hann.Rück 93/03[1])	1,2374	Hn	102,50B	102,40B	102	95
Hypobk. Essen Em. 1	0,5833	D	96,50G	96,50G	97	87
Hypobk. Berlin S.1	7	B	97,00bG	96,50-T	96	85
Hypobk. Berlin S.2	7	B	94,25b	94,25B	95	86
IKB	9,1	D	113,50G	113,20G	113	105
IKB 1993	3,65	D	101,20b	101,00b	101	94
IKB 1994	0,8242	D	94,20b	94,10-T	94	86
Konsumgen.	8,25	D	103,00G	103,00G	103	100
KSK Böblingen 1/94	5,525	S	92,00G	92,00G	96	90
KSK Lauenb. Tr.1	9	H	108,25G	108,20G	115	107
KSK Ostholstein 91	9,5	H	109,80G	109,80G	119	110
KSK Pinneb.Tr.1	[illegible]	[illegible]	[illegible]	113,20G	113	104

Der Ausweis des im letzten Geschäftsjahr ausgeschütteten Gewinns je Genußschein erfolgt unter der Überschrift »***Ausschüttung***« – und zwar in aller Regel in Form eines Prozentsatzes. Eine Angabe von 15 bedeutet beispiels-

Ausschüttung

weise, daß an die Inhaber 15 % vom Nennwert des Papiers ausgeschüttet wird.

In der Tabelle »*Genußscheine*« findet der Leser Laufzeitangaben. Die Angabe 93/06 kennzeichnet ein Papier, das im Jahre 1993 emittiert wurde und im Jahre 2006 verfällt. Am Ende der Laufzeit erfolgt zumeist eine Rückzahlung des Nennwertes an die Scheininhaber. Genußscheinbedingungen enthalten mitunter Klauseln, die den Emittenten eine vorzeitige Kündigung der Papiere ermöglichen, also eine Tilgung vor dem eigentlichen Laufzeitende. Dies wird durch eine Jahreszahl in Klammern signalisiert.

Wie oben bereits angedeutet, können Genußscheine mit und ohne Wandlungsrecht ausgestattet sein. Mitunter ist auch ein Optionsschein angeheftet, der später abgetrennt und separat gehandelt werden kann. Ein Genußschein, der noch inklusive Optionsschein notiert, ist durch »*m. O.*« (mit Optionsschein), einer ohne mit »*o. O.*« (ohne Optionsschein) kenntlich gemacht.

m. O., o. O.

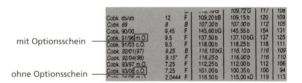

2.2.3 Genußschein-Typen

Genußscheine werden oftmals anhand des Kriteriums »Ausschüttungsbestimmungen« systematisiert. Dann ergeben sich folgende vier »Genußschein-Klassen«:

A) Genußscheine mit Festverzinsung.
B) Genußscheine mit Mindestausschüttung und dividendenabhängigem Bonus.
C) Genußscheine mit vollkommen dividendenabhängiger Ausschüttung.
D) Genußscheine mit »renditeabhängiger« Ausschüttung.

Der jeweilige Typ eines Genußscheins läßt sich der Kurstabelle (vgl. Abb. 2/24) nicht entnehmen.

Typ A entspricht in etwa einer festverzinslichen Anleihe, wobei der Inhaber zumeist am Verlust der Unternehmung beteiligt ist.

Bei Typ B setzt sich die jährliche Ausschüttung aus einer festen Mindestausschüttung und einem dividendenabhängigen Bonus zusammen. In den Genußscheinbedingungen findet der Anleger einen sogenannten Dividendenpartizipationsfaktor (DPF), der angibt, wie die Scheine an Dividendensteigerungen teilnehmen und eine Dividendenpartizipationsgrenze (DPG), die das Minimum der Dividendenzahlung bestimmt, das für eine Bonuszahlung notwendig ist.

Ein Genußschein weist folgende Ausstattungsmerkmale auf:

Beispiel 2/10

- Mindestausschüttung 8,50 D-Mark
- Dividendenpartizipationsgrenze 7 D-Mark
- Partizipationsfaktor 0,5

Beträgt die Dividendenzahlung in einem Geschäftsjahr beispielsweise 10 D-Mark, dann läßt sich die Ausschüttung anhand der obigen Angaben wie folgt ermitteln:

$$8,50 + 0,5 \times (10 - 7) = 10 \text{ DM}$$

Genußscheine des Typs C verbriefen eine vollkommen dividendenabhängige Ausschüttung. Sie besitzen also keine Mindestausschüttung.

Die Höhe der Ausschüttung der letzten hier vorgestellten Kategorie (Typ D) ist vom sogenannten Bezugsergebnis abhängig. Das Bezugsergebnis ist der Teil des Jahresergebnisses, der durch das Bezugskapital, das ist die Summe der Nennwerte aller Genußscheine, erwirtschaftet wird. Sowohl Bezugsergebnis als auch Bezugskapital sind in den jeweiligen Genußscheinbedingungen definiert.

Ein Anleger erzielt mit Genußscheinen oftmals eine höhere Rendite als mit Anleihen, weil Genußscheine, im Vergleich zu Anleihen, in aller Regel zusätzliche Risikokomponenten (keine Beteiligung am Liquidationserlös usw.) aufweisen.

Beim Erwerb von Genußscheinen ist neben der Bonitätsprüfung des Emittenten zusätzlich eine eingehende Analyse der Genußscheinbedingungen erforderlich. Genußscheine sollten grundsätzlich anhand der folgenden Kriterien beurteilt werden:

- Laufzeit des Genußscheins,
- Ausschüttungen während der Laufzeit des Scheins,
- Kündigungsrechte des Genußscheinemittenten sowie des -käufers,
- in den Genußscheinbedingungen verbriefte Sonderrechte (z.B. Options- und Wandelrechte),
- Verlustbeteiligung,
- Stellung des Genußscheinerwerbers im Falle eines Konkurses oder einer Liquidation des Unternehmens des Emittenten.

2.3 Indizes und Umsatzstatistiken

2.3.1 Deutscher Aktienindex

2.3.1.1 Begriff

Die Frankfurter Wertpapierbörse und vor allem Geschäftsbanken ermitteln regelmäßig Aktien-, Renten-, Optionsschein- und andere Indizes, damit sich die Marktteilnehmer rasch einen Überblick über die Entwicklung des Gesamtmarktes deutscher Aktien, Anleihen, Optionsscheine usw. verschaffen können. Unter einem Index versteht man eine Kennzahl, die Einzelinformationen (z.B. Kurse und Umsätze) einer Vielzahl von Finanztiteln zu einer einzigen Zahl verdichtet.

DAX

Die Frankfurter Wertpapierbörse, die Arbeitsgemeinschaft der Deutschen Wertpapierbörsen und die Börsen-Zeitung entwickelten 1987 den **Deutschen Aktienindex**. Er wird seit dem 1.7.1988 veröffentlicht und kann aufgrund der Anlehnung an den inzwischen nicht mehr berechneten »Index Börsenzeitung« (früherer »Hardy-Index«) mit diesem verknüpft und so die Entwicklung deutscher Aktienkurse bis 1959 zurückverfolgt werden.

Zur Berechnung des DAX werden 30 Aktientitel aus dem variablen Handel herangezogen, die nach den Kriterien

- Börsenumsatz,
- Börsenkapitalisierung und
- frühes Erscheinen der Eröffnungskurse

ausgewählt wurden. Sie repräsentieren derzeit ca. 60 % des zum Börsenhandel zugelassenen Kapitals inländischer Aktiengesellschaften. Im Jahre 1987 tätigten die Makler ca. 80 % des Gesamtumsatzes mit deutschen Beteiligungspapieren in den 30 (ursprünglichen) Indexwerten. Um eine Marktrepräsentativität des Index zu gewährleisten, enthält der DAX Aktiengesellschaften aus allen Branchen, mit Ausnahme der Bau-Branche.

Tab. 2/3:
Branchen-
zuordnung
der DAX-Werte

Branche	Im Dax vertretene Unternehmen
Automobil	BMW, Continental, Daimler, VW
Banken	Bayerische Hypobank, Bayerische Vereinsbank, Commerzbank, Deutsche Bank, Dresdner Bank
Chemie	BASF, Bayer, Degussa, Henkel, Hoechst, Schering
Eisen und Stahl	Mannesmann, Metallgesellschaft, Preussag, Thyssen
Elektro	Siemens, SAP
Konsum	Karstadt, Kaufhof
Maschinenbau	Linde, MAN
Verkehr	Lufthansa
Versicherungen	Allianz Holding
Versorgung	RWE, Veba, VIAG

Tabelle 2/4 zeigt die prozentuale Gewichtung der 30 Indexgesellschaften am 2.5.1996.

Aktiengesellschaft	Ge-wicht in %	Aktiengesellschaft	Ge-wicht in %
Allianz AG Holding (NA)	11,06	Kaufhof Holding AG	0,88
BASF AG	4,57	Linde AG	1,41
Bayer AG	6,43	Lufthansa AG (StA)	1,68
Bay.Hypo-u.Wechsel-Bank AG	1,78	MAN AG (StA)	1,16
Bay. Motorenwerke AG	2,90	Mannesmann AG	3,41
Bayerische Vereinsbank AG	1,89	Metallgesellschaft	0,56
Commerzbank AG	2,26	Preussag AG	1,17
Continental AG	0,45	RWE AG (StA)	5,94
Daimler Benz AG	7,70	SAP AG	3,76
Degussa AG	0,86	Schering AG	1,39
Deutsche Bank AG	6,59	Siemens AG	8,36
Dresdner Bank AG	3,07	Thyssen AG	1,61
Henkel KGaA (VA)	0,70	Veba AG	6,62
Hoechst AG	5,38	VIAG AG	2,31
Karstadt AG	0,87	Volkswagen AG (StA)	3,21

Tab. 2/4: Zusammen-setzung des DAX (Stand: 2.5.1996)

Die im DAX vertretenen Gesellschaften werden mit ihrem börsennotierten Grundkapital gewichtet, woraus folgt, daß Gesellschaften mit hohem Grundkapital den Indexstand in einem stärkeren Maße bestimmen, als Gesellschaften mit niedrigerem Grundkapital. Das Grundkapital ist aber nicht die einzige Bestimmungsgröße für den Einfluß einer Gesellschaft auf den Indexstand, sondern zudem auch der Börsenkurs ihrer Aktien. Das mit dem Aktienkurs (K) bewertete Grundkapital (G) einer Aktiengesellschaft (i) wird als Marktkapitalisierung bezeichnet.

Das in Tabelle 2/4 ausgewiesene Gewicht in % läßt sich wie folgt ermitteln:

$$\text{Gewicht in \%} = \frac{\text{Marktkapitalisierung der Aktiengesellschaft i}}{\text{Summe aller Marktkapitalisierungen}} = \frac{K_i^a \times G_i^{t0} \times C_i^a}{\sum\limits_{i=1}^{30} K_i^a \times G_i^{t0} \times C_i^a} \times 100$$

mit

$\sum\limits_{i=1}^{30}$ = Summe über alle 30 Aktien

K_i^a = **aktueller** Kurs der i-ten Aktie zum Zeitpunkt der Indexberechnung

G_i^{t0} = Grundkapital der i-ten Aktiengesellschaft am letzten Verkettungs-termin

C_i^a = **aktueller** Bereinigungsfaktor der i-ten Aktie

Indizes und Umsatzstatistiken

Für Indexgesellschaften, bei denen ein Börsenhandel sowohl mit Stamm- als auch mit Vorzugsaktien stattfindet (z.B. Volkswagen AG), wird das gesamte Grundkapital der AG mit dem der Kurs der Stammaktien bewertet und der Kurs der Vorzugsaktien vernachlässigt.

Die Henkel KGaA ist momentan die einzige Gesellschaft im DAX, die ausschließlich mit Vorzugsaktien an der Börse notiert. In einem solchen Fall fließt verständlicherweise das Vorzugsaktienkapital in die DAX-Berechnung ein.

Es wird darauf hingewiesen, daß bei einer Vielzahl anderer Aktienindizes die Anzahl der Aktien einer Gesellschaft – und nicht das Grundkapital – als Gewichtungsfaktor herangezogen wird.

2.3.1.2

Berechnung

Der DAX wird von der Deutschen Börse AG jede Minute im Börsenverlauf auf Basis der fortlaufenden Notierungen der 30 Aktienwerte berechnet (Lauf- oder *real-time*-Index) und an einer Anzeigetafel im Frankfurter Börsensaal veröffentlicht sowie sein Verlauf graphisch dargestellt (vgl. Abb. 2/25).

Zur Bestimmung des Indexwertes wird die Summe der Marktkapitalisierungen im Betrachtungszeitpunkt in Relation zur Summe der Marktkapitalisierungen im Basiszeitpunkt gesetzt. Das Ergebnis wird mit der Zahl 1.000 (Indexbasis) multipliziert. Die Formel zur Berechnung des Deutschen Aktienindex basiert auf der Indexformel von Laspeyres[1]:

$$\text{DAX im Zeitpunkt t} = V^{t0} \times \frac{\sum\limits_{i=1}^{30} K_i^a \times G_i^{t0} \times C_i^a}{\sum\limits_{i=1}^{30} K_i^b \times G_i^b} \times 1000$$

mit

$\sum\limits_{i=1}^{30}$ = Summe über alle 30 Aktien

V = jährlich im September aktualisierter Verkettungsfaktor

$t0$ = letzter Verkettungstermin

K_i^a = aktueller Kurs der i-ten Aktie zum Zeitpunkt der Indexberechnung

K_i^b = Schlußkurs der i-ten Aktie am Basistag (30.12.87)

G_i^{t0} = Grundkapital der i-ten Aktiengesellschaft am letzten Verkettungstermin

G_i^b = Grundkapital der i-ten Aktiengesellschaft am Basistag (30.12.87)

C_i^b = aktueller Bereinigungsfaktor der i-ten Aktie

1 Laspeyres: deutscher Wirtschaftswissenschaftler * 1834, † 1913.

Deutscher Aktienindex 109

Abb. 2/25: Frankfurter Wertpapierbörse und DAX-Anzeigetafel
(Foto: Argus Photo Archiv GmbH)

Indizes und Umsatzstatistiken

2.3.1.3

Bereinigung

Ein Aktienindex sollte grundsätzlich nur Kursveränderungen anzeigen, die aus der tatsächlichen Angebots- und Nachfragekonstellation im Markt hervorgehen. Bei der Konzipierung eines Indexes bereiten in diesem Zusammenhang insbesondere Kursrückgänge Schwierigkeiten, die auf

- Dividendenzahlungen,
- die Ausgabe junger Aktien oder
- die Emission von Berichtigungsaktien

zurückzuführen sind.

Aktienkäufer reagieren in allen drei Fällen mit einem angemessenen Kursabschlag (vgl. Tab. 2/5), um den Marktwert der Aktie den Vermögensveränderungen bei der Aktiengesellschaft anzupassen.

Tab. 2/5:
Kursabschläge

Maßnahme der AG	Reaktion eines Aktien-erwerbers	Zeitpunkt der Reaktion
Dividendenzahlung	Der Marktteilnehmer nimmt beim Kauf der Aktien einen Kursabschlag vor, der von ihm individuell und in Abhängigkeit von dem Dividendenbetrag, der ihm bei Besitz der Aktien zufließen würde, bestimmt wird.	Tag der Dividendenausschüttung (i. d. R. 1. Börsentag nach der Hauptversammlung);Kurszusatz: ex Dividende (exD).
Kapitalerhöhung gegen Bareinlagen (Ausgabe junger Aktien)	Jeder Marktteilnehmer mißt dem Bezugsrecht individuell einen Wert bei und nimmt beim Kauf der alten Aktien einen entsprechenden Kursabschlag vor.	1. Handelstag des Bezugsrechts; Kurszusatz ex Bezugsrecht (exB).
Kapitalerhöhung aus Gesellschaftsmitteln (Emission von Gratisaktien)	Jeder Marktteilnehmer mißt den Berichtigungsaktien individuell einen Wert bei und nimmt beim Kauf der alten Aktien einen entsprechenden Kursabschlag vor.	1. Tag nach der Berichtigung des Grundkapitals; Kurszusatz ohne Berichtigungsaktien (exBA).

Eine exakte Bestimmung der durch die zuvor beschriebenen Maßnahmen ausgelösten Kursrückgänge ist in der Praxis unmöglich. Bei der Entwicklung eines Aktienindexes müssen deshalb Prämissen getroffen werden, in welcher Höhe Anpassungen zukünftig erfolgen sollen. Die Anpassung des DAX bei Dividendenausschüttungen wird beispielsweise immer in Höhe der Bardividende vorgenommen, was in der Praxis sehr umstritten ist, weil

Deutscher Aktienindex **111**

der Betrag der Bardividende aufgrund des differenzierten Dividenden-Besteuerungsverfahrens in der Realität nur den wenigsten Aktionären zufließt.

Der Bereinigungsfaktor(C_i) in der DAX-Formel bewirkt, daß die Abschläge bei der Indexberechnung nicht in voller Höhe zur Geltung kommen. Der Bereinigungsfaktor für einen bestimmten Aktientitel i berechnet sich folgendermaßen:

$$C_i = \frac{\text{letzter Kurs cum}}{\text{letzter Kurs cum} - \text{rechnerischer Abschlag}}$$

Hierbei ist der »*letzte Kurs cum*« der Tagesschlußkurs, der am Tag vor einem Bezugsrechts-, Berichtigungsaktien- oder Dividendenabschlag an der Börse festgestellt wurde. Die Höhe des rechnerischen Abschlags, den die Deutsche Börse AG bei der DAX-Bereinigung zugrundelegt, kann der nachstehenden Tabelle 2/6 entnommen werden.

Maßnahme der Aktiengesellschaft	DAX-Bereinigung in Höhe ...
Dividendenausschüttung	der Bardividende
Kapitalerhöhung gegen Einlagen	des rechnerischen Bezugsrechtswertes
Kapitalerhöhung aus Gesellschaftsmitteln	des rechnerischen Wertes der Berichtigungsaktien

Tab. 2/6: Rechnerische Kursabschläge bei DAX-Bereinigung

Die rechnerische Bestimmung der Bardividende als Bereinigungsgröße bereitet keine Schwierigkeiten, da diese durch die jeweilige Aktiengesellschaft vorgegeben wird. Für die Bestimmung des rechnerischen Bezugsrechtswertes wird die Formel aus Abschnitt 2.1.4.1.2.2 herangezogen:

$$\text{Rechnerischer Bezugsrechtswert} = \frac{\text{Kurs alte Aktie} - \text{Emissionskurs junge Aktie}}{\text{Bezugsverhältnis} + 1}$$

Die vorstehende Formel findet ebenfalls bei der Festlegung des Berichtigungsaktienabschlages Anwendung, wobei der Emissionskurs der jungen Aktien in der Formel dann den Wert Null annimmt (vgl. Bezeichnung »Gratisaktien«).

Mit dem Bereinigungsfaktor wird der bei der DAX-Berechnung einbezogene Kurs einer Aktiengesellschaft vom Tag des Abschlags an multipliziert.

Beispiel 2/11

Die Stammaktie der Deutschen Bank AG notierte am 18. 5. 1995 (Datum der Hauptversammlung) zu einem Börsenschlußkurs von 696,50 D-Mark. Der Vorstand unterbreitete der Hauptversammlung an diesem Tag den Vorschlag, eine Bardividende inclusive Jubiläumsbonus in Höhe von

19,50 D-Mark zu zahlen. Zu Börsenbeginn des nächsten Tages (Tag der Dividendenausschüttung) notierte die Deutsche Bank-Aktie zu einem Kurs von nur noch 669,50 D-Mark und zu Börsenschluß zu einem Kurs von »667,00 D-Mark exD«.

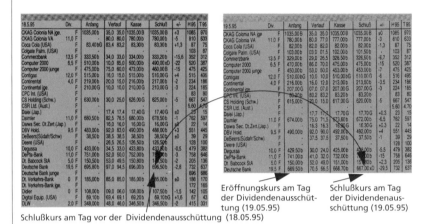

Schlußkurs am Tag vor der Dividendenausschüttung (18.05.95)

Eröffnungskurs am Tag der Dividendenausschüttung (19.05.95)

Schlußkurs am Tag der Dividendenausschüttung (19.05.95)

Da die Aktie der Deutschen Bank AG im DAX enthalten ist, muß der eingetretene Kursrückgang bei der DAX-Berechnung berücksichtigt werden.

Der Bereinigungsfaktor für die »Deutsche-Bank-Aktie« ergibt sich ab dem 19.5.1995 gemäß vorstehender Angaben wie folgt:

$$\text{Bereinigungsfaktor} = \frac{696,50}{696,50 - 19,50} = \frac{696,50}{677} = 1,0288035$$

In den DAX, der am 19.5.95 auf Basis der Eröffnungskurse berechnet wird, geht der bereinigte Aktienkurs der Deutsche Bank AG in Höhe von

$$669,50 \text{ DM} \times 1,0288035 = 688,78 \text{ DM}$$

und nicht der wirkliche Eröffungskurs von 669,50 D-Mark (vgl. vorstehende Kurstabelle vom 19.5.95) ein.

Die Bereinigung wird ebenso für alle weiteren Aktienkurse der Deutschen Bank durchgeführt, die ab diesem Zeitpunkt bis zur nächsten Aktualisierung in die Indexberechnung einbezogen werden.

2.3.1.4 DAX als Performancemaßstab

Der Deutsche Aktienindex ist ein sogenannter Performance-Index. Ein Performance-Index – auch *total return index* genannt – erfaßt neben der Kursveränderung auch die Erträge der Indexwerte – also Dividendenzahlungen, Erlöse aus der Veräußerung von Bezugsrechten usw. Dieses wird beim DAX durch den Bereinigungsfaktor (C_i) erreicht. Aufgrund seiner Konzeption simuliert der Deutsche Aktienindex beispielsweise bei Dividendenausschüttungen der Indexgesellschaften eine Situation, in der ein Investor,

- der ein Aktien-Portefeuille hält, das in seiner Zusammensetzung dem DAX entspricht,
- die ihm gezahlten Bardividenden nicht aus dem Indexportfolio abzieht, sondern umgehend wieder in die Aktientitel investiert, auf die der Kapitalzufluß zurückzuführen ist.

Der DAX zu einem bestimmten Zeitpunkt drückt folglich den absoluten Wert einer Geldanlage in Höhe von 1.000 D-Mark aus, wenn man annimmt, daß das Geld am 31.12.1987 »in den DAX« investiert wurde. Ein Indexstand von beispielsweise 2.000 zeigt an, daß sich der Wert im Vergleich zum Jahresende 1987 verdoppelt hat.

Planmäßige Verkettung

2.3.1.5

Die in die Berechnung des Deutschen Aktienindexes einbezogenen Aktientitel müssen regelmäßig auf Aktualität und Repräsentativität überprüft werden. Gemeint ist damit eine Kontrolle, inwieweit der Börsenumsatz und die Marktkapitalisierung eines bestimmten Titels dessen Einbezug in die Index-Berechnung im Zeitpunkt der Überprüfung rechtfertigen. Obwohl bei der Konzeption des DAX großer Wert auf eine über einen längeren Zeitraum konstante Indexzusammensetzung gelegt wurde, ist der Austausch von Aktiengesellschaften im Index nicht ausgeschlossen.

Die Überprüfung auf Aktualität und Repräsentativität findet beim DAX regelmäßig einmal jährlich im September statt. Ist es zu dem Termin – oder gegebenenfalls auch außerplanmäßig – erforderlich, eine bisher einbezogene Gesellschaft gegen eine neue auszutauschen, so muß das durch einen kompensierenden Rechenschritt ab dem Aktualisierungstag bei der Indexermittlung berücksichtigt werden. Ansonsten würden durch die veränderte Summe der Marktkapitalisierungen Sprünge im Index entstehen. Der Verkettungsfaktor (V) in der Formel zur DAX-Berechnung sorgt in einem solchen Fall für die erforderliche Korrektur.

Am Aktualisierungstag fließen in den Verkettungsfaktor außerdem alle Bereinigungsfaktoren ein, das heißt, alle C_i werden in der Indexformel auf eins gesetzt und die vorhandenen Faktoren über einen besonderen Rechenschritt in den Verkettungsfaktor eingebracht. Dieser Rechenschritt wird im folgenden kurz beschrieben.

Zunächst bestimmt man am Tag vor der Aktualisierung (t-1) den DAX-Schlußstand:

$$DAX_{t-1} = V_{t0} \times \frac{\sum\limits_{i=1}^{30} K_i^{t-1} \times G_i^{t0} \times C_i^{t-1}}{\sum\limits_{i=1}^{30} K_i^{b} \times G_i^{b}} \times 1000$$

t0 = letzter Verkettungstermin

Anschließend wird aus den am Verkettungstag aktuellen Grundkapitalien sowie den Aktienkursen vom Vortag ein DAX-Zwischenwert ermittelt. Eine Bereinigung der aktuellen Grundkapitalien ist verständlicherweise nicht erforderlich, so daß alle Bereinigungsfaktoren (C_i) bei der Zwischenwertberechnung den Wert eins annehmen.

$$DAX - Zwischenwert = \frac{\sum_{i=1}^{30} K_i^{t-1} \times G_i^{tl}}{\sum_{i=1}^{30} K_i^{b} \times G_i^{b}}$$

t1 = Tag der jährlichen Verkettung

Als neuer Verkettungsfaktor (V) ergibt sich:

$$V_{tl} = \frac{DAX_{tl}}{DAX - Zwischenwert}$$

Bereinigung bei bedingter Kapitalerhöhung

Kapitalveränderungen, die durch **bedingte Kapitalerhöhungen** der Indexgesellschaften entstanden sind, werden ebenfalls über den Verkettungsfaktor – und nicht über den Bereinigungsfaktor C_i– erfaßt.

Am Aktualisierungstag stellt der Verkettungsfaktor in einem Wert alle Dividendenzahlungen und Kapitalveränderungen dar, die seit dem Basiszeitpunkt eingetreten sind.

2.3.1.6 Nutzung

Der Deutsche Aktienindex ist in gewisser Hinsicht ein »Universalindex«, da er sich für viele Zwecke nutzen läßt. Er dient hauptsächlich als

- Marktbarometer,
- Vergleichsmaßstab und
- *Underlying* für Derivate.

Der DAX bildet nicht nur die Kursentwicklung der im Index vertretenen Aktien ab, sondern auch deren Erträge (Dividenden, Erlöse aus Bezugsrechtsveräußerungen usw.). Dadurch werden marktfremde Einflußfaktoren eliminiert und nur Kursveränderungen gezeigt, die auf dem Angebot an und der Nachfrage nach Aktien beruhen.

Der Deutsche Aktienindex ist nicht nur ein »Barometer« für den Aktienmarkt, er fungiert darüber hinaus als Vergleichsmaßstab (Benchmark). Private und institutionelle Anleger (Kapitalanlagesellschaften, Versicherungen usw.) vergleichen häufig die Wertentwicklung ihrer Aktien-Portefeuilles für einen gewissen Zeitraum mit der des DAX. Sie können so feststellen, ob ihre individuelle Portefeuillestrukturierung besser oder schlechter war, als der durch den Deutschen Aktienindex repräsentierte »Marktdurchschnitt«. Der DAX wird insbesondere als Benchmark zur Beurteilung der Performance von Aktienfonds herangezogen, weil bei Aktienfonds – genau wie beim DAX – oftmals die Erträge der Aktien (Dividenden, Erlöse aus Bezugsrechtsveräußerungen usw.) umgehend reinvestiert werden.

Neben seiner Funktion als Börsenbarometer und Benchmark dient der DAX außerdem als *Underlying* für derivative Finanzinstrumente wie zum Beispiel Futures, Optionen, Optionsscheine usw. und als »Bezugsgröße« sogenannter Indexanleihen, deren Verzinsung an einen Index gekoppelt ist.

Graphische Darstellung im Handelsblatt

2.3.1.7

Auf der ersten Seite der Finanzzeitung findet der Leser täglich die graphische Darstellung des DAX-Verlaufs der zurückliegenden 9 Monate. Sie entspricht einem Linienchart der DAX-Schluß-Stände der jeweiligen Börsentage und ist für den Anleger ein wichtiges Instrument zur Beurteilung der gegenwärtigen Marktlage.

Um den Verlauf des DAX-Chart zu glätten, werden die sogenannten 38- und 200-Tage-Durchschnittslinien eingezeichnet (vgl. Abb. 2/26).

Der 38- und 200-Tage-Durchschnitt sind sogenannte gleitende Durchschnitte. Ein gleitender Durchschnitt entspricht einem arithmetischen Mittelwert. An jedem Tag, an dem der DAX-Stand in die Graphik eingetragen wird, ermittelt das Handelsblatt aus dem Indexwert zum betreffenden Zeitpunkt und den Indexwerten der zurückliegenden 37 bzw. 199 Tage das arithmetische Mittel. Die Mittelwerte werden anschließend in dasselbe Diagramm eingetragen wie der DAX-Chart und die Punkte durch eine Linie verbunden. Durch die Bildung von Mittelwerten prägen einzelne DAX-Stände – insbesondere Ausreißer (starke »Ausschläge« des DAX) – die Charakteristik des Chart nicht mehr so stark, so daß die Linie »geglättet« wird. Je mehr DAX-Stände (38 Werte, 200 Werte usw.) bei der Mittelwertberechnung berücksichtigt werden, desto

- stärker ist die Wirkung der Glättung des ursprünglichen Liniencharts und damit die Elimination kurzfristiger Schwankungen und desto
- langsamer reagiert der gleitende Durchschnitt auf Trendänderungen.

Aus diesem Grunde werden sowohl ein kurzfristiger (38-Tage) als auch ein langfristiger Gleitender Durchschnitt (200-Tage) gebildet.

Gleitende Durchschnitte zählen zu den Instrumenten der Aktienanalyse, genaugenommen zur Technischen Aktienanalyse. Es ist das Ziel einer Aktienanalyse, den gegenwärtigen Kurs einer Aktie oder den Stand eines Indexes »einzuschätzen« – also Über- und Unterbewertungen zu erkennen – und daraus Schlußfolgerungen für die zukünftige Entwicklung der betreffenden Aktie bzw. des Indexes abzuleiten.

Die Verfahren zur Aktienanalyse lassen sich grundsätzlich in Technische Anlayseverfahren – auch Chartanalyse genannt – und Fundamentale Analyseverfahren unterscheiden. Die mit einer Aktienanalyse betrauten Mitarbeiter einer Bank, eines Industrieunternehmens usw. werden dementsprechend als »Techniker« (»Chartisten«) und »Fundamentalanalysten« bezeichnet. Techniker untersuchen ausschließlich historische Aktienkurse und ziehen aus dem bisherigen Kursverlauf Rückschlüsse auf zukünftige Aktienkurse. Durch Beobachtung des Kursverlaufs sollen Trends und

Abb. 2/26:
Deutscher
Aktienindex
(DAX)

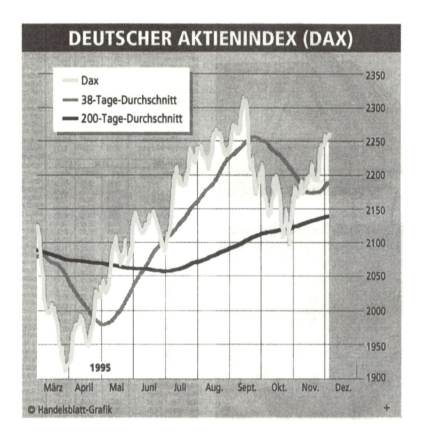

deren Richtung sowie Umkehrpunkte frühzeitig erkannt werden. Durchbricht beispielsweise die DAX-Kurve die 200-Tage-Durchschnittslinie von unten nach oben wird vom Chartisten ein DAX-Anstieg für die Zukunft erwartet. Bei einem Durchstoß von oben nach unten ist es umgekehrt. Der Techniker prognostiziert einen Rückgang des DAX.

Im Gegensatz zu Technikern untersuchen Fundamentalanalysten nicht die Aktien- bzw. Indexkurse selbst, sondern die ökonomischen Faktoren, die das Angebot und die Nachfrage nach der Aktie bzw. nach den Indexwerten bestimmen. Dies sind sowohl gesamtwirtschaftliche Einflußgrößen, wie z. B.

- die Konjunkturentwicklung,
- das Zinsniveau,

- Währungskursentwicklungen,
- usw.,

als auch branchenspezifische Faktoren, wie z.B.

- Auftragseingänge,
- Gewinnentwicklung der Branche,
- usw.,

sowie Faktoren, die ausschließlich das analysierte Unternehmen betreffen (einzelwirtschaftliche Faktoren), wie z.B.

- die Qualität des Managements,
- die Arbeitsproduktivität,
- die Marktstellung,
- usw.

Tabelle »Deutsche Indizes/Dax« 2.3.2

Die Tabelle »*Deutsche Indizes/Dax*« enthält die bekanntesten deutschen Aktien- und Optionsscheinindizes. Ein Blick auf die Tabelle verrät, daß in Deutschland neben dem Deutschen Aktienindex eine Reihe weiterer Indizes veröffentlicht werden. Diese Index-Vielfalt hat in der Vergangenheit dazu geführt, daß Marktbeobachter scherzhaft auch von einer »Indexitis« sprachen.

Abb. 2/27:
Deutsche
Indizes/Dax

In der Tabelle »*Deutsche Indizes/Dax*« erhält der Leser zunächst Informationen über

Indizes und Umsatzstatistiken

Jahres-H/T
38/200-Tge.-Ø
Tages-H/T
Tages-E/S

- die DAX-Basis am 30.12.1987
- den Jahres-Höchst- und Tiefststand des DAX,
- die Tageswerte der 38- bzw. 200-Tage-Durchschnitte des DAX,
- den DAX-Höchst- und -Tiefststand des jeweiligen Börsentages,
- den DAX-Stand zur Börseneröffnung bzw. zum Börsenschluß sowie über
- den DAX auf Basis der Börsenschlußkurse vom letzten und vorletzten Börsentag.

Deutsche Indizes / Dax

	2.6.	1.6.
Dax (30.12.87 = 1000)		
(Jahres-H/T 2145,70/1893,63)*		
38/200-Tge.-Ø 2040,49/2061,40		
Tages-H/T 2136,26/2129,13		
Tages-E/S 2129,13/2136,26	2136,26	2126,38

DAX K

Der »Kassakurs-DAX« (DAX-K) bezieht – wie der Begriff andeutet – die Kassakurse der 30 DAX-Aktien ein. Er wurde unter anderem für Privatanleger und Portefeuille-Manager konzipiert, die den Erfolg ihrer Aktienanlage vornehmlich mit der Entwicklung der Kassakurse vergleichen.

Auf den Kursfeststellungen per Kasse basieren sämtliche Indizes in den folgenden Tabellen, die mit dem Zusatz »K« versehen sind.

Dax K	2131,96	2131,13

IBIS-DAX

Der **IBIS-DAX**, der den Angaben zum »Präsenzhandels-DAX« in der Tabelle folgt, wird auf Basis der um 17 Uhr im Computerhandel festgestellten Schlußkurse ermittelt.

Ibis-Dax Tages-H/T 2139,32/2117,31	2132,72	2119,24

Seit dem 15.6.95 berechnet die Deutsche Börse AG den IBIS-DAX fortlaufend jede Minute in der Zeit von 8 Uhr 30 bis 17 Uhr. Vor dem 15.6.95 wurde die Berechnung des DAX aus IBIS-Preisen während der Präsenzhandelszeit von 10 Uhr 30 bis 13 Uhr 30 unterbrochen.

Weiterhin werden seit dem 15.6.1995 zwei neue Indizes veröffentlicht, die auf den besten IBIS-Geboten basieren (vgl. Abb. 2/28). Für die besten IBIS-Kaufgebote ist dies der »*Dax best bid*« und für die besten IBIS-Verkaufsgebote der »*Dax best ask*«. Der Vergleich dieser beiden Indizes zeigt eine durchschnittliche Spanne zwischen den Kauf – (*bid*-) und Verkaufs-(*ask*-) Preisen der in IBIS gehandelten DAX-Werte. *Dax best bid* und *Dax best ask* werden, ebenfalls minütlich, in der Zeit von 8 Uhr 30 bis 17 Uhr ermittelt.

»Dax best bid«
»Dax best ask«

Tabelle »Deutsche Indizes/Dax«

Seit dem 15.06.95 berechnete Indizes

Deutsche Indizes/Dax	16.6.	14.6.
Dax (30.12.87 = 1000)		
(Jahres-H/T 2154,08/1893,63)*		
38/200-Tge.-Ø 2072,18/2060,67		
Tages-H/T 2128,55/2118,18		
Tages-E/S 2128,55/2119,79	2119,79	2128,02
Dax K	2123,95	2134,82
Ibis-Dax Tages-H/T 2127,59/2111,09	2117,56	2124,84
Dax best ask	2119,59	
Dax best bid	2115,54	
Dax 100 Tages-H/T 1115,30/1111,64	1112,17	1114,60
Dax 100 K	1113,83	1117,11
Dax 100 Kursindex	935,76	938,49
VDax (% p. a.)	14,59	14,24
Tubos-Index (30.12.87 = 1000)		
Jahres-H/T 1804,66/1222,41	1626,74	1636,23
FAZ-Index (31.12.58 = 100)		
Jahres-H/T 795,81/708,87	780,41	783,41
Degab-Index, DM (31.12.58 = 100)		
Jahres-H/T 308,72/275,87	300,97	302,14
Hypex (29.12.89 = 10000)		
Jahres-H/T 10639,00/9521,00	10420,00	10463,00
Vobax (31.10.90 = 1000)		
Jahres-H/T 1091,920/961,580	1085,990	1081,530
Baader Gold-Index 31.12.87 = 1000)		
Jahres-H/T 559,38/435,97	478,28	452,32

E = Eröffnung; S = Schluß; * = alle Tagesdaten

Abb. 2/28: Deutsche Indizes/Dax vom 16.6.95

Der **DAX 100** wird für insgesamt 100 Aktientitel (einschließlich der Aktien der 30 DAX-Gesellschaften) berechnet. Er ist genau wie der Deutsche Aktienindex ein minütlich aktualisierter Performance-Index. Die Gewichtung der Aktiengesellschaften erfolgt anhand der Anzahl der zugelassenen und für lieferbar erklärten Aktien. Die Basis des Indexes ist 500 am 30.12.1987. Der **DAX 100 K** basiert auf Kassakursen.

Seit dem 3. April 1995 veröffentlicht die Deutsche Börse AG zusätzlich den **DAX-100-Kursindex**. Er unterscheidet sich vom DAX 100 dadurch, daß zwar Kapitalveränderungen und Bezugsrechte, nicht aber Dividendenzahlungen in die Berechnung einbezogen werden. Der Index spiegelt somit die »dividenden-unbereinigte« Kursentwicklung der enthaltenen Werte wider.

DAX 100

DAX 100 K

DAX-100-Kursindex

Dax 100 Tages-H/T 1117.99/1113.59	1117,93	1111,71
Dax 100 K	1115,55	1114,17
Dax 100 Kursindex	937,48	936,47

Darüber hinaus findet der Leser in der oben abgebildeten Tabelle seit dem 19.1.1996 den Mid-cap-**DAX**, kurz **MDAX**.

MDAX und MDAX K

Dax 100 Kursindex	1043,51	1035,92
MDax Tages-H/T 2629,97/2625,53	2623,18	2619,53
MDax K	2626,50	2625,41
VDax (% p. a.)	13,13	13,86

Er erfaßt insgesamt 70 variabel gehandelte Aktientitel. Die Emittenten der Papiere weisen eine geringere Kapitalausstattung auf als die DAX-Gesellschaften, weshalb sie auch als Mid-cap-Unternehmen bezeichnet werden. Mid cap steht dabei für »**mid**dle-sized **cap**italization«. Bildhaft dargestellt existiert folgender Zusammenhang:

Gesellschaften im MDAX = Gesellschaften im DAX 100 – Gesellschaften im DAX

Die Deutsche Börse berechnet den MDAX minütlich, verwendet dabei dieselbe Formel wie beim DAX und führt auch entsprechende Bereinigungen durch. Der Index hat eine Basis von 1.000 am 30.12.1987. Seine Ermittlung erfolgt

- zwischen 8 Uhr 30 und 17 Uhr 5 aus IBIS-Preisen,
- zwischen 10 Uhr 30 und 13 Uhr 45 aus den fortlaufenden Notierungen an der Frankfurter Wertpapierbörse und
- zusätzlich einmal täglich aus den Kassakursen der Titel (»**MDAX K**«).

VDax

Der DAX-Volatilitätsindex – oder kurz **VDax** – ist Gegenstand des Abschnitts 7.3.5, so daß auf weitere Ausführungen an dieser Stelle verzichtet wird.

»Tubos-Index«

Der »**Tubos-Index**« ist ein Index, der vom Bankhaus Trinkaus & Burkhardt, Düsseldorf, entwickelt wurde. »Tubos« steht für »**T**rinkaus **u**nd **B**urkhardt **O**ptionsschein **I**ndex«. Der Index bildet den Wert ausgewählter Optionsscheine ab. Da Optionsscheine Gegenstand eines eigenen Kapitels sind, muß auf die entsprechenden Ausführungen (vgl. Kapitel 7.3.4) verwiesen werden.

FAZ-Index

Die Tabelle »*Deutsche Indizes/Dax*« zeigt weiterhin den Aktienindex der »Frankfurter Allgemeinen Zeitung«, der 100 an der Frankfurter Wertpapierbörse amtlich gehandelte sogenannte Publikumswerte (breit gestreute Aktien) berücksichtigt und seit dem 4.9.1961 börsentäglich berechnet wird. Im Gegensatz zum DAX ist der »*FAZ-Index*« kein Performance-Index. Ihm liegt – im Unterschied zum DAX – nicht die Index-Formel von Laspeyres, sondern die Formel von Paasche zugrunde. Die Basis des FAZ-Index ist 100.

»Degab-Index, DM«

Der »**Degab-Index, DM**« stammt von der Deutschen Gesellschaft für Anlageberatung (Degab), einer Tochtergesellschaft der Deutschen Bank AG, Frankfurt am Main. Der Index wurde erstmalig 1982 ermittelt. Erfaßt werden 43 an deutschen Börsen zum amtlichen Handel zugelassene Aktientitel. Die Auswahl erfolgt anhand der Börsenkapitalisierung der jeweiligen Aktiengesellschaften. Neben dem »Degab-Index, DM« wurde von der Deutschen Gesellschaft für Anlageberatung außerdem der sogenannte »Degab-Euro-Index« entwickelt, der auf insgesamt 240 europäischen Aktien basiert. In der Tabelle »*Deutsche Indizes/Dax*« ist dieser Index aber nicht enthalten.

Hypax

Der **Hypax** wird von der Bayerischen Hypotheken- und Wechselbank AG, München, berechnet und seit Februar 1990 veröffentlicht. Auf die dem Index zugrundeliegenden 20 Aktien werden an der Deutschen Terminbörse

Optionen gehandelt (Vgl. Kapitel ???), so daß der Hypax Ausdruck für die Kassamarktentwicklung der *underlyings* der DTB-Optionen ist. Da DTB-Optionen nur auf die börsenumsatzstärksten deutschen Aktienwerte geschrieben werden, sind sämtliche Hypax-Werte auch im Deutschen Aktienindex enthalten.

Hypax (29.12.89 = 10000) Jahres-H/T 10639,00/9521,00	10503,00	10448.00

Der **Volksbank-Aktien-Index** ist ein Aktienindex, der lediglich marktbreite und umsatzstarke Aktien-Werte aus der Region Baden-Württemberg einbezieht, die an der Wertpapierbörse zu Stuttgart gehandelt werden. Seine Konstruktion ist an die des Deutschen Aktienindexes angelehnt.

Vobax

Vobax (31.10.90 = 1000) Jahres-H/T 1089,740/961,580	1089,740	1086.880

Der **Baader Gold Index** reflektiert den Wert von insgesamt 28 internationalen Goldminenaktien, die zum Handel an den deutschen Wertpapierbörsen zugelassen sind.

Baader Gold Index

Baader Gold-Index 31.12.87 = 1000) Jahres-H/T 559.38/435.97	455,89	459.47

Er ist ein geometrischer Index und dadurch gekennzeichnet, daß die ungewichteten Börsenschlußkurse der 28 Goldminengesellschaften börsentäglich miteinander multipliziert werden. Aus dem Produkt wird die 28. Wurzel gezogen. Im Falle von Kapitalveränderungen wird das Ergebnis noch mit einem Bereinigungsfaktor multipliziert. Der Baader Gold-Index ist folglich ein Performance-Index.

$$\text{Baader Gold-Index} = \sqrt[28]{K_1^t \times K_2^t \times \ldots \times K_i^t \times \ldots \times K_{28}^t} \times BF$$

mit

t	= aktueller Börsentag
K_i^t	= Börsenschlußkurs der Aktie i
BF	= Bereinigungsfaktor

Veränderungen geometrischer Indizes werden durch relative Aktienkursänderungen bestimmt. Der absolute Aktienkurs spielt keine Rolle. Der wesentliche Nachteil geometrischer Aktienindizes liegt darin, daß sich ihre Entwicklung im Zeitablauf nicht durch ein Aktienportfolio nachbilden läßt.

Zusammengesetzte Indizes

2.3.3

CDax

2.3.3.1

Direkt neben der Tabelle »*Deutsche Indizes/Dax*« erscheint im Handelsblatt die Tabelle »*CDax*« (vgl. Abb. 2/29).
Das »C« steht für »Composite« und kennzeichnet eine Reihe von Aktienindizes, die jeweils nur Aktien bestimmter Branchen (Automobil, Bau,

122 Indizes und Umsatzstatistiken

Abb. 2/29: CDax

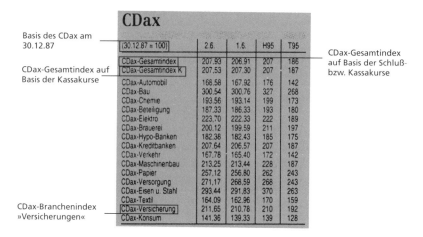

Chemie usw.) berücksichtigen. Der CDax-Bau enthält dementsprechend ausschließlich Aktien von Gesellschaften der Baubranche, der CDax-Automobil nur Automobil-Werte usw. Der »*CDax-Gesamtindex*« bezieht die Aktien aller Branchenindizes, also sowohl Bau-Werte als auch Automobil-, Chemie-, Elektro-Werte usw., ein. Er umfaßt alle an der Frankfurter Wertpapierbörse im amtlichen Handel in D-Mark notierten deutschen Aktien. Das sind derzeit ungefähr 340 Werte.

Die Aufspaltung eines Gesamtindexes in einzelne Branchenindizes eröffnet den Marktteilnehmern die Möglichkeit,

- die Entwicklung einzelner Branchen, wie zum Beispiel die Automobil- und Elektro-Branche, untereinander zu vergleichen,
- die Entwicklung einer Branche der Gesamtmarktentwicklung gegenüberzustellen,
- die Entwicklung von Einzelwerten – wie zum Beispiel der Aktie des Chemieunternehmens »Bayer AG« – mit der Branchenentwicklung – also dem »*CDax-Chemie*« – zu vergleichen und
- die »Konjunkturanfälligkeit« bestimmter Branchen zu ermitteln, indem die Entwicklung einzelner Branchenindizes über einen längeren Zeitraum beobachtet wird.

Der »*CDax-Gesamtindex*« und bestimmte Branchenindizes werden minütlich während der Börsensitzung berechnet. Branchenindizes, die auf Aktienwerten basieren, deren Kurs nur einmal pro Börsentag festgestellt wird, werden dementsprechend nur einmal, und zwar am Ende der Börsensitzung, ermittelt.

Der »*CDax-Gesamtindex K*« bildet die **Kassa**kurse aller dem »*CDax-Gesamtindex*« zugrundeliegenden Aktien, also auch die der variabel notierten Werte, ab.

Der »*CDax-Gesamtindex*«, der »*CDax-Gesamtindex K*« und die einzelnen Branchenindizes werden der Einfachheit halber unter dem Begriff

»*CDax*« zusammengefaßt. Der CDax ist, genau wie der DAX, ein Performance-Index. Die Basis für den CDax ist 100 am 31.12.1987.

WestLB-Aktienindex 2.3.3.2

Die Unterteilung des Gesamtmarktes in einzelne Branchen hat den Vorteil, daß die Marktteilnehmer einen direkten Einblick in branchenspezifische Kursverläufe erhalten. Von der Westdeutschen Landesbank (WestLB) und der Commerzbank AG wurden schon lange vor der Einführung des CDax Indizes geschaffen, die neben dem Gesamtmarkt außerdem die Entwicklung einzelner Wirtschaftszweige widerspiegeln.

		WestLB-Aktienindex		
(Gesamt-Index 31.12.1968 = 100) Branche	2.6	1.6	Hoch 1995	Tief 1995
Gesamtindex	393,66	393,34	394,02	353,90
Banken	379,78	379,80	379,80	342,61
Versicherungen	2330,93	2322,83	2330,93	2086,91
Auto+Zubehör	638,50	636,44	669,32	544,30
Bau	1321,36	1346,42	1508,97	1164,62
Bauzulieferung	438,96	434,28	462,37	391,19
Brauereien	207,22	206,24	241,40	198,66
Chemie	242,30	243,54	252,32	219,06
Stahl/NE-Metalle	362,44	363,06	406,37	340,41
Elektro	269,02	269,82	270,04	252,91
Kaufhäuser	156,35	154,45	156,35	140,97
Maschinen	321,61	321,86	346,27	277,98
Versorgung	478,34	475,01	478,34	421,03
Sonstige	433,37	430,71	444,70	400,65

Basis des WestLB-Aktienindexes und Tag der Normierung

WestLB-Gesamtindex auf Basis der Kassakurse

WestLB-Branchenindex »Versorgung«

Abb. 2/30: WestLB-Aktienindex

Der »*WestLB-Aktienindex*« umfaßt 97 Aktienwerte und deckt ca. 66 % – der DAX im Vergleich ca. 60 % – des zum Börsenhandel zugelassenen Kapitals ab. Die WestLB ermittelt insgesamt dreizehn Branchenindizes und zusätzlich einen Gesamtindex. Die Berechnung basiert auf den Kassakursen der Börsen Düsseldorf, Frankfurt und München (Basis = 100 am 31.12.1968).

Obwohl sich der WestLB-Gesamtindex von seiner Struktur und Berechnungsmethode sowie der Anzahl der einbezogenen Aktienwerte grundlegend vom Deutschen Aktienindex unterscheidet, weisen beide Indizes ähnliche Verläufe auf. Dies wird durch folgenden Chart verdeutlicht.

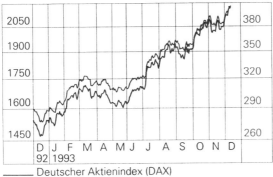

Abb. 2/31: Vergleich WestLB-Index - DAX

124 Indizes und Umsatzstatistiken

2.3.3.3 **Commerzbank-Index**

Der Commerzbank-Index ist der älteste börsentäglich errechnete deutsche Aktienindex. Er wird seit 1954 veröffentlicht und faßt die in Frankfurt ermittelten Kassakurse von 60 marktbreiten Standardwerten aller wichtigen Branchen zu einem Gesamtindex zusammen. Dieser Index repräsentiert rund 90 % aller Umsätze mit deutschen Aktien. Die Bezugsbasis (100) des Gesamtindexes ist das Kursniveau am Ende des Jahres 1953.

Abb. 2/32:
Commerzbank-Index

Basis des Commerzbank-Gesamt-Index

Gleitender 200-Tage-Durchschnitt

Commerzbank-Gesamtindex auf Basis der Kassakurse

Commerzbank-Branchenindex »Konsumbereich«

Commerzbank-Index

(Ges.-Ind. 1953=100) (Branchenindizes 30.12.94=100)	2.6.	1.6.	Hoch 1995	Tief 1995
200-Tage-Linie	2201,5	2204,8	2282,2	2201,5
Gesamtindex	2246,8	2244,5	2269,0	2018,7
Großchemie	96,3	96,7	104,0	89,1
Sonst. Chemie	101,4	102,1	105,5	94,3
Elektro/Elektronik	114,3	114,3	114,3	97,6
Energie	108,5	107,7	108,5	96,7
Stahl/NE-Metalle	94,2	94,2	104,2	86,6
Maschinenbau	94,1	94,1	100,7	81,2
Fahrzeugbau	94,3	94,1	100,0	81,1
Bau/Zement	89,1	89,8	98,5	79,7
Einzelhandel	104,8	103,4	104,8	91,8
Banken	97,5	97,6	100,8	91,1
Versicherungen	101,8	101,4	101,8	90,7
Konsumbereich	100,7	100,1	106,2	90,6

Tag der Normierung der Branchenindizes (Normierung erfolgt jährlich am Jahresende)

In der Tabelle »*Commerzbank-Index*« wird

- der Index-Stand des letzten und vorletzten Börsentages,
- der Index-Höchst- und Tiefststand des laufenden Jahres (*Hoch 1995, Tief 1995*) und
- der 200-Tage-Durchschnitt (*200-Tage-Linie*)

abgedruckt.

Die Gewichtung der einzelnen Branchen im Gesamtindex ist der Tabelle 2/7 zu entnehmen (Stand: 30.6.1995).

Tab. 2/7:
Gewichtung der Branchen im Commerzbank-Index

Branche	Gewichtung in %
Groß-Chemie	10,82
Sonstige Chemie	4,37
Elektro/Elektronik	11,10
Energie	12,15
Stahl/NE-Metalle	3,88
Maschinenbau	6,09
Fahrzeugbau	11,29
Bau/Zement	3,00
Einzelhandel	3,03
Banken	15,18
Versicherungen	16,49
Konsumbereich	2,61

Im Gegensatz zum Commerzbank-Gesamtindex werden die Commerz-
bank-Branchenindizes nicht auf die Kurs-Basis von 1953 bezogen, sondern
am Ende eines jeden Jahres gleich 100 gesetzt. Dies wird in der Tabelle
durch den Hinweis »*Branchenindizes 30.12.1994 = 100*« kenntlich gemacht. Aus einem Branchenindex-Wert kann somit die Veränderung des jeweiligen Indexes seit Jahresbeginn abgeleitet werden.

Weltaktien- und Rentenindizes

Unter der Überschrift »*Börsen-Indizes*« wird die Tabelle »*MSCI-Indizes
der Welt-Aktienmärkte*« veröffentlicht. Das US-amerikanische Bankhaus
Morgan Stanley, New York, ermittelt Weltaktienindizes für seine weltweit
operierenden Kunden, um ihnen Informationen über die Börsenentwick-
lung wichtiger Wirtschaftsregionen zu verschaffen. Eine ausführliche Er-
läuterung erfolgt in Abschnitt 3.4.2.

2.3.4

MSCI-Indizes
der Welt-Aktien-
märkte

Börsen-Indizes
MSCI-Indizes der Welt-Aktienmärkte

MSCI-Indizes
der Welt-Aktien-
märkte

Märkte	Tages-Index auf DM-Basis	Veränderungen in Prozent								
		DM-Basis			Lok. Währungs-Basis			$-Basis		
		gegenüb. Vortag	gegenüb. M.-Beginn	gegenüb. Beginn 95	gegenüb. Vortag	gegenüb. M.-Beginn	gegenüb. Beginn 95	gegenüb. Vortag	gegenüb. M.-Beginn	gegenüb. Beginn 95
Regionen/Länder 2.6.95										
Welt	259,8	- 0,6	0,3	- 0,8	0,3	0,7	3,0	0,9	1,0	9,5
	147,7	- 0,5				0,7	3,0	0,9		

Neben den Indizes für den Aktienmarkt werden von den deutschen Wertpapierbörsen, Banken und Wirtschaftszeitungen auch Indizes für den Anleihemarkt (Rentenindizes) berechnet (vgl. Abb. 2/33). Erklärungen zu
Rentenindizes folgen im Kapitel 6.

Rentenindizes

Tagesstatistik Frankfurt

In der Tabelle »*Tagesstatistik Frankfurt*« (vgl. Abb. 2/33) erscheinen weitere Indizes der Deutschen Börse AG und zwar sowohl für Aktien als auch
für Renten.

2.3.5

Statistische Angaben zum Aktienhandel

Tagesstatistik Frankfurt

Abb. 2/33: Tages-
statistik Frankfurt

	2.6.95	1.6.95		2.6.95	1.6.95
Aktienmarkt			Dt. Rentenindex (Rex) gesamt	105,5962	105,4734
Kursindex	176,30	175,46	1jährig	102,7136	102,6971
Kursindex K	175,96	175,79			
Umsatzindex (CDax)	36535,86	47883,60	5jährig	106,1950	106,0643
Kurse verbessert	131	154	10jährig	104,0322	103,7753
rückläufig	81	71			
unverändert	125	112	Rex-Performanceindex	165,8684	165,6467
Rentenmarkt			Index BHF-Bank	105,471	105,386
Durchschnittliche Umlaufrendite					
öffentlicher Anleihen insgesamt	6,29%	6,32%	Performanceindex der BHF-Bank	108,001	107,896
3-5 Jahre	5,58%	5,60%	Index DG-Bank	112,386	112,251
5-8 Jahre	6,39%	6,41%			
8-15 Jahre	6,69%	6,72%	Index Commerzbank	112,404	112,272
15-30 Jahre	7,27%	7,26%			

Statistische Angaben zum Rentenhandel

Der »*Kursindex*«, von der Frankfurter Wertpapierbörse FWB-Index genannt, spiegelt die Schluß- bzw. Kassakurse aller an der Frankfurter Wert-

Kursindex

papierbörse amtlich notierten Aktien des betreffenden Börsentages wider und bezieht sich auf dieselbe Grundgesamtheit wie der CDax.

Tagesstatistik Frankfurt

Genau wie beim CDax existieren für den FWB-Index

- ein Gesamtindex, der »FWB-Gesamtindex«, und
- Branchenindizes, die »FWB-Branchenindizes«.

Die Branchenaufteilung entspricht exakt der Aufteilung beim CDax. Es existiert ein FWB-Automobil-Index, ein FWB-Bau-Index, ein FWB-Chemie-Index usw. Im Unterschied zum CDax sind die FWB-Kursindizes aber nicht dividendenbereinigt. Sie stellen folglich »reine« Kursindizes dar.

Kursindex K

Der »*Kursindex K*« basiert auf Kassakursen.

Umsatzindex (CDax)

Die Deutsche Börse AG ermittelt börsentäglich den »*Umsatzindex (CDax)*«.

Tagesstatistik Frankfurt

Der »*Umsatzindex (CDax)*« (UI) bezieht den in D-Mark ausgedrückten gesamten Tagesumsatz aller amtlich gehandelten Aktientitel (U) am Berechnungs- (t) und am Basistag (0) ein. Bereinigungen sind nicht erforderlich. Er basiert auf folgender Formel:

$$UI_{0t} = \frac{U_t}{U_0} \times 100$$

Der »*Umsatzindex (CDax)*« wurde entworfen, um die Entwicklung des Umsatzes im amtlichen Handel aufzuzeigen. Ein Wert von 36.535,86 für den »*Umsatzindex (CDax)*« am 2.6.1995 drückt beispielsweise aus, daß der D-Mark-Umsatz im amtlichen Handel an diesem Tag 365,3586-mal höher war als am Basistag.

Kurse verbessert, rückläufig, unverändert

Die Angaben »*Kurse verbessert, rückläufig, unverändert*« zeigen, wieviele der an der Frankfurter Wertpapierbörse amtlich gehandelten Aktien an diesem Tag im Vergleich zum Börsenvortag

- Kursanstiege (»*Kurse verbessert*«),
- Kursrückgänge (»*Kurse rückläufig*«) sowie
- unveränderte Kurse (»*Kurse unverändert*«)

verzeichneten. Die Kursveränderung für jede amtlich gehandelte Aktie wird durch einen Vergleich ihres Schlußkurses vom Börsentag mit dem vom Börsenvortag bestimmt.

Tagesstatistik Frankfurt

Die Informationen »*Kurse verbessert, rückläufig, unverändert*« sollen Aufschluß über die »Tagesstimmung« an der Frankfurter Wertpapierbörse geben.

Im Vergleich zum 1.6.1995 sind beispielsweise am 2.6.1995 die Schlußkurse von insgesamt 131 amtlich gehandelten Aktien gestiegen, wohingegen 81 Aktien Kursverluste und 125 Aktien keine Kursveränderungen erfuhren.

Übertrifft die Zahl der »verbesserten Kurse« die der »rückläufigen Kurse« für einen längeren Zeitraum, so wird dies von den Marktteilnehmern oftmals als »Signal« für einen Aufwärtstrend (»Hausse«) gedeutet. Der umgekehrte Fall kann als Hinweis auf einen Abwärtsrend (»Baisse«) gewertet werden. Wenn die Zahl der »verbesserten Kurse« über einen längeren Zeitraum in etwa der Zahl der »rückläufigen Kurse« entspricht, dann sprechen Analysten häufig von einer »unentschlossenen Börse«.

Die Deutsche Börse AG bereitet die »*Kurse verbessert, rückläufig, unverändert*« eines jeden Börsentages zur sogenannten »Fortschritts-Rückschritts-Linie«, auch **Advance-Decline-(AD-)Linie** genannt, auf. Eine AD-Linie entsteht, wenn der Saldo aus der Zahl der »verbesserten« und »rückläufigen« Aktien für einen Börsentag, das ist für den 2.6.1995 zum Beispiel ein Wert von 50 (131-81), zu den Salden der Vortage addiert wird, der Gesamtsaldo für jeden Börsentag in ein Diagramm eingetragen und die einzelnen Punkte miteinander verbunden werden. Der Ausgangspunkt für eine AD-Linie kann frei gewählt werden.

AD-Linie

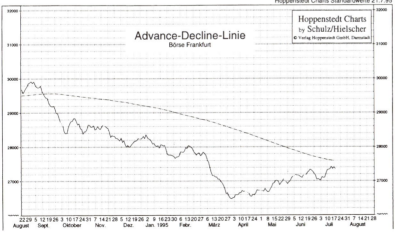

Abb. 2/34: AD-Linie

AD-Linien zählen zu den Instrumenten der Technischen Analyse. Sie werden häufig zusammen mit Aktienindizes zur Beurteilung der Gesamtmarktentwicklung herangezogen. Im Unterschied zu AD-Linien können Indizes auch dann steigen, wenn die Mehrzahl der im Index vertretenen Aktien sinkt. Dies ist etwa darauf zurückzuführen, daß einige im Index stark gewichtete Aktien steigen, während die Mehrzahl der Index-Titel sinkt. AD-Linien würden in einem solchen Fall sinken.

Eine AD-Linie vermittelt einen »mengenmäßigen Eindruck« über den Aktienmarkt, während ein Aktienindex im Vergleich dazu Aufschluß über die Wertentwicklung der zugrundeliegenden Aktien gibt.

2.3.6 Börsenumsätze

Das Handelsblatt veröffentlicht Statistiken der Börsenumsätze in deutschen und ausländischen Aktien, Renten sowie Optionsscheinen.

Die Tabelle »*Aktienumsätze der deutschen Börsen*« enthält sowohl die Stück- als auch die Kursumsätze des letzten und vorletzten Börsentages ausgewählter deutscher Aktien (vgl. Abb. 2/35). Da im Laufe eines Börsentages unterschiedliche Kurse für eine Aktie zustande kommen, wird die

Abb. 2/35: Aktienumsätze der deutschen Börsen

Aktienumsätze der deutschen Börsen

Titel	Stck 2.6.	Kurs TDM	Stck 1.6.	Kurs TDM	Titel	Stck 2.6.	Kurs TDM	Stck 1.6.	Kurs TDM	Titel	Stck 2.6.	Kurs TDM	Stck 1.6.	Kurs TDM
AEG	25634	3522	28844	3909	Herlitz VA	9252	2451	17148	4538	Spar VA	80	26	630	207
Agiv	14768	8981	12530	5783	Hochtief	48502	39885	42556	34811	Springer NA	5340	3649	8092	5494
Allianz Hold.	93348	244218	184904	483457	Hoechst	353542	109821	682950	211728	Strabag	9518	4102	30278	13273
Altana	40134	3/534	59948	45542	Holzmann	25298	18135	6480	4819	Thyssen	484120	131807	665654	180931
AMB Inh.	1436	1435	3356	3313	Hornbach VA	*902	1561	1194	2068	Varta	25022	6466	8162	2101
AMB NA	17246	16206	14402	12838	I.G. Farben Liq.	70100	209	35434	109	Veba	871232	480616	741476	403989
Asko StA	137276	11599	40302	30689	IKB	19570	5116	15904	4062	Viag	329430	182446	372600	203936
AVA	35308	15730	9414	5328	IVG	18796	9835	7022	3676	Victoria Hold NA	9300	10503	20596	23206
BASF	478662	146735	909562	280414	IWKA	41844	12320	33174	9776	Vill.&Boch VA	540	156	3532	1031
Bayer	814108	262352	1454816	505616	Jungheinrich VA	1080	334	1224	3490	Volksfürsorge	9174	4813	33316	17348
Bayernhyp	161144	61548	325730	124218	Karstadt	83072	48480	106640	61869	Vossloh	1260	680	736	397
BMW StA	179602	130991	341192	264288	Kaufhof StA	114466	54179	253560	119206	VW StA	896262	358618	1066600	429076
Bay. Vertcb.	317358	133774	199960	83692	Kaufhof VA	13482	4771	25192	8857	VW VA	85116	20132	56778	17394
Berensdorf	12324	12836	21298	22385	Klöckner Humb.	163440	6661	103342	4317	Walter Bau StA	5242	2323	188	79
Bankg. Berlin	212194	78185	153978	56263	Klöckn.-Werke	30752	3183	25914	2691	Wella VA	16846	18924	17010	19083
Berl.El.H.StA	3894	1553	2516	995	Krupp Hoesch-Kr.	38104	8643	142220	30062	Weru	1242	1023	5030	4225
Berl.El.H.VA	3354	1343	5076	2045	Linde	83586	69656	140414	118147	ABN Amro H.	10990	561	16856	896
BHF-Bank	15708	5924	38940	14650	Linotype-Hell	7208	2259	17484	5437	Alcatel	43620	5681	55804	7242
Bilf. & Berger	74388	52255	44608	31865	Lufth. StA	385554	76089	497910	96688	BP	17006	168	64818	650
Bremer Vulkan	285888	23679	231082	18465	Lufth. VA	79102	15709	43790	8544	Chase Manh.	1440	94	1400	93
Commerzbank	378174	127344	671374	226367	März. Gebr.	2242	158	3318	262	Citicorp	1882	142	2120	160
Computer 2000	35230	17709	18598	9305	MAN StA	154778	59996	212652	82489	Dig. Equip.	34618	2230	32760	2009
Continental	68320	16814	108470	23797	MAN VA	79156	23620	40918	12107	Euro Disney	345534	1610	680156	3203
Daimler	915328	636238	1289546	895935	Mannesmann	457942	194731	814748	345572	Fiat SpA*	1021992	5608	385216	2174
Degussa	56246	25230	163386	73406	Massa StA	1332	226	300	51	Gen. Motors	30932	2272	53230	3634
Dt. Babc StA	148228	23821	170390	27756	Metallges.	1543610	36941	2100148	49709	Hewlett-Pack.	3758	358	5600	528
Dt. Bank	10642794	744143	12490988	876662	Moksel	27438	1701	45240	1832	HSBC Hold.	24448	457	58278	1103
DePfa-Bank	24900	17483	56414	39630	Mün.Rück.Inh.	1817b	51907	32194	91441	HSBC spon.ADR	560	105	1204	225
Douglas	94486	48102	49014	24492	Nürnb. Hyp.	240	107	280	125	IBM	103534	13799	109906	14653
Dresdner Bk.	2967746	118414	5137004	204862	Phoenix	2788	631	9496	2138	Nestlé	2546	3694	2242	3229
DSL Hold.	2836	484	8066	1375	Porsche VA	8422	5194	13324	8208	Pft. Morris	126124	12886	300428	31161
Escada VA	24394	6521	3370	882	Preussag	166918	71472	275654	117929	Philips El	108302	6086	184970	10459
FAG StA	11294	2145	78958	15076	PWA	72040	18355	27214	6855	Royal Dutch	21932	3920	36686	6599
Fresenius VA	3880	3383	8804	7655	Rheinelektra	3240	3790	672	1019	Saint-Gobain	1594	280	9094	1609
Gea StA	8002	4279	52	27	RWE StA	394792	192947	456984	221413	Sony	5840	408	6560	455
Gea VA	2124	996	4026	1879	RWE VA *	473916	183870	217732	83234	Unilever	10852	1935	14770	2686
Gehe	133714	86162	57054	36321	Sap StA	25082	44672	27214	48442					
Gerresh. Glas	26932	6209	4462	1013	Sap VA	60210	100269	53816	68833					
Grohe,F. VA	5010	2380	7400	3534	Schering	1102660	107853	1815898	179818					
Henkel VA	47982	26515	137700	76814	Schmalb.Lubeca	17016	4888	10140	2867					
Herlitz StA	8104	2317	32492	9261	Siemens	723468	494619	1181632	808130					

Zahl an Aktien, die zu einem bestimmten Zeitpunkt (z.B. 12 Uhr 15) gehandelt wird mit dem Kurs zu diesem Zeitpunkt multipliziert. Werden alle an einem Börsentag ermittelten Werte addiert, so erhält man den Kursumsatz für diese Aktie an dem entsprechenden Börsentag.

Die Stückumsätze einzelner Aktien eines bestimmten Börsentages lassen sich direkt miteinander vergleichen. Am 2.6.1995 wurden beispielsweise fast viermal so viele Aktien der Gesellschaft »Allianz Holding« umgesetzt wie »AEG-Aktien«. Am Handelsvolumen einer einzelnen Aktie an einem einzigen Börsentag kann der Leser aber nicht erkennen, wie der Stückumsatz eben dieser Aktie im Vergleich zu Umsätzen desselben Titels an anderen Börsentagen einzustufen ist. Hierfür bedarf es der Analyse der Umsätze über einen längeren Zeitraum. Der Tabelle in Abbildung 2/35 ist zum Beispiel zu entnehmen, daß am 2.6.1995 nur halb so viele »Allianz Hold.-Aktien« die Besitzer wechselten wie am 1.6.1995.

Der Stückumsatz einer Aktie ist nur dann aussagekräftig, wenn zusätzlich die Zahl der umlaufenden Aktien berücksichtigt wird. Ein Handelsvolumen von beispielsweise einer Million Aktien einer bestimmten Unternehmung, die insgesamt zwei Millionen Aktien ausgegeben hat ist anders zu beurteilen, als derselbe Umsatz einer Aktie, von der insgesamt 20 Millionen Stück umlaufen.

Die Tabelle »*Regionale Umsätze*« enthält die Stückzahl bestimmter Aktien, die an den vier größten Regionalbörsen (Düsseldorf, Frankfurt, Hamburg und München) am letzten und vorletzten Börsentag umgesetzt wurden.

Regionale Umsätze

Regionale Umsätze (in Stück)

Düsseldorf	2.6.95	1.6.95	München	2.6.95	1.6.95
Flender	406	372	Anterra Verm.	1116	398
Gildemeister	3734	1994	Dywidag	458	6
Glunz VA	250	1188	Escada VA	992	794
Horten	1008	40	Flachglas	30	0
Jagenberg VA	4304	1342	Leon-Draht	1061	290
Kaufhalle	1484	1912	Mü.Rück.NA	15	0
Kaufring	684	680	Puma	240	190
Quante VA	174	360	Rosentha	150	174
Thyssen Ind.	0	308	Schneider	476	714
Trnk. & Burkh.	16	2	Six.StA	780	2550
VEW	3354	1140	**Hamburg**	**2.6.95**	**1.6.95**
Zanders VA	100	571	Beiersdorf	606	180
Frankfurt	**2.6.95**	**1.6.95**	Drägerw.VA	3100	408
A. u. M. Leben	23688	718	Edding VA	1774	868
Asko VA	12463	2998	HEW	4964	19108
BMW VA	1731	1002	Holsten-Brau.	172	20
Buderus	10820	6954	Jungheim.VA	152	244
C.H.A.Hold.	1021	643	Oppermann	540	240
DLW	13082	11140	JeanPascale	0	140
DyckerhoffVA	12006	1902	Phoenix	420	948
Felten&Guill.	6700	9350	Reichelt	0	250
Goldschmidt	0	130	Spar VA	80	0
Heidelb.Zem.	18376	23150	TemmingVA	290	167
Kaufhalle	9102	3884	Triton-Belco	470	0
Kaufring	640	400	Ver.u.Westbk.	1460	225
Krones VA	6854	14875	Volksfürsorge	975	2800
KSB VA	12360	11824	Wünsche	1809	10815

Abb. 2/36: Regionale Umsätze

Die in der Tabelle abgedruckten Aktientitel werden von den betreffenden Regionalbörsen ausgewählt und an das Handelsblatt weitergeleitet. Häufig werden die Aktienkurse derjenigen Gesellschaften weitergegeben, die in der Region der jeweiligen Börse angesiedelt sind. Als Beispiel sei die Aktie der Beiersdorf AG, Hamburg, genannt, die an der Hamburger Wertpapierbörse gehandelt wird.

Das Handelsblatt veröffentlicht in der Tabelle »*Umsatz-Statistik*« die Umsätze der an deutschen Börsen gehandelten deutschen und ausländischen

Umsatz-Statistik

- Aktien,
- Renten sowie
- Optionsscheine.

Die Statistiken werden täglich von der Deutschen Wertpapierdaten-Zentrale GmbH (DWZ) übermittelt.

Abb. 2/37:
Umsatz-Statistik

Umsatz-Statistik

Titel	Anzahl der Geschäfte in 1000		Kurswert in Mill. DM	
	2.6.95	1.6.95	2.6.95	1.6.95
Gesamtums. Akt. u. Renten	126	135	38597	45166
Gesamtums. Akt. u. Opt.Sch.	101	110	7729	9958
Dt. Akt. u. Opt.Sch.	89	99	7580	9757
Dt. Akt.	74	79	7189	9388
Dt. Opt.Sch.	15	19	391	369
Ausl. Akt. u. Opt.Sch.	11	11	148	200
Ausl. Akt.	10	10	143	194
Ausl. Opt.Sch.	0	0	5	5

Titel	Nennwert in Mill. DM		Kurswert in Mill. DM	
	2.6.95	1.6.95	2.6.95	1.6.95
Gesamtumsatz Renten	30258.25	34294.37	30867.87	35208.16
Dt. Renten	28827.83	33061.16	29518.82	33953.44
Anl. Bund,Bahn,Post	27630.99	31594.42	28336.53	32492.22
Sonst. Öffentl. Anl.	120.98	87.73	121.11	88.94
Pf/KO/Bankschuldversch.	1072.08	1373.09	1057.28	1366.10
Opt.- u. Wandelanl. Währungsanl.	0.10	0.10	0.22	0.26
Industrieanl.	3.66	5.80	3.67	5.90
Ausl. Renten	1430.42	1233.21	1349.05	1254.72
DM-Auslandsanl.	1423.12	1230.96	1345.89	1149.36
Währungsanl.	6.14	1.90	1.67	104.95
Opt.- u. Wandelanl.	1.16	0.35	1.48	0.40

Für Aktien und Optionsscheine werden die Anzahl der abgeschlossenen Geschäfte und Kurswerte, für Renten hingegen Nenn- und Kurswerte angegeben.

Der in der Tabelle ausgewiesene »Gesamtums. Akt. u. Renten« (Kurswert am 2.6.1995) läßt sich zum Beispiel so rekonstruieren:

Dt. Akt.	7.189
Dt. Opt. Sch.	391
Ausl. Akt.	143
Ausl. Opt. Sch.	5
Gesamtums.Akt u. Opt.Sch.	7.729
Anl. Bund, Bahn, Post	28.336,53
Sonst. Öffentl. Anl.	121,11
Pf/KO/Bankschuldversch.	1057,28
Opt.- u. Wandelanl.	0,22
Industrieanl.	3,67
DM-Auslandsanl.	1345,89
Währungsanl.	1,67
Opt.- u. Wandelanl.	1,48
Gesamtumsatz Renten	30.867,87
Gesamtums. Akt. u. Renten	38.597,00

Es wird darauf hingewiesen, daß die Summenwerte oftmals gerundet werden, so daß eine Addition der in der Tabelle ausgewiesenen Einzelwerte nicht exakt zu den Gesamtwerten führt.

Aus den Umsatzzahlen können die Marktteilnehmer dann wichtige Informationen über das Marktgeschehen gewinnen, wenn ihnen zusätzlich zu den abgedruckten Werten Umsätze aus der Vergangenheit vorliegen. Ohne diesen Vergleich besitzen die Angaben für die zwei letzten Börsentage nur eine begrenzte Aussagekraft.

Kennziffern für Aktien

2.4

Einführung

2.4.1

Der Preis für eine Aktie steht bekanntlich nicht fest. Er wird vielmehr zwischen Käufer und Verkäufer ausgehandelt und reflektiert vor allem die Einschätzung der Marktteilnehmer über die künftige Ertragskraft des Papiers, also die Höhe der Dividendenzahlungen und Kursveränderungen. Eine Aktie ist dann umso teurer, je höhere Dividendenzahlungen und Kursanstiege die Akteure erwarten. Da sich die Zukunft verständlicherweise nicht vorhersagen läßt, können die Marktteilnehmer ihre Einschätzungen nurmehr auf diejenigen Informationen stützen, über die sie im Moment der Kauf- und Verkaufsentscheidung verfügen. Hierzu zählen Daten aus der Vergangenheit, etwa Kursverläufe, und Fakten der Gegenwart. Von besonderer Bedeutung sind naturgemäß aktuelle Informationen. Man unterscheidet dabei grundsätzlich Neuigkeiten, die

- ausschließlich Aktien einer ganz bestimmten Gesellschaft betreffen, die »unsystematischen Faktoren«, und solche Informationen, die
- eigentlich alle Aktien gleichermaßen berühren, also die »systematischen Faktoren«.

Zur Gruppe der **unsystematischen Faktoren** zählen zum Beispiel die Struktur des betrachteten Unternehmens, die sich etwa in der Anzahl und der Ähnlichkeit der Geschäftsfelder äußert, die Qualifikation des Managements, Forschungsaktivitäten, kurz und gut die Wettbewerbsfähigkeit der Gesellschaft. Sie läßt schließlich erkennen, ob das Unternehmen für die Zukunft gerüstet ist, Dividenden für die Aktionäre erwirtschaften kann und möglicherweise eine künftige Kurssteigerung der Aktie zuläßt.

unsystematische
Faktoren

Deutsche Aktien zogen gestern kräftig an. Das Börsenumfeld wurde von Händlern als „brauchbar bis gut" bezeichnet, nachdem die Anleiherenditen weiter fielen und der Dollar wenig verändert notierte.

HANDELSBLATT, Dienstag, 30.5.95 rob FRANKFURT/M. Die Umsätze belebten sich Beobachtern zufolge nur wenig, obwohl Ausländer wieder aktiv waren. Es gelte weiterhin: Größere Kundenaufträge gebe es insbesondere für ausgewählte Standardtitel, hieß es. Der Deutsche Aktienindex (Dax) legte an der Präsenzbörse um 20,24 Punkte oder 0,98 % auf 2 087,65 zu. Impulse habe neben der Entwicklung bei Anleihen vor allem der Terminmarkt gegeben, wo eine

Allerdings seien Daimler und Porsche deutlich stärker gefragt gewesen als BMW und VW, betonten Händler. Das Interesse der Anleger für Daimler rühre von Meldungen über die guten Aussichten für die neue Mercedes E-Klasse her. Der Wert legte um 12,70 DM auf 684,20 zu. Bei VW bremsten Akteuren zufolge ungünstige Nachrichten über die spanische Konzerntochter SEAT (+3 DM auf 398,50).

Nachdem sich bei Allianz am Mon-

Ausschnitt aus
dem Markt-
bericht »Aktien«

132 **Kennziffern für Aktien**

systematische
Faktoren

Neben unsystematischen Größen existieren noch Einflußfaktoren, die nicht auf die betrachtete Unternehmung selbst zurückzuführen sind, sondern eher vom gesamtwirtschaftlichen Umfeld ausgehen. Zu solchen übergeordneten Einflußgrößen (»**systematische Faktoren**«) zählen etwa das Zins- oder das Lohnniveau, Devisenkurse, die Gesetzgebung usw.

FINANZMÄRKTE / Edelmetallpreise klettern

Aktienbörsen mit Schwächezeichen

Ohne klare Orientierung zeigten sich die Finanzmärkte beim Start in die neue Woche. Der labile Dollar sorgte an den Aktienbörsen für kräftige Kursrückgänge. Der US-Aktienmarkt in der New Yorker Wall Street startete in schwacher Verfassung in die neue Woche.

Vor der Abgabe einer Order werten die Marktteilnehmer gemeinhin alle verfügbaren Informationen aus, sowohl unternehmensspezifische als auch gesamtwirtschaftliche, um daraus Schlüsse auf die zukünftige Ertragskraft einer Aktie zu ziehen. Der aktuelle Informationsstand der Akteure, vor allem aber die daraus resultierenden Erwartungen, kommen dann gewissermaßen im Aktienkurs zum Ausdruck, auf den sich Käufer und Verkäufer einigen.

Es leuchtet ein, daß Aktienkurse nicht auf einem bestimmten Niveau verharren. Sie ändern sich vielmehr ununterbrochen. Schließlich wandeln sich auch die Einflußfaktoren, was wiederum umgehend, etwa durch Nachrichtenagenturen, verbreitet wird und damit den Informationsstand der Marktakteure beeinflußt. Letztlich lösen also Neuigkeiten Aktienkursänderungen aus.

Für Aktien wurden im Laufe der Zeit etliche Kennziffern zur Ertrags- und Risikoanalyse entwickelt, zu deren bedeutendsten die in Abbildung 2/39 aufgeführten zählen.

Ertragskennziffern sollen Aufschluß über den Wert einer Aktie geben, also anzeigen, ob das Papier zu teuer, zu billig oder richtig bewertet ist. Risiko-

Abb. 2/39:
Ertrags- und
Risikokennziffern

maße dienen dagegen zur Beurteilung der Verlustgefahren und Gewinnchancen, die mit der jeweiligen Aktie verbunden sind. Die vorgenannten Indikatoren sind Gegenstand der folgenden Abschnitte.

Ertragskennziffern 2.4.2

KGV 2.4.2.1

Das **Kurs-Gewinn-Verhältnis**, kurz **KGV**, für das man in den USA die Begriffe **P**rice/**E**arnings **R**atio (PER), **P/E** oder multiple verwendet, wird nach folgender Formel berechnet.

P/E

$$KGV = \frac{\text{aktueller Kurs}}{\text{Unternehmensgewinn je Aktie}}$$

Es bringt zum Ausdruck, wie oft der Gewinn, den eine Unternehmung je Aktie erwirtschaftete, im aktuellen Kurs des Titels enthalten ist oder – mit anderen Worten – wieviele Geldeinheiten (z. B. D-Mark) der Käufer einer Aktie gegenwärtig für eine Geldeinheit, also etwa eine D-Mark, Gewinn bezahlen muß. Dabei wird einfach unterstellt, daß der bei der KGV-Berechnung verwendete Gewinn künftig immer wieder in gleicher Höhe anfällt.

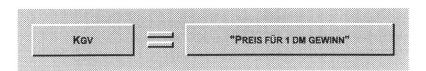

Je höher das KGV, desto höher fällt der Betrag aus, der für eine Einheit Gewinn aufzuwenden ist, und umgekehrt. Marktteilnehmer stufen daher Aktien mit relativ hohem oder geringem KGV gemeinhin als relativ teuer respektive billig ein.

Die Werte, die ein Investor zur Berechnung des KGV benötigt, also den Gewinn je Aktie sowie den aktuellen Kurs, kann er zum einen dem Jahresabschluß einer Aktiengesellschaft und zum anderen den Kurszetteln der Finanzzeitungen entnehmen (vgl. Abb. 2/40).

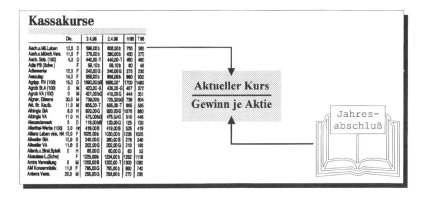

Abb. 2/40:
Quellen
zur Bestimmung
des KGV

US-amerikanische Aktiengesellschaften müssen den Gewinn je Aktie in ihren Geschäftsberichten grundsätzlich bekanntgeben. Der folgende Ausschnitt entstammt dem Jahresabschluß der Daimler-Benz AG für das Jahr 1993, der nach US-amerikanischen Rechnungslegungsvorschriften (»US-GAAP«) erstellt wurde.[1]

Kennzahlen je Aktie

		1993	1992	1991
Dividende	DM	8,00	13,00	13,00
Dividende und Steuergutschr.	DM	11,43	20,31	20,31

Nach deutscher Rechnungslegung

		1993	1992	1991
Jahres-überschuß*)	DM	12,92	30,46	40,21
Eigenkapital*)	DM	369,39	384,26	378,76

Nach U.S. GAAP

		1993	1992	1991
Jahresüberschuß/-fehlbetrag	DM	(39,47)	29,00	40,52
....pro ADS**)	DM	(3,95)	2,90	4,05
Eigenkapital	DM	564,06	593,01	593,89

*) Ohne Anteile Dritter.

**) American Depositary Share. Der Nominalwert eines ADS entspricht dem zehnten Teil einer Aktie.

Bei herkömmlichen Jahresabschlüssen deutscher Unternehmen gestaltet sich die Ermittlung des Gewinns je Aktie generell etwas schwieriger. Hierauf wird aber nicht näher eingegangen, da einem Investor die selbständige Berechnung von Price/Earnings Ratios für gewöhnlich erspart bleibt. Die Werte sind beispielsweise in Finanzzeitungen oder Wirtschaftsmagazinen abgedruckt (vgl. Abb. 2/41). Bei der Nutzung der Zahlen ist darauf zu achten, welche »Gewinngröße« jeweils für die P/E-Ermittlung herangezogen wurde. Eine Price/Earnings Ratio kann einerseits etwa

- auf den Gewinnen der zurückliegenden 12 Monate basieren und wird dann als »trailing P/E« bezeichnet, andererseits aber
- auf Gewinnen beruhen, die Finanzanalysten für die Zukunft schätzen, wobei dann der Begriff »forward P/E« verwendet wird.

Diese Aussagen heben hervor, daß die P/E immer aus Daten hergeleitet wird, die entweder aus der Vergangenheit stammen, oder aber schlichtweg Schätzungen für die Zukunft sind.

1 Vgl. hierzu Abschnitt 3.1.3

Das *Wall Street Journal* gibt für jeden Aktientitel die aktuelle trailing P/E an, wohingegen die *Wirtschaftswoche* eine forward (»Zukunfts-«) P/E, basierend auf den Gewinnschätzungen für das aktuelle Kalenderjahr, ausweist.

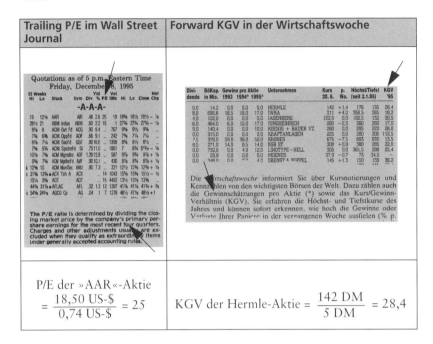

Abb. 2/41: KGV bzw. P/E in der Finanzzeitung

Ein Aktienkäufer zahlt im Falle der »AAR«-Aktie gewissermaßen 25 US-Dollar pro einem Dollar, im Falle der Hermle-Aktie 28,40 D-Mark pro einer D-Mark Gewinn (vgl. Abb. 2/41).

Analysten berechnen die aktuelle Price/Earnings Ratio häufig auch für den gesamten Aktienmarkt oder zumindest einen repräsentativen Teil desselben. Dabei dividiert man – vereinfacht ausgedrückt – den aktuellen Stand eines Indexes, etwa den des DAX, durch die Gewinne aller Aktien innerhalb des Indexportfolios. Die P/E des Gesamtmarktes läßt mitunter Rückschlüsse auf die gegenwärtige Marktlage zu. Fällt sie relativ hoch oder niedrig aus, so könnte sich der Markt beispielsweise in einer Hausse- bzw. Baisse-Phase befinden – die betrachteten Aktien also stark über- bzw. unterbewertet sein.

Jeweils montags publiziert das *Wall Street Journal* die P/E für die wichtigsten US-amerikanischen Aktienindizes.

136   **Kennziffern für Aktien**

In der Vergangenheit erwiesen sich die Zahlen als recht zuverlässige Indikatoren. Hausse-Phasen (Baisse-Phasen) waren beispielsweise oftmals durch relativ hohe (geringe) P/Es und relativ geringe (hohe) Dividendenrenditen gekennzeichnet, was im folgenden Abschnitt weiter vertieft wird.

2.4.2.2

Dividendenrendite

Eine weitere Kennzahl, die von den Marktteilnehmern häufig zur Beurteilung einer Aktie herangezogen wird, ist die Dividendenrendite. Um diese zu ermitteln, setzt man die zuletzt gezahlte Dividende je Aktie zum jeweils aktuellen Aktienkurs ins Verhältnis.

$$\text{Dividendenrendite} = \frac{\text{Dividende je Aktie}}{\text{aktueller Kurs}} \times 100\,\%$$

Die Kennzahl ermöglicht einen direkten Vergleich zwischen den Dividendenzahlungen verschiedener Aktien. Da die Kennziffer nurmehr auf historischen Dividendenerträgen beruht und folglich keine Kursveränderungen erfaßt, ist ihre Aussagekraft alles in allem sehr gering.

Im *Wall Street Journal* findet der Leser täglich Dividendenrenditen, was der nachstehende Ausschnitt belegt.

Für die Aktie der »BellAtlantic« publiziert die Zeitung am 11.12.1995 beispielsweise

- einen Schlußkurs (»*Close*«) von 64 $^7/_8$ (64,875) US-Dollar,
- eine auf ein Jahr bezogene Dividende (»*Div*«) in Höhe von 2,80 US-$ sowie
- eine Dividendenrendite (»*Yld %*«) von 4,3 % p. a.

Die Dividendenrendite läßt sich recht einfach rekonstruieren. Hierbei ist zu berücksichtigen, daß das Ergebnis im *Wall Street Journal* auf eine Nachkommastelle gerundet ist.

$$\text{Dividendenrendite} = \frac{2{,}80\ \text{US-\$}}{64{,}875\ \text{US-\$}} \times 100\,\% = 4{,}32\,\%\ \text{p.a.}$$

Price/Dividend Ratio

Mit Hilfe der veröffentlichten Dividende je Aktie berechnen Finanzanalysten mitunter eine sogenannte **Price/Dividend Ratio**, kurz P/D.

$$P/D = \frac{\text{aktueller Kurs}}{\text{Dividende je Aktie}}$$

Diese Kennziffer drückt aus, wieviele Geldeinheiten (US-Dollar, D-Mark usw.) ein Aktienkäufer gegenwärtig dafür bezahlt, in Zukunft eine Geldeinheit Dividende beanspruchen zu dürfen. Dabei wird schlichtweg unterstellt, daß die zukünftigen Dividendenzahlungen der letzten exakt entsprechen. Bei einer P/D von beispielsweise 20 zahlt ein Aktienkäufer »heute« 20 D-Mark für eine Mark künftig ausgeschütteter Dividende.

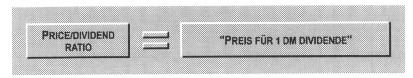

Die Price/Dividend Ratio stellt quasi den Kehrwert der Dividendenrendite dar. Beispielsweise kommt eine P/D von 20 einer Dividendenrendite von 5 % gleich, eine von 5 einer Rendite von 20 % usw.

Zudem ist die P/D mit der Price/Earnings Ratio vergleichbar und weist im Zeitverlauf naturgemäß eine nahezu parallele Entwicklung auf. Schließlich ist die tatsächliche Dividendenausschüttung in hohem Maße vom Unternehmensgewinn (»Earnings«) abhängig. Die P/D läßt sich auch ähnlich interpretieren wie die Price/Earnings Ratio. Eine vergleichsweise hohe oder niedrige P/D könnte beispielsweise auf einen zu hohen bzw. zu niedrigen Aktienkurs, also eine gegenwärtige Über- bzw. Unterbewertung, hinweisen. Abbildung 2/42 zeigt die Price/Dividend Ratios US-amerikanischer Aktien im Zeitraum von 1926 bis 1992. Aktienkäufer hatten durchschnittlich 24 US-Dollar pro einem Dollar Dividende gezahlt. Die Abbildung verdeutlicht, daß die P/D beispielsweise vor dem Crash im Jahre 1987 ein historisches Hoch erreichte, und US-Papiere folglich relativ teuer waren.

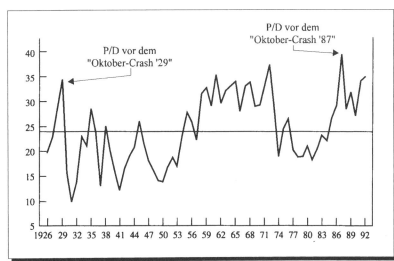

Abb. 2/42: Durchschnittliche P/D im Zeitverlauf (Quelle: John C. Bogle, Bogle on Mutual Funds, New York u. a., 1994)

| 138 | **Kennziffern für Aktien** |

2.4.3   Risikomaße

2.4.3.1   Tabelle »Deutscher Aktienindex (Dax)«

Die Marktteilnehmer, insbesondere Investoren, möchten verständlicherweise wissen, welches Risiko mit dem Kauf bestimmter Aktien verbunden ist. Sie verlangen nach einer Kennzahl, die Gewinnchancen und Verlustgefahren aufzeigt. Außerdem suchen die Marktakteure nach Indikatoren, die Aufschluß geben über die Ertragsempfindlichkeit eines Papiers bei einer Änderung der Einflußgrößen. Die Indikatoren sollen andeuten, ob die Ertragsentwicklung einer Aktie

- im großen und ganzen der Entwicklung des Gesamtmarktes folgt und somit verhältnismäßig stark durch systematische Faktoren geprägt wird, oder
- eher unsystematisch verläuft, also von der Entwicklung des gesamten Aktienmarktes losgelöst.

Die Deutsche Börse AG berechnet solche Kennzahlen für sämtliche im DAX enthaltenen Aktien. Sie erscheinen im Handelsblatt in der Tabelle *»Deutscher Aktienindex (Dax)«* (vgl. 2/43).

Abb. 2/43:
Tabelle »Deutscher
Aktienindex (Dax)«

Deutscher Aktienindex (Dax)

Kennzahlen für den Handel mit Optionen und Futures

| Kürzel | Volatilität | | Korrelation | | Beta |
	30 Tage p. a.	250 Tage p. a.	30 Tage	250 Tage	250 Tage
DAX	14.16 %	13.29 %	1.0000	1.0000	1.0000
ALV	16.52 %	15.89 %	0.8126 (8)	0.8677 (1)	1.0370
BAS	23.05 %	17.91 %	0.8314 (6)	0.8163 (5)	1.0996
BAY	25.64 %	17.40 %	0.7619 (13)	0.8416 (3)	1.1017
BHW	18.37 %	16.58 %	0.8285 (7)	0.7077 (20)	0.8828
BMW	13.71 %	16.70 %	0.8813 (1)	0.7779 (9)	0.9772
BVM	12.75 %	16.14 %	0.6526 (22)	0.6855 (21)	0.8325
CBK	16.37 %	14.16 %	0.8106 (9)	0.7151 (19)	0.7617
CON	28.30 %	24.98 %	0.5862 (25)	0.6364 (24)	1.1958
DAI	12.23 %	18.85 %	0.8495 (2)	0.7826 (8)	1.1100
DGS	22.14 %	19.58 %	0.5969 (24)	0.6538 (23)	0.9630
DBK	17.52 %	16.50 %	0.8475 (3)	0.7516 (11)	0.9328
DRB	11.28 %	12.78 %	0.7446 (14)	0.7408 (12)	0.7123
MET	16.24 %	37.19 %	0.5244 (27)	0.3298 (30)	0.9226
HEN3	14.06 %	18.05 %	0.5775 (26)	0.5667 (26)	0.7696
HFA	31.48 %	20.30 %	0.6210 (23)	0.7327 (16)	1.1190
KAR	23.17 %	18.26 %	0.2992 (30)	0.5516 (27)	0.7577
KFH	21.77 %	19.72 %	0.7153 (18)	0.5962 (25)	0.8844
LIN	13.57 %	17.20 %	0.6571 (21)	0.7173 (18)	0.9281
LHA	23.29 %	24.44 %	0.8030 (11)	0.6745 (22)	1.2402
MAN	17.73 %	20.81 %	0.4991 (28)	0.7356 (15)	1.1514
MMW	19.45 %	18.17 %	0.7991 (12)	0.7586 (10)	1.0369
PRS	13.48 %	15.64 %	0.6747 (20)	0.7386 (13)	0.8687
RWE	20.68 %	13.94 %	0.7248 (16)	0.7839 (7)	0.8219
SAG3	33.05 %	39.52 %	0.4357 (29)	0.5395 (28)	1.6038
SCH	24.72 %	20.80 %	0.6762 (19)	0.4610 (29)	0.7213
SIE	14.81 %	13.41 %	0.8404 (4)	0.8653 (2)	0.8730
THY	19.33 %	19.81 %	0.7185 (17)	0.7314 (17)	1.0899
VEB	16.85 %	14.37 %	0.8332 (5)	0.8175 (4)	0.8837
VIA	16.56 %	16.53 %	0.7375 (15)	0.7375 (14)	0.9169
VOW	21.35 %	20.79 %	0.8069 (10)	0.7996 (6)	1.2503

Mitgeteilt am 15. 3.1996; Quelle: Deutsche Börse AG (ohne Gewähr)

Volatilität

2.4.3.2

Der Begriff Volatilität ist eng mit dem italienischen Begriff volare (»fliegen«) verwandt und bedeutet etwa soviel wie »Flatterhaftigkeit« oder »Auf und Ab«. Er ist fester Bestandteil der Börsensprache und bezeichnet gemeinhin die Stärke der historischen Renditeschwankungen eines Finanztitels.

Die Deutsche Börse berechnet regelmäßig Volatilitäten. Sie drücken die durchschnittliche Schwankung der Tagesrenditen einer ganz bestimmten Aktie aus und basieren auf der Formel für die Standardabweichung, die ausführlich im Kapitel 1.4.1.1 besprochen wurde. Die Deutsche Börse bestimmt für jede im DAX vertretene Aktie tagtäglich die Renditen und zwar anhand der Schlußkurse. Die Tagesrendite der Lufthansa-Aktie, etwa vom 1.2. bis zum 2.2.1996, ist dann diejenige Rendite, die ein Anleger erzielt, der die Lufthansa-Aktie am 1.2.1996 zum Schlußkurs kauft und genau einen Börsentag später, am 2.2.1996, zum Schlußkurs wieder veräußert.

Für jeden im DAX vertretenen Titel und für den DAX selbst wird börsentäglich die durchschnittliche Schwankung der Tagesrenditen der letzten

30-/250-Tage-Volatilität

- 30 Börsentage (»**30-Tage-Volatilität**«) und der zurückliegenden
- 250 Börsentage (»**250-Tage-Volatilität**«)

berechnet. Volatilitäten werden im allgemeinen auf ein Jahr bezogen, so daß ein direkter Vergleich untereinander möglich wird. Eine Annualisierung ist nur für die 30-Tage-Volatilität erforderlich. Die 250-Tage-Volatilität entspricht schon der durchschnittlichen Renditeschwankung der vergangenen 12 Monate, wenn man bedenkt, daß ein Jahr nur 250 Börsentage hat, weil an Wochenenden und Feiertagen kein Börsenhandel stattfindet.

Die Finanzzeitung publiziert die Volatilitäten in der Tabelle »*Deutscher Aktienindex (Dax)*«.

Deutscher Aktienindex (Dax)

Kennzahlen für den Handel mit Options und Futures

| Kürzel | Volatilität | | Korrelation | | Beta |
	30 Tage p. a.	250 Tage p. a.	30 Tage	250 Tage	250 Tage
DAX	13,43 %	15,17 %	1,0000	1,0000	1,0000
ALV	16,12 %	19,65 %	0,8716 (2)	0,8813 (1)	1,1417
BAS	16,95 %	19,68 %	0,8607 (5)	0,8405 (4)	1,0908
BAY	15,93 %	19,84 %	0,8813 (4)	0,8700 (3)	1,0907

Die 30-Tage-Volatilität zeigt die Schwankungen über einen verhältnismäßig kurzen, die 250-Tage-Volatilität dagegen über einen längeren Zeitraum. Aktuelle Tagesrenditen, etwa diejenigen der letzten fünf Börsentage, üben auf die 30-Tage-Volatilität verständlicherweise einen erheblich größeren Einfluß aus, als auf die 250-Tage-Volatilität. Ein direkter Vergleich der beiden Volatilitäten kann mitunter recht aufschlußreich sein. Er zeigt an, wie sich die Rendite-Schwankungen in jüngster Vergangenheit zu den langfristen Schwankungen verhalten.

KAH	16,45	%	19,50	%	0,4620	(27)	0,5890	(24)	0,7225
KFH	18,30	%	22,46	%	0,5240	(25)	0,5907	(26)	0,8269
LIN	13,84	%	17,95	%	0,7123	(19)	0,6516	(21)	0,7088
LHA	17,70	%	28,96	%	0,5945	(24)	0,5694	(27)	1,0277
MAN	14,71	%	20,94	%	0,8126	(11)	0,7024	(17)	0,9167
MMW	15,13	%	22,64	%	0,8036	(13)	0,6949	(18)	0,9804
PRS	13,61	%	18,68	%	0,7908	(15)	0,6715	(19)	0,7816

Ein Blick in die Tabelle »*Deutscher Aktienindex (Dax)*« macht deutlich, daß die Volatilität des DAX im Vergleich zu den Renditeschwankungen einzelner Aktien ausgesprochen gering ist, oft stellt sie sogar den kleinsten Wert dar. Dies ist auch nicht verwunderlich. Die DAX-Volatilität bildet schließlich die Renditeschwankungen eines sehr gut diversifizierten Aktien-Portefeuilles ab. Unsystematische Faktoren, welche die Rendite einer einzelnen Aktie noch relativ stark prägen, wirken sich auf die Portefeuille-Rendite oftmals kaum mehr aus. Dies soll an einem einfachen Beispiel verdeutlicht werden. Angenommen, an einem Börsentag dringen Neuigkeiten über die Lufthansa und die SAP, die beide im DAX vertreten sind, an die Öffentlichkeit. Eine Nachrichtenagentur verbreitet die Information, daß

- die Lufthansa AG in der Zukunft mit einem Rückgang des Fluggastaufkommens rechnet;
- die SAP AG einen Großauftrag erhalten hat.

Die Marktteilnehmer rechnen daraufhin mit einer zukünftigen Ertragseinbuße der Lufthansa-Aktie, aber höheren Erträgen der SAP-Aktie. Die Papiere der Lufthansa werden verkauft, SAP-Aktien dagegen nachgefragt. Die Reaktionen der Marktakteure lösen alles in allem einen Kursrückgang der Lufthansa- und einen Preisanstieg der SAP-Aktie aus. Die Tagesrendite der Lufthansa-Aktie könnte deshalb beispielsweise von einem auf den anderen Börsentag um 0,5 Prozentpunkte sinken, die der SAP-Aktie um 0,6 Prozentpunkte steigen. Die Renditeänderungen kompensieren sich teilweise, so daß die Tagesrendite des DAX davon mehr oder weniger unberührt bleibt. Sie verläuft im Vergleich zu den Tagesrenditen der einzelnen DAX-Aktien stabil, was sich verständlicherweise durch geringe Renditeschwankungen, eine geringe Volatilität eben, äußert. Die DAX-Volatilität wird aber durch systematische Faktoren beeinflußt, also Einflußgrößen die alle Titel gleichermaßen treffen. Dies gilt etwa für das allgemeine Zinsniveau. Ein Rückgang etwa steigert grundsätzlich die Attraktivität einer Geldanlage in Aktien. Die Nachfrage nach Aktien steigt, was prinzipiell zu Kurssteigerungen bei allen Papieren führt – Kompensationseffekte treten dann nicht auf. Solche Veränderungen lösen natürlich auch Änderungen der DAX-Rendite und demzufolge der DAX-Volatilität aus.

Volatilitäten dienen oftmals zur Beurteilung des Risikogehalts einer Aktie. Je höher die Volatilität, desto größer scheint sowohl die Gefahr, in Zukunft Verluste zu erwirtschaften, aber auch die Chance, Gewinne zu erzielen. Dabei darf man aber nicht außer acht lassen, daß die Volatilität aus historischen Daten hervorgeht, und strenggenommen historische Volatilität heißen muß. Sie besitzt also nur dann eine akzeptable Aussagekraft, wenn die zukünftige Entwicklung ähnlich verläuft wie die zurückliegende. Außerdem kann die Volatilität ein falsches Bild von der tatsächlichen Renditeentwicklung einer Aktie vermitteln (vgl. Kapitel 1.4.1.1).

Historische Volatilitäten werden für gewöhnlich auch von Optionshändlern herangezogen, wenn es um die Ableitung einer sogenannten impliziten Volatilität geht. Dies ist jedoch Gegenstand des Kapitels 7.

Beta und Korrelation   2.4.3.3

Bei der Berechnung der Volatilität werden ausschließlich die Renditen einer einzigen Aktie berücksichtigt. So gesehen vermittelt die Volatilität nichts anderes als die Renditeschwankungen einer Aktie selbst. In die Berechnung der Kennziffern »Beta« und »Korrelation« fließen dagegen sowohl die Renditen einer Aktie als auch die Renditen einer Vergleichsgröße – in diesem Fall ist das der DAX – ein.

Das **Beta** einer Aktie drückt aus, wie sich ihre Tagesrenditen im Verhältnis zu den DAX-Tagesrenditen in der Vergangenheit entwickelt haben. Die Deutsche Börse berechnet an jedem Börsentag für alle DAX-Werte Betas. Die Vorgehensweise wird weiter unten an graphischen Darstellungen erläutert.

Die Deutsche Börse bestimmt zunächst für jede Aktie, etwa die BMW-Aktie, die Renditepaare der zurückliegenden 250 Börsentage. Ein Renditepaar umfaßt die Tagesrendite des DAX und die der BMW-Aktie. Angenommen, am 1.2.1996 betrage die DAX-Tagesrendite 1,5 % und die der BMW-Aktie 1 %. Dann lautet das Renditepaar an diesem Börsentag (1,5 %/1 %). Da die letzten 250 Börsentage erfaßt werden, liegen verständlicherweise 250 Renditepaare vor, die allesamt in ein Diagramm eingetragen werden. Auf der X-Achse sind die DAX-, auf der Y-Achse die Tagesrenditen der BMW-Aktie abgetragen. Für das Renditepaar (1,5 %/1 %) würde dann folgender Punkt im Diagramm erscheinen.

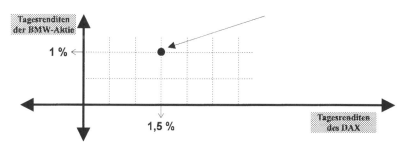

Wenn sämtliche Renditepaare der zurückliegenden 250 Börsentage eingezeichnet sind, enthält das Diagramm naturgemäß 250 Punkte. Diese Anhäufung von Punkten heißt auch »Punktwolke«. Durch die Punktwolke wird nun eine Gerade gelegt, und zwar so, daß die »Richtung« der Wolke – Fachleute sprechen in diesem Zusammenhang vom Trend – möglichst gut wiedergegeben wird.

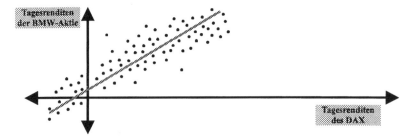

Die Steigung dieser Geraden ist das Beta für die BMW-Aktie. Angenommen, das BMW-Beta betrage 1,2. Es gibt dann an, daß sich die Tagesrenditen der BMW-Aktie in den letzten 250 Börsentagen, einfach ausgedrückt, durchschnittlich 1,2 mal so stark veränderten wie die Tagesrenditen des DAX. Zur Verdeutlichung werden einmal die Tagesrenditen der BMW-Aktie und des DAX an drei Börsentagen herausgepickt. Sie sind in folgender Tabelle aufgeführt.

	5.2.	6.2.	7.2.
Tagesrendite BMW-Aktie	0,8 %	1,4 %	1,2 %
Tagesrendite DAX	1,1 %	1,6 %	1,5 %

Die Tagesrendite der BMW-Aktie ist am 6.2., im Vergleich zum Börsenvortag, um 0,6 Prozentpunkte gestiegen, die des DAX um 0,5 Prozentpunkte. Damit hat sich die Tagesrendite der BMW-Aktie verglichen mit dem DAX

$$\frac{\overbrace{1,4\ \% - 0,8\ \%}^{\text{Veränderung der Tagesrendite der BMW-Aktie}}}{\underbrace{1,6\ \% - 1,1\ \%}_{\text{Veränderung der DAX-Tagesrendite}}} = \frac{0,6\ \text{Prozentpunkte}}{0,5\ \text{Prozentpunkte}} = 1,2\ \text{mal}$$

so stark verändert. Am 7.2. ist die Tagesrendite der BMW-Aktie im Vergleich zum Börsenvortag um 0,2 Prozentpunkte gesunken, die des DAX um 0,1 Prozentpunkte. Die Rendite der BMW-Aktie hat sich

$$\frac{1,2\ \% - 1,4\ \%}{1,5\ \% - 1,6\ \%} = \frac{-0,2\ \text{Prozentpunkte}}{-0,1\ \text{Prozentpunkte}} = 2\ \text{mal}$$

so stark verändert wie die DAX-Rendite. An den letzten beiden Börsentagen hat sich die Tagesrendite der BMW-Aktie folglich im Durchschnitt um das

$$\frac{\overbrace{1,2}^{\text{Veränderung am 6.2.}} + \overbrace{2}^{\text{Veränderung am 7.2.}}}{2} = 1,6\ \text{fache}$$

stärker verändert als die DAX-Rendite. Das Beta in der Finanzzeitung ist gewissermaßen auch solch ein Durchschnittswert, aber auf der Basis von 250 Tagesrenditen. Im Fachjargon heißt es deshalb 250-Tage-Beta.

Der Durchschnittswert von 1,6, um beim obigen Beispiel zu bleiben, weicht von den Einzelwerten (1,2 und 2) ab. Er zeigt zwar den richtigen Trend – mit anderen Worten: er deutet an, daß die Rendite der BMW-Aktie bei einem Anstieg (Rückgang) der DAX-Rendite geklettert (gesunken) ist –, aber die Stärke der Veränderung entspricht fürwahr nicht an jedem Tag 1,6. Angenommen die Renditen eines anderen Papiers, etwa der Lufthansa-Aktie, hätten sich an jedem Tag, also am 6.2. und 7.2, jeweils um das 1,6 fache stärker verändert als die DAX-Renditen. Der Durchschnittswert lautet dann 1,6, genau wie bei der BMW-Aktie.

Der Zusammenhang zwischen den Renditeänderungen des DAX und der Lufthansa-Aktie ist jedoch deutlich stärker als beim DAX und dem BMW-Papier. Schließlich veränderte sich die Lufthansa-Aktie immer um das 1,6 fache stärker, bei der BMW-Aktie war die Änderung an einem Tag 2 mal, am anderen Tag nur 1,2 mal so hoch. Dies kommt mit dem Durchschnittswert allein aber nicht zum Ausdruck. Er zeigt eben nur die durchschnittlichen Änderungen. Und dieses Manko weist auch das Beta auf. Deshalb ermittelt man zusätzlich zum Beta den sogenannten **Korrelationskoeffizienten**. Er gibt sowohl

> Korrelationskoeffizient

- die Stärke des Zusammenhangs zwischen den Renditeänderungen der betrachteten Aktie und den Renditeänderungen des DAX als auch
- die Richtung der Renditeänderungen an.

Ein Korrelationskoeffizient ist niemals kleiner als -1 oder größer als +1 und liegt folglich immer im Bereich von -1 und +1.

Das Vorzeichen gibt die Richtung an. Ein Plus-Zeichen verrät, daß die Rendite der Aktie gestiegen (gesunken) ist, wenn auch die DAX-Rendite gestiegen (gesunken) ist. Die Renditeänderungen bewegen sich in die gleiche Richtung. Ein Minus-Zeichen deutet dagegen auf eine umgekehrte Richtung der Renditeänderungen hin. Stieg (fiel) die Rendite des DAX, so fiel (stieg) die Aktienrendite.

Die Zahl selbst zeigt die Stärke des Zusammenhangs. Bei einem Wert von exakt 1 besteht ein perfekter Zusammenhang. Die Renditen der betrachteten Aktie haben sich in der Vergangenheit stets in gleichem Maße verändert wie die DAX-Renditen.

Vorzeichen und Zahl zusammengenommen geben schließlich die Richtung und Stärke des Zusammenhangs an. Ein Korrelationskoeffizient von +1 offenbart, daß in der Vergangenheit

- das Verhältnis der Renditeänderungen, etwa 1,2, konstant war und
- bei steigenden (sinkenden) DAX-Renditen auch die Renditen der betrachteten Aktie stiegen (sanken).

Man spricht in diesem Fall von einem perfekt positiven Zusammenhang. Dies läßt sich auch graphisch verdeutlichen. Die Punkteschar ist keine »Wolke« mehr, vielmehr liegen alle Punkte auf einer Geraden, die je nach Ausprägung des Betas, steiler oder flacher verläuft.

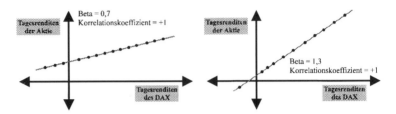

Weist der Korrelationskoeffizient indes einen Wert von -1 auf, so war in der Vergangenheit zwar das Verhältnis der Renditeänderungen, etwa 1,2, konstant, aber bei steigenden (sinkenden) DAX-Renditen sanken (stiegen) die Aktienrenditen. Im Falle einer Erhöhung der DAX-Rendite um beispielsweise einen Prozentpunkt verzeichnete die Aktie dann einen Renditerückgang um 1,2 Prozentpunkte, bei einer Verringerung der DAX-Rendite etwa um 3 Prozentpunkte, stieg die Rendite der Aktie um 3,6 Prozentpunkte. Hier liegt ein perfekt negativer Zusammenhang vor. Das Beta wird mit einem negativen Vorzeichen versehen, es lautet dann -1,2. Beim Vergleich von Aktien- und DAX-Renditen tauchen negative Korrelationskoeffizienten oder Koeffizienten von Null praktisch nicht auf, so daß im weiteren nurmehr die Kennziffern mit positivem Vorzeichen betrachtet werden.

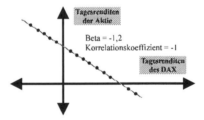

Ein Korrelationskoeffizient von Null drückt aus, daß in der Vergangenheit überhaupt kein Zusammenhang zwischen den Renditeänderungen der Aktie und des DAX bestand. Mit anderen Worten: Die Rendite der Aktie ist mal gestiegen (gesunken), wenn die DAX-Rendite geklettert (gefallen) ist, aber genauso oft auch gesunken (gestiegen). Es läßt sich eben gerade keine Beziehung zwischen den Renditeänderungen erkennen.

Das Beta für sich allein genommen ist kaum aussagekräftig. Erst dann, wenn der Korrelationskoeffizient hinzugezogen wird, läßt sich der Gehalt des Betas ersehen. Je näher er bei 1 liegt, desto höher ist die Aussagekraft des Betas. Das leuchtet auch ein. Schließlich haben sich die Renditeände-

Risikomaße

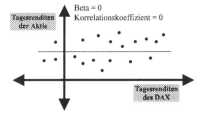

rungen zwischen Aktie und DAX an den meisten Börsentagen dann tatsächlich so entwickelt wie es das Beta vorgibt – und eben nicht nur im Durchschnitt. Der Korrelationskoeffizient gibt daher sozusagen die Güte des Betas an. Dies verdeutlichen die beiden folgenden Graphiken. Dabei sind die Betas genau gleich, die Korrelationskoeffizienten unterscheiden sich aber ganz erheblich voneinander. Je höher der Koeffizient, umso dichter liegen die Punkte beieinander.

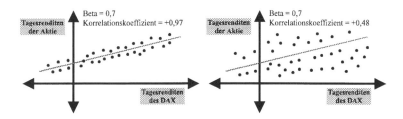

Je höher der Korrelationskoeffizient, desto mehr folgte die Rendite einer Aktie der Gesamtmarktentwicklung, die ja bekanntlich durch den DAX repräsentiert wird. Die Höhe des Korrelationskoeffizienten verrät folglich, inwieweit die Rendite einer Aktie durch systematische und unsystematische Faktoren geprägt wurde. Je näher der Koeffizient bei 1 liegt, umso geringer war der Einfluß unsystematischer Faktoren. Die Volatilität ist dann fast nur noch auf systematische Größen zurückzuführen. Die Aktie hat sich mehr oder weniger synchron zum Markt bewegt. Bei niedrigen Werten des Korrelationskoeffizienten ist es dagegen genau umgekehrt. Die Renditeschwankung, also die Volatilität, resultiert eher aus unsystematischen Faktoren. Die Aktie folgt zwar dem Markttrend, sie vollführt jedoch Eigenbewegungen und zwar umso heftiger, je näher der Korrelationskoeffizient bei Null liegt.

Das Beta gibt nun an, wie stark die Aktie die Bewegungen des Gesamtmarktes nachvollzogen hat. Bei einem Beta von genau 1 und einem Korrelationskoeffizienten von +1 hat die Aktie Renditeveränderungen gezeigt, die hinsichtlich Ausmaß und Richtung immer exakt denen des DAX entsprochen haben. In diesem Fall weist die Aktie verständlicherweise dieselbe Volatilität auf wie der DAX. Liegt das Beta unter eins, so hat die Aktie, genau gesagt die Aktienrendite, auf systematische Einflußgrößen schwächer reagiert als der Gesamtmarkt selbst. Je weiter das Beta hingegen über 1 liegt, desto stärker reagiert die Aktie auf systematische Faktoren. Das Beta repräsentiert also das systematische Risiko eines Papiers.

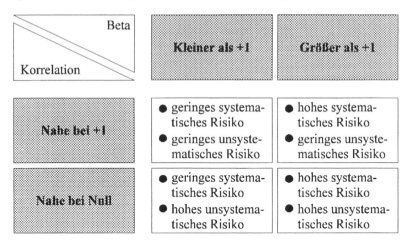

Die obigen Aussagen lassen sich wiederum sehr anschaulich an einer graphischen Darstellung illustrieren (vgl. Abb. 2/44). Dabei wurden bewußt nur einige wenige Renditepaare eingezeichnet, um die Übersichtlichkeit nicht zu sehr zu beeinträchtigen. Die Abweichungen der Punkte von der Geraden, genau gesagt die vertikalen Bewegungen nach oben und unten, bilden gewissermaßen das titelspezifische (»unsystematische«) Risiko ab. Die Steigung der Geraden, das Beta genauer gesagt, zeigt dagegen die Sensitivität der Aktienrendite auf sytematische Einflußgrößen, eben das systematische Risiko. Die Gesamtschwankung, also die vertikalen und horizontalen Bewegungen zusammengenommen, repräsentieren das Gesamtrisiko der Aktie, eben die Volatilität.

Abb. 2/44: Systematisches und unsystematisches Risiko

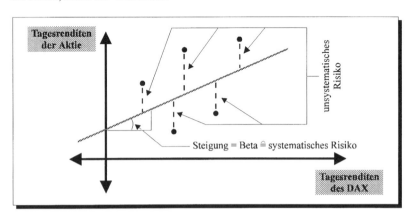

Die Finanzzeitung zeigt die 250-Tage-Betas sowie 30- und 250-Tage-Korrelationskoeffizienten für alle DAX-Werte in der Tabelle »*Deutscher Aktienindex (Dax)*«. Hinter jedem Koeffizienten findet der Leser eine Zahl.

Sie gibt den Rang der Aktie an, wenn alle Papiere entsprechend der Korrelation zum DAX angeordnet werden. Die Aktie mit dem höchsten Korrelationskoeffizienten steht dann auf Platz 1 usw.

Deutscher Aktienindex (Dax)

Kennzahlen für den Handel mit Options und Futures

Kürzel	Volatilität		Korrelation		Beta
	30 Tage p.a.	250 Tage p.a.	30 Tage	250 Tage	250 Tage
DAX	12,35 %	16,05 %	1,0000	1,0000	1,0000
ALV	16,71 %	22,42 %	0,8978 (3)	0,8866 (1)	1,2387
BAS	16,22 %	20,25 %	0,7963 (14)	0,8235 (8)	1,0396
	15 26 %	20 22 %	0 7589 (16)	0 8628 (3)	1 0872

Für den DAX ergibt sich immer ein Korrelationskoeffizient sowie ein Beta von +1, da die Änderungen der DAX-Tagesrenditen sozusagen mit sich selbst verglichen werden. Der Zusammenhang ist natürlich perfekt positiv.

Die oben beschriebenen Betas und Korrelationskoeffizienten sollen vor allem Portfolio-Manager unterstützen, etwa bei der Strukturierung von Aktien-Portefeuilles. Anhand dieser Kennziffern können sie dann Titel entsprechend ihrer Risikoneigung auswählen. Dabei darf jedoch nicht übersehen werden, daß Betas und Korrelationskoeffizienten, genau wie Volatilitäten, auf historischen Daten basieren und deshalb auch nur die Entwicklung in der Vergangenheit widerspiegeln. Das Verhalten der Marktteilnehmer, das Preisänderungen und damit einhergehende Preisschwankungen (»Volatilitäten«, »Betas«, »Korrelationskoeffizienten«) ja gerade auslöst, entspricht aber oft genug nicht der historischen Entwicklung. Deshalb sind die Kennziffern im Zeitablauf auch nicht stabil, sie verändern sich vielmehr andauernd, was folgende Ausschnitte aus der Finanzzeitung eindrucksvoll belegen.

Problematik

PHS	17.92 %	15.84 %	0.7375 (16)	0.7324 (17)	0.6776
RWE	13.33 %	12.96 %	0.9223 (3)	0.7861 (9)	0.7707
SAG3	33.29 %	39.69 %	0.7950 (12)	0.4637 (28)	1.3924
SCH	16.46 %	19.66 %	0.1022 (30)	0.1689 (29)	0.6530
SIE	11.33 %	13.97 %	0.9338 (1)	0.9560 (2)	0.9155
THY	20.32 %	19.79 %	0.5267 (27)	0.7573 (16)	1.1343
VEB	16.11 %	13.91 %	0.7158 (22)	0.8089 (6)	0.8516
VIA	17.97 %	15.78 %	0.7703 (15)	0.7046 (18)	0.8413
VOW	20.24 %	22.01 %	0.8213 (9)	0.8012 (7)	1.3345

Mitgeteilt am 5. 12.1995; Quelle: Deutsche Börse AG (ohne Gewähr)

PHS	14.74 %	13.35 %	0.6246 (16)	0.6374 (17)	0.6775
RWE	17.29 %	13.84 %	0.7937 (4)	0.7904 (6)	0.8479
SAG3	36.98 %	39.58 %	0.3383 (30)	0.5198 (28)	1.5951
SCH	25.32 %	20.66 %	0.5684 (22)	0.2073 (29)	0.6845
SIE	14.53 %	13.24 %	0.7792 (7)	0.9553 (2)	0.8783
THY	24.95 %	19.47 %	0.5598 (24)	0.7033 (17)	1.0616
VEB	16.98 %	14.33 %	0.7654 (9)	0.8017 (5)	0.8906
VIA	24.19 %	17.17 %	0.6570 (15)	0.7101 (15)	0.9456
VOW	26.29 %	20.31 %	0.7817 (6)	0.7882 (7)	1.2410

Mitgeteilt am 3. 4.1996; Quelle: Deutsche Börse AG (ohne Gewähr)

Handelsblatt vom 6. 12. 1995 und 4. 4. 1996

Ein Beta etwa, das einen Wert größer als 1 aufweist, kann deshalb allenfalls als Orientierungsgröße dienen. Es könnte möglicherweise anzeigen, daß die betrachtete Aktie in der Zukunft auf Änderungen systematischer Faktoren stärker reagiert als der DAX. Die Marktakteure sollten sich darauf aber nicht verlassen.

Kennziffern für Aktien

Außerdem muß bedacht werden, daß die Tagesrenditen aus der jüngsten Vergangenheit, etwa die Rendite vom letzten Börsentag, zum Beispiel in ein 250-Tage-Beta mit einem deutlich geringeren Gewicht einfließt als in das 30-Tage-Beta. Je höher die Zahl der einbezogenen Tagesrenditen, desto größer der Glättungseffekt und desto eher zeigt die Kennziffer die langfristige, nicht jedoch die aktuelle Entwicklung an. Aus den oben genannten Gründen lassen sich die Kennziffern auch kaum zur exakten »Risikosteuerung« heranziehen. Sie dienen allenfalls als Anhaltspunkte.

Alles in allem scheint die Frage berechtigt – wie im übrigen bei vielen anderen Finanzkennziffern auch –, warum immer wieder auf Zahlen wie das Beta oder die Volatilität zurückgegriffen wird, obwohl ihre Tauglichkeit doch sehr beschränkt ist. Die Antwort ist schnell gefunden, wenn man sich den Sinn und Zweck solcher Kennzahlen vor Augen führt. Sie sollen, einfach gesagt, schon »heute« künftige Preisentwicklungen andeuten. Da die Zukunft nicht bekannt ist, ziehen Marktakteure (Fondsmanager, Finanzanalysten usw.) oftmals Vergangenheitsdaten heran, um ihre Entscheidungen, beispielsweise die Auswahl bestimmter Aktien, rechtfertigen zu können. Zu diesem Schluß kommt auch Benjamin Graham, eine der bekanntesten US-Börsenkoryphäen, in seinem Buch »The Intelligent Investor« (New York u. a., 1995):

> »The concept of future prospects, and particularly of continued growth in the future, invites the application of formulas out of the higher mathematics to establish the present value of the favored issues. But the combination of precise formulas with highly imprecise assumptions can be used to establish, or rather to justify, practically any value one wishes, however high, for a really outstanding issue.«

AUSLÄNDISCHE BÖRSEN

Aktienrechtliche Vorschriften im Ausland am Beispiel der USA 3.1

Aktienarten 3.1.1

Bevor auf die rechtlichen Vorschriften und Usancen beim Aktienhandel in den Vereinigten Staaten eingegangen wird, sollen zunächst einige wesentliche amerikanische Begriffe, die im Zusammenhang mit Aktien häufig Anwendung finden, sowie deren deutsche Bedeutungen aufgelistet werden.

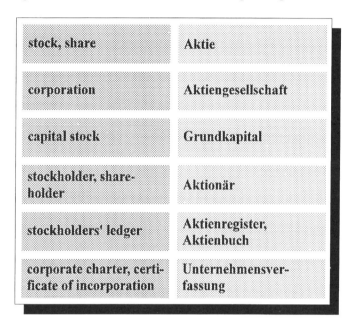

Abb. 3/1: Wichtige Begriffe im amerikanischen Aktienrecht

Aktien lassen sich grundsätzlich nach einer Vielzahl von Kriterien klassifizieren, zu deren bedeutendsten, wie in Kapitel 2 dargestellt,

- die auf der Aktienurkunde verbrieften Rechte,
- die Möglichkeiten zur Eigentumsübertragung einer Aktie und
- die Stückelung des Grundkapitals der Aktiengesellschaft

zählen. In Abbildung 3/2 werden deutsche und US-amerikanische Aktien anhand dieser Merkmale verglichen und so Gemeinsamkeiten und Unterschiede herausgestellt.
Anteilseigner einer US-amerikanischen corporation werden, genau wie die Aktionäre einer deutschen Aktiengesellschaft, entsprechend ihrer Rechte in Stammaktionäre (common stockholders) und Vorzugsaktionäre (preferred stockholders) unterschieden. Die Ausstattungsmerkmale US-amerikanischer Stamm- und Vorzugsaktien stimmen grundsätzlich mit denen deutscher Stamm- und Vorzugsaktien überein. Anzumerken ist, daß Vorzugsaktien in den USA gelegentlich mit einem Wandlungsrecht versehen sind, das dem Inhaber die Möglichkeit einräumt, sie in Stammaktien umzutauschen.
Im Unterschied zu den meisten deutschen Aktiengesellschaften erfassen US-corporations ihre Anteilseigner generell mit Namen und Adresse sowie

Abb. 3/2:
Aktienarten
in Deutschland
und den USA

		Deutschland	USA
Rechte der Aktieninhaber	Stammaktien	●	●
	Vorzugsaktien	●	●
Eigentumsübertragung	Namensaktien	●	●
	vinkulierte Namensaktien	●	●
	Inhaberaktien	●	
Stückelung des Grundkapitals	Nennwertaktien	●	●
	Nennwertlose Aktien		●

der Anzahl der gehaltenen Aktien im Aktienbuch, dem sogenannten stockholders ledger. US-Aktien sind deutschen Namensaktien daher sehr ähnlich. Beim Erwerb »über den Bankschalter« empfängt ein Investor ein Anteilszertifikat, das sogenannte stock certificate (vgl. Abb. 3/3). Dieses gleicht einem Auszug aus dem Aktienregister und enthält unter anderem

- den Namen des Aktionärs (»Namenspapier«),
- den Aktientyp (Stamm- oder Vorzugsaktie) und
- die Anzahl der Aktien, die der betreffende Aktionär besitzt.

Heutzutage werden US-Aktien üblicherweise im Giroverkehr übertragen. In den stockholders' ledgers sind darüber hinaus zumeist nur die Namen großer Broker-Häuser, etwa Merrill Lynch oder Lehman Brothers, erfaßt, was mit dem Ausdruck »the stocks are registered in street name« umschrieben wird.[1]

Aktionäre einer corporation dürfen ihre Anteile in aller Regel ohne die Zustimmung der anderen Aktionäre oder des Vorstandes der Gesellschaft veräußern. In einigen Bundesstaaten ist es Aktiengesellschaften aber gestattet, eine freie Übertragbarkeit ihrer Aktien in der Unternehmenssatzung, der corporate charter, auszuschließen. Die Aktien solcher Gesellschaften sind mit vinkulierten Namensaktien in Deutschland vergleichbar. Inhaberaktien nach deutschem Verständnis existieren in den USA nicht.

Vorschriften über die Gründung von Aktiengesellschaften werden in den USA von den Regierungen der einzelnen Bundesstaaten festgelegt, was zur Folge hat, daß aktienrechtliche Regelungen von Bundesstaat zu Bundesstaat recht unterschiedlich ausfallen können. Dies wird besonders im Zusammenhang mit Nennwertangaben auf Aktien deutlich. Während einige US-Bundesstaaten die Angabe eines Nennwertes auf den stock certificates

---

1 Hierdurch soll der Handel erleichtert werden. Ausgeschüttete Dividenden sowie die Einladungen zur Hauptversammlung leiten die Broker an die Aktionäre weiter.

Abb. 3/3: Stock Certificate der Coca-Cola Company

zwingend vorschreiben, besteht in anderen Bundesstaaten die Möglichkeit, auf Nennwertangaben zu verzichten. Die ersten nennwertlosen Aktien wurden in den USA im Jahre 1912 im Bundesstaat New York ausgegeben. Zuvor waren dort – genau wie in Deutschland – ausschließlich Nennwertaktien zulässig.

Emittiert eine corporation nennwertlose Aktien, darf sie den Emissionserlös zumeist vollständig in das Grundkapital einstellen.

Beispiel 3/1

Die XY-corporation emittiert

- am **2.1.1990** insgesamt eine Million nennwertlose Stammaktien zu einem Kurs von 20 US-Dollar je Aktie (Serie A) und zwei Jahre später
- am **2.1.1992** 500.000 Aktien derselben Gattung zu einem Kurs von 50 US-Dollar je Aktie (Serie B).

Die corporation stellt den Erlös beider Emissionen vollständig in das Grundkapital ein, so daß sich dieses zu

1.000.000 Aktien × 20 US-$/Aktie + 500.000 Aktien × 50 US-$/Aktie = 45.000.000 US-$

ergibt.

Nennwertlose Aktien, die, wie in Beispiel 3/1 beschrieben, mit ihrem Ausgabekurs im Grundkapital bilanziert werden, bezeichnet man auch als »**Quotenaktien**«. Der Anteil einer Quotenaktie am Unternehmen wird auf-

Quotenaktien

grund des fehlenden Nennwertes und unter der Voraussetzung, daß die corporation in der Vergangenheit ausschließlich nennwertlose Stammaktien emittierte, über die Quote

$$\frac{1}{\text{Summe aller umlaufenden Aktien}}$$

ermittelt. Dies führt zu einer Gleichgewichtung der Stammaktien

- in der Hauptversammlung der corporation,
- bei Dividendenausschüttungen und
- im Falle der Unternehmensliquidation.

Beispiel 3/2 Die folgende Tabelle enthält die wichtigsten Angaben über die Zusammensetzung des Grundkapitals der XY-corporation am **31.12.1994** (vgl. Beispiel 3/1).

Emissions-serie	Tag der Aktienemission	Anzahl der emittierten Stammaktien	Emissionskurs	Grundkapital
A	2.1.90	1.000.000	20 US-$	20.000.000 US-$
B	2.1.92	500.000	50 US-$	25.000.000 US-$
		Summe: 1.500.000		Summe: 45.000.000 US-$

Im ersten Quartal 1995 schüttet die corporation einen Gewinn in Höhe von 375.000 US-Dollar an die Aktionäre aus. Der Dividendenanteil beträgt

$$\frac{375.000 \text{ US-\$}}{1.500.000 \text{ Aktien}} = 0{,}25 \text{ US-\$ je Aktie}$$

Jede Aktie partizipiert in gleichem Umfang, also mit der gleichen Quote an der Dividendenausschüttung, obwohl die Aktien der Serien A und B in unterschiedlicher Höhe zur Bildung des Grundkapitals beitragen.

3.1.2 Stock Split

Eine Besonderheit im US-amerikanischen Aktienrecht stellen Aktienteilungen, sogenannte stock splits, dar. Führt eine corporation einen stock split durch, entwertet sie die umlaufenden »alten« Aktien und gibt für diese eine höhere Anzahl an neuen Aktien aus.

Stock Splits im Wall Street Journal

Gesellschaft splittete 2 zu 1 im Jahre 1995

Den Altaktionären werden die neuen Aktien *kostenlos* und in einem festen Verhältnis, das auch als split-Verhältnis bezeichnet wird, zugeteilt. Ein split-Verhältnis von zum Beispiel 2:1 bedeutet, daß eine Gesellschaft die

Stock Split **155**

Anzahl der umlaufenden Aktien durch den stock split verdoppelt, für eine alte Aktie also zwei neue an die Altaktionäre ausgibt.

Ein stock split darf nicht mit einer Kapitalerhöhung verwechselt werden, weil

- der Gesellschaft dabei weder Kapital von außen zugeführt wird, was einer Kapitalerhöhung gegen Einlagen entspräche,
- noch einzelne Eigenkapital-Positionen in der Bilanz umgeschichtet werden, wie dies bei einer Kapitalerhöhung aus Gesellschaftsmitteln der Fall ist.

In der corporate charter einer Aktiengesellschaft wird das Grundkapital zum Zeitpunkt der Unternehmensgründung mit 1 Million US-Dollar fixiert. Die Satzung sieht vor, das Kapital durch die Emission von insgesamt 50.000 Nennwertaktien mit einem Nennwert in Höhe von 20 US-Dollar aufzubringen.

Einige Jahre nach der Gründung beschließt der Vorstand der corporation, die Anzahl der umlaufenden Aktien zu verdoppeln, also einen stock split im Verhältnis 2:1 durchzuführen und »zwei neue Aktien für eine alte Aktie« auszugeben.

Die corporate charter wird nun dahingehend verändert, daß die Anzahl der zur Emission »autorisierten« Aktien, die sogenannten authorized shares, von 50.000 auf 100.000 Stück erhöht und der Nennwert je Aktie gleichzeitig halbiert wird.

Beispiel 3/3

$$\text{Nennbetrag vor dem stock split} = \frac{1.000.000 \text{ US-\$}}{50.000 \text{ Aktien}} = 20 \text{ US-\$ je Aktie}$$

$$\text{Nennbetrag nach dem stock split} = \frac{1.000.000 \text{ US-\$}}{100.000 \text{ Aktien}} = 10 \text{ US-\$ je Aktie}$$

Aktionäre erhalten für eine alte Aktie mit einem Nennwert von 20 US-Dollar zwei neue Aktien mit einem Nennwert von jeweils 10 US-Dollar. Auf den Anteil der Aktionäre an der corporation hat die Aktienteilung keinerlei Auswirkungen.

Eine Aktienteilung löst grundsätzlich eine Verminderung des Börsenkurses der betreffenden Papiere aus. Durch den stock split verteilen sich die zuvor auf einer Aktie verbrieften Vermögens- und Gewinnansprüche auf mehrere Aktien, wodurch sich die »Ertragskraft« jeder einzelnen Aktie reduziert. Der stock split bietet einer corporation infolgedessen die Möglichkeit, den Kurs der umlaufenden Aktien in erheblichem Maße zu beeinflussen – ein split-Verhältnis von zum Beispiel 10:1 hat zur Folge, daß der Kurs der Aktien nach dem stock split nur noch ungefähr 1/10 des »alten« Kurses ausmacht. Corporations teilen ihre Aktien in aller Regel dann, wenn der Kurs ihrer Aktie in den zurückliegenden Monaten erheblich gestiegen und für Kleinanleger zu »teuer« geworden ist.

3.1.3 Gang der Daimler-Benz AG an die New York Stock Exchange

Die Zulassung einer ausländischen Aktie zum Handel an US-amerikanischen Wertpapierbörsen ist aufgrund strenger Vorschriften der amtlichen Börsenaufsichtsbehörde, der Securities and Exchange Commission (SEC), nicht ohne weiteres möglich. Eine ausländische Aktiengesellschaft, die eine Börsenzulassung in den USA beantragt, muß ihre Rechnungslegung – sofern sie nicht den US-amerikanischen Generally Accepted Accounting Principles (GAAP) entspricht – anpassen. Dies ist für die Unternehmen in der Regel mit einem erheblichen finanziellen und verwaltungstechnischen Aufwand verbunden.

Seit 1993 notiert zum ersten Mal eine deutsche Unternehmung, die Daimler-Benz AG, Stuttgart, an der New York Stock Exchange. Da die Aktie der Daimler Benz-AG im Vergleich zu US-amerikanischen Aktien relativ »schwer«, also verhältnismäßig »teuer« ist, verteilte die Daimler Benz AG die Rechte einer deutschen Stammaktie mit einem Nennwert von 50 D-Mark auf zehn sogenannte American Depositary Shares (ADSs) mit einem Nennwert von jeweils 5 D-Mark. Die Original-Papiere wurden zuvor bei einer US-Geschäftsbank, dem sogenannten depositary, hinterlegt.

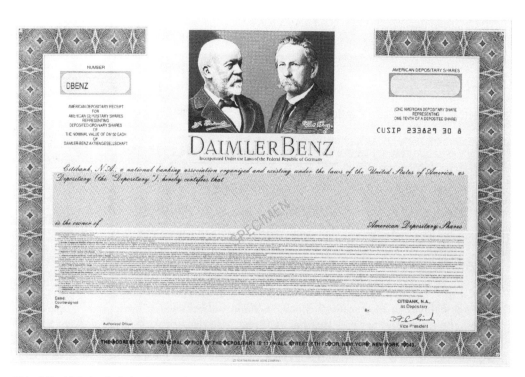

Abb. 3/4: ADR der Daimler-Benz AG

Der aktuelle Kurs eines Daimler-ADS an der New York Stock Exchange wird im Handelsblatt in der Kurstabelle »*Aktienkurse ausländischer Börsen*« veröffentlicht und dort mit der Bezeichnung »*ADR*« versehen. »ADR« steht für **A**merican **D**epositary **R**eceipt und bezeichnet im Fall der Daimler-Benz AG ein Zertifikat, das US-amerikanischen Investoren den Erwerb einer oder mehrerer Daimler-ADSs quittiert (vgl. Abb. 3/4). ADRs werden für jeden Investor individuell ausgestellt und enthalten unter anderem dessen Namen und die Anzahl der erworbenen Anteile an der Daimler-Benz AG. Ein ADR kann zum Beispiel 100, 400 oder 1000 Daimler-ADSs repräsentieren, was einen Handel der ADRs an Börsen ausschließt. Der im Handelsblatt ausgewiesene Kurs von der New York Stock Exchange ist immer der Preis für ein ADS und der verwendete Zusatz »ADR« nicht ganz exakt.

Aktienkurse
ausländischer
Börsen

ADR

Aktienkurse
ausländischer
Börsen

Die Umrechnung des ADS-Kurses vom 5.6.1995 in Höhe von 49,125 US-Dollar mit einem Devisenkurs von 1,4093 D-Mark[1] ergibt ungefähr ein Zehntel des Schlußkurses der »Daimler-Aktie« von 697,50 D-Mark, der am 2.6.1995 an der Frankfurter Wertpapierbörse festgestellt wurde:

$$49,125 \text{ US-Dollar} \times 1,4093 \text{ DM/US-Dollar} = 69,23 \text{ DM}$$

Fortlaufende
Notierungen

Ein amerikanischer Anleger, der zehn ADSs der Daimler-Benz AG an der New York Stock Exchange erwirbt, ist in gleichem Umfang am Vermögen der Unternehmung beteiligt wie der Inhaber einer deutschen Stammaktie. Der depositary ist verpflichtet, erhaltene Dividendenzahlungen für die bei ihm hinterlegten Daimler-Aktien an die Eigentümer der ADSs auszuzahlen. Weiterhin ist es den Inhabern der ADSs entsprechend ihrem Anteil an den hinterlegten Stammaktien möglich, Stimmrechte in der Hauptversammlung der Daimler-Benz AG auszuüben.

Aktienerwerb an ausländischen Börsen

3.2

Für einen deutschen »Kleinanleger« ist der Kauf ausländischer Aktien an den entsprechenden *ausländischen* Börsen häufig nicht lohnenswert. Bei einer Order über eine inländische Geschäftsbank fallen dabei zum einen relativ hohe Gebühren an, zum anderen werden von dieser oftmals Mindestordervolumen vorgeschrieben.

Eine besondere Rolle bei einem Engagement an ausländischen Börsen spielen Devisenkursschwankungen. Ein inländischer Anleger, der ausländische Aktien über eine inländische Geschäftsbank im Ausland erwirbt und einige Zeit später dort wieder verkauft, muß

1 *Amtlicher Devisen-
Kassa-Mittelkurs
am 2.6.95.*

- beim Kauf der Aktien heimische in ausländische Währung tauschen und
- beim Verkauf der Aktien den erhaltenen Betrag ausländischer Währung in inländische Währung umtauschen, wenn er wieder über inländische Währung verfügen will.

Hat sich in der Zwischenzeit – also zwischen Erwerbs- und Veräußerungszeitpunkt – der Kurs der inländischen Währung gegenüber der ausländischen Währung verändert, wirkt sich das

- positiv aus, wenn der Devisenkurs gestiegen ist oder
- negativ aus, wenn der Devisenkurs gesunken ist.

Beispiel 3/4

Ein deutscher Anleger erwirbt am 15.6.1994 an der New York Exchange 100 Aktien der Coca-Cola Company zu einem Kurs von 39,875 US-Dollar. Die Gebühren beim An- und Verkauf bleiben in diesem Beispiel unberücksichtigt.

Aktienkurse ausländischer Börsen

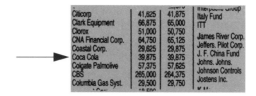

Der Devisenkurs beträgt am selben Tag 1,6428 D-Mark/US-Dollar. Der deutsche Anleger muß folglich insgesamt

100 »Coca-Cola-Aktien« × 39,875 US-$ × 1,6428 DM je 1 US-$ = 6.550,67 DM

für den Kauf der 100 Aktien aufwenden.

Am 5.6.1995, also knapp ein Jahr später, sollen die »Coca-Cola-Aktien« bei einem Kurs von 60,375 US-Dollar an der Wall Street verkauft und der Erlös umgehend in D-Mark getauscht werden.

Aktienkurse ausländischer Börsen

Der deutsche Anleger erzielt einen absoluten Kursgewinn je Aktie – ausgedrückt in US-Dollar – von

$$60{,}375 - 39{,}875 = 20{,}50 \text{ US-Dollar.}$$

Dies entspricht einem relativen Kursgewinn in Höhe von

$$\frac{20{,}50 \text{ US-\$}}{39{,}875 \text{ US-\$}} = 0{,}514 \times 100(\%) \approx 51\,\%.$$

Da für den Anleger aber nicht der Gewinn in US-Dollar, sondern der Gewinn in D-Mark ausschlaggebend ist, muß für die Messung des Anlageerfolges zusätzlich der Devisenkurs vom 5.6.1995 einbezogen werden. Er lautet zu diesem Zeitpunkt 1,4093 D-Mark/US-Dollar. Der Erlös aus dem Aktienverkauf am 5.6.1995 beläuft sich demnach auf

100 »Coca-Cola-Aktien« × 60,375 US-$ × 1,4093 DM/US-$ = 8.508,65 DM.

Der deutsche Anleger erzielt somit einen absoluten D-Mark-Gewinn in Höhe von

8.508,65 - 6.550,67 = 1.957,98 D-Mark,

was einem relativen Gewinn von ca. 30 % – bezogen auf das eingesetzte Kapital in Höhe von 6.550,67 D-Mark – entspricht.
Bei unverändertem Devisenkurs hätte der Anleger

100 »Coca-Cola-Aktien« × 60,375 US-$ × 1,6428 DM/US-$ = 9.918,41 DM

erzielt. Aufgrund des gesunkenen Devisenkurses liegt der effektive Erlös des Anlegers (8.508,65 D-Mark) allerdings um 14,2 % unter diesem Betrag.

Das folgende Beispiel zeigt, daß ein Devisenkursrückgang dazu führen kann, daß ein deutscher Anleger Verluste erleidet, obwohl die Aktienkurse der betreffenden ausländischen Aktien gestiegen sind.[1]

Unterstellt man, daß der Devisenkurs im Beispiel 3/4 bis zum 5.6.1995 auf eine D-Mark/US-Dollar gefallen ist, so realisiert der deutsche Anleger – trotz einer Aktienkurssteigerung von 2.050 US-Dollar – einen Verlust in Höhe von

6.550,67 - 6.037,50 = 513,17 D-Mark.

Beispiel 3/5

Es ist zu beachten, daß ein inländischer Investor mit ausländischen Aktien besonders hohe Verluste erleidet, wenn neben dem Devisen- auch der Aktienkurs gesunken ist.
Devisenkursänderungen bergen für den Aktienkäufer aber nicht nur Verlustgefahren, sondern auch Gewinnchancen. Bei der Aufwertung der ausländischen Währung gegenüber der inländischen kann der Anleger – zusätzlich zu gegebenenfalls eintretenden Aktienkursgewinnen – Devisenkursgewinne realisieren. Des weiteren bleibt ein Aktienkursrückgang an einer ausländischen Börse – bei entsprechender Aufwertung der ausländischen Währung – für den Anleger ohne Folgen.

Kurse ausländischer Börsen in der Finanzzeitung

3.3

Tabelle »Aktienkurse ausländischer Börsen« im Handelsblatt

3.3.1

Das Handelsblatt veröffentlicht unter der Rubrik »*Aktienkurse ausländischer Börsen*« die an den wichtigsten Wertpapierbörsen der Welt am letzten und vorletzten Börsentag festgestellten Kurse bedeutender Aktien.

1 *Von der Möglichkeit einer Absicherung gegen das Kursänderungsrisiko wird hier abgesehen.*

Abb. 3/5:
»Aktienkurse ausländischer Börsen«

Aktienkurse ausländischer Börsen

New York	22.21 Uhr 5.6.95 S	2.6.95	New York	22.21 Uhr 5.6.95 S	2.6.95	New York	22.21 Uhr 5.6.95 S	2.6.95	New York	22.21 Uhr 5.6.95 S	2.6.95
Abbott Labor.	39,125	39,625	Dover Corp.	65,750	65,500	May Dept. Stores	40,500	39,750	Sun Trust Banks	57,625	57,875
Acme-Cleveland	25,375	24,500	Dow Chemical	71,500	72,000	Maytag Corp.	16,375	16,375	Sunshine Mining	1,875	2,000
Actava Group	11,125	10,750	Dow Jones	36,250	36,375	MBNA Corp.	33,375	34,750	Super Valu St.Inc.	28,625	28,500
Acuson Corp.	11,250	11,125	Dravo Corp.	13,250	13,125	McDermott Int.	26,375	26,250	Sysco Corp.	27,750	27,000
Advanced Micro	34,625	34,125	Dresser Industries	23,250	22,750	McDonalds	36,750	37,000	Tandem Comp.	14,250	13,750
Aetna Life	60,000	59,875	DSC Communicat.*	38,250	37,750	McDonnell Dg.	73,000	72,875	Tandy	46,500	46,500
Aflac Inc.	42,750	42,000	Duke Power	41,875	41,750	McGraw Hill	74,625	74,000	Tektronix Inc.	45,375	45,375
Ahmanson & Co.	23,250	23,250	Dun & Bradstreet	53,000	52,750	MCI Communicat.*	20,125	19,875	Tele-Communic.A*	21,375	20,875
Air Prod. & Chem.	53,250	53,125	DuPont	67,125	66,125	McKesson Corp.	45,625	45,875	Teledyne	24,125	24,125
Alberto Culver A	27,250	27,375	EG & G. Inc.	17,500	17,875	Mead Corp.	55,250	54,500	TelMex	30,250	30,125
Alberto Culver B	32,000	32,375	East. Enter.	29,875	29,750	Medtronic Inc.	75,250	75,000	Temple Inl. Inc.	44,125	42,875
Albertsons Inc.	29,250	28,500	Eastman Kodak	62,000	61,375	Mellon Bank Corp.	43,500	43,750	Tenneco	48,125	46,625
Alcan	29,750	29,375	Eaton Corp.	60,625	59,625	Melville	35,750	35,875	Teradyne	58,000	57,125
Alco Stand.	72,375	71,625	Echlin Inc.	36,875	36,250	Mercantile Stores	47,250	46,000	Terra Ind. Inc.	10,750	10,250
Alexand.&Alexand.	25,000	24,625	Echo Bay Mines	9,000	8,875	Merck & Co.	49,250	47,500	Texaco	98,875	68,500
Allegheny Power	25,125	24,750	Ecolab Inc.	24,875	24,875	Meredith Corp.	26,125	25,625	Texas Instr.	122,000	123,750
Allergan Inc.	26,250	26,500	Edwards (A. G.) Inc.	23,375	23,125	Merrill Lynch	50,375	50,125	Texas Util.	35,000	34,875
Allied Signal	40,625	40,375	EMC Corp.	23,375	23,375	Mexico Fund	16,375	16,500	Textron	67,250	67,875
Alcoa	46,000	45,000	Emerson Elec.	68,000	68,250	Microsoft Corp.*	84,750	83,125	Thomas & Betts	67,250	67,875
Alza Corp.	20,875	20,750	Engelhard Corp.	40,875	41,375	Millipore Corp.	64,750	64,625	Time Warner	39,750	39,875
Alumax Inc.	29,750	29,125	Enron Corp.	36,375	36,000	Minnesota Min.	58,625	58,500	Times Mirr.Co.Del.	23,500	23,250
Amax Gold	5,500	5,375	Enserch Corp.	17,625	17,500	Mitel Corp.	4,875	4,750	Timken	41,000	42,000
AMR	68,000	67,750	Entergy Corp.	25,375	24,750	Mobil Corp.	99,125	99,125	Tosco Corp.	35,625	35,625
Amdahl	12,500	12,500	Ethyl Corp.	11,750	11,875	Monarch M. Tool	9,750	9,875	TJX Comp.	13,375	13,125
Amerada Hess	50,000	50,125	Exxon Corp.	71,000	70,625	Monsanto	84,625	84,875	Torchmark Corp.	40,250	40,125
Am. Brands	39,500	40,000	Fed. Express	59,125	59,250	Moore Corp. Ltd.	21,875	21,750	Toys R Us	25,875	25,750
Am. Electr. Pw.	34,750	34,750	Fedders	6,875	6,750	Morgan (J.P.)	74,375	72,375	Transamerica	59,000	59,250
Am. Express	35,625	36,125	Federal Home Loan	72,375	72,125	Morgan Stanley	80,625	78,875	Travelers	44,375	44,500
Am. General	34,875	35,000	Federal Nat'l. Mt.	97,750	96,625	Morrison-Knudsen	6,625	5,500	Tribune Co.	60,375	59,625
Am. Greetings Cp.*	28,875	28,250	Fed. Paper Board	32,875	32,750	Morton Internat.	31,250	30,500	Trinova Corp.	33,375	33,250
Am. Home	74,875	74,750	First Chicago	59,750	59,125	Motorola	59,875	59,875	TRW	77,625	77,375
Am. Int. Group	116,625	116,250	Fst.Fid. Bancorp	51,875	52,000	Nacco Ind.	59,125	59,250	Tyco Int.	55,250	54,250
Am. Premier	25,000	25,125	Fst.Interst.Bancorp	88,250	88,000	Nalco Chemical	37,250	37,125	UAL Corp.	116,250	115,000
Am. Stores Co.	27,250	26,625	First Mississ.Corp.	22,875	23,125	Nat. Semiconduc.	26,250	26,250	Unicom	27,500	27,750
Am. Supercond. *	14,000	14,250	First Union Corp.	49,625	49,750	Nat. Education	3,875	3,750	Unilever NV	127,000	126,250
Ameritech	43,875	43,500	First Union R.E.	7,500	7,625	Nat. Medical Ent.	16,750	16,500	Union Camp Corp.	52,125	51,500
Amgen*	75,500	73,875	Flagstar Comp.*	4,875	4,825	Nat. Service Ind.	28,750	28,375	Union Carbide	29,250	28,625
Amoco Corp.	67,750	67,500	Fleet Fin. Grp. Inc.	37,125	36,375	Nationsbank	57,125	57,125	Union Electric	37,250	37,500
AMP	42,625	42,625	Fleetwood Enterpr.	21,625	21,250	Navistar Int. Corp.	15,500	15,375	Union Pac. Corp.	52,500	52,625
Anacomp	1,125	1,000	Fleming Cos. Inc.	26,125	26,000	NBD Bancorp	32,000	32,375	Unisys Corp.	10,750	10,625
Andrew Corp.*	50,500	47,875	Fluor	50,250	50,000	New York Times	22,750	22,750	United Technol.	77,500	75,375
Anheuser Busch	59,500	59,375	FMC Corp.	62,875	62,875	Newell Co.	23,750+	24,000	Unocal Corp.	28,875	26,875
Apple Computer*	43,500	42,125	Ford Motor	30,500	30,000	Newmont Min.	42,375	41,875	Upjohn	37,125	37,125
Archer-Daniels	18,625	18,625	Foster Wheeler	33,000	32,125	Niagara Mohawk	15,000	14,875	U.S.Bancorp.*	22,750	22,625
Armco Inc.	6,250	6,125	Foxmeyer Health	18,250	18,125	Nicor Inc.	26,250	26,250	U.S. Home Corp.	23,375	22,875
Armstrong World	49,500	50,625	FPL Group Inc.	39,000	38,750	Nike Inc.	79,000	80,250	USAir Group Inc.	9,375	9,125
ASA Ltd.	44,000	43,625	Freeport-McMoran	17,375	17,375	NL Industries Inc.	16,375	16,375	USF & G. Corp.	17,125	17,000
Asarco Inc.	29,250	29,000	Gannett Co.	54,500	53,625	Noram Energy Cp.	6,625	6,500	USG Corp.	24,000	24,375
ATT	50,750	51,000	Gap Inc.	34,250	33,250	Nordstrom Inc.*	42,500	40,750	US Surgical	20,500	21,000
Ashland Oil	36,000	36,500	Gen. Dynamics	44,750	43,750	Norfolk Southn.	65,625	65,500	US West	40,875	40,750
Atl. Richfield	113,500	113,875	General Electric	57,875	56,750	North. States Pwr.	47,125	47,125	Uslife Corp.	40,125	40,000
Atari	2,687	2,625	General Mills	51,750	51,750	North. Telec. Ltd.	37,875	37,625	UST Inc.	30,000	29,500
Autodesk Inc.*	39,750	38,250	General Motors	48,000	47,500	Northrop Corp.	52,250	52,125	USX-Marathon	19,875	19,625
Autom. Data Proc.	63,125	62,375	Gen. Publ. Util.	30,875	30,500	Norwest Corp.	28,875	28,875	USX-US Steel	32,375	32,375
Avery Int.	41,375	41,000	Gencorp Inc.	13,125	13,000	Novell Inc.*	19,750	19,125	Varity Corp.	43,500	43,375
Avon	68,375	67,375	Genentech Inc.	49,250	49,500	Nucor Corp.	48,750	48,625	VF Corp.	51,750	52,250
Baker Hughes	22,625	22,125	General Re Corp.	128,250	125,125	Nynex	41,500	41,375			

Der weltweit höchste Aktienumsatz wird in den USA verzeichnet. Der Aktienhandel wird dort hauptsächlich über

- die **New York Stock Exchange** (NYSE),
- die **American Stock Exchange** (AMEX) und über
- das vollelektronische Handelssystem der National Association of Securities Dealers (NASD), kurz NASDAQ,

abgewickelt.

Wall Street

Die »**New York Stock Exchange**« (NYSE) – im Fachjargon auch »**Wall Street**« oder »Big Board« genannt – besteht seit 1792. Sie ist die umsatzstärkste Aktienbörse weltweit – im Jahre 1994 wechselten dort Aktien mit einem Gesamtkurswert von über 2,5 Billionen US-Dollar die Besitzer – und gilt als »Leitbörse« für alle Aktienmärkte. An der NYSE notieren annähernd 2.500 Aktien. Der Börsenhandel findet zwischen 16 Uhr und 22 Uhr mitteleuropäischer Zeit (10 Uhr bis 16 Uhr Ortszeit) statt.

AMEX

Die American Stock Exchange (**AMEX**) ist neben der NYSE die bedeutendste Wertpapierbörse New Yorks, an der jedoch weitaus weniger Aktiengesellschaften notieren als an der Wall Street. Früher wurde die AMEX als »Curb Exchange« (Bordstein-Börse) bezeichnet, da der Aktienhandel anfangs auf offener Straße stattfand. Gemessen am Grundkapital lagen die Aktiengesellschaften, die an der AMEX registriert wurden, lange Jahre zwischen den an der New York Stock Exchange und den per Telefon oder Computer (OTC) gehandelten Unternehmen. Eine solche Klassifizierung trifft heute aber nicht mehr zu, da das Grundkapital einiger »OTC-Gesellschaften« das der größten »Amex-Gesellschaften« bei weitem übersteigt.

Aktien werden in den USA nicht nur an Präsenzbörsen, sondern – wie bereits angedeutet – auch über Computer gehandelt. Das wichtigste vollelektronische Kursinformations- und Handelssystem ist das **NASDAQ-System**, das von der NASD betrieben wird. Über das NASDAQ-System werden annähernd 5.000 Wertpapiere außerhalb der Präsenzbörsen gehandelt.

NASDAQ-System

Abb. 3/6:
Wall Street
(Quelle: Foto
Poly-Press, Bonn)

162 Kurse ausländischer Börsen in der Finanzzeitung

Im Handelsblatt werden unter der Rubrik »**New York**« vorwiegend Kurse von Aktien veröffentlicht, die an der NYSE notieren. Die Kurse der im NASDAQ-System gelisteten Aktien sind in der Tabelle mit »*« gekennzeichnet.

Ausländische Börsen

Der Tabelle »*Aktienkurse ausländischer Börsen*« (vgl. Abb. 3/5) kann der Leser die exakte Uhrzeit entnehmen, zu der die Übertragung der Aktienkurse – und das gilt nicht nur für die Aktientitel aus New York – vorgenommen wurde. Aufgrund von Zeitdifferenzen zwischen Deutschland und dem Ausland kann es sein, daß an einer ausländischen Börse (z. B. New York) noch gehandelt wird, während für die Kursnotierungen im Handelsblatt bereits der »Redaktionsschluß« festgesetzt wurde. Aus diesem Grunde werden nicht immer

»S«, »A«, »V«
- Schlußkurse (»**S**«), sondern auch
- Anfangskurse (»**A**«) oder
- Kurse aus dem Börsenverlauf (»**V**«)

abgedruckt und entsprechend gekennzeichnet.

Die Aktienkurse ausländischer Börsen werden in aller Regel in der größtmöglichen Einheit der entsprechenden ausländischen Währung – also zum Beispiel in US-Dollar und nicht in cent, in Französischen Franc und nicht in centime usw. – angegeben. Eine Ausnahme bilden die Aktiennotierungen an den Börsen zu London und Sydney, die die Händler immer in pences (London) bzw. australischen cents mitteilen.

Aktienkurse ausländischer Börsen

Die an US-amerikanischen und kanadischen Wertpapierbörsen übliche Darstellung von Aktienkursen als Bruchzahl (z. B. 27 7/8 US-Dollar) führt dazu, daß alle Kurse aus New York und Toronto im Handelsblatt mit drei Nachkommastellen abgedruckt sind.

Aktienkurse ausländischer Börsen

lot-trading

Der Kurs, der an einer nordamerikanischen Börse für eine Aktie festgestellt wird, lautet unter Umständen auf Bruchteile eines Dollars, was die Bezahlung des exakten Kurses eigentlich ausschließt. Zu bedenken ist aber, daß

Aktienorders in den USA und Kanada zumeist in Partien zu 100 Stück einer Aktiengattung - sogenannten round lots - oder einem Vielfachen davon (multiple round lot) abgewickelt werden und »Kursrundungen« deshalb nur selten erforderlich sind. Die Multiplikation des Börsenkurses mit 100 bzw. 1.000, 10.000 usw. führt immer zu einem Gesamtkurswert des round lot bzw. des multiple round lot, der in Dollar und cent abgerechnet werden kann.

Der Börsenschlußkurs der Stammaktie der BankAmerika belief sich am 5.6.1995 auf 53 7/8 (53,875) US-Dollar.

Beispiel 3/6

Aktienkurse ausländischer Börsen

Während eine einzelne Aktie der genannten Aktiengattung zu dem abgedruckten Börsenkurs nicht hätte abgerechnet werden können (7/8 Dollar = 87 1/2 cent), bereitet einem Aktienhändler die Abrechnung einer Order über 100 Stück keinerlei Schwierigkeiten.

100 BankAmerika-Aktien × 53,875 US-Dollar = 5.387,50 US-Dollar

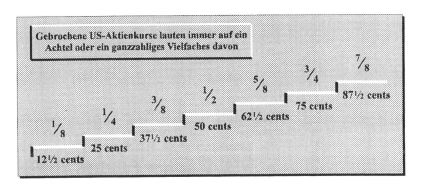

Im Börsenhandel in den USA und Kanada können sich Marktteilnehmer, insbesondere Privatanleger, auch mit Kauf- und Verkaufsorders mit Stückzahlen unter 100 Stück – sogenannten **odd-lots** – engagieren. Odd-lots sind unter Umständen aber nur schwer zusammenzuführen und werden mit Preisaufschlägen sowie zu höheren Courtagen abgerechnet.

odd-lot-trading

Aktienkurse im Wall Street Journal

3.3.2

Im *Wall Street Journal* erscheinen Aktienkurse der beiden umsatzstärksten US-Wertpapierbörsen, also der NYSE und der AMEX, sowie aus dem Computer-Handelssystem der National Association of Securities Dealers (»Nasdaq«). Der Leser findet insgesamt vier Aktienkurs-Tabellen:

- »New York Stock Exchange Composite Transactions«,
- »Nasdaq National Market Issues«,
- »Nasdaq Small-Cap Issues«,
- »American Stock Exchange Composite Transactions«.

Der Aufbau der Tabellen sowie die verwendeten Abkürzungen und Symbole sind sehr ähnlich, so daß hier nur die Notierungen von der Wall Street näher erläutert werden sollen.

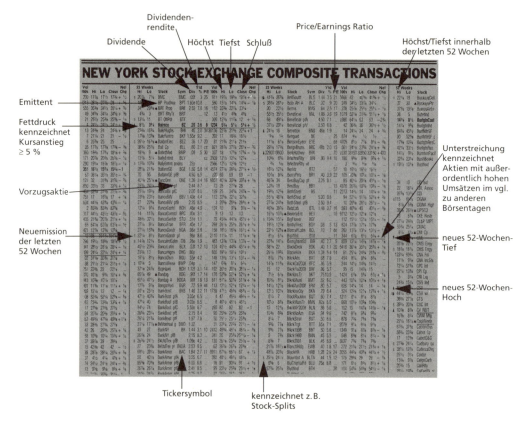

3.4 Ausländische Aktienindizes

3.4.1 Tabelle »Ausländische Indizes«

Einen Überblick über das weltweite Börsengeschehen am letzten und vorletzten Börsentag erhält der Leser in der Handelsblatt-Tabelle »*Ausländische Indizes*«(vgl. Abb. 3/7).

Ein Vergleich der Aktienindizes verschiedener Länder über einen längeren Zeitraum zeigt an, ob die Marktentwicklung in den betrachteten Ländern für diese Zeit ähnlich oder unterschiedlich verlief. Es muß jedoch darauf hingewiesen werden, daß bei einem Vergleich der Indexentwicklungen neben den Konstruktionsprinzipien auch die Aktienauswahl der jeweiligen Indizes zu beachten sind.

Ausländische Indizes

Abb. 3/7:
Ausländische Indizes

	5.6.	2.6.	Hoch 95	Tief 95
Amsterdam AEX-Index	geschl.	433,10	475,62	385,24
Brüssel Allg. Index	geschl.	7718,69	7718,69	6691,80
Europa Ind EC	1582,50	1577,80	1579,30	1436,10
Ind EC Blue	1649,90	1644,20	1644,20	1451,80
Helsinki KOP Hex	1875,76	1869,35	1940,27	1555,32
Hongkong Hang Seng	9570,37	geschl.	9625,35	6890,08
Johannesburg				
JSE-Industrial	6959,00	6969,00	7057,00	6221,00
JSE-Goldminen	1386,00	1407,00	1964,00	1332,00
Kopenhagen Börs.-I.	geschl.	359,88	360,72	328,02
Lissabon BTA-Index		geschl.	2911,60	2682,40
BVL-Index		geschl.	933,32	860,90
London				
FT.SE 100	3376,60	3345,00	3360,80	2954,20
FT.Gold Mines*		1909,39	2033,58	1637,91
FT.SE Eurotr.100	1375,78	1372,38	1386,22	1221,98
FT.SE Eurotr.200	1461,39	1456,70	1469,88	1312,73
Madrid Ges.-Index	298,80	297,72	304,53	261,84
Ibex	3269,11	3260,35	3348,78	2833,61
Mailand BCI-Index	625,66	626,19	680,54	587,99
Mibtel	10052,00	9985,00	11019,00	9311,00
Oslo				
Industrie-Index	geschl.	1177,08	1191,43	1036,00
Gesamt-Index	geschl.	675,78	681,19	597,53
Paris CAC 40 Index	geschl.	1971,30	2025,15	1711,80
Singapur Straits				
Time Industrials	2218,03	2208,51	2634,28	1903,80
Stockholm				
Affärsvärlden Index	geschl.	1609,80	1609,80	1439,80
Sydney All ordinaries	2011,70	2006,70	2078,60	1823,30
Tokio				
Index 1.Sektion	1279,63	1277,99	1553,40	1221,75
Nikkei Index	15897,32	15849,13	19724,76	15256,06
Wien ATX-Index	geschl.	1052,82	1059,43	933,88
Börse-Index	geschl.	410,52	429,96	380,07
CA-Index	geschl.	386,43	667,37	350,32
Zürich SBV-Index	geschl.	962,67	980,76	870,58
SMI-Index	geschl.	2803,30	2819,60	2438,10

* Index vom Vortag

Nordamerika	5.6. N	2.6. S	Hoch 95	Tief 95
New York				
DJ-Industrie	4476,55	4444,39	4499,72	3794,40
Tageshoch	4510,45	4496,27		
Tagestief	4417,76	4406,35		
DJ-Transport	1640,87	1630,85	1695,59	1443,62
DJ-Versorgung	209,86	207,75	209,00	180,79
DJ-20-Bonds	102,08	101,95	101,95	93,55
NYSE-Index	288,05	286,53	288,24	249,86
AMEX-Index	488,71	487,84	493,04	432,20
St. & P. 100	508,53	506,36	511,31	425,87
St. & P.500	535,62	532,51	536,91	457,20
Nasdaq Comp.	882,85	872,97	885,92	740,47
MMI	466,52	465,99	470,90	397,39
Toronto				
Industrie-Index	4463,40	4449,80	4452,00	3983,30

E = Eröffnung; S = Schluß; N = kurz vor Schluß; V = Verlauf

NYSE-Statistik

ap-dj/rtr NEW YORK. Von der New York Stock Exchange liegen für die Freitag-Sitzung folgende statistische Daten vor (Vortag in Klammern):

Verbessert	1463	(1221)
Rückläufig	898	(924)
Unverändert	623	(820)
Neue Spitzen	442	(260)
Neue Tiefs	20	(22)

Umsatzspitzenreiter am Freitag (Gesamtumsatz: 366,01 Mill. Aktien - am Donnerstag 345,92 Mill. Aktien):

Umsatz	Titel	Kurs	
4 357 900	Chrysler Corp.	$44\frac{1}{4}$	(- $\frac{3}{8}$)
4 032 700	Motorola Inc.	$59\frac{7}{8}$	(- $1\frac{1}{4}$)
3 861 000	Telef. de Mex.	$30\frac{1}{8}$	(+ $\frac{1}{8}$)
3 721 500	Portugal Telec.	$19\frac{3}{8}$	(±0)
3 581 500	Ford Motor Co.	30	(- $\frac{1}{8}$)
2 827 500	Micron Tech.	$47\frac{3}{8}$	(+ $1\frac{1}{8}$)
2 763 800	Digital Equip Cp.	$44\frac{7}{8}$	(- $\frac{7}{8}$)
2 665 400	Merck & Co.	$47\frac{1}{2}$	(+ $\frac{5}{8}$)
2 463 400	AT & T	51	(+ $\frac{1}{4}$)
2 373 700	Philip Morris	$73\frac{7}{8}$	(+ 1)

Der Vermerk »*geschl.*« deutet an, daß eine Börse am betreffenden Tag geschlossen war.

geschl.

Ausländische Indizes

	5.6.	5.6.	Hoch 95	Tief 95
Amsterdam AEX-Index	geschl.	433,10	475,62	385,24
Brüssel Allg. Index	geschl.	7718,69	7718,69	6691,80
Europa Ind EC	1582,50	1577,80	1579,30	1436,10
Ind EC Blue	1649,90	1644,20	1644,20	1451,80

Ausländische Indizes

Nordamerikanische Aktienindizes

3.4.1.1

Nordamerika

3.4.1.1.1

In der Tabelle »*Ausländische Indizes*« werden Indizes aus den USA und Kanada unter der Überschrift »*Nordamerika*« getrennt von den anderen ausländischen Indizes ausgewiesen (Vgl. Abb. 3/7). Das Handelsblatt veröffentlicht für einen Index aus Nordamerika

166 **Ausländische Aktienindizes**

»E«, »V«, »S«, »N«

Hoch, Tief

- vom letzten Börsentag entweder den Eröffnungs-(»*E*«), Verlaufs- (»*V*«), Schlußstand (»*S*«) oder den Stand kurz vor Börsenschluß (»*N*«),
- vom vorletzten Börsentag den Index-Schlußstand sowie
- für das Kalenderjahr den Index-Höchst- (***Hoch***) und -Tiefststand (***Tief***).

3.4.1.1.2

Dow Jones Industrial Average

Der wichtigste US-amerikanische und gleichzeitig weltbekannte Aktienindex ist der Dow Jones Industrial Average (DJIA), den man umgangssprachlich schlicht »Dow Jones« nennt. Er wird seit 1884 vom US-amerikanischen Verlagshaus Dow Jones & Co., das unter anderem das *Wall Street Journal* herausgibt, berechnet. Dow Jones & Co. berücksichtigten zunächst 11 Aktien, bevor im Jahre 1928 insgesamt 30 »Standardwerte« (blue chips) aus der Industrie für den Index herangezogen wurden. Mittlerweile sind neben großen Industrieunternehmen auch bedeutende Unternehmen anderer Branchen (z. B. Dienstleistung), deren Aktien allesamt an der NYSE notieren, im Index vertreten.

Ausländische Indizes

| DJ-Industrie | 4476,55 | 4444,39 | 4499,72 | 3794,40 |
| | 4510,45 | 4496,27 | | |

Die Zusammensetzung des Dow Jones hat sich im Laufe der Zeit über 40-mal geändert. Tabelle 3/1 zeigt die Indexgesellschaften am 28.7.1995.

Tab. 3/1: Zusammensetzung des Dow Jones am 28.7.1995

Company	Börsenschlußkurse (in US-Dollar) am 28.7.1995
AT & T	53,625
Allied Signal	46,000
Aluminium Company	56,875
American Express	37,750
Bethlehem Steel	15,625
Boeing	67,875
Caterpillar	69,250
Chevron	48,750
Coca-Cola	66,000
Disney	57,250
DuPont	67,875
Eastman Kodak	58,125
EXXon	71,750
General Electric	58,750
General Motors	49,750
Goodyear	42,750
IBM	110,625

International Paper	83,875
McDonald's	38,750
Merck	51,625
Minnesota Mining & Manufacturing	56,750
JP Morgan	73,375
Philip Morris	72,750
Procter & Gamble	69,750
Sears	33,375
Texaco	66,500
Union Carbide	34,875
United Technologies	84,125
Westinghouse	13,875
Woolworth	15,750

Der Dow Jones wird wie der Deutsche Aktienindex laufend während der Börsenzeit ermittelt. Die Berechnungsmethoden beider Indizes unterscheiden sich jedoch erheblich voneinander. Während beim DAX die einzelnen Index-Titel mit ihrem Börsenkapital gewichtet werden, bestimmt sich der relative Anteil einer Aktie im Dow Jones einzig und allein aus dem Kurs der jeweiligen Aktie. Der Dow Jones entspricht dem arithmetischen Mittelwert der Aktienkurse der Indexgesellschaften zu einem bestimmten Zeitpunkt.

$$\text{Dow Jones zum Zeitpunkt t} = \frac{1}{c} \times \frac{\text{Summe der Aktienkurse zum Zeitpunkt t}}{30}$$

Mit c = Korrekturfaktor

Mittels des Korrekturfaktors »c« wird der Index

- im Falle von stock splits sowie
- beim Austausch einer Indexgesellschaft

bereinigt.

Ein Blick in Tabelle 3/1 und auf den Dow Jones läßt eine starke Diskrepanz zwischen dem arithmetischen Mittelwert der Aktienkurse, der am 28.7.1995 ungefähr 50 US-Dollar betrug, und dem Index, der am 28.7.1995 bei 4.715,51 Indexpunkten stand, erkennen.

New York DJ-Industrie	4476,55	4444,39	4499,72	3794,40

Ausländische Indizes

Dieser Unterschied ist unter anderem auf die Behandlung von stock splits im Dow Jones zurückzuführen. Ein stock split eines im Dow Jones vertretenen Unternehmens wirkt sich unmittelbar auf den Börsenkurs der Aktie aus, darf jedoch nicht den Indexstand beeinflussen, weil der Kursrückgang nicht auf Angebots- und Nachfrageänderungen zurückzuführen ist. Der Dow Jones wird deshalb mittels des Korrekturfaktors »c« bereinigt.

Beispiel 3/7

Es wird der Einfachheit halber unterstellt, daß die Aktien aller im Dow Jones vertretenen 30 Unternehmen zu einem Kurs von jeweils 100 US-Dollar notieren. Ein Aktienindex, der einem arithmetischen Mittelwert entspricht und diese 30 Aktien umfaßt, steht in diesem Fall bei

$$\frac{3.000}{30} = 100.$$

Wenn nun jedes einzelne im Dow Jones repräsentierte Unternehmen einen 2:1 stock split durchführt, dann wird der Kurs jeder Aktie und somit auch der Durchschnittskurs auf 50 US-Dollar sinken. Bleibt der stock split bei der Berechnung des Dow Jones unberücksichtigt, reduziert sich der Indexstand auf

$$\frac{1.500}{30} = 50.$$

Dieser Indexrückgang spiegelt nicht die Entwicklung auf dem Aktienmarkt wider.

Der Dow Jones wird deshalb mittels eines Korrekturfaktors bereinigt, so daß sich der stock split auf den Indexstand nicht mehr auswirkt.

$$\frac{1}{c} \times \frac{1.500}{30} = \frac{1}{0,5} \times \frac{1.500}{30} = 100$$

Der Dow Jones wird nicht nur bei stock splits, sondern auch bei einer Veränderung der Indexzusammensetzung bereinigt. Wenn ein im Index vertretenes Unternehmen gegen ein anderes ausgetauscht wird, weil dessen Bedeutung – zum Beispiel ausgedrückt durch den Aktien-Umsatz – gegenüber dem ausgetauschten Unternehmen zugenommen hat, dann erfolgt ebenfalls eine Anpassung des Korrekturfaktors »c«.

Der Dow Jones wird, anders als der DAX, nicht um Dividendenzahlungen bereinigt, weil US-amerikanische Aktiengesellschaften Dividenden zumeist regelmäßig jedes Vierteljahr ausschütten, und die relativ kleinen Beträge den Index-Stand nur geringfügig beeinflussen.

Steigt oder fällt der Dow Jones während der Börsensitzung um eine bestimmte Zahl an Indexpunkten, so löst dies eine Unterbrechung des Aktienhandels an der NYSE aus. Hierdurch soll einer »Überhitzung« des Aktienmarktes, die durch heftige Kursanstiege bzw. -einbrüche provoziert wird, entgegengewirkt werden. Die Index-Änderung, die eine Unterbrechung des Aktienhandels bewirkt, wird auch »circuit breaker« genannt.

Der Verlauf des DJIA im Zeitraum von Januar 1995 bis Juli 1995 ist in Abbildung 3/8, die regelmäßig im *Wall Street Journal Europe* publiziert wird, graphisch dargestellt.

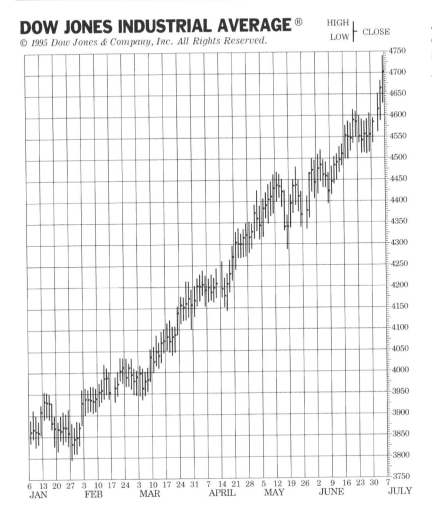

Abb. 3/8: Chart des DJIA im Wall Street Journal Europe

Der Dow Jones zählt zwar zu den bekanntesten Aktienindizes der Welt, ist aber insbesondere aufgrund

- seines Konstruktionsprinzips (Aktien werden nur mit ihrem Kurs gewichtet) und
- seiner »schmalen« Basis (Index umfaßt nur 30 von annähernd 2.500 an der NYSE gehandelten Aktien)

umstritten. Das Handelsblatt veröffentlicht für den Dow Jones

- den theoretischen und tatsächlichen Tageshöchststand (»*Tageshoch theo.*«, »*Tageshoch tats.*«) und
- den theoretischen und tatsächlichen Tagestiefststand (»*Tagestief theo.*«, »*Tagestief tats.*«).

Tageshoch theo./ Tageshoch tats.

Tagestief theo./ Tagestief tats.

170   **Ausländische Aktienindizes**

Ausländische
Indizes

Tageshoch theo.	4762,70	4767,99
Tagestief theo.	4686,28	4691,56
Tageshoch tats.	4738,05	4741,93
Tagestief tats.	4705,30	4707,41

Der *tatsächliche* Tageshöchst- bzw. -tiefststand ist der im Verlauf eines Börsentages beobachtete höchste bzw. niedrigste Index-Stand des Dow Jones. Den tatsächlichen Tageshöchst- bzw. -tiefst- und zusätzlich den Schlußstand des DIJA zeigt Abbildung 3/8.

Der *theoretische* Tageshöchst- bzw. -tiefststand kann erst am Ende eines Börsentages berechnet werden. Aus den im Laufe der Börsensitzung festgestellten Aktienkursen der 30 Indexgesellschaften wird der höchste bzw. niedrigste Aktienkurs jeder Gesellschaft herangezogen und

- im Falle des theoretischen Tageshöchststandes die Summe aus den 30 *höchsten* Kursen und
- im Falle des theoretischen Tagestiefststandes die Summe aus den 30 *niedrigsten* Kursen

gebildet sowie in die Berechnungsfomel des Dow Jones eingesetzt.

Die Differenz zwischen tatsächlichem Tageshöchst- und -tiefsstand liefert einen Anhaltspunkt für die Schwankung des Dow Jones am betreffenden Börsentag, wohingegen die Differenz aus theoretischem Tageshöchst- und -tiefststand Hinweise auf die Schwankung der im Index vertretenen Aktien an diesem Tag liefert.

3.4.1.1.3   Weitere nordamerikanische Aktienindizes

Das US-amerikanische Verlagshaus Dow Jones & Co. veröffentlicht neben dem DJIA eine Reihe weiterer Aktienindizes (Branchenindizes), aber auch Renten-, Rohstoffpreisindizes usw. In der Tabelle »*Ausländische Indizes*« erscheinen unter der Überschrift »*Nordamerika*« die Index-Stände des letzten und vorletzten Börsentages sowie die Index-Höchst- und -Tiefst-Stände des laufenden Jahres für

DJ-Transport

- den Dow Jones Transportation Average (**DJ-Transport**), der 20 Aktien von US-Unternehmen der Transportbranche umfaßt,

DJ-Versorung

- den Dow Jones Utility Average (**DJ-Versorgung**), der auf 15 Aktien von US-Unternehmen der Versorgungsbranche basiert, und

DJ-20-Bonds

- den Dow Jones Bond Average (**DJ-20-Bonds**), der 20 Anleihen ausgewählter US-Versorgungs- und -Industrieunternehmen abbildet.

Ausländische
Indizes

DJ-Transport	1640,87	1630,85	1695,59	1443,62
DJ-Versorgung	209,86	207,75	209,00	180,79
DJ-20-Bonds	102,08	101,95	101,95	93,55

NYSE-Index

Die Tabelle »*Ausländische Indizes*« zeigt weiterhin den NYSE-**Index**, der auch »NYSE Composite Index« heißt.

Ausländische
Indizes

DJ-20-Bonds	102,08	101,95	101,95	93,55
NYSE-Index	288,05	286,53	288,24	249,86

Tabelle »Ausländische Indizes«

Der NYSE-Index ist einer der umfassendsten aller US-amerikanischen Aktienindizes. Er deckt sämtliche an der New York Stock Exchange notierten Aktien ab und wird seit 1966 publiziert. Die im Index erfaßten Unternehmen werden entsprechend ihrer Börsenkapitalisierung gewichtet, wobei Dividendenzahlungen nicht berücksichtigt werden. Der NYSE Composite Index wird laufend während der Börsenzeit berechnet. Seine Basis ist 50 und der Basiszeitpunkt der 21.12.1965. Auf den NYSE-Index werden zum Beispiel an der New York Futures Exchange (NYFE) Derivate gehandelt. Neben dem NYSE Composite Index (Gesamtindex) existieren noch die Branchenindizes »industrial« (Industrie/Gewerbe), »utility« (Versorgung), »financial« (Finanzsektor) und »transport« (Transport), die aber nicht im Handelsblatt stehen.

An der American Stock Exchange wird der AMEX-**Index** berechnet, der ebenfalls unter der Rubrik »*Nordamerika*« in der Tabelle »*Ausländische Indizes*« vom Handelsblatt veröffentlicht wird.

AMEX-Index

AMEX-Index	488,71	487,84	493,04	432,20

Ausländische Indizes

Der AMEX-Index bildet alle an der American Stock Exchange gehandelten Aktien ab und wird seit dem 31.8.1973 berechnet. Die Index-Basis ist 100.

Die Rating-Agentur Standard & Poor's, New York, berechnet seit Anfang der zwanziger Jahre einen Aktienindex, den sogenannten S & P 500, dem insgesamt 500 an der New York Stock Exchange notierte Werte zugrundeliegen. Er ist kein Performance-Index.

S & P 500

St. & P.500	535,62	532,51	536,91	457,20

Ausländische Indizes

Der S & P 500 umfaßt neben Industrieaktien, die den größten Anteil im Index ausmachen, auch Versorgungs-, Finanz- und Transportwerte. Am 25.11.1991 waren im S & P 500 beispielsweise 384 Industrie-, 56 Versorgungs-, 45 Finanz- sowie 15 Transportunternehmen vertreten. Die einzelnen Unternehmen werden entsprechend ihrer Börsenkapitalisierung gewichtet. Der Basiszeitpunkt des S & P 500 wurde im Laufe der Zeit mehrfach geändert. Der Basiswert von 10, auf den sich der Index heute bezieht, wurde am 1.3.1957 fixiert. Der S & P 500 wird jede Sekunde während der NYSE-Handelszeit berechnet. Auf ihn werden zum Beispiel an der Chicago Mercantile Exchange (MERC) Derivate gehandelt. Das *Wall Street Journal Europe* bildet regelmäßig den Verlauf des S & P 500 der zurückliegenden Monate (Graphik links) und der vergangenen Woche (Graphik rechts) ab.

Ausländische Aktienindizes

Abb. 3/9: Chart des Standard & Poors 500 im Wall Street Journal Europe

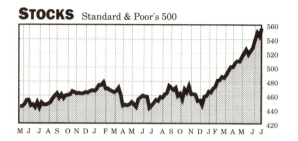 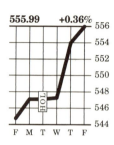

S & P 100

Der S & P 100 ist ein »Teilindex« des S & P 500. Die Konstruktion des S & P 100 entspricht deshalb der des S & P 500. Ersterer bildet die Entwicklung von insgesamt 100 »Blue Chips« der Industrie-, Versorgungs-, Finanz- und Transportbranche ab.

Ausländische Indizes

| St. & P. 100 | 508,53 | 506,36 | 511,31 | 425,87 |

Auf den S & P 100 werden beispielsweise an der Chicago Board Options Exchange (CBOE) Derivate gehandelt.

Das Handelsblatt veröffentlicht des weiteren den NASDAQ Composite Index. Er umfaßt ungefähr 3.000 der über das NASDAQ-System gehandelten Aktien, die entsprechend ihrer Börsenkapitalisierung gewichtet werden. Die Index-Basis bildet 100 am 5.2.1971.

Nasdaq Comp.

Ausländische Indizes

| Nasdaq Comp. | 882,85 | 872,97 | 885,92 | 740,47 |

MMI

Der **Major Market Index (MMI)** ist ein Aktienindex, der von der American Stock Exchange (AMEX) seit 1987 alle 15 Sekunden während der Börsenzeit berechnet wird.

Ausländische Indizes

| MMI | 466,52 | 465,99 | 470,90 | 397,39 |

Dem MMI liegen 20 Blue Chips zugrunde. Seine Konstruktion entspricht in etwa der des Dow Jones. Die meisten der im MMI enthaltenen Aktien sind auch im Dow Jones vertreten.

Zu den nordamerikanischen Aktienindizes, die vom Handelsblatt veröffentlicht werden, zählt schließlich noch der Toronto Stock Exchange Composite Index (TSE 300).

Toronto Industrie-Index

Ausländische Indizes

| Toronto Industrie-Index | 4463,40 | 4449,80 | 4452,00 | 3983,30 |

Er wird seit 1977 von der Toronto Stock Exchange, der umsatzstärksten kanadischen Aktienbörse, für 300 dort notierte inländische Aktien ermittelt. Die Titel werden entsprechend ihrer Börsenkapitalisierung gewichtet. Die Basis des TSE 300 ist 1.000 im Jahre 1975. Auf den TSE 300 werden zum Beispiel an der Toronto Futures Exchange (TFE) Derivate gehandelt.

NYSE-Statistik

3.4.1.1.4

In der Tabelle »***Ausländische Indizes***« veröffentlicht das Handelsblatt einige statistische Informationen zum letzten und vorletzten Börsentag an der New York Stock Exchange und überschreibt die Angaben mit »*NYSE-Statistik*«.

Ausländische Indizes

NYSE-Statistik

ap-dj/rtr NEW YORK. Von der New York Stock Exchange liegen für die Freitag-Sitzung folgende statistische Daten vor (Vortag in Klammern):

Verbessert	1463	(1221)
Rückläufig	898	(924)
Unverändert	623	(820)
Neue Spitzen	442	(260)
Neue Tiefs	20	(22)

Umsatzspitzenreiter am Freitag (Gesamtumsatz: 366.01 Mill. Aktien - am Donnerstag 345,92 Mill. Aktien):

Umsatz	Titel	Kurs	
4 357 900	Chrysler Corp.	44 1/4	(- 3/8)
4 032 700	Motorola Inc.	59 7/8	(- 1 1/4)
3 861 000	Telef. de Mex.	30 1/8	(+ 1/8)
3 721 500	Portugal Telec.	19 3/8	(±0)
3 581 500	Ford Motor Co.	30	(- 1/8)
2 827 500	Micron Tech.	47 3/8	(+ 1 1/8)
2 763 800	Digital Equip Cp	44 7/8	(- 7/8)
2 665 400	Merck & Co.	47 1/2	(+ 5/8)
2 463 400	AT & T	51	(+ 1/4)
2 373 700	Philip Morris	73 7/8	(+ 1)

Verbessert, Rückläufig, Unverändert

Die Angaben »***Verbessert, Rückläufig, Unverändert***« zeigen, wieviele der an der New York Stock Exchange gehandelten Aktientitel am letzten und vorletzten Börsentag im Vergleich zum jeweiligen Börsenvortag

- Kursanstiege (»***Verbessert***«),
- Kursrückgänge (»***Rückläufig***«) sowie
- unveränderte Kurse (»***Unverändert***«)

verzeichneten. Die Kursveränderung für jede Aktie wird durch einen Vergleich ihres Schlußkurses vom Börsentag mit dem vom -vortag bestimmt.

Die Informationen »Verbessert, Rückläufig, Unverändert« sollen Aufschluß über die »Tagesstimmung« an der NYSE geben.

Im Vergleich zum 1.6.1995 sind beispielsweise am 2.6.1995 die Schlußkurse von insgesamt 1.463 an der NYSE gehandelten Aktien gestiegen, wohingegen 898 Aktien Kursverluste und 623 Aktien keine Kursveränderungen erfuhren.

Übertrifft die Zahl der verbesserten die der rückläufigen Kurse für einen längeren Zeitraum, so wird dies von den Marktteilnehmern oftmals als »Signal« für eine Aktien-Hausse an der NYSE gedeutet. Der umgekehrte Fall kann als Hinweis auf eine »Baisse« gewertet werden. Wenn die Zahl der »verbesserten Kurse« über einen längeren Zeitraum in etwa der Zahl der »rückläufigen Kurse« entspricht, dann sprechen Analysten häufig von einer »unentschlossenen Börse«.

Zusätzlich zur Angabe über »verbesserte«, »rückläufige« und »unveränderte« Aktien an der NYSE veröffentlicht das Handelsblatt die Anzahl der Aktien, deren Schlußkurse am Börsenvortag – im Vergleich zu den Tagesschlußkursen der zurückliegenden 52 Wochen – einen neuen Höchststand

174   **Ausländische Aktienindizes**

Neue Spitzen, Neue Tiefs

Ausländische Indizes

Neue Spitzen	442	(260)
Neue Tiefs	20	(22)

(»*Neue Spitzen*«)) bzw. neuen Tiefststand (»*Neue Tiefs*«) verzeichneten. Dies wird durch die Angaben »*Neue Spitzen, Neue Tiefs*« ausgedrückt.

Für die sogenannten »Umsatzspitzenreiter« des zurückliegenden Börsentages wird im Handelsblatt jeweils

- der Aktienumsatz, also die Anzahl an Aktien, die den Besitzer wechselten, sowie
- der Schlußkurs des letzten Börsentages (in US-Dollar) und die Kursveränderung zum Börsenvortag (in US-Dollar)

aufgelistet. Am 2.6.1995 wurden an der Wall Street beispielsweise 4.357.900 Aktien der Chrysler Corporation umgesetzt. Der Schlußkurs der »Chrysler-Aktie« lag am 2.6.1995 um 0,375 US-Dollar unter dem Schlußkurs vom Börsenvortag.

Ausländische Indizes

Umsatz	Titel	Kurs	
4 357 900	Chrysler Corp.	44¼	(- ⅜)
4 032 700	Motorola Inc.	59⅞	(- 1¼)

Der Leser erfährt anhand der in der Tabelle ausgewiesenen Zahlen, welche Werte am letzten Börsentag an der NYSE besonders rege gehandelt, also angeboten und nachgefragt, wurden. Die Tabellenwerte lassen einen direkten Vergleich der Umsätze einzelner Aktien mit den Umsätzen anderer Aktien zu. Am 2.6.1995 wurden beispielsweise fast doppelt so viele »Chrysler-Aktien« umgesetzt wie Aktien der Gesellschaft »Philip Morris«. Anhand des Tagesumsatzes einer Aktie kann der Leser jedoch nicht abschätzen, wie dieser Umsatz im Vergleich zu den Umsätzen einzustufen ist, die in der Vergangenheit mit derselben Aktie getätigt wurden. Hierfür bedarf es der Analyse der Umsätze über einen längeren Zeitraum. Außerdem ist die Zahl der umlaufenden Aktien einer Gesellschaft zu berücksichtigen. Sie kann sich im Zeitablauf beispielsweise durch stock splits oder Kapitalerhöhungen erheblich verändern.

Die Tabelle »*NYSE-Statistik*« enthält zusätzlich die Stückzahl der an der NYSE am letzten und vorletzten Börsentag insgesamt umgesetzten Aktien. Am 5.6.1995 wurden beispielsweise 366.010.000 Aktien umgesetzt.

Ausländische Indizes

Umsatzspitzenreiter am Freitag (Gesamtumsatz: 366,01 Mill. Aktien - am Donnerstag 345,92 Mill. Aktien)

Die Beobachtung der Gesamtumsätze über einen längeren Zeitraum läßt erkennen, ob die an einem bestimmten Börsentag umgesetzte Menge an Aktien als hoch, niedrig oder eher durchschnittlich einzustufen ist. Anhand der Zahlen der Tabelle »*NYSE-Statistik*« kann außerdem ermittelt werden, welcher Anteil am Gesamtumsatz auf die »Umsatzspitzenreiter« zurückzuführen ist. Ein hoher Anteil der »Umsatzspitzenreiter« am Gesamtumsatz läßt beispielsweise darauf schließen, daß sich der Aktienhandel an der

NYSE an dem betreffenden Börsentag auf einige wenige Werte konzentrierte.

Weitere ausländische Indizes

Andere ausländische Aktienindizes findet der Leser in der bereits beschriebenen Tabelle »*Ausländische Indizes*« (vgl. Abb. 3/7).

3.4.1.2

Ausländische Indizes

	5.6.	2.6.	Hoch 95	Tief 95
Amsterdam AEX-Index	geschl.	433,10	475,62	385,24
Brüssel Allg. Index	geschl.	7718,69	7718,69	6691,80
Europa Ind EC	1582,50	1577,80	1579,30	1436,10
Ind EC Blue	1649,90	1644,20	1644,20	1451,80
Helsinki KOP Hex	1875,76	1869,35	1940,27	1555,32
Hongkong Hang Seng	9570,37	geschl.	9625,35	6890,08

Ausländische
Indizes

Tabelle 3/2 enthält wichtige Kennzeichen zu den einzelnen Indizes wie zum Beispiel Konstruktionsprinzipien, Basiswerte und -zeitpunkte und ist entsprechend der Tabelle im Handelsblatt aufgebaut

Tab. 3/2:
Ausländische
Indizes, ohne
nordamerikani-
sche Indizes

Index	Kennzeichen
Amsterdam AEX-Index	Niederländischer Aktienindex, der 25 bedeutende, an der Aktienbörse zu Amsterdam (Amsterdam Stock Exchange) gehandelte niederländische Aktientitel umfaßt, die nach dem Kriterium »Börsenkapitalisierung« ausgewählt werden. Keine der im Index vertretenen Aktien erhält ein höheres Gewicht als 10 % (Indexbasis: 100 am 1.5.83)
Brüssel Allg. Index	Belgischer Aktienindex, der alle in Belgien gehandelten Aktien belgischer Gesellschaften berücksichtigt und einmal pro Tag berechnet wird. Der Allg. Index basiert auf der »Indexformel von Paasche«. Die einzelnen Titel werden entsprechend ihrer Börsenkapitalisierung gewichtet (Indexbasis: 1.000 am 1.1.1980).
Europa Ind. EC	Europäischer Aktienindex, der Unternehmen der EU-Mitgliedsstaaten erfaßt. Der Ind. EC wird auf Initiative einiger institutioneller Anleger – und zwar insbesondere britischer Fondsmanager – seit dem 1.1.1987 täglich berechnet. Die ca. 250 Indexwerte werden anhand der Börsenkapitalisierung der betreffenden Aktiengesellschaft und des Bruttoinlandsprodukts (BIP) des jeweiligen europäischen Landes gewichtet. Eine Gewichtung der im Index vertretenen Aktien ausschließlich nach dem Kriterium »BIP« würde beispielsweise dazu führen, daß deutsche Aktien im

	Index »überrepräsentiert« wären. Im Gegensatz zu den »Eurotrack-Indices« der Financial Times berücksichtigt der Ind. EC auch europäische Aktien, die nicht in London notieren. Die Index-Stände werden in unterschiedlichen Währungen (US-Dollar, Yen, europäische Währungen) ausgedrückt (Indexbasis: 1.000 am 1.1.1987).
Ind. EC Blue	Europäischer Aktienindex, der hinsichtlich seiner Konstruktion dem Ind. EC entspricht. Im Unterschied zu diesem umfaßt der Ind. EC Blue jedoch nur europäische »Blue Chips«.
Helsinki KOP Hex	Finnischer Aktienindex, der alle an der Wertpapierbörse zu Helsinki gehandelten Aktien umfaßt und von der finnischen Bank »**K**ansallis **O**sake **P**ankki« in Zusammenarbeit mit der **H**elsinki Stock **Ex**change entwickelt wurde. Die dem Index zugrundeliegenden Titel werden entsprechend ihrer Börsenkapitalisierung gewichtet. Der KOP Hex wird seit Januar 1987 berechnet und um Dividendenzahlungen, Kapitalerhöhungen usw. bereinigt (Indexbasis: 1.000 am 1.1.1987).
Hongkong Hang Seng	Der Hang-Seng-Aktienindex, der von der gleichnamigen **Hang Seng** Index Services Ltd. berechnet wird, basiert auf ca. 35 bedeutenden Aktientiteln, die in Hongkong notieren. Die Titel repräsentieren ca. 75 % der Börsenkapitalisierung und werden nach ihrer Kapitalisierung zum Basiszeitpunkt gewichtet. Auf den Hang Seng werden zum Beispiel an der Hong Kong Futures Exchange (HKFE) Derivate gehandelt (Indexbasis: 100 am 31.7.1964).
Johannesburg JSE-Industrial	Südafrikanischer Aktienindex, der ca. 400 an der **J**ohannesburg **S**tock **E**xchange (JSE) notierte Industrie-Aktien umfaßt. Auf den JSE-Industrial werden zum Beispiel an der South African Futures Exchange (SAFEX) Derivate gehandelt (Indexbasis: 281,8 am 1.11.1978). Weitere Informationen zum JSE-Industrial erfolgen im Anschluß an die Beschreibung des JSE-Goldminen-Index.
JSE-Goldminen	Der JSE-Goldminen-Index basiert auf den Aktien von ca. 48 südafrikanischen Goldminen-Gesellschaften. Er wurde aufgrund der großen Bedeutung der Goldminen für Südafrika gebildet (Indexbasis: 243,3 am 1.11.1978).

	Der JSE-Goldminen- und der JSE-Industrial-Index sind Branchenindizes und gehören zur Gruppe der JSE-Actuaries Equity Indizes. Beide werden aus dem All Share Index (Gesamtindex) abgeleitet, der ca. 530 Aktientitel abbildet und eine Basis von 304,2 am 1.11.1978 aufweist. Die Zusammensetzung der Branchenindizes wird zweimal jährlich überprüft und gegebenenfalls angepaßt. Bei der Auswahl der Aktiengesellschaften einer Branche werden stets soviele Gesellschaften ausgewählt, daß diese ca. 80 % der Börsenkapitalisierung der betreffenden Branche repräsentieren. Die Anzahl der Aktientitel, die in einen Branchenindex einbezogen werden, ist somit im Zeitverlauf nicht konstant. Alle JSE-Actuaries Equity Indizes sind börsenkapitalgewichtet und werden alle 2 ½ Minuten während der Börsenzeit berechnet.
Kopenhagen Börs.-I.	Dänischer Aktienindex, der nahezu alle dänischen Aktien repräsentiert. Er wird nach der »Indexformel von Paasche« berechnet (Indexbasis: 100 am 1.1.1983).
Lissabon BTA-Index	Ältester portugiesischer Aktienindex, der von der **B**anco **T**otta **A**cores (BTA) ermittelt wird. Die Indexkonstruktion entspricht in etwa einem arithmetischen Mittelwert der einbezogenen Aktienkurse. Aufgrund seines Konstruktionsprinzips verliert der BTA-Index immer mehr an Bedeutung.
BVL-Index	Von der Wertpapierbörse zu Lissabon, der »Bolsa de Valores de Lisboa« (BVL), werden folgende Aktienindizes berechnet und veröffentlicht: • BVL-General (Gesamtindex) • BVL-Sectorials (Branchenindizes) • BVL-30 (Index der 30 bedeutendsten portugiesischen Aktientitel) • BVL-Index National Continuous (BVL-INC) (Index, der auf Aktienkursen basiert, die mittels eines Computer-Handelssystems festgestellt werden.) Der Indexstand des BVL-General wird börsentäglich im Handelsblatt unter der Bezeichnung »BVL-Index« veröffentlicht. Dem BVL-General liegen alle Aktientitel der Wertpapierbörse zu Lissabon zugrunde, für die eine offizielle Kursfeststellung vorgenommen wird. Die Börse berechnet den Index nur einmal täglich unter Berücksichtigung der Börsenschlußkurse (Indexbasis: 1.000 am 5.1.1988).

London FT.SE 100		Dem von der Financial Times und der London Stock Exchange (LSE) berechnete FT.SE 100, umgangssprachlich »Footsie« genannt, liegen 100 Aktien der größten, börsennotierten Unternehmen Großbritanniens zugrunde, die an der LSE notieren. Die Aktien werden nach dem Kriterium »Börsenkapitalisierung« ausgesucht. Der FT.SE 100 wird börsenminütlich berechnet. Auf ihn werden zum Beispiel an der London International Financial Futures and Options Exchange (LIFFE) Derivate gehandelt (Indexbasis: 1.000 am 31.12.1983). Folgende Abbildung aus dem Wall Street Journal Europe zeigt den Verlauf des FT.SE 100 im Zeitraum von April 1994 bis Juni 1995.

LONDON (FT-SE 100)

	FT.Goldminen	Aktienindex der Financial Times, der die Aktien der ca. 35 weltweit größten Goldförderunternehmen umfaßt. Die Indexwerte werden entsprechend ihrer Börsenkapitalisierung gewichtet. Die Indexzusammensetzung wird vierteljährlich überprüft, wobei die Zahl der im Index vertretenen Aktiengesellschaften nicht fixiert ist (Indexbasis: 1.000 am 31.12.1992).
	FT.SE Eurotr.100	Der FT.SE Eurotrack 100 basiert auf 100 an der LSE notierten Aktien kontinental-europäischer Unternehmen. Auf den FT.SE Eurotr.100 werden zum Beispiel an der LIFFE Derivate gehandelt (Basis: 1.000 am 26.10.1990).
	FT.SE Eurotr.200	Der FT.SE Eurotrack 200 stellt eine Kombination des FT.SE 100 mit dem FT.SE Eurotr.100 dar. Ihm liegen die 100 Aktien des FT.SE 100 (britische Aktien) und die 100 Aktien des FT.SE Eurotr.100 (kontinental-europäische Aktien) zugrunde (Basis: 1.000 am 25.2.1991).
Madrid Ges.-Index		Der **Gesamt-Index** wird von der Wertpapierbörse zu Madrid seit 1986 berechnet und von dieser als »Madrid General Index« bezeichnet. Der Gesamt-Index ist ein Performance-

		Index, der auf der »Indexformel von Laspeyres« basiert. Bereinigungen erfolgen bei Dividendenausschüttungen und Bezugsrechtsabschlägen (Indexbasis: 100 am 31.12.1985).
	Ibex	Spanischer Aktienindex, der auf 35 bedeutenden, an den vier spanischen Wertpapierbörsen fortlaufend notierten Aktien basiert, die nach den Kriterien »Börsenkapitalisierung« und »Liquidität« ausgewählt werden. Der Ibex, offiziell IBEX-35 genannt, wird von der Sociedad de Bolsas S.A. ermittelt, seine Zusammensetzung halbjährlich geprüft und gegebenenfalls verändert. Er dient als Underlying für Derivate (Indexbasis: 3.000 am 29.12.1989).
Mailand	BCI-Index	Italienischer Aktienindex, der von der **B**anca **C**ommerciale **I**taliana seit 1973 einmal täglich berechnet wird. Der BCI-Index umfaßt alle an der Mailänder Börse gehandelten Aktien. Die einzelnen Titel werden entsprechend ihres Börsenkapitals gewichtet (Basis: 100 am 31.12.1972).
	Mibtel	Aktienindex der »**Mi**lano **b**orsa **tele**matica«, der ca. 300 an der Mailänder Wertpapierbörse notierte Aktien repräsentiert (Indexbasis: 1.000 im Jahre 1975). Folgende Abbildung aus dem Wall Street Journal Europe zeigt den Verlauf des Mibtel im Zeitraum von April 1994 bis Juni 1995. 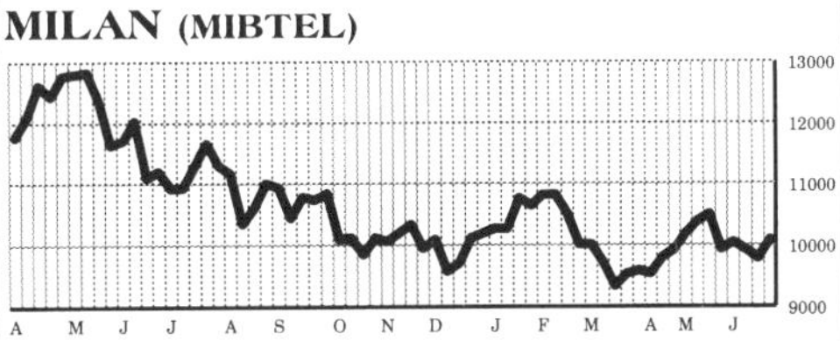 **MILAN** (MIBTEL) 13000 12000 11000 10000 9000 A M J J A S O N D J F M A M J
Oslo	Industrie-Index	Die Wertpapierbörse zu Oslo berechnet neben dem Gesamt-Index vier Branchenindizes. Einer dieser Indizes ist der Industrie-Index, der insgesamt ca. 60 Aktientitel aus den Bereichen Industrie, Handel und Finanzen berücksichtigt. Seine Berechnung erfolgt börsenminütlich (Indexbasis: 100 am 2.1.1983).

	Gesamt-Index	Norwegischer Aktienindex, der über 100 an der Wertpapierbörse zu Oslo gehandelte Aktien umfaßt. Der Gesamtindex wird jede Minute während der Börsenhandelszeit ermittelt. Die einzelnen Titel werden entsprechend ihrer Börsenkapitalisierung gewichtet (Indexbasis: 100 am 2.1.1983).
Paris	CAC 40 Index	Französischer Aktienindex, der die 40 umsatzstärksten an der Pariser Wertpapierbörse amtlich gehandelten Aktien umfaßt und börsenminütlich berechnet wird. Die Börsenkapitalisierung jeder Aktie bestimmt ihr Gewicht im Index. Der CAC 40 Index (Cotation Assistée en Continu 40 Index) dient als Underlying für Derivate (Indexbasis: 1.000 am 31.12.1987). Folgende Abbildung aus dem Wall Street Journal Europe zeigt den Verlauf des CAC 40 im Zeitraum von April 1994 bis Juni 1995. 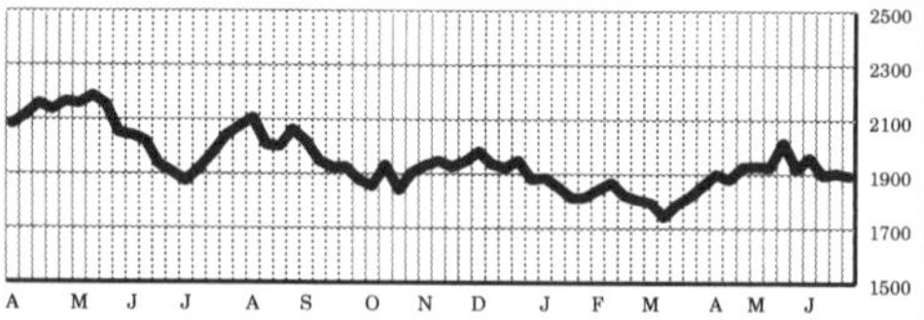
Singapur	Straits Time Industrials	Singapurischer Aktienindex, der 30 bedeutende, in Singapur gehandelte Aktien umfaßt. Der Straits Time Industrials wird von der Wirtschafts-Zeitung »Straits Time« erstellt. Er enthält nicht nur Industrie-, sondern zum Beispiel auch Bank- und andere Dienstleistungswerte (Indexbasis: 100 am 30.12.1964).
Stockholm	Affärsvärlden Index	Schwedischer Index, der vom Wirtschaftsmagazin »**Affärsvärlden**« berechnet wird und ungefähr 140 an der Stockholmer Börse notierte Aktien berücksichtigt. Der Affärsvärlden Index basiert auf der »Indexformel von Paasche«, wobei das Gewicht jeder Aktie durch ihre Börsenkapitalisierung bestimmt wird (Indexbasis: 100 am 31.12.1979).
Sydney	All ordinaries	Australischer Aktienindex, der von der Australian Stock Exchange (ASX) berechnet wird und Aktientitel von ca. 300 australischen Unternehmen erfaßt. Die im All ordinaries Share Price Index vertretenen Aktienwerte werden entsprechend ihrer Börsenkapitalisierung gewichtet. Der Index dient als Underlying für Derivate (Indexbasis: 500 im Jahre 1968).

PARIS (CAC-40)

Tokio	Index 1.Sektion	Japanischer Aktienindex, der unter dem Namen »**To**kio **S**tock **P**rice **In**de**x**« (TOPIX) bekannt ist. Er umfaßt alle in der 1. Sektion (amtlicher Handel) der Tokioter Börse notierten Werte, gewichtet die einzelnen Titel entsprechend ihrer Börsenkapitalisierung und wird minütlich während der Börsenzeit berechnet. Auf den TOPIX werden zum Beispiel an der Tokio Stock Exchange (TSE) Derivate gehandelt (Indexbasis: 100 am 4.1.1968).
	Nikkei Index	Japanischer Aktienindex, der seit dem 16.5.1949 von der japanischen Finanzzeitung **Ni**hon **K**eizai Shimbun veröffentlicht wird. Dem Nikkei liegen 225 an der Börse Tokio in der 1. Sektion (amtlicher Handel) notierte Aktien zugrunde. Er wird minütlich während der Börsenzeit berechnet. Der Indexstand zu einem Zeitpunkt entspricht dem arithmetischen Mittel der ungewichteten Börsenkurse zu eben diesem Zeitpunkt. Die Aktienauswahl ist immer noch von der relativen Bedeutung der einzelnen Wirtschaftszweige in den Nachkriegsjahren geprägt und repräsentiert des halb nicht die tatsächliche Struktur des japanischen Aktienmarktes. Alle Versuche, den Nikkei als »Barometer« für den japanischen Aktienmarkt durch aussagekräftigere Indizes wie den Nikkei-300 oder den Tokio Stock Price Index (TOPIX) abzulösen, sind bislang fehlgeschlagen. Auf den Nikkei werden zum Beispiel an der Osaka Securities Exchange (OSE) Derivate gehandelt.
Wien	ATX-Index	Österreichischer Aktienindex (**A**ustrian **T**raded **Index**), der 18 an der Wiener Börse im Fließhandel (variabler Handel) notierte Aktien umfaßt und seit 2.1.1991 laufend während der Börsensitzung ermittelt wird. Auf den ATX werden zum Beispiel an der »Österreichischen Termin- und Optionsbörse« (ÖTOB) Derivate gehandelt (Indexbasis: 1.000 am 2.1.1991).
	Börsenkammer Ind.	Aktienindex, der von der Wiener Börse berechnet wird und ca. 120 an der Wiener Börse amtlich gehandelte Aktien umfaßt (Indexbasis: 100 am 31.12.1967).
	CA-Index	Aktienindex des **C**redit **A**nstalt Bankverein in Wien. Der CA-Index umfaßt 23 österreichische Aktien, die die tatsächliche Struktur des Aktienmarktes aber nicht mehr abbilden. Der

		CA-Index hat seit der Einführung des ATX stark an Bedeutung verloren. Für das Jahr 1996 ist eine Anpassung des CA-Index an die Struktur des österreichischen Aktienmarktes und eine Umstellung auf einen Performance-Index geplant (Indexbasis: 100 am 31.12.1984).
Zürich	SBV-Index	Schweizer Aktienindex, der vom »**S**chweizer **B**ank **V**erein« seit April 1987 berechnet wird. Der Index umfaßt alle in Zürich, Basel und Genf börslich gehandelten Aktien und Partizipationsscheine. Der SBV-Index basiert auf der »Formel von Laspeyres«. Die Indexwerte werden entsprechend ihrer Börsenkapitalisierung gewichtet.
	SMI-Index	Schweizer Aktienindex (Swiss Market Index), der marktbreite, an den Wertpapierbörsen zu Zürich, Genf und Basel variabel gehandelte Schweizer Aktien abbildet, und laufend während der Börsenzeit ermittelt wird. Sobald an einer der drei Börsen ein neuer Kurs für einen der Indexwerte festgestellt wird, erfolgt eine Neuberechnung des SMI. Die Auswahl der Indexwerte erfolgt anhand der Kriterien »Börsenkapitalisierung« und »frühe Verfügbarkeit der Eröffnungskurse«. Auf den SMI werden zum Beispiel an der Swiss Options and Financial Futures Exchange (SOFFEX) Derivate gehandelt (Indexbasis: 1.500 am 30.6.1988).

3.4.2   **Tabelle »MSCI-Indizes der Welt-Aktienmärkte«**

Nationale Aktienindizes wie der DAX, der CAC-40, der Mibtel usw., spiegeln die Entwicklung der Aktienmärkte einzelner Länder wider. Sie unterscheiden sich häufig in

- ihren Berechnungsmethoden,
- der Gewichtung der einbezogenen Aktien,
- der Art und Weise der Bereinigung von Dividendenzahlungen, Kapitalerhöhungen usw. sowie
- dem Grad, mit dem sie die jeweiligen Aktienmärkte repräsentieren, also der Anzahl der einbezogenen Aktien und der Auswahl der Branchen.

Dadurch wird ein direkter Vergleich der Aktienmarktentwicklungen verschiedener Länder anhand von Indizes erschwert. Dies veranlaßte die Capital International S.A., Genf, im Jahre 1968, für die Aktienmärkte einzelner Länder Indizes zu entwickeln, die auf demselben Konstruktionsprinzip beruhen.

Tabelle »MSCI-Indizes der Welt-Aktienmärkte«

Im Jahre 1986 erwarb die US-amerikanische Investmentbank »Morgan Stanley« die Rechte an den Indizes der Capital International S.A. Seitdem heißen diese Aktienindizes »*MSCI-Indizes*« (Morgan Stanley Capital International - Indizes). Sie basieren auf der »Indexformel von Laspeyres« und werden um Dividenzahlungen, Kapitalerhöhungen usw. bereinigt. Die Aktien für die entsprechenden MSCI-Indizes werden so ausgewählt, daß

- die jeweiligen Marktstrukturen – zum Beispiel die des Aktienmarktes eines einzelnen Landes oder die des Welt-Aktienmarktes – angemessen repräsentiert,
- ungefähr 60 % des betreffenden Börsenkapitals erfaßt,
- sowohl Unternehmen mit geringer und mittlerer, als auch Gesellschaften mit hoher Börsenkapitalisierung berücksichtigt und
- nur dem Zweck des Indexes entsprechende Aktien – bei einem Branchenindex »Chemie« also nur Aktien von Unternehmen der chemischen Industrie – aufgenommen werden.

Die MSCI-Indizes lassen sich in

- Regionen- und Länderindizes,
- Aktienindizes für Schwellenmärkte und
- Branchenindizes

einteilen und werden allesamt im Handelsblatt unter der Rubrik »*Börsen-Indizes*« in der Tabelle »*MSCI-Indizes der Welt-Aktienmärkte*« veröffentlicht (vgl. Abb. 3/10). Die Basis der meisten Indizes ist 100 am 1.1.1970. Für Indizes, die mit »*« gekennzeichnet sind, gilt die Basis 100 am 1.1.1988.

Die Tabelle weist für jeden MSCI-Index

- den Stand vom letzten oder vorletzten Börsentag, wobei die D-Mark die Basiswährung bildet,
- dessen prozentuale Veränderung gegenüber dem Börsenvortag,
- die prozentuale Veränderung gegenüber dem Stand am Monatsanfang sowie
- die prozentuale Veränderung gegenüber dem Stand zu Beginn des Jahres

aus. Die prozentualen Indexveränderungen werden sowohl auf Basis

- der D-Mark als auch
- der jeweiligen lokalen Währung und
- des US-Dollars

angegeben. Die Veränderung eines Indexes zum Börsenvortag kann, je nach dem, welche Währung der Indexberechnung zugrundeliegt, unterschiedlich ausfallen. Dies belegt ein Ausschnitt aus der Tabelle »*MSCI-Indizes der Welt-Aktienmärkte*«.

Abb. 3/10:
MSCI-Indizes
der Welt-Aktien-
märkte

Börsen-Indizes

MSCI-Indizes der Welt-Aktienmärkte

Märkte	Tages-Index auf DM-Basis	Veränderungen in Prozent								
		DM-Basis			Lok. Währungs-Basis			$-Basis		
		gegenüb. Vortag	gegenüb. M.-Beginn	gegenüb. Beginn 95	gegenüb. Vortag	gegenüb. M.-Beginn	gegenüb. Beginn 95	gegenüb. Vortag	gegenüb. M.-Beginn	gegenüb. Beginn 95
Regionen/Länder 2.6.95										
Welt	259.8	-0.6	0.3	-0.8	0.3	0.7	3.0	0.9	1.0	9.5
Welt (F)*	147.7	-0.5	0.3	-0.8	0.3	0.7	3.0	0.9	1.0	9.6
EAFE	419.4	-0.1	0.9	-4.6	0.4	1.0	-4.9	1.4	1.6	5.4
EAFE + Kan.	391.3	-0.1	0.8	-4.5	0.4	1.0	-4.5	1.3	1.5	5.5
EAFE (F)*	128.1	-0.1	0.9	-4.5	0.4	1.1	-4.8	1.4	1.6	5.5
Europa 14	264.9	-0.7	0.4	-1.4	-0.3	0.5	5.2	0.7	1.1	12.0
Eur. ex BRD	255.7	-0.9	0.2	-1.4	-0.4	0.2	5.9	0.5	0.9	12.0
Nordamerika	207.7	-1.3	-0.5	5.2	-0.1	0.2	16.0	-0.1	0.2	16.2
Nord. Länder	523.6	-0.2	1.4	-2.1	-0.1	1.1	6.1	1.3	2.1	12.8
Pazifik	890.3	0.6	1.3	-9.4	1.0	1.5	-12.9	2.0	2.0	0
Ferner Osten	1281.1	0.7	1.5	-9.4	1.1	1.6	-14.0	2.1	2.2	0
Australien	105.4	-2.0	-1.9	-11.4	-0.8	-0.6	6.1	0.6	1.2	-2.2
Belgien	326.9	0	0.9	-4.8	0	0.6	4.5	1.4	1.6	15.8
Dänemark	418.5	0.3	0.3	3.2	0	0.1	2.2	1.7	1.0	14.0
Deutschland	305.3	0.4	2.1	1.2	0.4	2.1	1.2	1.8	2.8	11.7
Finnland*	128.3	0.2	2.1	5.0	-0.1	1.7	4.8	1.7	2.8	15.9
Frankreich	264.5	-0.3	0.3	4.2	-0.3	0.2	6.3	1.1	1.0	15.1
Großbritannien	256.3	-1.7	-0.3	-1.0	-0.4	0.2	7.5	-0.3	0.4	9.4
Hongkong	1795.0	-1.4	0.9	4.0	0	1.6	14.8	0	1.6	14.9
Irland*	177.2	-0.5	1.1	-0.1	0.4	1.3	4.5	0.9	1.8	10.4
Italien	80.4	-0.7	-1.3	-9.2	-0.5	-1.2	0.8	0.7	-0.6	0.3
Japan	1259.4	1.0	1.5	-11.2	1.3	1.6	-17.3	2.4	2.2	-1.9
Kanada	145.2	-1.7	-1.4	-1.4	-0.2	0.2	6.8	-0.4	0.7	8.9
Malaysia*	344.2	-0.3	2.8	5.1	0.7	3.0	11.5	1.1	3.5	16.1
Neuseeland*	102.8	0.4	1.1	7.7	0.7	1.1	13.8	1.8	1.8	18.9
Niederlande	419.3	-1.1	0.1	3.2	-0.9	0	3.2	0.3	0.8	14.0
Norwegen	381.2	-1.1	-0.6	-8.0	-1.0	-0.6	6.3	0.3	0	1.6
Österreich	390.2	0	0.6	-2.5	0.4	1.1	2.1	1.4	1.3	7.7
Schweden	596.2	-0.3	2.2	3.3	0.2	2.0	11.6	1.1	2.9	14.0
Schweiz	507.9	0.2	0.6	8.8	-0.3	0.4	6.3	1.2	1.3	20.2
Singapur	1060.8	-1.7	0.4	-3.8	-0.4	0.8	1.3	-0.4	1.0	6.2
Spanien	56.0	0	1.1	2.6	-0.3	0.6	4.4	1.4	1.8	13.3
USA	192.9	-1.2	-0.4	5.6	0.2	0.2	16.6	0.2	0.2	16.6
Schwellen-Märkte 1.6.95										
Märkte insges. (F)	429.5	2.0	2.0	-11.1	1.3	1.3	-2.8	1.2	1.2	-3.2
Argentinien	1007.8	0	0	-9.9	-0.7	-0.7	-2.0	-0.7	-0.7	-1.9
Brasilien	533.2	1.6	1.6	-26.0	0.8	0.8	-14.0	0.8	0.8	-19.4
Chile	954.7	0.9	0.9	1.1	0.5	0.5	2.9	0.2	0.2	10.2
Griechenland	215.7	0.4	0.4	1.7	0.9	0.9	4.9	0.4	0.4	10.8
Indien*	109.4	-0.1	-0.1	-23.2	1.6	1.6	-14.2	1.6	4.8	-14.3
Indonesien	454.6	3.6	3.6	-2.0	2.9	2.9	8.2	2.8	2.8	6.7
Jordanien	96.4	-0.1	-0.1	7.8	0	0	16.0	-0.8	-0.8	17.4
Kolumbien*	109.4	-2.3	-2.3	-26.9	-0.4	-0.4	-14.0	0.6	-2.3	-18.4
Korea	157.3	1.4	1.4	-12.0	1.0	1.0	7.6	0.6	0.6	-4.2
Malaysia	345.4	3.2	3.2	5.5	2.3	2.3	10.7	2.4	2.4	14.9
Mexiko	748.1	4.2	4.2	-33.7	3.4	3.4	-10.6	3.4	3.4	-27.8
Pakistan*	94.3	-0.7	0.7	-35.1	1.0	1.0	-27.2	1.0	2.8	-27.6
Philippinen	547.6	2.1	2.1	-8.5	1.3	1.3	5.4	1.3	1.3	0.3
Portugal	64.7	0.2	0.2	-5.9	0.1	0.1	-3.5	0.6	0.6	2.5
Taiwan**	238.8	1.0	1.0	-25.5	0.8	0.8	-20.7	0.3	0.3	-18.9
Thailand	524.1	1.4	1.4	-3.7	0.7	0.7	3.2	0.6	0.6	4.9
Türkei	156.9	4.5	4.5	45.9	4.3	4.3	77.8	3.7	3.7	58.9
Venezuela*	42.4	-2.5	-2.5	-23.4	-0.8	-0.8	-14.6	-0.8	-0.4	-14.5
Branchen 1.6.95										
Automobile	244.3	1.3	1.3	-11.7	-0.8	2.2	1.4	0.9	1.9	9.9
Banken	557.6	0.9	0.9	0.7	0.8	2.9	9.9	0.9	2.7	2.0
Baustoffe	217.7	0	0	-3.6	-0.3	0.2	11.9	0.4	0.1	4.8
Bauwesen	364.5	0.8	0.8	-2.5	0	1.7	6.1	0.3	1.9	4.3
Chemie	250.4	0.5	0.5	2.0	-0.3	-0.5	8.1	0.4	0.2	15.4
Datenverarbeitung	58.7	2.1	2.1	5.6	-1.0	1.9	20.6	1.0	2.0	25.4
Einzelhandel	203.0	0.5	0.5	3.7	-0.6	2.0	9.0	0.7	1.9	4.3
Elektronik	723.5	2.6	2.6	15.7	-0.5	2.1	16.0	0.5	2.1	19.7
Elekt. Mat.	400.1	1.2	1.2	1.1	-1.5	-1.2	3.4	-0.1	1.1	2.7
Energieausrüst	179.1	1.0	1.0	5.0	0.1	1.6	12.8	0.1	1.7	11.5
Energiequellen	324.1	0.9	0.9	2.5	-0.1	0.1	0.8	-0.1	0.2	5.6
EVU. Gas	172.5	0.7	0.7	0.3	-0.7	1.3	17.2	0.8	1.2	13.0
Fernmeldewesen	184.8	0.8	0.8	-2.1	-0.4	0.6	8.3	0.4	0.5	6.4
Finanzdienstl.	459.3	1.9	1.9	0.9	-1.4	4.5	3.3	1.5	4.3	3.4
Freizeitartikel	130.3	1.2	1.2	4.8	1.2	2.5	0.8	1.3	2.4	6.6
Funk u. Fernsehen	441.7	0.3	0.3	-0.4	0.5	0.2	1.8	0.4	0.2	1.0
Genussmittel	622.5	0.1	0.1	8.3	-0.3	1.6	0.3	0.3	0.3	3.3
Gesundheit	392.5	1.0	1.0	6.6	-0.4	0.2	3.9	0.3	0.1	9.6
Goldminen	290.3	1.4	1.4	4.1	-0.4	5.4	15.8	0.4	5.9	16.4
Grosshandel	751.7	-0.4	-0.4	18.5	-1.4	4.6	15.2	1.6	4.5	29.0
Haushaltsgeräte	268.2	1.0	1.0	13.3	-1.7	5.0	2.1	1.9	4.8	12.4
Holz und Papier	169.0	0.8	0.8	1.7	-0.9	3.0	6.3	0.9	3.0	13.3
Immobilien	542.1	1.8	1.8	0.8	-1.8	8.1	30.8	1.9	8.1	27.2
Ind. Ausrüst.	221.5	0.7	0.7	9.9	-1.2	2.1	6.0	1.3	2.0	13.8
Luft-/Raumfahrt	572.0	0.9	0.9	11.9	-0.8	0.2	5.2	0.8	0.3	6.5
Maschinenbau	275.0	0.8	0.8	10.1	-1.2	2.3	6.9	1.3	2.2	16.5
Mischkonzerne	239.4	1.1	1.1	4.4	-0.9	1.7	12.5	1.0	1.5	8.1
Nahrungsmittel	456.0	0.4	0.4	1.3	-0.5	1.2	2.1	0.6	0.8	4.2
NE-Metalle	87.9	0.5	0.5	9.9	-0.9	1.3	5.7	0.9	1.5	11.0
off. Dienstleist.	568.1	1.0	1.0	2.8	-0.6	0.5	6.1	0.7	0.6	10.4
Sonst. Rohstoffe	209.6	0.5	0.5	2.9	-0.2	0.7	0.5	0.1	0.5	9.0
Stahl	184.8	0.8	0.8	13.3	-1.0	4.3	10.5	1.1	4.2	21.6
Textilien	196.4	0	0	12.9	-0.2	2.2	-4.1	0.3	2.0	3.1
Tourismus	631.1	1.3	1.3	5.6	-1.0	3.1	8.6	1.0	3.0	5.5
Transp. Luft	250.7	1.6	1.6	0.6	-0.9	0.1	2.1	1.0	0.2	4.8
Transp. Schiff	144.0	1.2	1.2	11.7	-0.6	3.8	6.0	0.7	3.4	3.5
Transp. Str. Bahn	472.2	-0.1	-0.1	3.3	-0.7	0.4	7.3	0.9	0.3	1.0
Versicherungen	414.0	1.0	1.0	1.8	-0.7	0.9	9.2	0.7	0.4	3.0

Die Indexveränderungen (soweit nicht auf Schlußkursen basierend) sind berechnet auf Tageswerten von 15.00 MEZ. Wenn nicht anders gekennzeichnet, gilt das Index-Basisdatum 1.1.1970 = 100; bei mit*) versehenen Daten gilt als Index-Basis 1.1.1988 = 100. Die Veränderungen werden gegenüber dem Vortag, dem Monatsbeginn und dem Jahresbeginn dargestellt, wobei Steigerungen ohne Vorzeichen erscheinen und die Rückgänge mit Minus gekennzeichnet werden. Mit (F: – F steht für "Free") – versehene Angaben umfassen die für ausländische Anleger zugänglichen Titel. Der Teilindex "EAFE" vertritt die Börsen Europas, Australiens, Neuseelands und des Fernen Ostens. **) Nicht im Index. – Copyright Morgan Stanley Capital International Perspective, Genf.

Der Länderindex »USA« auf Grundlage der Lokalwährung US-Dollar stieg vom 1.6.1995 bis zum 2.6.1995 um 0,2 % – auf D-Mark-Basis fiel er hingegen im selben Zeitraum um 1,2 %. Die unterschiedlichen prozentualen Indexveränderungen sind darauf zurückzuführen, daß der US-Dollar gegenüber der D-Mark vom 1.6.1995 bis zum 2.6.1995 an Wert verlor und folglich der Devisenkurs (D-Mark/Dollar) am 2.6.1995 im Vergleich zum 1.6.1995 gesunken war.

In einigen Ländern wie zum Beispiel Mexiko, Norwegen oder Venezuela ist ausländischen Investoren der Erwerb bestimmter Aktientitel versagt. Dies trifft oftmals für Titel von Versorgungsunternehmen (Elektrizitäts-, Wasserwerke usw.) zu, die ursprünglich staatliche Unternehmen waren und in Aktiengesellschaften umgewandelt, also privatisiert wurden. Morgan Stanley berechnet Indizes, die ausschließlich Aktien berücksichtigen, die von allen Marktteilnehmern ohne Einschränkungen gehandelt werden können. Diese Indizes sind mit dem Zusatz »F«, das als Abkürzung für »Free« (frei handelbar) steht, versehen.

Zu den **MSCI-Regionenindizes** zählen die »Marktbarometer«, die die Entwicklung der Aktien widerspiegeln, die von

- Gesellschaften der ökonomisch bedeutendsten Länder der Welt stammen (Weltindex);
- Unternehmen emittiert wurden, die in bestimmten »Regionen« (z. B. Europa, nordische Länder usw.) ansässig sind.

Es existiert eine Vielzahl zum Teil ausgesprochen spezifischer Regionenindizes. Der »*Eur. ex BRD*«-Index beispielsweise bildet – mit Ausnahme der Aktien deutscher Gesellschaften – den gesamten europäischen Aktienmarkt ab. Er

- ermöglicht einen direkten Vergleich der Aktienmarktentwicklung in Deutschland mit der im »Rest« Europas und
- dient ferner als Benchmark für Aktienportefeuilles, die europäische Aktien, aber keine Aktien deutscher Gesellschaften, beinhalten.

Im Gegensatz zu den MSCI-Regionen-Indizes berücksichtigt ein **MSCI-Länderindex** ausschließlich die Aktien der Gesellschaften eines einzigen Landes und spiegelt damit die Aktienmarktentwicklung in dem jeweiligen Land wider. Durch Gegenüberstellung einzelner Länderindizes lassen sich die

186 Ausländische Aktienindizes

Marktentwicklungen verschiedener Länder direkt miteinander vergleichen. Der folgende Tabellenausschnitt verdeutlicht, daß sich der Stand des Länderindexes »Singapur« (1.060,8 Indexpunkte am 2.6.1995) im Zeitraum vom 1.1.1970 bis 2.6.1995 mehr als verzehnfachte, wohingegen der Stand des Länderindexes »Spanien« (56,0 Indexpunkte am 2.6.1995) im selben Zeitraum fast um die Hälfte sank (Index-Basis = 100).

MSCI-Indizes

Singapur	1060,8	-	1,7	0,4	·	3,8	·	0,4	0,8	1,3	· 0,4	1,0	6,2
Spanien	56,0	0	1,1	2,6	·	0,3	0,6	4,4	1,4	1,8	13,3		

Die in der Tabelle ausgewiesenen Stände der Länderindizes werden – wie bei allen anderen MSCI-Indizes auch – auf Basis der D-Mark ermittelt. Das bedeutet, daß der in der jeweiligen Lokalwährung ausgedrückte Stand eines Länderindexes, unter Berücksichtigung des aktuellen Devisenkurses, in D-Mark umgerechnet wird. Der Stand eines Länderindexes wird folglich sowohl von der Aktien- als auch Devisenkursentwicklung geprägt.

Morgan Stanley ermittelt insgesamt 23 Länderindizes, die – mit Ausnahme des Länderindex »Luxemburg« – alle in der Tabelle im Handelsblatt ausgewiesen werden. Der Regionen-Index »*Welt*« umfaßt genau die verbleibenden 22 Länderindizes.

An die MSCI-Regionen- und -Länderindizes schließen sich im Handelsblatt die MSCI-Indizes für »*Schwellen-Märkte*« (emerging markets) an.

Schwellen-Märkte (»emerging markets«)

MSCI-Indizes

Schwellen-Märkte 1.6.95											
Märkte insges. (F)	429,5	2,0	2,0	· 11,1	1,3	· 1,3	· 2,8	1,2	1,2	· 3,2
Argentinien	1007,8	0	0	· 9,9	· 0,7	· 0,7	· 2,0	· 0,7	· 0,7	· 1,9
Brasilien	533,2	1,6	1,6	· 26,0	0,8	0,8	· 14,0	0,8	0,8	· 19,4
Chile	954,7	0,9	0,9	· 1,1	0,5	0,5	· 2,9	0,2	0,2	10,2
Griechenland	215,7	0,4	0,4	· 1,7	· 0,9	· 0,9	· 4,9	· 0,4	· 0,4	10,8
Indien *	109,4	· 0,1	· 0,1	· 23,2	1,6	1,6	· 14,2	1,6	4,8	· 14,3
Indonesien	454,6	3,6	3,6	· 2,0	2,9	2,9	· 8,2	2,8	2,8	6,7
Jordanien	96,4	· 0,1	· 0,1	· 7,8	0	0	· 16,0	· 0,8	0,8	17,4
Kolumbien *	109,4	· 2,3	· 2,3	· 26,9	· 0,4	· 0,4	· 14,0	· 0,6	· 2,3	18,4
Korea	157,3	1,4	1,4	· 12,0	1,0	1,0	· 7,5	0,6	0,6	· 4,2

Der Begriff »emerging market« wird in jüngster Zeit immer häufiger herangezogen, wenn es darum geht, Aktienmärkte zu klassifizieren. Der Begriff ist allerdings nicht eindeutig definiert. Unter »emerging markets« versteht man häufig die Aktienmärkte derjenigen Länder, die hinsichtlich ihrer wirtschaftlichen Entwicklung die »Schwelle« zu überschreiten scheinen, die ein unterentwickeltes Land von einem Industriestaat trennt. Schwellenländer sollten von ihrer Struktur (z. B. wirtschaftliche Lage, Demographie, Infrastruktur) her so beschaffen sein, daß in Zukunft ein hohes Wirtschaftswachstum erreicht und ein Wertzuwachs der Aktien, welche die in diesen Ländern ansässigen Unternehmen emittieren, vermutet werden kann. Zu diesen Ländern zählen beispielsweise Argentinien, Griechenland, Chile, Thailand, Taiwan, Indien und Brasilien.

Die Zuordnung eines Landes zur Kategorie der »Schwellenländer« erfolgt im Regelfalle anhand spezifischer Kriterien, deren Erfüllung darauf hindeuten soll, daß ein Land den Schritt vom unterentwickelten Land zum Industriestaat vollzieht. Die Kriterienauswahl und demzufolge die Einschätzung eines Landes unterliegt letztendlich jedoch subjektiven Einflüssen. Ein unterentwickeltes Land wird häufig dann als Schwellenland eingestuft, wenn

- der Aktienhandel im betreffenden Land »funktioniert«, also genügend Aktien emittiert sind, ausreichend viele Marktteilnehmer Aktien handeln, das Börsengeschehen überwacht wird,
- das Bruttoinlandsprodukt des jeweiligen Landes einen bestimmten Betrag überschreitet usw.

Morgan Stanley berechnen Indizes für insgesamt 20 emerging markets. Die Indizes bilden entweder einen einzigen oder mehrere, der Gesamtindex sogar alle 20 Schwellenmärkte ab. Der Gesamtindex ist im Handelsblatt mit »*Märkte insges.*« gekennzeichnet. Neben dem Gesamtindex werden 18 der 20 Einzelindizes im Handelsblatt veröffentlicht.

Die Tabelle »*MSCI-Indizes der Welt-Aktienmärkte*« enthält schließlich noch alle 38 von Morgan Stanley ermittelten »Global Industry Indices«, die im Handelsblatt »*Branchen*«-Indizes genannt werden.

Branchen

Branchen 1.6.95											
Automobile	244,3	1,3	1,3	11,7	0,8	2,2	1,4	0,9	1,9	9,9
Banken	557,6	0,9	0,9	0,7	0,8	2,9	9,9	0,9	2,7	2,0
Baustoffe	217,7	0	0	3,6	0,3	0,2	11,9	0,4	0,1	4,8
Bauwesen	364,5	0,8	0,8	2,5	0	1,7	6,1	0,3	1,9	4,3
Chemie	250,4	0,5	0,5	2,0	0,3	0,5	8,1	0,4	0,2	15,4
Datenverarbeitung	58,7	2,1	2,1	5,6	1,0	1,9	20,6	1,0	2,0	25,4
Einzelhandel	203,0	0,5	0,5	3,7	0,6	2,0	9,0	0,7	1,9	4,3
Elektronik	723,5	2,6	2,6	15,7	0,5	2,1	16,0	0,5	2,1	19,7
Elekt. Mat.	400,1	1,2	1,2	1,1		1,2	2,4			2,7

MSCI-Indizes
Branchen

Ein Branchen-Index repräsentiert ausschließlich Aktien der Gesellschaften einer bestimmten Branche (z. B. Chemie). Die Auswahl der Unternehmen beschränkt sich nicht auf einzelne Länder oder Regionen, es werden vielmehr Aktiengesellschaften weltweit berücksichtigt.

Die MSCI-Branchen-Indizes bieten den Marktteilnehmern die Möglichkeit, die Aktienentwicklung einer Branche weltweit mit der Branchenentwicklung in einem einzigen Land oder einer Region zu vergleichen. Eine Gegenüberstellung des MSCI-Branchen-Index »Chemie« mit dem »CDax-Chemie« gibt – unter Berücksichtigung der Konstruktionsprinzipien der beiden Indizes – beispielsweise Aufschluß über die Entwicklung der Chemie-Branche in Deutschland über einen gewissen Zeitraum im Vergleich zum Branchen-Durchschnitt der ganzen Welt.

Börsenberichte

3.5

Das Handelsblatt berichtet regelmäßig auf der Seite »*Ausländische Börsen*« über das Geschehen an ausgewählten ausländischen Börsen am letzten Börsentag (vgl. Abb. 3/11). In dieser Kolumne werden unter anderem

- die Handelsaktivitäten und die Stimmung an ausländischen Wertpapierbörsen kommentiert (»...lustloses Geschäft an der Börse Madrid...«),

Börsenberichte

- Gründe für Kurs- und Indexentwicklungen genannt (»...der Aktienmarkt profitierte von der Aussicht auf eine baldige US-Zinssenkung...«) sowie
- Einschätzungen der Aktienhändler über das gegenwärtige und zukünftige Börsengeschehen vorgestellt (»...Gewinne am inländischen Rentenmarkt und Erholungsansätze am Terminmarkt hätten dem Aktienhandel geholfen, sagten Händler...«).

Die Börsenberichte ergänzen und erläutern die Informationen, die die Leser aus den Kurstabellen beziehen.

AUSLÄNDISCHE BÖRSEN / Tokioter Wertpapiermarkt erneut erholt – Hongkong gut behauptet

Londoner Aktien im Verlauf deutlich fester

Die internationalen Börsen wiesen am Montag keine einheitliche Tendenz auf. Die Schwäche in Wall Street vom Freitag belastete zum Teil in Fernost. Wegen des Teil-Feiertags in Europa blieb das Geschäft hier gering.

HANDELSBLATT, Montag, 5.6.95
HB DÜSSELDORF. In Europa tendierten die Aktienkurse in LONDON nach anfänglicher Schwäche im Verlauf fester. Der FTSE-Index stieg um knapp 1 % und schloß mit 3376,6 Punkten auf einem neuen Jahreshoch. Händler beschrieben das Geschäft zum Wochenauftakt als dünn, lediglich einige Unternehmensergebnisse und Übernahmegerüchte hätten zu der höheren Orientierung beigetragen. Praktisch unbeeindruckt habe der britische Wertpapiermarkt auf die Bekanntgabe der leicht unter den Erwartungen Geldmengenzahlen für Mai reagiert.

Gut behauptet präsentierten sich die Aktienkurse an der Börse von MADRID. Händler führten das überaus lustlose Geschäft auf die feiertagsbedingte Handelspause an mehreren anderen europäischen Plätzen zurück. Am häufigsten gehandelt wurden Endesa, die zulegten.

Leichtere Notierungen wurden an der Aktienbörse in MAILAND gesehen. Händlern zufolge fehlte es dem Markt vor allem an richtungsweisenden Impulsen. Marktbestimmend sei ein von Beobachtern als extrem niedrig bezeichneter Umsatz. Auch für den weiteren Verlauf dieser Woche werde von einem wahrscheinlich ereignislosen Handel an der Mailänder Börse ausgegangen, hieß es. Bei den einzelnen Standardwer-

ten entfiel rund ein Drittel des Handelsvolumens auf Aktien von Fiat, die sich geringfügig ermäßigten. Der italienische Automobilhersteller hatte am vergangenen Freitag sein 1994er Resultat vorgelegt.

Aufgrund der Pfingstfeiertage blieben am Montag die Märkte, Banken und Behörden unter anderem in BELGIEN, DEUTSCHLAND, FRANKREICH, den NIEDERLANDEN, ÖSTERREICH, SCHWEDEN sowie in der SCHWEIZ geschlossen.

Die TOKIOTER Börse hat am Montag mit kleinen Kursgewinnen geschlossen, nachdem sich der Nikkei-Index bereits am Freitag deutlicher erholt hatte. Die Aktivität habe sich aufgrund einiger Werte wie der Maruyama Mfg und der Daido Steel Sheet konzentriert, sagten Händler. Die erwarteten Maßnahmen des Finanzministeriums im Zusammenhang mit den notleidenden Krediten der Banken, die bevorstehende Veröf-

fentlichung der „Tankan"-Studie der Notenbank und der Verfall der Juni-Termin- und Optionskontrakte am Freitag hätten die Aktivität gehemmt.

Uneinheitlich schloß am Montag der Aktienmarkt in SYDNEY, der am Freitag schwächer tendiert hatte. Belastet habe die Schwäche der Aktienkurse in Wall Street. Gewinne am inländischen Rentenmarkt und Erholungsansätze am Terminmarkt hätten dem Aktienhandel geholfen, sagten Händler.

Die Börse in HONGKONG, am Freitag wegen eines lokalen Feiertages geschlossen, konnte am Montag Kursgewinne des frühen Geschäfts aufgrund von Gewinnmitnahmen nicht behaupten und endete gut behauptet. Im frühen Geschäft profitierte der Markt von der Aussicht auf eine baldige US-Zinssenkung nach Rezessionsbefürchtungen verstärkender US-Konjunkturdaten sowie

von der Erneuerung der US-Meistbegünstigung im Handel mit China. Starker Verkaufsdruck setzte dann bei der Hang-Seng-Marke von 9765 Punkte ein, hieß es. Freundlich bei den Standardwerten hat dagegen die Aktienbörse in SINGAPUR am Montag geschlossen.

In JOHANNESBURG entwickelten sich die Aktienkurse am Montag richtungslos. Sowohl Industriewerte als auch die Anteile der Goldminengesellschaften mußten Kursabschläge hinnehmen, die im Industriebereich allerdings etwas geringer ausfielen.

Die NEW YORKER Börse eröffnete etwas leichter. Der Dow-Jones-Index konnte sich aber bereits innerhalb der ersten Handelsstunde wieder in den positiven Bereich vorschieben. Im Mittelpunkt standen erneut Technologiewerte. Etwas fester tendierten auch die Aktien an der Börse in TORONTO.

Abb. 3/11: Bericht über das Geschehen an ausländischen Börsen

Kapitel 4

GELDMARKT

Inlandsgeldmarkt 4.1

Begriff 4.1.1

Der Inlandsgeldmarkt, im weiteren kurz »Geldmarkt« genannt, ist der Markt, auf dem

- »erste Adressen« (Geschäftsbanken, einige bedeutende Industrie-, Handels- und Versicherungsunternehmen sowie Bund und Länder) für einen kurzen Zeitraum Zentralbankgeld aufnehmen und anlegen, wobei oftmals der Einfachheit halber vom »Geldhandel« gesprochen wird;
- Geldmarktpapiere von der Deutschen Bundesbank an Kreditinstitute verkauft und wieder zurückgekauft sowie Geldmarktpapiere zwischen Geschäftsbanken, bedeutenden Industrieunternehmen usw. gehandelt werden.

Der Begriff »kurzfristig« kennzeichnet in aller Regel Geldanlagen und -aufnahmen mit einer Laufzeit bis zu einem Jahr. Die Grenze zwischen kurz- und längerfristigen Geldanlagen und -aufnahmen wird aber nicht immer konsequent gezogen, so daß hin und wieder auch Geldanlagen und -aufnahmen mit einer Laufzeit bis zu zwei Jahren zu den Handelsobjekten des Geldmarktes gezählt werden.

Geldhandel 4.1.2

Usancen 4.1.2.1

Geldmarktteilnehmer prüfen bei Geschäftsabschlüssen die Bonität ihrer Handelspartner in aller Regel nicht, weil die Kosten für Bonitätsprüfungen die erzielbaren Renditen zu sehr beeinträchtigen. Aus diesem Grund werden am Geldmarkt nur Teilnehmer mit einwandfreier Bonität (»erste Adressen«), das sind in erster Linie Geschäftsbanken, toleriert. Neben Geschäftsbanken handeln aber auch bedeutende, hinsichtlich ihrer Bonität einwandfreie Nichtbanken sowie Bund und Länder auf dem Geldmarkt. Nichtbanken, die über Geldhandels-Abteilungen verfügen, tätigen Geschäfte auf dem Geldmarkt selbst, wohingegen Industrie- und Dienstleistungsunternehmen ohne eine entsprechende Infrastruktur Geschäftsbanken einschalten. Bund und Länder schließen Geldmarktgeschäfte über eigene Geldhändler ab, die Mitarbeiter des Bundesfinanzministeriums bzw. der Landesfinanzministerien sind.
Transaktionen am Geldmarkt werden, im Unterschied zu Aktien-, Renten- und Termingeschäften, *nicht* über eine Börse abgewickelt. Der Geldhandel konzentriert sich nicht auf einen Ort; er läßt sich also nicht lokalisieren. Geldhändler stehen bei der Abwicklung von Geldmarktgeschäften vielmehr in direktem Kontakt zueinander, oder sie schalten Makler ein, die Geldgeschäfte zwischen einzelnen Marktteilnehmern vermitteln. Auf dem Geldmarkt existieren – im Gegensatz zum Devisen- und Derivatehandel – allerdings keine Market Maker.

Händler und Makler nehmen vorwiegend über das Telefon Verbindung zueinander auf und schließen Geschäfte auch am Telefon ab. Diese Form der Kommunikation hat sich bewährt, weil Kontakte zwischen einzelnen Marktteilnehmern schnell und unkompliziert hergestellt werden können. Damit wird beispielsweise den raschen Veränderungen im Tagesgeschäft einer Geschäftsbank (z. B. Defizite an Zentralbankgeld aufgrund der an einem Geschäftstag von ihr vergebenen Kredite), die ebenso rasche Reaktionen auf dem Geldmarkt erfordern, Rechnung getragen. Im Anschluß an einen Geschäftsabschluß am Telefon wird in aller Regel eine Bestätigung – oft »dealingslip« genannt – zu Kontroll- und Buchungszwecken erstellt und dem Handelspartner per Telefax oder Telex übermittelt.

Dealing-Systeme

Hin und wieder wird Geld aber schon – ähnlich wie im Devisenhandel – über **Dealing–Systeme**, die zum Beispiel von Nachrichtenagenturen wie Reuters bereitgestellt werden, gehandelt. Unter einem Dealing-System versteht man ein Netz von Computern, die in aller Regel über einen Zentralrechner miteinander verbunden sind. Geldhändler, die an das System »angeschlossen« sind, können – völlig unabhängig von ihrem jeweiligen Standort – am Terminal

- eigene Handelswünsche (Geldanlage, -aufnahme) sowie die Konditionen (Zinssätze, Handelsvolumina), zu denen sie zum Handel bereit sind, direkt eingeben und damit den anderen Marktteilnehmern unterbreiten, aber auch
- die Angebots- und Nachfragekonstellationen anderer Marktteilnehmer sichten.

Die eingestellten Zinssätze sind für gewöhnlich »Indikationen«, also Orientierungsgrößen, die näherungsweise anzeigen, zu welchen Sätzen ein Händler bereit ist, Geschäfte abzuschließen (vgl. Abb. 4/1). Ein konkreter Zinssatz wird erst dann vereinbart, wenn ein Händler zum Beispiel das Volumen eines Geschäftes und die Bonität der Gegenpartei genau kennt.

Abb. 4/1:
Geldmarktsätze
»über« Reuters

```
Reuters AG                                      Monday, 14 August 1995 10:13:09
0000 LANDESBANK SCHLESWIG-HOLSTEIN 0431-900-01 SEE KIEM/N    KIEL
TEL   1963            LUX 00352-424132      INH.-REND.TEL 1976
      DM INLAND             LUXBG BRANCH
O/N                   T/N                    2J    5.05-5.00
1 M   4.40-4.50       S/W   4 3/8  - 1/2     3J    5.51-5.46
2 M   4.37-4.47       1 M   4 3/8  - 1/2     4J    5.93-5.88
3 M   4.37-4.47       2 M   4 3/8  - 1/2     5J    6.26-6.21
6 M   4.37-4.47       3 M   4 3/8  - 1/2     6J    6.54-6.49
9 M   4.37-4.47       6 M   4 3/8  - 1/2     7J    6.75-6.70
12M   4.40-4.50       9 M   4 3/8  - 1/2     8J    6.93-6.88
      DEALING         1 Y   4 3/8  - 1/2     9J    7.00-6.95
      *KIEL*                DEALING*LSNU*   10J    7.05-7.00
```

Ein Geschäft kommt zustande, wenn ein Händler das Angebot oder die Nachfrage eines anderen Marktteilnehmers mittels »Tastendruck« annimmt. Dealing-Systeme tragen zur Transparenz auf dem Geldmarkt bei, weil die Informationen allen Marktteilnehmern gleichzeitig zur Verfügung stehen.

Geld wird am deutschen Geldmarkt an Werktagen vormittags und zumeist am frühen Nachmittag gehandelt. Die Handelszeiten für Geldmarkttransaktionen sind, anders als beispielsweise Börsenzeiten, nicht standardisiert und können, falls dies erforderlich ist, ausgedehnt oder verkürzt werden. Vor Handelsbeginn informieren sich Geldhändler gewöhnlich bei Händlern anderer Geschäftsbanken oder bei Maklern über die Lage sowie Tendenzen am Geldmarkt.

Geldmarktgeschäfte werden in aller Regel dadurch erfüllt, daß der Geldbetrag vom LZB-Konto[1] des Geldgebers auf das LZB-Konto des Geldnehmers übertragen wird.

Der Geldmarkt zählt zu den Finanzmärkten mit der höchsten Liquidität. Während der Handelszeit ist es nahezu problemlos möglich, beliebig viel Geld anzulegen und aufzunehmen, weil sich so viele Marktteilnehmer am Geldhandel beteiligen und so große Volumina gehandelt werden, daß Geldangebot und -nachfrage ziemlich dicht beieinander liegen. Man spricht im Zusammenhang mit dem Geldmarkt deshalb auch von einem

Handelsobjekte		
	≫ Geld ≪	Geldmarktpapiere
Formen	• Tagesgeld • Termingeld	• Schatzwechsel • U-Schätze • CPs und CDs
Marktteilnehmer	• Geschäftsbanken • Nichtbanken • Bund und Länder	• Deutsche Bundesbank • Geschäftsbanken • Nichtbanken • Bund und Länder
Motive	• Beschaffung von Zentralbankgeld (Erfüllung der Mindestreserve bei der Deutschen Bundesbank usw.) • Anlage von Zentralbankgeld (Anlage überschüssiger Liquidität, usw.) • Erzielung von Arbitrage- und Spekulationsgewinnen	• Steuerung der Liquidität der Geschäftsbanken durch die Deutsche Bundesbank (Abschöpfung und Bereitstellung von Zentralbankgeld) • Geldaufnahme durch Emission kurzfristiger Wertpapiere • Geldanlage in kurzfristige Wertpapiere • Erzielung von Kursgewinnen durch Handel mit Geldmarktpapieren

Abb. 4/2: Handelsobjekte am Geldmarkt

1 »LZB« steht für Landeszentralbank. Alle Geschäftsbanken unterhalten Konten bei der LZB.

»liquiden« Markt. Das Handelsvolumen beträgt zumeist 10 Millionen D-Mark oder ein Vielfaches davon.

Am Geldmarkt operiert neben Geschäfts- und Nichtbanken die Deutsche Bundesbank. Sie beeinflußt durch den Einsatz geldpolitischer Instrumente die Liquidität der Geschäftsbanken und steuert auf diese Weise deren Möglichkeiten zur Kreditvergabe.

Abbildung 4/2 zeigt die Handelspartner und deren Motive für Geldmarkttransaktionen.

4.1.2.2

Tabelle »Geldmarktsätze«

Am Geldmarkt treffen institutionelle Marktteilnehmer (Geschäftsbanken, Nichtbanken) aufeinander, die für einen relativ kurzen Zeitraum Geld ausleihen bzw. anlegen wollen. Wenn Marktteilnehmer anderen Marktteilnehmern zeitweise Geld überlassen, dann verlangen sie dafür ein Entgelt, das als »**Zins**« bezeichnet wird. Der Zins wird üblicherweise als Prozentsatz angegeben, auf ein Jahr bezogen und häufig mit dem Zusatz »p.a.«, das für »**per annum**« (pro Jahr) steht, versehen.

Die Zinsen, die für Geldaufnahmen und -anlagen auf dem Geldmarkt gezahlt werden, bezeichnet man als »**Geldmarktsätze**«, oder kurz »Sätze«. Sie werden nicht offiziell – zum Beispiel durch amtliche Makler – festgesetzt oder notiert, sondern vielmehr unmittelbar zwischen den Geldhändlern vereinbart. Geldhändler können bei Anfragen anderer Marktteilnehmer zwei Sätze, auch »**Quotierung**« oder »Quote« genannt, angeben, und zwar zuerst

- den »**Geldsatz**«, das ist der Satz, zu dem ein Händler bereit ist, Geld aufzunehmen und dann
- den »**Briefsatz**«, zu dem der Händler bereit ist, Geld zu verleihen.

Die Quotierung »4,70 zu 4,83« zeigt beispielsweise an, daß ein Händler Geld zu einem Zinssatz von 4,70 % p.a. aufnehmen und zu einem Zinssatz von 4,83 % p.a. verleihen will. Händler nennen häufig jedoch ausschließlich einen einzigen Satz, zum Beispiel »4,70 Brief« oder »4,68 Geld«, und deuten damit an, daß sie Geld verleihen wollen bzw. benötigen, aber kein Geld annehmen bzw. verleihen möchten.

Aufgrund der »Liquidität« auf dem Geldmarkt liegen der höchste Satz eines Geldnachfragers und der niedrigste Satz eines Geldanbieters sehr dicht beieinander. Die Differenz beträgt oftmals einige wenige Basispunkte, wobei ein Basispunkt einem Hundertstel Prozentpunkt entspricht. 5 Basispunkte sind zum Beispiel 0,05 %.

Der rege Handel auf dem Geldmarkt führt dazu, daß sich die Sätze enorm schnell – häufig sogar innerhalb von Sekunden – ändern.

Im Laufe der Zeit haben Geldhändler für die Kommunikation untereinander eine »eigene Sprache« (Händler-Jargon) entwickelt, die Mißverständnisse unterdrückt und zudem hilft, Handelswünsche rasch vorzutragen sowie Geschäftsabschlüsse zu beschleunigen. Ein Händler, der zum Beispiel mitteilt, er »laufe über«, will höhere Beträge am Geldmarkt anlegen. Händler nennen bei Quotierungen oftmals nicht die vollständigen Sätze, sondern nurmehr die Nachkommastellen der Geld- und Briefsätze. Aus der Quotierung »4,71 zu 4,73« wird dann zum Beispiel »71 zu 73«.

Auf dem Geldmarkt werden Geldanlagen und -aufnahmen mit unterschiedlichen Laufzeiten gehandelt (vgl. Abb. 4/3).

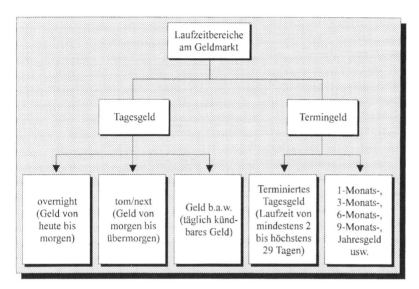

Abb. 4/3: Laufzeitbereiche am Geldmarkt

Für jeden Laufzeitbereich werden eigene Sätze zwischen den Marktteilnehmern vereinbart. Der auf ein Jahr bezogene Zinssatz für Tagesgeld unterscheidet sich in aller Regel vom Zinssatz für Monatsgeld usw.

Geldmarktsätze

Inland	2.6.1995	1.6.1995	31.5.1995	30.5.1995	29.5.1995
Tagesgeld (unter Banken)	4,50 - 4,55	4,50 - 4,60	5,85 - 6,00	5,80 - 6,00	4,65 - 4,75
Termingeld (unter Banken taxiert)					
1 Monat	4,45 - 4,55	4,45 - 4,55	4,45 - 4,55	4,45 - 4,55	4,45 - 4,55
3 Monate	4,40 - 4,50	4,40 - 4,50	4,45 - 4,55	4,45 - 4,55	4,45 - 4,55
6 Monate	4,40 - 4,50	4,40 - 4,50	4,45 - 4,55	4,45 - 4,55	4,45 - 4,55

Abb. 4/4: Geldmarktsätze

Die Geldmarktsätze für die bedeutendsten Laufzeitbereiche werden regelmäßig im Handelsblatt in der Tabelle »*Geldmarktsätze*« veröffentlicht (vgl. Abb. 4/4). Es werden nur Sätze ausgewiesen, die auf dem deutschen Geldmarkt (»*Inland*«), und zwar »*unter Banken*«, gehandelt wurden. Die Geldsätze, die Geschäfsbanken anderen Geschäftsbanken für Tages- und Termingeld stellen, sind gemeinhin höher, als die Sätze, die sie zum Beispiel bedeutenden Industrieunternehmen bieten. Eine Geschäftsbank muß für die Einlage einer anderen Geschäftsbank, ganz im Gegensatz zu den Einlagen von Nichtbanken, keine Mindestreserve bei der Bundesbank unterhalten, so daß der gesamte eingelegte Geldbetrag verliehen und demzufolge auch verzinst werden kann.

196 Inlandsgeldmarkt

Die Tabelle zeigt die »Spanne« innerhalb derer an den zurückliegenden fünf Werktagen

- Tagesgeld sowie
- 1-, 3- und 6-Monats-Termingeld

gehandelt wurde. Die Sätze werden täglich bei einer ausgewählten Geschäftsbank (z. B. DG-Bank, Frankfurt am Main) abgefragt, die – »stellvertretend« für alle Geldmarktteilnehmer – sodann einen unteren und oberen Geldmarktsatz angibt. Die beiden Sätze grenzen den Bereich ab, innerhalb dessen der größte Teil der Umsätze des gesamten Tages abgewickelt wurde. Aus diesem Grunde sind die Sätze relativ »breit gestellt«. Der Ausdruck »breit gestellt« bedeutet, daß die Sätze weit auseinander liegen.

Die Quotierung »Tagesgeld 4,50–4,55« am 2.6.1995 zeigt beispielsweise an, daß an diesem Tag der überwiegende Teil des Tagesgeldes im Bereich zwischen 4,50 % p.a. und 4,55 % p.a. gehandelt wurde. Die Geld- und Briefsätze lagen folglich meistens im Bereich zwischen 4,50 % p.a. und 4,55 % p.a.

Geldmarktsätze

Geldmarktsätze

Inland	2.6.1995	1.6.1995	31.5.1995	30.5.1995	29.5.1995
Tagesgeld (unter Banken)	4,50 - 4,55	4,50 - 4,60	5,85 - 6,00	5,80 - 6,00	4,65 - 4,75

4,50 und 4,55 sowie alle Sätze zwischen 4,50 und 4,55 sind sowohl Geld- als auch Briefsätze, weil zu diesen Sätzen Geschäfte auf dem Geldmarkt geschlossen wurden. Ein Geschäft kommt nur zustande, wenn zu ein und demselben Geldmarktsatz sowohl Angebot (»Brief«) als auch Nachfrage (»Geld«) besteht. Ein Geldmarktsatz ist aus Sicht des Händlers, der Geld verleiht, ein Brief-Satz und für die Gegenpartei (»counterpart«), also den Händler, der das Geld zu diesem Satz aufnimmt, ein Geld-Satz.

Beispiel 4/1

Der Geldhändler der Bank A quotiert am 2.6.1995

4,52 Brief, (100 Millionen D-Mark),

wohingegen der Händler der Bank B

4,52 Geld, (100 Millionen D-Mark),

angibt. Das Geschäft kommt zustande. Der Händler der Bank A möchte 100 Millionen D-Mark zu einem Zinssatz in Höhe von 4,52 % p.a. verleihen, für ihn ist 4,52 ein Brief-Satz. Der Händler der Bank B ist bereit, zu einem Zinssatz von 4,52 % p.a. Geld »hereinzunehmen«, für ihn ist 4,52 ein Geld-Satz.

Ein Blick auf die Tabelle zeigt, daß die Spannen von Tag zu Tag stark differieren können. Am 30.5.1995 liegt die Spanne für Tagesgeld zum Beispiel bei 20 Basispunkten p.a., wohingegen sie am 2.6.1995 nurmehr 5 Basispunkte p.a. beträgt.

Eine verhältnismäßig breite Spanne könnte beispielsweise darauf zurückzuführen sein, daß während der Handelszeit Neuigkeiten (z. B. »...die Bundesbank plant eine Veränderung der Leitzinsen...«) entstehen, die dazu führen, daß die Händler ihre Quotierungen im Tagesverlauf »drastisch« nach oben oder unten anpassen.

Die Tabelle »Geldmarksätze« zeigt die Sätze der zurückliegenden fünf Werktage, so daß der Leser die Entwicklung der Konditionen für Geldmarktgeschäfte nachvollziehen kann. Sie ist auch für Privatinvestoren von Interesse, die relativ geringe Geldbeträge

- für eine kurze Zeit anlegen wollen oder
- liquide Anlagen präferieren.

Viele Geschäftsbanken bieten mittlerweile auch »Kleinanlegern« zum Beispiel »Tagesgeldkonten« an, deren Verzinsung sich an den Konditionen auf dem Geldmarkt, in diesem Fall also am Tagesgeldsatz, orientiert.

Tages- und Termingeld

4.1.2.3

Unter den Begriff »Tagesgeld« faßt man die Geldmarktgeschäfte, bei denen

- ein Geldbetrag von einem auf den nächsten Tag, also über Nacht (»**Geld overnight**«), verliehen oder aufgenommen wird;

Geld overnight (O/N)

- ein Geldbetrag bis auf weiteres (»**Geld b.a.w.**«) vergeben bzw. aufgenommen wird. »B.a.w.« deutet an, daß die Geschäftspartner keinen Termin vereinbaren, zu dem der Geldbetrag zurückzuzahlen ist. Die Händler prüfen vielmehr an den folgenden Tagen, ob die Vereinbarung aufrechterhalten werden soll, der Geldbetrag ganz oder teilweise zurückzuzahlen, die Verzinsung anzupassen ist usw.;

Geld b.a.w.

- ein Geldbetrag von »morgen bis übermorgen« (»**tom**orrow against **next** day«) verliehen bzw. aufgenommen, das Geschäft jedoch schon »heute« abgeschlossen wird. Geldanlagen oder -leihen von »morgen bis übermorgen« werden kurz »**tom/next**«-Geschäfte genannt.

tom/next (T/N)

Den Zinssatz, zu dem Geld über Nacht verliehen wird, bezeichnet man als Tagesgeld-Satz. Geldhändler verleihen Geld »overnight« zum »Tagesgeld-Brief-Satz« und nehmen Geld für einen Tag zum Geld-Satz »herein«. »Geld b.a.w.« wird täglich mit dem jeweiligen Tagesgeld-Satz verzinst.

Auf dem deutschen Geldmarkt wird überwiegend »Geld overnight« sowie »Geld b.a.w.« gehandelt. »Tom/next«-Transaktionen sind auf dem inländischen Geldmarkt vergleichsweise selten, wohingegen auf dem Euro-Geldmarkt häufig »tomorrow against next day« gehandelt wird.

Geldanlagen und -aufnahmen für eine feste Laufzeit, die einen Tag überschreitet, bezeichnet man als Termingeld. Das Geld wird zu einem ganz bestimmten *Termin*, zum Beispiel nach einem, zwei oder sechs Monaten, fällig. Man unterscheidet grundsätzlich zwischen terminiertem Tagesgeld sowie Monatsgeld.

Terminiertes Tagesgeld »läuft« wenigstens 2 und höchstens 29 Tage, wohingegen Monatsgeld Geldanlagen bzw. -aufnahmen kennzeichnet, deren Laufzeiten von einem bis zu zwölf Monaten reichen. Händler bieten Geld von »heute« bis zu einem bestimmten zukünftigen Termin zum jeweiligen »Termin-Brief-Satz« (z. B. 3-Monats-Brief-Satz) an und fragen Geld zum entsprechenden »Termin-Geld-Satz« nach.

Geldmarktsätze, Termingeld

Termingeld (unter Banken taxiert)					
1 Monat	4,45 - 4,55	4,45 - 4,55	4,45 - 4,55	4,45 - 4,55	4,45 - 4,55
3 Monate	4,40 - 4,50	4,40 - 4,50	4,45 - 4,55	4,45 - 4,55	4,45 - 4,55
6 Monate	4,40 - 4,50	4,40 - 4,50	4,45 - 4,55	4,45 - 4,55	4,45 - 4,55

Die Motive für Tages- und Termingeldgeschäfte der Banken, aber auch der großen Industrie-, Dienstleistungs- und Versicherungsunternehmen, sind in erster Linie

- das Liquiditätsmanagement (»cash-management«),
- die Arbitrage,
- die Spekulation sowie
- die kurzfristige Geldaufnahme und -anlage, sofern keine günstigeren Verschuldungs- bzw. Anlagealternativen verfügbar sind.

Die Geschäftsbanken nehmen darüber hinaus zur Erfüllung ihrer Mindestreservepflicht bei der Deutschen Bundesbank kurzfristig Geld auf. Für Bund und Länder steht die kurzfristige Geldaufnahme und -anlage und weniger Arbitrage oder Spekulation im Vordergrund.

cash-management

Geschäftsbanken und andere Unternehmen müssen gewährleisten, immer dann zahlungsfähig (liquide) zu sein, wenn eine Zahlung erforderlich wird. Geschäftsbanken müssen zum Beispiel zahlen können, wenn Kunden Bargeld von ihren Konten abheben, Industrieunternehmen müssen Rechnungen ihrer Lieferanten bezahlen usw. Die Zahlungsein- und -ausgänge der Geschäftsbanken sowie anderer Unternehmen an ein und demselben Tag gleichen sich zumeist nicht aus, so daß häufig kurzfristig ein Geldüberschuß oder ein zusätzlicher Geldbedarf entsteht, welcher durch die Vergabe bzw. Aufnahme von Tages- oder Termingeld ausgeglichen wird.

Die Geldbestände vieler Geschäftsbanken und anderer Unternehmen ändern sich oftmals unvorhergesehen von einem auf den anderen Tag, so daß »heute« noch gar nicht abgeschätzt werden kann, wieviel Geld »morgen« angelegt oder benötigt wird. Aus diesem Grunde kommt dem Tagesgeld eine besondere Bedeutung zu. Viele Unternehmen disponieren Geld überwiegend »overnight«, um am nächsten Tag erneut über die weitere Verwendung zu entscheiden.

Arbitrage

Ein Händler, der zu einem bestimmten Zeitpunkt Geld von einem anderen Geldhändler leiht und im selben Augenblick das Geld an einen anderen

Händler zu einem höheren Satz wieder verleiht, erzielt einen Gewinn, ohne daß er sich einem Risiko aussetzt. Diesen Vorgang bezeichnet man als Arbitrage.

Beispiel 4/2

Der Geldhändler der Bank A quotiert am 20. August 1995 um 9 Uhr 45

Tagesgeld: 4,72 – 4,74.

Der Geldhändler der Bank B kann exakt zu diesem Zeitpunkt Tagesgeld in Höhe von 100 Millionen D-Mark an den Geldhändler eines großen Industrieunternehmens zu einem Satz von 4,75 verleihen. Der Händler der Bank B nimmt daraufhin 100 Millionen D-Mark »overnight« bei der Bank A auf und verleiht das Geld im selben Augenblick für einen Tag an das Industrieunternehmen. Damit erzielt er einen Arbitragegewinn, der sich folgendermaßen ermittelt:

Zinsaufwand für die Aufnahme von Tagesgeld bei der Bank A:	-13.166,67 DM
Zinsertrag für die Vergabe von Tagesgeld an das Industrieunternehmen:	+13.194,44 DM
Arbitragegewinn:	27,77 DM

Auf dem Geldmarkt lassen sich Arbitragegewinne aufgrund der hohen Markttransparenz nur ausgesprochen selten realisieren.

Spekulation

Viele Geldhändler versuchen, die Zinsentwicklung zu prognostizieren, und richten ihre Transaktionen an diesen Vorhersagen aus. Ist ein Händler beispielsweise davon überzeugt, daß die Zinsen auf dem Geldmarkt in Zukunft steigen werden, so wird er Geld für einen bestimmten Zeitraum (z. B. 6 Monate) aufnehmen und diesen Geldbetrag für einen kürzeren Zeitraum (z. B. 1 Monat) auf dem Geldmarkt wieder anlegen. Wenn sich die Zinsprognose des Händlers bestätigt, dann kann er das Geld, das aus der Geldanlage zurückfließt, zu einem höheren Zinssatz bis zur Fälligkeit der Geldaufnahme anlegen. Bei einem entsprechend hohen Zinsanstieg erzielt der Händler einen Gewinn.

Im Unterschied zur Arbitrage ist die soeben beschriebene Transaktion nicht risikolos. Der Händler hofft, daß sich die Zinsentwicklung in der Zukunft mit seiner Prognose deckt und leitet daraufhin Geschäfte am Geldmarkt ein. Er spekuliert und setzt sich der Gefahr aus, daß seine Vorhersage nicht zutrifft und ein Verlust entsteht.

Beispiel 4/3

Am 1.6.1995 quotiert der Geldhändler der Geschäftsbank A

1-Monats-Geld: 4,50 – 4,52,
6-Monats-Geld: 4,51 – 4,54.

Der Geldhändler der Bank B stellt am 1.6.1995 eine Zinsprognose auf und gelangt zu dem Ergebnis, daß das Zinsniveau auf dem Geldmarkt in einem

Monat gestiegen sein wird. Daraufhin beschließt er, 50 Millionen D-Mark bei der Bank A

- für 6 Monate zum Zinssatz von 4,54 % p.a. (6-Monats-Brief-Satz) aufzunehmen und das Geld
- für 1 Monat zum Zinssatz von 4,50 % p.a. (1-Monats-Geld-Satz) bei der Bank A anzulegen.

Die Zinsprognose des Geldhändlers der Bank B bestätigt sich. Am 1.7.1995 quotiert der Geldhändler der Bank A

5 Monats-Geld: 4,74 - 4,77.

Der Händler der Bank B legt am 1.7.1995 die 50 Millionen D-Mark sowie die Zinsen für die einmonatige Geldanlage in Höhe von 187.500 D-Mark, die aus der 1-Monats-Geldanlage zufließen, für 5 Monate bei der Bank A zum Zinssatz von 4,74 % p.a. (5-Monats-Geld-Satz) an. Der Gewinn des Händlers läßt sich folgendermaßen ermitteln:

Zinsaufwand für die Aufnahme des 6-Monats-Geldes:	-1.135.000 DM
Zinsertrag für die Anlage des 1-Monats-Geldes:	+187.500 DM
Zinsertrag für die Anlage des 5-Monats-Geldes:	+991.203 DM
Gewinn:	43.703 DM

Geldanlage und -aufnahme

Geld, das für einen verhältnismäßig kurzen Zeitraum – zum Beispiel 6 Monate – benötigt wird oder zur Verfügung steht, wird oftmals am Geldmarkt beschafft bzw. angelegt. Der Geldhändler steht dabei vor der Entscheidung,

- das Geld von vornherein für den gesamten Zeitraum (Planungszeitraum) anzulegen bzw. aufzunehmen oder aber
- das Geld zunächst für einen kürzeren Zeitraum als den Planungszeitraum anzulegen bzw. aufzunehmen, um den Geldbetrag bei Fälligkeit der Anlage bzw. des Kredits erneut für die restliche Laufzeit anzulegen oder aufzunehmen.

Die Auswahl einer der beiden Strategien hängt entscheidend von der Erwartung des Geldhändlers über die zukünftige Zinsentwicklung ab. Er wird sich für die zweite Strategie entscheiden, wenn

- mit einem Anstieg der Geldmarktsätze gerechnet werden kann, und Geld angelegt werden soll, oder
- ein Rückgang der Zinsen zu erwarten ist, und Geld aufgenommen werden soll.

Diese Strategie ist jedoch nicht risikolos. Entwickeln sich die Geldmarktsätze anders als erwartet, so kann sie zu geringeren Zinserträgen bzw. höheren Zinsaufwendungen führen, als eine Geldanlage bzw. -aufnahme für den gesamten Planungszeitraum. Aus diesem Grunde spielt neben der Erwartung über die zukünftige Zinsentwicklung auch die Risikoeinstellung des Händlers, oder besser der Geschäftsbank bzw. des Industrie- oder Dienstleistungsunternehmens, das der Händler vertritt, eine Rolle bei der Strategieauswahl.

Zu den Aufgaben der Geldhändler der Geschäftsbanken gehören nicht nur die Sicherung der Liquidität, die Erzielung von Arbitrage- und Spekulationsgewinnen sowie die Geldaufnahme und -anlage. Die Händler haben auch dafür zu sorgen, daß die Banken ihre Mindestreservepflicht bei der Deutschen Bundesbank erfüllen können. Dies zählt vielfach zu den Hauptaufgaben der Geldhändler.

Mindestreservepflicht

Geschäftsbanken sind verpflichtet, für ihre Verbindlichkeiten, mit Ausnahme der Verbindlichkeiten gegenüber anderen mindestreservepflichtigen Geschäftsbanken, bei der Deutschen Bundesbank zinslos eine Mindestreserve zu halten. Die Bundesbank legt bei der Bestimmung der Mindestreserve einer Geschäftsbank deren Monatsdurchschnitt an reservepflichtigen Verbindlichkeiten zugrunde.

Die Geschäftsbanken erfüllen in aller Regel ihr Mindestreserve-Soll, wenn ihr monatliches Durchschnittsguthaben auf einem Landeszentralbankkonto (LZB-Konto) der von der Bundesbank festgesetzten Mindestreserve entspricht.

Reichen die zinslosen Einlagen auf dem LZB-Konto nicht aus, um den Monatsdurchschnitt zu erreichen, der für die Erfüllung der Mindestreservepflicht erforderlich ist, so müssen die Banken Geld beschaffen. Sie nehmen, je nach dem für welchen Zeitraum das Geld benötigt wird, Tages- oder Termingeld auf.

Fibor

4.1.2.4

Der Fibor (**F**rankfurt **I**nterbank **O**ffered **R**ate) ist ein durchschnittlicher Geldmarktsatz, der aus den Briefsätzen (»offered rates«) gebildet wird, die von einer Reihe ausgewählter deutscher Geschäftsbanken am Geldmarkt gestellt werden. Es existieren 12 Fibor-Sätze, und zwar der für 1-Monats-, der für 2-Monats-,..., und der Fibor für 12-Monats-Geld.

19 Geschäftsbanken, die den deutschen Geldmarkt angemessen repräsentieren, geben werktäglich über Telerate[1] an, zu welchen Sätzen sie Geld an andere Geldmarktteilnehmer verleihen (»Brief-Sätze«). Von jeder Bank werden insgesamt 12 Sätze, und zwar für jede Laufzeit ein Satz, genannt (vgl. Abb. 4/5).

1 *Telerate ist eine Agentur, die Wirtschaftsnachrichten verbreitet und Dealingsysteme zur Abwicklung von Finanzmarkttransaktionen bereitstellt.*

```
 ———                              Pages - 22003                               ▼ ▲
 File   Edit   View   Data   Mode   Options   Contribute   Help
 Pages 22003              ±   │Refresh│ │ Last │ │ Back │ │Forward│ │Dispatch│
 21/08    13:19 GMT  [ GERMAN BANKING ASSOCIATIONS / Z K A ]              22003
                     [  F I B O R  (365/360 DAYS)  ]       15/21/08     6:02 GMT
```

	D G Z	HELABA	JP MORGAN	NORD/LB	S G Z	SOC.GEN.	WEST LB
	8:49 GMT	8:57 GMT	9:59 GMT	07:55 GMT	8:58 GMT	8:00 GMT	8:35 GMT
1MO	4.480	4.45	4.50	4.50000	4.500	4.48	4.50000
2MO	4.480	4.45	4.50	4.46875	4.5	4.48	4.50000
3MO	4.480	4.45	4.50	4.46875	4.5	4.48	4.50000
4MO	4.480	4.45	4.50	4.46875	4.5	4.48	4.50000
5MO	4.480	4.45	4.50	4.46875	4.5	4.48	4.50000
6MO	4.480	4.45	4.50	4.46875	4.5	4.48	4.50000
7MO	4.490	4.50	4.50	4.46875	4.5	4.48	4.50000
8MO	4.500	4.50	4.50	4.50000	4.5	4.48	4.50000
9MO	4.510	4.50	4.500	4.50000	4.5	4.48	4.50000
10MO	4.520	4.55	4.525	4.50000	4.5	4.54	4.50000
11MO	4.530	4.55	4.525	4.53125	4.525	4.54	4.55000
12MO	4.540	4.55	4.550	4.53125	4.55	4.54	4.55000

```
 COPYRIGHT 1995 DOW JONES TELERATE INC.
```

Abb. 4/5: Telerate-Seite 22003, in die 7 von 19 Geschäftsbanken Sätze einstellen

Banken, die auch nach einer Aufforderung durch Telerate keine Quotierung abgeben, werden bei der Bestimmung des Fibor nicht berücksichtigt. Dies kommt in der Praxis allerdings äußerst selten vor, da alle Banken an einem »marktgerechten« Fibor interessiert sind. Wenn das »Telerate-System« einmal ausfällt, dann übernimmt die Deutsche Bundesbank die Bestimmung des Fibor.

Fibor-Fixing

Ab 11 Uhr beginnt die Berechnung der Fibor-Sätze, auch »**Fibor-Fixing**« genannt, indem – separat für jede Laufzeit – die beiden höchsten und die beiden niedrigsten Briefsätze gestrichen und aus den verbleibenden 15 Sätzen der arithmetische Mittelwert gebildet wird. Am 21.8.1995 lauteten die beiden höchsten Sätze für 6-Monats-Geld beispielsweise jeweils 4,50000 % und die niedrigsten Quotierungen jeweils 4,45000 % (vgl. Abb. 4/5).

Im Zuge der Fibor-Berechnung werden also die Briefsätze zu einer einzigen Zahl, dem Fibor, verdichtet. Er läßt sich als »Momentaufnahme« der Konditionen am Geldmarkt interpretieren. Die Fibor-Sätze werden bis auf fünf Stellen nach dem Komma berechnet und sodann von Telerate publiziert.

Der Fibor übernimmt in erster Linie die Funktion eines »Referenzzinssatzes«, das ist ein Zinssatz, auf den »Bezug genommen wird«, indem beispielsweise

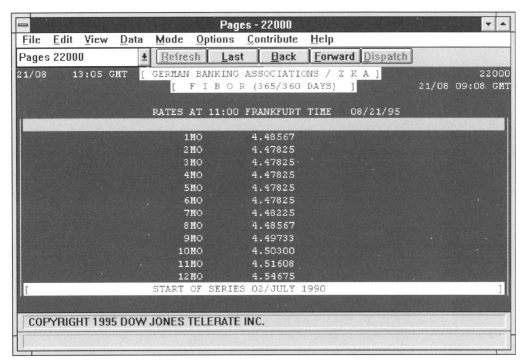

Abb. 4/6: Telerate-Seite 22000

- die Zinssätze von Floating Rate Notes (variabel verzinsliche Anleihen) an ihm ausgerichtet oder
- Derivate auf ihn geschrieben werden (z. B. Fibor-Future).

Der Fibor läßt sich nur schwer manipulieren, da er nicht den Briefsatz einer einzelnen, sondern den Durchschnittssatz einer Vielzahl von Geschäftsbanken abbildet. Ist eine einzelne Geschäftsbank zum Beispiel an einem niedrigen Fibor interessiert, weil sie einen variabel verzinslichen Kredit aufgenommen hat, dessen Verzinsung sich am Fibor orientiert, so kann sie den Fibor nicht oder nur unmerklich beeinflussen.

Es werden täglich zwei »Fibor-Versionen« berechnet, der $Fibor_{alt}$ und der $Fibor_{neu}$. Bei der Bestimmung des **$Fibor_{alt}$** wird von 360 Tagen/Jahr ausgegangen (»alte deutsche Zinsrechnung«). Im Gegensatz zum $Fibor_{neu}$ ermittelt nicht Telerate, sondern die Privatdiskont AG, Frankfurt am Main, diesen Satz. Außerdem werden die Brief-Quotierungen nur von insgesamt 12 Geschäftsbanken abgefragt, wobei sowohl die höchste als auch die niedrigste Nennung eliminiert werden. Aus den verbleibenden 10 Quotierungen wird der arithmetische Mittelwert gebildet.

$Fibor_{alt}$

204 **Inlandsgeldmarkt**

Fibor_neu

Bei der Berechnung des **Fibor**$_{neu}$ werden hingegen insgesamt 365 Tage/Jahr und in Schaltjahren 366 Tage/Jahr berücksichtigt. Die Zinsberechnung auf Basis der tatsächlichen Anzahl an Tagen pro Jahr bezeichnet man häufig auch als »Euro-Methode«, weil die Zinsen für Geschäfte auf dem Euro-Geldmarkt so ermittelt werden. Sie ersetzt seit 1990 die »alte deutsche Zinsrechnung«.

Der Fibor$_{alt}$ wird noch berechnet, weil zum Beispiel die Zinssätze einiger Floating Rate Notes daran ausgerichtet werden. In Zukunft wird jedoch nurmehr der Fibor$_{neu}$ ermittelt werden.

Nach Abschluß des Fibor-Fixing werden die neuen Sätze umgehend, zum Beispiel über Nachrichtenagenturen wie Reuters (Reuters-Seite »FIBO«), publiziert. Wenn Informationen über Nachrichtenagenturen verbreitet werden, dann sagt man häufig auch, die Neuigkeiten »gehen über den Tikker« (vgl. Abb. 4/7).

Abb. 4/7:
Fibor-Sätze
»über« Reuters

```
0950 FRANKFURT INTERBANK OFFERED RATES  * FIBOR *          FIBO
        TODAY    PREV.DAY          TODAY   PREV.DAY       TODAY   PR.DAY
1M     4.50000   4.50000     7M   4.50000  4.50000  * 3M  4.60    4.60
2M     4.49833   4.49700     8M   4.50000  4.50000  * 6M  4.60    4.60
3M     4.49667   4.49533     9M   4.50000  4.50000  *
4M     4.49667   4.49533    10M   4.50000  4.50000  * FIBOR 360/360 OLD
5M     4.50000   4.49700    11M   4.50067  4.50000  * CALCULATED BY
6M     4.50000   4.49700    12M   4.50950  4.50000  * PRIVAT-DISKONT
       FIBOR 365/360                              * BANK
       CALCULATED BY THE GERMAN BANKING           *
       ASSOCIATIONS -ZKA- AT 11 FFT TIME          *
                                                  *
                    09 AUG 95
```

Das Handelsblatt veröffentlicht – zumeist unterhalb der Tabelle »Eurogeldmarktsätze« –

- die Fibor$_{alt}$-Sätze für 3 und 6 Monate sowie
- die Fibor$_{neu}$-Sätze für 1, 3, 6 und 12 Monate

vom vorangegangenen Werktag. Am 10.8.1995 wurden beispielsweise die in Abbildung 4/8 dargestellten Fibor-Sätze publiziert.

Abb. 4/8: Fibor

Ein Blick auf die Reuters-Seite »FIBO« vom 9.8.1995 (vgl. Abb. 4/7) macht deutlich, daß die im Handelsblatt erscheinenden Fibor-Sätze am Vortag über die Nachrichtenagenturen verbreitet wurden.

Geldmarktgeschäfte der Bundesbank 4.1.3

Organisation der Bundesbank 4.1.3.1

Das »oberste« Organ der Deutschen Bundesbank ist der sogenannte »Zentralbankrat«, der sich aus

- dem Direktorium und
- den Präsidenten der Landeszentralbanken (LZBs)

zusammensetzt. Das Direktorium umfaßt den Präsidenten und den Vizepräsidenten der Bundesbank sowie weitere Mitglieder. Es wird vom Bundespräsidenten auf Vorschlag der Bundesregierung ernannt. Die LZB-Präsidenten hingegen schlägt der Bundesrat vor, ihre Ernennung erfolgt aber ebenfalls durch den Bundespräsidenten.

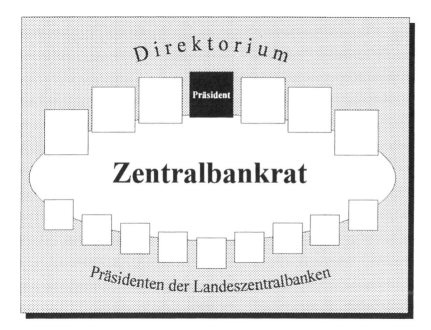

Abb. 4/9: Zentralbankrat

Der Zentralbankrat, der in der Regel alle vierzehn Tage zusammenkommt, legt die Währungs- und Kreditpolitik der Bundesbank sowie Richtlinien für die Geschäftsführung und Verwaltung fest.

Das Direktorium, das in Frankfurt am Main sitzt und mit nahezu 3.000 Mitarbeitern

- für die Umsetzung der Entscheidungen des Zentralbankrates verantwortlich ist,
- den Zahlungsverkehr für den Bund abwickelt,
- Gold- und Devisenreserven verwaltet,
- Transaktionen mit überregionalen Geschäftsbanken durchführt usw.,

206   **Inlandsgeldmarkt**

bildet die Spitze der dreistufigen »Bundesbank-Hierarchie«. Auf der folgenden Stufe stehen die Landeszentralbanken, die sozusagen »Hauptniederlassungen« darstellen und Geschäfte mit den jeweiligen Bundesländern, regionalen Geschäftsbanken usw. abwickeln. Die unterste Ebene bilden Zweigstellen, die in den meisten größeren Städten zu finden sind. Sie wickeln Bundesbank-Transaktionen »vor Ort« mit Geschäftsbanken, anderen Unternehmen oder Privatpersonen ab.

4.1.3.2   **Leitzinsen**

4.1.3.2.1   **Tabelle »Deutsche Leitzinsen«**
Die Deutsche Bundesbank verfügt über eine Reihe unterschiedlicher Möglichkeiten zur Steuerung der Geldmenge. Hierzu zählen vor allem

- die Vergabe von Diskontkrediten,
- die Vergabe von Lombardkrediten und
- Wertpapierpensionsgeschäfte.

Diese Geschäfte sind durch

- ihre verhältnismäßig kurzen Laufzeiten, die von einigen wenigen Tagen bis hin zu einigen Monaten reichen sowie
- ihre Einflußnahme auf die Geldmenge

gekennzeichnet. Aus diesen Gründen fallen diese Transaktionen unter die Geldmarktgeschäfte. Die Konditionen für Diskont- und Lombardkredite sowie Wertpapierpensionsgeschäfte werden von der Deutschen Bundesbank festgelegt. Sie beschneidet oder weitet die Geldmenge, über die die Geschäftsbanken und damit die Geldhändler verfügen können, aus, je nach dem, wie sie die Konditionen für Diskont- und Lombardkredite sowie Pensionsgeschäfte gestaltet.

Da sich die Quotierungen, also die Preise auf dem Geldmarkt, am Geldangebot und an der Geldnachfrage der Händler orientieren, stellen die Konditionen der Bundesbank quasi eine »Richtschnur« für die Quotierungen der Geldhändler dar. Ein Geldhändler wird ein Geschäft (z. B. Geldaufnahme) mit einem anderen Händler nur dann abschließen, wenn ein Geschäft mit der Bundesbank keine günstigeren Konditionen verspricht, also eine höhere Rendite im Falle einer Geldanlage oder einen niedrigeren Kreditzins im Falle einer Geldaufnahme. Deshalb spricht man im Zusammenhang mit dem Diskont-, Lombard- und Pensionssatz auch von »Leitzinsen«.

Das Handelsblatt veröffentlicht in der Tabelle »*Deutsche Leitzinsen*« sowohl den aktuellen Diskont-, Lombard- und Pensionssatz als auch das Datum, zu dem der jeweilige Satz von der Deutschen Bundesbank festgelegt wurde (vgl. Abb. 4/10).

Geldmarktgeschäfte der Bundesbank

Deutsche Leitzinsen

Diskontsatz	(seit 31.3.1995)	4,00%
Lombardsatz	(seit 13.5.1994)	6,00%
Pensionsgeschäft	(seit 1.6.1995)	4,51%

Abb. 4/10:
Deutsche
Leitzinsen

Lombard- und Pensionssatz sind Aufzinsungssätze, wohingegen der Diskontsatz ein Abzinsungssatz ist. Der Unterschied zwischen Auf- sowie Abzinsungssätzen wird in den folgenden Abschnitten erläutert.

Diskont- und Lombardpolitik

Die Deutsche Bundesbank ist grundsätzlich bereit, von Geschäftsbanken Wechsel zu kaufen. **Wechsel** sind, vereinfacht ausgedrückt, »Schecks mit langer Laufzeit«. Ein Wechsel ist eine Anweisung des Ausstellers (Gläubiger) an den Bezogenen (Schuldner), zu einem bestimmten Zeitpunkt einen bestimmten Geldbetrag zu zahlen. Für die formale Gestaltung eines Wechsels und den Wechselprozeß (Weitergabe eines Wechsels usw.) gelten ausgesprochen strenge Vorschriften (»Wechselstrenge«), die im Wechselgesetz geregelt sind.

Geschäftsbanken kaufen noch nicht fällige Wechsel zum Beispiel von Industrieunternehmen, die statt der sofortigen Bezahlung Wechsel ihrer Kunden akzeptiert hatten. Schuldner des Wechselbetrages, also des auf der Wechselurkunde vermerkten Geldbetrages, bleiben jedoch die Kunden. Sie müssen den Geldbetrag bei Fälligkeit des Wechsels an denjenigen zahlen, der die Wechselurkunde vorlegt.

Die Geschäftsbank zahlt dem Industrieunternehmen nicht den auf der Wechselurkunde dokumentierten Geldbetrag, sondern nur den um einen Abschlag (Diskont) verminderten Wechselbetrag, aus. Die Geschäftsbank wird Eigentümer des Wechsels und erwirbt den Anspruch, den Betrag bei Fälligkeit des Wechsels vom Bezogenen zu fordern.

Geschäftsbanken können erworbene Wechsel, sofern sie bestimmte Voraussetzungen (z. B. Restlaufzeit von höchstens 90 Tagen) erfüllen, an die Deutsche Bundesbank weitergeben und erhalten im Gegenzug einen Kredit, den sogenannten **Diskontkredit**. Diesen Vorgang bezeichnet man als »Rediskontierung«. Die Konditionen, zu denen Wechsel »rediskontiert« werden, den Diskontsatz und das Rediskont-Kontingent, legt die Bundesbank fest.

4.1.3.2.2

Wechsel

Diskontkredit

Deutsche Leitzinsen

Diskontsatz	(seit 31.3.1995)	4,00%

Diskontsatz

Der Rückzahlungsbetrag eines Kredites, der von Geschäftsbanken bei der Deutschen Bundesbank aufgenommen wird, setzt sich zum einen aus dem Auszahlungsbetrag und zum anderen aus den Zinszahlungen zusammen. Bei Diskontkrediten steht, im Unterschied zu Lombard- und Pensionskrediten, der Rückzahlungsbetrag von vornherein fest. Um zum Auszahlungsbetrag zu gelangen, müssen die Zinsen vom Rückzahlungbetrag »abgeschlagen« werden. Aus diesem Grunde nennt man den Satz »**Abzinsungs-**« oder Diskont**satz**.

Abzinsungssatz

Beispiel 4/4

Die Deutsche Bundesbank vergibt am 1.6.1995 einen Diskontkredit an eine Geschäftsbank, die Wechsel mit einem Gesamtbetrag von 50 Millionen D-Mark einreicht. Der Kredit soll am 1.9.1995 zurückgezahlt werden.

Diskontsatz

Der Zinssatz für einen Diskontkredit beträgt 4 % p.a., das sind für 3 Monate 1 %.

Der Rückzahlungsbetrag des Kredites lautet 50 Millionen D-Mark und bildet die Basis für die Zinsberechnung. Die Bundesbank berechnet folglich Zinsen in Höhe von

$$50.000.000 \times 0,01 = 500.000 \text{ D-Mark}$$

und zahlt der Geschäftsbank

$$50.000.000 - 500.000 = 49.500.000 \text{ D-Mark}$$

aus.

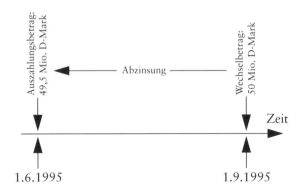

Der von der Bundesbank fixierte Diskontsatz dient gleichzeitig als »Basiszins« für den Diskontsatz, den die Geschäftsbanken berechnen, wenn sie Wechsel von ihren Kunden kaufen. Die Geschäftsbanken können ihre Diskontsätze jedoch völlig unabhängig festlegen.

Die Diskontierung und Rediskontierung soll an einem stark vereinfachten Beispiel veranschaulicht werden.

Geldmarktgeschäfte der Bundesbank | **209**

Die Deutsche Bundesbank fixierte am 30.3.1995 einen Diskontsatz in Höhe von 4 %.

Beispiel 4/5

Angenommen, eine Geschäftsbank kaufe von einem Industrieunternehmen einen Wechsel (Wechselbetrag 100.000 D-Mark) mit einer Restlaufzeit von 90 Tagen und diskontiere Wechsel zu diesem Zeitpunkt zu einem Satz von 8 % p.a. Diesen Satz richtet die Geschäftsbank am aktuellen Diskontsatz der Deutschen Bundesbank aus, der quasi die Untergrenze für den Diskontsatz der Geschäftsbank darstellt.

Ein Diskontsatz von 8 % p.a. entspricht einem Satz von 2 % für 90 Tage, so daß die Geschäftsbank den Wechsel vom Industrieunternehmen für

$$100.000 - 2.000 = 98.000 \text{ DM}$$

kauft. Die Gebühren (Bearbeitungsgebühren usw.), die die Geschäftsbanken für eine Wechseldiskontierung verlangen, bleiben hier der Einfachheit halber unberücksichtigt.

Die Geschäftsbank reicht den Wechsel wiederum an die Deutsche Bundesbank weiter, die einen Diskontsatz von 4 % p.a., für 90 Tage also 1 %, berechnet. Die Bundesbank schreibt der Geschäftsbank folglich

$$100.000 - 1.000 = 99.000 \text{ DM}$$

gut, so daß ein effektiver Zinssatz in Höhe von

$$\frac{1.000}{99.000} \times 100 \; (\%) = 1,01 \; \%$$

– das sind 4,04 % p.a. – anfällt, der etwas über dem Diskontsatz von 4 % p.a. liegt.

Die Bundesbank beeinflußt die Möglichkeiten der Geschäftsbanken zur Rediskontierung von Wechseln zum einen durch

*   die Höhe des Diskontsatzes und zum anderen durch
*   eine Begrenzung der Rediskontkontingente.

Je höher der Diskontsatz, desto teurer wird die Refinanzierung der Geschäftsbanken durch eine Weitergabe von Wechseln an die Bundesbank. Die höheren Refinanzierungskosten wälzen die Geschäftsbanken in aller Regel auf ihre Kunden ab, so daß Wechselkredite allgemein an Attraktivität verlieren.

Der Diskontsatz stellt quasi die Untergrenze für die 1-, 2- und 3-Monats-Geldsätze dar. Sinken diese Sätze unter den Diskontsatz, so werden die Geschäftsbanken ihre Diskontkredite bei der Deutschen Bundesbank abbauen, weil Kredite am Geldmarkt günstiger sind.

Die Bundesbank legt nicht nur einen Diskontsatz fest, sie begrenzt außerdem die Rediskontkontingente, also das Volumen, bis zu dem die Geschäftsbanken Wechsel an die Bundesbank verkaufen können. Wenn die Geschäftsbanken ihr Kontingent ausgeschöpft haben, dann verweigert die

Inlandsgeldmarkt

Bundesbank die Annahme weiterer Wechsel. Eine Ausweitung oder Reduktion der Rediskontkontingente wirkt sich folglich unmittelbar auf das Angebot an Zentralbankgeld aus und beeinflußt damit die Geldmarktsätze.

Lombardkredit

Neben Diskontkrediten bietet die Bundesbank den Geschäftsbanken eine weitere Möglichkeit zur Refinanzierung, indem sie Kredite gegen Verpfändung von Wertpapieren vergibt. Die Geschäftsbanken reichen den Pfand (»Lombard«) an die Bundesbank, die im Gegenzug einen Kredit einräumt, der zum »Lombardsatz« verzinst wird. **Lombardkredite** werden für höchstens drei Monate vergeben und von der Bundesbank nur dann gewährt, wenn erkennbar ist, daß die jeweilige Geschäftsbank den Geldbedarf nur kurzfristig überbrücken muß.

Der Lombardsatz liegt gemeinhin um wenigstens einen Prozentpunkt über dem Diskontsatz, in Zeiten einer relativ restriktiven Geldpoltik der Bundesbank kann die Differenz zwischen Diskont- und Lombardsatz sogar drei Prozentpunkte betragen. Mit einem im Vergleich zum Diskontsatz hohen Lombardsatz will die Bundesbank erreichen, daß die Geschäftsbanken auf Lombardkredite nur in Ausnahmefällen, also zur Überbrückung eines »unvorhergesehenen« kurzfristigen Geldbedarfs, zurückgreifen. Die Bundesbank kann das Volumen an Lombardkrediten begrenzen oder Lombardkredite völlig aussetzen.

Lombardsatz	(seit 13.5.1994)	6,00%

Aufzinsungssatz

Bei Lombardkrediten steht der Auszahlungsbetrag zum Zeitpunkt der Kreditaufnahme fest, so daß der Auszahlungsbetrag den Ausgangspunkt für die Zinsberechnung darstellt. Man spricht von einer Aufzinsung, weil die Zinsen dem Auszahlungsbetrag »aufgeschlagen« werden.

Beispiel 4/6

Die Deutsche Bundesbank vergibt am 1.6.1995 einen Lombardkredit über 100 Millionen D-Mark an eine Geschäftsbank. Der Kredit soll am 1.9.1995 zurückgezahlt werden.

Lombardsatz

Lombardsatz	(seit 13.5.1994)	6,00%

Der Zinssatz für einen Lombardkredit beträgt 6 % p.a., das sind für 3 Monate 1,5 %.

Der Auszahlungsbetrag lautet 100 Millionen D-Mark und bildet die Basis für die Zinsberechnung. Es werden folglich Zinsen in Höhe von

$$100.000.000 \times 0,015 = 1.500.000 \text{ DM}$$

berechnet. Die Geschäftsbank hat folglich

$$100.000.000 + 1.500.000 = 101.500.000 \text{ DM}$$

zurückzuzahlen.

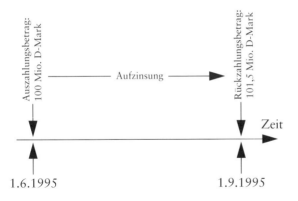

Da Lombardkredite teurer sind als Diskontkredite, werden Geschäftsbanken diese Refinanzierungsquelle nur dann beanspruchen, wenn sie ihr Kontingent an Diskontkrediten erschöpft haben. Durch Variation des Lombardsatzes beeinflußt die Bundesbank die Nachfrage nach Lombardkrediten. Damit steuert sie mittelbar die Geldmenge.

Die Diskont- und Lombardpolitik, auch Refinanzierungspolitik genannt, zählt zu den Instrumenten der »Grobsteuerung«, weil sie auf eine längerfristige Anpassung der Geldmenge und des Zinsniveaus am Geldmarkt zielt. Die Entscheidung für eine Änderung der Refinanzierungssätze soll oftmals eine von der Bundesbank eingeschlagene geldpolitische Richtung bestätigen oder eine zukünftige Veränderung der Geldpolitik anzeigen.

Die Veränderungen der Finanzmarktstrukturen in den zurückliegenden Jahren, insbesondere die immer engere Anbindung des deutschen Geldmarktes an ausländische Geldmärkte, erfordern rasche und zum Teil sehr »fein dosierte« geldpolitische Reaktionen der Bundesbank. Dies ließ sich mit einer Anpassung der Refinanzierungssätze aber nicht bewerkstelligen, so daß diejenigen Instrumente an Bedeutung gewannen, die eine »**Feinsteuerung**« der Geldmenge ermöglichten. Hierzu zählen vor allem die Wertpapierpensionsgeschäfte.

Feinsteuerung

Wertpapierpensionsgeschäfte

4.1.3.2.3

Die Deutsche Bundesbank reguliert die Geldmenge nicht nur durch Instrumente der Refinanzierungspolitik, sondern auch durch Wertpapierkäufe und -verkäufe auf eigene Rechnung am »offenen Markt«. Zur »Feinsteuerung« der Geldmenge haben sich insbesondere die Wertpapierpensionsgeschäfte bewährt, die sich von herkömmlichen Offenmarkttransaktionen durch ihre zeitliche Befristung unterscheiden.

Im Rahmen eines Wertpapierpensionsgeschäftes kauft die Bundesbank von Geschäftsbanken bestimmte Wertpapiere und verpflichtet die Geschäftsbanken gleichzeitig, die Papiere nach Ablauf einer kurzen Frist, die häufig zwischen 10 und 30 Tagen liegt, von der Bundesbank zurückzukaufen. Die Geschäftsbanken erhalten folglich für einen exakt bemessenen

Inlandsgeldmarkt

Zeitraum einen Kredit, der durch eine zeitweilige Übereignung von Wertpapieren besichert wird.

Es ist auch der Fall denkbar, daß die Bundesbank Wertpapiere an Geschäftsbanken verkauft und sich verpflichtet, die Wertpapiere kurze Zeit später wieder zurückzukaufen. Mit dieser Transaktion würde die Bundesbank die Geldmenge für einen befristeten Zeitraum reduzieren. Sie hat von dieser Möglichkeit, im Gegensatz zu den Zentralbanken anderer Länder (z. B. US-amerikanische Zentralbank), noch keinen Gebrauch gemacht. Dies liegt unter anderem daran, daß die Wertpapierbestände der Bundesbank verhältnismäßig gering sind.

Pensionssatz

Die Laufzeiten und die Volumina für Wertpapierpensionsgeschäfte sowie den Zinssatz (»**Pensionssatz**«), zu dem Geschäftsbanken Kredite gegen Verpfändung von Wertpapieren eingeräumt werden, legt die Bundesbank fest.

»Deutsche Leitzinsen« Pensionssatz

Pensionsgeschäft	(seit 1.6.1995)	4,51%

Sie orientiert sich dabei an den Erfordernissen auf dem Geldmarkt und kann Pensionsgeschäfte ausgesprochen flexibel, zum Beispiel auch sehr kurzfristig, einsetzen. Der Pensionssatz ist, genau wie der Lombardsatz, ein Aufzinsungssatz.

Beispiel 4/7

Im Rahmen eines Wertpapierpensionsgeschäftes bietet die Bundesbank an, von den Geschäftsbanken Wertpapiere zu kaufen, wobei die Geschäftsbanken verpflichtet werden, die Papiere nach zehn Tagen zurückzukaufen. Die Bundesbank ist also bereit, den Geschäftsbanken einen Kredit für eine Laufzeit von zehn Tagen zu gewähren, der zum Pensionssatz zu verzinsen ist.

Die Geschäftsbanken werden das Angebot jedoch nur dann annehmen, wenn eine Kreditaufnahme bei der Bundesbank günstiger ist als bei anderen Geldmarktteilnehmern.

Beispiel 4/7 verdeutlicht, daß die Pensionssätze das Zinsniveau auf dem Geldmarkt, insbesondere für Tagesgeld, beeinflussen. Pensionskredite der Bundesbank stellen »Konkurrenzangebote« zu den »Tages«-Krediten anderer Geldmarktteilnehmer dar. Wenn die Bundesbank einen relativ niedrigen Pensionssatz offeriert, dann müssen die anderen Geldmarktteilnehmer ihre Kreditkonditionen anpassen, um »konkurrenzfähig« zu sein. Der Pensionssatz läßt sich folglich als »Leitzins« für die Tagesgeld-Sätze auffassen und stellt ein Instrument dar, mit dem die Bundesbank das Zinsniveau auf dem Geldmarkt direkt beeinflussen kann. Dies wird durch Abbildung 4/11 eindrucksvoll illustriert.

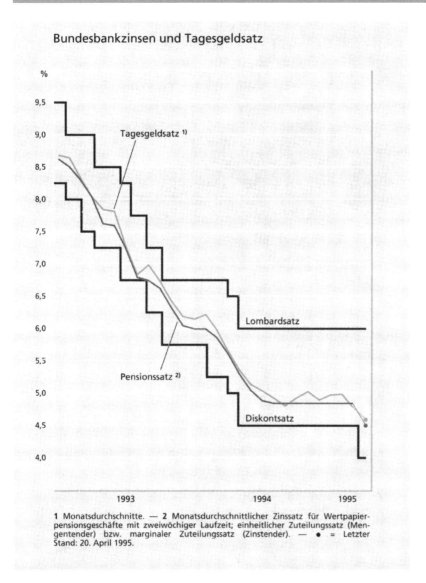

Abb. 4/11: Bundesbankzinsen und Tagesgeldsatz (Quelle: Deutsche Bundesbank)

Geldmarktpapiere 4.1.4

Auf dem Geldmarkt werden neben »Geld« auch Geldmarktpapiere gehandelt. Geldmarktpapiere sind verbriefte Forderungen mit einer Laufzeit von höchstens zwei Jahren. Hierzu zählen vor allem

- Handelswechsel,
- Schatzwechsel,
- unverzinsliche Schatzanweisungen,
- Commercial Papers.

Inlandsgeldmarkt

Während am »Geldhandel« ausschließlich Geschäftsbanken, andere bedeutende Unternehmen sowie Bund und Länder teilnehmen, beteiligt sich am Handel mit bestimmten Geldmarktpapieren auch die Deutsche Bundesbank. Zu den Papieren, die von der Bundesbank ge- oder verkauft werden, gehören Handelswechsel, Schatzwechsel sowie unverzinsliche Schatzanweisungen.

Schatzwechsel

Schatzwechsel sind Solawechsel mit einer Laufzeit von bis zu einem Jahr, die von Institutionen der öffentlichen Hand (Bund, Länder usw.) stammen. Solawechsel unterscheiden sich von anderen Wechseln dadurch, daß Aussteller und Bezogene identisch sind. Für Solawechsel gelten ähnlich strenge, im Wechselgesetz geregelte, Vorschriften wie für andere Wechsel.

Schatzwechsel werden von der Bundesbank an Geschäftsbanken, und zwar abgezinst (diskontiert), verkauft. Sie werden begeben, um

- einen kurzfristigen Geldbedarf öffentlicher Institutionen zu überbrücken oder
- die Geldmenge zu steuern.

Schatzwechsel, die auf Initiative öffentlicher Haushalte hin ausgegeben werden, stellen »echte« Staatsschulden dar, weil sie zur Finanzierung öffentlicher Ausgaben dienen. Den öffentlichen Institutionen fließt das Geld, das die Bundesbank beim Verkauf der Papiere erzielt, tatsächlich zu. Dies ist bei Schatzwechseln, die zum Zweck der Geldmengensteuerung ausgegeben werden, anders. Die Papiere werden zwar von Institutionen der öffentlichen Hand ausgestellt, die Bundesbank leitet die Mittelzuflüsse aus dem Verkauf der Papiere jedoch nicht an diese Stellen weiter. Sie legt das Geld vielmehr bis zum Zeitpunkt eines Rückkaufs des Schatzwechsels »still« und reduziert so für eine gewisse Zeit die Geldmenge. Schatzwechsel, die zur Finanzierung öffentlicher Ausgaben begeben werden heißen auch »Finanzierungspapiere«, wohingegen Schatzwechsel zur Geldmengensteuerung »Liquiditätspapiere« genannt werden.

Schatzwechsel werden in jedem Fall von Bund, Ländern usw. ausgestellt, aber niemals von der Bundesbank, der eine Vergabe kurzfristiger Kredite, mit Ausnahme von Diskont- und Lombardkrediten, und demzufolge eine Ausstellung von Wechseln nach dem Bundesbank-Gesetz untersagt ist.

In den zurückliegenden Jahren wurden Schatzwechsel ausschließlich zur Beeinflussung der Geldmenge ausgegeben, nicht jedoch zur Finanzierung öffentlicher Haushalte.

U-Schätze

Unverzinsliche Schatzanweisungen, kurz U-Schätze, entsprechen von ihrer Konstruktion den Schatzwechseln. Sie werden ebenfalls abgezinst ausgegeben, was durch die etwas irreführende Bezeichnung »unverzinslich« ausgedrückt werden soll, und werden, genau wie Schatzwechsel, in »Finanzierungs-« und »Liquiditätspapiere« unterschieden. Im Unterschied zu Schatzwechseln sind U-Schätze aber keine Wechsel, sondern *Schuldverschreibungen* mit einer Laufzeit von bis zu zwei Jahren.

U-Schätze sowie Schatzwechsel werden überwiegend zwischen der Bundesbank und Geschäftsbanken gehandelt und nur selten zwischen Geschäftsbanken sowie zwischen Geschäftsbanken und anderen Unternehmen.

Geldmarktpapiere

Neben Handels- und Schatzwechseln sowie U-Schätzen existieren Geldmarktpapiere, die ohne Beteiligung der Bundesbank, also ausschließlich zwischen Geschäftsbanken sowie Geschäftsbanken und Nichtbanken gehandelt werden. Hierzu zählen vor allem Commercial Papers sowie Certificates of Deposit.

Commercial Papers (CPs) sind

Commercial Papers

- unbesicherte Inhaberschuldverschreibungen, die
- vornehmlich von bedeutenden Industrieunternehmen (»erste Adressen«) stammen,
- relativ kurze Laufzeiten (i.d.R. zwischen einigen Tagen und zwei Jahren) aufweisen und
- abgezinst ausgegeben werden.

Commercial Papers haben ihren Ursprung in den USA, wo diese Papiere bereits im 18. Jahrhundert kreiert wurden. Deutschen Unternehmen gelang ein Zugang zu Commercial Papers lange Zeit nur über den Euromarkt. Seit der Abschaffung der staatlichen Genehmigung für im Inland emittierte Inhaberschuldverschreibungen am 1.1.1991 besteht jedoch auch in Deutschland die Möglichkeit, auf D-Mark lautende Commercial Papers (D-Mark-CPs) zu begeben.

Ein Unternehmen, das Geld über die Ausgabe von Commercial Papers beschaffen möchte, legt zunächst ein »Rahmenvolumen«, kurz »Rahmen« (z. B. 500 Millionen D-Mark), fest und beauftragt eine Geschäftsbank, auch »Arrangeur« genannt, mit der Emission sowie der Abwicklung der Zahlungen. Außerdem werden weitere Geschäftsbanken, sogenannte »Plazeure«, einbezogen, die die CPs plazieren, also potentiellen Investoren zum Kauf anbieten.

Der Emittent hat die Möglichkeit, im Zeitablauf einzelne Teilbeträge (»**Tranchen**«), die eigentlichen Commercial Papers, »abzurufen«. Dies geschieht meistens dann, wenn ein kurzfristiger Geldbedarf entsteht. Der Betrag einer Tranche wird jeweils vom Emittenten festgelegt. Dabei darf der Rahmen aber nicht überschritten werden. Mit Abruf einer Tranche legt der Emittent, zumeist in Absprache mit den Plazeuren, die Laufzeit sowie die Verzinsung des Commercial Papers fest. Außerdem erhält jede Tranche eine eigene Wertpapier-Kenn-Nummer. Die Plazeure bieten Anlegern sodann die Tranche zum Kauf an. Sie wird in aller Regel gestückelt, wobei bestimmte Mindestbeträge, häufig 500.000 D-Mark (nominal), vorgegeben werden.

Tranchen

Ist eine Tranche zurückgezahlt, so steht dieser Betrag dem Unternehmen erneut für die Begebung von Commercial Papers zur Verfügung. Aus diesem Grunde spricht man auch von einem »Commercial-Paper-Programm« und von einer »Daueremission«. Unternehmen können Commercial Papers solange begeben, bis sie das gesamte Programm »vom Markt nehmen«.

Der Betrag einer einzelnen Tranche, zum Beispiel 50 Millionen D-Mark, ist der Rückzahlungsbetrag, auch Nenn- oder Nominalwert genannt. Er wird entsprechend der Laufzeit des jeweiligen Commercial Papers abgezinst, so daß man den Betrag erhält, der dem Emittenten zufließt. Die Abzinsungsrate (»Diskontrate«) orientiert sich an den Geldmarktsätzen zum Zeitpunkt der Begebung der jeweiligen Tranche. Sie wird folgendermaßen ermittelt:

$$\text{Diskontrate} = \frac{1}{1 + \dfrac{\text{Zinssatz p.a.} \times \text{Laufzeit des CP in Tagen}}{360 \times 100}}$$

Der Ausgabebetrag eines Commercial Papers ergibt sich, wenn der Rückzahlungsbetrag (Nominalbetrag) des CPs mit der Diskontrate multipliziert wird.

$$\text{Ausgabebetrag} = \text{Rückzahlungsbetrag} \times \text{Diskontrate}$$

Abb. 4/12: Informationsmemorandum

Zusammenfassung der Schuldverschreibungsbedingungen

Stückelung:

Die Emission von Schuldverschreibungen ist eingeteilt in unter sich gleichberechtigte, auf den Inhaber lautende Teilschuldverschreibungen im Nennbetrag von je DM 500.000,–.

Laufzeit der Teilschuldverschreibungen/Rückzahlung:

Die Laufzeit der Teilschuldverschreibungen beträgt mindestens 7 Tage und längstens zwei Jahre minus 1 Tag gemäß den jeweils bei Emission der betreffenden Teilschuldverschreibungen festgelegten Bedingungen. Die Teilschuldverschreibungen werden an dem in der entsprechenden Inhaber-Sammelurkunde genannten Datum zum Nennbetrag zurückgezahlt.

Verzinsung:

Die Teilschuldverschreibungen werden auf diskontierter Basis angeboten; periodische Zinszahlungen werden nicht geleistet.

Zahlstelle:

Zahlungen erfolgen bei der Deutsche Bank Aktiengesellschaft, Taunusanlage 12, D-6000 Frankfurt am Main 1.

Negativerklärung der Emittentin:

Die Emittentin hat sich gemäß § 7 der Schuldverschreibungsbedingungen zur Einhaltung bestimmter Beschränkungen hinsichtlich der Gewährung von bestimmten Sicherheiten für „Wertpapieremissionen" einschließlich dafür übernommener Garantien und anderer Gewährleistungen im Sinne der dort gegebenen Definition verpflichtet.

Bekanntmachungen:

Alle die Teilschuldverschreibungen betreffenden Bekanntmachungen sind im Bundesanzeiger der Bundesrepublik Deutschland zu veröffentlichen.

Anwendbares Recht, Erfüllungsort und Gerichtsstand:

Form und Inhalt der Teilschuldverschreibungen (einschließlich der Sammelurkunden) sowie die Rechte und Pflichten der Schuldverschreibungsgläubiger, der Emittentin und der Zahlstelle bestimmen sich in jeder Hinsicht nach dem Recht der Bundesrepublik Deutschland.

Erfüllungsort und Gerichtsstand ist Frankfurt am Main.

Beispiel 4/8

Ein bedeutendes Industrieunternehmen eröffnet am 1.6.1995 ein Commercial-Paper-Programm mit einem Rahmenvolumen in Höhe von insgesamt 500 Millionen D-Mark.

Das Unternehmen beschließt, am 1.10.1995 eine Tranche in Höhe von 100 Millionen D-Mark (Nominalwert) mit einer Laufzeit von einem Monat abzurufen, um einen Liquiditätsengpaß zu überbrücken. Damit steht dem Unternehmen bis zum 1.11.1995 nurmehr ein Nominalbetrag in Höhe von 400 Millionen D-Mark zur Verfügung, über den Commercial Papers ausgegeben werden können.

Die Plazeure stückeln die Tranche von 100 Millionen D-Mark in Mindestbeträge von einer Million D-Mark (nominal).

Am 1.10.1995 lautet der Satz für 1-Monats-Geld 6 % p.a. Das Commercial Paper soll zu diesem Satz verzinst werden. Die Diskontrate beträgt folglich:

$$\frac{1}{1 + \dfrac{6 \times 30}{360 \times 100}} = 0{,}9950248 \approx 0{,}995025$$

Ein Investor, der zum Beispiel ein Commercial Paper mit einem Nominalbetrag in Höhe von einer Million D-Mark erwirbt, zahlt am 1.10.1995

$$1.000.000 \times 0{,}995025 = 995.025 \text{ D-Mark.}$$

Der Anleger erhält nach Ablauf eines Monats, also am 1.11.1995, den Nominalbetrag (Rückzahlungsbetrag) in Höhe von einer Million D-Mark. Er erzielt für das eingesetzte Kapital (995.025 DM) folglich Zinsen in Höhe von

$$1.000.000 - 995.025 = 4.975 \text{ DM.}$$

Das entspricht einem Zinssatz von

$$\frac{4.975}{995.025} \times 100 \text{ \% } = 0{,}5 \text{ \% für einen Monat,}$$

das sind

$$0{,}5 \text{ \% } \times 12 = 6 \text{ \% p.a.}$$

Nach Rückzahlung der 100 Millionen D-Mark am 1.11.1995 steht dem Unternehmen wieder ein Nominalbetrag in Höhe von 500 Millionen D-Mark zur Verfügung, über den Commercial Papers ausgegeben werden können.

Im Zusammenhang mit der Eröffnung eines CP-Programms veröffentlichen die Unternehmen in der Regel ein sogenanntes »Informationsmemorandum« (vgl. Abb. 4/12), das potentiellen Anlegern Auskunft über den Emittenten, die Bedingungen der Schuldverschreibungen usw. geben soll. Kurzfristige Schuldverschreibungen, vor allem Commercial Papers, werden von Rating-Agenturen, zu deren bekanntesten »Standard & Poor's« und »Moody's« zählen, eingestuft. Die Einordnung eines Emittenten in eine bestimmte »Schuldnerklasse« (**Rating**) soll den Anlegern Aufschluß über die Fähigkeit des Emittenten geben, seine kurzfristigen bzw. langfristigen Schuldverschreibungen vollständig und fristgerecht zurückzuzahlen. Die Rating-Agentur analysiert dabei

kurzfristiges
Rating

- die Marktposition des Emittenten,
- dessen Finanzstruktur (z. B. Verschuldung, Liquidität) usw.

und vergibt anschließend ihr Urteil, also beispielsweise: »Schuldner ist in herausragender Weise in der Lage, seine Verbindlichkeiten zu bedienen« und ein Symbol – zum Beispiel »A-1« -, das auf »einen Blick« Aufschluß über die Bonität des Emittenten geben soll. Die Ratings und die entsprechenden Rating-Symbole für *kurzfristige* Schuldverschreibungen der Agenturen »Standard & Poor's« und »Moody's« zeigt Tabelle 4/1.

Tab. 4/1: Rating-kategorien kurz-fristiger Schuld-verschreibungen

Standard & Poor's		Moody's	
		Emittenten verfügen in herausragender Weise über die Fähigkeit, ihre erstrangigen kurzfristigen Schuldverschreibungen zu bedienen. Emittenten sind gewöhnlich durch folgende Merkmale gekennzeichnet:	
Diese höchste Kategorie zeigt an, daß ein hoher Sicherheitsgrad bezüglich fristgerechter Zahlung besteht. Schuldverschreibungen mit besonders ausgeprägten Sicherheitsmerkmalen werden zusätzlich mit einem Pluszeichen (+) gekennzeichnet.	A-1 / Prime-1	● Führende Marktstellung in gut etablierten Wirtschaftszweigen. ● Hohe Kapitalrentabilität. ● Konservative Kapitalstruktur. ● Hohe Deckung finanzieller Belastungen durch laufende Erträge und hohen Cash-Flow. Sicherer Zugang zu verschiedenen Finanzmärkten und Quellen alternativer Liquidität.	
Fähigkeit zur fristgerechten Zahlung ist zufriedenstellend. Der relative Sicherheitsgrad ist jedoch niedriger als für die mit A-1 gekennzeichneten Emissionen.	A-2 / Prime-2	Emittenten verfügen in gutem Maße über die Fähigkeit, ihre erstrangigen kurzfristigen Schuldverschreibungen zurückzuzahlen. Für gewöhnlich wird dies durch die oben genannten Merkmale dokumentiert, wobei einzelne Faktoren in dieser Kategorie weniger ausgeprägt sein können.	
Ausreichende Fähigkeit zur fristgerechten Zahlung. Derartige Schuldtitel sind jedoch anfälliger gegenüber nachteiligen Auswirkungen von veränderten Umständen als die höher eingestuften Schuldtitel.	A-3 / Prime-3	Emittenten verfügen in befriedigender Weise über die Fähigkeit, ihre erstrangigen kurzfristigen Schuldverschreibungen zurückzuzahlen. Branchen- und Marktentwicklungen haben üblicherweise einen stärkeren Einfluß auf den Emittenten.	
Nur spekulative Fähigkeit zur fristgerechten Zahlung.	B / Not Prime		
Kurzfristiger Schuldtitel mit zweifelhaft erscheinender Zahlungsfähigkeit.	C	Emittenten, die als Not Prime eingestuft werden, fallen in keine der Prime Ratingkategorien.	
Die Obligation ist in Zahlungsverzug.	D		

Die Verzinsung eines Commercial Papers hängt wesentlich von der Zahlungsfähigkeit des jeweiligen Emittenten ab. Je höher die Bonität eines Emittenten, desto geringer ist die Gefahr für die Investoren, daß der Emittent seinen Zahlungsverpflichtungen nicht nachkommt und desto geringer ist demzufolge die »Risikoprämie«, die die Anleger für die Hingabe ihres Geldes verlangen. Unternehmen mit erstklassiger Bonität bieten zumeist geringere Sätze, als Unternehmen, deren Zahlungsfähigkeit als relativ schwach eingestuft wird.

Da Anleger die Zahlungsfähigkeit eines CP-Emittenten nicht ohne weiteres einschätzen können, schafft in aller Regel erst ein Rating die Transparenz zur Beurteilung der Bonität. Für »unbekannte« Papiere, also nicht geratete CPs, fordern Investoren aufgrund der Unsicherheit über die Zahlungsfähigkeit des Emittenten zumeist eine höhere Rendite. Es liegt daher im Interesse eines Emittenten, seine Bonität von einer Rating-Agentur beurteilen zu lassen.

Abbildung 4/13 zeigt zum Beispiel ein Rating des Commercial Papers der Bayerischen Motorenwerke AG, das von der Rating-Agentur »Standard & Poor's« erstellt wurde.

Abb. 4/13: Rating des CP der BMW AG (Quelle: Standard & Poor's, Ratings Report, Deutschland, August 1995)

BMW AG

AUSBLICK: *

ZUGEORDNETE RATINGS
Commercial Paper ... A-1
BMW US Capital Corp.
Commercial Paper (gar. BMW AG) ... A-1

Emissionsmärkte: Deutschland, U.S.A.

BEGRÜNDUNG Die Ratings für die BMW AG und ihre Tochtergesellschaften spiegeln die gute Marktposition des Konzerns als spezialisiertem Automobilhersteller und sein konservatives Finanzprofil wider. Diese sehr robuste Finanzstruktur hat den Konzern während des kürzlichen zyklischen Abschwung geschützt und bietet ihm angesichts grundlegender Strukturveränderungen innerhalb der europäischen und auch weltweiten Automobilindustrie einen gewissen Schutz. Die Finanzlage von BMW wurde jedoch aufgrund der 1994 erfolgten Akquisition von Rover von British Aerospace plc, die zu einer erheblichen Reduzierung der Netto-Cash-Position der BMW-Gruppe führte, spürbar geschwächt. Dies wiederum könnte die Flexibilität des Konzerns angesichts der Kapitalintensität der Automobilindustrie einschränken.

S&P erkennt an, daß zwar beträchtliche Vor-

teile aus der guten Ergänzung zwischen Rover und BMW erzielt werden können, gleichzeitig jedoch durch Rovers stärkere Präsenz in den volumenabhängigen Segmenten das Geschäftsrisiko des Unternehmens sich insgesamt erhöhen könnte.

Längerfristig hängen die Aussichten von BMW von seiner Fähigkeit ab, die potentiellen Synergien aus der Akquisition von Rover umzusetzen, und der Fähigkeit des Konzerns, trotz seiner in bezug auf Umsatz und Produktion traditionell einseitigen Ausrichtung auf Deutschland global wettbewerbsfähig zu bleiben. 1994 konnte BMW aufgrund verbesserter wirtschaftlicher Bedingungen in verschiedenen Schlüsselmärkten sowohl seine Erträge als auch seinen Cash-flow verbessern. S&P erwartet, daß diese Verbesserungen entsprechend der allgemein robusteren wirtschaftlichen Bedingungen sowohl in den USA als auch in Europa von Bestand sind. Allerdings stellen die Wechselkursschwankungen weiterhin ein Risiko für die inländische Produktion des Konzerns dar.

*Für kurzfristige Ratings wird kein Ausblick gegeben.

| BMW Kennzahlen* | | | —per 31. Dez.— | | |
(Mio. DM)	1994	1993	1992	1991	1990
Umsätze	42.125	29.016	31.241	29.839	27.178
Betriebsergebnis [1]	4.009	2.650	3.224	3.470	3.303
Jahresüberschuß	697	516	726	783	696
Brutto-Cash-flow (BCF)	4.304	2.550	2.880	2.751	2.708
Investitionen	3.500	2.250	1.975	2.123	2.066
flüssige Mittel	4.319	4.772	4.595	4.378	4.344
Gesamtverschuldung	11.309	10.779	8.713	8.209	6.637
bereinigte Eigenmittel	7.922	7.025	6.718	6.495	5.965
Bilanzsumme	38.693	30.295	27.504	25.405	22.501
Betriebsergebnis [1] / Umsätze (%)	9,5	9,1	10,3	11,6	12,2
Cash-flow-Nettozinsdeckung (x)	40,0	N.A.	N.A.	N.A.	N.A.
Verzinsung des Kapitals (%)	9,1	7,2	9,4	11,4	11,6
bereinigte Eigenmittel / Bilanzsumme (%)	20,4	23,2	24,4	25,5	26,8
N.A.—nicht aussagefähig. Zinserträge übersteigen Zinsaufwand. *konsolidiert. [1] vor Abschreibungen.					

Commercial Papers werden überwiegend von institutionellen Investoren (z. B. Versicherungen und Kapitalanlagegesellschaften), aber auch von ver-

Geldmarktpapiere 221

mögenden Privatleuten erworben. Anleger wählen die Papiere zumeist anhand der Kriterien

- Laufzeit,
- Rendite und
- Rating

aus. Investoren, die CPs vor Fälligkeit veräußern wollen, wenden sich generell an den Arrangeur oder die Plazeure, die die Papiere entweder übernehmen oder anderen Investoren zum Kauf anbieten. Eine vorzeitige Veräußerung von CPs ist jedoch – auch wegen der geringen Laufzeit der Papiere – eher selten.

Anders als am Euromarkt werden Commercial Papers in Deutschland in erster Linie von Industrieunternehmen mit hoher Bonität, nicht jedoch von Geschäftsbanken, emittiert. Für Geschäftsbanken spielen die sogenannten Certificates of Deposit eine größere Rolle bei der kurzfristigen Mittelbeschaffung.

Ein Certificate of Deposit (CD) ist »verbrieftes Termingeld«. Ein Investor (Kapitalanlagegesellschaften, Versicherungsgesellschaften usw.) legt Geld für einen festen Zeitraum (Termingeld) bei einer Geschäftsbank an. Die Geschäftsbank stellt dem Anleger im Gegenzug ein Zertifikat über die Einlage – auch Certificate of Deposit genannt – aus, das zwar die Termineinlage bescheinigt, nicht jedoch den Namen des Anlegers enthält.

Certificate of Deposit

Damit wird die Termineinlage verbrieft (Inhaberpapier) und fungibel. Der Anleger kann das CD, aus welchen Gründen auch immer, vor Fälligkeit der Termineinlage veräußern. Der neue Eigentümer legt das CD, sofern er es nicht zwischenzeitlich an jemand anderen verkauft hat, bei Fälligkeit der jeweiligen Geschäftsbank vor und erhält den Anlagebetrag zuzüglich der Zinsen. CDs können sowohl abgezinst als auch als Aufzinsungspapiere ausgegeben werden.

Die Laufzeit eines CDs liegt in aller Regel zwischen wenigen Tagen und einigen Monaten, in seltenen Fällen verfällt das Papier erst nach Jahren. Die meisten CDs »laufen« zwischen 30 und 180 Tagen. Für CDs werden, ähnlich wie für Commercial Papers, Rahmenprogramme eröffnet, die im Zeitablauf beansprucht werden können. Geschäftsbanken stellen CDs zumeist erst dann aus, wenn ein bestimmter Mindestbetrag angelegt wird.

CDs sollen Anlegern den Vorteil hoher Zinssätze für Termineinlagen sichern, ohne den Nachteil in Kauf nehmen zu müssen, das Geld für einen festen Zeitraum zu binden. Sie lassen sich aber nur dann problemlos vor Fälligkeit veräußern, wenn ein »funktionsfähiger« Sekundärmarkt dafür existiert.

In Deutschland werden CDs erst vereinzelt von Geschäftsbanken und oft unter anderen Bezeichnungen angeboten. Die Verzinsung dieser Papiere liegt zumeist unterhalb des Zinssatzes für Commercial Papers, da ein Teil der Termineinlagen als Mindestreserve zinslos bei der Deutschen Bundesbank zu hinterlegen ist. Aus diesem Grunde sind CDs für Investoren relativ unattraktiv und in Deutschland nahezu ohne Bedeutung.

Abb. 4/14: Certificate of Deposit (Quelle: BHF-Bank, Frankfurt am Main)

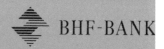

BHF-BANK

Inhaber-Einlagenzertifikate
(BHF-BANK CD's)

Emission von Inhaber-Einlagenzertifikaten	Die Zertifikate werden von Zeit zu Zeit in Serien mit einem Mindest-Gesamtnennbetrag von möglichst DM 5 000 000,- auf diskontierter Basis ausgegeben. Die Serien bestehen aus unverzinslichen Einlagenzertifikaten im Nennbetrag von je DM 1 000 000,-. Die Bedingungen der in einer Serie zusammengefaßten Einlagenzertifikate sind identisch.
Laufzeit	Einen Monat bis 2 Jahre minus einem Tag.
Form der Inhaber-Einlagenzertifikate	Die Einlagenzertifikate werden als Inhaber-Teilschuldverschreibungen ausgegeben. Die in einer Serie zusammengefaßten Teilschuldverschreibungen sind in einer Inhaber-Sammelurkunde verbrieft. Die Auslieferung einzelner Urkunden ist ausgeschlossen.
Valutierung	Die Valutierungsfrist der Einlagenzertifikate beträgt mindestens zwei Bankarbeitstage in Frankfurt am Main.
Lieferbarkeit	Die Käufer der Zertifikate erwerben Miteigentumsanteile an dem für die betreffende Serie von Einlagenzertifikaten ausgestellten Sammelurkunde, die bei der Deutscher Kassenverein AG, Frankfurt am Main, hinterlegt ist.
Börseneinführung	Es wird kein Antrag auf Börseneinführung gestellt werden.
Besteuerung	Zahlungen auf die Einlagenzertifikate erfolgen unter Abzug und Einbehalt von Steuern, Gebühren und Abgaben gleich welcher Art, die von oder in der Bundesrepublik Deutschland oder für deren Rechnung auferlegt oder erhoben werden. Die BHF-BANK ist nicht verpflichtet, zusätzliche Beträge zum Ausgleich solcher Abzüge und Einbehalte zu zahlen.
Emissions- und Zahlstelle	BHF-BANK, Frankfurt am Main

Geldmarkt-Bericht

4.1.5

Im Handelsblatt wird regelmäßig auf der Seite »*Anleihen*« unter der Rubrik »*Geldmarkt*« das Geldmarkt-Geschehen des letzten Werktages zusammengefaßt und kommentiert.

Abb. 4/15:
Geldmarkt-
Bericht

> **GELDMARKT**
> # Entspannt
> HANDELSBLATT, Montag, 5.6.95
> wag DÜSSELDORF. Weiter entspannt zeigte sich am Freitag die Liquiditätslage am Inlandsgeldmarkt. Händler verwiesen auf die hohen Reservesalden zum Monatsbeginn, die vor dem langen Pfingstwochenende etwas abgebaut werden sollten. Auch sprach man von einer anhaltenden Zinsphantasie, auch im Zusammenhang mit Prognosen, daß die US-Zinsen mittelfristig aufgrund der Konjunkturentwicklung sinken werden. Die Zentralbankguthaben der Kreditinstitute stellten sich per 1. Juni auf 46,7 (50,6) Mrd. DM effektiv und 46,7 (43,9) Mrd. DM kumulativ. Die Lombardverschuldung wurde auf 0,1 (6,0) Mrd. DM zurückgeführt. Tagesgeld wurde am Freitag zumeist mit 4,45/50 % gehandelt und war zuletzt mit 4,45 % lebhaft angeboten. Der Monat wurde mit 4,42/52, zwei bis neun Monate jeweils mit 4,45/55 und das Jahr mit 4,50/60 % genannt.

Hier erfährt der Leser zum Beispiel,

- wie sich die Liquidität am Geldmarkt entwickelte (»...zu einem deutlichen Liquiditätsengpaß kam es am Dienstag am Inlandsgeldmarkt...«),
- welchen Verlauf der Geldhandel am betreffenden Tag nahm (»...Tageszins wurde bis zum Lombardsatz gesucht, doch war die Nachfrage auf diesem Niveau zunächst gering. Man zeigte sich abwartend und hoffte auf niedrigere Sätze am Nachmittag...«),
- wieviel Guthaben die Geschäftsbanken bei der Bundesbank unterhalten (»...Die Zentralbankguthaben der Kreditinstitute stellten sich per 29. Mai auf 42,4 Mrd. DM effektiv...«),
- welche Erwartungen die Marktteilnehmer hinsichtlich zukünftiger Entscheidungen der Bundesbank hegen (»...Wenig Hoffnung setzt man auf die Zuteilung bei den neuen Wertpapierpensionen...«) usw.

4.2 Geldmarkt in den USA

4.2.1 Begriff

Der US-amerikanische Geldmarkt ist hinsichtlich der Marktteilnehmer, Handelsobjekte und -usancen sowie der Laufzeit der Geschäfte im großen und ganzen mit dem Geldmarkt in Deutschland vergleichbar. Teilnehmer am US-amerikanischen Geldmarkt sind in erster Linie die Zentralbank, Geschäftsbanken, bedeutende Nichtbanken, wie zum Beispiel große Industrie- oder Versicherungsunternehmen, und die US-Regierung. Auf dem Geldmarkt

- führt die Zentralbank Offenmarktoperationen durch;
- handeln Geschäftsbanken Zentralbankgeld;
- begeben die US-Regierung, Geschäftsbanken und bedeutende Nichtbanken Geldmarktpapiere (Primärmarkt);
- findet der Handel mit Geldmarktpapieren statt (Sekundärmarkt).

Die Zentralbank der USA beeinflußt, ähnlich wie die Bundesbank in Deutschland, die Geldmenge und die Möglichkeiten der Geschäftsbanken zur Vergabe von Krediten. Der Aufbau der US-amerikanischen Zentralbank und ihre geldpolitischen Instrumente werden im folgenden Abschnitt kurz skizziert.

4.2.2 Federal Reserve System

Fed

Die Zentralbank der USA ist das Federal Reserve System. Sie wird häufig kurz als »Federal Reserve« oder auch »**Fed**« bezeichnet und hat einen föderativen Aufbau mit einer zentralen Regierungsbehörde, dem sogenannten Board of Governors mit Sitz in Washington D.C., und zwölf regionalen Federal Reserve Banks in großen Städten bundesweit.

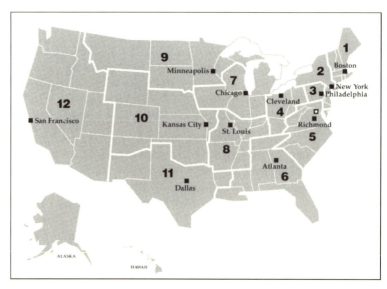

Abb. 4/16: Federal-Reserve-Bank-Bezirke (Quelle: Fed)

Das Board of Governors wird durch insgesamt mehr als 1.700 Mitarbeiter am Sitz in Washington D.C. unterstützt und ist zusammen mit den Federal Reserve Banks verantwortlich für

- die Aufsicht über bestimmte Geschäftsbanken,
- die Regulierung bestimmter Geldgeschäfte und
- die Abwicklung von Geldgeschäften für die US-Regierung und Geschäftsbanken.

Das bedeutendste Organ der Fed ist neben dem Board of Governors und den Federal Reserve Banks das sogenannte Federal Open Market Committee (FOMC). Es besteht aus

- dem Board of Governors,
- dem Präsidenten der Federal Reserve Bank von New York City und
- den Präsidenten von vier weiteren Federal Reserve Banks, die jeweils für eine Amtszeit von zwölf Monaten berufen werden.

Das FOMC ist für alle Offenmarktoperationen der Fed verantwortlich und legt des weiteren deren Geldmengenziele fest.

Die »unterste« Organisationsebene der Fed bilden Mitglieds-Geschäftsbanken (member banks), die im Jahre 1994 ca. 71 % aller US-Bankeinlagen auf sich vereinten. Sie sind per Gesetz dazu verpflichtet, Aktien der Federal Reserve Bank ihres Bezirks zu zeichnen, besitzen Stimmrechte bei der Wahl des Vorstandes der Federal Reserve Bank und erhalten von dieser jedes Jahr eine Dividendenzahlung in Höhe von 6 % ihrer Beteiligungssumme. Geschäftsbanken, die nicht Mitglieder der Fed sind, werden als nonmember banks bezeichnet. Member und nonmember banks unterliegen Mindestreservevorschriften und haben die Möglichkeit, Refinanzierungskredite bei den zwölf Federal Reserve Banks aufzunehmen.

Die Fed ist eine unabhängige Zentralbank, die geldpolitische Entscheidungen ohne die Zustimmung anderer Regierungsbehörden treffen und ausführen kann. Abbildung 4/17 verdeutlicht, daß die Fed ihre Geldpolitik, also die Beeinflussung der Geldmenge und des Zinsniveaus in den USA, ähnlich wie die Bundesbank in Deutschland, grundsätzlich mit Hilfe von

- Offenmarktoperationen (open market operations),
- Veränderungen des Zinssatzes für Refinanzierungskredite (discount rate) und
- Mindestreservebestimmungen (reserve requirements)

steuert.

Geldmarkt in den USA

Abb. 4/17:
Federal Reserve System - Geldpolitische Instrumente

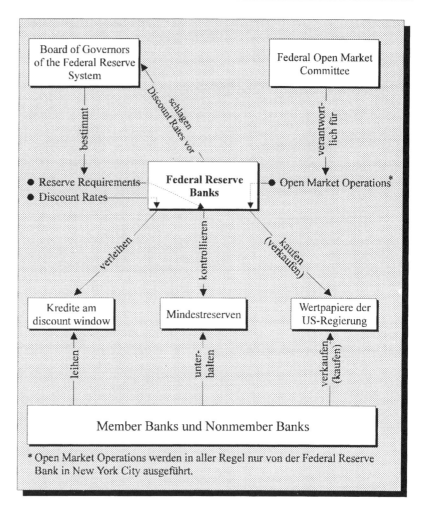

*Open Market Operations werden in aller Regel nur von der Federal Reserve Bank in New York City ausgeführt.

open market operations

Entscheidungen über Art und Umfang von Offenmarktoperationen (**open market operations**), dem wichtigsten geldpolitischen Instrument der Fed, werden an jedem Werktag von Vertretern des FOMC getroffen und allen Präsidenten der Federal Reserve Banks mitgeteilt. Die Ausführung der Offenmarktoperationen erfolgt durch das sogenannte Domestic Trading Desk, einer Abteilung der Federal Reserve Bank von New York City. Mitarbeiter des »Desk« kaufen und verkaufen im Auftrag der Fed Wertpapiere – in aller Regel Schuldverschreibungen der US-Regierung und anderer Bundesbehörden – von den bzw. an die Geschäftsbanken und weiten so die Geldmenge aus oder beschneiden diese.

Zinssatz für Refinanzierungskredite

Member und nonmember banks können bei den Federal Reserve Banks kurzfristige Refinanzierungskredite am sogenannten discount window aufnehmen. Der Ausdruck »discount window« stammt noch aus den Anfangsjahren des amerikanischen Zentralbanksystems, in denen Vertreter der Geschäftsbanken zur Aufnahme eines Zentralbankkredites persönlich am window, einem Schalterfenster, der Federal Reserve Banks vorsprechen mußten. Federal Reserve Banks vergeben Kredite am discount window nur für bestimmte Zwecke und gemeinhin für einen kurzen Zeitraum. Die Nachfrage nach Refinanzierungskrediten steuern sie in Abstimmung mit dem Board of Governors durch Veränderungen des Refinanzierungssatzes, der **discount rate**. In den letzten Jahren ist es dem Board of Governors zumeist gelungen, für alle Fed-Bezirke einheitlich nur eine discount rate durchzusetzen.

> discount rate

Das dritte geldpolitische Instrument der Fed sind Mindestreservebestimmungen (**reserve requirements**). Member und nonmember banks sind verpflichtet, einen Teil ihrer Einlagen zinslos bei den Federal Reserve Banks zu halten. Das Board of Governors ist als einziges Fed-Organ befugt, Mindestreservesätze festzulegen und beauftragt die Federal Reserve Banks, die Mindestreserven der Geschäftsbanken in regelmäßigen Abständen zu kontrollieren.

> reserve requirements

Tabelle »US-Zinssätze«

> 4.2.3

Inhalt

> 4.2.3.1

Das Handelsblatt veröffentlicht in der Tabelle »*US-Zinssätze*« sowohl Zinssätze für kurzfristige Geldanlagen und -aufnahmen als auch die Renditen für langfristige Schuldverschreibungen (Anleihen) mit einer Laufzeit von 10 bzw. 30 Jahren (vgl. Abb. 4/18). Da Anleihen nicht zu den Handelsobjekten des Geldmarktes zählen, werden die Angaben »*Anleihen 10 Jahre*« bzw. »*Anleihen 30 Jahre*« nicht an dieser Stelle, sondern im Kapitel 6 erläutert.

Die Tabelle »*US-Zinssätze*« zeigt neben den Renditen,

- den Satz für Tagesgeld unter US-Geschäftsbanken, der als »federal funds rate« und im Handelsblatt als »*Tagesgeld*« bezeichnet wird,
- den Satz für Refinanzierungskredite, in den USA »discount rate« und im Handelsblatt »*Diskontsatz*« genannt,
- den Satz für kurzfristige Geldleihen der Geschäftsbanken an Unternehmen anderer Branchen, die »*Prime Rate*«, und
- Sätze für Geldmarktpapiere.

US-Zinssätze

in %		2.6.S	1.6.S
Tagesgeld		6¹/₁₆	6¹/₁₆
Commercial	30 Tage	5,87	5,95
Paper	60 Tage	5,77	5,93
	90 Tage	5,72	5,90
CDs	1 Monat	5,95	6,02
	2 Monate	5,85	6,02
	3 Monate	5,82	6,02
T-Bills - 3 Monate		5,41-5,40	5,50-5,49
T-Bills - 6 Monate		5,33-5,32	5,45-5,44
Diskontsatz		5,25	5,25
Prime Rate		9,00	9,00
Bankers	30 Tage	5,85	5,89
Acceptances	60 Tage	5,75	5,86
	90 Tage	5,72	5,83
Anleihen	10 Jahre	6,10	6,20
	30 Jahre	6,54	6,62

Geldmarkt-papiere

Abb. 4/18:
US-Zinssätze

Geldmarkt in den USA

Es werden Zinssätze für den letzten und vorletzten Werktag veröffentlicht. Mit Ausnahme der discount rate und der prime rate verändern sich die verbleibenden Zinssätze gewöhnlich mehrfach im Laufe eines Geschäftstages. Das Tagesdatum der Tabelle ist deshalb

»E«

»S«

- mit dem Zusatz »*E*« versehen, wenn sich die entsprechenden Zinssätze an dem betreffenden Tag in den ersten zwei Stunden nach Beginn der Handelszeit, also in der »Eröffnungsphase«, bildeten, oder
- mit dem Zusatz »*S*« versehen, wenn die Werte an dem betreffenden Tag zum Schluß der Handelszeit festgestellt wurden.

Der Begriff »Handelszeit« bezeichnet die Schalterzeit der Geschäftsbanken in New York.

Die Zinssätze sind nicht ohne weiteres miteinander vergleichbar, da einige Abzinsungs- andere jedoch Aufzinsungssätze darstellen. Abbildung 4/19 gibt Aufschluß darüber, wie die abgedruckten Werte zu interpretieren sind.

Abb. 4/19:
Interpretation
der US-Zinssätze

	Aufzinsungs-satz	Abzinsungs-satz
Tagesgeld	X	
Commercial Paper		X
CDs	X	
T-Bills		X
Diskontsatz	X	
Prime Rate	X	
Bankers Acceptances		X

4.2.3.2

1 *Tagesgeld wird in den USA als »overnight federal funds«, Termingeld hingegen als »term federal funds« bezeichnet.*

Tagesgeldsatz

Geld wird in den USA, genau wie in Deutschland, überwiegend unter Geschäftsbanken gehandelt. Sobald eine US-amerikanische Geschäftsbank ein Konto bei der Federal Reserve Bank ihres Bezirkes unterhält, das ihre Mindestreserveverpflichtung um mindestens 1 Million US-Dollar überschreitet, kann sie das überschüssige Zentralbankgeld, die sogenannten federal funds, über Nacht (Tagesgeld) oder über einen längeren Zeitraum (Termingeld) an andere Geschäftsbanken verleihen.[1]

Tabelle »US-Zinssätze«

Thursday, September 14, 1995

MONEY RATES

The key U.S. and foreign annual interest rates below are a guide to general levels but don't always represent actual transactions.

PRIME RATE: 8.75%. The base rate on corporate loans posted by at least 75% of the nation's 30 largest banks.

DISCOUNT RATE: 5 1/4%. The charge on loans to depository institutions by the Federal Reserve Banks.

FEDERAL FUNDS: 5 15/16% high, 5 13/16% low, 5 13/16% near closing bid, 5 7/8% offered. Reserves traded among commercial banks for overnight use in amounts of $1 million or more. Source: Prebon Yamane (U.S.A.) Inc.

CALL MONEY: 7 1/2%. The charge on loans to brokers on stock exchange collateral. Source: Dow Jones Telerate Inc.

COMMERCIAL PAPER placed directly by General Electric Capital Corp.: 5.72% 30 to 44 days; 5.67% 45 to 59 days; 5.63% 60 to 89 days; 5.58% 90 to 139 days; 5.55% 140 to 149 days; 5.52% 150 to 179 days; 5.48% 180 to 224 days; 5.44% 225 to 270 days.

COMMERCIAL PAPER: High-grade unsecured notes sold through dealers by major corporations: 5.80% 30 days; 5.77% 60 days; 5.69% 90 days.

CERTIFICATES OF DEPOSIT: 5.10% one month; 5.11% two months; 5.19% three months; 5.25% six months; 5.25% one year. Average of top rates paid by major New York banks on primary new issues of negotiable C.D.s, usually on amounts of $1 million and more. The minimum unit is $100,000. Typical rates in the secondary market: 5.75% one month; 5.75% three months; 5.72% six months.

BANKERS ACCEPTANCES: 5.67% 30 days; 5.62% 60 days; 5.59% 90 days; 5.57% 120 days; 5.53% 150 days; 5.49% 180 days. Offered rates of negotiable, bank-backed business credit instruments typically financing an import order.

LONDON LATE EURODOLLARS: 5 7/8% - 5 3/4% one month; 5 7/8% - 5 3/4% two months; 5 7/8% - 5 3/4% three months; 5 7/8% - 5 3/4% four months; 5 7/8% - 5 3/4% five months; 5 7/8% - 5 3/4% six months.

LONDON INTERBANK OFFERED RATES (LIBOR): 5 7/8% one month; 5 7/8% three months; 5 7/8% six months; 5 7/8% one year. The average of interbank offered rates for dollar deposits in the London market based on quotations at five major banks. Effective rate for contracts entered into two days from date appearing at top of this column.

OTHER PRIME RATES: Canada 8.00%; Germany 4.19%; Japan 1.625%; Switzerland 5.12%; Britain 6.75%. These rate indications aren't directly comparable; lending practices vary widely by location.

TREASURY BILLS: Results of the Monday, September 11, 1995, auction of short-term U.S. government bills, sold at a discount from face value in units of $10,000 to $1 million: 5.34% 13 weeks; 5.33% 26 weeks.

FEDERAL HOME LOAN MORTGAGE CORP. (Freddie Mac): Posted yields on 30-year mortgage commitments. Delivery within 30 days 7.50%, 60 days 7.55%, standard conventional fixed-rate mortgages; 5.875%, 2% rate capped one-year adjustable rate mortgages. Source: Dow Jones Telerate Inc.

FEDERAL NATIONAL MORTGAGE ASSOCIATION (Fannie Mae): Posted yields on 30 year mortgage commitments (priced at par) for delivery within 30 days 7.60%, 60 days 7.66%, standard conventional fixed rate-mortgages; 6.60%, 6/2 rate capped one-year adjustable rate mortgages. Source: Dow Jones Telerate Inc.

MERRILL LYNCH READY ASSETS TRUST: 5.34%. Annualized average rate of return after expenses for the past 30 days; not a forecast of future returns.

Tagesgeldsatz

Abb. 4/20: »Money Rates« aus dem Wall Street Journal Europe

Geldanlagen und -aufnahmen unter Geschäftsbanken werden in den USA häufig durch sogenannte inter-dealer-brokers, die auf Provisionsbasis arbeiten, vermittelt. Ein inter-dealer-broker ist ein Unternehmen, das Zentralbankgeld nicht im eigenen Namen leiht oder verleiht, sondern Geschäfte ausschließlich zwischen den beteiligten Geschäftsbanken arrangiert. Inter-dealer-brokers stellen täglich bid- und asked-rates, also Zins-

230 **Geldmarkt in den USA**

Tagesgeld

sätze, zu denen bestimmte Geschäftsbanken Geld bei ihnen nachfragen (bid) bzw. über sie anbieten (asked) in Dealing-Systeme (z. B. Reuters) ein. Der Zinssatz »*Tagesgeld*«, der in der Tabelle »*US-Zinssätze*« im Handelsblatt wiedergegeben wird, entstammt beispielsweise der Reuters-Seite »MMKU«.[1] Er ist der Zinssatz, zu dem ein inter-dealer-broker die letzte Tagesgeldleihe zwischen zwei Geschäftsbanken vor der Datenübertragung vom Reuters-System in die Handelsblatt-Tabelle vermittelt hatte.

US-Zinssätze

US-Zinssätze		
in %	2.6.S	1.6.S
Tagesgeld	6¹⁄₁₆	6¹⁄₁₆

federal funds rate

Der Tagesgeldsatz wird in den USA als **federal funds rate** bezeichnet und von Geschäft zu Geschäft neu vereinbart. Er ist der Indikator mit der höchsten Aussagekraft für Liquiditätsveränderungen am US-amerikanischen Geldmarkt. Zinssätze anderer kurzfristiger Geldaufnahme- und -anlagealternativen, wie zum Beispiel die Zinssätze für Commercial Papers oder Certificates of Deposit, unterliegen häufig den gleichen Schwankungen wie der Tagesgeldsatz. Welche Bedeutung ihm zukommt, bringt die Tabelle »Money Rates« im *Wall Street Journal Europe* zum Ausdruck, in der für den jeweiligen Geschäftstag jeweils die Werte

- »high«
- »low«
- »near closing bid« und
- »offered«

– also insgesamt vier unterschiedliche Zinssätze – für Tagesgeld abgedruckt sind (vgl. Abb. 4/20).

Der Prozentsatz »high« ist der höchste Briefsatz für Tagesgeld, der von einer Geschäftsbank im Handelsverlauf gestellt wurde. Die Angabe »low« entspricht demgegenüber dem niedrigsten Geldsatz im Handelsverlauf.

Die Zinssätze »near closing bid« und »offered« sind Ausdruck für die Marktlage kurz vor Handelsschluß (»near closing«). Tagesgeld wurde beispielsweise am 14.9.1995 kurz vor Handelsschluß zu $5^{13}/_{16}$ % (»bid«) nachgefragt und zu $5^{7}/_{8}$ % (»offered«) angeboten.

4.2.3.3

Diskontsatz

Die **discount rate**, also der Zinssatz für Refinanzierungskredite, die Geschäftsbanken bei der US-amerikanischen Zentralbank aufnehmen, wird im Handelsblatt in der Tabelle »*US-Zinssätze*« und zudem in der Tabelle »*Ausländische Leitzinsen*« (vgl. Abb. 4/28) wiedergegeben.

Die in den beiden Tabellen für die discount rate gewählte Bezeichnung »Diskontsatz« verwirrt, da die discount rate kein Abzinsungs-, sondern ein Aufzinsungssatz ist. Kredite am discount window (vgl. Abschnitt 4.2.2) erlangen Geschäftsbanken seit 1971 ausschließlich in Form von Festsatz-

1 Die Reuters-Seite Money Market and Key Futures Rates, kurz MMKU, zeigt bedeutende US-amerikanische Geldmarktsätze. Sie ist im Kapitel 6.4.2.5.3 abgebildet.

Ausländische Leitzinsen	Satz in %	gültig seit
EU-Mitgliedsländer		
Vereinigte Staaten Diskontsatz	5,25	1.2.95

US-Zinssätze

in %	2.6.S	1.6.S
Tagesgeld	$6\frac{1}{16}$	$6\frac{1}{16}$
Diskontsatz	5,25	5,25

kriten, sogenannten advances , die sie zum Beispiel mit Schuldverschreibungen der US-Regierung oder anderer Bundesbehörden besichern müssen. Die Kredite werden, was die Bezeichnung »Festsatzkredit« schon andeutet, mit einem festen Zinssatz über den Zeitraum ihrer Inanspruchnahme verzinst. Die Rückzahlung umfaßt den Kreditbetrag zuzüglich der Zinsen. Obwohl Refinanzierungskredite seit 1971 nicht mehr abgezinst (diskontiert) werden, spricht die Fed immer noch von »discounting« und beim Zinssatz von einer »discount rate«. Kredite am discount window sind – zumindest hinsichtlich Besicherung und Art der Verzinsung – mit Lombardkrediten in Deutschland vergleichbar. Die discount rate liegt jedoch im Gegensatz zum deutschen Lombardsatz gewöhnlich unter dem Satz für Tagesgeld.

Prime Rate

4.2.3.4

Die **prime rate** ist der Zinssatz, den Geschäftsbanken in den USA in erster Linie institutionellen Nichtbanken (Industrieunternehmen usw.) mit einwandfreier Bonität für kurzfristige Kredite berechnen. Jede Geschäftsbank legt eine eigene prime rate fest und publiziert diese beispielsweise durch Aushänge im Schalterraum der Bank.

Die prime rate, die in der Tabelle »*US-Zinssätze*« im Handelsblatt abgedruckt wird, entspricht dem einfachen Durchschnitt aus den prime rates der bedeutendsten US-amerikanischen Geschäftsbanken.

Prime Rate	9,00	9,00

US-Zinssätze

Die (durchschnittliche) prime rate der Geschäftsbanken gilt als einer der wichtigsten Indikatoren für Zinsveränderungen am US-amerikanischen Finanzmarkt. Geschäftsbanken erhöhen die prime rate häufig, wenn sich die Konditionen für die Refinanzierung der »prime-rate-Kredite« verschlechtern (Verteuerung der Kredite am discount window usw.) und senken die prime rate in aller Regel, wenn sich diese Konditionen verbessern.

Sätze für Geldmarktpapiere

4.2.3.5

Der US-amerikanische Geldmarkt stellt Primär- und Sekundärmarkt für kurzfristige Wertpapiere (»Geldmarktpapiere«) in Form von

- verbrieften Termineinlagen (Certificates of Deposit),
- Schuldverschreibungen (Commercial Papers) und
- Wechseln (Bills oder Acceptances)

Geldmarkt in den USA

dar. Emittenten sind Geschäftsbanken, bedeutende Unternehmen anderer Branchen und die US-Regierung.

CDs

Certificates of Deposit (CDs) sind Termineinlagen mit Laufzeiten von sieben Tagen bis zu einigen Jahren, die von einer Geschäftsbank auf besonderen Urkunden verbrieft werden. Man unterscheidet

- non-negotiable CDs – sogenannte »consumer-CDs« – mit Nennbeträgen von unter 100.000 US-Dollar, und
- negotiable CDs – sogenannte »Jumbo-CDs« – mit Nennbeträgen von mindestens 100.000 US-Dollar.

Consumer-CDs kauft ein Anleger direkt bei einer Geschäftsbank. Diese CDs können nicht gehandelt werden und eine Kündigung vor Fälligkeit ist mit relativ hohen Kosten verbunden. Für Jumbo-CDs existiert dagegen gewöhnlich ein Sekundärmarkt, auf dem sich auf der einen Seite Maklerfirmen als Market Maker und auf der anderen Seite institutionelle Großanleger wie zum Beispiel Banken, Pension funds[1] und Versicherungsgesellschaften, engagieren.

CDs, die zu den Geldmarktpapieren zählen, weisen Laufzeiten auf, die von sieben Tagen bis zu zwölf Monaten reichen. Der Zinssatz für 30-, 60- und 90-Tage-CDs wird in der Tabelle »*US-Zinssätze*« im Handelsblatt gezeigt.

US-Zinssätze

CDs			
	1 Monat	5,95	6,02
	2 Monate	5,85	6,02
	3 Monate	5,82	6,02

Commercial Papers

Eine bedeutende Geschäftsbank in den USA stellt die Sätze täglich in die Reuters-Seite »MMKU« ein, von der sie in die Handelsblatt-Tabelle übernommen werden. Die Zinssätze sind Aufzinsungssätze und gelten für CDs mit einem Nennbetrag von mindestens einer Million US-Dollar.

Commercial Papers (CPs) sind unbesicherte Schuldtitel, die bedeutende Nichtbanken mit einwandfreier Bonität emittieren. In aller Regel werden CPs abgezinst und mit Laufzeiten von höchstens 270 Tagen sowie Nennbeträgen von über einer Million US-Dollar begeben.

CPs können entweder vom Emittenten selbst oder unter Einschaltung einer Investmentbank (»dealer«) plaziert und gehandelt werden. Im ersten Fall spricht man von nondealer-CPs, im zweiten Fall von dealer-CPs. In der Tabelle »Interest Rates« im *Wall Street Journal* findet der Leser Zinssätze für beide Formen. Am 10.7.1995 werden beispielsweise Zinssätze für

- nondealer-CPs, die der Elektronik-Konzern General Electric Corp. selbst – und zwar durch die konzerneigene Finanzierungsgesellschaft General Electric Capital Corp. - am Markt plaziert und vertreibt, und
- dealer-CPs, die über bedeutende Investmentbanken gehandelt werden,

getrennt ausgewiesen.

---

1 *Pension funds haben die Aufgabe, Gelder aus betriebseigenen Pensionskassen von Unternehmen oder Regierungsstellen zu verwalten.*

»Money Rates«

> **COMMERCIAL PAPER placed directly by General Electric Capital Corp.:** 5.72% 30 to 44 days; 5.67% 45 to 59 days; 5.63% 60 to 89 days; 5.58% 90 to 139 days; 5.55% 140 to 149 days; 5.52% 150 to 179 days; 5.48% 180 to 224 days; 5.44% 225 to 270 days.
> **COMMERCIAL PAPER:** High-grade unsecured notes sold through dealers by major corporations: 5.80% 30 days; 5.77% 60 days; 5.69% 90 days.

Die für Commercial Papers in der Tabelle »*US-Zinssätze*« im Handelsblatt angegebenen Werte sind Briefsätze für diskontierte dealer-CPs mit einem Nennwert von einer Million US-Dollar.

Commercial	30 Tage	5,87	5,95
Paper	60 Tage	5,77	5,93
	90 Tage	5,72	5,90

US-Zinssätze

Die Zinssätze entstammen, genau wie die Sätze für CDs, der Reuters-Seite »MMKU« und werden täglich von einem bedeutenden Dealer am Finanzplatz New York, wie zum Beispiel Salomon Brothers, Lehman Brothers oder Smith Barney, eingestellt.

Eine weitere Form US-amerikanischer Geldmarktpapiere stellen **bankers acceptances** (»Bankakzepte«) dar. Bankers acceptances sind auf eine Geschäftsbank gezogene und von dieser durch Unterschrift akzeptierte Wechsel.

Bankers Acceptances

Die Wechselurkunden werden häufig von ausländischen Unternehmen, die in die USA exportieren, im Rahmen eines Dokumentenakkreditivs ausgestellt und von einer US-Geschäftsbank – anstelle der betreffenden inländischen Importeure – akzeptiert.

Beispiel 4/9

Ein US-amerikanischer Autohändler (Importeur) hat mit der Mercedes-Benz AG, Stuttgart, (Exporteur) einen Kaufvertrag über 100 Kraftfahrzeuge im Wert von 10 Millionen US-Dollar abgeschlossen. Da das Geschäft vereinbarungsgemäß über ein Akkreditiv abgewickelt werden soll, beauftragt der Autohändler seine Hausbank in den USA mit der Eröffnung eines Dokumentenakkreditivs zugunsten der Mercedes-Benz AG in Deutschland. Hierbei wird die Hausbank der Mercedes-Benz AG als sogenannte Akkreditivstelle zwischengeschaltet.

Das Dokumentenakkreditiv berechtigt die Mercedes-Benz AG, einen Wechsel über den Wert der Lieferung – in diesem Falle 10 Millionen US-Dollar – auszustellen und auf die Hausbank des US-Autohändlers zu »ziehen«. Nach Verladung der Kraftfahrzeuge reicht sie den gezogenen Wechsel – zusammen mit den im Akkreditiv vorgeschriebenen Dokumenten (z. B. Frachtbrief und Versicherungspolice) – bei ihrer Hausbank in Deutschland zur Diskontierung ein. Letztgenannte

- schreibt dem Konto der Mercedes-Benz AG daraufhin 10 Millionen US-Dollar abzüglich Diskont gut,
- übermittelt der Hausbank des US-amerikanischen Autohändlers die Frachtdokumente,

- legt dieser gleichzeitig den gezogenen Wechsel zum Akzept vor und
- läßt sich von ihr den Wechselbetrag abzüglich Diskont auszahlen.

Die US-Bank wiederum kann das bankers' acceptance, also den von ihr akzeptierten Wechsel, an einen Händler für bankers' acceptances oder Anleger verkaufen. Zur endgültigen Bezahlung des Wechselbetrages bei Fälligkeit ist der US-amerikanische Autohändler verpflichtet, der die Akkreditiveröffnung veranlaßte.

Bankers' acceptances weisen eine Stückelung von mindestens 10.000 US-Dollar auf und sind ohne Einschränkung over-the-counter handelbar. Ihre Laufzeiten betragen für gewöhnlich zwischen 30 und 180 Tagen. Die in der Handelsblatt-Tabelle »*US-Zinssätze*« abgedruckten Zinssätze sind Diskontsätze – und zwar »Brief-Sätze« – und beziehen sich auf bankers acceptances mit Laufzeiten von 30, 60 und 90 Tagen sowie einem Nennbetrag von einer Million US-Dollar.

US-Zinssätze

Bankers	30 Tage	5,85	5,89
Acceptances	60 Tage	5,75	5,86
	90 Tage	5,72	5,83

Auch diese Werte entstammen der Reuters-Seite »MMKU« und werden von einem Dealer in New York eingestellt. In den USA sind ca. 20 große Investmentbanken als Dealer für bankers acceptances tätig.

T-Bills-3-Monate
T-Bills-6-Monate

Die US-Regierung verschuldet sich am Geldmarkt über kurzfristige Wechsel, sogenannte Treasury Bills, oder kurz »**T-Bills**«, die jeden Montag im Rahmen einer Auktion emittiert werden. Auktionator ist die Federal Reserve Bank von New York City. Gebote werden überwiegend von großen Investmentbanken abgegeben. Diese schaffen den Sekundärmarkt für T-Bills, indem sie Anlegern zu jedem Zeitpunkt

- Geldsätze (bid rates) stellen, zu denen sie T-Bills ankaufen, und
- Briefsätze (asked rates) offerieren, zu denen sie T-Bills verkaufen.

Aufgrund der hohen Bonität des Emittenten (US-Regierung) und der geringen Stückelung (ab 10.000 US-Dollar) sind T-Bills auch für »Kleinanleger« interessant. T-Bills werden beim An- und Verkauf diskontiert. Quotierungen sind folglich immer Diskontsätze. Ein Anleger, der einen T-Bill erwirbt,

- zahlt zum Zeitpunkt des Kaufs den Kurswert, das heißt, den mit dem Diskontsatz über die Restlaufzeit des Papieres abgezinsten Nennwert, und
- erhält, falls er das Papier bis zur Fälligkeit hält, den Nennwert von der US-Regierung ausgezahlt.

Zum Zeitpunkt der Fälligkeit eines T-Bill läßt sich der Zinsertrag eines Anlegers folgendermaßen berechnen:

Zinsertrag = Nennwert − Kurswert zum Kaufzeitpunkt

Je höher der Diskontsatz beim Kauf des T-Bill, desto größer ist der Zinsertrag.

Die für T-Bills gestellten bid- und asked-Sätze eines bestimmten Handelstages werden zum Beispiel in der Tabelle »U.S. TREASURY ISSUES« im *Wall Street Journal Europe* ausgewiesen. Die Angaben stammen von der Fed. Aus allen Sätzen, die US-Banken gegen 16 Uhr New Yorker Zeit stellten, ermittelt sie den jeweils niedrigsten Geld- sowie den höchsten Briefsatz. Diese discount rates erscheinen dann in der Zeitung. Abbildung 4/21 zeigt den Ausschnitt »TREASURY BILLS« aus dieser Tabelle »U.S. TREASURY ISSUES« vom 10.7.1995.

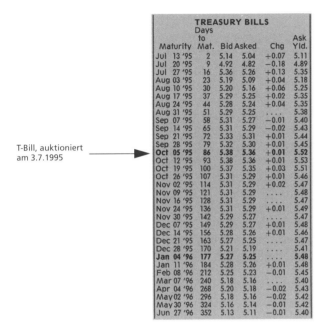

Abb. 4/21: »Treasury Bills« im Wall Street Journal Europe

T-Bill, auktioniert am 3.7.1995

Die folgenden Formeln zeigen, wie aus den abgedruckten Diskontsätzen für einen T-Bill Abschlag und Kurs sowohl beim Kauf als auch beim Verkauf berechnet werden können.

$$\text{Abschlag} = \frac{\text{Diskontsatz} \times \text{Nennwert} \times \text{Restlaufzeit in Tagen}}{360 \text{ Tage} \times 100}$$

Kurs = Nennwert − Abschlag

Auf der Auktion am Montag, 3.7.1995, wurden 3-Monats-T-Bills mit Nennwerten von 10.000 US-Dollar bis zu einer Million US-Dollar emittiert.

Beispiel 4/10

Treasury Bills aus Wall Street Journal Europe

Dem *Wall Street Journal* vom 10.7.1995 ist zu entnehmen, daß Investmentbanken für diese T-Bills (Nominalwert 1.000.000 US-$) am 7.7.1995 folgende Sätze gestellt hatten:

bid   5,38 %
asked 5,36 %.

Es soll nun gezeigt werden, wie eine Investmentbank den Kurs für T-Bills beim

a) Ankauf und
b) Verkauf

bestimmt. Bei der Diskontierung von 3-Monats-T-Bills werden für 3 Monate 91 Tage, für ein Jahr jedoch 360 Tage angesetzt.

a) Ankauf eines T-Bills durch die Investmentbank

Die Investmentbank legt den »bid«-Satz in Höhe von 5,38 % zugrunde und berechnet zunächst den Abschlag:

$$\frac{5,38 \times 1.000.000 \text{ US-\$} \times 86 \text{ Tage}}{360 \text{ Tage} \times 100} = 12.852,22 \text{ US-\$}$$

Anschließend wird der Abschlag vom Nennwert subtrahiert, so daß die Bank den T-Bill zum Kurs von

1.000.000 – 12.852,22 = 987.147,78 US-$

kauft.

b) Verkauf eines T-Bills durch die Investmentbank

Die Investmentbank legt den »asked«-Satz in Höhe von 5,36 % zugrunde und berechnet folgenden Abschlag:

$$\frac{5,36 \times 1.000.000 \text{ US-\$} \times 86 \text{ Tage}}{360 \text{ Tage} \times 100} = 12.804,44 \text{ US-\$}$$

Ein T-Bill wird von der Investmentbank somit zum Kurs von

1.000.000 – 12.804,44 = 987.195,56 US-$

verkauft.

Ein Anleger, der am 7.7.1995 einen T-Bill (Nominalbetrag 1.000.000 US-$) erwirbt, und das Papier bis zur Fälligkeit hält, erzielt einen Zinsertrag in Höhe von

1.000.000 – 987.195,56 = 12.804,44 US-$.

Abbildung 4/21 verdeutlicht, daß eine Investmentbank T-Bills beim Ankauf immer mit einem höheren Satz »abschlägt« als beim Verkauf. In Beispiel 4/10 liegt der bid-Satz um 2 Basispunkte *über* dem asked-Satz, und der Ankaufskurs infolgedessen um 47,78 US-Dollar *unter* dem Verkaufs-kurs.

Quotierungen für T-Bills mit Laufzeiten von 3, 6 und 12 Monaten und Stückelungen von einer Million US-Dollar und mehr werden von einer ausgewählten Investmentbank in die Reuters-Seite »MMKU« eingestellt und diese Sätze wiederum in die Handelsblatt-Tabelle »*US-Zinssätze*« übernommen.

T-Bills - 3 Monate	5,41-5,40	5,50-5,49
T-Bills - 6 Monate	5,33-5,32	5,45-5,44

US-Zinssätze

Die Angaben im Handelsblatt beziehen sich, mit Ausnahme der Sätze in der Montags-Ausgabe, auf 3-Monats- und 6-Monats-T-Bills, die auf der Auktion am vorletzten Montag emittiert wurden. Die Sätze in der Montags-Ausgabe beziehen sich hingegen auf die T-Bill-Auktion vom vorausgegangenen Montag.

Euro-Geldmarkt

4.3

Euromarkt

4.3.1

Ende der 50er Jahre hatten politische Spannungen zwischen den USA und der ehemaligen UdSSR dazu geführt, daß die Staaten des damaligen Warschauer Paktes einen Großteil ihrer US-Dollar-Guthaben von amerikanischen zu europäischen Geschäftsbanken übertrugen. Dieser Transfer und die zwischen den wichtigsten westeuropäischen Staaten im Jahre 1957 vereinbarte freie Austauschbarkeit der Währungen untereinander bilden den Ursprung für den Euromarkt. Zunächst dienten nur europäische Finanzplätze – in erster Linie der Finanzplatz London – als »Anlaufstelle« für US-Dollar-Guthaben. Dies führte zu der Bezeichnung »Euromarkt«. Mittlerweile werden auch Finanzplätze in der Karibik, in Asien oder im Nahen Osten zum Euromarkt gezählt, was mit dem Begriff »Euromarkt« aber nicht zum Ausdruck kommt. Die Bezeichnung »Welt-Finanzmarkt« wäre in diesem Zusammenhang treffender.

Entstehung

Dessen ungeachtet wurde der Ausdruck »Euromarkt« beibehalten, der heutzutage einen Finanzmarkt beschreibt, auf dem die Teilnehmer über Länder- und Kontinentgrenzen hinweg Geld anlegen und aufnehmen sowie Forderungs- und Beteiligungspapiere begeben und handeln. Die Handelsobjekte des Euromarktes werden zumeist mit dem Zusatz »Euro« (Euro-Dollar, Euro-Anleihe, Euro-CPs usw.) versehen, um sie von den Handelsobjekten nationaler Finanzmärkte abzugrenzen. D-Mark-Termingeld, das außerhalb des deutschen Geldmarktes, zum Beispiel zwischen einer französischen und einer britischen Geschäftsbank, gehandelt wird, heißt dann Euro-Mark-Termingeld, auf D-Mark lautende Commercial Papers, die im Ausland begeben werden, Euro-Mark-CPs usw. Die den Handelsobjekten am Euromarkt zugrundeliegenden Währungen bezeichnet man als »Euro-Währungen«. Hierzu zählen grundsätzlich alle Währungen, die frei konvertierbar (austauschbar) sind. Dies sind vor allem der US-Dollar, die D-

Euro-Geldmarkt

Mark oder das Britische Pfund, die am Euromarkt »Euro-Dollar«, »Euro-Mark« bzw. »Euro-Pfund« genannt werden. Die Euro-Mark wird überwiegend in Luxemburg, der Euro-Dollar dagegen in London gehandelt.

Im Laufe der Zeit haben sich Euromarkt-Zentren herausgebildet, auf die sich der Euro-Geldhandel konzentriert. Bedeutende Geschäftsbanken haben im Ausland, insbesondere an den Euromarkt-Zentren, »Tochterbanken« gegründet, um an diesen Handelsplätzen präsent zu sein. Eine typisches Geld-Geschäft am Euromarkt ist beispielsweise die Aufnahme von D-Mark-Tages- und Termingeld

- durch die luxemburgische »Tochter« einer deutschen Geschäftsbank
- bei einer anderen Geschäftsbank oder einem bedeutenden anderen Unternehmen.

Euro-Banken

Die »Töchter«, häufig **Euro-Banken**« genannt, unterliegen nicht den gesetzlichen Regelungen – in diesem Zusammenhang ist vor allem die Mindestreservevorschrift gemeint –, die für die »Mütter« gelten. Die luxemburgische »Tochter« einer deutschen Geschäftsbank muß zum Beispiel für D-Mark-Einlagen eines Industrieunternehmens, ganz im Gegensatz zur »Mutter«, keine Mindestreserve bei der Deutschen Bundesbank halten. Die Tochterbank kann demzufolge die gesamte Einlage als Tages- oder Termingeld vergeben, wohingegen die Mutter in einer vergleichbaren Situation die Mindestreservevorschriften beachten muß. Euro-Banken – und hierzu zählen nicht nur die »Töchter« deutscher, sondern auch die ausländischer Geschäftsbanken – können auf D-Mark lautende Tages- und Termingelder somit grundsätzlich zu einem niedrigeren Satz vergeben als in Deutschland ansässige Geschäftsbanken. Euro-Geldmarkt-Sätze für D-Mark-Tages- und -Termingeld, aber auch für auf andere Währungen lautendes Tages- und Termingeld, liegen deshalb tendenziell unterhalb der Sätze, zu denen auf den jeweiligen nationalen Geldmärkten gehandelt wird.

In einigen Staaten, wie zum Beispiel Frankreich, fordern die Zentralbanken keine Mindestreserven mehr von den Geschäftsbanken. Tages- und Termingeld, das auf Französische Francs lautet, wird demzufolge auf dem französischen Geldmarkt in etwa zu denselben Sätzen gehandelt wie auf dem Euromarkt. Es ist deshalb unerheblich, ob Französische Francs bei einer Geschäftsbank in Frankreich oder auf dem Euromarkt, zum Beispiel in London bei der britischen »Tochter« einer französischen Geschäftsbank, aufgenommen oder angelegt werden.

Dieses Beispiel verdeutlicht, daß die Grenzen zwischen dem Euromarkt und nationalen Finanzmärkten immer mehr verwischen.

4.3.2

Tabelle »Eurogeldmarktsätze«

Der Euro-Geldmarkt ist das Segment des Euromarktes, auf dem

- die Marktteilnehmer Euro-Geld handeln und
- Euro-Geldmarktpapiere emittiert und gehandelt werden.

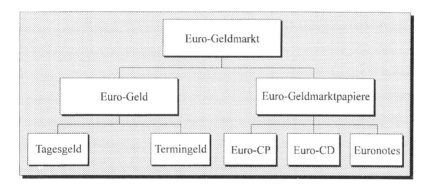

Abb. 4/22: Euro-Geldmarkt

Euro-Geld kann in Euro-Tages- und Euro-Termingeld unterschieden werden. Geschäfte mit **Euro-Tagesgeld** sind überwiegend tom/next-Geschäfte, die dadurch gekennzeichnet sind, daß

Euro-Tagesgeld

- Geldgeber und -nehmer den Abschluß »heute« tätigen, also die Konditionen für das Geschäft »heute« festlegen,
- der Geldgeber dem Geldnehmer das Geld »morgen« zur Verfügung stellt, und
- der Geldnehmer das Geld zuzüglich der Zinsen »übermorgen« an den Geldgeber zurückzahlt.

Euro-Termingeld umfaßt sämtliche Euro-Geldanlagen und -aufnahmen mit Laufzeiten von einem Monat bis zu mehreren Jahren. Es wird »Valuta zwei Tage« gehandelt, was ausdrückt, daß das Geld erst zwei Tage nach Geschäftsabschluß zur Verfügung gestellt und auch von da an verzinst wird.

Euro-Termingeld

Den Euro-Geldmarkt nutzen weltweit in erster Linie Geschäftsbanken, um ihre Geldüberschüsse anzulegen oder – bei einem Geldbedarf – Geld aufzunehmen. Der Handel mit Euro-Geld wird per Telefon, Telex oder über Dealing-Systeme abgewickelt. Bedeutende Geschäftsbanken stellen an jedem Handelstag Geld- und Briefsätze für Euro-Geld in Dealing-Systeme ein. Abbildung 4/23 zeigt beispielsweise die Reuters-Seite »WESD«, auf der die WestLB International S. A., Luxemburg, »handelstäglich« Sätze für Euro-Termingeld veröffentlicht, das auf

- D-Mark (DEM),
- US-Dollar (USD),
- Schweizer Franken (SFRS),
- Europäische Währungseinheiten (ECU),
- Französische Franc (FRF),
- Britische Pfund (GBP),
- Kanadische Dollar (CAD) und
- Belgische Franc (BEF)

lautet.

Abb. 4/23: Reuters-Seite »WESD« vom 29.8.1995

```
0622 WESTLB INT LUXEMBOURG TEL 4474141 TX 2831 DEALING:WESU WESD
        DEM           USD           SFRS          ECU
1  MON  4 1/4-3/8     5 3/4-7/8     2 7/8 - 3     5 3/4-7/8
2  MON  4 1/4-3/8     5 3/4-7/8     2 13/-15/16   5 3/4-7/8
3  MON  4 1/4-3/8     5 3/4-7/8     2 13/-15/16   5 3/4-7/8
6  MON  4 1/4-3/8     5 3/4-7/8     2 13/-15/16   5 3/4-7/8
12 MON  4 1/4-3/8     5 3/4-7/8     2 15/-1/16    5 13/-15/16
        FRF           GBP           CAD           BEF
1  MON  5 7/8 - 6     6 11/-13/16   6 1/8-1/4     4 5/-7/16
2  MON  5 7/8 - 6     6 3/4-7/8     6 3/-5/16     4 5/-7/16
3  MON  5 7/8 - 6     6 3/4-7/8     6 5/-7/16     4 5/-7/16
6  MON  5 13/-15/16   6 13/-15/16   6 1/2-5/8     4 3/8-1/2
```

Euro-Geldmarktsätze werden grundsätzlich in Bruchzahlen, also zum Beispiel 5 1/2 – 5 3/4, quotiert, wobei die erste Zahl den Geld- und die zweite den Briefsatz darstellt.

Am 29.8.1995 signalisiert die WestLB International S. A. den an das Reuters-System angeschlossenen Euro-Geldmarkt-Teilnehmern, daß sie bereit ist, beispielsweise D-Mark für einen Monat

- zu 4 1/4 % p.a. (4,2500 % p.a.) »hereinzunehmen« und
- zu 4 3/8 % p.a. (4,3750 % p.a.) zu verleihen.

Anzumerken ist, daß die eingestellten Sätze der WestLB International S. A. lediglich Orientierungsgrößen, auch Indikationen genannt, sind. Marktteilnehmer, die bei der WestLB in Luxemburg zum Beispiel einen Euro-Mark-Betrag für einen Monat aufnehmen möchten, werden mit der Bank per Telefon oder Dealing-System – und zwar auf Grundlage der Indikation »DEM – 1 MON – 4 3/8« – den Satz für das Geschäft konkret aushandeln.

Sätze für Euro-Termingeld werden im Handelsblatt in der Tabelle »***Eurogeldmarktsätze***« wiedergegeben (vgl. Abb. 4/24).

Abb. 4/24: Eurogeldmarktsätze vom 30.8.1995

Eurogeldmarktsätze Unter Banken (in Prozent)

29.8.1995	1 Monat	2 Monate	3 Monate	6 Monate	12 Monate
$	5 3/4 – 5 7/8	5 3/4 – 5 7/8	5 3/4 – 5 7/8	5 3/4 – 5 7/8	5 3/4 – 5 7/8
£	6 11/16 – 6 3/4	6 3/4 – 6 13/16	6 3/4 – 6 13/16	6 13/16 – 6 7/8	6 7/8 – 6 15/16
DM	4 1/4 – 4 3/8	4 1/4 – 4 3/8	4 1/4 – 4 3/8	4 1/4 – 4 3/8	4 1/4 – 4 3/8
sfr	2 7/8 – 3	2 13/16 – 2 15/16	2 13/16 – 2 15/16	2 13/16 – 2 15/16	2 15/16 – 3 1/16
hfl	3 7/8 – 4	3 7/8 – 4	3 7/8 – 4	3 15/16 – 4 1/16	4 1/16 – 4 3/16
YEN	7/8 – 15/16	7/8 – 15/16	13/16 – 7/8	3/4 – 13/16	13/16 – 15/16
FF	5 1/2 – 5 3/4	5 1/2 – 5 3/4	5 1/2 – 5 3/4	5 3/8 – 5 5/8	5 3/8 – 5 5/8
bfr	4 3/8 – 4 1/2	4 3/8 – 4 1/2	4 3/8 – 4 9/16	4 1/2 – 4 5/8	4 5/8 – 4 3/4
kan $	6 – 6 1/4	6 1/16 – 6 5/16	6 1/8 – 6 3/8	6 5/16 – 6 9/16	6 5/8 – 6 7/8
Lit.	9 7/8 – 10 1/8	10 – 10 1/4	10 – 10 1/4	10 1/4 – 10 1/2	10 3/8 – 10 5/8
ECU	5 3/4 – 5 7/8	5 3/4 – 5 7/8	5 3/4 – 5 7/8	5 3/4 – 5 7/8	5 13/16 – 5 15/16
Dr.	14 11/16 – 15 3/16	14 5/8 – 15 1/8	14 5/8 – 15 1/8	14 7/16 – 14 15/16	14 7/16 – 14 15/16
ir. £	5 3/4 – 5 7/8	5 7/8 – 6	6 – 6 1/8	6 3/16 – 6 5/16	6 1/2 – 6 5/8
A $	7 1/4 – 7 1/2	7 5/16 – 7 9/16	7 5/16 – 7 9/16	7 7/16 – 7 11/16	7 11/16 – 7 15/16
NZ $	8 7/8 – 9 1/4	8 13/16 – 9 3/16	8 3/4 – 9 1/8	8 1/2 – 8 7/8	8 1/8 – 8 1/2
Pta	9 1/2 – 9 9/16	9 1/2 – 9 9/16	9 1/2 – 9 5/8	9 5/8 – 9 11/16	9 13/16 – 9 7/8
Esc	8 11/16 – 8 7/8	8 7/8 – 9 1/16	9 1/16 – 9 3/16	9 1/4 – 9 7/16	9 9/16 – 9 3/4

$ = 24 Monate 6-6 1/16, 36 Monate 6 3/16-6 1/4, DM = 24 Monate 4 7/8-5, 36 Monate 5 5/16-5 7/16. Bis 14 Uhr genannte Indikationen. Mitgeteilt von WestLB-International.

Die Tabelle ist nach Laufzeiten und Währungen gegliedert. Die ausgewiesenen Sätze gelten für Geschäfte unter Banken und sind dem Reuters-System – unter anderem der Seite »WESD« – entnommen, was durch den folgenden Ausschnitt aus dieser Seite vom 29.8.1995 verdeutlicht wird.

```
0622 WESTLB INT LUXEMBOURG TEL 4474141 TX 2831 DEALING:WESU WESD
         DEM          USD          SFRS           ECU
1  MON   4 1/4-3/8    5 3/4-7/8    2 7/8 - 3      5 3/4-7/8
2  MON   4 1/4-3/8    5 3/4-7/8    2 13/-15/16    5 3/4-7/8
3  MON   4 1/4-3/8    5 3/4-7/8    2 13/-15/16    5 3/4-7/8
6  MON   4 1/4-3/8    5 3/4-7/8    2 13/-15/16    5 3/4-7/8
12 MON   4 1/4-3/8    5 3/4-7/8    2 15/-1/16     5 13/-15/16
```

Reuters-Seite WESD vom 29.8.1995

Unter der Tabelle »*Eurogeldmarktsätze*« findet der Leser weitere Sätze für Euro-Termingeld auf D-Mark- und US-Dollar-Basis mit einer Laufzeit von 24 und 36 Monaten.

```
$ = 24 Monate 6-6¹/₁₆, 36 Monate 6³/₁₆-6¹/₄, DM = 24 Monate 4⁷/₈-5, 36 Monate 5⁹/₁₆-5⁷/₁₆. Bis 14 Uhr genannte Indikationen. Mitgeteilt von WestLB-International.
```

Euro-Geldmarkt-sätze

Diese Sätze entstammen ebenfalls dem Reuters-System und werden dort von bedeutenden, institutionellen Euro-Geldhändlern eingestellt. Euro-Tagesgeldsätze werden im Handelsblatt nicht veröffentlicht.

Neben Euro-Geld handeln die Marktteilnehmer am Euro-Geldmarkt kurzfristige Wertpapiere, sogenannte **Euro-Geldmarktpapiere**. Dies sind Wertpapiere mit Laufzeiten unter einem Jahr, die von Euro-Banken, bedeutenden Nichtbanken und Staaten emittiert werden. Kennzeichnend für Euro-Geldmarktpapiere ist, daß Emission und Handel in mehreren Ländern weltweit gleichzeitig stattfinden, und die Papiere in den betreffenden Ländern – in aller Regel einheitlich – auf eine Währung lauten. Der Euro-Geldmarkt ist sowohl Primär- als auch Sekundärmarkt für

Euro-Geldmarkt-papiere

- Certificates of Deposit, die am Euro-Geldmarkt kurz als Euro-CDs bezeichnet werden, und
- Commercial Papers – am Euro-Geldmarkt kurz Euro-CPs genannt.

Von Bedeutung sind zudem Euronotes. Diese sind von ihrer Ausstattung den Euro-CPs sehr ähnlich, ermöglichen dem Emittenten aber aufgrund besonderer Emissionsverfahren, sogenannter »Euronote facilities«, eine mittel- bis langfristige Kapitalbeschaffung.

Libor

4.3.3

Der wichtigste Referenzzinssatz am Euro-Geldmarkt ist der Libor (London interbank offered rate), der in London an jedem Handelstag um 11 Uhr britischer Zeit von der BBA (British Bankers Association) in Zusammenarbeit mit der Nachrichtenagentur Telerate berechnet wird. Der Libor entspricht dem Durchschnittszinssatz aus den Brief-Sätzen (»offered rates«) mehrerer internationaler Geschäftsbanken am Finanzplatz London, zu denen diese anderen Geschäftsbanken Euro-Termingeld anbieten.

Die Berechnung des Libor wird als »Libor-Fixing« bezeichnet und verläuft ähnlich wie das »Fibor-Fixing«. Unterschiede bestehen jedoch

- in der Anzahl der einbezogenen Geschäftsbanken, beim Libor-Fixing sind dies – je nach dem, für welche Währung »gefixt« wird[1] –acht bzw. 16 beim Fibor-Fixing hingegen 19 Geschäftsbanken, und

1 Für US-Dollar, D-Mark, Britische Pfund und Ecu werden die Briefsätze von sechzehn Geschäftsbanken, für alle anderen Währungen die Briefsätze von acht Geschäftsbanken herangezogen.

- in der Anzahl der vor dem Fixing gestrichenen Sätze, beim Libor sind dies die vier höchsten und niedrigsten, beim Fibor hingegen die zwei höchsten und niedrigsten Sätze.

Abbildung 4/25 zeigt die »Telerate-Seiten«, in die 16 Geschäftsbanken ihre Briefsätze für Euro-Mark-Termingeld einstellen. Auf Grundlage dieser Sätze wird um 11 Uhr der D-Mark-Libor für verschiedene Laufzeiten berechnet.

Abb. 4/25: Telerate-Seiten 3752 und 3757 vom 21.8.1995

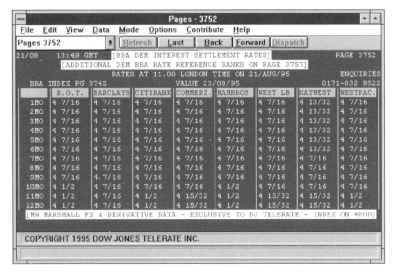

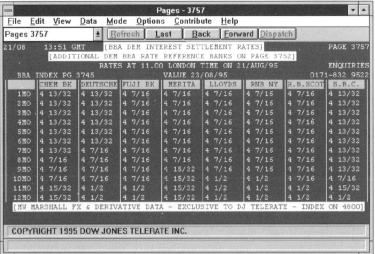

Beispiel 4/11 Es soll gezeigt werden, wie aus den Brief-Sätzen, die die 16 Geschäftsbanken am 21.8.1995 in die Telerate-Seiten 3752 und 3757 (vgl. Abb. 4/25) eingestellt hatten, der Libor-Satz für Euro-Mark-Termingeld mit einem Monat Laufzeit ermittelt wird.

	CHEM BK	DEUTSCHE	FUJI BK	MERITA	LLOYDS	RNB NY	R.B.SCOT	S.B.C.
1MO	4 13/32	4 13/32	4 7/16	4 7/16	4 7/16	4 7/16	4 7/16	4 13/32

	B.O.T.	BARCLAYS	CITIBANK	COMMERZ.	HAMBROS	WEST LB	NATWEST	WESTPAC.
1MO	4 7/16	4 7/16	4 7/16	4 7/16	4 7/16	4 7/16	4 13/32	4 7/16

Telerate-Seite

Telerate

- streicht vor dem Fixing die vier höchsten und vier niedrigsten Sätze aus den 16 Brief-Sätzen,
- addiert die acht verbleibenden Werte, und
- dividiert die Summe, in diesem Fall 35,5, durch acht.

~~4 13/32~~
~~4 13/32~~
~~4 13/32~~
~~4 13/32~~
4 7/16
4 7/16
4 7/16
4 7/16
4 7/16   **Durchschnittswert: 4 7/16**
4 7/16
4 7/16
4 7/16
~~4 7/16~~
~~4 7/16~~
~~4 7/16~~
~~4 7/16~~

Der Libor-Satz für Euro-Mark-Termingeld mit einer Laufzeit von einem Monat lautet am 21.8.1995 »4 7/16« oder – ausgedrückt als Dezimalzahl – »4,43750«. Dieser Satz wurde am 21.8.1995 im »Telerate-System« veröffentlicht, was Abbildung 4/27 belegt.

Libor-Sätze für verschiedene Euro-Währungen und Laufzeiten werden auf Seite 3750 unter der Bezeichnung »Interest Settlement Rates« über »Telerate« verbreitet.

Die Libor-Sätze, also die Interest Settlement Rates, für Euro-Dollar- und Euro-Mark-Termingeld mit Laufzeiten von einem, drei, sechs und zwölf Monaten erscheinen am darauffolgenden Werktag im Handelsblatt auf der Seite »Devisen-Optionsscheine« unterhalb der Tabelle »*Eurogeldmarktsätze*«.

Abb. 4/26:
DM-Libor,
US-$-Libor vom
22.8.1995

Libor (DM) = 1 Mon. 4,43750%, 3 Mon. 4,43750%, 6 Mon. 4,43750%, 12 Mon. 4,49219%; **Libor** ($) = 1 Mon. 5,93750%, 3 Mon. 5,93750%, 6 Mon. 6,00000%, 12 Mon. 6,06250%

Abb. 4/27:
Telerate-Seite
3750 vom
21.8.1995

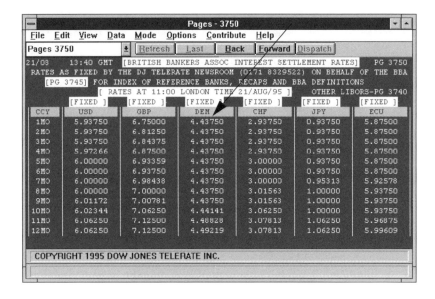

Libor-Sätze dienen unter anderem als Referenzzinssätze für Euro-CDs, Euro-CPs und Floating Rate Notes und zudem als underlying für Derivate. Neben dem Libor werden

- der Libid (London interbank bid rate) und
- der Limean (London interbank median average rate)

Libid

berechnet. Der **Libid** ist ein Durchschnittssatz, der – im Gegensatz zum Libor – aus den Geld-Sätzen (»bid rates«) bedeutender Geschäftsbanken am Finanzplatz London ermittelt wird. Genau wie Libor werden auch Libid-Sätze für verschiedene Laufzeiten und Euro-Währungen gebildet und anschließend veröffentlicht. Libid-Sätze liegen verständlicherweise immer unter den jeweiligen Libor-Sätzen.

Limean

Limean ist der Mittelwert (»mean«) aus Libid und Libor. Beispielsweise stellt der Limean für 1-Monats-Termingeld auf Basis der Euro-Mark den Mittelwert aus Libid und Libor des betreffenden Tages für entsprechendes Termingeld dar.

Außer dem Libor und dem Fibor existiert eine Reihe weiterer Referenzzinssätze, wie zum Beispiel

- der »Pibor« (**P**aris **i**nter**b**ank **o**ffered **r**ate) in Paris,
- der »Mibor« (**M**adrid **i**nter**b**ank **o**ffered **r**ate) in Madrid,
- der »Luxibor« (**Lux**emburg **i**nter**b**ank **o**ffered **r**ate) in Luxemburg,
- der »Helibor« (**Hel**sinki **i**nter**b**ank **o**ffered **r**ate) in Helsinki,
- der »Sibor« (**S**ingapore **i**nter**b**ank **o**ffered **r**ate) in Singapur oder
- der »Cibor« (**C**openhagen **i**nter**b**ank **o**ffered **r**ate) in Kopenhagen.

Libor   **245**

Tabelle »Ausländische Leitzinsen«

4.4

Im Handelsblatt werden in der Tabelle »*Ausländische Leitzinsen*«

- die Leitzinssätze aller Mitgliedsstaaten der Europäischen Union,
- der Leitzins der Schweiz und
- die Sätze aus Japan, Kanada und den Vereinigten Staaten

sowie die Zeitpunkte, seit denen die jeweiligen Sätze gültig sind, gezeigt
(vgl. Abb. 4/28).

Ausländische Leitzinsen	Satz in %	gültig seit
EU-Mitgliedsländer		
Belgien-Luxemburg		
Diskontsatz	4,00	31.3.95
Dänemark		
Diskontsatz	6,00	8.3.95
Frankreich		
Interventionssatz[1]	5,00	28.7.94
Griechenland		
Diskontsatz[2]	20,50	18.11.94
Großbritannien		
Basissatz[3]	6,75	2.2.95
Irland, Rep.		
Satz für Notenbankkredit[4]	7,25	16.3.95
Italien		
Diskontsatz	9,00	26.5.95
Niederlande		
Geldmarktsatz[5]	4,20	30.5.95
Österreich		
Diskontsatz	4,00	31.3.95
Portugal		
Diskontsatz	11,50	18.10.94
Schweden		
Pensionssatz	8,41	18.4.95
Spanien		
Satz für Notenbankkredit[6]	8,50	6.3.95
Andere europäische Länder		
Schweiz		
Diskontsatz	3,00	31.3.95
Außereuropäische Länder		
Japan		
Diskontsatz	1,00	14.4.95
Kanada		
Diskontsatz[7]	7,64	30.5.95
Vereinigte Staaten		
Diskontsatz	5,25	1.2.95

[1] Satz, zu dem die Banque de France kurzfristig Papiere kauft. - [2] Da die Geschäftsbanken normalerweise nicht bei der Notenbank verschuldet sind, wird der Diskontsatz gegenwärtig nicht zur Steuerung des Zinsniveaus verwendet. - [3] Mindestausleihesatz (Base Rate). - [4] Short Term Facility Rate - Satz, zu dem die Notenbank den Geschäftsbanken kurz befristeten Kredit gewährt. - [5] Satz, zu dem die Nederlandsche Bank (gegen Pfand) den größten Teil ihres Zentralbankgeldes zur Verfügung stellt. - [6] 10- Tage-Pensionssatz der Notenbank. - [7] Ab 13. März 1980 flexibler Diskontsatz (durchschnittlicher wöchentlicher Schatzwechsel-Emissionssatz plus $\frac{1}{4}$ Prozentpunkt).

Abb. 4/28:
Ausländische
Leitzinsen

Die Sätze lassen sich nicht immer direkt miteinander vergleichen, weil es
sich mal um Aufzinsungssätze, wie zum Beispiel beim Diskontsatz in den
USA, und mal um Abzinsungssätze, wie zum Beispiel beim Diskontsatz in
Österreich, handelt. Außerdem üben die Zentralbanken, und damit auch
die Leitzinsen, in den einzelnen Ländern einen unterschiedlich starken Einfluß auf den Geldmarkt des betreffenden Landes aus. Dies verdeutlicht
auch die Legende zur Tabelle.

Bei der Interpretation eines Satzes oder einem Vergleich einzelner Sätze
miteinander ist deshalb immer der Kontext, also die Rolle der jeweiligen
Zentralbank auf dem Geldmarkt, die Bedeutung des Leitzinses für die
Geldmarkt-Konditionen usw. zu berücksichtigen.

4.5 Zinsswaps

4.5.1 Begriff

Ein Zinsswap ist ein Vertrag über den zukünftigen Austausch – englisch »swap« – von Zinszahlungen, die sich auf denselben Nominalbetrag beziehen. Der Swap-Vertrag, der zwischen zwei Parteien, zum Beispiel einer Geschäftsbank und einem Industrieunternehmen, vereinbart wird, kann grundsätzlich individuell gestaltet werden. Er regelt außerdem, über welchen Zeitraum der Austausch der Zinszahlungen erfolgt. Eine der beiden Vertragsparteien kann

fix gegen variabel

- fixe (variable) Zinszahlungen abgeben und die variablen (fixen) Zinszahlungen des anderen übernehmen – kurz »Swap fix gegen variabel« bzw. »Swap variabel gegen fix« –, aber auch

Basisswaps

- variable Zinszahlungen, die etwa auf dem Referenzzinssatz Fibor basieren, gegen variable Zinszahlungen des Kontrahenten tauschen, denen zum Beispiel der Libor zugrundeliegt. Derartige Zinsswaps werden auch »Swaps variabel gegen variabel« oder »Basisswaps« genannt.

Zinsswaps erlauben es den Marktteilnehmern, die Art der Verzinsung (»fest« oder »variabel«) im Zeitablauf nahezu beliebig oft zu wechseln, ohne das Grundgeschäft – gemeint ist hiermit der Kauf bzw. die Emission einer Anleihe – zu tangieren. Eine Geschäftsbank etwa, die im Jahre 1990 eine festverzinsliche Schuldverschreibung emittierte, könnte im Jahre 1995 die festen gegen variable Zinszahlungen tauschen, wenn sie mit einem Rückgang des Zinsniveaus rechnet. Die Bank paßt sich damit recht flexibel an die erwartete Zinsentwicklung an. Das eigentliche Grundgeschäft, also die Kapitalbeschaffung und die Tilgung der Anleihe, bleibt aber unberührt und erfordert keine weiteren Transaktionen, etwa die Kündigung und Tilgung der festverzinslichen Anleihe sowie die Ausgabe einer Floating Rate Note.

Swaps zählen zu den Termingeschäften, weil bereits »heute« Konditionen für Finanztransaktionen festgelegt werden, die erst in der Zukunft erfolgen. Der Tausch von Zinszahlungen, die aus Verbindlichkeiten resultieren, heißt »Liability Swap«. Beim »Asset Swap« werden demgegenüber aus Geldanlagen folgende Zinszahlungen ausgetauscht. Es ist zu beachten, daß die Swap-Partner nur die Zinszahlungen, nicht jedoch die zugrundeliegenden Geldbeträge austauschen.[1] Zins-Swaps werden üblicherweise für Zeiträume zwischen zwei und zehn Jahren vereinbart, es sind aber auch schon Swaps mit Laufzeiten von bis zu 30 Jahren abgeschlossen worden.

Asset Swap

Zinsswaps sind Instrumente des Asset- und Liability-Managements. Sie erlauben beispielsweise Investoren, die

- variabel verzinsliche Anleihen erworben haben, den Zinssatz für die Zukunft zu fixieren, wenn die variable gegen eine feste Verzinsung getauscht wird. Die Anleger sichern sich gegen sinkende Zinsen in der Zukunft ab, sie unterbinden damit aber auch die Möglichkeit, von einem Anstieg des Referenzzinssatzes (z. B. Libor) zu profitieren.

---

1 Dies ist bei sogenannten Währungsswaps anders. Hier tauschen die Partner sowohl einen Geldbetrag, z. B. 14 Mio. DM, als auch Zinszahlungen, z. B. 12-Monats-DM-Libor, gegen einen Geldbetrag in einer anderen Währung (z. B. 10 Mio. US-$) samt der darauf entfallenden Zinszahlungen (z. B. 12-Monats-US-$-Libor).

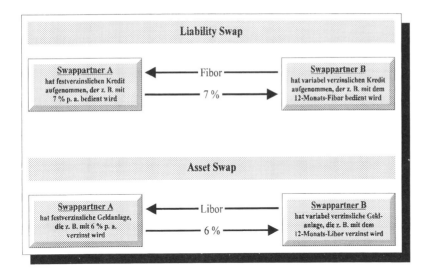

Abb. 4/29: Liability- und Asset Swap

- festverzinsliche Schuldverschreibungen besitzen, von einem zukünftigen Anstieg eines Referenzzinssatzes (z.B. Fibor) zu profitieren, sobald die feste gegen eine variable Verzinsung getauscht wird. Ein solcher Swap birgt jedoch die Gefahr, bei einem Rückgang des Referenzzinssatzes eine niedrigere als die ursprüngliche feste Verzinsung zu erlangen.

Beispiel 4/12

Eine deutsche Kapitalanlagegesellschaft hält einen Nominalbetrag in Höhe von 10 Millionen D-Mark der 5,75% Postanleihe von 1986. Der feste Kupon-Zinssatz wird jährlich am 2.4. gezahlt. Das Papier verfällt am 2.4.2001.

Bundespost (F)					
7	v. 85	1997	102,55 b	102,07 b	5,690
6,5	v. 85	1995	100,70 b	100,62 b	4,906
6,62	v. 85	199	100,98 b	100,89 b	4,995
5,75	v. 86	2001	95,85 b	95,62 b	6,610
6	v. 86	1996	100,85 b	100,54 b	5,233

Der Portfolio-Manager der Kapitalanlagegesellschaft vereinbart am 2.4.1994 mit einer Geschäftsbank einen Zinsswap

$$\underbrace{5{,}75\ \%\ \text{p.a.}}_{\text{fester Zins}}\ \text{gegen}\ \underbrace{12-\text{Monats}-\text{DM}-\text{Libor}}_{\text{variabler Zins}}$$

bezogen auf einen Nominalbetrag von 10 Millionen D-Mark und mit einer Laufzeit bis zum 2.4.2000. Ein Jahr später, am 2.4.1995, beträgt der 12-Monats-DM-Libor 5,10156%, wie ein Blick in die Finanzzeitung bestätigt.

Fibor alt (DM) = 3 Mon. 4,95%, 6 Mon. = 5,05%; **Fibor** neu (DM) = 1 Mon. 4,714%, 3 Mon. 4,83167%, 6 Mon. 4,93333%, 12 Mon. 5,12333%
Libor (DM) = 1 Mon. 4,68359%, 3 Mon. 4,75000%, 6 Mon. 4,87500%, 12 Mon. 5,10156%; **Libor** ($) = 1 Mon. 6,12500%, 3 Mon. 6,25000%, 6 Mon. 6,50000%, 12 Mon. 6,81250%

Aufgrund der Swap-Vereinbarung tauschen die Kapitalanlagegesellschaft und die Geschäftsbank am 2.4.1996 ihre Zinszahlungen aus.[1]

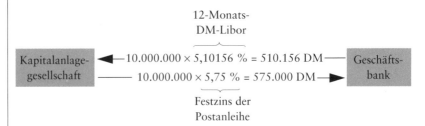

In der Praxis wird zumeist auf einen Austausch der Zahlungen verzichtet und stattdessen nur der Differenzbetrag zwischen der höheren und der verbleibenden Zinszahlung geleistet. In diesem Fall gibt die Kapitalanlagegesellschaft

$$575.000 \text{ DM} - 510.156 \text{ DM} = 64.844 \text{ DM}$$

an die Geschäftsbank. Die Swap-Vereinbarung ist damit erfüllt.

Das Beispiel verdeutlicht, daß der Swap für die Geschäftsbank vorteilhaft, für die Kapitalanlagegesellschaft aber nachteilig ist, wenn der 12-Monats-Libor den Wert von 5,75 % unterschreitet. Übertrifft der 12-Monats-Libor hingegen diesen Satz, dann ist es genau umgekehrt.

Liability Swap

Zinsswaps eröffnen Schuldnern zum Beispiel die Möglichkeit,

- den Zinssatz variabel verzinslicher Verbindlichkeiten festzuschreiben. Schuldner sichern sich so gegen steigende Zinsen in der Zukunft ab, unterbinden damit aber auch die Möglichkeit, von einem Rückgang des Referenzzinssatzes (z.B. Libor) und der damit einhergehenden sinkenden Zinsbelastung zu profitieren.
- festverzinsliche in variabel verzinsliche Kredite zu wandeln. Ein solcher Swap eröffnet die Chance, bei einem Rückgang des Referenzzinssatzes eine niedrigere als die ursprüngliche feste Verzinsung zu erlangen. Schuldner setzen sich aber auch der Gefahr eines Anstiegs des Referenzzinssatzes und der daraus resultierenden höheren Zinsbelastung aus.

Der Vollständigkeit halber sei erwähnt, daß Zinsswaps von Marktteilnehmern häufig eingesetzt werden, um die Finanzierungskosten zu reduzieren.

Swap-Vertrag

Swaps werden gewöhnlich telefonisch vereinbart, anschließend jedoch schriftlich dokumentiert und von den Akteuren durch Unterschrift bestätigt. Die Gestaltung einer Swapvereinbarung ist zwar grundsätzlich individuell, im Laufe der Zeit wurden die Vertragsbestandteile aber standardisiert. Swap-Partner in Deutschland schließen meist einen sogenannten Rahmenvertrag ab, der allgemeine Bedingungen für Finanzterminge-

---

[1] Zinszahlungen erfolgen erst am 2.4.96, weil Zinsen nachschüssig gezahlt werden.

SWAP-REPORT / Ungewöhnliche Laufzeiten bevorzugt

DM-Bereich bleibt interessant

HANDELSBLATT, Montag, 21.8.95 ina FRANKFURT/M. Die Ferienzeit nähert sich dem Ende, doch von einer Belebung des Swapmarktes ist noch wenig zu spüren, kommentiert die Bank of America in London das Geschehen in der vergangenen Woche. Die Swapsätze variierten kaum (siehe Tabelle).

Swap-motivierte Anleiheemissionen dürften es in der laufenden Woche schwer haben, äußerten andere

deutschen Landesbanken heißt es zum Beispiel, sie visierten Libor minus 12 bis 15 Basispunkte an.

Belastend wirkten aber auch die recht engen Spreads (Differenz zwischen Swapsatz und Anleiherendite). In London werden sie im Dollar-Bereich für die zweijährigen Fristigkeiten jetzt bei 20/17 Basispunkten, für fünf Jahre bei 34/31 und für zehn Jahre bei 41/38 genannt. Ein Ausweg bei diesem Problem sei die Wahl

über 125 Mill. kan$ mit 8,25 %igem Kupon bis Dezember 2000; er sei in variable Dollar zu Libor minus etwa 20 Basispunkte geswappt worden. Bei der Abbey National Offerte im Volumen von 200 Mill. A$ mit Fälligkeit Dezember 1998 und ausgestattet mit einem Nominalzins von 6,5 % – auch aus der vergangenen Woche – habe der Emittent ebenfalls in variable Dollar unter Libor geswappt. Ansonsten bestehen laut Angaben von Marktteilnehmern wei-

Liability-Swap (Schuldner swapt fix variabel)

---

schäfte, wie die Berechnungsweise von Zinszahlungen usw., enthält. Der Rahmenvertrag wird einmalig abgeschlossen und gilt für alle Finanztermingeschäfte – hierzu zählen neben Zinsswaps beispielsweise auch Optionen auf Finanztitel –, welche die Partner fortan miteinander vereinbaren. Jegliches zukünftige Zinsswap-Arrangement wird mittels eines separaten Vertrages, auch Einzelabschluß genannt, fixiert. Der Einzelabschluß bildet gemeinsam mit dem Rahmenabkommen einen einheitlichen Vertrag.

Zinsswaps werden zumeist für hohe Nominalbeträge abgeschlossen und sind deshalb in aller Regel Institutionen (Geschäftsbanken, Versicherungsgesellschaften usw.) vorbehalten. Die führende Rolle bei Swap-Vereinbarungen spielen gewöhnlich Geschäftsbanken, die sich entweder als

- aktiver Swappartner,
- Arrangeur oder
- Intermediär

beteiligen. In der Funktion als aktiver Swappartner übernimmt die Bank auf eigenes Risiko eine Swapposition. Erstreckt sich die Tätigkeit dagegen ausschließlich auf die Vermittlung von Swap-Partnern, deren Wünsche korrespondieren, so handelt eine Geschäftsbank als Arrangeur. Sie führt die Partner zusammen, berät diese hinsichtlich der Swap-Modalitäten und wickelt auch die aus der Swap-Vereinbarung resultierenden Zahlungen ab. Die Bank geht jedoch selbst keine Verpflichtung ein, verlangt aber für die Vermittlungs- und Beratungsleistung eine Provision. Geht die Rolle einer Geschäftsbank über die des Arrangeurs hinaus, indem sie neben der Beratung und Zahlungsabwicklung als Partei zwischen die Swap-Partner tritt, dann spricht man von der »Bank als Intermediär«. Die Partner schließen den Vertrag nicht mehr miteinander, sondern jeweils mit der Bank ab. Dadurch wird das zuvor einheitliche Swapgeschäft in zwei separate Verträge gesplittet und die Bonitätsprüfung von den Swap-Kontrahenten auf die Bank verlagert. Oft schließen Geschäftsbanken in ihrer Funktion als Intermediär Swaps mit einem Partner ab, ohne bereits einen geeigneten Kontrahenten ausgemacht zu haben. Die Swap-Positionen werden später Interessenten angeboten.

4.5.2 Tabelle »Indikative Swapsätze«

Die Finanzzeitung zeigt – zumeist wöchentlich – indikative Swapsätze in einer gleichnamigen Tabelle (vgl. Abb. 4/30), die von der Bank of America, London, stammen.

Abb. 4/30: Indikative Swapsätze

Indikative Swapsätze — Montag, 26. Juni 1995

Währung	DM	US-$	£	sfr	Yen	Ecu	FF	kan$	A$
Zinsberechnung¹)	1	2	2	1	2	2	1	2	2
2 Jahre	5,22	5,87	7,47	3,73	1,18	6,63	6,58	6,72	7,53
Vorwoche (+/–)	(+0,12)	(+0,01)	(–0,06)	(–0,02)	(–0,17)	(–0,08)	(–0,24)	(–0,18)	(–0,24)
5 Jahre	6,33	6,18	8,09	4,53	2,18	7,47	7,12	7,39	8,24
Vorwoche (+/–)	(+0,05)	(–0,07)	(–0,03)	(–0,04)	(–0,20)	(–0,05)	(–0,12)	(–0,17)	(–0,21)
10 Jahre	7,11	6,48	8,45	5,06	3,03	7,94	7,61	8,95	8,95
Vorwoche (+/–)	(+0,02)	(–0,10)	(+0,04)	(–0,01)	(–0,21)	(–0,03)	(–0,06)	(+0,72)	(–0,13)

¹) 1 = jährlich 30/360; 2 = halbjährlich Tage/365. Bei den genannten Indikationen handelt es sich um Briefsätze.

Diese Tabelle enthält Festzinssätze,

- die für bedeutende Währungen (DM, US-$, £ usw.) gelten und
- Laufzeiten von 2, 5 und 10 Jahren abdecken.

Die Bank of America tauscht (swapt) die entsprechenden 6-Monats-Libor-Sätze gegen die jeweiligen Sätze in der Tabelle.

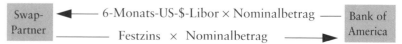

Die Werte der Tabelle sind Indikationen und zeigen deshalb nur näherungsweise an, welche Festzinssätze am entsprechenden Tag bei Swaps tatsächlich vereinbart wurden. Am 26.6.1995 (vgl. Abb. 4/30) war die Bank of America beispielsweise bereit, für einen Zeitraum von zwei Jahren den 6-Monats-DM-Libor gegen 5,22 % p.a. zu tauschen.

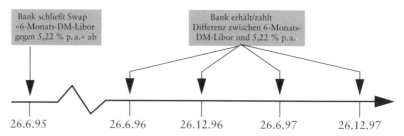

Wenn die Bank of America am 26.6.1995 einen »2-Jahres-Swap 6-Monats-DM-Libor gegen 5,22 %« abschließt, kann sie – zumindest zum Zeitpunkt des ersten Differenzausgleichs – davon profitieren. Dies verrät ein Blick in die Finanzzeitung ein halbes Jahr nach Abschluß des Zinsswaps.

Fibor alt (DM) = 3 Mon. 3,95%, 6 Mon. = 3,80%; **Fibor** neu (DM) = 1 Mon. 4,05000%, 3 Mon. 3,90000%, 6 Mon. 3,75000%, 12 Mon. 3,74525%
Libor (DM) = 1 Mon. 4,06250%, 3 Mon. 3,87500%, 6 Mon. 3,75000%, 12 Mon. 3,68750%; **Libor** ($) = 1 Mon. 5,75000%, 3 Mon. 5,67969%, 6 Mon. 5,56250%, 12 Mon. 5,43750%

Für die erste Differenzzahlung gilt der 6-Monats-DM-Libor vom 27.12.1995. Sie erfolgt dann am 26.6.1996, da Zinsen gemeinhin nachschüssig gezahlt werden.

Kapitel 5

DEVISEN

Grundlagen	5.1

Einführung

Eine Vielzahl deutscher Unternehmen und Privatpersonen sind wirtschaftlich eng mit dem Ausland verbunden. Der internationale Handel ermöglicht den Marktteilnehmern eine freie Entfaltung auf den Weltmärkten. Da kein international akzeptiertes Zahlungsmittel existiert, mit dem Geschäfte zwischen In- und Ausländern beglichen werden könnten, sind zur Abwicklung solcher Transaktionen Fremdwährungsgeschäfte, also der Kauf bzw. Verkauf fremder Währungen, unerläßlich. Zahlungen, die zum Beispiel beim Kauf und Verkauf von Gütern, Wertpapieren oder Immobilien im Ausland anfallen, lauten häufig auf Fremdwährungen.

Fremdwährungen lassen sich entweder den »reinen« Währungen oder den »Kunstwährungen« zuordnen. Reine Währungen erfüllen in ihrem Herkunftsland alle Funktionen des Geldes[1], wohingegen Kunstwährungen oftmals ausschließlich als Rechengröße fungieren. Reine Währungen lassen sich als Bar- und Buchgeld, Kunstwährungen aber nur in Form von Buchgeld erlangen. Zu beachten ist, daß für Kunstwährungen zwei Kurse existieren können, und zwar ein

reine Währungen/ Kunstwährungen

- berechneter Kurs, der aus den Quotierungen reiner Währungen hergeleitet wird und sich somit in Abhängigkeit vom Marktgeschehen verändert, sowie ein
- »Marktkurs«, der sich aufgrund des Angebots und der Nachfrage nach einer Kunstwährung ergibt.

Bedeutende Kunstwährungen sind die European Currency Unit (ECU) und die sogenannten Sonderziehungsrechte (SZR). Die ECU dient den Organen der Europäischen Union (EU) sowie den am Europäischen Währungssystem (EWS) beteiligten Zentralbanken als Recheneinheit. Unter anderem werden sämtliche Positionen in den EU-Haushaltsplänen sowie Subventions- oder Gehaltszahlungen in ECU ausgedrückt. Des weiteren wird die ECU beispielsweise von

ECU

- europäischen Institutionen und Staaten sowie anderen erstklassigen Schuldnern zur Denominierung von Anleihen (ECU-Anleihen),
- international tätigen Industrieunternehmen zur Fakturierung im grenzüberschreitenden Handelsverkehr oder
- Investoren als Anlagemedium (Einlagen auf ECU-Konten usw.)

Sonderziehungsrechte

verwendet. SZR sind eine Kreation des Internationalen Währungsfonds (IWF), Washington D.C., der im Jahre 1944 durch das Abkommen von Bretton Woods ins Leben gerufen wurde und seine Geschäftstätigkeit am 1.3.1947 aufnahm.

Im Jahre 1969 schuf der IWF die Kunstwährung »Sonderziehungsrechte« und gebrauchte sie 1972 erstmalig als Buchführungs- und Rechnungseinheit. SZR werden auch als »Papiergold« bezeichnet. Sie sind zwar nicht durch Gold oder eine andere (»reine«) Währung gedeckt, stellen aber innerhalb des IWF echte Währungsreserven dar. Ihre Nutzung ist auf

1 Das Geld übernimmt in einer Volkswirtschaft gewöhnlich die Funktion einer »Recheneinheit«, eines »Wertaufbewahrungs-« und »Zahlungsmittels«.

Transaktionen zwischen den Währungsbehörden der IWF-Mitgliedsstaaten beschränkt. Ein Mitgliedsland mit einem Bedarf an frei verwendbaren Devisen kann diese beispielsweise unter Einschaltung des IWF durch Hergabe von SZR von einem anderen Mitgliedsland erwerben.

Direkte Interventionen auf den Devisenmärkten über Käufe bzw. Verkäufe von SZR sind nicht möglich. SZR finden heute – ähnlich wie die ECU – zudem bei der Denominierung von Schuldverschreibungen oder als Anlagemedium (Einlagen auf SZR-Konten) Anwendung.

5.1.2 Kurse und Notierungen

5.1.2.1 Übersicht

Im Zusammenhang mit Fremdwährungen wird eine Vielzahl von Kursbegriffen verwendet (vgl. Abb. 5/1), die in den folgenden Abschnitten vorgestellt und erläutert werden.

Abb. 5/1: Fremdwährungskurse und -notierungen

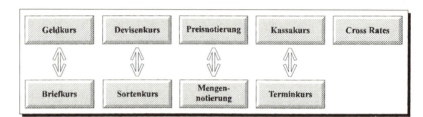

Die Angabe des Kurses für eine Währung, zum Beispiel den US-Dollar, in einer anderen Währung, etwa der D-Mark, nennen Devisenhändler oftmals Kurs »Dollar gegen D-Mark«.

5.1.2.2 Geld- und Briefkurs

Devisenhändler stellen für Fremdwährungen gemeinhin zwei Kurse, kurz »Quotierung«, und zwar einen Geld- und einen Briefkurs. Der Geldkurs ist derjenige Kurs, zu dem der Händler die jeweilige Fremdwährung von einem anderen Marktteilnehmer kauft, wohingegen der Briefkurs den »Verkaufspreis« darstellt.

spread

Der Briefkurs ist grundsätzlich höher als der Geldkurs, so daß die Differenz zwischen Brief- und Geldkurs – auch »spread« genannt – dem Devisenhändler als Überschuß verbleibt, sofern Devisen zeitgleich ge- und wieder verkauft werden. Um einen Gewinn zu erzielen, ist oftmals ein Kauf und Verkauf zum selben Zeitpunkt notwendig, da sich Devisenkurse im Zeitablauf rasch, manchmal sogar innerhalb weniger Sekunden, ändern können. Devisenhändler nennen bei Anfragen im allgemeinen zuerst den Geld- und dann den Briefkurs. Ein Händler, der beispielsweise mitteilt, den US-Dollar gegen die D-Mark mit 1,4150 – 70 zu handeln, zeigt an, daß er augenblicklich US-Dollar für 1,4150 D-Mark kauft und für 1,4170 D-Mark verkauft. Wenn ein Devisenhändler sagt, er sei »Brief«, dann meint er damit, eine bestimmte Währung lieber verkaufen zu wollen. Möchte er indes kaufen, so ist er »Geld«. Ein Geschäft kommt nur zustande, wenn zu ein und demselben Kurs sowohl Angebot als auch Nachfrage besteht. Ein Kurs ist aus Sicht des Devisenhändlers, der eine fremde Währung kauft, ein Geld- und für die Gegenpartei (»counterpart«), also den Händler, der verkauft, ein Briefkurs.

Da Informationen auf den Devisenmärkten ausgesprochen geschwind ausgetauscht werden, nennen Händler bei der Quotierung oftmals nur die dritte und vierte Nachkommastelle beim Geld- und Briefkurs. Aus einer Quotierung von zum Beispiel

Geld	Brief
1,4125 DM/US-$	1,4197 DM/US-$

wird in der »Kürzelsprache« der Devisenhändler 25 – 97. Kursänderungen – ausgedrückt in D-Mark – werden häufig in Basispunkten (BP) angegeben, wobei ein Basispunkt einem Hundertstel Pfennig entspricht. Sinkt ein Devisenkurs beispielsweise von 1,4125 D-Mark/US-Dollar auf 1,4017 D-Mark/US-Dollar, so kommt dies einer Veränderung um

Basispunkt

$$1,4125 \text{ DM/US-\$} - 1,4017 \text{ DM/US-\$} = 0,0108 \text{ DM/US-\$} = 1,08 \text{ Pfennig/US-\$} = 108 \text{ BP}$$

gleich.

Devisen- und Sortenkurs

5.1.2.3

Der Begriff »Devisen« bezeichnet auf ausländische Währung lautendes Buchgeld. Hierzu zählen vor allem die Guthaben bei einer Bank, aber auch Wechsel und Schecks. Auf dem Devisenmarkt werden jedoch ausschließlich Bankguthaben (»Buchgeld«) gehandelt. Wechsel und Schecks werden erst dann zu handelbaren Devisen, wenn sie in Bankguthaben umgewandelt wurden, und zwar durch Gutschrift der entsprechenden Gegenwerte auf einem Bankkonto.

Fremdwährungen in Form von Bargeld, also ausländische Münzen und Banknoten, heißen Sorten. Banken legen beim Umtausch inländischen (ausländischen) Bargelds in ausländisches (inländisches) den Sortenkurs zugrunde, wohingegen Buchgeld zum Devisenkurs getauscht wird.

Der Handel mit Sorten verursacht für Geschäftsbanken relativ hohe Kosten, da Sorten – im Gegensatz zu Devisen – transportiert und aufbewahrt sowie Sortenbestände unverzinslich gehalten werden müssen. Um diesen Kostennachteil auszugleichen, legen Geschäftsbanken die Spannen zwischen Geld- und Briefkursen bei Sorten grundsätzlich breiter fest als bei

Grundlagen

Devisen. Der Geldkurs (Briefkurs) für Sorten liegt immer unter (über) dem Geldkurs (Briefkurs) für Devisen.

5.1.2.4 Preis- und Mengennotierung

Devisenkurs

Der Devisenkurs ist der **Preis**, ausgedrückt in inländischer Währung, für eine fremde Währung (z. B. 1,40 DM pro einem US-$) und wird deshalb auch **Preis**notierung genannt. Er bezieht sich meistens nicht auf eine einzige Einheit einer fremden Währung, sondern zum Beispiel auf 100 oder 1.000 Einheiten, wie ein Blick in die Tabelle Devisen- und Sortenkurse der Finanzzeitung bestätigt.

2.6.1995	
USA	1 US-$
Großbrit.	1 £
Irland	1 ir. £
Kanada	1 kan-$
Niederl.	100 hfl
Schweiz	100 sfr
Belgien	100 bfr
Frankreich	100 FF
Dänemark	100 dkr
Norwegen	100 nkr
Schweden	100 skr
Italien	1000 Lire
Österreich	100 öS
Spanien	100 Pta
Portugal	100 Esc
Japan	100 Yen
Finnland	100 Fmk
Bundesrep.	100 DM
Griechenl.	100 Dr.
Australien	1 A-$
Neuseeland	1 NZ-$

Wechselkurs

Im Unterschied zum Devisenkurs bezeichnet der Wechselkurs die **Menge** an Fremdwährungseinheiten, die für den Erhalt inländischer Währung hingegeben werden müssen. Aus diesem Grund spricht man auch von einer **Mengen**notierung. In Großbritannien werden Fremdwährungen, anders als in Deutschland, »mengennotiert«, wie folgender Ausschnitt aus einer Britischen Finanzzeitung zeigt.

Mengen-Notierung
der D-Mark

Finland	(FM)	6.5712	+0.005
France	(FFr)	7.5269	-0.003
Germany	(DM)	2.1842	+0.00
Greece	(Dr)	361.027	+0.6

Der Wechselkurs einer Währung entspricht dem reziproken Wert des Devisenkurses und umgekehrt. Bei der Kehrwertbildung ist jedoch zu beachten, daß ein Geld- zum Briefkurs und ein Brief- zum Geldkurs wird.

Beispiel 5/1

Die Reuters-Seite »FXFX« zeigt folgende Geld- und Brief- Kassakurse »US-Dollar gegen D-Mark«.

```
                    DM/$ (Geld)   DM/$ (Brief)
EFX=                    Latest Spots
RIC                 Bid/Ask    Contributor   Loc Srce Deal    Time  High    Low
DEM=     ↑      1.4469/74    SOC GENERALE  PAR SOGE SGSP   14:56 1.4542  1.4430
JPY=     ↓      101.52/1.62  BARCLAYS      GFX BGFX        14:55 101.83  101.49
```

Die Kassakurse sind aus der Sicht eines deutschen Devisenhändlers Preisnotierungen, weil der Geld- bzw. Briefkurs für den Erhalt eines US-Dollars angegeben ist. Für den Geld- bzw. Brief-Wechselkurs ergibt sich:

$$\text{Wechselkurs (Geld)} = \frac{1}{\text{Devisenkurs (Brief)}} = \frac{1}{1{,}4474 \text{ DM/US-\$}} = 0{,}6909 \text{ US-\$/DM}$$

$$\text{Wechselkurs (Brief)} = \frac{1}{\text{Devisenkurs (Geld)}} = \frac{1}{1{,}4469 \text{ DM/US-\$}} = 0{,}6911 \text{ US-\$/DM}$$

Devisenhändler kaufen (verkaufen) folglich D-Mark gegen US-Dollar zu einem Kurs von 0,6909 (0,6911) US-Dollar/D-Mark.

Es ist zu beachten, daß die Begriffe »Devisenkurs« und »Wechselkurs« im Sprachgebrauch oft synonym verwendet werden. Auch in den vorangegangenen und folgenden Kapiteln gelten beide Begriffe als gleichbedeutend, sofern der Unterschied nicht explizit herausgestellt wird.

Kassa- und Terminkurs

Die Erfüllung eines Devisengeschäfts, also Lieferung und Bezahlung eines Währungsbetrages, kann sofort (Kassageschäft) oder erst zu einem späteren Zeitpunkt (Termingeschäft) – zum Beispiel drei oder sechs Monate nach Abschluß des Geschäfts – erfolgen. Kassageschäfte sind von den Akteuren umgehend, zumeist innerhalb von zwei Tagen nach Abschluß, zu erfüllen. Für diese Geschäfte gilt der Kassakurs, auch »spot rate« oder kurz »spot« genannt. Kauft ein Devisenhändler der Deutschen Bank beispielsweise 40 Millionen US-Dollar gegen D-Mark bei der Bayerischen Vereinsbank zum Kassakurs von 1,4150 D-Mark/US-Dollar, so ist die Deutsche Bank verpflichtet, innerhalb von zwei Tagen 56,6 Millionen D-Mark an die Bayerische Vereinsbank zu überweisen.

Abb. 5/2: Devisen-Kassageschäft

Wenn ein Devisengeschäft bereits heute vertraglich fixiert wird, der Währungstransfer aber erst zu einem Zeitpunkt in der Zukunft erfolgt, dann ist

258 **Grundlagen**

der Terminkurs relevant. Dies ist quasi der zum jetzigen Zeitpunkt vereinbarte Kurs, zu dem ein bestimmter Währungsbetrag in der Zukunft ge-
bzw. verkauft wird. Für den Terminkurs ist die Bezeichnung »forward
rate« oder einfach »forward« geläufig.[1]

forward

Beispiel 5/2

Die Dienstleistungs AG kauft am 9.5.1995 zur Begleichung einer Verbind-
lichkeit gegenüber einem US-amerikanischen Unternehmen 100.000 US-
Dollar bei einer Geschäftsbank. Der Kassakurs (Brief) beträgt an diesem
Tag 1,3759 D-Mark/US-Dollar, wie ein Blick in die Finanzzeitung zeigt.

Devisen- und Sortenkurse

9.5.1995		Kassakurse amtlich		3 Monate*)		6 Monate*)		Preise am Bankschalter**)		Kassa (sfrs) u. Banken***)
		Geld	Brief	Geld	Brief	Geld	Brief	Geld	Brief	Mittelkurs
USA	1 US-$	1,3679	1,3759	1,3626	1,3707	1,3573	1,3655	1,320	1,430	1,1308
Großbrit.	1 £	2,1808	2,1948	2,1690	2,1834	2,1549	2,1695	2,100	2,300	1,8109
Irland	1ir £	2,2410	2,2550	2,2296	2,2421	2,2145	2,2300	2,100	2,270	

Die Dienstleistungs AG muß folglich

$$100.000 \text{ US-\$} \times 1,3759 \text{ DM/US-\$} = 137.590 \text{ DM}$$

für den Kauf der US-Dollar zahlen.

Die Autohaus AG kauft am 9.5.1995 mehrere PKW von einem US-amerikanischen Hersteller. Dabei wird ein Preis von insgesamt 400.000 US-
Dollar und ein Zahlungsziel von 3 Monaten vereinbart. Die Autohaus AG
befürchtet einen Anstieg des Dollar-Devisenkurses und kauft deshalb am
9.5.1995 bei einer Geschäftsbank 400.000 US-Dollar, die zur Begleichung
der Verbindlichkeit bezahlt werden müssen, »auf Termin«. Der 3-Monats-
Terminkurs (Brief) beträgt 1,3707 D-Mark/US-Dollar.

Devisen- und Sortenkurse

9.5.1995		Kassakurse amtlich		3 Monate*)		6 Monate*)		Preise am Bankschalter**)		Kassa (sfrs) u. Banken***)
		Geld	Brief	Geld	Brief	Geld	Brief	Geld	Brief	Mittelkurs
USA	1 US-$	1,3679	1,3759	1,3626	1,3707	1,3573	1,3655	1,320	1,430	1,1308
Großbrit.	1 £	2,1808	2,1948	2,1690	2,1834	2,1549	2,1695	2,100	2,300	1,8109
Irland	1ir £	2,2410	2,2550	2,2296	2,2421	2,2145	2,2300	2,100	2,270	

---

[1] *Terminkurse spielen eine wichtige Rolle im Zusammenhang mit Devisentermin-geschäften, die im Kapitel 7 behandelt werden.*

Der Terminkauf schafft eine sichere Kalkulationsgrundlage. Die Autohaus AG weiß bereits am 9.5.1995, daß in drei Monaten

$$400.000 \text{ US-\$} \times 1,3707 \text{ DM/US-\$} = 548.280 \text{ DM}$$

für den Erhalt des Dollar-Betrages hingegeben werden müssen.

Am 9.8.1995 beträgt der Devisenkassakurs (Brief) 1,4124 D-Mark/US-\$, wie ein Blick in die Finanzzeitung bestätigt.

Devisen- und Sortenkurse

9.8.1995	Kassakurse amtlich		3 Monate*)		6 Monate*)		Preise am Bankschalter**)		Kassa (sfrs) u. Banken***)
	Geld	Brief	Geld	Brief	Geld	Brief	Geld	Brief	Mittelkurs
USA 1 US-\$	1,4044	1,4124	1,3992	1,4073	1,3941	1,4023	1,360	1,470	1,1666
Großbrit. 1 £	2,2465	2,2605	2,2330	2,2474	2,2191	2,2338	2,150	2,350	1,8671
Irland 1ir £	2,2060	2,3100	2,2849	2,2986	2,2710	2,2860	2,210	2,390	

Wenn die Autohaus AG auf den Devisen-Terminkauf verzichtet und stattdessen die US-Dollar am 9.8.1995 zum Kassakurs von 1,4124 D-Mark/US-Dollar erworben hätte, dann hätte sie

$$400.000 \text{ US-\$} \times 1,4124 \text{ DM/US-\$} = 564.960 \text{ DM}$$

aufwenden müssen. Das sind

$$400.000 \text{ US-\$} \times (\underbrace{1,4124 \text{ DM/US-\$}}_{\substack{\text{Kassakurs} \\ \text{am 9.8.1995}}} - \underbrace{1,3707 \text{ DM/US-\$}}_{\substack{\text{3-Monats-} \\ \text{Terminkurs} \\ \text{am 9.5.1995}}}) = 16.680 \text{ DM}$$

mehr als beim Terminkauf der Währung. Ein Terminkauf der US-Dollar wäre hingegen nachteilig gewesen, wenn am 9.8.1995 der Kassakurs den Wert von 1,3707 D-Mark/US-Dollar unterschritten hätte.

Der Terminkurs, zum Beispiel der 3-Monats-Terminkurs, ergibt sich, indem der sogenannte Swap-Satz, in diesem Fall wäre das der 3-Monats-Swap-Satz,

Swap-Satz

- zum Kassakurs addiert (positiver Swap-Satz) oder
- vom Kassakurs subtrahiert (negativer Swap-Satz)

wird.

$$\text{Terminkurs} = \text{Kassakurs} \pm \text{Swap-Satz}$$

Im Falle eines positiven Swap-Satzes, der Termin- liegt über dem Kassakurs, spricht man von Report (Aufschlag) oder »premium«. Ein negativer Swap-Satz, der Termin- ist geringer als der Kassakurs, wird als Deport (Abschlag) oder »discount« bezeichnet.

Report/Deport

Swap-Sätze notieren in Deutschland beispielsweise in D-Mark pro 1, 100 oder 1.000 Fremdwährungseinheiten. Die Anzahl der Nachkommastellen, die bei der Notiz des Kassakurses einer Währung genannt wird, gilt zumeist auch für die Notierung der jeweiligen Swap-Sätze. Genau wie bei Kassakursen werden auch für Swap-Sätze Geld- und Briefseiten gestellt. Terminkurse lassen sich in Form von Swap- oder Outright-Quotierungen angeben. Bei einer Swap-Quotierung wird ausschließlich der Re- bzw. Deport auf den Kassakurs der betreffenden Währung angegeben, wohingegen

Swap- und Outright-Quotierung

eine Outright-Quotierung den Kassakurs zuzüglich des Swap-Satzes zeigt. Devisenhändler wählen zumeist die Swap-Quotierung, weil Swap-Sätze, im Unterschied zu Kassakursen, im Zeitablauf gewöhnlich weitaus weniger stark schwanken, so daß ein Händler nicht bei jeder Kassakursänderung den Terminkurs anpassen muß.

Devisenhändler quotieren Terminkurse gemeinhin nur für standardisierte Laufzeiten von 1, 2, 3, 6, 9 und 12 Monaten. Terminsätze werden in Finanzzeitungen und über Nachrichtenagenturen publiziert. Abbildung 5/3 zeigt beispielsweise die Reutersseite »CKLS«, welche Swap-Sätze für D-Mark und US-Dollar – Devisenhändler sprechen in diesem Zusammenhang von Swap-Sätzen »D-Mark gegen Dollar« - sowie weitere Währungen enthält.

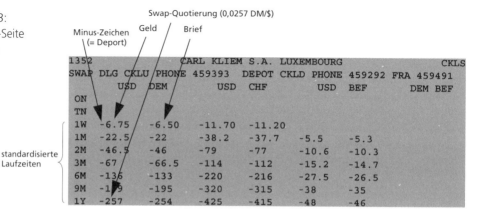

Abb. 5/3: Reuters-Seite »CKLS«

Der Swap-Satz für eine Währung hängt von den Zinsniveauunterschieden im Inland und dem betreffenden Ausland ab. Liegt das Zinsniveau im Ausland über dem im Inland, dann ist der Swap-Satz ein Deport. Bei einem höheren inländischen Zinsniveau übertrifft der Termin- hingegen den Kassakurs. Der Swap-Satz ist in diesem Falle ein Report.

Der Swap-Satz gleicht unterschiedliche Zinsniveaus im In- und Ausland aus. Ist der Zinssatz für 6-Monats-Geld in den USA beispielsweise höher als in Deutschland, so werden deutsche Investoren Geld vorzugsweise in den USA anlegen. Sie setzen sich damit jedoch der Gefahr aus, daß der Dollar-Devisenkurs nach sechs Monaten gesunken ist und der Dollarbetrag nur zu einem vergleichsweise niedrigen Kassakurs in D-Mark getauscht werden kann. Deshalb würden viele Investoren den Anlagebetrag samt der Zinserträge bereits zum Zeitpunkt der Geldanlage zum 6-Monats-Terminkurs verkaufen. Dieser wird jedoch unter dem Kassakurs liegen, so daß die Investoren den Anlagebetrag und die Zinserträge nur zu einem geringeren Kurs als dem Kassakurs »auf 6-Monats-Termin« verkaufen können. Die im Vergleich zu einer D-Mark-Anlage höhere Rendite der Dollar-Anlage wird dadurch quasi kompensiert.

Kurse und Notierungen **261**

Auf der Reuters-Seite »WESD« sichtet ein Devisenhändler einer deutschen **Beispiel 5/3**
Geschäftsbank am 14.12.1995 die Zinssätze für Euro-Geld.

12-Monats-DM-Geld   12-Monats-US-$-Geld

```
1349 WESTLB INT LUXEMBOURG TEL 474141 TX 2831 DEALING:WESU WESD
          DEM           USD          SFRS          ECU
1   MON   3 15/-1/16   5 13/-15/16   2 - 1/8      5 3/8-1/2
2   MON   3 13/-15/16  5 11/-13/16   1 13/-15/16  5 3/8-1/2
3   MON   3 3/4-7/8    5 11/-13/16   1 11/-13/16  5 5/-7/16
6   MON   3 9/-1/16    5 1/2-5/8     1 9/-11/16   5 1/4-3/8
12  MON   3 9/-11/16   5 7/-9/16     1 9/-11/16   5 1/4-3/8
```

Eine Geldanlage in D-Mark für einen Zeitraum von 12 Monaten erzielt einen Zinsertrag in Höhe von $3\,^9/_{16}$ % p.a. (3,5625 % p.a.), wohingegen eine US-Dollar-Anlage für denselben Zeitraum mit einem Satz von $5\,^7/_{16}$ % p.a. (5,4375 % p.a.) verzinst wird. Der Händler überlegt, für insgesamt 80 Millionen D-Mark Dollar zu kaufen und den Betrag für 12 Monate auf dem Euromarkt anzulegen. Den aktuellen Devisenkurs zeigt die Reuters-Seite »FXFX«.

```
EFX=              Latest Spots
RIC              Bid/As  Contributor  Loc Srce Deal  Time  High    Low
DEM=           1.4469/74  SOC GENERALE  PAR SOGE SGSP  14:56 1.4542  1.4430
JPY=           101.52/1.62 BARCLAYS      GFX BGFX       14:55 101.83  101.49
```

Für 80 Millionen D-Mark erhält der Devisenhändler

$$\underbrace{\frac{80.000.000\ \text{DM}}{1,4474\ \text{DM/US-\$}}}_{\text{Kassa-Briefkurs}} = 55.271.521\ \text{US-\$}.$$

Legt er diese auf dem Euromarkt an, so stehen nach Ablauf eines Jahres insgesamt

$$\underbrace{55.271.521\ \text{US-\$}}_{\text{Anlagebetrag}} + \underbrace{\frac{55.271.521\ \text{US-\$}}{100} \times 5,4375}_{\text{Zinsertrag}} = 58.276.910\ \text{US-\$}$$

zur Verfügung. Diesen Betrag möchte der Devisenhändler bereits heute, am 14.12.1995, »auf Termin 12 Monate« verkaufen. Die Swap-Sätze erscheinen auf der Reuters-Seite »CKLS«.

262 **Grundlagen**

Minus-Zeichen
(= Deport)

```
1352                    CARL KLIEM S.A. LUXEMBOURG                    CKLS
SWAP DLG CKLU PHONE 459393   DEPOT CKLD PHONE 459292 FRA 459491
        USD   DEM         USD   CHF         USD   BEF       DEM BEF
ON
TN
1W   -6.75  -6.50     -11.70 -11.20
1M   -22.5  -22       -38.2  -37.7     -5.5  -5.3
2M   -46.5  -46       -79    -77       -10.6 -10.3
3M   -67    -66.5     -114   -112      -15.2 -14.7
6M   -136   -133      -220   -216      -27.5 -26.5
9M   -199   -195      -320   -315      -38   -35
1Y   -257   -254      -425   -415      -48   -46
```

Der 12-Monats-Swap-Satz »D-Mark gegen US-Dollar« ist ein Deport und der Terminkurs lautet folglich:

$$\underbrace{1{,}4469 \text{ DM/US-\$}}_{\text{Kassa-Geldkurs}} - \underbrace{0{,}0257 \text{ DM/US-\$}}_{\substack{\text{12-Monats-}\\ \text{Swap-Satz (Geld)}}} = 1{,}4212 \text{ DM/US-\$}$$

Beim Terminverkauf der Dollar kennt der Devisenhändler bereits heute den gesamten Geldbetrag, ausgedrückt in D-Mark, der nach einem Jahr vorhanden ist. Dieser lautet:

$$\underbrace{58.276.910 \text{ US-\$}}_{\substack{\text{\$-Betrag nach}\\ \text{einem Jahr}}} \times \underbrace{1{,}4212 \text{ DM/US-\$}}_{\substack{\text{12-Monats-}\\ \text{Terminkurs (Geld)}}} = 82.823.144 \text{ DM}$$

Der Händler erwirtschaftet folglich eine D-Mark-Rendite von

$$\frac{82.823.144 \text{ DM} - 80.000.000 \text{ DM}}{80.000.000 \text{ DM}} \times 100 \ \% = 3{,}5289 \ \%$$

die in etwa der Rendite der D-Mark-Anlage auf dem Euromarkt entspricht. Der Deport gleicht folglich den Rendite-Unterschied zwischen US-Dollar- und D-Mark-Anlage nahezu exakt aus. In der Praxis sind beim Vergleich der D-Mark- und US-Dollar-Anlage zusätzlich Transaktionkosten, die beispielsweise bei der Beschaffung der Devisen, dem Terminverkauf der Devisen und der Geldanlage anfallen, zu beachten.

5.1.2.6   **Cross Rates**

Cross Rates werden ermittelt, wenn die Kurse bestimmter Währungen zueinander, zum Beispiel »Peseta gegen Norwegische Krone«, nicht direkt verfügbar sind, weil möglicherweise kein Devisenhändler diese Kurse stellt. In einem solchen Fall können die Marktteilnehmer etwa auf die Kurse »Pe-

seta gegen US-Dollar« sowie »Norwegische Krone gegen US-Dollar« zurückgreifen und daraus den Geld- und Briefkurs »Peseta gegen Norwegische Krone« ableiten.

Aus zwei Devisenkursen, wie zum Beispiel dem D-Mark-US-Dollar- und
dem D-Mark-Schweizer-Franken-Devisenkurs, läßt sich der US-Dollar-
Schweizer-Franken-Devisenkurs, in diesem Fall Cross Rate genannt, ableiten. Geld- bzw. Brief-Cross-Rates werden anhand folgender Ausdrücke ermittelt:

$$\text{Cross Rate}_{X,Y}\,(\text{Geld}) = \frac{\text{Devisenkurs (Geld) Währung Z gegen Währung X}}{\text{Devisenkurs (Brief) Währung Z gegen Währung Y}}$$

$$\text{Cross Rate}_{X,Y}\,(\text{Brief}) = \frac{\text{Devisenkurs (Brief) Währung Z gegen Währung X}}{\text{Devisenkurs (Geld) Währung Z gegen Währung Y}}$$

Die Formeln zeigen, daß sich eine Cross Rate durch Division von Geld-
und Brief- bzw. Brief- und Geldkursen berechnen läßt. Diese »Überkreuz-
Division« hat zur Bezeichnung »Cross Rate« – was mit »Kreuzkurs« übersetzt werden kann – geführt.

Die Reuters-Seite »FXFX« zeigt unter anderem die Kassakurse des »US-
Dollar gegen D-Mark« sowie des »US-Dollar gegen Schweizer Franken«.

Beispiel 5/4

US-$ gegen DM   US-$ gegen sfr

```
EFX=                 Latest Spots
RIC              Bid/Ask   Contributor   Loc Srce Deal      Time  High     Low
DEM=             1.4469/74  SOC GENERALE  PAR SOGE SGSP     14:56 1.4542   1.4430
JPY=             101.52/162 BARCLAYS      GFX  BGFX         14:55 101.83   101.49
GBP=             1.5380/90  CITIBANK      NYC CINY CITN*G   14:56 1.5406   1.5329
CHF=             1.1716/26  RABOBANK      UTR RABO RABU     14:55 1.1785   1.1706
FRF=             4.9830/60  CITIBANK      NYC CINY CITN*F   14:55 5.0190   4.9740
NLG=             1.6186/96  CITIBANK      NYC CINY CITN*N   14:55 1.6277   1.6160
```

Obgleich die Kassakurse »Schweizer Franken gegen D-Mark« der Reuters-
Seite nicht entnommen werden können, lassen sich diese durch »Über-
kreuz«-Division der D-Mark-US-Dollar- und Schweizer-Franken- US-Dollar-Kurse ermitteln.

	Geld/Brief
DM/US-$	1.4469/74
sfr/US-$	1.1716/26

$$\text{Cross Rate}_{DM,\,sfr}\,(\text{Geld}) = \frac{1{,}4469\ \text{DM/US-\$}}{1{,}1726\ \text{sfr/US-\$}} = 1{,}2339\ \text{DM/sfr}$$

$$\text{Cross Rate}_{DM,\,sfr}\,(\text{Brief}) = \frac{1{,}4474\ \text{DM/US-\$}}{1{,}1716\ \text{sfr/US-\$}} = 1{,}2354\ \text{DM/sfr}$$

| | | 264 | | **Grundlagen** |

Devisenhändler vergleichen Cross Rates – also Kurse, die aus zwei anderen berechnet werden – mit Kursen, die Händler tatsächlich stellen. Unterscheidet sich zum Beispiel die mit den Kursen »US-Dollar gegen D-Mark« und »Pfund gegen D-Mark« bestimmte Cross Rate »US-Dollar gegen Pfund«, von demjenigen Kurs, den ein Devisenhändler für »US-Dollar gegen Pfund« stellt, so kann ein anderer Händler davon profitieren. Dies verdeutlicht das folgende Beispiel.

Beispiel 5/5

Der Devisenhändler einer deutschen Geschäftsbank stellt am 14.12.1995 gegen 14 Uhr folgende Kurse für den US-Dollar und das Pfund.

	Geld	Brief
DM/US-$	1,4460	1,4472
DM/£	2,2250	2,2284

Zum selben Zeitpunkt quotiert ein Händler in London:

	Geld	Brief
£/US-$	0,6455	0,6478

Ein französischer Devisenhändler sichtet die über eine Nachrichtenagentur verbreiteten Kurse der beiden Händler. Er berechnet die Cross Rate »US-Dollar gegen Pfund« und legt dafür die Quotierungen des deutschen Devisenhändlers zugrunde.

$$\text{Cross Rate}_{£,\text{US-\$}} (\text{Geld}) = \frac{1,4460 \text{ DM/US-\$}}{2,2284 \text{ DM/£}} = 0,6489 \text{ £/US-\$}$$

$$\text{Cross Rate}_{£,\text{US-\$}} (\text{Brief}) = \frac{1,4472 \text{ DM/US-\$}}{2,2250 \text{ DM/£}} = 0,6504 \text{ £/US-\$}$$

Dabei stellt er fest, daß die Geld- und Brief-Cross Rate höher ist als die Quotierung des Händlers in London und dieser US-Dollar gegen Pfund folglich zu »billig« anbietet. Der französische Devisenhändler beschließt daraufhin, für insgesamt 60 Millionen D-Mark beim deutschen Händler Pfund zu kaufen. Sofort danach will er beim Händler in London US-Dollar gegen Hingabe der Pfund kaufen, um unmittelbar darauf die erworbenen US-Dollar an den deutschen Devisenhändler gegen D-Mark zu verkaufen. Der französische Händler erzielt bei diesen Geschäften, ohne Berücksichtigung von Transaktionskosten, einen Gewinn, ausgedrückt in D-Mark, der sich folgenderweise ermitteln läßt.

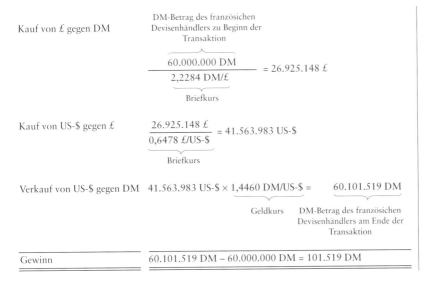

Kauf von £ gegen DM	$\dfrac{\overbrace{60.000.000\ \text{DM}}^{\text{DM-Betrag des französichen Devisenhändlers zu Beginn der Transaktion}}}{\underbrace{2,2284\ \text{DM/£}}_{\text{Briefkurs}}} = 26.925.148\ £$
Kauf von US-\$ gegen £	$\dfrac{26.925.148\ £}{\underbrace{0,6478\ £/\text{US-\$}}_{\text{Briefkurs}}} = 41.563.983\ \text{US-\$}$
Verkauf von US-\$ gegen DM	$41.563.983\ \text{US-\$} \times \underbrace{1,4460\ \text{DM/US-\$}}_{\text{Geldkurs}} = \underbrace{60.101.519\ \text{DM}}_{\substack{\text{DM-Betrag des französichen}\\ \text{Devisenhändlers am Ende der}\\ \text{Transaktion}}}$
Gewinn	$60.101.519\ \text{DM} - 60.000.000\ \text{DM} = 101.519\ \text{DM}$

Der unmittelbare Kauf oder Verkauf einer Währung »über« eine dritte Währung wird auch als Dreiecksarbitrage bezeichnet. Die Möglichkeit zu einer Gewinnerzielung durch Dreiecksarbitrage bietet sich Devisenhändlern in der Praxis jedoch selten.

Auf- und Abwertung 5.1.3

Begriff 5.1.3.1

Devisenkurse können sich im Zeitablauf verändern. Man spricht von einer Aufwertung (Abwertung) der Inlandswährung gegenüber einer Fremdwährung, wenn

- zum Erhalt einer Einheit der ausländischen Währung heute weniger (mehr) inländische Geldeinheiten hingegeben werden müssen oder, anders ausgedrückt,
- für eine inländische Geldeinheit heute mehr (weniger) Fremdwährungseinheiten erhältlich sind

als zu einem früheren Zeitpunkt. Der D-Mark-US-Dollar-Devisenkurs stieg beispielsweise im Zeitraum vom 30.3.1995 bis zum 29.8.1995, so daß eine Abwertung der D-Mark gegenüber dem US-Dollar – das entspricht einer Aufwertung des US-Dollars gegenüber der D-Mark – zu beobachten war.

Die Aufwertung der D-Mark gegenüber dem US-Dollar wirkt sich für deutsche Exporteure und Investoren gewöhnlich nachteilig aus, wenn Güter und Dienstleistungen mit US-Dollar bezahlt werden. Der Exporteur kann die Dollar nur zu einem geringeren Devisenkurs in D-Mark umtauschen und erleidet Umsatz- sowie Gewinneinbußen, ausgedrückt in D-Mark, wenn er die Preise für die Güter und Dienstleistungen im Zeitablauf unverändert beläßt und auf eine Absicherung gegen einen Devisenkursrückgang verzichtet. Erhöht der Exporteur hingegen die US-Dollar-Preise im Zeitablauf, so kann er eine Verminderung der D-Mark-Erträge zwar verhindern, beeinträchtigt dadurch jedoch seine Stellung gegenüber US-amerikanischen Konkurrenten.

> nen geringer aus.
>
> Analysten führten die Schwäche des Marktes nicht zuletzt auf die mit der labilen Haltung des Dollars verbundenen negativen Auswirkungen zurück. Zum einen schienen Ausländer bereit zu sein, die DM-Stärke zu Gewinnmitnahmen in der deutschen Währung zu nutzen. Zum anderen wurde in Börsenkreisen darauf verwiesen, daß die Aufwertung der D-Mark den Wirtschaftsaufschwung hierzulande gefährden könnte und die Gewinnprognosen der Unternehmen daher deutlich nach unten revidiert werden müßten.
>
> Die positive Vorgabe der weiter

Beispiel 5/6

Ein deutscher Produzent von Kraftfahrzeugen bietet im Juli 1994 in den USA PKW zu einem Preis von 40.000 US-Dollar pro PKW an. Amerikanische KFZ-Hersteller offerieren vergleichbare Autos zum selben Preis.

Der Verkaufspreis des deutschen Exporteurs, ausgedrückt in US-Dollar, basiert auf dem amtlichen Devisenkassakurs (Geld) vom 4.7.1994.

Devisen- und Sortenkurse

Düsseldorf, 4.7.1994		Kassakurse amtlich		3 Monate**)		6 Monate**)		Frankfurter Sortenkurse*) Preise am Bankschalter		Dev.-Not. Zürich Kassa (sfrs) unter Banken
		Geld	Brief	Geld	Brief	Geld	Brief	Geld	Brief	Mittelkurs
USA	1 Dollar	1,5938	1,6018	1,5941	1,6021	1,5914	1,5996	1,555	1,665	1,3430
Großbrit.	1 £	2,4514	2,4654	2,4501	2,4646	2,4455	2,4606	2,355	2,555	2,0603
Irland	1 ir £	2,4220	2,4360	2,4174	2,4320	2,4080	2,4220	2,37	2,54	

Bleibt der Devisenkurs in Zukunft unverändert, so erzielt der KFZ-Hersteller für jeden PKW einen Verkaufserlös in Höhe von

$$40.000 \text{ US-\$} \times 1,5938 \text{ DM/US-\$} = 63.752 \text{ DM.}$$

Im Vergleich zum 4.7.1994 wertete die D-Mark gegenüber dem US-Dollar bis zum 29.3.1995 auf, wie ein Blick in die Finanzzeitung bestätigt.

Devisen- und Sortenkurse

29.3.1995		Kassakurse amtlich		3 Monate*)		6 Monate*)		Preise am Bankschalter**)		Kassa (sfrs) u. Banken***)
		Geld	Brief	Geld	Brief	Geld	Brief	Geld	Brief	Mittelkurs
USA	1 US-$	1,3740	1,3820	1,3696	1,3777	1,3649	1,3731	1,325	1,435	1,1425
Großbrit.	1 £	2,2157	2,2297	2,2066	2,2211	2,1947	2,2096	2,135	2,335	1,8424
Irland	1i. £	2,2250	2,2390	2,2141	2,2287	2,2000	2,2179	2,150	2,330	

Der Verkaufserlös pro PKW, ausgedrückt in D-Mark, ist folglich um

$$40.000 \text{ US-\$} \times (\underbrace{1,5938 \text{ DM/US-\$}}_{\substack{\text{Devisenkurs} \\ \text{am } 4.7.1994}} - \underbrace{1,3740 \text{ DM/US-\$}}_{\substack{\text{Devisenkurs} \\ \text{am } 29.3.1995}}) = 8.792 \text{ DM}$$

gesunken. Der Autohersteller möchte jedoch weiterhin einen Erlös in Höhe von 63.752 D-Mark pro PKW erwirtschaften und paßt den Verkaufspreis, ausgedrückt in US-Dollar, dem aktuellen Devisenkassakurs (Geld) an.

$$\text{Verkaufspreis pro PKW} = \frac{63.752 \text{ DM}}{1,3740 \text{ DM/US-\$}} = 46.398,84 \text{ US-\$}$$

Der deutsche Produzent bietet einen PKW folglich um

$$\frac{46.398,84 \text{ US-\$} - 40.000 \text{ US-\$}}{40.000 \text{ US-\$}} \times 100 \text{ \%} = 16 \text{ \%}$$

teurer an, als ein amerikanischer KFZ-Hersteller. Dadurch verschlechtert sich die Stellung des Exporteurs auf dem US-amerikanischen KFZ-Markt.

Deutsche Investoren, die auf US-Dollar lautende Geldanlagen, wie Anleihen, Aktien oder Termingeld, wählen, leiden unter einer Aufwertung der D-Mark, weil zukünftige Zahlungsrückflüsse, zum Beispiel Dividenden, Kuponerträge oder Tilgungszahlungen, zu einem geringeren Devisenkurs in D-Mark getauscht werden können als zum Zeitpunkt der Geldanlage.

Deutsche Importeure und Schuldner auf fremde Währung lautender Kredite, profitieren hingegen von einer Aufwertung der D-Mark. Für Devisen, die zur Begleichung der Verbindlichkeiten aus Güter- und Dienstleistungskäufen bzw. zur Bedienung der Kredite (Zins- und Tilgungszahlungen) erworben werden müssen, sind weniger D-Mark hinzugeben.

Bei einer Abwertung der inländischen gegenüber einer fremden Währung profitieren, anders als bei einer Aufwertung, heimische Exporteure und Investoren, wohingegen Importeure und Schuldner mit höheren Zahlungen in inländischer Währung konfrontiert werden.

5.1.3.2 **Determinanten**

Devisenkurse hängen entscheidend von Angebot und Nachfrage der Marktteilnehmer ab. Deren Angebots- und Nachfrageverhalten, und infolgedessen der Devisenkurs, wird von einer Vielzahl von Faktoren beeinflußt. Dabei lassen sich fundamentale und technische Einflußgrößen unterscheiden (vgl. Abb. 5/4). Die Untersuchung ökonomischer und politischer Faktoren, die Angebot und Nachfrage auf Devisenmärkten bestimmen, bezeichnet man als Fundamentalanalyse. Die Erkenntnisse über diese Determinanten und deren Zusammenwirken sollen Aufschluß über die zukünftige Entwicklung eines Devisenkurses geben. Technische »Signale« ergeben sich demgegenüber aus der Beobachtung und Analyse graphisch dargestellter historischer Kursverläufe und Umsätze, kurz Charts. Aus Devisenkurs-Charts werden Schlüsse für zukünftige Kurs-Entwicklungen gezogen.

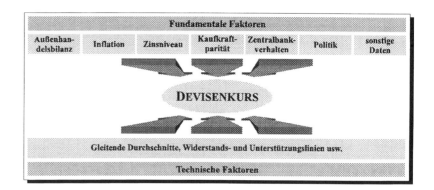

Abb. 5/4: Kurs-Einflußgrößen

Außenhandelsbilanz

In der **Außenhandelsbilanz** werden die aus Ex- und Importen resultierenden Zahlungen eines Landes, ausgedrückt in heimischer Währung, einander gegenübergestellt. Der Saldo der Außenhandelsbilanz ist entweder

- ausgeglichen,
- negativ, wenn die Importe größer sind als die Exporte, oder
- positiv, sobald die Exporte die Importe überragen.

Bei einem Defizit der Außenhandelsbilanz war die Nachfrage nach Devisen gestiegen, da die Ausgaben zur Finanzierung der Importe die Erlöse in fremder Währung aus den Exporten übertrafen. Dies hat grundsätzlich einen Anstieg der Devisenkurse der betreffenden Währungen zur Folge. Ein Überschuß der Außenhandelsbilanz bewirkt dagegen ein Angebot an Devisen, das die Nachfrage übersteigt und somit zu sinkenden Kursen führt. Die Entwicklung des Bilanz-Saldos kann folglich ein Indiz für die Entwicklung eines Devisenkurses sein.

> Außerdem blickt der Markt derzeit mehr auf das japanische Plus in der Außenhandelsbilanz und weniger auf die Konjunkturentwicklung. Lediglich von der politischen Seite her sieht man derzeit die Gefahr einer weiteren Yen-Aufwertung, die sich aber im wesentlichen auf den Dollar konzentriert. Zur D-Mark blieb der Yen mit plus 0,70 Pfennig auf 1,4185 DM (per 100 Yen) auf erhöhtem Niveau stabil.

Ausschnitt aus Devisenbericht

Die **Inflationsrate** stellt einen Schlüsselfaktor hinsichtlich der Wettbewerbsfähigkeit eines Landes, verglichen mit dem Ausland, dar. Steigt die Inflationsrate beispielsweise im Inland stärker als im Ausland, so erleiden inländische Produzenten aufgrund des höheren inländischen Preisniveaus einen Wettbewerbsnachteil gegenüber ausländischen Anbietern. Daraus resultiert ein Anstieg der inländischen Importe und somit eine stärkere Nachfrage nach fremder Währung. Dies kann wiederum eine Aufwertung der betroffenen Währung zur Konsequenz haben. Fällt die Preisniveauänderung im Inland geringer aus als im Ausland, dann verhält es sich genau umgekehrt. Die Veröffentlichung von Inflationsdaten übt häufig einen unmittelbaren Einfluß auf die Aktivitäten der Devisenmarktteilnehmer aus.

Inflationsrate

> sich der Dollar über die Weihnachtsfeiertage etwas nachgebend. Die Abwärtsbewegung setzte bereits im späten Freitagshandel in New York ein, wobei Warnungen vor zunehmenden Inflationsgefahren bei weiteren Zinssenkungen aus dem Bereich der Bundesbank den Dollar gegenüber der D-Mark belasteten. Hin-

Ausschnitt aus Devisenbericht

Bei einem im Vergleich zum Inland höheren ausländischen **Zinsniveau** ziehen Investoren eine Kapitalanlage im Ausland vor. Die Nachfrage nach fremden Währungen steigt und damit auch die betreffenden Devisenkurse. Liegt das inländische Zinsniveau über dem ausländischen, so ist es umgekehrt. Anleger präferieren heimische Kapitalanlagen und fragen folglich die inländische Währung nach, was zu einer Abwertung fremder Währungen führen kann.

Zinsniveau

> Der stetige Kursrückzug der US-Devise vom Vortag setzte sich auch im späten nordamerikanischen Handel bei sehr ruhigem Geschäft fort. Händlern zufolge profitiert die D-Mark weiter von dem hohen deutschen Zinsniveau, während negative Prognosen für die am heutigen Freitag anstehenden US-Arbeitsmarktdaten den Dollar belasten.

Ausschnitt aus Devisenbericht

Grundlagen

Kaufkraftparität

Wenn für eine bestimmte Menge inländischer Geldeinheiten – aufgrund des aktuellen Währungskurses - im Ausland mehr (weniger) Güter erworben werden können als im Inland, dann herrscht keine **Kaufkraftparität** zwischen In- und Ausland. Können zum Beispiel für einen gewissen Betrag inländischer Währung im Ausland mehr Güter erworben werden als im Inland, nachdem der Geldbetrag in ausländische Währung getauscht wurde, so führt dies zu einer höheren Devisennachfrage, der wiederum ein Kursanstieg folgen kann.

Zentralbank-intervention

Massive An- und Verkäufe fremder Währungen durch **Zentralbanken** – zum Beispiel aus Interventionsgründen – können zu einem Rückgang bzw. Anstieg des Angebots an Fremdwährungen und damit zu einer Auf- bzw. Abwertung der betreffenden Währungen führen.

DEVISENMARKT / Zentralbankinterventionen

Dollar über 1,41 DM

HANDELSBLATT, Mittwoch, 31.5.95 wag DÜSSELDORF. Zu einem kräftigen Kurssprung bis auf 1,4195 DM kam es am Mittwochnachmittag aufgrund konzertierter Zentralbankinterventionen beim US-Dollar. Grund für das Eingreifen der europäischen Währungshüter und der New Yorker Fed war ein befürchtetes Abrutschen des Dollarkurses nach der

lar nach sehr ruhigem Geschäft und meist nur kleinen Kursbewegungen per saldo um 0,20 Pfennig verbessert. Nach dem interventionsbedingten Kurssprung kam es schnell zu einer technischen Reaktion, wobei der Kurs wieder auf 1,3930/40 DM abrutschte, zumal sich die Zentralbanken nach dem konzertierten Schlag wieder zurückzogen. Zuletzt

politische Ereignisse

Das Verhalten der Devisenmarktakteure hängt nicht nur von ökonomischen Faktoren, sondern ebenso von **politischen Ereignissen** ab. So kann man durchaus unterstellen, daß zum Beispiel der Wahlsieg einer Partei, deren Programm eine stabile wirtschaftliche Entwicklung verheißt, eine günstige Einschätzung der Marktteilnehmer hinsichtlich der zukünftigen Devisenkursentwicklung nach sich zieht. Aber auch andere politische Vorkommnisse, etwa Gesetzesbeschlüsse, Maßnahmen zur Sanierung der Sozialversicherung oder gar Kriege, können zum Teil heftige Reaktionen der Devisenhändler auslösen.

Ausschnitt aus Devisenbericht

Unter den Eurowährungen ragte nach der Durchführung des ersten der geplanten Atombombentests der französische Franc mit minus 3,4 Pfennig auf 29,003 DM (per 100 FF) heraus. Die internationale Protestwelle zeigt auch im Devisenhandel Wirkung, wurde dazu von Händlerseite erklärt. Dagegen konnte der Schweizer Franken wieder 10,0 Pfennig auf 121,640 DM (per 100 sfr) zulegen.

Auf- und Abwertung

Der Devisenkurs einer Währung wird darüber hinaus von einer Reihe **weiterer Faktoren** beeinflußt, die die beteiligten Länder berühren. Hierzu zählen beispielsweise Arbeitsmarktdaten, das Bruttosozialprodukt, die Auftragseingänge bei Unternehmen usw. Die Zahl der Beschäftigten, zum Beispiel in den USA, steigt in aller Regel, wenn die Aufträge an US-amerikanische Unternehmen zunehmen. Die Aufträge stammen gewöhnlich nicht nur aus dem Inland, sondern auch von Ausländern. Diese werden die bestellten Güter und Dienstleistungen in der Zukunft bezahlen und dann US-Dollar nachfragen, was einen Kursanstieg zur Folge hätte.

> Nach den unerwartet günstigen US-Arbeitsmarktdaten für Februar gewannen die Dollar-Haussiers die Oberhand. Unterstützt wurden sie außerdem von zuletzt wieder ungün

Ausschnitt aus Devisenbericht

Abbildung 5/5 zeigt beispielhaft den Einfluß unterschiedlicher fundamentaler Faktoren auf den Verlauf des D-Mark/US-Dollar-Devisenkurses.

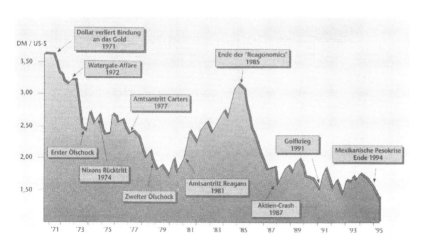

Abb. 5/5: Kursverlauf US-Dollar von 1971 bis 1995 (Quelle: Hypo Capital Management, München)

In der Praxis beeinflussen Chart-Signale das Verhalten der Devisenhändler häufig am stärksten. Die Akteure beobachten Chartverläufe und versuchen Trends, Widerstands- und Unterstützungslinien, Formationen usw. bereits im Anfangsstadium zu erkennen, um sodann Kauf- und Verkaufsentscheidungen daran auszurichten. Man spricht in diesem Zusammenhang auch vom »Chart-Reading«. Händler glauben beispielsweise, gewisse Chartformationen wiederholen sich im Zeitablauf oder Devisenkurse folgten Trends. Wenn diese früh genug erkannt werden, dann kann ein Devisenhändler davon profitieren, sofern der Kursverlauf einem bestimmten, vom Händler unterstellten Muster tatsächlich folgt. Formationen und Trends lassen sich aus den Kurs-Schaubildern jedoch oft erst nach ihrer Vollendung erkennen, so daß die Interpretation eines Kursmusters im Anfangsstadium letztendlich von jedem Händler selbst abhängt.

Chart-Reading

272 **Devisenhandel**

Es existiert eine kaum zu überblickende Fülle unterschiedlicher Möglichkeiten zur Interpretation historischer Kurs- und Umsatzverläufe, eine umfassende Darstellung würde hier aber zu weit führen. Beispielhaft soll eine Unterstützungslinie in einem D-Mark/US-Dollar-Chart gezeigt werden (vgl. Abb. 5/6). Der US-Dollar konnte im Zeitraum von Mitte April 1995 bis Mitte Mai 1995 die Marke von 1,36 D-Mark/US-Dollar, trotz mehrerer »Anläufe«, nicht nach unten durchstoßen. Ein Devisenhändler, der dies frühzeitig erkannte, hätte beispielsweise am 8. Mai US-Dollar gegen D-Mark zu einem Kurs von ungefähr 1,36 D-Mark/US-Dollar gekauft und einige Zeit später, zum Beispiel am 15. Mai, zu einem höheren Kurs wieder verkauft.

Abb. 5/6:
Devisenkurs-Chart

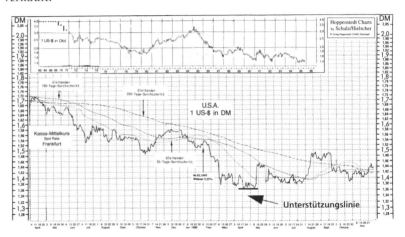

5.2 Devisenhandel

5.2.1 Marktsegmente

Der Devisenmarkt läßt sich grundsätzlich in zwei Segmente aufteilen, den Devisen-Kassa- und den Devisen-Terminmarkt (vgl. Abb. 5/7).

Abb. 5/7:
Devisenmarkt-segmente

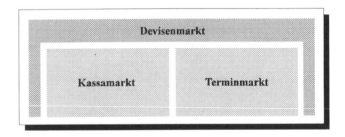

Akteure und ihre Motive 273

Auf dem Kassamarkt werden Devisen »per Kasse« gehandelt. Zwischen Abschluß und Erfüllung des Devisengeschäfts liegen zumeist zwei Werktage. Bei Transaktionen auf dem Terminmarkt erfolgt der Geschäftsabschluß, also die Fixierung des Devisenkurses, bereits »heute«. Die Lieferung und Bezahlung der fremden Währung – kurz Erfüllung – findet hingegen erst in der Zukunft, zum Beispiel nach zwei oder drei Monaten, statt.

Kassa- und Terminmarkt verbindet eine Reihe von Gemeinsamkeiten. So handeln beispielsweise die Kassamarktteilnehmer auch Termindevisen. Zudem gilt der US-Dollar auf beiden Märkten als bedeutendste Währung.

Eine Trennung beider Marktsegmente ist vor allem auf die differierenden Laufzeiten von Kassa- und Termingeschäften sowie die unterschiedlichen Determinanten für Kassa- und Terminkurse zurückzuführen. Während der Handel auf dem Kassamarkt von einer Vielzahl von Faktoren, wie etwa gesamtwirtschaftlicher Enwicklungen, politischer Ereignisse usw., geprägt wird, hängt der Terminkurs im wesentlichen von der Zinsdifferenz zwischen den beteiligten Ländern ab.[1]

Akteure und ihre Motive   5.2.2

Am Devisenhandel beteiligt sich eine Reihe von Akteuren, die aus unterschiedlichen Gründen fremde Währungen handeln. Abbildung 5/8 zeigt übersichtlich Devisenmarktteilnehmer sowie deren Motive.

Abb. 5/8: Devisenmarkt-teilnehmer

Zentralbanken, wie die Deutsche Bundesbank, verfolgen mit Devisentransaktionen zumeist gesamtwirtschaftliche Motive. Sie verkaufen staatliche Devisenreserven am Kassamarkt mit dem Ziel, den Kurs der jeweiligen Fremdwährung zu senken, sie kaufen Devisen, um einen Währungskurs zu stützen. Solche Transaktionen werden im allgemeinen mit anderen Zentralbanken abgesprochen und gemeinsam mit diesen arrangiert, so daß die Effekte möglichst wirkungsvoll sind. Fremdwährungskäufe und -verkäufe durch Zentralbanken, auch »Interventionen« genannt, sollen kurzfristige Devisenkursschwankungen, etwa das Auf und Ab des D-Mark/US-Dollar-

Zentralbanken

1 Vgl. hierzu Kapitel 5.1.2.5.

Kurses, glätten. Die Deutsche Bundesbank ist seit dem Zusammenbruch des Währungssystems von Bretton Woods im Jahre 1973 zu US-Dollar-Interventionen zwar nicht mehr verpflichtet, sie führt diese jedoch von Fall zu Fall durch, um geordnete Marktverhältnisse zu gewährleisten. Im Rahmen des Europäischen Währungssystems (EWS) sind europäische Zentralbanken hingegen zu Interventionen verpflichtet, sobald sich abzeichnet, daß einzelne Währungen bestimmte Höchstkurse über- oder Niedrigstkurse unterschreiten.

Zentralbanken agieren nicht nur am Kassa-, sondern auch am Terminmarkt. Die Deutsche Bundesbank bietet Geschäftsbanken beispielsweise Devisenswap- und Devisenpensionsgeschäfte an. Im Rahmen eines Swapgeschäftes kauft (verkauft) die Bundesbank Devisen – bislang sind dies ausschließlich US-Dollar – »per Kasse« und verkauft (kauft) diese gleichzeitig »auf Termin«, wobei die Swap-Sätze von der Bundesbank festgelegt werden. Weichen diese von den am Terminmarkt gehandelten Swap-Sätzen ab, so können ausländische Geldmärkte für deutsche Geschäftsbanken an Attraktivität gewinnen. Die Bundesbank beeinflußt damit das Geldangebot der Geschäftsbanken am Inlandsgeldmarkt. Devisenpensionsgeschäfte entsprechen vom Aufbau her den im Kapitel 4 vorgestellten Wertpapierpensionsgeschäften. Die Bundesbank bietet Geschäftsbanken gelegentlich den Ankauf von US-Dollar an und verpflichtet sie zum Rückkauf der Devisen zu einem zukünftigen Termin. Ein Devisenpensionsgeschäft führt zum selben Ergebnis wie ein Swapgeschäft, bei dem US-Dollar von der Bundesbank »per Kasse« ge- und »auf Termin« verkauft werden.

Die Bundesbank wickelt darüber hinaus auch Devisentransaktionen im sogenannten Kundengeschäft ab. Hierzu zählen etwa der Einzug von Auslandswechseln, Fremdwährungszahlungen für Geschäftsbanken und andere Unternehmen oder Regierungszahlungen (Unterstützungszahlungen usw.). Zentralbanken beanspruchen den Devisenmarkt aber zum Beispiel auch, um Zinserträge aus eigenen Fremdwährungsanlagen in inländische Währung zu tauschen.

Geschäftsbanken

Geschäftsbanken nehmen die zentrale Stellung im Devisenhandel ein, weil sie bei nahezu allen Transaktionen auf dem Devisenmarkt zumindest eine Seite – entweder als Käufer oder Verkäufer – einnehmen. Sie wickeln Devisengeschäfte mit ihren Kunden ab oder handeln fremde Währungen auf eigene Rechnung. Der Devisenhandel einer Bank im Auftrag eines Kunden wird als Ordergeschäft bezeichnet. Es umfaßt neben der Abwicklung von Kauf- und Verkaufsaufträgen sowie Beratungsleistungen gewöhnlich die ständige Beobachtung der Devisenpositionen sowie eine Analyse des Devisenkursänderungsrisikos – auf Wunsch sogar 24 Stunden am Tag.

Die dominierende Stellung nimmt jedoch der Handel der Geschäftsbanken auf eigene Rechnung, auch Eigenhandel genannt, ein.[1] Dabei werden Devisen zumeist zwischen Geschäftsbanken weltweit ge- und verkauft (Interbankenhandel), derweil diese Transaktionen keinen unmittelbaren Bezug zu den Geschäften der Bankkunden aufweisen. Sie erfolgen zum Beispiel aufgrund von Verpflichtungen aus Derivate-Geschäften (z.B. Devisen-

---

1 Der Eigenhandel der Geschäftsbanken macht Statistiken zufolge mehr als 90 % des weltweiten Handelsvolumens aus.

optionen), vor allem aber zur Erzielung von Arbitrage-Gewinnen. Dabei lassen sich die

- Dreiecksarbitrage,
- Platzarbitrage,
- Differenzarbitrage und
- Zeitarbitrage (Meinungsarbitrage)

unterscheiden. Devisenhändler vergleichen häufig Cross Rates mit Kursen, die tatsächlich gestellt werden und profitieren von möglichen Differenzen, indem sie beispielsweise eine bestimmte Währung nicht direkt, sondern über eine dritte Währung kaufen. Man spricht in diesem Fall von einer **Dreiecksarbitrage**.[1]

Dreiecks-arbitrage

Ausschnitt aus Devisenbericht

> ...Donnerstag beim deutschen Fixing der Kurs der D-Mark. Die Kursbewegungen basierten auf den Cross-Rates, wobei Dollar/D-Mark, Dollar/Yen und Yen/D-Mark maßgeblich waren.
>
> Erwartungsgemäß konnte sich dabei der Schweizer Franken gegenüber der D-Mark deutlich verbessern, wobei auf die Dreiecksgeschäfte Yen/DM/Franken wegen der Fälligkeitstermine für Zinsen und Tilgungen japanischer Frankenanleihen verwiesen wurde. Beim deutschen Fixing verteuerte sich der Franken um 45.0...

Devisen werden hin und wieder an verschiedenen Plätzen, zum Beispiel in Frankfurt und London, zu ein und demselben Zeitpunkt zu unterschiedlichen Kursen gehandelt. Dies nutzen einige Händler aus und kaufen Devisen am »billigen Handelsplatz«, um sie umgehend an einem anderen Platz teurer zu verkaufen. Solche **Platzarbitrage** findet solange statt, bis die Quotierungen an den einzelnen Plätzen wieder übereinstimmen.

Platzarbitrage

Geschäftsbanken, die aufgrund ihrer weltweiten Präsenz und Infrastruktur in der Lage sind, ständig verbindliche An- und Verkaufskurse für eine bestimmte Währung zu stellen, heißen »Market Maker«. Zu den vom Market Maker gestellten Kursen handeln die übrigen Akteure, so daß ein Market Maker in günstigen Momenten zu Geldkursen kaufen und gleichzeitig zu Briefkursen verkaufen kann. Die Ausnutzung der Differenz zwischen An- und Verkaufskurs zur Erzielung eines Gewinns – häufig auch »spread« genannt – bezeichnet man als **Differenzarbitrage**.

Differenz-arbitrage

Leitet ein Devisenhändler, nachdem er die für die Devisenkursbildung relevanten Daten ausgewertet und sich eine Meinung über die zukünftige Kursentwicklung gebildet hat, Transaktionen am Devisenmarkt ein, so spricht man von Meinungs- oder **Zeitarbitrage**. Der Händler hofft, daß sich seine Erwartung über die Kursentwicklung im **Zeit**ablauf erfüllt und kauft oder verkauft daraufhin Devisen. Ist ein Händler beispielsweise von

Zeitarbitrage

1 Ein Beispiel für eine Dreiecksarbitrage zeigt Kapitel 5.1.2.6.

einer Aufwertung des US-Dollar gegenüber der D-Mark überzeugt, dann wird er US-Dollar gegen D-Mark kaufen und, sofern sich seine Prognose bestätigt, später zu einem höheren D-Mark/US-Dollar-Devisenkurs wieder verkaufen und einen Gewinn einstreichen können. Der Begriff Meinungs- bzw. Zeitarbitrage scheint zur Beschreibung dieses Zusammenhangs jedoch nicht angemessen und sollte wohl besser durch den Ausdruck »Spekulation« ersetzt werden. Der Kauf von Devisen, zum Beispiel US-Dollar, wird auch als Aufbau einer offenen Position bezeichnet. Händler halten offene Positionen zumeist nur während eines Tages und selten mehrere Tage oder gar Wochen.

Ausschnitt aus Devisenbericht

> Was auf Dollar/Yen verlagerte. Händler sprachen von lebhaften Dollar/Yen-Spekulationen, die nicht zuletzt von den Hoffnungen auf weitere Kreditlockerungen in Japan und auf weitere Erleichterungen für Auslandsinvestitionen im Finanzsektor belebt wurden.

Devisenhändler spekulieren gewöhnlich nicht ohne Anlaß, sie nehmen vielmehr ständig etliche über Nachrichtenagenturen, Zeitungen, TV-Sendungen (»n-tv Telebörse«) usw. verbreiteten ökonomischen und politischen Informationen auf und werten diese hinsichtlich ihres Einflusses auf Devisenkursänderungen aus. Die Nachrichtenagentur Reuters bietet Devisenhändlern, aber auch Aktien-, Renten- und Geldhändlern, zum Beispiel das sogenannte »Reuters Financial Television« an. Es ermöglicht Händlern, wichtige, marktbewegende Ereignisse, Pressekonferenzen, Interviews usw. live, also ohne Zeitverzögerung, auf Reuters-Terminals zu empfangen. Devisenhändler kontaktieren aber auch andere Händler, um deren Einschätzungen mit der eigenen Meinung zu vergleichen, und verfolgen auf Computerterminals den Verlauf der Devisenkurse am jeweiligen Tag (vgl. Abb. 5/9).

Abb. 5/9: Kursverlauf des US-$ gegen DM an einem Tag

Viele Händler orientieren sich beim Devisenkauf und -verkauf stark an graphischen Abbildungen historischer Kursverläufe (Charts) und ziehen aus dem bisherigen Devisenkursverlauf Rückschlüsse auf die zukünftige Entwicklung. Durch Beobachtung des Kursverlaufs sollen Trends und deren Richtung sowie Umkehrpunkte erkannt werden. Die Devisenhändler bilden sich ein »charttechnisches« Urteil, lassen fundamentale Faktoren, wie politische und wirtschaftliche Einflußgrößen, aber mehr oder weniger außer acht.

Die Fülle an Informationen, die Arbitrage-Transaktionen auslösen können, werten Devisenhändler heutzutage zumeist mit Hilfe von Computern aus. Die Händler verfügen über eine Vielzahl technischer und fundamentaler Prognoseverfahren sowie innovative Techniken zur Kursvorhersage, wie Künstliche Neuronale Netze usw. Diese Instrumente sollen die Händler bei Spekulationen unterstützen – ihre Möglichkeiten sind in der Praxis aber zum Teil ausgesprochen beschränkt.

> vermehrt kritische Stimmen. „Der internationale Devisenhandel verfügt über mehr Computer als die Nasa und über mehr Instrumente als die Royal Philharmonic und dennoch kann er nicht weiter als bis zur nächsten Sitzung des deutschen Zentralbankrates blicken", so resigniert der Chef-Devisenhändler einer führenden US-Bank.

Ausschnitt aus Devisenbericht

Die Handelsvolumina für Devisen sind zum Teil enorm hoch und lassen den Eindruck entstehen, die Spekulanten bestimmten das Marktgeschehen. Im April 1995 wurden beispielsweise täglich Devisen für etwa 1,2 Billionen US-Dollar umgesetzt, wobei nur circa 2 % auf den Austausch von Gütern und Dienstleistungen zurückzuführen sind. Das tägliche Handelsvolumen läßt jedoch keine Rückschlüsse auf die finanziellen Mittel der Devisenmarktakteure zu. Ein Umsatz von 1,2 Billionen US-Dollar pro Tag könnte möglicherweise durch

- einige wenige Transaktionen, etwa drei Devisengeschäfte mit einem Umfang von 400 Milliarden US-Dollar, oder
- 100.000 Geschäfte mit einem Volumen von 12 Millionen US-Dollar

zustandegekommen sein. Die Marktteilnehmer, mit Ausnahme der Zentralbanken, verfügen jedoch über recht geringe finanzielle Mittel, die für Spekulationszwecke mobilisiert werden können. Die hohen Umsätze resultieren eher aus vielen Transaktionen mit relativ geringen Volumina, so daß der Einfluß der Spekulanten auf die Devisenkurse beschränkt ist. Die Zentralbanken, die über Devisenreserven von rund 1,1 Billionen US-Dollar verfügen und sich gegenseitig unbegrenzt Kredite gewähren dürfen, könnten beispielsweise jegliche Spekulationswelle abwehren.

Arbitrage-Transaktionen sind nicht auf den Kassamarkt beschränkt. Sie betreffen genauso den Terminmarkt. Ein Devisenhändler, der zum Beispiel davon ausgeht, daß der Kassakurs »US-Dollar gegen D-Mark« in sechs Monaten über dem heutigen 6-Monats-Terminkurs liegt, kauft heute US-Dollar »auf Termin«. Bestätigt sich die Prognose, so kann der Händler die zum Terminkurs erworbenen US-Dollar in einem halben Jahr zu einem höheren Kurs auf dem Kassamarkt wieder verkaufen.

Geschäftsbanken beanspruchen den Terminmarkt nicht nur zur Erzielung von Arbitrage-Gewinnen, sondern auch zur Kurssicherung. Durch Terminkäufe bzw. -verkäufe lassen sich die Kurse für zukünftige Währungstransfers bereits heute festschreiben. Eine Geschäftsbank, die beispielsweise einen auf US-Dollar lautenden Zero-Bond mit einjähriger Restlaufzeit hält, kann durch einen Verkauf von US-Dollar zum 12-Monats-Terminkurs bereits heute den Devisenkurs fixieren, zu dem die Tilgungszahlung des Zero-Bonds in einem Jahr in D-Mark getauscht wird.

andere Unternehmen

Neben Geschäftsbanken können auch **andere Unternehmen** an den Devisenmärkten agieren. Dabei ist die Bonität des Unternehmens ausschlaggebend für eine Akzeptanz am Devisenmarkt. Die Akteure tolerieren nur hinsichtlich ihrer Bonität einwandfreie Unternehmen, wie etwa bedeutende Versicherungs- und Kapitalanlagegesellschaften oder Industrieunternehmen. Diese verfügen in aller Regel über eigene Devisenhandelsabteilungen und wickeln Geschäfte oftmals eigenständig, ohne Einschaltung einer Geschäftsbank, ab. Die Motive dieser Unternehmen entsprechen in etwa denen der Geschäftsbanken. Inländische Unternehmen, die Zahlungseingänge aus Exportgeschäften oder Zahlungsausgänge aufgrund von Importen verbuchen, beanspruchen den Devisenmarkt, sofern die Zahlungen auf eine fremde Währung lauten. Das Devisenangebot bzw. die -nachfrage der Unternehmen sind sodann direkt auf Güter- und Dienstleistungstransaktionen zurückzuführen.

Ausschnitt aus Devisenbericht

Der Dollar konnte sich dabei auf dem über die Weihnachtsfeiertage in Europa erreichten niedrigeren Niveau etwas stabilisieren, wobei von letzten Deckungskäufen des Importhandels in Japan und in Europa gesprochen wurde. Zudem profitierte er in Ernest von der Ankündigung

Für Im- und Exporteure spielt häufig der Terminmarkt eine wichtige Rolle. Wenn die Preise im- und exportierter Güter und Dienstleistungen auf eine fremde Währung lauten, dann sind die betreffenden Unternehmen dem Devisenkursrisiko ausgesetzt. Exporteure schützen sich oftmals durch Terminverkäufe gegen einen Kursrückgang, wohingegen Importeure Devisen »auf Termin« kaufen, um einem Kursanstieg zu begegnen.

Ausschnitt aus Devisenbericht

Bereich zunehmend zurückhaltend. Der japanische Exporthandel hat offensichtlich seine Bestände weitgehend abgebaut und erwartete Dollareinnahmen auch auf Termin verkauft. Damit zeigten auch die deutlich

Wichtige Devisenmarktteilnehmer sind schließlich noch die **Makler**, deren Aufgabe darin besteht, Geschäftsbanken und anderen Unternehmen einen schnellen Marktüberblick zu verschaffen. Makler vermitteln Devisen, bauen gemeinhin jedoch keine eigenen Positionen auf. Die Leistungsfähigkeit der Devisenmakler resultiert aus ihrer hervorragenden Personalausstattung sowie ihrem unmittelbaren Kontakt zu Geschäftsbanken im In- und Ausland sowie anderen Maklern. Devisenmakler stellen die Verbindung zu ihren Partnern häufig sogar über Telefon-Standleitungen her und sind in der Lage, innerhalb kürzester Zeit eine Vielzahl von Akteuren anzusprechen oder Informationen von diesen zu empfangen. Bei Maklern kumulieren sich deshalb viele Devisenmarktinformationen, so daß man ihnen häufig die Funktion einer »Neuigkeitenbörse« zuspricht. Für ihre Leistung verlangen Makler eine Courtage.

Makler

Handel

5.2.3

Einführung

5.2.3.1

Fremde Währungen können grundsätzlich an Börsen, sogenannten Devisenbörsen, oder direkt zwischen den Akteuren – in diesem Fall spricht man vom OTC-Handel oder Freiverkehr – gehandelt werden. In einigen Ländern, wie etwa den USA, der Schweiz oder Großbritannien, existieren keine Devisenbörsen, so daß Kurse ausschließlich im Freiverkehr entstehen. Fremdwährungen werden hingegen beispielsweise in Deutschland, Frankreich oder Italien sowohl an Börsen als auch OTC gehandelt.

Devisenkurse im Freiverkehr ändern sich entsprechend der jeweiligen Marktgegebenheiten im Laufe eines Geschäftstages, manchmal sogar innerhalb weniger Sekunden, wohingegen Börsenkurse nur einmal täglich festgestellt werden. Die Festsetzung eines Devisenkurses an der Börse bezeichnet man auch als Kursfixing, oder schlicht Fixing.

Fixing

Devisenbörsen in Deutschland

5.2.3.2

Bedeutung

5.2.3.2.1

In Deutschland existieren insgesamt fünf Devisenbörsen und zwar in

- Hamburg,
- Düsseldorf,
- Berlin,
- Frankfurt am Main sowie
- München.

| **280** | **Devisenhandel** |

amtliche
Notierung

Die Devisenbörsen sind grundsätzlich Teil der Wertpapierbörsen. Personen und Institutionen, die zum Handel an den Wertpapierbörsen zugelassen sind, können ohne Einschränkung an der Devisenbörse handeln und werden von den Kursmaklern als Kontrahenten, im Fachjargon »Adressen« genannt, akzeptiert. Devisen werden ausschließlich amtlich notiert. Im Unterschied zu Wertpapieren existieren die Börsensegmente »geregelter Markt« und »Freiverkehr« für Devisen nicht.

Der Umsatz an den fünf Devisenbörsen ist im Vergleich zum Handelsvolumen over-the-counter nahezu bedeutungslos. Die Akteure, insbesondere Geschäftsbanken, handeln Devisen überwiegend OTC. »Kleine« Kreditinstitute, zum Beispiel Sparkassen, Volksbanken oder die Filialen der Großbanken, lassen oftmals jedoch einen erheblichen Teil ihrer Orders durch die »Zentralen«, wie Landesbanken oder genossenschaftliche Zentralbanken, an den Devisenbörsen ausführen.

Private und institutionelle Kunden der Geschäftsbanken können eine Abrechnung ihrer Orders zum amtlichen Devisenkurs verlangen. Die Abwicklung über die Devisenbörse übernimmt quasi eine Konsumentenschutzfunktion. Amtliche Kurse werden regelmäßig in Finanz- und vielen Tageszeitungen publiziert und lassen sich deshalb von jedermann leicht überprüfen.

Devisen- und Sortenkurse

2.6.1995		Kassakurse amtlich		3 Monate*)	
		Geld	Brief	Geld	Brief
USA	1 US-$	1,4053	1,4133	1,3397	1,40
Großbrit.	1 £	2,2428	2,2568	2,2311	2,24
Irland	1ir. £	2,2020	2,2070	2,2205	2,20

5.2.3.2.2   **Frankfurter Fixing**

Frankfurt ist der einzige deutsche Börsenplatz, an dem ein amtliches Kursfixing für Devisen erfolgt, so daß die Frankfurter Devisenbörse quasi die Stellung einer Leitbörse einnimmt. Die Kursmakler an den übrigen inländischen Devisenbörsen stehen im Handelsverlauf ständig mit den Maklern in Frankfurt in Verbindung. Sie saldieren unlimitierte Aufträge bereits vor Ort und geben nur die Salden sowie limitierte Aufträge telefonisch nach Frankfurt weiter.

An den fünf Devisenbörsen eingehende Kauf- und Verkauforders stammen in erster Linie von Kunden inländischer Geschäftsbanken sowie kleineren Kreditinstituten und werden in aller Regel von den jeweiligen Zentralen (Girozentralen usw.) vor Weiterleitung an die Börse zusammengefaßt.

Unmittelbar am börslichen Devisenhandel beteiligen sich – abgesehen von amtlichen Kursmaklern – ausschließlich Devisenhändler der Geschäftsbanken und der Deutschen Bundesbank. Nur sie können den amtlichen Maklern Kauf- und Verkauforders direkt erteilen.

Das Frankfurter Fixing, also die Berechnung der Devisen-Kassa-Mittelkurse, beginnt täglich (montags bis freitags) um 13 Uhr. Orders nehmen

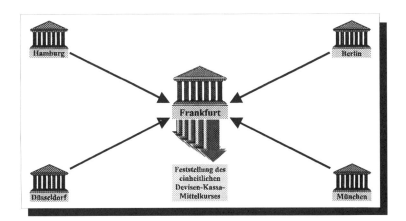

Abb. 5/10: Frankfurter Fixing

die Kursmakler aber bereits vor diesem Zeitpunkt entgegen. Anhand der Orders können sie jedoch noch keinen endgültigen Kurs ermitteln und nennen deshalb zu Beginn des Fixings eine geschätzte Spanne (Kurstaxe), innerhalb derer der Mittelkurs sehr wahrscheinlich liegen wird. Bei der Angabe der Spanne orientieren sich die Makler zum Beispiel an OTC-Quotierungen. Hierdurch stellen sie praktisch eine Verbindung zwischen Börsen- und OTC-Kursen her.

Nach Ausruf der Kurstaxen erteilen die Devisenhändler weitere Aufträge, ziehen zuvor erteilte Aufträge zurück oder ändern diese. Die amtlichen Kursmakler sind verpflichtet, den Kurs anschließend so festzulegen, daß alle unlimitierten Aufträge zur Ausführung kommen. Sie haben ferner das Meistausführungsprinzip zu beachten und folglich den Devisenkurs festzulegen, zu dem der größte Umsatz abgewickelt werden kann. Ein Selbsteintritt der Kursmakler für »überhängende« Beträge ist untersagt. Die Devisenbörse gewährleistet einen amtlichen Kurs selbst für Währungen mit verhältnismäßig geringen Handelsvolumina. An Devisenbörsen zugelassene Geschäftsbanken haben sich dazu verpflichtet, Spitzenbeträge zum amtlichen Mittelkurs dann zu übernehmen, wenn sich Angebot und Nachfrage für eine Währung nicht restlos ausgleichen lassen.

Die Zahl der in Deutschland amtlich gehandelten Währungen ist auf 17 beschränkt. Das Fixing erfolgt für jede Währung separat und entsprechend der Reihenfolge in Abbildung 5/11.

Die Kursmakler in Frankfurt setzen für jede Währung nur einen Mittel-, nicht aber einen Geld- oder Briefkurs fest. Der Abrechnung der Börsengeschäfte liegt der Mittelkurs zugrunde. Zum Börsenhandel zugelassene Geschäftsbanken zahlen beim Devisenkauf den Mittelkurs und dem Kontrahenten wird eben dieser gutgeschrieben.[1] Die amtlichen Mittelkurse beziehen sich gewöhnlich auf 100 Einheiten einer Fremdwährung. Ausnahmen bilden das Britische und Irische Pfund, der US-Dollar, der kanadische Dollar (jeweils eine Einheit) und die Lira (1.000 Einheiten). Devisen werden an deutschen Börsen immer direkt notiert (Preisnotierung).

Nach Abschluß des Fixings zeigt eine Tafel im Börsensaal sofort die De-

Mittelkurs

[1] Für die Abrechung der Devisengeschäfte stellen die Kursmakler den Banken Courtagen in Rechnung.

Devisenhandel

Land	Auszahlungsorte	Währungs-einheit	Einheiten Fremd-währung	Mindesthandels-betrag in Fremd-währung	Spanne zwischen Geld- und Brief-kurs in DM
USA	New York	US-$	1,--	100.000,--	0,0080
Großbritannien	London	£	1,--	50.000,--	0,0140
Irland	Dublin	Ir£	1,--	20.000,--	0,0140
Kanada	Montreal, Toronto	Kan$	1,--	100.000,--	0,0080
Niederlande	Amsterdam, Rotterdam	hfl	100,--	200.000,--	0,2200
Schweiz	Zürich, Basel	sfrs	100,--	200.000,--	0,2000
Belgien	Brüssel, Antwerpen	bfrs	100,--	4.000.000,--	0,0200
Frankreich	Paris	FF	100,--	500.000,--	0,1200
Dänemark	Kopenhagen	dkr	100,--	200.000,--	0,1200
Norwegen	Oslo	nkr	100,--	200.000,--	0,1200
Schweden	Stockholm	skr	100,--	200.000,--	0,1200
Italien	Rom, Mailand	Lit	1.000,--	100.000.000,--	0,0080
Österreich	Wien	S	100,--	2.000.000,--	0,0400
Spanien	Madrid, Barcelona	Ptas	100,--	4.000.000,--	0,0080
Portugal	Lissabon	Esc	100,--	2.000.000,--	0,0060
Japan	Tokio	Yen	100,--	10.000.000,--	0,0030
Finnland	Helsinki	Fmk	100,--	100.000,--	0,1600

Abb. 5/11: Bedingungen für die Kursfeststellung (Quelle: Frankfurter Devisenbörse, Dezember 1995)

visen-Kassa-Mittelkurse an. Finanzzeitungen und Nachrichtendienste publizieren üblicherweise aber nicht Mittel-, sondern Geld- und Briefkurse. Diese lassen sich aus den Mittelkursen ableiten, indem feststehende Beträge addiert bzw. subtrahiert werden. Die Beträge, die in Abbildung 5/11 aufgeführt sind, legt der Börsenvorstand fest.

Beispiel 5/7

Für den US-Dollar weisen die »Bedingungen für die Kursfeststellung an der Frankfurter Devisenbörse« (vgl. Abb. 5/11) eine Geld-Brief-Spanne in Höhe von 0,008 D-Mark aus. Der amtliche US-Dollar-Mittelkurs lautet am 5.12.1995 beispielsweise 1,4328 D-Mark. Geld- und Briefkurs ergeben sich wie folgt:

1. Schritt: Berechnung der halben Spanne:

$$\frac{0{,}008 \text{ DM/US-\$}}{2} = 0{,}004 \text{ DM/US-\$}$$

2. Schritt: Ermittlung von Geld- und Briefkurs:
Geldkurs: 1,4328 DM/US-$ − 0,004 DM = 1,4288 DM
Briefkurs: 1,4328 DM/US-$ + 0,004 DM = 1,4368 DM

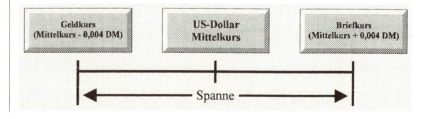

Die Geld- und Briefkurse zeigt auch die Finanzzeitung.

Geschäftsbanken rechnen die Kauf- und Verkauforders besonderer Kunden, wie zum Beispiel »Großkunden«, zu sogenannten »gespannten« oder gar »doppelt gespannten« Kursen ab. Gespannte bzw. doppelt gespannte Kurse ergeben sich aus den Mittelkursen durch Addition/Subtraktion eines D-Mark-Betrages, der einem Viertel bzw. einem Achtel der in den »Bedingungen für die Kursfeststellung an der Frankfurter Devisenbörse« (vgl. Abb. 5/11) festgelegten Spannen entspricht. Abbildung 5/12 zeigt gespannte sowie doppelt gespannte Geld- und Briefkurse für den US-Dollar, wobei ein Devisen-Kassa-Mittelkurs von 1,4000 D-Mark/US-Dollar zugrundeliegt.

gespannte Kurse

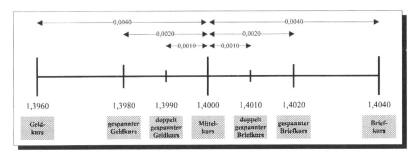

Abb. 5/12: Gespannter und doppelt gespannter Geld-/Briefkurs

OTC-Handel

5.2.3.3

Der größte Teil der Devisen wird nicht an Börsen, sondern over-the-counter gehandelt, und zwar weltweit. Zu den bedeutendsten europäischen Handelsplätzen zählen London, Frankfurt und Paris. Die Handelszeiten hier ergänzen sich mit denen wichtiger Finanzzentren wie

- New York,
- Hong Kong,
- Sydney,
- Singapur und
- Tokio

so, daß Devisen rund-um-die-Uhr ge- und verkauft werden können. Endet der Arbeitstag deutscher Devisenhändler, so werden die sogenannten »Overnight-Orders«, also Anweisungen für Transaktionen auf dem Devisenmarkt über Nacht, aus Frankfurt, Düsseldorf oder Hamburg nach New

Devisenhandel

York weitergeleitet. New York gibt die Orders nach Sydney weiter, Sydney nach Singapur und am folgenden Tag gehen die Orders von dort zurück nach Deutschland. Dies gewährleistet rasche Reaktionen bei Veränderungen über Nacht.

Die zentrale Rolle im Devisenhandel spielt der US-Dollar, der als internationale Basiswährung gilt und dessen Notierung als Bezugsgröße zur Bestimmung der Kursrelationen (Cross Rates) verschiedener Währungen zueinander fungiert. Devisenhändler quotieren den US-Dollar grundsätzlich gegen jede andere Währung, so daß er die wichtigste Transaktionswährung (Vehikelwährung) bildet. Ein Händler, der beispielsweise Peseten gegen schwedische Kronen kaufen möchte, wird für gewöhnlich Peseten gegen US-Dollar verkaufen und für die US-Dollar schwedische Kronen erwerben. Neben dem US-Dollar stellt die D-Mark die zweite bedeutsame Transaktionswährung dar.

Dealingsysteme

Devisenhändler tauschen weltweit – überwiegend über Dealingsysteme (Bildschirmsysteme) – Informationen aus. Zu den bekanntesten zählt das elektronische Devisenhandelssystem »Dealing 2000-2« der Nachrichtenagentur »Reuters«. Reuters gilt als einer der ersten Anbieter solcher Systeme und führt den Markt auf diesem Sektor an. Die Devisenhändler empfangen auf Terminals die sog. »Reuters-Seiten«, von denen die Seite »FXFX« (vgl. Abb. 5/13) wohl die am häufigsten aufgerufene und beobachtete ist.

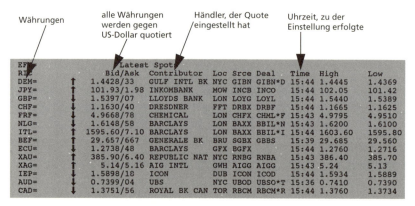

Abb. 5/13: Reuters-Seite »FXFX«

Dealingsysteme erlauben den Akteuren, Devisenkurse abzurufen, selbst Kurse einzustellen und Orders abzugeben. Sie schaffen eine enorme Markttransparenz, so daß Kursunterschiede an einzelnen Handelsplätzen, trotz geographischer Distanzen, sofort erkannt werden, Arbitragegeschäfte der Händler auslösen und schließlich zu Kursangleichungen führen.

Der Informationsaustausch über Telex, Fax oder Telefon hat inzwischen an Bedeutung verloren, wohingegen Dealingsysteme den Devisenhandel dominieren. Faxe werden häufig nur noch für die Übermittlung von Bestätigungen eingesetzt und auf das Telefon wird hin und wieder beim Geschäftsabschluß zurückgegriffen, da über dieses Medium ein persönlicher Kontakt zwischen den Händlern hergestellt werden kann.

Abb. 5/14:
Devisenhändler
(Foto:
Zillmann 91)

Da Banken oft große Volumina an Devisen kaufen bzw. verkaufen und die Händler Orders ab und an mündlich abgeben, wird im Anschluß an einen Geschäftsabschluß in aller Regel ein »Dealingslip« (Bestätigung) erstellt und dem Handelspartner übermittelt. So lassen sich Devisentransaktionen nachvollziehen und Fehler möglichst schnell ausräumen.

Devisenhändler gebrauchen für die Kommunikation untereinander eine eigene »Sprache«, der sogenannte »Händler-Jargon«, sofern sie direkt miteinander reden. Der Händler-Jargon ist durch kurze und eindeutige Ausdrücke geprägt, die helfen, die Anliegen der Händler rasch und unmißverständlich zu äußern. Ein Devisenhändler, der beispielsweise die Quotierung des US-Dollars gegen die D-Mark von einem anderen Händler erfahren möchte, fragt einfach nach dem »Kassadollar«. Die Quotierungen und Handelsvolumina werden von den Händlern zumeist nicht vollständig, sondern in »verkürzter Form« vorgetragen. Ein Devisenhändler, der zum Beispiel 20 Millionen US-Dollar zu einem Kurs von 1,4132 D-Mark/US-Dollar von einem anderen Händler kaufen möchte, sagt schlicht »Kaufe 20 zu 32«.

Händler-Jargon

Tabellen in der Finanzzeitung 5.3

»Devisen- und Sortenkurse« 5.3.1

Die Finanzzeitung zeigt in der Tabelle »*Devisen- und Sortenkurse*«

- amtliche Devisen-Kassa-Geld– und -Briefkurse,
- 3- und 6-Monats-Terminkurse,
- Sortenkurse sowie
- Devisenkurse aus Zürich.

Abb. 5/15:
Devisen- und
Sortenkurse

Kassakurse — Terminkurse — Sortenkurse — Devisenkurse aus Zürich

Devisen- und Sortenkurse

30.5.1995		Kassakurse amtlich		3 Monate*)		6 Monate*)		Preise am Bankschalter**)		Kassa (sfrs) u. Banken***)
		Geld	Brief	Geld	Brief	Geld	Brief	Geld	Brief	Mittelkurs
USA	1 US-$	1,3827	1,3907	1,3771	1,3853	1,3721	1,3802	1,340	1,450	1,1430
Großbrit.	1 £	2,2110	2,2250	2,1989	2,2135	2,1850	2,1997	2,130	2,330	1,8244
Irland	1 ir. £	2,2670	2,2810	2,2545	2,2691	2,2413	2,2569	2,250	2,430	
Kanada	1 kan-$	1,0085	1,0165	1,0010	1,0093	0,9945	1,0029	0,965	1,085	0,8342
Niederl.	100 hfl	89,208	89,428	89,210	89,450	89,200	89,450	88,150	90,650	73,6300
Schweiz	100 sfr	121,220	121,420	121,570	121,800	121,870	121,120	119,600	122,850	
Belgien	100 bfr	4,8579	4,8779	4,8510	4,8735	4,8418	4,8658	4,700	5,000	4,0112
Frankreich	100 FF	28,256	28,376	28,020	28,160	27,800	28,050	27,300	29,550	23,3400
Dänemark	100 dkr	25,525	25,645	25,370	25,510	25,240	25,370	24,450	26,700	21,0800
Norwegen	100 nkr	22,360	22,480	22,290	22,420	22,230	22,360	21,300	23,550	18,4900
Schweden	100 skr	19,008	19,128	18,800	18,920	18,520	18,770	17,900	20,150	15,7100
Italien	1000 Lire	0,8458	0,8538	0,8325	0,8409	0,8154	0,8319	0,790	0,920	0,6950
Österreich	100 öS	14,202	14,242	14,193	14,242	14,183	14,240	14,010	14,390	11,7300
Spanien	100 Pta	1,1402	1,1482	1,1252	1,1334	1,1049	1,1216	1,085	1,215	0,9472
Portugal	100 Esc	0,9450	0,9510	0,9315	0,9387	0,9133	0,9210	0,730	1,030	
Japan	100 Yen	1,6715	1,6745	1,6855	1,6889	1,6993	1,7032	1,600	1,680	1,3716
Finnland	100 Fmk	32,400	32,560	32,300	32,480	32,090	32,440	31,150	33,400	
Bundesrep.	100 DM									82,4600
Griechenl.	100 Dr.							0,505	0,705	
Australien	1 A-$							0,960	1,100	0,8250
Neuseeland	1 NZ-$									0,7650

*) Mitgeteilt von der WestLB Girozentrale Düsseldorf, **) Frankfurter Sortenkurse, mitgeteilt von der DVB. ***) Dev.-Not. Zürich

---

Devisenkassakurse (Frankfurter Fixing)

In der Spalte »*Kassakurse amtlich*« findet der Leser die amtlichen Devisen-Kassa-Geld- und -Briefkurse für die an deutschen Devisenbörsen gehandelten Währungen. Die Mittelkurse lassen sich unter Berücksichtigung der jeweiligen Spannen aus den Geld- oder Briefkursen ableiten.

Devisenterminkurse

An deutschen Devisenbörsen werden nur Kassa-, jedoch keine Terminkurse festgestellt. Die in den Spalten »*3 Monate*« und »*6 Monate*« wiedergegebenen Terminkurse stammen von der WestLB, Düsseldorf, und stellen lediglich Indikationen dar, die die Marktsituation am betreffenden Geschäftstag um ca. 14 Uhr abbilden.

Devisen- und Sortenkurse

30.5.1995		Kassakurse amtlich		3 Monate*)		6 Monate*)		Preise am Bankschalter**)		Kassa (sfrs) u. Banken***)
		Geld	Brief	Geld	Brief	Geld	Brief	Geld	Brief	Mittelkurs
USA	1 US-$	1,3827	1,3907	1,3771	1,3853	1,3721	1,3802	1,340	1,450	1,1430
Großbrit.	1 £	2,2110	2,2250	2,1989	2,2135	2,1850	2,1997	2,130	2,330	1,8244
Irland	1ir. £	2,2670	2,2810	2,2545	2,2691	2,2413	2,2569	2,250	2,430	

Die WestLB berechnet die Terminkurse auf Basis der an der Frankfurter Devisenbörse amtlich festgestellten Kassakurse und unter Berücksichtigung aktueller 3– bzw. 6-Monats-Swapsätze.

Sortenkurse

Sortenkurse, also die Preise für auf ausländische Währung denominierte Banknoten und Münzen, werden in der Spalte »*Preise am Bankschalter*« publiziert.

Devisen- und Sortenkurse

30.5.1995		Kassakurse amtlich		3 Monate*)		6 Monate*)		Preise am Bankschalter**)		Kassa (sfrs) u. Banken***)
		Geld	Brief	Geld	Brief	Geld	Brief	Geld	Brief	Mittelkurs
USA	1 US-$	1,3827	1,3907	1,3771	1,3853	1,3721	1,3802	1,340	1,450	1,1430
Großbrit.	1 £	2,2110	2,2250	2,1989	2,2135	2,1850	2,1997	2,130	2,330	1,8244
Irland	1 ir £	2,2670	2,2810	2,2545	2,2691	2,2413	2,2560	2,250	2,430	

Sortenkurse werden von jeder Geschäftsbank individuell festgelegt und die Kurse einzelner Institute weichen in aller Regel voneinander ab. Die Sortenkurse in der Finanzzeitung stammen von der Deutschen Verkehrs-Bank AG (DVB), Frankfurt am Main. Sie stellt die »Schalterkurse«, die täglich zwischen 11 Uhr 30 und 12 Uhr festgelegt werden, auf Grundlage der Devisennotierungen im Freiverkehr. Die Spannen zwischen Geld- und Briefkursen sind für die wichtigsten Währungen über einen längeren Zeitraum fix und werden für die übrigen Währungen aufgrund von Angebot und Nachfrage im In- und Ausland täglich neu bestimmt. Die Schalterkurse der DVB gelten gewöhnlich von 12 Uhr am Tag der Feststellung für einen ganzen Tag. Bei unvorhergesehenen Kursschwankungen behält sich die DVB Kursanpassungen vor.

Die Notierungen in der Spalte »*Kassa (sfrs) u. Banken Mittelkurs*« entstammen dem OTC-Handel unter Schweizer Banken. In der Schweiz existiert, wie in den meisten westlichen Staaten, keine Devisenbörse.

Devisenkassakurse (Interbankenhandel Zürich)

Devisen- und Sortenkurse

30.5.1995		Kassakurse amtlich		3 Monate*)		6 Monate*)		Preise am Bankschalter**)		Kassa (sfrs) u. Banken***)
		Geld	Brief	Geld	Brief	Geld	Brief	Geld	Brief	Mittelkurs
USA	1 US-$	1,3827	1,3907	1,3771	1,3853	1,3721	1,3802	1,340	1,450	1,1430
Großbrit.	1 £	2,2110	2,2250	2,1989	2,2135	2,1850	2,1997	2,130	2,330	1,8244
Irland	1 ir £	2,2670	2,2810	2,2545	2,2691	2,2413	2,2560	2,250	2,430	

Die Tabellenwerte sind Mittelkurse in Form von Preisnotierungen, ausgedrückt in Schweizer Franken (z. B. 80,8200 sfr/100 DM), und werden aus Geld- und Briefkursen abgeleitet, die täglich auf der Reuters-Seite »FXSA« (vgl. Abb. 5/16) erscheinen.

```
Reuters AG                        Monday, 11 December 1995 12:30:10
ZURICH EXCHANGES OPENING - DEC 11                    FXSA
USD 1.1675/1685  DKK 20.88/90
DEM 80.81/83     ECU 1.4882/4907
GBP 1.7877/7898  SEK 17.47/51
JPY 1.1543/1565  BEF 3.9277/9327
FRF 23.38/41     ATS 11.48/49
CAD 0.8451/8462  ITL 0.0733/0734
NLG 72.13/21     ESP 0.9471/9485
NOK 18.35/38
```

Abb. 5/16:
Reuters-Seite »FXSA« am 11. Dezember 1995

Tabellen in der Finanzzeitung

Aus den Quotierungen auf der Reuters-Seite »FXSA« (vgl. Abb. 5/16) läßt sich beispielsweise der Mittelkurs für den »US-Dollar gegen Schweizer Franken« berechnen.

$$\text{Mittelkurs} = \frac{\overbrace{1{,}1675 \text{ sfr/US-\$}}^{\text{Geldkurs}} + \overbrace{1{,}1685 \text{ sfr/US-\$}}^{\text{Briefkurs}}}{2} = 1{,}1680 \text{ sfr/US-\$}$$

Dieser wird am darauffolgenden Tag in der Finanzzeitung veröffentlicht.

Devisen- und Sortenkurse

11.12.1995		Kassakurse amtlich		3 Monate*)		6 Monate*)		Preise am Bankschalter**)		Kassa (sfrs) u. Banken***)
		Geld	Brief	Geld	Brief	Geld	Brief	Geld	Brief	Mittelkurs
USA	1 US-$	1,4380	1,4460	1,4316	1,4397	1,4252	1,4334	1,390	1,500	1,1680
Großbrit.	1 £	2,2072	2,2212	2,1938	2,2079	2,1802	2,1947	2,120	2,320	1,7888
Irland	1 ir £	2,2815	2,2955	2,2722	2,2866	2,2605	2,2755	2,210	2,390	

In die Seite »FXSA« stellen bedeutende Züricher Geschäftsbanken Quotierungen ein, die für Handelsvolumina von umgerechnet mindestens einer Million Schweizer Franken gelten. Die Spannen zwischen Geld- und Briefkursen hängen von der Marktlage ab und sind im Zeitverlauf nicht konstant. Die Mittelkurse in der Finanzzeitung sind somit lediglich Orientierungsgrößen, da Geld- und Briefkurse vom Leser ohne Kenntnis der aktuellen Spannen nicht ermittelt werden können.

Abb. 5/17:
Devisen im
Freiverkehr

Devisen im Freiverkehr

2.6.95		Geld	Brief
Algerien	100 Dinar	-	3,6000
Australien	1 A-$	0,9988	1,0108
Brasilien	100 Brasil Real	155,4160	155,5160
Bulgarien	100 Leva	-	2,1360
China	100 RMB	16,8000	17,1600
Europa	1 Ecu	1,8420	1,8540
Griechenl.	100 Dr.	0,6170	0,6290
Hongkong	100 HK-$	18,1600	18,2800
Indien	100 IR	4,4500	4,5700
Indonesien	1000 Rupiah	0,6280	0,6380
Korea.Süd	100 Won	0,1845	0,1865
Kuweit	1 Dinar	4,6890	4,7490
Malaysia	100 Ringgit	57,1700	57,4700
Marokko	100 Dirham	-	16,9400
Mexiko	100 neue Pes.	22,5500	23,0500
Neuseeland	1 NZ-$	0,9336	0,9456
Nigeria	100 Neira	-	6,4800
Pakistan	100 PRs	-	4,6100
Philipp.	100 Pesos	-	5,5200
Polen	100 n. Zloty	59,9200	60,1200
Rumänien	100 Lei	-	0,0723
Rußland	100 Rubel	0,0262	0,0312
Saudi-Ar.	100 Rial	37,4200	37,7200
Singapur	100 S-$	101,2400	101,5400
Slow.Rep.	100 Kronen	4,7440	4,8140
Südafrika	1 Rand	0,3776	0,3896
Taiwan	100 NT-$	5,4600	5,5100
Thailand	100 Baht	5,6700	5,6800
Tschech.Rep.	100 Kronen	5,3670	5,4070
Türkei	1000 Lire/Pfund	0,0303	0,0353
Tunesien	1 Dinar	-	1,5100
Ungarn	100 Forint	1,1420	1,1620
Ver. Ar. E.	100 DIRHAM	38,2200	38,5200

Diese Kurse können nur als Anhaltspunkte dienen. Sie sind von Bank zu Bank unterschiedlich und haben keinen verbindlichen Charakter.

»Devisen im Freiverkehr« 5.3.2

Die Tabelle »*Devisen im Freiverkehr*« (vgl. Abb. 5/17) enthält D-Mark-Preisnotierungen für einige an deutschen Devisenbörsen nicht amtlich gehandelte Währungen. Davon zählen die meisten zu den sogenannten »exotischen« Währungen, oft auch »second-rank« Währungen genannt. Sie werden im Unterschied zu den Hauptwährungen nur in sehr geringem Umfang gehandelt.

second-rank Währung

Die Kurse der »second-rank« Währungen, die über Cross Rates – die Basiswährung bilden gewöhnlich der US-Dollar oder die D-Mark – berechnet werden, leitet eine deutsche Geschäftsbank täglich gegen 13 Uhr 30 an die Redaktion des Handelsblatts. Die Legende zur Tabelle verdeutlicht, daß die Kurse nur Indikationen sind.

»Devisenkurse Lateinamerika« 5.3.3

Die Tabelle »*Devisenkurse Lateinamerika*« veröffentlicht das Handelsblatt regelmäßig einmal wöchentlich (vgl. Abb. 5/18). Die Kurse stellen US-Dollar- bzw. D-Mark-Mengennotierungen dar und drücken aus, wieviele Einheiten der jeweiligen Währung für einen US-Dollar bzw. eine D-Mark hingegeben werden müssen. Für einige Währungen – zum Beispiel Colón, Quetzal oder Nuevo Sol – werden keine D-Mark-Devisenkurse notiert.

Devisenkurse Lateinamerika 22.9.1995

	Ankauf	Verkauf	Währung
Argentinien 19.9.			
1 US-$ =	1,0000	1,0000	Peso
1 DM =	0,672295	0,673348	Peso
Bolivien			
1 US-$ =	4,85	4,86	Boliviano
1 DM =	3,40327	3,40327	Boliviano
Brasilien 21.9.			
Handelsbanken			
1 US-$ =	0,952000	0,954000	Real
1 DM =	0,667972	0,670514	Real
Tourismus (Flut.)			
1 US-$ =	0,930000	0,960000	Real
1 DM =	0,641200	0,661800	Real
Chile			
1 US-$ =	386,00	395,66	Peso
1 DM =	265,38	283,30	Peso
Costa Rica			
1 US-$ =	185,86	186,86	Colón
Domin. Rep. 15.9.			
Zentralbank			
1 US-$ =	12,85	13,25	Peso
Handelsbanken			
1 US-$ =	13,00	13,95	Peso
Ecuador			
Zentralbankkurs			
1 US-$ =	2579,00	2632,00	Sucre
1 DM =	1732,61	1768,22	Sucre
Freikurs (Guayaq.)			
1 US-$ =	2626,50	2630,00	Sucre
1 DM =	1841,54	1855,63	Sucre
El Salvador			
1 US-$ =	8,72	8,79	Colón

	Ankauf	Verkauf	Währung
Guatemala			
1 US-$ =	5,86839	5,88334	Quetzal
Honduras			
1 US-$ =	9,6945	9,8400	Lempira
Kolumbien			
1 US-$ =	974,13	974,32	Peso
1 DM =	680,00	680,13	Peso
Mexiko			
Banken			
1 US-$ =	6,3400	6,3500	N. Peso
1 DM =	4,4774	4,4876	N. Peso
Wechselstuben			
1 US-$ =	6,3400	6,3500	N. Peso
1 DM =	4,4774	4,4876	N. Peso
Nicaragua			
Offizieller Kurs			
1 US-$ =	7,7216	7,7216	Córdoba
Finanzkurs			
1 US-$ =	7,7400	7,8400	Córdoba
Panama			
1 US-$ =	1,00	1,00	Balboa
Paraguay			
1 US-$ =	1966,00	1968,00	Guaraní
1 DM =	1356,00	1392,00	Guaraní
Peru			
1 US-$ =	2,225	2,255	Nuevo Sol
Uruguay			
1 US-$ =	6,6640	6,6652	Peso
1 DM =	4,6765	4,6797	Peso
Venezuela			
1 US-$ =	169,57	170,00	Bolívar
1 DM =	119,0215	119,4072	Bolívar

Quelle: Deutsch-Südamerikanische Bank AG, Hamburg

Abb. 5/18: Devisenkurse Lateinamerika

Die Kurse, die ebenfalls lediglich Indikationen darstellen, stammen von der Deutsch-Südamerikanischen Bank AG, Hamburg, die diese bei südamerikanischen Geschäftsbanken abfragt. Für die Währungen aus Nicaragua, der Dominikanischen Republik und Ecuador sind in der Tabelle zwei unterschiedliche Devisenkurse zu finden. Für Nicaragua ist beispielsweise ein »offizieller« Kurs und zudem ein »Finanzkurs« ausgewiesen. Der offizielle Kurs wird von der nicaraguanischen Zentralbank ermittelt und dient unter anderem zur Umrechnung von

- Zahlungen, die öffentliche Institutionen ans Ausland leisten bzw. von diesem erhalten,
- Ex- und Importerlösen oder
- Direktinvestitionen, also Zahlungen, die beispielsweise beim Erwerb einer nicaraguanischen Unternehmung durch ausländische Investoren geleistet werden.

Den »Finanzkurs« berechnen Geschäftsbanken und zwar in erster Linie für Umrechnungen von Finanztransaktionen, wie Transfers von Zinserträgen usw.

Für Brasilien und Mexiko zeigt die Tabelle jeweils einen Kurs für den Devisenhandel unter Banken (vgl. »*Handelsbanken*« bzw. »*Banken*«) und zusätzlich einen Kurs, den Geschäftsbanken und »Wechselstuben« für Touristen stellen (vgl. »*Tourismus*« bzw. »*Wechselstuben*«).

5.3.4 »Devisen-Cross Rates«

Die Finanzzeitung zeigt die Cross Rates der bedeutendsten Währungen (Hauptwährungen) in der Tabelle »*Devisen-Cross Rates*« (vgl. Abb. 5/19). Das Handelsblatt erhält täglich gegen 15 Uhr die Cross Rates, die über die US-Dollar-Kurse der jeweiligen Währungen bestimmt werden, von **VWD** (**V**ereinigte **W**irtschafts**d**ienste). Weltweit sind insgesamt ca. 200 Geschäftsbanken »on-line« an das VWD-Nachrichtensystem angeschlossen und geben OTC-Kurse fortlaufend in das System ein.

Abb. 5/19:
Devisen-Cross
Rates

Devisen-Cross Rates

5.6.1995	$	DM	£	Yen	sfrs	FF	bfrs	hfl	Lira	Pts
$	-	1,4140	0,6300	84,8000	1,1620	4,9554	28,9500	1,5790	1632,0000	121,6900
DM	0,7074	-	0,4457	59,9844	0,8229	3,5056	20,4782	1,1174	1154,4175	86,0791
£	1,5873	2,2438	-	134,5946	1,8465	7,8658	45,9494	2,5071	2590,3103	193,1464
Yen	11,7925	16,6710	7,4297	-	13,7193	58,4410	341,3915	18,6274	19245,283	1435,0236
sfr	0,8595	1,2151	0,5416	72,8898	-	4,2598	24,8640	1,3577	1402,7849	104,5986
FF	2,0178	2,8526	1,2713	171,1126	2,3476	-	58,4164	3,1874	3293,1111	245,5507
bfr	3,4542	4,8832	2,1763	292,9188	4,0187	17,1185	-	5,4563	5637,3053	420,3454
hfl	0,6331	0,8950	0,3989	53,6845	0,7365	3,1374	18,3274	-	1033,1730	77,0385
Lira	0,6127	0,8662	0,3861	51,9607	0,7129	3,0366	17,7389	0,9679	-	74,5649
Pta	82,1760	116,1722	51,7742	6968,5300	95,6036	407,2479	2378,9960	129,8052	134111,26	-

Yen per 1000, FF per 10, bfrs per 100, Lira per 1000, Pts per 10000. Mitgeteilt von VWD; Stand 15.00 Uhr.

Die Spalte »$« bildet für jede Währung den Kurs gegen den US-Dollar, und zwar in Form einer Mengennotierung, ab. Die D-Mark notiert am 5.6.1995 gegen 15 Uhr beispielsweise mit 0,7074 US-Dollar/D-Mark. Die Preisnotierung lautet dann:

$$\frac{1}{0,7074 \text{ US-\$/DM}} = 1,414 \text{ DM/US-\$}$$

Die Preisnotierungen sämtlicher Währungen gegen den US-Dollar enthält die Zeile »$«.

Aus den Preis- und Mengennotierungen der einzelnen Währungen gegen den US-Dollar lassen sich die Cross Rates berechnen. Die Cross Rate D-Mark gegen Pfund, die in der Finanzzeitung am 5.6.1995 mit 0,4457 ausgewiesen ist, läßt sich so rekonstruieren.

$$\text{Cross Rate } \pounds \text{ gegen DM} = \frac{0,7074 \text{ US-\$/DM}}{1,5873 \text{ US-\$/}\pounds} = 0,4457 \text{ }\pounds\text{/DM}$$

Devisen-Cross Rates

5.6.1995	$	DM	£	Yen	sfrs	FF	bfrs	hfl	Lira	Pts
$	·	1,4140	0,6300	84,8000	1,1620	4,9554	28,9500	1,5790	1632,0000	121,6900
DM	0,7074	·	0,4457	59,9844	0,8229	3,5056	20,4782	1,1174	1154,4175	86,0791
£	1,5873	2,2438	·	134,5946	1,8465	7,8658	45,9494	2,5071	2590,3103	193,1464
Yen	11,7925	16,6710	7,4297	·	13,7193	58,4410	341,3915	18,6274	19245,283	1435,0236
sfr	0,8595	1,2151	0,5416	72,8898	·	4,2598	24,8840	1,3577	1402,7849	104,5986
FF	2,0178	2,8526	1,2713	171,1126	2,3476	·	58,4164	3,1874	3293,1111	245,5507
bfr	3,4542	4,8832	2,1763	292,9188	4,0187	17,1185	·	5,4563	5637,3053	420,3454
hfl	0,6331	0,8950	0,3989	53,6845	0,7365	3,1374	18,3274	·	1033,1730	77,0385
Lira	0,6127	0,8662	0,3861	51,9607	0,7129	3,0366	17,7389	0,9679	·	74,5649
Pta	82,1760	116,1722	51,7742	6968,5300	95,6036	407,2479	2378,9960	129,8052	134111,26	·

Yen per 1000, FF per 10, bfrs per 100, Lira per 1000, Pts per 10000. Mitgeteilt von VWD; Stand 15.00 Uhr.

»Europäische Währungseinheit«

5.3.5

Der Kurs der Kunstwährung ECU, ausgedrückt in einer »reinen« Währung wie der D-Mark, dem Französischen Franc usw, ist quasi der Kurs eines Währungskorbes, der aus insgesamt zwölf europäischen Währungen besteht. Die Gewichtung einer einzelnen Währung hängt von der wirtschaftlichen Bedeutung eines jeweiligen Landes, die zum Beispiel durch die Höhe des Bruttosozialprodukts zum Ausdruck kommt, ab. Die Gewichtung führt schließlich zu einem festen Währungsbetrag, der den Anteil einer Währung am Korb darstellt. Die D-Mark ist beispielsweise mit 0,62420 D-Mark im Korb enthalten.

Den Wert der ECU am letzten Handelstag, ausgedrückt in bedeutenden »reinen« Währungen, zeigt die Finanzzeitung in der Tabelle »*Europäische Währungseinheit*« (vgl. Abb. 5/20). Diese stammt von der EU-Kommission in Brüssel, die auch für die tägliche Berechnung der ECU verantwortlich ist.

Europäische Währungseinheit (mitgeteilt von EU-Kommission, Brüssel)

	5.12.95	4.12.95		5.12.95	4.12.95		5.12.95	4.12.95		5.12.95	4.12.95
bfr/lfr	38,5498	38,5029	Lire	2093,57	2086,88	skr	8,5341	8,5436	Yen	132,324	131,545
D-Mark	1,875	1,873	ir £	0,8192	0,8217	nkr	8,2644	8,2586	A $	1,7737	1,766
hfl	2,0998	2,097	Dr	309,249	309,237	kan $	1,7881	1,7823	NZ $	2,0225	2,0068
£	0,8477	0,8501	US-$	1,3076	1,3054	Esc	197,152	196,959	maltes £	0,4623	0,4627
dkr	7,2602	7,2587	sfr	1,5228	1,5216	öS	13,1932	13,1793	türk £	71815,20	71663,30
FF	6,4992	6,5172	Pta	160,266	160,095	Fmk	5,5924	5,5884	isl. Kr.	85,3307	85,297

Abb. 5/20:
Europäische
Währungseinheit

Tabellen in der Finanzzeitung

Die EU-Kommission ermittelt den ECU-Wert anhand der aktuellen Quotierungen des US-Dollars gegen die Korbwährungen, die täglich, zumeist zwischen 14 Uhr und 14 Uhr 30, von den europäischen Zentralbanken abgerufen werden. Die in der Tabelle wiedergegebenen Werte sind berechnete und nicht durch Angebot und Nachfrage entstandene Kurse. Nachfolgend werden die Schritte beschrieben, die zur Ermittlung des ECU-Kurses, ausgedrückt in D-Mark, verfolgt werden.

1. Schritt: Aus den US-Dollar-Devisenkursen aller am ECU-Korb beteiligter Währungen werden die D-Mark-Cross-Rates, wie D-Mark/Französischer Franc, D-Mark/Gulden usw., berechnet.

2. Schritt: Die festen Beträge der einzelnen Währungen werden mit den D-Mark-Cross-Rates multipliziert.

3. Schritt: Die mit den Cross Rates gewichteten festen Währungsbeträge werden addiert. Als Ergebnis ergibt sich der in D-Mark ausgedrückte ECU-Wert.

Der Anteil einer einzelnen Währung am D-Mark-Wert der ECU hängt zum einen vom festgelegten Währungsbetrag und zum anderen vom aktuellen Kurs des US-Dollars gegen diese Währung ab. Er kann folglich von Tag zu Tag schwanken.

Die Berechnung des D-Mark-Wertes einer ECU für den 5.12.1995 zeigt beispielhaft folgendes Tableau:

Währungen	Fester Währungsbetrag in Landeswährung		DM-Cross-Rate am 5.12.1995*	Fester Währungsbetrag in DM*	Anteil am ECU-Wert am 5.12.1995 (in %)
Deutsche Mark	0,62420	DM	1,0000 DM/DM	0,6242 DM	33,29
Französischer Franc	1,33200	FF	0,2885 DM/FF	0,3843 DM	20,50
Pfund Sterling	0,08784	£	2,2119 DM/£	0,1943 DM	10,36
Niederländischer Gulden	0,21980	hfl	0,8929 DM/hfl	0,1963 DM	10,47
Italienische Lira	151,80000	Lit	0,0009 DM/Lit	0,1360 DM	7,25
Belg. und Luxemb. Franc	3,43100	bfr	0,0486 DM/bfr	0,1669 DM	8,90
Dänische Krone	0,19760	dkr	0,2583 DM/dkr	0,0510 DM	2,72
Irisches Pfund	0,00855	Ir£	2,2890 DM/ Ir£	0,0196 DM	1,05
Griechische Drachme	1,44000	Dr	0,0061 DM/Dr	0,0087 DM	0,46
Spanische Peseta	6,88500	Ptas	0,0117 DM/Ptas	0,0806 DM	4,30
Portugiesischer Escudo	1,39300	Esc	0,0095 DM/Esc	0,0132 DM	0,70
Wert der ECU:				**1,8750 DM**	**100,00**

* Werte sind gerundet

Der Wert in Höhe von 1,8750 D-Mark/ECU wird am darauffolgenden Tag in der Tabelle »*Europäische Währungseinheit*« ausgewiesen.

Europäische Währungseinheit (mitgeteilt von EU-Kommission, Brüssel)

	5.12.95	4.12.95		5.12.95	4.12.95		5.12.95	4.12.95		5.12.95	4.12.95
bfr/lfr	38,5...	38,5029	Lire	2093,57	2086,88	skr	8,5341	8,5436	Yen	132,324	131,545
D-Mark	1,875	1,873	ir. £	0,8192	0,8217	nkr	8,2644	8,2586	A $	1,7737	1,766
hfl	2,0998	2,097	Dr	300,249	300,957	kan $	1,7881	1,7822	NZ $	2,0025	2,000...

Der ECU-Wert, ausgedrückt in einer nicht im Korb enthaltenen Währung, ergibt sich, indem der US-Dollar-Devisenkurs der betreffenden Währung durch den ECU-Wert des US-Dollars dividiert wird. Dies zeigt folgender Rechenschritt für den australischen Dollar am 5.12.1995.

Kurse am 5.12.1995	
A$/US-$	ECU/US-$
1,356484	0,764789

$$\text{A\$/ECU am 5.12.1995} = \frac{\text{Kurs}\left[\frac{A\$}{US-\$}\right]}{\text{Kurs}\left[\frac{ECU}{US-\$}\right]} = \frac{1,356484}{0,764789}\left[\frac{A\$}{ECU}\right] = 1,7737 \left[\frac{A\$}{ECU}\right]$$

Die Tabelle »*Europäische Währungseinheit*« in der Finanzzeitung weist für die ECU einen entsprechenden Austral-Dollar-Wert aus.

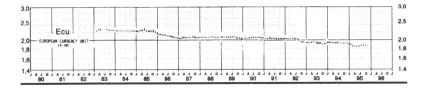

Der D-Mark-Wert der ECU ist, anders als zum Beispiel der Kurs des US-Dollars gegen die D-Mark, im Zeitablauf relativ stabil. Dies ist u. a. darauf zurückzuführen, daß durch die Vielzahl der im »ECU-Korb« vertretenen Währungen Diversifikationseffekte entstehen. Die Aufwertung einer einzelnen Korbwährung kann mit einer Abwertung anderer Korbwährungen einhergehen. Der Gesamtwert ändert sich dann unter Umständen nur unmerklich.

Abb. 5/21: DM-Wert der ECU im Zeitverlauf

Neben dem von der EU-Kommission berechneten ECU-Kurs entsteht zudem ein ECU-Kurs im OTC-Handel. Dieser weicht zumeist vom berechneten Kurs ab und bildet sich hauptsächlich durch Angebot und Nachfrage. Einen Anhaltspunkt für den aktuellen D-Mark-Wert der ECU im Devisenfreiverkehr liefert die Tabelle »*Devisen im Freiverkehr*«.

Devisen im Freiverkehr

5.12.95			Geld	Brief
Algerien	100	Dinar	2,5700	2,9700
Australien	1	A-$	1,0500	1,0620
Brasilien	100	Brasil Real	148,1400	148,4400
Bulga...	100	Leva	2,0000	2,1000
China	100	RMB	17,1200	17,4800
Europa	1	Ecu	1,8340	1,8460
Griechenl.	100	Dr.	0,6000	0,6120
Hongkong	100	HK-$	18,4600	18,5800

5.3.6 »Sonderziehungsrechte«

Sonderziehungsrechte (**SZR**) bilden wie die ECU den »Devisenkurs« eines Währungskorbes ab. Ihr offizieller Wert wird vom Internationalen Währungsfonds (**IWF**) seit 1969 täglich auf Basis der Kurse »reiner« Währungen berechnet und repräsentiert deshalb keinen Preis, der durch Angebot und Nachfrage entsteht. Der den SZR zugrundeliegende Währungskorb bestand bis zum Jahre 1981 aus insgesamt 16 Währungen, wurde dann später jedoch auf die fünf Hauptwährungen US-Dollar, D-Mark, Französischer Franc, Yen und Pfund reduziert. Die Berücksichtigung einer Währung hängt von der außenwirtschaftlichen Bedeutung des jeweiligen Landes ab. Als Auswahlkriterium dient der Umfang der Güter- und Dienstleistungsexporte der dem Anpassungsjahr vorausgehenden vier Kalenderjahre. Die Zusammensetzung des Währungskorbes wird regelmäßig alle fünf Jahre überprüft.

Den Wert eines SZR, ausgedrückt in US-Dollar und D-Mark, publiziert das Handelsblatt in der Tabelle »*Sonderziehungsrechte*« (vgl. Abb. 5/22). Aufgrund von Zeitdifferenzen erscheinen die Kurse immer zwei Tage nach Veröffentlichung durch den IWF.

Abb. 5/22: Sonderziehungsrechte

Sonderziehungsrechte

	2.6.95	1.6.95
$	1,56148	1,54769
DM	2,20059	2,21861

Die Berechnung der SZR basiert auf den US-Dollar-Devisenkursen der einbezogenen Währungen. Der IWF ruft diese am Finanzplatz London täglich gegen 12 Uhr britischer Zeit ab. Die Berechnung des Wertes eines SZR, ausgedrückt in US-Dollar, läßt sich in folgenden zwei Schritten skizzieren.

1. Schritt: Der feste Betrag, mit dem jede Währung in die SZR-Berechnung einfließt, wird durch den aktuellen US-Dollar-Devisenkurs (D-Mark/US-Dollar usw.) dividiert. Eine Ausnahme bildet das Pfund, dessen fester Währungsbetrag mit dem aktuellen Kurs US-Dollar/£ (Mengennotierung) multipliziert wird.

2. Schritt: Die im ersten Schritt ermittelten Werte werden addiert und ergeben den Wert eines SZR, ausgedrückt in US-Dollar.

»Sonderziehungsrechte«

Nachstehende Übersicht zeigt beispielhaft die Berechnung eines auf US-Dollar lautenden SZR für den 28.8.1995.

Währung	Fester Währungsbetrag in Landeswährung	Devisenkurs am 28.8.1995	Gegenwert der festen Währungsbeträge
US-$	0,5720 US-$	1,00000 US-$/US-$	0,572000 US-$
DM	0,4530 DM	1,46230 DM/US-$	0,309786 US-$
FF	0,8000 FF	5,05060 FF/US-$	0,158397 US-$
¥	31,8000 ¥	96,58000 ¥/US-$	0,329261 US-$
£	0,0812 £	1,55280 US-$/£	0,126087 US-$
	Wert eines SZR:		**1,495531 US-$**

Den Wert von 1,49553 US-Dollar für ein SZR zeigt auch die Finanzzeitung.

Der D-Mark-Wert eines SZR ergibt sich aufgrund einer IWF-Konvention durch Multiplikation des US-Dollar-Wertes für ein SZR mit dem amtlichen Devisen-Kassa-Mittelkurs für den US-Dollar

SZR in US-$ (28.8.1995)	Amtlicher Devisen-Kassa-Mittelkurs (28.8.1995)

Am 28.8.1995 läßt sich also folgender D-Mark-Wert für ein SZR feststellen:

$$1 \text{ SZR} = 1{,}49553 \text{ US-\$} \times 1{,}4685 \text{ DM/US-\$} = 2{,}19619 \text{ DM}$$

Im Vergleich zum Kursverlauf einer einzelnen Korbwährung zeichnet sich das SZR durch eine höhere Wertstabilität aus, da die Kursschwankungen einer einzelnen Korbwährung vielfach durch anders gerichtete Wertveränderungen der übrigen Korbwährungen teilweise oder gar vollständig kompensiert werden (Diversifikationseffekt).

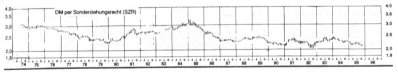

Abb. 5/23: DM-Wert eines Sonderziehungsrechtes im Zeitverlauf

5.3.7 Devisenkurse im Wall Street Journal

Auf der ersten Seite der Rubrik »Money & Investing« publiziert das *Wall Street Journal* täglich Preis- und Mengennotierungen für bedeutende Währungen, die in US-Dollar ausgedrückt bzw. auf den US-Dollar bezogen sind. Am 15.12.1995 ist unter der Überschrift »**Currency**« beispielsweise eine Preisnotierung von 1,5374 US-Dollar pro Pfund oder eine Mengennotierung von 1,4436 D-Mark pro US-Dollar zu finden.

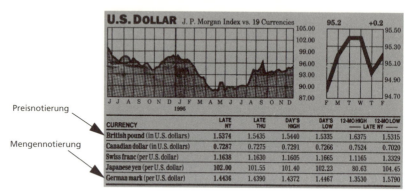

Zudem erscheinen dort täglich zwei Charts, die den Verlauf des sogenannten J. P. Morgan Indexes für einen Zeitraum von eineinhalb Jahren bzw. einer Woche abbilden. Der betreffende Index mißt den Wert des US-Dollars gegenüber einem Korb, der aus insgesamt 19 verschiedenen Währungen besteht.

Devisenkurse aus dem Interbankenhandel zeigt die Tabelle »**Currency Trading**«. Publiziert werden grundsätzlich nur Briefkurse (»selling rates«), wobei aber für jede Währung sowohl Mengen- als auch Preisnotierungen abgedruckt sind.

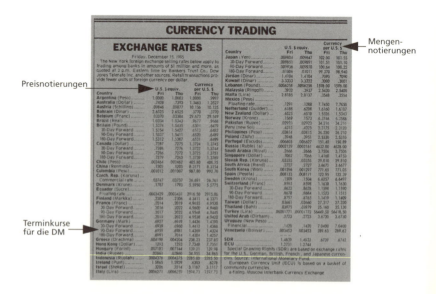

Für bedeutende Währungen, wie dem britischen Pfund, dem kanadischen Dollar oder der D-Mark, kann der Leser auch Devisenterminkurse (»Forward Rates«) entnehmen. Diese beziehen sich auf Laufzeiten von 30, 90 und 180 Tagen.

Indikationen für den Wert des US-Dollars, ausgedrückt in nahezu allen Währungen weltweit (»Mengennotierungen«), liefert das *Wall Street Journal* in der Übersicht »**World Value of the Dollar**«.

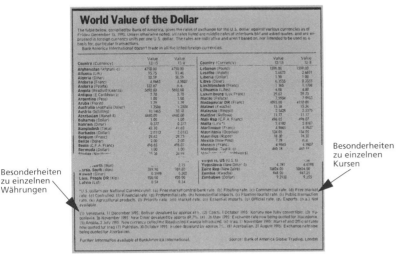

Besonderheiten zu einzelnen Währungen

Besonderheiten zu einzelnen Kursen

Die Auflistung der einbezogenen Währungen ist sehr umfassend und die Besonderheiten der jeweiligen Kursangaben machen eine ebenso umfangreiche Legende erforderlich. Einige Kurse gelten beispielsweise nur für Finanztransaktionen, andere wiederum ausschließlich für Touristen oder die Ein- und Ausfuhr von Gütern. Für einige Währungen werden weitere Informationen präsentiert, und zwar in Form von Fußnoten. Im Falle der Tschechischen Republik gibt das *Wall Street Journal* beispielsweise bekannt, daß die tschechische Krone ab dem 1.10.1995 vollständig in US-Dollar konvertierbar ist.

Genau wie das Handelsblatt zeigt auch das *Wall Street Journal* eine Tabelle mit aktuellen Currency Cross Rates. Die Werte unter der Überschrift »**Key Currency Cross Rates**« stammen aus dem New Yorker OTC-Devisenhandel am späten Nachmittag.

Cross Rate Pfund gegen DM

5.4 Marktbericht »Devisen«

Die Redakteure der Finanzzeitung fassen das Geschehen auf dem Devisenmarkt des letzten Handelstages im Devisenbericht zusammen. Sie greifen wichtige politische und wirtschaftliche Ereignisse, aber auch Technische »Signale«, auf, die sich auf das Verhalten der Devisenhändler und infolgedessen auf die Devisenkurse auswirkten. Weiterhin kommentieren die Berichterstatter Aktivitäten der Akteure, die Stimmung auf dem Devisenmarkt und geben Händlermeinungen wieder. Wichtige Kurs-Einflußgrößen wurden bereits im Kapitel 5.1.3.2 vorgestellt und durch entsprechende Ausschnitte aus Devisenberichten illustriert, so daß an dieser Stelle auf weitergehende Ausführungen verzichtet wird.

Abb. 5/24:
Marktbericht
»Devisen«

DEVISENMARKT / Kurz über 1,41 DM

Dollar hält sich gut

HANDELSBLATT, Donnerstag, 15.6.95 hk FRANKFURT/M. Im europäischen Devisenhandel sind auch am Donnerstag stärkere Kursausschläge ausgeblieben. Zwar wurde weiter über die bekannten, alten Einflußfaktoren diskutiert – Verhältnis USA/Japan, Pläne zum Abbau des US-Haushaltsdefizits, Zentralbankinterventionen, Zinsperspektiven –, doch gab es dazu keine besonderen, neuen Nachrichten. Gelassenheit herrschte unter den Marktteilnehmern auch zum Auftakt des Halifax-Gipfels, weil man die Chancen für neue Orientierungshilfen offenbar recht gering einschätzte.

Daß die Deutsche Bundesbank zur Wochenmitte ihre Leitzinsen unverändert belassen hatte, löste nur begrenzte Enttäuschung aus, führte dementsprechend nur zu einer vorübergehenden und eng begrenzten Abschwächung des US-Dollars. Er hatte bereits am Mittwoch abend im späten New Yorker Geschäft wieder knapp über 1,40 DM geschlossen und behauptete sich so auch am Donnerstag zum Schluß des Tokioter Handels (1,4010/20 DM).

Anschließend tastete sich die US-Währung in Europa weiter nach oben. Der Teil-Feiertag dämpfte die Aktivitäten zusätzlich. Nach Angaben der Vereins- und Westbank, die wegen des Feiertags in Frankfurt/Main eine „Devisenfixing" durchführte, wurde ein kaum veränderter Mittelkurs von 1,4079 DM ermittelt, verglichen mit 1,4075 DM im amtlichen Frankfurter Fixing zur Wochenmitte. Für das Pfund Sterling wurden 2,2526 (Vortag: 2,2505) DM genannt, für französische Francs 28,495 (28,472) DM und für Schweizer Franken 120,89 (121,19) DM.

Danach kletterte der US-Dollar noch über 1,41 DM und fast auf 85 Yen; gegen 16.00 MESZ lag er wieder bei 1,4070 DM.

wirtschaftliche Einflußgrößen

politische Faktoren

Kapitel 6

ANLEIHEN

Einführung

6.1

Begriff und Klassifizierung

6.1.1

Institutionen wie der Staat, Geschäftsbanken oder bedeutende Industrieunternehmen haben die Möglichkeit, bei einer Vielzahl von Investoren gleichzeitig einen Kredit aufzunehmen, indem sie

- den Geldbetrag, den sie leihen wollen, stückeln,
- ihn auf standardisierten Urkunden verbriefen und
- diese Urkunden an die Investoren verkaufen.

Verbriefte Kredite werden allgemein als Schuldverschreibungen und die aus der Stückelung des Kreditbetrages resultierenden Urkunden als **Teilschuldverschreibungen** bezeichnet. Die Aussteller der Teilschuldverschreibungen – die sogenannten Emittenten – verpflichten sich in aller Regel, den verbrieften Kreditbetrag an die Inhaber der Papiere zurückzuzahlen und zusätzlich Zinszahlungen auf den Kreditbetrag zu leisten. Effektiv lieferbare Teilschuldverschreibungen[1] bestehen deshalb zumeist aus zwei separaten Urkunden, und zwar einem »Mantel«, der den Rückzahlungsanspruch dokumentiert, und einem »Bogen« mit mehreren Zinskupons, auf denen jeweils der Zinsanspruch für einen bestimmten zukünftigen Zinstermin festgeschrieben ist.

Teilschuld-
verschreibung

Der Rückzahlungsbetrag, der auf eine einzelne Teilschuldverschreibung entfällt, stellt ihren Nennbetrag (Nominalbetrag) dar. Seine Höhe bestimmt sich in Abhängigkeit von der Stückelung des insgesamt aufgenommenen Kredits. Die jeweiligen Ausstattungsmerkmale einer Schuldverschreibung legt der Emittent in den **Emissionsbedingungen** fest. Diese regeln die Beziehungen zwischen dem Schuldner und den Inhabern der Papiere. Schuldverschreibungen lassen sich anhand der Ausstattungsmerkmale klassifizieren. Abbildung 6/1 zeigt eine Übersicht über alle diejenigen Merkmale, die ein Emittent bei der Ausstattung einer Schuldverschreibung miteinander kombinieren kann.

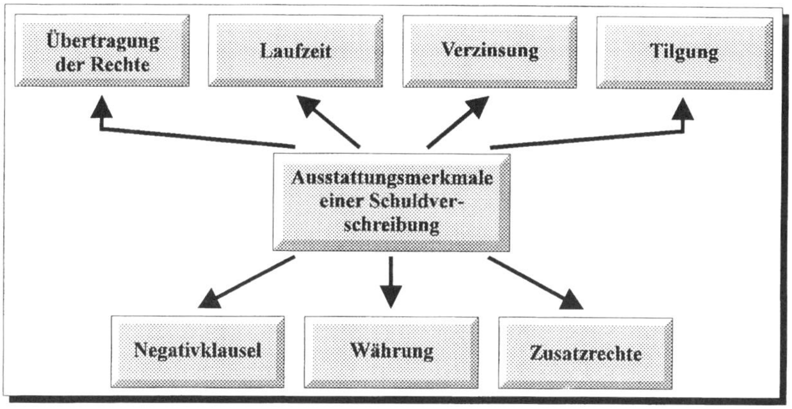

Emissions-
bedingungen

Abb. 6/1: Austattungsmerkmale einer Schuldverschreibung

1 Die Rechte einer Schuldverschreibung werden heute in aller Regel nicht mehr in mehreren Urkunden, sondern in einer Sammelurkunde verbrieft. Teilschuldverschreibungen sind deshalb nur selten in Form effektiver Urkunden lieferbar.

6.1.2

**Inhaber-/
Namensschuld-
verschreibung**

Übertragung der Rechte

Der Emittent einer Schuldverschreibung kann sich in den Emissionsbedingungen vorbehalten, Zins- und Tilgungszahlungen nur an die in den Urkunden benannten Personen zu leisten. Die Ansprüche solcher Schuldverschreibungen, auch **Namensschuldverschreibungen** genannt, sind nicht ohne weiteres auf Dritte übertragbar. Um den Handel mit Schuldverschreibungen zu ermöglichen, statten Emittenten die Schuldtitel häufig jedoch so aus, daß allein der Besitz der Urkunden genügt, um die verbrieften Rechte auszuüben. Man spricht dann von **Inhaberschuldverschreibungen**. Namensschuldverschreibungen sind Inhaberschuldverschreibungen hinsichtlich der Fungibilität sehr ähnlich, wenn die in den Urkunden Benannten alle Ansprüche per Blankoindossament oder Blankozession auf dritte, namentlich noch nicht bestimmte Personen übertragen bzw. an diese abtreten.

6.1.3

Laufzeit

Die Laufzeit einer Schuldverschreibung beschreibt den Zeitraum zwischen dem Tag der Emission und der vollständigen Rückzahlung des Nennwertes. Man unterscheidet

- kurzfristige Schuldverschreibungen mit Laufzeiten unter zwei Jahren sowie
- mittel- und langfristige Schuldverschreibungen mit längeren Laufzeiten.

Gegenstand der folgenden Ausführungen sind ausschließlich mittel- und langfristige Schuldverschreibungen. Für diese werden im weiteren einheitlich die Begriffe »Anleihen«, »Obligationen« oder »Renten« verwendet. Im Vergleich zu kurzfristigen Schuldverschreibungen weisen Anleihen – bedingt durch die längeren Laufzeiten – höhere Risiken auf und werden deswegen üblicherweise höher verzinst.

6.1.4

Zero-Bonds

Verzinsung

Eine Anleihe kann entweder als Kupon- oder als Null-Kupon-Anleihe begeben werden. Im letzteren Fall nimmt der Emittent keine laufenden Zinsausschüttungen vor. Vielmehr leistet er nur eine einzige Zahlung am Ende der Laufzeit, die sowohl die Zinsen als auch die Tilgung enthält. Null-Kupon-Anleihen werden wegen der fehlenden laufenden Verzinsung als Null-Prozenter oder **Zero-Bonds** bezeichnet. Es existieren zwei Arten von Zero-Bonds, zum einen »herkömmliche« oder »echte« Null-Kupon-Anleihen, zum anderen Kapitalzuwachsanleihen (»capital growth bonds«). »Echte« Zero-Bonds stellen Abzinsungsanleihen dar. Der Emittent

- bestimmt den Nennwert beispielsweise mit 100 oder 1.000 D-Mark,
- schlägt dem Nominalbetrag einen gewissen Geldbetrag (Diskont) ab, und
- begibt die Papiere zum diskontierten Nennwert.

Kapitalzuwachsanleihen sind demgegenüber Aufzinsungsanleihen. Sie werden

| | | Verzinsung | **303** |

- zu einem »normierten« Kurs, zum Beispiel 100 oder 1.000 D-Mark, begeben und
- zu einem Kurs getilgt, der vor Emission durch einen Aufschlag auf den »normierten« Emissionskurs bestimmt wird.

Zum Zeitpunkt der Fälligkeit ergibt sich der gesamte Zinsertrag sowohl für »echte« als auch für Kapitalzuwachsanleihen als Unterschiedsbetrag zwischen Nennwert und Emissionskurs. Im folgenden wird jeweils ein Beispiel für einen »echten« Zero-Bond sowie eine Kapitalzuwachsanleihe geschildert.

»Echter« Zero-Bond   **Beispiel 6/1**

Die DG-Bank begibt am 3.7.1992 einen »echten« Zero-Bond mit einer Laufzeit von acht Jahren und einer Mindeststückelung von 1.000 D-Mark. Den Diskont bestimmt die DG-Bank im Emissionszeitpunkt zu 46,20 % bezogen auf den Nennwert, so daß sich ein Emissionskurs in Höhe von 53,80 % ergibt. Am Ende der Laufzeit, am 3.7.2000, zahlt die DG-Bank den Nennwert (100 %) zurück. Unterstellt man, daß ein Anleger am Emissionstag eine Teilschuldverschreibung mit einem Nennwert von 1.000 D-Mark erwirbt und diese bis zur Fälligkeit hält, so berechnet sich ein Zinsertrag von insgesamt

$$\underbrace{1.000\,\text{DM}}_{\text{Nennwert}} - \underbrace{538\,\text{DM}}_{\text{Emissionskurs}} = 462\,\text{DM}.$$

Kapitalzuwachsanleihe

Die Republik Österreich emittiert am 23.5.1985 eine Kapitalzuwachsanleihe mit 15-jähriger Laufzeit. Die Anleihe ist wie folgt gestückelt:

- 15.000 Teilschuldverschreibungen à 3.400 D-Mark (normierter Emissionskurs)
- 1.500 Teilschuldverschreibungen à 34.000 D-Mark (normierter Emissionskurs)

Die Teilschuldverschreibungen werden zu 3.400 D-Mark bzw. 34.000 D-Mark (100 %) begeben und am Ende der Laufzeit zu 294,17647 % vom Emissionskurs zurückgezahlt. Ein Anleger, der am Emissionstag eine Teilschuldverschreibung zu einem Kurs von 3.400 D-Mark erwirbt und die Schuldverschreibung bis zur Fälligkeit hält, erzielt im Jahre 2000 einen Zinsertrag in Höhe von insgesamt

$$\frac{3.400\,\text{DM} \times 294,17647\,(\%)}{100\,(\%)} - 3.400\,\text{DM} = 10.002\,\text{DM} - 3.400\,\text{DM} = 6.602\,\text{DM}.$$

Im Unterschied zu Zero-Bonds bestimmen die Emissionsbedingungen einer **Kupon-Anleihe** mehrere Zeitpunkte (Zinstermine), zu denen der Emittent Zinsen zahlt. Die Berechnung der Zahlung zum jeweiligen Zinstermin erfolgt nach der einfachen Zinsformel:

Kupon-Anleihe

$$\text{Zinszahlung} = \frac{\text{Nennwert} \times \text{Zinssatz in \%} \times \text{Zinstage}}{100 \times 360\ \text{Tage}}$$

304 **Einführung**

In Deutschland werden bei der Zinsberechnung für jeden Monat, ungeachtet der tatsächlichen Kalendertage, gemeinhin 30 Tage und für ein Jahr 360 Tage zugrunde gelegt (30/360-Tage-Usance). In einigen Ländern, wie zum Beispiel Frankreich, Großbritannien, Japan, Kanada, Australien und den USA, ist es hingegen üblich, die zwischen Zinstermin und Kaufzeitpunkt tatsächlich verstrichenen Kalendertage zu berücksichtigen.

Die Zinsen für Anleihen werden im In- und Ausland gewöhnlich nachträglich gezahlt, also erst *n a c h* Ablauf des Verzinsungszeitraumes.

Beispiel 6/2

Am 2.7.1994 (Emissionstag) erwirbt ein Anleger eine Kupon-Anleihe

- mit einem Nennwert von 1.000 D-Mark,
- einem Zinssatz in Höhe von 7 % p. a. (Zinstermine: 2.1./2.7.) und
- einer Laufzeit von fünf Jahren.

Die Zinstage für den ersten Zinstermin am 2.1.1995 werden folgendermaßen ermittelt:

Juli 1994:	29 Tage
August 1994:	30 Tage
September 1994:	30 Tage
Oktober 1994:	30 Tage
November 1994:	30 Tage
Dezember 1994:	30 Tage
Januar 1995:	1 Tag
Zinstage vom 2.7.94 - 2.1.95	180 Tage

Die erste Zinszahlung erhält der Anleger in Höhe von

$$\frac{1.000 \text{ DM} \times 7 \times 180}{100 \times 360} = 35 \text{ DM}$$

fest-/variabel verzinslich

Der bei der Zinsberechnung herangezogene Zinssatz ist entweder über die gesamte Laufzeit konstant oder wird für jeden Zinstermin neu festgelegt. Kupon-Anleihen werden deshalb in **fest-** und **variabel verzinsliche** Anleihen unterschieden.

1 Die Höhe des »spread« ist abhängig von der Bonität des Emittenten, das heißt, je höher die Bonität, desto höher (geringer) ist der Abschlag (Aufschlag) vom (auf) den Referenzzinssatz.

Bei einer variabel verzinslichen Anleihe, für die man häufig den Ausdruck Floating Rate Note verwendet, bestimmt der Emittent zu Beginn der Laufzeit

- einen Referenzzinssatz, zum Beispiel den Fibor oder den Libor, und in aller Regel zusätzlich
- einen festen Prozentsatz, den sogenannten »spread«[1], der dem Referenzzinssatz auf- oder abgeschlagen wird.

Die Berechnung der Zinszahlung bei variabel verzinslichen Anleihen, deren Referenzzinssatz der Libor oder der Fibor$_{neu}$ ist, erfolgt nach der Euro-Zins-Methode (»actual/360«).

$$\text{Zinszahlung nach Euro-Zins-Methode} = \frac{\text{Nennwert} \times \text{Zinssatz in \%} \times \text{tatsächlich verstrichene Tage seit letztem Zinstermin}}{100 \times 360}$$

Die Sparkasse Essen begibt im Dezember 1994 eine variabel verzinsliche Anleihe mit einer Laufzeit von 5 Jahren. In der folgenden Anzeige aus dem Handelsblatt vom 5.12.1994 publiziert sie die wichtigsten Ausstattungsmerkmale dieses Papiers.

Beispiel 6/3

Den Emissionsbedingungen der variabel verzinslichen Anleihe ist folgendes zu entnehmen:

... Die Zinsen sind halbjährlich nachträglich am 05. Dezember und 05. Juni eines jeden Jahres fällig. ... Erster Zinstermin ist der 05. Juni 1995. Der jeweils für die halbjährliche Zinsperiode geltende Zinssatz wird auf Grundlage des 6-Monats-Fibor-Satzes unter Abzug von 0,50 %-Punkten ermittelt und kaufmännisch gerundet auf zwei Hinterkommastellen festgesetzt. Der 6-Monats-Fibor (Frankfurt-Interbank-Offered-Rate)-Satz wird in Frankfurt nach der Euro-Zins-Methode (365/360 Tage) ... ermittelt ...

Am 6.6.1995 veröffentlicht die Sparkasse Essen eine weitere Finanzanzeige, in der sie den Zinssatz für den Zinstermin 5.12.1995 bekanntgibt.

306   **Einführung**

»Euro-Geld-
marktsätze«

Der 6-Monats-Fibor nach der Euro-Zins-Methode, der Fibor$_{neu}$, beträgt am 5.6.1995 4,54542 %, was ein Auszug aus dem Handelsblatt vom 6.6.1995 belegt.

Fibor neu (DM) = 1 Mon. 4,54750%, 3 Mon. 4,54617%, 6 Mon. 4,54542%, 12 Mon. 4,59958%

Unter Berücksichtigung der »Zinsklausel« in den Emissionsbedingungen und des 6-Monats-Fibor$_{neu}$ vom 5.6.1995 läßt sich der in der Finanzanzeige angegebene Zinssatz rekonstruieren:

$$4,54542\ \% - \overbrace{0,5\ \%}^{\text{spread}} = 4,04542\ \% \approx 4,05\ \%$$

Am 5.12.1995 zahlt die Sparkasse Essen für 1.000 D-Mark nominal Zinsen in Höhe von

$$\frac{1.000\ \text{DM} \times 4,05 \times \overbrace{182}^{\text{Echtzeit}}}{100 \times 360} = 20,48\ \text{DM}.$$

Die Zinserträge, die dem Inhaber einer Floating Rate Note während der Laufzeit zufließen, steigen und fallen mit dem Referenzzinssatz. Bei einer Investition in zinsvariable Schuldverschreibungen besteht somit – im Gegensatz zu festverzinslichen Anleihen – auf der einen Seite die Gefahr abnehmender Zinserträge, auf der anderen Seite aber auch die Chance, im Zeitverlauf höhere Zinserträge zu erzielen.

Zu beachten ist, daß der Emittent einer Floating Rate Note in den Anleihebedingungen von vornherein eine Ober- und/oder Untergrenze für den Zinssatz bestimmen kann. Die Anleihebedingungen einer Floating Rate Note könnten zum Beispiel folgende Angaben zum Zinssatz enthalten:

Zinssatz der Anleihe =   6-Monats-Libor - 0,5 %,
                                   höchster Zinssatz: 10 %,
                                     geringster Zinssatz: 5 %

Cap/Floor

Die Zinsobergrenze (Zins**cap**) in Höhe von 10 % gibt dem Emittenten die Sicherheit, daß die Verzinsung des »Floaters« niemals die Marke von 10 % übersteigen wird. Die Zinsuntergrenze (Zins**floor**) in Höhe von 5 % garantiert dem Inhaber hingegen eine Mindestverzinsung von 5 %. Eine Floating Rate Note, deren Zinssatz sowohl nach oben als auch nach unten begrenzt ist, wird auch als **Mini-Max**- oder **Collared-Floater** bezeichnet. Ist in den

Abb. 6/2:
Ausstattung
eines
Cap-Floaters

(4) Der für jede Zinsperiode maßgebende variable Zinssatz der Anleihe wird nach den folgenden Bestimmungen festgestellt:

   a) Der variable Zinssatz für die Zinsperiode entspricht dem gemäß den Absätzen b), c) oder d) bestimmten LIBOR-Satz, wobei in keinem Fall ein höherer LIBOR-Satz als 8 % p.a. gezahlt wird. Soweit der für eine Zinsperiode bestimmte LIBOR-Satz 8 % p.a. beträgt oder übersteigt, wird die Anleihe für diese Zinsperiode mit 8 % p.a. verzinst.

Verzinsung **307**

Anleihebedingungen ausschließlich ein Zinscap oder ausschließlich ein Zinsfloor vorgesehen, so spricht man von Cap- bzw. Floor-Floatern.

Eine weitere Form der variabel verzinslichen Anleihe stellen **Reverse Floater** dar. Der Zinssatz eines Reverse Floaters, auch **Inverse Floater** genannt, verändert sich – im Gegensatz zum Zinssatz einer »normalen« Floating Rate Note – nicht in dieselbe Richtung wie der zugrundeliegende Referenzzinssatz, sondern genau entgegengesetzt. Fällt der Referenzzinssatz, steigt der Anleihezinssatz und steigt der Referenzzinssatz, so sinkt der Anleihezinssatz. Erreicht wird dies durch die Festsetzung eines Prozentsatzes, von dem am jeweiligen Zinsanpassungstermin der Referenzzinssatz subtrahiert wird.

(4) Der für jede Zinsperiode maßgebende variable Zinssatz der Anleihe wird nach den folgenden Bestimmungen festgestellt:
a) Der variable Zinssatz für die Zinsperiode entspricht der Differenz von 14% p.a. und dem gemäß den Absätzen b),c) oder d) bestimmten LIBOR, wobei in keinem Fall ein höherer LIBOR-Satz als 14% p.a. in Abzug gebracht wird. Soweit der für eine Zinsperiode bestimmte LIBOR-Satz 14% p.a. oder mehr beträgt, wird die Anleihe für diese Zinsperiode nicht verzinst.

Abb. 6/3:
Ausstattung
eines Reverse
Floaters

Am 7.1.1993 emittiert die Deutsche Ausgleichsbank (DtA) den in Abbildung 6/3 skizzierten Reverse Floater mit einem Nennwert von 10.000 D-Mark je Teilschuldverschreibung und einer Laufzeit von 10 Jahren.

Beispiel 6/4

Ab dem 7.1.1994

• wird die Anleihe variabel verzinst;
• umfassen die Zinsperioden 6 Monate;
• bestimmt die DtA den Anleihezinssatz einer Zinsperiode jeweils zwei Tage vor Beginn der betreffenden Periode und auf Grundlage des am Zinsanpassungstermin gültigen 6-Monats-D-Mark-Libor.

In den Anleihebedingungen findet sich zudem folgende Angabe:
Zinssatz p. a. am Zinsanpassungstermin = 14 % - 6-Monats-D-Mark-Libor (vgl. Abb. 6/3).
Am 5.1.1994 beträgt der 6-Monats-D-Mark-Libor 5,6250 %.

Fibor alt (DM) = 3 Monate 5,90%,   6 Monate = 5,65%
Fibor neu (DM) = 1 Monat 6,10500%,   3 Monate 5,88000%,   Monate 5,60833%,   12 Monate 5,25000%
Libor (DM) = 1 Monat 6,1250%,   3 Monate 5,8750%,   6 Monate 5,6250%,   12 Monate 5,2500%.
Libor ($) = 1 Monat 3¼%,   3 Monate 3⅝%,   6 Monate 3⁹⁄₁₆%,   12 Monate 3⅞%.

Der Zinssatz für den 2. Zinstermin (7.7.1994) lautet

$$14 \% - 5{,}6250 \% = 8{,}3750 \%$$

und die Zinszahlung beträgt folglich

$$\frac{10.000 \,\text{DM} \times 8{,}3750 \times \overset{\text{Echtzeit}}{181}}{100 \times 360} = 421{,}08 \,\text{DM}.$$

Der Zinssatz für den 3. Zinstermin am 7.1.1995 wird entsprechend den Anleihebedingungen bereits am 5.7.1994 bestimmt. Der 6-Monats-D-Mark-Libor beträgt an diesem Tag 5,0000 %.

Da der 6-Monats-D-Mark-Libor vom 5.1.1994 bis zum 5.7.1994 um 0,6250 Prozentpunkte gefallen ist, steigt die Verzinsung auf

$$14{,}0000\ \%-5{,}0000\ \% = 9{,}0000\ \%\ \text{p. a.}$$

und, ausgedrückt in D-Mark, um

$$460\ \text{DM} - 421{,}08\ \text{DM} = 38{,}92\ \text{DM je } 10.000\ \text{DM nominal.}$$

Während der Käufer einer »herkömmlichen« Floating Rate Note von hohen Zinsen profitiert, unter niedrigen aber »leidet«, ist es beim Reverse Floater genau umgekehrt.

Des weiteren existieren Kupon-Anleihen, die zum Beispiel

- durch die Kombination von fester und variabler Verzinsung (Zinsphasen-Anleihen) oder
- durch die stufenweise Erhöhung oder Verminderung des Zinssatzes während der Laufzeit (Step-up-/Step-down-Anleihen)

gekennzeichnet sind.

Zinsphasen-Anleihe

Die Besonderheit einer **Zinsphasen-Anleihe** besteht darin, daß ihre Laufzeit in mehrere Jahre umfassende Zinsphasen unterteilt ist. Die Anleihe wird von Zinsphase zu Zinsphase im Wechsel mal fest und mal variabel verzinst. Eine Zinsphasenanleihe ist somit eine »Mischform« aus festverzinslicher Anleihe und Floating Rate Note.

Tilgung 309

> (1) Die Anleihe wird vom 02. Februar 1994 (dem „Valutierungstag") an verzinst. Die Verzinsung erfolgt in den Zeiträumen vom Valutierungstag bis zum 01. Februar 1996 einschließlich sowie vom 02. Februar 2000 bis zum 01. Februar 2004 einschließlich mit einem festen Zinssatz (der „erste Festsatz", der „zweite Festsatz") gemäß Ziffer (2). In dem Zeitraum vom 02. Februar 1996 bis zum 01. Februar 2000 einschließlich erfolgt die Verzinsung mit einem variablen Zinssatz („der variable Zinssatz") gemäß Ziffer (3). Der Zinslauf der Anleihe endet mit dem Ablauf des Tages, der dem Fälligkeitstag vorausgeht (und zwar auch dann, wenn die Leistung nach § 193 BGB bewirkt wird).

Abb. 6/4:
Ausstattung
einer Zinsphasen-
Anleihe

Die Anleihebedingungen sogenannter **Step-up-** oder **Step-down-Anleihen** bestimmen ebenfalls mehrjährige Zinsphasen, die aber nicht durch Wechsel zwischen fester und variabler Verzinsung charakterisiert sind, sondern dadurch, daß die Höhe des Zinssatzes variiert. Im Falle einer Step-up-Anleihe steigt der Zinssatz von Zinsphase zu Zinsphase, wohingegen er bei einer Step-down-Anleihe von Phase zu Phase sinkt. Abbildung 6/5 zeigt einen Ausschnitt aus den Anleihebedingungen einer Step-up-Anleihe der Deutschen Ausgleichsbank.

> Step-up-/Step-
> down-Anleihe

> Die Anleihe wird vom 15. 7. 1993 (dem „Valutierungstag") an verzinst. Die Verzinsung erfolgt in dem Zeitraum vom Valutierungstag bis zum 14. 7. 1996 einschließlich mit 5,50% p. a. und in dem Zeitraum vom 15. 7. 1996 bis 14. 7. 2003 einschließlich mit 7,50% p. a.

Abb. 6/5:
Ausstattung
einer Step-up-
Anleihe

Step-up- und Step-down-Anleihen tauchen in der Praxis unter verschiedenen Bezeichnungen auf, etwa »Kombi-« oder »Gleitzinsanleihe«. Zerfällt die Laufzeit eines Papiers in zwei Phasen und ist der Nominalzinssatz während der ersten Phase sehr niedrig oder gar Null, während der zweiten Phase aber ausgesprochen hoch, so spricht man oft von einer Kombizinsanleihe. Bei mehr als zwei Phasen und von Phase zu Phase steigenden (sinkenden) Nominalzinssätzen ist der Begriff Gleitzinsanleihe geläufig.

> Kombi- und
> Gleitzinsanleihe

Tilgung

Anleihen sind in aller Regel **gesamtfällig**, das heißt, daß sie in einer Summe am Ende der Laufzeit zurückgezahlt werden. Demgegenüber kann der Emittent beispielsweise aber auch festschreiben, die Rückzahlung nicht in einer Summe, sondern in Form mehrerer **Annuitätenzahlungen** zu leisten. Der Begriff »Annuität« beschreibt einen über die Restlaufzeit einer Anleihe *konstanten* Geldbetrag, der

6.1.5

> Gesamtfällige
> Anleihe

> Annuitäten-
> Anleihe

- in regelmäßigen Zeitabständen an den Anleiheinhaber gezahlt wird und
- nicht nur die Zinsen auf den Nennbetrag, sondern gleichzeitig auch einen Anteil zur Tilgung des Nennbetrages beinhaltet.

Die Höhe der Annuität wird im Emissionszeitpunkt so bestimmt, daß sich der Emittent mit der am Ende der Laufzeit zu leistenden Annuitäten-Zahlung sämtlicher Verpflichtungen gegenüber dem Anleiheinhaber entledigt. In den ersten Jahren nach Emission einer Annuitäten-Anleihe werden oftmals keine Zahlungen geleistet. Dieser Sachverhalt kommt auch in den Kurszetteln in der Spalte »*Laufzeit*« zum Ausdruck, in der zu Annuitäten-

Anleihen ausländischer Schuldner

Anleihen zwei Jahresangaben, zum Beispiel »*93-97*« für 1993 bis 1997 oder »*98-02*« für 1998 bis 2002, publiziert werden. Die abgedruckten Jahreszahlen zeigen den jeweiligen Zeitraum, in dem der Emittent die Annuitäten für eine bestimmte Anleihe zahlt.

In den Kurstabellen sind **An**nuitäten-Anleihen grundsätzlich an der Abkürzung »*(An.A.)*« zu erkennen, was der vorstehende Ausschnitt belegt. Beispiel 6/5 erläutert die Verzinsungs- und Tilgungsmodalitäten der Annuitäten-Anleihen der BMW Finance N.V., Niederlande, deren Kursnotierungen in der Tabelle »*Anleihen ausländischer Schuldner*« zu finden sind.

Beispiel 6/5

Im Frühjahr 1987 emittiert die BMW Finance fünf Tranchen D-Mark-Inhaberteilschuldverschreibungen als Annuitäten-Anleihen. Die Tranchen werden zur besseren Unterscheidung mit den Buchstaben A, B, C, D und E gekennzeichnet. Der folgende Ausschnitt stammt aus dem Handelsblatt vom 6.6.1995 und zeigt die Kursnotierungen dieser Schuldverschreibungen.

Anleihen ausländischer Schuldner

```
(An.A.)  BMW Fin. A 87   93-97   F   60,50G    60,50bG  42,239
(An.A.)  BMW Fin. B 87   98-02   F   166,00-T  167,00-T
(An.A.)  BMW Fin. C 87   03-07   F   159,20G   159,10G
(An.A.)  BMW Fin. D 87   08-12   F   159,50G   159,50bG
(An.A.)  BMW Fin. E 87   13-17   F   158,00G   158,00G
```

Die Tranchen A bis E weisen dasselbe Emissionsjahr, nicht jedoch dieselben Termine für die Annuitätenzahlungen auf.

Anleihe	Zeitraum der Annuitäten-Zahlung
Anleihe -A-	21.4.1993 bis 21.4.1997
Anleihe -B-	21.4.1998 bis 21.4.2002
Anleihe -C-	21.4.2003 bis 21.4.2007
Anleihe -D-	21.4.2008 bis 21.4.2012
Anleihe -E-	21.4.2013 bis 21.4.2017

Die Zeiträume der Annuitäten-Zahlungen sind für jede der einzelnen Tranchen in der Spalte »*Laufzeit*« zu finden. Über die Höhe und die Zusammensetzung der Annuitäten-Zahlungen der Anleihe -A- enthalten die Emissionsbedingungen folgendes:

... § 2 Zahlung von Kapital und Erträgen

(2) Jede der Teilschuldverschreibungen der Tranche –A– wird in fünf gleichen Beträgen, die sowohl das Kapital als auch den auf dieses Kapital entfallenden Kapitalzuwachs enthalten, zurückgezahlt. Die Rückzahlungen für jede Teilschuldverschreibung im Nennbetrag von DM 1.000 sind der nachstehenden Übersicht zu entnehmen.

Datum	Annuität	Kapitalzuwachs	Kapitalrückzahlung
21.04.1993	323,64 DM	98,69 DM	224,95 DM
21.04.1994	323,64 DM	111,92 DM	211,72 DM
21.04.1995	323,64 DM	124,37 DM	199,27 DM
21.04.1996	323,64 DM	136,09 DM	187,55 DM
21.04.1997	323,64 DM	147,13 DM	176,51 DM
Summe:	1.618,20 DM	618,20 DM	1.000,00 DM

Je Teilschuldverschreibung im Nennbetrag von DM 1.000 werden also insgesamt DM 1.618,20 zurückgezahlt. Periodische Zinszahlungen werden auf die Teilschuldverschreibungen nicht geleistet. ...

Sonderformen von Anleihen stellen Auslosungs- und vorzeitig kündbare Anleihen dar. Die Rückzahlungszeitpunkte der einzelnen Teilschuldverschreibungen einer bestimmten Anleiheemission sind unter Umständen nicht identisch. Dies trifft für **Auslosungsanleihen** zu. Der Emittent schreibt in den Emissionsbedingungen Termine fest, zu denen er jeweils nur einen Teil der umlaufenden Schuldverschreibungen tilgt. Die Auswahl erfolgt durch ein Losverfahren, worauf sich die Bezeichnung »Auslosungsanleihe« zurückführen läßt.

Auslosungs-
anleihe

Ankündigung
einer Auslosung
in der Finanz-
zeitung

Der nachstehende Auszug aus dem Handelsblatt zeigt in der Spalte »*Laufzeit*« für eine Auslosungsanleihe zunächst das Kalenderjahr, in dem die erste Serie getilgt wird (1996), und anschließend das Kalenderjahr, in dem die vertragliche Laufzeit der Anleihe endet und der Emittent die letzte Serie zurückzahlt (2035).

Öffentliche
Anleihen

Beispiel 6/6 erläutert die Hintergründe zur Laufzeitangabe »96/35«, die im Zusammenhang mit der Floating Rate Note des Ausgleichsfonds Währungsumstellung in der Rubrik »*Öffentliche Anleihen*« zu finden ist.

Der Ausgleichsfonds Währungsumstellung emittiert am 1.7.1991 Floating Rate Notes mit einem Gesamtnennbetrag in Höhe von 20 Milliarden

Beispiel 6/6

D-Mark. Dieser Betrag wird auf insgesamt 20 Millionen Teilschuldverschreibungen verteilt, die jeweils einen Nennwert in Höhe von 1.000 D-Mark verbriefen.

In den Emissionsbedingungen hat der Emittent Tilgungstermine und Auslosungsmodalitäten festgeschrieben.

... § 4 Tilgung

1. Die Emission wird beginnend mit dem 1.7.1995 jährlich nachträglich in Höhe von 2,5 % ihres Nennwertes, also zu 500 Millionen D-Mark, getilgt, erstmals am 1.7.1996. Die Endfälligkeit der letzten zu tilgenden Teilschuldverschreibungen ist der 1.7.2035.

2. Die Tilgung der Teilschuldverschreibungen erfolgt durch Auslosung. Die Auslosung findet spätestens drei Monate vor dem jeweiligen Tilgungstermin, erstmalig bis zum 31.3.1996, durch die Staatsbank Berlin[1] statt.
Auslosungsverfahren:
Die vor der ersten Auslosung umlaufenden Teilschuldverschreibungen werden durch den Emittenten zum Zwecke der Auslosung in 40 gleichgroße Serien aufgeteilt. Jede dieser Serien wird in einer Urkunde mit gesonderter Wertpapier-Kenn-Nummer verbrieft. Aus den Serien wird in jedem Jahr jeweils eine Serie zur Tilgung ausgelost, so daß im Jahre 2035 die Tilgung der verbliebenen Serie ohne Auslosung erfolgt. ...

Vorzeitige Kündigung

Neben dem Tilgungszeitpunkt enthalten die Emissionsbedingungen einer Anleihe gegebenenfalls Termine, an denen die Rückzahlung des Nennwertes vorzeitig, das heißt, vor dem eigentlichen Tilgungszeitpunkt, geleistet werden darf. Zahlt der Emittent an einem dieser Termine den Gesamtnennbetrag zurück, spricht man auch von einer **vorzeitigen Kündigung** bzw. außerplanmäßigen Tilgung der Anleihe.

Beispiel 6/7

Am 6.4.1990 emittiert die Bundesrepublik Deutschland eine Floating Rate Note mit einer Laufzeit von 10 Jahren. In den Anleihebedingungen findet sich eine Klausel zum Kündigungsrecht der Anleiheschuldnerin.

Kündigungsrecht der Anleiheschuldnerin:

Die Anleiheschuldnerin ist berechtigt, die Anleihe insgesamt, jedoch nicht teilweise, zur vorzeitigen Rückzahlung zum Nennwert zum 6. April 1995 oder zu jedem darauffolgenden 6. April zu kündigen. Die Kündigung hat durch Bekanntmachung ... zu erfolgen, wobei eine Frist von mindestens 30 Tagen einzuhalten ist.

Emittenten werden von einem vorzeitigen Kündigungsrecht beispielsweise dann Gebrauch machen, wenn sich ihnen die Möglichkeit zu einer günstigeren Verschuldung bietet.

In den Kurstabellen sind vorzeitig kündbare Anleihen in der Spalte »*Laufzeit*« in aller Regel besonders gekennzeichnet.

---

1 Heute: Kreditanstalt für Wiederaufbau

Der vorstehende Ausschnitt aus der Rubrik »*Öffentliche Anleihen*« bezieht sich auf die in Beispiel 6/7 beschriebene Floating Rate Note der Bundesrepublik Deutschland. Die Angabe »*(95)*« zeigt das Kalenderjahr, in dem der frühestmögliche Rückzahlungstermin liegt. Die Floating Rate Note ist entsprechend den Anleihebedingungen zum ersten Mal am 6.4.1995 kündbar. Die beiden Jahreszahlen sind durch eine »Klammer« getrennt und somit von den Laufzeitangaben bei Annuitäten– und Auslosungsanleihen zu unterscheiden.

Schuldner kündigungsrecht	Auslosungsanleihe	Annuitätenanleihe
FRN v. 90 00(95) │ 99,49b │ 99,50b	(FRN) v. 91 96/35 │100,70G │100,70G	(An.A.) BMW Fin. D 87 08-12 F │159,50G │159,50bG (An.A.) BMW Fin. E 87 13-17 F │158,00G │158,00G

Hinsichtlich des Tilgungstermins stellen ferner sogenannte **ewige Anleihen** besondere Anleihetypen dar. Bei einer ewigen Anleihe handelt es sich um ein fest- oder variabel verzinsliches Papier, für das der Emittent zum Zeitpunkt der Begebung zwar Zinstermine, aber keinen Rückzahlungszeitpunkt festlegt. Die Laufzeit einer ewigen Anleihe endet nur unter ganz bestimmten Bedingungen, wie beispielsweise der Auflösung oder Liquidation der emittierenden Unternehmung. In der Tabelle »*Anleihen ausländischer Schuldner*« notiert eine ewige Anleihe der Air Canada. Das Kürzel »*endl.*« in der Spalte »*Laufzeit*« steht für »**endl**os« und gibt dem Leser einen Hinweis auf die grundsätzlich endlose Laufzeit der Anleihe.

ewige Anleihe

Anleihen ausländischer Schuldner

Im Frühjahr 1987 emittierte die Air Canada eine Anleihe mit einem Gesamtnennbetrag in Höhe von 200 Millionen D-Mark, verbrieft in

- 4.000 Inhaberteilschuldverschreibungen zu je 5.000 D-Mark und
- 1.800 Inhaberteilschuldverschreibungen zu je 100.000 D-Mark.

Die Teilschuldverschreibungen werden am 11.3. eines jeden Jahres nachträglich variabel verzinst, zum ersten Mal am 11.3.1988. Angaben zum Zeitpunkt der Fälligkeit bzw. zu den Tilgungsmodalitäten sind in den Anleihebedingungen zu finden:

Beispiel 6/8

... § 3 Fälligkeit

(1) Am dritten Banktag ... nach dem früheren der unten genannten Termine wird die Anleiheschuldnerin den Nennbetrag der Teilschuldverschreibungen, gegebenenfalls zuzüglich Stückzinsen, zurückzahlen und die Teilschuldverschreibungen werden ohne weiteres und ohne Notwendigkeit einer vorherigen Zahlungsaufforderung fällig

314	**Einführung**

a) an dem Tag der Wirksamkeit einer vom kanadischen Parlament verfügten Auflösung, Liquidation oder Abwicklung der Anleiheschuldnerin ... oder
b) gegebenenfalls
 (i) an dem Datum der Beschlußfassung über die Liquidation der Anleiheschuldnerin durch die Hauptversammlung der Anteilseigner der Anleiheschuldnerin; oder
 (ii) an dem Datum eines von einem zuständigen Gericht verkündeten rechtskräftigen Urteils, mit dem die Auflösung, Liquidation oder Abwicklung der Anleiheschuldnerin verfügt wird;
 in keinem Fall jedoch werden die Teilschuldverschreibungen gemäß diesem Absatz (1) vor dem 12. März 1992 fällig ...

Der Tilgungstermin dieser Anleihe wird folglich erst in der Zukunft bestimmt und ist vom Eintritt besonderer Umstände abhängig.

6.1.6 Negativklausel

In den Emissionsbedingungen ist unter Umständen eine sogenannte »Negativklausel« zu finden, die oftmals auch als »Negativerklärung« oder »Negativverpflichtung« bezeichnet wird. Mit dieser Klausel verpflichtet sich der Emittent, die Teilschuldverschreibungen der aktuellen Anleiheemission hinsichtlich der Besicherung gegenüber den Teilschuldverschreibungen früherer und zukünftiger Emissionen mindestens gleichzustellen. Für mittel- und langfristige Schuldverschreibungen, die mit einer Negativklausel ausgestattet sind, verwendet man auch den Begriff »**erstrangige Anleihen**«. Beispiel 6/9 zeigt einen Auszug aus den Emissionsbedingungen eines solchen Papiers.

<blockquote style="margin-left:0">erstrangige Anleihe</blockquote>

Beispiel 6/9

Im September 1993 emittierte der Wiedereingliederungsfonds des Europarates eine erstrangige Anleihe. In den Anleihebedingungen steht folgendes:

... § 8 (Status, Negativklausel)

(1) Die Teilschuldverschreibungen stellen unter sich gleichberechtigte, unmittelbare, unbedingte und nicht nachrangige Verbindlichkeiten des Anleiheschuldners dar und haben den gleichen Rang wie alle anderen gegenwärtigen oder zukünftigen nicht nachrangigen Verbindlichkeiten des Anleiheschuldners ...

(2) Unbeschadet der Bestimmungen des Absatzes (1) verpflichtet sich der Anleiheschuldner, solange Teilschuldverschreibungen ausstehen, ..., zugunsten der Gläubiger anderer Anleihen oder langfristiger Verbindlichkeiten sein gegenwärtiges oder zukünftiges Vermögen oder Teile davon nicht mit Grundpfandrechten, Pfandrechten oder sonstigen Rechten zu belasten oder zum Zweck der Sicherung zu übertragen, ohne die Gläubiger dieser Anleihe gleichzeitig und im gleichen Rang an einer solchen Sicherheit teilnehmen zu lassen. ...

Ein Emittent begibt neben erstrangigen Anleihen, also Anleihen mit Negativklausel, gegebenenfalls auch Anleihen, für die keine entsprechende Klausel festgeschrieben wird. Diese werden auch »**nachrangige Anleihen**« genannt. Als Emittenten nachrangiger Anleihen kommen grundsätzlich nur

<blockquote style="margin-left:0">nachrangige Anleihe</blockquote>

	Währung **315**

private Unternehmen, also zum Beispiel Geschäftsbanken oder Industrieunternehmen, in Frage.

Die ewige Anleihe der Air Canada, die bereits in Beispiel 6/8 beschrieben wurde, ist eine nachrangige Anleihe. Dies belegt der folgende Ausschnitt aus den Emissionsbedingungen.

Beispiel 6/10

... § 8 Nachrangigkeit; Börsennotierung

(1) Die Zahlung von Zinsen und Kapital auf die Teilschuldverschreibungen und Zinsscheine wird hiermit ausdrücklich ... für nachrangig erklärt gegenüber dem Anspruch auf vorherige vollständige Zahlung aller Vorrangigen Verbindlichkeiten der Anleiheschuldnerin. Der Begriff »Vorrangige Verbindlichkeit« bedeutet jede gegenwärtige und künftige Verbindlichkeit, die nicht ausdrücklich den Teilschuldverschreibungen gegenüber nachrangig ist oder mit ihnen im gleichen Rang steht . ...

Die Ansprüche der Gläubiger nachrangiger Anleihen werden im Konkursfall oder bei Liquidation des Anleiheemittenten erst dann bedient, wenn sämtliche Forderungen der Inhaber »erstrangiger Anleihen« erfüllt worden sind. Nachrangige Anleihen bergen deshalb ein höheres Risiko als Anleihen mit Negativklausel, bieten meistens aber auch eine höhere Rendite.

Währung

6.1.7

Der Nennwert einer in Deutschland emittierten Anleihe lautet gegebenenfalls nicht auf die D-Mark, sondern auf die Währung eines anderen Staates oder eine Rechnungseinheit wie die ECU. Ein entsprechend ausgestattetes Papier wird als **Währungs-** bzw. **ECU-Anleihe** bezeichnet. »Echte« Währungsanleihen sind auf dieselbe Währung denominiert, in denen der Emittent auch die Zins- und Tilgungszahlungen vornimmt. Sie sind von Doppelwährungsanleihen abzugrenzen. Doppelwährungsanleihen werden entweder in einer Währung

Währungs-/ECU-Anleihe

Doppelwährungsanleihe

- begeben, die sich von derjenigen Währung unterscheidet, in der der Emittent Zins– und Tilgungszahlungen leistet, oder in einer Währung
- getilgt, die sich von derjenigen Währung unterscheidet, in der die Emission der Anleihe sowie die Zinszahlungen erfolgen.

Zusatzrechte

6.1.8

Ein relativ niedriges Marktzinsniveau, das beispielsweise durch eine relativ niedrige durchschnittliche Umlaufrendite zum Ausdruck kommt,

- stellt für Anleiheemittenten, wie öffentliche Institutionen, Geschäftsbanken oder Industrieunternehmen, einen günstigen Zeitpunkt für die Begebung einer Anleihe dar,
- bietet Investoren aber nur mäßige Aussichten auf eine akzeptable Rendite und birgt zudem das Risiko, mit gegenwärtig erworbenen Schuldverschreibungen in Zukunft relativ hohe Kursverluste zu erleiden, sofern sie vor Fälligkeit veräußert werden.

Anleihen können in Zeiten niedriger Marktzinsen häufig nur dann das vorgesehene Emissionsvolumen erreichen, wenn sie – neben den herkömmlichen Ansprüchen auf Verzinsung und Rückzahlung des Nominalbetrages – zusätzliche Rechte verbriefen. Emittenten gewähren Zusatzrechte allgemein aber auch, um günstige Konditionen für eine Fremdkapitalaufnahme zu erzielen. Als Zusatzrecht kommt beispielsweise eine Beteiligung der Anleihegläubiger an den jährlichen Gewinnausschüttungen der Unternehmung in Frage oder das Recht, unter gewissen Bedingungen Aktien vom Emittenten der Anleihe zu beziehen. Anleiheformen mit Zusatzrechten sind unter anderem Wandel- und Optionsanleihen sowie Gewinnschuldverschreibungen.

6.2 Sonderformen

6.2.1 Wandel- und Optionsanleihen

Emittenten haben die Möglichkeit, Schuldverschreibungen mit einem Bezugsrecht auf Aktien zu versehen und die Papiere dadurch attraktiver zu gestalten. Entsprechend ausgestattete Schuldtitel unterscheidet man in Wandel- und Optionsanleihen, wobei diese Differenzierung in erster Linie deshalb zweckmäßig ist, weil

- sämtliche Ansprüche aus einer Wandelanleihe mit dem Bezug der Aktien erlöschen, wohingegen

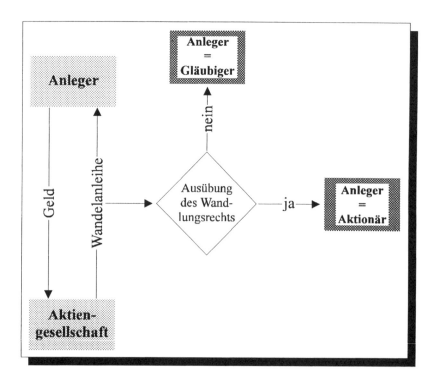

Abb. 6/6: Wandelanleihe

- die Forderungsrechte aus einer Optionsanleihe auch nach der Ausübung des Bezugsrechtes weiter bestehen.

Eine Wandelanleihe berechtigt ihren Inhaber, sie in eine oder mehrere Aktien des Emittenten umzutauschen. Der Inhaber gibt folglich die Anleihe hin und erhält im Gegenzug dafür Anteilszertifikate. Da er aber zu keinem Zeitpunkt verpflichtet ist, die Wandlung tatsächlich vorzunehmen, kann er ebenso darauf verzichten und stattdessen die regelmäßige Verzinsung und bei Fälligkeit die Rückzahlung des auf der Wandelanleihe verbrieften Nominalbetrages verlangen (vgl. Abb. 6/6).

Das Wertpapier-Bezugsrecht aus einer Optionsanleihe (vgl. Abb. 6/7) wird nicht durch die Anleihe selbst, sondern durch einen Optionsschein, englisch warrant, beim Emittenten geltend gemacht. Der Optionsschein wird zum Emissionszeitpunkt zusammen mit Mantel und Zinsscheinbogen begeben. Er ist ein eigenständiges Wertpapier, das seinem Inhaber das Recht einräumt, eine oder mehrere Aktien des Emittenten zu erwerben. Optionsschein und Anleihe sind getrennt voneinander handelbar.

Die Begebung von Wandel- und Optionsanleihen setzt voraus, daß der Emittent einen gewissen Teil seines Grundkapitals für die Lieferung von Aktien an die Inhaber der Wandelanleihen bzw. Optionsscheine reserviert. Das Grundkapital muß vor der Emission infolgedessen durch eine bedingte Kapitalerhöhung soweit aufgestockt werden, wie Umtausch- und Erwerbsrechte in Zukunft ausgeübt werden können. Entsprechend dem deutschen Aktiengesetz

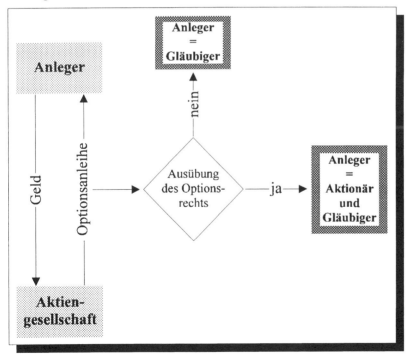

Abb. 6/7: Optionsanleihe

| 318 | **Sonderformen** |

- bedarf der Beschluß über eine bedingte Kapitalerhöhung einer $\frac{3}{4}$-Mehrheit des in der Hauptversammlung anwesenden Kapitals;
- darf der Betrag der bedingten Kapitalerhöhung niemals 50 % des zum Zeitpunkt der Beschlußfassung vorhandenen Grundkapitals überschreiten;
- ist den Aktionären zum Zweck der Besitzstandswahrung ein Bezugsrecht auf Wandel- bzw. Optionsanleihen einzuräumen.

Die bedingte Kapitalerhöhung ist mit Ausgabe der Aktien an alle Inhaber von Bezugsrechten, die diese innerhalb der Wandel- bzw. Optionsfrist ausüben, vollzogen. Der Emittent einer Wandel- bzw. Optionsanleihe schreibt in den Anleihebedingungen die Spezifikationen für den Aktienbezug fest. Im Mittelpunkt stehen dabei

- die Wandlungs– bzw. Optionsfrist,
- das Wandlungs- bzw. Optionsverhältnis,
- die Barzuzahlung bei Wandlung bzw. der Bezugskurs und
- sogenannte »Kapitalverwässerungsschutzklauseln«.

Wandlungs-/Optionsfrist

Die **Wandlungs-** bzw. **Optionsfrist** beschreibt den Zeitraum, in dem der Inhaber der Wandelanleihe den Schuldtitel in eine oder mehrere Aktien umtauschen bzw. der Inhaber des Optionsscheins sein Recht zum Bezug einer oder mehrerer Aktien ausüben kann. Die Emissionsbedingungen einer Wandelanleihe enthalten oftmals eine Klausel, die dem Inhaber in den ersten Jahren nach Begebung untersagt, vom Wandlungsrecht Gebrauch zu machen. Bei Optionsanleihen ist zu beachten, daß die Laufzeit der Anleihe die Optionsfrist des Optionsscheins gegebenenfalls übersteigt.

Beispiel 6/11

Am 8.12.1986 emittiert die Berliner Elektro-Beteiligungen AG, Berlin, eine 6 % Wandelanleihe mit Fälligkeitsdatum 30.11.1996 und Nennbeträgen von 500, 1000 und 5.000 D-Mark. In § 6 der Anleihebedingungen wird folgendes festgelegt:

... § 6
... (3) Das Wandelrecht kann vom 2. Januar 1990 bis zum 30. November 1996 jederzeit ausgeübt werden ...

Der Umtausch in Aktien ist dem Inhaber der Wandelanleihe somit für einen Zeitraum von mehr als drei Jahren nach Ausgabe des Schuldtitels nicht gestattet.

Die BHF Finance B.V., Amsterdam, begibt am 20.10.1989 eine 7 $\frac{1}{4}$ % Optionsanleihe. Die Anleiheschuldnerin verpflichtet sich, den Gesamtnominalbetrag am 20.10.1999 in einer Summe zurückzuzahlen. Die Optionsbedingungen zu den der Anleihe beigefügten Optionsscheinen bestimmen:

... § 2 Ausübungszeitraum
Das Optionsrecht kann vom 23. Oktober 1989 bis einschließlich 25. Oktober 1993 (Option A) bzw. 25. Oktober 1996 (Option B) ausgeübt werden ...

Die Optionsfrist für Option A endet folglich sechs Jahre und die Optionsfrist für Option B 3 Jahre vor Tilgung der Anleihe.

Ein weiteres bedeutsames Ausstattungsmerkmal aller Wandel- und Optionsanleihen stellt das **Wandlungs-** bzw. **Optionsverhältnis** dar. Es drückt aus, wieviele Aktien für eine Wandelanleihe bzw. für einen Optionsschein bezogen werden dürfen. Um den Wert des Wandlungs- bzw. Optionsrechts bestimmen zu können, muß – zusätzlich zum Wandlungs- bzw. Optionsverhältnis –

> Wandlungs-/
> Options-
> verhältnis

- im Falle der Wandelanleihe eine gegebenenfalls in den Anleihebedingungen festgeschriebene »**Barzuzahlung bei Wandlung**« und
- im Falle der Optionsanleihe der **Bezugskurs**, der auch als Optionspreis bezeichnet wird,

> Barzuzahlung bei
> Wandlung
>
> Bezugskurs

berücksichtigt werden.

In den Optionsbedingungen der 7 ¼ % Optionsanleihe der BHF Finance ist zum Optionsverhältnis sowie zum Bezugskurs folgendes dokumentiert:

Beispiel 6/12

... § 1 (Optionsrecht und Optionspreis; Form der Optionsscheine)

(1) Die Berliner Handels– und Frankfurter Bank, ... , bietet dem Inhaber dieses Optionsscheins hiermit eine auf den Inhaber lautende Aktie der Berliner Handels- und Frankfurter Bank im Nennbetrag von DM 50 ... zu dem in Absatz (2) genannten Optionspreis ... zum Bezug an.
(2) Der Optionspreis je Aktie im Nennbetrag von DM 50 beträgt ... DM 440 ...

Für Wandelanleihen wird in den Anleihebedingungen zudem grundsätzlich ein sogenannter Wandlungspreis definiert, der das Wandlungsverhältnis und die »Barzuzahlung bei Wandlung« in einer Zahl komprimiert. Allgemein läßt er sich mit folgender Formel bestimmen:

$$\text{Wandlungspreis} = \frac{\text{Nennbetrag der Anleihe}}{\text{Anzahl zu wandelnder Aktien}} + \text{Barzuzahlung je Aktie}$$

Die Anleihebedingungen der 6 % Wandelanleihe der Berliner Elektro gaben den Inhabern der Wandelschuldverschreibungen zunächst

Beispiel 6/13

... das unentziehbare Recht, ihre Wandelschuldverschreibungen im Nennbetragsverhältnis 10:1 zuzüglich einer Zuzahlung von DM 225 je Aktie in Stammaktien der Anleiheschuldnerin umzutauschen. Wandelschuldverschreibungen im Nennbetrag von je DM 500 können mithin unter Zuzahlung von DM 225 jeweils in eine Stammaktie der Anleiheschuldnerin über DM 50 getauscht werden; das entspricht einem Wandlungspreis von DM 725 für eine Stammaktie im Nennbetrag von DM 50 ...

Diese Klausel wurde seit der Begebung der Anleihe mehrfach geändert, was hier aber nicht weiter ausgeführt wird.

Das Bezugsrecht auf Aktien und der Wandlungs- bzw. Bezugspreis wirken sich auf den Marktwert einer Wandel- bzw. Optionsanleihe aus. Für Opti-

320	**Sonderformen**

Anleihe »cum«

onsanleihen wird im folgenden die Annahme getroffen, daß Anleihe und Schein ausschließlich zusammengefaßt (»**cum**«) gehandelt werden können und der Börsenkurs der Optionsanleihe deshalb auch den Wert des Bezugsrechts widerspiegelt.

Unter der Voraussetzung, daß die Bezugsbedingungen unverändert bleiben, sind die Kursentwicklung von Wandel- bzw. Optionsanleihe und Aktie gleichgerichtet. Der Marktwert der Wandel- bzw. Optionsanleihe fällt (steigt) gewöhnlich dann, wenn auch der Kurs der Aktie fällt (steigt). Diese Konstellation hat zur Folge, daß der Marktwert von Wandel- und Optionsanleihen – neben den Veränderungen des Marktzinsniveaus – auch von Veränderungen des jeweiligen Aktienkurses beeinflußt wird. Die Käufer solcher Anleihen sind somit sowohl einem Zins- als auch einem Aktienkursänderungsrisiko ausgesetzt.

Kapitalver-
wässerungs-
schutzklauseln

Für Aktienkursänderungen, die durch Kapitalerhöhungen ausgelöst werden, erhalten die Anleiheinhaber einen Ausgleich. In den Wandel- und Optionsbedingungen sind deshalb grundsätzlich **Kapitalverwässerungs-schutzklauseln** enthalten, die für die verschiedenen Formen der Kapitalerhöhung jeweils andere Anpassungsmaßnahmen fixieren. Im Falle einer Kapitalerhöhung gegen Einlagen, also der Ausgabe neuer Aktien gegen Bareinlage, sowie einer bedingten Kapitalerhöhung sehen die Emissionsbedingungen zumeist vor, daß der Ausgleich für den Vermögensnachteil über eine Anpassung des Wandlungs- bzw. Optionspreises herbeizuführen ist.

Beispiel 6/14

Der Wortlaut der Kapitalverwässerungsschutzklausel in den Wandelbedingungen der 6 % Wandelanleihe der Berliner Elektro und den Optionsbedingungen der 7 ¼ % Optionsanleihe der BHF Finance ist identisch. Die Klausel für eine Kapitalerhöhung gegen Ausgabe junger Aktien wird hier sinngemäß und für beide Gesellschaften zusammengefaßt wiedergegeben:

Sofern die Aktiengesellschaft, auf deren Aktien sich die Wandel- bzw. Optionsanleihe bezieht, in der Zeit vom ... bis ... unter Einräumung eines unmittelbaren und mittelbaren Bezugsrechts an ihre Aktionäre ihr Grundkapital durch die Ausgabe neuer Aktien erhöht und der Bezugspreis je neue Aktie im Nennbetrag von 50 D-Mark unter dem festgelegten Wandlungs- bzw. Optionspreis liegt, wird der Wandlungs- bzw. Optionspreis dieser Wandel- bzw. Optionsanleihe gemäß folgender Formel ermäßigt:

$$E = \frac{P - B}{V + 1}$$

E = Ermäßigungsbetrag für den Wandlungs- bzw. Optionspreis
P = jeweils gültiger Wandlungs- bzw. Optionspreis je Aktie
B = Bezugspreis für eine neue Aktie
V = Bezugsverhältnis für die jungen Aktien.

Beispielsweise erhöhte die Berliner Elektro ihr Grundkapital in den Jahren 1987 und 1989 in zwei Schritten und reduzierte damit gleichzeitig den Wandlungspreis von ursprünglich 725 D-Mark (1986) auf 708 D-Mark (1987) bzw. 677 D-Mark (1989).

Wandel- und Optionsanleihen   **321**

Im Falle einer Kapitalerhöhung aus Gesellschaftsmitteln erfolgt der Ausgleich nicht durch eine Reduzierung des Wandlungs- bzw. Optionspreises, sondern aufgrund einer Vorschrift des Aktiengesetzes über eine Änderung des Wandlungs- bzw. Optionsverhältnisses. Die entsprechende Vorschrift im Aktiengesetz besagt, daß sich der für die Ausübung der Bezugsrechte aus Wandel- und Optionsanleihen reservierte Kapitalbetrag bei Kapitalerhöhungen aus Gesellschaftsmitteln immer im gleichen Verhältnis erhöhen muß wie das Grundkapital.

In diesem Beispiel werden erneut die Emissionsbedingungen der 6 % Wandelanleihe der Berliner Elektro herangezogen. Im § 7 Absatz (4) ist zur Kapitalerhöhung aus Gesellschaftsmitteln folgende Anpassungsregelung niedergeschrieben:

Beispiel 6/15

... § 7 ...

(4) Im Falle einer Kapitalerhöhung aus Gesellschaftsmitteln wird – anstelle einer Ermäßigung des Wandlungspreises – das bedingte Kapital kraft Gesetzes (§ 218 Aktiengesetz) im gleichen Verhältnis wie das Grundkapital erhöht. Im gleichen Verhältnis erhöht sich der Anspruch des Inhabers der Wandelschuldverschreibungen, seine Wandelschuldverschreibung in Stammaktien umzutauschen. ...

Bei der Kapitalerhöhung aus Gesellschaftsmitteln, die die Hauptversammlung der Berliner Elektro am **23.6.1987** beschloß, wurde diese Regel entsprechend angewendet. Aufgrund des Hauptversammlungsbeschlusses erhöhte die Berliner Elektro ihr Grundkapital von 11 auf 16,5 Millionen D-Mark.

Das Grundkapital wurde um 5,5 Millionen D-Mark erhöht, was – bezogen auf das ursprüngliche Grundkapital – einem Kapitalerhöhungs-Verhältnis von 2:1 entspricht. § 7 Absatz (4) der Emissionsbedingungen der Wandelanleihe fordert nun zum Schutz der Anleiheinhaber eine Anpassung des bestehenden Wandlungsverhältnisses. Dieses beträgt vor der Kapitalerhöhung:

$$\text{Anleihenennbetrag zu Aktiennennbetrag} = 10{:}1$$

Da das Grundkapital am 23.6.1987 im Verhältnis von 2:1, also um 50 % erhöht wird, verbrieft eine Wandelanleihe im Nennwert von 500 D-Mark nach der Kapitalerhöhung ein Wandlungsrecht auf

$$1 \text{ Aktie} + 0{,}50 \times 1 \text{ Aktie} = 1{,}5 \text{ Aktien.}$$

1,5 Aktien haben zusammen einen Nennwert 75 D-Mark und das Nennbetragsverhältnis läßt sich mit

$$\frac{\text{Anleihe} - \text{Nennbetrag (500 DM)}}{\text{Nennbetrag von 1,5 Aktien (75 DM)}} = \frac{10}{1{,}5}$$

neu bestimmen.

322   **Sonderformen**

Die Anpassung des Optionsrechtes bei Optionsanleihen wird in ähnlicher Weise vorgenommen, wie die in Beispiel 6/15 skizzierte Anpassung des Wandlungsrechtes bei einer Wandelanleihe. Auf eine Darstellung wird hier verzichtet.

Die Bewertung von Wandel- und Optionsanleihen erweist sich aufgrund der gleichzeitig zu berücksichtigenden Wertkomponenten »rechnerischer Wert der Anleihe« und »rechnerischer Wert des Bezugsrechtes« als relativ schwierig. Die Ermittlung des rechnerischen Werts der Anleihe, das heißt, die Bewertung von Zins- und Tilgungszahlungen, zeigt Abschnitt 6.4.1. Die Besonderheiten bei der Bewertung von Optionsscheinen sind Gegenstand des 7. Kapitels. Der rechnerische Wert des Wandlungsrechtes soll im weiteren nicht näher erläutert werden.

»Agio«

Um einen Vergleich der Wandelanleihen verschiedener Emittenten untereinander zu ermöglichen, wird in der Praxis oftmals ein sogenanntes Wandlungsaufgeld, »**Agio**« genannt, berechnet. Das Agio gibt den Preisunterschied in Prozent an, der zwischen dem Bezug einer Aktie über die Ausübung des Wandlungsrechts und dem direkten Kauf besteht. Zur Berechnung des Agios werden zunächst sämtliche Aufwendungen zusammengefaßt, die durch die Wandlung entstehen. Der Einfachheit halber wird im folgenden die Annahme getroffen, daß die Wandelanleihe am Wandlungstag gekauft und umgehend in Aktien getauscht werden soll. Im einzelnen sind bei der Agio-Berechnung in einem solchen Fall der Börsenkurs der Wandelanleihe, die beim Kauf der Wandelanleihe zu entrichtenden Stückzinsen und die gegebenenfalls erforderliche Barzuzahlung zu berücksichtigen.[1] Der Wandlungsaufwand je Aktie ergibt sich gemäß folgender Formel:

$$\text{Wandlungsaufwand} = \frac{\left(\text{Nennbetrag der Anleihe} \times \dfrac{\text{Kurs in \%}}{100}\right) + \text{Stückzinsen} + \text{Barzuzahlungen}}{\text{Anzahl umtauschender Aktien}}$$

Mit Hilfe des Wandlungsaufwandes wird im zweiten Schritt das Agio der Wandelanleihe berechnet:

$$\text{Agio in \%} = \frac{\text{Wandlungsaufwand} - \text{Börsenkurs der Aktie}}{\text{Börsenkurs der Aktie}} \times 100 \ \%$$

Beispiel 6/16

Die 6 % Wandelanleihe der Berliner Elektro-Beteiligungen AG kann am **2.6.1995** mit einem Wandlungsverhältnis von 10:1,5 und unter Zuzahlung von 177 D-Mark je Aktie in 50-D-Mark-Stammaktien der Anleiheschuldnerin umgetauscht werden. Das Papier wird einmal jährlich nachträglich am 2.1. eines Jahres verzinst und weist Stückelungen von 500, 1.000 und 5.000 D-Mark auf. Unter Einbezug des Börsenkurses der Stammaktie, der am 2.6.1995 400 D-Mark beträgt, und dem Börsenkurs der Wandelanleihe vom selben Tag in Höhe von 100,50 % läßt sich nun in drei Schritten das Agio für die Anleihe berechnen.

1 Provisionen und Gebühren beim Kauf der Anleihe werden nicht berücksichtigt.

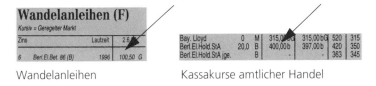

Wandelanleihen   Kassakurse amtlicher Handel

Dabei wird die kleinste Stückelung in Höhe von 500 D-Mark als Anleihennennwert zugrundegelegt.

1. Schritt: Berechnung der Stückzinsen für die Zeit vom 2.1.95 – 1.6.95:

$$\text{Stückzinsen} = \frac{500 \text{ DM} \times 6 \times 150}{100 \times 360} = 12{,}50 \text{ DM}$$

2. Schritt: Der Wandlungsaufwand beträgt

$$\frac{\left(500 \text{ DM} \times \frac{100{,}5}{100}\right) + 12{,}50 \text{ DM} + 177 \text{ DM}}{1{,}5} = 461{,}33 \text{ DM}$$

3. Schritt: Berechnung des Agios:

$$\text{Wandlungsagio} = \frac{461{,}33 \text{ DM} - 400 \text{ DM}}{400 \text{ DM}} \times 100 \% = 15{,}33 \%$$

Der Kauf einer Anleihe am 2.6.1995 über die Wandelanleihe ist infolgedessen um 15,33 % teurer als der Direkterwerb der Aktie.

In der Praxis wird das Agio zumeist auf ein Jahr bezogen, in dem es durch die Restlaufzeit der Anleihe, ausgedrückt in Jahren, dividiert wird. Erst dann lassen sich die Agios verschiedener Wandelanleihen miteinander vergleichen. Ausschließlich anhand des Agios läßt sich die Vorteilhaftigkeit einer Wandelanleihe gegenüber anderen Wandelanleihen aber nicht beurteilen. Hierzu ist vielmehr eine Analyse der Volatilität der zugrundeliegenden Aktie, der Restlaufzeit der Anleihe usw. notwendig.

Gewinnschuldverschreibungen   6.2.2

Gewinnschuldverschreibungen sind Schuldverschreibungen, die anstelle des Zinsanspruchs bzw. zusätzlich zu diesem einen Anspruch auf Beteiligung am Gewinn der emittierenden Unternehmung verbriefen. Sie sind in aller Regel mit

- einem festen Nominalzinssatz (Basisverzinsung) und
- zudem mit einer dividendenabhängigen Zusatzverzinsung

ausgestattet. Eine Gewinnschuldverschreibung wurde beispielsweise von der Harpener AG, Dortmund, begeben. Die Emissionsbedingungen enthalten folgende Klausel:

324   **Sonderformen**

... § 2

Die Teilschuldverschreibungen werden mit 4 1/2 vom Hundert verzinst und sind ferner ausgestattet mit einer Zusatzverzinsung derart, daß die jährliche Gesamtverzinsung, sofern eine Dividende gezahlt wird, immer 2,63 vom Hundert höher ist als das 4,255-fache der auf die Aktien der Gesellschaft zur Ausschüttung gelangenden Dividende. ...

6.2.3   Stripped Bonds

Die Trennung der Zinskupons vom Mantel einer Kupon-Anleihe wird als Bond- oder Coupon-Stripping und die getrennt handelbaren Mäntel und Zinsscheine als Stripped Bonds bzw. Stripped Coupons bezeichnet. Das Stripping führt zu einer Vielzahl an Zerobonds, die eigenständig und völlig losgelöst von der ursprünglichen Kupon-Anleihe gehandelt werden können. Ein Bond- und Coupon-Stripping ist nur bei denjenigen Schuldverschreibungen möglich, deren Emissionsbedingungen *kein* Kündigungsrecht des Emittenten vorsehen.

synthetic strip

In den USA, Vorreiter des Bond- und Coupon-Strippings, werden für diesen Vorgang vornehmlich Treasury bonds benutzt. Zunächst faßten Investmentbanken, wie Salomon Brothers oder Merrill Lynch, die Mäntel und Zinsscheine mehrerer Treasury bonds zu neuen Wertpapieren, auch »**synthetic strips**« genannt, zusammen und verkauften sie unter Bezeichnungen wie CATS (**C**ertificate of **A**ccrual on **T**reasury **S**ecurities) oder TIGR (**T**reasury **I**ncome **G**rowth **R**eceipts). Die US-Regierung schreibt seit 1985 für Treasury notes und bonds bereits in den Emissionsbedingungen fest, Mäntel und Zinsscheine trennen und sodann losgelöst voneinander handeln zu können. Die dabei entstehenden Zero-Bonds werden schlicht

STRIPS

»STRIPS« genannt, was als Abkürzung für »**S**eparate **T**rading of **R**egistered **I**nterest and **P**rincipal of **S**ecurities« steht und das »STRIPS program« der US-Regierung kennzeichnet. Dieses Programm soll die Flexibilität der Kreditaufnahme steigern. Folgender Ausschnitt aus dem ***Wall Street Journal Europe*** zeigt die Kursnotierungen für

- den 30jährigen Treasury bond, der auf der Bond-Auktion im Februar 1995 mit einem Nominalzinssatz in Höhe von 7,625 % begeben wurde, dessen
- gestrippte Mäntel und
- gestrippte Zinsscheine mit Zinstermin 15.2.2025.

Die Abkürzungen »bp«, »ci« und »np«, die im Zusammenhang mit den STRIPS verwendet werden, stehen für »Treasury **b**ond, stripped **p**rincipal«, »stripped **c**oupon **i**nterest« bzw. »Treasury **n**ote, stripped **p**rincipal«.

Auszug aus
Wall Street
Journal Europe

GOVT. BONDS & NOTES

Rate	Maturity Mo/Yr	Bid	Asked	Chg.	Ask Yld.
$8\frac{7}{8}$	Jul 95n	100:01	100:03	....	0.37
$4\frac{1}{4}$	Jul 95n	99:29	99:31	....	4.73
$4\frac{5}{8}$	Aug 95n	99:28	99:30	....	5.18
$8\frac{1}{2}$	Aug 95n	100:08	100:10	−1	5.08
$10\frac{1}{2}$	Aug 95n	100:14	100:16	−2	5.09
$3\frac{7}{8}$	Aug 95n	99:23	99:25	....	5.39
$3\frac{7}{8}$	Sep 95n	99:20	99:22	....	5.25
$8\frac{5}{8}$	Oct 95n	100:24	100:26	−1	5.37
$3\frac{7}{8}$	Oct 95n	99:15	99:17	+1	5.40
$5\frac{1}{8}$	Nov 95n	99:27	99:29	....	5.36
$8\frac{1}{2}$	Nov 95n	100:31	101:01	....	5.39
$9\frac{1}{2}$	Nov 95n	101:09	101:11	−2	5.45
$11\frac{1}{2}$	Nov 95	102:00	102:04	....	5.14
$4\frac{1}{4}$	Nov 95n	99:16	99:18	+1	5.38
$4\frac{1}{4}$	Dec 95n	99:13	99:15	+1	5.40
$9\frac{1}{4}$	Jan 96n	101:26	101:28	....	5.48
4	Jan 96n	99:05	99:07	+1	5.45
8	Nov 21	117:05	117:07	−2	6.61
$7\frac{1}{4}$	Aug 22	108:04	108:06	−4	6.60
$7\frac{5}{8}$	Nov 22	113:02	113:04	−3	6.58
$7\frac{1}{8}$	Feb 23	106:27	106:29	−3	6.58
$6\frac{1}{4}$	Aug 23	95:27	95:29	−3	6.57
$7\frac{1}{2}$	Nov 24	112:10	112:12	−4	6.55
$7\frac{5}{8}$	Feb 25	114:13	114:15	−7	6.52

30jähriger T-Bond (Auktion: Februar 95)

U.S. TREASURY STRIPS

Mat.	Type	Bid	Asked	Chg.	Ask Yld.
Aug 95	ci	99:16	99:16	+1	5.29
Aug 95	np	99:15	99:16	+1	5.35
Nov 95	ci	98:05	98:05	....	5.42
Nov 95	np	98:04	98:04	....	5.54
Feb 96	ci	96:26	96:27	+1	5.46
Feb 96	np	96:26	96:27	+1	5.47
May 96	ci	95:17	95:18	+2	5.45
May 96	np	95:15	95:16	+1	5.53
Aug 96	ci	94:18	94:19	+2	5.13
Nov 96	ci	93:01	93:02	+2	5.42
Nov 96	np	92:29	92:30	+2	5.51
Feb 97	ci	91:24	91:25	+2	5.44
May 97	ci	90:13	90:15	+3	5.51
May 97	np	90:11	90:12	+2	5.55
Aug 97	ci	89:07	89:09	+3	5.48
Aug 97	np	89:02	89:03	+2	5.56
Nov 97	ci	87:27	87:29	+2	5.57
Feb 24	ci	15:04	15:08	−6	6.69
May 24	ci	14:30	15:02	−6	6.67
Aug 24	ci	14:24	14:28	−6	6.66
Nov 24	ci	14:19	14:23	−6	6.64
Nov 24	bp	14:27	14:31	−6	6.58
Feb 25	ci	14:26	14:30	−11	6.53
Feb 25	bp	15:01	15:05	−11	6.48

gestrippte Zinsscheine (Zinstermin: 15.2.2025)

gestrippte Mäntel

Ein Investor kann STRIPS nicht von der US-Regierung bzw. der Fed direkt, sondern nur über private Brokerhäuser und Wertpapierhändler (dealer) erwerben.

In Deutschland ist Bond- oder Coupon-Stripping mit Bundesanleihen nicht zulässig, weil der Bund seine Zustimmung dazu bislang verweigert. 1992 brachte die **K**reditanstalt für **W**iederaufbau (**KfW**) als erster inländischer Emittent eine festverzinsliche Anleihe in Umlauf, deren Mantel und Zinsscheine sowohl gemeinsam als auch getrennt voneinander an einer Börse gehandelt werden können. Beispiel 6/17 skizziert die Spezifikationen der KfW-Anleihe, die am 1. Juni 1992 emittiert wurde.

Beispiel 6/17

Der untenstehende Ausschnitt ist einem Prospekt entnommen, mit dem die KfW am 1.6.1992 eine 8 % Inhaberschuldverschreibung mit 20jähriger Laufzeit und einem Nennbetrag von insgesamt 300 Millionen D-Mark an der Wertpapierbörse zu Frankfurt einführte. Der Prospekt zeigt eine Kurzbeschreibung dieser Inhaberschuldverschreibung (Basis-Anleihe) und bringt im Punkt »Form/Handelbarkeit« zum Ausdruck, daß die Ersterwerber die Basis-Anleihe in Form von

I. Inhaber(teil)schuldverschreibungen cum (mit Zinsschein),
II. Inhaber(teil)schuldverschreibungen ex (ohne Zinsschein) und
III. »Zinsscheine verkörpernde Inhaber(teil)schuldverschreibungen«

weiterverkaufen können.

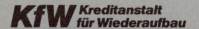

Kreditanstalt für Wiederaufbau

Frankfurt am Main

Prospekt

über die Zulassung von Schuldverschreibungen
zum Börsenhandel mit amtlicher Notierung an der
Frankfurter Wertpapierbörse

Bezeichnung:	8% Inhaberschuldverschreibungen von 1992/2012
Nennbetrag:	DM 300.000.000,–
	Eine Erhöhung des Nennbetrages ist ohne Zustimmung der Gläubiger der Inhaberschuldverschreibungen möglich.
Verbriefung/Lieferbarkeit:	Die Inhaberschuldverschreibungen sind in effektiven Stücken lieferbar. (Bis zur Auslieferung von Einzelurkunden: Verbriefung in einer Sammelurkunde)
Form/Handelbarkeit:	Mäntel und Zinsscheine sind getrennt handelbar.
	Für den Handel wurde folgende Einteilung vorgenommen:
	I. Inhaberschuldverschreibungen cum (mit Zinsschein) von 1992/2012
	II. Inhaberschuldverschreibungen ex (ohne Zinsschein) von 1992/2012
	III. Getrennt handelbare Zinsscheine verkörpernde Inhaberschuldverschreibungen (Zinsscheinbogen und Einzelzinsscheine aus Zinsscheinbogen) von 1992/2012

Jeder »Inhaberschuldverschreibungs-Typ« wird in dem Börsenzulassungsprospekt der KfW anschließend getrennt beschrieben.

I. Inhaberschuldverschreibungen cum (mit Zinsschein) von 1992/2012

Die Inhaberschuldverschreibungen sind mit folgenden Daten handelbar:

Nennbetrag:	DM 300.000.000,– (kumulativ mit II.)
Verzinsung:	8% p.a.
Emissionskurs:	101 1/4 %
Emissionsrendite:	7,87% p.a.
Zinstermin:	1. Juni gzj.
Zinslaufbeginn:	1. Juni 1992
1. Zinsfälligkeit:	1. Juni 1993
Fälligkeit:	1. Juni 2012
Rückzahlung:	Zum Nennwert (100%)
Stückelung:	DM 10.000,– oder ein ganzzahliges Vielfaches hiervon
Ausdruck:	Die Inhaberschuldverschreibungen sind verbrieft in unter sich gleichberechtigten 30.000 Teilschuldverschreibungen zu je DM 10.000,– Nr. 00 001 – 30 000.
	Jede Teilschuldverschreibung ist mit 20 Inhaber-Jahreszinsscheinen derselben Nummern versehen. Bis zur Auslieferung der Einzelurkunden (voraussichtlich bis 31. August 1992) sind die Inhaberschuldverschreibungen in einer Sammelurkunde verbrieft, die bei der Deutscher Kassenverein AG hinterlegt ist.
Wertpapier-Kenn-Nr.:	– cum 276 045 –

Die folgende Übersicht zeigt die Alternativen, die den Eigentümern der »Inhaberschuldverschreibungen cum« aufgrund der besonderen Emissionsbedingungen und der Börsenzulassung der Mäntel und Zinsscheine geboten werden. Die Inhaber können Mantel und Kupons trennen (»strippen«) und separat voneinander handeln.

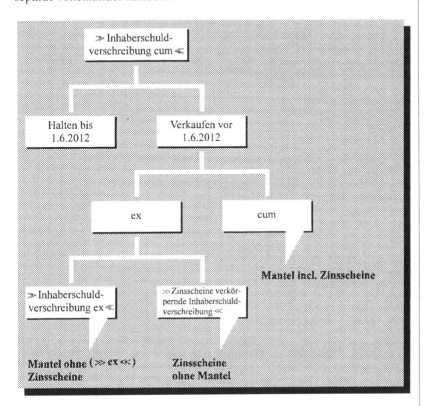

Dem Prospektausschnitt über die »Inhaberschuldverschreibung ex« (siehe unten) ist zu entnehmen, daß dieses Papier

- keinen Anspruch auf laufende Zinszahlungen verbrieft, somit eine Null-Kupon-Anleihe darstellt,
- und am Ende der Laufzeit, also am 1.6.2012, vom Emittenten zum Nennwert zurückgezahlt wird.

Der Zinsertrag der »Inhaberschuldverschreibung ex« (Mantel) lautet zum Zeitpunkt der Fälligkeit

Zinsertrag = Nennwert – Kurswert zum Zeitpunkt des Erwerbs.

Berücksichtigt man den Börsenkurs vom 2.6.1995 in Höhe von 27,75 % so ergibt sich ein Zinsertrag von insgesamt

10.000 DM – 0,2775 × 10.000 DM = 7.225,00 DM.

II. Inhaberschuldverschreibungen ex (ohne Zinsschein) von 1992/2012

Die Mäntel der unter I. genannten Inhaberschuldverschreibungen von 1992/2012 sind mit folgenden Daten handelbar:

Nennbetrag:	DM 300.000.000,– (kumulativ mit I.)
Rendite:	Für diese Inhaberschuldverschreibungen werden keine periodischen Zinszahlungen geleistet. Die Basis-Inhaberschuldverschreibungen haben eine Emissionsrendite von 7,87% p.a.
Fälligkeit:	1. Juni 2012
Rückzahlung:	Zum Nennwert (100%)
Stückelung:	DM 10.000,– oder ein ganzzahliges Vielfaches hiervon
Ausdruck:	Die Inhaberschuldverschreibungen sind verbrieft in den unter I. genannten unter sich gleichberechtigten
	30.000 Teilschuldverschreibungen zu je DM 10.000,– Nr. 00 001 – 30 000.
	Diesen Teilschuldverschreibungen sind keine Zinsscheine beigefügt.
Wertpapier-Kenn-Nr.:	– ex 276 046 –

Während eine »Inhaberschuldverschreibung ex« die Ansprüche aus dem Mantel einer Basis-Anleihe repräsentiert, verbriefen die unter Punkt III. des Börsenzulassungsprospektes beschriebenen Inhaberschuldverschreibungen die Zinsansprüche.

III. Getrennt handelbare Zinsscheine verkörpernde Inhaberschuldverschreibungen (Zinsscheinbogen und Einzelzinsscheine aus Zinsscheinbogen) von 1992/2012

Die Zinsscheine der unter I. genannten Inhaberschuldverschreibungen sind als teilfällige unverzinsliche Inhaberschuldverschreibungen getrennt von den Mänteln alternativ in ungeteilten Zinsscheinbogen oder in je 10 Einzelzinsscheinen pro Einlösetermin mit folgenden Daten handelbar:

Nennbetrag:	anfänglich DM 480.000.000,–
	Dieser Betrag reduziert sich im Umfang der fällig gewordenen Zinsscheine unter I.
Rendite:	Für diese Inhaberschuldverschreibungen werden keine periodischen Zinszahlungen geleistet. Die Basis-Inhaberschuldverschreibungen haben eine Emissionsrendite von 7,87% p.a.
Stückelung und Ausdruck:	Die Inhaberschuldverschreibungen sind verbrieft in unter sich gleichberechtigten
	30.000 Zinsscheinbogen zu anfänglich je DM 16.000,– Nr. 00 001 – 30 000.
	Jeder Zinsscheinbogen ist unterteilt in 20 Jahres-Einzelzinsscheine zu je DM 800,–.
Handelbarkeit:	Jeder ungeteilte Zinsscheinbogen, ggf. verringert um zwischenzeitlich fällig gewordene Einzelzinsscheine, ist selbstständig handelbar. Einzelzinsscheine sind nur im Umfang von 10 Stück (oder einem ganzzahligen Vielfachen davon) pro Fälligkeitstermin handelbar.
Einlösung und Wertpapier-Kenn-Nr.:	a) Jeder Zinsscheinbogen wird in 20 gleichen Jahresraten zu je DM 800,–, die erste davon fällig am 1. Juni 1993, die letzte davon fällig am 1. Juni 2012, zum Nennwert eingelöst.
	WKN – ex 276 047 –
	b) Einzelzinsscheine im handelbaren Umfang von je 10 Stück und damit im Gesamtnominalwert von DM 8.000,–

werden am 1. Juni 1993 WKN – ex 276 048 –
      1. Juni 1994 WKN – ex 276 049 –
      1. Juni 1995 WKN – ex 276 050 –
      1. Juni 1996 WKN – ex 276 051 –
      1. Juni 1997 WKN – ex 276 052 –
      1. Juni 1998 WKN – ex 276 053 –
      1. Juni 1999 WKN – ex 276 054 –
      1. Juni 2000 WKN – ex 276 055 –
      1. Juni 2001 WKN – ex 276 056 –
      1. Juni 2002 WKN – ex 276 057 –
      1. Juni 2003 WKN – ex 276 058 –
      1. Juni 2004 WKN – ex 276 059 –
      1. Juni 2005 WKN – ex 276 060 –
      1. Juni 2006 WKN – ex 276 061 –
      1. Juni 2007 WKN – ex 276 062 –
      1. Juni 2008 WKN – ex 276 063 –
      1. Juni 2009 WKN – ex 276 064 –
      1. Juni 2010 WKN – ex 276 065 –
      1. Juni 2011 WKN – ex 276 066 –
      1. Juni 2012 WKN – ex 276 067 –

zum Nennwert eingelöst.

Unter der Voraussetzung, daß am ersten Tag nach der Emission alle Mäntel und Bögen voneinander getrennt werden, ergibt sich für die die »Zinsscheine verkörpernden Inhaberschuldverschreibungen« insgesamt ein Nennwert von

30.000 (Basis-Anleihen) × 20 (Zinsscheine je Anleihe) × 800 DM = 480.000.000 DM.

Der Nennwert reduziert sich nach jedem Zinstermin, also nach Einlösung aller Zinsscheine eines bestimmten Zinstermins, um

30.000 (Zinsscheine) × 800 DM = 24.000.000 DM.

Indexanleihen

6.2.4

Die Höhe der Rück- und/oder Zinszahlungen einer Indexanleihe hängt von der Entwicklung eines Indexes, wie zum Beispiel eines Aktien- oder Verbraucherpreisindexes, ab. Indexanleihen werden als Anleihen mit Sachwertschutz bezeichnet, wenn die Index-Kopplung der Zins- bzw. Tilgungszahlungen dazu führt, daß die Kaufkraft des investierten Geldbetrages trotz gestiegener oder gesunkener Inflationsraten unverändert bleibt.

Eine Index-Anleihe verbrieft einen Nennwert in Höhe von 1.000 D-Mark und hat eine Laufzeit von zwei Jahren. Die Emissionsbedingungen sehen weiterhin vor, daß die Tilgungszahlung der Anleihe in gleichem Maße steigt oder fällt wie ein bestimmter Preisindex.

Beispiel 6/18

Zum Emissionszeitpunkt habe der Preisindex einen Stand von 100 %, wohingegen er zum Zeitpunkt der Fälligkeit der Anleihe bei 104 % stehe. Die Rückzahlung des Emittenten beläuft sich folglich auf insgesamt

1.000 DM × 1,04 = 1.040 DM.

Der Kaufkraftverlust des eingesetzten Geldbetrages in Höhe von 4 % wird durch die Anpassung des Rückzahlungskurses exakt ausgeglichen.

Die Emission von D-Mark-Index-Anleihen ist in Deutschland grundsätzlich untersagt. Marktteilnehmern soll die Möglichkeit genommen werden, sich gegen Preissteigerungen abzusichern oder gar von Preissteigerungen zu profitieren. Zulässig ist eine Kopplung von Zins- und/oder Tilgungszahlungen an einen Index immer dann, wenn den Anleihegläubigern aus der Indexbindung ausschließlich Ertragseinbußen entstehen können.

Im Jahre 1993 emittierte die WestLB, Düsseldorf, eine Anleihe »mit DAX-bezogenem Rückzahlungswahlrecht der Emittentin«. Der folgende Ausschnitt stammt aus den Emissionsbedingungen:

Beispiel 6/19

... § 3

(1) Die Teilschuldverschreibungen werden am 10. November 1995 nach Wahl der Emittentin entweder (a) zum Nennbetrag oder (b) zu einem gemäß Absatz (2) zu ermittelnden Betrag eingelöst ...

(2) Für den Fall, daß der von der Frankfurter Wertpapierbörse am 30. Oktober 1995 zuletzt festgestellte und veröffentlichte Wert (Schlußkurs) des Deutschen Aktienindex (DAX) entweder (a) über 2.500 oder (b) unter 1.850 liegt, ist die Emittentin berechtigt, nach ihrer Wahl die Teilschuldverschreibungen statt zum Nennbetrag zu einem Betrag (der »Rückzahlungsbetrag«) einzulösen, der für jede Teilschuldverschreibung im Nennbetrag von DM 5.000 einem Betrag von mindestens DM 3.500 entspricht und wie folgt berechnet wird:
  (a) DAX über 2.500:
    RB = 20.000 − 6 x DAX-Betrag
  (b) DAX unter 1.850:
    RB = 6 x DAX-Betrag − 6.100
dabei gilt RB als der in DM ausgedrückte, positive Rückzahlungsbetrag in Höhe von mindestens DM 3.500 und der DAX-Betrag als der Schlußkurs des DAX am Feststellungstag, wobei ein Indexpunkt einem Betrag von DM 1 entspricht. ...

Am 30.10.1995 wird an der Frankfurter Wertpapierbörse ein DAX-Schlußkurs in Höhe von 2.146,11 festgestellt, was dem folgenden Ausschnitt aus der Finanzzeitung zu entnehmen ist.

Das Rückzahlungswahlrecht der Emittentin verfällt somit; die WestLB tilgt die Anleihe zum Nennbetrag in Höhe von 5.000 D-Mark.

Untenstehende Tabelle zeigt die Rückzahlungsbeträge bei unterschiedlichen DAX-Szenarien.

DAX-Stand am 30.10.1995	Rückzahlungsbetrag
2.745	20.000 DM − 6 × 2.745 DM = 3.530 DM
1.590	6 × 1.590 DM − 6.100 DM = 3.440 DM 3.440 DM < 3.500 DM Rückzahlungskurs = 3.500 DM

Die Index-Kopplung hätte für die Anleiheinhaber niemals zu einem höheren Rückzahlungskurs als dem verbrieften Nennwert in Höhe von 5.000 D-Mark und niemals zu einem geringeren als dem verbrieften Mindestrückzahlungskurs in Höhe von 3.500 D-Mark führen können.

6.3 Emission und Handel

6.3.1 Plazierung

Die »Unterbringung« von Wertpapieren bei Anlegern, also der Verkauf der Papiere an Investoren, wird mit dem Begriff »Plazierung« bezeichnet. Wertpapiere – hierzu zählen auch Anleihen – können grundsätzlich vom

Emittenten selbst oder unter Mitwirkung eines Banken-Konsortiums plaziert werden. Das Verkaufsangebot wird entweder veröffentlicht (öffentliche Plazierung) oder richtet sich nur an wenige Investoren (Privatplazierung).

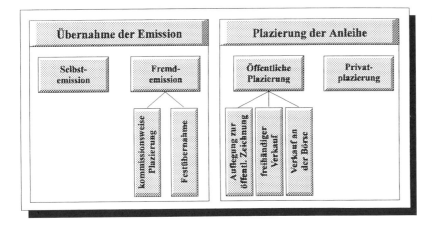

Abb. 6/8: Emissionsformen

Im Rahmen einer **Selbstemission** übernimmt der Emittent selbst die Plazierung seiner Anleihe. Er trägt sämtliche damit verbundene Aufgaben, wie zum Beispiel die Ausarbeitung von Verkaufsprospekten oder den Vertrieb, und auch das Plazierungsrisiko. Damit ist die Gefahr gemeint, daß nicht der vollständige Anleihebetrag an Investoren veräußert werden kann, und dem Emittenten folglich nicht der vorgesehene Geldbetrag zufließt. In Deutschland führen überwiegend Geschäftsbanken, aber sehr selten andere Unternehmen, Selbstemissionen durch. Als typisches Beispiel für eine Selbstemission gilt die Begebung von Pfandbriefen durch Geschäftsbanken.

Selbstemission

Eine **Fremdemission** ist dadurch gekennzeichnet, daß eine oder mehrere Geschäftsbanken – im Falle mehrerer Banken spricht man von einem Emissionskonsortium – die Schuldverschreibungen eines Anleihe-Emittenten übernehmen und sämtliche mit der Plazierung verbundene Aufgaben erledigen. Das Emissionskonsortium kann die Anleihe fest oder kommissionsweise übernehmen. Bei einer Festübernahme kaufen die Mitglieder des Konsortiums einen Teil des Emissionsvolumens oder gar die gesamte Emission und werden Eigentümer der Papiere. Sie tragen folglich das Absatzrisiko für den übernommenen Teil. Anleihen, die nicht bei Investoren untergebracht werden können, verbleiben im eigenen Bestand der Konsorten. Dies ist bei kommissionsweiser Übernahme der Papiere anders. Hier übernimmt das Konsortium die Emission und verkauft sie im eigenen Namen, aber für Rechnung des Emittenten.

Fremdemission

Eine Fremdemission birgt für einen Emittenten den Vorteil, die Infrastruktur (Vertriebswege, Kontakt zu Investoren usw.) sowie das Know-How einiger Geschäftsbanken nutzen und im Falle einer Festübernahme das Plazierungsrisiko auf das Konsortium abwälzen zu können. Diese Dienstleistungen müssen Emittenten den Geschäftsbanken vergüten.

| 332 | **Emission und Handel** |

Private/Öffentliche Plazierung

Anleihen können – wie schon erwähnt – grundsätzlich privat oder öffentlich plaziert werden. Die **Privatplazierung** ist dadurch gekennzeichnet, daß die Anleihe nur ausgewählten Investoren angeboten wird. Bei öffentlicher Plazierung hingegen ist der Investorenkreis prinzipiell nicht begrenzt. Hier lassen sich

- die Auflegung zur öffentlichen Zeichnung,
- der freihändige Verkauf sowie
- der börsenmäßige Verkauf

unterscheiden. Im Rahmen der Auflegung zur öffentlichen Zeichnung publiziert das Emissionskonsortium Prospekte und fordert Investoren damit zur Abgabe einer Zeichnungserklärung innerhalb einer vorgegebenen Frist auf. Steht der Kurs, zu dem die Anleihe verkauft wird, von vornherein fest, so spricht man von einem festen Zeichnungskurs. Anleger teilen in diesem Fall nur den Nennbetrag bzw. die Stückzahl mit, die sie erwerben möchten. Nach Ablauf der Zeichnungsfrist werden die Wertpapiere den Investoren zugeteilt.

Beim sogenannten **Tenderverfahren** haben die Anleger die Möglichkeit, während der Zeichnungsfrist sowohl einen Nennbetrag als auch einen Kurs für die Anleihe zu bieten. Das Tenderverfahren spielt bei Emissionen des Bundes eine wichtige Rolle. Hierauf wird an der entsprechenden Stelle näher eingegangen (vgl. Abschnitt 6.7.1.1).

Beim freihändigen Verkauf veräußern die Mitglieder des Emissionskonsortiums die übernommenen Anleihen fortlaufend an ihre Kunden und versuchen, ein möglichst großes Volumen unterzubringen. Die Anleihe wird in einem Verkaufsprospekt, der dem Zeichnungsprospekt ähnelt, zu einem freibleibenden Kurs angeboten. Die Geschäftsbanken behalten sich demnach vor, den Kurs im Laufe der Zeit dem jeweiligen Marktzinsniveau anzupassen.

Im Rahmen des börsenmäßigen Verkaufs werden die Papiere zunächst an der Börse eingeführt und sodann über die Börse veräußert. Diese Form des Verkaufs ist jedoch kaum noch zu beobachten. Die Papiere werden zumeist erst nach der Plazierung an die Börse gebracht.

6.3.2   Handel

Börsenhandel

Anleihen werden, ebenso wie andere Wertpapiere, sowohl an Börsen als auch over-the-counter gehandelt. Börsennotierte Anleihen lassen sich in Deutschland den drei Marktsegmenten »Amtlicher Handel«, »Geregelter Markt« und »Freiverkehr« zuordnen. Die Zulassung eines Papiers zu einem dieser Segmente hängt von bestimmten Zulassungsvoraussetzungen ab, die vom Emittenten erfüllt werden müssen. Dabei gelten für Unternehmen amtlich notierter Anleihen die strengsten und für Emittenten, deren Papiere im Freiverkehr gehandelt werden, die schwächsten Formvorschriften. Der Nominalbetrag börsennotierter Anleihen muß, unabhängig vom Marktsegment, wenigstens auf 500.000 D-Mark lauten. Die Kursbildung börsengehandelter Anleihen (z. B. Kassakursfixierung) ist mit derjenigen

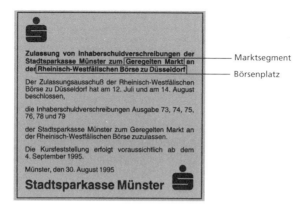

börsengehandelter Aktien vergleichbar, so daß an dieser Stelle auf die entsprechenden Ausführungen verwiesen wird.

Börsennotierte Anleihen, und zwar insbesondere Bundesanleihen, werden nicht nur auf dem Parkett, sondern auch über das vollcomputerisierte Wertpapierhandelssystem IBIS ge- und verkauft. Die Usancen beim IBIS-Handel zeigt Kapitel 2.1.2.3.2.2.

```
REX                                                      K:   1 06.07.95 10:43
 BA88    7,125 12.02     0,00      0,0  0,000 BA94  4,250 09.04    0,00       0,0
0,000
 BA90    6,500 07.03     0,00      0,0  0,000 BA95  7,500 11.04  103,45 i     0,0
6,976
 BA91    6,000 09.03     0,00      0,0  0,000 BA96  7,375 01.05    0,00       0,0
0,000
 BA92    6,250 01.24     0,00      0,0  0,000 BA97  6,875 05.05  100,29 n    78,0
6,825
 BA93    6,750 07.04    98,55 i    0,0  6,971 BO10  5,375 02.99    0,00       0,0
0,000
 === B7000UA8->1 ============== RENTEN : BID/ASK =======================
10:44:53
 BA97  6,875 12.05.05  EK  99,94  L 100,29 n   ( 6,825)  H 100,52  T 100,29
10:43
 WKN 113497          P  21       LV  3,0      G  18     VOL  78,0  M   1,0
MIO
    QUOTENR   NR    REND    VOL     GELD        BRIEF     VOL    REND   NR  QUOTENR
               1   6,825    2,0   100,29 n
               2   6,839   10,0G  100,22 i




==================================================================================
 F       WP        KURS               VOL             KONTR
 ZUSATZ


  3=ENDE  4=AKTIE  5=ABS.U  6=ABS.H  7=RUECK  8=VORW   9=BEST   10=HAUS 11=USER 12=E-
LO
Online to   DWZ1(108)    ¦4B#                              ¦A4 DOS    ¦A10 EXIT
```

IBIS-Rentenschirm

334 **Emission und Handel**

In Deutschland werden weitaus mehr Anleihen als Aktien gehandelt. Im Jahre 1994 betrug der Aktien-Umsatz an den deutschen Wertpapierbörsen beispielsweise 2.017,9 Milliarden D-Mark, wohingegen für insgesamt 5.479,3 Milliarden D-Mark Renten umgesetzt wurden. Ein Großteil des

OTC-Handel

Renten-Handels wird nicht über die Börse, sondern over-the-counter abgewickelt. Am außerbörslichen Handel beteiligen sich Geschäftsbanken und bedeutende andere Unternehmen, wie beispielsweise Versicherungsgesellschaften und Industrieunternehmen, aber nicht die Bundesbank. Sie kauft und verkauft Schuldverschreibungen des Bundes, zum Beispiel im Rahmen der Kurspflege (Glättung zufälliger Kursschwankungen an einem Tag usw.), ausschließlich über die Börsen. Die Bundesbank will einen leistungsfähigen börslichen Sekundärmarkt schaffen und damit die Markttransparenz sowie eine faire Preisbildung unterstützen. Die Rentenhändler der Geschäftsbanken handeln Anleihen im Auftrag ihrer Kunden und für eigene Rechnung (Eigenhandel). Der Eigenhandel weist keinen direkten Bezug zu den Geschäften der Bankkunden auf und wird zum Beispiel aus Arbitrage- und Spekulationsmotiven betrieben.

Der OTC-Handel von Schuldverschreibungen ist, was organisatorische Abläufe (Kontaktaufnahme der Händler, Einsatz von Informationssystemen usw.) angeht, mit dem Geldhandel vergleichbar. Geschäftsbanken und bedeutende andere Unternehmen, die sich am Rentenhandel beteiligen, sind gewöhnlich an die Finanz-Informationssysteme von Nachrichtenagenturen wie »Reuters«, »Telerate« oder »Bloomberg« angeschlossen. Die Rentenhändler können dann am Terminal Geld- und Briefkurse für bestimmte Papiere einstellen und die Quotierungen anderer Marktteilnehmer sichten. Die eingestellten Geld- und Brief-Sätze sind Indikationen und zeigen folglich nur näherungsweise an, zu welchen Konditionen ein Akteur bereit ist, ein bestimmtes Papier zu kaufen bzw. zu verkaufen. Ein Geschäft, und demzufolge der endgültige Kurs, wird meist telefonisch zwischen zwei Händlern vereinbart. Rentenhändler orientieren sich aber nicht nur an den über die Informationssysteme der Nachrichtenagenturen verbreiteten Daten aus dem Rentenhandel, sondern auch am Geschehen auf Aktien-, Geld- und Devisenmärkten. Sie

- studieren zudem die wichtigsten Wirtschaftszeitungen (Handelsblatt, Wall Street Journal, Financial Times usw.),
- verfolgen relevante TV-Sendungen (z. B. »n-tv Telebörse«) und den »Videotext«,
- konsultieren Rentenhändler im In- und Ausland,
- analysieren fundamentale Fakten (Inflationsrate, Geldmenge, Arbeitslosenquote usw.) sowie Charts,
- verfolgen die Politik der Bundesbank,
- wenden sich an Makler, um rasch einen Marktüberblick zu erhalten usw.

Auf dem Rentenmarkt existieren, anders als auf dem Geldmarkt, Market Maker, also Geschäftsbanken, die für bestimmte Papiere fortlaufend Geld-

Kauf einer Anleihe 6.3.3

und Briefkurse stellen. In Deutschland gibt es zum Beispiel Market Maker für Bundesanleihen, wobei ein Market Maker in aller Regel ein bestimmtes Marktsegment, zum Beispiel Bundesanleihen mit dreijähriger Restlaufzeit, abdeckt.

Kauf einer Anleihe

Die Entscheidung für die Auswahl einer oder mehrerer Anleihen aus der Vielzahl der angebotenen Papiere hängt von einer Reihe von Faktoren ab, zu deren bedeutendsten

- der Planungszeitraum des Anlegers, also die Dauer der Geldanlage,
- die Höhe des Geldbetrages, der in Anleihen investiert werden soll,
- die Risikoeinstellung des Anlegers sowie
- der steuerliche Kontext des Investors[1]

gehören. Informationen zu einer Schuldverschreibung beziehen Anleger beispielsweise

- aus den Emissionsbedingungen des Papiers, die Angaben über Laufzeit, Verzinsung, Sonderrechte, Besicherung usw. enthalten;
- von Geschäftsbanken, die Auskunft über die Sekundärmarktfähigkeit der Anleihe, die Gebühren beim An- und Verkauf sowie der Depot-Verwahrung usw. geben können;
- aus Finanzzeitungen, die Anleihe-Kurse, Kennzahlen zur Bewertung und wichtige Ausstattungsmerkmale eines Papiers zeigen.

Anleihen notieren gewöhnlich in Form eines Prozentwertes. Dieser zeigt an, wieviel Prozent des Nennwertes (Rückzahlungskurs) beim Kauf des Papiers zu zahlen sind.

Prozentnotierung

Beispiel 6/20

Ein Anleger möchte am 21.8.1995 einen Geldbetrag in Höhe von 10.000 D-Mark investieren. Er überlegt, die 8,5 % Bundesanleihe von 1990 zu kaufen. Die Stückelung für Bundesanleihen, die vor dem 1.1.1993 emittiert wurden, beträgt mindestens 100 D-Mark. Orders für Nominalbeträge, die über 100 D-Mark hinausgehen, müssen auf ein ganzzahliges Vielfaches von 100 D-Mark lauten, also beispielsweise auf 200, 300, 400 D-Mark usw.

Am 21.8.1995 sind für »100 DM nominal« der 8,5 % Bundesanleihe 110,30 % des Nominalbetrages, das sind 110,30 D-Mark, zu zahlen, wie die Notierung der Anleihe in der Rubrik »*Öffentliche Anleihen*« aus dem Handelsblatt vom 22.8.1995 zeigt.

[1] *Die steuerliche Problematik bei einer Geldanlage in Anleihen bleibt im weiteren unberücksichtigt.*

336 **Emission und Handel**

Der Anleger muß für das Recht, in der Zukunft

- den Nennbetrag in Höhe von 100 D-Mark sowie
- die Zinszahlungen in Höhe von 8,50 D-Mark pro Jahr

zu erhalten, am 21.8.1995 110,30 D-Mark zahlen. Für den Geldbetrag in Höhe von 10.000 D-Mark könnte – bei beliebiger Stückelbarkeit der Bundesanleihe – ein Nennbetrag von

$$\frac{\text{Geldbetrag}}{\text{Kurs in DM}} \times \text{Nennwert} = \frac{10.000 \text{ DM}}{110,30 \text{ DM}} \times 100 \text{ DM} = \frac{10.000 \text{ DM}}{1,1030} = 9.066,18 \text{ DM}$$

erworben werden. Da eine Order für Bundesanleihen jedoch über einen Nennwert von 100 D-Mark oder ein ganzzahliges Vielfaches von 100 D-Mark lauten muß, kann der Investor nur Bundesanleihen mit einem Nennbetrag von 9.000 D-Mark kaufen. Dafür zahlt er

$$\underbrace{90}_{\substack{\text{Anzahl der} \\ \text{Anteile mit 100 DM} \\ \text{Nennwert}}} \times \underbrace{110,30 \text{ DM}}_{\substack{\text{Kurswert für} \\ \text{100 DM nominal}}} = 9.927,00 \text{ DM}.$$

Der Restbetrag in Höhe von

$$10.000 \text{ DM} - 9.927 \text{ DM} = 73 \text{ DM}$$

kann nicht in die Bundesanleihe investiert werden. Der Anleger muß für diesen Geldbetrag eine Anlagealternative suchen.

unter-pari/pari/
über-pari

Wenn der aktuelle Kurs einer Anleihe in etwa dem Rückzahlungskurs entspricht, dann notiert das Papier zu pari. Kurse über bzw. unter 100 % werden entsprechend über- bzw. unter-pari-Notierung genannt. Folgende Tabelle zeigt exemplarisch die einzelnen Notierungen.

Unter-pari-Notierung	Pari-Notierung	Über-pari-Notierung
5,625 v. 86 2016 | 82,30b | 82,45b | 7,276	(FRN) 90 V(Br) 1995 |100,00 G |100,00 G	8,375 v. 91 2001 |110,40b |110,28b | 6,231

Stückzinsen

Die an einer Börse, im Telefonhandel oder über Dealing-Systeme festgestellten Anleihe-Kurse, die auch in Finanzzeitungen publiziert werden, sind sogenannte **clean prices**. Der clean price ist der Kurs einer Anleihe ohne Berücksichtigung von Stückzinsen. Die auf die Zeit zwischen letztem Zinszahlungstermin und Verkaufstag entfallenden Zinsen bezeichnet man als Stückzinsen. Sie werden vom Käufer einer Anleihe an den Verkäufer gezahlt, weil der Käufer am nächsten Zinstermin die gesamte Kuponzahlung erhält, während die Zinsen für den Zeitraum zwischen letztem Zinstermin und Verkaufstag (Zinstage) dem Verkäufer des Papiers zustehen. Die Stückzinsen lassen sich mit folgender Formel bestimmen.

$$\text{Stückzinsen} = \frac{\text{Nennwert der Anleihe} \times \text{Kuponzins in \%} \times \text{Zinstage}}{100 \times 360 \text{ Tage}}$$

Die Addition der Stückzinsen zum clean price führt zum sogenannten full price.[1]

clean/full price

$$\text{full price} = \text{clean price} + \text{Stückzinsen}$$

Der full price gibt an, wieviel Prozent des Nennwertes bzw. wieviel D-Mark beim Kauf einer Anleihe zu zahlen sind, wenn die Stückzinsen einbezogen sind. Anleihen, für die explizit keine Stückzinsen berechnet werden (z. B. Zero-Bonds), notieren »flat«,[2] so daß der zeitanteilige Zinsanspruch im Kurs enthalten ist.

Clean price und full price sind identisch, wenn eine Anleihe an einem Zinszahlungstag erworben wird.

Am 2.6.1995 soll der full price der 6,125 % Bundesanleihe von 1988 ermittelt werden, deren Ausstattungsmerkmale der »Handmappe über Bundeswertpapiere«[3] entnommen sind.

Beispiel 6/21

Tag der Auflegung	Anleihebezeichnung	Zins-termin	Laufzeit (Jahre)	Fälligkeitszeitpunkt
22.3.88	6,125 % Bund 88 (98)	20.3.	10 fest	20.3.98

Die Anleihe notiert am 2.6.1995 zu einem Kurs von 102,18 D-Mark.

Ein Anleger, der die Bundesanleihe am 2.6.1995 erwirbt, muß dem Verkäufer für den Zeitraum vom 20.3. bis zum 1.6.1995 Stückzinsen zahlen. Für 100 D-Mark nominal belaufen sich diese auf

$$\frac{\overbrace{100 \text{ DM}}^{\text{Nennwert}} \times \overbrace{6{,}125}^{\text{Kuponzins}} \times \overbrace{72}^{\text{Zinstage}}}{100 \times 360} = 1{,}23 \text{ DM}.$$

Damit ergibt sich ein full price von

$$\underbrace{102{,}18 \text{ DM}}_{\text{Kurs am 2.6.1995}} + \underbrace{1{,}23 \text{ DM}}_{\text{Stückzinsen}} = 103{,}41 \text{ DM}.$$

Anleihe-Käufer und -Verkäufer wenden sich zumeist an Geschäftsbanken, um die jeweiligen Papiere zu kaufen bzw. zu verkaufen. Die Geschäftsbanken

[1] Neben full price sind auch die Begriffe »gross price« und »dirty price« geläufig.

[2] Flat-Notierung ist nicht mit dem amerikanischen Begriff »flat price« zu verwechseln, der den Preis einer Kupon-Anleihe exklusive Stückzinsen beschreibt und ein Synonym für den Begriff »clean price« ist.

[3] Mit der Handmappe legt der Informationsdienst für Bundeswertpapiere eine für die Wertpapierberater der Kreditinstitute bestimmte Loseblattsammlung vor, die Auskunft über die einzelnen Wertpapieremissionen des Bundes und seiner Sondervermögen gibt.

338   **Kurs– und Ertragskennziffern**

- leiten die entsprechenden Orders – sofern die Anleihen an einer Börse gehandelt werden – an die Börse weiter,
- schalten eigene oder fremde Rentenhändler ein, die die entsprechenden Transaktionen oftmals über Makler abwickeln, bzw.
- verkaufen die Papiere aus eigenen Beständen.

Hierfür stellen sie ihren Kunden Provisionen, Makler-Courtagen und sonstige Gebühren in Rechnung, die zusätzlich zum full price anfallen, so daß dieser gemeinhin nicht der Preis ist, den der Käufer für eine Anleihe zu entrichten hat.

6.4   Kurs– und Ertragskennziffern

6.4.1   Barwert

6.4.1.1   Begriff

Eine Anleihe verbrieft das Recht, in Zukunft eine oder mehrere Zahlungen zu erhalten. Dieses Recht muß bewertet werden, um beispielsweise feststellen zu können,

- ob der Kurs, zu dem die Anleihe gehandelt wird, zu hoch, zu niedrig oder angemessen ist;
- welche Order ein Anleihekäufer oder -verkäufer einem Makler erteilen soll.

Zahlungsreihe

Bei der Bewertung einer Anleihe ist es hilfreich, die mit dem Kauf einer Anleihe verbundenen Zahlungen im Zeitablauf, also die **Zahlungsreihe** (Zahlungsstrom) des Papiers, zu betrachten. Zum Zeitpunkt des Kaufs leistet der Anleger eine Zahlung und empfängt dafür zu verschiedenen zukünftigen Zeitpunkten Rückzahlungen. Diese setzen sich aus Zins- und Tilgungszahlungen zusammen. Stellt man diesen Sachverhalt an einem Zeitstrahl dar, gelangt man zur Zahlungsreihe der Anleihe »aus der Sicht eines Anlegers«.

Beispiel 6/22

Es soll die Zahlungsreihe der 8,5 %-Bundesanleihe von 1990 aus der Sicht eines Anlegers aufgestellt werden. Die Anleihe wird im Jahre 2000 getilgt. Die Termine der Kupon- und Tilgungszahlungen lassen sich der »Handmappe über Bundeswertpapiere« entnehmen, aus der folgender Ausschnitt stammt.

Tag der Auflegung	Anleihebezeichnung	Zins-termin	Laufzeit (Jahre)	Fälligkeitszeit-punkt
31.7./1.8.90	8,50 % Bund 90 (2000)	21.8.	10 fest	21.8.2000

Die Anleihe notiert am 21.8.1995 zu einem Kurs von 110,30 D-Mark.

| 8,5 | v. 90 | 2000 | 110,30b | 109,97b | 6,050 |

Für einen Anleger, der 100 D-Mark nominal der Bundesanleihe erwirbt, ergibt sich die Zahlungsreihe wie folgt:

Zeitpunkt	Anleger leistet...	Anleger empfängt...	Betrag
21.8.1995	Zahlung (Kurs)		110,30 DM
21.8.1996		Zahlung (Zins-Kupon)	8,50 DM
21.8.1997		Zahlung (Zins-Kupon)	8,50 DM
21.8.1998		Zahlung (Zins-Kupon)	8,50 DM
21.8.1999		Zahlung (Zins-Kupon)	8,50 DM
21.8.2000		Zahlung (Zins-Kupon + Tilgung)	108,50 DM

Da man Auszahlungen gewöhnlich mit einem Minus-Zeichen und Zahlungen, die der Anleger empfängt, mit einem Plus-Zeichen kennzeichnet, läßt sich die Zahlungsreihe der Bundesanleihe aus Sicht des Investors auch folgendermaßen beschreiben:

21.8.1995	21.8.1996	21.8.1997	21.8.1998	21.8.1999	21.8.2000
-110,30 DM	+8,50 DM	+8,50 DM	+8,50 DM	+8,50 DM	+108,50 DM

Ein Anleger, der beurteilen will, ob der Preis der Anleihe »richtig« ist, muß den gegenwärtigen Wert aller zukünftigen Zahlungen kennen. Dieser wird häufig auch Gegenwarts-, Barwert, present value oder *rechnerischer* Kurswert[1] genannt. Die Beziehung zwischen den zukünftigen Zahlungen und dem Barwert verdeutlicht Abbildung 6/9.

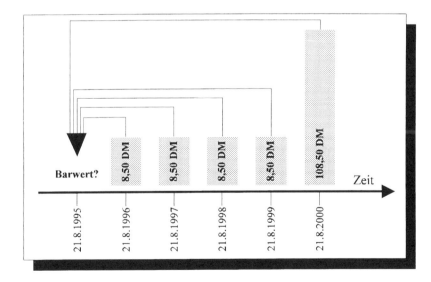

Abb. 6/9: Zahlungsstrom und Barwert

Der Gegenwartswert einer Anleihe-Zahlung Z zu einem zukünftigen Zeitpunkt t_z entspricht *dem* Geldbetrag, der heute für eine alternative Anlage hingegeben werden muß, um zum Zeitpunkt t_z exakt zu einer Zahlung in Höhe von Z zu gelangen.

[1] *Der rechnerische Kurs ist vom tatsächlichen Kurs abzugrenzen. Dieser entsteht durch Angebot und Nachfrage (z. B. an der Börse) und ist abhängig vom Rating, von den Ausstattungsmerkmalen, der Restlaufzeit und der Liquidität des Papiers.*

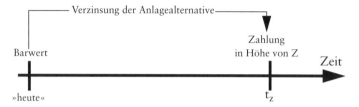

Abzinsung für 1 Jahr

Der Barwert wird ermittelt, indem man die zukünftige Anleihe-Zahlung auf den gegenwärtigen Zeitpunkt abzinst (diskontiert). Beispiel 6/23 veranschaulicht die Abzinsung für einen Zeitraum von einem Jahr.

Beispiel 6/23

Am 1.7.1995

- soll der Barwert der Tilgungszahlung einer Anleihe ermittelt werden, die ein Jahr später in Höhe von 8.400 D-Mark erfolgt;
- besteht die Möglichkeit, Geld in Form von Termingeld zu einem Zinssatz in Höhe von 5 % p. a. anzulegen.

Der Barwert der Tilgungszahlung ist derjenige Geldbetrag, der am 1.7.1995 für eine Alternative (Termingeld) angelegt werden muß, damit nach einem Jahr ein Geldbetrag in Höhe von 8.400 D-Mark zur Verfügung steht.

Wenn am 1.7.1995 ein Geldbetrag in Höhe von 8.000 D-Mark für ein Jahr als Termingeld angelegt wird, dann stehen nach Ablauf eines Jahres insgesamt 8.400 D-Mark zur Verfügung.

$$\underbrace{8.000 \text{ DM}}_{\substack{\text{Anlagebetrag} \\ \Downarrow \\ \text{Barwert}}} + \underbrace{8.000 \text{ DM} \times 0{,}05}_{\text{Zinsen}} = 8.400 \text{ DM}$$

Die obige Gleichung läßt sich auch in folgender Weise schreiben:

$$8.000 \text{ DM} \times (1 + 0{,}05) = 8.400 \text{ DM}$$

Dividiert man die zukünftige Zahlung durch den Ausdruck (1 + 0,05), dann ergibt sich:

$$8.000 \text{ DM} = \frac{1}{1 + 0{,}05} \times 8.400 \text{ DM}$$

Es wird deutlich, daß der Barwert einer Zahlung, die in einem Jahr erfolgt, einer Multiplikation der zukünftigen Zahlung mit dem Faktor

$$\frac{1}{1 + 0{,}05} = 0{,}9523810$$

entspricht. Der Faktor wird »Abzinsungsrate für ein Jahr« genannt. Die Multiplikation der zukünftigen Zahlung mit diesem Faktor heißt »Abzinsung über ein Jahr«.

Der Barwert einer Zahlung, die in einem Jahr anfällt, läßt sich also relativ einfach bestimmen. Die zukünftige Zahlung muß nur mit dem Abzinsungsfaktor multipliziert werden. Eine Zahlung von beispielsweise 12.390 D-Mark, die in einem Jahr anfällt, hat demnach einen Barwert von

$$12.390 \text{ DM} \times 0{,}9523810 = 11.800 \text{ DM},$$

wenn der oben genannte Zinssatz für Termingeld unverändert gilt.

Die Ermittlung des Barwertes einer zukünftigen Anleihe-Zahlung, also deren Bewertung, entspricht einem Vergleich dieser Zahlung mit der aus einer alternativen Anlage resultierenden Zahlung, die

- zum *selben* zukünftigen Zeitpunkt und
- in *derselben* Höhe erfolgt.

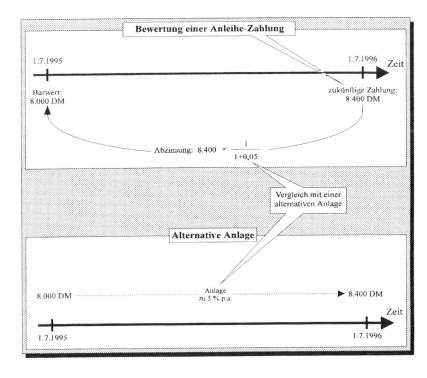

Abb. 6/10: Bewertung einer zukünftigen Zahlung

342   **Kurs– und Ertragskennziffern**

Bei der alternativen Anlage steht der Geldbetrag, der heute hingegeben werden muß, fest. Der heutige Preis (Barwert) für die zu bewertende zukünftige Anleihe-Zahlung darf nicht höher sein als der aktuelle Preis für die alternative Anlage. Ansonsten würden rational handelnde Investoren die alternative Geldanlage vorziehen.

Beispiel 6/23 zeigt, daß der Preis (8.000 D-Mark), der heute für den Empfang eines Geldbetrages in der Zukunft (8.400 D-Mark) gezahlt werden muß, geringer ist, als die zukünftige Zahlung. Ein Anleger, der für das Recht, in einem Jahr eine Anleihe-Zahlung in Höhe von 8.400 D-Mark zu erhalten, heute jedoch mehr als 8.000 D-Mark – zum Beispiel 8.050 D-Mark – ausgibt, handelt unvernünftig. Würde er 8.050 D-Mark stattdessen zu den im Beispiel 6/23 beschriebenen Konditionen als Termingeld anlegen, so erzielte er mehr als 8.400 D-Mark, genau gesagt 8.452,50 D-Mark.

Je größer der Zinssatz für eine Geldanlage, desto kleiner ist die Abzinsungsrate und desto geringer ist der Barwert einer zukünftigen Anleihe-Zahlung. Um nach einem Jahr über ein und denselben Geldbetrag zu verfügen, muß ein Anleger bei einem Zinssatz von beispielsweise 10 % p. a. einen geringeren Betrag anlegen als bei einem Zinssatz von 5 % p. a.

Abzinsung über mehrere Jahre

Im Beispiel 6/23 wurde die Bestimmung eines Barwertes für den Fall geschildert, daß die zukünftige Anleihe-Zahlung nach Ablauf *eines* Jahres erfolgt und die Zahlung über ein Jahr abgezinst wird. Eine Anleihe-Zahlung, die erst nach Ablauf mehrerer Jahre zurückfließt, muß dagegen über einen Zeitraum von mehr als einem Jahr abgezinst werden. Im Unterschied zur Abzinsung über ein Jahr ist der sogenannte »Zinseszins-Effekt« zu berücksichtigen. Damit ist gemeint, daß die Zinsen, die zwischenzeitlich gezahlt werden, wieder angelegt und demzufolge auch verzinst werden. Beispiel 6/24 illustriert, wie der Zinseszins-Effekt die Berechnung des Barwertes beeinflußt.

Beispiel 6/24

Am 1.7.1995 soll der Barwert einer Anleihe-Zahlung ermittelt werden, die zwei Jahre später in Höhe von 17.640 D-Mark erfolgt. Der Einfachheit halber wird unterstellt, daß Geld jederzeit, also auch in der Zukunft, zu einem Zinssatz in Höhe von 5 % p. a. angelegt werden kann.

Der Barwert der Zahlung entspricht, wie weiter oben dargestellt, dem Geldbetrag, der heute angelegt werden muß, damit nach zwei Jahren ein Betrag in Höhe von 17.640 D-Mark zur Verfügung steht.

Anders als im Beispiel 6/23 erfolgt die zukünftige Zahlung nicht nach einem Jahr, sondern nach zwei Jahren. Ein Geldbetrag, der heute angelegt wird, erzielt für das erste Jahr Zinsen, so daß nach einem Jahr ein Betrag in Höhe von

$$\underbrace{\text{Geldbetrag}}_{\substack{\text{Anlagebetrag} \\ \text{am 1.7.1995}}} + \underbrace{\text{Geldbetrag} \times 0{,}05}_{\substack{\text{Zinsen auf den} \\ \text{Anlagebetrag}}}$$

zur Verfügung steht, der erneut für ein Jahr, und zwar bis zum 1.7.1997, angelegt wird.

Im zweiten Jahr werden somit nicht nur der Geldbetrag, sondern auch die Zinsen, die für das erste Jahr gezahlt wurden, verzinst. Am 1.7.1997 ergibt sich also mit Zins und Zinseszins folgender Betrag:

$$\underbrace{\text{Geldbetrag}}_{\substack{\text{Anlagebetrag} \\ \text{am 1.7.1195}}} + \underbrace{\text{Geldbetrag} \times 0{,}05}_{\substack{\text{Zinsen auf den} \\ \text{Anlagebetrag} \\ \text{für das 1. Jahr}}} + \underbrace{\text{Geldbetrag} \times 0{,}05}_{\substack{\text{Zinsen auf den} \\ \text{Anlagebetrag} \\ \text{für das 2. Jahr}}} + \overbrace{\underbrace{\text{Geldbetrag} \times 0{,}05 \times 0{,}05}_{\substack{\text{Zinsen auf die Zinsen} \\ \text{des 1. Jahres}}}}^{\text{Zinseszinsen}}$$

Diese Zeile kann nach einer einfachen Umformung auch so geschrieben werden:

$$\text{Geldbetrag} \times (1 + 0{,}05)^2$$

Ein Geldbetrag, der für zwei Jahre angelegt wird und dann 17.640 D-Mark betragen soll, wird also folgendermaßen ermittelt:

$$\text{Geldbetrag} \times (1 + 0{,}05)^2 = 17.640 \text{ DM}$$

→ $\text{Geldbetrag} = \dfrac{1}{(1 + 0{,}05)^2} \times 17.640 \text{ DM} = 16.000 \text{ DM}$

Der »Abzinsungssatz für 2 Jahre« lautet somit

$$\frac{1}{(1 + 0{,}05)^2} = 0{,}9070295$$

Ein Investor, der am 1.7.1995 einen Geldbetrag in Höhe von 16.000 D-Mark anlegt, erhält nach einem Jahr

$$\underbrace{16.000 \text{ DM}}_{\text{Anlagebetrag}} + \underbrace{16.000 \text{ DM} \times 0{,}05}_{\substack{\text{Zinsen auf den} \\ \text{Anlagebetrag}}} = 16.800 \text{ DM}$$

Legt er das Geld samt der Zinsen erneut für ein Jahr an, so erhält er Zinsen für den Anlagebetrag in Höhe von

$$16.000 \text{ DM} \times 0{,}05 = 800 \text{ DM}$$

und Zinsen für die wiederangelegten Zinsen in Höhe von

$$800 \text{ DM} \times 0{,}05 = 40 \text{ DM},$$

so daß er nach zwei Jahren insgesamt über folgenden Geldbetrag verfügt:

$$\underbrace{16.000 \text{ DM}}_{\substack{\text{Anlagebetrag}}} + \underbrace{800 \text{ DM}}_{\substack{\text{Zinsen auf den} \\ \text{Anlagebetrag} \\ \text{für das 1. Jahr}}} + \underbrace{800 \text{ DM}}_{\substack{\text{Zinsen auf den} \\ \text{Anlagebetrag} \\ \text{für das 2. Jahr}}} + \underbrace{40 \text{ DM}}_{\substack{\text{Zinsen auf die} \\ \text{im 2. Jahr wieder} \\ \text{angelegten Zinsen}}} = 17.640 \text{ DM}$$

Der Barwert einer Zahlung, die nach »n Jahren« erfolgt, läßt sich allgemein mit folgender Formel bestimmen:

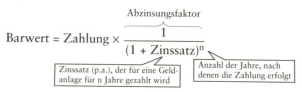

Beispiel 6/25

Eine Anleihe-Zahlung in Höhe von 1.157.625 D-Mark, die in 3 Jahren erfolgt, hat am 1.7.1995 einen Barwert von

$$1.157.625 \text{ DM} \times \frac{1}{(1 + 0,05)^3} = 1.157.625 \text{ DM} \times \underbrace{0,8638376}_{\substack{\text{Abzinsungsfaktor} \\ \text{für 3 Jahre bei} \\ \text{einem Zinssatz} \\ \text{von 5 \% p.a.}}} = 1.000.000 \text{ DM},$$

wenn unterstellt wird, daß Geld zu jedem Zeitpunkt zu einem Zinssatz von 5 % p. a. angelegt werden kann.

Der Barwert einer Anleihe, die in Zukunft zu mehr als einer Rückzahlung führt, entspricht der Summe der Barwerte der einzelnen zukünftigen Rückzahlungen. Eine Anleihe mit einer Restlaufzeit von zwei Jahren, die zum Beispiel nach einem Jahr eine Zahlung in Höhe von 1.000 D-Mark und nach zwei Jahren eine Zahlung von 11.000 D-Mark verspricht, hat – bei einem Zinssatz von 5 % p. a. – einen Barwert von

$$\underbrace{1.000 \text{ DM} \times \frac{1}{1 + 0,05}}_{\substack{\text{Barwert der 1.000 DM, die} \\ \text{nach einem Jahr gezahlt werden}}} + \underbrace{11.000 \text{ DM} \times \frac{1}{(1 + 0,05)^2}}_{\substack{\text{Barwert der 11.000 DM, die} \\ \text{nach zwei Jahren gezahlt werden}}} = 10.929,71 \text{ DM}.$$

Unterstellt man, daß die erste Anleihe-Zahlung nach genau einem Jahr und die weiteren jeweils im zeitlichen Abstand von einem Jahr erfolgen, so kann der Barwert einer Anleihe grundsätzlich mit folgender Formel bestimmt werden.

$$\text{Barwert} = \underbrace{Z_1}_{\substack{\text{Zahlung nach} \\ \text{dem 1. Jahr}}} \times \frac{1}{(1 + \text{Zinssatz})^1} + \ldots + \underbrace{Z_t}_{\substack{\text{Zahlung nach} \\ \text{dem t. Jahr}}} \times \frac{1}{(1 + \text{Zinssatz})^t} + \ldots + \underbrace{Z_n}_{\substack{\text{Zahlung nach} \\ \text{dem n. Jahr}}} \times \frac{1}{(1 + \text{Zinssatz})^n}$$

| | | | | Barwert | 345 |

Die zukünftigen Anleihe-Zahlungen werden jeweils mit dem Abzinsungssatz für die entsprechende Laufzeit multipliziert und dann addiert. Da die Formel ziemlich »lang« und unübersichtlich werden kann, wählt man in aller Regel eine verkürzte Schreibweise und verwendet dabei das Summenzeichen »$\sum$«. Die Barwert-Formel lautet dann:

$$\text{Barwert} = \sum_{t=1}^{n} Z_t \times \frac{1}{(1 + i)^t} \qquad (1)$$

Mit

n: Restlaufzeit der Anleihe in Jahren
i: Zinssatz, zu dem Geld gegenwärtig und in der Zukunft angelegt werden kann
t: sogenannte »Laufvariable« (in Jahren)

Wenn nicht alle Zahlungen einer Anleihe in einem »zeitlichen Abstand« von jeweils einem Jahr erfolgen, dann läßt sich der Barwert mit Formel (2) bestimmen. Diese Formel ist allgemein gültig und kann zur Barwert-Ermittlung jeder festverzinslichen Anleihe herangezogen werden.

$$\text{Barwert} = \sum_{t=1}^{n} Z_t \times \frac{1}{(1 + i)^{t/360}} \qquad (2)$$

Mit

Z_t: Zahlung zum Zeitpunkt t
n: Restlaufzeit der Anleihe in Tagen
i: Zinssatz, zu dem Geld gegenwärtig und in der Zukunft angelegt werden kann
t: sogenannte »Laufvariable« (in Tagen)

Anleihe-Bewertung   6.4.1.2

Der nach den Formeln (1) und (2) bestimmte Barwert enthält die Stückzinsen und entspricht dem rechnerischen »dirty price«.

Beispiel 6/26

Am 2.6.1995 soll der rechnerische »clean price« der 6,5 % Bundesanleihe von 1986 ermittelt werden, deren Ausstattungsmerkmale folgendes Tableau zeigt.

Tag der Auflegung	Anleihebezeichnung	Zins- termin	Laufzeit (Jahre)	Fälligkeitszeit- punkt
17.11.86	6,50 % Bund 86 (96)	20.12.	10 fest	20.12.96

Die Anleihe-Zahlungen sollen mit dem 12-Monats-Fibor$_{neu}$, der am 2.6.1995 4,59958 % p. a. beträgt, abgezinst werden.

Fibor alt (DM) = 3 Mon. 4,65%, 6 Mon. = 4,65%; Fibor neu (DM) = 1 Mon. 4,54750%, 3 Mon. 4,54617%, 6 Mon. 4,54542%, 12 Mon. 4,59958%

Anleihe-Zahlungen erfolgen am 20.12.1995 (Kuponzahlung) sowie am 20.12.1996 (Kupon- und Tilgungszahlung). Wenn der 2.6.1995 den Ausgangszeitpunkt bildet, dann erfolgt die erste Anleihe-Zahlung nach 198 Tagen und die zweite Zahlung nach 558 Tagen. Für die Anleihe ergibt sich folgender Barwert:

$$\text{Barwert} = 6{,}50 \text{ DM} \times \frac{1}{(1 + 0{,}0459958)^{198/360}} + 106{,}50 \text{ DM} \times \frac{1}{(1 + 0{,}0459958)^{558/360}}$$

$$= 6{,}50 \text{ DM} \times \underbrace{0{,}9755702}_{\substack{\text{Abzinsungssatz} \\ \text{für 198 Tage}}} + 106{,}50 \text{ DM} \times \underbrace{0{,}9326713}_{\substack{\text{Abzinsungssatz} \\ \text{für 558 Tage}}} = 105{,}67 \text{ DM}$$

Ein Anleger, der die Bundesanleihe am 2.6.1995 erwirbt, muß dem Verkäufer der Anleihe für den Zeitraum vom 20.12.1994 bis zum 1.6.1995, das sind 162 Tage, Stückzinsen in Höhe von

$$\frac{6{,}50 \text{ DM} \times 162}{360} = 2{,}93 \text{ DM}$$

zahlen, so daß sich ein rechnerischer »clean price« von

105,67 DM - 2,93 DM = 102,74 DM

ergibt. Die Anleihe notiert am 2.6.1995 zu einem Kurs von 102,55 DM, wie dem Handelsblatt vom 6.6.1995 zu entnehmen ist, womit der rechnerische »clean price« folglich ein wenig über der Kurs-Notierung liegt.

Der rechnerische »clean price« dient dem Käufer bzw. Verkäufer einer Anleihe als Orientierungsgröße für die Bemessung seines Preisgebotes.

Eine Anleihe gilt als »richtig bewertet«, wenn ihr Kurs in etwa ihrem rechnerischen »clean price« entspricht. Die Anleihe notiert dann zum »fairen« Preis, der häufig auch »fair value« genannt wird. Ist der rechnerische »clean price« größer als der Kurs, so ist die Anleihe »günstig« und ein Kauf empfehlenswert. Im umgekehrten Fall (rechnerischer »clean price« < Kurs) wird die Anleihe als »zu teuer« eingestuft. Man spricht dann von einem »überbewerteten« Papier.

Floater

Im Vergleich zu festverzinslichen Anleihen gestaltet sich die Bewertung variabel verzinslicher Anleihen mit Hilfe des Barwertes weitaus weniger problematisch. Dies liegt daran, daß die laufenden Zinszahlungen an einem Referenzzinssatz ausgerichtet werden, der das aktuelle Marktzinsniveau abbildet. Bei der Barwertberechnung kann demzufolge mit demjenigen Zinssatz diskontiert werden, der in der jeweiligen Periode der Nominalzinssatz des Floaters ist. Der Barwert einer Floating Rate Note, deren Zinszahlungen sich ausschließlich an einem Referenzzinssatz orientieren, ist zum Zinsanpassungstermin grundsätzlich gleich 100. Dieses auf den ersten Blick eindrucksvolle Ergebnis läßt sich am einfachsten an einem Beispiel verdeutlichen.

Beispiel 6/27

Am 1.6.1995 soll der Barwert einer variabel verzinslichen Anleihe ermittelt werden, die folgende Ausstattungsmerkmale aufweist:

Kupon:	12-Monats-Fibor
Zinsanpassung:	jährlich am 1.6.
Tilgung:	100 % am 1.6.1997

Am 1.6.1995 lautet der 12-Monats-Fibor 6 %. Für die Anleihe läßt sich folgende Zahlungsreihe aufstellen:

1.6.1995	1.6.1996	1.6.1997
– Kurs???	+ 6 DM (= Fibor vom 1.6.1995 × 100 DM)	+ Fibor vom 1.6.1996 × 100 DM + 100 DM

Die am 1.6.1996 anfallende Zinszahlung in Höhe von 6 D-Mark wird mit dem 12-Monats-Fibor vom 1.6.1995 abgezinst, die Zins- und Tilgungszahlung am 1.6.1997

- für den Zeitraum vom 1.6.1996 bis 1.6.1997 mit dem 12-Monats-Fibor vom 1.6.1996 und
- für die Zeit vom 1.6.1995 bis 1.6.1996 mit dem 12-Monats-Fibor vom 1.6.1995.

Der 12-Monats-Fibor vom 1.6.1996 steht zum Zeitpunkt der Berechnung des Barwertes, also am 1.6.1995, noch nicht fest. Dies ist allerdings unerheblich, und es läßt sich zeigen, daß der Barwert der Floating Rate Note völlig unabhängig von der Ausprägung des 12-Monats-Fibor am 1.6.1996 immer 100 DM bzw. 100 % beträgt. Um dies zu prüfen, wird für den 12-Monats-Fibor am 1.6.1996 willkürlich ein Wert von 3 % p. a. unterstellt. Es läßt sich sodann folgende Zahlungsreihe für die Anleihe aufstellen:

1.6.1995	1.6.1996	1.6.1997
– Kurs???	+ 6 DM	+ 103 DM

Es ergibt sich ein Barwert am 1.6.1995 von:

$$\text{Barwert} = \underbrace{\frac{6\,\text{DM}}{1{,}06}}_{\substack{\text{Abzinsung für}\\\text{das erste Jahr}}} + \frac{103\,\text{DM}}{\underbrace{1{,}06}_{\substack{\text{Abzinsung für}\\\text{das erste Jahr}}} \times \underbrace{1{,}03}_{\substack{\text{Abzinsung für}\\\text{das zweite Jahr}}}} = 100\,\text{DM}$$

»Herkömmliche« Floating Rate Notes (FRN), wie die oben dargestellte Anleihe, notieren gewöhnlich zu einem Kurs »nahe« 100 %, was folgender Ausschnitt aus der Kurstabelle »*Spezial-Institute*« der Finanzzeitung belegt.

(FRN) 90	1995	100,08 G	100,08 G
(FRN) 90 V(Br)	1995	100,00 G	100,00 G
(FRN) 91 III(B)	1996	99,80 G	99,80 G
(FRN) 91 IV	1996	100,02 G	100,02 G
(FRN) 91 V	1996	100,03 bG	100,03 G
(FRN) 91 VII	1996	100,00 b	99,98 b
(FRN) 91 VIII	1996	99,99 b	99,99 b

Kurs- und Ertragskennziffern

Die Kursschwankungen einer herkömmlichen Floating Rate Note sind in aller Regel gering und werden vor allem durch folgende Parameter beeinflußt:

- Häufigkeit der Zinsanpassung;
- Referenzzinssatz (Fibor, Libor usw.);
- »spread«;
- Laufzeit;
- Kündigungsrecht des Emittenten.

Die Bewertung von Floating Rate Notes, die im Vergleich zu einfach strukturierten variabel verzinslichen Anleihen anders ausgestattet sind und zum Beispiel

- einen festen Zinssatz abzüglich eines Referenzzinssatzes bieten (Reverse FRN),
- einen im Zeitablauf steigenden Zuschlag zum Referenzzinssatz garantieren (Step Up FRN),
- eine Minimal- und Maximalverzinsung verbriefen (Collared FRN oder Mini-Max-Floater) usw.,

gestaltet sich üblicherweise weitaus komplexer, als die Bewertung gewöhnlicher Floater. Auf eine Darstellung der Bewertung solcher Papiere soll hier jedoch verzichtet werden. Variabel verzinsliche Anleihen mit einer von herkömmlichen Floatern abweichenden Ausstattung notieren oftmals zu einem Kurs, der sich von »100« deutlich unterscheidet. Als Beispiel wird die Notierung des im Jahre 1992 emittierten Reverse Floaters der Deutschen Ausgleichsbank angeführt. Das Papier ist mit einem Kupon in Höhe von »22 % – [2 × DM-Libor]« ausgestattet, der halbjährlich, und zwar im Mai und November, gezahlt wird. Die Anleihe ist im Handelsblatt, genau wie alle anderen Floating Rate Notes, mit »*(FRN)*« gekennzeichnet und notiert zum Beispiel am 2.6.1995 zu einem Kurs von 114,00.

(FRN) 92	2001 II	114,00 G	113,50 G

Barwert mit risikoadjustierten Zinssätzen

Bei der Barwert-Berechnung wurden bislang ganz bestimmte Zinssätze zugrunde gelegt. Diese gelten nur für Marktteilnehmer mit erstklassiger Bonität und sollten von Anlegern bei der Bewertung von Schuldverschreibungen demzufolge nur dann verwendet werden, wenn die Emittenten eine herausragende Bonität vorweisen können. Je geringer die Bonität eines Schuldners, desto größer ist die Gefahr für die Investoren, daß der Emittent seinen Zahlungsverpflichtungen nicht oder nicht rechtzeitig nachkommt. Für die Übernahme eines Bonitätsrisikos fordern die Anleger deshalb eine »Risikoprämie«, die umso höher ausfällt, je geringer die Bonität des Emittenten eingeschätzt wird. Dieser Umstand ist bei der Ermittlung des Barwertes einer Anleihe zu berücksichtigen. Die Zahlungen einer Anleihe mit »BB«-Rating werden demzufolge mit einem höheren Zinssatz abgezinst, als zum Beispiel die Zahlungen einer Anleihe mit »AAA«-Rating. Man spricht in diesem Zusammenhang auch von der Barwert-Ermittlung mit

Hilfe »risikoangepaßter« (»risikoadjustierter«) Zinssätze. Diese lassen sich in der Praxis jedoch kaum exakt bemessen, so daß sich private sowie institutionelle Anleger bei der Bewertung einer Anleihe oftmals an den Renditen bereits emittierter Anleihen orientieren, die derselben Rating-Kategorie zugeordnet werden wie die zu bewertende Anleihe.

Die Rating-Agentur Moody's veröffentlicht beispielsweise in der Zeitschrift MOODY'S BOND SURVEY regelmäßig diejenigen Renditen, die Anleihen (öffentliche Anleihen, Industrieschuldverschreibungen usw.) mit unterschiedlichem Rating erzielen.

Renditen von Industrieobligationen am 16.11.1995			
Aaa	Aa	A	Baa
6,89	7,12	7,18	7,54

Quelle: MOODY'S BOND SURVEY, November 20, 1995

Kritik

6.4.1.3

Die in den vorhergehenden Passagen geschilderte Vorgehensweise zur Ermittlung des Barwertes stellt nur dann ein akzeptables Verfahren zur Bewertung einer Anleihe dar, wenn die Annahme (Prämisse) erfüllt ist, daß zukünftige Zahlungen zu einem bestimmten, im voraus bekannten Zinssatz wieder angelegt werden können. Dieser Zinssatz ist ein einheitlicher Satz, mit dem sämtliche Glieder der Zahlungsreihe abgezinst werden. Eine solche Annahme ist aber realitätsfern, weil der Zinssatz, zu dem Zahlungen in der Zukunft wieder angelegt werden, zum Zeitpunkt der Ermittlung des Barwertes nicht feststeht.

Ein Anleger möchte am 1.7.1995 einen Geldbetrag in einen Zero-Bond investieren, der nach zwei Jahren zu 100 % getilgt wird. Der Anleger berechnet den Barwert des Papiers und legt dabei einen Zinssatz von 5 % p. a. zugrunde.

Beispiel 6/28

$$\text{Barwert des Zero-Bonds} = 100 \text{ DM} \times \frac{1}{(1 + 0{,}05)^2} = 90{,}70 \text{ DM}$$

Der Barwert von 90,70 D-Mark drückt aus, daß eine Geldanlage am 1.7.1995 in Höhe von 90,70 D-Mark und zu einem Zinssatz von 5 % p.a. nach zwei Jahren zu einem Geldbetrag von insgesamt 100 D-Mark heranwächst. Dabei wird unterstellt, daß Geld in der Zukunft – in diesem Fall am 1.7.1996 – wiederum zu einem Zinssatz von 5 % p. a. angelegt werden kann.

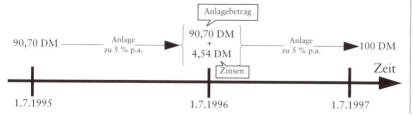

Den Zinssatz, zu dem der Geldbetrag (90,70 D-Mark) und die Zinsen (4,54 D-Mark) am 1.7.1996 wieder angelegt werden können, kennt der Anleger zum Zeitpunkt der Ermittlung des Barwertes nicht.

Wenn man annimmt, eine Geschäftsbank biete am 1.7.1996 für 12-Monats-Termingeld einen Zinssatz, der nicht 5 %, sondern 8 % p. a. beträgt, dann müßten am 1.7.1995 nicht mehr 90,70 D-Mark, sondern nurmehr 88,18 D-Mark angelegt werden, damit nach zwei Jahren insgesamt 100 D-Mark zur Verfügung stehen.

Um zu einem Anlagebetrag von 88,18 D-Mark zu gelangen, muß die Zahlung in Höhe von 100 D-Mark zunächst über einen Zeitraum von einem Jahr, also vom 1.7.1996 bis zum 1.7.1997, mit einem Zinssatz von 8 % abgezinst werden.

$$\text{Barwert am } 1.7.1996 = 100 \text{ DM} \times \frac{1}{1 + 0,08} = 92,59 \text{ DM}$$

Eine Abzinsung des »Barwertes am 1.7.1996« mit einem Zinssatz von 5 % führt schließlich zum Barwert am 1.7.1995.

$$\text{Barwert am } 1.7.1995 = 92,59 \text{ DM} \times \frac{1}{1 + 0,05} = 88,18 \text{ DM}$$

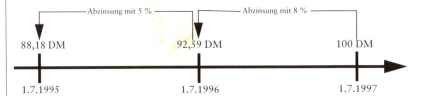

Das vorhergehende Beispiel zeigt, daß die Abzinsung einer zukünftigen Zahlung über mehrere Jahre mit ein und demselben Zinssatz in aller Regel nicht zum »richtigen« Gegenwartswert führt und dieser allenfalls als »Orientierungsgröße« zur Beurteilung des gegenwärtigen Werts der zukünftigen Zahlung dienen kann.

Barwert mit Forward Rates

Bei der Barwert-Berechnung sollte ein Investor diejenigen Zinssätze berücksichtigen, die geboten werden, wenn Geld in der Zukunft angelegt wird. Die Wertpapieranalysten der Geschäftsbanken, Versicherungs- und Kapitalanlagegesellschaften verwenden deshalb oftmals Forward Rates[1], also Zinssätze, die bereits »heute« feststehen, aber für zukünftige Geldanlagen gelten. Folgendes Beispiel veranschaulicht die Berechnung eines Barwertes mit Hilfe von Forward Rates.

Beispiel 6/29

Am 20.10.1995 soll der Barwert der 6,375% Bundesanleihe von 1987 bestimmt werden, deren Ausstattungsmerkmale folgendes Tableau zeigt.

[1] Forward Rates sind Sätze für Zins-Termingeschäfte, die im Kapitel 7 behandelt werden.

Tag der Auflegung	Anleihebezeichnung	Zinstermin	Laufzeit (Jahre)	Fälligkeitszeitpunkt
11.11.87	6,375 % Bund 87 (97)	20.10.	10 fest	20.10.97

Die Restlaufzeit der Anleihe beträgt exakt 2 Jahre. Die Zahlungsrückflüsse am 20.10.1996 in Höhe von 6,375 % werden mit dem 12-Monats-Fibor abgezinst, der am 20.10.1995 4,10000 % beträgt.

Fibor alt (DM) = 3 Mon. 4,20%, 6 Mon. = 4,15%; Fibor neu (DM) = 1 Mon. 4,10000%, 3 Mon. 4,10000%, 6 Mon. 4,10000%, 12 Mon. 4,10000%
Libor (DM) = 1 Mon. 4,12500%, 3 Mon. 4,12500%, 6 Mon. 4,12109%, 12 Mon. 4,12500%; Libor ($) = 1 Mon. 5,86719%, 3 Mon. 5,93750%, 6 Mon. 5,87500%, 12 Mon. 5,87500%

Die Zins- und Tilgungszahlung am 20.10.1997 in Höhe von 106,375 % wird zunächst für ein Jahr – vom 20.10.1996 bis zum 19.10.1997 – mit der $FR_{12,24}$ abgezinst und schließlich für das erste Jahr (20.10.1995 bis 19.10.1996) mit dem 12-Monats-Fibor vom 20.10.1995 diskontiert. Die $FR_{12,24}$ (Geld) am 20.10.1995 lautet 4,87 % p. a., wie die Reuters-Seite »BFFM« zeigt.

```
Reuters AG                                  Friday, 20 October 1995 12:29:29
1125 WILLIBALD BERZ FRANKFURT /DEALING:BERZ   TEL 069-239015 BFFM
          DEM - FRA              USD - FRA    FAX 069-239019
 1* 4   4.04-08   1* 7   4.01-05  1* 4   5.84-88 LIBOR-FIXING
 2* 5   4.01-05   2* 8   3.97-01  2* 5   5.78-82 3M 4.12500
 3* 6   3.95-99   3* 9   3.96-00  3* 6   5.70-74 6M 4.12109
 4* 7   3.92-96   4*10   3.96-00  6* 9   5.60-64 9M 4.12109
 5* 8   3.89-93   5*11   3.96-00  1* 7   5.79-83 1Y 4.12500
 6* 9   3.92-96   6*12   4.01-05  2* 8   5.74-78 NXT BUBA MEET NOV.2
 9*12   4.04-08  12*18   4.49-53  3* 9   5.69-73 TENDER FAELLIG 67.7
12*15   4.31-35  18*24   5.13-17  4*10   5.67-71 . LETZTER SATZ 4.03
15*18   4.61-65   6*18   4.29-33  5*11   5.65-69
 3*12   4.01-05  12*24   4.87-91  6*12   5.65-69 FOR DATES SEE BFFN
```

Der Barwert der Anleihe beträgt folglich:

$$6,375\ \% \times \frac{1}{1+0,0410} + 106,375\ \% \times \frac{1}{1+0,0487} \times \frac{1}{1+0,0410} = 103,56\ \%$$

Abzinsung der Kuponzahlung vom 20.10.95 – 19.10.96	Abzinsung der Kupon- und Tilgungszahlung vom 20.10.96 – 19.10.97	Abzinsung der Kupon- und Tilgungszahlung vom 20.10.95 – 19.10.96

Die 6,375 % Bundesanleihe notiert am 20.10.1995 zu einem Kurs von 103,38 %, wie dem Handelsblatt vom 23.10.1995 zu entnehmen ist. Sie gilt folglich als unterbewertet.

6,125 v. 87 li	1997	102...	102.87b	4,348
6,375 v. 87	1997	103,38b	103,36b	4,394
6,75 v. 87	1997	104.10b	104.09bG	4,463

Mit dem Barwert läßt sich der Wert einer *einzelnen* Schuldverschreibung bestimmen; er kann jedoch nicht zum Vergleich mehrerer Anleihen bzw. unterschiedlicher Anleihetypen herangezogen werden. Durch einen Vergleich der Barwerte einzelner Schuldverschreibungen, wie demjenigen eines Zero-Bonds mit dem einer Kupon-Anleihe, läßt sich keine Rangfolge aufstellen. Hierzu eignet sich vielmehr die Kennzahl Rendite, die im weiteren vorgestellt wird.

6.4.2 Rendite

6.4.2.1 Begriff

Die Ertragskraft einer Anleihe wird mit der Kennzahl »Rendite« beurteilt. Sie soll Auskunft über die Verzinsung des vom Anleger eingesetzten Geldbetrages geben. Die Rendite stellt folglich eine Beziehung zwischen dem in eine Anleihe investierten Geldbetrag und den zukünftigen Zahlungsrückflüssen her.

Zwischen der Barwert- und der Rendite-Berechnung einer Anleihe besteht ein Zusammenhang. Bei der Bestimmung des Barwertes wird ein Zinssatz vorgegeben und der gegenwärtige Wert der Anleihe gesucht. Im Zuge der Rendite-Ermittlung ist demgegenüber derjenige Zinssatz zu bestimmen, mit dem sämtliche Anleihezahlungen diskontiert werden müssen, damit sich ein Barwert einstellt, der exakt dem aktuellen Anleihe-Kurs entspricht.

Den Zusammenhang zwischen dem Barwert und der Rendite einer Anleihe veranschaulicht Abbildung 6/11.

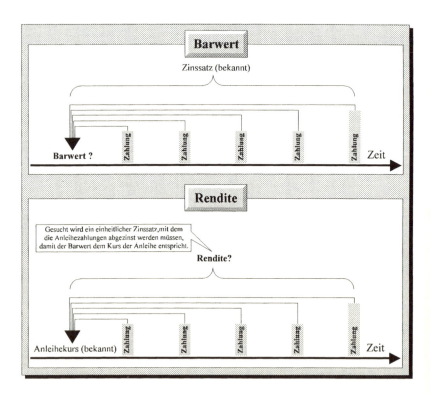

Abb. 6/11: Zusammenhang zwischen Barwert und Rendite

Folgendes Beispiel verdeutlicht die Beziehung zwischen dem Kurs und der Rendite einer Anleihe.

Beispiel 6/30

Die Ausstattung der 8,5 % Bundesanleihe von 1990 kann der »Handmappe über Bundeswertpapiere« entnommen werden.

Tag der Auflegung	Anleihebezeichnung	Zinstermin	Laufzeit (Jahre)	Fälligkeitszeitpunkt
31.7./1.8.90	8,50 % Bund 90 (2000)	21.8.	10 fest	20.8.2000

Die Anleihe notiert am 21.8.1995 zu einem Kurs von 110,30, wie der Rubrik »*Öffentliche Anleihen*« im Handelsblatt vom 22.8.1995 zu entnehmen ist.

8,5   v. 90   2000 |110,30b |109,97b | 6,050

Für die Anleihe läßt sich folgende Zahlungsreihe aufstellen:

21.8.1995	21.8.1996	21.8.1997	21.8.1998	21.8.1999	21.8.2000
-110,30 DM	+ 8,50 DM	+ 8,50 DM	+ 8,50 DM	+ 8,50 DM	+ 108,50 DM

In der Finanzzeitung ist auch die Rendite dieser Bundesanleihe ausgewiesen. Am 21.8.1995 beträgt sie 6,050 %. Wenn sämtliche zukünftigen Zahlungen der Reihe mit der aktuellen Rendite abgezinst werden, dann ergibt sich ein Barwert, der dem aktuellen Kurs von 110,30 % entspricht.

$$8{,}5 \times \frac{1}{1 + 0{,}0605} + 8{,}5 \times \frac{1}{(1 + 0{,}0605)^2} + 8{,}5 \times \frac{1}{(1 + 0{,}0605)^3} + 8{,}5 \times \frac{1}{(1 + 0{,}0605)^4} + 108{,}5 \times \frac{1}{(1 + 0{,}0605)^5} = 110{,}30$$

Die Berechnung der Rendite einer Anleihe basiert auf der Formel für den Barwert, die im vorangegangenen Abschnitt vorgestellt wurde. Die Rendite ergibt sich, wenn die Barwert-Formel dem aktuellen Anleihekurs gleichgesetzt und diese Gleichung nach dem Zinssatz, den man in diesem Zusammenhang »internen Zinsfuß« nennt, aufgelöst wird.

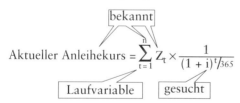

Die Gleichung läßt sich nur in einigen wenigen Fällen »problemlos« nach »i« auflösen. Dies ist zum Beispiel dann möglich, wenn

- die Rendite einer festverzinslichen Anleihe bestimmt werden soll, deren Restlaufzeit exakt ein Jahr oder zwei Jahre beträgt und deren Kuponzahlungen einmal jährlich anfallen;
- die Rendite eines Zero-Bonds berechnet wird.

Für festverzinsliche Anleihen mit einer Restlaufzeit von mehr als zwei Jahren läßt sich die Barwert-Formel nicht mehr nach dem Zinssatz auflösen. In

354 **Kurs- und Ertragskennziffern**

solchen Fällen wird die Rendite iterativ – oder einfach ausgedrückt durch »Probieren« - ermittelt. Es existiert eine Reihe unterschiedlicher Iterations-verfahren, wie zum Beispiel das »Newton'sche Näherungsverfahren« oder die »lineare Interpolation«, auf die hier nicht näher eingegangen wird. Die Ermittlung einer Rendite durch Iteration ist ein relativ komplexer Prozeß, bei dem in der Praxis überwiegend Computer eingesetzt werden.

Eine weiteres Problem bei der Rendite-Berechnung bereiten »gebrochene« Restlaufzeiten. Das Adjektiv »gebrochen« soll andeuten, daß die Restlaufzeit einer Anleihe zum betrachteten Zeitpunkt nicht ein Jahr oder ein ganzzahliges Vielfaches eines Jahres – also 1, 2, 3, 4 usw. Jahre – be-trägt, sondern beispielsweise 2 Jahre und 168 Tage. Auch »Fachleute« sind sich nicht einig, wie dieser Umstand bei der Rendite-Ermittlung zu berück-sichtigen ist, so daß im Laufe der Zeit eine Vielzahl unterschiedlicher Me-thoden entwickelt wurden, zu deren bedeutendsten die Methoden nach

- der Association of International Bond Dealers (AIBD), die seit 1991 In-ternational Securities Market Association (ISMA) heißt[1],
- Braeß/Fangmeyer sowie
- Moosmüller

zählen. Renditen, die nach »AIBD«, »Braeß/Fangmeyer« oder »Moosmül-ler« ermittelt werden, sind identisch, wenn die Kuponzahlungen der betref-fenden Anleihe jährlich, nicht jedoch halb- oder vierteljährlich, erfolgen, und die Restlaufzeit der Anleihe »ungebrochen« ist, so daß keine Stückzin-sen zu berücksichtigen sind. Nur in diesen speziellen Fällen lassen sich die Renditen zweier Anleihen, die jeweils mit einer anderen der oben genann-ten Methoden berechnet werden, direkt miteinander vergleichen. In allen anderen Fällen liefert wenigstens eine der Methoden eine Rendite, die von den auf den übrigen Methoden basierenden Renditen abweicht. Die nach »AIBD«, »Braeß/Fangmeyer« oder »Moosmüller« gewonnenen Renditen unterscheiden sich dann jedoch nur geringfügig voneinander, oftmals erst ab der zweiten Stelle nach dem Komma.

Die im Handelsblatt ausgewiesenen Anleihe-Renditen beruhen auf der Formel von »Braeß/Fangmeyer«, deren Aufbau relativ komplex ist, so daß auf eine Darstellung der Konstruktionsmerkmale dieser Rendite-Formel verzichtet werden soll.

Faustformel

In der Praxis wird oftmals auf eine »**Faustformel**« zurückgegriffen, die verhältnismäßig einfach zu handhaben ist und gewöhnlich recht gute Nä-herungswerte für die Rendite festverzinslicher Anleihen liefert. Diese For-mel lautet:

$$\text{Rendite} = \frac{\text{Nominalzins} + \dfrac{\text{Nennwert} - \text{aktueller Kaufpreis}}{\text{Restlaufzeit in Jahren}}}{\text{Börsenkurs} + \text{Stückzinsen}} \times 100\,\%$$

1 In der Praxis wurde überwiegend die Be-zeichnung »AIBD-Methode« beibehal-ten.

Folgendes Beispiel illustriert die Ermittlung einer Rendite mit Hilfe der »Faustformel«.

| | Rendite | **355** |

Die Ausstattung der 7,125 % Bundesanleihe von 1989 zeigt der folgende Ausschnitt.

Beispiel 6/31

Tag der Auflegung	Anleihebezeichnung	Zins-termin	Laufzeit (Jahre)	Fälligkeitszeit-punkt
6.11.1989	7,125 % Bund 89 (99)	20.10.	10 fest	20.12.1999

Die Anleihe notiert am 2.6.1995 zu einem Kurs von 105,22 %, was ein Ausschnitt aus der Rubrik »*Öffentliche Anleihen*« im Handelsblatt vom 6.6.1995 belegt.

| 7,125 v. 89 | 1999 | 105,22b | 105,20bG | 5,763 |

Ein Anleger, der die Anleihe am 2.6.1995 erwirbt, zahlt den aktuellen Kurs in Höhe von 105,22 % zuzüglich der Stückzinsen für den Zeitraum vom 20.12.1994 bis zum 1.6.1995 – das sind 162 Tage. Es fallen also Stückzinsen in Höhe von

$$\frac{100 \text{ DM} \times 7{,}125 \times 162}{100 \times 360} = 3{,}21 \text{ DM}$$

an. Die Restlaufzeit der Bundesanleihe beträgt 4 Jahre und 198 Tage oder, ausgedrückt in Jahren, 4,55 Jahre.
Die mit Hilfe der »Faustformel« ermittelte Rendite in Höhe von

$$\frac{7{,}125 + \dfrac{100 - 105{,}22}{4{,}55}}{105{,}22 + 3{,}21} \times 100 \ \% = 5{,}513 \ \%$$

1 Die mit der Faust-formel berechnete Rendite ist umso ungenauer, je länger die Restlaufzeit der Anleihe.

weicht nur unwesentlich von der im Handelsblatt ausgewiesenen und nach der Formel von »Braeß/Fangmeier« berechneten Rendite von 5,763 % ab[1].

Da bei Zero-Bonds weder Kuponzahlungen noch Stückzinsen berücksichtigt werden müssen, bereitet die Ermittlung der Rendite hier keinerlei Probleme. Die Rendite-Formel für Zero-Bonds läßt sich aus der Barwert-Formel ableiten und lautet:

Zero-Bonds

$$\text{Rendite eines Zerobonds} = \left(\sqrt[n]{\frac{N}{K}} - 1 \right) \times 100 \ \%$$

mit
N: Nominalbetrag des Zero-Bonds (Rückzahlungsbetrag)
K: aktueller Kurs des Zero-Bonds
n: Restlaufzeit des Zero-Bonds, ausgedrückt in Jahren

Ein von der Hessischen Landesbank im Jahre 1985 emittierter Zero-Bond wird am 1.6.2000 zu 100 % getilgt. Das Papier notiert am 1.6.1995 zu einem Kurs von 74,15 %, wie dem Handelsblatt vom 2.6.1995 zu entnehmen ist.

Beispiel 6/32

Kurs- und Ertragskennziffern

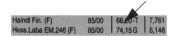

Die Restlaufzeit des Papiers beträgt 5 Jahre und der Nominalwert 100 %. Mit Hilfe der Formel läßt sich die Rendite des Zero-Bonds am 1.6.1995 ermitteln.

$$\text{Rendite eines Zerobonds} = \left(\sqrt[n]{\frac{N}{K}} - 1\right) \times 100\ \% = \left(\sqrt[5]{\frac{100}{74,15}} - 1\right) \times 100\ \% = 6{,}164\ \%$$

Floater

Für Anleihen, deren Zins- bzw. Tilgungszahlungen erst in der Zukunft festgelegt werden, läßt sich die Rendite zum gegenwärtigen Zeitpunkt nicht angeben, da die Zahlungsreihe dieser Papiere nicht feststeht. Zu solchen Schuldverschreibungen zählen beispielsweise Floating Rate Notes oder Index-Anleihen. Für sie wird in den Kurstabellen keine Rendite ausgewiesen, wie ein Ausschnitt der Rubrik »*Öffentliche Anleihen*« aus dem Handelsblatt vom 6.6.1995 belegt.

Zins		Laufzeit	2.6.95	1.6.95	Rend.
8,50	R46	1999	108,65 G	108,60 G	6,039
8,25	R47	1998	107,10 G	107,00 b	5,567
8,375	R48	2001	108,75 G	108,60 G	6,638
8,50	R49	1998	107,35 G	107,30 G	5,468
8,375	R50	2001	108,85 G	108,80 G	6,527
8,50	R51	2001	109,45 G	109,40 G	6,514
8,75	R52	2001	110,60 G	110,60 G	6,643
8,75	R53	1999	109,75 G	109,65 G	6,130
8,50	R54	2002	109,35 G	109,15 G	6,754
8,625	R55	2001	110,00 G	109,85 G	6,641
6,25	R56	2002	108,05 G	108,00 G	6,691
8,25	R57	2000	108,00 G	108,00 G	6,312
8,00	R58	2001	106,80 G	106,75 G	6,641
8,00	R59	1999	106,75 G	106,75-T	5,869
8,00	R60	2000	107,00 G	107,00 G	6,290
8,00	R61	1998	106,55 b	106,30 G	5,526
8,00	R62	2002	106,70 G	106,55 G	6,770
(FRN)	89	1999	99,75 G	99,75 G	
(FRN)	90	2000	99,75 G	99,75 G	
(FRN)	91	2001 I	111,00 G	110,50 G	
(FRN)	91	2001 II	110,50 G	110,25 G	
(FRN)	91	2001 III	110,50 G	110,25 G	
(FRN)	91	2001 IV	110,50 G	110,25 G	
(FRN)	91	2001 V	110,50 G	110,25 G	
(FRN)	92	2002 I	110,25 G	110,00 G	
(FRN)	92	2001 II	114,00 G	113,50 G	
(FRN)	92	2002 III	104,25 G	103,75 G	
(FRN)	93	2003 I	104,00 G	103,50 G	
6	94	2004	93,75 b	93,60 G	6,975

6.4.2.2 Emissions- versus Umlaufrendite

Die Rendite einer Anleihe wird gewöhnlich »Effektivzinssatz« oder »Effektivverzinsung« genannt, um sie vom Nominalzinssatz abzugrenzen. Die Rendite zum Zeitpunkt der Emission einer Anleihe bezeichnet man als »Emissionsrendite«, die Rendite bereits umlaufender Anleihen demgegenüber als »Umlaufrendite«. Den Unterschied zwischen Nominal- und Effektivzins sowie Emissions- und Umlaufrendite verdeutlicht folgendes Beispiel.

Rendite · **357**

Die 8,25 % Bundesanleihe von 1991, die am 2.6.1995 zu einem Kurs von 109,70 % notiert, weist einen Effektivzins von 6,316 % und einen Nominalzins von 8,25 % auf. Da sich die Anleihe am 2.6.1995 bereits im Umlauf befindet, nennt man die Rendite von 6,316 % auch Umlaufrendite.

Beispiel 6/33

| 8,25 v. 91 | 2001 | 109,70bG | 109,52b | 6,316 |

Die »Handmappe über Bundeswertpapiere« zeigt für die Bundesanleihe eine Emissionsrendite von 8,16 %.

Emissi-onskurs	Anleihebezeichnung	Zins-termin	Laufzeit (Jahre)	Fälligkeit	Emissions-rendite
100,60	8,25 % Bund 91 (2001)	20.9.	10 fest	20.9.2001	8,16 %

Die Abzinsung aller Zahlungen dieser Bundesanleihe mit der Emissionsrendite führt am 20.9.1991 (Emissionstag) zu einem Barwert in Höhe von 100,60 %. Dieser entspricht exakt dem Emissionskurs der Bundesanleihe.

$$\underbrace{\frac{8,25\,\%}{1 + 0,0816}}_{\substack{\text{Emissions-}\\\text{rendite}}} + \underbrace{\frac{8,25\,\%}{(1 + 0,0816)^2}}_{\substack{\text{Emissions-}\\\text{rendite}}} + \ldots + \underbrace{\frac{108,25\,\%}{(1 + 0,0816)^{10}}}_{\substack{\text{Emissions-}\\\text{rendite}}} = \underbrace{100,60\,\%}_{\substack{\text{Kurs bei}\\\text{Emission}\\\text{der Anleihe}\\\text{am 20.9.1991}}}$$

Kuponzahlung (in % vom Nennwert) am 20.9.1992 · Kuponzahlung (in % vom Nennwert) am 20.9.1993 · Kupon- und Tilgungszahlung (in % vom Nennwert) am 20.9.2001

Kritik

6.4.2.3

Die Kennzahl »Rendite« stellt häufig, neben einer Reihe anderer Kriterien wie Restlaufzeit, Bonität des Emittenten usw., einen Maßstab zur Beurteilung der Vorteilhaftigkeit einer Anleihe dar. Ein Anleger, der seine Kaufentscheidung ausschließlich an der Rendite ausrichtet, wählt von zwei zur Auswahl stehenden Papieren mit gleichem Rating dasjenige aus, das die höchste Rendite verspricht. Weichen die Ratings der betrachteten Anleihen voneinander ab, so sollte die Anleihe mit dem schlechteren Rating grundsätzlich eine höhere Rendite erwirtschaften.

Ein Anleger erzielt die für eine festverzinsliche Anleihe angegebene Rendite nur dann mit Sicherheit, wenn er plant, die Anleihe bis zur Fälligkeit zu halten und die zwischenzeitlich anfallenden Kuponzahlungen *nicht* wieder anzulegen. In allen anderen Fällen steht die tatsächlich erzielte Rendite erst zum Zeitpunkt des Verkaufs der Anleihe oder bei Fälligkeit des Papiers fest. Die Rendite gibt somit ausschließlich die **Verzinsung des »noch gebundenen Geldbetrages«** an, wenn die Anleihe bis zur Fälligkeit gehalten wird, und ist ein rechnerischer Wert, der allenfalls eine Orientierungsgröße für die Verzinsung des beim Kauf einer Anleihe eingesetzten Geldbetrages darstellt. Dies wird an folgendem Beispiel deutlich.

Verzinsung des noch gebundenen Kapitals

Beispiel 6/34

Folgende Tabelle zeigt die Ausstattungsmerkmale der 6,75 % Bundesanleihe von 1988.

Tag der Auflegung	Anleihebezeichnung	Zinstermin	Laufzeit (Jahre)	Fälligkeitszeitpunkt
7.9.88	6,75 % Bund 88 II (98)	20.8.	10 fest	20.8.98

Ein Anleger kauft die Anleihe am 20.8.1995 zum Kurs von 103,76 und plant, die Anleihe bis zur Fälligkeit zu halten. Er erzielt eine Rendite in Höhe von 5,357 %, wie der Rubrik »*Öffentliche Anleihen*« aus dem Handelsblatt vom 22.8.1995 zu entnehmen ist.

Der Anleger, der am 20.8.1995 »100-DM-nominal« der Bundesanleihe erwirbt, bindet 103,76 D-Mark. Dieser Geldbetrag wird für ein Jahr mit einem Satz von 5,357 % verzinst, so daß sich bis zum 20.8.1996 ein »rechnerisches Vermögen« von

$$103{,}76 \text{ DM} \times 1{,}05357 = 109{,}32 \text{ DM}$$

angesammelt hat. Am 20.8.1996 empfängt der Anleger eine Kuponzahlung von 6,75 D-Mark. Die Kapitalbindung verringert sich folglich um diese Zahlung.

Kapitalbindung am 20.8.1996: 109,32 DM - 6,75 DM = 102,57 DM

Das gebundene Kapital verzinst sich wiederum zum Satz von 5,357 % und am 20.8.1997 ergibt sich ein Betrag von

$$102{,}57 \text{ DM} \times 1{,}05357 = 108{,}06 \text{ DM}.$$

Die Kupon-Zahlung von 6,75 D-Mark am 20.8.1997 verringert die Kapitalbindung, so daß nurmehr

$$108{,}06 \text{ DM} - 6{,}75 \text{ DM} = 101{,}32 \text{ DM}$$

gebunden sind. Dieser Betrag verzinst sich erneut zum Satz von 5,375 %, und am 20.8.1998 werden schließlich

$$101{,}32 \text{ DM} \times 1{,}05357 \text{ DM} = 106{,}75 \text{ DM}$$

(Zins- und Tilgung) an den Anleger gezahlt.

Da die Kennzahl »Rendite« die Charakteristik der Zahlungsströme einer Anleihe, also die Höhe und die Zeitpunkte der Zins- und Tilgungszahlungen, nicht hinreichend berücksichtigt, kann eine Auswahl nach diesem Kriterium zu Fehlentscheidungen führen. Das folgende Beispiel soll diesen Sachverhalt verdeutlichen.

Rendite **359**

Ein Anleger steht am 1.6.1995 vor der Entscheidung, einen Geldbetrag in Höhe von 500.000 D-Mark für einen Zeitraum von zwei Jahren in eine der folgenden Anleihen zu investieren. Der Einfachheit halber wird unterstellt, daß beide Anleihen beliebig gestückelt werden können.

Beispiel 6/35

Anleihetyp	Kurs am 1.6.95	Kupon	Tilgung	Rendite am 1.6.95
Zero-Bond	89,93	---	100 am 1.6.97	5,45 %
Kupon-Anleihe	105,54	8,5 %, jährlich am 1.6.	100 am 1.6.97	5,50 %

Der Investor entscheidet sich für die Kupon-Anleihe, weil sie eine höhere Rendite aufweist als der Zero-Bond. Der Anleger kann somit

$$500.000 \text{ DM} \times \frac{100 \text{ DM}}{105,54 \text{ DM}} = 473.754,03 \text{ DM}$$

nominal der Bundesanleihe erwerben. Er empfängt am 1.6.1996 eine Kuponzahlung in Höhe von

$$\frac{473.754,03 \text{ DM} \times 8,5}{100} = 40.269,09 \text{ DM}$$

und am 1.6.1997 eine Kupon- und Tilgungszahlung in Höhe von

$$473.754,03 \text{ DM} + 40.269,09 \text{ DM} = 514.023,12 \text{ DM}.$$

Die »Zahlungsreihe aus Sicht des Investors« lautet dann:

1.6.1995	1.6.1996	1.6.1997
- 500.000 DM	+ 40.269,09 DM	+ 514.023,12 DM

Die Kuponzahlung in Höhe von 40.269,09 D-Mark kann zum Satz für 12-Monats-Termingeld angelegt werden. Dieser soll am 1.6.1996 2,5 % betragen. Der Investor verfügt nach zwei Jahren über einen Geldbetrag von

$$\underbrace{40.269,09 \text{ DM}}_{\substack{\text{Kuponzahlung} \\ \text{am 1.6.1996}}} + \underbrace{40.269,09 \text{ DM} \times 0,025}_{\substack{\text{Zinseszinsen für die Wieder-} \\ \text{anlage der Kuponzinsen}}} + \underbrace{514.023,12 \text{ DM}}_{\substack{\text{Kupon- und} \\ \text{Tilgungszahlung} \\ \text{am 1.6.1997}}} = 555.298,94 \text{ DM}.$$

Hätte der Anleger statt der Kupon-Anleihe den Zero-Bond gewählt, so hätte er am 1.6.1997 einen Geldbetrag von

$$\frac{500.000 \text{ DM}}{89,93 \text{ \%}} \times 100 \text{ \%} = 555.987,99 \text{ DM}$$

erzielt. Das sind

$$555.987,99 \text{ DM} - 555.298,94 \text{ DM} = 689,05 \text{ DM}$$

mehr als bei der Anlage in die Kupon-Anleihe, obwohl die Rendite der Kupon-Anleihe am 1.6.1995 größer war als beim Zero-Bond. Die Kupon-Anleihe führt im Vergleich zum Zero-Bond zu einem

360   **Kurs– und Ertragskennziffern**

- höheren Endvermögen, wenn der Zinssatz für die Wiederanlage den Wert von 4,21 % überschreitet,
- geringeren Endvermögen, solange der Zins für die Wiederanlage unter 4,21 % liegt.

Bei einem Zinssatz in Höhe von 4,21 % am 1.6.1996 führen Zero-Bond und Kupon-Anleihe zum selben Endvermögen. Der Zinssatz, bei dem beide Anlagealternativen zum selben Endvermögen führen, wird auch als »kritischer« Zinssatz bezeichnet. Auf dessen Herleitung wird hier verzichtet.

Endvermögen

Das vorhergehende Beispiel unterstreicht die beschränkte Tauglichkeit der Rendite als Entscheidungskriterium für die Auswahl einer Anleihe. Ein zweckmäßiges Kriterium stellt letztendlich nur das **Endvermögen**[1] dar, das bei einer Geldanlage in Anleihen erzielt wird. Dieses läßt sich jedoch nur in einigen wenigen Fällen bereits zum Zeitpunkt der Anlageentscheidung angeben.

6.4.2.4

Renditestrukturkurve

Geldbeträge, die für unterschiedlich lange Zeiträume angelegt werden, erzielen gewöhnlich unterschiedlich hohe Renditen. Ein Investor, der beispielsweise bereit ist, Geld für einen Zeitraum von 10 Jahren anzulegen, erreicht in aller Regel eine andere Rendite als ein Anleger, der sein Geld nur zwei Jahre bindet. Die Darstellung der Renditen festverzinslicher Anleihen in Abhängigkeit von der Restlaufzeit der Papiere heißt Renditestruktur (Zinsstruktur). Man spricht von einer

- »normalen« Renditestruktur, wenn die Rendite mit steigender Restlaufzeit der Papiere zunimmt;
- flachen Renditestruktur, wenn die Renditen bei Anleihen mit unterschiedlichen Restlaufzeiten nahezu gleich sind;
- inversen Renditestruktur, wenn die Rendite mit steigender Restlaufzeit der Anleihen sinkt.

Der Eintrag der einzelnen Rendite-Restlaufzeit-Kombinationen in ein Diagramm und die Verbindung der Punkte wird als Renditestrukturkurve (Zinsstrukturkurve) bezeichnet. Eine flache Renditestrukturkurve konnte beispielsweise im Februar 1989 und eine inverse Renditestruktur im Februar 1992 beobachtet werden. Eine »normale« Renditestruktur lag hingegen im Juni 1995 vor, wie ein Blick in die Handelsblatt-Tabelle »**DM-Renditen**« zu den jeweiligen Zeitpunkten belegt (vgl. Abb. 6/12).

Renditen am kurzen/langen Ende

Die Renditen für Papiere mit relativ kurzer Laufzeit – gemeint sind zumeist Laufzeiten von höchstens drei Jahren – heißen in der Praxis auch Renditen »am kurzen Ende«. Die Renditen für verhältnismäßig lange Laufzeiten sind die Renditen »am langen Ende«.

---

1 *Hierfür ist in der Praxis der Begriff »total return« geläufig.*

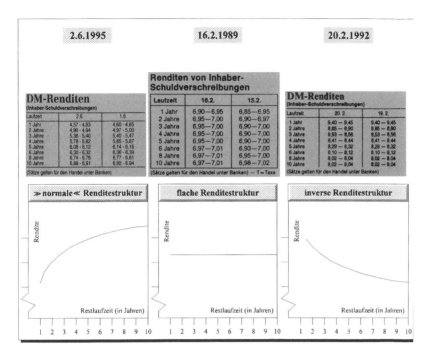

Abb. 6/12: Renditestrukturkurven

Renditen in der Finanzzeitung
6.4.2.5

DM-Renditen
6.4.2.5.1

Die Tabelle »*DM-Renditen*« (vgl. Abb. 6/13) im Handelsblatt zeigt Renditen für Inhaberschuldverschreibungen – mit Ausnahme öffentlicher Anleihen –, die am letzten sowie vorletzten Werktag beim Handel unter Geschäftsbanken erzielt wurden. Dabei werden Anleihen mit Restlaufzeiten zwischen einem und zehn Jahren berücksichtigt.

Zinsen

DM-Renditen
(Inhaber-Schuldverschreibungen)

Laufzeit	2.6.	1.6.
1 Jahr	4,57 - 4,63	4,60 - 4,65
2 Jahre	4,90 - 4,94	4,97 - 5,00
3 Jahre	5,36 - 5,40	5,40 - 5,47
4 Jahre	5,78 - 5,82	5,85 - 5,87
5 Jahre	6,08 - 6,12	6,14 - 6,16
6 Jahre	6,30 - 6,32	6,36 - 6,39
8 Jahre	6,74 - 6,76	6,77 - 6,81
10 Jahre	6,88 - 6,91	6,92 - 6,94

(Sätze gelten für den Handel unter Banken)

Abb. 6/13: Tabelle »DM-Renditen«

Für jeden Laufzeitbereich wird eine Rendite-Spanne angegeben. Die Renditen basieren auf denjenigen Kursen, zu denen der größte Umsatz am jeweiligen Tag abgewickelt wurde. Sie werden täglich von ausgewählten Geschäftsbanken abgefragt.

362   **Kurs– und Ertragskennziffern**

6.4.2.5.2

durchschnittliche
Umlaufrenditen

Tagesstatistik Frankfurt und Rentenindizes

Die Tabelle »*Tagesstatistik Frankfurt und Rentenindizes*« enthält die durchschnittlichen Umlaufrenditen öffentlicher Anleihen (vgl. Abb. 6/14).

Abb. 6/14:
Tabelle
»Tagesstatistik
Frankfurt und
Rentenindizes«

Tagesstatistik Frankfurt und Rentenindizes

	4.10.95	2.10.95		4.10.95	2.10.95
Aktienmarkt			Dt. Rentenindex (Rex) gesamt	106,3987	106,2113
Kursindex	181,49	180,65	1jährig	103,2014	103,1839
Kursindex K	181,40	180,43	5jährig	107,1077	106,9063
Umsatzindex (CDax)	27832,14	18693,44	10jährig	104,5501	104,3066
Kurse verbessert	123	134			
rückläufig	100	94	Rex-Performanceindex	170,7217	170,3904
unverändert	121	116	Pfandbriefindex (Pex) gesamt		105,4069
Rentenmarkt			Pex-Performanceindex		172,5655
Durchschnittliche Umlaufrendite			Index BHF-Bank	106,251	106,102
öffentlicher Anleihen insgesamt	6,11%	6,15%	Performanceindex der BHF-Bank	111,249	111,059
3-5 Jahre	5,36%	5,40%	Index DG-Bank	113,246	113,014
5-8 Jahre	6,26%	6,30%	Index Commerzbank	113,257	113,101
8-15 Jahre	6,59%	6,62%			
15-30 Jahre	7,32%	7,34%			

Die Werte werden von der Deutschen Bundesbank berechnet. Sie berücksichtigt für

- die »*Durchschnittliche Umlaufrendite öffentlicher Anleihen insgesamt*« alle umlaufenden öffentlichen Anleihen sämtlicher Laufzeitbereiche;
- die durchschnittliche Umlaufrendite der einzelnen Laufzeitbereiche nur die öffentlichen Anleihen, deren Restlaufzeiten in den jeweiligen Laufzeitbereich fallen.

Die Durchschnittsrenditen stellen gewichtete arithmetische Mittelwerte der Renditen der einzelnen Anleihen dar, wobei die Papiere jeweils mit ihrem Emissionsvolumen gewichtet werden.

6.4.2.5.3

US-Zinssätze

Die Tabelle »*US-Zinssätze*« enthält neben Geldmarktsätzen[1] die **Renditen 10- und 30jähriger US-Staatsanleihen** (vgl. Abb. 6/15).

Abb. 6/15:
Tabelle
»US-Zinssätze«

US-Zinssätze

in %		4.10.E	3.10.S
Tagesgeld		5¾	5¾
Commercial	30 Tage	5,73	5,70
Paper	60 Tage	5,71	5,72
	90 Tage	5,71	5,75
CDs	1 Monat	5,80	5,80
	2 Monate	5,80	5,80
	3 Monate	5,83	5,83
T-Bills - 3 Monate		5,33-5,32	5,34-5,33
T-Bills - 6 Monate		5,33-5,32	5,36-5,35
Diskontsatz		5,25	5,25
Prime Rate		8,75	8,75
Bankers	30 Tage	5,77	5,74
Acceptances	60 Tage	5,74	5,71
	90 Tage	5,70	5,70
Anleihen	10 Jahre	6,11	6,12
	30 Jahre	6,46	6,46

Grundsätzlich unterscheidet man längerfristige Schuldtitel der US-Regierung in Treasury notes mit Laufzeiten bis zu zehn Jahren und Treasury bonds mit Laufzeiten von über zehn bis maximal 30 Jahren. 30jährige

---

1 Vgl. Kapitel 4

Treasury bonds werden auch als »Treasury long bonds« und die jeweils aktuelle Emission als *bellwether bond* bezeichnet. Der Begriff »bellwether« umschreibt im allgemeinen das Leittier einer Schafherde (»Leithammel«) und symbolisiert die Indikatorfunktion der Rendite der 30jährigen US-Staatsanleihe für die Zinssätze langfristiger Kredite.

bellwether bond

Treasury notes und bonds sind zumeist Kupon-Anleihen mit halbjährlichem Zinstermin und verbrieften Nennbeträgen in Höhe von 1.000 US-Dollar oder einem Vielfachen davon. Die Emission erfolgt über ein Ausschreibungsverfahren, das dem Tenderverfahren für Bundesanleihen sehr ähnlich ist. Die Federal Reserve Banks arbeiten hierbei als Mittler für das Bundesschatzamt. Sie

- kündigen Neuemissionen an,
- nehmen Kaufgebote, die ausschließlich von bedeutenden Investmentbanken, wie zum Beispiel Merrill Lynch oder Lehman Brothers, abgegeben werden dürfen, entgegen,
- leiten diese an das Bundesschatzamt weiter,
- beliefern die vom Schatzamt akzeptierten Gebote und
- wickeln den Zahlungsverkehr zwischen den Investmentbanken und dem Bundesschatzamt ab.

Schuldverschreibungen der US-Regierung werden in aller Regel in einem festen Turnus begeben. Beispielsweise finden die Auktionen für 10jährige notes und 30jährige bonds grundsätzlich in der zweiten Februar-, Mai-, August- und November-Woche statt. Die Schuldtitel stellen – genau wie die Wertpapiere der Bundesrepublik Deutschland – Wertrechtsemissionen dar. Sie sind an keiner Wertpapierbörse der USA registriert, sondern werden ausschließlich over-the-counter-(OTC-), also über Telefon, gehandelt. Der Markt für Treasury notes und bonds ist sehr liquide. Die Papiere können jederzeit über Broker und Geschäftsbanken gekauft und veräußert werden. Insgesamt engagieren sich ungefähr 40 Investmentbanken und fünf spezialisierte Brokerhäuser als Market Maker. Sie stellen an jedem Geschäftstag verbindliche Geld– und Briefkurse für die Schuldtitel.

Auf der Reuters-Seite »Money Market and Key Futures Rates«, kurz »MMKU«, (vgl. Abb. 6/16) werden unter anderem die aktuellen An– und Verkaufskurse für Treasury notes mit Laufzeiten von zwei bis zehn Jahren sowie für Treasury bonds mit 30jähriger Laufzeit publiziert. Die Angaben werden von einem Market Maker in New York eingestellt und gelten für Handelsvolumina von mindestens einer Million US-Dollar.

Die Angaben »O10« und »O30« stehen für »Old« sowie »10« bzw. »30« Jahre Laufzeit. Auf der Seite »MMKU« vom 4.10.1995 kennzeichnet

- »O10« eine 10jährige Treasury note, die auf der vorletzten »Note-Auktion« (»old«) im Mai 1995 emittiert wurde, und
- »O30« einen 30jährigen Treasury bond, den das Bundesschatzamt auf der vorletzten »Bond-Auktion« (»old«) im Februar 1995 verkaufte.

Abb. 6/16:
Reuters-Seite
»MMKU«

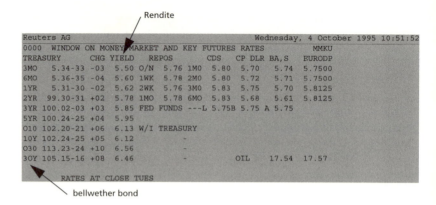

»*10Y*« und »*30Y*« auf der Reuters-Seite »MMKU« dienen als Kürzel für die Treasury notes bzw. bonds von der dem Veröffentlichungstag jeweils vorausgehenden Auktion. Am 4.10.1995 markierte

- »*10Y*« eine Treasury note mit einem Nominalzinssatz in Höhe von 6,50 % und Fälligkeitstermin 15.8.2005, begeben im August 1995, und
- »*30Y*« einen Treasury bond mit einem Nominalzinssatz in Höhe von 6,87 % und Fälligkeitstermin 15.8.2025, der ebenfalls im August 1995 emittiert wurde.

Die Kurse für Treasury notes und bonds werden in Prozent vom Nennwert (Prozentnotierung) angegeben. Die Werte nach dem Punkt (vgl. Abb. 6/16), also zum Beispiel »24-25«, sind keine dezimalen Nachkommastellen, sondern Zweiunddreißigstel. Die Quotierung »102.24 zu 102.25« für die Treasury note »*O10*« bedeutet infolgedessen, daß eine Investmentbank für den Schuldtitel einen

- Ankaufkurs in Höhe von $102\,^{24}/_{32}$ % = 102,75000 % und einen
- Verkaufskurs in Höhe von $102\,^{25}/_{32}$ % = 102,78125 %

stellt. Die Werte für die Tabelle »*US-Zinssätze*« werden aus der Spalte »YIELD« der Seite »MMKU« übernommen. Die Rendite »*Anleihen 10 Jahre*«, die im Handelsblatt vom 5.10.1995 beispielsweise für den 3.10.1995 veröffentlicht wird, entspricht exakt der auf der Seite »MMKU« am 4.10.1995 wiedergegebenen Rendite für die Treasury note »*10Y*« (Schlußwert vom 3.10.1995).

10Y 102.24–25 + 05 6.12

Die Renditen im Handelsblatt

- beziehen sich grundsätzlich auf die mit »*10Y*« bzw. »*30Y*« (bellwether bond) gekennzeichneten Treasury notes und bonds und folglich auf die Schuldtitel der jeweils dem Erscheinungstag vorausgehenden Auktion;

- basieren auf Briefkursen (asked rates) des betreffenden Market Makers;
- stammen aus der Anfangsphase des New Yorker Handels, wenn die Tabellenspalte mit einem »E« überschrieben, und vom Handelsschluß, wenn die Tabelle mit einem »S« markiert ist.

Internationale Renditen 10jähr. Staatsanleihen

6.4.2.5.4

Zusätzlich zur Rendite der jeweils aktuellen »US-Treasury-note-Emission« mit 10jähriger Laufzeit, die auch in der Tabelle »*US-Zinssätze*« abgedruckt wird, beinhaltet die Tabelle »*Internationale Renditen 10jähr. Staatsanleihen*« die Renditen entsprechender Anleihen weiterer Länder (vgl. Abb. 6/17).

Internationale Renditen 10jähr. Staatsanleihen

	4.10.95	2.10.95
Australien	8,57	8,52
Belgien	7,00	7,12
Dänemark	7,83	7,90
Deutschland	6,56	6,57
Europa (ECU)	7,71	7,78
Finnland	7,95	8,08
Frankreich	7,47	7,45
Großbritannien	8,17	8,24
Italien	11,91	11,88
Japan	2,81	2,87
Kanada	7,71	7,76
Niederlande	6,61	6,62
Österreich	6,94	6,96
Schweden	9,34	9,37
Schweiz	4,26	4,35
Spanien	10,87	10,91
USA	6,13	6,19

Sätze im Großgeschäft (in % gerundet) jeweils vom Vormittag.
Quelle: Hauckbankiers, Frankfurt/Main

Abb. 6/17:
Tabelle
»Internationale
Renditen 10jähr.
Staatsanleihen«

Die Werte werden Systemen wie Bloomberg, Reuters oder Telerate entnommen und beziehen sich auf die neueste Staatsanleihe-Emission (Laufzeit 10 Jahre) des betreffenden Staates. Allen Renditen liegen die Briefkurse (asked rates) bedeutender Market Maker zugrunde, die diese zum Zeitpunkt der Daten-Entnahme für Orders von umgerechnet mindestens einer Million US-Dollar stellten.

Die Rendite für 10jährige US-Staatsanleihen weicht unter Umständen von der in der Tabelle »*US-Zinssätze*« wiedergegebenen Rendite ab, was ausschließlich auf unterschiedliche Zeitpunkte der Datenentnahme aus dem Reuters-System zurückzuführen ist.

Eurobondrenditen

6.4.2.5.5

Renditen für Euro- und DM-Auslandsanleihen werden regelmäßig seit dem 31.12.1990 von der International Securities Market Association (ISMA) berechnet. Das Handelsblatt publiziert diese Werte zumeist einmal wöchentlich in der Tabelle »*Eurobondrenditen*« (vgl. Abb. 6/18).

366 **Risiken und Risikomaßzahlen**

Abb. 6/18:
Tabelle »Euro-
bondrenditen«

Eurobondrenditen
(2. Juni 1995)

	Rest-laufzeit Rendite	Wochen-veränd. in %	12-Mo-nats-Höchst	12-Mo-nats-Tiefst
	Gewogene ⌀-Renditen in %			
US-$	6,45	−0,35	8,42	6,45
A-$	8,90	+0,06	10,89	8,74
Can.-$	8,26	−0,23	10,21	8,26
Franc	7,45	−0,09	8,51	7,35
ECU	7,69	−0,12	8,79	7,69
Yen	2,65	−0,14	4,62	2,62
Europfunde	8,17	−0,24	9,62	8,17
DM-Auslands-anleihen	6,43	−0,08	7,72	6,43

Quelle: ISMA (frühere Association of International Bond Dealers, AIBD).

Die Renditen basieren auf Briefkursen, die bedeutende Market Maker für Euro- und DM-Auslandsanleihen stellten. Es werden nur solche Papiere berücksichtigt, für die ein liquider Sekundärmarkt besteht. Die Rendite einer einzelnen Anleihe wird mit Hilfe der ISMA-Formel berechnet und mit der Marktkapitalisierung des betreffenden Titels gewichtet. Anschließend werden die gewogenen Einzelrenditen addiert und zu einem einzigen Wert verdichtet.

6.5 Risiken und Risikomaßzahlen

6.5.1 Duration

Der Barwert und die Rendite zeigen den aktuellen Wert bzw. die Ertragskraft einer Anleihe an, wohingegen die Duration eine Kennzahl zur Beurteilung des Risikogehalts einer Anleihe darstellt. Die Duration gibt die durchschnittliche Bindungsdauer des in eine Anleihe investierten Geldbetrages an und wird in folgenden fünf Schritten berechnet:[1]

Schritt 1: Ermittlung des Barwertes jeder einzelnen Zahlung der Anleihe.

Schritt 2: Multiplikation jedes einzelnen im 1. Rechenschritt berechneten Barwertes mit der Zahl an Jahren, die noch verstreichen, bis die entsprechende Zahlung erfolgt.

Schritt 3: Addition aller im 2. Schritt bestimmten »gewichteten« Barwerte.

Schritt 4: Berechnung des Barwertes der Anleihe.

Schritt 5: Division der Summe der »gewichteten« Barwerte (Rechenschritt 3) durch den Barwert der Anleihe (Rechenschritt 4).

1 Diese Duration heißt auch »Macaulay-Duration«.

Die Berechnung der Duration soll am Beispiel der 6,50 % Bundesanleihe von 1988 illustriert werden.

Beispiel 6/36

Die Ausstattungsmerkmale der 6,50 % Bundesanleihe von 1988 lassen sich der »Handmappe über Bundeswertpapiere« entnehmen, aus der folgender Ausschnitt stammt.

Tag der Auflegung	Anleihebezeichnung	Zins-termin	Laufzeit (Jahre)	Fälligkeitszeit-punkt
30.5.88	6,50 % Bund 88 (98)	20.5.	10 fest	20.5.98

Im Handelsblatt vom 22.5.1995 ist unter der Rubrik »*Öffentliche Anlei-hen*« folgende Notierung für die Bundesanleihe zu finden.

6,125 v. 88	1998	101,?3 b	101,47 b	5,548
6,5 v. 88	1998	102,30 b	102,31 b	5,645
6,75 v. 88	1998	102,90 b	102,95 b	5,705

Die Duration der Anleihe am **20.5.1995** läßt sich entsprechend den weiter oben skizzierten fünf Rechenschritten ermitteln. Als Abzinsungssatz wird die Rendite in Höhe von 5,645 % herangezogen.

Schritt 1: $\dfrac{6,50}{1,05645} = 6,153$

$\dfrac{6,50}{(1,05645)^2} = 5,824$

$\dfrac{106,50}{(1,05645)^3} = 90,324$

Schritt 2: $6,153 \times 1 \text{ Jahr} = 6,153$
$5,824 \times 2 \text{ Jahre} = 11,648$
$90,324 \times 3 \text{ Jahre} = 270,972$

Schritt 3: $6,153 + 11,648 + 270,972 = \mathbf{288,77}$

Schritt 4: $\dfrac{6,50}{1,05645} + \dfrac{6,50}{(1,05645)^2} + \dfrac{106,50}{(1,05645)^3} = \mathbf{102,30}$

Schritt 5: $\dfrac{288,77}{102,30} \approx \mathbf{2,82} \text{ Jahre}$

Ein Anleger, der am 22.5.1995 die Bundesanleihe erwirbt, wartet

- ein Jahr auf die erste Zahlung in Höhe von 6,50 D-Mark,
- zwei Jahre auf die zweite Zahlung in Höhe von 6,50 D-Mark und
- drei Jahre auf die dritte Zahlung in Höhe von 106,50 D-Mark.

Es dauert durchschnittlich **2,82** Jahre, bis das am 22.5.1995 in die 6,50 % Bundesanleihe investierte Geld an den Anleger zurückgeflossen ist.

Der Aussagegehalt der Duration läßt sich an folgender Grafik veran-schaulichen, bei der die Zeitachse eine Art »Wippe« bildet, auf der die Bar-werte aller Anleihe-Zahlungen »Gewichte« darstellen, die entsprechend der zeitlichen Abfolge der einzelnen Zahlungen angeordnet sind. Die »Wippe« ist im Gleichgewicht, wenn sie auf einem »Keil« lagert, der exakt unter dem »Zeitpunkt 2,82 Jahre« angebracht ist.

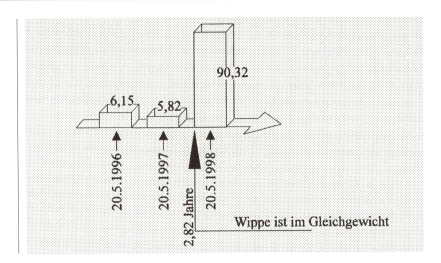

Betrachtet man zwei Anleihen mit identischer Restlaufzeit und gleichem Rating, so gilt diejenige als weniger riskant, die eine geringere Duration aufweist. Ein Anleger, der die Anleihe mit der kleineren Duration erwirbt, wartet weniger lange, bis der investierte Geldbetrag zurückgeflossen ist, als ein Anleger, der die Anleihe mit der höheren Duration kauft. Je länger ein Investor auf Zahlungsrückflüsse warten muß, desto schwieriger fällt die Einschätzung der zukünftigen Zahlungsfähigkeit des Emittenten und desto größer ist die Unsicherheit für den Anleger, die Zahlungen zu erhalten.

Zero-Bond

Die Duration eines Zero-Bonds entspricht immer seiner Restlaufzeit, weil das Papier nur eine einzige zukünftige Zahlung, und zwar zum Zeitpunkt der Fälligkeit, verbrieft. Aus diesem Grunde ist die Gefahr, was das Ausbleiben zukünftiger Zahlungen betrifft, bei Zero-Bonds grundsätzlich höher als beispielsweise bei festverzinslichen Anleihen mit gleicher Laufzeit.

Ein Anleger kann die durchschnittliche Kapitalbindungsdauer einer Anleihe nur dann bestimmen, wenn die Zahlungsreihe des Schuldtitels feststeht. Für Papiere, deren Zins- bzw. Tilgungszahlungen erst in Zukunft fixiert werden, ist die Berechnung der Duration ausgeschlossen. Hierzu zählen zum Beispiel Floating Rate Notes oder Index-Anleihen.

6.5.2 Wiederanlage- und Kursrisiko

Anleger, die Kupon-Anleihen erwerben, setzen sich dem Wiederanlagerisiko und, sofern die Anleihe vor Fälligkeit veräußert wird, einem Kursänderungsrisiko aus. Der Begriff »**Wiederanlagerisiko**« bezeichnet sowohl

Wiederanlagerisiko

- die Gefahr, zukünftige Kupon- und Tilgungszahlungen nur zu einem geringeren Zinssatz wieder anlegen zu können als zum Zeitpunkt der Geldanlage kalkuliert, als auch
- die Chance, künftige Kupon- und Tilgungszahlungen zu einem höheren Zinssatz als geplant reinvestieren zu können.

Wiederanlage- und Kursrisiko **369**

Die tatsächlichen »Zinseszinsen« sind dann entweder geringer oder höher als kalkuliert. Dieser Umstand kann dazu führen, daß ein vom Anleger geplanter total return, also der Geldbetrag, über den der Investor nach Ablauf seines Planungszeitraums verfügen möchte, über- oder unterschritten wird. Diesen Sachverhalt verdeutlicht das folgende Beispiel.

Ein Investor möchte am 1.4.1995 einen Geldbetrag in Höhe von 500.000 D-Mark für einen Zeitraum von zwei Jahren, also bis zum 1.4.1997, anlegen. Er entscheidet sich für die 6,25 % Bahnanleihe von 1987, die folgende Ausstattungsmerkmale aufweist.

Beispiel 6/37

Tag der Auflegung	Anleihebezeichnung	Zins-termin	Laufzeit (Jahre)	Fälligkeitszeit-punkt
17.3.87	6,25 % Bund 87 (97)	1.4.	10 fest	1.4.97

Die Bahnanleihe erwirtschaftet eine Rendite von 5,572 %, wenn das Papier am 1.4.1995 gekauft wird. Dies zeigt ein Ausschnitt aus der Rubrik »*Öffentliche Anleihen*« im Handelsblatt vom 3.4.1995.

Der Anleger wünscht eine Verzinsung des investierten Geldbetrages zu einem Zinssatz von 5,572 %. Er berechnet den Aufzinsungssatz für zwei Jahre:

$$\text{Aufzinsungssatz für 2 Jahre} = (1 + 0{,}05572)^2 = 1{,}11455$$

Nach Ablauf der zwei Jahre soll folglich ein Geldbetrag (geplanter total return) von insgesamt

$$500.000 \text{ DM} \times 1{,}11455 = 557.275 \text{ DM}$$

zur Verfügung stehen.

Die Zahlungsreihe der Bahnanleihe »aus Sicht des Anlegers« ist nachfolgend dargestellt. Auf eine Rundung des Nominalbetrages (Tilgungsbetrag) auf »volle 1.000 D-Mark« wurde aus Gründen der Anschaulichkeit verzichtet.

1.4.1995	1.4.1996	1.4.1997
- 500.000 DM	+ 30.864,20 DM	+ 524.691,36 DM

Der Anleger erreicht das geplante Endvermögen nur dann, wenn die Kuponzahlung in Höhe von 30.864,20 D-Mark am 1.4.1996 zu einem Zinssatz von mindestens 5,572 % wieder angelegt werden kann.

370   **Risiken und Risikomaßzahlen**

$$30.864,20 \text{ DM} + 30.864,20 \text{ DM} \times 0,05572 + 30.864,20 \text{ DM} + 493.827,16 \text{ DM} = 557.275 \text{ DM}$$

| Kuponzahlung am 1.4.1996 | Wiederanlage der Kuponzahlung vom 1.4.1996 zum Zinssatz von 5,572 % | Kuponzahlung am 1.4.1997 | Tilgungszahlung am 1.4.1997 |

Der Investor muß folglich »Zinseszinsen« von wenigstens

$$30.864,20 \text{ DM} \times 0,05572 = 1.719,75 \text{ DM}$$

erzielen, um den geplanten total return nicht zu verfehlen. Er wird unterschritten, wenn die Kuponzinsen nur zu einem geringeren Zinssatz als 5,572 % vom 1.4.1996 bis zum 1.4.1997 wieder investiert werden können. Bei einem höheren Zinsssatz als 5,572 % wird das geplante Endvermögen hingegen übertroffen.

Da der Zinssatz, zu dem die Kuponzinsen am 1.4.1996 wieder angelegt werden können, am 1.4.1995 nicht feststeht, setzt sich der Anleger einem Wiederanlagerisiko aus, wenn er sein Geld am 1.4.1995 in die Bahnanleihe investiert.

Die Höhe der »Zinseszinserträge« (und demzufolge das Wiederanlagerisiko) ist abhängig von

- der Länge des Planungszeitraums des Anlegers; je länger dieser Zeitraum, desto öfter müssen Kupon- bzw. Tilgungszahlungen zwischenzeitlich wieder angelegt werden und desto größer ist demnach das Wiederanlagerisiko;
- der Höhe der Kupon- und zwischenzeitlichen Tilgungszahlungen; je höher Kupon- und zwischenzeitliche Tilgungszahlungen, desto höhere Geldbeträge müssen zwischenzeitlich wieder angelegt werden und desto größer ist das Wiederanlagerisiko;
- der Entwicklung des Zinsniveaus während des Planungszeitraums; je geringer die Zinssätze für Geldanlagen in der Zukunft, desto geringer sind die erwirtschafteten Zinseszinserträge.

Im Unterschied zu einem Anleger, der in Kupon-Anleihen investiert, trägt der Käufer eines Zero-Bonds kein Wiederanlagerisiko, sofern die Restlaufzeit des Papiers dem Planungszeitraum des Anlegers entspricht oder überschreitet. In diesem Fall empfängt der Investor während des Planungszeitraums weder Zins- noch Tilgungszahlungen, so daß sich eine zwischenzeitliche Wiederanlage erübrigt.

Käufer von Anleihen sind oftmals nicht nur dem Wiederanlage-, sondern auch dem Kursrisiko ausgesetzt. Der Begriff »Kursrisiko« beschreibt sowohl

Kursrisiko

- die Gefahr, eine Anleihe nach Ablauf des Planungszeitraums nur zu einem geringeren Kurs veräußern zu können als ursprünglich geplant, als auch
- die Chance, beim Verkauf des Papiers einen höheren Kurs zu erzielen.

| | | | Wiederanlage- und Kursrisiko | | | **371** |

Ein Kursrisiko existiert folglich nur dann, wenn Papiere vor Fälligkeit verkauft werden.

Ein Investor erwirbt am 19.5.1994 die 6 % Bundesanleihe von 1993. Das Papier notiert an diesem Tag zu einem Kurs von 97,50 %, wie die Rubrik »*Öffentliche Anleihen*« im Handelsblatt vom 20.5.1994 zeigt.

Beispiel 6/38

6,875	v. 93	2003	01.87	01.85	101.85 bG	101.96 b	6.593
6,625	v. 93	2003	00.2	00.24	100.24 b	100.34 b	6.581
6	v. 93	2003	97.50	97.50	97.50 bG	97.60 b	6.345
6,25	v. 94	2004	98.40	98.40	98.40 bG	98.40 b	6.466
6,75	v. 94	2004	01.65	01.65	101.65 bG	101.65 b	6.518

Der Anleger veräußert die Anleihe exakt ein Jahr später, am 19.5.1995, zum Kurs von 94,74 %.

Zins		Laufzeit	19.5.95	18.5.95	Rend.
7,125	v. 92	2002	102,25 b	102,40 b	6,717
6,75	v. 93	2003	99,8	100,04 b	6,766
6,5	v. 93	2003	97,9 b	98,17 b	6,823
6	v. 93	2003	94,74 b	94,93 b	6,835
6,25	v. 94	2024	86,30 b	86,50 b	7,406

Der Kurs hat sich um

$$94,74 \% - 97,50 \% = -2,76 \%$$

verändert. Der Investor erhält für die Zeit, während er die Anleihe hält, eine Kuponzahlung von 6 %, so daß ein Gesamtertrag in Höhe von 3,24 % erzielt wird. Dieser setzt sich folgendermaßen zusammen:

$$\underbrace{6 \%}_{\substack{\text{Kuponertrag} \\ \text{in \% vom Nennwert}}} + \underbrace{(94,74 \% - 97,50 \%)}_{\substack{\text{Kursverlust} \\ \text{in \% vom Nennwert}}} = \underbrace{3,24 \%}_{\substack{\text{Gesamtertrag} \\ \text{in \% vom Nennwert}}}$$

Der Anleger erzielt folglich eine Rendite von

$$\frac{3,24}{97,50} \times 100 \% = 3,323 \%,$$

die deutlich von der im Handelsblatt am 19.5.1994 ausgewiesenen Rendite von 6,345 % abweicht.

Anleger, die Anleihen bis zur Fälligkeit halten, setzen sich keinem Kursrisiko aus. Sie erhalten den Rückzahlungskurs, der – mit Ausnahme »exotischer« Papiere (z. B. Indexanleihen) – schon zum Kaufzeitpunkt feststeht.

Im Kapitel über den Barwert wurde bereits angedeutet, daß ein inverser Zusammenhang zwischen dem Kurs einer festverzinslichen Anleihe und dem aktuellen Marktzinsniveau besteht. Der Begriff Marktzinsniveau ist der Sammelbegriff für Anleihe-Renditen unterschiedlicher Laufzeitbereiche sowie Geldmarktsätze.

Einen Überblick über das aktuelle Marktzinsniveau in Deutschland liefern beispielsweise die Tabellen »*Geldmarktsätze*«, »*DM-Renditen*« und »*Tagesstatistik Frankfurt und Rentenindizes*« im Handelsblatt.

372   **Risiken und Risikomaßzahlen**

Der Kurs einer festverzinslichen Anleihe

- sinkt, wenn das Marktzinsniveau steigt;
- steigt, wenn das Marktzinsniveau sinkt.

Die Beziehung zwischen dem aktuellen Marktzinsniveau und dem Kurs einer festverzinslichen Anleihe veranschaulicht das folgende, vereinfachte Beispiel.

Beispiel 6/39

Der Anleger X kauft zu Beginn des Jahres 1994, bei einem Marktzinsniveau von 5 %, eine Anleihe mit folgender Ausstattung zum Kurs von 100.

Kupon	5 %
Restlaufzeit	3 Jahre
Tilgung	100 DM

Ein Jahr später, zu Beginn des Jahres 1995, ist das Marktzinsniveau auf 8 % gestiegen. Ein Investor Y, der jetzt einen bestimmten Geldbetrag anlegt, erzielt eine Rendite von 8 %. Er wird folglich nicht bereit sein, vom Anleger X die 5 %-Anleihe zum Kurs von 100 DM zu kaufen. Investor Y würde das Papier zu einem Kurs erwerben, der in etwa

$$5\,\text{DM} \times \frac{1}{1,08} + 105\,\text{DM} \times \frac{1}{(1,08)^2} = 94,65\,\text{DM} \qquad \text{entspricht}$$

Kurs ist im Vergleich zu 1994 **gesunken**

Marktzinsniveau ist im Vergleich zu 1994 **gestiegen**

Wenn man annimmt, das Marktzinsniveau sei zu Beginn des Jahres 1995 nicht gestiegen, sondern auf 3 % gesunken, dann wäre Investor X nicht bereit, seine Anleihe zum Kurs von 100 an Anleger Y zu veräußern. Er würde einen Preis für das Papier verlangen, der in etwa bei

$$5\,\text{DM} \times \frac{1}{1,03} + 105\,\text{DM} \times \frac{1}{(1,03)^2} = 103,83\,\text{DM liegt.}$$

Das vorangehende Beispiel verdeutlicht, daß eine festverzinsliche Anleihe prinzipiell nur über Kursänderungen an ein bestimmtes Renditeniveau »angepaßt« werden kann. Die prozentuale Kursänderung eines Papiers im Verhältnis zur Änderung des Marktzinsniveaus um einen Prozentpunkt wird als **Zinselastizität** bezeichnet.

Zinselastizität

Beispiel 6/40

Am Beispiel der 6,75 % Bundesanleihe von 1988, deren Ausstattungsmerkmale untenstehende Tabelle erfaßt, soll die Zinselastizität einer Anleihe demonstriert werden.

Anleihebezeichnung	Zins-termin	Laufzeit (Jahre)	Fälligkeitszeit-punkt	Tilgung
6,75 % Bund 88 II (98)	20.8.	10 fest	20.8.98	100

Die Anleihe notiert am 20.8.1995 zum Kurs von 103,76 und weist eine Rendite von 5,357 % auf, wie die Rubrik »*Öffentliche Anleihen*« im Handelsblatt vom 22.8.1995 zeigt.

6,5 v. 88	1998	103,?? b	103,02 b	5,207
6,75 v. 88	1998	103,?2 b	103,58 b	5,327
6,75 v. 88 II	1998	103,76 b	103,48 b	5,357
6,375 v. 88 II	1998	102,62 b	102,36 b	5,451

Wenn man unterstellt, das Marktzinsniveau stiege am 20.8.1995 abrupt um einen Prozentpunkt auf 6,357 %, so würde sich ein Kurs von ungefähr

$$6{,}75 \text{ DM} \times \frac{1}{1+0{,}06357} + 6{,}75 \text{ DM} \frac{1}{(1+0{,}06357)^2} + 106{,}75 \text{ DM} \frac{1}{(1+0{,}06357)^3} = 101{,}04 \text{ DM}$$

einstellen. Der Anstieg des Marktzinsniveaus um einen Prozentpunkt hätte folglich eine Kursveränderung von ungefähr – 2,62 % zur Folge:

$$\frac{\overbrace{101{,}04 - 103{,}76}^{\text{absoluter Kursrückgang}}}{103{,}76} \times 100 \text{ \%} = -2{,}62 \text{ \%}$$

Je höher die Zinselastiziät einer Anleihe, desto größer sind die Kursänderungen des Papiers bei Änderungen des Marktzinsniveaus und desto höher ist das Kursrisiko. Recht gute Näherungswerte für die Zinselastiziät einer Anleihe lassen sich mit Hilfe folgender Formel bestimmen, deren Ergebnis auch als »**modified duration**« bezeichnet wird.

modified duration

$$\text{modified duration} = \frac{\text{Duration}}{1 + \dfrac{\text{Rendite}}{100}}$$

Die Berechnung der Zinselastizität mit Hilfe der Näherungsformel soll anhand der 6,75 % Bundesanleihe aus Beispiel 6/40 demonstriert werden.

Die Duration der 6,75 % Bundesanleihe von 1988 lautet am 20.8.1995:

Beispiel 6/41

$$\frac{\dfrac{6{,}75}{1+0{,}05357} \times 1 + \dfrac{6{,}75}{(1+0{,}05357)^2} \times 2 + \dfrac{106{,}75}{(1+0{,}05357)^3} \times 3}{103{,}76} = 2{,}82$$

Für die modified duration ergibt sich folglich ein Wert von

$$\frac{2{,}82}{1+\dfrac{5{,}357}{100}} = \frac{2{,}82}{1{,}05357} = 2{,}68 \text{ (\%)},$$

der in etwa dem in Beispiel 6/40 ermittelten Wert für die Zinselastizität (2,62 %) entspricht.

Akzeptable Näherungswerte für die Zinselastizität einer Anleihe liefert die modified duration nur dann, wenn eine flache Zinsstrukturkurve vorliegt und außerdem unterstellt werden kann, daß sich das Marktzinsniveau in der Zukunft nur geringfügig ändert.

Die modified duration für einzelne Anleihen wird genau wie andere Bewertungs-Kennziffern von Nachrichtenagenturen veröffentlicht, wie ein Ausschnitt aus der Reuters-Seite »ZPLI« zeigt (vgl. Abb. 6/19).

Abb. 6/19: Reuters-Seite »ZPLI«

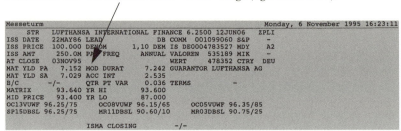

Die Formel für die modified duration macht deutlich, daß ein direkter Zusammenhang zwischen der Duration und der Zinselastizität einer Anleihe besteht. Anleihen mit hoher Duration weisen grundsätzlich ein größeres Kursrisiko auf als Anleihen mit geringer Duration. Die Duration und demzufolge die Zinselastizität einer Anleihe ist umso größer, je

- geringer die Kuponzahlungen,
- länger die Restlaufzeit,
- geringer die Rendite,
- später vorzeitige Tilgungszahlungen erfolgen,
- geringer die vorzeitigen Tilgungszahlungen.

Die Kurse von Zero-Bonds reagieren bei Marktzinsveränderungen beispielsweise deutlich heftiger als die Kurse festverzinslicher Kupon-Anleihen mit gleicher Restlaufzeit, wohingegen variabel verzinsliche Anleihen mit Ausnahme von Sonderformen wie Reverse Floatern, Cap-Floatern usw. nahezu keinem Kursrisiko ausgesetzt sind. Die Kuponzinsen von Floating Rate Notes werden regelmäßig an das aktuelle Marktzinsniveau angepaßt, so daß nur geringfügige Angleichungen über den Kurs erfolgen müssen. Am Beispiel der Kursnotierungen

- einer Floating Rate Note der Kreditanstalt für Wiederaufbau, die im Handelsblatt in der Tabelle »*Spezial-Institute*« zu finden und mit »*(FRN) 95*« gekennzeichnet ist,
- der 8,5 % Bundesanleihe von 1990 sowie
- eines Zero-Bonds der Hessischen Landesbank, der im Handelsblatt mit »*EM. 246*« gekennzeichnet ist,

soll die Kursentwicklung der unterschiedlichen Anleihetypen im Zeitraum von Mai bis August 1995 illustriert werden. Alle oben genannten Papiere weisen eine Restlaufzeit von ungefähr fünf Jahren auf. Von Mai bis August 1995 sank die Rendite für Anleihen mit fünfjähriger Restlaufzeit.

Anleihe-Typ	Floating Rate Note	Kupon-Anleihe	Zero-Bond
Kurs am 16.5.1995 Kurs am 29.8.1995	(FRN) 95 2000 | 99,95 G | 99,95 -T (FRN) 95 2000 | 100,10 G | 100,10 G	8,5 v. 90 2000 |109,42 bG |109,31 b | 6,318 8,5 v. 90 2000 |110,72 b |110,70 b | 5,945	EM.246 (F) 85/00 | 72,35 G | 6,612 Hess.Laba EM.246 (F) 85/00 | 74,80 -T | 6,281
Kursveränderung	$\frac{100,10-99,95}{99,95}\times 100\,\% = 0,15\,\%$	$\frac{110,72-109,42}{109,42}\times 100\,\% = 1,19\,\%$	$\frac{74,80-72,35}{72,35}\times 100\,\% = 3,39\,\%$

Die vorhergehenden Ausführungen verdeutlichen, daß das Marktzinsniveau sowohl auf die Wiederanlage der Kuponzahlungen als auch auf die Anleihe-Kurse einwirkt. Eine Veränderung des Marktzinsniveaus beeinflußt die Erträge wiederangelegter Kuponzinsen jedoch völlig anders als die Anleihe-Kurse. Ein Rückgang des Marktzinsniveaus führt zu sinkenden Zinseszinsen, aber zu höheren Anleihekursen, wohingegen ein Anstieg des Marktzinsniveaus höhere Erträge bei der Wiederanlage von Kuponzinsen, jedoch sinkende Kurse bewirkt. Anleger, die in Zukunft mit Änderungen des Marktzinsniveaus rechnen, berücksichtigen dies bei der Anlageentscheidung entsprechend. Wenn in Zukunft ein Anstieg des Marktzinsniveaus erwartet wird, dann wählen private und institutionelle Investoren oftmals Anleihen mit kurzer Restlaufzeit, weil der investierte Geldbetrag rasch an die Anleger zurückfließt und sodann Papiere zu verhältnismäßig niedrigen Kursen erworben werden können, sofern sich die Zinserwartung bestätigt.

Rechnen Anleger in Zukunft mit einem sinkenden Marktzinsniveau, so werden gewöhnlich Anleihen mit hoher Zinselastizität, also Papiere mit

- niedrigen Kuponzahlungen oder Zero-Bonds und
- langer Restlaufzeit,

erworben, um sie später zu verkaufen und relativ hohe Kursgewinne zu realisieren. Gewinne werden verständlicherweise jedoch nur erzielt, wenn die tatsächliche Marktzinsentwicklung der erwarteten entspricht.

Private und institutionelle Anleger, die Zinsprognosen nicht vertrauen, strukturieren ihre Anleihe-Portefeuilles oftmals so, daß sie gegenüber Marktzinsänderungen möglichst unempfindlich sind und am Planungshorizont ein bestimmtes Endvermögen, unabhängig von der Entwicklung des Marktzinsniveaus, nicht unterschritten wird. Man spricht in diesem Zusammenhang auch von der **Immunisierung** eines Anleihe-Portefeuilles gegen Marktzinsänderungen. Anleger, die eine Immunisierungsstrategie verfolgen, investieren ihr Geld häufig in verschiedene Anleihen. Der Geldbetrag wird so auf die einzelnen Papiere aufgeteilt, daß bei Marktzinsänderungen

Immunisierung

- Verluste bei der Wiederanlage von Kupon- bzw. Tilgungszahlungen durch Kursgewinne und

376   **Risiken und Risikomaßzahlen**

- Kursverluste durch Gewinne bei der Wiederanlage von Kupon- bzw. Tilgungszahlungen kompensiert werden.

Das folgende stark vereinfachte Beispiel illustriert ein gegen Marktzinsänderungen immunisiertes Renten-Portefeuille.

Beispiel 6/42

Ein Anleger möchte am 1.1.1995 einen Geldbetrag in Höhe von 300.000 D-Mark für einen Zeitraum von drei Jahren investieren. Für Anleihen mit dreijähriger Restlaufzeit läßt sich zu diesem Zeitpunkt eine Rendite von 6,5 % erzielen.

Der Anleger rechnet in Zukunft mit einer Änderung des Marktzinsniveaus, wünscht für den investierten Geldbetrag jedoch eine Rendite von wenigstens 6,5 % p. a., so daß nach Ablauf des Planungszeitraums zumindest

$$300.000 \, \text{DM} \times (1 + 0,065)^3 = 362.384,89 \, \text{DM}$$

zur Verfügung stehen. Der Investor teilt den Geldbetrag im Verhältnis 2:1 auf Zero-Bond A und Zero-Bond B auf, deren Ausstattungsmerkmale folgende Tabelle zeigt.

Anleihe	Kurs am 1.1.95	Kupon	Tilgung
Zero-Bond A	88,17	---	100 am 1.1.1997
Zero-Bond B	72,99	---	100 am 1.1.2000

Es läßt sich folgende Zahlungsreihe aus Sicht des Anlegers aufstellen.

	1.1.1995	1.1.1996	1.1.1997	1.1.1998	1.1.1999	1.1.2000
Zero-Bond A	-200.000	---	+226.835			
Zero-Bond B	-100.000	---	---	---	---	+137.005

Da der Investor den Geldbetrag für drei Jahre anlegen möchte, muß

- die Tilgungszahlung des Zero-Bonds A für ein weiteres Jahr investiert und
- Zero-Bond B am 1.1.1998 verkauft werden.

Es soll untersucht werden, welchen Wert das Anleihe-Portefeuille nach drei Jahren aufweist, wenn das Marktzinsniveau ein Jahr nach der Geldanlage um

- einen Prozentpunkt gestiegen ist, anschließend jedoch unverändert bleibt;
- zwei Prozentpunkte gesunken ist, anschließend jedoch unverändert bleibt.

Anstieg des Marktzinsniveaus auf 7,5 %

Wiederanlage der Tilgungszahlung (Zero-Bond A) in Höhe von 226.835 DM für ein Jahr zum Zinssatz von 7,5 %:

Wiederanlagegewinn durch Zinsanstieg

$$226.835 \times 0,075 - 226.835 \times 0,065 = +2.268,35\,\text{DM}$$

Wiederanlageertrag bei einem Zinssatz von 7,5 % — Wiederanlageertrag bei einem Zinssatz von 6,5 %

Verkauf des Zero-Bonds B:

rechnerischer Kursverlust durch Zinsanstieg

$$\frac{137.005}{(1+0,075)^2} - \frac{137.005}{(1+0,065)^2} = -2.236,84\,\text{DM}$$

rechnerischer Kurs bei einem Zinssatz von 7,5 % — rechnerischer Kurs bei einem Zinssatz von 6,5 %

Σ $\qquad\qquad +31,51\,\text{DM}$

Rückgang des Marktzinsniveaus auf 4,5 %

Wiederanlage der Tilgungszahlung (Zero-Bond A) in Höhe von 226.835 DM für ein Jahr zum Zinssatz von 4,5 %:

Wiederanlageverlust durch Zinssenkung

$$226.835 \times 0,045 - 226.835 \times 0,065 = -4.536,70\,\text{DM}$$

Wiederanlageertrag bei einem Zinssatz von 4,5 % — Wiederanlageertrag bei einem Zinssatz von 6,5 %

Verkauf des Zero-Bonds B:

rechnerischer Kursgewinn durch Zinssenkung

$$\frac{137.005}{(1+0,045)^2} - \frac{137.005}{(1+0,065)^2} = +4.667,85\,\text{DM}$$

rechnerischer Kurs bei einem Zinssatz von 4,5 % — rechnerischer Kurs bei einem Zinssatz von 6,5 %

Σ $\qquad\qquad +131,15\,\text{DM}$

Bei der oben dargestellten Portefeuille-Struktur übertreffen die Wiederanlagegewinne im Falle eines Anstiegs des Marktzinsniveaus die Kursverluste, wohingegen ein Rückgang des Marktzinsniveaus dazu führt, daß die Kursgewinne größer als die Wiederanlageverluste sind.

Die Strukturierung eines gegen Marktzinsänderungen »immunisierten« Anleihe-Portefeuilles ist eine relativ komplexe Aufgabe, deren Einzelheiten hier nicht näher dargestellt werden.

6.5.3 Bonitätsrisiko

Bewertungskennziffern für Anleihen, also Barwert, Rendite und Duration, liefern einem Investor Anhaltspunkte, um den »richtigen« Kurs zu bestimmen, Aussagen über die Ertragskraft zu treffen sowie das mit dem Kauf einer Anleihe verbundene Risiko zu quantifizieren. Diese Maßzahlen reichen zur Beurteilung einer Schuldverschreibung allein nicht aus. Es ist außerdem zu prüfen, ob ein Schuldner in der Zukunft in der Lage sein wird, seine Zahlungsverpflichtungen zu erfüllen. Die Gefahr eines Ausfalls von Zins- und Tilgungszahlungen wird mit dem Begriff »Bonitätsrisiko« umschrieben.

Ein Investor, der eine Anleihe erwerben möchte, steht zum Zeitpunkt des Kaufs vor dem Problem, die Zahlungsfähigkeit des Emittenten in der Zukunft, insbesondere zu den Zins– und Tilgungsterminen, abzuschätzen. Anleger verfügen gewöhnlich nicht über die notwendigen finanziellen Mittel, die Zeit und die Sachkenntnis, die Bonität eines Anleihe-Emittenten zu beurteilen. Diese Aufgabe wird vielmehr von sogenannten Rating-Agenturen übernommen, zu deren bekanntesten Standard & Poor's und Moody's Investors Service zählen. Sie prüfen Schuldverschreibungen sowie deren Emittenten anhand einer Vielzahl von Kriterien und fällen ein Gesamturteil, das schließlich zu einem Symbol – meist eine Buchstaben- oder Buchstaben-Ziffern-Kombination – verdichtet und sodann veröffentlicht wird.[1]

Die Initiative für ein Rating geht gewöhnlich vom Emittenten (Staat, Unternehmen usw.) aus, der die Bonitätsprüfung bei einer Agentur beantragt. Daraufhin werten Analysten der betreffenden Rating-Agentur alle verfügbaren Informationen, also öffentlich zugängliche, aber auch Insider-Informationen, über das jeweilige Unternehmen, dessen Umfeld sowie die Ausstattungsmerkmale der jeweiligen Schuldverschreibung aus. Folglich werden

- die politische und wirtschaftliche Situation des Staates, in dem der Emittent seinen Sitz hat,
- die Konkurrenzsituation und die Zukunftsperspektiven der Branche des Emittenten,
- unternehmensspezifische Aspekte wie die Wettbewerbsposition, die Qualität des Managements, der Verschuldungsgrad, Rechnungslegungspraktiken usw., und zwar stets vor dem Hintergrund der politischen und ökonomischen Situation im jeweiligen Land sowie der Konkurrenz- und Branchensituation,
- Spezifika des Papiers, wie zum Beispiel die Art der Schuldverschreibung, die Emissionsbedingungen, die Stellung des Anleihe-Käufers im Falle eines Konkurses usw.,

untersucht. Sind Anleihe-Emittenten keine Unternehmen, sondern Staaten, so prüft die Rating-Agentur beispielsweise das Steueraufkommen, die Verschuldung, das Bruttoinlandsprodukt, die Inflationsrate, die Arbeitslosenquote usw.

Anhand der Rating-Symbole erkennen Investoren die Gefahr des Zahlungsausfalls »auf einen Blick«. Die Beurteilung von Schuldverschreibun-

---

1 Rating-Agenturen beurteilen neben Anleihen auch andere Finanztitel wie zum Beispiel Aktien. Hierauf wird aber nicht näher eingegangen.

gen, für die keine Zulassungsbeschränkungen gelten und deren Emittenten keiner Prüfung unterliegen, ist für Anleger ohne Rückgriff auf ein Rating nahezu unmöglich. Zu solchen Papieren zählen auch deutsche Anleihen, für die im Jahre 1991 die staatliche Emissionsgenehmigung aufgehoben wurde. Die Ratings einzelner Anleihen können Investoren, die an ein Dealing-system angeschlossen sind, auf den entsprechenden Seiten sichten. Abbildung 6/19 zeigt die Reuters-Seite »ZPLI«, die beispielsweise Informationen, darunter auch das Rating, zu einer Anleihe der Lufthansa International Finance bietet.

```
Messeturm                                            Monday, 6 November 1995 16:23:15
        STR    LUFTHANSA INTERNATIONAL FINANCE 6.2500 12JUN06      ZPLI
ISS DATE      22MAY86 LEAD                  DB  COMM   001099060 S&P    -
ISS PRICE     100.000 DENOM              1,10 DEM IS DE0004783527 MDY    A2
ISS AMT       250.0M  PAY FREQ          ANNUAL VALOREN    535189 MIK    -
AT CLOSE      03NOV95                               WERT  478352 CTRY  DEU
MAT YLD PA      7.152 MOD DURAT            7.242 GUARANTOR LUFTHANSA AG
MAT YLD SA      7.029 ACC INT              2.535
```

Abbildung 6/20 zeigt eine Übersicht über die von Standard & Poor's sowie Moody's verwendeten Rating-Symbole für längerfristige Schuldverschreibungen sowie deren Interpretationen. Zu beachten ist, daß ein Rating zu einer bestimmten Schuldverschreibung

- *keine* Kauf- oder Verkauf-Empfehlung darstellt und
- *keine* Aussage über den aktuellen Wert oder die Eignung des Wertpapiers für einen bestimmten Investor erlaubt.

Moody's ermitteln zu jedem ihrer Ratings eine sogenannte »**Cumulative Default Rate**«. Diese beruht auf Vergangenheitsdaten und zeigt an, wieviel Prozent der Schuldner ein und derselben Rating-Kategorie ihre Zahlungsverpflichtungen nach Ablauf einer gewissen Zeit, etwa 2, 4 oder 6 Jahre, durchschnittlich nicht fristgerecht erfüllt hatten (vgl. Abb. 6/21). Im Zeitraum von 1970 bis 1994 bedienten beispielsweise 0,1 % aller Aaa geratenen Schuldner ihre Verbindlichkeiten innerhalb der ersten fünf Jahre nicht fristgerecht. Ein Investor könnte daraus zum Beispiel ableiten, daß das Ausfallrisiko für Aaa-geratete Papiere bei einem Planungshorizont von fünf Jahren nur minimal ist.

Cumulative Default Rates

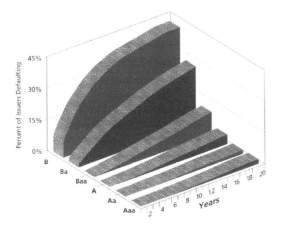

Abb. 6/21: Cumulative Default Rates für Industrie-Anleihen im Zeitraum von 1970–1994 (Quelle: Moody's Credit Ratings and Research 1995)

Standard & Poor's	
Dies ist das höchste von Standard & Poor's (S&P) vergebene Rating. Außergewöhnlich große Fähigkeit zur Zinszahlung und Kapitalrückzahlung.	AAA
Sehr große Fähigkeit zur Zinszahlung und Kapitalrückzahlung. Nur geringfügige Unterschiede zur höchsten Bewertungsstufe.	AA
Starke Fähigkeit zur Zinszahlung und Kapitalrückzahlung, jedoch etwas anfälliger gegenüber nachteiligen Auswirkungen von Veränderungen äußerer Umstände und wirtschaftlicher Bedingungen als die höher eingestuften Schuldtitel.	A
Ausreichende Fähigkeit zur Zinszahlung und Kapitalrückzahlung. Derartige Schuldtitel verfügen normalerweise über ausreichende Schutzparameter, jedoch könnten nachteilige wirtschaftliche Bedingungen zu einer verminderten Zahlungsfähigkeit führen.	BBB
Es wird davon ausgegangen, daß die mit BB, B, CCC, CC und C bewerteten Schuldtitel in bezug auf die Fähigkeit zur Zins- und Kapitalrückzahlung vorherrschend *spekulative* Merkmale aufweisen. BB gibt die niedrigste, C die höchste Spekulationsklasse an. Zwar verfügen auch derartige Schuldtitel in den meisten Fällen über gewisse Qualitäts- und Schutzmerkmale, eine größere Rolle spielen jedoch die hohen Unsicherheitsfaktoren bzw. die erheblichen Risiken gegenüber nachteiligen Bedingungen.	
Geringere kurzfristige Anfälligkeit gegenüber Zahlungsverzug als bei den anderen, als spekulativ eingestuften Schuldtiteln. Unterliegt jedoch aktuellen Unsicherheiten oder Risiken gegenüber nachteiligen Geschäfts-, Finanz- oder Wirtschaftsbedingungen, die zu einer unzulänglichen Fähigkeit zur fristgerechten Leistung von Zins- und Kapitalzahlungen führen könnten.	BB
Höhere Anfälligkeit gegenüber Zahlungsverzug, verfügt jedoch gegenwärtig über die Fähigkeit zur Zinszahlung und Kapitalrückzahlung. Es ist wahrscheinlich, daß nachteilige Geschäfts-, Finanz- oder Wirtschaftsbedingungen die Fähigkeit oder Bereitschaft zur Zinszahlung und Kapitalrückzahlung beeinträchtigen würden.	B
Aktuell nachweisbare Anfälligkeit gegenüber Zahlungsverzug. Zur fristgerechten Zinszahlung sowie Kapitalrückzahlung sind günstige Geschäfts-, Finanz- und Wirtschaftsbedingungen zwingend erforderlich. Im Falle nachteiliger Geschäfts-, Finanz- und Wirtschaftsbedingungen gilt es als unwahrscheinlich, daß die Fähigkeit zur Zinszahlung und Kapitalrückzahlung aufrechterhalten werden kann.	CCC
Dieses Rating wird normalerweise an Schuldtitel vergeben, die vorrangigen Schuldtiteln nachgeordnet sind, für die ein tatsächliches oder angenommenes »CCC«-Rating erteilt wurde.	CC
Dieses Rating wird normalerweise an Schuldtitel vergeben, die vorrangigen Schuldtiteln nachgeordnet sind, für die ein tatsächliches oder angenommenes »CCC«-Rating erteilt wurde. Es kann ebenfalls angewandt werden, um unverzüglich bevorstehenden Zahlungsverzug anzuzeigen.	C
Schuldtitelemission ist in Zahlungsverzug oder Schuldner hat Konkursverfahren angemeldet. Das »D«-Rating wird erteilt, wenn die Leistung der Zins- oder Kapitalzahlungen am Fälligkeitsdatum nicht erfolgt ist, selbst wenn die entsprechende Nachfrist nocht nicht abgelaufen ist – es sei denn, S&P ist der Überzeugung, daß solche Zahlungen innerhalb dieser Nachfrist tatsächlich geleistet werden.	D
Die Ratings von AA bis CCC können durch Hinzufügen eines Plus- oder Minuszeichens abgeändert werden, um die relative Stellung innerhalb der Hauptbewertungskategorien zu verdeutlichen.	Plus (+) oder Minus (-)

Bonitätsrisiko

	Moody's
Aaa	Aaa gerateten langfristigen Schuldverschreibungen wird die höchste Qualität beigemessen. Sie bergen das geringste Anlagerisiko in sich und werden allgemein als erstklassig bezeichnet. Die Zinszahlungen sind durch eine große oder ungewöhnlich stabile Sicherheitsmarge gewährleistet und die Rückzahlung des Kapitals wird als sicher angesehen. Obwohl sich die verschiedenen Sicherungselemente durchaus ändern können, wird dies – sofern abschätzbar – aller Wahrscheinlichkeit nach die fundamental starke Stellung solcher Emissionen nicht beeinträchtigen.
Aa	Aa gerateten langfristigen Schuldverschreibungen wird eine hohe Qualität beigemessen. Zusammen mit Aaa gerateten Schuldverschreibungen bilden derartige Emissionen die Gruppe der sogenannten »Güteklasse«. Sie sind jedoch unterhalb der bestbewerteten Schuldverschreibungen anzusiedeln, da Sicherheitsmargen geringer sein können und die Ausprägungen der Sicherungselemente stärker schwanken. Des weiteren können andere Faktoren das langfristige Risiko größer erscheinen lassen, als dies bei Aaa gerateten Wertpapieren der Fall ist.
A	A geratete langfristige Schuldverschreibungen weisen viele günstige Anlageeigenschaften auf und sollten als Wertpapiere der oberen Mittelklasse angesehen werden. Kriterien, die Zins- und Kapitalrückzahlung sichern sollen, werden als angemessen betrachtet. Gleichwohl können Faktoren vorliegen, die eine Anfälligkeit für Verschlechterungen in der Zukunft erkennen lassen.
Baa	Baa geratete langfristige Schuldverschreibungen werden als Wertpapiere von mittlerer Qualität angesehen, das heißt, sie besitzen weder einen hohen noch niedrigen Deckungsgrad. Die Sicherung von Zins- und Kapitalrückzahlungen erscheint gegenwärtig angemessen. Gleichwohl können bestimmte Gütekriterien fehlen oder sich längerfristig als nicht verläßlich herausstellen. Derartige Schuldverschreibungen lassen eine hochgradige Investmentqualität vermissen und bergen bereits spekulative Elemente in sich.
	Alle Aaa bis Baa gerateten Schuldverschreibungen besitzen »*Investmentqualität*«. Ba bis C geratete Schuldverschreibungen fallen in den »*Spekulativen Bereich*«.
Ba	Ba geratete langfristige Schuldverschreibungen werden als Wertpapiere mit spekulativen Elementen angesehen; ihre Bedienung muß als nicht gut gesichert eingestuft werden. Der Spielraum für Kapitaldienste kann häufig sehr moderat ausfallen und ist für die Zukunft weder unter guten noch schlechten Bedingungen eindeutig gewährleistet. Derartige Wertpapiere sind durch die Ungewißheit der Verhältnisse charakterisiert.
B	B gerateten langfristigen Schuldverschreibungen fehlen üblicherweise die Eigenschaften einer erstrebenswerten Kapitalanlage. Die Zuverlässigkeit des Kapitaldienstes bzw. die Einhaltung anderer Emissionsbedingungen über einen längeren Zeitraum kann gering sein.
Caa	Caa geratete langfristige Schuldverschreibungen haben ein geringes Standing. Derartige Wertpapiere können sich bereits in Zahlungsverzug befinden, oder aber der Kapitaldienst ist akut gefährdet.
Ca	Ca geratete langfristige Schuldverschreibungen stellen hochspekulative Titel dar. Diese Wertpapiere befinden sich oftmals bereits in Zahlungsverzug oder werden durch andere Vertragsverletzungen belastet.
C	C geratete langfristige Schuldverschreibungen sind in die niedrigste Kategorie eingestuft worden. Diese Wertpapiere haben extrem schlechte Voraussetzungen, jemals echte Anlageeigenschaften zu entwickeln.
1, 2, 3	Moody's verwendet in den Ratingkategorien Aa bis B numerische Unterteilungen. Die Zahl »1« bedeutet, daß entsprechende Schuldverschreibungen in das oberste Drittel der Ratingkategorien einzuordnen sind, während »2« und »3« das mittlere bzw. das untere Drittel anzeigen.

382 **Risiken und Risikomaßzahlen**

up-/downgrading risk

Im Zusammenhang mit Ratings sei noch erwähnt, daß eine Verbesserung oder Verschlechterung des Ratings während der Laufzeit einer Anleihe zu Kursanstiegen bzw. -rückgängen führen kann. Man spricht hier auch vom »up-« bzw. »**downgrading risk**«.

6.5.4 **Sonstige Risiken**

Zu den sonstigen Risiken, die ein Investor bei einer Geldanlage in Anleihen trägt, zählen das

- Inflationsrisiko,
- Kündigungsrisiko,
- Fungibilitätsrisiko,
- Devisenkursrisiko,
- Rückzahlungskursrisiko.

Inflationsrisiko

Während Marktakteure, die in Sachwerte (z. B. Immobilien) investieren, vom Risiko steigender Preise generell nicht betroffen sind, erleiden Anleger, die »Rechte auf zukünftige Zahlungen« – und hierzu zählen auch Anleihen – erwerben, Einbußen, wenn das Preisniveau im Zeitablauf steigt. Die Zins- und Tilgungszahlungen kompensieren die Preissteigerungsrate nicht. Investoren, die Anleihen erwerben, sind folglich grundsätzlich dem Inflationsrisiko, also der Gefahr (Chance) einer unerwarteten Zunahme (Abnahme) der Preissteigerung und einer damit verbundenen Abnahme (Zunahme) der Kaufkraft der Zins- und Tilgungszahlungen, ausgesetzt.

Kündigungs-risiko

Emittenten behalten sich hin und wieder ein in den Anleihebedingungen dokumentiertes Kündigungsrecht vor. Sie schaffen damit die Möglichkeit, eine Anleihe vor der eigentlichen Fälligkeit zu tilgen. Papiere mit vorzeitigem Kündigungsrecht für den Emittenten und Auslosungsanleihen bergen für Anleger die Gefahr, daß ausstehende Tilgungszahlungen vorzeitig geleistet werden und das dem Investor zufließende Geld nur zu ungünstigeren Konditionen, als den in der ursprünglichen Anleihe verbrieften, wieder angelegt werden kann.

Fungibilitäts-risiko

Beim Kauf von Anleihen, für die kein funktionsfähiger Sekundärmarkt existiert – in Deutschland gilt dies zum Beispiel für Bankschuldverschreibungen –, nimmt ein Anleger die Gefahr auf sich, das Papier vor Fälligkeit nicht zum fairen Preis veräußern zu können. Im ungünstigsten Falle läßt sich für das Papier vor dem Laufzeitende überhaupt kein Käufer finden.

Devisenkurs-risiko

Anleihen, die Zins- und Tilgungszahlungen in einer fremden Währung verbriefen, bergen für einen Anleger die Gefahr (Chance), Verluste (Gewinne) aufgrund eines gesunkenen (gestiegenen) Devisenkurses der jeweiligen Fremdwährung hinnehmen zu müssen. Ein Investor, der eine Fremdwährungsanleihe kauft, wird die zukünftigen Zins- und Tilgungszahlungen in heimische Währung tauschen, sofern er inländische Währung wünscht. Wenn der Devisenkurs der jeweiligen Fremdwährung in der Zukunft unerwartet stark sinkt (steigt), dann erhält der Investor weniger (mehr) Geld, als beim Kauf des Papiers geplant.

Anleihen, deren Tilgungszahlungen an die Entwicklung eines Indexes geknüpft sind, bergen ein Rückzahlungskursrisiko. Da die Tilgungszahlungen der Papiere an der zukünftigen Ausprägung eines Indexes ausgerichtet werden, können die Tilgungszahlungen, bei entsprechendem Indexstand, geringer, aber auch höher ausfallen als geplant.

Rückzahlungs-kursrisiko

Anleihen in der Finanzzeitung

6.6

Kurszettel

6.6.1

In der Finanzzeitung des Handelsblattes sind Kursnotierungen zu Anleihen auf den Seiten »*Anleihen*« und »*Devisen-Optionsscheine*« plaziert. Börsenkurse zu Anleihen zeigen die folgenden fünf Rubriken:

Öffentliche Anleihen	
Zero-Bonds	
Anleihen ausländischer Schuldner	

	Zinsen
Zinsen	**DM-Renditen** (Inhaber-Schuldverschreibungen) / **Deutsche Leitzinsen**

Zinsen

DM-Renditen
(Inhaber-Schuldverschreibungen)

Laufzeit	2.6.	1.6.
1 Jahr	4,57 - 4,63	4,60 - 4,65
2 Jahre	4,90 - 4,94	4,97 - 5,00
3 Jahre	5,36 - 5,40	5,40 - 5,47
4 Jahre	5,78 - 5,82	5,85 - 5,87
5 Jahre	6,08 - 6,12	6,14 - 6,16
6 Jahre	6,30 - 6,32	6,36 - 6,39
8 Jahre	6,74 - 6,76	6,77 - 6,81
10 Jahre	6,88 - 6,91	6,92 - 6,94

(Sätze gelten für den Handel unter Banken)

Deutsche Leitzinsen

Diskontsatz	(seit 31.3.1995)	4,00%
Lombardsatz	(seit 13.5.1994)	6,00%
Pensionsgeschäft	(seit 1.6.1995)	4,51%

Ausländische Leitzinsen

	Satz in %	gültig seit
EU-Mitgliedsländer		
Belgien-Luxemburg		
Diskontsatz	4,00	31.3.95
Dänemark		

Wandelanleihen, Optionsanleihen, Options

Wandelanleihen, Optionsanleihen, Optionsscheine

Wandelanleihen (F)

Kursiv = Geregelter Markt

Zins		Laufzeit	2.6.95
6	Berl.El.Bet. 86 (B)	1996	100,50 G
2,875	Dai-Ichi Ka. 89	96(94)	95,00 b
5	Fuchs Petrol. 88 (S)	1998	100,50 G
	Minolta 87	1997	86,00 G
1,375	Nikko Co.94	1998	87,50 G
6	Südmilch 87	1996	18,00 B

Optionsanleihen (F)

Zins		Laufzeit	2.6.95

Zins		Laufzeit	2.6.95	Zins		Laufzeit
4,375	Osaka Uo.92 m.O.	1996	-	0,75	Nishio Rent Af94	20.2.98
4,375	Osaka Uo.92 o.O.	1996	-	3,625	Nissan 92	5.11.96
5,125	Parco 92 m.O.	1996	-	0,875	Nissen 94	24.2.98
5,125	Parco 92 o.O.	1996	-	4,375	Nohmi Bosai 92	12.3.96
3,5	Pokka Corp.92 m.O.	1996	-	4	Okabe 91	13.6.95
3,5	Pokka Corp.92 o.O.	1996	-	4	Ohtsu T.&R.91	11.7.95
6	Prima Meat 91 m.O.	1995	-	4,375	Osaka Uo. 92	5.3.96
6	Prima Meat 91 o.O.	1995	-	5,125	Parco 1992	26.4.96
6,25	Radex-Herakl.89 o.O.	1996	99,35 G	3,5	Pokka Corp.92	5.11.96
4,5	Renown Look 91 m.O.	1996	-	6	Prima Meat 91	12.9.95
4,5	Renown Look 91 o.O.	1996	-	4,5	Renown Look 91	21.5.96
3,5	RWE 86 m.O.	1996	233,50 b	3,5	RWE 86	20.3.96
3,5	RWE 86 o.O.	1996	96,85 b	3	Ryobi 88	30.9.95
3	Ryobi 88 m.O.	1996	-	1,625	Ranami 92	19.3.96

Öffentliche Anleihen und DM-Auslandsanleihen werden auch über IBIS gehandelt. Die IBIS-Kurse erscheinen in der Tabelle »*IBIS-System*«. Der Handel über IBIS wurde ausführlich im Kapitel 2 vorgestellt, so daß auf weitere Ausführungen an dieser Stelle verzichtet wird.

IBIS-Handel

Ibis-System

2.6.95	Tages Hoch	Tages Tief	17.00 Uhr	Umsätze	2.6.95	Tages Hoch	Tages Tief	17.00 Uhr	Umsätze
Dax	**2139,32**	**2117,31**	**2133,28**		VW 95/95	54,00	54,00	54,00	1000
Allianz	2630,00	2591,00	2611,00	36200	VW VA 88/98	112,00	111,00	111,00	4000
BASF	307,90	303,00	306,00	204000	**Anleihen**				
Bay. Hyp	385,20	379,10	385,00	73800	7,125% Bd.92/02				
BMW	783,00	774,00	779,00	82000	6,500% Bd.93/03				
Bay. Vereinsbk.	427,50	417,80	424,60	79200	6,000% Bd.93/03				
Bayer	348,90	345,30	347,00	265000	6,250% Bd.94/24	88,35	88,25	88,35	16
	700,00	700,00	700,00	1000	6,750% Bd.94/04				
	506,00	500,00	507,50	126000					

In den Kurstabellen findet der Leser für ein Papier gewöhnlich

- den Namen des Emittenten,
- den Schuldverschreibungs-Typ, zum Beispiel »Anleihe«, »Schatzanweisung« oder »Obligation«,
- Höhe und Art der Verzinsung, zum Beispiel »6,75 %« oder »FRN«,
- das Emissions- und/oder Tilgungsjahr,
- Kennzeichnungen, wie zum Beispiel »*I, II, III*« oder »*S.92, S.93*«, die eine Unterscheidung einer bestimmten Tranche bzw. Serie/Reihe von anderen Tranchen bzw. Serien/Reihen desselben Emittenten ermöglichen sollen,
- die Kassakurse vom letzten und häufig auch vom vorletzten Börsentag,
- Kurszusätze sowie
- die Rendite, sofern diese angegeben werden kann.

Die im Zusammenhang mit »*Fundierungsschuldverschreibungen*« verwendeten Abkürzungen, wie zum Beispiel »*$-Teil.*« oder »*90 XI hfl 96-10*«, sind ausführlich im Abschnitt 6.7.1.2 erläutert, so daß hier auf weitere Erklärungen verzichtet wird.

Anleihen notieren grundsätzlich in Prozent und nicht in D-Mark. Der Preis, ausgedrückt in D-Mark, kann aus den Angaben in der Finanzzeitung nur dann bestimmt werden, wenn die Stückelung des Wertpapiers bekannt ist. Diese ist nicht dem Kurszettel, sondern den Emissionsbedingungen zu entnehmen.

Prozentnotierung

Die abgedruckten Börsenkurse stammen zumeist von der Wertpapierbörse zu Frankfurt (»*(F)*«). Andere Börsenplätze sind in den Tabellen jeweils hinter der Kurzbeschreibung der Anleihen ausgewiesen.

Industrieanleihen (F)			
Zins	Laufz.	2.6.95	Rend.
4,5	Harp. 59 m. ZV. (D)	1750,0 G	
6,75	Viag 87	1997	101,70 b	5,568

Die Renditen der in Frankfurt notierten Titel ermittelt die Deutsche Börse AG für alle Schuldverschreibungen einheitlich nach der Methode von »Braeß/Fangmeier«. Der Berechnung liegen die Kurse vom letzten Börsentag zugrunde. Renditen für an anderen Börsenplätzen notierte Anleihen sind in den Kurstabellen nicht abgedruckt.

Die in der Finanzzeitung ausgewiesenen Anleihen werden zumeist amtlich gehandelt, und bei einigen sind Kauf und Verkauf zu fortlaufenden Kursen möglich. Anleihen der Marktsegmente »geregelter Markt« und »Freiverkehr« sind in den Tabellen oftmals durch »Kursivdruck« hervorgehoben.

Wandelanleihen (F)		
Kursiv = Geregelter Markt		
Zins	Laufzeit	2.6.95
6	*Berl.El.Bet. 86 (B)*	1996	100,50 G
2,875	Dai-Ichi Ka. 89	96(94)	95,00 b

In den Kurszetteln werden alle zinsvariablen Anleihen einheitlich mit der Abkürzung »*FRN*« versehen. Die Kurstabellen enthalten keine weiterführenden Angaben, wie zum Beispiel den Zinssatz seit der letzten Zinsanpassung, den Zinsanpassungstermin usw. Diese Informationen müssen den jeweiligen Emissionsbedingungen entnommen werden.

FRN

Abbildung 6/22 faßt die wichtigsten Abkürzungen und Kennzeichnungen der Kurstabellen zusammen.

Tabellenspalte im Kurszettel	Kennzeichnung im Kurszettel	Kurzbeschreibung
Zins	6,125 v. 87 1997 102,03 b 102,02 b 4,762 5,75 v. 87 1997 101,39 b 101,39 b 4,853 6 v. 87 1997 101,90 b 101,91 b 4,846	Nominalzinssatz (Kupon)

Abb. 6/22: Abkürzungen und Kennzeichnungen im Kurszettel

Anleihen in der Finanzzeitung

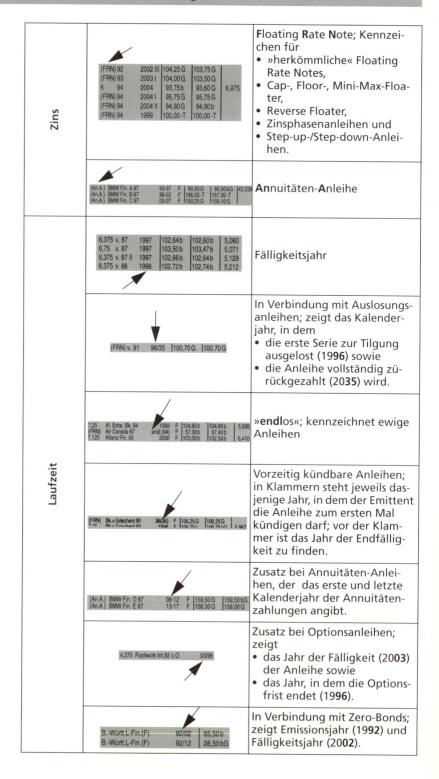

Zins		Floating Rate Note; Kennzeichen für • »herkömmliche« Floating Rate Notes, • Cap-, Floor-, Mini-Max-Floater, • Reverse Floater, • Zinsphasenanleihen und • Step-up-/Step-down-Anleihen.
		Annuitäten-Anleihe
Laufzeit		Fälligkeitsjahr
		In Verbindung mit Auslosungsanleihen; zeigt das Kalenderjahr, in dem • die erste Serie zur Tilgung ausgelost (1996) sowie • die Anleihe vollständig zurückgezahlt (2035) wird.
		»endlos«; kennzeichnet ewige Anleihen
		Vorzeitig kündbare Anleihen; in Klammern steht jeweils dasjenige Jahr, in dem der Emittent die Anleihe zum ersten Mal kündigen darf; vor der Klammer ist das Jahr der Endfälligkeit zu finden.
		Zusatz bei Annuitäten-Anleihen, der das erste und letzte Kalenderjahr der Annuitätenzahlungen angibt.
		Zusatz bei Optionsanleihen; zeigt • das Jahr der Fälligkeit (2003) der Anleihe sowie • das Jahr, in dem die Optionsfrist endet (1996).
		In Verbindung mit Zero-Bonds; zeigt Emissionsjahr (1992) und Fälligkeitsjahr (2002).

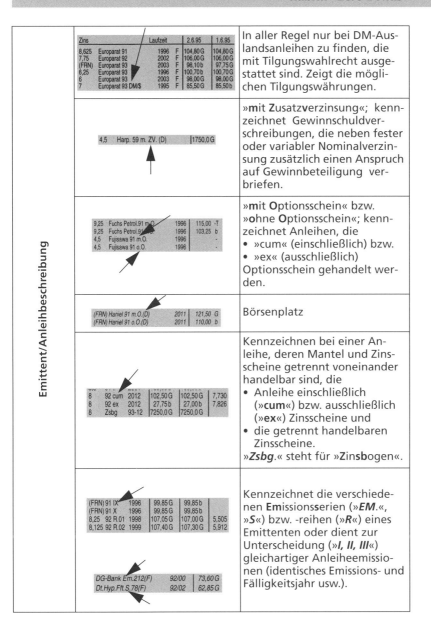

Rubrik »Zero-Bonds« 6.6.2

Börsenkurse, die an deutschen Wertpapierbörsen am letzten Börsentag für Null-Kupon-Anleihen festgestellt wurden, zeigt die Tabelle »*Zero-Bonds*« (vgl. Abb. 6/23). Die Titel können Schuldverschreibungen öffentlicher Institutionen (z. B. Anleihen der Bundesländer), Bankschuldverschreibungen, Industrieobligationen oder Anleihen ausländischer Schuldner sein.

Abb. 6/23: Rubrik »Zero-Bonds«

Zero-Bonds

Amtl. / Gereg. Markt	Laufz.	2.6.95	Rend.	Amtl. / Gereg. Markt	Laufz.	2.6.95	Rend.
B.-Württ.L-Fin.(F)	92/02	65,50 b	6,494	dgl. EM.248 (F)	85/05	50,15 -T	7,075
B.-Württ.L-Fin.(F)	92/12	28,50 bG	7,599	dgl. EM.251 (F)	85/05	48,25 b	7,242
Bay. LfA Fin.(M)	92/00	74,10 G		dgl. EM.255 (F)	86/06	46,75 G	7,257
Bay. LfA S.171(M)	92/02	61,00 b		dgl. EM.256 (F)	86/16	22,50 G	7,414
Belgien (F)	86/96	95,95 b	4,613	dgl. EM.320 (F)	91/01	68,40 G	6,431
Co.Bk.Overs.Fin.(F)	85/00	74,75 G	5,776	dgl. EM.331 (F)	92/02	63,90 G	6,763
Co.Bk.Overs.Fin.(F)	91/01	66,60 G	6,421	Kr.An.f.W'aufb. (F)	92/02	65,55 G	6,521
Conti-G.Fin.B.V.(F)	85/00	71,70 G	6,711	Merrill Lynch (F)	90/00	71,75 bG	6,900
Cr. Suisse F. (F)	92/02	62,75 b	6,502	Mitsubishi Fin. (F)	91/97	210,80 G	
DG-Bank R.259 (F)	92/05	50,85 G	6,996	Österreich Tr.B (M)	85/00	217,50 b	
DG-Bank Em.212(F)	92/00	73,60 G	6,196	Österreich (F)	86/16	214,75 bG	7,598
Dt.Hyp.Fft.S.78(F)	92/02	62,85 G	6,675	Österreich (F)	95/99	77,90	5,606
Euro DM Securities Ltd.				Otto Int. Fin. (F)	86/01	65,25 G	7,155
Serie 2016 (F)	86/16	22,00 b	7,552	Weltbank (F)	85/15	24,25 bG	7,134
dgl. Serie 2011 (F)	86/11	31,60 G	7,564	WestLB Ausg.601(D)	85/00	73,80 b	
dgl. Serie 2006 (F)	86/06	47,40 b	7,159	dgl.Ausg.602(D)	85/05	48,65 G	
dgl. Serie 2001 (F)	86/01	69,90 b	6,374	dgl.Ausg.603(D)	86/01	68,10 G	
Euro DM Securit.Ltd.B				dgl.Ausg.604(D)	86/06	46,60 b	
Serie 2001 (F)	86/01	69,70 b	6,366	dgl.Ausg.606(D)	87/06	45,75 G	
dgl. Serie 2006 (F)	86/06	47,05 b	7,196	dgl.Reihe 975 (D)	90/97	89,65 b	
dgl. Serie 2016 (F)	86/16	21,85 b	7,567	dgl.Reihe 976 (D)	91/98	84,45	
Euro DM Securit.Ltd.C				dgl.Reihe 977 (D)	91/01	68,25 G	
Serie 1996 (F)	86/96	96,00 G	4,837	dgl.Reihe 978 (D)	92/00	75,60 G	
dgl. Serie 2006 (F)	86/06	47,00 b	7,193				
dgl. Serie 2016 (F)	86/16	21,80 b	7,571	**Freiverkehr**	**Laufz.**	**2.6.95**	**Rend.**
Euro DM Securit.Ltd.D				Exxon Cap.Corp.(M)	84/04	74,00 b	
Serie 2006 (F)	86/06	47,00 b	7,197	Prud. Realty Sec.(M)	84/99	109,00 G	
dgl. Serie 2011 (F)	86/11	32,00 G	7,446				
dgl. Serie 2021 (F)	86/21	15,07 b	7,591	Mindestabschlüsse im Nennbetrag von US-$ 10 000.-.			
dgl. Serie 2026 (F)	86/26	10,75 bB	7,493	Preisfeststellung in DM pro US-$ 100.-			
Fed.Sec.Ltd.(F)	86/07	42,50 bG	7,662				
Haindl Fin. (F)	85/00	66,50 -T	7,677				
Hess.Laba EM.246 (F)	85/00	73,60 G	6,309				

Kapitalzuwachs-anleihe

Stücknotiz

echter Zerobond

Nennwert gleich 100 %

»Echte« Null-Kupon-Anleihen notieren gemeinhin in Prozent vom Nennwert. Für sie wird ein Börsenkurs von unter »100« abgedruckt. Die Zero-Bonds »*Österreich 86/16*« und »*Mitsubishi Fin. 91/97*«, die im Kurszettel vom 6.6.1995 zu finden sind, stellen zwar »echte« Zero-Bonds dar, ihre Kurse sind jedoch Stücknotierungen.

Ein Anleger, der beispielsweise 1.000 D-Mark nominal der Anleihe »*Österreich 86/16*« erwirbt, muß am 2.6.1995 einen Kurs in Höhe von 214,75 D-Mark entrichten. Hält er das Papier bis zum Tilgungstermin, dem 28.5.2016, zahlt die Emittentin 1.000 D-Mark an den Anleger zurück.

Die Anleihe der »*Mitsubishi Finance International*« von 1991 weist eine Besonderheit auf. Ihr Rückzahlungskurs bestimmt sich in Abhängigkeit vom Schlußstand des Deutschen Aktienindexes am Fälligkeitstag. Die Emissionsbedingungen enthalten folgende, sinngemäß wiedergegebene Klausel:

Der Rückzahlungskurs (RK) der Anleihe bestimmt sich wie folgt:

DAX bei Fälligkeit unter DAX vom 10.7.1991:
RK = 1/10 des DAX vom 10.7.1991
DAX bei Fälligkeit über DAX vom 10.7.1991:
RK = 1/10 des DAX vom 7.5.1997 (max. 400 DM)
DAX bei Fälligkeit über 4.000: RK = 400 DM

Zero-Bonds mit einer **Prozent**notierung größer »100« sind immer Kapitalzuwachsanleihen. Ihr Ausgabekurs wird gleich 100 % gesetzt, und die Papiere notieren in Prozent vom Ausgabekurs. In den Folgejahren liegt der Kurs somit immer über 100 %.

> Ausgabekurs gleich 100 %

Der Zero-Bond der Republik Österreich, der in der Tabelle mit »*Österreich Tr.B*« ausgewiesen ist, und am 2.6.1995 zu einem Kurs von »*217,50*« gehandelt wurde, ist eine Kapitalzuwachsanleihe.

> **Beispiel 6/43**

Einige Teilschuldverschreibungen sind zu einem normierten Kurs von 34.000 D-Mark begeben worden.[1] Für diese Papiere ergibt sich am 2.6.1995 ein Börsenkurs von

$$\frac{34.000 \text{ DM} \times 217,50}{100} = 73.950 \text{ DM.}$$

Rubrik »Anleihen ausländischer Schuldner«

Die Tabelle »*Anleihen ausländischer Schuldner*« beinhaltet mittel- und langfristige Schuldverschreibungen, die

> **6.6.3**
>
> DM-Auslandsanleihen

- von bedeutenden ausländischen Industrieunternehmen und Geschäftsbanken, Staaten sowie »supranationalen« Institutionen, wie zum Beispiel dem Europarat oder der Weltbank,
- grundsätzlich unter der Führung deutscher Geschäftsbanken und
- immer auf D-Mark lautend

in Deutschland emittiert werden. Für diese Schuldverschreibungen hat sich der Begriff »**DM-Auslandsanleihen**« durchgesetzt, der auch im weiteren verwendet wird. Abbildung 6/24 zeigt den Emissionsprospekt einer DM-Auslandsanleihe der KfW International Finance, USA.

---

[1] Vgl. Beispiel 6/1

KfW International Finance Inc.

Wilmington, State of Delaware, United States of America

DM 1,500,000,000
7½ % Deutsche Mark Bonds of 1995, due 2000

Unconditionally and irrevocably guaranteed by

KfW Kreditanstalt für Wiederaufbau

Frankfurt am Main, Federal Republic of Germany,

an institution incorporated under public law of the Federal Republic of Germany.

Issue Price for DM 1,000,000,000: 101.80 %
Issue Price for DM 500,000,000: 102.55 %

Application has been made to list the Bonds on the Luxembourg Stock Exchange and will be made to list the Bonds on the Frankfurt Stock Exchange.

DEUTSCHE BANK
AKTIENGESELLSCHAFT

BANQUE PARIBAS (DEUTSCHLAND) OHG

DRESDNER BANK AKTIENGESELLSCHAFT	**MORGAN STANLEY BANK AG**	**SCHWEIZERISCHER BANKVEREIN (DEUTSCHLAND) AG**
ABN AMRO BANK (DEUTSCHLAND) AG	**BAYERISCHE LANDESBANK** GIROZENTRALE	**BAYERISCHE VEREINSBANK** AKTIENGESELLSCHAFT
CAISSE DES DEPOTS ET CONSIGNATIONS	**COMMERZBANK** AKTIENGESELLSCHAFT	**CS FIRST BOSTON EFFECTENBANK** AKTIENGESELLSCHAFT
GOLDMAN, SACHS & CO. oHG	**LEHMAN BROTHERS BANKHAUS** AKTIENGESELLSCHAFT	**J. P. MORGAN GMBH**
	SCHWEIZERISCHE BANKGESELLSCHAFT (DEUTSCHLAND) AG	**WESTDEUTSCHE LANDESBANK** GIROZENTRALE

Abb. 6/24: Emissionsprospekt einer DM-Auslandsanleihe

Rubrik »Anleihen ausländischer Schuldner«

Die Kurstabelle »*Anleihen ausländischer Schuldner*« (vgl. Abb. 6/25) in der Finanzzeitung verdeutlicht, in welchem Umfang DM-Auslandsanleihen an deutschen Börsen gehandelt werden. Gemessen am Emissionsvolumen stellen diese Titel heute nach den Bank- und den öffentlichen Schuldverschreibungen die größte Gruppe von Schuldverschreibungen am deutschen Kapitalmarkt dar.

Anleihen ausländischer Schuldner

Zins		Laufzeit		7.11.95	6.11.95	Rend.
8,25	ABB Int.Fin. 91	1998	F	106,50 G	106,50 G	5,199
6,375	Abbey Nat. Tr. S. 89	1996	F	100,40 b	100,40 G	4,654
6,125	ABN Amro Bk. 88	1998	F	102,80 b	102,80 G	4,849
(FRN)	ABN Amro Bk. 89I	99(94)	F	99,10 G	99,10 G	
(FRN)	ABN Amro Bk. 89II	99(94)	F	99,10 G	99,10 G	
(FRN)	ABN Amro Bk. 90	2005	F	99,10 G	99,10 G	
8,5	ABN Amro Bk. 91	1996	F	104,40 b	104,00 b	3,876
6,5	ABN Amro Bk. 89	1999	F	103,10 G	103,10 G	5,575
6,125	ABN Amro Bk. 90	1999	F	102,50 G	102,00 G	5,244
6,25	Af. Entw. Bk. 86	1996	F	100,40 G	100,25 b	5,364
(FRN)	Af. Entw. Bk. 87	1997	F	100,00 G	100,00 G	
6,125	Af. Entw. Bk. 88	1998	F	104,05 b	104,25 b	4,611
7,25	Af. Entw. Bk. 89	1999	F	107,00 b	106,50 b	5,201
9	Af. Entw. Bk. 90	1995	F	100,40 G	100,40 G	5,142
7,5	Af. Entw. Bk. 92	1997	F	105,20 bG	105,20 bG	4,826
7,25	Af. Entw. Bk. 94	1999	F	106,80 b	107,00 G	5,294
(FRN)	Air Canada 87	endl.(94)	F	57,40 b	57,40 b	
7,125	Altana Fin. 93	2000	F	102,75 b	103,50 -T	6,412
9,25	Apasco 93	1998	F	101,50 bG	102,00 b	8,462
6	Archer-D. 87	1997	F	100,90 bG	101,00 G	5,337
5,87	Argentinien 93	2023	F	63,40 bB	63,10 bG	9,937
(FRN)	Argentinien 93	2023	F	63,50 G	63,10 G	
8	Argentinien 93	1998	F	101,20 b	101,20 b	7,507
8	Argentinien 94	1997	F	101,50 b	101,50 b	6,948
7,75	As. Entw. Bk. 85	1997	F	104,80 b	105,00 -T	4,191
6,25	As. Entw. Bk. 86	1996	F	100,50 b	100,60 G	4,622
6,125	As. Entw. Bk. 86	1996	F	101,70 b	101,65 G	4,121
(FRN)	As. Entw. Bk. 89	1999	F	99,40 G	99,40 G	
6	Asfinag 88	1998	F	103,50 -T	103,25 b	4,714
(FRN)	Asfinag 90	2005	F	99,05 G	99,05 G	
7,25	Asfinag 92 S.B	2002	F	109,00 G	109,00 G	6,242
6	Asfinag 93	2013	F	87,20 G	87,15 b	7,289
(FRN)	Asfinag 94	1999	F	100,00 G	100,00 G	
7,125	Asfinag 94	1999	F	105,40 b	105,50 G	5,610
7,5	Asfinag 95	2005	F	105,60 G	105,45 b	6,661
(FRN)	ASLK-CGER 92	2007	F			
6,125	Aust. Ind. Dev. 88	1998	F	103,00 b	102,85 b	4,916
7,25	Australien 93	1996	F	102,85 bG	102,95 -T	4,217
8	Aut.Gem.Baskl. 92	2002	F	108,00 G	108,00 G	6,544
7,5	Autostrade Fin. 89	1999	F	105,00 bG	104,50 G	6,075
8,75	Autostrade Fin. 91	2001	M	110,20 b	110,30 bG	6,511
(FRN)	Autostrade Fin. 90	2000	M	99,00 G	99,00 G	
6,125	Avon Cap. C. 88	1998	F	102,30 b	102,00 b	5,089
(FRN)	Bacob 91	1996	M	107,00 G	107,00 G	
6	B.-Württ.L-Fin.88	1998	F	102,80 G	102,80 G	4,754
(FRN)	B.-Württ.L-Fin.89	1999	F	99,90 G	99,90 G	
(FRN)	B.-Württ.L-Fin.89II	99(93)	F	99,90 G	99,90 G	
8,25	B.-Württ.L-Fin.91	2001	F	110,00 b	110,00 G	6,213
8	B.-Württ.L-Fin.92	1996	F	101,35 G	101,35 G	4,402
7,625	B.-Württ.L-Fin.92	2002	F	106,80 b	106,50 b	6,388
7	B.-Württ.L-Fin.93	1998	F	105,09 b	104,95 b	4,547
6,25	B.-Württ.L-Fin.93	1998	F	103,75 bG	103,75 -T	4,643
6,625	B.-Württ.L-Fin.93	2003	F	101,80 b	101,70 b	6,314
6,5	B.-Württ.L-Fin.93	2008	F	96,40 b	96,08 b	6,925
6	B.-Württ.L-Fin.94	1999	F	103,50 b	103,40 b	4,838
6,75	B.-Württ.L-Fin.94	1998	F	105,00 b	105,10 b	4,847
7	B.-Württ.L-Fin.95	2000	F	106,00 b	105,70 b	5,390
6,75	B.-Württ.L-Fin.95	2005	F	100,55 b	100,25 b	6,656
9,25	Bco. Bamerindus 94	1999	F	103,00 b	102,30 -T	8,110
(FRN)	Bco. Bamerindus 94	1997	F	98,90 b	99,20 b	
10	Bco. Bozano 94	1997	F	102,70 b	102,40 b	8,510
10,25	Bco. Nacional 94	1997	F	102,75 b	102,95 b	8,658
(FRN)	Bco. Port. Inv. 91	1996	M	99,50 G	99,50 G	
(FRN)	B.C. Venez. 90*B-NPI	2005	F	·	·	
(FRN)	B.C. Venez. 90*B-PI	2005	F	·	·	
(FRN)	B.C. Venez. 90*B-NPII	2005	F	·	·	
(FRN)	B.C. Venez. 90*BPII	2005	F	·	·	
(FRN)	B.C. Venez. 90*B-PIII	2005	F	·	·	
(FRN)	B.C. Venez. 92*B-P	2005	F	·	·	
8,5	Bco. N. Brasilien 94	1997	F	101,35 b	101,25 bG	7,315
8	Bco.N.d.C.Ext.93	1998	F	99,60 b	99,60 b	8,111
(FRN)	BankAmerica 85	1995	F	99,85 G	99,85 G	

Zins		Laufzeit		7.11.95	6.11.95	Rend.
(FRN)	BMW Fin. 93I	2003	F	95,00 -T	94,80 G	
(FRN)	BMW Fin. 93II	2003	F	95,00 b	94,30 b	
7,25	BMW Fin. 94	1999	F	107,00 bB	106,00 b	5,224
8,125	BP America 92	2002	F	108,35 G	108,25 b	6,440
8,5	Bulg.Außenh.Bk.89	1996	F	100,50 bB	100,50 bB	7,550
9	BW Finance 91	1996	S	101,10 G	101,10 G	
9	BW Finance 91II	1996	S	104,15 G	104,15 G	
7,25	Cais.C.Cr.Im.93	2000	F	104,45 G	104,40 G	6,020
6,5	Cais.C.Cr.Im.93	2003	F	97,90 G	97,75 G	6,841
(FRN)	Cais.C.Cr.Im.94	1999	D	100,00 -T	100,00 -T	
(FRN)	Can.Imp.Bk. 85	1995	F	99,75 G	99,75 G	
6,375	Can. Imp. Bk. 88	1998	F	102,00 bG	102,00 bG	5,488
6,5	Cathay Pac. 86	01(92)	F	100,25 G	100,50 -T	6,399
7,25	CEPME 85	1997	F	103,50 b	103,50 b	4,234
6,125	CNT 88	1998	F	103,75 bG	103,75 b	4,727
6,75	Chrysler Fin. 86	1996	F	100,60 bG	100,60 bG	4,754
6,625	Chrysler Fin. 87	1997	F	102,15 b	102,00 G	4,762
6,375	Citicorp 86	96(92)	F	101,60 b	101,60 b	4,490
5,75	Coca Cola 88	1998	F	103,00 b	102,70 bG	4,372
6,125	Collat.Sec.86	2016	D	88,00 -T	88,00 -T	
(FRN)	Commerzbk. Int.95	2000	F	102,00 b	101,70 b	
6	Commerzbk. O.F. 93	1998	F	102,95 b	103,15 b	4,855
5,875	Commerzbk. O.F. 93	2000	F	101,40 b	101,10 b	5,542
6	Commerzbk. O.F. 93	1997	F	103,00 b	103,10 b	5,014
(FRN)	Commerzbk. O.F. 94	1996	F	100,65 b	100,65 G	
(FRN)	Commerzbk. O.F. 95	2000	F	103,20 G	103,20 b	
(FRN)	Commerzbk. O.F. 95	2005	F	101,35 -T	101,25 b	
7,75	Comp. Bancaire 92	1997	F	105,30 b	105,30 -T	4,909
6	Comp. Bancaire 95	2000	F	101,10 G	100,75 G	5,705
7,75	Comp. Entrepr. 92	1997	F	104,50 G	104,40 G	5,444
7,25	Comp.Gen.Eaux 94	1999	F	105,85 b	105,55 b	5,556
8,125	Com.Urb.Montr.92	2002	M	108,20 G	107,80 G	
7,25	Com.Aut.And.93	1998	F	104,70 G	104,70 G	5,041
6,25	C.Fin.de Cr.88	98(93)	F	100,75 G	101,00 G	5,871
6,75	CPC Int. 86	2001	F	103,00 G	103,00 G	6,045
7	Cr. Com. Fr. 94	1999	F	104,60 G	104,50 G	5,654
(FRN)	Cred.Fon.Fr.86	96(91)	F	100,00 G	100,00 G	
6,75	Cred.Fon.Fr. 89	1999	F	104,95 b	104,95 b	5,101
7,25	Cred.Fon.Fr. 93	2003	F	101,90 b	102,00 b	6,891
6,5	Cred.loc.Fr. 95	1999	F	103,35 b	103,20 b	5,222
6,5	Cred.loc.Fr. 95	2000	F	104,00 b	103,75 b	5,465
6,5	Cred.loc.Fr. 95	2000	F	105,50 G	105,30 G	5,527
5,875	Cred.loc.Fr. 95	2000	F	101,35 b	101,15 b	5,521
6,125	Cr.Lyonnais 88	98(93)	F	100,80 bG	101,25 bB	5,721
9	CS F. Boston 92	1997	F	107,40 G	107,40 G	4,838
7,125	CS F. Boston 95	2000	F	105,00 G	105,10 b	5,802
6	CS F. Boston 95	1998	F	103,00 -T	102,50 -T	4,777
6,75	CS Hold. Fin. 94	1999	F	105,80 b	105,60 -T	4,988
8,5	Crediop 91	1996	F	102,30 G	102,30 b	4,697
8,25	Crediop 91	2001	F	109,00 -T	109,70 b	6,377
8,25	Dänemark 92	1997	F	106,10 bG	106,20 b	4,380
8,25	Dänemark 93	1998	F	103,45 bG	103,40 b	4,569
6,125	Dänemark 95	2000	F	102,80 b	102,50 b	5,412
6,5	Dai Ichi Ka. 86 A	1996	F	100,15 b	100,15 b	5,659
6,5	Dai Ichi Ka. 86 B	1996	F	100,50 b	100,50 G	4,393
5,75	Daimler-B. Int. 86	2001	F	99,00 b	98,90 b	5,948
(FRN)	Daimler-B. Int. 90	2000	F	116,35 b	115,75 G	
(FRN)	Dai.-B.N.A.Corp93	2003	F	102,00 b	101,25 b	
6,5	Dapo Fin. 94	2004	D	98,00 G	98,50 b	
7,125	Dapo Fin. 95	2005	F	101,55 G	101,25 G	6,886
6,125	Degussa Int. 87	1997	F	102,15 b	102,15 b	4,627
6,5	Den Danske Bk. 88	1998	F	103,00 G	102,90 b	5,412
(FRN)	Den Norske Bk. 86	1996	F	99,75 G	99,75 G	
6,875	Dt. Bahn Fin.95	2002	F	104,05 b	103,85 b	6,104
9	DB Lux. 90	1997	F	108,35 b	108,35 b	4,775
(FRN)	DB Fin. 90	2000	F	117,10 b	116,50 b	
6	DB Fin.93	1997	F	102,80 b	102,90 b	4,377
5,625	Deutsche Fin.86	1996	F	100,70 b	100,70 bG	4,222
9	Deutsche Fin.91	1996	F	103,85 b	103,80 G	4,110
8,5	Deutsche Fin.91	1996	F	104,20 b	104,15 G	4,179
8,75	Deutsche Fin.91	1995	F	100,15 b	100,15 b	5,448
9,25	Deutsche Fin.92	1996	F	101,01 b	101,01 b	4,470

Abb. 6/25: Tabelle »Anleihen ausländischer Schuldner«

Die DM-Anleihen ausländischer Schuldner müssen generell unter der Führung einer deutschen Geschäftsbank plaziert werden (»Verankerungsprinzip«). In diesem Zusammenhang erklärt die Bundesbank am 3.7.1992 folgendes:

Erklärung der Deutschen Bundesbank zu DM-Emissionen vom 3. Juli 1992

1. Die Deutsche Bundesbank legt Wert darauf, daß der Markt für DM-Emissionen im Inland verankert bleibt. DM-Wertpapiere sollen nur unter der Konsortialführung eines deutschen Kreditinstituts (Kreditinstitut mit Sitz in der Bundesrepublik Deutschland einschließlich der in der Bundesrepublik Deutschland ansässigen Zweigstelle eines ausländischen Kreditinstituts) begeben werden. Bei Wertpapieren, die nicht von einem Konsortium fest übernommen werden (z. B. Daueremissionen), gilt dies entsprechend für die vom Emittenten als Arrangeur und Händler beauftragten Kreditinstitute. Bei der Emission von Fremdwährungsanleihen mit einer Option auf DM und bei Doppelwährungsanleihen mit Zins- oder Tilgungszahlung in DM genügt die Mitführung eines deutschen Kreditinstituts im Emissionskonsortium.

   Die Konsortialführung umfaßt die Abwicklung aller Konsortialangelegenheiten, insbesondere die Verhandlung mit dem Emittenten, die Einladung zum underwriting, den Verkehr mit den Konsorten, die Quotenzuteilung, die Buchführung für die Anleihe, die Überwachung der Zahlungsvorgänge und ähnliches.

2. DM-Schuldverschreibungen ausländischer Kreditinstitute, die Bankgeschäfte im Sinne von § 1 KWG betreiben, sollen eine Laufzeit von mindestens zwei Jahren haben. Diese Laufzeituntergrenze gilt auch für Fremdwährungsemissionen ausländischer Kreditinstitute mit Zins- oder Tilgungszahlung in DM.

3. (mit Wirkung vom 1. August 1994 gegenstandslos)

4. Bei DM-Emissionen ausländischer Schuldner (DM-Auslandsemissionen) werden die Konsortialführer gebeten, der Deutschen Bundesbank am Tag der Begebung fernschriftlich folgende Angaben zu machen: Emittent, Betrag, Datum, Konditionen, Plazierungsart; bei Daueremissionen sind vom arrangierenden Kreditinstitut neu vereinbarte Emissionsprogramme unverzüglich und die Angaben über die Plazierung monatlich nachträglich zu melden.

5. Neue Konstruktionen mit DM-Komponente sollen der Deutschen Bundesbank so rechtzeitig vorgelegt werden, daß sie vor der Emission Gelegenheit zur Stellungnahme hat.

Beim Erwerb von DM-Auslandsanleihen sind Devisenkursrisiken von vornherein ausgeschlossen, da der Emittent Zins- und Tilgungszahlungen in D-Mark leistet. Eine Ausnahme bildete etwa die 7 % Anleihe des Wiedereingliederungsfonds des Europarates von 1993, deren Börsenkurse bis zur Fälligkeit am 15.9.1995 in der Tabelle »*Anleihen ausländischer Schuldner*« abgedruckt wurden.

In der ersten Spalte ist hinter dem Namen des Emittenten und dem Emissionsjahr der Zusatz »*DM/$*« zu finden. Dieser ist auf eine Klausel in den Anleihebedingungen zurückzuführen, welche dem Emittent ein sogenanntes Tilgungswahlrecht einräumt (vgl. Abb. 6/26).

Abb. 6/26: Anleihe des Europarates

Das Papier ist nur dann als DM-Auslandsanleihe zu klassifizieren, wenn der Emittent die D-Mark als Tilgungswährung wählt. Entscheidet er sich hingegen für den US-Dollar, so entspricht der Schuldtitel einer Doppelwährungsanleihe.

Beispiel 6/44

Der Wiedereingliederungsfonds des Europarates emittierte die vorgenannte Schuldverschreibung im Herbst 1993 mit einer Laufzeit von zwei Jahren. Der Gesamtnennbetrag der Anleihe betrug 150 Millionen D-Mark und war in 15.000 Teilschuldverschreibungen zu je 10.000 D-Mark gestückelt.

Während der Laufzeit der Anleihe war der Wert des US-Dollars gegenüber der D-Mark um ca. 7,12 % gefallen. Am Beginn der Laufzeit hatte der amtliche Mittelkurs 1,6033 DM/US-$ betragen, zum Ende der Laufzeit nurmehr 1,4892 DM/US-$.

Düsseldorf, 15. 9. 1993	Kassakurse amtlich Geld	Brief
USA 1 Dollar	1,5993	1,6073

15.9.1995	Kassakurse amtlich Geld	Brief
USA 1 US-$	1,4852	1,4932

Der Europarat machte von seinem Wahlrecht Gebrauch und zahlte am 15. September 1995 für 10.000 D-Mark nominal einen Betrag von 6.000 US-Dollar zurück. Ein Investor, der am 15. September 1993 eine

Teilschuldverschreibung mit einem Nennbetrag von 10.000 D-Mark erworben hatte, erhielt am 15. September 1995 eine Tilgungszahlung, die um

$$10.000 \text{ DM} - 6.000 \text{ \$} \times 1,4892 \text{ DM/\$} = 1.064,80 \text{ DM}$$

unter dem DM-Nennwert lag. Das entspricht einem Nominalwertverlust von

$$\frac{1.064,80 \text{ DM}}{10.000 \text{ DM}} \times 100 \text{ \%} = 10,65 \text{ \%}.$$

6.6.4 **Rubrik »Zinsen«, Tabelle »ECU-Anleihen«**

Bedeutende Anleihe-Emittenten wie der Europarat, die Europäische Investitionsbank oder europäische Staaten nehmen einen Teil ihrer Kredite über die Emission von ECU-Anleihen auf. Dies sind in aller Regel auf ECU lautende Euroanleihen. Sie werden zumeist über international zusammengesetzte Emissionskonsortien in mehreren Ländern begeben und überwiegend per Telefon zwischen Geschäftsbanken weltweit gehandelt. Ein deutscher Anleger ist beim Kauf einer ECU-Anleihe immer dem Risiko ausgesetzt, daß sich der Wert der ECU, ausgedrückt in D-Mark, nach dem Kauf verändert, und Zins- und Tilgungszahlungen folglich zu einem geringeren oder auch höheren als dem beim Erwerb der Anleihe erwarteten Devisenkurs getauscht werden können.

Die Tabelle »*ECU-Anleihen*« (vgl. Abb. 6/27) enthält diejenigen Börsenkurse, die Freimakler an der Wertpapierbörse zu Frankfurt an den zwei letzten Börsentagen für ECU-Anleihen feststellten. Die Kurse sind Prozentnotierungen. Beim Kauf der Anleihen sind Kaufpreis und Makler-Courtagen in ECU zu entrichten.

Abb. 6/27:
Tabelle »ECU-Anleihen«

ECU-Anleihen (Preise in ECU)

Zins %		Lf.zeit		2.6.95	1.6.95	Rend.
Freiverkehr						
9,125	Belgien 91	1996	F	101,90 G	101,90 G	6,478
8,375	Dt.Bk.Fin.92	1999	F	103,75 G	103,75 G	7,188
9	EIB 89	1999	F	106,35 G	106,35 G	7,508
9,25	EIB 89	1999	F	105,05 G	105,05 G	7,435
10	EIB 91	2001	F	110,50 G	110,50 G	7,607
8,5	EIB 92	2004	F	104,25 G	104,25 G	7,810
9,125	England 91	2001	F	107,05 G	107,05 G	7,534
9	Europarat 91	2001	F	106,40 G	106,40 G	7,672
9,25	EWG 91	1998	F	105,25 G	105,25 G	7,074
9,5	Finnland 91	1998	F	105,30 G	105,30 G	7,261
8,75	Finnland 91	2001	F	104,75 G	104,75 G	7,747
8,5	Finnland 92	2007	F	102,00 G	102,00 G	8,208
8,375	Finnland 92	1999	F	102,50 G	102,50 G	7,538
10,375	Italien 90	1997	F	105,90 G	105,90 G	7,216
10,75	Italien 90	2000	F	110,50 G	110,50 G	8,041
9,25	Italien 91	2011	F	99,50 G	99,50 G	9,293
9	Norwegen 91	1996	F	102,45 G	102,45 G	6,535

ECU-Anleihen werden an der Frankfurter Wertpapierbörse im allgemeinen kaum umgesetzt. Deshalb sind diese Papiere häufig mit den Kurszusätzen »*T*« oder »*G*« versehen.

Rubrik »Wandelanleihen, Optionsanleihen, Optionsscheine« 6.6.5

Tabellen »Wandelanleihen«, »Optionsanleihen«, »Optionsscheine« 6.6.5.1

Die Börsennotierungen zu Wandel- und Optionsanleihen sowie zu abgetrennten Optionsscheinen findet der Leser im Handelsblatt unter der Rubrik *»Devisen-Optionsscheine«* in den Tabellen *»Wandelanleihen«*, *»Optionsanleihen«* und *»Aktienscheine«* (vgl. Abb. 6/28).

Abb. 6/28: Tabellen »Wandelanleihen«, »Optionsanleihen«, »Aktienscheine«

Es werden ausschließlich die Kurse vom letzten Börsentag, aber keine Renditen wiedergegeben. Da ein Optionsschein getrennt von Mantel und Bogen gehandelt werden kann, sind in den Kurszetteln möglicherweise drei Notierungen zu finden, die sich auf eine einzige Optionsanleihe beziehen. Dies verdeutlichen folgende Auszüge aus den Tabellen *»Optionsanleihen«* und *»Aktienscheine«*. Sie zeigen Notizen

- der BHF-Finance-Optionsanleihe von 1989 mit Optionsschein,
- der BHF-Finance-Optionsanleihe von 1989 ohne Optionsschein sowie
- des dazugehörigen Optionsscheins.

Die Zusätze *»m. O.«* und *»o. O.«* stehen für *»mit«* bzw. *»ohne Optionsschein«*. In der Praxis wird in diesem Zusammenhang oftmals von *»Opti-

Optionsanleihe ex/cum

onsanleihen cum« (»Optionsanleihen mit Optionsschein«) und von »**Optionsanleihen ex**« (»Optionsanleihen ohne Optionsschein«) gesprochen. Die Nominalzinssätze in der ersten Spalte der Tabelle »*Aktienscheine*« werden abgedruckt, um einen bestimmten Optionsschein derjenigen Optionsanleihe zuordnen zu können, von der er abgetrennt wurde. Die Kursnotierungen zu Optionsscheinen erfolgen immer in D-Mark, sind also Stück- und keine Prozentnotierungen.

Geht die in den Emissionsbedingungen festgeschriebene Laufzeit einer Optionsanleihe über die Optionsfrist des dazugehörigen Optionsscheins hinaus, beinhaltet die Spalte »*Laufzeit*« bei der Optionsanleihe gemeinhin zwei Jahreszahlen.

Die erste Jahreszahl steht für das Fälligkeitsjahr der Anleihe, die zweite für das Jahr, in dem die Optionsfrist endet. Das Optionsrecht aus dem Optionsschein der Footwork-International-Optionsanleihe von 1992 verfällt beispielsweise am 19.3.1996, wie der Spalte »*Laufzeit*« der Tabelle »*Aktienscheine*« zu entnehmen ist. Die Optionsanleihe wird aber erst im Jahre 2003 getilgt.

Das Jahr, in dem das Optionsrecht erlischt, wird nicht für jede Optionsanleihe gesondert ausgewiesen. Folgende Ausschnitte verdeutlichen, daß

- die Optionsfrist des Optionsscheins B der BHF-Bank Finance am 25.10.1996 endet,
- die dazugehörige Optionsanleihe erst im Jahre 1999 getilgt wird,
- die übliche Kennzeichnung in der Spalte zur Laufzeit der Anleihe aber unterbleibt.

Aufgrund der gegebenenfalls unterschiedlichen Laufzeiten von Optionsanleihe und -schein ist nicht jeder Anleihe ein Schein zuzuordnen. Die Optionsscheine der Optionsanleihe 2,625 % Credit Suisse First Boston von 1985 sind zum Beispiel 1990 bzw. 1991 verfallen. An der Wertpapierbörse zu Frankfurt waren am 2.6.1995 aus diesem Grund nur »Optionsanleihen ex« der entsprechenden Emission notiert.

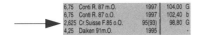

Alle ausgewiesenen Optionsscheine ohne Nominalzins-Angabe wurden ursprünglich nicht als Bestandteil einer Optionsanleihe begeben. Sie können unter anderem

- aus Genußscheinen stammen, wie zum Beispiel die beiden Optionsscheine der Deutschen Bank, oder

- aus Aktien hervorgegangen sein, was für den Optionsschein der Münchener Rück zutrifft.

Die Münchener Rück hatte im März 1994 als erste deutsche Gesellschaft Aktien begeben, denen Optionsscheine mit einem Bezugsrecht auf weitere Aktien derselben Gattung beigefügt wurden.

Tabelle »Währungsanleihen«

6.6.5.2

An deutschen Börsen gehandelte Währungsanleihen werden – genau wie D-Mark-Anleihen – zumeist prozentnotiert. Die Börsenkurse, ausgedrückt in Geldeinheiten, lauten deshalb verständlicherweise auf dieselbe Währung, wie der Nominalbetrag.

Angenommen, ein Kursmakler stellt für eine US-Dollar-Anleihe mit einer Stückelung von 1.000 US-Dollar einen Kassakurs von 110 fest, dann wird den Käufern der Anleihe ein Betrag in Höhe von 1.100 US-Dollar in Rechnung gestellt und Verkäufern ein entsprechender Betrag gutgeschrieben. Stückzinsen bleiben der Einfachheit halber unberücksichtigt.

Beispiel 6/45

Die Erträge einer Währungsanleihe, ausgedrückt in D-Mark, werden entscheidend von den Devisenkursen zu den Zeitpunkten der Zins- und Tilgungszahlungen beeinflußt. Der Käufer einer Währungsanleihe ist somit immer einem Devisenkursrisiko ausgesetzt.

In der Tabelle »*Währungsanleihen*«, die im Handelsblatt unter der Rubrik »*Devisen-Optionsscheine*« zu finden ist (vgl. Abb. 6/29), wird am 6.6.1995 ausschließlich der Vortagskurs der 7,375 % Euratom-Anleihe von 1986 wiedergegeben.

Abb. 6/29:
Tabelle »Währungsanleihen«

Obwohl die Anleihe auf ECU lautet, erscheinen ihre Börsenkurse nicht in der bereits in Abschnitt 6.6.4 beschriebenen Tabelle »*ECU-Anleihen*«. Dies ist auf unterschiedliche Abrechnungsmethoden der betreffenden Anleihen zurückzuführen. Während beim Kauf der Euratom-ECU-Anleihe Kaufpreis und anfallende Courtage in D-Mark zu entrichten sind, wickeln Makler die Geschäfte mit den Anleihen der Tabelle »*ECU-Anleihen*« ausschließlich in ECU ab.

6.6.6 Rubrik »Öffentliche Anleihen«

Die Rubrik »*Öffentliche Anleihen*« (vgl. Abb. 6/30) enthält Angaben zu Schuldverschreibungen

- des Bundes und seiner gegenwärtigen Sondervermögen;
- der ehemaligen Sondervermögen des Bundes (z. B. Post- und Bahnanleihen);
- der Bundesländer und Gemeinden;
- der Kreditinstitute mit Sonderaufgaben;
- bedeutender Industrieunternehmen.

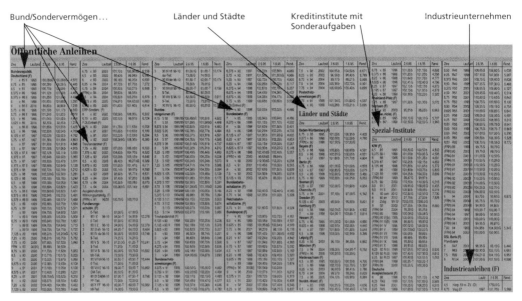

Abb. 6/30: Rubrik »Öffentliche Anleihen«

Zur Unterscheidung der Schuldtitel der verschiedenen Emittenten voneinander sowie der Schuldverschreibungs-Typen eines Emittenten untereinander, wird die Rubrik »*Öffentliche Anleihen*« durch Überschriften (»*Bundesrepublik Deutschland*« usw.) und Tabellen (»*Spezial-Institute*« usw.) strukturiert. Abbildung 6/31 zeigt übersichtlich, in welchem der folgenden Abschnitte eine bestimmte Überschrift bzw. Tabelle erläutert wird.

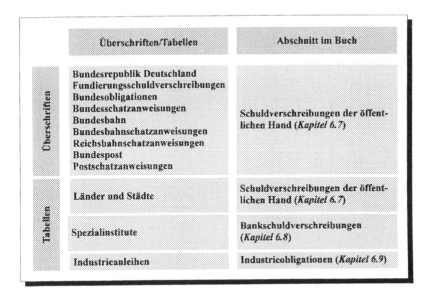

Abb. 6/31: Übersicht über die Rubrik »Öffentliche Anleihen«

Bond-Notierungen im Wall Street Journal 6.6.7

Das *Wall Street Journal* publiziert Kursnotierungen für Anleihen, die von

- der US-Regierung (Treasury bonds, notes und strips),
- US-Bundesstaaten und -Kommunen (municipal bonds),
- bestimmten US-Institutionen (agency bonds) oder
- Industrie-, Handels- und Versicherungsunternehmen (corporate bonds)

begeben werden. In der Tabelle »**Treasury Bonds, Notes & Bills**« erscheinen zunächst die Quotierungen sämtlicher kurz-, mittel- und langfristiger Schuldverschreibungen der US-Regierung. Die Kurse der T-Bonds, -Notes und -Bills übermittelt die Federal Reserve Bank in New York City, die der Treasury strips die Investmentbank Bear, Stearns & Co. Alle Quotierungen stammen aus dem over-the-counter-Handel und basieren auf Transaktionen mit einem Volumen von mindestens einer Million US-Dollar. Da aufgrund der unzähligen OTC-Transaktionen für T-Bonds, -Notes und -Bills kein repräsentativer Kurs publiziert werden kann, übermittelt die Fed jeweils die höchsten Geld- (»bid-«) sowie die niedrigsten Brief- (»asked-«) Kurse (bzw. discount rates), die für die Titel von Geschäftsbanken gegen 16 Uhr New Yorker Zeit gestellt wurden. Die in der Tabelle ausgewiesenen Spannen zwischen An- und Verkaufskursen (»spreads«) entsprechen also den zum Übermittlungszeitpunkt »engsten« Spannen im Handel. Die Preise für Treasury strips quotierten Bear, Stearns & Co., die als Market Maker für strips fungieren, gegen 15 Uhr New Yorker Zeit. Emissionsverfahren und sonstige Usancen für kurz-, mittel- und langfristige US-Treasury-Wertpapiere wurden bereits in den Abschnitten 4.2.3.5, 6.2.3 und 6.4.2.5.3 erläutert, so daß hier auf weitere Ausführungen verzichtet wird.

Treasury Bonds, Notes & Bills

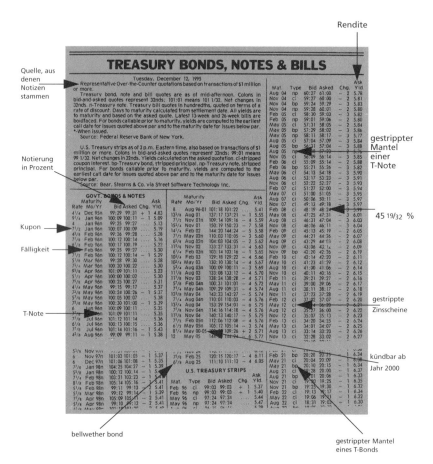

Der Kurszettel »**Weekly Tax Exempts**« wird einmal wöchentlich, und zwar jeweils montags, abgedruckt. Er zeigt unter anderem die aktuellen OTC-Quotierungen und Renditen »aktiv« gehandelter **municipal bonds**, kurz »munis«. Dies sind Anleihen der US-Bundesstaaten und -Kommunen sowie öffentlicher Transport- und Versorgungsunternehmen. Die Papiere haben Laufzeiten von bis zu 40 Jahren und Nennwerte ab 5.000 US-Dollar. Die Zinserträge sind für gewöhnlich von der Bundeseinkommensteuer befreit, worauf sich auch die Tabellenüberschrift »Tax Exempts« zurückführen läßt.

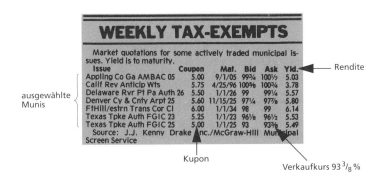

Weekly Tax Exempts

Ähnlich wie in Deutschland treten in den USA neben den Bundes- und Landesregierungen auch besondere Institutionen, beispielsweise Kreditinstitute mit Sonderaufgaben (Federal Farm Credit Bank, Federal Home Mortgage Bank usw.), als Schuldner am Kapitalmarkt auf. Die betreffenden öffentlichen Stellen begeben mittel- und langfristige Schuldverschreibungen, auch »**agency bonds**« genannt, um beispielsweise Kredite für Bauvorhaben oder die Schulausbildung zu refinanzieren. Einige dieser Anleihen sind in der folgenden Tabelle kurz skizziert.

agency bonds

Agency Bonds	Beschreibung
Ginnie Maes	Anleihen der **G**overnment **N**ational **M**ortgage **A**ssociation (GNMA), kurz »Ginnie Maes«. Die GNMA ist eine Regierungsstelle, die durch die Ausgabe der Schuldverschreibungen Hypothekenkredite refinanziert. Ginnie Maes sind immer durch die entsprechenden Hypotheken gedeckt (»mortgage-backed securities«) und daher relativ sichere Titel.
Fannie Maes	Anleihen der **F**ederal **N**ational **M**ortgage **A**ssociation (FNMA), für die man häufig schlicht den Begriff »Fannie Maes« verwendet. Die FNMA ist eine börsennotierte Aktiengesellschaft (corporation). Kurs im Wall Street Journal Sie wurde von der US-Regierung gegründet, um einen »liquiden Sekundärmarkt« für Hypothekenkredite zu schaffen und so indirekt den Bau von Häusern und Wohnungen zu fördern. Die Mittel aus dem Verkauf der Fannie Maes dienen beispielsweise dazu, Hypothekenkredite von Geschäftsbanken zu erwerben. Die Kredite stellen aus Sicht der Banken nichts anderes als Forderungen dar und sind somit ohne weiteres veräußerbar. Die Fannie Mae bietet den Kreditinstituten folglich die Möglichkeit, für den Hausbau vergebene Kredite jederzeit bei ihr refinanzieren zu können. Genau wie Ginnie Maes sind auch Fannie Maes grundsätzlich durch Hypotheken besichert (»mortgage-backed securities«).

Anleihen in der Finanzeitung

Sallie Maes	Anleihen der **S**tudent **L**oan **M**arketing **A**ssociation (SLMA), zumeist als »Sallie Maes« bezeichnet. Die SLMA ist – genau wie die FNMA – eine Aktiengesellschaft, deren Aktien an der NYSE gehandelt werden.
Kurs im Wall Street Journal →	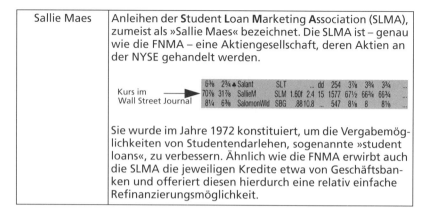
	Sie wurde im Jahre 1972 konstituiert, um die Vergabemöglichkeiten von Studentendarlehen, sogenannte »student loans«, zu verbessern. Ähnlich wie die FNMA erwirbt auch die SLMA die jeweiligen Kredite etwa von Geschäftsbanken und offeriert diesen hierdurch eine relativ einfache Refinanzierungsmöglichkeit.

Agency bonds weisen Laufzeiten von bis zu 50 Jahren sowie Nennwerte zwischen 1.000 und 25.000 US-Dollar auf. Aktuelle OTC-Quotierungen für entsprechende Papiere veröffentlicht das *Wall Street Journal* im Kurszettel »**Government Agency & Similar Issues**«.

Government Agency & Similar Issues

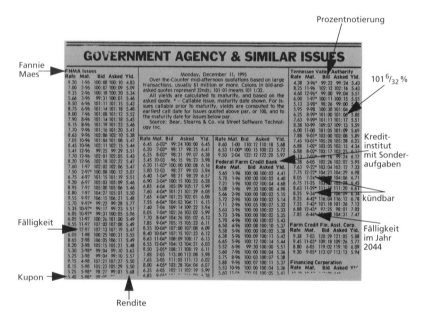

Während die bisher erläuterten US-Anleihetypen ausschließlich OTC gehandelt werden, sind corporate bonds[1] (»Industrieanleihen«) häufig auch börsennotiert. Hierdurch wird insbesondere Privatanlegern der Kauf und Verkauf kleinerer Stückelungen (»small-lot trading«) ermöglicht. Das *Wall Street Journal* faßt die Schlußkurse der corporate bonds im Kurszettel »**New York Exchange Bonds**« zusammen. Die Notierungen stammen sowohl von der NYSE und der Amex als auch aus dem Computer-Handelssystem »Nasdaq«.

---

1 Corporate bonds werden gelegentlich als corporation bonds bezeichnet.

Bond-Notierungen im Wall Street Journal

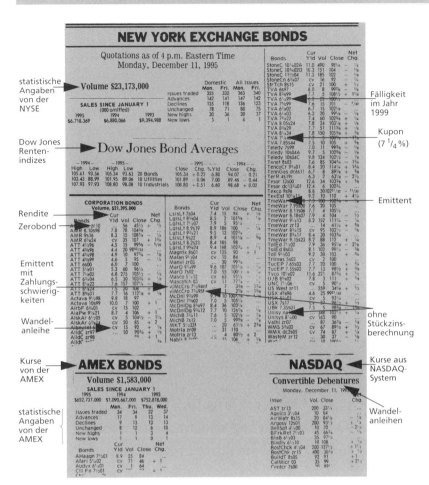

New York Exchange Bonds

Auf zwei Besonderheiten in der Kurstabelle soll hier kurz eingegangen werden. Die Abkürzung »*vi*« kennzeichnet die Anleihen solcher Unternehmen, die sich in argen Liquiditätsschwierigkeiten befinden. Sie haben entweder bereits »Konkurs angemeldet« oder werden im Zuge eines Vergleichsverfahrens umstrukturiert. Da entsprechende Gesellschaften ihrer Pflicht zur Leistung von Zins- und Tilgungszahlungen gar nicht mehr bzw. gegenwärtig nicht nachkommen können, sind hinter den Kursnotierungen ferner die Kürzel »*na*« und/oder »*f*« zu finden. Diese Zusätze stehen für »no accrual« (»ohne Stückzinsen«) bzw. »flat-Notierung« (»ohne Stückzinsberechnung«) und bringen zum Ausdruck, daß beim Kauf der betreffenden Titel keine Stückzinsen zu entrichten sind.

Als Indikator für die Bonität des Schuldners können mitunter auch die in der Tabelle »*New York Exchange Bonds*« ausgewiesenen Renditen dienen. Anleihen minderer Qualität, gemeinhin werden hierunter Schuldverschreibungen mit einem Rating schlechter als »BBB« bzw. »Baa« verstanden,

Junk Bonds

kann ein Leser üblicherweise an relativ hohen Renditen erkennen. Aufgrund des schlechten Ratings sowie der hohen Renditen spricht man auch von »**junk bonds**« (»Ramsch-, Schundanleihen«) oder »high-yield bonds«. Die folgende Abbildung aus einem *Wall Street Journal* von 1991 verdeutlicht den zuvor beschriebenen Sachverhalt eindrucksvoll.

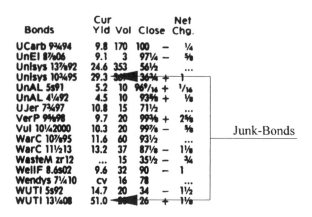

6.7 Schuldverschreibungen der öffentlichen Hand

6.7.1 Wertpapiere des Bundes und seiner Sondervermögen

6.7.1.1 Anleihen, Obligationen und Schatzanweisungen

Die Bundesrepublik Deutschland, im weiteren kurz »Bund« genannt, sowie ihre Sondervermögen finanzieren einen erheblichen Teil ihrer Ausgaben über die Emission von Schuldverschreibungen. Die Schuldtitel sind aufgrund der unmittelbaren und uneingeschränkten Haftung des Bundes bonitätsmäßig untereinander gleichgestellt. Zu den Sondervermögen des Bundes zählen

- der Erblastentilgungsfonds,
- der Fonds »Deutsche Einheit«,
- der Entschädigungsfonds,
- das European-Recovery-Program (ERP)-Sondervermögen und
- das Bundeseisenbahnvermögen.

In Abbildung 6/32 werden die Aufgaben der Sondervermögen des Bundes sowie deren Schuldverschreibungen kurz vorgestellt.

	Beschreibung/Emissionen
Erblastentilgungsfonds	Der **Erblastentilgungsfonds** wurde per »Gesetz über die Errichtung eines Erblastentilgungsfonds« vom 23.6.1993 als Sondervermögen des Bundes errichtet. Seine Verwaltung obliegt dem Bundesministerium für Finanzen. Das Ministerium ist berechtigt, für den Fonds Kredite am Kapitalmarkt aufzunehmen. Im Erblastentilgungsfonds faßte der Bund zum 1.1.1995 die wesentlichen »Erblasten« der ehemaligen DDR zusammen, indem er die Verbindlichkeiten • des **Kreditabwicklungsfonds**, der bis zu seiner Auflösung am 31.12.1994 die Verpflichtungen aus der aufgelaufenen Gesamtverschuldung der ehemaligen DDR erfüllte, • der **Treu**handanstalt (THA), die bis zum 31.12.1994 für die Privatisierung der »volkseigenen Betriebe« (VEB) in der ehemaligen DDR verantwortlich war, und • des **Ausgleichsfonds Währungsumstellung**, der seit dem 13.9.1990 die Ausgleichsforderungen verwaltet, die den Kreditinstituten und Außenhandelsbetrieben in der ehemaligen DDR aufgrund der Währungsumstellung per Gesetz zugeteilt wurden, auf den Erblastentilgungsfonds übertrug. **Emissionen**: Schuldverschreibungen, die auf den Namen des Erblastentilgungsfonds lauten, wurden bis Juli 1995 nicht emittiert. An dieser Stelle werden deshalb kurz die Schuldtitel skizziert, für die der Erblastentilgungsfonds sämtliche Verpflichtungen übernahm. Der Kreditabwicklungsfonds hatte im August 1994 unverzinsliche Schatzanweisungen emittiert. Diese wurden am 11.8.1995 fällig, so daß heute keine Schuldverschreibungen des Fonds mehr umlaufen. Es werden aber noch zahlreiche THA-Anleihen und -Obligationen (Tobls) gehandelt. Vom Ausgleichsfonds Währungsumstellung ist hingegen nur eine einzige Emission, eine variabel verzinsliche Anleihe von 1991, plaziert. Die Schuldverschreibungen der ehemaligen Treuhandanstalt und des Ausgleichsfonds Währungsumstellung werden aufgrund der Haftungsverhältnisse den börsennotierten Wertpapieren des Bundes hinzugerechnet.
Fonds »Deutsche Einheit«	Der Fonds »Deutsche Einheit« wurde im Jahre 1990 per »Gesetz zu dem Vertrag über die Schaffung einer Währungs-, Wirtschafts- und Sozialunion« errichtet. Er stellte seine Leistungen Ende 1994 ein, wurde offiziell jedoch noch nicht aufgelöst. **Emissionen**: Der Fonds emittiert seit dem 31.12.1994 keine Schuldverschreibungen mehr. Es laufen noch vier Anleihen und eine Schatzanweisung um.
Entschädigungsfonds	Der **Entschädigungsfonds** war – genau wie die zuvor beschriebenen Fonds – im Zuge der deutschen Wiedervereinigung entstanden. Er wurde durch das Entschädigungs- und Ausgleichsleistungsgesetz vom 27.9.1994 ins Leben gerufen und leistet Entschädigungen an Personen und Gesellschaften, an die eine Rückgabe von Vermögenswerten auf dem Gebiet der ehemaligen DDR ausgeschlossen ist. **Emissionen**: Die Entschädigungen, die der Fonds leistet, werden den berechtigten Personen und Gesellschaften seit 1995 in Form handelbarer Entschädigungsschuldverschreibungen zugeteilt. Diese sind bis zum 31.12.2003 zinslos, werden ab dem 1.1.2004 mit 6 % jährlich verzinst und am 1.1.2008 getilgt.

Abb. 6/32: Sondervermögen des Bundes (Quelle: Deutsche Bundesbank)

	Beschreibung/Emissionen
ERP-Sondervermögen	Die finanziellen Mittel des **ERP-Sondervermögens** stammten ursprünglich aus dem »Marshall-Plan«. Am 31.8.1953 wurde das Sondervermögen per Gesetz mit der Verwaltung der entsprechenden Mittel beauftragt. Heute dient das ERP-Sondervermögen ausschließlich der Förderung der deutschen Wirtschaft, wobei der Schwerpunkt der Förderungsmaßnahmen seit 1990 auf dem Aufbau der neuen Bundesländer liegt. **Emissionen:** Das Bundesministerium für Wirtschaft ist mit Zustimmung des Bundesministeriums der Finanzen ermächtigt, Kredite für das ERP-Sondervermögen aufzunehmen. Im August 1995 waren insgesamt zwei Anleihen des ERP-Sondervermögens am Markt plaziert.
Bundeseisenbahn-vermögen	Im Bundeseisenbahnvermögen wurden per 1.1.1994 die ehemaligen Sondervermögen Deutsche Bundesbahn und Deutsche Reichsbahn zusammengefaßt. Das Bundeseisenbahnvermögen ist berechtigt, Kredite am Kapitalmarkt aufzunehmen. **Emissionen:** Das Bundeseisenbahnvermögen ist für die Verwaltung und Tilgung der Altschulden der ehemaligen Sondervermögen Deutsche Bundesbahn und Deutsche Reichsbahn und somit für die Bedienung der Ansprüche aus den umlaufenden Schuldverschreibungen der betreffenden (aufgelösten) Institutionen verantwortlich. Im Jahre 1994 begab das Bundeseisenbahnvermögen eine Schatzanweisung, die am 8.4.1998 fällig wird.

Bis zu ihrer Neustrukturierung und Wandlung in Aktiengesellschaften wurde auch die Deutsche Bundespost den Sondervermögen des Bundes hinzugerechnet. Ihre Verbindlichkeiten gingen mit Wirkung vom 1.1.1995 auf die Telekom AG über. Für die Schuldverschreibungen der ehemaligen Deutschen Bundespost haftet der Bund aufgrund einer Bestimmung des Postumwandlungsgesetzes vom 14.9.1994 aber weiter uneingeschränkt.

Börsennotierte Schuldverschreibungen des Bundes sowie seiner gegenwärtigen und ehemaligen Sondervermögen lassen sich anhand der Kriterien »Nennwert«, »Laufzeit« und »Emissionsverfahren« in Anleihen, Schatzanweisungen und Obligationen unterscheiden. Der Begriff »Bundesanleihe« bezeichnet sowohl die Anleihen des Bundes als auch die seiner Sondervermögen. Abbildung 6/33, die der »Handmappe über Bundeswertpapiere« entnommen ist, enthält die wichtigsten Ausstattungsmerkmale von Bundesanleihen, Bundesobligationen und Bundesschatzanweisungen.

Wertpapiere des Bundes und seiner Sondervermögen

MERKMALE	BUNDES-OBLIGATIONEN	BUNDES-ANLEIHEN	BUNDESSCHATZ-ANWEISUNGEN
Nennwert (Mindestanlage.)	100 DM	1000 DM	5000 DM
Anlagenhöchstbetrag	unbeschränkt	unbeschränkt	unbeschränkt
Zinszahlung	jährlich	jährlich	jährlich
Laufzeit	Neuemissionen: 5 Jahre börsennotierte Titel: von ca. 1 Monat bis unter 5 Jahren	Neuemissionen: überwiegend 10 Jahre; ca. 120 börsennotierte Titel: von ca. 1 Monat bis zu 30 Jahren	nur noch börsennotierte Titel mit Laufzeiten unter 4 Jahren
Rückzahlung	zum Nennwert	zum Nennwert	zum Nennwert
Erwerber	Ersterwerb: nur natürliche Personen sowie gemeinnützige, mildtätige und kirchliche Einrichtungen, nach Einstellung des freihändigen Verkaufs: jedermann	jedermann	jedermann
Erwerb durch Gebietsfremde	Ersterwerb: nur natürliche Personen, nach Börseneinführung: jedermann	möglich	möglich
Verkauf bzw. vorzeitige Rückgabe	nach Börseneinführung täglicher Verkauf zum Börsenkurs	nach Börseneinführung täglicher Verkauf zum Börsenkurs	täglicher Verkauf zum Börsenkurs
Übertragbarkeit auf Dritte	vor Börseneinführung nur an Ersterwerbsberechtigte; nach Börseneinführung an jedermann	jederzeit	jederzeit
Verkaufsstellen	Banken, Sparkassen, Kreditgenossenschaften sowie Landeszentralbanken		
Lieferung	Wertrechte (= Anteile an einer Sammelschuldbuchforderung oder Einzelschuldbuchforderungen), keine effektiven Stücke		
Verwaltung	Banken, Sparkassen, Kreditgenossenschaften, Bundesschuldenverwaltung sowie Landeszentralbanken		
Kosten und Gebühren Erwerb ex Emission Einlösung bei Fälligkeit	gebührenfrei gebührenfrei bei Landeszentralbanken und Bundesschuldenverwaltung	gebührenfrei gebührenfrei bei Landeszentralbanken und Bundesschuldenverwaltung	— gebührenfrei bei Landeszentralbanken u. Bundesschuldenverwaltung
Verwaltung durch — Kreditinstitute — Bundesschuldenverwaltung — Landeszentralbanken	Depotgebühren[1] gebührenfrei Depotgebühren[2]	Depotgebühren[1] gebührenfrei Depotgebühren[2]	Depotgebühren[1] gebührenfrei Depotgebühren[2]

1) meist 1 bis 1,25‰ vom Nennwert (Mindestgebühr häufig 10 DM und mehr; zum Teil werden Postengebühren berechnet)
2) 1‰ vom Nennwert (Mindestgebühr 5 DM)

Stand: 08/95

Abb. 6/33: Bundeswertpapiere auf einen Blick (Quelle: Handmappe über Bundeswertpapiere)

Schuldverschreibungen der öffentlichen Hand

Bundesanleihen

Bundesanleihen sind die langfristigsten Bundeswertpapiere. Sie wurden bis zum Jahre 1993 grundsätzlich mit einem Nennwert von 100 D-Mark ausgestattet. Die Nennwertangabe in Abbildung 6/33 in Höhe von 1.000 D-Mark gilt für Bundesanleihen, die seit dem 1.1.1993 emittiert werden. Hierbei ist jedoch zu berücksichtigen, daß *variabel-verzinsliche* Bundesanleihen auch Nennwerte von 5.000 D-Mark aufweisen können.

Der Bund und seine Sondervermögen begeben Bundesanleihen in unregelmäßigen Abständen mehrmals im Jahr und immer als Einmalemission, das heißt, mit einem festen Gesamtnennbetrag je Emission.

Abb. 6/34: Verkaufsangebot einer Bundesanleihe

6,875 %

Anleihe der Bundesrepublik Deutschland von 1995 (2005)

– Wertpapier-Kenn-Nummer 113 497 –

Verkaufsangebot

Die Bundesrepublik Deutschland begibt eine 6,875 % Anleihe von 1995 (2005), von der ein Teilbetrag von

DM 3 000 000 000,–

durch das unterzeichnende Konsortium zum Verkauf gestellt wird.
Weitere Teilbeträge werden im Wege der Ausschreibung den Mitgliedern des Bundesanleihe-Konsortiums angeboten bzw. für die Marktpflege reserviert.

Ausgabekurs:	100,65 % spesenfrei, unter Verrechnung von 6,875 % Stückzinsen.
Zinszahlung:	Der Zinslauf beginnt am 12. Mai 1995. Zinsen werden nachträglich am 12. Mai eines jeden Jahres, erstmals am 12. Mai 1996 nach Maßgabe der steuerlichen Bestimmungen gezahlt. Die Verzinsung endet mit dem Ablauf des dem Fälligkeitstag vorhergehenden Tages; das gilt auch dann, wenn die Leistung nach § 193 BGB bewirkt wird.
Nennbeträge:	DM 1000,– oder ein Mehrfaches davon.
Laufzeit:	10 Jahre. Die Anleihe wird am 12. Mai 2005 zum Nennwert zurückgezahlt. Vorzeitige Kündigung ist ausgeschlossen.
Rendite:	6,78 %

Den überwiegenden Teil der Anleihen plaziert üblicherweise das Bundesanleihekonsortium unter Führung der Bundesbank. Die Mitglieder dieses Konsortiums, die Konsortialbanken, sind ausschließlich Geschäftsbanken mit Sitz im Inland. Bei jeder Emission übernehmen sie jeweils einen Anteil in Höhe ihrer Konsortialquote auf eigene Rechnung und stellen die Anleihen anschließend während der gewöhnlich dreitägigen Verkaufsfrist zu den mit der Bundesbank ausgehandelten Konditionen zum Verkauf.

Die Konsortialquote ist eine prozentuale Zuteilungsquote, die die Bundesbank für alle Geschäftsbanken im Bundesanleihekonsortium in etwa jährlichen Abständen neu festlegt. Die Basis für die Bestimmung der Konsortialquote bilden Daten aus der Vergangenheit, wie beispielsweise das Übernahme- und Plazierungsvolumen einer bestimmten Geschäftsbank bei früheren Emissionen. Es kann durchaus vorkommen, daß eine Geschäftsbank, die bei der Neufestsetzung eine sehr kleine Quote erhalten würde, durch die Bundesbank aus dem Konsortium ausgeschlossen wird. Des weiteren werden gelegentlich auch Kreditinstitute neu in das Konsortium aufgenommen. In seiner Zusammensetzung ist das Bundesanleihekonsortium im Zeitablauf aber relativ konstant. Die Bundesbank als Konsortialführerin kauft selbst keine Papiere, da ihr die Gewährung von Krediten an den Bund gesetzlich untersagt ist.

Für die Übernahme des Plazierungsrisikos zahlt der Bund den Konsortialbanken eine Bonifikation, wodurch er zudem sicherstellt, daß der Verkauf der Anleihen an Anleger innerhalb der Verkaufsfrist gebühren- und spesenfrei abgewickelt werden kann.

Die Emission einer Bundesanleihe über das Bundesanleihekonsortium unter Beachtung *fester* Zuteilungsquoten wird als **Konsortialverfahren** bezeichnet. Seit 1990 bietet die Bundesbank Teilbeträge sämtlicher Bundesanleihen auch im Wege der öffentlichen Ausschreibung (Tenderverfahren) an, die sie im Anschluß an das Konsortialverfahren durchführt. An einer Anleiheemission im **Tenderverfahren** können sich ausschließlich die Mitglieder des Bundesanleihekonsortiums direkt beteiligen. Sie haben die Möglichkeit, Kursgebote für den ausgeschriebenen Teilbetrag einer Bundesanleihe bei der Bundesbank einzureichen. Die Bundesbank faßt die Gebote zusammen und entscheidet anschließend über die Zuteilung. Für im Tenderverfahren erworbene Anleihen erhalten die Konsortialbanken keine Bonifikation, so daß Anlegern beim Kauf der »Tender-Papiere« grundsätzlich Gebühren und Spesen berechnet werden.

Kombiniertes Konsortial- und Tenderverfahren

Der Verkauf von **Bundesobligationen** wird – genau wie der Verkauf von Bundesanleihen – über inländische Geschäftsbanken abgewickelt. Während Bundesanleihen jedoch in Form einer Einmalemission durch das Bundesanleihekonsortium begeben werden, sind Bundesobligationen Daueremissionen. Sie können von allen inländischen Geschäftsbanken vertrieben werden, die die Bedingungen der Bundesbank zum Verkauf von Bundesobligationen akzeptieren. Unter dem Begriff »Daueremission« ist ein Emissionsverfahren zu verstehen, mit dem sich der Emittent über einen Zeitraum von mehreren Jahren durch den Verkauf »gleichartiger« Schuldverschrei-

Bundesobligationen

bungen finanzielle Mittel beschafft. **Bundesob**ligationen, kurz **Bobl**s, werden in Serien und immer mit den Ausstattungsmerkmalen

- Nennbetrag 100 D-Mark,
- Laufzeit 5 Jahre,
- fester Zinssatz sowie
- identischer Zinssatz und Zinstermin innerhalb einer Serie

freihändiger Verkauf

begeben, wobei für eine einzelne Serie von vornherein weder Emissionsvolumen noch Emissionszeitraum feststehen. Man spricht in diesem Zusammenhang auch von einem **freihändigen Verkauf**, und die beteiligten Geschäftsbanken sind – im Gegensatz zu den Mitgliedern des Bundesanleihekonsortiums – nicht verpflichtet, einen bestimmten Teil der Serie auf eigene Rechnung zu übernehmen. Der Bund hat somit zu Beginn der Ausgabe einer neuen Serie keine Kenntnis darüber, wieviel Geld ihm durch den Verkauf der Serie zufließt. Ist die Nachfrage nach Bundesobligationen der aktuellen Serie relativ gering, fällt auch der »Verkaufserlös« dieser Serie niedrig aus und umgekehrt. Abbildung 6/35 zeigt Ausstattungsmerkmale der Serien Nr. 114 und Nr. 115. Der Abbildung ist zu entnehmen, daß sämtliche Bundesobligationen, die im Rahmen einer *bestimmten* Serie verkauft werden, in den Merkmalen »Zinssatz«, »Laufzeit« sowie »Zins- und Rückzahlungstermin« übereinstimmen.

Abb. 6/35:
Serien 114 und 115
(Auszug aus Handmappe über Bundeswertpapiere)

Serie	Verkauf ab ...12 Uhr	Zinstermin	Fälligkeit	Nominalzins %	Ausgabekurs %	Rendite %	Verkauf ex Emission Mio DM	Marktpflegequote Mio DM	Emissionsvolumen Mio DM	Börseneinführung am
114	23. 3.95	15. 3.	15. 3.2000	6,50	100,00	6,50				
	27. 3.95				100,50	6,38				
	31. 3.95				100,80	6,30				
	4. 4.95				101,10	6,23				
	27. 4.95				101,50	6,12				
	5. 5.95				101,90	6,03				
	9. 5.95				102,00	6,00	1 199,4	5 800,6	7 000	17. 5.95
115	10. 5.95	15. 5	15. 5.2000	5,875	100,00	5,88				
	23. 5.95				100,40	5,78				
	26. 5.95				100,90	5,66				
	31. 5.95				101,40	5,54				
	13. 6.95				100,30	5,80				
	14. 6.95				101,00	5,63				
	27. 6.95				100,30	5,79				
	10. 7.95				101,00	5,62				
	18. 7.95				100,25	5,80				
	28. 7.95				100,60	5,72				
	7. 8.95				101,20	5,57				

»Erlös« aus freihändigem Verkauf

Es ist aber zu beachten, daß der Emittent den Ausgabekurs der Serien Nr. 114 und Nr. 115 an mehreren Terminen neu festlegte. Eine Anpassung des Ausgabekurses einer bestimmten Serie ist immer dann notwendig, wenn sich die Effektivverzinsung für vergleichbare Anlagen mit 5-jähriger Restlaufzeit nach Einführung der Serie verändert hat. In einem solchen Fall entspricht die Rendite der Serie nicht mehr dem Marktzinsniveau, und ein Ausgleich für den bestehenden Zinsvor- oder -nachteil muß aufgrund des festen Nominalzinssatzes über den Ausgabekurs der Bundesobligationen herbeigeführt werden.

Wertpapiere des Bundes und seiner Sondervermögen **411**

Die Serie Nr. 114 mit einem Nominalzinssatz in Höhe von 6,50 % wird erstmals am 23.3.1995 und zu einem Ausgabekurs von 100 % verkauft. Für den Tag des »Erstverkaufs« ergibt sich eine Rendite in Höhe von 6,50 % (vgl. Abb. 6/35). Sie entspricht in etwa der durchschnittlichen Umlaufrendite öffentlicher Anleihen mit 3 – 5 Jahren Restlaufzeit, die im Handelsblatt für den 23.3.1995 veröffentlicht wird. Diese Umlaufrendite soll im weiteren als Indikator für das Marktzinsniveau 3 bis 5jähriger Schuldverschreibungen dienen.

Beispiel 6/46

Tagesstatistik Frankfurt

	23.3.95	22.3.95		23.3.95	22.3.95
Aktienmarkt			Dt. Rentenindex (Rex) gesamt	102,5579	102,5327
Kursindex	163,38	166,23	1jährig	101,8715	101,8338
Kursindex K	165,99	166,39	5jährig	102,8197	102,7477
Umsatzindex (CDax)	37093,71	25319,51	10jährig	100,0477	100,0389
Kurse verbessert	57	67			
rückläufig	150	141	Rex-Performanceindex	159,0470	158,9182
unverändert	127	126			
Rentenmarkt			Index BHF-Bank	102,814	102,788
Durchschnittliche Umlaufrendite			Performanceindex der BHF-Bank	103,949	103,902
öffentlicher Anleihen insgesamt	6,95%	6,95%			
3-5 Jahre	6,46%	6,49%	Index DG-Bank	108,870	108,885
5-8 Jahre	7,01%	7,01%			
8-15 Jahre	7,20%	7,20%	Index Commerzbank	109,278	109,286
15-30 Jahre	7,64%	7,61%			

Da das Marktzinsniveau nach Einführung der Serie Nr. 114 sinkt, ist der Emittent mehrmals gezwungen, den Ausgabekurs für die entsprechenden Bundesobligationen zu erhöhen. Die letzte Anpassung nimmt der Bund am 9.5.1995, das heißt, einen Tag vor Einstellung der Serie, vor. Auf Basis des am 9.5.1995 bestimmten Ausgabekurses in Höhe von 102 % läßt sich für die Serie Nr. 114 eine Rendite von 6,00 % berechnen (vgl. Abb. 6/35), die wiederum annähernd dem Marktzinsniveau am 9.5.1995 entspricht.

Tagesstatistik Frankfurt

	9.5.95	8.5.95		9.5.95	8.5.95
Aktienmarkt			Dt. Rentenindex (Rex) gesamt	104,3162	104,2970
Kursindex	170,17	169,24	1jährig	102,4675	102,4546
Kursindex K	169,93	169,03	5jährig	104,8818	104,8571
Umsatzindex (CDax)	29994,10	26704,29	10jährig	101,8705	101,9243
Kurse verbessert	107	86			
rückläufig	93	119	Rex-Performanceindex	163,1017	163,0420
unverändert	136	131			
Rentenmarkt			Index BHF-Bank	104,367	104,353
Durchschnittliche Umlaufrendite			Performanceindex der BHF-Bank	106,432	106,398
öffentlicher Anleihen insgesamt	6,57%	6,58%			
3-5 Jahre	5,93%	5,94%	Index DG-Bank	110,914	109,906
5-8 Jahre	6,64%	6,65%			
8-15 Jahre	6,95%	6,94%	Index Commerzbank	111,129	111,103
15-30 Jahre	7,53%	7,53%			

Die Einführung einer neuen Serie erfolgt nicht unbedingt zu einem Ausgabekurs von 100 %. Die Serien Nr. 112 und Nr. 113 wurden anfänglich beispielsweise mit Ausgabekursen in Höhe von 99,70 % bzw. 99,60 % verkauft.

Schuldverschreibungen der öffentlichen Hand

(Auszug aus
Handmappe über
Bundeswert-
papiere)

Serie	Verkauf ab ...12 Uhr	Zins-termin	Fälligkeit	Nominal-zins %	Ausgabe-kurs %	Rendite %
111	16. 6.94	20. 5.	20. 5.99	6,125	100,00	6,12
	13. 7.94				100,60	5,97
	19. 7.94				101,10	5,85
	11. 8.94				99,50	6,23
	19. 8.94				98,40	6,51
	8. 9.94				97,70	6,67
112	15. 9.94	15. 9.	15. 9.99	6,75	99,70	6,82
	5.10.94				98,70	7,06
	14.10.94				99,50	6,86
	3.11.94				98,70	7,06
	9.11.94				98,95	7,00
	24.11.94				99,50	6,86
	12.12.94				98,95	7,00
	5. 1.95				98,00	7,24
	11. 1.95				98,35	7,15
113	13. 1.95	13. 1.	13. 1.2000	7,00	99,60	7,10
	17. 1.95				99,80	7,05
	27. 1.95				100,20	6,95

Abgelöst wird eine laufende Serie spätestens nach drei Monaten, aber normalerweise immer dann, wenn sich das Marktzinsniveau seit Einführung der Serie stark verändert hat und ein neu festzulegender Ausgabekurs erheblich von dem ursprünglichen Ausgabekurs abweichen würde. Seit August 1995 wird nach Abschluß des freihändigen Verkaufs einer Serie ein weiterer Teilbetrag der betreffenden Serie im Tenderverfahren begeben. Anders als beim Tenderverfahren für Bundesanleihen, an dem sich nur die Konsortialbanken beteiligen können, sind bei der Emission von Bundesobligationen alle inländischen Geschäftsbanken mit LZB-Konto zur Gebotsabgabe zugelassen.

Neben Anleihen bzw. Obligationen emittieren der Bund und seine Sondervermögen eine weitere Form »börsenfähiger« Wertpapiere, die sogenannten **Schatzanweisungen**. Sie unterscheiden sich von den zuvor beschriebenen Schuldtiteln in erster Linie durch ihre Laufzeit, die grundsätzlich höchstens vier Jahre beträgt, und durch höhere Stückelungen (vgl. Abb. 6/33). Schatzanweisungen sind Einmalemissionen und werden ausschließlich im Tenderverfahren – bei dem ebenfalls alle Geschäftsbanken mit LZB-Konto Gebote einreichen dürfen – begeben. Die Emission von Bundesschatzanweisungen wurde im Juli 1995 eingestellt. Schatzanweisungen der Sondervermögen des Bundes werden aber auch weiterhin aufgelegt, und zwar in unterschiedlichen Zeitabständen.

Bundesanleihen (einschließlich der Anleihen der Sondervermögen), Bundesobligationen und die Schatzanweisungen der Sondervermögen werden nach Abschluß des Emissionsverfahrens an allen acht deutschen Wertpapierbörsen in den amtlichen Handel eingeführt. Bei der Begebung dieser Wertpapiere reserviert die Bundesbank prinzipiell einen Teilbetrag der

Schatz-
anweisungen

Wertpapiere des Bundes und seiner Sondervermögen

Emission für Zwecke der **Markt-** und **Kurspflege**. Dieser wird von der Bundesbank nach und nach über die Börse verkauft, um beispielsweise

> Markt- und
> Kurspflege

- zufällige Kursschwankungen zu glätten,
- Nachfragespitzen auszugleichen oder
- jederzeit für Liquidität, also ein ausreichendes Handelsvolumen, der Bundeswertpapiere zu sorgen,

aber nicht, um einen Markttrend oder das Marktzinsniveau durch Interventionen zu beeinflussen. Die Bundesbank stockt die Emissionsbeträge börsengehandelter Bundeswertpapiere zudem gegebenenfalls nachträglich, das heißt, einige Monate oder Jahre nach Abschluß des ursprünglichen Emissionsverfahrens, auf. So behält sie sich beispielsweise in den Emissionsbedingungen für Bundesobligationen vor,

- jederzeit weitere Teilbeträge bereits börsennotierter Serien im Wege der Ausschreibung am Markt zu plazieren oder
- jederzeit das Emissionsvolumen für notwendige Marktpflegemaßnahmen zu erhöhen.

Eine Aufstockung des Emissionsbetrages erscheint unter anderem dann zweckmäßig, wenn der Nominalzinssatz eines bereits vor Monaten emittierten Bundeswertpapieres dem aktuellen Marktzinsniveau wieder entspricht.

Kauf- und Verkaufsorders börsennotierter Wertpapiere des Bundes und seiner Sondervermögen werden an der Börse zu ermäßigten Maklergebühren abgerechnet. Zusätzlich fallen beim Kauf und Verkauf die üblichen Bankprovisionen für Wertpapiergeschäfte an.

Börsennotierungen zu Anleihen, Obligationen und Schatzanweisungen, die der Bund sowie seine Sondervermögen emittieren, werden in der Finanzzeitung in der Rubrik »*Öffentliche Anleihen*« abgedruckt (vgl. Abb. 6/36).

Öffentliche Anleihen

Zins	Laufzeit	2.6.95	1.6.95	Rend.
Bundesrepublik Deutschland (F)				
7 v. 85 II	1995	100,08bG	100,09bG	4,970
6,75 v. 85	1995	100,26b	100,26G	4,483
6,5 v. 85	1995	100,70b	100,69b	4,450
6,375 v. 86	1996	101,12b	101,10b	4,460
6,375 v. 86 II	1996	101,25b	101,24b	4,486
6 v. 86	1998	101,90b	101,88b	5,260
6 v. 86 II	2016	86,80b	86,86b	7,238
5,75 v. 86	1996	101,19b	101,17b	4,550
5,75 v. 86 II	1996	101,24b	101,22b	4,579
5,5 v. 86	1996	101,04b	101,02b	4,616
5,625 v. 86	2016	82,30b	82,45b	7,276
6 v. 86 III	1998	101,65b	101,55b	5,428
6,5 v. 86	1996	102,55b	102,54b	4,708
6,125 v. 87	1997	102,03b	102,02b	4,762
5,75 v. 87	1997	101,39b	101,39b	4,853
6 v. 87	1997	101,90b	101,91b	4,846
5,5 v. 87	1997	101,06b	101,06b	4,915
6,125 v. 87 II	1997	102,12b	102,11b	5,035
6,375 v. 87	1997	102,64b	102,60b	5,060
6,75 v. 87	1997	103,50b	103,47b	5,071
6,375 v. 87 II	1997	102,66b	102,64b	5,128
6,375 v. 88	1998	102,72b	102,74b	5,212
6,25 v. 88	1998	102,33bG	102,30b	5,281
6,125 v. 88	1998	102,18b	102,18b	5,248
6,5 v. 88	1998	103,08b	103,05b	5,344
6,75 v. 88	1998	103,69b	103,62b	5,423
6,75 v. 88 II	1998	103,68bG	103,62b	5,451
6,375 v. 88 II	1998	102,64b	102,55b	5,491
6,375 v. 88 III	1998	102,68b	102,57b	5,498
6,5 v. 89	1999	102,88b	102,75b	5,564
6,75 v. 89	1999	103,70b	103,57b	5,571
7 v. 89	1999	104,75b	104,60b	5,531
7 v. 89 II	1999	105,05b	105,00b	5,508
6,75 v. 89 II	1999	103,84b	103,78b	5,657
7 v. 89 III	1999	104,70b	104,64b	5,715
7 v. 89 IV	1999	104,75b	104,75b	5,720
7,125 v. 89	1999	105,22b	105,20bG	5,763
7,25 v. 90	2000	105,81b	105,75b	5,762
7,75 v. 90	2000	107,60b	107,52b	5,840
FRN v. 90	00(95)	99,49b	99,50b	
8,75 v. 90	2000	111,72b	111,62b	5,953
8,5 v. 90	2000	110,71b	110,57b	6,028
9 v. 90	2000	113,02b	112,87b	6,066
8,875 v. 90	2000	112,58b	112,43b	6,108
9 v. 91	2001	113,18b	113,05b	6,139
8,375 v. 91	2001	110,40b	110,28b	6,231
8,25 v. 91	2001	109,70bG	109,52b	6,316
8 v. 92	2002	108,57b	108,50b	6,453
7,25 v. 92	2002	104,46b	104,38b	6,453
7,125 v. 92	2002	103,55b	103,38b	6,496

Zins	Laufzeit	2.6.95	1.6.95	Rend.
6,75 v. 93	2003	101,10b	100,96bG	6,559
6,5 v. 93	2003	99,43b	99,28b	6,585
6 v. 93	2003	96,18b	96,05b	6,600
6,25 v. 94	2024	87,72b	87,75b	7,272
6,75 v. 94	2004	100,50b	100,27b	6,668
(FRN) v. 94	2004	98,93b	98,93b	
7,5 v. 94	2004	105,50b	105,29b	6,678
7,375 v. 95	2005	104,81b	104,62bG	6,663
6,875 v. 95	2005	101,83b	101,80b	6,614
ERP-Sonderv. (F)				
8 v. 92	2002	108,09b	108,00b	6,502
6,75 v. 93	2003	100,12b	99,97b	6,724
F.Dt.Einheit (F)				
8,75 v. 90	2000	111,75b	111,63b	6,008
8,5 v. 91	2001	110,85b	110,65b	6,169
8,75 v. 91	2001	112,23b	112,03b	6,294
8 v. 92	2002	108,38bG	108,30b	6,390
Treuhandanstalt (F)				
7,75 v. 92	2002	107,00b	106,93b	6,500
7,375 v. 92	2002	104,83b	104,70b	6,520
7,125 v. 93	2003	103,29b	103,12b	6,548
6,5 v. 93	2003	99,42b	99,27bG	6,589
6,875 v. 93	2003	101,65b	101,47b	6,601
6,625 v. 93	2003	100,14b	99,97b	6,595
6 v. 93	2003	95,92b	95,77b	6,631
6,25 v. 94	2004	97,40b	97,20b	6,639
6,75 v. 94	2004	100,50b	100,28b	6,670
7,5 v. 94	2004	105,36bG	105,14b	6,691
Ausgleichsfonds Währungsumstellg. (F)				
(FRN) v. 91	96/35	100,70G	100,70G	
Fundierungs-schuldv. (F)				
£-Teil.		67,00G	67,00G	
3 90 I £	96-10	54,00-T	54,00B	12,376
£-Teil.		67,00G	67,00G	
3 90 II £	96-10	54,00G	54,00G	12,376
3 90 III sfr	96-10	64,25-T	64,00G	9,464
3 90 IV skr	96-10	50,00G	50,00G	13,748
$-Teil.		74,25G	74,25G	
3 90 V $	96-10	61,25bG	61,25-T	10,241
$-Teil.		71,25b	71,00G	
3 90 VI $	96-10	60,00G	59,75G	10,582
bfr-Teil.		73,50G	73,50G	
3 90 VII bfr	96-10	60,50-T	60,50-T	10,444
£-Teil.		71,00G	71,00G	
3 90 VIII £	96-10	59,00-T	59,00-T	10,862
DM-Teil		80,50G	81,00G	
3 90 IX DM	96-10	67,00-T	67,50-T	8,798
FF-Teil.		72,00b	72,00G	
3 90 X FF	96-10	60,00-T	60,00-T	10,582
hfl-Teil.		74,00G	73,50G	

Zins	Laufzeit	2.6.95	1.6.95	Rend.
3 90 XI hfl	96-10	61,50rG	61,00-T	10,174
skr-Teil.		73,50G	74,00G	
3 90 XII skr	96-10	61,50-T	62,00-T	10,174
sfr-Teil.		78,50b	78,00G	
3 90 XIII sfr	96-10	65,50-T	65,00-T	9,156
$-Teil.		80,25G	80,25G	
3 90 XIV $	96-10	62,50G	62,50b	9,911
$-Teil.		73,20G	73,20G	
3 90 XV $	96-10	60,20G	60,20G	10,526
Bundes-obligationen (F)				
8,75 S.92	1990/95	100,49bG	100,50b	4,622
9 S.93	1990/95	101,59b	101,58bG	4,499
8,875 S.94	1991/96	102,62b	102,61b	4,493
8,625 S.95	1991/96	102,78b	102,77b	4,494
8,5 S.96	1991/96	103,37b	103,37b	4,501
8,5 S.97	1991/96	104,76b	104,77b	4,585
8,375 S.98	1992/97	105,51bG	105,51b	4,737
8 S.99	1992/97	105,32b	105,31b	4,810
8,25 S.100	1992/97	106,49b	106,44b	4,950
8 S.101	1992/97	106,22b	106,20b	5,038
7,5 S.102	1992/97	105,24b	105,24b	5,073
7,25 S.103	1992/97	104,71b	104,70b	5,066
7 S.104	1992/97	104,38b	104,33b	5,094
6,625 S.105	1993/98	103,50b	103,46b	5,139
6 S.106	1993/98	101,98b	101,95b	5,175
6,375 S.107	1993/98	102,92b	102,85b	5,281
5,75 S.108	1993/98	101,28bG	101,19bG	5,289
5,25 S.109	1993/98	100,13b	100,00b	5,186
5,375 S.110	1994/99	99,88b	99,76b	5,394
6,125 S.111	1994/99	102,15b	102,03b	5,503
6,75 S.112	1994/99	103,92b	103,85b	5,674
7 S.113	1995/00	105,07b	105,03b	5,697
6,5 S.114	1995/00	103,27b	103,19b	5,686
Treuhandanstalt (F)				
6,125 v.93	1998	102,22b	102,20b	5,238
6,125 v.93 II	1998	102,18b	102,13b	5,328
5,625 v.93	1998	100,82b	100,73b	5,327
5 v.93	1998	98,92b	98,74b	5,321
5 v.94	1999	98,82b	98,64b	5,348
5,75 v.94	1999	100,83b	100,70b	5,500
6,375 v.94	1999	102,60b	102,50b	5,636
6,25 v.94	1999	102,18b	102,08b	5,634
7 v.94	1999	104,95bG	104,87b	5,693
Bundesschatz-anweisungen (F)				
8,875 v. 91	1995	100,50G	100,50G	4,662
8,750 v. 91	1995	102,22bG	102,22b	4,468
8,125 v. 92	1996	102,17b	102,15G	4,483
8,5 v. 92	1996	104,48b	104,47G	4,577
7,125 v. 92	1996	103,37b	103,36b	4,646
6,5 v. 93	1997	102,71bG	102,67b	4,782

Zins	Laufzeit	2.6.95	1.6.95	Rend.
6,375 v. 93	1997	102,72b	102,69b	4,883
5,75 v. 93	1997	101,56b	101,50bG	4,966
5,25 v. 93	1997	100,72b	100,70b	4,905
5,25 v. 94	1998	100,28b	100,23b	5,117
6,375 v. 94	1998	102,87b	102,79b	5,357
6,875 v. 94	1998	104,43b	104,36b	5,422
6,875 v. 95	1999	104,33b	104,17b	5,536
5,75 v. 95	1999	100,68b	100,60b	5,553
F.Dt.Einheit (F)				
8,5 v. 92	1996	103,03b	103,02b	4,486
Bundesbahn (F)				
7 v. 85	1995	100,94b	100,94b	4,486
6,375 v. 86	1996	101,12b	101,12b	4,532
6 v. 86	1998	101,60b	101,50b	5,421
6,5 v. 86	1996	102,29b	102,25b	4,733
6,125 v. 87	1997	101,95b	101,95G	4,835
6,25 v. 87	1997	102,35b	102,25b	4,853
6,625 v. 87	1997	103,13b	103,08b	5,087
6,625 v. 87 II	1997	103,30b	103,25G	5,148
6,375 v. 88	1998	102,45bG	102,40b	5,557
(FRN) v. 90	2000	99,63bG	99,64b	
9 v. 90	2000	112,30bG	112,20b	6,258
8,5 v. 91	2001	110,45b	110,30b	6,365
8 v. 92	2002	107,63b	107,50b	6,609
7,5 v. 92	2002	104,92b	104,85b	6,618
6,125 v. 93	2003	95,62b	95,55b	6,810
Bundesbahn-schatzanw. (F)				
8,25 v. 92	1996	102,40G	102,40G	4,583
5,75 v. 94	1998	101,05b	101,00b	5,328
Reichsbahn-schatzanw. (F)				
8,75 v. 91	1995	101,60G	101,60b	4,524
Bundespost (F)				
7 v. 85	1997	103,80b	103,73b	4,951
6,5 v. 85	1995	100,58b	100,58b	4,507
6,625 v. 85	1995	100,95bG	100,94b	4,509
5,75 v. 86	2001	98,20b	98,10b	6,116
6 v. 86	1996	101,42b	101,36bG	4,602
6,25 v. 87	1997	102,24b	102,20b	4,842
6 v. 87	1997	101,94b	101,88b	4,983
6,75 v. 87	1997	103,62b	103,57b	5,032
6,5 v. 87	1997	102,98b	102,93b	5,163
6,25 v. 88	1998	102,42b	102,45b	5,320
6,625 v. 88	1998	103,18b	103,10b	5,527
7 v. 89	1999	104,40b	104,26b	5,674
(FRN) v. 90	00(92)	100,04b	100,03b	
9 v. 90	2000	112,07b	111,95b	6,212
8,375 v. 91	2001	109,72b	109,60b	6,373
8,5 v. 91	2001	110,42b	110,30b	6,406
8 v. 92	2002	107,55b	107,40b	6,545
8,25 v. 92	2002	108,89b	108,75G	6,637

Zins	Laufzeit	2.6.95	1.6.95	Rend.
7,5 v. 92	2002	104,65b	104,50b	6,671
6,25 v. 93	2003	96,56b	96,40b	6,789
6,75 v. 94	2004	99,17b	99,01b	6,868
7,5 v. 94	2004	103,90b	103,73b	6,901
7,75 v. 94	2004	105,60bG	105,40b	6,899
Postschatz-anweisungen (F)				
8,75 v. 91	1995	101,94G	101,93G	4,537
6,75 v. 93	1999	103,28b	103,21b	5,695

Abb. 6/36: Kurszettel börsennotierter Bundeswertpapiere

6.7.1.2 Fundierungsschuldverschreibungen

6.7.1.2.1 Begriff

Das Bezugsangebot für Fundierungsschuldverschreibungen vom Oktober 1991 leitete die Deutsche Bundesbank mit den Worten ein:

»*...Zur Abgeltung von Zinsrückständen entsprechend den Bestimmungen des Londoner Schuldenabkommens über deutsche Auslandsschulden vom 27. Februar 1953 .... begibt die Bundesrepublik Deutschland die nachstehend gekennzeichneten 15 Ausgaben von Fundierungsschuldverschreibungen; ...*«

Bevor Ausstattungsmerkmale und Börsennotierungen der Fundierungsschuldverschreibungen beschrieben werden, bedarf es einer kurzen Skizzierung der historischen Ereignisse, die zur Ausgabe dieser Schuldtitel führten. Das Londoner Schuldenabkommen wurde im Jahre 1953 zwischen der Bundesrepublik Deutschland und dem Dreimächteausschuß[1] geschlossen. Es regelt die Bedienung der Kredite, die deutsche Schuldner – in erster Linie öffentliche Institutionen und Industrieunternehmen – in der Zeit vor 1953 im Ausland aufgenommen hatten. Da die Bundesrepublik Deutschland zum Zeitpunkt des Abkommens

1 Der Dreimächteausschuß umfaßte die USA, Großbritannien und Frankreich.

Wertpapiere des Bundes und seiner Sondervermögen

- einerseits nicht in der Lage war, die angesammelten Tilgungs- und Zinsrückstände, die beispielsweise aus den Anleihen des »Deutschen Reiches« vorhanden waren, umgehend zu begleichen, und
- sich andererseits der Verpflichtung zur Übernahme der Alt-Schulden nicht entziehen wollte,

ließ sie einen Großteil der Verbindlichkeiten auf »neuen«, langfristigen Schuldverschreibungen verbriefen, setzte sich selbst als Schuldnerin ein und garantierte den ausländischen Gläubigern, die Schuldverschreibungen vertragsgemäß zu bedienen.

Aufgrund der Teilung Deutschlands bestand in der Zeit von 1953 bis 1990 jedoch eine sogenannte »Schattenquote«. Die Schattenquote bezog sich auf Zinsrückstände der Jahre 1945 bis 1952 aus

- der »7 % Deutsche Äußere Anleihe« von 1924 (»**Dawes-Anleihe**«),
- der »5 ½ % Internationale Anleihe des Deutschen Reichs« von 1930 (»**Young-Anleihe**«) und
- der »6 % Deutsche Äußere Anleihe« von 1930 (»**Zündholz-**« oder »**Kreuger-Anleihe**«),

Dawes-/Young-/
Kreuger-Anleihe

die laut Londoner Schuldenabkommen erst im Falle der Wiedervereinigung Deutschlands endgültig abzugelten waren. Am 5.10.1990, zwei Tage nach der Wiedervereinigung, gab die Bundesschuldenverwaltung folgendes bekannt:

»...
1. Die Bundesregierung sieht die im Londoner Schuldenabkommen genannte Voraussetzung für die Bedienung der Zinsansprüche mit dem Wirksamwerden der Einheit Deutschlands am 3. Oktober 1990 als erfüllt an.
2. Entsprechend den näheren Bestimmungen ... wird die Bundesrepublik Deutschland daher über die Summe der ... Zinsrückstände Schuldverschreibungen mit einem halbjährlich zahlbaren Zinssatz von 3 v. H. jährlich und einer Laufzeit von 20 Jahren begeben.
Die Zinsrückstände werden dabei wie folgt neu berechnet:
a) Dawes-Anleihe ... :   8 Zinsjahre à 5 %, das sind 40 %
b) Young-Anleihe ... :   8 Zinsjahre à 4,5 %, das sind 36 %
c) Kreuger-Anleihe ... :   7 ½ Zinsjahre à 4 %, das sind 30 %
Unter Anwendung dieser Prozentsätze auf den Nominalbetrag der ursprünglichen Anleihen errechnet sich der – in der jeweiligen Emissionswährung ausgedrückte – Fundierungswert der Zinsrückstände. ...«

Der Publikation der Bundesschuldenverwaltung läßt sich entnehmen, daß die Bundesrepublik Deutschland den Begriff »Fundierungsschuldverschreibung« für alle Schuldverschreibungen verwendet, die heute die Zinsansprüche aus der sogenannten Schattenquote von 1953 verbriefen. Die ursprünglich kurzfristigen Zinsverbindlichkeiten wurden folglich in langfristige Schuldverschreibungen gewandelt. Eine solche Wandlung bezeichnet man als »Fundierung«.

416 **Schuldverschreibungen der öffentlichen Hand**

Preußen-Anleihen

Die Bundesrepublik Deutschland weitete die Fundierung von Zinsrückständen im Jahre 1990 zudem auf die »6 ½ % Äußere Anleihe des Freistaates Preußen« von 1926 und die »6 % Äußere Anleihe des Freistaates Preußen« von 1927 aus. Zinsrückstände für die sogenannten **Preußen-Anleihen**« werden für die Zeit von 1937 bis 1951 bzw. 1952 unter Berücksichtigung des ursprünglichen Nennwertes sowie eines ermäßigten Zinssatzes in Höhe von 5 % berechnet und auf gemeinsamen Fundierungsschuldverschreibungen dokumentiert.

Anspruch auf die zu begebenden Fundierungsschuldverschreibungen können die Gläubiger der Dawes-, Young-, Kreuger- und Preußen-Anleihen erheben, und zwar abhänig von der jeweiligen »Alt-Anleihe«, entweder durch Vorlage der Original-Zinskupons oder durch Vorlage von Bezugsscheinen. Diese wurden im Rahmen des Londoner Schuldenabkommens bereits in der Vergangenheit ausgegeben. Einige der Zinsansprüche sind als sogenannte Einzelschuldbuchforderungen im Bundesschuldbuch auf die Namen der Alt-Gläubiger eingetragen und werden auf Antrag in Fundierungsschuldverschreibungen gewandelt.

Beim Umtausch der Bezugscheine, der alten Zinskupons sowie bei der Wandlung der Schuldbuchforderungen können dann Probleme auftreten, wenn der »Fundierungswert« der eingereichten Wertpapiere bzw. der registrierten Schuldbuchforderungen nicht mit den Nennwerten der Fundierungsschuldverschreibungen übereinstimmt.

Beispiel 6/47

Ein Teilbetrag der 1930 begebenen Young-Anleihe lautete auf belgische Francs. Die Gläubiger dieses Teilbetrags erhielten im Rahmen des Londoner Schuldenabkommens Bezugscheine, die einen Rückzahlungsanspruch in Höhe von 2.508,80 bfrs je Schein verbriefen.

Der Nennwert der Fundierungsschuldverschreibungen, die die Bundesrepublik Deutschland im Jahre 1990 für die betreffende »belgische Tranche« emittierte, beträgt 1.000 bfrs. Ein Gläubiger, der nun einen Bezugschein im Wert von 2.508,80 bfrs einreicht, erhält zwei Fundierungsschuldverschreibungen, hat jedoch einen weiteren Bezugs-Anspruch in Höhe von

$$2.508,80 \text{ bfrs} - 2.000,00 \text{ bfrs} = 508,80 \text{ bfrs}.$$

Teilgutschriften

Die Differenzen, die beim Umtausch entstehen, werden als Spitzenbeträge bezeichnet und dem Bezieher von Fundierungsschuldverschreibungen auf sogenannten »**Teilgutschriften**« dokumentiert. Diese lauten auf sehr geringe Nennbeträge wie zum Beispiel einen US-Dollar oder eine D-Mark und stellen – neben den umlaufenden Fundierungsschuldverschreibungen – eigenständige Wertpapiere dar. Ein Gläubiger, der Teilgutschriften für eine bestimmte Tranche besitzt, kann

- einerseits solange weitere Teilgutschriften derselben Tranche erwerben, bis er schließlich in der Lage ist, eine oder mehrere Fundierungsschuldverschreibungen vom Emittenten zu beziehen, oder

Wertpapiere des Bundes und seiner Sondervermögen

- andererseits die in seinem Besitz befindlichen Teilgutschriften an andere Gläubiger veräußern.

Um eine möglichst leichte Übertragbarkeit sowohl der Fundierungsschuldverschreibungen als auch der Teilgutschriften zu ermöglichen, sind beide an der Wertpapierbörse zu Frankfurt zum amtlichen Handel zugelassen. Die Papiere sind aufgrund ihres geringen Emissionsvolumens nahezu ohne Bedeutung.

Ausstattungsmerkmale und Börsennotierung

6.7.1.2.2

Die Kursnotierungen zu Fundierungsschuldverschreibungen sowie den dazugehörigen Teilgutschriften werden in der Finanzzeitung in der Rubrik »*Öffentliche Anleihen*« unter der Überschrift »*Fundierungsschuldv.*« abgedruckt. Es sind insgesamt 15 Tranchen von Fundierungsschuldverschreibungen an der Wertpapierbörse zu Frankfurt notiert:

Tranchen

- fünf Tranchen aus der Dawes-Anleihe von 1924,
- acht Tranchen aus der Young-Anleihe von 1930,
- eine Tranche aus der Kreuger-Anleihe von 1930 und
- eine Tranche aus den Preußen-Anleihen von 1926 und 1927.

In Abbildung 6/37 sind die Wertpapiere so gekennzeichnet, daß die jeweilige Fundierungsschuldverschreibung bzw. Teilgutschrift ohne Schwierigkeiten der »Alt-Anleihe« zugeordnet werden kann, aus der sie hervorgegangen ist.

Anleihe	Zins	Laufzeit	2.6.95	1.6.95	Rend.
	Fundierungs-schuldv. (F)				
		£-Teil.	67,00 G	67,00 G	
Dawes-Anleihe	3	90 I £ 96-10	54,00 -T	54,00 B	12,376
		£-Teil.	67,00 G	67,00 G	
	3	90 II £ 96-10	54,00 G	54,00 G	12,376
	3	90 III sfr 96-10	64,25 -T	64,00 G	9,464
	3	90 IV skr 96-10	50,00 G	50,00 G	13,748
		$-Teil.	74,25 G	74,25 G	
	3	90 V $ 96-10	61,25 bG	61,25 -T	10,241
		$-Teil.	71,25 b	71,00 G	
Young-Anleihe	3	90 VI $ 96-10	60,00 G	59,75 G	10,582
		bfr-Teil.	73,50 G	73,50 G	
	3	90 VII bfr 96-10	60,50 -T	60,50 -T	10,444
		£-Teil.	71,00 G	71,00 G	
	3	90 VIII £ 96-10	59,00 -T	59,00 -T	10,862
		DM-Teil.	80,50 G	81,00 G	
	3	90 IX DM 96-10	67,00 -T	67,50 -T	8,798
		FF-Teil.	72,00 b	72,00 G	
	3	90 X FF 96-10	60,00 -T	60,00 -T	10,582
		hfl-Teil.	74,00 G	73,50 G	
	3	90 XI hfl 96-10	61,50 rG	61,00 -T	10,174
		skr-Teil.	73,50 G	74,00 G	
	3	90 XIIskr 96-10	61,50 -T	62,00 -T	10,174
		sfr-Teil.	78,50 b	78,00 G	
	3	90 XIIIsfr 96-10	65,50 -T	65,00 -T	9,156
		$-Teil.	80,25 G	80,25 G	
Kreuger-Anleihe	3	90 XIV $ 96-10	62,50 G	62,50 b	9,911
		$-Teil.	73,20 G	73,20 G	
Preussen-Anleihe	3	90 XV $ 96-10	60,20 G	60,20 G	10,526

Abb. 6/37: Kurszettel zu Fundierungsschuldverschreibungen

Die Tranchen aus den Dawes- und Young-Anleihen lauten grundsätzlich auf unterschiedliche Währungen, wie zum Beispiel das britische Pfund, den Schweizer Franken, die schwedische Krone oder den US-Dollar. Eine Ausnahme bilden die »Tranche I« und die »Tranche II« aus der Dawes-Anleihe, die beide auf britische Pfund ausgestellt sind.

Auf eine Zusammenfassung dieser Tranchen wurde verzichtet, weil der »Tranche I« ausschließlich Britische-Pfund-Teilschuldverschreibungen der Dawes-Anleihe zugrunde liegen, die in Belgien, Frankreich, Holland und der Schweiz emittiert wurden, und sich die »Tranche II« auf Britische-Pfund-Teilschuldverschreibungen der Dawes-Anleihe bezieht, die das »Deutsche Reich« nur in Großbritannien begeben hatte.

Die Abkürzungen »*$-Teil.*«, »*£-Teil.*« oder »*DM-Teil.*« kennzeichnen die handelbaren Teilgutschriften, die jeweils einen anteiligen Anspruch auf eine bestimmte Fundierungsschuldverschreibung verbriefen.

Kursnotierungen zu Fundierungsschuldverschreibungen und den entsprechenden Teilgutschriften erfolgen immer in Prozent vom Nennwert. Die Kurse werden börsentäglich gegen 12 Uhr festgestellt (Kassakurse), wobei in D-Mark abgerechnet wird. Die Umrechnung der Kurse erfolgt normalerweise zum amtlichen Devisen-Kassa-Mittelkurs. Eine Ausnahme bilden die Börsenkurse der ausländischen Tranchen der Young-Fundierungsschuldverschreibungen. Für sie bestimmt die Bundesschuldenverwaltung Umrechnungsfaktoren.

Der Zinsanspruch einer Fundierungsschuldverschreibung, die bis zu einem bestimmten Zinstermin nicht eingetauscht wurde, verfällt nicht, sondern wird einem Gläubiger zum Zeitpunkt des Tausches vergütet. Je mehr Zinstermine bis zu diesem Zeitpunkt verstreichen, desto höher ist der angesammelte Zinsanspruch der Fundierungsschuldverschreibung und desto höher ist infolgedessen auch ihr Wert. Mit dem von Zinstermin zu Zinstermin wachsenden Zinsanspruch einer noch nicht eingetauschten Fundierungsschuldverschreibung steigt zudem der Wert der Teilgutschrift, die das Recht zum Bezug eines Anteils an dieser Schuldverschreibung verbrieft. Die Teilgutschriften werden einschließlich der angesammelten Zinsen notiert (Flat-Notierung) und ihr Börsenkurs, ausgedrückt in Prozent, liegt aus diesem Grund immer über dem der umlaufenden, also bereits getauschten Fundierungsschuldverschreibungen der entsprechenden Tranche.

Wertpapiere des Bundes und seiner Sondervermögen

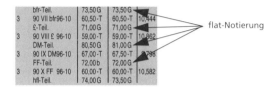

Für die Fundierungsschuldverschreibungen »*90 III sfr 96-10*« und »*90 IV skr 96-10*« laufen keine Teilgutschriften um.

Die Ausstattung einer Fundierungsschuldverschreibung soll am Beispiel der Dawes-Anleihe illustriert werden.

Dawes-Anleihe

Teilgutschriften und »3 % Fundierungsschuldverschreibungen 1990 (1996-2010)« aus der Dawes-Anleihe von 1924	
1. 1.500.000 £	£-Teilgutschriften der 3 % Fundierungsschuldverschreibungen von 1990 I (1996-2010) Kenn-Nr. 117.001 I. belgische, französische, niederländische und schweizerische £-Sterling-Tranche, Handelbare Stückelung: 10 £ Kenn-Nr. 117.002
2. 2.400.000 £	£-Teilgutschriften der 3 % Fundierungsschuldverschreibungen von 1990 II (1996-2010) Kenn-Nr. 117.003 II. britische £-Sterling-Tranche, Handelbare Stückelung: 10 £ Kenn-Nr. 117.004
3. 3.500.000 sfr	III. Schweizer Tranche, Handelbare Stückelung: 100 sfr Kenn-Nr. 117.006
4. 4.100.000 skr	IV. schwedische Tranche, Handelbare Stückelung: 100 skr Kenn-Nr. 117.008

5. 15.400.000 US-$	US-$-Teilgutschriften der 3 % Fundierungs-schuldverschreibungen von 1990 V (1996-2010) Kenn-Nr. 117.009 V. US-Tranche, Handelbare Stückelung: 100 US-$ Kenn-Nr. 117.010 $-Teil. / 74,25 G / 74,25 G 3 / 90 V $ / 96-10 / 61,25 bG / 61,25-T / 10,241
Kursnotierung der Anleihe:	In Prozent vom Nennwert, ausschließlich Stückzinsen
Zinszahlung:	Halbjährlich nachträglich am 3.April und 3. Oktober
Laufzeit:	20 Jahre, endfällig am 3. Oktober 2010
Tilgung:	Nach 5 Freijahren mit 2 % jährlich zuzüglich ersparter Zinsen in der Weise, daß gleichblei-bende Tilgungsraten von 2 ½ % jährlich gebil-det werden. Das erste Tilgungsjahr beginnt am 3. Oktober 1995; getilgt wird jährlich durch Ankauf oder Auslosung von Gruppen – insge-samt 40 pro Tranche –, im Falle der Auslosung erstmals am 3. Oktober 1996.

6.7.1.3   **Bundesschatzbriefe und Finanzierungs-Schätze des Bundes**

Neben Bundesanleihen und Bundesobligationen begibt der Bund soge-nannte »Bundesschatzbriefe« und »Finanzierungs-Schätze des Bundes«. Beide Wertpapierformen sind Daueremissionen, die über inländische Ge-schäftsbanken verkauft, nach erfolgter Emission jedoch nicht zum Börsen-handel zugelassen werden. Die wichtigsten Ausstattungsmerkmale von Bundesschatzbriefen und Finanzierungs-Schätzen zeigt Abbildung 6/38.

Wertpapiere des Bundes und seiner Sondervermögen

MERKMALE	BUNDESSCHATZBRIEFE	FINANZIERUNGSSCHÄTZE
Nennwert (Mindestanlage)	100 DM	1000 DM
Anlagenhöchstbetrag	unbeschränkt	500 000 DM je Person + Geschäftstag
Zinszahlung	Typ A = jährlich Typ B = Zinsansammlung (Auszahlung der Zinsen mit Zinseszinsen bei Rückzahlung des Kapitals)	Abzinsung (Nennwert – Zinsen = Kaufpreis)
Laufzeit	Typ A = 6 Jahre Typ B = 7 Jahre	ca. 1 Jahr ca. 2 Jahre
Rückzahlung	Typ A zum Nennwert; Typ B zum Rückzahlungswert (= Nennwert + Zinsen)	zum Nennwert
Erwerber	nur natürliche Personen sowie gemeinnützige, mildtätige und kirchliche Einrichtungen	jedermann außer Kreditinstituten
Erwerb durch Gebietsfremde	ausgeschlossen (Ausnahmen s. Emissionsbedingungen)	jedermann außer Kreditinstituten
Verkauf bzw. vorzeitige Rückgabe	jederzeit nach dem ersten Laufzeitjahr bis zu 10 000 DM je Gläubiger innerhalb 30 Zinstagen	nicht möglich
Übertragbarkeit auf Dritte	jederzeit auf Erwerbsberechtigte	jederzeit auf Erwerbsberechtigte
Verkaufsstellen	Banken, Sparkassen, Kreditgenossenschaften sowie Landeszentralbanken	
Lieferung	Wertrechte (= Anteile an einer Sammelschuldbuchforderung oder Einzelschuldbuchforderungen) keine effektiven Stücke	
Verwaltung	Banken, Sparkassen, Kreditgenossenschaften, Bundesschuldenverwaltung sowie Landeszentralbanken	
Kosten und Gebühren Erwerb ex Emission Einlösung bei Fälligkeit	gebührenfrei gebührenfrei	gebührenfrei gebührenfrei
Verwaltung durch — Kreditinstitute — Bundesschulden- verwaltung — Landeszentralbanken	Depotgebühren[1] gebührenfrei Depotgebühren[2]	Depotgebühren[1] gebührenfrei Depotgebühren[2]

[1] meist 1 bis 1,25‰ vom Nennwert (Mindestgebühr häufig 10 DM und mehr; zum Teil werden Postengebühren berechnet)
[2] 1‰ vom Nennwert (Mindestgebühr 5 DM. außer für Finanzierungs-Schätze) Stand: 11/94

Abb. 6/38: Bundeswertpapiere auf einen Blick (Quelle: Handmappe über Bundeswertpapiere)

Den **Bundesschatzbrief** schuf der Bund im Jahre 1969 mit dem Ziel der »Förderung der Eigentums- und Vermögensbildung in allen Bevölkerungsschichten«. Er unterscheidet sich von den bisher beschriebenen Bundeswertpapieren dadurch, daß seine Nominalverzinsung nach einem festgelegten Plan steigt.

Bundesschatzbriefe

422 **Schuldverschreibungen der öffentlichen Hand**

Abb. 6/39:
Bundesschatz-
brief-Ausgaben
1995/9 und
1995/10

Bundesschatzbriefe
Ausgaben 1995/9 und 1995/10

Verkauf ab: 23. Mai 1995/12.00 Uhr (Zinslaufbeginn ab 1. Mai 1995)

Ausgaben: **Bundesschatzbriefe A — Ausgabe 1995/9**
— Wertpapier-Kenn-Nr. 113959 —

Bundesschatzbriefe B — Ausgabe 1995/10
— Wertpapier-Kenn-Nr. 113960 —

Verzinsung:

Laufzeitjahr	Nominalzins	Rendite nach dem . . . Jahr	
		Typ A	Typ B
1. Jahr (1995/96)	4,50 %	4,50 %	4,50 %
2. Jahr (1996/97)	6,00 %	5,23 %	5,25 %
3. Jahr (1997/98)	6,25 %	5,55 %	5,58 %
4. Jahr (1998/99)	6,75 %	5,83 %	5,87 %
5. Jahr (1999/00)	7,00 %	6,03 %	6,10 %
6. Jahr (2000/01)	7,50 %	6,24 %	6,33 %
nur Typ B			
7. Jahr (2001/02)	7,50 %	—	6,50 %

**Vorzeitige
Rückgabe:** jederzeit nach dem 30. April 1996

Ablauf der
»Rückgabesperrfrist«

Rückzahlung: Ausgabe 1995/9: 1. Mai 2001
Ausgabe 1995/10: 1. Mai 2002

Die Zinsberechnung für Bundesschatzbriefe erfolgt auf Basis der 30/360-Tage-Usance; die Zinsen werden nachträglich, also nach Ablauf einer Zinsperiode gutgeschrieben. Bundesschatzbriefe werden in Bundesschatzbriefe

Typ A/Typ B

Typ A und Bundesschatzbriefe Typ B unterschieden . Bei Typ A werden die Zinsen an jedem Zinstermin ausgezahlt, wohingegen die Zinsen des Typs B nicht ausgeschüttet, sondern zusammen mit dem Nennwert in jedem Jahr »automatisch« reinvestiert werden.

Beispiel 6/48

Der Bundesschatzbrief Typ B (Ausgabe 1995/10) hat nach dem ersten Jahr (erster Zinstermin) einen Wert von 104,50 D-Mark. Dieser setzt sich aus dem Nennwert (100 D-Mark) sowie dem Zinsanspruch (4,50 D-Mark) zusammen. Der Zinssatz für die Wiederanlage beträgt 6,00 % (vgl. Abb. 6/39). Hieraus läßt sich der Wert dieses Bundesschatzbriefes zum Zinstermin 1997 berechnen:

$$104,50 \text{ DM} + \frac{104,50 \text{ DM} \times 6,00}{100} = 110,77 \text{ DM}$$

Die Wiederanlage wird für die folgenden Jahre zum jeweils festgeschriebenen Zinssatz fortgesetzt. Am Ende der Laufzeit (7 Jahre) erhalten die Inha-

Wertpapiere des Bundes und seiner Sondervermögen

ber einen Betrag von insgesamt 155,35 D-Mark, und ihr Gesamtertrag aus der Investition von anfänglich 100 D-Mark lautet

$$155,35\ \text{DM} - 100\ \text{DM} = 55,35\ \text{DM}.$$

Der Zinseszinseffekt bei Bundesschatzbriefen Typ B führt dazu, daß diese Papiere höher rentieren als Schatzbriefe Typ A derselben Ausgabe (vgl. Abb. 6/39).

Bundesschatzbriefe Typ A weisen immer eine Laufzeit von sechs Jahren und Bundesschatzbriefe Typ B immer eine Laufzeit von sieben Jahren auf. Trotz der relativ langen Laufzeiten und der fehlenden Möglichkeit, die Papiere über eine Wertpapierbörse zu veräußern, sind ihre Eigentümer nicht gezwungen, das investierte Kapital für die gesamte Laufzeit zu binden.

Inhaber von Bundesschatzbriefen haben jederzeit die Möglichkeit, die Papiere auf Dritte, zum Erwerb Zugelassene, zu übertragen. Der Verkauf ist somit grundsätzlich zu keinem Zeitpunkt während der Laufzeit ausgeschlossen. Der Bund räumt Haltern von Schatzbriefen zudem das Recht ein, die Papiere ein Jahr nach Zinslaufbeginn (»Sperrfrist«) – und zwar bis zu einem Betrag von 10.000 D-Mark je Inhaber und Zinsmonat[1] – über die depotführende Stelle zurückzugeben. Der Bund löst zurückgegebene Schatzbriefe zum Nennwert inklusive Zinsanspruch ein. Der Zinsanspruch umfaßt beim Typ A die Stückzinsen, die für die Zeit zwischen dem letzten Zinszahlungstermin (einschließlich) und dem Tag der vorzeitigen Rückgabe (ausschließlich) anfallen.

Rückgabe

Beispiel 6/49

Der Bundesschatzbrief Typ A (Ausgabe 1995/9) wird jeweils am 1.5. eines jeden Jahres verzinst. Die vorzeitige Rückgabe ist jederzeit nach dem 30. April 1996 möglich (vgl. Abb. 6/39). Ein Anleger, der den Bundesschatzbrief am 1.5.1995 erwirbt, erhält am ersten Zinstermin eine Zinszahlung in Höhe von 4,50 D-Mark. Entschließt sich der Investor, den Bundesschatzbrief am 1.6.1996 zurückzugeben, so errechnet sich ein Rückzahlungsanspruch in Höhe von

$$100\ \text{DM} + \frac{100\ \text{DM} \times 6,00 \times 30}{100 \times 360} = 100,50\ \text{DM}.$$

Die Berechnung des Rückgabewertes für Bundesschatzbriefe Typ B ist etwas komplizierter. Die Bundesbank veröffentlicht zu jeder Ausgabe zwei Tabellen, aus denen die exakten Rückzahlungswerte zu einem bestimmten Zeitpunkt nach Ablauf der »Rückgabesperrfrist« abgelesen werden können. Abbildung 6/40 zeigt diese Tabellen für den Bundesschatzbrief Typ B (Ausgabe 1995/10).

1 Der Betrag von 10.000 D-Mark bezieht sich dabei auf sämtliche Bundesschatzbrief-Ausgaben im Depot des Anlegers.

424 Schuldverschreibungen der öffentlichen Hand

Abb. 6/40: Rück-
zahlungswerte
(Quelle:
Handmappe über
Bundeswert-
papiere)

Rückzahlungswerte für Bundesschatzbriefe B — Ausgabe 1995/10 —

Der Rückzahlungswert (Zinsvaluta) am Ende eines Monats ergibt sich aus Tabelle I.
Der Rückzahlungswert an einem bestimmten Tag ergibt sich aus der Summe des
Rückzahlungsbetrages am Ende des Vormonats (Tabelle I) und der für die abgelaufenen
Tage im Monat der Rückzahlung aufgelaufenen Zinsen (Tabelle II).

Tabelle I: Rückzahlungswert je 100,— DM

1996	DM	30. 11.	114,81	30. 6.	127,10	2001	DM
30. 4.	104,50	31. 12.	115,39	31. 7.	127,84	31. 1.	141,99
31. 5.	105,02	1998	DM	31. 8.	128,57	28. 2.	142,83
30. 6.	105,55	31. 1.	115,96	30. 9.	129,30	31. 3.	143,67
31. 7.	106,07	28. 2.	116,54	31. 10.	130,03	30. 4.	144,51
31. 8.	106,59	31. 3.	117,12	30. 11.	130,77	31. 5.	145,42
30. 9.	107,11	30. 4.	117,69	31. 12.	131,50	30. 6.	146,32
31. 10.	107,64	31. 5.	118,36	2000	DM	31. 7.	147,22
30. 11.	108,16	30. 6.	119,02	31. 1.	132,23	31. 8.	148,13
31. 12.	108,68	31. 7.	119,68	29. 2.	132,97	30. 9.	149,03
1997	DM	31. 8.	120,34	31. 3.	133,70	31. 10.	149,93
31. 1.	109,20	30. 9.	121,00	30. 4.	134,43	30. 11.	150,84
28. 2.	109,73	31. 10.	121,67	31. 5.	135,27	31. 12.	151,74
31. 3.	110,25	30. 11.	122,33	30. 6.	136,11		
30. 4.	110,77	31. 12.	122,99	31. 7.	136,95	2002	DM
31. 5.	111,35	1999	DM	31. 8.	137,79	31. 1.	152,64
30. 6.	111,92	31. 1.	123,65	30. 9.	138,63	28. 2.	153,55
31. 7.	112,50	28. 2.	124,31	31. 10.	139,47	31. 3.	154,45
31. 8.	113,08	31. 3.	124,98	30. 11.	140,31	30. 4./	155,35
30. 9.	113,65	30. 4.	125,64	31. 12.	141,15	1. 5.	
31. 10.	114,23	31. 5.	126,37				

Tabelle II:

Tageszinsen bei Rückzahlungen innerhalb der Monate

Tage	Mai 1996 bis einschl. April 1997 Jahreszins 6,00%	Mai 1997 bis einschl. April 1998 Jahreszins 6,25%	Mai 1998 bis einschl. April 1999 Jahreszins 6,75%	Mai 1999 bis einschl. April 2000 Jahreszins 7,00%	Mai 2000 bis einschl. April 2001 Jahreszins 7,50%	Mai 2001 bis einschl. April 2002 Jahreszins 7,50%
	DM	DM	DM	DM	DM	DM
1	0,02	0,02	0,02	0,02	0,03	0,03
2	0,03	0,04	0,04	0,05	0,06	0,06
3	0,05	0,06	0,07	0,07	0,08	0,09
4	0,07	0,08	0,09	0,10	0,11	0,12
5	0,09	0,10	0,11	0,12	0,14	0,15
6	0,10	0,12	0,13	0,15	0,17	0,18
7	0,12	0,13	0,15	0,17	0,20	0,21
8	0,14	0,15	0,18	0,20	0,22	0,24
9	0,16	0,17	0,20	0,22	0,25	0,27
10	0,17	0,19	0,22	0,24	0,28	0,30
11	0,19	0,21	0,24	0,27	0,31	0,33
12	0,21	0,23	0,26	0,29	0,34	0,36
13	0,23	0,25	0,29	0,32	0,36	0,39
14	0,24	0,27	0,31	0,34	0,39	0,42
15	0,26	0,29	0,33	0,37	0,42	0,45
16	0,28	0,31	0,35	0,39	0,45	0,48

Beispiel 6/50

Die erste Spalte der Tabelle I (vgl. Abb. 6/40) weist für den 31.5.1996 einen Rückzahlungswert in Höhe von 105,02 D-Mark aus. Dieser kann wie folgt rekonstruiert werden:

   Rückzahlungsanspruch am 30.4.1996 (104,50 D-Mark)
+ Zinsen auf den Rückzahlungsanspruch für 30 Tage

Unter Berücksichtigung der vorliegenden Zahlen ergibt sich ein Rückzahlungswert in Höhe von

$$\underbrace{104{,}50 \text{ DM}}_{\text{Rückzahlungsanspruch am 30.4.1996}} + \underbrace{\frac{104{,}50 \text{ DM} \times 6{,}00 \times 30}{100 \times 360}}_{\text{Zinsen auf 104,50 DM für 30 Tage}} = \underbrace{105{,}02 \text{ DM}}_{\text{Rückzahlungsanspruch am 31.5.1996}}$$

Die Spalten zwei bis sieben der Tabelle II (vgl. Abb. 6/40) zeigen die Zinsansprüche, die innerhalb eines Monats anfallen. Der Zinsanspruch, der in der Tabelle beispielsweise für den 15. Mai 1996 ausgewiesen ist, kann wie folgt berechnet werden:

$$\frac{104{,}50 \text{ DM} \times 6{,}00 \times 15}{100 \times 360} = 0{,}26 \text{ DM}$$

Unter Berücksichtigung der beiden Tabellen (vgl. Abb. 6/40) kann ein Anleger den Rückzahlungswert für jeden Tag innerhalb der Laufzeit des Bundesschatzbriefes Typ B (Ausgabe 1995/10) herleiten.

Schatzbrief-Inhaber sollten nach Ablauf der »Rückgabesperrfrist« prüfen, ob aktuelle Ausgaben oder alternative Geldanlagen möglicherweise eine höhere Rendite bieten, als der Schatzbrief, der gehalten wird. In einem solchen Fall ist die Rückgabe des Schatzbriefes vorteilhaft. Für die Inhaber der Bundesschatzbrief-Ausgaben 1989/13 und 1989/14 hätte sich am 1.11.1990 beispielsweise ein Umtausch in die Schatzbrief-Ausgaben 1990/9 bzw. 1990/10 gelohnt. Die Zinssätze letztgenannter Ausgaben lagen für die gesamte Laufzeit über den Sätzen der Ausgaben 1989/13 bzw. 1989/14. Beim Umtausch eines Bundesschatzbriefes in einen anderen muß bedacht werden, daß das Kapital erneut für ein Jahr gebunden wird. Der Zinsvorteil ist also mit einem Liquiditätsnachteil verbunden.

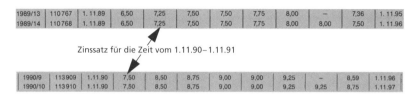

Eine Bundesschatzbrief-Ausgabe stellt der Emittent – ähnlich wie bei Bundesobligationen – dann ein, wenn die Rendite der Papiere nicht mehr dem Marktzinsniveau entspricht. Da Bundesschatzbriefe immer zum Nennwert

426 **Schuldverschreibungen der öffentlichen Hand**

ausgegeben werden, ist eine Anpassung der Rendite über Veränderungen des Ausgabekurses – anders als bei Bundesobligationen – nicht möglich. Schatzbrief-Ausgaben werden somit in aller Regel in kürzeren Zeitabständen abgelöst als die Serien bei Bundesobligationen.

Finanzierungs-Schätze

Finanzierungs-Schätze des Bundes sind vom Bund ausgestellte Inhaberschuldverschreibungen, die als Abzinsungspapiere und – genau wie Bundesschatzbriefe und -obligationen – in Form einer Daueremission begeben werden (vgl. Abb. 6/38).

Finanzierungs-Schätze weisen Laufzeiten von einem oder zwei Jahren auf. Die Laufzeit umfaßt gewöhnlich aber nicht exakt ein bzw. zwei Jahre, sondern reicht von 350 bis 380 bzw. 710 bis 740 Tagen. Diese Spannen ergeben sich, da Finanzierungs-Schätze zwar an jedem Werktag eines Monats verkauft, aber grundsätzlich zum 20. des gleichen Monats im nächsten oder übernächsten Jahr zurückgezahlt werden. Zu berücksichtigen ist, daß bei der Zinsberechnung für Finanzierungs-Schätze – analog zu Bundesschatzbriefen – für einen Monat 30 und für ein Jahr 360 Zinstage angesetzt werden.

Ein Anleger, der beispielsweise am 1.10.1995 einen Finanzierungs-Schatz mit einer Laufzeit von einem Jahr erwirbt, erlangt einen Zinsanspruch für eine Laufzeit von 380 Tagen, da der Zinsberechnung der Zeitraum zwischen dem 1.10.1995 und dem 20.10.1996 zugrunde gelegt wird. Erwirbt er das gleiche Papier am 30.10.1995, verkürzt sich die Laufzeit um 30 Tage und der Zinsanspruch verringert sich entsprechend.

Abzinsungspapiere

Der Zinsertrag eines Finanzierungs-Schatzes ergibt sich als Differenz zwischen Nennwert und Ausgabekurs. Der Ausgabekurs wird folgendermaßen bestimmt:

$$\text{Ausgabekurs} = \text{Nennwert} - \frac{\text{Nennwert} \times \text{Verkaufszinssatz} \times \text{Laufzeit (Tage)}}{100 \times 360 \text{ Tage}}$$

Beispiel 6/51

Der folgende Ausschnitt aus der »Handmappe über Bundeswertpapiere« zeigt die »Verkaufszinssätze« für sämtliche Finanzierungs-Schätze, die in der Zeit vom 3.11.1994 bis zum 27.6.1995 emittiert wurden.

Verkaufszinssätze

Verkauf ab (12.00 Uhr)	Laufzeit ca. 1 Jahr		Laufzeit ca. 2 Jahre	
	Zinssatz	Rendite *	Zinssatz	Rendite*
1995				
3.11.94–13. 3.95	4,94 %	5,20 %	5,58 %	6,10 %
13. 3. –21. 3.	4,94 %	5,20 %	5,42 %	5,90 %
21. 3. –27. 3.	4,94 %	5,20 %	5,25 %	5,70 %
27. 3. –31. 3.	4,76 %	5,00 %	5,12 %	5,55 %
31. 3. –21. 4.	4,63 %	4,85 %	4,99 %	5,40 %
21. 4. – 3. 5.	4,44 %	4,65 %	4,82 %	5,20 %
3. 5. –23. 5.	4,44 %	4,65 %	4,73 %	5,09 %
23. 5. –31. 5.	4,21 %	4,40 %	4,48 %	4,81 %
31. 5. –27. 6.	4,12 %	4,30 %	4,30 %	4,60 %
27. 6. –	4,17 %	4,35 %	4,47 %	4,79 %

Wertpapiere des Bundes und seiner Sondervermögen 427

Für einen Finanzierungs-Schatz, den ein Anleger am 30.5.1995 erwirbt, läßt sich der Ausgabekurs wie folgt berechnen:

$$1000\ \text{DM} - \frac{\overbrace{1000\ \text{DM}}^{\text{Nennwert}} \times \overbrace{4{,}21}^{\substack{\text{Verkaufs-}\\\text{zinssatz}}} \times \overbrace{350}^{30.5.95 - 20.5.96}}{100 \times 360} = 959{,}07\ \text{DM}$$

Am 20.5.1996 erhält der Anleger eine Auszahlung in Höhe von 1.000 D-Mark. Sein Anlagebetrag von ursprünglich 959,07 D-Mark hat sich infolgedessen in einem Zeitraum von 350 Tagen mit 40,93 D-Mark verzinst.

Finanzierungs-Schätze werden nicht in bestimmten Serien bzw. Ausgaben emittiert. Sie können lediglich einem bestimmten Emissionsmonat zugeordnet werden. Den Verkaufszinssatz ändert der Emittent immer dann, wenn das Marktzinsniveau dies erfordert. Die Schuldtitel dürfen – im Gegensatz zu Bundesschatzbriefen – weder an den Emittenten, den Bund, noch an die Deutsche Bundesbank vorzeitig zurückgegeben werden. Eine Übertragung auf erwerbsberechtigte Dritte ist aber jederzeit gestattet.

Der Börsenhandel mit Finanzierungs-Schätzen und Bundesschatzbriefen ist aufgrund des eingeschränkten »Erwerberkreises« ausgeschlossen. Der Kauf dieser Schuldtitel ist - genau wie die Rückgabe bei Fälligkeit – immer gebühren- und spesenfrei.

Tabelle »Titel des Bundes« 6.7.1.4

Die Emissionsbedingungen zu Bundesobligationen, Bundesschatzbriefen und Finanzierungs-Schätzen schreiben vor, daß die Bundesbank die Ausstattungsmerkmale neuer

- Serien Bundesobligationen,
- Schatzbrief-Ausgaben und
- Finanzierungs-Schätze

sowohl inländischen Geschäftsbanken als auch der »Presse« unverzüglich mitzuteilen hat. Das Handelsblatt publiziert die aktuellen Emissionsdaten der betreffenden Bundeswertpapiere in der Tabelle »*Titel des Bundes*« (vgl. Abb. 6/41).

Titel des Bundes

Bundesschatzbriefe - Ausgaben ab 23.5.1995

	Zins %	Rendite	Typ A	Typ B
1. Jahr	4,50	1 Jahr	4,50	4,50
2. Jahr	6,00	2 Jahre	5,23	5,25
3. Jahr	6,25	3 Jahre	5,55	5,58
4. Jahr	6,75	4 Jahre	5,83	5,87
5. Jahr	7,00	5 Jahre	6,03	6,10
6. Jahr	7,50	6 Jahre	6,24	6,33
7. Jahr	7,50	7 Jahre		6,50

Finanzierungsschätze (Rendite ab 31. 5. 1995):
1 Jahr 4,30%, 2 Jahre 4,60%

Bundesobligationen: 5 Jahre 5,875% Nominalzins, 101,40% Ausgabekurs, 5,54% Rendite (ab 31. 5. 1995)

Abb. 6/41: Tabelle »Titel des Bundes«

Schuldverschreibungen der öffentlichen Hand

Am 6.6.1995 zeigt die Tabelle beispielsweise Nominalzinssätze und Renditen für die Bundesschatzbrief-Ausgaben 1995/9 und 1995/10, was ein Auszug aus der »Handmappe über Bundeswertpapiere« belegt.

Bundesschatzbriefe
Ausgaben 1995/9 und 1995/10

Verkauf ab: 23. Mai 1995/12.00 Uhr (Zinslaufbeginn ab 1. Mai 1995)

Ausgaben: **Bundesschatzbriefe A — Ausgabe 1995/9**
— Wertpapier-Kenn-Nr. 113959 —

Bundesschatzbriefe B — Ausgabe 1995/10
— Wertpapier-Kenn-Nr. 113960 —

Verzinsung:

Laufzeitjahr	Nominalzins	Rendite nach dem . . . Jahr	
		Typ A	Typ B
1. Jahr (1995/96)	4,50 %	4,50 %	4,50 %
2. Jahr (1996/97)	6,00 %	5,23 %	5,25 %
3. Jahr (1997/98)	6,25 %	5,55 %	5,58 %
4. Jahr (1998/99)	6,75 %	5,83 %	5,87 %
5. Jahr (1999/00)	7,00 %	6,03 %	6,10 %
6. Jahr (2000/01)	7,50 %	6,24 %	6,33 %
nur Typ B			
7. Jahr (2001/02)	7,50 %	—	6,50 %

Titel des Bundes

Bundesschatzbriefe - Ausgaben ab 23.5.1995

	Zins %	Rendite	Typ A	Typ B
1. Jahr	4,50	1 Jahr	4,50	4,50
2. Jahr	6,00	2 Jahre	5,23	5,25
3. Jahr	6,25	3 Jahre	5,55	5,58
4. Jahr	6,75	4 Jahre	5,83	5,87
5. Jahr	7,00	5 Jahre	6,03	6,10
6. Jahr	7,50	6 Jahre	6,24	6,33
7. Jahr	7,50	7 Jahre		6,50

Des weiteren enthält die Tabelle »*Titel des Bundes*« am 6.6.1995 die Renditen für Finanzierungs-Schätze, die in der Zeit vom 31.5.1995 bis zum 27.6.1995, verkauft wurden, nicht jedoch die Verkaufszinssätze.

Zinsen und Renditen
der bisher emittierten Finanzierungs-Schätze des Bundes

Verkauf ab (12.00 Uhr)	Laufzeit ca. 1 Jahr		Laufzeit ca. 2 Jahre	
	Zinssatz	Rendite *	Zinssatz	Rendite*
3. 5. –23. 5.	4,44 %	4,65 %	4,73 %	5,09 %
23. 5. –31. 5.	4,21 %	4,40 %	4,48 %	4,81 %
31. 5. –27. 6.	4,12 %	4,30 %	4,30 %	4,60 %
27. 6. –	4,17 %	4,35 %	4,47 %	4,79 %

Finanzierungsschätze (Rendite ab 31. 5. 1995):
1 Jahr 4,30%, 2 Jahre 4,60%

Schließlich sind dort an demselben Tag Laufzeit, Nominalzinssatz, Ausgabekurs und Rendite der Bobl-Serie 115 zu finden. Der Ausgabekurs bezieht sich auf alle Bundesobligationen der betreffenden Serie, die der Bund in der Zeit vom 31.5.1995 bis zum 12.6.1995 einschließlich begab.

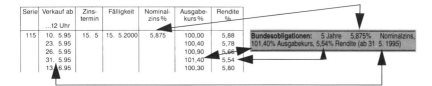

Lieferung und Verwahrung von Bundeswertpapieren   6.7.1.5

Bundeswertpapiere werden seit 1992 in aller Regel nicht mehr in effektiven Stücken, also in Form von Wertpapierurkunden, geliefert, sondern als Wertrechte begeben. »Bundes-Wertrechte« sind auf den Namen eines bestimmten Gläubigers lautende Forderungsrechte, die zu Lasten des Bundes in ein »Wertrechtsregister«, das **Bundesschuldbuch**, eingetragen werden. Das Bundesschuldbuch erfaßt – vereinfacht ausgedrückt – die Verbindlichkeiten, die dem Bund aus der Emission von Anleihen und sonstigen Schuldverschreibungen entstehen und wird von der Bundesschuldenverwaltung in Bad Homburg v. d. Höhe geführt. Über den Inhalt des Bundesschuldbuchs darf nur dem eingetragenen Berechtigten, also dem Gläubiger, bzw. dessen Vertreter Auskunft erteilt werden. Man spricht in diesem Zusammenhang auch vom »Schuldbuchgeheimnis«.

Bundesschuldbuch

Schuldbucheinträge bieten

- Wertpapierkäufern die gleichen Rechte wie effektiv lieferbare Stücke;
- gegenüber Wertpapierurkunden Vorteile, da zum Beispiel Kosten für Lieferung und Verwahrung entfallen;
- Emittenten, Wertpapierbörsen und Geschäftsbanken die Möglichkeit, den Handel mit Bundeswertpapieren ausschließlich durch Buchungen auf Depot- und Schuldbuchkonten abzuwickeln.

Werden Wertpapiere stückelos und ausschließlich durch Buchungsvorgänge übertragen, so nennt man dies **Effektengiroverkehr.** Die Konten, auf denen die entsprechenden Buchungen vorgenommen werden, sind – im Falle von Bundeswertpapieren – das Schuldbuchkonto des Bundes und Depotkonten inländischer Geschäftsbanken, die diese bei der Wertpapiersammelbank **D**eutscher **K**assenverein AG (DKV) in Frankfurt am Main unterhalten. Der DKV ist die zentrale Verwahrstelle für umlaufende Bundeswertpapiere und somit gleichzeitig die zentrale Erfassungsstelle für die auf Anleihen und sonstigen Schuldverschreibungen des Bundes verbrieften Forderungsrechte. Die von ihm geführten Depotkonten bilden quasi das »Gegenstück« zu den von der Bundesschuldenverwaltung geführten Schuldbuchkonten.

Effektengiroverkehr

Der Effektengiroverkehr und die Möglichkeit zur Wertrecht-Emission haben das Emissionsverfahren für Bundeswertpapiere stark vereinfacht. Begibt der Bund beispielsweise eine Anleihe, läßt er eine sogenannte Sammelschuldbuchforderung zugunsten des DKV in das Bundesschuldbuch eintragen. Wertpapierkaufaufträge der Geschäftsbanken werden daraufhin in der Weise beliefert, daß die Papiere im Effektengiroverkehr auf deren Depotkonten beim DKV übertragen werden. Mit der Umbuchung hat der Bund seine Lieferpflicht erfüllt, und die Bundesbank belastet die LZB-Konten der betreffenden Geschäftsbanken mit dem Gegenwert des erworbenen Anteils. Abbildung 6/42 zeigt – in vereinfachter Form – die Emission einer Bundesanleihe mit einem Gesamtnennbetrag in Höhe von einer Million D-Mark, von dem die Bank A 500.000 D-Mark, die Bank B 300.000 D-Mark und die Bank C 200.000 D-Mark erwirbt. Es wird unterstellt, daß die Geschäftsbanken die Anleihen zu einem Kurs von 100 % kaufen.

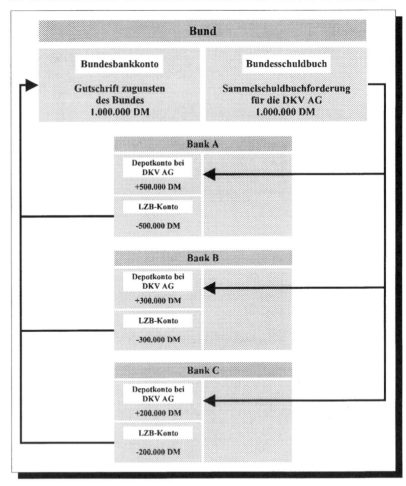

Abb. 6/42: Anleiheemission in Form von Wertrechten

Ein Anleger, der eine Bundesanleihe der in Abbildung 6/42 dargestellten Emission erwerben möchte, hat die Möglichkeit

Wertpapiere des Bundes und seiner Sondervermögen

a) einen Anteil am Depotkonto einer bestimmten Geschäftsbank, das diese beim DKV unterhält, zu erwerben, oder
b) durch die Bundesschuldenverwaltung die Eintragung einer Einzelschuldbuchforderung in das Bundesschuldbuch vornehmen zu lassen.

a) **Depotgutschrift über Miteigentumsanteile an der Sammelschuldbuchforderung**

Depotgutschrift

Der Anleger verzichtet im Zeitpunkt des Wertpapiererwerbs auf die Übertragung der Wertpapiere auf ein Schuldbuchkonto und beauftragt die zum Kauf der Bundesanleihen eingeschaltete Geschäftsbank, den Gegenwert der erworbenen Schuldtitel seinem Wertpapier-Depotkonto gutzuschreiben. Die Geschäftsbank

- überträgt daraufhin die Rechte eines Teils der Bundesanleihen, die sie in ihrem Depotkonto beim DKV hält, auf den Kunden,
- belastet dessen Privatkonto mit dem Kaufpreis und
- erhält auf ihrem LZB-Konto eine entsprechende Gutschrift.

Bei einem Kauf der Bundesanleihen an der Börse erfolgen die Buchungen verständlicherweise nicht unbedingt auf den Depot- und LZB-Konten der mit dem Wertpapierkauf betrauten Geschäftsbank, sondern immer auf den entsprechenden Konten der Geschäftsbank des Wertpapierverkäufers. Dies wird in Abbildung 6/43 jedoch vernachlässigt und zudem die Annahme getroffen, daß Kaufpreis und Nennwert der Anleihen identisch sind.

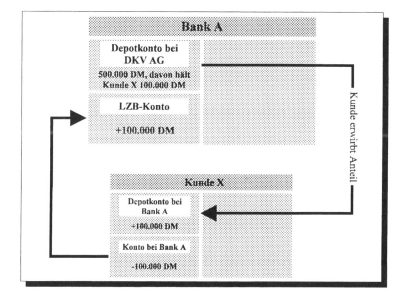

Abb. 6/43: Depotgutschrift

Für die Verwaltung eines Wertpapier-Depots berechnen die Geschäftsbanken Depotgebühren, die – abhängig von den jeweiligen Geschäftsbedingungen – pro Jahr oftmals zwischen 1 bis 1,25 vom Nennwert der verwahrten Wertpapiere liegen. Zusätzliche Gebühren fallen gegebenenfalls bei Zins- und Tilgungszahlungen an.

b) Eintragung einer Einzelschuldbuchforderung

Einzelschuldbuchforderung

Neben der Sammelschuldbuchforderung, die für ein bestimmtes Bundeswertpapier zugunsten des DKV ins Bundesschuldbuch eingetragen wird, können für denselben Titel Einzelschuldbuchforderungen ins Bundesschuldbuch aufgenommen werden. Der Käufer eines Bundeswertpapiers kann beim Erwerb von Neuemissionen verlangen, daß sein Kreditinstitut die spesenfreie Eintragung einer Einzelschuldbuchforderung in das Bundesschuldbuch veranlaßt. Hierfür werden keine Gebühren berechnet.

Wer bereits Bundeswertpapiere besitzt, kann sie auch nachträglich von seinem Depotkonto bei einem Kreditinstitut in das Bundesschuldbuch übertragen lassen. Das gleiche gilt für umlaufende Bundeswertpapiere, die über die Börse erworben werden. In beiden Fällen berechnen die Kreditinstitute die für die Übertragung sammelverwahrter Wertpapiere üblichen Gebühren. Die Eintragung einer Einzelschuldbuchforderung wird in Abbildung 6/44 vereinfacht dargestellt.

Kunde Y erteilt der Geschäftsbank A während der Verkaufsfrist (Erstverkauf) einen Kaufauftrag über 100.000 D-Mark nominal für die Bundesanleihe, für die eine Sammelschuldbuchforderung zugunsten des DKV in Höhe von einer Million D-Mark registriert wurde (vgl. Abb. 6/42). Da er

Abb. 6/44: Einzelschuldbuchforderung

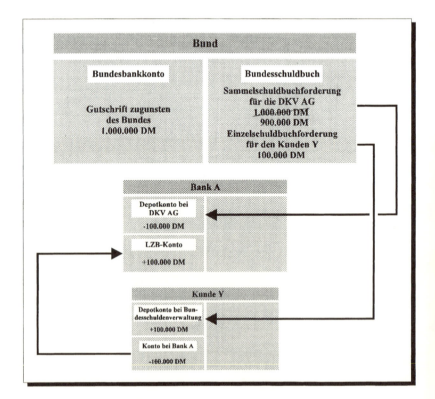

für den entsprechenden Betrag eine Einzelschuldbuchforderung eintragen lassen möchte, aber noch kein Schuldbuchkonto bei der Bundesschuldenverwaltung unterhält, leitet er einen »Antrag auf Eröffnung eines Schuldbuchkontos« über die Geschäftsbank A an die Bundesschuldenverwaltung und läßt den erworbenen Anleihebetrag als Einzelschuldbuchforderung in das Bundesschuldbuch aufnehmen.

Den Kaufpreis der erworbenen Anleihen, der entsprechend oben genannter Prämisse dem Nennwert der Schuldtitel entspricht, überweist Kunde Y auf das LZB-Konto der Geschäftsbank A. Die Sammelschuldbuchforderung des DKV reduziert sich durch die Eintragung der Einzelschuldbuchforderung auf 900.000 D-Mark nominal, und im Bundesschuldbuch erscheint neben dem Namen der Wertpapiersammelbank der Name des Kunden Y.

Die Verwahrung von Bundeswertpapieren auf einem Schuldbuchkonto bei der Bundesschuldenverwaltung bietet einem Anleger – gegenüber der Verwahrung auf einem Depotkonto bei einer Geschäftsbank – die Vorteile

- einer gebührenfreien Verwaltung des Wertpapierbestandes sowie
- einer spesenfreien Überweisung von Zins- und Tilgungszahlungen.

Die Eröffnung eines Schuldbuchkontos ist grundsätzlich jedermann gestattet. Voraussetzung dafür ist lediglich die Angabe eines Kontos bei einer inländischen Geschäftsbank. In das Bundesschuldbuch können

- Bundesschatzbriefe, Finanzierungs-Schätze, Bundesobligationen,
- Anleihen und Schatzanweisungen des Bundes und seiner gegenwärtigen und ehemaligen Sondervermögen sowie
- Anleihen und Schuldverschreibungen der Deutschen Ausgleichsbank

eingetragen werden. Ausnahmen bilden die Emissionen der Treuhandanstalt sowie der privatisierten Bahn- und Postunternehmen. Der Verkauf *börsennotierter* Bundeswertpapiere über die Bundesschuldenverwaltung wird durch die Deutsche Bundesbank gegen Berechnung einer Provision und ausschließlich in Form von »bestens-Orders« ausgeführt. Bei einer vorzeitigen Rückgabe von Bundesschatzbriefen überweist die Bundesschuldenverwaltung Nennbetrag und Zinsanspruch in voller Höhe auf das Bankkonto des Verkäufers.

Anleihen der Bundesländer und der Gemeinden 6.7.2

Begriff 6.7.2.1

Die Emission von Anleihen ist auch Bundesländern und Gemeinden gestattet. Laut »Gesetz über die Deutsche Bundesbank« sollen die Länder – genau wie der Bund – Schuldverschreibungen in erster Linie durch die Bundesbank begeben; andernfalls hat die Begebung zumindest im Einvernehmen mit dieser zu erfolgen. Während der Bund bei der Emission von Wertpapieren die Bundesbank einschaltet, läßt die Mehrzahl der Bundesländer ihre Emissionen – mit Zustimmung der Bundesbank – durch Geschäftsbanken abwickeln. Die Gemeinden, deren Schuldverschreibungen aufgrund des geringen Emissionsvolumens kaum Bedeutung zukommt, unterliegen nicht dem Bundesbankgesetz und können das Kreditinstitut bei einer Wertpapierbegebung somit selbst auswählen.

Die Emissionsvorhaben der öffentlichen Hand werden vom Ausschuß für Kreditfragen koordiniert, der sich aus Vertretern des Bundesfinanz- und -wirtschaftsministeriums, der Bundesländer sowie der Spitzenorganisationen der Landkreise, Städte und Gemeinden zusammensetzt. Der Ausschuß erstellt einen »Emissionsfahrplan«, damit Überlastungen des Kapitalmarktes und störende Einflüsse durch öffentliche Institutionen vermieden werden. Zudem bietet der Emissionsfahrplan nationalen wie internationalen Investoren die Möglichkeit, sich auf Neuemissionen einzustellen und ihre Planungen daran auszurichten.

Abb. 6/45:
Tabelle »Länder und Städte«

Länder und Städte

Zins		Laufzeit	2.6.95	1.6.95	Rend.
Baden-Württemberg (F)					
6,75	v. 85	1995	101,05 b	100,95 b	4,428
6,375	v. 86	1996	102,00 b	102,00 b	4,780
(FRN)	v. 90	1996	107,50 G	107,50 G	
Bayern (F)					
5,75	v. 86	1996	100,85 b	100,80 b	4,591
6,5	v. 86	1996	102,05 G	102,05 b	4,821
6	v. 87	1997	101,80 b	101,70 b	4,904
Berlin (F)					
6,75	v. 86	1996	101,00 G	101,00 b	4,833
6,5	v. 87	1997	102,85 G	103,00 b	5,079
6,5	v. 88	1998	102,80 G	102,90 b	5,460
6,75	v. 89	1999	102,65 b	102,25 b	6,003
Bremen (F)					
6,25	v. 87	1997	102,00 G	101,90 b	4,954
Chemnitz (F)					
5,75	v. 94	2001	97,15 b	97,00 G	6,342
Dresden (F)					
6,125	v. 93	2003	95,50 b	95,50 b	6,821
Hamburg (F)					
6,5	v. 86	1996	102,05 G	101,95 b	4,802
7	v. 89	1999	104,00 -T	103,90 -T	5,814
Hessen (F)					
6,75	v. 85	1995	101,00 G	101,00 b	4,680
6,625	v. 86	1996	102,50 b	102,55 b	4,840
6	v. 87	1997	101,80 b	101,80 b	5,044
6,5	v. 88	1998	103,00 b	102,90 b	5,399
Leipzig (F)					
6,25	v. 93	2003	96,10 b	96,30 b	6,862
München (F)					
7,5	v. 94	2004	105,00 b	104,20 -T	6,752
(FRN)	v. 95	2005	100,20 G	100,20 G	
Niedersachsen (F)					
6,5	v. 85	1995	100,60 G	100,55 b	4,705
6,5	v. 86	1996	102,70 G	102,70 G	5,337
6,25	v. 93	2003	96,60 G	96,41 b	6,786
6,75	v. 94	2004	99,37 b	99,24 b	6,839
7,5	v. 95	2005	104,12 b	103,90 b	6,884
Nordrh.-Westf. (F)					
7	v. 85	1995	100,25 G	100,25 b	4,656
6,5	v. 85	1995	100,45 G	100,45 G	4,718
6,75	v. 85	1996	101,20 b	101,15 b	4,628
6,375	v. 86	1996	101,20 b	101,20 b	4,556
6,25	v. 86	1996	101,64 b	101,75 b	4,777
6,625	v. 86	1996	102,45 G	102,45 G	4,796
6,25	v. 87	1997	102,15 b	102,15 b	4,873
6,125	v. 87	1997	102,15 b	101,95 b	4,879
6,25	v. 88	1998	102,30 b	102,25 b	5,322
Rheinland-Pfalz (F)					
5,75	v. 86	1997	101,30 b	101,30 b	5,072
Sachsen (F)					
6,125	v. 93	2003	95,25 b	95,25 b	6,863
Schlesw.-Holst. (F)					
6,75	v. 85	1995	100,10 G	100,10 G	5,707
6,5	v. 86*	1998	102,50 G	102,50 G	3,960

## Tabelle »Länder und Städte«	**6.7.2.2**

Das Handelsblatt veröffentlicht die Börsenkurse und Renditen für Anleihen der Bundesländer und Gemeinden unter der Überschrift *»Länder und Städte«* in der Rubrik *»Öffentliche Anleihen«* (vgl. Abb. 6/45).

Hinsichtlich Struktur und verwendeter Abkürzungen entspricht der Kurszettel den zuvor erläuterten. Die Tabelle belegt, daß Anleihen der Bundesländer und Gemeinden zumeist festverzinslich sind und Laufzeiten von 10 Jahren aufweisen. Weitere Schuldverschreibungen der betreffenden Emittenten sind auch in der Rubrik *»Zero-Bonds«* zu finden.

## Bankschuldverschreibungen	**6.8**
## Begriff	**6.8.1**

Bankschuldverschreibungen sind Schuldtitel, die von Geschäftsbanken emittiert werden. Die Gelder aus der Emission dienen den Instituten zur Kreditfinanzierung, wobei die Laufzeiten der Schuldverschreibungen oftmals an den Laufzeiten der Kredite ausgerichtet sind. Bankschuldverschreibungen werden – genau wie alle anderen Schuldverschreibungen – in

- kurzfristige Schuldverschreibungen mit Laufzeiten bis zu zwei Jahren, und
- mittel- und langfristige Schuldverschreibungen mit längeren Laufzeiten

differenziert. Zu den kurzfristigen Bankschuldverschreibungen zählen zum Beispiel die meisten verbrieften Termineinlagen (Certificates of Deposit). Mittel- und langfristige Bankschuldverschreibungen lassen sich einteilen in

- Pfandbriefe und Kommunalobligationen,
- Schuldverschreibungen von »Kreditinstituten mit Sonderaufgaben« sowie
- sonstige Bankschuldverschreibungen.

Emitenten von **Pfandbriefen** und **Kommunalobligationen** unterliegen strengen gesetzlichen Vorschriften, die insbesondere die Verwendung der Kredite und die Haftung der Emittenten betreffen. Die Mittel aus dem Verkauf dürfen,

> Pfandbriefe/ Kommunalobligationen

- im Falle von Kommunalobligationen, ausschließlich in Form von Darlehen an kommunale Körperschaften, wie zum Beispiel Gemeinden, und,
- im Falle von Pfandbriefen, nur als Kredite zur Grundstücks- oder Gebäudefinanzierung, wobei die Kredite durch die betreffenden Grundstücke und Gebäude besichert sein müssen,

vergeben werden. Pfandbriefe und Kommunalobligationen werden auch als gedeckte Bankschuldverschreibungen bezeichnet. Neben den Dekkungswerten, also den Kommunaldarlehen bzw. den Grundstücken und Gebäuden, müssen die Emittenten mit ihrem gesamten sonstigen Vermö-

| 436 | **Bankschuldverschreibungen** |

gen für die Verbindlichkeiten aus den Schuldverschreibungen haften. Pfandbriefe und Kommunalobligationen sind gemeinhin Kupon-Anleihen mit einem über die Laufzeit konstanten Zinssatz. Sie sind an deutschen Börsen zum amtlichen Handel zugelassen, werden aber praktisch nicht gehandelt. Die Finanzzeitung veröffentlicht – mit Ausnahme von Pfandbriefen der Deutschen Siedlungs– und Landesrentenbank (**DSL Bank**) – keine Börsennotierungen zu Kommunalobligationen und Pfandbriefen.

Die DSL-Bank zählt zu den sogenannten »Kreditinstituten mit Sonderaufgaben«. Kursnotierungen von ihr emittierter Pfandbriefe stehen in der Tabelle »*Spezial-Institute*«. Der Begriff »**Kreditinstitute mit Sonderaufgaben**« beschreibt beispielsweise

Schuldverschr. der Kreditinstitute mit Sonderaufgaben

- Geschäftsbanken, die gemeinschaftlich von anderen Geschäftsbanken gegründet werden, um Liquiditätshilfen für Kreditinstitute zu leisten usw., oder
- Geschäftsbanken, die durch spezielle Gesetze ins Leben gerufen werden, um besondere Finanzierungsaufgaben für den Bund zu erbringen.

Den meisten Kreditinstituten mit Sonderaufgaben stehen aufgrund ihrer speziellen Ausrichtung keine Kundeneinlagen zu Refinanzierungszwecken zur Verfügung, so daß sie einen Großteil ihrer Mittel durch die Emission von Anleihen aufbringen. In Abschnitt 6.8.2 werden die Tätigkeitsbereiche einiger Kreditinstitute mit Sonderaufgaben sowie Börsennotierungen ihrer umlaufenden Anleihen erläutert.

Die dritte Gruppe der Bankschuldverschreibungen bilden alle von Geschäftsbanken emittierten Schuldverschreibugen, die nicht den beiden vorgenannten Gruppen zugeordnet werden können. Diese Schuldverschreibungen, oftmals auch als »**sonstige Bankschuldverschreibungen**« bezeichnet, erfüllen somit weder

Sonstige Bankschuldverschreibungen

- das Kriterium besonderer Deckungs- bzw. Haftungsvorschriften (»ungedeckte« Anleihen), noch
- werden sie von Kreditinstituten mit Sonderaufgaben begeben.

Sonstige Bankschuldverschreibungen sind beispielsweise Sparkassenschuldverschreibungen, Sparbriefe oder Optionsanleihen von Geschäftsbanken.

Börsennotierungen zu sonstigen Bankschuldverschreibungen inländischer Geschäftsbanken werden im Handelsblatt nicht in einer entsprechend deklarierten Tabelle, sondern unter anderem in den Tabellen »*Optionsanleihen*« und »*Zero-Bonds*« ausgewiesen.

6.8.2   Tabelle »Spezial-Institute«

Die Tabelle »*Spezial-Institute*« enthält Börsennotierungen für »ungedeckte« Schuldverschreibungen, die von

- der Kreditanstalt für Wiederaufbau (**KfW**) und
- der **Deutschen Ausgleichsbank**

emittiert werden, sowie für Pfandbriefe, die die Deutsche Siedlungs- und Landesrentenbank (DSL Bank) begibt (vgl. Abb. 6/46).

Spezial-Institute

Zins	Laufzeit	2.6.95	1.6.95	Rend.
KfW (F)				
6,5 85	1995	100,50G	100,50b	4,502
6,375 86 I	1996	101,00b	100,95b	4,595
6 86	1996	101,50b	101,35b	4,691
6,375 87	1997	102,25b	102,15b	4,852
6,125 88	1998	101,85b	101,65b	5,372
7 89	1999	103,80b	103,75b	5,820
7,125 89	1999	104,25b	104,00b	5,899
(FRN) 89	1999	99,87G	99,87b	
8,75 90	2000	110,50b	110,30G	6,215
8,5 91 I	2001	109,85G	109,65G	6,435
8,5 91 II	2001	109,90b	109,65G	6,519
8 92 cum	2012	102,50G	102,50G	7,730
8 92 ex	2012	27,75b	27,00b	7,826
8 Zsbg	93-12	7250,0G	7250,0G	
8 92	2002	107,20b	106,95b	6,680
(FRN) 94	2004	95,25G	95,25b	
(FRN) 90	1995	100,08G	100,08b	
(FRN) 90 V(Br)	1995	100,00G	100,00G	
(FRN) 91 III(B)	1996	99,80G	99,80G	
(FRN) 91 IV	1996	100,02G	100,02G	
(FRN) 91 V	1996	100,03bG	100,03G	
(FRN) 91 VII	1996	100,00b	99,98b	
(FRN) 91 VIII	1996	99,99b	99,99b	
(FRN) 91 IX	1996	99,85G	99,85b	
(FRN) 91 X	1996	99,85G	99,85b	
8,25 92 R.01	1998	107,05b	107,00G	5,505
8,125 92 R.02	1999	107,40G	107,30G	5,912
8,25 92 R.03	1997	105,60G	105,55G	5,053
(FRN) 94	1999	100,25-T	100,20-T	
(FRN) 95	2000	100,35G	100,35G	
Deutsche Ausgleichsbank (F)				
6 86	1996	101,15b	101,15b	4,742
8,25 R43	1999	107,70G	107,65G	5,989
8,25 R44	2001	108,25G	108,20G	6,515
8,25 R45	1999	107,65G	107,50G	5,913
8,50 R46	1999	108,65G	108,60G	6,039
8,25 R47	1998	107,10G	107,00b	5,567
8,375 R48	2001	108,75G	108,60G	6,638
8,50 R49	1998	107,35G	107,30G	5,468
8,375 R50	2001	108,85G	108,80G	6,527
8,50 R51	2001	109,45G	109,40G	6,514
8,75 R52	2001	110,60G	110,60G	6,643
8,75 R53	1999	109,75G	109,65G	6,130
8,50 R54	2002	109,35G	109,15G	6,754
8,625 R55	2001	110,00G	109,85G	6,641
8,25 R56	2002	108,05G	108,00G	6,691
8,25 R57	2000	108,00G	108,00G	6,312
8,00 R58	2001	106,80G	106,75G	6,641
8,00 R59	1999	106,75G	106,75-T	5,869
8,00 R60	2000	107,00G	107,00G	6,290
8,00 R61	1998	106,55b	106,30G	5,526
8,00 R62	2002	106,70G	106,55G	6,770
(FRN) 89	1999	99,75G	99,75G	
(FRN) 90	2000	99,75G	99,75G	
(FRN) 91	2001 I	111,00G	110,50G	
(FRN) 91	2001 II	110,50G	110,25G	
(FRN) 91	2001 III	110,50G	110,25G	
(FRN) 91	2001 IV	110,50G	110,25G	
(FRN) 91	2001 V	110,50G	110,25G	
(FRN) 92	2002 I	110,25G	110,00G	
(FRN) 92	2001 II	114,00G	113,50G	
(FRN) 92	2002 III	104,25G	103,75G	
(FRN) 93	2003 I	104,00G	103,50G	
6 94	2004	93,75b	93,60G	6,975
(FRN) 94	2004 I	95,75G	95,75G	
(FRN) 94	2004 II	94,90G	94,90G	
(FRN) 94	1999	100,00-T	100,00-T	
(FRN) 94	1997	99,95G	99,95G	
(FRN) 94	2001	100,00G	100,00G	
(FRN) 94 I	2001	99,95G	99,97G	
7,00 94	1998	104,95b	104,50bG	5,345
(FRN) 94	2002	100,00G	100,00G	
DSL Bank (F)				
Pfandbriefe				
6 R47	2001	98,35G	98,15G	6,446
7 R63	2002	102,30G	102,15G	6,661
7,5 R99	2004	104,21G	104,15G	6,951
8 R104	2004	107,55G	107,55G	6,988

Abb. 6/46: Tabelle »Spezial-Institute«

Die Emittenten gehören zur Gruppe der Kreditinstitute mit Sonderaufgaben. Ihre Aufgaben sind in Abbildung 6/47 kurz skizziert.

KfW

Die **Kreditanstalt für Wiederaufbau (KfW)** ist eine Anstalt des öffentlichen Rechts und hat ihren Sitz in Frankfurt am Main. Sie wurde per »Gesetz über die Kreditanstalt für Wiederaufbau« (WiGBl.) im Jahre 1948 konstituiert. Heute vergibt die KfW zum Beispiel Kredite für
- Investitionen »kleiner« und »mittlerer« inländischer Unternehmen,
- Innovationsvorhaben sowie Umweltschutz- und Infrastrukturinvestitionen im Inland oder für
- förderungswürdige Projekte in den Bereichen Landwirtschaft, Gewerbe, Umwelt- und Ressourcenschutz in den Entwicklungsländern.

Das Grundkapital der KfW ist durch das WiGBl. mit einer Milliarde D-Mark festgeschrieben, wobei der Bund 80 % und die Länder 20 % davon halten. Fremdkapital beschafft die KfW in erster Linie über die Emission von Schuldverschreibungen, wobei sie Papiere mit drei- bis fünfjähriger Laufzeit als »Kassenobligationen« und Anleihen mit Laufzeiten von sechs Jahren und mehr als »Inhaberschuldverschreibungen« bezeichnet.

Abb. 6/47: Kreditinstitute mit Sonderaufgaben

Deutsche Ausgleichsbank	Die **Deutsche Ausgleichsbank** (DtA), Bonn, ist eine Anstalt des öffentlichen Rechts, deren Grundkapital der Bund und einige seiner Sondervermögen halten. Sie wurde im Jahre 1950 und ursprünglich mit dem Ziel gegründet, Hilfen bei der wirtschaftlichen Eingliederung von Vertriebenen und Flüchtlingen zu leisten sowie Aufgaben im Rahmen des Lastenausgleichs zu übernehmen. Die Förderungsschwerpunkte haben sich im Laufe der Jahre jedoch verändert und umfassen heute • Maßnahmen zur Unterstützung »kleiner« und »mittlerer« Unternehmen im In- und Ausland, • Umweltschutzinvestitionen, Maßnahmen zur Linderung von Kriegsfolgen und • die Finanzierung sozialer Einrichtungen. Die Förderung erfolgt zum Beispiel durch die Vergabe zinsgünstiger Kredite an förderungswürdige Personengruppen bzw. Unternehmen. Zur Refinanzierung emittiert die DtA Schuldverschreibungen, erhält aber auch in großem Maße Mittelzuweisungen aus öffentlichen Haushalten und nimmt Schuldscheindarlehen auf.
DSL Bank	Die Aufgaben und Geschäftsbereiche der **D**eutschen **S**iedlungs– und **L**andesrenten**bank (DSL Bank)** werden durch das »Gesetz über die Deutsche Siedlungs- und Landesrentenbank« vom 11.7.1989 abgesteckt. Die Hauptaufgaben der Bank bestehen in der Finanzierung öffentlicher und privater Vorhaben, insbesondere solcher, die unmittelbar oder mittelbar der Verbesserung oder Erhaltung der wirtschaftlichen oder strukturellen Verhältnisse des ländlichen Raums dienen. Die DSL Bank ist – genau wie die beiden vorgenannten Institutionen – eine Anstalt des öffentlichen Rechts und darf alle Geschäfte betreiben, die im Zusammenhang mit der Erfüllung ihrer Aufgaben stehen. Unter diese Geschäfte fallen beispielsweise • die Vergabe von Krediten, • die Aufnahme von Fremdkapital über die Emission von Pfandbriefen, Kommunalobligationen und sonstigen Schuldverschreibungen sowie • der Erwerb von Beteiligungen.

Die oben genannten Institutionen versehen ihre Anleihen gelegentlich mit Abkürzungen, wie zum Beispiel »*R43, R44, R45 …*« oder »*I, II, III …*«, um eine bessere Unterscheidung der Emissionen zu ermöglichen. »*R*« oder »*S*« steht für »Reihe« bzw. »Serie« und kennzeichnet Pfandbriefe usw., die im Wege einer Daueremission begeben werden.

(FRN) 91 VII	1996	100,00 b	99,98 b	
(FRN) 91 VIII	1996	99,99 b	99,99 b	
(FRN) 91 IX	1996	99,85 G	99,85 b	
(FRN) 91 X	1996	99,85 G	99,85 b	
8,25 92 R.01	1998	107,05 G	107,00 G	5,505
8,125 92 R.02	1999	107,40 G	107,30 G	5,912
8,25 92 R.03	1997	105,60 G	105,55 G	5,053
(FRN) 94	1999	100,25 -T	100,20 -T	
(FRN) 95	2000	100,35 G	100,35 G	
Deutsche Ausgleichsbank (F)				
6 86	1996	101,15 b	101,15 b	4,742
8,25 R43	1999	107,70 G	107,65 G	5,989
8,25 R44	2001	108,25 G	108,20 G	6,515
8,25 R45	1999	107,65 G	107,50 G	5,913

Die KfW emittiert zumeist fest- und variabel-verzinsliche Schuldverschreibungen, aber auch Zero-Bonds. Kursnotierungen für KfW-Zero-Bonds stehen im Handelsblatt nicht in der Tabelle »*Spezial-Institute*«, sondern in der Tabelle »*Zero-Bonds*«.

Im Zusammenhang mit der KfW-Inhaberschuldverschreibung, deren Zinsscheine und Mäntel getrennt voneinander gehandelt werden können,[1] sind in der Tabelle »*Spezial-Institute*« drei Notierungen zu finden. Die »Inhaberschuldverschreibung cum« ist mit dem Zusatz »*cum*«, die »Inhaberschuldverschreibung ex« mit »*ex*« und die »Zinsscheine verkörpernde Inhaberschuldverschreibung Form a)« mit »*Zsbg.*« gekennzeichnet.

Die Inhaberschuldverschreibungen, die die Ansprüche von jeweils 10 Einzelzinsscheinen mit identischem Zinstermin repräsentieren, werden ebenfalls an der Wertpapierbörse zu Frankfurt notiert. Kursnotierungen für diese Papiere sind jedoch in keiner Tabelle der Finanzzeitung abgedruckt. Die Börsennotizen erfolgen

- für die Inhaberschuldverschreibungen cum und ex in P r o z e n t (Prozentnotierung),
- für die »Zinsscheine verkörpernden Inhaberschuldverschreibungen Form a) und Form b)« jedoch in D - M a r k (Stücknotierung).

Der in der Tabelle ausgewiesene Nominalzinssatz in Höhe von 8 % bezieht sich nur auf die Inhaberschuldverschreibung cum.

Der Kurszettel »*Spezial-Institute*« zeigt unter der Überschrift »*Deutsche Ausgleichsbank*« beispielsweise Notierungen für festverzinsliche Anleihen, Floating Rate Notes, Cap-Floater, Reverse Floater und Zinsphasenanleihen.

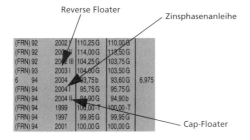

1 Vgl. hierzu Abschnitt 6.2.3

Eine Reihe der Schuldverschreibungen der Deutschen Ausgleichsbank können – genau wie die Wertpapiere des Bundes – in einem Depot bei der Bundesschuldenverwaltung gebührenfrei verwahrt werden.

In der Tabelle »*Spezial-Institute*« gibt die Finanzzeitung schließlich die Notierungen für einige der umlaufenden Pfandbriefe der DSL Bank wieder.

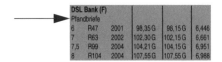

6.9 Industrieobligationen

6.9.1 Begriff

Unter dem Begriff »Industrieobligationen« faßt man alle mittel- und langfristigen Schuldverschreibungen zusammen, die von inländischen Unternehmen des Nichtbankensektors, also von Industrie-, Handels- oder Versicherungsunternehmen, emittiert werden. Insgesamt repräsentieren Industrieobligationen, die häufig auch als Industrieanleihen bezeichnet werden, nur einen geringen Anteil aller umlaufenden mittel- und langfristigen Schuldverschreibungen, was Abbildung 6/48 belegt.

Abb. 6/48: Emittentenstruktur am deutschen Anleihemarkt, Stand Mai 1995

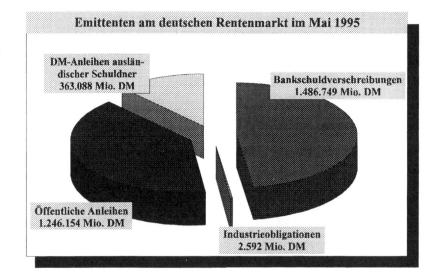

6.9.2 Tabelle »Industrieanleihen«

Die Tabelle zu Industrieobligationen wird im Handelsblatt in der Rubrik »*Öffentliche Anleihen*« publiziert (vgl. Abb. 6/49).

Abb. 6/49: Tabelle »Industrieanleihen«

Weitere Schuldverschreibungen, die von inländischen Industrie-, Handels- oder Versicherungsunternehmen begeben werden, sind in den Tabellen »*Zero-Bonds*«, »*Wandelanleihen*« und »*Optionsanleihen*« zu finden.

Oftmals sind Industrieobligationen Gewinnschuldverschreibungen, was beispielsweise für das Papier der Harpener AG zutrifft. Dies kommt durch den Zusatz »*m.ZV.*« (»mit Zusatzverzinsung«) zum Ausdruck. In der Spalte »*Laufzeit*« erscheint im Zusammenhang mit diesem Schuldtitel des weiteren kein Fälligkeitsjahr, da die Emissionsbedingungen keinen festen Fälligkeitszeitpunkt beinhalten (»ewige Anleihe«), was jedoch eine Besonderheit ist.

Euroanleihen

6.10

Begriff und Handel

6.10.1

Der Begriff »**Euro**anleihe« wurde ursprünglich ausschließlich für auf US-Dollar lautende Schuldverschreibungen verwendet, die von US-amerikanischen Emittenten in **Euro**pa begeben wurden. Heute faßt man unter dem Begriff alle Anleihen zusammen, die

- durch ein internationales Bankenkonsortium an mehreren Finanzplätzen weltweit gleichzeitig
- für Emittenten wie Staaten, Geschäftsbanken oder bedeutende Industrieunternehmen

plaziert werden. Der Nennbetrag einer Euroanleihe lautet dabei für alle in die Plazierung einbezogenen Staaten auf ein und dieselbe Währung bzw. Verrechnungseinheit.

Euroanleihen, auch Eurobonds genannt, werden heute in erster Linie telefonisch gehandelt, wobei ein reger Handel gewöhnlich nur in den ersten Monaten nach Emission zu beobachten ist. Aufgrund großer räumlicher Distanzen zwischen den Marktteilnehmern erwies sich die Übertragung von Euroanleihen zunächst als schwierig. Dies veranlaßte US-amerikanische und europäische Geschäftsbanken, Wertpapiersammelbanken für die zentrale Abrechnung und Verwahrung weltweit gehandelter Schuldverschreibungen zu gründen. In Brüssel entstand im Jahre 1968 die Clearinggesellschaft **Euroclear** und in Luxemburg zwei Jahre später die sogenannte **Cedel**, die **C**entrale **de** **L**ivraison de Valeurs Mobilieres S. A. Zur Vereinfachung des Handels mit Euroanleihen werden diese in aller Regel in Form von Sammelurkunden bei Euroclear oder Cedel hinterlegt. Bedeutende Geschäftsbanken unterhalten Konten bei den Clearinggesellschaften, und Transaktionen mit Euroanleihen werden im Wege des Effektengiroverkehrs durch Buchungen auf den Cedel- bzw. Euroclear-Konten der Geschäftsbanken abgewickelt.

Euroclear/Cedel

Nationale Wertpapiersammelbanken, wie zum Beispiel der **Deutsche Kassenverein** (DKV), Frankfurt am Main, oder die **Depositary Trust Com**pany (DTC), New York City, arbeiten beim grenzüberschreitenden Effek-

442   **Euroanleihen**

tengiroverkehr in enger Kooperation mit den beiden europäischen Zentralverwahrern. Sie

- übertragen Teile inländischer Wertpapieremissionen auf Depotkonten bei Euroclear oder Cedel und ermöglichen ausländischen Geschäftsbanken hierdurch eine Teilnahme am Effektengiroverkehr mit den betreffenden inländischen Wertpapieren;
- fungieren als Drittverwahrer für ursprünglich bei Euroclear oder Cedel hinterlegte Wertpapiere aus dem Ausland, was inländischen Geschäftsbanken wiederum erlaubt, die entsprechenden Titel im Effektengiroverkehr untereinander zu handeln.

Eine Euroanleihe ist zumeist von vornherein auf mehreren Sammelurkunden verbrieft. Diese werden bereits zum Zeitpunkt der Emission bei mehreren Wertpapiersammelbanken weltweit hinterlegt. Darüber hinaus beantragt der Emittent oftmals eine Börsenzulassung für die zu begebenden Teilschuldverschreibungen in den verschiedenen Plazierungs-Ländern.

Beispiel 6/52   Ein japanisches Industrieunternehmen begibt im August 1995 eine Anleihe mit einem Gesamtnennbetrag in Höhe von 100 Millionen US-Dollar. Der Gesamtnennbetrag wird auf mehreren Sammelurkunden verbrieft und

- ein Teil dieser Urkunden bei der US-amerikanischen Clearingstelle DTC in New York City sowie
- ein weiterer Teil bei den europäischen Zentralverwahrern Euroclear und Cedel in Brüssel bzw. Luxemburg

hinterlegt. Hierdurch können US-amerikanische Geschäftsbanken, die Konten bei der DTC unterhalten sowie europäische und andere weltweit ansässige Kreditinstitute, die Kontoinhaber bei Euroclear und Cedel sind, die Anleihe im Effektengiroverkehr übertragen.

Der Emissionskurs einer Euroanleihe, der für alle in die Plazierung einbezogenen Staaten vereinheitlicht ist, wird bei der Plazierung in einem bestimmten Staat den jeweiligen Marktverhältnissen angepaßt. Der adjustierte Emissionskurs wird auch **Reoffer-Preis** genannt. Für eine in Deutschland plazierte Euroanleihe wird dieser beispielsweise an der Rendite umlaufender Bundesanleihen bzw. -obligationen ausgerichtet. Dem ursprünglichen Emissionskurs wird in aller Regel ein gewisser Prozentsatz abgeschlagen, was dazu führt, daß die Emissionsrendite der Euroanleihe um einige Basispunkte über der Umlaufrendite der Referenzanleihen (Bundesanleihen/-obligationen) liegt. Hierdurch gleicht man Bonitätsnachteile gegenüber den Bundespapieren aus.

Daneben legte die Landwirtschaftliche Rentenbank unter Federführung der Nikko Bank Deutschland eine fünfjährige Anleihe über 300 Mill. DM auf: Kupon 5,75 %, Ausgabekurs 101,75 %. Auf Basis des Reoffer-Preises von 100 % errechnet sich ein Renditeaufschlag von 33 Basispunkten gegenüber der 5,875prozentigen Bundesobligation 115. Der Titel soll zu einem erheblichen Teil

Ausschnitt aus dem Marktbericht »Anleihen«

Tabelle »Neue internationale Anleihen« 6.10.2

Die Tabelle »*Neue internationale Anleihen*«, die gewöhnlich mittwochs im Handelsblatt veröffentlicht wird, enthält eine Übersicht über in jüngster Vergangenheit begebene Euro- und DM-Auslandsanleihen (vgl. Abb. 6/50).

Neue internationale Anleihen 29.8.1995

Emissionsdatum	Währung	Betrag (in Mill.)	Emittent	Rating**)	Zins %	Ausgabekurs (%)	Laufz. (max. Jahre)	Valuta	Konsortialführer
10.08.95	DM	75	Eurofima[10]	AAA/Aaa	5¾	98,95	30.6.00	14. 9.	IBJ AG
10.08.95	DM	100	Eurofima	AAA/Aaa	5	101,30	2	15. 9.	Trinkaus & Burkhardt
15.08.95	DM	75	GECC[10]	AAA/Aaa	3⅜	91,55	13.6.00	5. 9.	Deutsche Bank
16.08.95	DM	150	Banco Bradesco		8½	100,20	2	17. 8.	Deutsche Bank
17.08.95	DM	150	Finish Export Credit	AA–/Aa2	3⅛	92,425	4	15. 9.	UBS
18.08.95	DM	100	Heraeus Intern. Finance		7¼	101,45	7	27. 9.	Commerzbank
18.08.95	DM	200	Nederlandse Gasunie	AAA/Aaa	6	101,57	5	4.10.	SBC Warburg/Rabob.
22.08.95	DM	1000	Schweden	AA+/Aa3	6	101,426	5	12.9.	Dt. Bank/Nomura
22.08.95	DM	200	Energie Beheer Nederland	AAA/Aaa	6	101,80	5	9.10.	CSFB/Rabobank
22.08.95	DM	300	Deutsche Ausgleichsbank	/Aaa	7	102,375	10	5. 9.	Trinkaus & Burkh.
29.08.95	DM	400	Nord/LB Finance	/Aa1	5¼	101,2125	3	5.10.	Nord/LB/Merrill
29.08.95	DM	450	EPDC Japan		5⅞	101,543	5	28. 9.	IBJ/WestLB
09.08.95	US-$	150	Arucruz Celulose		9	100	8	8.8.	Daiwa Sec.
09.08.95	US-$	100	BIL[3]	A/A2	L+50	99,578	10	5.9.	J.P. Morgan
09.08.95	US-$	220	Sallie Mae		[7]	83,944	3	31.8.	Daiwa Europe
09.08.95	US-$	130	Sallie Mae		5½	98,6675	3	31.8.	Daiwa Europe
10.08.95	US-$	85	PT Mulialand[3]		L+250	100	2	08/95	Peregrine
10.08.95	US-$	90	China Overseas[3]		L+150	100	3	21.8.	Peregrine
10.08.95	US-$	50	BankAmerica[3]		L+10	100	5	14.8.	UBS Ltd.
10.08.95	US-$	250	SBC	AA+/Aa1	6⅛	101,062	3	8.9.	SBC Warburg
10.08.95	US-$	132,199	Aeromexico		9¾	[11]	5	[11]	Lehman Brothers
11.08.95	US-$	150	Seoulbank[3]		L+30	100	5	[11]	WestLB
14.08.95	US-$	200	LB Schleswig-Holstein		6½	101,39	4	8.9.	UBS Ltd.
14.08.95	US-$	250	Smithkline Beecham		6¾	100,947	5	5.9.	Citibank International
14.08.95	US-$	90	Banco de Boston[12]		10½	99,907	2	17.8.	Banco de Boston
14.08.95	US-$	200	Abbey National	AA/Aa2	6½	101,2375	21.12.98	21.9.	Daiwa Europe
15.08.95	US-$	300	Goldman Sachs[3]	A+/A1	L+30	99,83	5	12.9.	Goldman Sachs
15.08.95	US-$	100	Merita Bank[3]	BBB–/A3	L+30	100,03	8	11.9.	Merrill Lynch
16.08.95	US-$	300	Capital One Master Trust[3]	AAA/Aaa	L+11	100	3	15.9.	UBS Ltd.
[illegible]	[illegible]	200	[illegible]	[illegible]	[illegible]	[illegible]	3	[illegible]	[illegible]

Abb. 6/50: Tabelle »Neue internationale Anleihen«

Hier erfährt der Leser die wichtigsten Ausstattungsmerkmale, wie zum Beispiel Währung, Nominalzinssatz oder Laufzeit. Für viele Emissionen sind zudem die Ratings von Standard & Poor's und/oder Moody's wiedergegeben. Die umfangreiche Legende zur Tabelle verdeutlicht, daß die Emissionsbedingungen der »internationalen Anleihen« sehr unterschiedliche Klauseln hinsichtlich der Verzinsung, Laufzeit oder Rückzahlungswährung verbriefen können.

Anleiheformen

L = Libor, F = Fibor, SR = Swap Rate; *) Vorläufige Konditionen; **) letzte vorliegende Daten von Standard & Poor's/Moody's; die Ratings beziehen sich zum Teil auf frühere bzw. ähnliche Emissionen des Schuldners; ¹) Optionsanleihe; ²) Wandelanleihe; ³) Anleihe mit variabler Verzinsung; ⁴) Doppelwährungsanleihe; ⁵) Emissionsbetrag, Zinsausstattung, Laufzeit oder Tilgung mit besonderem Element; ⁶) Privatplazierung; ⁷) Nullkupon-Anleihe; ⁸) Anleihe ohne feste Endlaufzeit; ⁹) Anleihe austauschbar in andere Anleihe; ¹⁰) Anleihe fungibel mit früherer Anleihe; ¹¹) Emissionsbetrag oder Konditionen noch offen; ¹²) Volumen und/oder Konditionen später geändert; ¹³) Step-up-Bond

6.11 Rentenindizes

6.11.1 Grundlagen

Rentenindizes sind Kennziffern, die üblicherweise von Wertpapierbörsen, Geschäftsbanken oder dem Statistischen Bundesamt berechnet werden, um die Kurs- und/oder Gesamtertragsentwicklung mittel- und langfristiger Schuldverschreibungen komprimiert darzustellen.

Die Konstruktion eines Rentenindexes bereitet jedoch vielfach Probleme, weil Anleihen, anders als beispielsweise Aktien, in aller Regel keine »unendliche« Laufzeit haben. Die Laufzeit einer Schuldverschreibung verringert sich vielmehr stetig bis zur Tilgung des Papiers und der Kurs nähert sich immer mehr dem Nominalwert an (»Abschmelzungseffekt«). Der Rentenmarkt, zum Beispiel der Markt für öffentliche Anleihen, ist zudem dadurch gekennzeichnet, daß dauernd neue Papiere aufgelegt werden. Ein aus tatsächlich gehandelten Anleihen bestehendes Portefeuille, das als Basis eines Rentenindexes dient, muß deshalb im Zeitablauf ständig umstrukturiert werden, um stets eine adäquate Abbildung des jeweiligen Rentenmarktes zu gewährleisten. In der Praxis sind zwei Verfahren zur Konstruktion eines Rentenindexes geläufig.

Rentenindizes können auf tatsächlich gehandelten Papieren basieren, wobei diese entsprechend ihrem Marktanteil gewichtet werden, oder aber auf sogenannten hypothetischen Anleihen, die die Marktentwicklung »simulieren« sollen. Eine **hypothetische (fiktive) Anleihe** ist – vereinfacht ausgedrückt – eine Schuldverschreibung mit konstantem Nominalzinssatz und einer unveränderlichen Restlaufzeit (z. B. 8 Jahre). Da für eine fiktive Anleihe verständlicherweise keine Kurse und Renditen verfügbar sind, werden diese mit Hilfe statistischer Verfahren aus tatsächlich gehandelten Anleihen abgeleitet.

Rentenindizes lassen sich – und zwar unabhängig davon, ob reale oder fiktive Anleihen zugrunde liegen – in

fiktive Anleihe

Kurs-/Performance-Indizes

- »reine« **Kurs-Indizes**, die ausschließlich die Kursentwicklung der entsprechenden Wertpapiere erfassen, und
- **Performance-Indizes**, die üblicherweise Kurs- und Stückzinsveränderungen, jedoch keine Transaktionskosten berücksichtigen,

differenzieren. Rentenkurs-Indizes werden von den Marktteilnehmern in erster Linie dann herangezogen, wenn die Kurs- und Renditeentwicklung am Kapitalmarkt verfolgt wird. Ein relativ niedriger Stand eines Rentenkurs-Indexes deutet auf ein hohes Marktzinsniveau hin, wohingegen ein relativ hoher Indexstand ein niedriges Marktzinsniveau anzeigt. Ein Renten-

Performance-Index ist Ausdruck für den Gesamtertrag des dem Index zugrundeliegenden Anleihe-Portfolios. Bei der Berechnung eines Performance-Indexes wird gemeinhin unterstellt, daß im Laufe der Zeit weder Geld aus dem Portefeuille »abgezogen« noch zusätzlich Geld investiert wird. Den unterschiedlichen Verlauf eines Rentenkurs- und eines Renten-Performance-Indexes im Zeitablauf veranschaulicht folgende Graphik (vgl. Abb. 6/51).

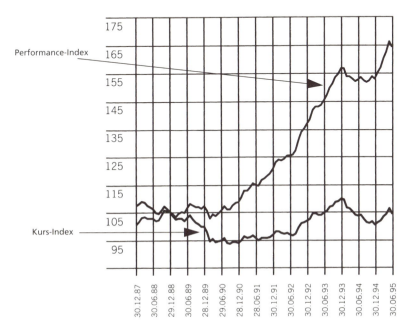

Abb. 6/51: Kurs- versus Performance-Index (Quelle: Deutsche Börse AG)

Renten-Performance-Indizes bieten zum Beispiel den Portfolio-Managern der Geschäftsbanken, Kapitalanlage- und Versicherungsgesellschaften einen Vergleichsmaßstab (»Benchmark«) für die Performance, die eigene Portfolios erzielen.

Deutsche Rentenindizes 6.11.2

REX und REXP 6.11.2.1

Die Deutsche Börse AG berechnet seit dem 30.12.1987 täglich den Deutschen Rentenindex (REX). Er ist ein Kurs-Index und basiert auf insgesamt 30 hypothetischen Anleihen mit ganzzahligen Laufzeiten von einem Jahr bis zu zehn Jahren und drei unterschiedlichen Nominalzinssätzen (6, 7,5 und 9 %). Das Index-Gewicht jeder Anleihe bestimmt sich anhand des Marktanteils realer Anleihen der zurückliegenden 25 Jahre (vgl. Abb. 6/52).

Abb. 6/52:
Gewichte im REX
(Quelle: Deutsche
Börse AG)

Laufzeit	Gewicht 6%	7,50%	9%	Summe	gewichteter Kupon
1 Jahr	3,10	1,73	2,56	7,39	7,39
2 Jahre	3,50	2,43	2,87	8,80	7,39
3 Jahre	4,06	3,03	3,16	10,25	7,37
4 Jahre	4,88	3,37	3,70	11,95	7,35
5 Jahre	4,87	3,15	4,02	12,04	7,39
6 Jahre	4,09	2,84	4,32	11,25	7,53
7 Jahre	3,82	3,02	4,79	11,63	7,63
8 Jahre	3,38	3,14	4,06	10,58	7,60
9 Jahre	3,65	2,62	3,38	9,65	7,46
10 Jahre	3,15	1,47	1,84	6,46	7,20
Summe	38,50	26,80	34,70	100,00	7,44*

*durchschnittlicher gewichteter Kupon

Zur Berechnung des REX zieht die Deutsche Börse AG die Schlußkurse all derjenigen Anleihen, Schatzanweisungen und Obligationen des Bundes, des Fonds »Deutsche Einheit« und der Treuhandanstalt heran, die eine feste Verzinsung und eine Restlaufzeit zwischen 0,5 und 10,5 Jahren aufweisen.

Der REX wird in fünf Schritten berechnet:

Schritt 1: Aus den Schlußkursen der öffentlichen Schuldverschreibungen werden die aktuellen Renditen ermittelt.

Schritt 2: Aus diesen Renditen wird eine Renditestruktur abgeleitet, wobei die Restlaufzeit und die Kupons der einbezogenen Anleihen berücksichtigt werden.

Schritt 3: Der ermittelte Zusammenhang zwischen Rendite, Kupon und Laufzeit (Renditestruktur) dient als Ausgangsbasis zur Berechnung der Renditen der 30 hypothetischen Anleihen. Aus diesen Renditen werden nun die Kurse der fiktiven Titel berechnet.

Schritt 4: Jeder Kurs wird mit dem entsprechenden Gewicht (vgl. Abb. 6/52) multipliziert.

Schritt 5: Die Kurse werden nun addiert; als Ergebnis ergibt sich der REX, der auch REX-Gesamtindex genannt wird.

Der Stand des REX-Gesamtindex kann als Kurs einer hypothetischen Anleihe interpretiert werden, die mit einem Kupon in Höhe von 7,44 % und einer Restlaufzeit von 5,49 Jahren ausgestattet ist.

Neben dem REX-Gesamtindex berechnet die Deutsche Börse AG insgesamt zehn Subindizes für jede der Laufzeitklassen. Ein Subindex stellt ausschließlich die Kursentwicklung der Anleihen mit einer bestimmten Restlaufzeit (z. B. 5 Jahre) dar. Die Subindizes »*1jährig*«, »*5jährig*« und »*10jährig*« werden – genau wie der REX-Gesamtindex – im Handelsblatt in der Tabelle »*Tagesstatistik Frankfurt und Rentenindizes*« publiziert.

Dt. Rentenindex (Rex) gesamt		105,5962	105,4734
	1jährig	102,7136	102,6971
	5jährig	106,1950	106,0643
	10jährig	104,0322	103,7753

Die gegensätzliche Entwicklung zwischen Anleihe-Kursen und -Renditen wird bei einem Vergleich des REX und der durchschnittlichen Umlaufrendite im Zeitverlauf deutlich.

Datum	REX	durchschnittliche Umlaufrendite (insgesamt)
5.1.1994	Dt. Rentenindex (Rex) gesamt 109,2588 109,3111	**Rentenmarkt** Durchschnittliche Umlaufrendite öffentlicher Anleihen gesamt 5,44% 5,43%
2.6.1995	Dt. Rentenindex (Rex) gesamt 105,5962 105,4734	**Rentenmarkt** Durchschnittliche Umlaufrendite öffentlicher Anleihen insgesamt 6,29% 6,32%

Der REX-Performance-Index (REXP) basiert auf dem REX-Gesamtindex. Er erfaßt neben den Kursveränderungen der 30 hypothetischen REX-Anleihen auch deren Zinserlöse. Obwohl für die REX-Anleihen zu jedem Zeitpunkt konstante Laufzeiten angenommen werden, berücksichtigt der Performance-Index zudem Kurserträge bzw. -verluste, die durch verminderte Restlaufzeiten bei einem realen Anleihe-Portfolio entstehen würden. Die Basis des Index ist 100 am 30.12.1987. Der Stand des REXP zeigt an, wie sich ein Geldbetrag in Höhe von 100 D-Mark, der am 30.12.1987 in die REX-Anleihen investiert worden wäre, entwickelt hätte, wenn die Erträge des Portefeuilles stets reinvestiert und kein Geld »abgezogen« oder weiteres hinzugefügt worden wäre.

Rex-Performanceindex	165,8684 165,6467

Die annualisierte Rendite eines Anleihe-Portfolios, das in seiner Zusammensetzung dem Renten-Portefeuille des REX entspricht, zeigt untenstehende Formel. Dabei gelten die vorgenannten Annahmen zur Reinvestition usw.

$$\text{Rendite p.a.} = \left[\left(\frac{REXP_{aktuell}}{REXP_{historisch}} \right)^{\frac{1}{J}} - 1 \right] \times 100 \, \%$$

mit:
J: Betrachtungszeitraum in Jahren

Die Entwicklung des REXP im Zeitraum vom 15.9.1993 bis zum 2.6.1995 präsentieren folgende Ausschnitte aus der Finanzzeitung.

Beispiel 6/53

(15.9.1993)

Rex-Performanceindex	149,6183

(2.6.1995)

Rex-Performanceindex	165,8684

| 448 | **Rentenindizes** |

Der Zeitraum umfaßt insgesamt 625 Tage (Echtzeit), das entspricht 1,71 Jahren. Die Rendite beträgt

$$\left[\left(\frac{165,8684}{149,6183} \right)^{\frac{1}{1,71}} - 1 \right] \times 100 \ \% \approx 6,22 \ \% \ \text{p.a.}$$

Ein Anleger, der am 15.9.1993 ein Anleihe-Portefeuille aufbaut, das in seiner Zusammensetzung demjenigen des REX entspricht, hat bei Auflösung des Portefeuilles am 2.6.1995 eine Rendite in Höhe von 6,22 % p. a. erzielt.

6.11.2.2

Tabelle »Tagesstatistik Frankfurt und Rentenindizes«

Die Tabelle »*Tagesstatistik Frankfurt und Rentenindizes*« (vgl. Abb. 6/53) zeigt Kennzahlen, insbesondere Indizes, die das Geschehen am deutschen Rentenmarkt des letzten und vorletzten Börsentages abbilden. Sie wird im Handelsblatt unter der Rubrik »*Aktien*« abgedruckt.

Abb. 6/53:
Tabelle »Tagesstatistik Frankfurt und Rentenindizes«

Tagesstatistik Frankfurt und Rentenindizes

	4.10.95	2.10.95		4.10.95	2.10.95
Aktienmarkt			Dt. Rentenindex (Rex) gesamt	106,3987	106.2113
Kursindex	181,49	180,65	1jährig	103.2014	103,1839
Kursindex K	181,40	180,43	5jährig	107,1077	106,9063
Umsatzindex (CDax)	27832,14	18693,44	10jährig	104,5501	104,3066
Kurse verbessert	123	134	Rex-Performanceindex	170,7217	170,3904
rückläufig	100	94	Pfandbriefindex (Pex) gesamt		105,4069
unverändert	121	116	Pex-Performanceindex		172,5655
Rentenmarkt			Index BHF-Bank	106,251	106,102
Durchschnittliche Umlaufrendite			Performanceindex der BHF-Bank	111,249	111,059
öffentlicher Anleihen insgesamt	6,11%	6,15%	Index DG-Bank	113,246	113,014
3-5 Jahre	5,36%	5,40%	Index Commerzbank	113,257	113,101
5-8 Jahre	6,26%	6,30%			
8-15 Jahre	6,59%	6,62%			
15-30 Jahre	7,32%	7,34%			

Die wiedergegebenen Kennzahlen haben eine nur beschränkte Aussagekraft, wenn sie isoliert betrachtet werden. Entscheidend ist ihre Entwicklung im Zeitablauf. Die Werte in der Tabelle lassen ausschließlich eine Aussage über die Entwicklung vom vorletzten auf den letzten Börsentag zu.

Neben REX und REXP, die bereits in Abschnitt 6.11.2.1 vorgestellt wurden, enthält die Tabelle »*Tagesstatistik Frankfurt und Rentenindizes*« weitere bedeutende Rentenkurs– und -Performance-Indizes, die in Abbildung 6/54 kurz skizziert sind.

Bezeichnung	Basis	Beschreibung
Pfandbriefindex (Pex)		Der Deutsche **P**fandbrief**index** (**PEX**) wurde im Jahre 1995 vom Verband Deutscher Hypothekenbanken und dem Verband öffentlicher Banken in Zusammenarbeit mit dem Schweizerischen Institut für Banken und Finanzen der Hochschule St. Gallen entwickelt. Er bildet den Kurs eines fiktiven Pfandbriefes ab, der – genau wie die fiktive Anleihe des REX – einen Kupon von 7,44 % und eine Laufzeit von 5,49 Jahren aufweist. Das Indexportfolio des PEX ist analog zum Portfolio des REX aufgebaut, um einen direkten Vergleich zu ermöglichen. Ausstattungsmerkmale und Gewichtungen der 30 hypothetischen PEX-Papiere entsprechen exakt denen der 30 REX-Anleihen. Da für Pfandbriefe praktisch kein Sekundärmarkt existiert, können keine Marktdaten von der Börse oder aus dem Interbankenhandel herangezogen werden. Der PEX basiert deshalb auf Emissionsrenditen und wird als Primärmarkt-Index bezeichnet. Die zur Berechnung erforderlichen Emissionsrenditen werden von Geschäftsbanken und öffentlich-rechtlichen Kreditinstituten zur Verfügung gestellt. Aus den Emissionsrenditen werden die Emissionskurse der hypothetischen Anleihen ermittelt.
Pex-Performance-Index	100 am 30.12.1987	Der **PEX**-Performance-Index (**PEXP**) erfaßt die Emissionskursveränderungen der 30 hypothetischen PEX-Anleihen, zudem Stückzinsen und Wertveränderungen, die durch verminderte Restlaufzeiten in einem realen Pfandbrief-Portfolio entstehen würden. Der PEXP läßt sich genauso interpretieren wie der REXP. Den Verlauf des PEX und des PEXP in der Vergangenheit illustriert folgende Graphik: Quelle: Deutsche Börse AG

Abb. 6/54: Deutsche Rentenindizes

Index BHF-Bank		Der Rentenkurs-Index der **B**erliner **H**andels- und **F**rankfurter (**BHF**-) Bank wird seit dem 1.7.1983 berechnet. Er basiert auf einem hypothetischen Anleiheportfolio, das sich aus 15 fiktiven Anleihen mit Zinskupons von 6 %, 8 % und 10 % sowie Laufzeiten von 1, 3, 5, 7 und 9 Jahren zusammensetzt. Die Anleihen werden mit den durchschnittlichen Emissionsvolumina öffentlicher Anleihen des Zeitraums von 1969 – 1983 gewichtet. Die Kurse für die Indexberechnung werden aus den Börsenschlußkursen der Anleihen von Bund, Bahn und Post, Bundesobligationen, Bundesschatzanweisungen sowie den Schuldverschreibungen des Fonds »Deutsche Einheit« und der Treuhandanstalt hergeleitet. Die Anleihen weisen Restlaufzeiten von 0,25 bis zu 10 Jahren und ein Emissionsvolumen von jeweils mindestens einer Milliarde D-Mark auf. Der BHF-Rentenindex kann als Kurs einer hypothetischen Anleihe interpretiert werden, die mit einem Kupon in Höhe von 7,44 % und einer Restlaufzeit von 4,56 Jahren ausgestattet ist. Der Verlauf des BHF-Bank-Rentenkurs-Indexes sowie der gleitende 30- und 200-Tage-Durchschnitt werden im Handelsblatt graphisch abgebildet. 
Performance-Index der BHF-Bank	100, jeweils am 1.1. eines Jahres	Der Renten-Performance-Index der BHF-Bank berücksichtigt neben den Veränderungen des BHF-Rentenkurs-Indexes auch Stückzinsen. Performance-Effekte, die durch Laufzeitabschmelzung entstehen, werden nicht erfaßt.
Index DG-Bank	100 am 2.1.1980	Der Rentenkurs-Index der DG Bank basiert auf insgesamt 25 tatsächlich gehandelten Bundesanleihen mit Restlaufzeiten von vier bis zehn Jahren. Der Durchschnittskupon sowie die durchschnittliche Restlaufzeit des Index-Portfolios entsprechen dabei den Durchschnittswerten aller umlaufenden Bundesanleihen. Das Portfolio wird mindestens halbjährlich aktualisiert. Anleihen mit einer Restlaufzeit von weniger als vier Jahren werden durch Neuemissionen ersetzt. Um »Indexsprünge« zu unterbinden, wird im Zeitpunkt der Aktualisierung ein Korrekturfaktor bestimmt. Die DG Bank berechnet den Rentenkurs-Index börsentäglich als gewichtetes arithmetisches Mittel der Börsenschlußkurse der 25 zugrundeliegenden Bundesanleihen.

Index Commerz-bank	100 am 29.12.1980	Dem Rentenkurs-Index der Commerzbank liegen 30 fiktive Anleihen mit zehn »Laufzeiten« (1-10 Jahre) und drei Kuponklassen (6 %, 8 %, 10 %) zugrunde. Der Commerzbank-Index wurde als Barometer für das größte Marktsegment des deutschen Anleihe-Marktes, die Bankschuldverschreibungen, entwickelt. Die rechnerischen Kurse des fiktiven Anleihe-Portfolios werden aus den Emissionsrenditen für Bankschuldverschreibungen hergeleitet. Diese Vorgehensweise ist notwendig, da für Bankschuldverschreibungen praktisch kein Sekundärmarkt existiert und demzufolge zum Beispiel keine aussagefähigen Kurse zur Verfügung stehen. Das Index-Portfolio wird am 1.4. eines jeden Jahres an die Markt-Struktur der jeweils fünf vorausgegangenen Kalenderjahre angepaßt. Es bildet im Jahre 1995 einen Durchschnittskupon von 7,44 % und eine Laufzeit von 5,45 Jahren ab, so daß der Stand des Indexes als Kurs einer fiktiven Bankschuldverschreibung mit entsprechenden Ausstattungsmerkmalen interpretiert werden kann. 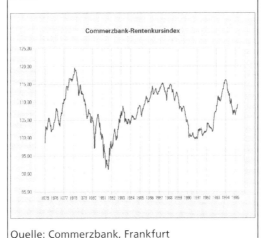 Quelle: Commerzbank, Frankfurt

Internationale Rentenindizes 6.11.3

Salomon Brothers World Government Bond Market Performance Indices 6.11.3.1

Die US-amerikanische Investmentbank Salomon Brothers Inc., New York City, veröffentlicht seit November 1986 einen Performance-Index für die Staatsanleihen bedeutender Länder (USA, Deutschland, Großbritannien usw.), den sogenannten World Government Bond Index (**WGBI**). Er wird einmal pro Monat berechnet und im selben Turnus im Handelsblatt in der Tabelle »*Salomon Brothers World Government Bond Market Performance Indices*« publiziert (vgl. Abb. 6/55).

Abb. 6/55:
Tabelle WGBI

Salomon Brothers World Government Bond Market Performance Indices

Total Rates of Return (Gesamtertrag, in Prozent)   30. September 1995

	in Landeswährung				in DM – währungsungesichert				in DM – währungsgesichert			
	Index	1 Mon.	3 Mon.	12 Mon.	Index	1 Mon.	3 Mon.	12 Mon.	Index	1 Mon.	3 Mon.	12 Mon.
US$-Anleihen	283,74	0,90	1,68	13,45	128,06	– 2,29	4,54	4,05	277,68	0,76	1,31	12,21
kan$-Anleihen	322,53	1,59	2,72	13,88	142,36	– 1,89	7,71	4,02	254,17	1,39	2,25	11,89
DM-Anleihen	217,92	1,15	3,84	13,00	217,92	1,15	3,84	13,00	217,92	1,15	3,84	13,00
Yen-Anleihen	214,21	2,86	1,44	15,03	246,66	– 1,10	–10,25	5,85	258,10	3,05	2,38	19,02
£-Anleihen	314,66	0,43	4,09	13,05	194,06	– 0,63	6,46	4,06	210,08	0,24	3,50	11,46
hfl-Anleihen	225,19	0,90	3,92	13,97	227,14	0,88	3,99	14,04	217,74	0,93	4,01	14,06
FF-Anleihen	295,06	– 0,14	2,90	11,53	261,85	– 0,62	4,44	10,30	219,49	– 0,26	2,40	9,68
A$-Anleihen	393,64	2,45	4,76	18,19	161,54	– 0,55	14,68	10,57	228,92	2,13	4,00	15,13
dkr-Anleihen	187,99	0,72	4,98	14,58	189,21	0,70	5,56	15,82	165,74	0,60	4,49	12,92
Lit-Anleihen	381,49	0,54	4,92	12,62	206,63	– 1,98	9,58	– 0,01	213,00	0,06	3,35	7,60
bfr-Anleihen	161,94	0,82	4,03	16,21	163,67	0,82	4,13	16,40	159,99	0,82	4,04	16,19
Ptas-Anleihen	175,50	1,37	5,84	12,84	129,99	– 0,07	6,96	8,02	145,72	0,93	4,43	8,52
skr-Anleihen	175,29	3,91	8,63	18,17	136,14	6,03	17,40	17,03	156,12	3,58	7,51	14,54
öS-Anleihen	131,77	1,12	3,68	12,43	131,73	1,06	3,63	12,45	133,25	1,12	3,70	12,48
WGBI	269,70	1,31	2,65	13,73	167,13	– 1,00	1,73	6,56	255,77	1,22	2,52	13,38

Der Index ist so konzipiert, daß er

- die Struktur des Marktes für Staatsanleihen in dem jeweiligen Land erfaßt und
- von den Marktteilnehmern relativ einfach nachzubilden ist.

Aufnahmekriterien

Staatsanleihen eines bestimmten Landes werden nur dann berücksichtigt, wenn diese für einen Zeitraum von drei aufeinanderfolgenden Monaten einen Marktwert von insgesamt mindestens 20 Milliarden US-Dollar, 2,5 Billionen Yen u n d 30 Milliarden D-Mark aufweisen. Erfüllt ein Staat auch die verbleibenden Aufnahmekriterien, wie zum Beispiel eine konstante Steuergesetzgebung und einen freien Zugang zu den Rentenmärkten, wird er am Ende des folgenden Quartals in den WGBI aufgenommen.

Da sich die Marktkapitalisierung im Zeitverlauf gewöhnlich ändert, haben Salomon Brothers zusätzlich Grenzen festgelegt, bei deren Unterschreiten ein Staatsanleihe-Markt aus dem Index ausgeschlossen wird. Fällt die Marktkapitalisierung für einen Zeitraum von mindestens sechs Monaten unter 10 Milliarden US-Dollar, 1,25 Billionen Yen und 15 Milliarden D-Mark, so bewirkt dies einen Ausschluß am Ende des folgenden Vierteljahres. Der Staatsanleihe-Markt der Schweiz wurde beispielsweise im Oktober 1992 aus dem WGBI ausgeschlossen, da die Marktkapitalisierung im Zeitraum vom 1.1.1992 bis zum 30.6.1992 die Grenze unterschritt. Drei Jahre nach dem Ausschluß, im Oktober 1995, ist einer Veröffentlichung der Salomon Brothers folgendes zu entnehmen:

As of September 29, 1995, Switzerland satisfied the entry criteria for the World Government Bond Index (WGBI) for the third consecutive month. Accordingly, it will be included in the WGBI as of March 31, 1996.

An die einzelnen Anleihen werden unterschiedliche Anforderungen gestellt, wie ein fester Nominalzinssatz, eine Restlaufzeit von mindestens einem Jahr, eine gewisse Mindestkapitalisierung usw.
Den deutschen Staatsanleihe-Markt repräsentieren

- Anleihen und Schatzanweisungen des Bundes, seiner gegenwärtigen und ehemaligen Sondervermögen,
- Bundesobligationen sowie
- Schuldverschreibungen der Treuhandanstalt,

sofern sie die Kriterien erfüllen. Salomon Brothers legen der Indexberechnung die Geldkurse (bid rates) der Anleihen zugrunde, die am letzten Geschäftstag des jeweiligen Monats bei Handelsschluß festgestellt wurden. Die Kurse stammen entweder von Rentenhändlern der Salomon Brothers Inc. oder bedeutenden Market Makern, jedoch niemals von Wertpapierbörsen.

Der WGBI unterscheidet sich von anderen Performance-Indizes, wie zum Beispiel dem Merrill Lynch Global Government Bond Index, dadurch, daß die innerhalb eines Monats anfallenden Kuponzahlungen zum 1-Monats-Geldmarktsatz vom Tag der Zahlung bis zum Monatsende wieder angelegt werden. Salomon Brothers unterstellen bei der Berechnung,

- ein Staatsanleihe-Portfolio jeweils zu Monatsbeginn zu erwerben sowie am Ende des betreffenden Monats wieder zu veräußern, und
- den Erlös aus dem »Verkauf« der Papiere zu Beginn des folgenden Monats vollständig zu reinvestieren.

Transaktionskosten bleiben unberücksichtigt. Die monatliche Wertveränderung eines jeden Staatsanleihe-Marktes wird gesondert, und zwar durch einen sogenannten Sektor-Index, erfaßt. Die Wertveränderung eines Sektor-Indexes stellt – vereinfacht ausgedrückt – die Summe der Wertveränderungen der einzelnen Anleihen dieses »Sektors« bzw. Staatsanleihe-Marktes dar, wobei jede Anleihe mit ihrem Marktkapital zu Monatsbeginn gewichtet wird. Die einzelnen Sektor-Indizes, ausgedrückt in der jeweiligen Landeswährung, zeigt die zweite Spalte der Tabelle.

	in Landeswährung			
	Index	1 Mon.	3 Mon.	12 Mon.
US$-Anleihen	283,74	0,90	1,68	13,45
kan$-Anleihen	322,53	1,59	2,72	13,88
DM-Anleihen	217,92	1,15	3,84	13,00
Yen-Anleihen	214,21	2,86	1,44	15,03
£-Anleihen	314,66	0,43	4,09	13,05

Salomon Brothers leiten den WGBI (Gesamtindex) am Ende eines Monats aus den einzelnen Sektor-Indizes her. Dabei werden die Wertveränderungen der Sektor-Indizes gewichtet, addiert und zum WGBI des Vormonats hinzugerechnet. Der WGBI auf Basis der Landeswährungen, der am 29.9.1995 beispielsweise bei 269,70 Punkten lag, kann unter Berücksichtigung

454   **Rentenindizes**

- des WGBI im August ($WGBI_{8/95}$) in Höhe von 266,22 Punkten,
- der prozentualen Veränderungen der einzelnen Sektor-Indizes im Monat September (vgl. Abb. 6/55) und
- der Gewichtungen der einzelnen Staatsanleihe-Märkte zu Beginn desselben Monats

in zwei Schritten nachvollzogen werden.

Schritt 1: Ermittlung der prozentualen Veränderung des WGBI auf Basis der Landeswährungen gegenüber dem Vormonat:

	Wertveränderung des Sektor-Indexes gegenüber August	Gewicht (Stand: 31.8.1995)	Gewichtete Wertveränderung
US$-Anleihen	0,90 %	34,84 %	0,3136 %
kan$-Anleihe	1,59 %	2,89 %	0,0460 %
DM-Anleihen	1,15 %	10,36 %	0,1191 %
Yen-Anleihen	2,86 %	20,92 %	0,5983 %
£-Anleihen	0,43 %	5,16 %	0,0222 %
hfl-Anleihen	0,90 %	3,29 %	0,0296 %
FF-Anleihen	-0,14 %	6,86 %	-0,0096 %
A$-Anleihen	2,45 %	0,95 %	0,0233 %
dkr-Anleihen	0,72 %	1,64 %	0,0118 %
Lit-Anleihen	0,54 %	5,92 %	0,0320 %
bfr-Anleihen	0,82 %	2,69 %	0,0221 %
Ptas-Anleihen	1,37 %	2,19 %	0,0300 %
skr-Anleihen	3,91 %	1,49 %	0,0583 %
öS-Anleihen	1,12 %	0,79 %	0,0088 %
Summe:		**100,00 %**	**1,3055 %**

Schritt 2: Ermittlung des WGBI auf Basis der Landeswährungen im September 1995:

$$WGBI_{9/95} = WGBI_{8/95} + \frac{WGBI_{8/95} \times 1,3055}{100} = 266,22 + 3,48 = 269,70$$

Internationale Rentenindizes

Der Wert eines auf 14 Währungen basierenden Staatsanleihe-Portfolios ist im September 1995 folglich um 1,31 % und in der Zeit vom 31.12.1985 bis zum 29.9.1995 um 169,70 % gestiegen.

Sektor-Indizes werden nicht nur in der jeweiligen Landeswährung, sondern auch in D-Mark veröffentlicht. Der Stand des Index »*in DM – währungsungesichert*« und »*in DM – währungsgesichert*« wird in der Finanzzeitung ausgewiesen.

Währungssicherung

in DM – währungsungesichert				in DM – währungsgesichert			
Index	1 Mon.	3 Mon.	12 Mon.	Index	1 Mon.	3 Mon.	12 Mon.
128,06	– 2,29	4,54	4,05	277,68	0,76	1,31	12,21
142,36	– 1,89	7,71	4,02	254,17	1,39	2,25	11,89
217,92	1,15	3,84	13,00	217,92	1,15	3,84	13,00
246,66	– 1,10	–10,25	5,85	258,10	3,05	2,38	19,02
194,06	– 0,63	6,46	4,06	210,08	0,24	3,50	11,46

Die Sektor-Indizes »*in DM – währungsungesichert*« simulieren – vereinfacht dargestellt – die folgende Anlagestrategie. Ein deutscher Investor

- tauscht am 31.12.1984 einen D-Mark-Betrag in Fremdwährung und kauft dafür Staatsanleihen des betreffenden Landes (Portfolio),
- verkauft das Portfolio stets am Ende eines Monats,
- baut zu Beginn des Folgemonats wiederum ein Portfolio mit Staatsanleihen desselben Landes auf,
- entzieht dem Portfolio kein Geld und fügt auch kein weiteres hinzu,
- veräußert die Anleihen am 29.9.1995 und
- tauscht den Wert des auf Fremdwährung lautenden Portfolios am selben Tag wieder in D-Mark um.

Der Index »*US$-Anleihen, in DM währungsungesichert*«, läßt sich aus dem Sektor-Index, ausgedrückt in US-$, berechnen.

Beispiel 6/54

Am 31.12.1984 tauscht ein deutscher Anleger bei einem Devisenkurs von 3,15 DM/US-$ insgesamt 315 D-Mark in 100 US-Dollar. Anschließend erwirbt er dafür US-Staatsanleihen und investiert sämtliche Erträge entsprechend der Konzeption des WGBI immer wieder in US-Staatsanleihen.

Am 29.9.1995 wird für den Sektor-Index »*US$-Anleihen*« auf Basis des US-Dollars ein Wert von 283,74 veröffentlicht. Aus 100 US-Dollar, die der Anleger am 31.12.84 investierte, wurden folglich 283,74 US-Dollar. Am 29.9.1995 verkauft der deutsche Anleger das gesamte Portfolio und erzielt – unter Berücksichtigung des aktuellen Devisenkurses (1,4217 DM/US-$) - einen Erlös in Höhe von

$$283,74 \ \$ \times 1,4217 \ DM/\$ = 403,39 \ DM.$$

Setzt man diesen Erlös ins Verhältnis zum ursprünglich investierten Geldbetrag, so ergibt sich ein Wert von

$$\frac{403,39 \text{ DM}}{315 \text{ DM}} \times 100\ \% = 128,06\ \%.$$

Dieser Prozentsatz entspricht exakt dem Wert des Sektor-Indexes »*in D-Mark, währungsungesichert*«, der am 29.9.1995 im Handelsblatt ausgewiesen wird.

Salomon Brothers World Government Bond Market Performance Indices											
Total Rates of Return (Gesamtertrag, in Prozent)										30. September 1995	
	In Landeswährung			in DM – währungsungesichert				in DM – währungsgesichert			
	Index	1 Mon.	3 Mon.	12 Mon.	Index	1 Mon.	3 Mon.	12 Mon.	Index	1 Mon.	3 Mon.	12 Mon.
US$-Anleihen	283,74	0,90	1,68	13,45	128,06	– 2,29	4,54	4,05	277,68	0,76	1,31	12,21
kan$-Anleihen	322,53	1,59	2,72	13,88	142,36	– 1,89	7,71	4,02	254,17	1,39	2,25	11,89

Da sich der Devisenkurs im Zeitraum vom 31.12.1984 bis zum 29.9.1995 um

$$\frac{\overbrace{1,4217 \text{ DM/\$}}^{\substack{\text{Devisenkurs} \\ \text{am 29.9.1995}}} - \overbrace{3,1500 \text{ DM/\$}}^{\substack{\text{Devisenkurs} \\ \text{am 31.12.1985}}}}{3,1500 \text{ DM/\$}} \times 100\ \% = -54,9\ \%$$

veränderte, liegt der Sektor-Index »*US$-Anleihen, in D-Mark, währungsungesichert*« exakt um

$$\frac{\overbrace{283,74}^{\substack{\text{Sektor-Index} \\ \text{auf \$-Basis} \\ \text{am 29.9.1995}}} - \overbrace{128,06}^{\substack{\text{Sektor-Index auf DM-Basis} \\ \text{(währungsungesichert)} \\ \text{am 29.9.1995}}}}{283,74} = \frac{155,68}{283,74} \times 100\ \% = 54,9\ \%$$

unter dem Wert des entsprechenden Index »*in Landeswährung*«.

Neben währungs**un**gesicherten werden auch währungsgesicherte Indizes berechnet, die in der Spalte »*in DM – währungsgesichert*« zu finden sind. Ausgangspunkt der Berechnung währungsgesicherter Indizes stellen wiederum die Wertveränderungen der Staatsanleihe-Portfolios in Landeswährung dar. Im Unterschied zu den währungsungesicherten Indizes wird für

- den auf ausländische Währung lautenden Gegenwert eines ausländischen Staatsanleihe-Portfolios am Monatsanfang sowie
- die in dem betreffenden Monat anfallenden Stückzinsen

jeweils zu Beginn des Monats ein Devisentermingeschäft abgeschlossen. Ansonsten simuliert der Index dieselbe Anlagestrategie wie der währungsungesicherte, so daß auf weitere Ausführungen verzichtet wird.

Internationale Rentenindizes **457**

Bei einem Vergleich der einzelnen Indizes miteinander ist zu beachten, daß diese zwar auf demselben Basiswert (100), aber auf unterschiedlichen **Basis-Zeitpunkten** beruhen (vgl. Abb. 6/56).

Basis-Zeitpunkte

Staatsanleihe-Markt	Basisdatum
US$-Anleihen	31.12.1984
kan$-Anleihen	31.12.1984
DM-Anleihen	31.12.1984
Yen-Anleihen	31.12.1984
£-Anleihen	31.12.1984
hfl-Anleihen	31.12.1984
FF-Anleihen	31.12.1984
A$-Anleihen	31.12.1984
dkr-Anleihen	31.03.1989
Lit-Anleihen	31.12.1984
bfr-Anleihen	31.12.1990
Ptas-Anleihen	31.12.1990
skr-Anleihen	31.12.1990
öS-Anleihen	30.09.1992

Abb. 6/56: Basisdaten der Sektor-Indizes im WGBI

Merrill-Lynch-Weltindizes von Staatsanleihen

6.11.3.2

Der Weltrentenindex der Merrill Lynch & Co., der sogenannte Global Government Bond Index, wird im Handelsblatt in aller Regel jeweils dienstags veröffentlicht. Er ist genau wie der World Government Bond Index der Salomon Brothers ein Performance-Index, der die Wertentwicklung bedeutender Staatsanleihe-Märkte abbildet (vgl. Abb. 6/57).

Für jeden einzelnen Staatsanleihe-Markt ist in der Tabelle neben dem eigentlichen Performance-Index dessen prozentuale Veränderung gegenüber der Vorwoche bzw. dem Jahresanfang ausgewiesen. Außerdem werden die Durchschnittsrendite, -laufzeit und -duration der Staatsanleihen des betreffenden Marktes abgedruckt.

Der »*ML Global Government Bond Index*« läßt sich – genau wie der WGBI – aus den Sektor-Indizes der einzelnen Staatsanleihe-Märkte ableiten. Ein Sektor-Index beinhaltet festverzinsliche Anleihen, die eine Restlaufzeit von wenigstens einem Jahr sowie ein Emissionsvolumen von mindestens 25 Millionen US-Dollar aufweisen.

Der Merrill Lynch Global Government Bond Index umfaßt nahezu jede Staatsanleihe der einbezogenen Märkte und bildet diese infolgedessen fast vollständig ab. Nicht berücksichtigt werden beispielsweise privatplazierte öffentliche Anleihen. Die der Indexberechnung zugrundeliegenden Kurse (Geldkurse) stammen ausschließlich von Rentenhändlern der Mer-

Rentenindizes

Abb. 6/57:
Tabelle
»Merrill-Lynch-
Weltindizes von
Staatsanleihen
auf DM-Basis«

Merrill-Lynch-Weltindizes von Staatsanleihen auf DM-Basis

Märkte 22.9.95	Indizes[1]	Gewichtete Durchschn.-rendite[2]	Durch-schnitts-Laufzeit	Duration[3]	Gesamtertrag	
					gegenüber Vorwoche	gegenüber Jahresanf.
ML Global Gov. Bond Index[4]	171,55	5,30	7,80	5,28	−2,62	4,75
DM-Bundesanleihen						
insgesamt	198,01	5,58	5,60	4,27	−0,05	11,38
1–3 Jahre	193,29	4,58	2,10	1,93	0,16	8,68
3–5 Jahre	202,09	5,36	4,00	3,51	0,09	11,54
5–7 Jahre	206,05	6,01	5,90	4,75	0,06	13,09
7–10 Jahre	193,30	6,48	8,30	6,42	−0,37	12,94
plus 10 Jahre	189,62	7,30	26,20	12,19	−1,33	13,71
Ausl. Staatsanleihen						
Australien	224,57	8,29	6,20	4,56	−6,85	0,69
Frankreich	230,62	7,01	6,80	4,70	−1,90	9,15
Großbritannien	182,39	7,81	9,10	5,79	−3,92	1,58
Japan	232,08	2,15	7,30	5,90	1,04	5,10
Kanada	160,94	7,61	9,30	5,56	−3,22	7,01
Niederlande	208,41	6,20	8,60	5,90	−0,39	12,79
Schweiz	175,23	4,06	7,00	5,72	2,30	15,49
USA	135,01	6,20	8,40	5,10	−5,16	3,02

[1] Der Index spiegelt den Gesamtertrag der jeweiligen Märkte auf DM-Basis wider, Basis Ende 1985 = 100. Gesamtertrag ist die Summe aus Kursveränderung, Zinseinkünften, einschließlich deren Wiederanlage. [2] Nach Marktkapitalisierung gewichtet. [3] Gewichtete durchschnittliche Laufzeit aller Zahlungen eines Wertpapiers, d.h. Kupon zuzüglich Tilgungszahlungen, wobei die Gewichte die abgezinsten Barwerte der Zahlungen sind. [4] Der ML Global Government Bond Index ist ein nach Kapitalisierung gewichteter Indikator der liquidesten internationalen Staatsanleihenmärkte.

rill Lynch & Co. Sie werden handelstäglich um 3 Uhr p.m. New Yorker Zeit bei diesen abgerufen. Im Gegensatz zu Salomon Brothers ermitteln Merrill Lynch die Performance der Staatsanleihen täglich statt monatlich. Die Performance setzt sich aus der mit dem Marktwert gewichteten Kurs- und Stückzinsveränderung sowie den Kuponzahlungen zusammen, wobei Transaktionskosten unberücksichtigt bleiben. Sämtliche Erträge werden ständig reinvestiert.

Der Merrill-Lynch-Sektor-Index für DM-Bundesanleihen beträgt am 22.9.1995 198,01 %.

Merrill-Lynch-Weltindizes von Staatsanleihen auf DM-Basis

Märkte 22.9.95	Indizes[1]	Gewichtete Durchschn.-rendite[2]	Durch-schnitts-Laufzeit	Duration[3]	Gesamtertrag	
					gegenüber Vorwoche	gegenüber Jahresanf.
ML Global Gov. Bond Index[4]	171,55	5,30	7,80	5,28	−2,62	4,75
DM-Bundesanleihen						
insgesamt	198,01	5,58	5,60	4,27	−0,05	11,38
1–3 Jahre	193,29	4,58	2,10	1,93	0,16	8,68
3–5 Jahre	202,09	5,36	4,00	3,51	0,09	11,54
5–7 Jahre	206,05	6,01	5,90	4,75	0,06	13,09
7–10 Jahre	193,30	6,48	8,30	6,42	−0,37	12,94
plus 10 Jahre	189,62	7,30	26,20	12,19	−1,33	13,71

Dieser Wert läßt sich unter Berücksichtigung der Index-Basis (100 am 31.12.1985) wie folgt interpretieren. Ein Anleger

Internationale Rentenindizes

- erwirbt am 31.12.1985 für 100 D-Mark im Index vertretene Staatsanleihen,
- verkauft sie am nächsten Tag,
- investiert den Verkaufserlös sowie die am 31.12.1985 erhaltenen Kupon-Zahlungen erneut in entsprechende Staatsanleihen,
- setzt diesen Kauf- und Verkaufsprozeß bis zum 22.9.1995 fort und
- erzielt beim Verkauf des Portfolios am 22.9.1995 schließlich einen Gesamtgewinn in Höhe von 98,01 DM (198,01 DM – 100 DM).

Der Sektor-Index (D-Mark-Basis) für DM-Bundesanleihen läßt sich problemlos auf eine andere Währung umrechnen, indem der Devisenkurs (z. B. US-$/DM) zum Betrachtungszeitpunkt durch den entsprechenden Devisenkurs am Basistag dividiert und das Ergebnis mit dem Sektor-Index (D-Mark-Basis) multipliziert wird. Der Wert des Indexes »*DM-Bundesanleihen, insgesamt*« weist am 22.9.1995 einen Wert von 198,01 D-Mark auf. Die Devisenkurse am Basistag und am 22.9.1995 zeigt folgende Tabelle.

31.12.1985	22.9.1995
0,35 US-$/DM	0,65 US-$/DM

Ein Bundesanleihe-Portfolio, das am 31.12.1985 für 100 US-Dollar erworben wurde, hat am 22.9.1995 folgenden Wert:

$$\underbrace{198,01\ \%}_{\substack{\text{Indexstand auf DM-} \\ \text{Basis am 22.9.1995}}} \times\ \frac{0,65\ \text{US-\$/DM}}{0,35\ \text{US-\$/DM}} \times \underbrace{100\ \text{US-\$}}_{\substack{\text{Wert des Bundesanleihe-} \\ \text{Portfolios am 31.12.1985}}} = 367,73\ \text{US-\$}$$

Die in der zweiten Spalte der Tabelle »*Merrill-Lynch-Weltindizes von Staatsanleihen auf DM-Basis*« unter der Überschrift »*Ausl. Staatsanleihen*« abgedruckten Werte spiegeln den Gesamtertrag der betreffenden Märkte auf D-Mark-Basis wider.

Ausl. Staatsanleihen						
Australien	224,57	8,29	6,20	4,56	–6,85	0,69
Frankreich	230,62	7,01	6,80	4,70	–1,90	9,15
Großbritannien	182,39	7,81	9,10	5,79	–3,92	1,58
Japan	232,08	2,15	7,30	5,90	1,04	5,10
Kanada	160,94	7,61	9,30	5,56	–3,22	7,01
Niederlande	208,41	6,20	8,60	5,90	–0,39	12,79
Schweiz	175,23	4,06	7,00	5,72	2,30	15,49
USA	135,01	6,20	8,40	5,10	–5,16	3,02

Hierdurch wird ein direkter Vergleich der einzelnen Märkte miteinander möglich. Merrill Lynch beziehen grundsätzlich keine Absicherungsmaßnahmen gegen Devisenkursschwankungen in die Indexberechnung ein.

Rentenindizes

6.11.3.3

Ecu-Bond-Indikatoren

Die Finanzzeitung zeigt täglich sogenannte »*Ecu-Bond-Indikatoren*« (vgl. Abb. 6/58). Unter diesem Begriff werden in der gleichnamigen Tabelle Rendite-, Gesamtertrags- und Kurs-Indizes zusammengefaßt. Im Gegensatz zu den Rentenindizes von Salomon Brothers oder Merrill Lynch liegen diesen Werten nicht die Kurse bestimmter Staatsanleihen zugrunde, sondern auf ECU lautende Euroanleihen internationaler Emittenten, wie zum Beispiel die Papiere der Weltbank, der Europäischen Investitionsbank oder bedeutender Industrieunternehmen.

Abb. 6/58:
Tabelle
»Ecu-Bond-
Indikatoren«

Ecu-Bond-Indikatoren
vom 2.6.1995 (Vortag in Klammern)*

Paribas Ecu Index	Rendite		Gesamtertrag		Kurs	
Gesamt	7,67	(7,76)	170,02	(168,69)	108,69	(108,24)
3 Jahre	7,04	(7,16)	160,92	(160,22)	104,53	(104,26)
5 Jahre	7,37	(7,46)	165,67	(164,48)	105,67	(105,27)
7 Jahre	7,55	(7,65)	174,02	(172,48)	110,44	(109,88)
10 Jahre	7,86	(7,95)	173,88	(171,83)	111,31	(110,65)
30 Jahre	8,66	(8,73)	162,89	(160,75)	105,44	(104,75)

Quelle: Paribas Capital Markets, London. Indexbasis 1. 1. 1990=100
* Die aktuellen Indizes liegen stets erst am nächsten Tag vor.

Die Tabelle wird von der Paribas Capital Markets, London, einer Tochtergesellschaft der Banque Paribas S. A., Paris, zur Verfügung gestellt. Paribas ist einer der bedeutendsten Konsortialführer für ECU-Eurobonds und zudem einer der führenden Market Maker für diese Papiere. Für die Berechnung der ECU-Bond-Indikatoren berücksichtigt Paribas ausschließlich festverzinsliche Anleihen, die eine ausgesprochen hohe Sekundärmarktliquidität aufweisen. Das Emissionsvolumen jeder Anleihe muß mindestens 200 Millionen ECU betragen.

Die Werte in der Tabelle »*Ecu-Bond-Indikatoren*« basieren auf Mittelwerten aus denjenigen Geld- und Briefquotierungen, die die Rentenhändler der Banque Paribas in aller Regel zwei Tage vor dem Erscheinungstag der Tabelle stellten. Der Indikator »*Kurs*« bildet die reine Kursentwicklung der zugrundeliegenden Wertpapiere ab und wird von Paribas als »clean price index« bezeichnet. Der Tageswert des clean price indexes stellt praktisch den Durchschnittskurs der einbezogenen ECU-Bonds dar, wobei die Kurse der einzelnen Bonds mit dem Marktkapital gewichtet werden. Die Berechnungsmethode des Indikators »*Gesamtertrag*« ist mit der Konzeption des WGBI vergleichbar. Der »Gesamtertragsindex«

- wird – genau wie der Kurs-Index – handelstäglich berechnet und
- erfaßt Kursveränderungen, Stückzinsen sowie Kuponzahlungen des zugrundeliegenden ECU-Bond-Portfolios.

Die Basis des Kurs- sowie des Gesamtertragsindexes ist 100 am 1.1.1990. Der Indikator »*Rendite*« bildet die gewichtete durchschnittliche Rendite der ECU-Anleihen ab. Die Rendite einer einzelnen Anleihe wird nach der ISMA-Formel berechnet.

Rendite-, Gesamtertrags- und Kurs-Indizes aller Laufzeitklassen werden in der Zeile »*Gesamt*« (vgl. Abb. 6/58) jeweils zu einem Wert komprimiert. Weiterhin existieren insgesamt fünf »Subindizes« für die Laufzeiten »3 Jahre«, »5 Jahre«, »7 Jahre«, »10 Jahre« und »30 Jahre«.

Marktbericht »Anleihen« 6.12

Der Marktbericht faßt das Geschehen auf dem Rentenmarkt (Primär- und Sekundärmarkt) zusammen (vgl. Abb. 6/59). Im Mittelpunkt stehen in aller Regel Konjunkturdaten, wie zum Beispiel die Inflationsrate, oder die Geldpolitik der Bundesbank. Der Leser erfährt hier,

- wie andere Marktteilnehmer die zukünftige Entwicklung auf dem Rentenmarkt einschätzen (»... Die Mehrheit der Finanzexperten schätzt die weiteren Aussichten an den Rentenmärkten gedämpft optimistisch ein...«),
- welche Rolle ausländische Rentenmärkte für den heimischen Markt spielen (»...Deutsche Bank Research hebt ... noch einmal die Abhängigkeit des heimischen Geschehens von den Entwicklungen in Übersee hervor ...«) usw.

Abb. 6/59: Marktbericht »Anleihen«

Da den US-Finanzmärkten gewissermaßen eine Leitfunktion für den deutschen Rentenmarkt zukommt, werden die Geld– und Zinspolitik der Fed sowie die Rendite des 30jährigen US-Treasury bond (bellwether bond) im Marktbericht aufgegriffen. Zudem sind dort wichtige US-Konjunkturindikatoren publiziert, die häufig zur Renditeprognose herangezogen werden. Hierzu zählen in erster Linie

- der »consumer price index« (CPI), also die Inflationsrate der USA,
- aktuelle Verkaufszahlen für Autos (»car sales«),
- die Anzahl der Neubauten (»housing starts«),
- das Volumen neu aufgenommener Kredite privater Haushalte (»consumer credit«) und
- der »Index of Consumer Expectations«, eine Maßzahl für das zukünftige Konsumverhalten.

Ein Anstieg des CPI könnte beispielsweise auf ein in Zukunft steigendes Marktzinsniveau hindeuten, was wiederum zu Kurseinbrüchen auf dem US-amerikanischen Rentenmarkt führen könnte.

Im Marktbericht »*Anleihen*« wird des weiteren täglich der Kurs des DTB-Bund-Futures erwähnt, da der Terminmarkt der bestimmende Einflußfaktor für den Rentenmarkt ist. Der Umsatz mit Bund-Futures übersteigt den Umsatz öffentlicher Anleihen täglich bei weitem, so daß sein Kurs auf die Richtung zukünftiger Renditeentwicklungen hindeutet.

Der Marktbericht enthält schließlich Angaben über neue Inlands- und Euro-Emissionen. Am 6.6.1995 werden beispielsweise für einen Pfandbrief der Vereinsbank sowie für diverse Euroanleihen die Emissionsvolumina, Nominalzinssätze und Laufzeiten veröffentlicht (vgl. Abb. 6/59).

Kapitel 7

DERIVATE

Einführung

7.1

Kassa- versus Terminhandel

7.1.1

Beim Abschluß eines Handelsgeschäfts, wie dem Kauf bzw. dem Verkauf von Gütern, Dienstleistungen oder Finanztiteln, legen die Vertragsparteien

- das Handels-Objekt, dessen Ausstattung – etwa die Beschaffenheit –, die Menge und den Preis sowie
- den Zeitpunkt der Erfüllung des Geschäfts, also den Termin der Lieferung und Bezahlung,

fest. Wenn die Partner im Kaufvertrag vereinbaren, das Geschäft unmittelbar zum Zeitpunkt des Abschlusses zu erfüllen, dann spricht man von einem Kassageschäft. Der Verkäufer liefert sofort, und der Käufer bezahlt umgehend. Der Markt, auf dem die Kontrahenten aufeinandertreffen, heißt daher Kassamarkt, die Handelsgegenstände »Kassaobjekte« und der Preis »Kassapreis«.

Beim Termingeschäft fallen Abschluß und Erfüllung hingegen zeitlich auseinander. Der Vertrag wird zwar »heute« geschlossen, die Lieferung und Bezahlung erfolgt aber erst in der Zukunft. Der Verkäufer liefert zu einem zukünftigen Termin, auch Verkauf »auf Termin« genannt, und der Käufer zahlt zu eben diesem Zeitpunkt (Kauf »auf Termin«), so daß er »heute« noch kein Geld bindet. Solch eine Transaktion wird auf dem Terminmarkt abgewickelt. Die Handelsgegenstände sind die »Terminobjekte«, auch Basiswerte oder »**Underlyings**« genannt, und die Preise die »Terminpreise«. Die »Laufzeit« eines Termingeschäfts wird grundsätzlich durch die Zeitspanne zwischen Geschäftsabschluß und »**Settlement**«, damit ist die Lieferung (»Andienung«) und Bezahlung gemeint, bestimmt.

Abbildung 7/1 veranschaulicht den Zusammenhang zwischen einem Kassa- und Termingeschäft.

> Underlying/ Settlement

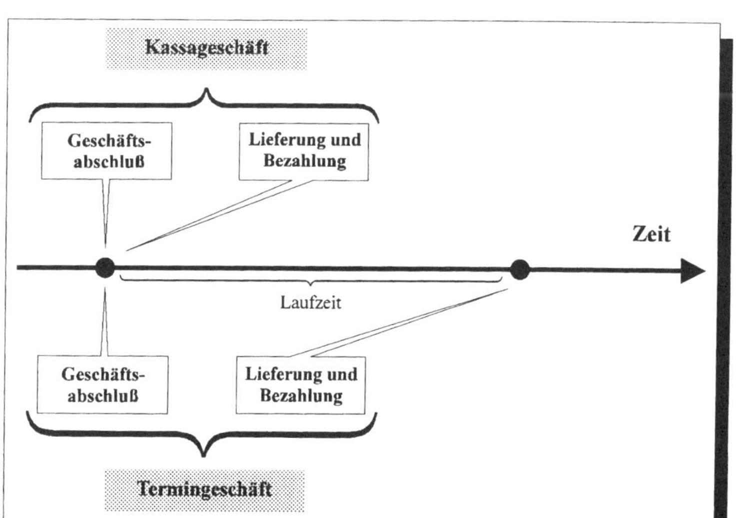

Abb. 7/1:
Kassa- und
Termingeschäft

| 466 | **Einführung** |

Derivate

Terminpreise bilden sich, genau wie Kassapreise, gewöhnlich aufgrund von Angebot und Nachfrage. Dabei orientieren sich die Marktteilnehmer an den Kassapreisen. Der aktuelle Wert eines Termingeschäfts leitet sich sozusagen aus dem Wert des Underlyings ab. Dies hat zum Begriff »**Derivate**« geführt, der vom lateinischen Verb »derivare« (»ableiten«) stammt. Er läßt sich nicht scharf abgrenzen und wird heute überwiegend als Sammelbegriff für Finanztermingeschäfte herangezogen.

Long/Short

Die Position des Käufers bzw. des Verkäufers wird, insbesondere bei Termingeschäften, »**Long**-« respektive »**Short-Position**« genannt. Marktteilnehmer, die Handelsobjekte »auf Termin« kaufen, gehen »long«, wohingegen Verkäufer »short« sind. Käufer und Verkäufer halten jeweils eine »offene« Position. Die wird auf jeden Fall dann »geschlossen«, wenn das Termingeschäft verfällt. Es ist aber auch denkbar, daß der Käufer bzw. der Verkäufer bereits vor dem Verfall eine Short- bzw. eine Long-Position mit demselben Fälligkeitszeitpunkt aufbaut. Man spricht in diesem Falle auch von einem Gegengeschäft.

Termingeschäfte gestatten Marktakteuren, Handelsobjekte zu verkaufen, die sie »heute« unter Umständen noch gar nicht besitzen. Dies wird im Fachjargon auch »**Leerverkauf**« genannt.

Leerverkauf

Beispiel 7/1

Der Landwirt B. Auer verkauft am 1. Februar 1996 an den Getreide-Großhändler R. Aps 100 Tonnen Weizen der Güteklasse 1 zu einem Preis von insgesamt 30.000 D-Mark. Die Kontrahenten vereinbaren im Kaufvertrag, daß der Weizen sofort geliefert und vom Händler umgehend bezahlt wird. Auer und Aps schließen folglich ein Kassageschäft ab.

Am 1. Februar 1996 kauft der Schmuck-Fabrikant B. Rosche 100 Feinunzen Gold zum Gesamtpreis von 60.000 D-Mark bei einem Edelmetall-Händler. Die Partner legen im Kaufvertrag fest, das Gold am 1. August 1996 zu liefern und zu bezahlen. Rosche und der Edelmetall-Händler vereinbaren infolgedessen ein Termingeschäft. Rosche geht »Gold long«, wohingegen der Händler eine Short-Position einnimmt. Die Konditionen, also das Handels-Objekt (100 Feinunzen Gold), den Preis (60.000 D-Mark) und den Erfüllungszeitpunkt (1. August 1996), legen die Kontrahenten bereits am 1. Februar 1996 fest. Die Erfüllung des Geschäfts, also die Lieferung des Goldes und die Bezahlung, erfolgt nicht bei Geschäftsabschluß, sondern erst zu einem Termin in der Zukunft, genau gesagt nach einem halben Jahr.

Der Händler verkauft das Gold am 1. Februar 1996. Er muß das Edelmetall zu diesem Zeitpunkt aber noch gar nicht besitzen. Ist genau das der Fall, verkauft er »leer«. Wenn er die 100 Feinunzen Gold zwischenzeitlich nicht beschafft, dann muß er sich am 1. August 1996 auf dem Kassamarkt damit »eindecken«.

Das Beispiel verdeutlicht die verhältnismäßig einfache und leicht zu durchschauende Struktur eines Termingeschäfts. Es wird jedoch häufig gefragt, warum Marktteilnehmer eigentlich Güter, Finanztitel usw. »auf Termin« handeln, anstatt gleich zu liefern und sofort zu bezahlen. Die Beweggründe für Termingeschäfte sind recht mannigfaltig und werden vorab vorgestellt, weil die Kenntnis der Motive das Verständnis für Termingeschäfte und die Rolle des Terminhandels fördert.

Motive für Termingeschäfte

7.1.2

Im Grunde genommen vereinbaren Marktteilnehmer ein Termingeschäft immer aus einem der folgenden Motive:

- Absicherung,
- Spekulation,
- Arbitrage.

Mit einem Termingeschäft versichert sich der Käufer gegen mögliche künftige Preissteigerungen auf dem Kassamarkt, wohingegen sich der Verkäufer vor einem Preisrückgang schützt. Dies wird gemeinhin »**Hedging**« genannt. Die Marktakteure, die Termingeschäfte zum Schutz gegen steigende bzw. sinkende Preise arrangieren, heißen dementsprechend »Hedger«. Ein Terminkauf wird in diesem Zusammenhang auch »Long Hedge« und ein Terminverkauf »Short Hedge« genannt.

Hedging

Der Schmuck-Fabrikant B. Rosche weiß bereits am 1. Februar 1996, daß er im August desselben Jahres 1.000 Feinunzen Gold für die Herstellung von Halsketten benötigt. Eine Feinunze Gold kann am 1. Februar 1996 zu einem Preis von 550 D-Mark auf dem Kassamarkt erworben werden.

Beispiel 7/2

Rosche will das Gold im Februar noch nicht kaufen, weil ihm das Geld für den Erwerb fehlt und er die Kosten für die Lagerung des Goldes, hierzu zählen etwa die Prämien für eine Diebstahlversicherung, vermeiden will. Der Erwerb des Goldes im August 1996 ist Rosche jedoch zu unsicher, weil er einen Anstieg des Goldpreises befürchtet. Aus diesem Grunde möchte der Schmuck-Fabrikant das Gold »auf Termin« kaufen (Long Hedge). Er sucht einen Partner für das Termingeschäft und findet G. Rube, der eine Goldmine betreibt.

Rube weiß aus Erfahrung, daß er im Laufe eines Jahres auf größere Goldvorkommen stößt. Er bangt aber um einen Rückgang des Goldpreises und möchte deshalb Gold »auf Termin« verkaufen (Short Hedge).

Rosche und Rube vereinbaren am 1. Februar 1996 ein Termingeschäft über die Lieferung von 1.000 Feinunzen Gold am 10. August 1996 zu einem Preis von 600 D-Mark pro Feinunze. Dabei nimmt Rosche die Position des Käufers und Rube die des Verkäufers ein.

Rosche weiß also bereits »heute«, daß er im August für das Gold einen Preis in Höhe von 600 D-Mark pro Feinunze zahlt und Rube kann sicher sein, eben diesen Erlös für die Hergabe des Goldes zu erzielen – und zwar völlig unabhängig vom Preisniveau auf dem Kassamarkt im August 1996. Die Vertragspartner haben sich folglich gegen einen Preisanstieg bzw. -rückgang abgesichert.

Termingeschäfte werden auch aus Spekulationsgründen abgeschlossen. Marktteilnehmer, die für ein bestimmtes Handelsobjekt künftig einen An-

Spekulation

stieg des Kassapreises erwarten, kaufen dieses »auf Termin«. Wenn der Kassapreis tatsächlich steigt, dann können die **Spekulanten** das »auf Termin« erworbene Handelsobjekt in der Zukunft teurer am Kassamarkt verkaufen und einen Gewinn (»Spekulationsgewinn«) einstreichen.

Spekulanten, die einen Rückgang des zukünftigen Kassapreises vermuten, werden das betreffende Handelsobjekt »auf Termin« verkaufen. Im Falle einer korrekten Vorhersage erzielen sie einen Gewinn, weil das »auf Termin« veräußerte Handelsobjekt billiger auf dem Kassamarkt erworben werden kann.

Beispiel 7/3

Am 1. Februar 1996 kann Gold »auf Termin« zum Preis von 600 D-Mark pro Feinunze ge- bzw. verkauft werden. Die Laufzeit des Termingeschäfts beträgt sechs Monate.

Der Spekulant X glaubt am 1. Februar 1996, daß der Kassapreis für Gold in einem halben Jahr gestiegen sein wird, wohingegen der Spekulant Y von einem Preisrückgang ausgeht. X und Y schließen daraufhin ein Termingeschäft über 100 Feinunzen Gold ab. X nimmt die Position des Käufers und Y die des Verkäufers ein.

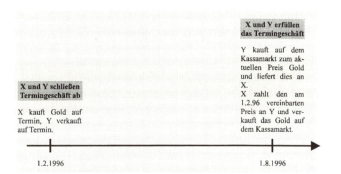

Folgendes Tableau zeigt den Gewinn bzw. Verlust der Spekulanten bei unterschiedlichen Kassapreisen am 1. August 1996.

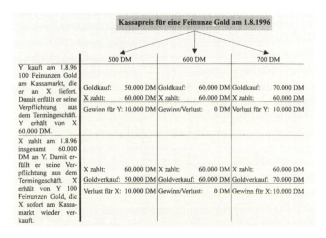

Das Beispiel verdeutlicht, daß der Gewinn (Verlust) des X der Verlust (Gewinn) des Y ist. Bei einem Kassapreis von 600 D-Mark erzielt keiner der Spekulanten einen Gewinn oder Verlust.

In der Praxis verzichten die Marktteilnehmer ab und an auf eine effektive Andienung, also die Lieferung und Bezahlung bei Fälligkeit. Stattdessen zahlt

- der Käufer die Differenz zwischen dem Termin- und dem Kassapreis an den Verkäufer, sofern der Kassa- unter dem Terminpreis liegt, und
- der Verkäufer die Differenz zwischen dem Kassa- und dem Terminpreis an den Käufer, wenn der Kassa- über dem Terminpreis liegt.

Im Beispiel 7/3 würde dann bei einem Kassapreis am 1.8.1996 in Höhe von 500 D-Mark/Feinunze Gold der Spekulant X einfach 10.000 D-Mark an den Spekulanten Y zahlen, und alle Verpflichtungen wären damit erfüllt.

Spekulieren ist nicht risikolos. Die Marktakteure setzen sich dabei vielmehr der Gefahr aus, daß sich der Kassapreis in Zukunft anders entwickelt, als erwartet. Ist genau das der Fall, müssen die Spekulanten Verluste in Kauf nehmen.

Marktteilnehmer schließen Termingeschäfte nicht nur zur Absicherung oder aus Spekulationsmotiven ab, sondern ebenso zur gewinnbringenden Ausnutzung unangemessener Unterschiede zwischen Kassa- und Terminpreisen. Man spricht in diesem Fall von **Arbitrage**. Dabei vergleichen die Marktakteure den Terminpreis für ein Handelsobjekt mit dessen Kassapreis zuzüglich der sogenannten »**cost of carry**«. Diese entsprechen der Differenz aus den Aufwendungen und Erträgen, die entstehen, wenn das Handelsobjekt »heute« ohne Einsatz eigenen Kapitals erworben und bis zur Fälligkeit des Termingeschäfts gehalten wird. Die cost of carry stellen also gewissermaßen die »Nettoaufwendungen« für das Halten des Handelsobjektes dar.

Arbitrage

cost of carry

$$\text{Cost of Carry} = \frac{\text{Aufwendungen für das Halten}}{\text{des Handelsobjekts}} - \frac{\text{Erträge, die das Handelsobjekt}}{\text{während der Haltezeit erzielt}}$$

Zu den Aufwendungen zählen etwa Lager-, Finanzierungs- oder Versicherungskosten und zu den Erträgen zum Beispiel Zins- oder Dividendenzahlungen, sofern das Handelsobjekt ein Finanztitel (Anleihe, Aktie usw.) ist.

Marktteilnehmer können einen Gewinn, auch Arbitrage-Gewinn oder »free lunch« genannt, erzielen, wenn sich der Terminpreis eines Handelsobjektes vom Kassapreis zuzüglich der cost of carry unterscheidet. Folgendes einfache Beispiel verdeutlicht die Möglichkeiten zur Arbitrage, wenn der Terminpreis den Kassapreis zuzüglich der cost of carry übertrifft.

Am 1. Februar 1996 können Kühe

- auf dem Kassamarkt zum Preis von 2.000 D-Mark pro Kuh erworben und

Beispiel 7/4

- »auf Termin« zum Preis von 2.100 D-Mark pro Kuh verkauft werden (Laufzeit des Termingeschäfts: 6 Monate).

Ein Vieh-Händler prüft, ob Arbitrage-Möglichkeiten bestehen, und beschafft folgende Informationen, um die cost of carry für eine Kuh zu ermitteln.[1]

Kreditkonditionen		Aufwendungen, die eine Kuh pro Halbjahr verursacht		Erträge, die eine Kuh pro Halbjahr erzielt	
Zinssatz	8 % p. a.	Futter	500 DM	Milch	950 DM
		Stallmiete	400 DM		

Der Händler könnte am 1. Februar 1996 einen Kredit für ein halbes Jahr aufnehmen und für das Geld eine Kuh auf dem Kassamarkt erwerben. Er bindet folglich kein eigenes Kapital. Die Aufwendungen, die eine Kuh verursacht, belaufen sich pro Halbjahr auf insgesamt 900 D-Mark. Während der Haltezeit erzielt der Vieh-Händler für den Verkauf der Milch Erträge in Höhe von 950 D-Mark, so daß die cost of carry für eine Kuh

$$\underbrace{\frac{2.000\ \text{DM} \times 8\ \% \times 180\ \text{Tage}}{100\ \% \times 360\ \text{Tage}}}_{\text{Kreditzinsen}} + \overbrace{\underbrace{500\ \text{DM}}_{\text{Futter}} + \underbrace{400\ \text{DM}}_{\text{Stallmiete}}}^{\text{Aufwendungen}} - \overbrace{\underbrace{950\ \text{DM}}_{\text{Milch}}}^{\text{Erträge}} = 30\ \text{DM}$$

betragen. All dies weiß der Händler bereits »heute«. Der Kassapreis zuzüglich der cost of carry in Höhe von

$$\underbrace{2.000\ \text{DM}}_{\text{Kassapreis}} + \underbrace{30\ \text{DM}}_{\text{cost of carry}} = 2.030\ \text{DM}$$

liegt unter dem Terminpreis von 2.100 D-Mark. Der Händler kann infolgedessen einen Arbitrage-Gewinn erzielen. Er muß am 1. Februar 1996

- einen Kredit aufnehmen,
- für das Geld auf dem Kassamarkt Kühe erwerben und
- die Kühe »auf Termin« verkaufen.

Nach Ablauf eines halben Jahres liefert der Händler die Kühe und erfüllt damit seine Verpflichtung aus dem Termingeschäft. Vom Käufer erhält er am 1. August 1996 einen Geldbetrag in Höhe von 2.100 D-Mark pro Kuh.

Die Zahlungen, die der Händler am 1. Februar und 1. August 1996 leistet bzw. empfängt, sowie die cost of carry werden an folgendem Zeitstrahl verdeutlicht.

1 Der Einfachheit halber wurden fiktive Preise zugrunde gelegt.

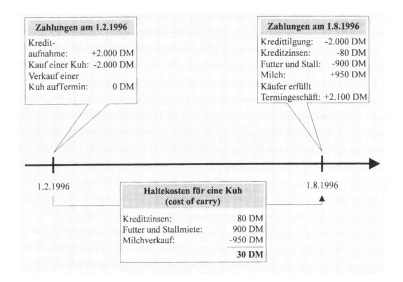

Der Händler erzielt ohne Einsatz eigenen Kapitals einen Gewinn in Höhe von

$$\underbrace{2.100 \text{ DM}}_{\substack{\text{Zahlung aus dem} \\ \text{Termingeschäft}}} - \underbrace{2.000 \text{ DM}}_{\substack{\text{Tilgung} \\ \text{des Kredits}}} - \underbrace{80 \text{ DM}}_{\text{Kreditzinsen}} - \underbrace{900 \text{ DM}}_{\substack{\text{Futter und} \\ \text{Stallmiete}}} + \underbrace{950 \text{ DM}}_{\substack{\text{Verkauf der} \\ \text{Milch}}} = 70 \text{ DM}$$

pro Kuh.

Arbitrage-Gewinne sind ausgeschlossen, wenn der Terminpreis für eine Kuh exakt 2.030 D-Mark beträgt.

In diesem Beispiel bleiben Transaktionskosten, wie Gebühren, die beim Abschluß des Termingeschäfts oder dem Kauf von Kühen auf dem Kassamarkt anfallen, der Einfachheit halber unberücksichtigt. Außerdem wird unterstellt, daß die Kühe während der Haltezeit nicht erkranken oder sogar eingehen können.

Im Unterschied zur Spekulation ist eine Arbitrage risikolos. Der Händler etwa, der im Beispiel 7/4 Kühe »auf Termin« verkauft, kennt den Gewinn, anders als die Spekulanten aus Beispiel 7/3, bereits im voraus.

Arbitrageure »beseitigen« die Möglichkeit, eine Differenz zwischen Kassa- und Terminpreis gewinnbringend ausnutzen zu können. Der im Beispiel 7/4 dargestellte Unterschied zwischen Kassa- und Terminpreis für Kühe könnte Arbitrageure veranlassen, die Tiere auf dem Kassamarkt nachzufragen und auf dem Terminmarkt anzubieten. Dies würde zu steigenden Kassa- und sinkenden Terminpreisen führen. Der Kassapreis könnte etwa auf 2.050 D-Mark pro Kuh steigen und der Terminpreis auf 2.082 D-Mark pro Kuh fallen. Dann lassen sich keine Arbitrage-Gewinne mehr erzielen, weil der Kassapreis zuzüglich der cost of carry exakt dem Terminpreis entspricht.

$$\underbrace{2.050\,\text{DM}}_{\text{Kassapreis}} + \underbrace{\frac{2.050\,\text{DM} \times 8\% \times 180\,\text{Tage}}{360\,\text{Tage} \times 100\%}}_{\text{Kreditzinsen}} + \underbrace{900\,\text{DM}}_{\substack{\text{Futter und} \\ \text{Stallmiete}}} - \underbrace{950\,\text{DM}}_{\text{Milch}} = 2.050\,\text{DM} + \overbrace{82\,\text{DM} + 900\,\text{DM} - 950\,\text{DM}}^{\text{cost of carry}} = 2.082\,\text{DM}$$

Die Beispiele 7/2 bis 7/4 demonstrieren, daß auf Terminmärkten sowohl Hedger, als auch Spekulanten und Arbitrageure aufeinandertreffen. Abbildung 7/2 veranschaulicht, wie die Marktteilnehmer zueinander in Beziehung stehen können.

Abb. 7/2:
Terminmarkt-
Teilnehmer

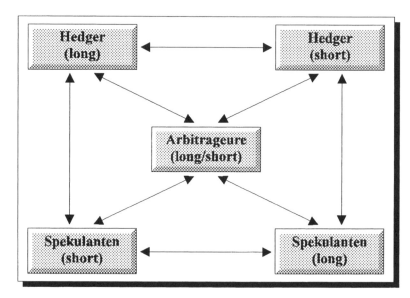

Der Stellenwert der Spekulanten wird vielfach falsch eingeschätzt. Sie gelten oftmals als Spieler, deren Transaktionen keinerlei ökonomische Bedeutung haben. Diese Sichtweise scheint jedoch verfehlt, wenn man bedenkt, daß Spekulanten zum Beispiel die Geschäftspartner der Hedger sein können und damit auch deren Risiken übernehmen. Außerdem sorgen Spekulanten oftmals für eine hohe Liquidität auf den Terminmärkten, die durch Hedger und Arbitrageure allein nicht sichergestellt wird. So gesehen erfüllen sie eine wichtige Funktion in jeder Volkswirtschaft. Das Wort »Spekulant« ist jedoch so negativ belegt, daß sich einige Spekulanten lieber »Trader« oder gar Arbitrageure nennen.

7.1.3   Klassifizierung

7.1.3.1   Einführung

Termingeschäfte lassen sich nach vielen Kriterien klassifizieren, zu deren wichtigsten die in Abbildung 7/3 dargestellten zählen. Auf die einzelnen Merkmale wird in den folgenden Abschnitten näher eingegangen.

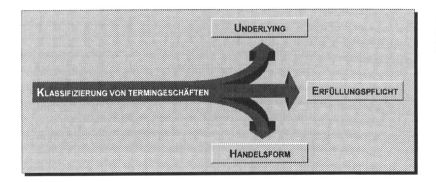

Abb. 7/3: Klassifizierungskriterien

Underlying

7.1.3.2

Marktteilnehmer können grundsätzlich jedweden Handelsgegenstand auf Termin kaufen und verkaufen. Die Underlyings, also die dem Termingeschäft zugrundeliegenden Handelsobjekte, sind entweder Güter (»commodities«), auf Finanzmärkten gehandelte »Objekte«, wie Devisen, Anleihen, Aktien usw., oder aber abstrakte »Finanzprodukte«, etwa Aktienindizes oder fiktive Anleihen. Die Handelsobjekte der Finanzmärkte sowie die abstrakten Finanzprodukte werden im weiteren unter dem Begriff »Finanzobjekte« zusammengefaßt (vgl. Abb. 7/4).[1]

Einige der in Abbildung 7/4 aufgeführten Handelsgegenstände kann der Verkäufer bei Fälligkeit des Termingeschäfts effektiv liefern (andienen). Hierzu gehören zum Beispiel Agrarprodukte, Rohstoffe, Devisen oder Wertpapiere. Andere Underlyings, etwa Aktienindizes, lassen sich dagegen nicht tatsächlich bereitstellen, so daß Käufer und Verkäufer das Termingeschäft stattdessen bar ausgleichen, was auch »**Cash Settlement**« genannt wird.

Cash Settlement

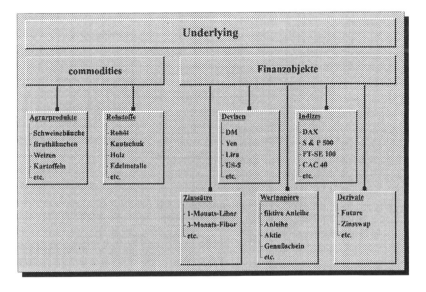

Abb. 7/4: Underlyings

[1] Im weiteren werden Finanz-Derivate, aber keine Termingeschäfte auf commodities, dargestellt. Termingeschäfte, denen commodities zugrunde liegen, und Finanz-Derivate stimmen hinsichtlich ihrer Konstruktion jedoch grundsätzlich überein.

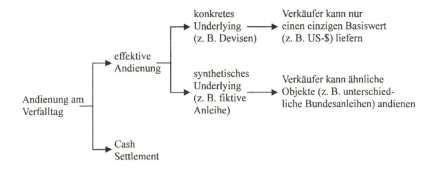

7.1.3.3 Erfüllungspflicht

Die Vertragspartner können beim Abschluß eines Termingeschäfts vereinbaren, daß

- sowohl der Käufer als auch der Verkäufer zur Erfüllung verpflichtet ist, der Erwerber bei Fälligkeit des Termingeschäfts den vereinbarten Preis also zahlen und der Veräußerer das Handelsobjekt liefern muß;
- der Käufer, anders als der Verkäufer, zur Erfüllung nicht verpflichtet ist und die freie Wahl (»Option«) hat, die Erfüllung zu verlangen oder stattdessen das Termingeschäft verfallen zu lassen.

Ein Termingeschäft, das dem Käufer ein Wahlrecht einräumt, ist ein einseitig verpflichtendes Geschäft und heißt Optionsgeschäft oder schlicht Option. Der Käufer richtet die Entscheidung, das Termingeschäft zu erfüllen oder verfallen zu lassen, an der Kassapreis-Entwicklung des Underlyings aus. Der Entschluß des Käufers wird folglich durch zukünftige Kassapreise bedingt. Aus diesem Grund heißen Optionsgeschäfte auch **bedingte Termingeschäfte**, wohingegen Termingeschäfte, die unabhängig von der künftigen Kassapreisentwicklung, eben unbedingt, zu erfüllen sind, **unbedingte Termingeschäfte** genannt werden. Sie sind, im Unterschied zu Optionen, zweiseitig verpflichtend.

bedingte/ unbedingte Termingeschäfte

Abb. 7/5: Erfüllungspflicht

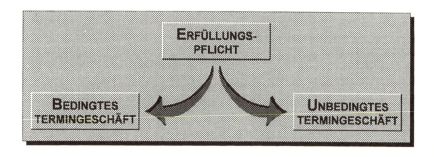

Handelsform   7.1.3.4

OTC- versus Börsenhandel   7.1.3.4.1

Der Abschluß von Termingeschäften ist sowohl an Börsen, sogenannten Terminbörsen, als auch außerbörslich – hierfür ist die Bezeichnung »over-the-counter« (OTC) geläufig – möglich (vgl. Abb. 7/6). Bei einem OTC-Termingeschäft schließen die Partner den Vertrag zumeist telefonisch miteinander ab, im Anschluß dokumentieren die Kontrahenten die Transaktion dann schriftlich. Den Zeitpunkt der Fälligkeit sowie die Menge des Basiswertes, die bei Fälligkeit geliefert wird, legen die Partner individuell, also den eigenen Bedürfnissen entsprechend, fest. Jeder trägt das Risiko, daß der jeweils andere Kontrahent seine Verpflichtung, genauer gesagt, die Zahlung bzw. die Lieferung, in der Zukunft nicht erfüllt. Dies ist bei börsengehandelten Derivaten anders. Hier sind die Ausstattungsmerkmale der Termingeschäfte (»Kontrakte«) genormt. Die jeweilige Terminbörse fixiert die Handelsobjekte, Fälligkeitszeitpunkte und Liefermengen (»Kontraktgrößen«).

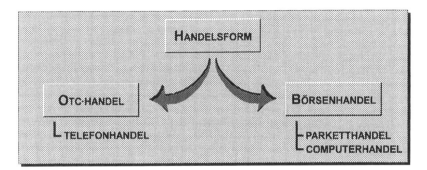

Abb. 7/6: Handelsformen

Außerdem schließen Käufer und Verkäufer ein Börsentermingeschäft gewöhnlich nicht direkt miteinander ab. Stattdessen tritt eine sogenannte **Clearingstelle** (Clearinghouse) zwischen die Vertragspartner. Sie garantiert die Erfüllung der Termingeschäfte und entlastet jeden Kontrahenten von der Bonitätsprüfung des jeweils anderen. Fällt eine Vertragspartei in der Zukunft aus, so ist die Clearingstelle für die Erfüllung des Termingeschäfts verantwortlich. Die Clearingstelle hält in aller Regel keine offenen Positionen, sie geht nur dann long (short), wenn sie dasselbe Handelsobjekt zu gleichen Konditionen zum selben Zeitpunkt an einen anderen Marktteilnehmer verkaufen (kaufen) kann. Sie führt die Marktteilnehmer quasi zusammen, was auch als »**Matching**« bezeichnet wird und verlangt im allgemeinen sowohl von Käufern als auch von Verkäufern Sicherheitsleistungen, sogenannte Margins. Hierauf wird im Verlauf dieses Kapitels näher eingegangen. Des weiteren übernimmt die Clearingstelle nicht nur die Bonitätsprüfung der Kontrahenten, das Matching und die Einforderung von Margins, sondern oft auch die Abwicklung sowie Überwachung der Geschäfte. Sie kann Bestandteil einer Terminbörse sein, aber ebenso ein eigenständiges Unternehmen, das mit der Terminbörse kooperiert.

Clearingstelle

Matching

476   Einführung

Zum Handel an einer Terminbörse sind nur Marktteilnehmer mit einwandfreier Bonität, sogenannte Clearing-Mitglieder, zugelassen. Diese können wiederum Orders anderer Marktteilnehmer, zum Beispiel Privatanleger, annehmen und an die Börse weitergeben – ein Termingeschäft schließen jedoch stets Clearing-Mitglied und Clearingstelle ab.

Abb. 7/7: Terminbörsen-Handel

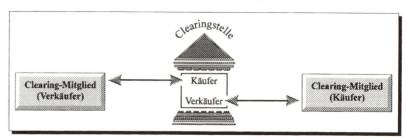

Die Standardisierung der Kontrakte sowie die Erfüllungssicherheit und der damit verbundene Börsenhandel bewirken

- den gleichen Marktzugang und folglich Chancengleichheit für alle Teilnehmer,
- ein transparentes Marktgeschehen,
- eine faire und zumeist durch die Terminbörse überwachte Preisbildung,
- vergleichsweise hohe Umsätze und demzufolge
- eine hohe Fungibilität der Kontrakte, also die Möglichkeit, Termingeschäfte stets abschließen, aber auch jederzeit vor Fälligkeit zu »fairen« Preisen durch ein Gegengeschäft aufheben zu können.

Glattstellung

Marktteilnehmer halten Terminbörsen-Geschäfte gemeinhin nicht bis zur Fälligkeit aufrecht. Vielmehr befreien sie sich vor Fälligkeit durch ein Gegengeschäft von ihrer Verpflichtung, was im Fachjargon »**Glattstellung**« heißt. Das Eröffnen einer Position, also der Kauf (Verkauf) eines Handelsobjektes »auf Termin«, wird dann durch einen Terminverkauf (Terminkauf) mit gleichem Fälligkeitszeitpunkt und identischer Kontraktgröße »geschlossen« (glattgestellt), was Abbildung 7/8 veranschaulicht. Dabei erzielt der Käufer, je nach Entwicklung des Terminkurses, einen Gewinn oder Verlust in Höhe von

$$(\underbrace{P_1}_{\substack{\text{Preis zu dem} \\ \text{Position glatt-} \\ \text{gestellt wird}}} - \underbrace{P_0}_{\substack{\text{Preis zu dem} \\ \text{Position eröff-} \\ \text{net wird}}}) \times \text{Menge}$$

und der Verkäufer gewinnt oder verliert

$$(P_0 - P_1) \times \text{Menge}.$$

Im Vergleich zu OTC-Termingeschäften weist der börsliche Derivate-Handel eine Reihe von Vorteilen auf. An einer Terminbörse können Verträge vergleichsweise rasch und unkompliziert abgeschlossen werden. Die Kon-

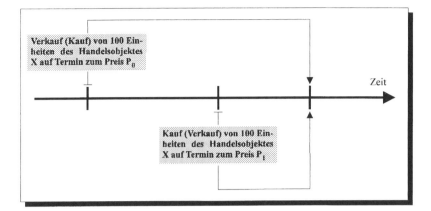

Abb. 7/8: Glattstellung eines Termingeschäfts

trahenten ersparen sich außerdem die Bonitätsprüfung der Vertragspartner, die teilweise mühselig und kostspielig ist. Darüber hinaus sind Börsentermingeschäfte ausgesprochen fungibel und lassen sich demnach jederzeit problemlos und zu einem fairen Preis glattstellen. Die Standardisierung der Kontrakte beeinträchtigt jedoch die Möglichkeit zur individuellen Ausgestaltung. Dies gewährleisten dagegen OTC-Termingeschäfte, die auf die besonderen Bedürfnisse der Vertragspartner zugeschnitten werden können, was wiederum mit einer geringeren Fungibilität usw. »erkauft« wird. Die Vorteile börsengehandelter Termingeschäfte entsprechen folglich den Nachteilen over-the-counter gehandelter Derivate und umgekehrt (vgl. Abb. 7/9).

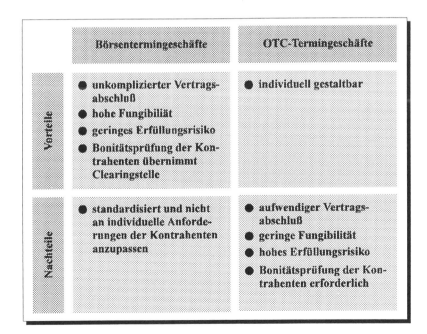

Abb. 7/9: Vor- und Nachteile börsen- sowie OTC-gehandelter Derivate

Abb. 7/10:
Wichtige Terminbörsen weltweit

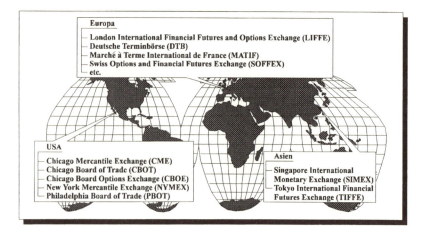

Marktteilnehmer vereinbaren Börsentermingeschäfte entweder an Präsenzbörsen (»Parkettbörsen«), wie der Chicago Mercantile Exchange (CME), oder vollelektronisch über Computerterminals, etwa an der Deutschen Terminbörse (DTB).

7.1.3.4.2 Präsenzbörsen

In den USA werden Termingeschäfte überwiegend an Präsenzbörsen abgeschlossen, zu denen nur Börsenmitglieder Zugang haben. Hierzu zählen Handelsunternehmen (»Broker-Häuser«), Geschäftsbanken usw., die Clearing-Mitglieder an der jeweiligen Terminbörse sind und entweder als »Trader« oder »Broker« agieren. Trader dürfen Termingeschäfte ausschließlich auf eigene Rechnung abschließen, wohingegen Broker vorwiegend Orders für Dritte (Kunden) ausführen. Broker müssen über eine staatliche Lizenz verfügen. Außerdem existieren an Terminbörsen wie der CME strikte Vorschriften für Broker sowie computerisierte Überwachungssysteme, die Fehltritte aufdecken sollen.

trading floor

Den Börsensaal (»Parkett«), englisch »**trading floor**«, dürfen nur Mitglieder der jeweiligen Börse, Börsenaufseher und -angestellte oder Mitarbeiter der Nachrichtendienste betreten. Marktakteure, die nicht Mitglied sind, aber Termingeschäfte an einer Börse, zum Beispiel der CME, abschließen wollen, wenden sich an einen Broker, etwa in Frankfurt, London oder New York, und teilen diesem ihre Kauf- bzw. Verkaufswünsche mit. Von hier werden die Orders direkt, beispielsweise telefonisch, an die CME übermittelt, wo Boten, sogenannte »Runner«, die Aufträge an die »Floor Broker« weiterleiten. Floor Broker sind oftmals Angestellte der Broker-Häuser, Geschäftsbanken usw. und führen die Orders der Kunden aus. Sie treffen auf bestimmten, vom Parkett abgegrenzten Börsenringen, den »trading pits«, kurz »**pits**«, mit anderen Floor Brokern oder Floor Tradern zusammen. Man kann sich sehr leicht ausmalen, daß mitunter eine Vielzahl von Händlern aufeinander trifft, die kaum mehr auseinander zu halten sind. Die Teilnehmer auf dem pit tragen deshalb Jacken in unterschiedli-

pit

Abb. 7/11: Handel an einer »Präsenz-Terminbörse« (Quelle: Chicago Board of Trade)

chen Farben, die Händler zusätzlich Abzeichen, damit sie einander identifizieren können und eine Unterscheidung von anderen Angestellten möglich wird.

Das Parkett einer Terminbörse vereint in aller Regel mehrere, zumeist achteckige trading pits, zum Beispiel einen pit für commodities, einen für Währungen, einen für Aktienindizes usw.

Die Händler teilen ihre Nachfragen (bids) und Angebote (offers), also Terminpreise sowie Mengen, untereinander durch offenen Zuruf, englisch

Abb. 7/12: Handzeichen beim Handel an Terminbörsen (Quelle: Chicago Mercantile Exchange)

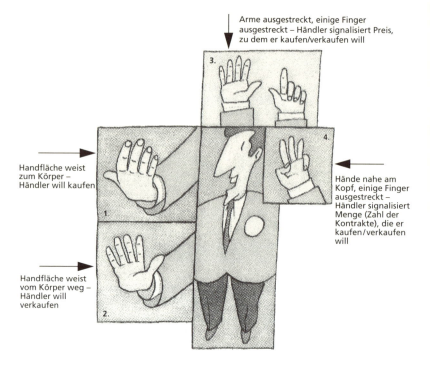

open outcry

»**open outcry**«, und, insbesondere bei lebhaftem Handel, durch entsprechende Handbewegungen mit (vgl. Abb. 7/12). Nachfrager rufen in aller Regel zuerst die Menge und dann den Preis aus, Anbieter dagegen zunächst den Preis und anschließend die Menge. Wenn alle Nachfrager beispielsweise denselben Preis verkünden, dann wird ein Verkäufer das Geschäft mit demjenigen Händler abschließen, dessen bid er zuerst hört.

Käufer und Verkäufer füllen jeweils unmittelbar nach einem Geschäftsabschluß eine Umsatzkarte, die »trading card«, aus. Sie enthält unter anderem den Namen des Händlers, das Underlying, den vereinbarten Preis, die Menge, die Position des Händlers (Kauf oder Verkauf) sowie die Identität des Kontrahenten und wird an die Clearingstelle weitergeleitet. Diese nimmt nachträglich bei Käufern die Position des Verkäufers und bei Verkäufern die des Käufers ein. Das Geschäft zwischen zwei Marktteilnehmern, zum Beispiel einem Broker und einem Trader, wird so in zwei Geschäfte, und zwar eines zwischen Käufer und Clearingstelle und eines zwischen Clearingstelle und Verkäufer aufgespalten. Die Clearingstelle garantiert beiden Vertragspartnern die Erfüllung des Termingeschäfts, dem Käufer also die Lieferung, dem Verkäufer dagegen die Zahlung.

Das Geschehen auf dem pit wird von »Kursreportern«, englisch »pit reporter« oder »pit observer«, verfolgt, die entweder im Börsenring stehen oder den Handel von einem Hochsitz außerhalb des pits beobachten. Sie »schnappen« die zwischen den Händlern vereinbarten Terminpreise auf und geben diese über Computerterminals in einen Zentralrechner ein. Von dort werden die Kurse unmittelbar

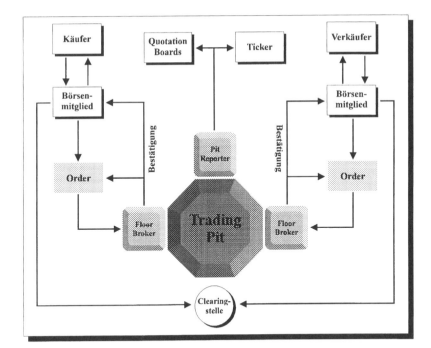

Abb. 7/13:
Terminhandel
an einer Präsenz-
börse
(Quelle: Chicago Mercantile Exchange)

- auf Monitore und Anzeigetafeln, sogenannte »quotation boards«, übertragen, die auf dem Börsenparkett installiert sind. Die Teilnehmer sind so in der Lage, das Geschehen auf anderen pits nachzuvollziehen;
- über den »Ticker« verbreitet, so daß Marktteilnehmer weltweit den Handel an der entsprechenden Präsenzbörse »real time« verfolgen können.

Computerbörsen

Im Unterschied zu Präsenzbörsen werden Termingeschäfte an Computerbörsen nicht auf dem Parkett durch open outcry gehandelt. Vielmehr geben die Teilnehmer über Bildschirmterminals, die weltweit plaziert sein können, ihre Aufträge oder Geld-/Brief-Kurse, englisch »**Quotes**«, ab. Die Händler an der im Januar 1990 eröffneten Deutschen Terminbörse (DTB), Frankfurt am Main,[1] – hierzu zählen neben deutschen mittlerweile auch niederländische, schweizer, französische, finnische und britische Teilnehmer – verfügen über Terminals, die über ein Telekommunikationsnetz mit dem Rechenzentrum der DTB verbunden sind (vgl. Abb. 7/14). Die Händler können, unabhängig von ihrem jeweiligen Standort, Orders in das System eingeben, die vom Zentralrechner der DTB erfaßt und, soweit dies möglich ist, sofort mit anderen Aufträgen zusammengeführt werden.

Marktteilnehmer, die an der Deutschen Terminbörse handeln wollen, müssen eine Zulassung bei der DTB beantragen. Sie wird erteilt, wenn bestimmte Voraussetzungen erfüllt sind. Hierzu zählen etwa eine akzeptable

7.1.3.4.3

Quotes

[1] Die Deutsche Terminbörse ist eine Tochtergesellschaft der Deutschen Börse AG.

Abb. 7/14:
DTB-Computer-
Netzwerk
(Quelle: Deutsche
Terminbörse)

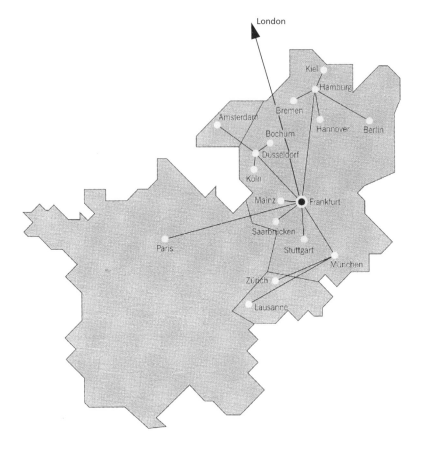

Bonität, der Nachweis von Fachkenntnissen über Termingeschäfte oder angemessene technische Einrichtungen zur Abwicklung von Termingeschäften. Die Teilnehmer erlangen, je nachdem, welche Voraussetzungen sie erfüllen, den Status eines

- General-Clearing-Mitglieds (GCM),
- Direkt-Clearing-Mitglieds (DCM) oder
- Nicht-Clearing-Mitglieds (NCM).

Clearing-Mitglieder an der DTB

GCM und DCM wird eine Clearing-Lizenz erteilt, die zur Abwicklung, Besicherung sowie geld- und stückemäßigen Regulierung, kurz Clearing, der an der Deutschen Terminbörse abgeschlossenen Geschäfte berechtigt. General-Clearing-Mitglieder haben die Befugnis zum Clearing eigener Geschäfte oder der Geschäfte ihrer Kunden, sie dürfen aber auch Geschäfte von Börsenteilnehmern ohne Clearing-Lizenz (Nicht-Clearing-Mitglieder) »clearen«. DCM sind hingegen nur zum Clearing eigener Geschäfte oder der Geschäfte ihrer Kunden berechtigt.

Nicht-Clearing-Mitglieder sind Börsenteilnehmer und können, genau wie GCM und DCM, an der Deutschen Terminbörse handeln. Geschäfte müssen jedoch über ein General-Clearing-Mitglied abgeschlossen werden. Wenn ein NCM einen Auftrag oder eine Quote ins System eingibt, dann kommt ein Geschäft zwischen NCM und GCM sowie gleichzeitig ein entsprechendes Geschäft zwischen GCM und der Deutschen Terminbörse zustande.

Das General-Clearing-Mitglied haftet quasi für das Nicht-Clearing-Mitglied, indem es Sicherheiten für das NCM hinterlegt, für die Erfüllung der Pflichten geradesteht usw. Zu den Nicht-Clearing-Mitgliedern zählen etwa Institute, die keine Banken im Sinne des Kreditwesengesetzes (KWG) sind.

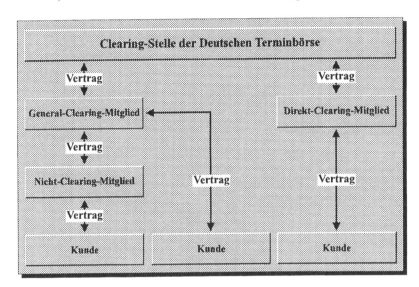

Abb. 7/15: Vertragsbeziehungen bei Geschäftsabschluß (Quelle: Deutsche Terminbörse)

Jedes Clearing-Mitglied muß Sicherheitsleistungen (**Margins**), zum Beispiel in Form von Wertpapieren oder Geld, für sämtliche an der DTB eingegangene Termingeschäfte hinterlegen. Die Deutsche Terminbörse schafft so ein »Kapitalpolster«, auf das zurückgegriffen werden kann, falls der Kontrahent seiner Erfüllungspflicht in der Zukunft nicht nachkommt. Sie verlangt von einem Clearing-Mitglied jedoch nicht separat für jedes einzelne Geschäft Margins, sondern faßt stattdessen jene Termingeschäfte zusammen, die in der Zukunft entgegengesetzte Wertentwicklungen erwarten lassen. Übrig bleiben diejenigen Positionen – in diesem Zusammenhang »Spread-Positionen« genannt –, deren zukünftige Wertentwicklung nicht durch die Wertentwicklung anderer Termingeschäfte desselben Clearing-Mitglieds kompensiert werden und folglich Verlustgefahren bergen, die vom Börsenteilnehmer durch Margins unterlegt werden müssen. Diese Vorgehensweise heißt auch »**Risk Based Margining**«. Die Höhe der Sicherheitsleistungen bestimmt die DTB für jede Art von Termingeschäft, also Derivate auf Aktienindizes, fiktive Anleihen usw., täglich neu. Sie orientiert sich dabei an den historischen Wertverläufen, versucht aber auch, zukünftige Wertschwankungen zu antizipieren, und legt für einen Terminkontrakt umso höhere Sicherheitsleistungen fest, je größer die potentielle Verlustgefahr für

Margins

Risk Based Margining

eben diesen Kontrakt ist. Da sich die Einschätzung über die zukünftige Wertentwicklung von Tag zu Tag ändern kann, differieren auch die Sicherheitsleistungen im Zeitablauf.

Die DTB bewertet die Termingeschäfte eines jeden Clearing-Mitglieds täglich neu und ermittelt die von einem auf den anderen Börsentag aufgelaufenen Verluste, welche sodann mit den Margins des jeweiligen Teilnehmers verrechnet werden. Er muß weitere Sicherheitsleistungen, sogenannte »Nachschüsse«, stellen, wenn eine bestimmte Mindest-Margin unterschritten wird. Kommt der Börsenteilnehmer dieser Pflicht nicht nach, so kann die DTB die entsprechenden Positionen glattstellen.[1]

Die Deutsche Terminbörse kann Börsenteilnehmern auf Antrag eine Market-Maker-Lizenz für bestimmte Terminprodukte erteilen. Die Vergabe der Lizenz verpflichtet die Teilnehmer, für die jeweiligen Produkte verbindliche Quotes zu stellen, so daß die Liquidität, also die Möglichkeit, ein Termingeschäft stets abschließen und bestehende Geschäfte jederzeit auflösen zu können, gesteigert wird. Die DTB vergibt Market-Maker-Lizenzen nur für Optionen, nicht jedoch für unbedingte Termingeschäfte, die sogenannten Futures.

Ein Börsentag an der DTB läßt sich in drei Phasen segmentieren, und zwar

- die Pre-Trading-Periode,
- die Handelszeit (»Trading-Phase«), die wiederum in eine Pre-Opening-Phase und die eigentliche Handelszeit unterteilt werden kann, und
- die Post-Trading-Phase.

> **Trading-Phasen**

Der Börsentag beginnt mit einer vorbörslichen Phase, der sogenannten Pre-Trading-Periode, innerhalb derer die Teilnehmer Orders, zum Beispiel Aufträge ihrer Kunden, und Quotes ins System eintippen können. Die Orders werden noch nicht während dieser Phase, sondern erst zur Handelszeit ausgeführt. Diese schließt sich an die Pre-Trading-Periode an und beginnt mit einer Pre-Opening-Phase, innerhalb derer die DTB prüft, ob die ins System eingegebenen Preise »fair« sind. Der börsliche Handel, also die eigentliche Handelszeit, fängt an, sobald die DTB die Preise »freigegeben« hat. Dann werden die einzelnen Kontrakte bis zum Schluß der Trading-Phase fortlaufend gehandelt, wobei eine Überwachungsstelle zum Schutz der Börsenteilnehmer das Marktgeschehen ständig beobachtet und sämtliche Transaktionen dokumentiert. Anschließend setzt die nachbörsliche Phase, die Post-Trading-Periode, ein, innerhalb derer die Teilnehmer beispielsweise Orders für den nächsten Tag ins System einstellen können. Nach Beendigung der Post-Trading-Phase wird das System geschlossen, so daß für die Börsenteilnehmer keine Möglichkeit mehr besteht, Aufträge und Quotes einzugeben.

Die eben beschriebenen Phasen beginnen und enden für die einzelnen an der Deutschen Terminbörse gehandelten Produkte zu unterschiedlichen Zeiten. Abbildung 7/16 zeigt den Börsentag an der DTB beispielhaft für Aktienoptionen.

---

1 *Clearing-Mitglieder, etwa Geschäftsbanken, die für Kunden Geschäfte an der DTB abschließen, müssen von ihren Kunden Margins fordern, die mindestens so hoch sind, wie die Sicherheitsleistungen des Clearing-Mitglieds selbst.*

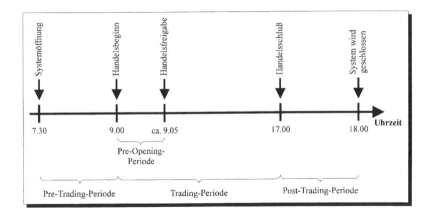

Abb. 7/16: Börsentag an der DTB am Beispiel der Aktienoptionen

Forwards und Futures 7.2

Abgrenzung der Begriffe 7.2.1

Unbedingtes Termingeschäft

Ein **unbedingtes Termingeschäft** ist ein Kaufvertrag zwischen zwei Parteien, der den Verkäufer verpflichtet,

- eine bestimmte Menge (Kontraktgröße) eines Objektes (Underlying),
- zu einem zukünftigen Zeitpunkt (Fälligkeitszeitpunkt),
- zu einem bei Vertragsabschluß festgelegten Preis (Terminpreis),
- zu liefern,

und den Käufer bindet,

- zum Fälligkeitszeitpunkt
- den Terminpreis zu zahlen und
- das gesamte Underlying abzunehmen.

Ein unbedingtes Termingeschäft ist ein zweiseitig bindender Kontrakt – beim Abschluß verpflichten sich Verkäufer und Käufer gleichermaßen zur Erfüllung. Die Kontrahenten können ein unbedingtes Termingeschäft direkt miteinander abschließen und dessen Ausstattung, also die Vereinbarung über das Handelsobjekt, die Liefermenge sowie den Fälligkeitszeitpunkt, individuell gestalten. Ein solches Termingeschäft wird allgemein als Forward-Geschäft, kurz »Forward«, bezeichnet. Im Unterschied zu Forwards sind die Ausstattungsmerkmale börsengehandelter unbedingter Termingeschäfte »genormt«. Die Marktteilnehmer können nur Kontrakte mit ganz bestimmten Handelsobjekten, Fälligkeitszeitpunkten und Volumina wählen. Außerdem schließen Börsenteilnehmer ein Geschäft nicht direkt miteinander ab, sondern stets mit der Clearing-Stelle. Derartige Termingeschäfte heißen »Futures«, was vom englischen Begriff »future« (Zukunft) stammt und die Erfüllung des Geschäfts in der Zukunft ausdrückt. Futures, die sich auf commodities beziehen, heißen Commodity-Futures, wohingegen Financial-Futures Finanzobjekte zugrundeliegen. Im weiteren werden nur noch Financial-Futures behandelt und schlicht und einfach Futures genannt.

Marktteilnehmer, die Forwards abschließen, halten diese gewöhnlich bis zur Fälligkeit aufrecht, wohingegen Futures meistens vorher glattgestellt werden. Mit anderen Worten: Die Marktteilnehmer befreien sich von der Verpflichtung durch ein Gegengeschäft. Es bleibt dann nur noch die Differenz zwischen Einstands- und Glattstellungskurs übrig. Die vorzeitige »Stornierung« ist auf die standardisierten Fälligkeiten zurückzuführen, die, anders als bei Forwards, nicht individuell zwischen den Kontrahenten vereinbart werden können. Der von den Marktteilnehmern im Einzelfall gewünschte Fälligkeitstermin stimmt in aller Regel nicht mit dem des Futures überein, so daß

- die Future-Position vor Fälligkeit glattgestellt wird, sofern die Laufzeit des Futures den gewünschten Fälligkeitszeitpunkt überschreitet, oder
- im Zeitablauf von einem Future auf einen Kontrakt mit einer längeren Restlaufzeit »gewechselt« werden muß, wenn die gewünschte Fälligkeit die Laufzeit des Futures überschreitet.

Forwards und Futures können grundsätzlich sämtliche Finanzobjekte zugrundeliegen. Hierzu zählen »konkrete« Handelsgegenstände, wie Devisen, Aktien, Anleihen usw., aber auch »abstrakte« Finanzobjekte, etwa Indizes oder fiktive Anleihen.

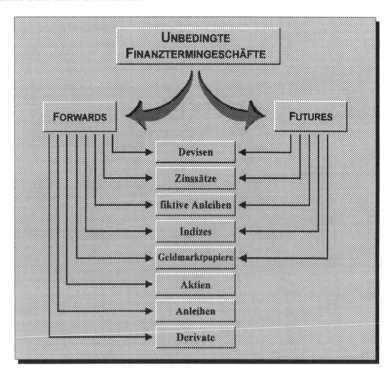

Abb. 7/17: Unbedingte Finanztermingeschäfte

In Deutschland schließen die Marktteilnehmer Forwards überwiegend für Devisen und Zinssätze ab, jedoch selten für Aktien, Anleihen, Derivate oder gar Indizes und fiktive Anleihen. Deshalb werden im Abschnitt 7.2.2 lediglich Forwards auf Devisen und Zinssätze ausführlich dargestellt. Futures basieren für gewöhnlich auf Devisen, Zinssätzen, fiktiven Schuldverschreibungen oder Aktienindizes, nicht aber auf einzelnen Anleihen oder Aktien (vgl. Abschnitt 7.2.3).

Forwards und Futures können, anders als etwa Wertpapiere oder Devisen, allzeit und in unbegrenztem Umfang neu entstehen. Die Zahl umlaufender Wertpapiere, wie Aktien und Anleihen, wird durch das Emissionsvolumen beschränkt und die Devisenmengen sind durch die Zentralbanken der einzelnen Länder vorgegeben. Futures hingegen entstehen genau dann, wenn zwei Marktteilnehmer zum Geschäftsabschluß bereit sind.

In der Praxis sprechen die Marktteilnehmer gemeinhin vom Future- und Forward-Kauf sowie -Verkauf und meinen damit den Aufbau einer Long- bzw. Short-Position. Ein Teilnehmer, der beispielsweise einen Future kauft, »ist Future long«. Er nimmt die Position des Käufers ein und verpflichtet sich, zum Fälligkeitszeitpunkt für das Underlying den vereinbarten Terminpreis zu bezahlen. Der Verkäufer veräußert dagegen ein Finanzobjekt, das er unter Umständen noch gar nicht besitzt – er verkauft dann »leer«.

Forwards 7.2.2

Devisentermingeschäft 7.2.2.1

Ein Devisentermingeschäft ist ein Forward, dem ein Währungsbetrag zugrundeliegt. Die Vertragspartner vereinbaren beim Geschäftsabschluß, zu einem zukünftigen Zeitpunkt einen Fremdwährungsbetrag zum Terminkurs[1] auszutauschen. Der Verkäufer verpflichtet sich, den Währungsbetrag (Volumen) zu eben diesem Zeitpunkt zu liefern. Der Käufer muß dann einen Geldbetrag in Höhe von

$$\text{Terminkurs} \times \text{Volumen}$$

an den Verkäufer zahlen.

Ein Devisentermingeschäft wird für gewöhnlich mit einer Geschäftsbank, zumeist telefonisch, abgeschlossen. Dabei kann die Bank sowohl die Position des Käufers als auch die des Verkäufers einnehmen. Ein Geschäft, bei dem ein Marktteilnehmer[2] Devisen »auf Termin« von einer Bank kauft, ist aus dessen Sicht ein Devisenterminkauf und aus der Perspektive der Geschäftsbank verständlicherweise ein Devisenterminverkauf. Veräußert er dagegen »Devisen auf Termin« an eine Geschäftsbank, so ist es genau umgekehrt. Die Bank stellt demnach einen

- Terminkurs (Geld), wenn sie die Position des Käufers einnimmt, und einen
- Terminkurs (Brief), sofern sie Verkäufer ist.

Handel

1 Zum Terminkurs vgl. Abschnitt 5.1.2.5.

2 Dies kann eine Privatperson oder eine Institution, zum Beispiel ein Industrieunternehmen, aber auch eine Geschäftsbank sein.

488   **Forwards und Futures**

Beispiel 7/5

Ein Privatmann schließt am 5.1.1996 mit einer Sparkasse ein Devisentermingeschäft ab, das folgenderweise ausgestattet ist:

Fälligkeit	5.4.1996
Volumen	100.000 US-$

Er nimmt die Position des Käufers ein. Die Sparkasse ist folglich der Verkäufer. Die Bank legt einen 3-Monats-Terminkurs (Brief) in Höhe von 1,4454 D-Mark/US-Dollar zugrunde, der auch in der Finanzzeitung ausgewiesen wird.

Devisen- und Sortenkurse

5.1.1996		Kassakurse amtlich		3 Monate*)		6 Monate*)		Preise am Bankschalter**)		Kassa (sfrs) u. Banken***)
		Geld	Brief	Geld	Brief	Geld	Brief	Geld	Brief	Mittelkurs
USA	1 US-$	1,4438	1,4518	1,4373	1,4454	1,4309	1,4391	1,390	1,500	1,1650
Großbrit.	1 £	2,2314	2,2454	2,2167	2,2308	2,2018	2,2164	2,145	2,345	1,8064
Irland	1 ir. £	2,3035	2,3175	2,2934	2,3076	2,2813	2,2964	2,230	2,410	
Kanada	1 kan.$	1,0615	1,0695	1,0566	1,0648	1,0510	1,0594	1,000	1,120	0,8570

Der Privatmann verpflichtet sich beim Abschluß des Devisentermingeschäfts, am 5.4.1996 insgesamt

$$\underbrace{1,4454 \text{ DM/US-\$}}_{\text{Terminkurs}} \times \underbrace{100.000 \text{ US-\$}}_{\text{Volumen}} = 144.540 \text{ DM}$$

an die Sparkasse zu zahlen, die im Gegenzug 100.000 US-Dollar liefert.

In der Praxis unterscheidet man Devisentermingeschäfte mit »glatten« Laufzeiten, hierzu zählen zum Beispiel Geschäfte, die nach 1, 2, 3 oder 6 Monaten verfallen, und Geschäfte mit gebrochenen Laufzeiten, soge-

broken dates

nannte **broken dates**« (etwa 6 Monate und 16 Tage). Devisenhändler stellen Terminkurse in aller Regel nur für glatte Laufzeiten. Indikationen solcherlei Kurse zeigt zum Beispiel die Finanzzeitung in der Tabelle »*Devisen- und Sortenkurse*« (vgl. Abschnitt 5.3.1) oder die Reuters-Seite »CKLS« (vgl. Abschnitt 5.1.2.5). Terminkurse für »broken dates« werden von Geschäftsbanken jeweils separat berechnet.

Devisentermingeschäfte erstrecken sich zumeist über relativ kurze Zeiträume von höchstens einem Jahr. Vereinzelt werden allerdings auch Geschäfte mit großen Laufzeiten (»long-dated-forwards«), die zum Beispiel nach 15 Jahren verfallen, vereinbart. Für Devisen-Forwards gelten, je nach Institut, geringe Mindestvolumina – Terminkäufe bzw. -verkäufe von US-Dollar sind oftmals beispielsweise schon ab einem Devisenbetrag von 10.000 US-Dollar möglich. Die Geschäftsbanken prüfen beim Abschluß generell die Bonität des Kontrahenten und verlangen unter Umständen Sicherheiten, die der Vertragspartner etwa in Form von Wertpapieren stellen kann. Darauf greift die Bank zurück, falls der Vertragspartner seiner Erfüllungspflicht nicht nachkommt.

Forwards   489

Ein Devisenterminverkauf schützt Marktteilnehmer, beispielsweise Exporteure, die in der Zukunft den Eingang einer Zahlung in einer fremden Währung erwarten, vor den Folgen eines Rückgangs des jeweiligen Devisenkurses. Ein deutscher Exporteur etwa, der am 1.2.1996 Waren für 735.000 US-Dollar an einen Abnehmer in den USA liefert und mit dem Käufer ein Zahlungsziel von drei Monaten vereinbart, kann sich mit einem Devisentermingeschäft gegen ein Sinken des US-Dollar-Devisenkurses absichern. Das Geschäft wird entsprechend den individuellen Bedürfnissen des Exporteurs ausgestattet. Er verkauft am 1.2.1996 exakt 735.000 US-Dollar »auf Termin drei Monate«.

Hedging

Fremdwährungszahlungen, die zukünftig zum Beispiel von einem Importeur geleistet werden müssen, lassen sich hingegen durch einen Terminkauf gegen einen Kursanstieg sichern.

Hedger schließen offene Kassapositionen, also zukünftige Zahlungsein- bzw. -ausgänge in einer fremden Währung, durch den Aufbau entgegengesetzter Terminpositionen. Die Absicherung gegen einen Anstieg bzw. Rückgang eines Devisenkurses durch einen Terminkauf respektive -verkauf ist im Beispiel 5/2 (vgl. Abschnitt 5.1.2.5) ausführlich dargestellt, so daß hier auf weitere Ausführungen verzichtet wird.

Neben Hedgern schließen auch Spekulanten Devisentermingeschäfte ab. Sie entscheiden sich für einen Devisenterminkauf, wenn sie einen zukünftigen Kursanstieg für eine fremde Währung vermuten. Falls der Kassakurs in der Zukunft tatsächlich steigt, so können die Spekulanten die »auf Termin« erworbenen Devisen zu einem höheren Kassakurs verkaufen. Gehen die Spekulanten hingegen von einem Kursrückgang aus, so werden sie die jeweilige fremde Währung auf Termin verkaufen. Bei einer korrekten Prognose erzielen die Spekulanten einen Gewinn, weil sie die Devisen in der Zukunft »billig« auf dem Kassamarkt kaufen, dem Käufer des Forwards liefern und von diesem den im Vergleich zum Kassakurs höheren Terminkurs erhalten. Im Unterschied zu Hedgern schließen Spekulanten keine offenen Kassapositionen, sie schaffen vielmehr offene Positionen durch den Abschluß von Forwards.

Spekulation

Ein Privatmann spekuliert am 9.5.1995 auf eine Abwertung des US-Dollars gegenüber der D-Mark innerhalb des nächsten Vierteljahres. Er entscheidet sich daraufhin für ein Devisentermingeschäft mit einer Geschäftsbank, wobei der Spekulant die Position des Verkäufers einnimmt. Die beiden Kontrahenten vereinbaren folgende Ausstattung des Forwards.

Beispiel 7/6

Fälligkeit	9.8.1995
Volumen	200.000 US-$

Die Bank legt einen 3-Monats-Terminkurs (Geld) in Höhe von 1,3626 D-Mark/US-Dollar zugrunde, der auch in der Finanzeitung ausgewiesen wird.

Forwards und Futures

Devisen- und Sortenkurse

9.5.1995		Kassakurse amtlich		3 Monate*)		6 Monate*)		Preise am Bankschalter**)		Kassa (sfrs) u. Banken***)
		Geld	Brief	Geld	Brief	Geld	Brief	Geld	Brief	Mittelkurs
USA	1 US-$	1,3679	1,3759	1,3626	1,3707	1,3573	1,3655	1,320	1,430	1,1308
Großbrit.	1 £	2,1808	2,1948	2,1690	2,1834	2,1549	2,1695	2,100	2,300	1,8109
Irland	1Ir £	2,2410	2,2550	2,2296	2,2431	2,2145	2,2302	2,100	2,370	

Der Spekulant hat Pech, weil der US-Dollar gegenüber der D-Mark aufwertete und der Kassakurs über dem Terminkurs liegt, was ein Ausschnitt aus der Finanzzeitung zeigt.

Devisen- und Sortenkurse

9.8.1995		Kassakurse amtlich		3 Monate*)		6 Monate*)		Preise am Bankschalter**)		Kassa (sfrs) u. Banken***)
		Geld	Brief	Geld	Brief	Geld	Brief	Geld	Brief	Mittelkurs
USA	1 US-$	1,4044	1,4124	1,3992	1,4073	1,3941	1,4023	1,360	1,470	1,1666
Großbrit.	1 £	2,2465	2,2605	2,2330	2,2474	2,2191	2,2338	2,150	2,350	1,8671
Irland	1Ir £	2,2962	2,3102	2,2848	2,2986	2,2710	2,2860	2,210	2,300	

Da der Spekulant keine US-Dollar besitzt, muß er am 9.8.1995 insgesamt 200.000 US-Dollar auf dem Kassamarkt für

$$\underbrace{1,4124\ \text{DM/US-\$}}_{\text{Kassakurs (Brief)}} \times \underbrace{200.000\ \text{US-\$}}_{\text{Volumen}} = 282.480\ \text{DM}$$

kaufen und an die Bank liefern, um das Devisentermingeschäft zu erfüllen. Die Geschäftsbank zahlt im Gegenzug

$$\underbrace{1,3626\ \text{DM/US-\$}}_{\text{Terminkurs (Brief)}} \times \underbrace{200.000\ \text{US-\$}}_{\text{Volumen}} = 272.520\ \text{DM}$$

so daß der Spekulant folgendes Ergebnis erzielt:

$$272.520\ \text{DM} - 282.480\ \text{DM} = \underbrace{-9.960\ \text{DM}}_{\text{Verlust}}$$

Arbitrage

Devisentermingeschäfte können die Möglichkeit zur Erzielung von Arbitrage-Gewinnen eröffnen, wenn der Terminkurs nicht »richtig« bemessen ist und etwa ein unterschiedliches Zinsniveau im In- und Ausland nicht ausgleicht. Dies verdeutlicht Beispiel 7/7.

Beispiel 7/7

Am 1.2.1996 kann Geld für zwölf Monate zu folgenden Konditionen auf dem Euromarkt angelegt bzw. aufgenommen werden:

12-Monats-DM-Termingeld	12-Monats-US-$-Termingeld
3 3/4 - 7/8	5 1/2 - 5/8

Der Devisen-Kassakurs des US-Dollars gegen die D-Mark sowie der 12-Monats-Terminkurs lauten an diesem Tag:

Kassakurs	1,4450/70 DM/US-$
Terminkurs	1,4410/40 DM/US-$

Ein Marktteilnehmer hat festgestellt, daß der 12-Monats-Terminkurs zu hoch und folglich die Erzielung von Arbitrage-Gewinnen möglich ist. Der Teilnehmer nimmt am 1.2.1996 einen Kredit über eine Million D-Mark und tauscht den Geldbetrag umgehend in US-Dollar. Er erhält

$$\underbrace{\frac{1.000.000 \text{ DM}}{1,4470 \text{ DM/US-\$}}}_{\text{Kassakurs (Brief)}} = 691.085 \text{ US-\$,}$$

die er sofort auf dem Euromarkt für ein Jahr anlegt, so daß nach einem Jahr

$$\underbrace{691.085 \text{ US-\$}}_{\text{Anlagebetrag}} + \underbrace{\frac{691.085 \text{ US-\$} \times \overbrace{5,5}^{\substack{\text{Zinssatz} \\ \text{für Geldanlage}}} \times 365}{100 \times 360}}_{\text{Zinsen für eine US-\$-Anlage für ein Jahr}} = 729.622,59 \text{ US-\$}$$

zur Verfügung stehen. Da der Marktteilnehmer diesen US-Dollar-Betrag bereits »heute« kennt, kann er ein Devisentermingeschäft über 729.622,59 US-Dollar abschließen. Dabei nimmt er die Position des Verkäufers ein. Er erhält nach Ablauf eines Jahres für jeden US-Dollar den »heute« vereinbarten Terminkurs (Geld) von 1,4410 D-Mark/US-Dollar. Der Marktteilnehmer empfängt am 1.2.1997 einen Geldbetrag, er muß aber auch den Kredit samt der Zinsen zurückzahlen.

$$\underbrace{\overbrace{729.622,59}^{\substack{\text{US-\$-Betrag} \\ \text{samt Zinsen}}} \times \overbrace{1,4410}^{\substack{\text{Terminkurs} \\ \text{(Geld)}}}}_{\substack{\text{Zahlung aus dem Devisen-} \\ \text{termingeschäft}}} - \underbrace{\overbrace{1.000.000}^{\text{Kreditbetrag}} - \frac{1.000.000 \times 3,875 \times 365}{360 \times 100}}_{\text{Rückzahlung des Kredits samt Zinsen}}^{\text{Kreditzinsen}} = 1.051.386,15 \text{ DM} - 1.039.288,19 \text{ DM} = \underbrace{+12.097,96}_{\substack{\text{Arbitrage-} \\ \text{gewinn}}}$$

Der Marktteilnehmer hat folglich ohne eigenen Kapitaleinsatz einen Gewinn (»Arbitrage-Gewinn«) in Höhe von 12.097,96 D-Mark erzielt. Dabei ist zu berücksichtigen, daß Transaktionskosten, etwa Gebühren für den Abschluß des Devisentermingeschäfts usw., außer acht bleiben.

Im Unterschied zu Spekulanten kennen Arbitrageure das Ergebnis ihrer Transaktionen im voraus. Arbitrage-Gewinne, wie im vorangegangenen Beispiel geschildert, sind deshalb risikolos. Sie lassen sich in der Praxis aber nur selten realisieren, weil ein Terminkurs gewöhnlich fair ist.

Marktteilnehmer können ein Devisentermingeschäft vor Fälligkeit glattstellen, wenn sie ein weiteres Devisentermingeschäft abschließen. Bei diesem nehmen sie eine im Vergleich zum ursprünglichen Geschäft entgegengesetzte Position ein – Devisenbetrag und Fälligkeit entsprechen jedoch dem ursprünglichen Geschäft. Zur Absicherung gegen zukünftige Devisenkursänderungen vereinbarte Termingeschäfte werden mitunter glattgestellt, wenn mit einem Mal kein Absicherungsbedarf mehr besteht. Ein deutscher Exporteur, der etwa eine auf US-Dollar lautende Forderung durch einen Devisenterminverkauf hedged, wird das Termingeschäft vielleicht glattstellen, falls mit dem Eingang der US-Dollar in Zukunft, zum Beispiel aufgrund eines Konkurses des Schuldners, nicht mehr gerechnet werden kann. Auch Spekulanten stellen Devisentermingeschäfte gelegentlich glatt. Je nach Entwicklung des zukünftigen Kassakurses können sie durch eine »Stornierung« des Forwards Gewinne »mitnehmen« oder Verluste begrenzen.

7.2.2.2 Forward Rate Agreement

Eine zukünftige Geldanlage oder -aufnahme, deren Verzinsung schon heute festgelegt wird, heißt Forward Rate Agreement (FRA), was mit »Einigung (Agreement) über einen zukünftigen (Forward) Zinssatz (Rate)« übersetzt werden kann. Mit Hilfe eines FRA können sich Marktakteure etwa gegen Zinsänderungen in der Zukunft absichern. Die Vertragspartner verständigen sich beim Abschluß auf

- einen Zeitraum in der Zukunft (Referenzperiode),
- die Vorlaufzeit – das ist der Zeitraum vom Abschluß des FRA bis zum Beginn der Referenzperiode –,
- einen Geldbetrag in einer bestimmten Währung (Volumen), der über die Referenzperiode verzinst wird,
- die Forward Rate (FR), genau gesagt den Zinssatz, zu dem sich der Geldbetrag verzinst, und
- einen Referenzzinssatz, zum Beispiel den Libor oder den Fibor.[1]

Beginn sowie Ende der Referenzperiode werden gewöhnlich im Zusammenhang mit der Forward Rate angegeben und zumeist in Monaten ausgedrückt. Die $FR_{12,24}$, auch »Forward Rate 12 gegen 24« genannt, zeigt beispielsweise an, daß die Referenzperiode in zwölf Monaten beginnt und nach Ablauf zwölf weiterer Monate endet.

---

[1] Als Referenzzinssatz dient in den allermeisten Fällen der Libor (DM-Libor, US-$-Libor usw.).

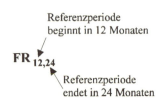

Nach Ablauf der Vorlaufzeit (vgl. Abb. 7/18) vergleichen die Kontrahenten den aktuellen Referenzzinssatz mit der Forward Rate.[1] Übertrifft der Referenzzinssatz die Forward Rate, so hat der Käufer am Ende der Referenzperiode Anspruch auf eine Zahlung (»Ausgleichszahlung«) in Höhe von:

Liegt der Referenzzinssatz hingegen unter der Forward Rate, dann muß der Käufer eine Ausgleichszahlung in Höhe von

an den Verkäufer leisten. Der Käufer eines FRA, etwa der Emittent einer variabel verzinslichen Anleihe, kann sich folglich gegen einen Zinsanstieg in der Zukunft absichern, wohingegen der Verkäufer, beispielsweise der Inhaber einer Floating Rate Note, einen Schutz gegen sinkende Zinsen erlangt.

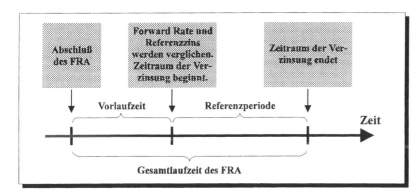

Abb. 7/18: Phasen beim FRA

In der Praxis wird ein FRA nicht am Ende, sondern zu Beginn der Referenzperiode erfüllt. Dann leistet der Käufer bzw. der Verkäufer folgende Ausgleichszahlung:

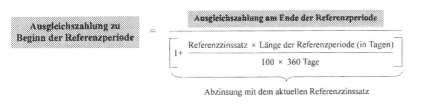

Ausgleichszahlung

[1] In der Praxis wird der aktuelle Referenzzinssatz zumeist zwei Werktage vor dem Ende der Vorlaufzeit mit der FR verglichen. Dies bleibt im weiteren aus Gründen der Einfachheit jedoch unberücksichtigt.

Handel

FRAs werden, genau wie Devisentermingeschäfte, überwiegend zwischen einzelnen Geschäftsbanken sowie zwischen Geschäftsbanken und bedeutenden anderen Unternehmen (Versicherungs-, Kapitalanlagegesellschaften, Industrieunternehmen usw.) zumeist telefonisch vereinbart. Sie beziehen sich gewöhnlich auf Geldanlagen und -aufnahmen, die in naher Zukunft, also zum Beispiel in einem, zwei oder sechs Monaten »beginnen« und – vom Zeitpunkt des FRA-Abschlusses aus betrachtet – spätestens nach Ablauf von 24 Monaten »enden«. Aus diesem Grunde werden FRAs oftmals zu den Geldmarktgeschäften gezählt. Die Marktteilnehmer schließen mitunter aber auch Forward Rate Agreements ab, die erst nach Ablauf vieler Jahre enden – manchmal sind dies sogar mehr als 10 Jahre. Die Möglichkeit, FRAs abzuschließen, ist Privaten aufgrund der relativ hohen Mindestbeträge – meist 1 Million D-Mark – in aller Regel verwehrt. Die Geschäftsbanken prüfen beim Abschluß eines Forward Rate Agreements, genau wie bei Devisentermingeschäften, grundsätzlich die Bonität des Kontrahenten und verlangen nötigenfalls Sicherheiten.

Eine Geschäftsbank legt die FR (Geld) zugrunde, wenn sie die Position des Käufers einnimmt, also quasi die Rolle des »Kreditnehmers«, wohingegen die FR (Brief) gilt, sofern die Bank Verkäufer des FRA ist, also gewissermaßen den Part des »Kreditgebers« übernimmt. Forward Rates werden über die Informationssysteme der Nachrichtenagenturen, wie Reuters oder Telerate, publiziert. Die Reuters-Seite »BFFM« zeigt beispielsweise Geld- und Brief-Forward-Rates für FRAs mit unterschiedlichen Vorlaufzeiten und Referenzperioden. Diese FRs sind Indikationen (»Orientierungsgrößen«) und zeigen folglich nur näherungsweise an, zu welchen Sätzen ein Händler ein FRA kauft oder verkauft. Eine konkrete Forward Rate wird erst dann vereinbart, wenn der Händler zum Beispiel das Volumen, die Bonität des Kontrahenten usw. kennt.

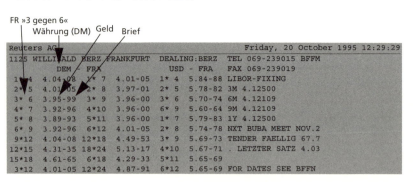

Abb. 7/19: Reuters-Seite »BFFM«

Die $FR_{3,6}$-Quotierung von 3,95 – 3,99 (vgl. Abb. 7/19), die auf der Reuters-Seite »BFFM« mit »3* 6« gekennzeichnet ist und von den Händlern »Forward Rate drei gegen sechs Monate« oder schlicht »drei gegen sechs« genannt wird, zeigt beispielsweise an, daß ein Händler »heute« (»20.10.1995«) bei einem FRA, das in drei Monaten »beginnt« und nach Ablauf weiterer drei Monate »endet«, die Position des

- Käufers (»Kreditnehmers«) zu einem Satz von 3,95 % p. a. und die des
- Verkäufers (»Kreditgebers«) zu einem Satz von 3,99 % p. a.

einnimmt.

Die Marktteilnehmer können FRAs mit »glatten« Vorlaufzeiten und Referenzperioden, zum Beispiel »drei gegen sechs Monate«, aber auch Geschäfte mit gebrochenen Laufzeiten (»broken dates«), etwa »zweieinhalb gegen vierdreiviertel Monate« abschließen.

Der Käufer eines FRA kann sich, wie eingangs bereits erwähnt, gegen zukünftig steigende Zinsen hedgen, wohingegen der Verkauf eine Absicherung gegen einen Zinsrückgang in der Zukunft ermöglicht. Marktteilnehmer, etwa Industrieunternehmen oder Geschäftsbanken, die Kapital über die Emission einer Floating Rate Note beschaffen, können sich für eine zukünftige Periode gegen einen Anstieg des Referenzzinssatzes und damit verbundene höhere Zinszahlungen schützen. Investoren, wie Kapitalanlage- oder Versicherungsgesellschaften, die in der Zukunft Geld wiederanlegen müssen, das zum Beispiel in Form von Kuponzahlungen zufließt, schließen hin und wieder FRAs ab und sichern dadurch bereits »heute« einen Zinssatz für die Wiederanlage.

Hedging

Der Manager eines deutschen Rentenfonds hat einen Teil der zur Verfügung stehenden Gelder in festverzinsliche, auf D-Mark lautende Anleihen investiert. Er weiß, daß am 20.10.1996 Kuponzahlungen in Höhe von zehn Millionen D-Mark zufließen, die dann für ein halbes Jahr wiederangelegt werden sollen. Der Manager befürchtet aber sinkende Zinsen in der Zukunft und will deshalb heute (20.10.1995) den Zinssatz für eine halbjährige Wiederanlage der Kuponzahlungen, die in einem Jahr, also am 20.10.1996, beginnt, sichern. Daraufhin schließt er ein Forward Rate Agreement mit einer Geschäftsbank ab, das entsprechend den spezifischen Anforderungen des Fondsmanagers ausgestattet ist:

Beispiel 7/8

Volumen:	10 Millionen DM
Vorlaufzeit:	12 Monate
Referenzperiode	6 Monate
Referenzzinssatz	6-Monats-DM-Libor

Der Manager nimmt die Position des Verkäufers ein, weil er sich gegen einen Zinsrückgang in der Zukunft hedgen möchte. Die Geschäftsbank legt eine $FR_{12,18}$ (Geld) in Höhe von 4,49 % p. a. zugrunde, die auch die Reuters-Seite »BFFM« an diesem Tag zeigt (vgl. Abb. 7/19).

Mit dem Abschluß des FRA schreibt der Manager den Zinssatz für die zukünftige Wiederanlage der Kuponzahlungen bereits heute fest. Er erzielt, völlig unabhängig vom 6-Monats-D-Mark-Libor am 20.10.1996, stets einen Zinssatz von 4,49 % p. a. für die Wiederanlage der Kuponzahlungen. Dies wird nun exemplarisch für einen 6-Monats-D-Mark-Libor in Höhe von

Forwards und Futures

- 3,50 % p. a. (»Szenario 1«) und
- 6,05 % p. a. (»Szenario 2«)

gezeigt.

Szenario 1: 6-Monats-D-Mark-Libor am 20.10.1996: 3,50 %

Wenn der Zinssatz für 6-Monats-Geld, ausgedrückt durch den 6-Monats-D-Mark-Libor, am 20.10.1996 niedriger ist als 4,49 % und beispielsweise 3,50 % beträgt, so erhält der Manager von der Geschäftsbank am 20.10.1996 eine Ausgleichszahlung in Höhe von

$$10.000.000 \text{ DM} \times \underbrace{\frac{(\overbrace{4,49}^{\text{Forward-Rate}} - \overbrace{3,50}^{\text{6-Monats-DM-Libor}}) \times \overbrace{182 \text{ Tage}}^{\text{Zeitraum vom 20.10.96 - 20.4.97}}}{100 \times 360 \text{ Tage}}}_{\text{Ausgleichszahlung am Ende der Referenzperiode}} \times \underbrace{\frac{1}{1 + \frac{3,5 \times 182 \text{ Tage}}{100 \times 360 \text{ Tage}}}}_{\substack{\text{Abzinsung für den Zeitraum} \\ \text{vom 20.10.96 bis 20.4.97}}} = 49.179,79 \text{ DM}.$$

Er kann folglich

$$\underbrace{10.000.000 \text{ DM}}_{\text{Kuponzahlungen}} + \underbrace{49.179,79 \text{ DM}}_{\substack{\text{Ausgleichszahlung} \\ \text{aus dem FRA}}} = 10.049.179,79 \text{ DM}$$

zum 6-Monats-D-Mark-Libor anlegen, so daß nach Ablauf eines halben Jahres

$$10.049.179,79 \text{ DM} + \frac{10.049.179,79 \text{ DM} \times \overbrace{3,5}^{\substack{\text{6-Monats-} \\ \text{DM-Libor}}} \times 182 \text{ Tage}}{100 \times 360 \text{ Tage}} \approx 10.226.994 \text{ DM}$$

zur Verfügung stehen. Der Manager hat folglich einen Ertrag in Höhe von

$$\underbrace{10.226.994 \text{ DM}}_{\text{Geldbetrag am 20.4.97}} - \underbrace{10.000.000 \text{ DM}}_{\substack{\text{Kuponzahlungen am} \\ 20.10.96}} = 226.994 \text{ DM}$$

erzielt, was einer Rendite von

$$\frac{226.994 \text{ DM}}{10.000.000 \text{ DM}} \times \overbrace{\frac{360 \text{ Tage}}{182 \text{ Tage}}}^{\text{Annualisierung}} \times 100 \% = 4,49 \%$$

entspricht. Dies ist exakt die am 20.10.1996 vereinbarte $FR_{12,18}$.

Szenario 2: 6-Monats-D-Mark-Libor am 20.10.1996: 6,05 %

Liegt der 6-Monats-D-Mark-Libor zu Beginn der Referenzperiode hingegen über der Forward Rate und beträgt beispielsweise 6,05 %, dann muß der Fondsmanager folgende Ausgleichszahlung an die Geschäftsbank entrichten:

$$10.000.000 \text{ DM} \times \frac{\overbrace{(6{,}05}^{\substack{\text{6-Monats-}\\ \text{DM-Libor}}} - \overbrace{4{,}49)}^{\substack{\text{Forward-}\\ \text{Rate}}} \times \overbrace{182 \text{ Tage}}^{\substack{\text{Zeitraum vom}\\ 20.10.96 - 20.4.97}}}{100 \times 360 \text{ Tage}} \times \frac{1}{1 + \dfrac{6{,}05 \times 182 \text{ Tage}}{100 \times 360 \text{ Tage}}} = 76.526{,}03 \text{ DM}$$

Ausgleichszahlung am Ende der Referenzperiode   Abzinsung für den Zeitraum vom 20.10.96 bis 20.4.97

Er kann am 20.10.1996 folglich nur

$$\underbrace{10.000.000 \text{ DM}}_{\text{Kuponzahlungen}} - \underbrace{76.526{,}03 \text{ DM}}_{\substack{\text{Ausgleichszahlung}\\ \text{aus dem FRA}}} \approx 9.923.474 \text{ DM}$$

zum 6-Monats-D-Mark-Libor wiederanlegen, so daß am 20.4.1997

$$9.923.474 \text{ DM} + \underbrace{\frac{9.923.474 \text{ DM} \times \overbrace{6{,}05}^{\substack{\text{6-Monats-}\\ \text{DM-Libor}}} \times 182 \text{ Tage}}{100 \times 360 \text{ Tage}}}_{\substack{\text{Zinsen aus der Wiederanlage zum}\\ \text{6-Monats-DM-Libor}}} = 10.226.994 \text{ DM}$$

an den Fondsmanager zurückfließen. Dieser Geldbetrag entspricht exakt dem Betrag beim Szenario 1. In dem Falle empfängt er nämlich eine Ausgleichszahlung, ist aber gezwungen, zu einem geringeren 6-Monats-Libor wiederanzulegen. Beim Szenario 2 kann er wegen der fälligen Ausgleichszahlung demgegenüber von vornherein weniger Geld reinvestieren, dafür aber zu einem höheren Libor.

In diesem Beispiel bleiben Transaktionskosten, etwa Gebühren, die beim Abschluß eines FRA anfallen, der Einfachheit halber unberücksichtigt.

Forward Rate Agreements werden ab und an auch aus Spekulationsmotiven abgeschlossen. Spekulanten, die zum Beispiel einen Anstieg des Zinsniveaus für D-Mark-Geld in der Zukunft vermuten, kaufen »heute« ein FRA, etwa »sechs gegen zwölf Monate«. Trifft die Annahme zu, so erhalten die Spekulanten vom Verkäufer des Forward Rate Agreements eine Ausgleichszahlung. Marktteilnehmer, die auf sinkende Geldmarktzinsen spekulieren, nehmen bei einem FRA hingegen die Position des Verkäufers ein. Sie erhalten vom Käufer eine Ausgleichszahlung, sofern sich ihre Prognose bestätigt.

Spekulation

Forward Rate Agreements eröffnen die Möglichkeit zur Erzielung von Arbitragegewinnen, wenn eine Forward Rate nicht richtig bemessen ist. Dies verdeutlicht folgendes Beispiel.

Arbitrage

Am 14.12.1995 sichtet der Geldhändler einer deutschen Geschäftsbank auf der Reuters-Seite »WESD« die Sätze für Euro-Geld.

Beispiel 7/9

Forwards und Futures

```
1349 WESTLB INT LUXEMBOURG TEL 4474141 TX 2831 DEALING:WESU WESD
           DEM              USD              SFRS            ECU
1  MON    3 15/-1/16       5 13/-15/16      2 - 1/8         5 3/8-1/2
2  MON    3 13/-15/16      5 11/-13/16      1 13/-15/16     5 3/8-1/2
3  MON    3 3/4-7/8        5 11/-13/16      1 11/-13/16     5 5/-7/16
6  MON    3 9/-11/16       5 1/2-5/8        1 9/-11/16      5 1/4-3/8
12 MON    3 9/-11/16       5 7/-9/16        1 9/-11/16      5 1/4-3/8
```

Der Geldhändler einer luxemburger Geschäftsbank stellt an diesem Tag für ein D-Mark-FRA »drei gegen sechs Monate« folgenden Satz:

FR	Geld	Brief
3 * 6	3,77	3,79

Der deutsche Geldhändler könnte zum Beispiel 50 Millionen D-Mark für sechs Monate zum Zinssatz von 3 11/16 % (3,6875 %) aufnehmen und das Geld umgehend zum Satz von 3 3/4 % (3,75 %) für drei Monate anlegen, so daß nach einem Vierteljahr

$$\underbrace{50.000.000 \text{ DM}}_{\text{Anlagebetrag am 14.12.95}} + \underbrace{\frac{50.000.000 \text{ DM} \times 3,75 \times 91 \text{ Tage}}{100 \times 360 \text{ Tage}}}_{\text{Zinsen für 3 Monate}} \approx 50.473.958 \text{ DM}$$

zurückfließen. Wenn der deutsche Händler »heute« ein FRA »drei gegen sechs« mit einem Volumen von 50.473.958 Millionen D-Mark verkauft, dann sichert er sich für eine Wiederanlage dieses Geldbetrages, die in drei Monaten »beginnt« und nach Ablauf weiterer drei Monate »endet«, einen Zinssatz von 3,77 % p. a.

Der Händler erwirtschaftet mit der Geldanlage folglich insgesamt einen Ertrag von

$$\underbrace{473.958 \text{ DM}}_{\substack{\text{Zinsen der Anlage} \\ \text{vom 14.12.95–14.3.96}}} + \underbrace{\frac{\overbrace{50.473.958 \text{ DM}}^{\text{Volumen des FRA}} \times \overbrace{3,77}^{\text{FR (Geld)}} \times \overbrace{92 \text{ Tage}}^{\substack{\text{Zahl der Tage vom} \\ \text{14.3.96–14.6.96}}}}{100 \times 360 \text{ Tage}}}_{\text{Zinsen für 3 Monate}} = 960.247 \text{ DM}.$$

Am 14.6.1996 muß er für den 6-Monats-Kredit Zinsen in Höhe von

$$\underbrace{\frac{\overbrace{50.000.000 \text{ DM}}^{\text{Kreditbetrag}} \times \overbrace{3,6875}^{\text{Kreditzins}} \times \overbrace{183 \text{ Tage}}^{\substack{\text{Zahl der Tage vom} \\ \text{14.12.95–14.6.96}}}}{100 \times 360 \text{ Tage}}}_{\text{Zinsen für 3 Monate}} = 937.240 \text{ DM}$$

zahlen. Dem deutschen Geldhändler verbleibt ein Gewinn von

$$\underbrace{960.247\ \text{DM}}_{\substack{\text{Ertrag aus der} \\ \text{Geldanlage}}} - \underbrace{937.240\ \text{DM}}_{\text{Kreditzinsen}} = 23.007\ \text{DM},$$

der bereits am 14.12.1995 feststeht.

In diesem Beispiel bleiben Transaktionskosten, etwa Bankgebühren, der Einfachheit halber unberücksichtigt.

Marktteilnehmer können ein Forward Rate Agreement vor Fälligkeit glattstellen, indem sie ein weiteres FRA abschließen, dabei jedoch eine im Vergleich zum ursprünglichen Geschäft entgegengesetzte Position einnehmen. Ein FRA »drei gegen sechs Monate«, das »heute« gekauft wird, könnte beispielsweise in zwei Wochen durch den Verkauf eines FRA »zweieinhalb gegen fünfeinhalb Monate« glattgestellt werden.

Futures

Grundlagen

Standardisierung

Futures sind, einfach ausgedrückt, hinsichtlich Fälligkeit und Volumen »standardisierte Forwards«. Für einen Future, dem ein bestimmtes Finanzobjekt – angenommen britische Pfund – zugrundeliegt, fixiert etwa eine US-amerikanische Terminbörse vier Fälligkeitszeitpunkte pro Jahr, und zwar jeweils den dritten Mittwoch im

- März,
- Juni,
- September sowie
- Dezember.

Die Terminbörse legt darüber hinaus ein Mindestvolumen, die sogenannte Kontraktgröße, fest, die hier 62.500 britische Pfund betragen soll. Marktteilnehmer müssen demnach wenigstens einen Kontrakt, in diesem Fall 62.500 britische Pfund, oder ein ganzzahliges Vielfaches davon, also 125.000, 187.500, 250.000 britische Pfund usw., kaufen bzw. verkaufen. An der US-Terminbörse werden, den Fälligkeitsterminen zufolge, vier verschiedene Kontrakte gehandelt, genau gesagt

- der »Kontrakt britische Pfund (März)«, kurz »britische Pfund (März)«,
- »britische Pfund (Juni)«,
- »britische Pfund (September)« und
- »britische Pfund (Dezember)«.

Der Kontrakt mit der, aus »heutiger« Sicht, kürzesten Restlaufzeit heißt auch Nearby- oder **Front-Future**, alle übrigen Kontrakte werden Deferred Futures genannt.

Front-Future

Abb. 7/20:
Home-Page
der CBOT

Half-/Round-Turn

Ein Marktteilnehmer, der noch keine Future-Positionen aufgebaut hat und beispielsweise am 1. Juli drei Kontrakte britische Pfund (September), also den Front-Future, kauft, »eröffnet« eine Position, was im Fachjargon auch »**half-turn**« heißt. Schließt er die Future-Position irgendwann wieder, so unternimmt er alles in allem einen »**round-turn**«. Der Marktakteur geht in diesem Fall also zunächst britische Pfund (September) long und verpflichtet sich,

$$\underbrace{3}_{\text{Kontrakt-anzahl}} \times \underbrace{62.500 £}_{\text{Volumen eines Kontrakts}} = 187.500 £$$

am dritten Mittwoch im September (»einer von vier Fälligkeitszeitpunkten«) abzunehmen und zu bezahlen. Beim Kauf wird eine Order[1] an die Terminbörse geleitet, die

- den Kontrakt, hier »britische Pfund (September)«,
- die Kontraktanzahl, genau gesagt drei Kontrakte,
- seine »Position« (»long«) und
- einen Preis, angenommen 1,5560 US-Dollar/britisches Pfund,

---

1 Für Futures können, ähnlich wie für börsengehandelte Wertpapiere, zum Beispiel limitierte und unlimitierte Orders abgegeben werden.

enthält. Die Börse führt den Auftrag aus, wenn andere Marktteilnehmer drei Kontrakte »britische Pfund (September)« zum Preis von 1,5560 US-Dollar/britisches Pfund verkaufen wollen. Auch der Verkäufer eröffnet eine Future-Position, und zwar eine Short-Position, sofern er keine entgegengesetzte Future-Position hält, die durch den Verkauf geschlossen werden soll. Die Terminbörse stellt sodann einen Kurs für den Future-Kontrakt »britische Pfund (September)« in Höhe von 1,5560 US-Dollar/britisches Pfund fest.

Die Kontraktspezifikationen sämtlicher Futures verbreiten Terminbörsen heutzutage auch über das »Internet«. Der nebenstehende Auszug entstammt beispielsweise der Home-Page der CBOT (vgl. Abb. 7/20).

Notierungen und Settlement Price

7.2.3.1.2

Notierungen für Futures können sich im Laufe eines Tages, je nach Handelsinteresse der Marktteilnehmer, rasch ändern, häufig sogar innerhalb weniger Sekunden. Sie sind auf das Angebot und die Nachfrage der Teilnehmer zurückzuführen. Dabei ist zu beachten, daß eine Terminbörse eine ganz bestimmte Preisabstufung, die sogenannte **Tick-Size** – kurz Tick –, vorgibt, um die ein Future-Kurs mindestens steigen bzw. sinken muß. Angenommen, die Terminbörse lege für den Kontrakt »britische Pfund« (vgl. Abschnitt 7.2.3.1.1) eine Tick-Size von 0,0001 US-Dollar/britisches Pfund fest, so können Marktteilnehmer bei der Abgabe ihrer Orders Kurse nur bis zur vierten Nachkommastelle angeben. Eine Kauf-Order von beispielsweise 1,55605 US-Dollar/britisches Pfund wird dann nicht akzeptiert. Der Marktteilnehmer müßte 1,5560 oder 1,5561 US-Dollar/britisches Pfund wählen. Die Kurse für »britische Pfund«-Futures ändern sich im Zeitablauf folglich wenigstens um einen Tick oder ein ganzzahliges Vielfaches eines Ticks.

Tick-Size

Der Future-Kurs zu Handelsbeginn ist der Eröffnungskurs, die Notierung zu Börsenschluß wird Schlußkurs genannt. Die höchsten und niedrigsten Kurse im Handelsverlauf heißen schließlich Höchst- bzw. Niedrigstkurse. Eine Terminbörse bestimmt außerdem am Ende eines jeden Börsentages einen Abrechnungskurs, den sogenannten **Settlement Price**, anhand dessen sie die Wertänderungen der Future-Positionen der Marktteilnehmer ermittelt (vgl. Abb. 7/21).[1] Diese Wertänderungen bilden wiederum die Basis für Margin-Berechnungen. Ein Settlement Price muß verständlicherweise an jedem Börsentag zustande kommen, und zwar auch dann, wenn in dem betreffenden Kontrakt kein Umsatz zu verzeichnen war. In diesem Falle schätzt die Terminbörse den Settlement Price – sie benötigt ihn schließlich zur Bewertung der offenen Positionen.

Settlement Price

1 Als Settlement Price könnte die Terminbörse beispielsweise den Future-Schlußkurs oder vielleicht den Durchschnitt der letzten fünf Future-Kurse des jeweiligen Börsentages heranziehen.

DTB-Bobl-Futures (mittelfristig)
(6%, 250000 DM, in %, 3,5 Jahre bis 5 Jahre)

31.5./18:21	Eröffnung	Hoch	Tief	Schluß	Settlem.	Vortag	Umsatz	Off. Kontr.
Juni	101,64	101,64	100,81	100,90	100,88	101,28	34495	
Sep.	100,65	100,65	99,98	100,05	100,03	100,38	7740	
Dez.					99,18	99,48		

Gesamt-Umsatz: 42235 - Offene Kontrakte zur Eröffnung:

Settlement Price, aber kein Umsatz

Angenommen, der Marktteilnehmer im obigen Beispiel kaufe die drei Kontrakte »britische Pfund (September)« zu Handelsbeginn zum Kurs von 1,55 US-Dollar/Pfund und die Terminbörse fixiere am Ende des Börsentages einen Settlement Price von 1,54 US-Dollar/Pfund, so hat die Position »auf dem Papier«

$$\underbrace{3}_{\substack{\text{Kontrakt-}\\\text{anzahl}}} \times \underbrace{62.500\,£}_{\substack{\text{Volumen eines}\\\text{Kontrakts}}} \times \underbrace{(1{,}55\,US-\$/£}_{\substack{\text{Kurs zu dem Futures}\\\text{gekauft wurden}}} - \underbrace{1{,}54\,US-\$/£)}_{\text{Settlement Price}} = 1.875\,US-\$$$

an Wert verloren. Die Terminbörse wird, sofern die bereits geleisteten Margins des Käufers nicht ausreichen, weitere Sicherheitsleistungen (»Nachschüsse«) fordern.

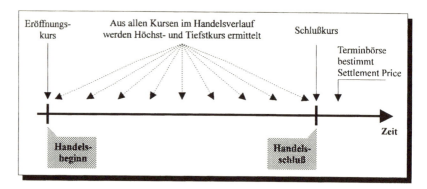

Abb. 7/21: Future-Notierungen im Handelsverlauf

7.2.3.1.3 Umsatz und Open Interest

Neben Eröffnungs-, Höchst-, Tiefst- und Schlußkurs sowie Settlement Price erfaßt eine Terminbörse zum Börsenschluß für jeden Future

- den Umsatz am jeweiligen Tag und
- die Zahl noch offener Kontrakte, im Fachjargon open interest genannt.

Der Tagesumsatz eines Futures, wie derjenige des »britische Pfund (September)« aus obigem Beispiel, entspricht der Kontraktanzahl, die am betreffenden Börsentag gekauft wurde. Sie ist verständlicherweise identisch mit der Anzahl an Positionen, die Akteure an eben diesem Tag verkauft haben. Wenn ein Marktteilnehmer an einem Tag beispielsweise einen Future »britische Pfund (September)« erwirbt, muß ein anderer Börsenteilnehmer verständlicherweise einen Kontrakt verkaufen, so daß insgesamt ein Kontrakt gehandelt wurde. Diese Transaktion erhöht den Umsatz folglich exakt um eins. Schließt der Marktteilnehmer die Long-Position am selben Tag wieder, indem er den gleichen Future verkauft, so erhöht sich der Umsatz an diesem Tag um einen weiteren Kontrakt. Die Praxis zeigt, daß der Umsatz in den Nearby-Futures grundsätzlich am höchsten ist. Ein konkreter Grund läßt sich dafür jedoch nicht anführen.

Das Eröffnen einer Future-Position erhöht die Zahl der insgesamt offenen Kontrakte, das sogenannte »offene Interesse«, englisch »Open Interest«. Die Auswirkungen von Future-Long- und -Short-Positionen auf das Open Interest verdeutlichen die Abbildungen 7/22 und 7/23. Marktteilnehmer A, der noch keine Future-Position hält, kauft zum Zeitpunkt t_0 einen Kontrakt »britische Pfund (September)«. Die Short-Position übernimmt Marktteilnehmer B, der bis dahin ebenfalls keine Position eröffnet hat. Die Zahl der offenen Long-Positionen steigt, genau wie die Anzahl der offenen Short-Positionen, um eins. Insgesamt ist ein offener Kontrakt »britische Pfund (September)« entstanden und das Open Interest erhöht sich um eins. A und B schließen ihre offenen Positionen zum Zeitpunkt t_1, indem A einen Kontrakt »britische Pfund (September)« verkauft und B einen solchen Future kauft. Dadurch verringert sich die Zahl an offenen Long- und Short-Positionen jeweils um eins. Ein offener Kontrakt »britische Pfund (September)« verschwindet und das Open Interest verringert sich exakt um eins (vgl. Abb. 7/22).

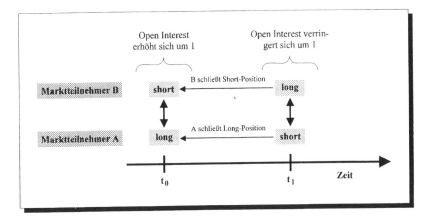

Abb. 7/22: Open Interest

Angenommen, Marktteilnehmer A schließe seine Position im Zeitpunkt t_1 durch Verkauf eines Kontraktes, B halte seine Position jedoch aufrecht und ein Marktteilnehmer C kaufe einen Future »britische Pfund (September)«. Die Zahl der offenen Long-Positionen sinkt zunächst um eins, weil A short geht, gleichzeitig wird allerdings eine neue offene Long-Position durch C aufgebaut. Das Open Interest bleibt unberührt. Nun hält C eine offene Long- und B eine offene Short-Position, wohingegen Marktteilnehmer A glattgestellt hat (vgl. Abb. 7/23).

Umsatz und Open Interest geben oftmals Aufschluß über die Struktur der Marktteilnehmer. Handeln an einem Börsentag viele Teilnehmer, die ihre Positionen am selben Tag wieder schließen – hierzu zählen vielfach Spekulanten –, so ist der Umsatz relativ hoch, das Open Interest verändert sich jedoch kaum. Bestimmen dagegen »langfristig orientierte« Börsenteilnehmer, etwa Hedger, das Marktgeschehen, dann nimmt auch das Open Interest zu. Man spricht dann auch von Teilnehmern, die neu in den Markt kommen.

Abb. 7/23:
Open Interest

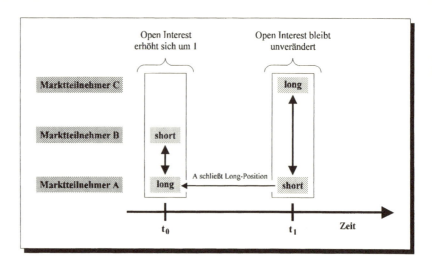

Die Gegenüberstellung der Zahl offener Kontrakte zweier aufeinanderfolgender Börsentage, gibt zumindest einen vagen Aufschluß über die Zusammensetzung des Umsatzes. An der LIFFE wurden am 1.6.1995 beispielsweise 156.746 Kontrakte des Bund-Futures (Juni) gehandelt.

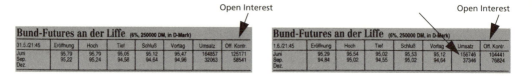

Vergleicht man das Open Interest an diesem Tag mit dem vom Vortag, so läßt sich festhalten, daß am 1.6. wenigstens

$$\underbrace{125.171 \text{ Kontrakte}}_{\text{Open Interest am 31.5.95}} - \underbrace{104.441 \text{ Kontrakte}}_{\text{Open Interest am 1.6.95}} = 20.730$$

der vom Vortag noch offenen Kontrakte geschlossen wurden.

7.2.3.1.4 Futures in der Finanzzeitung

7.2.3.1.4.1 Tabelle »DM- und ECU-Terminkontrakte«
Die Tabelle »*DM- und ECU-Terminkontrakte*« (vgl. Abb. 7/24) enthält die aktuellen Notierungen für Futures, denen die D-Mark und die ECU zugrundeliegen. Die Kontrakte werden an der DTB, der Liffe und der CME gehandelt und sind in den folgenden Abschnitten ausführlich beschrieben.

DM- und ECU-Terminkontrakte

Dax-Futures an der DTB
(Kontraktgröße: Index x 100 DM, Notierung: in D-Mark)

15.12 95/20:40	Eröffnung	Hoch	Tief	Schluß	Settlem.	Vortag	Umsatz	Off. Kontr.
Dez					2274,95	2285,00		
März	2300,00	2318,50	2296,50	2306,50	2306,50	2308,00	14589	61155
Juni	2313,00	2328,50	2313,00	2328,50	2319,50	2321,00	57	18739

Gesamt-Umsatz: 14646 · Offene Kontrakte zur Eröffnung: 79894

DTB-Fibor-Futures
(Dreimonats-Termingeld, 1 000 000 DM Kontraktgröße)

15.12 95/20:40	Eröffnung	Hoch	Tief	Schluß	Settlem.	Vortag	Umsatz	Off. Kontr.
Dez					96,13	96,15		
März	96,43	96,43	96,43	96,43	96,43	96,45	10	466
Juni					96,51	96,56		116
Sep	96,51	96,51	96,51	96,51	96,49	96,51	11	99
Dez					96,34	96,35		11

Gesamt-Umsatz: 21 · Offene Kontrakte zur Eröffnung: 692

DTB-Bobl-Futures (mittelfristig)
(6%, 250000 DM, in %, 3,5 Jahre bis 5 Jahre)

15.12 95/20:40	Eröffnung	Hoch	Tief	Schluß	Settlem.	Vortag	Umsatz	Off. Kontr.
März	104,04	104,40	104,04	104,28	104,26	104,09	35504	140231
Juni					103,49	103,26	150	331
Sep					101,78	101,54	50	251

Gesamt-Umsatz: 35704 · Offene Kontrakte zur Eröffnung: 140813

DTB-Bund-Futures (langfristig)
(6%, 250000 DM, in %, 8,5 Jahre bis 10 Jahre)

15.12 95/20:40	Eröffnung	Hoch	Tief	Schluß	Settlem.	Vortag	Umsatz	Off. Kontr.
März	99,03	99,53	99,02	99,25	99,26	99,12	44600	139519
Juni					98,58	98,45		75
Sep.					97,90	97,78		

Gesamt-Umsatz: 44600 · Offene Kontrakte zur Eröffnung: 139594

Bund-Futures an der Liffe (6%, 250000 DM, in D-Mark)

15.12./21:30	Eröffnung	Hoch	Tief	Settlem.	Vortag	Umsatz	Off. Kontr.
März	99,12	99,51	99,07	99,27	99,09	92711	215221
Juni	98,70	98,80	98,65	98,69	98,31	650	578
Sep.							

Optionen auf Bund-Futures an der Liffe
(6%, 250000 DM, in D-Mark)

Basispreis 15.12.1995	Kaufoptionen März	Juni	Verkaufsoptionen März	Juni
99,00	0,96	1,14	0,75	1,53
99,50	0,83	0,82	0,99	1,81
100,00	0,62	0,74	1,28	2,13
100,50	0,42	0,58	1,62	2,47

Euro-DM-Futures an der Liffe
(Notierung: 100 minus Zinssatz, 1 Mio. DM, in D-Mark)

15.12./21:30	Eröffnung	Hoch	Tief	Settlem.	Vortag	Umsatz	Off. Kontr.
Dez	96,15	96,15	96,12	96,13	96,15	16391	127937
März	96,56	96,56	96,50	96,51	96,56	19362	139049
Juni	96,50	96,53	96,48	96,48	96,51	13832	107819

Optionen auf Euro-DM-Futures an der Liffe
(Notierung: 100 - Zinssatz, 1 Mio DM, in D-Mark)

Basispreis 15.12.1995	Kaufoptionen Dez	März	Verkaufsoptionen Dez	März
96,00	0,14	0,44	0,01	0,02
96,25	0,01	0,2**	0,13	0,06
96,50		0,08	0,37	0,16
96,75		0,02	0,62	0,35

DM-Futures in Chicago (Notierung: 125000 DM, in Dollar je D-Mark)

15.12./22:00	Eröffnung	Hoch	Tief	Settlem.	Vortag	Umsatz	Off. Kontr.
Dez	0,6930	0,6942	0,6920	0,6929	0,6951	7616	30147
März	0,6960	0,6974	0,6950	0,6960	0,6983	1	48062
Juni	0,7001	0,7001	0,6985	0,6992	0,7016	666	2646

Drei-Monats-Ecu an der Liffe
(Notierung: 100 minus Zinssatz, 1 Million Ecu)

15.12./21:30	Eröffnung	Hoch	Tief	Settlem.	Vortag	Umsatz	Off. Kontr.
Dez	94,72	94,74	94,72	94,74	94,68	303	4435
März	94,94	94,96	94,93	94,96	94,89	648	5639
Juni	95,04	95,05	95,04	95,04	95,00	110	4463

Abb. 7/24:
DM- und ECU-Terminkontrakte

Internationale Terminkontrakte

Veränderung des Settlement Prices im Vergleich zum Vortag

US-Märkte 15.12.95

Monat	Hoch	Tief	Settl.	Veränd.
T-Bonds (C) in %				
Dez	120,41	119,84	120,00	-0,13
März	120,22	119,56	119,78	-0,13
Juni	119,81	119,22	119,38	-0,13
Vortag-Umsatz 226697	off. Kontr.	432023		+2069
T-Bills (C) in %				
März	95,07	95,01	95,05	+0,05
Juni	95,28	95,23	95,27	+0,05
Sep.	95,27	95,27	95,27	+0,04
Vortag-Umsatz 738	off. Kontr.	9899		+246
T-Notes (C) in % (10 Jahre)				
Dez	113,38	113,09	113,19	-0,03
März	113,69	113,38	113,47	-0,03
Juni	113,00	112,75	112,84	-0,06
Vortag-Umsatz 83406	off. Kontr.	250315		-7432
Municip. Bond (C) in %				
Dez	120,41	120,00	120,13	-0,13
März	119,31	118,63	118,81	-0,22
Juni	117,72	117,72	117,72	-0,22
Vortag-Umsatz 5251	off. Kontr.	19227		-164
Eurodollars (C) in %				
Dez	94,22	94,20	94,21	+0,01
Jan.	94,41	94,38	94,40	+0,04
Feb.	94,54	94,52	94,53	+0,03
Vortag-Umsatz 307839	off. Kontr.	2552664		+12979
SFR (C) in US-$				
Dez	0,8620	0,8582	0,8595	-0,0010
März	0,8703	0,8662	0,8678	-0,0008
Juni	0,8772	0,8748	0,8756	-0,0009
Vortag-Umsatz 24126	off. Kontr.	53803		-193
Pfund Sterling (C) in US-$				
Dez	1,5410	1,5340	1,5372	-0,0064
März	1,5390	1,5310	1,5344	-0,0068
Juni	1,5350	1,5300	1,5316	-0,0068
Vortag-Umsatz 20672	off. Kontr.	61896		-3502
Jap. Yen (C) in US-c				
Dez	0,9824	0,9779	0,9794	-0,0006
März	0,9957	0,9910	0,9928	-0,0006
Juni	1,0062	1,0053	1,0053	-0,0006
Vortag-Umsatz 20878	off. Kontr.	78341		+1110
Dollar-Index (Finex NY)				
Dez	85,22	85,00	85,12	+0,20
März	85,33	85,02	85,24	+0,20
Juni	85,36	85,34	85,34	+0,18
Vortag-Umsatz 2737	off. Kontr.	7223		-937

US-Märkte 15.12.95

Monat	Hoch	Tief	Settl.	Veränd.
MMI-MAXI (C) in US-$				
Dez	547,20	547,20	547,20	+0,50
Jan.				
Feb.				
Vortag-Umsatz 16	off. Kontr.	443		+9
S & P 500 (C)				
März	624,30	621,05	622,85	-0,90
Juni	629,70	626,80	628,20	-0,70
Sep.				
Vortag-Umsatz 147930	off. Kontr.	264788		+12322

London 15.12.95

Monat	Hoch	Tief	Settl.	Veränd.
Pfund-Staatsanleihe				
Dez	111,81	111,31	111,31	+0,09
März	111,44	110,84	110,91	+0,16
Juni	110,31	110,31		
Vortag-Umsatz 45259	off. Kontr.	149294		-1184
Dreimonats-Sterling				
Dez	93,51	93,49	93,50	
Juni	94,04	94,01	94,03	+0,02
Sep.	94,07	94,04	94,05	+0,02
Vortag-Umsatz 29592	off. Kontr.	404		-401635
FT-SE-100-Aktien-Index				
Dez	3686,00	3656,00	3675,50	+6,50
März	3705,00	3651,00	3655,00	-38,00
Juni	3658,00	3658,00		
Vortag-Umsatz 21515	off. Kontr.	82666		+2143
Dreimonats-Eurodollar				
Dez	94,22	94,22		
März	94,62	94,62		
Juni				
Vortag-Umsatz	off. Kontr.	110		

Paris 15.12.95

Monat	Hoch	Tief	Settl.	Verand.
FF-Staatsanleihe				
Dez	121,36	120,70	121,12	+0,58
März	120,42	119,78	120,10	+0,36
Juni	120,70	120,30	120,58	+0,54
Vortag-Umsatz 250322	off. Kontr.	147704		+99746
Pibor-Zinskontrakt				
Dez	94,70	94,57	94,69	+0,30
März	95,00	94,86	94,94	+0,16
Juni	95,13	95,05	95,10	+0,12
Vortag-Umsatz 83554	off. Kontr.	179859		-1806

Abb. 7/25:
Internationale Terminkontrakte

506   Forwards und Futures

7.2.3.1.4.2   **Tabelle »Internationale Terminkontrakte«**
In der Tabelle »*Internationale Terminkontrakte*« (vgl. Abb. 7/25) findet
der Leser aktuelle Notierungen für Futures, die

- in Chicago an der CBOT und der CME,
- in London an der Liffe,
- in Paris an der Matif und
- in New York an der FINEX

gehandelt werden.

7.2.3.2   **Aktienindex-Futures**

7.2.3.2.1   **Grundlagen**
Ein Aktienindex-Future basiert, wie die Bezeichnung bereits vermuten läßt,
auf einem Aktienindex, etwa dem DAX, CAC 40 oder S & P 500. Solch
ein Future bietet, einfach ausgedrückt, die Möglichkeit, einen ganzen Aktienkorb zu handeln. Der Kurs eines Aktienindex-Futures gibt an, was der
Käufer eines Kontraktes bei Fälligkeit an den Verkäufer zahlen muß. Der
Verkäufer hat dann genaugenommen die Pflicht, den jeweiligen Aktienkorb zu liefern. Dieser kann jedoch kaum effektiv angedient werden, weil
es nicht nur kostspielig, sondern beinahe unmöglich ist, alle im Korb vertretenen Aktien entsprechend ihres Indexgewichts zu liefern. Deshalb erfolgt durchweg ein Cash Settlement (»Barausgleich«) und die Kontraktpartner erfüllen ihre Verpflichtungen durch Ausgleichszahlungen.
    Zu den weltweit bedeutendsten Aktienindex-Futures zählen der

- DAX-Future (Deutsche Terminbörse, Frankfurt am Main);
- S & P 500 Future (Chicago Mercantile Exchange);
- FT-SE-100 Future (London International Financial Futures an Options
  Exchange);
- Major Market Index Future (Chicago Mercantile Exchange);
- Nikkei 225 Future (Singapore International Monetary Market).

7.2.3.2.2   **DAX-Future**
Der DAX-Future, kurz FDAX, wird seit November 1990 an der Deutschen
Terminbörse gehandelt. Er basiert auf dem Deutschen Aktienindex und

Kontrakt-
spezifikationen

weist die in Abbildung 7/26 ausgewiesenen Kontraktspezifikationen – damit sind die Ausstattungsmerkmale sowie die Handelsusancen gemeint –
auf.
    Die Deutsche Terminbörse hat für den DAX-Future vier Fälligkeitszeit-
punkte fixiert (»standardisiert«), und zwar jeweils den dritten Freitag im
März, Juni, September und Dezember. Marktteilnehmer können aber stets

Fälligkeiten

nur drei »**Fälligkeiten**« handeln, genau gesagt die nächstliegenden drei Lie-
fermonate. Am 2.1.1996 sind dies beispielsweise die DAX-Futures (März),
(Juni) und (September), wie ein Blick in die Tabelle »*DAX-Futures an der
DTB*« der Finanzzeitung bestätigt.

Kontraktspezifikationen des DAX-Futures	
Underlying	Deutscher Aktienindex.
Kontraktgröße	100 D-Mark mal Indexstand.
Notierung	Indexstand.
Tick-Size	0,5 Punkte, was 50 D-Mark entspricht.
Liefermonate	Die jeweils nächsten drei Monate des Zyklus März, Juni, September und Dezember.
Settlement Price	Kurs des DAX-Futures, der während der letzten 15 Handelsminuten am jeweiligen Börsentag zustande kommt.
Letzter Handelstag	Der Börsentag vor dem Schlußabrechnungstag.
Schlußabrechnungstag	Dritter Freitag des jeweiligen Liefermonats, sofern dieser Tag ein Börsentag ist; ansonsten derjenige Börsentag, der diesem direkt vorangeht.
Schlußabrechnungspreis	DAX-Stand am Schlußabrechnungstag, wobei die an der Frankfurter Wertpapierbörse festgestellten Eröffnungskurse der im DAX enthaltenen Titel zugrundegelegt werden.
Andienung	Cash Settlement.
Erfüllungstag	Zweiter Börsentag nach dem letzten Handelstag.

Abb. 7/26:
Kontraktspezifikationen

DAX-Future
in der Finanz-
zeitung

Der DAX-Future (März) ist am 2.1.1996 von allen DAX-Futures derjenige mit der kürzesten Restlaufzeit und folglich der Front-Future. Er verfällt am dritten Freitag im März, das ist hier der 15.3.1996, und am darauffolgenden Montag (18.3.1996) wird ein neuer Kontrakt, der DAX-Future (Dezember), eingeführt (vgl. Abb. 7/27). Die Marktteilnehmer können dann neben den Juni- und September-Kontrakten den DAX-Future (Dezember) handeln. Der Juni-Kontrakt ist nun der Front-Future und der DAX-Future (Dezember) der Kontrakt mit der längsten Laufzeit. Sie reicht vom dritten Freitag im März bis zum dritten Freitag im Dezember und umfaßt somit 9 Monate.

Abb. 7/27: Einführung von DAX-Futures

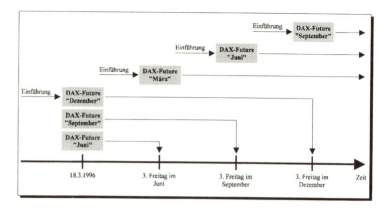

Ein DAX-Future kann bis zum letzten Börsentag vor dem eigentlichen Fälligkeitstag gehandelt werden (vgl. Abb. 7/28). Der Tag der Fälligkeit heißt im DTB-Jargon »**Schlußabrechnungstag**«.

Schlußabrechnungstag

Abb. 7/28: Letzter Handels-, Schlußabrechnungs- und Erfüllungstag beim DAX-Future (März)

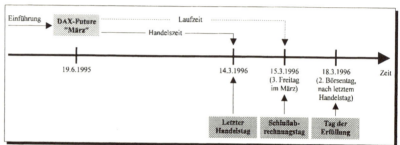

Marktteilnehmer, die DAX-Futures kaufen bzw. verkaufen wollen, geben eine Order über die Kontraktanzahl, den Liefermonat und den Future-Preis an die Deutsche Terminbörse. Der Kurs des DAX-Futures ist, einfach ausgedrückt, ein DAX-Stand, etwa 2.455, der »heute« festgelegt wird und sozusagen der Preis ist, den der Käufer bei Fälligkeit des Futures zahlt, um im Gegenzug den DAX vom Verkäufer zu erhalten. Die Deutsche Terminbörse hat für den DAX-Future eine Kontraktgröße von 100 D-Mark pro Indexpunkt fixiert. Ein Future-Kurs von beispielsweise 2.455 entspricht also einem tatsächlichen Preis von

$$\underbrace{2.455}_{\text{Kurs des DAX-Futures}} \times 100\,\text{DM} = 245.500\,\text{DM}$$

für einen Kontrakt. Bei Notierungen wird aber niemals der volle Kontraktwert angegeben, sondern auf eine Multiplikation mit 100 verzichtet und stattdessen einfach ein Kurs von 2.455 genannt. Für den DAX-Future gilt eine **Tick-Size** von 0,5 Indexpunkten, was einem Wert von

Tick-Size

$$\underbrace{0{,}5}_{\text{Tick-Size}} \times 100\,\text{DM} = 50\,\text{DM}$$

entspricht. Kurse für den DAX-Future können somit allenfalls eine Nachkommastelle von »5«, beispielsweise 2.455,5, aufweisen. Dies bestätigen auch die folgenden Notierungen aus der Finanzzeitung.

Dax-Futures an der DTB
(Kontraktgröße: Index x 100 DM, Notierung: in D-Mark)

2.1.96/20:00	Eröffnung	Hoch	Tief	Schluß	Settlem.	Vortag	Umsatz	Off. Kontr.
März	2283,50	2329,00	2278,00	2326,0	2326,00	2278,50	15195	67246
Juni	2294,50	2340,50	2294,50	2340,50	2339,50	2291,50	602	19580
Sep.	2359,50	2359,50	2359,50	2359,50	2358,00	2310,00	1	1

Gesamt-Umsatz: 15798 - Offene Kontrakte zur Eröffnung: 86827

Eine Kursänderung um einen Indexpunkt, etwa von 2.455 auf 2.456, entspricht somit einer Veränderung um zwei Ticks. Für den Schlußabrechnungspreis werden, ungeachtet der Tick-Size, die letzten zwei Nachkommastellen ausgewiesen.

Der Kurs eines DAX-Futures, multipliziert mit Einhundert, gibt den D-Mark-Betrag an, den der Käufer eines Kontraktes bei Fälligkeit des DAX-Futures an den Verkäufer zahlen muß. Der Verkäufer hat dann genaugenommen die Pflicht, das einhundertfache des DAX zu liefern. Da der Deutsche Aktienindex jedoch kaum effektiv angedient werden kann, erfolgt ein **Cash Settlement** (»Barausgleich«) und die Kontraktpartner erfüllen ihre Verpflichtungen durch Ausgleichszahlungen, die wiederum vom sogenannten Schlußabrechnungspreis abhängen. Die Deutsche Terminbörse bestimmt den Stand des DAX am Schlußabrechnungstag, wobei alle im DAX vertretenen Aktien mit den an diesem Tag an der Frankfurter Wertpapierbörse festgestellten Eröffnungskursen einfließen, und gelangt so zum Schlußabrechnungspreis.[1]

Cash Settlement

Liegt dieser über dem Future-Kurs zum Zeitpunkt der Positionseröffnung, so erzielt der Käufer alles in allem einen Gewinn in Höhe von

$$\left[\begin{array}{c} \text{Schlußab-} \\ \text{rechnungspreis} \end{array} - \begin{array}{c} \text{Kurs des DAX-Future} \\ \text{beim Kauf} \end{array} \right] \times 100\,\text{DM} \times \begin{array}{c} \text{Kontrakt-} \\ \text{anzahl} \end{array}.$$

Übertrifft dagegen der Future-Kurs bei Positionseröffnung den Schlußabrechnungspreis, dann kann der Verkäufer folgenden Geldbetrag vereinnahmen:

$$\left[\begin{array}{c} \text{Kurs des DAX-Future} \\ \text{beim Verkauf} \end{array} - \begin{array}{c} \text{Schlußab-} \\ \text{rechnungspreis} \end{array} \right] \times 100\,\text{DM} \times \begin{array}{c} \text{Kontrakt-} \\ \text{anzahl} \end{array}$$

Ein Privatmann kauft am 9.10.1995 einen DAX-Future (Dezember) zum Schlußkurs, der an diesem Tag bei 2.171 liegt, wie ein Blick in die Finanzzeitung zeigt.

Beispiel 7/10

Dax-Futures an der DTB
(Kontraktgröße: Index x 100 DM, Notierung: in D-Mark)

9.10.95/20:00	Eröffnung	Hoch	Tief	Schluß	Settlem.	Vortag	Umsatz	Off. Kontr.
Dez.	2170,00	2187,50	2165,00	2171,00	2171,00	2190,00	19244	83216
März	2192,50	2207,00	2190,50	2190,50	2192,00	2210,50	771	3492
Juni	2211,00	2211,00	2205,50	2205,50	2207,00	2226,50	690	1730

Gesamt-Umsatz: 20705 - Offene Kontrakte zur Eröffnung: 88438

1 Der Schlußabrechnungspreis wird auf zwei Nachkommastellen gerundet. Die Tick-Size von 0,5 gilt folglich nicht.

Der Käufer beabsichtigt, den Kontrakt bis zur Fälligkeit zu halten. Am dritten Freitag im Dezember (15.12.1995) stellt die Deutsche Terminbörse für den DAX-Future (Dezember) einen Schlußabrechnungspreis von 2.274,95 fest, der in der Kurstabelle in der Spalte »Settlement« ausgewiesen wird.

Dax-Futures an der DTB
(Kontraktgröße: Index x 100 DM, Notierung: in D-Mark)

15.12.95/20:40	Eröffnung	Hoch	Tief	Schluß	Settlem.	Vortag	Umsatz	Off. Kontr.
Dez.					2274,95	2285,00		
März	2300,00	2318,50	2296,50	2306,50	2306,50	2308,00	14589	61155
Juni	2313,00	2328,50	2313,00	2328,50	2319,50	2321,00	57	18739

Gesamt-Umsatz: 14646 · Offene Kontrakte zur Eröffnung: 79894

Der Privatmann hat demnach einen Gewinn realisiert in Höhe von

$$(\underbrace{2.274,95}_{\substack{\text{Schlußabrech-}\\\text{nungspreis}}} - \underbrace{2.171}_{\substack{\text{DAX-Future}\\\text{beim Kauf}}}) \times 100 \text{ DM} = 10.395 \text{ DM}.$$

Gewinne und Verluste einer Future-Position werden grundsätzlich nicht erst bei Fälligkeit, sondern täglich festgestellt und ausgeglichen, was im Fachjargon mit »Mark to Market« umschrieben wird. Dies gilt auch für den DAX-Future. Die DTB verlangt von einem Clearing-Mitglied bei Eröffnung einer DAX-Future-Position eine Sicherheitsleistung (»Margin«),

Initial Margin

den sogenannten »Ersteinschuß« (»**Initial Margin**«), der, schlicht formuliert, auf ein spezielles Konto (»Margin-Konto«) eingezahlt oder in Form von Wertpapieren hinterlegt werden muß. Die Höhe dieser Margin hängt entscheidend vom größtmöglichen Verlust ab, den die DTB generell von einem auf den anderen Börsentag für möglich hält. Die DTB hat im März 1996 festgestellt, daß ein Kontrakt des DAX-Futures von einem auf den nächsten Börsentag höchstens 12.000 D-Mark an Wert verlieren kann, was letztlich zu einer Initial Margin in gleicher Höhe führt. Diese darf während der Haltezeit des DAX-Futures niemals unterschritten werden und soll sicherstellen, auch im »schlimmsten Fall« (»worst case«) auf Reserven zurückgreifen zu können. Im Zeitablauf ist sie im Grunde genommen konstant, wird aber ab und an, vielleicht zwei oder dreimal im Jahr, vor allem bei eklatanten Marktveränderungen angepaßt. Die Margin-Zahlung beim Aufbau einer DAX-Future-Position hängt zwar maßgeblich von den übrigen Termingeschäften ab, die das betreffende Clearing-Mitglied womöglich bereits hält, dies bleibt im weiteren aber der Einfachheit halber unberücksichtigt.

Der Begriff »Initial Margin« existiert, anders als an vielen anderen Terminbörsen, im Jargon der Deutschen Börse nicht. Sie hat vielmehr den Begriff »**Additional Margin**« geprägt.

Additional Margin

Erzielt ein Clearing-Mitglied aufgrund der Kursveränderung des DAX-Futures einen Gewinn, so erfolgt eine entsprechende Gutschrift auf dem Margin-Konto. Im Falle eines Verlustes wird das Konto belastet. Dieser

Variation Margin

tägliche Gewinn bzw. Verlust heißt im Fachjargon der DTB »**Variation**

| | **Futures** | **511** |

Margin«. Sinkt der Stand des Margin-Kontos an einem Börsentag unter die Additional Margin, im März 1996 also 12.000 D-Mark/Kontrakt, dann verlangt die Deutsche Terminbörse vom jeweiligen Clearing-Mitglied »Nachschüsse«, und zwar genau bis zur Höhe der Additional Margin. Sie kann, sofern diese Aufforderung nicht befolgt wird, die DAX-Future-Position umgehend glattstellen.

Clearing-Mitglieder, etwa Geschäftsbanken, die DAX-Futures für Kunden, beispielsweise Privatleute, kaufen oder verkaufen, müssen verständlicherweise ebenso Margins hinterlegen. Die Geschäftsbanken fordern die Kunden sodann zur Bereitstellung von Sicherheitsleistungen auf, die oftmals die Anforderungen der Deutschen Terminbörse übersteigen. Die DTB kann im Falle eines Falles auf die Sicherheitsleistungen des Clearing-Mitglieds und das Clearing-Mitglied wiederum auf die Margins des Kunden zurückgreifen.

Käufer des DAX-Futures profitieren von einem Kursanstieg des Futures, weil sie die Position später zu einem höheren Kurs schließen können. Marktteilnehmer, die eine Short-Position aufbauen, gewinnen dagegen bei einem Kursrückgang des Futures. Sie verkaufen zu einem hohen Kurs und schließen die Position, in dem sie zu einem niedrigeren Preis »zurückkaufen«.

	Kurs des DAX-Futures steigt	**Kurs des DAX-Futures sinkt**
Long-Position	Gewinn	Verlust
Short-Position	Verlust	Gewinn

Eine deutsche Geschäftsbank, Clearing-Mitglied der Deutschen Terminbörse, verkauft am 22.2.1996 einen Kontrakt des DAX-Futures (März) zum Schlußkurs von 2.426. Am selben Tag eröffnet eine französische Geschäftsbank, ebenfalls Clearing-Mitglied der DTB, zu eben diesem Kurs eine Long-Position. Die DTB verlangt zu diesem Zeitpunkt von jeder Bank generell eine Additional Margin in Höhe von 12.000 D-Mark.

Beispiel 7/11

Einen Tag später, am 23.2.1996, notiert der März-Kontrakt zum Schlußkurs von 2.454,50, der dem von der DTB festgesetzten Settlement Price entspricht.

Dax-Futures an der DTB
(Kontraktgröße: Index x 100 DM, Notierung: in D-Mark)

23.2.96/20:13	Eröffnung	Hoch	Tief	Schluß	Settlem.	Vortag	Umsatz	Off. Kontr.
März	2440,50	2470,50	2438,50	2454,50	2454,50	2426,00	33963	139692
Juni	2454,00	2480,00	2454,00	2467,00	2467,00	2438,50	4578	62075
Sep.	2485,00	2498,50	2485,00	2485,50	2486,00	2457,00	69	2247

Gesamt-Umsatz: 38610 - Offene Kontrakte zur Eröffnung: 204014

Der Kurs des DAX-Futures (März) ist gestiegen und hat sich um

$$\underbrace{2.454,50}_{\substack{\text{Settlement-Price} \\ \text{am } 23.2.96}} - \underbrace{2.426}_{\substack{\text{Kurs, zu dem} \\ \text{Position am } 22.2.96 \\ \text{eröffnet wurde}}} = 28,5 \text{ Indexpunkte}$$

verändert. Dies entspricht einer Tick-Differenz von

$$28,5 \text{ Indexpunkte} \times 2 \text{ Ticks/Indexpunkt} = 57 \text{ Ticks}$$

oder, ausgedrückt in D-Mark, einer Wertänderung (»Variation Margin«) um

$$57 \text{ Ticks} \times 50 \text{ DM/Tick} = 2.850 \text{ DM}.$$

Bei einem Kursanstieg gewinnt eine Long-, wohingegen eine Short-Position an Wert verliert. Die Deutsche Terminbörse schreibt auf dem Margin-Konto der französischen Geschäftsbank, die ja eine Long-Position hält, deshalb 2.850 D-Mark gut. Das Konto der deutschen Bank wird demgegenüber mit diesem Betrag belastet.

	Margin-Konto der deutschen Geschäftsbank			Margin-Konto der französischen Geschäftsbank		
Datum	Stand des Margin-Kontos	Gutschrift	Belastung	Gutschrift	Belastung	Stand des Margin-Kontos
22.2.1996	12.000 DM	–	–	–	–	12.000 DM
23.3.1996	9.150 DM	–	2.850 DM	2.850 DM	–	14.850 DM

Das Margin-Konto der französischen Geschäftsbank weist am 23.3.1996 aufgrund der Gutschrift einen höheren Betrag auf, als von der Deutschen Terminbörse gefordert. Die Bank kann über den Gewinn in Höhe von 2.850 D-Mark frei verfügen.

Die deutsche Geschäftsbank muß demgegenüber den Verlust von 2.850 D-Mark noch am selben Tag ausgleichen, um das Konto wieder bis zur Additional Margin »aufzufüllen«.

Dieses Beispiel verdeutlicht, daß

- die Gewinne des Verkäufers die Verluste des Käufers sind und umgekehrt, was ab und an mit dem Begriff »Nullsummenspiel« umschrieben wird;
- die Terminbörse Gewinne und Verluste täglich ausgleicht und sich Wertänderungen deshalb nicht bis zur Glattstellung bzw. Fälligkeit eines Kontraktes anhäufen können.

Die Deutsche Terminbörse verlangt für ihre Dienstleistungen geringe Gebühren, die hier aber unberücksichtigt bleiben.

Motive

Der DAX-Future bietet die Möglichkeit zur Arbitrage und Spekulation. Marktteilnehmer können etwa auf zukünftige Veränderungen der Aktienkurse, genaugenommen auf die Gesamtmarktentwicklung, spekulieren. Sie kaufen DAX-Futures, wenn ein Anstieg des Kursniveaus erwartet wird und gehen short, sofern sie mit einem allgemeinen Kursrückgang rechnen. Der DAX-Future gestattet es, mit einer einzigen Transaktion den »gesamten Markt« zu handeln. Fondsmanager beispielsweise können mit dem Kauf von DAX-Futures an der Wertentwicklung eines sehr gut diversifizierten

Aktien-Portefeuilles partizipieren. Ein Future-Engagement ist weitaus komfortabler, kostengünstiger und schneller zu arrangieren als etwa der Kauf und Verkauf einer Vielzahl von Aktien auf dem Kassamarkt.

Der DAX-Future läßt aber auch die Absicherung gegen eine Veränderung des Aktienkursniveaus zu. Die Marktteilnehmer können

- bereits bestehende Aktien-Portefeuilles gegen einen Kursrückgang hedgen, indem sie DAX-Futures verkaufen;
- das aktuelle Kursniveau durch den Kauf von DAX-Futures »einfrieren« und sich so gegen einen Kursanstieg schützen, der einen Aktienkauf in der Zukunft beeinträchtigt.

Sie wollen also mögliche Verluste der Kassaposition tunlichst ganz und gar durch Gewinne mit dem DAX-Future ausgleichen, was auch »Perfect Hedge« heißt. Die Marktteilnehmer müssen dabei jedoch bedenken, daß die Wertänderung des DAX-Futures von der Entwicklung des DAX abhängt. Die Struktur eines Aktien-Portefeuilles entspricht aber für gewöhnlich nicht der des Indexes, was unterschiedliche Wertentwicklungen von DAX-Future und dem individuellen Aktien-Portefeuille zur Folge haben kann. Eine vollständige Kompensation der Wertänderungen mißlingt möglicherweise. Da der DAX ein sehr gut diversifiziertes Aktien-Portefeuille abbildet, das fast nur das systematische Risiko beinhaltet, eignet sich der DAX-Future vorzüglich zur Absicherung gegen das Gesamtmarktrisiko.

Ein Hedging mit DAX-Futures über einen längeren Zeitraum, etwa zwei Jahre, ist mit ein und demselben Kontrakt verständlicherweise nicht möglich. Die Marktteilnehmer müssen im Zeitablauf vielmehr von einem Future auf einen anderen wechseln, was im Fachjargon »überrollen«, englisch »roll over«, heißt. Ein Marktteilnehmer etwa, der Anfang Januar 1996 ein bestehendes Aktienportefeuille mit dem DAX-Future gegen Wertänderungen sichern möchte, verkauft zunächst Kontrakte mit der längsten Restlaufzeit, also DAX-Futures (September). Später, angenommen im August 1996, schließt er die Position durch den Kauf von September-Kontrakten, eröffnet aber gleichzeitig eine Short-Position in DAX-Futures (März). Diese Prozedur läßt sich nun beliebig lange fortführen.

Weitere Aktienindex-Futures   7.2.3.2.3

Die Finanzzeitung zeigt neben den Informationen zum DAX-Future noch die Notierungen für eine Reihe weiterer Aktienindex-Futures. Der Leser findet diese in der Tabelle »*Internationale Terminkontrakte*«.

Monat	Hoch	Tief	Settl.	Veränd.
MMI-MAXI (C) in US-$				
März	588,70	586,70	587,20	+0,20
Apr.				
Mai				
Vortag-Umsatz	10	off. Kontr.	228	+4
S & P 500 (C)				
März	653,90	649,55	653,80	+2,60
Juni	660,10	655,60	660,10	+2,85
Sep.	663,90	662,20	663,70	+1,30
Vortag-Umsatz	109804	off. Kontr.	224898	+1510
FT-SE-100-Aktien-Index				
März	3777,00	3754,00	3766,00	+3,00
Juni	3778,00	3757,00	3768,00	+3,00
Sep.	3782,00	3782,00	3784,00	+2,50
Vortag-Umsatz	17255	off. Kontr.	68169	+245

514   **Forwards und Futures**

Die Spezifikationen dieser Kontrakte sind in nachstehenden Übersichten aufgeführt (vgl. Abb. 7/29).

Abb. 7/29:
Kontraktspezifi-
kationen

MMI-MAXI	
Terminbörse	Chicago Mercantile Exchange (CME).
Underlying	Major Market Index (MMI).
Kontraktgröße	500 US-Dollar mal Indexstand.
Tick-Size	Ein Tick entspricht 0,05 Indexpunkten, also einem Betrag von 500 US-$ $\times$ 0,05 = 25 US-$.
Liefermonate	Die nächstfolgenden drei Monate und die nächsten drei Monate des Zyklus März, Juni, September und Dezember.
Letzter Handelstag	Dritter Freitag im Liefermonat.
Andienung	Cash Settlement.

S & P 500	
Terminbörse	Chicago Mercantile Exchange (CME).
Underlying	Standard & Poor's 500 (S & P 500).
Kontraktgröße	500 US-Dollar mal Indexstand.
Tick-Size	Ein Tick entspricht 0,05 Indexpunkten, also einem Betrag von 500 US-$ $\times$ 0,05 = 25 US-$.
Liefermonate	März, Juni, September, Dezember.
Letzter Handelstag	Dritter Donnerstag im Liefermonat.
Andienung	Cash Settlement.

FT-SE 100-Aktien-Index	
Terminbörse	London International Financial Futures and Options Exchange (LIFFE).
Underlying	Financial Times-Stock Exchange Index 100 (FT-SE 100).
Kontraktgröße	25 britische Pfund mal Indexstand.
Tick-Size	Ein Tick entspricht 0,5 Indexpunkten, also einem Betrag von 25 £ $\times$ 0,5 = 12,50 £.
Liefermonate	März, Juni, September, Dezember.
Letzter Handelstag	Dritter Freitag des Liefermonats.
Andienung	Cash Settlement.

7.2.3.3   **Zinsfutures**

7.2.3.3.1   **Begriff**

Die Bezeichnung »Zinsfutures« dient im allgemeinen Sprachgebrauch als Sammelbegriff für Futures, denen fiktive Anleihen, Geldmarktpapiere oder Termingeld zugrunde liegen (vgl. Abb. 7/30).

Abb. 7/30: Zinsfutures

Futures auf fiktive Anleihen

7.2.3.3.2

Grundlagen

7.2.3.3.2.1

Fiktive Anleihen sind, einfach ausgedrückt, zumeist von Börsen kreierte »gedankliche« Gebilde. Im Unterschied zu »echten« Schuldverschreibungen existieren fiktive Papiere nicht – sie wurden nie emittiert und können daher auch nicht auf dem Kassamarkt gehandelt werden. Fiktive Anleihen weisen, anders als »echte« Schuldverschreibungen, jedoch zumeist zwei idealtypische Eigenschaften auf, nämlich eine zu jedem Zeitpunkt konstante Restlaufzeit und einen festen Kupon. Eine fiktive Anleihe könnte etwa ein festverzinsliches Papier mit einem Kupon von 6 Prozent und einer konstanten Restlaufzeit von zehn Jahren sein. Während die Restlaufzeit einer »echten« Schuldverschreibung bis zur Fälligkeit ständig abnimmt, was im Fachjargon »Laufzeitabschmelzung« heißt, bleibt die Restlaufzeit der fiktiven Schuldverschreibung im Zeitablauf konstant. Dies verdeutlicht der Vergleich zwischen einer »echten« und fiktiven Anleihe. Abbildung 7/31 zeigt die 6,875 % Bundesanleihe von 1995 (»echte« Anleihe), die

Fiktive Anleihen

- im Mai 1995 aufgelegt wurde,
- jährlich am 12.5. Kuponzahlungen beschert und
- eine Gesamtlaufzeit von zehn Jahren aufweist.

Die fiktive Anleihe ist mit einem Kupon von 6 % und einer festen Restlaufzeit von 10 Jahren ausgestattet.

	Restlaufzeit der Bundesanleihe	Restlaufzeit der fiktiven Anleihe
12.5.1995	10 Jahre	10 Jahre
12.5.1996	9 Jahre	10 Jahre
12.5.1997	8 Jahre	10 Jahre
12.5.1998	7 Jahre	10 Jahre
12.5.1999	6 Jahre	10 Jahre
12.5.2000	5 Jahre	10 Jahre
12.5.2001	4 Jahre	10 Jahre
12.5.2002	3 Jahre	10 Jahre
12.5.2003	2 Jahre	10 Jahre
12.5.2004	1 Jahr	10 Jahre
12.5.2005	Anleihe verfällt	10 Jahre

Abb. 7/31: Restlaufzeit einer »echten« und »fiktiven« Anleihe

516   Forwards und Futures

Die Bundesanleihe ist beispielsweise am 12.5.1995 ein 10jähriges, am 12.5.2000 jedoch ein 5jähriges und am 12.5.2003 sogar ein 2jähriges Papier, die fiktive Schuldverschreibung dagegen stets eine 10jährige Anleihe.

Eine Terminbörse, die einen Future auf eine 10jährige Anleihe einführt und als Underlying die oben beschriebene Bundesanleihe wählt, muß das Papier aufgrund der Laufzeitabschmelzung immer wieder durch ein anderes ersetzen. Nur dann ist gewährleistet, daß dem Future auch weiterhin ein 10jähriges Papier zugrundeliegt und ein Laufzeitbereich von 10 Jahren abgedeckt ist.

Die Terminbörse kann das Problem der Laufzeitabschmelzung jedoch umgehen, wenn sie statt einer »echten« eine fiktive Schuldverschreibung als Underlying heranzieht. Die Marktteilnehmer haben dann die Möglichkeit, eine Anleihe »auf Termin« zu handeln, die bei Fälligkeit des Futures exakt eine Restlaufzeit von zehn Jahren aufweist. Der Käufer eines solchen Futures verpflichtet sich, bei Fälligkeit eines Kontrakts für die fiktive Anleihe den Future-Kurs zu zahlen, wohingegen der Verkäufer dann genaugenommen die idealtypische Anleihe liefern muß. Es ist aber eher unwahrscheinlich, daß ein Verkäufer bei Fälligkeit des Futures ein Papier findet, daß idealtypisch ausgestattet ist – also etwa einen Kupon von 6 % und eine Restlaufzeit von exakt zehn Jahren aufweist. Aus diesem Grunde grenzt eine Terminbörse die Restlaufzeit der fiktiven Anleihe nicht scharf ein. Sie gibt stattdessen ein Intervall vor, das sich, um beim obigen Beispiel zu bleiben, etwa von 8,5 bis 10 Jahren erstrecken kann. Die Terminbörse verlangt nun vom Verkäufer, nur ganz bestimmte Papiere, die sogenannten »lieferbaren Anleihen«, anzudienen. Diese müssen spezielle Titel, etwa Staatsanleihen, sein und bei Andienung eben eine Restlaufzeit zwischen 8,5 und 10 Jahren aufweisen. Die Kupons der lieferbaren Titel dürfen aber allemal von dem der fiktiven Anleihe abweichen. Der Verkäufer hat somit das Recht (»**seller's option**«) aus einem Korb von Anleihen, die verständlicherweise gewisse Ausstattungsmerkmale aufweisen müssen, eine bestimmte auszuwählen. Um diese Papiere nun mit der fiktiven Anleihe vergleichen zu können, muß der Kurs einer lieferbaren Anleihe mit Hilfe eines sogenannten Konversionsfaktors, der für jedes Papier individuell zu ermitteln ist, umgerechnet werden. Hierauf wird aber nicht an dieser Stelle, sondern im Zusammenhang mit dem Bund-Future im nächsten Abschnitt eingegangen.

Zu den bedeutendsten Futures auf fiktive Anleihen zählen etwa

- Bund- und Long-Gilt-Future (London International Financial Futures and Options Exchange),
- der Japanese Government Bond Future, kurz JGB, (Tokyo Stock Exchange),
- US-Treasury bond und note Future (Chicago Board of Trade) sowie
- Bobl- und Bund-Future (Deutsche Terminbörse).

7.2.3.3.2.2   Bund-Future

Die LIFFE und die DTB bieten jeweils einen Future an, der auf fiktiven langfristigen Bundesanleihen basiert. Der Kontrakt an der Deutschen Terminbörse, im weiteren »Bund-Future« oder schlicht »Bund« genannt, wird seit November 1990 gehandelt und ist folgendermaßen ausgestattet (vgl. Abb. 7/32).

Kontraktspezifikationen des Bund-Futures	
Underlying	Fiktive langfristige Bundesanleihe mit einem Kupon von 6 % und einem Nennwert von 250.000 D-Mark.
Lieferbare Titel	Bundesanleihen oder Schuldverschreibungen der Treuhandanstalt mit einer Restlaufzeit zwischen achteinhalb und zehn Jahren.
Notierung	In Prozent pro 100 D-Mark nominal, bis auf zwei Nachkommastellen.
Tick-Size	0,01 Prozentpunkte, was 25 D-Mark entspricht.
Liefermonate	Die jeweils nächsten drei Monate des Zyklus März, Juni, September und Dezember.
Settlement Price	Durchschnitt der letzten fünf Kurse am jeweiligen Börsentag. Kommen in der letzten Handelsminute mehr als fünf Geschäfte zustande, so ist der Settlement Price der Durchschnittskurs aller in der letzten Handelsminute abgeschlossenen Geschäfte.
Letzter Handelstag	Zwei Börsentage vor dem Liefertag.
Liefertag	Der zehnte Kalendertag des Liefermonats, sofern dieser Tag ein Börsentag ist. Ansonsten ist der Liefertag der nächstfolgende Börsentag.
Schlußabrechnungspreis	Der Schlußabrechnungspreis wird am letzten Handelstag um 12 Uhr 30 ermittelt. Die Art und Weise der Berechnung entspricht der des Settlement Prices.
Andienung	Effektive Andienung. Clearing Mitglieder mit offenen Short-Positionen müssen der DTB am letzten Handelstag, und zwar spätestens am Ende der Post-Trading-Periode, anzeigen, welche Anleihen sie liefern wollen.

Abb. 7/32: Kontraktspezifikationen

Der Bund-Future notiert, genau wie Schuldverschreibungen, in Form eines Prozentwertes. Dieser gibt denjenigen Kurs an, den der Käufer bei Fälligkeit des Kontrakts für eine öffentliche Anleihe zahlt, die

- einen Nominalzinssatz von 6 % aufweist und
- bei Fälligkeit des Futures eine Restlaufzeit zwischen 8,5 und 10 Jahren hat.

Ein Kurs von 99,70 zeigt beispielsweise an, daß der Käufer zum Zeitpunkt der Fälligkeit des Bund-Futures

$$\underbrace{250.000\,\mathrm{DM}}_{\substack{\text{"Nominalwert" der}\\\text{fiktiven Anleihe}}} \times \frac{\overbrace{99,70}^{\text{Future-Kurs}}}{100} = 249.250\,\mathrm{DM}$$

für eine öffentliche Anleihe mit der oben genannten Ausstattung bezahlt.
Marktteilnehmer müssen bei Eröffnung einer Bund-Position, genau wie Käufer und Verkäufer von DAX-Futures, Margins hinterlegen. Außerdem stellt die DTB Gewinne und Verluste an jedem Börsentag fest und gleicht diese aus. Sie schreibt einem Marktteilnehmer, der an einem Tag einen Kontrakt des Bund-Futures (Juni) zum Kurs von 97,56 kauft, am nächsten Börsentag folgenden Betrag gut, wenn der Kurs des Bund (Juni) auf 97,83 klettert:

$$\underbrace{\left(\frac{97,83}{100} - \frac{97,56}{100}\right)}_{\text{Veränderung um 27 Ticks}} \times 250.000 \, \text{DM} = 27 \, \text{Ticks} \times 25 \, \text{DM} / \text{Tick} = 675 \, \text{DM}$$

Fälligkeiten

Marktteilnehmer können, genau wie beim DAX-Future, stets nur drei »**Fälligkeiten**« handeln, und zwar die Bund-Futures mit den unmittelbar folgenden drei Fälligkeitszeitpunkten. Dies sind am 2.1.1996 etwa der Bund-Future (März), der gleichzeitig der Front-Future ist, sowie die Bund-Futures (Juni) und (September), wie ein Blick in die Tabelle »*DTB-Bund-Futures*« verrät.

DTB-Bund-Futures (langfristig)
(6%, 250000 DM, in %, 8,5 Jahre bis 10 Jahre)

2.1.96/20:00	Eröffnung	Hoch	Tief	Schluß	Settlem.	Vortag	Umsatz	Off. Kontr.
März	99,45	99,85	99,38	99,70	99,70	99,43	31451	131893
Juni	98,85	98,85	98,85	98,85	99,02	98,77	5	127
Sep.					98,34	98,11		

Gesamt-Umsatz: 31456 - Offene Kontrakte zur Eröffnung: 132020

Fälligkeiten (Liefermonate)

Ein Kontrakt kann bis zum »letzten Handelstag«, das ist der zweitletzte Börsentag vor dem Liefertag, ge- und verkauft werden (vgl. Abb. 7/33). Der Schlußabrechnungstag für einen Bund-Future ist, anders als beispielsweise beim DAX-Future, der letzte Handelstag. Einen Börsentag danach führt die DTB dann den neuen Bund-Future ein.

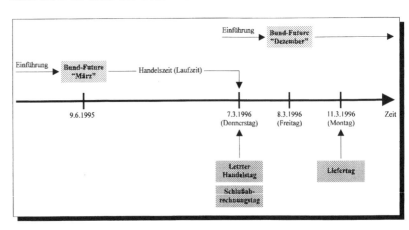

Abb. 7/33: Letzter Handels-, Schlußabrechnungs- und Liefertag beim Bund-Future (März)

Futures   519

Am Liefertag sind alle Bund-Positionen, die am letzten Handelstag nicht geschlossen wurden, zu erfüllen. Die Deutsche Terminbörse verlangt dann von den Verkäufern, für jeden Kontrakt »lieferbare Anleihen«, also

Effektive Andienung

- Bundesanleihen oder Schuldverschreibungen der Treuhandanstalt
- mit einer Restlaufzeit zwischen 8,5 und 10 Jahren sowie
- einem Nominalwert von 250.000 D-Mark

anzudienen. Sie stellt jedoch keine Anforderungen im Hinblick auf den Nominalzinssatz (Kupon) der Papiere. Der Verkäufer kann also durchaus Anleihen mit einem von 6 % abweichenden Kupon andienen und etwa Titel mit einem Nominalzinssatz von 7,5 % oder 6,875 % oder auch 5,75 % wählen.

Der Käufer eines Bund-Futures hat aber eigentlich eine 6%ige Schuldverschreibung erworben und daher Anspruch auf ein Papier, das zu jährlichen Kuponzahlungen in Höhe von

$$\underbrace{250.000\,\text{DM}}_{\substack{\text{"Größe" eines Bund-} \\ \text{Future-Kontrakts}}} \times \frac{\overbrace{6}^{\substack{\text{Kupon der} \\ \text{fiktiven} \\ \text{Bundesanleihe}}}}{100} = 15.000\,\text{DM}$$

führt. Dient ihm der Verkäufer nun eine Anleihe mit einem von 6 % abweichenden Nominalzinssatz an, so fallen die Kuponzahlungen, je nach Nominalzinssatz, höher oder geringer aus. Deshalb muß ein Ausgleich geschaffen werden, damit weder Käufer noch Verkäufer einen Vor- oder Nachteil erleiden. Liefert der Verkäufer ein Papier mit einem Kupon

- größer als 6 %, so muß der Käufer einen höheren Preis als den Future-Preis zahlen;
- kleiner als 6 %, dann reduziert sich der Future-Preis.

Die Deutsche Terminbörse macht sämtliche lieferbaren Titel mit der fiktiven Anleihe vergleichbar, um den Preis zu ermitteln, den der Käufer letztendlich für das vom Verkäufer gelieferte Papier bezahlen muß. Sie zinst deshalb die Kupon- sowie die Tilgungszahlung jeder lieferbaren Schuldverschreibung ab und legt dabei einen Zinssatz von 6 % zugrunde. Der Barwert wird sodann durch 100 geteilt, und es ergibt sich ein Umrechnungsfaktor, der in diesem Zusammenhang **Konversionsfaktor** heißt. Angenommen, eine Bundesanleihe mit einem Kupon von 7 % habe am Liefertag eine Restlaufzeit von exakt 9 Jahren. Sie ist eine lieferbare Anleihe und die DTB ermittelt den Konversionsfaktor, indem zunächst der Barwert des Papiers bei einem Zinssatz von 6 % bestimmt wird.

Konversionsfaktor

$$\frac{7}{1,06} + \frac{7}{(1,06)^2} + \frac{7}{(1,06)^3} + \frac{7}{(1,06)^4} + \frac{7}{(1,06)^5} + \frac{7}{(1,06)^6} + \frac{7}{(1,06)^7} + \frac{7}{(1,06)^8} + \frac{107}{(1,06)^9} = 106,8017$$

Anschließend dividiert sie den Barwert durch 100 und erhält den Konversionsfaktor.

520   **Forwards und Futures**

$$\text{Konversionsfaktor der 7-\%-Bundesanleihe} = \frac{106,8017}{100} = 1,068017$$

Ein Konversionsfaktor ist größer (kleiner) als eins, sofern die lieferbare Anleihe einen Kupon größer (kleiner) als 6 % aufweist. Der Konversionsfaktor ermöglicht es, die unterschiedlichen Restlaufzeiten und Nominalzinssätze der lieferbaren Papiere auf einen gemeinsamen Nenner, nämlich ein Renditeniveau von 6 %, zu bringen. Die Deutsche Terminbörse veröffentlicht die Konversionsfaktoren regelmäßig und zwar für alle lieferbaren Anleihen (vgl. Abb. 7/34).

Abb. 7/34: Konversionsfaktoren der für den Bund-Future lieferbaren Anleihen (Quelle: Deutsche Börse AG)

Wertpapier-kennnummer	Wertpapiername	Fälligkeitstag	Konversionsfaktor		
			März 96	Juni 96	September 96
113495	7,50% Bund	11.11.2004	1,098639		
113496	7,375% Bund	03.01.2005	1,091132	1,088976	
113497	6,875% Bund	12.05.2005	1,060069	1,058943	1,057378
113498	6,50% Bund	14.10.2005	1,035197	1,034535	1,034102
113499	6,00% Bund	05.01.2006	0,999674	0,999563	0,999671
113500	6,00% Bund	16.02.2006	0,999868	0,999613	0,999574

BUND-Futures (März 96, Juni 96, September 96)

Rechnungsbetrag

Der Käufer eines Bund-Kontrakts muß am Liefertag einen Geldbetrag, in diesem Zusammenhang **Rechnungsbetrag** genannt, in Höhe von

$$\frac{\text{Schlußabrechnungspreis des Bund-Futures}}{100} \times \begin{array}{c}\text{Konversionsfaktor der Anleihe,}\\\text{die der Verkäufer liefert}\end{array} \times 250.000\,\text{DM} + \begin{array}{c}\text{Stückzinsen für die}\\\text{gelieferte Anleihe}\end{array}$$

an den Verkäufer zahlen, wohingegen der Verkäufer eine lieferbare Anleihe mit einem Nominalvolumen von 250.000 D-Mark andient. Der Rechnungsbetrag ist im allgemeinen für jede lieferbare Anleihe anders.

Beispiel 7/12

Der Rentenhändler einer deutschen Geschäftsbank kauft am 29.12.1995 einen Kontrakt des Bund-Futures (März) zum Schlußkurs von 99,44.

DTB-Bund-Futures (langfristig)
(6%, 250000 DM, in %, 8,5 Jahre bis 10 Jahre)

29.12.95/21:36	Eröffnung	Hoch	Tief	Schluß	Settlem.	Vortag	Umsatz	Off. Kontr.
März	99,29	99,44	99,25	99,44	99,43	99,22	6838	123190
Juni					98,77	98,54		131
Sep.					98,11	97,86		

Gesamt-Umsatz: 6838 - Offene Kontrakte zur Eröffnung: 123321

Er hält die Position bis zur Fälligkeit.

Am letzten Handelstag, dem 7.3.1996, legt die Deutsche Terminbörse einen Schlußabrechnungspreis in Höhe von 97,37 für den Bund-Future (März) fest.

DTB-Bund-Futures (langfristig)
(6%, 250000 DM, in %, 8,5 Jahre bis 10 Jahre)

7.3.96/18:23	Eröffnung	Hoch	Tief	Schluß	Settlem.	Vortag	Umsatz	Off. Kontr.
März	97,67	97,70	97,33	97,37	97,37	97,85	3739	
Juni	96,85	96,90	96,42	96,60	96,60	96,99	78947	
Sep.	95,89	95,89	95,89	95,89	95,77	96,13		1

Gesamt-Umsatz: 82687 - Offene Kontrakte zur Eröffnung:

Die DTB teilt dem Rentenhändler mit, daß ein Verkäufer des Bund-Futures (März) die 6,5 % Bundesanleihe von 1995 am Liefertag (11.3.1996) andient. Die Kuponzahlungen für dieses Papier erfolgen jährlich am 14.10. Folglich fallen Stückzinsen für den Zeitraum vom 14.10.1995 bis zum 11.3.1996 in Höhe von

$$\frac{\overbrace{250.000\ \text{DM}}^{\substack{\text{Größe eines Bund-}\\\text{Future-Kontrakts}}} \times \overbrace{6,5}^{\substack{\text{Kupon-}\\\text{Zins}}} \times \overbrace{147}^{\text{Zinstage}}}{100 \times 360} = 6.635{,}42\ \text{DM}$$

an, die der Verkäufer des Futures vom Rentenhändler erhält.

Der Konversionsfaktor für die 6,5 % Bundesanleihe beträgt 1,035197 (vgl. Abb. 7/34). Der Rentenhändler muß demnach folgenden Rechnungsbetrag begleichen:

$$\underbrace{\frac{97{,}37}{100}}_{\substack{\text{Schlußabrechnungs-}\\\text{preis für den Bund-}\\\text{Future (März)}}} \times \underbrace{1{,}035197}_{\substack{\text{Konversions-}\\\text{faktor}}} \times \underbrace{250.000\ \text{DM}}_{\substack{\text{Größe eines Bund-}\\\text{Future-Kontrakts}}} + \underbrace{6.635{,}42\ \text{DM}}_{\text{Stückzinsen}} = 258.628{,}25\ \text{DM}$$

Dafür erhält er im Gegenzug vom Verkäufer nominal 250.000 D-Mark der 6,5 % Bundesanleihe.

Der Verkäufer eines Bund-Futures, der auf eine zwischenzeitliche Glattstellung verzichtet, und die Position stattdessen bis zur Fälligkeit hält, kann sich am letzten Handelstag für irgendeine der lieferbaren Schuldverschreibungen entscheiden. Er hat ein Wahlrecht (»seller's option«) und wird verständlicherweise die günstigste Anleihe andienen, englisch cheapest to deliver (**CTD**). Der Verkäufer bestimmt deshalb für jede lieferbare Schuldverschreibung zum einen den aktuellen Marktpreis und zum anderen den Rechnungsbetrag, den der Future-Käufer dafür zu entrichten hat. Der aktuelle Marktpreis zeigt dem Verkäufer, welchen Geldbetrag er

CTD

- für die Anleihe ausgeben muß, sofern er das Papier nicht besitzt und es auf dem Kassamarkt erwirbt bzw.
- bei einem Verkauf der Schuldverschreibung erzielt, wenn er die Anleihe besitzt und sie auf dem Kassamarkt veräußert.

Der Verkäufer vergleicht nun den Marktpreis jeder lieferbaren Anleihe, also die Aufwendungen zum Erwerb des Papiers, mit dem Geldbetrag, den der Käufer letztlich für diesen Titel zahlt, kurzum dem Rechnungsbetrag. Für jede lieferbare Schuldverschreibung wird die Differenz zwischen dem Rechnungsbetrag und den Aufwendungen bestimmt.

$$\text{Rechnungsbetrag} - \begin{array}{l}\text{Aufwendungen zum}\\\text{Erwerb der Anleihe}\end{array}$$

Forwards und Futures

Die CTD-Anleihe, kurz CTD, ist nun diejenige Schuldverschreibung, die für den Future-Verkäufer zum geringsten Verlust bzw. größten Gewinn führt, wenn er vom Rechnungsbetrag die Aufwendungen abzieht. Die Auswahl der CTD läßt sich anschaulich am Beispiel des Bund-Futures (März) demonstrieren, der im Juni 1995 eingeführt wurde. Den Schlußabrechnungspreis für diesen Kontrakt zeigt die Finanzzeitung.

DTB-Bund-Futures (langfristig)
(6%, 250000 DM, in %, 8,5 Jahre bis 10 Jahre)

7.3.96/20:01	Eröffnung	Hoch	Tief	Schluß	Settlem.	Vortag	Umsatz	Off. Kontr.
März	97,67	97,70	97,33	97,37	97,37	97,85	3739	
Juni	96,85	96,90	96,42	96,60	96,60	96,99	78947	123327
Sep.	95,89	95,89	95,89	95,89	95,89	95,77	96,13	1	449

Gesamt-Umsatz: 82687 - Offene Kontrakte zur Eröffnung: 123776

Am Liefertag (11.3.1996) können alles in allem sechs verschiedene Bundesanleihen angedient werden, die die DTB im übrigen samt der zugehörigen Konversionsfaktoren bekanntgibt (vgl. Abb. 7/34). Marktteilnehmer mit Short-Positionen im Bund-Future (März) müssen der Deutschen Terminbörse schon am letzten Handelstag (7.3.1996) anzeigen, welche Schuldverschreibung sie am Liefertag andienen. Zur Ermittlung der CTD beschaffen die Verkäufer zunächst die Kurse der lieferbaren Titel. Diese weist auch die Finanzzeitung in der Tabelle »*Öffentliche Anleihen*« aus.

Öffentliche Anleihen

Zins	Laufzeit	7.3.96	6.3.96	Rend.	Zins	Laufzeit	7.3.96	6.3.96	Rend.
Bundesrepublik					6 v. 93	2003	99,72b	99,95b	6,032
Deutschland (F)					6,25 v. 94	2024	89,10b	89,65b	7,158
6 v. 86	1998	103,93b	103,99b	4,015	6,75 v. 94	2004	103,05b	103,35b	6,255
6 v. 86 II	2016	88,75b	89,20b	7,051	(FRN) v. 94	2004	99,18b	99,18b	
5,75 v. 86	1996	100,65b	100,67b	3,26	7,5 v. 94	2004	107,66b	107,96bG	6,311
5,75 v. 86 II	1996	100,86b	100,88bG	3,292	7,375 v. 95	2005	106,80b	107,09bG	6,335
5,5 v. 86	1996	101,12b	101,16b	3,279	6,875 v. 95	2005	103,40b	103,73b	6,365
5,625 v. 86	2016	84,60b	85,10b	7,058	6,5 v. 95	2005	100,82b	101,18b	6,369
6 v. 86 III	1998	104,13b	104,18b	4,276	6 v. 96	2006	97,46bG	97,78b	6,347
6,5 v. 86	1996	102,45b	102,47b	3,247	6 v. 96II	2006	97,45b	97,78bG	6,350

lieferbare Anleihen

Daraufhin bestimmen sie für jede Schuldverschreibung die Stückzinsen, wenn 250.000 D-Mark nominal davon am Liefertag erworben werden.

	7,50 % Bund	7,375 % Bund	6,875 % Bund	6,50 % Bund	6,00 % Bund	6,00 % Bund
Fälligkeit	11.11.2004	3.1.2005	12.5.2005	14.10.2005	5.1.2006	16.2.2006
Kupon-Termin	jährl. am 11.11.	jährl. am 3.1.	jährl. am 12.5.	jährl. am 14.10.	jährl. am 5.1.	jährl. am 16.2.
Stückzinsen	6.250,00 DM	3.482,64 DM	14.275,17 DM	6.635,42 DM	2.750,00 DM	1.041,67 DM

Nun lassen sich, getrennt für jede lieferbare Anleihe, die Rechnungsbeträge sowie Aufwendungen und schließlich die Differenz daraus bestimmen.

	7,50 % Bund	7,375 % Bund	6,875 % Bund	6,50 % Bund	6,00 % Bund	6,00 % Bund
Kurs	107,66	106,80	103,40	100,82	97,46	97,45
Settlement	97,37	97,37	97,37	97,37	97,37	97,37
Konversions- faktor	1,098639	1,091132	1,060069	1,035197	0,999674	0,999868
Rechnungs- betrag (DM)	273.686,20	269.091,45	272.322,47	258.628,25	246.095,64	244.434,54
Aufwendun- gen (DM)	275.400,00	270.482,64	272.775,17	258.685,42	246.400,00	244.666,67
Differenz	-1.713,80 DM	-1.391,19 DM	-452,70 DM	-57,17 DM	-304,36 DM	-232,13 DM

Die CTD ist die 6,5 % Bundesanleihe, weil hier die Differenz zwischen dem Rechnungsbetrag, den der Verkäufer vom Käufer erhält, und den Aufwendungen für den Erwerb des Papiers absolut am geringsten ist. Anders ausgedrückt fällt der »Verlust« für den Verkäufer am niedrigsten aus, wenn er die 6,5 % Bundesanleihe liefert. Er erhält vom Käufer eines Bund-Futures

$$\underbrace{\frac{97,37}{100}}_{\substack{\text{Schlußabrechnungs-}\\\text{preis für den Bund-}\\\text{Future (März)}}} \times \underbrace{1,035197}_{\substack{\text{Konversions-}\\\text{faktor der}\\\text{6,5\% Bundesanleihe}}} \times \underbrace{250.000\,\text{DM}}_{\substack{\text{Größe eines Bund-}\\\text{Future-Kontrakts}}} + \underbrace{6.635,42\,\text{DM}}_{\text{Stückzinsen}} = 258.628,25\,\text{DM}.$$

Auf dem Kassamarkt erzielt die Bundesanleihe dagegen einen Preis von

$$\underbrace{\frac{100,82}{100}}_{\substack{\text{Kurs am 7.3.96}}} \times \underbrace{250.000\,\text{DM}}_{\text{Nominalvolumen}} + \underbrace{6.635,42\,\text{DM}}_{\text{Stückzinsen}} = 258.685,42\,\text{DM}.$$

Die Differenz zwischen Rechnungsbetrag und aktuellem Marktpreis lautet dann:

$$\underbrace{258.628,25\,\text{DM}}_{\text{Rechnungsbetrag}} - \underbrace{258.685,42\,\text{DM}}_{\text{aktueller Marktpreis}} = -57,17\,\text{DM}.$$

Die Differenz, in diesem Fall -57,17 D-Mark, ist nicht etwa der Gewinn oder Verlust, den der Verkäufer aus dem Bund-Future erleidet – dieser wird ja tagtäglich von der Deutschen Terminbörse ausgeglichen. Der Unterschiedsbetrag macht vielmehr deutlich, daß der Verkäufer für die gelieferte Anleihe nicht den aktuellen Marktpreis erhält. Der Verkäufer empfängt, um beim obigen Beispiel zu bleiben, für 250.000 D-Mark nominal der 6,5 % Bundesanleihe gewissermaßen vom Käufer einen Geldbetrag, der um 57,17 D-Mark unter dem eigentlichen Marktpreis liegt.

Nicht alle Verkäufer liefern bei Fälligkeit eines Bund-Futures die CTD. Dies mag etwa daran liegen, daß

524   **Forwards und Futures**

- sie andere lieferbare Anleihen besitzen und aufgrund von Transaktionskosten, wie Gebühren beim Kauf, nicht auf die CTD »ausweichen« oder
- die CTD auf dem Kassamarkt recht schwierig zu bekommen ist, weil sie naturgemäß von vielen Marktteilnehmern gesucht wird.

Die Deutsche Terminbörse ordnet deshalb am Fälligkeitstag mittels eines Zufallsverfahrens die Anleihen der Verkäufer den Käufern zu. Ein Käufer weiß von vornherein also nicht, welche Anleihe geliefert wird und wie hoch der Rechnungsbetrag ist, den er letztendlich zu bezahlen hat.

Verkäufer umgehen in den allermeisten Fällen jedoch eine effektive Andienung, weil sie Bund-Futures nicht bis zur Fälligkeit halten, sondern Positionen vorzeitig glattstellen. Sie partizipieren dann an der Wertänderung des Bund-Futures und erzielen, je nach Entwicklung des Future-Kurses, Gewinne oder Verluste.

Motive

Der Kurs des Bund-Futures reagiert auf Renditeänderungen ähnlich wie Anleihe-Kurse. Bei einem Rückgang der Rendite 10jähriger Schuldverschreibungen steigt der Kurs für gewöhnlich, wohingegen er bei einem Anstieg des Renditeniveaus sinkt. Der Bund-Future bietet nicht nur die Möglichkeit zur Spekulation oder Arbitrage. Er ist gleichfalls ein Instrument

- zur Absicherung eines bestehenden Renten-Portefeuilles gegen fallende Kurse bzw.
- zum Schutz gegen steigende Kurse, wenn etwa in der Zukunft der Kauf von Anleihen geplant ist.

Beispiel 7/13

Der Rentenhändler einer deutschen Geschäftsbank weiß bereits Anfang November 1995, daß ihm am 2.1.1996 insgesamt 500.000 D-Mark zufließen. Das Geld soll dann in die 6,875 % Bundesanleihe von 1995 investiert werden, die am 7.11.1995 zu einem Kurs von 103,09 notiert.

Öffentliche Anleihen

Zins		Laufzeit	7.11.95	6.11.95	Rend.	Zins		Laufzeit	7.11.95	6.11.95	Rend.
Bundesrepublik						6,5	v. 93	2003	101,65 b	101,32 b	6,209
Deutschland (F)						6	v. 93	2003	98,68 b	98,32 b	6,210
6,375 v. 86		1996	100,43 b	100,44 b	4,060	6,25	v. 94	2024	88,68 b	88,28 b	7,193
6,375 v. 86 II		1996	100,58 bG	100,59 b	4,116	6,75	v. 94	2004	102,31 b	102,10 b	6,381
6	v. 86	1998	103,31 b	103,20 b	4,516	(FRN) v. 94		2004	98,92 bG	98,89 b	
6	v. 86 II	2016	88,20 b	87,80 b	7,097	7,5	v. 94	2004	107,18 b	106,92 b	6,424
5,75	v. 86	1996	101,02 bG	101,02 b	3,968	7,375	v. 95	2005	106,93 b	106,05 b	6,429
5,75	v. 86 II	1996	101,18 b	101,18 b	3,963	6,875	v. 95	2005	103,09 b	102,87 b	6,415
5,5	v. 86	1996	101,26 b	101,26 b	3,967	6,5	v. 95	2005	100,74 b	100,49 b	6,393
5,625 v. 86		2016	83,95 b	83,55 b	7,120	ERP-Sonderv. (F)					
6	v. 86 III	1998	103,60 b	103,42 b	4,661	8	v. 92	2002	109,80 b	109,53 b	6,103
6,5	v. 86	1996	102,64 b	102,63 b	4,014	6,75	v. 93	2003	102,35 b	101,90 b	6,345

Der Rentenhändler befürchtet indes einen Rückgang der Rendite und somit einen Anstieg der Kurse in naher Zukunft. Er möchte das aktuelle Kursniveau allerdings sichern und am 2.1.1996 für ein Nominalvolumen von 500.000 D-Mark der 6,875 % Bundesanleihe in etwa folgenden Preis zahlen:

$$\underbrace{\frac{500.000 \text{ DM}}{103,09 \text{ DM}}}_{\substack{\text{Kurs der 6,875 \%} \\ \text{Bundesanleihe} \\ \text{am 7.11.95}}} \times 100 \text{ DM} = 485.013,10 \text{ DM}$$

Er entscheidet sich deshalb für eine Absicherung mit Bund-Futures. Am 7.11.1995 kauft der Investor zwei März-Kontrakte zum Schlußkurs von 96,37.

DTB-Bund-Futures (langfristig)
(6%, 250000 DM, in %, 8,5 Jahre bis 10 Jahre)

7.11.95/20:00	Eröffnung	Hoch	Tief	Schluß	Settlem.	Vortag	Umsatz	Off. Kontr.
Dez.	96,87	97,04	96,80	96,86	96,86	96,93	56753	165975
März	96,29	96,37	96,29	96,37	96,27	96,34	61	3100
Juni					95,68	95,75		

Gesamt-Umsatz: 56814 - Offene Kontrakte zur Eröffnung: 169075

Die Vermutung des Händlers bestätigt sich. Die Kurse der Schuldverschreibungen sind gestiegen und die 6,875 % Bundesanleihe notiert am 2.1.1996 zu einem Kurs von 106,33.

Öffentliche Anleihen

Zins	Laufzeit	2.1.96	29.12.95	Rend.	Zins	Laufzeit	2.1.96	29.12.95	Rend.
Bundesrepublik					6,5 v. 93	2003	104,50b	104,16b	5,733
Deutschland (F)					6 v. 93	2003	101,77b	101,39b	5,698
6,375 v. 86	1996	100,12b	100,13b	3,863	6,25 v. 94	2024	93,88b	93,15b	6,745
6,375 v. 86 II	1996	100,30b	100,31b	3,852	6,75 v. 94	2004	105,45b	105,05b	5,904
6 v. 86	1998	104,30bG	104,20b	3,984	(FRN) v. 94	2004	99,41b	99,40b	
6 v. 86 II	2016	92,75b	92,07b	6,649	7,5 v. 94	2004	110,47b	110,14b	5,924
5,75 v. 86	1996	100,93b	100,92b	3,600	7,375 v. 95	2005	109,70b	109,28b	5,951
5,75 v. 86 II	1996	101,11b	101,10b	3,609	6,875 v. 95	2005	106,33b	105,91b	5,960
5,5 v. 86	1996	101,26b	101,26b	3,632	6,5 v. 95	2005	103,84b	103,35b	5,962
5,625 v. 86	2016	88,45b	87,85b	6,662	ERP-Sonderv. (F)				
6 v. 86 III	1998	104,72b	104,50b	4,164	8 v. 92	2002	112,21b	111,86b	5,825

Aber auch der Kurs des Bund-Futures (März) hat sich erhöht. Der Rentenhändler schließt die Long-Position, indem er am 2.1.1996 zwei März-Kontrakte zum Schlußkurs von 99,70 verkauft.

DTB-Bund-Futures (langfristig)
(6%, 250000 DM, in %, 8,5 Jahre bis 10 Jahre)

2.1.96/20:00	Eröffnung	Hoch	Tief	Schl	Settlem.	Vortag	Umsatz	Off. Kontr.
März	99,45	99,85	99,38	99,70	99,70	99,43	31451	131893
Juni	98,85	98,85	98,85	98,85	99,02	98,77	5	127
Sep.					98,34	98,11		

Gesamt-Umsatz: 31456 - Offene Kontrakte zur Eröffnung: 132020

Während der Haltezeit hat der Händler mit dem Bund-Future (März) einen Gewinn in Höhe von

$$\underbrace{\left[\frac{99,70}{100} - \frac{96,37}{100} \right]}_{\substack{\text{Veränderung} \\ \text{um 333 Ticks}}} \times 250.000 \text{ DM/Kontrakt} \times 2 \text{ Kontrakte} = 16.650 \text{ DM}$$

526 **Forwards und Futures**

erzielt, den die Deutsche Terminbörse nach und nach auf dem Margin-Konto der Geschäftsbank gutgeschrieben hat. Er kann nun für 516.650 D-Mark die 6,875 % Bundesanleihe kaufen und erhält dafür einen Nominalbetrag von

$$\underbrace{\frac{516.650 \text{ DM}}{106,33 \text{ DM}}}_{\substack{\text{Kurs der 6,875 \%} \\ \text{Bundesanleihe} \\ \text{am 2.1.96}}} \times 100 \text{ DM} = 485.892,97 \text{ DM},$$

der in etwa demjenigen entspricht, der sich auch bei unveränderten Kursen ergeben hätte. Der Rentenhändler hat durch den Kauf der Bund-Futures sozusagen das Kursniveau vom 7.11.1995 »eingefroren«.

Die Marktteilnehmer müssen beim Hedging mit Bund-Futures darauf achten, daß der Kurs auf Marktveränderungen, etwa eine Zinssenkung, anders reagieren kann, als der Preis der abzusichernden Schuldverschreibung. Dies trifft insbesondere dann zu, wenn

- die Restlaufzeiten und die Nominalzinssätze der abzusichernden Papiere deutlich von der dem Future zugrundeliegenden Anleihe abweichen und
- das Rating der abzusichernden Schuldverschreibungen relativ schlecht ist und der Ausfall des Schuldners droht.

Im vorangegangenen Beispiel wurde die Absicherung der 6,875 % Bundesanleihe geschildert. Sie weist in etwa die gleiche Restlaufzeit und einen ähnlich hohen Kupon auf wie die fiktive Schuldverschreibung, die dem Bund-Future zugrundeliegt. Es verwundert deshalb nicht, daß die Kursänderungen der Anleihe und des Futures ähnlich ausfallen. Sie betragen ungefähr drei Prozent. Betrachtet man dagegen die Kursänderung der »Silvester-Anleihe« (6,25 % Bundesanleihe von 1994/2024), die immerhin eine Restlaufzeit von etwa 29 Jahren aufweist, so läßt sich eine Kurssteigerung von annähernd sechs Prozent feststellen (vgl. Beispiel 7/13). Die Absicherung eines Nominalvolumens von 250.000 D-Mark dieses Titels mit einem einzigen Kontrakt des Bund-Futures wäre folglich mißlungen.

BOBL-Future

Neben dem Bund-Future bietet die Deutsche Terminbörse noch einen weiteren Kontrakt auf eine fiktive Anleihe, den **BOBL-Future**. Er basiert auf einer mittelfristigen Schuldverschreibung des Bundes (»**Bundesobligation**«), wird seit Oktober 1991 gehandelt und weist folgende Spezifikationen auf (vgl. Abb. 7/35).

Abb. 7/35:
Kontraktspezifi-
kationen

Kontraktspezifikationen des BOBL-Futures	
Underlying	Fiktive mittelfristige Schuldverschreibung des Bundes mit einem Kupon von 6 % und einem Nennwert von 250.000 D-Mark.

Lieferbare Titel	Bundesobligationen, Bundesschatzanweisungen oder Schuldverschreibungen der Treuhandanstalt mit • einer ursprünglichen Laufzeit von höchstens 5¼ Jahren, • einer Restlaufzeit von mindestens 3½ Jahren und • einem Emissionsvolumen von mindestens 4 Milliarden D-Mark.
Notierung	In Prozent pro 100 D-Mark nominal, bis auf zwei Nachkommastellen.
Tick-Size	0,01 Prozentpunkte, was 25 D-Mark entspricht.
Liefermonate	Die jeweils nächsten drei Monate des Zyklus März, Juni, September und Dezember.
Settlement Price	Durchschnitt der letzten fünf Kurse am jeweiligen Börsentag. Kommen in der letzten Handelsminute mehr als fünf Geschäfte zustande, so ist der Settlement Price der Durchschnittskurs aller in der letzten Handelsminute abgeschlossenen Geschäfte.
Letzter Handelstag	Zwei Börsentage vor dem Liefertag.
Liefertag	Der zehnte Kalendertag des jeweiligen Liefermonats, sofern dieser Tag ein Börsentag ist. Ansonsten ist der Liefertag der nächstfolgende Börsentag.
Schlußabrechnungspreis	Der Schlußabrechnungspreis wird am letzten Handelstag um 12 Uhr 30 ermittelt. Die Art und Weise der Berechnung entspricht der des Settlement Prices.
Andienung	Effektive Andienung. Clearing Mitglieder mit offenen Short-Positionen müssen der DTB am letzten Handelstag, und zwar spätestens am Ende der Post-Trading-Periode, anzeigen, welche Papiere sie liefern wollen.

Der BOBL-Future unterscheidet sich vom Bund-Future im großen und ganzen nur durch das Underlying, so daß auf weitere Ausführungen verzichtet werden kann. Notierungen des BOBL-Futures zeigt auch die Finanzzeitung im Tableau »*DTB-Bobl-Futures (mittelfristig)*«.

DTB-Bobl-Futures (mittelfristig)
(6%, 250000 DM, in %, 3,5 Jahre bis 5 Jahre)

7.3.96/20:01	Eröffnung	Hoch	Tief	Schluß	Settlem.	Vortag	Umsatz	Off. Kontr.
März	103,87	103,87	103,63	103,72	103,69	103,93	11227	
Juni	103,02	103,02	102,73	102,86	102,85	103,02	61810	157489
Sep.	101,10	101,14	101,10	101,14	101,16	101,31	4	1315

Gesamt-Umsatz: 73041 - Offene Kontrakte zur Eröffnung: 158804

Fälligkeiten (Liefermonate)

Weitere Futures auf fiktive Anleihen

7.2.3.3.2.3

Die Finanzzeitung vermittelt neben den Daten zum Bund- und BOBL-Future ein Bild über Kurse, Umsätze usw. für eine Reihe weiterer Futures auf fiktive Anleihen. Der Leser findet diese in den Tabellen »*DM- und ECU-Terminkontrakte*« sowie »*Internationale Terminkontrakte*«.

Forwards und Futures

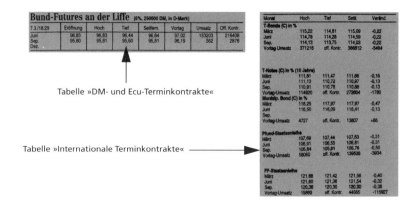

Tabelle »DM- und Ecu-Terminkontrakte«

Tabelle »Internationale Terminkontrakte«

Die Spezifikationen dieser Kontrakte sind hier aufgeführt (vgl. Abb. 7/36).

Abb. 7/36: Kontraktspezifikationen

T-Bonds	
Terminbörse	Chicago Board of Trade (CBOT).
Underlying	Fiktiver langfristiger US-Treasury bond (T-Bond) mit einem Nominalzinssatz von 8 % und einem Nennwert von 100.000 US-Dollar.
Lieferbare Titel	US-Treasury bonds, die, • falls kündbar, mindestens 15 Jahre vom ersten Tag des Liefermonats an nicht kündbar sind, • falls unkündbar, eine Mindestrestlaufzeit von 15 Jahren, gerechnet vom ersten Tag des Liefermonats, aufweisen müssen.
Notierung	In Prozentpunkten, wobei Nachkommastellen in Form von 32stel angegeben werden. Eine Notiz von 80-16 entspricht einem Kurs von 80 $16/32$ %.
Tick-Size	Ein 32stel eines Prozentpunktes, was 100.000 US-$ × $1/32$ % = 31,25 US-$ entspricht.
Liefermonate	März, Juni, September, Dezember.
Letzter Handelstag	Der siebte Börsentag vor dem letzten Börsentag des Liefermonats.
Andienung	Effektive Andienung.

T-Notes	
Terminbörse	Chicago Board of Trade (CBOT).
Underlying	Fiktive US-Treasury note (T-Note) mit einem Nominalzinssatz von 8 %, einem Nennwert von 100.000 US-Dollar und einer Laufzeit von 10 Jahren (10-Year T-Note-Future).
Lieferbare Titel	Alle T-Notes, die – gerechnet vom ersten Tag des Liefermonats – eine Laufzeit von mindestens 6,5 und höchstens 10 Jahren aufweisen.

Notierung	In Prozentpunkten, wobei Nachkommastellen in Form von 32stel angegeben werden. Eine Notiz von 90-16 entspricht einem Kurs von 90 $^{16}/_{32}$%.
Tick-Size	Ein 32stel eines Prozentpunktes, was 100.000 US-\$ $\times$ $^{1}/_{32}$ % = 31,25 US-\$ entspricht.
Liefermonate	März, Juni, September, Dezember.
Letzter Handelstag	Der siebte Börsentag vor dem letzten Börsentag des Liefermonats.
Andienung	Effektive Andienung.

Municipal Bond	
Terminbörse	Chicago Board of Trade (CBOT).
Underlying	Dem Future liegt ein Rentenindex, der sogenannte »The Bond Buyer Municipal Bond Index«, zugrunde. Dieser wird auf Basis der Kurse von insgesamt 40 municipal bonds, das sind Anleihen der US-Bundesstaaten und Kommunen, berechnet. Die Anleihen müssen • ein Emissionsvolumen von mindestens 50 Millionen US-Dollar, • ein S & P- oder Moody's-Rating größer als »A«, • eine Restlaufzeit von mindestens 19 Jahren sowie • eine feste Verzinsung und halbjährliche Zinstermine aufweisen. Die Papiere müssen vorzeitig kündbar sein. Der Index zeigt – einfach formuliert – den Kurs einer langfristigen US-Kommunalschuldverschreibung mit einem Nominalzinssatz in Höhe von 8 %.
Kontraktgröße	Indexstand mal 1.000 US-Dollar.
Notierung	In Prozentpunkten, wobei Nachkommastellen in Form von 32stel angegeben werden. Eine Notiz von 85-16 entspricht einem Kurs von 85 $^{16}/_{32}$ %.
Tick-Size	Ein 32stel eines Prozentpunktes, was 100.000 US-\$ $\times$ $^{1}/_{32}$ % = 31,25 US-\$ entspricht.
Liefermonate	März, Juni, September, Dezember.
Letzter Handelstag	Der siebte Börsentag vor dem letzten Börsentag des Liefermonats.
Andienung	Cash Settlement.

Pfund-Staatsanleihe	
Terminbörse	London International Financial Futures and Options Exchange (LIFFE).
Underlying	Fiktive, langfristige britische Staatsanleihe mit einem Nominalzinssatz von 9 % sowie einem Nennwert von 50.000 britischen Pfund.
Lieferbare Titel	Jede britische Staatsanleihe (Gilt), die von der LIFFE als lieferbar erklärt wird. Die Titel müssen unter anderem eine Restlaufzeit zwischen 10 und 15 Jahren aufweisen.

Notierung	In Prozentpunkten, wobei Nachkommastellen in Form von 32stel angegeben werden.
Tick-Size	Ein 32stel eines Prozentpunktes, was 50.000 £ × $\frac{1}{32}$ % = 15,625 £ entspricht.
Liefermonate	März, Juni, September, Dezember.
Letzter Handelstag	Zwei Börsentage vor dem letzten Börsentag des Liefermonats.
Andienung	Effektive Andienung.

FF-Staatsanleihe	
Terminbörse	Marché à Terme International de France (MATIF), Paris.
Underlying	Fiktive, langfristige französische Staatsanleihe mit einem Nominalzinssatz von 10 % und einem Nennwert von 500.000 Französischen Francs.
Lieferbare Titel	Jede französische Staatsanleihe, die von der MATIF als lieferbar erklärt wird. Die Titel müssen unter anderem eine Restlaufzeit zwischen 7 und 10 Jahren aufweisen.
Notierung	In Prozentpunkten, mit zwei Nachkommastellen.
Tick-Size	0,02 Prozentpunkte, was 500.000 FF × 0,02 % = 100 FF entspricht.
Liefermonate	März, Juni, September, Dezember.
Letzter Handelstag	Zwei Börsentage vor dem dritten Mittwoch des Liefermonats.
Andienung	Effektive Andienung.

Bund-Futures an der Liffe	
Terminbörse	London International Financial Futures and Options Exchange (Liffe).
Underlying	Fiktive langfristige Bundesanleihe mit einem Nominalzinssatz in Höhe von 6 % und einem Nennwert von 250.000 D-Mark.
Lieferbare Titel	Jede Bundesanleihe, die von der LIFFE als lieferbar erklärt wird. Die Titel müssen unter anderem eine Restlaufzeit zwischen 8 ½ und 10 Jahren aufweisen.
Notierung	In Prozentpunkten, mit zwei Nachkommastellen.
Tick-Size	0,01 Prozentpunkte, was 250.000 DM × 0,01 % = 25 DM entspricht.
Liefermonate	März, Juni, September, Dezember.
Liefertag	Der zehnte Kalendertag des Liefermonats, sofern dies ein Börsentag in Frankfurt ist.
Letzter Handelstag	Drei »Frankfurter Börsentage« vor dem Liefertag.
Andienung	Effektive Andienung.

Futures	**531**

Futures auf Termingeld

7.2.3.3.3

Grundlagen

7.2.3.3.3.1

Auf fiktiven Anleihen basierende Futures erfassen zumeist mittel- und langfristige Schuldverschreibungen und zählen deshalb zu den Derivaten des Rentenmarktes. Futures, die sich auf Geldmarktpapiere oder Termingeld beziehen, bieten den Marktteilnehmern dagegen die Möglichkeit, Finanzobjekte mit kurzen Laufzeiten, hierzu zählen gerade Termingeld oder Geldmarktpapiere, an Terminbörsen zu handeln. Sie fallen daher unter die Derivate des Geldmarktes.

Die Deutsche Terminbörse bietet, anders als einige ausländische Terminbörsen, keine Zinsfutures auf Geldmarktpapiere. An der Chicago Mercantile Exchange werden beispielsweise Futures auf den 13-Week und den One-Year Treasury **bill** (»T-Bill-Futures«) gehandelt.

> Futures auf Geldmarktpapiere

Einige Zinsfutures, die auf Geldmarktpapieren basieren, sind bei Fälligkeit effektiv zu beliefern, so wie der 13-Week T-Bill-Future, wohingegen bei anderen Kontrakten, etwa dem One-Year T-Bill-Future, ein Cash Settlement vorgesehen ist.

Zinsfutures, denen Termingeld zugrundeliegt, sind standardisierte Forward Rate Agreements. Die Vereinheitlichung betrifft vor allem

> Futures auf Termingeld

- den Referenzzinssatz,
- die Referenzperiode,
- die Vorlaufzeit und
- das Volumen.

Käufer und Verkäufer solcherlei Futures einigen sich auf eine Forward Rate. Der Future-Kurs ergibt sich, indem eben diese Forward Rate von 100 subtrahiert wird.

Kurs eines Termingeld-Futures = 100 – Forward Rate

Termingeld-Futures sind zum Beispiel der

- Fibor-Future (Deutsche Terminbörse);
- Pibor-Future (Marché à Terme International de France);
- One-Month Libor Future (Chicago Mercantile Exchange);
- Three Month Sterling Interest Rate Future, kurz »Short Sterling« (London International Financial Futures and Options Exchange).

Fibor-Future

7.2.3.3.3.2

An der Deutschen Terminbörse wird seit März 1994 der Fibor-Future gehandelt, ein Kontrakt auf 3-Monats-D-Mark-Geld. Seit der Einführung dieses Kontrakts können Marktteilnehmer in Deutschland zum erstenmal eine Geldmarkttransaktion an einer Börse abwickeln. Der Fibor-Future weist die in Abbildung 7/37 aufgeführten Spezifikationen auf.

Kontraktspezifikationen des Fibor-Futures	
Underlying	Fiktives D-Mark-Termingeld mit einer Laufzeit von 3 Monaten und einem Volumen von 1.000.000 D-Mark.
Notierung	100 minus 3-Monats-Fibor$_{neu}$, bis auf zwei Nachkommastellen.
Tick-Size	0,01 Prozentpunkte, was 25 D-Mark entspricht.
Liefermonate	Die jeweils nächsten fünf Monate des Zyklus März, Juni, September und Dezember. Das sind im April 96 etwa Juni 96, September 96, Dezember 96 sowie März 97 und Juni 97.
Settlement Price	Durchschnitt der letzten fünf Kurse am jeweiligen Börsentag. Kommen in der letzten Handelsminute mehr als fünf Geschäfte zustande, so ist der Settlement Price der Durchschnittskurs aller in der letzten Handelsminute abgeschlossenen Geschäfte.
Letzter Handelstag	Zwei Börsentage vor dem dritten Mittwoch des jeweiligen Liefermonats.
Schlußabrechnungstag	Ist mit dem letzten Handelstag identisch.
Schlußabrechnungspreis	100 minus aktuellem Fibor, wobei der Fibor auf zwei Stellen nach dem Komma gerundet wird.
Andienung	Cash Settlement.
Erfüllungstag	Erster Börsentag nach dem letzten Handelstag.

Fälligkeiten

Für den Fibor-Future existieren fünf standardisierte Fälligkeitstermine. Es können zudem stets fünf Kontrakte mit jeweils unterschiedlicher Fälligkeit gehandelt werden. Im Februar 1996 sind dies beispielsweise die folgenden, in der Finanzzeitung im Kurszettel »*DTB-Fibor-Futures*« ausgewiesenen Kontrakte. Ein Fibor-Future, genau gesagt ein neu eingeführter Kontrakt, »läuft« höchstens 15 Monate.

DTB-Fibor-Futures
(Dreimonats-Termingeld, 1 000 000 DM Kontraktgröße)

Fälligkeiten (Liefermonate)

22.2.96/20:00	Eröffnung	Hoch	Tief	Schluß	Settlem.	Vortag	Umsatz	Off. Kontr.
März	96,59	96,59	96,59	96,59	96,58	96,56	60	196
Juni					96,61	96,59		155
Sep.	96,47	96,47	96,47	96,47	96,43	96,41	6	11
Dez.					96,15	96,11		50
März					95,79	95,71		

Gesamt-Umsatz: 66 - Offene Kontrakte zur Eröffnung: 412

Fibor-Kontrakte können bis zum Schlußabrechnungstag einschließlich gehandelt werden. Einen Börsentag später führt die DTB dann den neuen Fibor-Future ein.

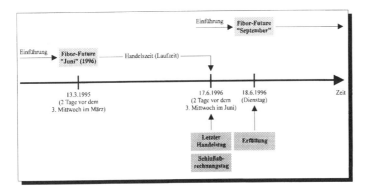

Abb. 7/38: Letzter Handelstag, Schlußabrechnungstag und Erfüllungstag beim Fibor-Future (Juni)

Der Fibor-Future ist gewissermaßen ein Forward Rate Agreement, bei dem

- Beginn und Ende der Referenzperiode,
- Nominalvolumen und
- Referenzzinssatz

standardisiert sind. Die Marktteilnehmer können zwischen fünf verschiedenen Zeitpunkten wählen, die den Beginn der Referenzperiode markieren. Dies sind im einzelnen die jeweils letzten Handelstage der laufenden Fibor-Kontrakte. Die Referenzperiode erstreckt sich über drei Monate, was verständlicherweise für jeden Fibor-Kontrakt gilt. Marktteilnehmer können ein Nominalvolumen von einer Million D-Mark, kurzum die Kontraktgröße eines Fibor-Futures, oder ein ganzzahliges Vielfaches davon wählen. Als Referenzzinssatz dient der 3-Monats-Fibor$_{neu}$.

Marktakteure etwa, die am 1.6.1995 einen Kontrakt des Fibor-Futures (März) handeln, schließen quasi ein Forward Rate Agreement mit einem Nominalvolumen von einer Million D-Mark ab. Die Vorlaufzeit reicht vom 1.6.1995 bis zum letzten Handelstag des März-Kontrakts, der auf den 18.3.1996 fällt. Dies entspricht einem Zeitraum von insgesamt 9,6 Monaten. Anschließend beginnt die dreimonatige Referenzperiode. Der Fibor-Future (März) entspricht am 1.6.1995 gewissermaßen einem FRA »9,6 gegen 12,6 Monate«.

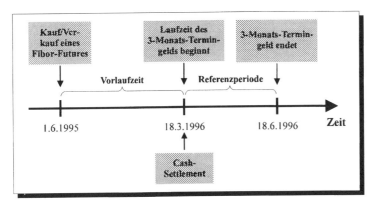

Abb. 7/39: Zusammenhang zwischen Fibor-Future und Forward Rate Agreement

Notierung

Fibor-Futures, aber auch Termingeld-Kontrakte an anderen Börsen notieren, anders als FRAs, nicht direkt in Form einer Forward Rate. Stattdessen wird die Forward Rate, auf die sich Käufer und Verkäufer beim Future-Handel geeinigt haben, von 100 subtrahiert.

Am 1.6.1995 notiert beispielsweise der Fibor-Future (März) zum Schlußkurs von 95,33, wie ein Blick in die Tabelle »*DTB-Fibor-Futures*« zeigt.

DTB-Fibor-Futures
(Dreimonats-Termingeld, 1 000 000 DM Kontraktgröße)

1.6./20:00	Eröffnung	Hoch	Tief	Schluß	Settlem.	Vortag	Umsatz	Off. Kontr.
Juni	95,60	95,60	95,57	95,57	95,57	95,57	113	958
Sep.					95,64	95,60		764
Dez.					95,53	95,46		799
März	95,43	95,43	95,33	95,33	95,37	95,34	260	534
Juni					95,15	95,12		79

Gesamt-Umsatz: 373 · Offene Kontrakte zur Eröffnung: 3134

Die Forward Rate, die zu diesem Kurs führt, läßt sich nun problemlos rekonstruieren:

$$95,33 = 100 - \text{Forward Rate}$$
$$\text{Forward Rate} = 100 - 95,33$$
$$\text{Forward Rate} = 4,67$$

Sie gibt den 3-Monats-Fibor, ausgedrückt in Prozent per annum, an, den Marktteilnehmer »heute« (1.6.1995) für zukünftiges 3-Monats-Termingeld fixieren. Dabei beginnt die Laufzeit des 3-Monats-Termingelds am letzten Handelstag des Fibor-Futures (März), mit anderen Worten am 18.3.1996.

Die Deutsche Terminbörse hat für den Fibor-Future eine Tick-Size von 0,01 Prozentpunkten festgelegt. Eine Änderung des Kurses um einen Tick, etwa von 95,33 auf 95,34, entspricht somit einem Geldbetrag von

$$\frac{\overbrace{1.000.000\,\text{DM}}^{\substack{\text{Nominalbetrag eines} \\ \text{Fibor}-\text{Future}-\text{Kontrakts}}} \times \overbrace{90\,\text{Tage}}^{\substack{\text{Laufzeit des} \\ 3-\text{Monats}- \\ \text{Termingelds}}} \times \overbrace{0,01}^{\text{Tick}-\text{Size}}}{360\,\text{Tage} \times 100} = 25\,\text{DM}.$$

Fibor-Future vs. FRA

Der Kurs eines Fibor-Futures ist umso höher (kleiner), je geringer (höher) die jeweils aktuelle Forward Rate ausfällt. Auf Zinsänderungen reagiert der Kurs des Fibor-Futures folglich genau wie die Kurse herkömmlicher Schuldverschreibungen oder die des Bund-Futures. Steigen die Zinsen, so sinken die Kurse und umgekehrt. Der Käufer eines Fibor-Futures profitiert demnach von steigenden Future-Kursen, eine Zinssenkung ist für ihn also vorteilhaft. Das ist bei Forward Rate Agreements anders. Hier gewinnt der Verkäufer bei einer Zinssenkung, nicht jedoch der Käufer. Dies läßt sich auf die unterschiedlichen Notierungen bei FRAs und Fibor-Futures zurückführen.

Motive

Marktteilnehmer setzen den Fibor-Future sowohl zur Spekulation als auch zur Arbitrage ein. Außerdem bietet dieser Terminkontrakt die Möglichkeit zur Absicherung gegen Änderungen des Zinsniveaus auf dem Geldmarkt. Der Kauf von Fibor-Futures schützt gegen eine Zinssenkung und ermöglicht es Investoren, das Zinsniveau für eine zukünftige Geldanlage festzuschreiben. Eine Short-Position bewahrt die Marktteilnehmer dagegen vor den Folgen einer Zinssteigerung. So lassen sich beispielsweise die Konditionen für einen zukünftigen Kredit fixieren, dessen Zinssatz an den Fibor gekoppelt ist.

Beispiel 7/14

Eine deutsche Fluggesellschaft hat einen hohen Geldbetrag in einen Zero-Bond investiert. Der Finanzmanager des Unternehmens weiß bereits im Juli 1995, daß die Anleihe am 22.2.1996 getilgt wird und dann 20 Millionen D-Mark zufließen. Er möchte das Geld anschließend für drei Monate als Termingeld anlegen, damit es Ende Mai 1996 für den Kauf eines Flugzeugs zur Verfügung steht.

Der Finanzmanager befürchtet allerdings sinkende Geldmarktsätze und möchte das aktuelle Zinsniveau für 3-Monatsgeld sichern.

Fibor am 7.7.1995

Fibor alt (DM) = 3 Mon. 4,65%, 6 Mon. = 4,65%; **Fibor** neu (DM) = 1 Mon. 4,55083%, 3 Mon. 4,55083%, 6 Mon. 4,55717%, 12 Mon. 4,69750%
Libor (DM) = 1 Mon. 4,50000%, 3 Mon. 4,50000%, 6 Mon. 4,50000%, 12 Mon. 4,62500%; **Libor** ($) = 1 Mon. 5,87500%, 3 Mon. 5,81250%, 6 Mon. 5,75000%, 12 Mon. 5,64063%

Er entscheidet sich für den Fibor-Future (März) als Hedge-Instrument und kauft am 7.7.1995 insgesamt 20 Kontrakte zum Schlußkurs von 95,32. Die Transaktion wird über eine Geschäftsbank abgewickelt, die Clearing-Mitglied der Deutschen Terminbörse ist.

DTB-Fibor-Futures
(Dreimonats-Termingeld, 1 000 000 DM Kontraktgröße)

7.7.20:05	Eröffnung	Hoch	Tief	Schluß	Settlem.	Vortag	Umsatz	Off. Kontr.
Sep.					95,59	95,53		931
Dez.					95,50	95,37		1055
März	95,31	95,32	95,31	95,32	95,30	95,16	150	844
Juni					95,04	94,87		139
Sep.					94,74	94,58		

Gesamt-Umsatz: 150 · Offene Kontrakte zur Eröffnung: 2969

Die Vorhersage des Finanzmanagers trifft vollends zu. Der 3-Monats-Fibor ist gesunken, wie ein Blick in die Finanzzeitung verrät.

Fibor am 22.2.1996

Fibor alt (DM) = 3 Mon. 3,45%, 6 Mon. = 3,50%; **Fibor** neu (DM) = 1 Mon. 3,44325%, 3 Mon. 3,44192%, 6 Mon. 3,43908%, 12 Mon. 3,54500%
Libor (DM) = 1 Mon. 3,44531%, 3 Mon. 3,43750%, 6 Mon. 3,43750%, 12 Mon. 3,52344%; **Libor** ($) = 1 Mon. 5,31250%, 3 Mon. 5,26953%, 6 Mon. 5,20703%, 12 Mon. 5,19531%

Der Finanzmanager muß demnach einen verminderten Zinsertrag bei der Wiederanlage der Tilgungszahlung hinnehmen.

$$\underbrace{\frac{\overbrace{20.000.000\,\text{DM}}^{\substack{\text{Tilgungszahlung}\\\text{aus dem}\\\text{Zero-Bond}}} \times (\overbrace{3,44192}^{\substack{\text{3-Monats-}\\\text{Fibor am}\\\text{22.2.96}}} - \overbrace{4,55083}^{\substack{\text{3-Monats-}\\\text{Fibor am}\\\text{7.7.95}}}) \times \overbrace{90\,\text{Tage}}^{\substack{\text{Zeitraum}\\\text{vom 22.2.}\\\text{bis 22.5.96}}}}{360\,\text{Tage} \times 100}}_{\text{verminderter Zinsertrag}} = -55.445,50\,\text{DM}$$

| 536 | **Forwards und Futures** |

Er stellt am 22.2.1996 die Future-Position glatt und verkauft alles in allem 20 Kontrakte des Fibor-Futures (März) zum Schlußkurs von 96,59.

DTB-Fibor-Futures
(Dreimonats-Termingeld, 1 000 000 DM Kontraktgröße)

22.2.96/20:00	Eröffnung	Hoch	Tief	Schluß	Settlem.	Vortag	Umsatz	Off. Kontr.
März	96,59	96,59	96,59	96,59	96,58	96,56	60	196
Juni					96,61	96,59		155
Sep.	96,47	96,47	96,47	96,47	96,43	96,41	6	11
Dez.					96,15	96,11		50
März					95,79	95,71		

Gesamt-Umsatz: 66 - Offene Kontrakte zur Eröffnung: 412

Die Future-Transaktionen bescheren einen Gewinn pro Kontrakt von

$$(\underbrace{96,59}_{\text{Verkaufs-kurs}} - \underbrace{95,32}_{\text{Kaufkurs}}) \times 100 = 127 \text{ Ticks}$$

und somit folgenden Gesamterfolg:

127 Ticks/Kontrakt × 25 DM/Tick × 20 Kontrakte = 63.500 DM

Der Gewinn wurde von der Deutschen Terminbörse während der Haltezeit des Fibor-Futures (März) nach und nach auf dem Margin-Konto der Geschäftsbank gutgeschrieben. Diese leitete die Zahlungen dann an die Fluggesellschaft weiter.

Der Wiederanlageverlust wird durch den Gewinn beim Fibor-Future also überkompensiert.

Cash-Settlement

Die Deutsche Terminbörse gleicht Gewinne und Verluste einer Fibor-Future-Position, wie bei allen anderen Futures auch, nicht erst bei Fälligkeit eines Kontrakts, sondern täglich aus (vgl. Beispiel 7/14). Am letzten Handelstag legt die DTB den Schlußabrechnungspreis fest, indem sie den aktuellen 3-Monats-Fibor$_{neu}$ von 100 subtrahiert. Die **Ausgleichszahlung** pro Kontrakt lautet dann:

$$\left[\frac{\text{Schlußabrechnungspreis des Fibor-Futures}}{100} - \frac{\text{Settlement Price vom Vortag}}{100} \right] \times \frac{90 \text{ Tage}}{360 \text{ Tage}} \times 1.000.000 \text{ DM}$$

7.2.3.3.4

Weitere Zinsfutures

Die Finanzzeitung zeigt neben den Informationen zum Fibor-Future noch die Kurse für eine Reihe weiterer Futures auf Termingeld und Geldmarktpapiere. Der Leser findet diese in den Tabellen »*DM- und ECU-Terminkontrakte*« sowie »*Internationale Terminkontrakte*«.

Euro-DM-Futures an der Liffe
(Notierung: 100 minus Zinssatz, 1 Mio. DM, in D-Mark)

7.3./18:29	Eröffnung	Hoch	Tief	Settlem.	Vortag	Umsatz	Off. Kontr.
März	96,68	96,69	96,67	96,68	96,68	13913	136604
Juni	96,81	96,82	96,79	96,81	96,82	23454	212991
Sep.	96,69	96,72	96,67	96,72	96,73	17356	208909
Dez.	96,47	96,49	96,44	96,49	96,51	31660	168691

Eurodollars (C) in %

März	94,73	94,70	94,72	
Apr.	94,81	94,79	94,80	
Mai	94,83	•94,80	94,83	
Vortag-Umsatz 467628		off. Kontr.	2642549	-8085

Dreimonats-Sterling

März	93,95	93,92	93,93	
Juni	94,13	94,07	94,09	-0,04
Sep.	94,11	94,00	94,04	-0,07
Vortag-Umsatz 39037		off. Kontr.	351120	+1507

Dreimonats-Eurodollar

März	94,72	94,72	94,72
Juni			
Sep.			
Vortag-Umsatz		off. Kontr.	

Pibor-Zinskontrakt

März	95,74	95,69	95,70	+0,01
Juni	95,73	95,67	95,69	-0,01
Sep.	95,73	95,64	95,65	-0,05
Vortag-Umsatz 13742		off. Kontr.	112121	-104377

Drei-Monats-Ecu an der Liffe
(Notierung: 100 minus Zinssatz, 1 Million Ecu)

7.3./18:30	Eröffnung	Hoch	Tief	Settlem.	Vortag	Umsatz	Off. Kontr.
März	95,41	95,42	95,38	95,40	95,41	1057	6650
Juni	95,53	95,54	95,51	95,52	95,54	972	5912
Sep.	95,48	95,48	95,45	95,47	95,49	365	3241

T-Bills (C) in %

März	95,21	95,20	95,21	+0,01
Juni	95,30	95,28	95,30	-0,02
Sep.	95,25	95,22	95,25	-0,02
Vortag-Umsatz 1068		off. Kontr.	12306	-262

Die Spezifikationen dieser Kontrakte sind nachstehend aufgeführt (vgl. Abb. 7/40).

Abb. 7/40: Kontraktspezifikationen

Euro-DM-Futures an der Liffe	
Terminbörse	London International Financial Futures and Options Exchange (Liffe).
Underlying	Fiktives Termingeld mit einer Laufzeit von 3 Monaten und einem Volumen von 1.000.000 DM in London (»Euromark«).
Notierung	100 minus 3-Monats-DM-Libor, bis auf zwei Nachkommastellen.
Tick-Size	0,01 Prozentpunkte, was 25 DM entspricht.
Letzter Handelstag	Zwei Börsentage vor dem dritten Mittwoch des Liefermonats.
Liefermonate	März, Juni, September, Dezember.
Liefertag	Erster Börsentag nach dem letzten Handelstag.
Andienung	Cash Settlement.

Drei-Monats-Ecu an der Liffe	
Terminbörse	London International Financial Futures and Options Exchange (Liffe).
Underlying	Fiktives Termingeld mit einer Laufzeit von 3 Monaten und einem Volumen von 1.000.000 ECU.
Notierung	100 minus 3-Monats-ECU-Libor, bis auf zwei Nachkommastellen.
Tick-Size	0,01 Prozentpunkte, was 25 ECU entspricht.
Letzter Handelstag	Zwei Börsentage vor dem dritten Mittwoch des Liefermonats.

Liefermonate	März, Juni, September, Dezember.
Liefertag	Erster Börsentag nach dem letzten Handelstag.
Andienung	Cash Settlement.

Eurodollars	
Terminbörse	Chicago Mercantile Exchange (CME).
Underlying	Fiktives Termingeld mit einer Laufzeit von 3 Monaten und einem Volumen von 1.000.000 US-$ in London (»Eurodollar«).
Notierung	100 minus 3-Monats-US-$-Libor, bis auf zwei Nachkommastellen.
Tick-Size	0,01 Prozentpunkte, was 25 US-$ entspricht.
Liefermonate	März, Juni, September, Dezember.
Letzter Handelstag	Zwei »Londoner Börsentage« vor dem dritten Mittwoch im Liefermonat.
Liefertag	Letzter Handelstag.
Andienung	Cash Settlement.

Dreimonats-Sterling	
Terminbörse	London International Financial Futures and Options Exchange (LIFFE).
Underlying	Fiktives Termingeld mit einer Laufzeit von 3 Monaten und einem Volumen von 500.000 brit. £.
Notierung	100 minus 3-Monats-Pfund-Libor, bis auf zwei Nachkommastellen.
Tick-Size	0,01 Prozentpunkte, was 12,50 £ entspricht.
Liefermonate	März, Juni, September, Dezember.
Letzter Handelstag	Dritter Mittwoch im Liefermonat.
Liefertag	Erster Börsentag nach dem letzten Handelstag.
Andienung	Cash Settlement.

Dreimonats-Eurodollar	
Terminbörse	London International Financial Futures and Options Exchange (LIFFE).
Underlying	Fiktives Termingeld mit einer Laufzeit von 3 Monaten und einem Volumen von 1.000.000 US-$ in London (»Eurodollar«).

Notierung	100 minus 3-Monats-US-$-Libor, bis auf zwei Nachkommastellen.
Tick-Size	0,01 Prozentpunkte, was 25 US-$ entspricht.
Liefermonate	März, Juni, September, Dezember.
Letzter Handelstag	Zwei Börsentage vor dem dritten Mittwoch im Liefermonat.
Liefertag	Erster Börsentag nach dem letzten Handelstag.
Andienung	Cash Settlement.

Pibor-Zinskontrakt	
Terminbörse	Marché à Terme International de France (MATIF), Paris.
Underlying	Fiktives Termingeld mit einer Laufzeit von 3 Monaten und einem Volumen von 5.000.000 Französischen Francs.
Notierung	100 minus 3-Monats-Pibor, bis auf zwei Nachkommastellen.
Tick-Size	0,01 Prozentpunkte, was 125 FF entspricht.
Liefermonate	März, Juni, September, Dezember.
Letzter Handelstag	Zwei Börsentage vor dem dritten Mittwoch des Liefermonats.
Andienung	Cash Settlement.

T-Bills	
Terminbörse	Chicago Mercantile Exchange (CME).
Underlying	Fiktiver 13-Wochen-Treasury bill (T-Bill) mit einem Nennwert von 1.000.000 US-$.
Notierung	100 minus discount rate, bis auf zwei Nachkommastellen.
Tick-Size	0,01 Prozentpunkte, was 25 US-$ entspricht.
Liefermonate	März, Juni, September, Dezember.
Letzter Handelstag	Der dem ersten Lieferungstag vorausgehende Börsentag.
Lieferungstag	Dasjenige Emissionsdatum des 90-Tage-T-Bills, das mit dem Tag zusammenfällt, an dem der 1-Jahr-T-Bill eine Restlaufzeit von 13 Wochen (91 Tagen) aufweist.
Andienung	Effektive Lieferung von T-Bills mit einer Laufzeit/Restlaufzeit von 13 Wochen.

540   **Forwards und Futures**

7.2.3.4   Devisen-Futures

7.2.3.4.1   Grundlagen

Devisen-Futures unterscheiden sich von Aktienindex- oder Zins-Kontrakten an und für sich nur durch das Underlying. Sie basieren auf Währungen und verkörpern gewissermaßen standardisierte Devisentermingeschäfte. Der Kurs eines Devisen-Futures gibt in aller Regel einen Kurs an, den der Käufer bei Fälligkeit des Futures für eine einzige Währungseinheit zahlen muß. Der Verkäufer hat dann die Pflicht, die jeweilige Menge der Währung zu liefern.

Einige ausländische Terminbörsen, etwa die CME, LIFFE oder SIMEX, bieten Devisen-Futures an, nicht jedoch die Deutsche Terminbörse. Deshalb wird im weiteren der an der Chicago Mercantile Exchange gehandelte »Deutsche Mark Future« näher betrachtet.

7.2.3.4.2   Deutsche Mark Future an der CME

Die CME gilt als führende Terminbörse für Devisen-Futures. Sie bietet unter anderem Kontrakte auf die D-Mark. Sie gehören zu den meistgehandelten Devisen-Futures an dieser Börse. Die Spezifikationen zeigt folgendes Tableau (vgl. Abb. 7/41).

Abb. 7/41:
Kontraktspezifikationen

Kontraktspezifikationen des Deutsche Mark Futures an der CME	
Underlying	125.000 D-Mark.
Notierung	US-Dollar pro eine D-Mark. Die Notierung gibt nicht den gesamten Kontraktwert an, sondern den Terminpreis für eine D-Mark. Sie erfolgt bis auf vier Nachkommastellen.
Tick-Size	0,0001 US-$/DM, was 12,50 US-Dollar entspricht.
Liefermonate	Die jeweils nächsten drei Monate des Zyklus März, Juni, September und Dezember.
Letzter Handelstag	Zwei Börsentage vor dem dritten Mittwoch des jeweiligen Liefermonats.
Liefertag	Dritter Mittwoch des jeweiligen Liefermonats.
Andienung	Effektive Lieferung.

Notierungen, Umsätze und Open Interests des Deutsche Mark Futures zeigt die Finanzzeitung in der Tabelle »*DM-Futures in Chicago*«.

Fälligkeiten
(Liefermonate)

DM-Futures in Chicago (Notierung: 125000 DM, in Dollar je D-Mark)							
19.3./22:00	Eröffnung	Hoch	Tief	Settlem.	Vortag	Umsatz	Off. Kontr.
Juni	0,6789	0,6821	0,6788	0,6817	0,6810		
Sep.	0,6847	0,6855	0,6828	0,6854	0,6847	1	5
Dez.	0,6876	0,6891	0,6875	0,6891	0,6884		

Ein Marktteilnehmer, der zum Beispiel am 19.3.1996 einen Kontrakt des Deutsche Mark Futures (Juni) zum Eröffnungskurs von 0,6789 an der CME kauft, verpflichtet sich

- am dritten Mittwoch im Juni (19.6.1996),
- insgesamt 125.000 D-Mark,
- zum Preis von 0,6789 US-Dollar/D-Mark

abzunehmen. Währungs-Futures werden im Grunde genommen aus denselben Motiven abgeschlossen wie Devisentermingeschäfte. Die Marktteilnehmer, etwa deutsche, müssen aber bedenken, daß Devisen-Futures, wie der Deutsche Mark Kontrakt an der CME, in US-Dollar notieren – die D-Mark wird also gegen US-Dollar gehandelt. Aus der Sicht eines Deutschen ist die Kursangabe also eine Mengennotierung.

Ein deutscher Exporteur, der sich beispielsweise mit dem Deutsche Mark Future gegen eine Abwertung des US-Dollars schützen möchte, muß den Kontrakt kaufen. Dies belegen folgende Ausschnitte aus der Finanzzeitung (vgl. Abb. 7/42).

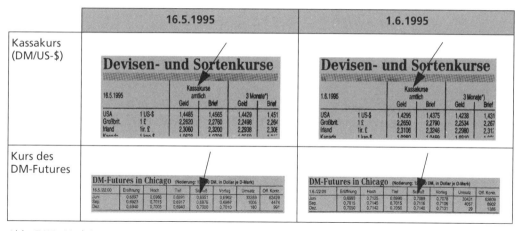

Abb. 7/42: Hedging

Der Kassakurs, ausgedrückt in D-Mark pro US-Dollar, sinkt im Zeitablauf, der Preis des D-Mark Futures, der bekanntlich in US-Dollar pro D-Mark angegeben wird, muß dann verständlicherweise steigen.

Die CME hat für den Deutsche Mark Future eine Tick-Size von 0,0001 US-$/DM festgesetzt. Dies entspricht einer Mindest-Preisänderung, bezogen auf einen Kontrakt, von

$$\underbrace{0{,}0001\,\text{US}-\$/\text{DM}}_{\text{Tick-Size}} \times \underbrace{125.000\,\text{DM}}_{\text{Kontraktgröße}} = 12{,}50\,\text{US}-\$.$$

Die Finanzzeitung zeigt eine Reihe weiterer Devisen-Futures in der Tabelle »*Internationale Terminkontrakte*«.

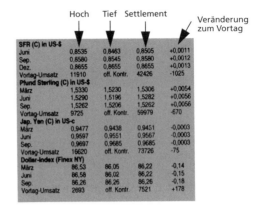

Die Spezifikationen dieser Kontrakte sind weiter unten aufgeführt (vgl. Abb. 7/43).

Abb. 7/43: Kontraktspezifikationen

SFR	
Terminbörse	Chicago Mercantile Exchange (CME).
Underlying	125.000 Schweizer Franken.
Notierung	US-Dollar pro einem Schweizer Franken, bis auf vier Nachkommastellen.
Tick-Size	0,0001 US-$/sfr, was 12,50 US-$ entspricht.
Liefermonate	März, Juni, September, Dezember.
Letzter Handelstag	Zwei Börsentage vor dem dritten Mittwoch im Liefermonat.
Liefertag	Dritter Mittwoch im Liefermonat.
Andienung	Effektive Andienung.

Pfund Sterling	
Terminbörse	Chicago Mercantile Exchange (CME).
Underlying	62.500 britische Pfund, bis auf vier Nachkommastellen.
Notierung	US-Dollar pro einem britischen Pfund.
Tick-Size	0,0002 US-$/£, was 12,50 US-$ entspricht.
Liefermonate	März, Juni, September, Dezember.
Letzter Handelstag	Zwei Börsentage vor dem dritten Mittwoch im Liefermonat.
Liefertag	Dritter Mittwoch im Liefermonat.
Andienung	Effektive Andienung.

Futures 543

Jap. Yen	
Terminbörse	Chicago Mercantile Exchange (CME).
Underlying	12.500.000 Yen.
Notierung	US-Dollar pro einem Yen, bis auf sechs Nachkomma-stellen.
Tick-Size	0,000001 US-$/¥, was 12,50 US-$ entspricht.
Liefermonate	März, Juni, September, Dezember.
Letzter Handelstag	Zwei Börsentage vor dem dritten Mittwoch im Liefer-monat.
Liefertag	Dritter Mittwoch im Liefermonat.
Andienung	Effektive Andienung.

Dollar-Index	
Terminbörse	Financial Instrument Exchange (Finex), New York City.
Underlying	Das Underlying des Futures bildet der sogenannte US-Dollar-Index, kurz USDX, der täglich von der Finex berechnet wird. Er repräsentiert den Wert eines aus zehn Währungen bestehenden Korbes, ausgedrückt in US-Dollar. Die Gewichtung der einzelnen Währungen im Index ist der folgenden Übersicht zu entnehmen.

Währung	Kurs am Basistag	Gewicht
D-Mark	35,548 cents/D-Mark	20,8 %
Yen	0,3819 cents/Yen	13,6 %
Franz. Francs	22,191 cents/Franc	13,1 %
Britische Pfund	247,24 cents/Pfund	11,9 %
Kan. Dollar	100,33 cents/Dollar	9,1 %
Ital. Lire	0,176 cents/Lira	9,0 %
Niederl. Gulden	34,834 cents/Gulde	8,3 %
Belg. Francs	2,5377 cents/Franc	6,4 %
Schwed. Kronen	22,582 cents/Krone	4,2 %
Schweiz. Franken	31,084 cents/Franke	3,6 %

Die Indexformel lautet folgendermaßen:

$$USDX = 100 \prod_{i=1}^{10} \left[\frac{B_i}{S_i} \right]^{G_i}$$

544   **Forwards und Futures**

	mit:
	B_i = Spot rate »cents/Einheit Fremdwährung i«
	        am Basistag (vgl. Tabelle);
	S_i = Spot rate »cents/Einheit Fremdwährung i«
	        zum gegenwärtigen Zeitpunkt;
	G_i = Gewicht der Fremdwährung i am Basistag
	        (vgl. Tabelle);
	Der Index steigt, wenn der US-Dollar gegenüber
	den anderen Währungen aufwertet und sinkt, wenn
	der US-Dollar gegenüber den anderen Währungen
	abwertet.

Kontraktgröße	1.000 US-Dollar multipliziert mit dem USDX-Stand.
Tick-Size	0,01 Index-Punkte, was 10 US-Dollar entspricht.
Liefermonate	März, Juni, September und Dezember.
Letzter Handelstag	Dritter Mittwoch im Liefermonat.
Andienung	Cash Settlement.

7.2.3.5   **Preisbildung**

Der Kurs eines Futures ist zwar ein Preis, der erst in der Zukunft für das Underlying gezahlt wird, er ist jedoch eng mit dem aktuellen Kassapreis des Basisgutes verbunden. Im allgemeinen ist der Kurs eines Futures umso höher (niedriger), je höher (niedriger) der Kassapreis des Underlyings. Die Beziehung zwischen Future- und Kassakurs läßt sich eindrucksvoll am Beispiel des DAX-Futures verdeutlichen (vgl. Abb. 7/44).

Abb. 7/44: Zusammenhang zwischen Kassa- und Future-Kursen am Beispiel des DAX-Futures

Der Kurs eines Futures unterscheidet sich in den allermeisten Fällen vom aktuellen Kassapreis des Underlyings. Die Differenz zwischen Future- und Kassakurs, im Fachjargon **Basis** genannt, ist vor allem auf die Aufwendungen zurückzuführen, die letztendlich für das Halten des Underlyings entstehen, kurz die cost of carry (vgl. Abschnitt 7.1.2). Wenn die Basis von eben diesen »Haltekosten« abweicht, dann lassen sich grundsätzlich Arbitrage-Gewinne erzielen. Dies illustriert folgendes einfache Beispiel.

Futures   **545**

Angenommen, ein Bund-Future notiert zu einem Kurs von 95 und verfällt, aus heutiger Sicht, in einem halben Jahr. Ein Marktteilnehmer stellt fest, daß eine 6 % Bundesanleihe mit einer Restlaufzeit von 9 ½ Jahren zu einem Kurs von 93 notiert und Termingeld zu einem Zinssatz von 10 % p. a. gehandelt wird. Er kann nun

Beispiel 7/15

- für ein halbes Jahr einen Kredit über 93 D-Mark aufnehmen, für den Geldbetrag 100 D-Mark nominal der Bundesanleihe kaufen[1] und
- gleichzeitig einen Bund-Future zum Kurs von 95 verkaufen.

Der Marktteilnehmer muß dann Kreditzinsen in Höhe von

$$\frac{\overbrace{93\ \text{DM}}^{\text{Kreditbetrag}} \times \overbrace{10\ \%}^{\text{Kreditzins}} \times \overbrace{180\ \text{Tage}}^{\text{Laufzeit des Kredits}}}{100\ \% \times 360\ \text{Tage}} = 4,65\ \text{DM}$$

zahlen, er empfängt allerdings auch Kuponzinsen von 3 D-Mark, weil er die Bundesanleihe für ein halbes Jahr hält. Bei Fälligkeit des Bund-Futures in sechs Monaten

- liefert der Marktteilnehmer dem Käufer des Bund-Futures 100 D-Mark nominal der Bundesanleihe und
- erhält im Gegenzug von ihm 95 D-Mark (Future-Preis).

Er zahlt sodann den Kredit samt der Zinsen zurück, so daß ihm ein sicherer Gewinn in Höhe von

$$\overbrace{95\ \text{DM}}^{\substack{\text{Future-}\\\text{Kurs}}} + \overbrace{3\ \text{DM}}^{\substack{\text{Kupon-}\\\text{ertrag}}} - \overbrace{93\ \text{DM}}^{\substack{\text{Kredit-}\\\text{betrag}}} - \overbrace{4,65}^{\substack{\text{Kredit-}\\\text{zinsen}}} = 0,35\ \text{DM}$$

verbleibt. Der Marktteilnehmer kann diesen Erfolg erzielen, ohne eigenes Kapital einzusetzen. Die hier skizzierte Konstellation der Future- und Kassapreise läßt deshalb Arbitrage-Gewinne zu. Die Differenz zwischen beiden Kursen, die Basis, entspricht nicht den cost of carry, also der Differenz zwischen

$$\underbrace{4,65\ \text{DM}}_{\substack{\text{Kosten für}\\\text{das Halten}\\\text{der Bundes-}\\\text{anleihe}}} \text{und} \underbrace{3\ \text{DM}}_{\substack{\text{Ertrag für}\\\text{das Halten}\\\text{der Bundes-}\\\text{anleihe}}}$$

Notiert der Bund-Future hingegen zum Kurs von

$$\underbrace{93\ \text{DM}}_{\substack{\text{Kassakurs}\\\text{der Bundes-}\\\text{anleihe}}} + \underbrace{1,65\ \text{DM}}_{\text{cost of carry}} = 94,65\ \text{DM},$$

1 Der Übersichtlichkeit halber beziehen sich die weiteren Ausführungen auf einen Nominalbetrag von 100 DM.

so ist die Erzielung von Arbitrage-Gewinnen ausgeschlossen – der Kontrakt ist »fair« bewertet. Der Kurs von 95 ist folglich zu hoch, der Bund-Future also zu teuer. Sein Kurs entspricht nicht dem »fairen« Preis, kurz »fair value«. Arbitrageure werden dies ausnutzen und Bundesanleihen nachfragen, Bund-Futures dagegen verkaufen. Dies führt nach und nach zu steigenden Kassa- sowie sinkenden Future-Kursen – und zwar solange, bis die Basis den cost of carry entspricht. Arbitrage-Gewinne lassen sich im übrigen auch erzielen, wenn ein Future zu billig ist. Hierauf wird aber nicht näher eingegangen.

Das Beispiel ist, zugegeben, recht einfach, es liefert jedoch Anhaltspunkte für die Faktoren, die einen Einfuß auf Future-Kurse ausüben. In der Praxis ist die Bestimmung der cost of carry recht komplex, weil auch steuerliche Aspekte, Margin-Zahlungen und Transaktionskosten beachtet werden müssen. Ab und an »entfernt« sich die Basis relativ weit von den cost of carry. Dies liegt zumeist daran, daß bestimmte Marktteilnehmer, vor allem Spekulanten, Erwartungen über die zukünftige Entwicklung des Futurepreises hegen und durch ihr Angebot und ihre Nachfrage einen Future-Preis vom fair value wegführen.

Ein Future- liegt grundsätzlich über dem Kassakurs des Underlyings, falls die cost of carry positiv sind, die Haltekosten die Halteerträge also überragen. Die Differenz zwischen Future- und Kassakurs ist dann umso größer, je länger die Restlaufzeit des Futures. Dies illustrieren etwa die Kurse der DAX-Futures, die folgende Tabelle aus der Finanzzeitung vom 23.2.1996 zeigt.

Der Kontrakt mit der kürzesten Restlaufzeit ist der DAX-Future (März), der September-Kontrakt hingegen läuft am längsten. Der DAX weist am 22.2.1996 einen Stand von 2.412 Punkten auf. Damit läßt sich die Basis für jeden der drei DAX-Futures bestimmen.

	Future-Schluß-kurs (22.2.96)	DAX-Stand (22.2.96)	Basis
DAX-Future (März)	2.426,00	2.412,00	14,00
DAX-Future (Juni)	2.442,50	2.412,00	30,50
DAX-Future (September)	2.450,50	2.412,00	38,50

Future- und Kassakurs nähern sich im Zeitablauf immer mehr einander an, bis sie schließlich am Verfalltag des Futures identisch sind. Abbildung 7/45 stellt den Verlauf des DAX und des DAX-Futures (März) im Jahre 1995

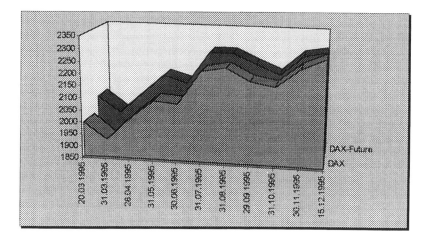

Abb. 7/45: Kursverlauf beim DAX und DAX-Future (März)

dar. Sie demonstriert eindrucksvoll den engen Zusammenhang zwischen Future- und Kassapreis sowie die Verringerung der Basis im Zeitablauf.

Chancen und Risiken

7.2.3.6

Futures bergen eine Reihe von Chancen, aber auch Risiken, die übersichtlich in Abbildung 7/46 aufgeführt sind.

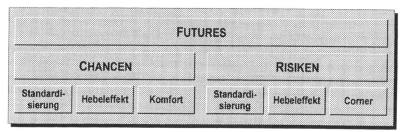

Abb. 7/46: Chancen und Risiken bei Futures

Futures sind standardisierte unbedingte Termingeschäfte und weisen alle damit verbundenen Vor- und Nachteile auf. Diese wurden bereits im Abschnitt 7.1.3.4.1 ganz allgemein angesprochen, so daß die folgenden Ausführungen eher einige spezielle Aspekte beleuchten.

Future-Positionen lassen sich, eben aufgrund der **Standardisierung**, verhältnismäßig schnell und unkompliziert, vor allem aber zu einem fairen Preis, eröffnen und ebenso rasch und einfach wieder schließen. Dies kann etwa dann angebracht sein, wenn ein Absicherungsbedarf plötzlich nicht mehr besteht. Probleme bereiten vielfach jedoch die genormten Kontraktgrößen. Ein Marktteilnehmer etwa, der 6 % Bundesanleihen mit einer Restlaufzeit von 9 Jahren und einem Nominalvolumen von 400.000 D-Mark mit Hilfe des Bund-Futures gegen Kursverluste sichern möchte, ist

Standardisierung

- »unterversichert«, englisch »under-hedged«, wenn er einen Kontrakt verkauft,
- jedoch »überversichert« (»over-hedged«), sofern er zwei Kontrakte eines Bund-Futures veräußert.

Forwards und Futures

Die Kontraktgröße kann nicht an die individuellen Anforderungen des Marktteilnehmers angepaßt werden. Das gilt auch für die genormte Laufzeit eines Kontrakts. Eine Abstimmung auf die Bedürfnisse der Marktteilnehmer ist in den allermeisten Fällen nur durch eine vorzeitige Glattstellung oder ein roll-over in andere Kontrakte möglich.

Hebel

Futures bieten die Möglichkeit, mit einem relativ geringen Kapitaleinsatz, genau gesagt den Margin-Zahlungen, an den Wertveränderungen der Underlyings zu partizipieren. Die Deutsche Terminbörse verlangt beispielsweise von einem Marktteilnehmer, der am 22.2.1996 einen Kontrakt des Bund-Futures (März) kauft, eine Margin-Zahlung von 5.000 D-Mark. Der Käufer nimmt damit an der Wertentwicklung einer Anleihe teil, die ein Nominalvolumen von 250.000 D-Mark umfaßt. Er könnte die gleiche Menge, etwa von der 6,5 % Bundesanleihe, aber auch direkt auf dem Kassamarkt erwerben.

DTB-Bund-Futures (langfristig)
(6%, 250000 DM, in %, 8,5 Jahre bis 10 Jahre)

23.2.96/20:13	Eröffnung	Hoch	Tief	Schluß	Settlem.	Vortag	Umsatz	Off. Kontr.
März	97,36	98,06	97,32	97,64	97,64	97,28	96288	177929
Juni	96,53	97,25	96,53	96,81	96,83	96,45	3592	23143
Sep.								448

Gesamt-Umsatz: 99880 - Offene Kontrakte zur Eröffnung: 201520

Öffentliche Anleihen

Zins	Laufzeit	23.2.96	22.2.96	Rend.	Zins	Laufzeit	23.2.96	22.2.96	Rend.
Bundesrepublik					6,25 v. 94	2024	89,95b	89,66b	7,061
Deutschland (F)					6,75 v. 94	2004	103,30b	102,75b	6,218
6 v. 86	1998	103,86b	103,45b	4,079	(FRN) v. 94	2004	99,19b	99,20b	
6 v. 86 II	201c	89,20b	88,83b	7,003	7,5 v. 94	2004	108,05b	107,65b	6,260
5,75 v. 86	1996	100,74bG	100,76b	3,300	7,375 v. 95	2005	107,30b	106,93b	6,268
5,75 v. 86 II	1996	100,94b	100,96b	3,319	6,875 v. 95	2005	104,00b	103,62bG	6,279
5,5 v. 86	1996	101,16b	101,15b	3,354	6,5 v. 95	2005	101,46b	101,09b	6,260
5,625 v. 86	2016	84,95b	84,50b	7,020	6 v. 96	2006	98,6bG	97,74b	6,260
6 v. 86 III	1998	104,05b	10c,79b	4,332	6 v. 96II	2006	98,_b	9_.8b	6,263

In diesem Fall bindet der Marktteilnehmer jedoch einen wesentlich höheren Geldbetrag, und zwar

$$\frac{\overset{\text{Kurs der 6,5 \%}}{\underset{\text{am 22.2.96}}{\text{Bundesanleihe}}}}{100} \times 250.000 \text{ DM} = 252.725 \text{ DM},$$

wobei Stückzinsen nicht berücksichtigt sind. Einen Tag später, am 23.2.1996, sind die Kurse für Anleihen gestiegen und auch der Preis des Bund-Futures (März) ist geklettert, wie die beiden obigen Ausschnitte aus der Finanzzeitung belegen. Folgende Tabelle zeigt die absoluten Kursgewinne, die mit dem Future oder der Bundesanleihe erzielt werden, wenn der Marktteilnehmer die Termin- bzw. Kassaposition an diesem Tag auflöst.

	Bund-Future (März)	6,5 % Bundesanleihe
Kapitaleinsatz am 22.2.1996	5.000 DM (Margin)	252.725 DM
Rückzahlung am 23.2.1996	5.000 DM (Margin) + 900 DM (Gewinn)	253.650 DM
Kursgewinn	900 DM	925 DM

Die absoluten Kursgewinne sind fast gleich. Beide Positionen, also das Engagement auf dem Terminmarkt und der Kauf der Bundesanleihe, lassen den Marktteilnehmer an der Wertänderung desselben Nominalvolumens partizipieren. Die Long-Position im Bund-Future erfordert jedoch einen weitaus geringeren Kapitaleinsatz, als der Erwerb der Bundesanleihe. Das Termingeschäft gibt folglich die Möglichkeit, mit einem relativ kleinen Geldbetrag ein hohes Nominalvolumen zu »bewegen«. Es besitzt in gewisser Hinsicht also einen »**Hebel**«, englisch »leverage«. Der Hebeleffekt wird besonders deutlich, wenn man die Renditen beim Future- und Kassageschäft miteinander vergleicht.

	Bund-Future (März)	**6,5 % Bundesanleihe**
Rendite, bezogen auf die Zeit vom 22.2. bis 23.2.96	$\underbrace{\dfrac{900\,\text{DM}}{5.000\,\text{DM}}}_{\text{Kapitaleinsatz (Margin)}} \times 100\% = 18\%$	$\underbrace{\dfrac{925\,\text{DM}}{252.725\,\text{DM}}}_{\text{Kapitaleinsatz (Kauf der Anleihe)}} \times 100\% = 0{,}366\%$

Der Leverage-Effekt offenbart sich aber nicht nur im Fall günstiger Kursentwicklungen, er wirkt genauso bei einer unvorteilhaften Entfaltung. Wäre im oben geschilderten Fall statt eines Kursgewinns ein -verlust entstanden, so wäre der relative Verlust mit dem Bund-Future gegenüber dem Kassa-Engagement etwa 50 mal so hoch ausgefallen.

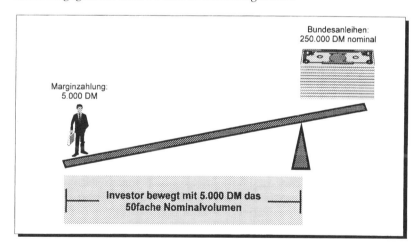

Abb. 7/47: Hebel-Effekt

Die Gefahr das eingesetzte Kapital vollständig zu verlieren, also die Möglichkeit eines **Totalverlusts**, ist bei Futures wesentlich höher ist als bei Kassageschäften. Genaugenommen gilt dies aber nur dann, wenn Future-Engagements als Alternative zu Kassageschäften gewählt werden, ein bestimmter Anlagebetrag also restlos in Futures »investiert« wird.

Hätte der Marktteilnehmer, um beim obigen Beispiel zu bleiben, mit dem gesamten Geldbetrag (252.725 D-Mark), den er für den Kauf der 6,5 % Bundesanleihe hingibt, Margin-Zahlungen geleistet, so hätte er

Totalverlust

$$\frac{252.725\,\text{DM}}{5.000\,\text{DM}\,/\,\text{Kontrakt}} = 50,545 \approx 50\,\text{Bund} - \text{Future} - \text{Kontrakte}$$

erwerben können. Er »bewegt« dann Bundesanleihen mit einem Nominal-volumen von 12 ½ Millionen D-Mark. Der absolute Gewinn beim Kauf von 50 Futures beziffert sich in diesem Fall auf 45.000 D-Mark.

Sinkt der Kurs des Bund-Futures dagegen von einem auf den nächsten Börsentag von 97,28 % auf 95,28 %, so wird die Margin in Höhe von 5.000 D-Mark/Kontrakt vollständig aufgezehrt. Der Investor hat sein ge-samtes Kapital verloren, er hat immerhin 50 Kontrakte erworben. Mit Bundesanleihen kann er einen Totalverlust dagegen nur dann erleiden, wenn der Kurs der Papiere auf Null sinkt.

Future-Transaktionen sind, verglichen mit Engagements am Kassa-markt, verhältnismäßig unkompliziert. Positionen lassen sich rasch öffnen, ebenso schnell wieder schließen und verursachen relativ geringe Kosten. Depotgebühren, wie etwa bei der Verwahrung von Wertpapieren, entfallen beispielsweise völlig. Futures bieten so gesehen einen gewissen **Komfort**. Dies gilt vor allem für Leerverkäufe, also die Veräußerung von Finanzob-jekten, die Marktteilnehmer noch gar nicht besitzen. Die Abwicklung von Leerverkäufen auf dem Kassamarkt ist recht umständlich. Die Marktteil-nehmer müßten sich nämlich Finanzobjekte, wie Schuldverschreibungen oder Aktien, für einen bestimmten Zeitraum, etwa sechs Monate, leihen. Hierfür ist in der Praxis der Begriff »**Wertpapierleihe**« geläufig. Sie fällt strenggenommen ebenfalls unter die Termingeschäfte. Entliehene Papiere können umgehend verkauft werden. Nach Ablauf der Frist, hier ein halbes Jahr, müssen die Marktteilnehmer die Anleihen oder Aktien schließlich zurückgeben und – sofern sie die Papiere dann nicht besitzen – auf dem Kassamarkt erwerben. »Leerverkäufer« profitieren somit von sinkenden Kursen. Sie veräußern Papiere, die sie gar nicht besitzen, erwerben diese später zu einem geringeren Preis, falls die Kurse tatsächlich gesunken sind, und geben die Papiere letztlich wieder zurück. Leerverkäufe lassen sich mit Futures kurzerhand arrangieren. Ein Marktteilnehmer verkauft einfach einen Future und erreicht damit schlicht denselben Effekt wie mit einer Wertpapierleihe. Er könnte Kontrakte, etwa Bund-Futures, zu einem be-stimmten Kurs veräußern und später vielleicht zu einem niedrigeren Preis »zurückkaufen«. Eine solche Transaktion ist weitaus »bequemer« als eine Wertpapierleihe.

Futures bergen grundsätzlich die Gefahr, daß einige Akteure eine nahezu marktbeherrschende Stellung aufbauen. Ein Marktteilnehmer A könnte etwa sehr viele Kontrakte des Bund-Futures kaufen und während der Lauf-zeit des Futures nach und nach ein hohes Volumen aller in den Bund-Fu-ture lieferbaren Anleihen auf dem Kassamarkt erwerben. Er kauft den Markt sozusagen »leer«. Bei Fälligkeit des Bund-Futures sind die Verkäu-fer gezwungen, Marktteilnehmer A lieferbare Schuldverschreibungen an-zudienen. Aber genau diese Papiere hat A so reichlich erworben, daß die Futures-Verkäufer die Anleihen letztendlich von ihm kaufen müssen. A hat die Verkäufer gewissermaßen in eine Ecke, englisch **corner**, getrieben, aus der sie sich nicht mehr befreien können. Er kann den Preis für die lieferbaren Titel quasi diktieren. Um die Entstehung solcher corner-Effekte von vornherein zu unterdrücken, wählen Terminbörsen möglichst abstrakte, nahezu unbegrenzt verfügbare Underlyings, etwa fiktive Anleihen oder Indizes.

Optionen und Optionsscheine 7.3

Grundlagen 7.3.1

Begriff 7.3.1.1

Eine Optionsvereinbarung, kurz Option, ist, ähnlich wie ein unbedingtes Termingeschäft, eine vertragliche Vereinbarung zwischen zwei Parteien. Sie regelt grundsätzlich den Austausch eines Objektes in der Zukunft – die Vertragspartner legen den Preis für die zukünftige Transaktion aber schon »heute« fest. Im Unterschied zu unbedingten Termingeschäften sind die Vertragspartner aber nicht in gleicher Weise zur Erfüllung verpflichtet. Der Käufer erwirbt vielmehr ein Recht (»Option«), in der Zukunft einen Handelsgegenstand zum »heute« vereinbarten Preis zu kaufen oder zu verkaufen. Dieses Recht kann er verständlicherweise beanspruchen, aber genauso gut verfallen lassen. Wenn der Käufer von seinem Recht Gebrauch macht – was im Fachjargon Ausübung genannt wird –, so ist der Verkäufer zur Erfüllung verpflichtet. Optionen sind, anders als Forwards und Futures, also keine zweiseitig bindenden Verträge.

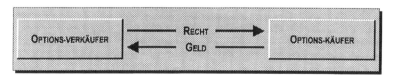

Marktteilnehmer können prinzipiell zwei unterschiedliche Rechte kaufen – zum einen

- das Recht, ein Finanzobjekt in der Zukunft zu kaufen, und zum anderen
- das Recht, ein Finanzobjekt in der Zukunft zu verkaufen.

Eine Option ist folglich entweder eine Kaufoption, im Fachjargon Call-Option, kurz **Call**, oder eine Verkaufsoption (**Put**). Der Käufer eines Calls (Puts) erlangt das Recht, in der Zukunft

Call/Put

- pro Option eine bestimmte Menge[1]
- eines Finanzobjektes, auch Underlying oder Basisgut genannt,
- zu einem beim Kauf festgelegten Preis, dem sogenannten Basispreis, englisch Strike Price oder einfach Strike,
- zu kaufen (verkaufen).

Er entrichtet dafür an den Verkäufer der Option ein Entgelt, die Optionsprämie. Marktteilnehmer können grundsätzlich sowohl die Position des

[1] Die Menge, die pro Option bezogen oder veräußert werden kann, heißt auch Bezugsverhältnis.

Options-Käufers als auch die des -Verkäufers einnehmen, was letztendlich zu vier sogenannten Grundpositionen führt (vgl. Abb. 7/48).

Abb. 7/48:
Grundpositionen bei Optionen

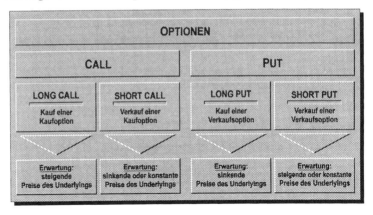

Calls und Puts haben, genau wie Forwards und Futures, eine begrenzte Laufzeit (»Optionsfrist«) und verfallen, sobald das Laufzeitende (»Verfalltag«) erreicht ist. Nach Ablauf der Optionsfrist kann der Käufer sein Recht nicht mehr in Anspruch nehmen und der Verkäufer ist von einer möglichen Verpflichtung befreit.

Optionen können nun so ausgestattet sein, daß eine Ausübung

amerikanisch/europäisch

- jederzeit während der Laufzeit (»**amerikanische Option**«) oder
- ausschließlich bei Fälligkeit (»**europäische Option**«)

möglich ist. Allein der Käufer entscheidet über die Ausübung und, im Falle amerikanischer Optionen, auch über den Zeitpunkt der Ausübung. Der Verkäufer muß die Entscheidung des Käufers abwarten, er hält quasi »still«, weswegen Options-Verkäufer »**Stillhalter**«, ab und an auch »Schreiber«, heißen. Entscheidet sich der Käufer eines Calls für eine Ausübung, so ist der Schreiber verpflichtet, das Underlying zum Basispreis zu liefern. Übt der Käufer eines Puts dagegen sein Recht aus, dann liefert er das Underlying und erhält vom Verkäufer den Strike Price.

Stillhalter

Einer Option kann grundsätzlich jedwedes Finanzobjekt zugrundeliegen (vgl. Abb 7/49). Der Käufer eines Aktien-Calls hat beispielsweise das Recht, eine Aktie zum Basispreis zu kaufen, der Käufer eines Währungs-Puts kann Devisen, etwa US-Dollar, zum Strike Price verkaufen usw.

Abb. 7/49:
Underlyings und Optionsarten

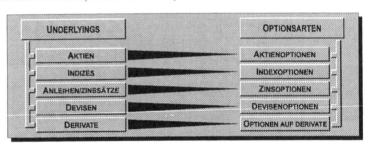

Funktionsweise

7.3.1.2

Die »Funktionsweise« von Optionen soll am Beispiel zweier Aktienoptionen, einem Call und einem Put, veranschaulicht werden. Ihre Ausstattung zeigt folgendes Tableau.

	Call	**Put**
Underlying	Aktie der Dresdner Bank AG	Aktie der Dresdner Bank AG
Basispreis	50 DM	50 DM
Fälligkeit	1.6.1997	1.6.1997
Typ	europäisch	europäisch
Prämie	10 DM	10 DM

Der **Käufer des Calls** zahlt »heute« eine Prämie in Höhe von 10 D-Mark. Damit erlangt er das Recht, nicht jedoch die Pflicht, eine Aktie, genau gesagt das Papier der Dresdner Bank AG, am 1.6.1997 zu einem Preis von 50 D-Mark zu kaufen. Die Ausübung der Option lohnt sich freilich nur, wenn der Kurs der Dresdner-Aktie am Verfalltag höher ist als der Basispreis. Der Kauf des Calls ist gewissermaßen der Abschluß einer **Versicherung** gegen steigende Aktienkurse und der Call-Preis die »Versicherungsprämie«. Der Käufer (»Versicherungsnehmer«) wird die Versicherung im »Schadensfall«, also bei Aktienkursen oberhalb von 50 D-Mark, beanspruchen. Angenommen, die Aktie notiere am 1.6.1997 zu einem Kurs von 70 D-Mark. Der Käufer kann die Option ausüben und das Papier, das doch eigentlich 70 D-Mark wert ist, für 50 D-Mark beziehen. Wird die Aktie bei Fälligkeit der Option dagegen zu einem Kurs gehandelt, der unterhalb des Basispreises liegt, und zum Beispiel 40 D-Mark beträgt, so lohnt sich die Ausübung nicht. Der direkte Kauf auf dem Kassamarkt wäre viel günstiger, als der Bezug über die Option. Der Erwerb der Option war vergeblich und der Käufer verliert die Prämie. Der Käufer eines Calls profitiert folglich von steigenden Kursen des Underlyings.

Versicherung gegen steigende Kurse

Der Verkäufer des Calls vereinnahmt die Prämie. Er ist zu einer Leistung, also zur Lieferung einer Dresdner-Bank-Aktie, nur verpflichtet, wenn der Käufer dies verlangt. Bei einem relativ niedrigen Kurs, etwa 40 D-Mark, verzichtet der Käufer jedoch auf eine Inanspruchnahme seines Rechts, er übt die Option nicht aus und der Verkäufer hat letztendlich die Prämie kassiert, ohne eine Leistung erbracht zu haben. Für ihn ist damit ein Kursrückgang, aber auch ein gleichbleibendes Kursniveau von Vorteil. Liegt der Preis der Dresdner-Bank-Aktie hingegen oberhalb des Basispreises, beispielsweise bei 70 D-Mark, so übt der Käufer die Option aus. Der Verkäufer erhält für das Papier, das an und für sich 70 D-Mark wert ist, nur 50 D-Mark.

Der Käufer des Calls erleidet schlimmstenfalls einen Verlust in Höhe der Optionsprämie (10 D-Mark), und zwar genau dann, wenn die Aktie bei Fälligkeit des Calls zu 50 D-Mark oder einem niedrigeren Kurs notiert. Bei Kursen zwischen 50 und 60 D-Mark ist der Verlust geringer. Dieser Bereich

554   **Optionen und Optionsscheine**

heißt im Fachjargon auch »Zone des verminderten Verlusts«. Beträgt der Preis für eine Aktie exakt

$$\underbrace{50\,\text{DM}}_{\substack{\text{Basispreis}\\\text{des Calls}}} + \underbrace{10\,\text{DM}}_{\substack{\text{Call–}\\\text{Prämie}}} = 60\,\text{DM},$$

so hat der Käufer weder Gewinn erzielt noch Verlust erlitten. Er »durchbricht genau« – englisch »break even« – die Schwelle vom Verlust zum Gewinn. Dieser Aktienkurs heißt deshalb allgemein Break-Even-Kurs. Liegt der Preis für eine Dresdner-Bank-Aktie bei Fälligkeit des Calls oberhalb von 60 D-Mark, dann gelangt der Käufer in die Gewinnzone. Der Gewinn (Verlust) des Call-Käufers entspricht verständlicherweise dem Verlust (Gewinn) des -Verkäufers.

> **Versicherung gegen sinkende Kurse**

Derweil sich ein Kursanstieg für einen Call-Käufer positiv auswirkt, schadet er dem **Erwerber einer Verkaufsoption.** Der oben beschriebene Put ist am Verfalltag wertlos, wenn die Aktie der Dresdner Bank AG zu einem Kurs notiert, der oberhalb des Basispreises liegt, zum Beispiel bei 70 D-Mark. Der Käufer des Puts kassiert 50 D-Mark für eine Aktie, wenn er die Option ausübt. Verzichtet er hingegen darauf und verkauft das Papier auf dem Kassamarkt, so erhält er 70 Mark. Der Kauf des Puts hat sich nicht gelohnt. Bei einem Kursrückgang der Dresdner-Bank-Aktie ist es genau anders. Notiert das Papier am Verfalltag des Puts etwa zu einem Kurs von 40 D-Mark, so bringt die Ausübung einen Vorteil für den Käufer. Er bekommt für die Aktie, die genaugenommen 40 D-Mark wert ist, vom Put-Verkäufer 50 D-Mark. Der Kauf eines Puts ist quasi der Abschluß einer **Versicherung** gegen sinkende Kurse.

Die Gewinne und Verluste, die Call- und Put-Käufer erleiden, aber auch die Erfolge der Verkäufer, zeigt folgendes Tableau. Dabei werden einige ausgewählte Kurse der Dresdner-Bank-Aktie zugrunde gelegt.

> **Gewinne/ Verluste**

Kurse der Dresdner-Bank-Aktie	Call		Put	
	Käufer	Verkäufer	Käufer	Verkäufer
10 DM	-10	+10	+30	-30
20 DM	-10	+10	+20	-20
30 DM	-10	+10	+10	-10
40 DM	-10	+10	0	0
50 DM	-10	+10	-10	+10
60 DM	0	0	-10	+10
70 DM	+10	-10	-10	+10
80 DM	+20	-20	-10	+10
90 DM	+30	-30	-10	+10
100 DM	+40	-40	-10	+10

Die Gewinne und Verluste der vier Grundpositionen lassen sich sehr anschaulich graphisch darstellen. Der Verlauf der Gewinn- und Verlust-Profile gleicht einem Hockeyschläger, englisch Hockeystick, aus welchem Grund sie auch »Hockeystick-Diagramme« heißen. Die entsprechenden Diagramme für die weiter oben dargestellten Optionen auf die Dresdner-Bank-Aktie zeigt Abbildung 7/50. Sie verdeutlichen, daß der Verlust, den ein Optionskäufer im ungünstigsten Falle erleidet, auf die Prämie begrenzt ist. Dagegen ist sein größtmöglicher Gewinn beim

- Call unbegrenzt;
- Put so hoch wie der Basispreis abzüglich der Prämie, und zwar genau dann, wenn die Aktie bei Ausübung zum Kurs von Null D-Mark notiert.

Der Gewinn eines Optionsverkäufers kann niemals höher sein, als die Prämie, wohingegen der mögliche Verlust beim

- Call unbegrenzt ist,
- Put schlimmstenfalls so groß ist wie der Basispreis abzüglich der Prämie.

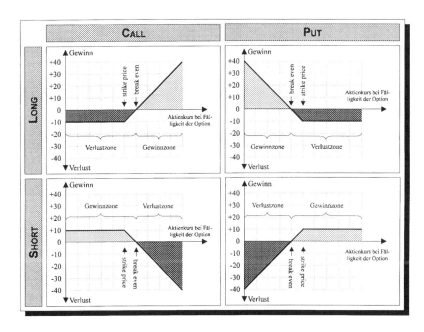

Abb. 7/50: Hockeystick-Diagramme

Die Hockeysticks heben noch einmal deutlich hervor, daß der Stillhalter im Grunde genommen ähnliche Gefahren trägt wie ein Marktakteur, der ein unbedingtes Termingeschäft abschließt, der Optionskäufer jedoch nicht.

Marktteilnehmer schließen Optionsgeschäfte grundsätzlich aus denselben Motiven ab, wie unbedingte Termingeschäfte. Optionen eröffnen sowohl die Möglichkeit zur Spekulation und Arbitrage als auch zur Absicherung gegen künftige Preisänderungen des Underlyings. Die Spekulation und Arbitrage mit Optionen wird hier nicht weiter vertieft, weil sich die Vorgehensweisen in etwa mit denen bei unbedingten Termingeschäften

Motive

556   **Optionen und Optionsscheine**

decken. Die folgenden Ausführungen zeigen stattdessen kurz die Möglichkeiten zur Absicherung gegen Kursänderungen. Der Übersichtlichkeit und Einfachheit halber beschränken sich die Darstellungen auf Aktienoptionen.

Mit dem Kauf von Calls sichern sich Marktteilnehmer gegen steigende, mit dem Erwerb von Puts aber gegen sinkende Kurse der zugrundeliegenden Aktie. Plant ein Akteur, ein bestehendes Aktien-Portefeuille künftig aufzulösen, und rechnet der Anleger mit einem deutlichen Kursrückgang der Aktien, so könnte er Puts (»Long Put«) kaufen. Er hat dann die Gewißheit, die Aktien später wenigstens zum Basispreis verkaufen zu können. Liegt der Kassakurs künftig oberhalb des Basispreises, so läßt er sein Recht einfach verfallen und veräußert die Papiere zum höheren Kurs. Der Anleger könnte statt einer Long-Put- aber auch eine Short-Call-Position aufbauen. Er schreibt Kaufoptionen gegen die Aktien, die er selbst hält und kassiert die Prämie. Der Call ist sozusagen durch Aktien gedeckt, was im Fachjargon allgemein »covering« heißt.[1] Im Falle einer Ausübung kann der Stillhalter die Papiere aus dem eigenen Bestand andienen. Diese Strategie ist vor allem dann vorteilhaft, wenn der Aktienkurs mehr oder weniger unverändert bleibt. Der Call-Käufer wird die Option nicht ausüben und dem Stillhalter verbleibt die Prämie, ohne eine Gegenleistung zu erbringen. Er verkauft die eigenen Aktien schließlich auf dem Kassamarkt, hat durch den Call-Verkauf jedoch einen zusätzlichen Ertrag erzielt. Steigt der Aktienkurs dagegen, so wird der Call-Käufer die Optionen ausüben. Der Stillhalter liefert dann die eigenen Aktien und erhält im Gegenzug den Basispreis. Er kann die Papiere in dem Fall natürlich nicht mehr auf dem Kassamarkt veräußern, ihm entgeht sozusagen der höhere Kassakurs. Der Verkauf eines Calls ist ebenso wenig empfehlenswert, wenn in der Zukunft mit einem starken Kursrückgang der Aktie gerechnet wird. In diesem Fall ist der Kauf von Puts vorzuziehen.

Allein die beiden obigen Beispiele machen schon deutlich, daß Optionen weitaus mehr Facetten bieten als unbedingte Termingeschäfte. Wenn man bedenkt, daß Optionen auch miteinander kombiniert werden können, ein Marktteilnehmer etwa einen Call kauft und gleichzeitig einen Put mit vergleichbarer Ausstattung verkauft, scheinen die Strategien schier unerschöpflich. Eine umfassende Darstellung sprengt jedoch den Rahmen dieses Buches. Auf weitere Darstellungen wird deshalb verzichtet.

7.3.1.3   Preisbildung

7.3.1.3.1   Innerer Wert und Zeitprämie

Der Inhaber einer Option hat eine Prämie bezahlt, die dem Verkäufer der Option zugeflossen ist. Dafür garantiert ihm letzterer, künftig ein Kauf- oder Verkaufsrecht ausüben zu können. Beide, Käufer und Verkäufer, wünschen eine Prämie für die Option, die keinen Beteiligten übervorteilt. Um ein Verständnis für den fairen Preis einer Option zu entwickeln, ist es hilfreich, zunächst den Wert einer Option am Verfalltag zu betrachten. Zur Veranschaulichung wird auf die beiden Aktien-Optionen aus dem letzten Abschnitt zurückgegriffen.

---

1 Das Schreiben von gedeckten Calls heißt »covered-call writing«. Besitzt der Stillhalter das Underlying nicht, so spricht man vom »naked-call writing«.

	Call	**Put**
Underlying	Aktie der Dresdner Bank AG	Aktie der Dresdner Bank AG
Basispreis	50 DM	50 DM
Fälligkeit	1.6.1997	1.6.1997
Typ	europäisch	europäisch

Der Call hat am Verfalltag nur dann einen Wert, wenn der Kurs der Dresdner-Bank-Aktie größer ist als 50 D-Mark (»Basispreis«). Der Wert der Option entspricht in diesem Fall der Differenz zwischen Aktienkurs und Basispreis. Angenommen, die Aktie notiere am 1.6.1997 zu einem Kurs von 70 D-Mark. Ein Marktteilnehmer, der jetzt einen Call kauft und umgehend ausübt, erhält die Aktie für 50 D-Mark. Er bezahlt also 20 D-Mark weniger, als jemand, der die Aktie direkt auf dem Kassamarkt erwirbt. Der Call hat folglich einen Wert von

$$\underbrace{70\,\text{DM}}_{\text{Aktienkurs}} - \underbrace{50\,\text{DM}}_{\substack{\text{Basispreis} \\ \text{des Calls}}} = 20\,\text{DM}.$$

Ein Marktteilnehmer, der mehr dafür bezahlt, angenommen 21 D-Mark, handelt unvernünftig. Er kann eine Dresdner-Bank-Aktie zwar für 50 D-Mark beziehen, insgesamt wendet er jedoch

$$\underbrace{21\,\text{DM}}_{\substack{\text{Kauf eines} \\ \text{Calls}}} + \underbrace{50\,\text{DM}}_{\substack{\text{Zahlung des} \\ \text{Basispreises}}} = 71\,\text{DM}$$

auf und verfügt letztendlich über eine Aktie. Diese hätte er billiger, genau gesagt für 70 D-Mark, direkt auf dem Kassamarkt erwerben können. Niemand wird am 1.6.1997 also mehr als 20 D-Mark für den Call bezahlen. Genauso ist kein Marktteilnehmer bereit, für weniger als 20 D-Mark stillzuhalten. Bei einem Preis von beispielsweise 19 D-Mark empfängt der Stillhalter insgesamt

$$\underbrace{19\,\text{DM}}_{\substack{\text{Verkauf} \\ \text{des Calls}}} + \underbrace{50\,\text{DM}}_{\substack{\text{Zahlung des} \\ \text{Basispreises}}} = 69\,\text{DM}.$$

Hält er die Aktie nicht, so muß er sie auf dem Kassamarkt für 70 D-Mark erwerben, um sie dem Käufer des Calls zu liefern. Der Stillhalter erleidet einen Verlust von einer D-Mark. Besitzt er das Papier schon, dann ist es besser, auf den Verkauf der Option zu verzichten und die Aktie direkt auf dem Kassamarkt zu veräußern.

Auch ein Marktteilnehmer, der den Call irgendwann erworben hat, etwa am 1.12.1996, schadet sich, sofern er die Option am 1.6.1997 für 19 D-Mark glattstellt. Er erzielt einen höheren Geldbetrag, wenn er den Call behält und die Option selbst ausübt. Dann bezieht er eine Dresdner-Bank-Aktie für 50 D-Mark, die er umgehend auf dem Kassamarkt für 70 D-Mark verkaufen kann. Sein Gewinn beläuft sich schließlich auf 20 D-Mark, sofern man die Optionsprämie außer acht läßt.

Der Preis für den Call ist am 1.6.1997 Null bei einem Aktienkurs von 50 D-Mark oder Kursen, die darunter liegen.

Der oben skizzierte Put hat am Verfalltag nur dann einen Wert, wenn der Kurs der Dresdner-Bank-Aktie unterhalb des Basispreises liegt. Der Wert entspricht der Differenz zwischen Basispreis und Aktienkurs. Er beläuft sich beispielsweise bei einem Aktienkurs von 40 D-Mark auf

$$\underbrace{50\,DM}_{\text{Basispreis}} - \underbrace{40\,DM}_{\text{Aktienkurs}} = 10\,DM.$$

Niemand wird bereit sein, die Option für weniger als 10 D-Mark zu verkaufen oder mehr als 10 D-Mark dafür zu bezahlen. Ansonsten handeln die Marktteilnehmer unvernünftig.

Der Wert einer Option hängt am Verfalltag einzig und allein von zwei Größen ab, genau gesagt vom Preis des Underlyings an eben diesem Tag sowie vom Basispreis. Abbildung 7/51 zeigt den Wert eines Aktien-Calls und -Puts am Verfalltag für unterschiedliche Aktienkurse. Die Vorgehensweise bei der Wertbestimmung läßt sich ohne weiteres auf Optionen mit anderen Underlyings, etwa Devisen oder Zinsoptionen, übertragen.

Abb. 7/51: Wert eines Aktien-Calls und -Puts am Verfalltag

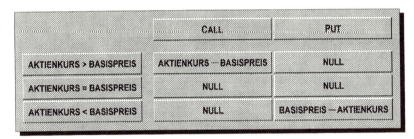

Innerer Wert

Der in Abbildung 7/51 für Calls und Puts ausgewiesene Wert heißt im Fachjargon **Innerer Wert**. Er ist entweder Null oder entspricht der Differenz zwischen

- Aktienkurs und Basispreis, sofern ein Call betrachtet wird und der Kurs über dem Basispreis liegt;
- Basispreis und Aktienkurs, sofern ein Put zugrundeliegt und der Kurs unterhalb des Basispreises liegt.

Der Innere Wert eines Calls (Puts) drückt aus, um wieviel D-Mark der Aktienkurs über (unter) dem Basispreis liegt. Er ist naturgemäß niemals negativ.

Die vorangegangenen Überlegungen machen deutlich, daß sich der Wert einer Option am Verfalltag sehr einfach feststellen läßt. Dies leuchtet auch unmittelbar ein, weil am Verfalltag bekanntlich Sicherheit über den Preis des Underlyings herrscht. Alle Informationen, die den Wert der Option beeinflussen, stehen fest, und die Option verliert ihren Versicherungscharakter.

Die Bewertung vor Fälligkeit ist dafür umso komplexer. Es herrscht Unsicherheit über die künftige Preisentwicklung des Underlyings. Die Option schützt den Käufer gegen steigende bzw. sinkende Preise und für eben diese Versicherungsleistung wünscht der Verkäufer verständlicherweise eine angemessene Vergütung. Neben aktuellem Kurs des Underlyings und Basispreis beeinflußen noch eine Reihe weiterer Faktoren die »Versicherungsprämie«. Sie sind Gegenstand des nächsten Abschnitts. Vorab wird kurz dargestellt, wie sich die Prämie vor Fälligkeit einer Option zusammensetzt und welche Preisober- und -untergrenzen für die Prämie gelten. Als Beispiel dient ein Aktien-Call, der folgenderweise ausgestattet ist.

Underlying	Aktie der VEBA AG
Basispreis	100 DM
Fälligkeit	1.1.1997
Typ	amerikanisch

Die Call-Prämie muß – etwa am 1.6.1996 – wenigstens so hoch sein wie der Innere Wert zu diesem Zeitpunkt. Ansonsten ist der Kauf des Calls und eine sofortige Ausübung der Option günstiger, als der direkte Kauf der VEBA-Aktie zum aktuellen Kurs. Der Innere Wert stellt sozusagen die untere Grenze für die Optionsprämie dar. Dies führt unweigerlich zur Frage nach einer Preisobergrenze. Der Kauf des Calls berechtigt zum Bezug einer VEBA-Aktie. So gesehen darf die Kaufoption heute nicht teurer sein als die Aktie selbst. Andernfalls ist es günstiger, gleich das Papier zu kaufen.

Angenommen, die VEBA-Aktie notiere am 1.6.1996 zu einem Kurs von 110 D-Mark. Der Innere Wert beträgt dann

$$\underbrace{110\,\mathrm{DM}}_{\substack{\text{Aktueller}\\\text{Aktienkurs}}} - \underbrace{100\,\mathrm{DM}}_{\text{Basispreis}} = 10\,\mathrm{DM},$$

und es lassen sich Preisunter- und -obergrenze für den Call angeben. Die Prämie muß also zwischen 10 und 110 D-Mark liegen. Gesetzt den Fall, die Option koste 25 D-Mark am 1.6.1996, so liegt die Prämie um

$$\underbrace{25\,\mathrm{DM}}_{\substack{\text{Call-}\\\text{Prämie}}} - \underbrace{10\,\mathrm{DM}}_{\substack{\text{Innerer}\\\text{Wert}}} = 15\,\mathrm{DM}$$

über dem Inneren Wert. Dies ist genau der Teil der Optionsprämie, den der Verkäufer für seine Leistung verlangt, Risiko zu übernehmen und den Käufer gegen steigende Aktienkurse zu versichern. Anders ausgedrückt: Der

Optionen und Optionsscheine

Käufer bezahlt 15 D-Mark für die Chance, daß der Kurs der VEBA-Aktie innerhalb der noch verbleibenden **Zeit** steigt, der Innere Wert klettert und er in die Gewinnzone gelangt. Deshalb heißt dieser Teil des Gesamtpreises **Zeitprämie**. Der Preis für eine Option läßt sich jederzeit vor dem Verfalltag in zwei Bestandteile zerlegen.

Zeitprämie

$$\text{Optionsprämie} = \text{Innerer Wert} + \text{Zeitprämie}$$

Am Verfalltag besteht die Prämie nurmehr aus einer einzigen Komponente, dem Inneren Wert. Eine Zeitprämie fällt dann nicht mehr an, weil am Verfalltag verständlicherweise keine Versicherungsleistung mehr geboten werden kann. Der Käufer einer Option zahlt folglich sowohl vor Fälligkeit der Option als auch am Verfalltag selbst, kurz und gut während der ganzen Laufzeit, den jeweiligen Inneren Wert und vor Fälligkeit zusätzlich die Zeitprämie. Der Erwerb einer Option hat sich letztendlich aber nur gelohnt, wenn ihr Innerer Wert im Zeitablauf um mehr als die Zeitprämie steigt, die immerhin beim Erwerb der Option bezahlt wurde. Der Käufer des VEBA-Calls etwa gibt am 1.6.1996 insgesamt 25 D-Mark für eine Option aus, wovon 10 D-Mark auf den Inneren Wert und 15 D-Mark auf die Zeitprämie entfallen. Angenommen, der Kurs der VEBA-Aktie liege am Verfalltag des Calls bei 110 D-Mark, so hat die Option, trotz unveränderten Aktienkurses, nur noch einen Wert von

$$\underbrace{110\,\text{DM}}_{\substack{\text{Aktueller}\\\text{Aktienkurs}}} - \underbrace{100\,\text{DM}}_{\text{Basispreis}} = \underbrace{10\,\text{DM}}_{\substack{\text{Innerer}\\\text{Wert}}}.$$

Der Käufer hat genau die Zeitprämie verloren. Er entgeht dem Verlust nur dann, wenn der Innere Wert am Verfalltag wenigstens 25 D-Mark beträgt. Das tritt wiederum erst ein, falls der Kurs der VEBA-Aktie mindestens um 15 D-Mark steigt. Dann erzielt der Käufer Gewinne, wohingegen der Verkäufer Verluste hinnehmen muß. Aktienkurse in der Zone von 110 bis 125 D-Mark schaden dem Verkäufer nicht. Durch die Zeitprämie hat er sich sozusagen einen »Vorsprung« verschafft. Der Kurs muß erstmal um 15 D-Mark steigen, damit der Verkäufer überhaupt Schaden nimmt.

Die Überlegungen zur Bewertung eines Aktien-Calls, lassen sich ohne weiteres auf -Puts übertragen. Zur Veranschaulichung dient folgender Put.

Underlying	Aktie der Volkswagen AG
Basispreis	400 DM
Fälligkeit	1.1.1997
Typ	amerikanisch

Auch hier bildet, etwa am 1.6.1996, der Innere Wert die Preisuntergrenze. Die obere Grenze ist aber nicht der aktuelle Aktienkurs, sondern der Basispreis. Ein Put ist, anders als ein Call, schließlich umso wertvoller, je niedriger der Aktienkurs liegt. Dabei existiert eine Kursgrenze, die von der Aktie nicht unterschritten werden kann. Genau gesagt ist dies ein Aktienpreis von Null. Der Wert des Puts entspricht dann exakt dem Inneren Wert.

$$\underbrace{400\,\text{DM}}_{\substack{\text{Basispreis}\\\text{des Puts}}} - \underbrace{0\,\text{DM}}_{\substack{\text{Aktueller}\\\text{Kurs der}\\\text{VW–Aktie}}} = \underbrace{400\,\text{DM}}_{\substack{\text{Innerer Wert}\\(\text{"maximal"})}}$$

Niemand wird jetzt bereit sein, für den Put eine Zeitprämie zu bezahlen. Es besteht genaugenommen gar keine Chance mehr, daß die »heute« bezahlte Zeitprämie durch einen Anstieg des Inneren Wertes irgendwann wieder aufgeholt wird. Dafür müßte der Kurs der Volkswagen-Aktie sinken, was aber nicht mehr möglich ist. Das Papier notiert ja schon zum denkbar niedrigsten Kurs. Demnach kann ein Put niemals einen Wert aufweisen, der größer ist als der Basispreis der Option. Die Prämie muß stets zwischen dem Inneren Wert und dem Basispreis liegen.

Eine Option, gleichgültig ob Call oder Put, mit einem Inneren Wert größer als Null, würde dem Inhaber bei Ausübung einen Geldbetrag bescheren. Sie ist gewissermaßen »im Geld«, was Fachleute mit der englischen Bezeichnung »**in the money**« umschreiben. Daneben können Optionen aber auch »am Geld« (»**at the money**«) oder sogar »aus dem Geld« (»**out of the money**«) sein. Sie befinden sich »at the money«, wenn der Kurs des Underlyings dem Basispreis der Option entspricht. Ein »at the money«-Zustand ist eigentlich nur dann erreicht, wenn eine exakte Übereinstimmung der Preise gegeben ist. In der Praxis wird der Begriff jedoch nicht so eng ausgelegt, und eine Option notiert »at the money«, falls der aktuelle Kurs des Underlyings in etwa mit dem Basispreis zusammenfällt. Liegt der Kurs dagegen unter dem Basispreis, so ist ein Call »aus dem Geld«, liegt er sehr weit darunter, dann spricht man oft sogar von einem »deep-out-of-the-money«-Call. Ein Put ist »out of the money« (»deep out of the money«), sofern der Kurs des Underlyings über (sehr weit über) dem Basispreis liegt.

Folgendes Tableau zeigt exemplarisch fünf Calls mit unterschiedlichen Basispreisen. Die Optionen beruhen allesamt auf derselben Aktie, die momentan zu einem Kurs von 50 D-Mark notiert.

Zustände

Basispreis	Call-Prämie	Innerer Wert	Zeitprämie	»Zustand«
10 DM	41 DM	40 DM	1 DM	deep in the money
40 DM	15 DM	10 DM	5 DM	in the money
50 DM	7 DM	0 DM	7 DM	at the money
60 DM	3 DM	0 DM	3 DM	out of the money
120 DM	0,50 DM	0 DM	0,50 DM	deep out of the money

Die Übersicht macht deutlich, daß »out-of-the-money«- und »at-the-money«-Optionen keinen Inneren Wert aufweisen. Der Optionspreis setzt sich nurmehr aus der Zeitprämie zusammen. Allein am Preis kann niemand erkennen, ob eine Option einen Inneren Wert aufweist. Die Marktteilnehmer müssen dafür die Ausstattung der Option und den aktuellen Preis des Underlyings kennen. Ein Call-Optionsschein[1] auf die Aktie der Adidas-AG kostet am 7.3.1996 beispielsweise 32,50 D-Mark, was ein Ausschnitt aus der Tabelle »*Optionsscheine*« der Finanzzeitung belegt.

Um den Inneren Wert der Option bestimmen zu können, wird der aktuelle Kurs der Adidas-Aktie herangezogen, den die Tabelle »*Fortlaufende Notierungen*« zeigt.

Der Call-Optionsschein ist »in the money«, weil der aktuelle Kurs der Adidas-Aktie (Schlußkurs: 95,50 D-Mark) über dem Basispreis (65 D-Mark) liegt. Der Innere Wert ist größer als Null. Er beträgt genau

$$95{,}50\,\text{DM} - 65\,\text{DM} = 30{,}50\,\text{DM}.$$

Schlußkurs der Adidas-Aktie am 7.3.96 — Basispreis des Calls

Die Call-Prämie in Höhe von 32,50 D-Mark setzt sich am 7.3.1996 so zusammen:

$$30{,}50\,\text{DM} + 2\,\text{DM} = 32{,}50\,\text{DM}.$$

Innerer Wert — Zeitprämie

7.3.1.3.2 Einflußfaktoren auf die Optionsprämie

Der Preis einer Option wird, je nach Underlying, von verschiedenen Faktoren beeinflußt. Eine vollständige Beschreibung für alle denkbaren Basisgüter führt hier jedoch zu weit. Stattdessen werden diejenigen Determinanten näher betrachtet, die auf die Prämie von Aktienoptionen einwirken (vgl. Abb. 7/52). Die Überlegungen lassen sich mehr oder weniger aber auch auf andere Optionen übertragen.

Aktienkurs/Basispreis

Der aktuelle **Aktienkurs** und der **Basispreis** wirken sich unmittelbar auf den Inneren Wert einer Aktienoption aus. Ein Call ist beispielsweise umso mehr wert, je höher der aktuelle Kurs der Aktie liegt, da der Innere Wert und damit auch die Prämie steigt. Beim Basispreis ist es genau umgekehrt. Der Innere Wert eines Calls ist grundsätzlich umso geringer, je größer der

---

[1] Optionsscheine werden im Abschnitt 7.3.4 vorgestellt.

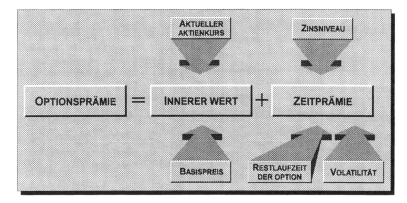

Abb. 7/52: Einflußfaktoren auf die Prämie von Aktienoptionen

Strike Price. Aufgrund ihres Einflusses auf den Aktienkurs wirken sich auch Dividendenzahlungen und Kapitalerhöhungen auf die Prämie aus.

Der Verkäufer eines Calls muß mit der Ausübung der Option durch den Käufer rechnen. Er ist dann gezwungen, eine Aktie zu liefern. Dazu wird der Verkäufer allemal imstande sein, wenn der das Papier bereits bei Veräußerung des Calls beschafft, um es für den Fall einer Ausübung vorzuhalten. Das Geld für den Kauf der Aktie kann er dann aber nicht anderweitig anlegen, etwa als Termingeld. Der Verkäufer muß auf Zinserträge verzichten. Deshalb verlangt er die entgangenen Zinsen vom Käufer der Option. Der Call wird folglich umso teurer angeboten, je höher das allgemeine **Zinsniveau** ist. Ein Käufer wird dies in aller Regel auch akzeptieren. Durch den Kauf eines Calls fixiert er schließlich eine Preisobergrenze für die Aktie, genau gesagt den Basispreis. Er kann den Kauf der Aktie, sofern er das geplant hat, getrost in die Zukunft verschieben, für das Papier wird er höchstens den Basispreis bezahlen müssen. Damit vermeidet er »heute« eine Kapitalbindung und den Verzicht auf Zinserträge.

Zinsniveau

Nicht nur Call-, sondern auch Put-Verkäufer, müssen sich auf die Ausübung der Option einstellen. Der Inhaber einer Verkaufsoption verlangt dann aber nicht die Lieferung einer Aktie, er fordert vielmehr einen Geldbetrag in Höhe des Basispreises. Den wird der Put-Verkäufer auch ohne weiteres hergeben können, wenn er schon »heute« Geld dafür bereitlegt. Dieses kann er sogar anlegen, zum Beispiel in Form von Termingeld, bis es vom Put-Käufer »abgerufen« wird. Je höher das Zinsniveau, desto weniger Geld muß der Put-Verkäufer anlegen, um bei einer Ausübung über den Basispreis zu verfügen und desto geringer ist folglich die Put-Prämie.

Der Preis für einen Call oder Put ist prinzipiell umso höher, je länger die **Restlaufzeit** der Option. Dies ist unmittelbar einsichtig, wenn man bedenkt, daß die Einschätzung zukünftiger Entwicklungen, etwa die Kursnotierungen einer Aktie, mit wachsender Optionsfrist schwerer fällt. Die Ungewißheit steigt und damit die Gefahr, daß sich der Preis des Underlyings für den Verkäufer ungünstig entwickelt. Er wird folglich eine Prämie für die Übernahme der höheren Gefahr verlangen. Meist akzeptieren Käufer das auch. Die Ungewißheit birgt schließlich die Aussicht auf eine günstige Preisentwicklung des Underlyings, was eine »Chancenprämie« rechtfertigt.

Restlaufzeit

Optionen und Optionsscheine

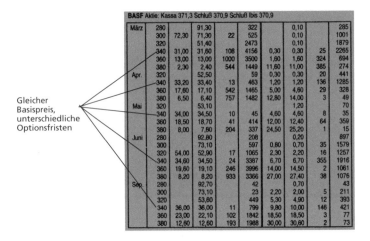

Volatilität

Den fürwahr größten Einfluß auf die Zeitprämie üben nicht etwa das Zinsniveau oder die Restlaufzeit aus, sondern die **Volatilität**[1] des Aktienkurses, also dessen Schwankungsbreite. Je stärker der Preis des Underlyings in der Zukunft schwanken könnte, umso größer wäre für den Verkäufer die Gefahr – für den Käufer verständlicherweise die Chance – daß sich der Aktienkurs weit vom Basispreis entfernt. Die Option bringt einem Call- (Put-) Verkäufer immerhin einen umso größeren Verlust ein, je höher (niedriger) der Aktienkurs bei Ausübung der Option ist. Der Verkäufer wird die Höhe der Optionsprämie daher an der erwarteten Kursschwankung ausrichten wollen. Dabei stößt er naturgemäß auf die Schwierigkeit, den zukünftigen Kursverlauf nicht vorhersagen zu können. Die einzige Orientierungsgröße, die ihm im Grunde genommen bleibt, sind Kursverläufe aus der Vergangenheit. Daraus läßt sich zumindest die historische Volatilität ableiten. Abbildung 7/53 zeigt beispielhaft den Kursverlauf für zwei ausgewählte Aktien im Zeitraum vom 1.6.1995 bis 1.6.1996. Die grauen Flächen signalisieren jeweils den Rahmen, innerhalb dessen die Kurse der beiden Aktien schwankten. Ein Marktteilnehmer, der etwa am 2.6.1996 eine Option auf Aktie B verkauft und sich ausschließlich auf die historischen Kursverläufe verläßt, wird sicherlich eine höhere Prämie verlangen, als bei Aktie A. Die Gefahr starker Kursausschläge scheint bei Aktie B wohl größer.

Abb. 7/53:
Historische Kursverläufe zweier Aktien

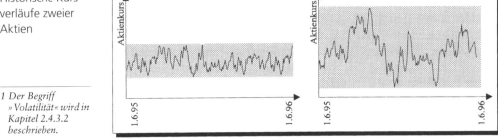

---

1 Der Begriff »Volatilität« wird in Kapitel 2.4.3.2 beschrieben.

Viele Marktteilnehmer verlassen sich jedoch nicht uneingeschränkt auf historische Kursverläufe, wenn es um den Einfluß der Volatilität auf die Optionsprämie geht. Sie beziehen vielleicht noch andere Faktoren ein, etwa die eigene Einschätzung über die zukünftige Kursentwicklung und unterstellen – mit anderen Worten: sie implizieren – eine bestimmte Kursschwankung, was zum Begriff »**implizite Volatilität**« geführt hat. Eben diese implizite Volatilität wird letztlich bei der Prämienfindung zugrunde gelegt.

implizite Volatilität

Alle oben beschriebenen Einflußfaktoren müssen zu guter letzt miteinander verknüpft werden, um zur Prämie für eine Aktienoption zu gelangen. Die Schwierigkeit bei der Ermittlung einer Optionsprämie besteht vor allem in der Kalkulation der Zeitprämie. Der Innere Wert einer Option läßt sich bekanntlich ohne viel Aufwand bestimmen und zwar schlichtweg durch einen Vergleich zwischen aktuellem Aktienkurs und Basispreis. Im Laufe der Zeit wurde vor allem von Theoretikern eine Vielzahl von »Verknüpfungs-Verfahren« entwickelt, durchgesetzt hat sich schließlich ein Ansatz der US-Amerikaner Fischer **Black** und Myron **Scholes**. Sie publizierten im Jahre 1973 ein Modell zur Ermittlung der Prämie europäischer Aktien-Calls. Die Beschreibung dieses Ansatzes würde hier aber zu weit führen. Die Idee von Black und Scholes führt letzendlich zu einer Formel, in welche die Werte der preisbestimmenden Faktoren, etwa ein Zinssatz, die Restlaufzeit der Option usw. eingesetzt werden. Als Ergebnis ergibt sich der sogenannte »theoretische Optionspreis«.

Black/Scholes

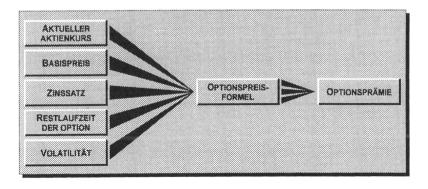

Abb. 7/54: Bestimmung einer Optionsprämie

Der Ansatz von Black und Scholes ist nach und nach weiterentwickelt worden, so daß sich nicht nur für Aktien-, sondern auch für Optionen mit anderen Underlyings, etwa Devisen oder Anleihen, »theoretisch richtige« Prämien bestimmen lassen. Bei all diesen Verfahren, das Modell von Black und Scholes eingeschlossen, muß jedoch eine bestimmte Verteilung[1] der zukünftigen Preise eines Underlyings – grob gesagt: die implizite Volatilität – schlichtweg unterstellt werden – schließlich kann niemand die Zukunft vorhersagen. Ohne solch eine konkrete, vor allem zahlenmäßig zu erfassende Vorstellung über die zukünftige Preisentwicklung des Underlyings könnte man eine Optionsprämie auch gar nicht ausrechnen. So gesehen

1 *Der Ausdruck Verteilung ist, einfach formuliert, der Oberbegriff für die Wahrscheinlichkeiten, mit der bestimmte Preise in der Zukunft eintreffen können.*

Optionen und Optionsscheine

sind berechnete Prämien, wie es die Bezeichnung schon andeutet, nur »theoretisch richtig«, derlei Optionspreise also nur dann zuverlässig, wenn die Preise sich in der Zukunft so entwickeln, wie es »heute« vermutet wird. In der Praxis bestimmen aber immer noch die Marktteilnehmer das Geschehen und nicht die bei der Prämienbestimmung zugrundegelegten Prämissen. Daher weichen die tatsächlichen Preisschwankungen der Underlyings in der Realität nur all zu oft von eben diesen Prämissen ab.

Man darf bei allen Überlegungen nicht außer acht lassen, daß Optionsprämien letztendlich durch Angebot und Nachfrage der Marktteilnehmer entstehen. Es kommt dabei durchaus vor, daß sich die Preisvorstellungen der meisten Händler decken. Dies ist aber wohl eher darauf zurückzuführen, daß die Akteure dieselbe »Optionspreis-Formel« verwenden und identische Prämissen zugrunde legen.

Die Bezeichnung »theoretisch richtig« gibt oft genug eine Sicherheit und Präzision vor, die in Wirklichkeit nicht existieren kann. Eine etwa nach der Formel von Black/Scholes berechnete Optionsprämie darf deshalb nicht darüber hinweg täuschen, daß die zukünftige Volatilität, anders als etwa die Optionsfrist oder das Zinsniveau, ein Unsicherheitsfaktor ist, sich eigentlich nicht exakt kalkulieren läßt und deshalb geschätzt (»impliziert«) werden muß. Da alle Einflußgrößen auf die Optionsprämie, abgesehen von der künftigen Volatilität, bekannt sind, stellt der Optionshandel eigentlich nichts anderes dar, als den Kauf oder Verkauf von Volatilität. Zwei Marktteilnehmer, die ein Optionsgeschäft miteinander abschließen, haben im Grunde genommen die gleiche Vorstellung über die zukünftige Volatilität.

Ausmaß der Zeitprämie

Die Zeitprämie ist grundsätzlich am größten, bei at-the-money-Optionen. Solcherlei Optionen können nur an Innerem Wert gewinnen, jedoch keinen Inneren Wert verlieren. Die Wahrscheinlichkeit, daß die Option »ins Geld kommt«, also an Innerem Wert gewinnt, ist bei at-the-money-Optionen am höchsten. Und genau deshalb ist die Zeitprämie auch höher als bei Optionen, die in oder out of the money notieren. Ein Marktteilnehmer, der eine in-the-money-Option erwirbt, bezahlt zum einen die Zeitprämie, andererseits aber auch den Inneren Wert der Option und damit setzt er sich immerhin der Gefahr aus, zumindest einen Teil des Inneren Wertes zu verlieren. Dieses Wagnis geht der Käufer einer at-the-money-Option dagegen nicht ein. Auch der Käufer einer out-of-the-money-Option entgeht dieser Gefahr, er hat im Vergleich zu einem Marktteilnehmer, der eine at-the-money-Option erwirbt, jedoch eine weitaus geringere Chance, an Innerem Wert zu gewinnen. Der Preis des Underlyings muß letztlich stärker steigen bzw. sinken, damit überhaupt ein Innerer Wert erreicht wird.

Den hier beschriebenen Zusammenhang verdeutlichen beispielsweise die Prämien für an der Deutschen Terminbörse gehandelte Optionen, denen die Commerzbank-Aktie zugrundeliegt. Für sämtliche Calls, die im September verfallen, sind die Zeitprämien in untenstehendem Tableau ausgewiesen.

Die Zeitprämie ist bei der at-the-money-Option am größten, am geringsten hingegen bei den Optionen, die am weitesten »im« bzw. »aus dem Geld« sind.

Grundlagen 567

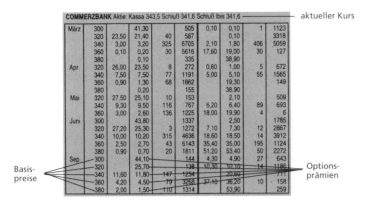

Basispreis	»Zustand«	Prämie	Innerer Wert	Zeitprämie
300	in the money	44,10	341,60 - 300,00 = 41,60	44,10 - 41,60 = 2,50
320	in the money	25,70	341,60 - 320,00 = 21,60	25,70 - 21,60 = 4,10
340	at the money	11,80	341,60 - 340,00 = 1,60	**11,80 - 1,60 = 10,20**
360	out of the money	4,50	Null	4,50
380	out of the money	1,50	Null	1,50

Zeitwertverfall 7.3.1.3.3

Die Zeitprämie einer Option nimmt im Zeitablauf ab. Dies ist nicht weiter verwunderlich, wenn man überlegt, daß sich auch der Zeitraum bis zur Fälligkeit der Option nach und nach verkürzt. Die Optionsfrist übt ja gerade einen Einfluß auf die Prämie aus. Je kürzer die noch verbleibende Frist, desto geringer die Ungewißheit über die zukünftige Preisentwicklung. Es verbleibt schlichtweg weniger Zeit für Kursänderungen des Underlyings, was einen Rückgang der Zeitprämie nach sich zieht. Abbildung 7/55 zeigt den Zeitwertverfall eines an der Deutschen Terminbörse gehandelten Calls, dem die Aktie der Volkswagen AG zugrundeliegt. Es ist offenkundig, daß die Zeitprämie von Monat zu Monat sinkt.

Alles in allem wird deutlich, daß die Zeit gewissermaßen »gegen den Käufer einer Option spielt«. Wenn der Preis des Underlyings im Zeitablauf unverändert bleibt verliert der Käufer einer Option trotzdem, weil der Zeitwert nach und nach abnimmt.

Man darf bei all diesen Überlegungen jedoch nicht außer acht lassen, daß die Preise, beispielsweise für Aktien-Optionen, durch das Angebot und die Nachfrage der Marktakteure zustande kommen. Wenn sich die Marktverhältnisse ändern und etwa die zukünftige Kursentwicklung einer Aktie, aus was für Gründen auch immer, plötzlich ganz anders eingeschätzt wird, wirkt sich das verständlicherweise auch auf die Optionsprämie aus. Es kann also durchaus passieren, daß sich die Vermutungen der Marktteil-

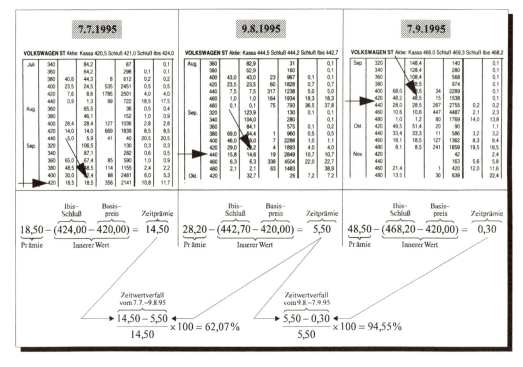

Abb. 7/55: Zeitwertverfall am Beispiel eines an der DTB gehandelten Calls auf Volkswagen-Aktien

nehmer im Hinblick auf die zukünftige Volatilität im Zeitablauf ändern und sich mit einem Mal eine viel höhere implizite Volatilität vorfindet. Dies kann natürlich dazu führen, daß die Zeitprämie gestiegen ist, obwohl der Verfalltag näher gerückt ist. Der Zeitwertverfall aufgrund einer Abnahme der Optionsfrist ist dann durch eine Zunahme der Zeitprämie infolge des Anstiegs der impliziten Volatilität überkompensiert worden.

7.3.1.3.4 Vorzeitige Ausübung

Amerikanische Optionen können, anders als europäische, jederzeit vor Fälligkeit ausgeübt werden. Es läßt sich jedoch eine erstaunliche Feststellung treffen: Die vorzeitige Ausübung vor dem Verfalltag lohnt sich in aller Regel nicht, denn die Marktakteure verlieren in diesem Fall die Zeitprämie.[1] Das wird an einem einfachen Beispiel deutlich. Ein Marktteilnehmer hat im Dezember 1995 an der Deutschen Terminbörse einen Kontrakt Calls mit folgender Ausstattung erworben.

Underlying	Aktie der Lufthansa AG
Basispreis	220 DM
Fälligkeit	18.3.1996
Typ	amerikanisch

[1] Eine vorzeitige Ausübung kann ab und an aus steuerlichen Gesichtspunkten lohnenswert erscheinen. Dies ist aber eher ein Ausnahmefall, der hier nicht weiter vertieft wird. Gegebenenfalls kann sich die vorzeitige Ausübung eines Aktien-Calls lohnen, und zwar kurz bevor die AG eine Dividende ausschüttet.

Am 22.2.1996 möchte der Käufer die Option ausüben. Die Notierungen für die Lufthansa Aktie und den Call zeigt die Finanzzeitung.

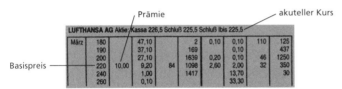

Die Option erlischt mit der Ausübung und der Marktteilnehmer bezieht die Aktie, die eigentlich 225,50 D-Mark (»Schlußkurs«) wert ist, für 220 D-Mark (»Basispreis«). Der Kaufpreis für die Lufthansa-Aktie reduziert sich folglich um

$$\underbrace{225{,}50\,\text{DM}}_{\text{Aktienkurs}} - \underbrace{220\,\text{DM}}_{\text{Basispreis}} = 5{,}50\,\text{DM},$$

was exakt dem Inneren Wert des Calls entspricht. Die Ausübung hat sich, trotz des geringeren Kaufpreises, aber nicht gelohnt. Der Marktakteur hätte einen größeren Vorteil erzielt, wenn er die Aktie direkt gekauft und die Option zum Preis von 10 D-Mark veräußert hätte. In diesem Fall muß für die Aktie zwar der volle Preis bezahlt werden, andererseits profitiert der Marktteilnehmer aber nicht nur vom Inneren Wert der Option, sondern auch von der Zeitprämie. Das leuchtet auch ein, schließlich kann die Zeitprämie nur realisiert werden, sofern die Option vor dem Verfalltag verkauft wird. Alles in allem zahlt er

$$\underbrace{225{,}50\,\text{DM}}_{\substack{\text{Kauf der Aktie}\\\text{zum Kassakurs}}} - \underbrace{10\,\text{DM}}_{\substack{\text{Verkauf des}\\\text{Calls}}} = 215{,}50\,\text{DM},$$

also genau

$$\underbrace{220\,\text{DM}}_{\substack{\text{Kaufpreis für}\\\text{eine Aktie bei}\\\text{Ausübung der}\\\text{Option}}} - \underbrace{215{,}50\,\text{DM}}_{\substack{\text{Kauf der Aktie}\\\text{zum Kassakurs}\\\text{und Verkauf der}\\\text{Option}}} = 4{,}50\,\text{DM}$$

weniger, als bei einer Ausübung des Calls. Der Unterschiedsbetrag von 4,50 D-Mark entspricht exakt der Zeitprämie. Die vorzeitige Ausübung eines amerikanischen Puts lohnt sich für gewöhnlich genauso wenig, wie die eines Calls, sofern die Option einen Zeitwert aufweist.

Wenn die vorzeitige Ausübung derart unattraktiv ist, stellt sich unweigerlich die Frage, warum Optionen überhaupt amerikanisch ausgestaltet werden. Dies geschieht vor allem zum »Schutz« der Options-Inhaber. Die Möglichkeit zur jederzeitigen Ausübung stellt im allgemeinen sicher, daß der Inhaber beim vorzeitigen Verkauf einer Option zumindest den Inneren

Optionen und Optionsscheine

Wert realisiert. Dies läßt sich an folgenden zwei Calls verdeutlichen, die am 1.6.1996 geschaffen werden und sich nurmehr durch die Ausübungs-Modalitäten sowie die Prämienhöhe unterscheiden. Das Underlying (Aktie der Veba AG) notiert an diesem Tag zu einem Kurs von 50 D-Mark.

	Call A	**Call B**
Underlying	Aktie der Veba AG	Aktie der Veba AG
Basispreis	50 DM	50 DM
Fälligkeit	1.6.1997	1.6.1997
Typ	amerikanisch	europäisch
Prämie	30 DM	25 DM

Angenommen, der Kurs der Veba-Aktie steige im Laufe der Zeit deutlich an und liege etwa am 1.3.1997 bei 160 D-Mark. Beide Optionen, sowohl Call A als auch Call B, haben an Innerem Wert gewonnen und sind sehr »tief im Geld«. Call A muß mindestens

$$\overbrace{160\,\text{DM} - \underbrace{50\,\text{DM}}_{\substack{\text{Basispreis} \\ \text{Call A}}}}^{\text{Innerer Wert}} = 110\,\text{DM}$$

$$\underbrace{\phantom{160\,\text{DM}}}_{\substack{\text{Kurs der} \\ \text{Veba–Aktie} \\ \text{am 1.3.97}}}$$

kosten. Ein geringerer Preis, etwa 100 D-Mark, würde Marktteilnehmern die Gelegenheit bieten, sofort einen sicheren Gewinn von 10 D-Mark zu erzielen. Dafür müßte Call A gekauft, sofort ausgeübt und die »über die Option« bezogene VEBA-Aktie umgehend auf dem Kassamarkt veräußert werden.

Kauf Call A	–100 DM
Ausübung der Option und Bezug einer VEBA-Aktie	–50 DM
Verkauf der VEBA-Aktie auf dem Kassamarkt	+160 DM
Gewinn	10 DM

Bei einem Preis von 100 D-Mark würde die Option nachgefragt werden, was zu einem Prämienanstieg führt und zwar so lange, bis keine risikolosen Gewinne mehr realisierbar sind. Ein Marktteilnehmer, der Call A besitzt, kann sicher sein, wenigstens den Inneren Wert zu erzielen, wenn er die Option am 1.3.1997 verkauft. Diese Gewißheit hat ein Inhaber des Calls B nicht, weil die Option erst bei Fälligkeit ausgeübt werden kann. Bis dahin vergehen allerdings noch drei Monate. Der Kurs der VEBA-Aktie ist jedoch vergleichsweise hoch und könnte bis dahin vielleicht wieder zurückgehen, was verständlicherweise eine Abnahme des Inneren Wertes nach sich zieht. Wenn viele Marktteilnehmer genauso denken, wird kaum einer bereit sein, für Call B am 1.3.1997 eine Prämie zu zahlen, die wenigstens den Inneren

Wert abdeckt. Die Option wird vielmehr unter ihrem Inneren Wert notieren. Anders ausgedrückt: Call B weist eine negative Zeitprämie auf. Dieses Phänomen ist bei europäischen Optionen, die sehr »tief im Geld« stecken, ab und an zu beobachten. Um Marktteilnehmer davor zu schützen, beim Weiterverkauf nicht einmal den Inneren Wert zu erzielen, versieht man Optionen häufig mit einem Anspruch auf jederzeitige Ausübung. Marktakteure bieten für amerikanische Optionen, eben aufgrund dieses Zusatzrechtes, gemeinhin höhere Prämien als für vergleichbare europäische Optionen.

Handel und Entstehung

7.3.1.4

Marktteilnehmer können Optionsgeschäfte direkt miteinander vereinbaren. Mit anderen Worten: Der Handel wird over-the-counter abgewickelt. Dabei ist in aller Regel zumindest eine der Vertragsparteien eine Geschäftsbank. Sie stellt für **OTC-Optionen**, angenommen Devisen-Calls und -Puts, gewöhnlich Geld- und Briefprämien, was folgender Ausschnitt aus der Tabelle »*Devisenoptionen*« der Finanzzeitung bestätigt.

OTC

Geld-Prämie (Bank kauft, Kunde hält still)

Devisenoptionen
US-Dollar/DM: Kassakurs 1,4843   Stand 7.3.1996, 13.00 Uhr

Kaufopt.	1 Monat	3 Monate	6 Monate	12 Monate
1,400	8,05-8,35	8,13-8,43	8,53-8,93	9,15-9,65
1,450	3,61-3,91	4,46-4,76	5,40-5,80	6,54-7,04
1,500	0,85-1,15	1,98-2,28	3,09-3,49	4,42-4,92

Verk.-Opt.	1 Monat	3 Monate	6 Monate	12 Monate
1,400	0,05-0,35	0,47-0,77	1,63-2,03	3,62-4,12
1,450	0,44-0,74	1,77-2,07	3,42-3,82	5,76-6,26
1,500	2,67-2,97	4,24-4,54	6,03-6,43	8,48-8,98

Prämie = Pfennige pro US-Dollar

Brief-Prämie (Kunde kauft, Bank hält still)

Kapitalanlagesellschaften (»Fonds«), Industrie- und Handelsunternehmen usw., die mit einer Geschäftsbank ein Optionsgeschäft vereinbaren, können sowohl die Käufer- als auch die Stillhalterposition einnehmen. Die Bank verlangt die Brief-Prämie, wenn der Marktteilnehmer die Option von der Bank kauft. Sie ist dann, um beim obigen Beispiel zu bleiben, Stillhalter in Devisen. Verkauft dagegen der Marktteilnehmer eine Option an die Geschäftsbank, so erwirbt die Bank das Recht und zahlt dafür die Geld-Prämie. Eine Geschäftsbank gewährt eine Stillhalter-Position gewöhnlich jedoch nur dann, wenn die Bonität des Kontrahenten einwandfrei ist. Ansonsten verlangt sie Sicherheiten. Nur dadurch schafft die Bank schließlich die Gewißheit, daß der Stillhalter seinen Verpflichtungen auch nachkommen kann, wenn sie die Option irgendwann ausübt. Die Ausstattung einer OTC-Option, etwa das Underlying, den Basispreis, die Laufzeit usw., legen Käufer und Verkäufer individuell fest. Die Volumina sind gemeinhin jedoch recht hoch, so daß Privatpersonen ein Zugang zu OTC-Optionen häufig verwehrt ist. Eine Geschäftsbank etwa könnte von Marktteilnehmern verlangen, Call- oder Put-Optionen zu handeln, denen zum Beispiel mindestens einhunderttausend US-Dollar zugrundeliegen. In Deutschland

Optionen und Optionsscheine

haben OTC-Optionen auf Devisen und Zinssätze die bei weitem größte Bedeutung erlangt, so daß hierauf nachher ausführlich eingegangen wird.

Terminbörsen

Während OTC-Optionen individuell ausgestaltet werden können, sind die Akteure an **Terminbörsen**, etwa der DTB, LIFFE oder CBOE, an ganz bestimmte Underlyings, Basispreise und Laufzeiten, vor allem aber an vorgegebene Kontraktgrößen gebunden. Marktteilnehmer, die Optionskontrakte an einer Terminbörse kaufen oder verkaufen, halten die Positionen in den allermeisten Fällen nicht bis zur Fälligkeit. Sie stellen diese mehr oder weniger zwischenzeitlich durch ein Gegengeschäft glatt. Es geht, gerade so wie beim Kauf und Verkauf von Futures, letztendlich nur um das Ausnutzen von Wertänderungen. Die Fülle der handelbaren Optionen ragt – allein aufgrund der Vielzahl unterschiedlicher Basispreise für ein und dasselbe Underlying – zumeist weit über die der Futures hinaus. Die Zahl der standardisierten Laufzeiten der DAX-Option etwa unterscheidet sich eigentlich nur unwesentlich von der beim DAX-Future. Die enorme Schar an DAX-Optionen resultiert aus der Fülle von Basispreisen. Dies macht ein Blick ins Handelsblatt deutlich. Teilnehmer an der DTB konnten Anfang März 1996 beispielsweise zwischen drei DAX-Futures, aber nahezu zweihundertvierzig DAX-Optionen auswählen.

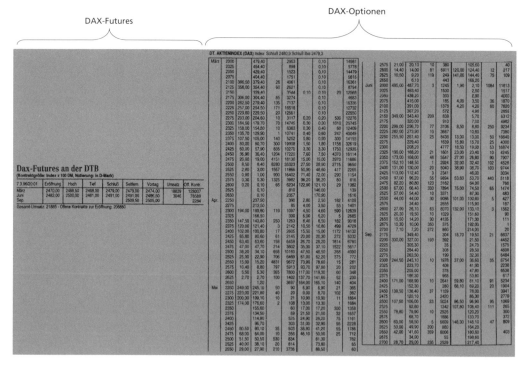

Solch eine Fülle kann eine unzureichende Liquidität einzelner Optionen nach sich ziehen. Aus diesem Grunde verpflichten sich einige Börsenteilnehmer, zumeist Geschäftsbanken, zum Market Making. Sie stellen auf Anfrage anderer Marktteilnehmer verbindlich Geld- und Briefkurse, kurz

Grundlagen 573

Quotes. Dadurch soll ein liquider Markt, also die Möglichkeit zum jederzeitigen Kauf und Verkauf einer Option, sichergestellt werden.

Der Vollständigkeit halber sei erwähnt, daß Optionen auch an Wertpapierbörsen, in Deutschland etwa an der Frankfurter Wertpapierbörse, gehandelt werden. Solche Optionen sind im allgemeinen aber von untergeordneter Bedeutung.

OTC- und terminbörsengehandelte Optionen sind, genau wie Futures und Forwards, keine Wertpapiere. Eine Verbriefung von Optionen ist aber ohne weiteres möglich. Ebensolche Papiere heißen **Optionsscheine** oder schlicht »Scheine«. Sie werden entweder zusammen mit einem anderen Wertpapier, etwa einer Anleihe (»Optionsanleihe«) oder einem Genußschein (»Optionsgenußschein«), oder aber separat begeben. Optionsanleihen sind beispielsweise zumeist Aktien-, ab und an auch Anleihenscheine beigefügt. Die Bedeutung derartiger Scheine hat im Laufe der Zeit jedoch immer mehr abgenommen. Mittlerweile ist der bei weitem größte Teil aller umlaufenden Optionsscheine separat begeben worden und als Underlying fungieren nicht nur Aktien und Anleihen, sondern nahezu sämtliche Finanzobjekte, etwa Devisen, Indizes oder Futures. Optionsscheine sind Wertpapiere, die einem Käufer im Grunde genommen dieselben Rechte verschaffen wie OTC- oder an Terminbörsen gehandelte Optionen. Die Position des Stillhalters nimmt aber immer ein Marktteilnehmer ein, der zur Emission von Wertpapieren fähig ist, etwa eine Geschäftsbank. Sie veräußert schließlich die Scheine und die darin verbrieften Rechte zum Kauf oder Verkauf von Finanzobjekten. So gesehen nehmen Optionsscheine eine gewisse Sonderstellung ein. Der Aufbau einer Short-Position ist zweifellos nur bestimmten Marktteilnehmern vorbehalten, ganz anders als bei OTC- oder an Terminbörsen gehandelten Optionen. Scheine bieten alles in allem aber einen wesentlichen Vorteil. Sie sind vielfach gering gestückelt, was vielen Marktteilnehmern, vor allem Privatpersonen, den Zugang zu Optionsgeschäften erleichtert. Des weiteren weisen Scheine oftmals mehrjährige Laufzeiten auf, wohingegen die meisten terminbörsengehandelten Optionen bereits nach wenigen Monaten verfallen.

Anfang der 90er Jahre führte man an einigen US-amerikanischen Börsen, beispielsweise an der CBOT sowie der PBOT (Philadelphia **B**oard **o**f Trade), standardisierte Optionen mit Laufzeiten von bis zu drei Jahren ein. Diese beziehen sich in erster Linie auf Aktien sowie Indizes und werden als **L**ong-term **E**quity **A**nticipation **S**ecurities oder kurz LEAPS bezeichnet. Der folgende Kurszettel ist dem *Wall Street Journal* vom 13.12.1995 entnommen (vgl. Abb. 7/56). Er zeigt Notierungen für LEAPS auf US-Aktien.

Seit dem 18. März offeriert auch die Deutsche Terminbörse eine langlaufende (»long-term«) Option, und zwar auf den DAX. Die Optionsfrist kann bis zu 24 Monate betragen.

Optionsscheine werden zumeist an Wertpapierbörsen gehandelt. In vielen Fällen reichen die Börsenorders der Marktteilnehmer aber nicht aus, um eine ausreichende Liquidität für einzelne Optionsscheine zu gewährleisten. Das ist wohl auch auf die Vielfalt an Scheinen zurückzuführen, auf

Scheine

Abb. 7/56:
LEAPS – Long Term Options (Dezember 1995)

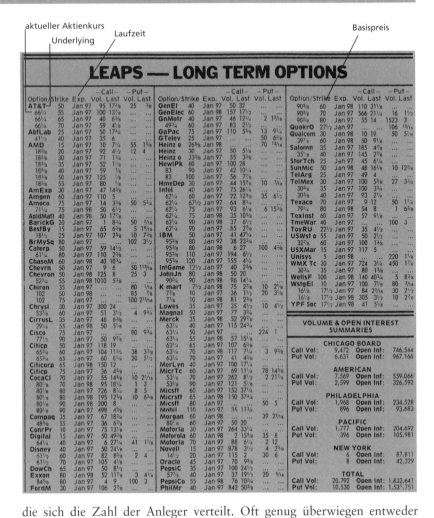

die sich die Zahl der Anleger verteilt. Oft genug überwiegen entweder Kauf- oder Verkaufsorders und ein Ausgleich zwischen Anbietern sowie Nachfragern kann nicht hergestellt werden. Aus diesem Grunde verpflichten sich viele Emittenten, insbesondere natürlich Geschäftsbanken, zum **Market Making**. Sie stellen auf Anfrage verbindliche Geld- und Brief-Kurse und sorgen so für eine angemessene Liquidität.

Marktteilnehmer können Optionsscheine zudem, genau wie andere Wertpapiere, vor Fälligkeit weiterveräußern. Das Kauf- oder Verkaufsrecht wird dann von einem Marktteilnehmer auf einen anderen übertragen.

Optionsscheine werden sowohl an Börsen, als auch over-the-counter (»am Telefon«) gehandelt, wohingegen standardisierte Optionen Börsen- und nicht standardisierte OTC-Produkte sind (vgl. Abb. 7/57).

Optionen können, genau wie Forwards und Futures, allzeit und in unbegrenztem Umfang neu entstehen. Bei der Ausgabe von Optionsscheinen ist der Emittent demgegenüber an das Emissionsvolumen gebunden, das er im Prinzip aber selber bestimmt. Scheine einer bestimmten Serie können

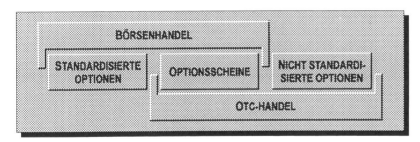

Abb. 7/57: Optionshandel

grundsätzlich also nur solange ausgegeben werden, bis das Emissionsvolumen erschöpft ist. Neue Serien können aber jederzeit aufgelegt werden.

OTC-Optionen

Tabelle »Devisenoptionen« im Handelsblatt

Die Prämien für OTC-Kauf- und Verkaufsoptionen, denen der US-Dollar und das britische Pfund zugrundeliegen, publiziert das Handelsblatt unter der Rubrik »*Termin- und Optionsmärkte*« in der Tabelle »*Devisenoptionen*« (vgl. Abb. 7/58).

Abb. 7/58: Devisenoptionen

Die Preise werden dem Handelsblatt von der WestLB, Düsseldorf, täglich gegen 13.00 Uhr übermittelt. Sie

- beziehen sich immer auf europäische Optionen,
- stellen lediglich Indikationen dar,
- gelten für Geschäfte mit einem relativ hohen Volumen (ca. 100.000 US-Dollar usw.) und
- sind in erster Linie an institutionelle Kunden gerichtet.

576   Optionen und Optionsscheine

Sowohl für die US-Dollar- als auch die Britische-Pfund-Optionen veröffentlicht die WestLB Geld- und Briefprämien, die sich auf Laufzeiten von einem Monat bis zu einem Jahr beziehen. Es werden jeweils drei verschiedene Basispreise angegeben. Wie die Optionsprämien zu interpretieren sind, verdeutlicht das folgende Beispiel.

Beispiel 7/16

Ein deutscher Exporteur möchte am 2.1.1996 einen Betrag in Höhe von fünf Millionen US-Dollar absichern, der ihm in drei Monaten von einem US-amerikanischen Kunden überwiesen wird. Er entschließt sich, bei der WestLB Verkaufsoptionen mit einer Laufzeit von drei Monaten und einem Basispreis in Höhe von 1,45 D-Mark zu erwerben.

Am 2.1.1996 stellt die Bank folgende Geld- und Briefprämien für entsprechende Optionen.

Devisenoptionen
US-Dollar/DM: Kassakurs 1,4329   Stand 2.1.1996, 13.00 Uhr

Kaufopt.	1 Monat	3 Monate	6 Monate	12 Monate
1,400	3,61-3,91	4,80-5,10	5,76-6,16	7,02-7,52
1,450	0,93-1,23	2,35-2,65	3,47-3,87	4,90-5,40
1,500	0,01-0,31	0,93-1,23	1,90-2,30	3,29-3,79

Verk.-Opt.	1 Monat	3 Monate	6 Monate	12 Monate
1,400	0,58-0,88	2,18-2,48	3,79-4,19	6,17-6,67
1,450	2,88-3,18	4,69-4,99	6,41-6,81	8,87-9,37
1,500	6,95-7,25	8,22-8,52	9,75-10,15	12,08-12,58

Prämie = Pfennige pro US-Dollar

Der Exporteur muß insgesamt

$$\underbrace{5.000.000 \text{ US-\$}}_{\text{Absicherungsvolumen}} \times \underbrace{4,99 \text{ Pfennige/Dollar}}_{\text{Optionsprämie (Brief)}} = 249.500 \text{ DM}$$

zahlen, um den US-Dollar-Betrag vollständig abzusichern.

7.3.2.2

Caps und Floors

Von herkömmlichen Zinsoptionen lassen sich Zinsbegrenzungsverträge, sogenannte Caps und Floors, unterscheiden. Diese schließen Marktteilnehmer, etwa Industrieunternehmen oder Versicherungsgesellschaften, überwiegend mit Geschäftsbanken und Broker-Häusern ab, um variabel verzinsliche Geldanlagen oder -aufnahmen gegen fallende bzw. steigende Zinsen abzusichern.

Floor

Ein **Floor** ist quasi eine Mindestzinsvereinbarung. Der Floor-Käufer, beispielsweise der Inhaber einer Floating Rate Note, erwirbt das Recht, vom Floor-Verkäufer, etwa einer Geschäftsbank, in Zukunft immer dann eine Ausgleichszahlung zu erhalten, wenn

- der Referenzzinssatz (Libor, Fibor usw.)
- an im voraus festgeschriebenen Zinsanpassungsterminen
- ein bestimmtes Zinsniveau (»strike«)

unterschreitet. Während ein Floor eine Mindestzinsvereinbarung ist, repräsentiert ein **Cap** eine Höchstzinsvereinbarung. Der Käufer eines Caps sichert sich gegen ein steigendes Zinsniveau ab, da ihm der Verkäufer immer dann Ausgleichszahlungen verspricht, wenn der Referenzzins einen bestimmten Zinssatz überschreitet. Der Kauf eines Caps empfiehlt sich etwa für die Emittenten variabel verzinslicher Anleihen, da mit dem Cap praktisch eine Maximalverzinsung für das aufgenommene Kapital festgeschrieben wird. Ansonsten ist ein Cap vollends mit einem Floor vergleichbar.

Caps und Floors wiederum sind Zinsoptionen sehr ähnlich[1]. Der vereinbarte Zinssatz ist eigentlich nichts anderes als der Strike Price und der Referenzzinssatz der Basiswert, also das Underlying. Zudem wird der Betrag, der vom Käufer beim Abschluß eines Zinsbegrenzungsvertrages zu entrichten ist, in der Praxis – genau wie der Preis einer Option – als Prämie bezeichnet. Der wesentliche Unterschied zwischen Option und Begrenzungsvertrag liegt jedoch darin, daß der Anspruch auf eine Differenzzahlung bei letzterem gemeinhin an mehreren Terminen (»Ausübungstagen«) während der Laufzeit des Vertrages besteht. Hat der Verkäufer des Caps bzw. Floors an einem bestimmten Zinstermin eine Ausgleichszahlung geleistet, verfällt das Recht des Käufers nicht. Ein Zinsbegrenzungsvertrag stellt daher ein ganzes Bündel von Zinsoptionen dar, die – bis auf die Restlaufzeiten – gleich ausgestattet sind. Neben Referenzzinssatz, Zinsanpassungsterminen, Laufzeit und strike müssen die Vertragspartner noch ein Volumen, etwa 500.000 D-Mark, festlegen.

Die **Ausgleichszahlungen** bei Caps und Floors ergeben sich an den vereinbarten Terminen – ähnlich wie bei einem Forward Rate Agreement – nach folgender Formel. Die Herleitung ist dem Abschnitt 7.2.2.2 zu entnehmen.

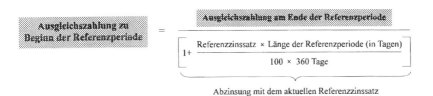

Abzinsung mit dem aktuellen Referenzzinssatz

Caps und Floors werden nicht an Börsen gehandelt. Broker und Geschäftsbanken verbreiten Geld- und Briefprämien aber permanent über Nachrichtensysteme wie Reuters, Telerate oder Bloomberg. Abbildung 7/59 vermittelt einen Überblick über Quotes für D-Mark-Caps und -Floors, die das britische Unternehmen »Intercapital Brokers« tagtäglich in eine Bloomberg-Seite einstellt.

---

[1] Caps sind mit Puts und Floors mit Calls vergleichbar.

Abb. 7/59:
Cap- und Floor-
prämien über
Bloomberg

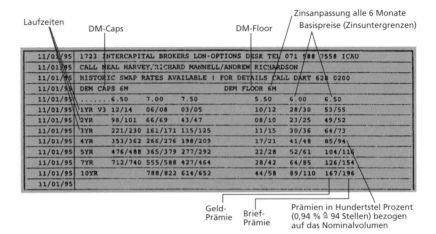

Beispiel 7/17

Eine deutsche Kapitalanlagegesellschaft erwirbt am 1.12.1994 variabel verzinsliche Schuldverschreibungen im Nennwert von insgesamt 10 Millionen D-Mark. Der Emittent verzinst die Floating Rate Notes zum 6-Monats-D-Mark-Libor, und zwar jeweils nachträglich am 1.6. und 1.12. eines Jahres.

Die Kapitalanlagegesellschaft schließt ein Absinken des Zinsniveaus (aktuell ca. 6 %) in den folgenden Monaten nicht aus und kauft deshalb bei einem Londoner Broker am 1.12.1994 einen Floor mit folgenden Ausstattungsmerkmalen.

Referenzzinssatz	6-Monats-D-Mark-Libor
Zinsgrenze (Basispreis)	6,00 %
Laufzeit	3 Jahre
Zinstermine	1.6. und 1.12.
Volumen	10.000.000 D-Mark

Die Prämie des Floors kann die Gesellschaft einer speziellen Bloomberg-Seite entnehmen.

33 Stellen (Basispunkte)

1/12/94		DEM	FLOOR	6M
1/12/94		5.50	6.00	6.50
1/12/94	3YR	10/14	29/33	61/71

Sie muß für den oben beschriebenen Floor eine Briefprämie in Höhe von 33.000 D-Mark (10.000.000 DM × 0,33 %) zahlen, die sich auf das gesamte Volumen beziehen. Am ersten Zinstermin (»Ausübungstag«), dem 1.6.1995, ermittelt die British Bankers Association den nachstehenden 6-Monats-D-Mark-Libor.

Da der Wert die vereinbarte Zinsgrenze unterschreitet, wird eine Ausgleichszahlung in Höhe von

$$\underbrace{\frac{10.000.000 \text{ DM} \times (6,00 - 4,50) \times 182 \text{ Tage}}{100 \times 360 \text{ Tage}}}_{\text{Ausgleichszahlung am Ende der Referenzperiode}} \times \underbrace{\frac{1}{1 + \dfrac{4,50 \times 182 \text{ Tage}}{100 \times 360 \text{ Tage}}}}_{\substack{\text{Abzinsung mit gültigem} \\ \text{Referenzzinssatz}}} = 74.146,50 \text{ DM}$$

fällig.

Börsengehandelte Optionen
7.3.3

Grundlagen
7.3.3.1

Der Begriff »Börsen-Option« umfaßt im Grunde genommen sowohl an Termin- als auch an Wertpapierbörsen gehandelte Optionen. Die mit Abstand größte Bedeutung haben ohne Zweifel Terminbörsen-Optionen erlangt, so daß die übrigen Optionen weiter unten im Abschnitt 7.3.3.4 eher beiläufig erklärt werden.

Die Prämien für an Terminbörsen gehandelte Optionen entstehen aufgrund des Angebots und der Nachfrage der Börsenteilnehmer. Die Notierungen können sich im Laufe eines Tages, je nach Handelsinteresse, rasch, häufig sogar innerhalb weniger Sekunden, ändern. Dabei ist zu beachten, daß eine Terminbörse eine Tick-Size vorgibt, um die der Preis für eine Option mindestens steigen bzw. sinken muß.

An Terminbörsen schließen Käufer und Verkäufer ein Optionsgeschäft nicht direkt miteinander ab, sondern stets mit einer Clearingstelle. Sie garantiert den Käufern die Erfüllung, sofern die Optionen irgendwann ausgeübt werden. Käufer sind üblicherweise von Marginzahlungen befreit, wenn die Terminbörse die volle Optionsprämie unmittelbar beim Erwerb fordert. Ein Käufer kann schließlich niemals mehr als die Prämie verlieren und geht beim Optionskauf ja auch keinerlei Verpflichtungen ein. So gesehen erübrigt sich die Hinterlegung von Sicherheitsleistungen. Stillhalter müssen jedoch immer Marginzahlungen leisten. Nur sie sind einem nahezu unbegrenzten Verlustrisiko ausgesetzt, was den Einschuß von Sicherheitsleistungen rechtfertigt. Deshalb werden die Positionen der Stillhalter, also die verkauften Puts und Calls, tagtäglich neu bewertet und Gewinne oder Verluste von einem auf den anderen Börsentag umgehend ausgeglichen. Dies erfordert wiederum die Ermittlung eines täglichen Abrechnungspreises (»Settlement Price«), wobei Terminbörsen im großen und ganzen so verfahren wie bei der Ermittlung eines Settlement Prices für Futures. Neben dem Settlement Price lassen sich für eine Option verständlicherweise auch Umsatz (»Volumen«) und Open Interest an jedem Börsentag ermitteln. Settlement Prices für Optionen liegen, genau wie für Futures, an jedem Börsentag vor. Ist an einem Tag für eine Option kein Umsatz zustande gekommen, so legt die Terminbörse den Settlement Price nach eigenem Ermessen fest.

	CALLS				PUTS			
Kontrakt	Letzt-bezahlt	Settle-ment	Volu-men	Offen. Kontr.	Letzt-bezahlt	Settle-ment	Volu-men	Offen. Kontr.

ALLIANZ HOLDING Aktie: Kassa 2767,0 Schluß 2753,0 Schluß Ibis 2753,0

März	2397		362,50				0,10		13
	2400		359,50		11		0,10		256
	2493		266,70		3		0,90		
	2500		259,70		20		1,00		29
	2589		175,00		50		3,90		
	2600	165,00	162,30	2	115		4,00		260
	2685		89,50		14		19,90		
	2700	80,00	78,30	10	561	21,00	23,70	40	572
	2800	28,00	26,10	254	1009	68,00	67,90	250	2599
	2900		5,30		2081		148,40		225

Settlement Price, aber kein Umsatz

Da die Vorgehensweise zur Ermittlung und die Interpretation der Kennzahlen in etwa der bei Futures entspricht, wird hier auf weitere Ausführungen verzichtet. Das gilt auch für grundlegende Begriffe, die dem Jargon der Terminbörsen entstammen, wie »Kontraktgröße«, »Tick-Size« usw. Erläuterungen hierzu finden sich im Kapitel über Futures.

7.3.3.2 Börsengehandelte Optionen in der Finanzzeitung und im Internet

Deutsche Terminbörse (DTB)

Die Finanzzeitung zeigt in der Tabelle »*Deutsche Terminbörse (DTB)*« regelmäßig für alle an der DTB gehandelten Optionen, und zwar getrennt für Calls und Puts

- den letzten Kurs, der am jeweiligen Börsentag zustandekam (»*Letztbezahlt*«), sofern an diesem Tag ein Umsatz zu verzeichnen war,
- den Settlement Price (»*Settlement*«),
- die Anzahl der am jeweiligen Börsentag gehandelten Kontrakte (»*Volumen*«) und
- das Open Interest (»*Offen. Kontr.*«).

Deutsche Terminbörse (DTB) Optionen 22.2.1996 (* = Vortagswerte)

	CALLS				PUTS			
Kontrakt	Letzt-bezahlt	Settle-ment	Volu-men	Offen. Kontr.	Letzt-bezahlt	Settle-ment	Volu-men	Offen. Kontr.

ALLIANZ HOLDING Aktie: Kassa 2767,0 Schluß 2753,0 Schluß Ibis 2753,0

März	2397		362,50				0,10		13
	2400		359,50		11		0,10		256
	2493		266,70		3		0,90		
	2500		259,70		20		1,00		29
	2589		172,00		50		3,90		
	2600	165,00	162,10	2	175		4,00		260
	2685		89,50		14		19,90		
	2700	80,00	78,30	10	561	21,00	23,70	40	572
	2800	28,00	26,10	254	1009	68,00	67,90	250	2599
	2900		5,30		2081		148,40		235
	3000	2,10	1,40	4	2463		245,30		108
Apr.	2600		182,30				21,30		8
	2700		108,20		100		45,70		483
	2800		55,40		629		94,00		145
	2900		22,20		200		163,10		
	3000		6,00		260		248,60		
Mai	2600		197,50				32,70		
	2700		126,50				56,90		
	2800	74,50	74,00	20	20		107,20		
	2900		38,90				172,90		
Juni	2400		385,70				10,10		41
	2500		297,40		12		22,70		59
	2600		219,30		101		43,20		115
	2700		146,90		327		73,20		234
	2800		94,10		510		120,80		102
	2900	55,00	58,30	10	518		183,50		79
	3000		26,50		651		259,00		120
Sep.	2600		259,10				69,20		118
	2700		195,10		96		104,80		74
	2800	151,00	139,50	80	129		151,30		60
	2900		97,50		110		209,80		56
	3000		62,80		258		279,80		20
	3100		38,40		244		359,80		

	34		3,25		144		0,03		597
	36		1,42		347		0,18	150	2222
	38	0,35	0,32	4	508		1,07		424
	40		0,03		814		2,82		153
	42		0,01		513		4,82		22
Apr.	34		3,48		20		0,06		
	36		1,64		18		0,38		48
	38	0,79	0,67	8	99	1,13	1,29	12	205
	40		0,16		64		2,86		2
	42		0,02		10		4,82		
Mai	34		2,06				0,59		
	36		0,94				1,51		
	38		0,35				2,99		
	40		5,48				0,22		
Juni	32		5,46		140		0,22		133
	34		3,50		181		0,63		225
	36		2,03		228	1,42	1,42	150	2448
	38	1,00	0,98	10	490		2,80		363
	40	0,35	0,37	19	470		4,44		450
	42		0,12		60		6,29		
Sep.	32		5,52			0,48	0,49	10	132
	34		3,80			0,99	1,00	70	264
	36		2,37		98	1,84	1,84	4	127
	38	1,40	1,33	4	72		3,07		28
	40	0,66	0,63	2	228		4,61		8
	42		0,31		97		6,36		

BMW Aktie: Kassa 809,0 Schluß 809,0 Schluß Ibis 813,0

März	700		115,10		20		0,10		374
	750		65,90		121		0,50		791
	800	21,00	21,70	153	960	6,50	6,50	28	409
	850	2,40	2,20	15	1138	42,20	37,30	5	274
	900	0,20	0,30	15	101		86,30		
Apr.	750		70,70		57				
	800		31,60		31	14,00	13,50	40	274
	850	7,80	7,80	69	217	40,30	40,30	20	271
	900		1,30		114		66,30		25

	65	9,18	9,32	20	502	0,63	0,63	338	2444
	70	5,09	5,17	41	2801	1,92	1,96	154	1850
	75	2,28	2,27	200	3773	4,40	4,58	20	783
	80	0,70	0,70	209	3136	8,84	8,52	114	2313
Sep.	60	14,18	14,06	40	120	0,46	0,46	54	342
	65	9,38	9,56	10	116	1,29	1,23	35	547
	70	5,78	5,78	17	1342	2,80	2,73	40	430
	75	3,00	2,99	121	2332	5,20	5,30	33	387
	80	1,35	1,37	92	1384	9,00	8,90	10	412

DRESDNER BANK Aktie: Kassa 38,7 Schluß 38,6 Schluß Ibis 38,6

März	34		4,72		2		0,01		30
	36		2,76		24		0,02		57
	38	1,02	0,97	63	782	0,31	0,27	30	1810
	40		0,15		1637		1,42		166
	42		0,02		718		3,35		
	44		0,01		254		5,35		
Apr.	36		3,01				0,12		60
	38	1,48	1,38	4	107		0,52		162
	40	0,42	0,40	45	650		1,58		121
	42		0,07		22		3,37		
Mai	36		3,08				0,51		
	38		1,53				1,39		
	40		3,11				2,87		
Juni	34		4,90		10		0,25		146
	36		3,11		47		0,68		1005
	38		1,62		174		1,56		1598
	40	0,70	0,68	77	953		3,00		121
	42		0,19		346		4,78		365
	44		0,07		712		6,67		231
Sep.	34		4,98		10		0,57		
	36		3,29		46	1,10	1,06	2	251
	38	2,04	1,92	2	916		2,00		
	40	0,98	0,95	22	358	3,19	3,29	32	151
	42	0,59	0,45	8	668		4,89		44

Börsengehandelte Optionen

Außerdem präsentiert es in der Tabelle »*DM- und ECU-Terminkontrakte*« die Notierungen für die Optionen auf Bund- und Euro-DM-Futures an der Liffe.

DM- und ECU Terminkonrakte

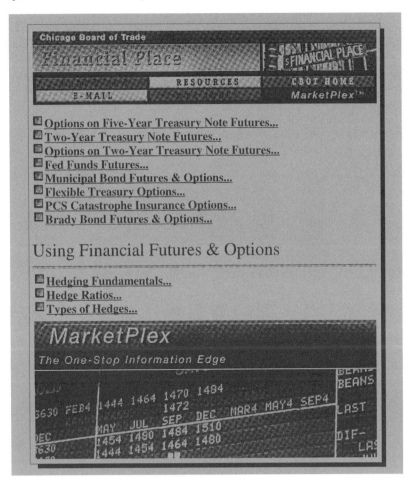

Die Ausstattungsmerkmale sämtlicher Optionen verbreiten Terminbörsen heutzutage auch über das »Internet«. Der folgende Auszug entstammt beispielsweise der Home-Page der CBOT (vgl. Abb. 7/60).

Abb. 7/60: Home-Page der CBOT

Optionen an der Deutschen Terminbörse 7.3.3.3

Einführung 7.3.3.3.1

Die Deutsche Terminbörse bietet neben Aktien- und Index- auch Zinsoptionen an (vgl. Abb. 7/61). Zu den Index-Optionen zählen die DAX- und die DAX-Future-Option. Die DAX-Future-Option basiert strenggenommen auf einem Derivat. Dies gilt auch für die Zinsoptionen, denen nicht fiktive Anleihen oder Zinssätze zugrunde liegen, sondern der Bund- bzw. der Bobl-Future.

Abb. 7/61:
Optionen an der Deutschen Terminbörse

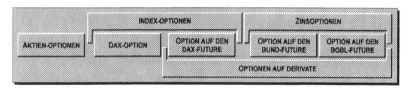

Für jedes Underlying, etwa die Aktie der Allianz AG, bietet die DTB Optionen mit unterschiedlichen Laufzeiten, im Fachjargon »Verfallmonate« genannt. Ende Februar 1996 können die Marktakteure beispielsweise Optionen auf die Allianz-Aktie wählen, deren Optionsfrist im März, April, Mai, Juni oder September endet. Für jeden Verfallmonat offeriert die Deutsche Terminbörse wiederum mehrere Optionen (»**Optionsserie**«), die sich jeweils durch ihre Basispreise voneinander unterscheiden. Für die Option auf die Allianz-Aktie, Verfallmonat »Mai«, etwa stehen die Basispreise 2.600, 2.700, 2.800 und 2.900 D-Mark zur Verfügung. Schließlich wird für jeden Basispreis sowohl ein Call als auch ein Put (»Optionspaar«) angeboten.

Optionsserie

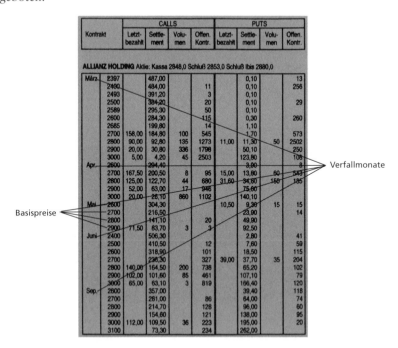

Der Call auf die Allianz-Aktie, der einen Basispreis von 2.700 D-Mark aufweist und im Mai verfällt, ist dann schlichtweg der »Mai-2.700-Call (Allianz)«.

Die Deutsche Terminbörse wählt die Basispreise bei Einführung einer Optionsserie so, daß jeweils Optionen, also Calls und Puts, »in«, »at« und »out of the money« liegen. Am 18. März 1996 führt die DTB beispielsweise den Verfallmonat Dezember ein. Mit anderen Worten: Ab dem 18. März können die Marktteilnehmer Calls und Puts an der DTB kaufen bzw. verkaufen, deren Optionsfrist bis zum Dezember 1996 reicht. Folgendes Tableau aus der Finanzzeitung zeigt die Basispreise für Allianz-Optionen mit dem Verfallmonat »Dezember« unmittelbar nach Einführung der Optionsserie.

Kontrakt	CALLS				PUTS			
	Letzt-bezahlt	Settle-ment	Volu-men	Offen. Kontr.	Letzt-bezahlt	Settle-ment	Volu-men	Offen. Kontr.
ALLIANZ HOLDING Aktie: Kassa 2750,0 Schluß 2745,0 Schluß Ibis 2761,0								
Apr. 2600	170,50		30	81'				18'
2700				424'	38,00		40	866'
2800	32,00		20	1143'				440'
2900	10,00		260	1297'				55'
3000				2172'	242,00		15	75'
Mai 2600								60'
2700				65'				94'
2800	52,50		10	85'				23'
2900				16'				
3000				70'				
Juni 2400								41'
2500				12'				89'
2600				115'	38,00		10	127'
2700				329'				204'
2800				755'				126'
2900	42,00		30	496'				99'
3000				682'				120'
Sep. 2600				23'				145'
2700				117'				84'
2800				156'				35'
2900	85,00		80	270'				110'
3000	52,00		50	241'				20'
3100				228'				
Dez. 2500								
2600								
2700								
2800	160,00		35					
2900								

»Neue« Optionsserie

at-the-money-Optionen

Die DTB erweitert laufende Optionsserien ab und an um zusätzliche Optionen, die sich von den bereits bestehenden naturgemäß nur durch andere Basispreise unterscheiden. Damit erstrebt sie eine Anpassung an Preisveränderungen der Underlyings und möglicherweise veränderte Erwartungen der Marktteilnehmer. Angenommen, der Kurs der Allianz-Aktie stiege im März 1996 auf 3.000 D-Mark, dann wären sämtliche Puts der Dezember-Serie »aus dem Geld«. Die Marktteilnehmer hätten keine Möglichkeit »at« oder »in-the-money«-Puts zu handeln und einen Preis von 3.000 D-Mark durch ein Optionsgeschäft festzuschreiben.

Alle an der DTB gehandelten Kontrakte, mit Ausnahme der DAX-Option, sind amerikanische Optionen. Marktteilnehmer entscheiden sich jedoch sehr selten für eine vorzeitige Ausübung, was bekanntlich mit einem Verlust der Zeitprämie einhergeht. Eine Ausübung vor dem Verfalltag kann aber mit steuerlichen Vorteilen verbunden sein, die den Zeitwertverlust aufwiegen.[1] Die DTB bestimmt dann einen Stillhalter nach dem Zufallsverfahren, da der Käufer die Option nicht direkt von einem Verkäufer erworben hat, sondern strenggenommen von der Clearingstelle. Käufer und Verkäufer bleiben beim Geschäftsabschluß sozusagen anonym.

1 Gegebenenfalls kann sich die vorzeitige Ausübung eines Aktien-Calls lohnen, und zwar kurz bevor die AG eine Dividende ausschüttet.

Optionen und Optionsscheine

Market Maker

Die Liquidität sämtlicher, an der DTB angebotener Optionen wird durch **Market Maker** sichergestellt. Damit ist gewährleistet, daß die Eröffnung oder die Glattstellung einer Position nicht aufgrund eines fehlenden Geschäftspartners verhindert wird. Ein Market Maker betreut für gewöhnlich alle Optionsserien eines bestimmten Underlyings. Zumeist agieren sogar mehrere Market Maker für die Optionsserien ein und desselben Basisgutes, so daß unter den Market Makern selbst ein Wettbewerb entsteht, der eine faire Preisbildung garantiert.

7.3.3.3.2 Aktienoptionen

An der DTB werden seit ihrem Bestehen Aktienoptionen gehandelt, zur Zeit Optionen auf 20 verschiedene, umsatzstarke und vor allem breit gestreute Aktien, die allesamt im DAX vertreten sind. Die Spezifikationen eines Options-Kontrakts zeigt folgendes Tableau (vgl. Abb. 7/62).

Abb. 7/62: Kontraktspezifikationen

Kontraktspezifikationen der Aktien-Optionen	
Underlying	Jeweils Aktien einer der folgenden Gesellschaften: Allianz Holding, BASF, Bayer, Bayerische Vereinsbank, Bayerische Hypo- und Wechselbank, BMW, Commerzbank, Daimler, Deutsche Bank, Dresdner Bank, Hoechst, Lufthansa, Mannesmann, Preussag, RWE, Siemens, Thyssen, Veba, VIAG, Volkswagen.
Kontraktgröße	• 500 Aktien, sofern das Papier einen Nennwert von 5 D-Mark aufweist. • 5 Aktien, wenn das Papier der Allianz Holding zugrundeliegt. • 50 Aktien in allen anderen Fällen.
Notierung	In D-Mark für eine einzige Option.
Tick-Size	• 0,01 D-Mark, bei Optionen auf Aktien mit einem Nennwert von 5 D-Mark; • 0,10 D-Mark, bei allen anderen Optionen.
Verfallmonate	Stets die drei nächsten aufeinanderfolgenden Monate und die beiden darauffolgenden Monate des Zyklus März, Juni, September, Dezember.
Settlement Price	Preis der betreffenden Option, der während der allerletzten Börsenstunde zuletzt zustande kommt. Sind in dieser Zeit keine Geschäfte geschlossen worden oder weicht der Preis von den tatsächlichen Marktverhältnissen ab, so fixiert die DTB den Settlement Price.
Letzter Handelstag	Dritter Freitag eines Verfallmonats, sofern dies ein Börsentag ist. Ansonsten der vorausgehende Börsentag.
Optionsprämie	Zahlung in voller Höhe an dem Börsentag, der dem Kauftag folgt.
Ausübung	An jedem Börsentag möglich, mit Ausnahme des Tages eines Dividendenbeschlusses.
Erfüllung	Zwei Börsentage nach Ausübung. Die jeweiligen Aktien müssen geliefert werden. Eine Ausnahme bilden Optionen auf die Allianz-Aktie. Hier erfolgt ein Barausgleich (Cash Settlement).

Börsengehandelte Optionen

Die Marktteilnehmer können jederzeit zwischen fünf Optionsfristen wählen. Die Optionsserie mit der kürzesten Laufzeit verfällt immer innerhalb der nächsten vier Wochen. Außerdem wird stets eine Serie gehandelt, die etwa

Verfallmonate

- einen Monat später verfällt, als diejenige Serie mit der kürzesten Optionsfrist,
- zwei Monate später verfällt, als diejenige Serie mit der kürzesten Optionsfrist.

Neben diesen drei Laufzeiten bietet die DTB noch die beiden nächsten Verfallmonate aus dem Zyklus März, Juni, September und Dezember an. Im April 1996 beispielsweise, genau gesagt bis zum 19. April, können die Marktteilnehmer für jede oben genannte Aktie Optionen handeln, deren Optionsfrist bis zum dritten Freitag im

- April (19.4.1996),
- Mai (17.5.1996),
- Juni (21.6.1996),
- September (20.9.1996) und
- Dezember (20.12.1996)

reicht. Am 22. April verfallen die April-Optionsserien und die DTB führt dann Juli-Serien ein.

Marktteilnehmer können nur einen Optionskontrakt oder ein ganzzahliges Vielfaches davon handeln. Die Notierungen der Aktien-Optionen beziehen sich immer auf eine einzige Option, nicht jedoch auf den gesamten Kontrakt. Angenommen, ein Marktakteur kaufe am 22.2.1996 einen Kontrakt des »April-800-Call (Daimler)« zum Schlußkurs.

Notierung

DAIMLER Aktie: Kassa 801,5 Schluß 800,0 Schluß Ibis 802,3									
März	550		253,60		43		0,10		303
	600		203,70		55		0,10		646
	650		153,80		180		0,10		3153
	700	101,80	104,00	32	1754	0,20	0,30	200	3594
	750	55,90	55,40	184	3638	1,40	1,40	273	3820
	800	14,80	14,60	587	4673	11,00	11,20	465	3187
	850	1,60	1,60	270	6368	47,00	48,00	51	527
	900	0,20	0,20	100	3978	102,00	97,50	2	
Apr.	700		107,50			1,20	1,20	41	1207
	750		61,80		226	4,90	4,90	313	2219
	800	25,00	25,00	96	1250	19,20	18,80	237	1539
	850	6,70	7,30	154	1642	50,50	50,00	20	536
	900	1,40	1,30	60	648	90,00	87,60	1	84

Er erwirbt damit insgesamt 50 Calls und zahlt eine Optionsprämie von

$$\underbrace{50\,\text{Calls}}_{\substack{\text{Kontrakt-}\\\text{größe}}} \times 25\,\text{DM} \,/\, \text{Call} = 1.250\,\text{DM}.$$

Am 20.3.1996 schließt der Marktteilnehmer die Position wieder, indem er einen Kontrakt des »April-800-Call (Daimler)« zum »Schlußkurs« verkauft.

Er erzielt alles in allem einen Gewinn von

$$\underbrace{50\,\text{Calls}}_{\substack{\text{Kontrakt-}\\\text{größe}}} \times (\underbrace{29\,\text{DM}/\text{Call}}_{\substack{\text{Prämie, die beim}\\\text{Verkauf erzielt wird}}} - \underbrace{25\,\text{DM}/\text{Call}}_{\text{Prämie beim Kauf}}) = 200\,\text{DM}.$$

Bei Ausübung einer Option werden die Aktien selbst angedient. Es erfolgt kein Cash Settlement. Eine Ausnahme bilden Optionen auf Allianz-Aktien. Die Papiere der Allianz Holding AG sind vinkulierte Namensaktien, deren Austausch recht umständlich ist. Außerdem ist dafür die Zustimmung der Gesellschaft notwendig. Aus diesem Grunde wird bei Optionen auf Allianz-Aktien bar abgerechnet.

7.3.3.3.3 Index-Optionen

7.3.3.3.3.1 DAX-Optionen

Die DAX-Option, kurz ODAX, zählt zu den bedeutendsten Index-Optionen weltweit und wird seit August 1991 an der Deutschen Terminbörse gehandelt. Die Kontraktspezifikationen enthält folgende Tabelle (vgl. Abb. 7/63).

Abb. 7/63: Kontraktspezifikationen

Kontraktspezifikationen der DAX-Option	
Underlying	Deutscher Aktienindex.
Kontraktgröße	10 D-Mark pro Indexpunkt.
Notierung	Bezieht sich auf den Index, nicht die Kontraktgröße.
Tick-Size	0,1 Punkte, was einem Wert von einer D-Mark entspricht.
Verfallmonate	Stets die drei nächsten aufeinanderfolgenden Monate und die drei darauffolgenden Monate des Zyklus März, Juni, September, Dezember. Außerdem die beiden darauffolgenden Monate des Zyklus Juni und Dezember. **Anfang April 1996 sind dies beispielsweise folgende Monate:** April 96, Mai 96, Juni 96, September 96, Dezember 96, März 97, Juni 97, Dezember 97.
Settlement Price	Preis der betreffenden Option, der während der allerletzten Börsenstunde zuletzt zustande kommt. Sind in dieser Zeit keine Geschäfte geschlossen worden oder weicht der Preis von den tatsächlichen Marktverhältnissen ab, so fixiert die DTB den Settlement Price.
Letzter Handelstag	Dritter Freitag eines Verfallmonats, sofern dies ein Börsentag ist. Ansonsten der vorausgehende Börsentag.

Optionsprämie	Zahlung in voller Höhe an dem Börsentag, der dem Kauftag folgt.
Ausübung	Nur am letzten Börsentag.
Schlußabrechnungs-preis	Durchschnitt der DAX-Werte am letzten Handelstag in der Zeit von 13.21 Uhr bis 13.30 Uhr.
Erfüllung	Cash Settlement am Börsentag nach dem letzten Handelstag.

Die Marktteilnehmer können, anders als beispielsweise bei Aktienoptionen, zwischen acht verschiedenen Optionsfristen wählen, wobei die längste Laufzeit 24 Monate betragen kann. Die Vorgehensweise bei der Einführung neuer DAX-Optionsserien läßt sich in etwa mit der bei Aktienoptionen vergleichen. Deshalb erfolgen hier keine weiteren Beschreibungen.

Für DAX-Optionen wird der Basispreis gemeinhin in Form des Indexstandes angegeben. Die Optionsprämie bezieht sich auf eben diesen Indexstand. Beide Größen, Basispreis und Prämie, müssen letztlich mit 10 D-Mark multipliziert werden, um zum tatsächlichen Basispreis und zur effektiven Prämie zu gelangen.

Ein Marktteilnehmer, der zum Beispiel einen Kontrakt des »März-2.150-Call (DAX)« zum Schlußkurs von 278,10 kauft, zahlt schließlich

$$\underbrace{278{,}10}_{\substack{\text{Prämien-}\\\text{notiz}}} \times 10\,\text{DM} = 2.781\,\text{DM}\,.$$

Er erwirbt damit strenggenommen das Recht, am Verfalltag einen Aktienkorb, der in seiner Zusammensetzung dem DAX entspricht, zum Basispreis von

$$2.150 \times 10\,\text{DM} = 21.500\,\text{DM}$$

zu kaufen. Eine effektive Andienung ist aber nahezu unmöglich, so daß der Verkäufer eines DAX-Calls seine Verpflichtung durch eine Barzahlung erfüllt, sofern der Schlußabrechnungspreis über dem Basispreis liegt. Angenommen, der Schlußabrechnungspreis laute 2.500 am letzten Handelstag des »März-2.150-Call (DAX)«. Der Stillhalter ist dann zu einer Zahlung in Höhe von

$$\left(\underbrace{2.500}_{\substack{\text{Schlußab-}\\\text{rechnungs-}\\\text{preis}}} - \underbrace{2.150}_{\text{Basispreis}} \right) \times 10\,\text{DM} = 3.500\,\text{DM}$$

verpflichtet. Diese hat die DTB im Laufe der Zeit in Form von Margins bereits gefordert.

7.3.3.3.3.2 Optionen auf den DAX-Future

Das Underlying der Optionen auf den DAX-Future ist nicht der Deutsche Aktienindex selbst, sondern der Future darauf. Der Käufer eines Calls (Puts) erlangt das Recht, bei Ausübung der Option den DAX-Future zum Basispreis zu kaufen (verkaufen), wohingegen der Stillhalter zum Basispreis die Position des Verkäufers (Käufers) einnehmen muß. Mit der Ausübung eröffnet der Call- (Put-) Inhaber also auf eigenen Wunsch hin eine Long- (Short-) Position im DAX-Future – sein Recht wandelt sich mit einem Mal in eine Pflicht, genau gesagt die aus dem DAX-Future resultierende Verpflichtung. Der Stillhalter wird dagegen zur Eröffnung einer DAX-Future-Position gewissermaßen »gezwungen«. Beide Akteure können die Future-Position anschließend völlig unabhängig voneinander durch ein entsprechendes Gegengeschäft wieder schließen.

Abb. 7/64: Kontraktspezifikationen

Kontraktspezifikationen der DAX-Future-Option	
Underlying	DAX-Future. Der exakte Future-Kontrakt hängt vom Verfallmonat der Option ab. **Verfallmonate März, Juni, September, Dezember:** Der Option liegt derjenige DAX-Future zugrunde, der im gleichen Monat verfällt wie die Option. **Alle übrigen Verfallmonate:** Der Option liegt der DAX-Future mit demjenigen Verfallmonat zugrunde, der dem Verfallmonat der Option direkt folgt.
Kontraktgröße	Ein DAX-Future-Kontrakt.
Notierung	Index-Stand
Tick-Size	0,1 Punkte, was einem Wert von zehn D-Mark entspricht.
Verfallmonate	Stets die drei nächsten aufeinanderfolgenden Monate und die beiden darauffolgenden Monate des Zyklus März, Juni, September, Dezember.
Settlement Price	Preis der betreffenden Option, der während der allerletzten Börsenstunde zuletzt zustande kommt. Sind in dieser Zeit keine Geschäfte geschlossen worden oder weicht der Preis von den tatsächlichen Marktverhältnissen ab, so fixiert die DTB den Settlement Price.
Letzter Handelstag	**Verfallmonate März, Juni, September, Dezember:** Börsentag vor dem Schlußabrechnungstag des DAX-Futures. **Alle übrigen Verfallmonate:** Dritter Freitag eines Verfallmonats, sofern dies ein Börsentag ist. Ansonsten der vorausgehende Börsentag.

Optionsprämie	Prämie wird nicht auf einmal beim Kauf gezahlt. Stattdessen wird die Prämie nach dem Future-Style-Verfahren erhoben.
Ausübung	An jedem Börsentag möglich. Der Börsentag, an dem eine Ausübung letztmalig erfolgen kann, hängt vom Verfallmonat der Option ab. **Verfallmonate März, Juni, September, Dezember:** Letzter Ausübungstag ist der Schlußabrechnungstag des jeweiligen DAX-Futures. Eine Ausübung ist somit auch nach dem letzten Handelstag möglich. **Alle übrigen Verfallmonate:** Letzter Ausübungstag ist der letzte Handelstag.
Erfüllung	Die Ausübung führt für den Käufer und für einen Verkäufer, der mittels eines Zufallsverfahrens bestimmt wird, zu einer entsprechenden DAX-Future-Position. Fallen Ausübungstag und Schlußabrechnungstag für den jeweiligen DAX-Future zusammen, so erfolgt ein Barausgleich auf Basis des Schlußabrechnungspreises des DAX-Futures.

Die DTB bietet die Option auf den DAX-Future seit Januar 1992 an. Sie weist vorstehende Kontraktspezifikationen auf (vgl. Abb. 7/64).

Beim Kauf von DAX-Future-Optionen ist die Prämie – anders als bei Aktienoptionen oder der DAX-Option – nicht unmittelbar und vollständig beim Erwerb zu zahlen, sondern erst bei Ausübung bzw. am Verfalltag. Die DTB bewertet die Position unterdessen täglich (»mark to market«) und verrechnet Gewinne und Verluste auf einer Art »Prämienkonto«. Die DTB geht dabei im Grunde genommen so vor wie bei der Margin-Berechnung für Futures, weswegen die Vorgehensweise auch **Future-Style-Verfahren** heißt. Das bringt dem Optionskäufer den Vorteil, von vornherein weniger Geld zu binden. Die DTB toleriert diese Form der Prämienerhebung aber nur bei Underlyings, auf die sie im Falle eines Falles direkt zugreifen könnte, eben Produkte aus dem »eigenen Hause«, etwa Futures. Angenommen, ein Marktteilnehmer hat bereits eine Long-Position im DAX-Future aufgebaut und entscheidet sich nun zusätzlich zum Kauf von Puts auf den DAX-Future. Die Werte der beiden Positionen werden sich zukünftig in etwa gegenläufig entwickeln. Die DTB kann auf eine Einforderung der Put-Prämie zunächst verzichten. Als Sicherheit dient sozusagen die Long-Position im DAX-Future. Dies ist bei Aktienoptionen und der DAX-Option verständlicherweise anders. Wenn ein Optionskäufer das Underlying besitzt, etwa die entsprechenden Aktien, hätte die Deutsche Terminbörse keinen direkten Zugriff auf die Papiere und damit keine Sicherheiten.

Future-Style-
Verfahren

Im Unterschied zur DAX-Option liegt der Option auf den DAX-Future ein zehnmal höheres Volumen zugrunde. Das Underlying der DAX-Option ist gewissermaßen ein Index-Stand, der mit 10 D-Mark multipliziert wird, das der Option auf den DAX-Future hingegen entspricht einem Index-Stand mal 100 D-Mark. Eine Änderung der Prämie für die DAX-Option um einen Tick entspricht einem Geldbetrag von einer D-Mark, bei der DAX-Future-Option dagegen von zehn D-Mark.

ODAX vs. DAX-
Future-Option

Optionen und Optionsscheine

Notierung

Ein Marktakteur, der beispielsweise am 22.2.1996 einen Kontrakt des »Juni-2.450-Call (DAX-Future)« zum Schlußkurs erwirbt, muß alles in allem eine Prämie in Höhe von

$$\underbrace{62{,}00}_{\substack{\text{Schlußkurs der}\\ \text{DAX–Future–}\\ \text{Option}}} \times 100\,\text{DM} = 6.200\,\text{DM}$$

zahlen.

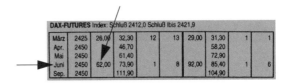

Der Käufer erlangt damit das Recht, bei Ausübung des Calls einen Kontrakt des DAX-Futures (Juni) zum Preis von 2.450 kaufen zu können. Er entscheidet sich am 20.3.1996 zur Ausübung. Die DTB bestimmt daraufhin nach dem Zufallsverfahren einen Stillhalter, der eine Short-Position im DAX-Future (Juni) einnehmen muß.

Der DAX-Future (Juni) notiert am Ausübungstag zum Schlußkurs von 2.497, was folgender Ausschnitt aus der Finanzzeitung belegt.

Der Call-Inhaber hält nun eine Long-Position im DAX-Future (Juni), die sozusagen zum Basispreis (2.450) aufgebaut wurde, heute jedoch 2.497 Indexpunkte wert ist. Der Marktteilnehmer erhält auf seinem Margin-Konto folglich eine Gutschrift von

$$(\underbrace{2.497}_{\substack{\text{Notierung des}\\ \text{DAX–Futures}\\ \text{(Juni)}}} - \underbrace{2.450}_{\substack{\text{Basispreis}\\ \text{des Calls}}}) \times 100\,\text{DM} = 4.700\,\text{DM}.$$

Auch der Stillhalter des »Juni-2.450-Call (DAX-Future)« hält nun eine Position im DAX-Future (Juni), genau gesagt eine Short-Position. Die Gutschrift auf dem Konto des Call-Käufers zieht verständlicherweise eine entsprechend hohe Belastung auf dem Margin-Konto des Stillhalters nach sich.

Zinsoptionen

Als Underlying für börsengehandelte Zinsoptionen dienen generell Derivate, genau gesagt Zins-Futures, nicht jedoch »originäre« Instrumente, etwa fiktive Anleihen oder Termingeld. Dies liegt vor allem daran, daß die Liquidität eines Futures im allgemeinen höher ist, als die von Kassatiteln. Für einen Future sind nahezu jederzeit während des Börsenverlaufs marktgerechte Preise verfügbar, die eine stetige und angemessene Bewertung der Optionen begünstigen.

An der Deutschen Terminbörse werden zwei Zinsoptionen gehandelt, seit August 1991 die »Option auf den Bund-Future« und seit Januar 1993 die »Option auf den Bobl-Future«. Die Ausübung eines Calls (Puts) führt zu einer Long- (Short-) Position im Bund- bzw. Bobl-Future. Der Stillhalter ist dann zur Einnahme der Short- (Long-) Position gezwungen. Die Optionen auf den Bund- und Bobl-Future unterscheiden sich, vom Underlying abgesehen, nicht von Optionen auf den DAX-Future. Aus diesem Grunde werden weiter unten nur die Kontraktspezifikationen der beiden Zinsoptionen vorgestellt (vgl. Abb. 7/65).

7.3.3.3.4

Kontraktspezifikationen der Bund-Future-Option	
Underlying	Bund-Future.
Kontraktgröße	Ein Bund-Future-Kontrakt.
Notierung	In Prozentpunkten, bis auf zwei Nachkommastellen.
Tick-Size	0,01 Prozentpunkte, was 25 D-Mark entspricht.
Verfallmonate	Die Laufzeiten der Optionsserien hängen von dem jeweils zugrundeliegenden Bund-Future ab. Die DTB bietet Laufzeiten bis einschließlich zum nächsten, übernächsten und drittnächsten Verfalltag im Zyklus Februar, Mai, August und November.
Settlement Price	Preis der betreffenden Option, der während der allerletzten Börsenstunde zuletzt zustande kommt. Sind in dieser Zeit keine Geschäfte geschlossen worden oder weicht der Preis von den tatsächlichen Marktverhältnissen ab, so fixiert die DTB den Settlement Price.
Letzter Handelstag	Sechs Börsentage vor dem ersten Kalendertag im Liefermonat des Bund-Futures.
Optionsprämie	Die Prämie wird nicht auf einmal beim Kauf gezahlt. Stattdessen wird die Prämie nach dem Future-Style-Verfahren erhoben.
Ausübung	An jedem Börsentag möglich.
Erfüllung	Die Ausübung führt für Käufer und Verkäufer zu einer entsprechenden Bund-Future-Position. Der Verkäufer wird mittels eines Zufallsverfahrens bestimmt.

Abb. 7/65:
Kontraktspezifikationen

Kontraktspezifikationen der Bobl-Future-Option	
Underlying	Bobl-Future.
Kontraktgröße	Ein Bobl-Future-Kontrakt.
Notierung	In Prozentpunkten, bis auf zwei Nachkommastellen.
Tick-Size	0,01 Prozentpunkte, was 25 D-Mark entspricht.
Verfallmonate	Die Laufzeiten der Optionsserien hängen von dem jeweils zugrundeliegenden Bobl-Future ab. Die DTB bietet Laufzeiten bis einschließlich zum nächsten, übernächsten und drittnächsten Verfalltag im Zyklus Februar, Mai, August und November.
Settlement Price	Preis der betreffenden Option, der während der allerletzten Börsenstunde zuletzt zustande kommt. Sind in dieser Zeit keine Geschäfte geschlossen worden oder weicht der Preis von den tatsächlichen Marktverhältnissen ab, so fixiert die DTB den Settlement Price.
Letzter Handelstag	Sechs Börsentage vor dem ersten Kalendertag im Liefermonat des Bobl-Futures.
Optionsprämie	Die Prämie wird nicht auf einmal beim Kauf gezahlt. Stattdessen wird die Prämie nach dem Future-Style-Verfahren erhoben.
Ausübung	An jedem Börsentag möglich.
Erfüllung	Die Ausübung führt für Käufer und Verkäufer zu einer entsprechenden Bobl-Future-Position. Der Verkäufer wird mittels eines Zufallsverfahrens bestimmt.

Die Finanzzeitung zeigt Notierungen und alle weiteren wichtigen Kennziffern für beide Zinsoptionen in den entsprechenden Tableaus.

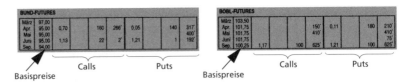

Notierung

Für den Kontrakt des »April-95,00-Call (Bund-Future)« ist in der obigen Tabelle beispielsweise eine Notierung von 0,70 ausgewiesen. Dies entspricht einer Prämie von

$$\frac{\overbrace{0{,}70}^{\text{Notierung}}}{100} \times 250.000\,\text{DM} = 1.750\,\text{DM}.$$

Handel mit Aktienoptionen an der Frankfurter Wertpapierbörse

7.3.3.4

Einführung

7.3.3.4.1

Kauf- und Verkaufsoptionen auf Aktien konnten bereits vor der Gründung der DTB an einigen deutschen Wertpapierbörsen, zum Beispiel in Düsseldorf und Frankfurt, gehandelt werden. Ein separates Marktsegment für Aktienoptionen existiert heute nur noch an der Wertpapierbörse zu Frankfurt.

Die Optionen werden während der üblichen Börsenzeit durch »open outcry« und demzufolge, genau wie Aktien oder Anleihen, auf dem Parkett gehandelt. Grundsätzlich kann jedermann an der Frankfurter Wertpapierbörse Aktienoptionen kaufen und verkaufen. Ein Engagement als Stillhalter ist für einen Anleger jedoch nur dann möglich, wenn ihn ein Börsenmitglied für ein solches Geschäft akzeptiert.

Der Optionshandel ist nicht amtlich organisiert; Optionskäufer und -verkäufer teilen Aufträge einem Freimakler mit. Dieser stellt die Orders in einem Skontrobuch einander gegenüber und führt sie anschließend nach dem Meistausführungsprinzip zusammen. Anders als beim Optionshandel an der DTB werden Kauf- und Verkaufsorders nicht durch eine Clearing-Stelle »gematched«.

Die Basiswerte der »parkettgehandelten« Optionen waren bis 1989 die umsatzstärksten in- und ausländischen Aktien. Nachdem an der DTB jedoch Optionen auf die 20 bedeutendsten DAX-Werte eingeführt wurden, stellte man den Parkettbörsenhandel mit Optionen auf diese Titel ein. Auch die verbleibenden Aktienoptionen sollen im dritten Quartal 1996 in den DTB-Handel aufgenommen und der Parketthandel mit Optionen, man spricht hier auch vom »**alten Optionsmarkt**«, aufgegeben werden. Die DTB führt dann ein zweites Marktsegment mit rund 20 Aktienoptionen ein.

alter Optionsmarkt

Tabelle »Aktien-Optionshandel«

7.3.3.4.2

Notierungen für diejenigen Aktienoptionen, die an der Frankfurter Wertpapierbörse im Freiverkehr »gelistet« sind, publiziert das Handelsblatt unter der Rubrik »*Termin- und Optionsmärkte*« in der Tabelle »*Aktien-Optionshandel*« (vgl. Abb. 7/66). Die Preise teilen die Vereinigten Wirtschaftsdienste (vwd), Eschborn, mit.

Die Tabelle »*Aktien-Optionshandel*« erscheint voraussichtlich nur noch für einen kurzen Zeitraum im Handelsblatt, so daß hier auf weitere Ausführungen verzichtet wird.

Abb. 7/66:
Aktien-Options-
handel

Aktien-Optionshandel 20.03.1996

1. Zahl = Verfallstermin (15.7., 15.10., 15.1., 15.4.);
2. Zahl = Basispreis;
3. Zahl = Optionspreis. A = Teilabn.; Z = Teilzuteil.

Verfallstermin (15.4.)
Basispreis
Prämie (0,10 DM)

Kaufoptionen Frankfurt

AEG 4-150/16G; 4-160/7G; 4-170/1,5G; 7-150/17G; 7-160/9G; 7-170/4G; 10-150/18G; 10-160/11G; 10-170/7G; **AGIV** 4-28/0,35G; 4-30/0,1G; 7-28/0,6G; 7-30/0,3G; 10-28/1G; 10-30/0,6G; **BABCOCK ST** 4-80/13,6G; 4-85/8,7G; 4-90/4,9G; 4-95/0,7G; 7-90/8,7G; 7-95/6,1G; 7-100/3,9G; 7-110/1G; 10-90/11,5G; 10-95/8,5G; 10-100/6G; 10-110/3,9G; 10-120/1,7G; **BEKULA** 4-400/14G; 4-420/6G; 4-440/2,5G; 7-440/11G; 7-460/6G; 7-480/3G; 10-440/15G; 10-460/9G; 10-480/5,5G; **BHF** 4-40/0,4G; 4-42/0,15G; 4-44/0,05G; 7-40/1G; 7-42/0,4G; 7-44/0,15G; 10-40/1,6G; 10-42/0,8G; 10-44/0,35G; **CONTINEN-TAL** 4-22/4,35G; 4-24/2,4G; 4-26/0,75G; 4-28/0,15G; 7-22/4,4G; 7-24/2,5G; 7-26/1,2G; 7-28/0,35G; 10-24/4,5G; 10-26/2,7G; 10-28/0,85G; 10-30/0,1G; **DEGUSSA** 4-500/45G; 4-550/10,25TZ; 4-600/1,5B; 7-550/17,5G; 7-600/6,7G; 7-650/1,5G; 10-500/53G; 10-550/25G; 10-600/9G; 10-650/3,5G; **DIDIER** 4-100/9,5G; 4-110/4B; 4-120/2B; 7-110/8B; 7-120/4B; 7-

Verkaufsoptionen Frankfurt

AEG 4-150/0,1G; 4-160/1G; 4-170/6G; 7-150/1G; 7-160/3G; 7-170/8G; 10-150/2,5G; 10-160/5G; 10-170/10G; **BABCOCK ST** 4-90/1,1G; 4-95/3G; 4-100/7G; 7-85/1,5G; 7-90/3,5G; 7-95/5G; 7-100/8G; 10-85/3G; 10-90/5G; 10-95/7,5G; 10-100/10G; **BE-KULA** 4-400/4,5B; 4-420/16B; 4-440/35G; 7-380/4G; 7-400/8G; 7-420/19G; 7-440/38G; 10-400/13G; 10-420/22G; 10-440/40G; **BHF** 4-40/0,7G; 4-42/2,5G; 4-44/4,4G; 7-40/1,2G; 7-42/2,7G; 7-44/4,6G; 10-40/1,4G; 10-42/2,9G; 10-44/4,8G; **CONTINENTAL** 4-24/0,05B; 4-26/0,5B; 7-24/0,3B; 7-26/0,9B; 10-24/0,5B; 10-26/1,1G; **DEGUSSA** 4-500/2B; 4-550/13G; 7-480/3G; 7-500/8B; 7-550/18G; 10-480/6,5G; 10-500/13G; 10-550/25G; **HENKEL** 4-500/1G; 4-550/10G; 7-500/4G; 7-550/15G; 10-500/7,5G; 10-550/15G; **KARSTADT** 4-500/0,1G; 4-550/7G; 4-600/43G; 7-500/2,5G; 7-550/15G; 7-600/46G; 10-500/8,5G; 10-550/27G; 10-600/60G; **KAUFHOF** 4-460/1,5G; 4-480/7G; 4-500/19G; 4-550/68G; 7-460/12G; 7-480/21G; 7-500/35G; 7-550/79G; 10-480/16G; 10-480/26G; 10-500/38G; 10-550/80G; **KHD** 4-

7.3.3.5

Zinsoptionen an der LIFFE

Die Finanzzeitung veröffentlicht in der Tabelle »*DM- und ECU-Termin-kontrakte*« Notierungen für zwei an der LIFFE angebotene Zinsoptionen.

Optionen auf Bund-Futures an der Liffe
(5%, 250000 DM, in D-Mark)

Basispreis 22.2.1996	Kaufoptionen		Verkaufsoptionen	
	März	Juni	März	Juni
95,50	1,80	1,86		0,87
96,00	1,30	1,54		1,05
96,50	0,80	1,26		1,96
97,00	0,30	0,99		1,50

Optionen auf Euro-DM-Futures an der Liffe
(Notierung: 100 - Zinssatz, 1 Mio DM, in D-Mark)

Basispreis 22.2.1996	Kaufoptionen		Verkaufsoptionen	
	März	Juni	März	Juni
96,50	0,11	0,21	0,04	0,11
96,75	0,02	0,09	0,20	0,24
97,00	0,01	0,04	0,44	0,44
97,25		0,02	0,68	0,67

Die folgenden Tableaus enthalten die Ausstattungen dieser beiden Kontrakte (vgl. Abb. 7/67).

Abb. 7/67:
Kontraktspezifi-
kationen

Option auf den Bund-Future an der Liffe	
Terminbörse	London International Financial Futures and Options Exchange (Liffe).
Underlying	Ein Bund-Future-Kontrakt.
Liefermonate	März, Juni, September und Dezember plus zusätzliche serienmäßige Monate, so daß immer 4 Verfallmonate, einschließlich der nächsten 3 Kalendermonate, gehandelt werden können.
Liefer-/Ausübungs- und Verfalltag	Ausübung an jedem Börsentag bis 17.00 Uhr, verlängert bis 18.30 Uhr am letzten Handelstag. Lieferung erfolgt am ersten Geschäftstag nach dem Ausübungstag.
Letzter Handelstag	6 Geschäftstage vor dem ersten Tag des Liefermonats.
Notierung	Vielfaches von 0,01 DM.
Tick-Size	0,01 DM $\times$ 2.500 = 25 DM.

Börsengehandelte Optionen

Option auf den Euromark-Future an der Liffe	
Terminbörse	London International Financial Futures and Options Exchange (Liffe).
Underlying	Ein Euromark-Future-Kontrakt.
Liefermonate	März, Juni, September und Dezember plus zusätzliche serienmäßige Monate, so daß immer 6 Verfallmonate, einschließlich der nächsten 3 Kalendermonate, gehandelt werden können.
Liefer-/Ausübungs- und Verfalltag	Ausübung an jedem Geschäftstag bis 17.00 Uhr. Am letzten Handelstag verfallen die vierteljährlichen Verfallmonate um 12.30 Uhr und die serienmäßigen um 18.30 Uhr. Lieferung erfolgt am ersten Geschäftstag nach dem Ausübungstag.
Letzter Handelstag	Zwei Börsentage vor dem dritten Mittwoch des Liefermonats.
Notierung	Vielfaches von 0,01 %.
Tick-Size	0,01 Prozentpunkte, was 25 DM entspricht.

Devisenoptionen an der PBOT   7.3.3.6

Rechte zum Kauf und Verkauf von Devisen sind bisher an keiner deutschen Börse handelbar. Demgegenüber werden Devisenoptionen in den USA beispielsweise an der PBOT (Philadelphia Board of Trade), einer Tochter der Philadelphia Stock Exchange, gelistet. Der nachstehende Ausschnitt aus dem *Wall Street Journal* zeigt die PBOT-Notierungen für Calls und Puts, die sich auf bedeutende Währungen, wie das britische Pfund, den Schweizer Franken oder die D-Mark, beziehen (vgl. Abb. 7/68).

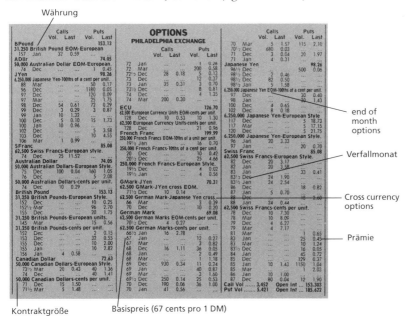

Abb. 7/68: Options – Philadelphia Exchange (Dezember 1995)

Optionen und Optionsscheine

Kontraktgrößen

Folgendes Tableau gewährt einen Überblick über sämtliche an der PBOT handelbaren Währungen sowie deren **Kontraktgrößen**, ausgedrückt in der jeweiligen Währung.

Währung	Kontraktgröße
GBP	31.250
AUD	50.000
USD	50.000
CAD	50.000
DEM	62.500
ECU	62.500
CHF	62.500
FRF	250.000
ESP*	5.000.000
JPY	6.250.000
ITL*	50.000.000
*auf diese Währungen sind keine standardisierten Optionen handelbar	

Für die D-Mark bietet die PBOT sogenannte

- standardized DM option contracts,
- customized DM options sowie
- Dollar denominated delivery options

an. Erstgenannte untergliedert sie weiterhin in »mid month«, »month end« und »long-term options«. In Abbildung 7/69 sind die Kontraktspezifikationen der »D-Mark-Standardoption« aufgeführt.

Abb. 7/69:
D-Mark-Option
an der PBOT

Standardized DM option contract	
Underlying	62.500 D-Mark.
Basiswährung	US-Dollar.
Basispreis	Cents pro D-Mark.
Basispreis-Intervalle	Die nächsten drei Monate: 0,5 cents 6, 9 und 12 Monate: 1 cent Über 12 Monate: 2 cents
Prämiennotierung	Cents pro D-Mark. Bei einem Put-Preis von beispielsweise 0,27 cents ergäbe sich eine Prämie von 62.500 DM × 0,0027 US-\$/DM = 168,75 US-\$ pro Kontrakt.
Tick-Size	62.500 DM × 0,0001 US-\$/DM = 6,25 US-\$ pro Kontrakt.

Verfallmonate/Laufzeit	**Mid month options:** Der aktuelle Monat (bis zum Verfalltag), die jeweils zwei folgenden Monate sowie die verbleibenden Monate aus dem Zyklus März, Juni, September und Dezember. Im Oktober etwa können bis zum Verfalltag die Monate Oktober, November und Dezember sowie zusätzlich März, Juni und September gehandelt werden. **Month end options:** Der aktuelle plus die zwei jeweils folgenden Monate, im Januar beispielsweise Januar, Februar und März. **Long-term options:** 18, 24, 30 und 36 Monate (Juni und Dezember).
Typ	**Mid month options:** Amerikanisch oder Europäisch. **Month end options:** Amerikanisch oder Europäisch. **Long-term options:** Europäisch.
Verfall-/letzter Handelstag	**Mid month options:** Freitag vor dem dritten Mittwoch des Verfallmonats. **Month end options:** Letzter Freitag eines Monats. **Long-term options:** Freitag vor dem dritten Mittwoch des Verfallmonats.
Liefertag	**Mid month options:** Dritter Mittwoch des Verfallmonats. **Month end options:** Der dem letzten Freitag eines Monats folgende Mittwoch. **Long-term options:** Dritter Mittwoch des Verfallmonats.
Tägliche Handelszeit	2 Uhr 30 bis 14 Uhr 30 Philadelphia Zeit.
Andienung	Effektive Lieferung von 62.500 D-Mark in Frankfurt. Die Gegenleistung erfolgt in US-Dollar in New York.

Ein deutscher Exporteur beispielsweise kann PBOT-Optionen zur Absicherung von Forderungen in US-Dollar nutzen. Um sich gegen einen fallenden US-Dollar, also gegen eine Aufwertung der D-Mark, zu hedgen, müßte der Exporteur Calls auf die D-Mark kaufen. Der Wechselkurs »cents pro D-Mark« stiege – falls die D-Mark tatsächlich aufwertet –, die Optionsprämie gemeinhin ebenfalls und das Schließen der Long-Position führte für den Exporteur zu einem Gewinn. Die untenstehende Übersicht soll einmal das genau entgegengesetzte Szenario abbilden. Die D-Mark hat abgewertet und die Absicherung mit den Optionen hätte sich für den Exporteur nicht gelohnt (vgl. Abb. 7/70).

Neben den standardisierten D-Mark-Optionen ist an der PBOT der Abschluß von sogenannten **customized DM options** möglich. Hierbei handelt es sich um D-Mark-Optionskontrakte, die von den Marktteilnehmern hinsichtlich Basiswährung, Underlying, Basiskurs und Verfalltag individuell (»customized«) ausstattbar sind. Alle elf handelbaren Währungen lassen sich jeweils paarweise miteinander kombinieren. Die Abrechnung muß dabei nicht in US-Dollar erfolgen. Die Akteure können beispielsweise Kon-

customized DM option

Abb. 7/70: Hedging

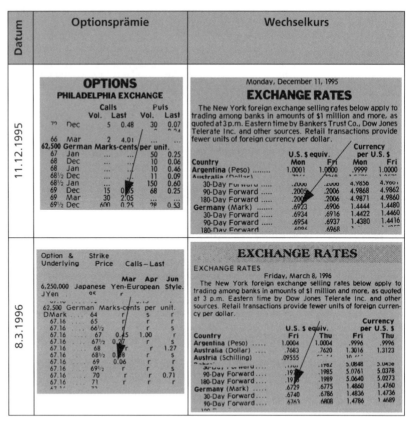

trakte auf die Wechselkurse »Italienische Lira pro D-Mark« oder »D-Mark pro Peseta« abschließen. Customized options sind allerdings immer europäischen Typs und ausschließlich mit der standardisierten Kontraktgröße der zugrundeliegenden Währung bestückbar.

Des weiteren sind D-Mark-Optionen mit einem Cash Settlement in US-Dollar, sogenannte **Dollar denominated delivery options**, verfügbar. Diese werden von der PBOT auch »Virtual currency-« oder »3-D-options« genannt. Der wesentliche Vorteil einer Währungsoption mit Cash Settlement ist darin zu sehen, daß ein Marktteilnehmer – im Gegensatz zu einer herkömmlichen Währungsoption – weder als Stillhalter noch als Käufer ein ausländisches Bankkonto bei der Ausübung der Option unterhalten muß.

Bemerkenswert ist außerdem, daß den standardisierten PBOT-Optionen nicht nur die US-Dollar-Wechselkurse zugrunde liegen, sondern auch Optionen auf den Wechselkurs »Yen pro D-Mark« sowie »D-Mark pro Pfund« handelbar sind. Diese werden von der Terminbörse als **cross currency options** bezeichnet. Beispiel 7/18 verdeutlicht, warum man für die Optionen den Begriff »cross currency options« verwendet.

Optionen mit Cash-Settlement

cross currency options

Beispiel 7/18 Die folgende Übersicht zeigt die wesentlichen Ausstattungsmerkmale derjenigen Option, die auf dem Wechselkurs »Yen pro D-Mark« basiert.

Underlying	62.500 D-Mark.
Basiswährung	Yen.
Basispreis	Yen pro D-Mark.
Prämiennotierung	Yen pro D-Mark.
Typ	Europäisch.
Margins	In US-Dollar oder Yen.
Andienung	Effektive Andienung von 62.500 D-Mark in Frankfurt. Die Gegenleistung erfolgt in Yen in Tokio.

Das *Wall Street Journal* weist die Notierungen für die Option unter der Bezeichnung »**German Mark-Japanese Yen cross**« aus.

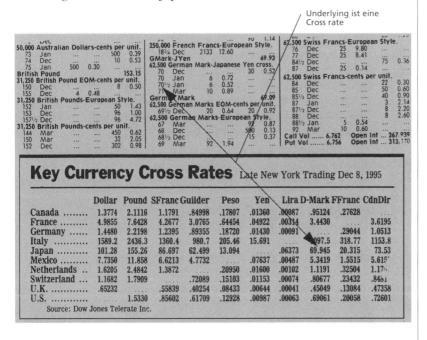

Ein US-amerikanischer Automobilhersteller beispielsweise, der

- gegenüber einem deutschen Maschinenfabrikanten eine Verbindlichkeit in Höhe von 625.000 D-Mark hat und
- von einem japanischen Autohändler zum gleichen Zeitpunkt eine Zahlung in Yen erwartet, die umgerechnet etwa der D-Mark-Verbindlichkeit entspricht,

könnte zur Absicherung beider Geschäfte herkömmliche PBOT-Optionskontrakte auf die D-Mark sowie den Yen abschließen. Er müßte dann am 8.12.1995[1]

[1] *An diesem Tag gilt ein Wechselkurs von ca. 70 Yen/D-Mark.*

600　　　Optionen und Optionsscheine

- per Termin 625.000 D-Mark für US-Dollar bzw. zehn herkömmliche »DM-Calls« kaufen, und gleichzeitig
- japanische Yen per Termin gegen US-Dollar verkaufen, also sieben herkömmliche »Yen-Puts« erwerben.

Die beiden Transaktionen kann das US-amerikanische Unternehmen zu einer einzigen zusammenfassen, indem es zehn »D-Mark-Yen cross calls« kauft. Die Option gibt ihm am Ausübungstag das Recht, 625.000 D-Mark zum Strike Price, ausgedrückt in Yen, zu erwerben und erlaubt ihm daher eine direkte Absicherung der oben beschriebenen Handelsgeschäfte, ohne den US-Dollar in die Transaktion einzubeziehen.

7.3.4　Optionsscheine

7.3.4.1　Klassifizierung

7.3.4.1.1　Einführung

Optionsscheine, auch **warrants** genannt, sind Wertpapiere. Sie werden heute zumeist nicht mehr in Form effektiver Zertifikate begeben, sondern

> warrant

als Sammelurkunden hinterlegt, und weisen recht unterschiedliche Ausstattungsmerkmale auf. Die genauen Spezifikationen schreibt der Emittent,

> Optionsbedingungen

oftmals eine Geschäftsbank oder ein Broker-Haus, in den **Optionsbedingungen** fest. Diese geben insbesondere Aufschluß über

- Basiswert und -preis,
- Typ (europäisch oder amerikanisch),
- Bezugsverhältnis (Optionsverhältnis),
- Laufzeit (Optionsfrist) sowie
- besondere Merkmale, wie zum Beispiel eine »Geld-zurück-Garantie«,

und werden jedermann in Form eines Verkaufsprospektes kostenlos zur Verfügung gestellt (vgl. Abb. 7/71).

Abb. 7/71: Optionsbedingungen im Verkaufsprospekt

WKN	CALL PUT	AM/ EU	BEZUGS-VERHÄLTNIS	STRIKE CAP	VERFALL	BÖRSEN-NOTIZ FRA
815 912	Call	AM	1/10	DM 320	16.07.2001	Freiverkehr
VEBA 814 758	Call	AM	1/1	DM 50	18.12.1996	Freiverkehr
814 759	Put	AM	1/1	DM 50	18.12.1996	Freiverkehr
814 760	Call	AM	1/1	DM 55	18.12.1996	Freiverkehr
814 761	Put	AM	1/1	DM 55	18.12.1996	Freiverkehr

Kurzfassungen der Optionsbedingungen publizieren Geschäftsbanken und Broker auch in Form von Finanzanzeigen. Abbildung 7/72 entstammt dem Handelsblatt. Sie zeigt die wesentlichen Merkmale eines Indexscheins, den die Deutsche Bank emittierte.

Abb. 7/72: Finanzanzeige zu Optionsscheinen

Optionsscheine lassen sich mit Hilfe der Kriterien »Basiswert (Underlying)«, »Struktur«, »Emissionsform« und »Unterlegung« klassifizieren, was Abbildung 7/73 verdeutlicht.

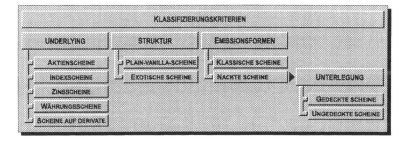

Abb. 7/73: Klassifizierung

Optionsscheine nach dem Underlying

Die Underlyings für Optionsscheine waren zunächst überwiegend Aktien. So emittierten große US-amerikanische Aktiengesellschaften bereits in den 20er Jahren sogenannte stock-option warrants, die die Inhaber berechtigten, innerhalb einer bestimmten Frist und zu einem vorher festgelegten Preis eine oder mehrere Aktien der jeweiligen Gesellschaft zu erwerben. Heutzutage laufen sowohl Call- als auch Put-Optionsscheine um. Sie beziehen sich auf verschiedene Basiswerte. Die wichtigsten zugrundeliegenden Finanzobjekte sind[1]

7.3.4.1.2

1 Optionsscheine auf Rohstoffe oder Edelmetalle, wie beispielsweise Gold- bzw. Rohöloptionsscheine, sind nicht Gegenstand der folgenden Ausführungen.

- Aktien und Indizes (Aktien-, Indexscheine),
- Zinssätze bzw. konkrete Anleihen (Zinsscheine) sowie
- Währungen (Währungsscheine) und
- Derivate (Scheine auf Derivate).

Zinsschein-Struktur

Im Vergleich zu anderen Scheinen weisen **Zinsscheine** eine Besonderheit auf. Sie können sowohl auf Anleihen als auch auf Zinssätzen basieren. Im Falle von Anleihen ist der Strike Price ein Kurs, und der Innere Wert ergibt sich als Differenz aus Kurs und Basispreis. Genau wie beispielsweise bei Aktien- oder Devisenoptionen hofft der Käufer eines Calls daher auf steigende, der Käufer eines Puts hingegen auf sinkende Kurse. Mit anderen Worten: Call-Käufer erwarten einen Zinsrückgang und Put-Käufer einen -anstieg, was auf die inverse Beziehung zwischen Zinsniveau und Kursen zurückzuführen ist.

Bei Scheinen, die auf Zinssätzen basieren, ist es im Grunde genommen genauso. Der Call-Käufer profitiert von sinkenden Zinssätzen, der Put-Käufer jedoch von steigenden (vgl. Abb. 7/74). Da den Scheinen aber ein Zinssatz und kein Kurs zugrunde liegt, hat ein Call »seltsamer Weise« genau dann einen Inneren Wert, wenn der Zinssatz am Ausübungstag unterhalb des Basissatzes liegt, und ein Put, sofern das Gegenteil zutrifft. Das Merkwürdige an Optionsscheinen auf Zinssätze ist folglich, daß der Erwerber einer Kaufoption (Verkaufsoption) mit einem fallenden (steigenden) Wert des Underlyings rechnet. Es ist jedoch zu bedenken, daß der Käufer eines »Zinssatz-Calls« insgeheim, genau wie der Käufer eines »Anleihe-Calls«, auf steigende Kurse setzt, die wiederum durch sinkende Zinsen hervorgerufen werden usw.

Korboptionsschein

Liegt einem Optionsschein nicht eine einzige Aktie, Anleihe oder etwa Währung zugrunde, sondern eine Vielzahl ähnlicher Basiswerte – wie zehn verschiedene Aktientitel aus der Automobilbranche oder fünf unterschiedliche Währungen –, so spricht man auch von einem **Korboptionsschein** oder basket warrant. Korboptionsscheine sind zumeist an den Bezeichnungen zu erkennen, was folgender Ausschnitt aus dem Handelsblatt belegt.

```
Thyssen K. 300/WLB 6.12.96 (D)      1,65 G
Thyssen V. 260/WLB 6.12.96 (D)      2,95 G
US-Basket K. 182,22/BT Eff. 15.4.96 12,00 G
Basket   US-Gld.Korb K.75/SBV 24.6.97       7,54 G
Warrants US-Tech.Korb K.360/SBV 5.12.96    17,99 b
         US-Tech.Korb V.360/SBV 5.12.96     2,50 G
Veba K. 52/BT Eff. 29.3.96*         27,59 -T
Veba K. 50/BT Eff. 20.1.97
```

[1] *Gemeint sind hier ausschließlich nackte Optionsscheine, vgl. Abschnitt 7.3.4.1.4.*

Die Emissionsbedingungen von Optionsscheinen[1] sehen im Falle einer Ausübung zumeist einen Barausgleich – und nicht etwa die effektive Andienung des Underlyings – vor. Wie Scheine in der Praxis ausgestaltet sein können, veranschaulicht Abbildung 7/74.

Form	Beschreibung des Optionsrechtes
Aktienschein	Emittent: Citibank Underlying: Stammaktie der Adidas AG Basispreis: DM 65 Laufzeit: 10.11.1995 bis 31.10.1996 Der Inhaber eines Optionsscheins hat jederzeit das Recht (american style) auf Zahlung eines Differenzbetrages. Der Differenzbetrag ist die in Deutsche Mark (DM) ausgedrückte Differenz, um die am Ausübungstag von der Frankfurter Wertpapierbörse festgestellte amtliche Schlußkurs der Adidas-Stammaktie den Basispreis in Höhe von DM 65 überschreitet (Call) bzw. unterschreitet (Put).
Indexschein	Emittent: Citibank Underlying: Deutscher Aktienindex (DAX) Basispreis: 2.500 Indexpunkte Laufzeit: 16.2.1996 bis 12.7.1996 Der Inhaber eines Optionsscheins hat jederzeit das Recht (american style) auf Zahlung eines Differenzbetrages. Der Differenzbetrag ist ein Hundertstel der Differenz, um die der Schlußkurs des DAX im Falle eines Call Optionsscheins am Ausübungstag den Basispreis überschreitet bzw. im Falle eines Put Optionsscheins unterschreitet.
Zinsscheine a) Zinssatz	Emittent: Citibank Underlying: 6-Monats-DM-Libor Basispreis: 4,50 % Ausübungstag: 19.9.1996 Der Inhaber eines Optionsscheins hat am Ausübungstag das Recht (european style) auf Zahlung eines Differenzbetrages. Der Differenzbetrag ist bezogen auf einen Nominalwert von DM 100,-- pro Optionsschein. Er wird in Deutsche Mark (DM) ausgedrückt und errechnet sich wie folgt: Differenzbetrag Call = $100 \times (4,50\ \% - 6\text{-Monats DM LIBOR})$ Differenzbetrag Put = $100 \times (6\text{-Monats-LIBOR} - 4,50\ \%)$
b) Anleihe	Emittent: Citibank Underlying: 6,000 % Bundesanleihe von 1996/2006 Basispreis: 99,50 % Laufzeit: 14.2.1996 bis 18.2.1997 Der Inhaber eines Optionsscheins hat jederzeit das Recht (american style) auf Zahlung eines Differenzbetrages. Der Differenzbetrag ist die in Deutsche Mark (DM) ausgedrückte Differenz, um die der am Ausübungstag an der Frankfurter Wertpapierbörse festgestellte Kassakurs der 6,000 % Bundesanleihe von 1996/2006 (WKN 113 499) den Basispreis überschreitet (Call Optionsschein) bzw. unterschreitet (Put Optionsschein).

Abb. 7/74:
Optionsscheine

Währungsschein	Emittent: Citibank Underlying: amtlicher Wechselkurs DM/US-$ Basispreis: DM 1,25 Ausübungstag: 17.3.1997 Der Inhaber eines Optionsscheins hat am Ausübungstag das Recht (european style) auf Zahlung eines Differenzbetrages. Der Differenzbetrag ist das Hundertfache der in Deutsche Mark (DM) ausgedrückten Differenz, um die der am Ausübungstag in Frankfurt amtlich festgestellte Fixingkurs des US-$ den Basispreis von DM 1,25 überschreitet (Call) bzw. unterschreitet (Put).
Schein auf Derivate **a) Future**	Emittent: Citibank Underlying: Liffe-Future auf italienische Staatsanleihen Basispreis: 110,13 % Laufzeit: 16.2.1996 bis 19.5.1997 Der Inhaber eines Optionsscheins hat jederzeit das Recht (american style) auf Zahlung eines Differenzbetrages. Der Differenzbetrag ist das Tausendfache der in Italienische Lire (ITL) ausgedrückten und in Deutsche Mark umgerechneten Differenz, um die der am Ausübungstag an der Liffe festgestellte offizielle Tagesschlußkurs des jeweils maßgeblichen BTP-Future-Kontraktes den Basispreis überschreitet (Call) bzw. unterschreitet (Put).
b) Swap-Satz	Emittent: Trinkaus & Burkhardt Underlying: 5-Jahres-Swap-Satz gegen 6Monats-Libor Basispreis: 6,25 % Ausübungstag: 18.4.1997 Der Inhaber eines Optionsscheins hat am Ausübungstag das Recht (european style) auf Zahlung eines Differenzbetrages. Der Differenzbetrag entspricht dem Barwert der Differenz, um die am Ausübungstag der 5-Jahres-DM-Swapsatz den Basissatz von 6 ¼ % p. a. (Basissatz) unterschreitet (Option existiert nur als Call). Der Barwert je Optionsschein bezieht sich auf einen unterliegenden Nennbetrag von DM 100,--. Der Differenzbetrag je Optionsschein wird hierbei nach der folgenden Formel berechnet: $$Differenzbetrag = \left[\frac{B-S}{(1+S)} + \frac{B-S}{(1+S)^2} + \ldots + \frac{B-S}{(1+S)^5} \right] \times 100\,DM$$ mit: B = 0,0625, also der als Dezimalzahl ausgedrückte Basissatz; S = der als Dezimalzahl ausgedrückte Swapsatz. **Der Swapsatz entspricht dem Mittelsatz (»mean rate«) des 5-Jahres-DM-Swapsatzes, wie er auf Seite 42280 des Telerate Monitors am Ausübungstag um 12.00 Uhr (Londoner Zeit) veröffentlicht wird.

Plain-Vanilla- versus exotische Optionsscheine

7.3.4.1.3

Optionsscheine mit gleichartigem Underlying, beispielsweise Aktien-, Währungs- oder Indexscheine, sind entweder »einfach strukturiert«, englisch »plain-vanilla«, oder »exotisch«. Plain-Vanilla-Scheine verbriefen schlichtweg das Recht zum Kauf oder Verkauf des Underlyings. Sie haben also dieselbe Struktur wie diejenigen Optionen, die in den vorangegangenen Abschnitten beschrieben wurden.

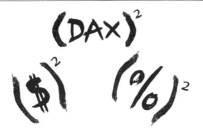

(Optionsscheine)² = POWER WARRANTS

Eine Innovation von Trinkaus & Burkhardt.
Eines der führenden Emissionshäuser für Optionsscheine.

Was sind Power Warrants?

Power Warrants sind Optionsscheine mit einmaliger Ausübung bei Endfälligkeit (europäische Option), bei denen sich der auszuzahlende Betrag aus der **quadrierten Differenz** zwischen dem Berechnungskurs und dem Basiskurs errechnet. Die Höhe der Auszahlung je Optionsschein ist hierbei zur Begrenzung des ansonsten sehr hohen Prämienaufwandes auf einen bestimmten Höchstbetrag beschränkt.

Power Warrants zeichnen sich insbesondere dadurch aus, daß schon eine moderate Bewegung des unterliegenden Wertes bis zur Endfälligkeit zu einer hohen Auszahlung führt. Im Vergleich zu traditionellen Optionsscheinen sind Power Warrants durch eine überdurchschnittliche Hebelwirkung bei zugleich deutlich niedrigerem Aufgeld charakterisiert. Das nebenstehende Diagramm verdeutlicht dies beispielhaft anhand eines US-Dollar/DM Power Warrant (Call) mit einem Basiskurs von DM 1,45 und einem Auszahlungshöchstbetrag von DM 25,-, was einem Kurs von DM 1,50 je US-Dollar entspricht. Während bei einem traditionellen US-Dollar/DM Call-Optionsschein mit dem gleichen Basiskurs eine Auszahlung in Höhe von DM 25,- erst ab einem US-Dollar/DM Kurs von DM 1,70 erfolgt, erreicht der Power Warrant diese Auszahlung bereits ab einem US-Dollar/DM Kurs von 1,50. Power Warrants weisen die konstruktionsbedingte Besonderheit auf, daß für Auszahlungsbeträge von weniger als DM 1,- je Optionsschein die Höhe der Auszahlung aus einem Power Warrant unter der eines traditionellen Optionsscheines liegt. Die Ausgestaltung des Power Warrant als gekappte europäische Option bedingt, daß der Preis eines Power Warrant während der Laufzeit unter seinem inneren Wert notieren kann.

Liegt am Verfalltag eines Power Warrant (Call) der Marktkurs des unterliegenden Wertes unter dem Basiskurs, ist der Power Warrant wertlos.

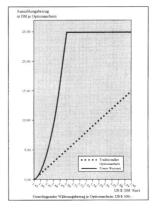

	Basiskurs	Nennbetrag der unterliegenden Anleihe	Auszahlungshöchstbetrag je Optionsschein	Ausübungstag (Europäische Option)	Anfänglicher Verkaufspreis je Optionsschein	WKN
Zins Power Warrants (Call) auf die 6 ⅞ % Anleihe der Bundesrepublik Deutschland von 1995/2005 -WKN 113 497-	101%	DM 100,-	DM 9,-	04. März 1996	DM 1,55	813 192
	102%	DM 100,-	DM 16,-	04. März 1996	DM 1,45	813 193
	103%	DM 100,-	DM 16,-	04. März 1996	DM 1,-	813 194

Der Inhaber eines Optionsscheines ist berechtigt, von der Emittentin die Zahlung des nach folgender Formel berechneten Differenzbetrages zu verlangen:

$$\text{Differenzbetrag} = (\text{Berechnungskurs} - \text{Basiskurs})^2$$

Berechnungskurs ist der von der Frankfurter Wertpapierbörse am Ausübungstag festgestellte amtliche Einheitskurs der unterliegenden Anleihe.*

Abb. 7/75: Power Warrants

Optionen und Optionsscheine

Die Ausgestaltung exotischer Scheine weicht mitunter erheblich von der Konstruktion der Plain-Vanilla-Scheine ab. Exoten weisen etwa einen überproportionalen Hebel auf (vgl. Abb. 7/75) oder verfallen bei Überschreiten einer gewissen Kursschwelle wertlos.

Die Prämien bilden sich, je nach Verteilung der Chancen und Risiken, verständlicherweise anders als bei Plain-Vanillas. Gegenüber einfach strukturierten Scheinen können sie möglicherweise höher oder auch geringer ausfallen. Die Vielfalt exotischer Scheine ist schier unübersehbar, so daß in Abbildung 7/76 nur die wichtigsten Formen kurz skizziert werden. Dabei sollte man bedenken, daß viele Optionsscheine eigentlich sehr ähnlich aufgebaut sind, aber zum Teil völlig unterschiedliche Bezeichnungen tragen. Darunter leidet naturgemäß die Transparenz.

Abb. 7/76:
Exotische
Optionsscheine

Arten	Beschreibung
Power Warrants	Den inneren Wert eines power warrants bestimmt nicht – wie bei Plain-Vanilla-Scheinen – die einfache Differenz zwischen dem aktuellen Kurs des Basiswertes und dem Ausübungspreis, sondern beispielsweise diese Differenz mit sich selbst multipliziert (vgl. Abb. 7/75).
Simplex-Scheine	Der Emittent leistet im Zeitpunkt der Ausübung keine Differenzzahlung, sondern vergütet den Scheininhabern – vorausgesetzt, die Option ist in the money – einen in den Emissionsbedingungen niedergeschriebenen, fixen Betrag. Einen Inneren Wert weisen Simplex-Scheine dann auf, wenn eine gewisse Kursschwelle über- bzw. unterschritten wird. Der nachstehende Ausschnitt ist im Verkaufsprospekt eines Simplex-Call-Optionsscheins der DG Bank zu finden. **Simplex-Optionsscheine** Falls der am Ausübungstag (30.12.1996) an der Frankfurter Wertpapierbörse zuletzt festgestellte und veröffentlichte Wert des DAX dem Basisindex von 2.300 **entspricht** oder diesen **überschreitet**, gewährt die Emittentin jedem Inhaber von einem Optionsschein das Recht, die Zahlung von DM 1 zu verlangen.
Scheine mit Zusatzprämie	Optionsscheine verbriefen mitunter einen Anspruch auf eine Zusatzprämie. Diese zahlt der Emittent beispielsweise dann, wenn der Kurs des Underlyings während der Optionsfrist einen bestimmten Wert, auch Prämienschwelle genannt, nicht über- oder unterschreitet. Ansonsten stimmt die Struktur der Scheine mit der von Plain-Vanillas überein. Der folgende Ausschnitt ist den Bedingungen des sogenannten COOL- (**C**hance **o**f **O**ptimal **L**everage-) Call-Optionsscheins des Bankhauses Goldman, Sachs & Co. entnommen.

	COOL-Optionsscheine Goldman, Sachs & Co. gewährt hiermit dem Inhaber von je einem COOL USD Call/DEM Put Optionsschein 1995/1996 das Recht, einen Betrag in DEM zu beziehen. Der Abrechnungsbetrag entspricht der DEM-Differenz, um die der Abrechnungskurs den Basiskurs am Bewertungstag (29. August 1996) überschreitet, multipliziert mit 100. Das Ergebnis wird auf 2 Dezimalstellen gerundet. Prämie: Wenn der auf Reuters-Seite HILO, auf der die weltweiten USD-DEM-Wechselkurse publiziert werden, angezeigte DEM-Wechselkurs für 1 USD in der Zeit vom 29. November 1995 bis zum Verfalltag (29. August 1996) nie unter die Prämienrückvergütungsschwelle von DEM 1,37 fällt, erhält der Inhaber von je einem Optionsschein außerdem die Prämienrückvergütung. Diese beträgt DEM 9,00. Cool-Scheine in der Finanzzeitung 
Turbo-Scheine	Hat ein Optionsschein eine andere Option als Basiswert, so spricht man auch von einem turbo oder compound warrant. Die Bezeichnung ist mit der starken Hebelwirkung des Papiers zu begründen.
Look-back-Scheine	Am Ende des Zeitraumes blickt der Optionsinhaber – anschaulich dargestellt – auf die Kursentwicklung des Basiswertes innerhalb der Periode zurück (»look-back«) und sucht sich den für ihn günstigsten Ausübungskurs aus. Look-back-Optionsscheine sind zumeist Indexscheine und in den Kursblättern leicht zu identifizieren. Sonderformen der Look-back-Scheine stellen die sogenannten asiatischen Optionsscheine (asian options) und market-timing warrants dar. Bei asiatischen Optionsscheinen ist der Wert der Option zum Zeitpunkt des Verfalls von der Differenz zwischen dem durchschnittlichen Kurs des Underlyings innerhalb einer bestimmten Frist • und dem Basispreis (average price options) oder • dem aktuellen Kurs (average strike options) abhängig. Bei average price options steht der Basispreis von vornherein fest. Average strike options sind hingegen dadurch gekennzeichnet, daß der Basispreis quasi der durchschnittliche Kurs des Underlyings ist, worauf sich auch die Bezeichnung »average strike (price) options« zurückführen läßt. Im Falle von **market-timing warrants** werden in den Optionsbedingungen mehrere Zeitpunkte festgeschrieben, an denen der Kurs des Basiswertes erfaßt wird. Die Bewertung des Scheins am Verfalltag erfolgt schließlich anhand desjenigen Kurses aus der Gruppe, der aus Sicht des Optionsinhabers der günstigste ist.

Range-Scheine	Range-Optionsscheine, auch Bandbreiten-Optionsscheine genannt, bringen dem Inhaber immer dann einen Gewinn, wenn der Kurs des Basiswertes eine bestimmte Bandbreite (»range«) nicht verläßt. Für jeden Tag, an dem der Kurs des Underlyings in der festgelegten Bandbreite liegt, schreibt der Emittent den Eigentümern der Scheine einen gewissen Geldbetrag gut. Range-Optionsscheine werden in der Praxis mit sehr unterschiedlichen Bezeichnungen versehen. So existieren beispielsweise Namen wie DART (**D**aily **A**ccrual **R**ange **T**rade), Korridor, Hamster oder EARN (**E**xpected to **A**ccrue **R**eturn on **N**ominal). In der Finanzzeitung sind die Scheine entsprechend gekennzeichnet.

Range-Scheine sind des weiteren entweder »einseitig« oder »zweiseitig«. Im Falle von einseitigen Scheinen erfolgen ausschließlich Gutschriften für die Scheininhaber. Bei zweiseitigen nimmt der Emittent zusätzlich Abzüge vor, und zwar dann, wenn der Kurs des Basiswertes die festgeschriebene Bandbreite verläßt. Der folgende Ausschnitt stammt aus den Optionsbedingungen von Range-Optionsscheinen der Bankers Trust, Frankfurt.

EARN-Optionsscheine

Basiswert:	Schlußkurs des Deutschen Aktienindexes
Barrieren:	EARN einseitig 2.200 – 2.500
	EARN zweiseitig 2.100 – 2.500
Bewertungszeitraum:	27. September 1995 inklusive bis 25. September 1996 inklusive (365 Kalendertage)
Bewertung bei Fälligkeit:	je 1 Optionsschein berechtigt zum Bezug von

EARN einseitig	DM 0,0274 für jeden Kalendertag innerhalb des Bewertungszeitraumes, an dem sich der Basiswert innerhalb der Barrieren befindet (Höchstmögliche Bewertung ist DM 10).
EARN zweiseitig	DM 0,0274 für jeden Kalendertag innerhalb des Bewertungszeitraumes, an dem sich der Basiswert innerhalb der Barrieren befindet abzüglich DM 0,0274 für jeden Kalendertag innerhalb des Bewertungszeitraumes, an dem sich der Basiswert außerhalb der Barrieren befindet (Höchstmögliche Bewertung DM 10, niedrigste Bewertung DM 0,00).

Einseitige (**es.**) und zweiseitige (**zs.**) Range-Optionsscheine sind in der Finanzzeitung an den Abkürzungen zu erkennen.

Barriere-Scheine	Barriere-Scheine, für die man auch den Begriff »Schwellenoptionsscheine« verwendet, werden in Knock-out- (Kick-off-) und Jump-in-Scheine unterschieden. Im ersten Fall erlischt das Optionsrecht (wird das Recht »ausgeknockt«), sobald der Kurs des Basiswertes eine gewisse Schwelle (Barriere) überschreitet. Im zweiten Fall tritt das Optionsrecht hingegen erst dann in Kraft, wenn ein gewisses Kursniveau erreicht wird. Nachstehend sind die Merkmale eines Kick-off-Call- sowie die eines Jump-in-Put-Scheins der DG-Bank kurz beschrieben. **DAX Kick-off-Call-Optionsschein** **Basisindex: 1.850** Das Optionsrecht verfällt, wenn der DAX 1.850 Punkte während der Laufzeit mindestens einmal unterschreitet. **DAX Jump-in-Put-Optionsschein** **Basisindex: 2.300** Das Optionsrecht tritt in Kraft, wenn der DAX 2.300 Punkte während der Laufzeit mindestens einmal überschreitet. Am Verfalltag muß er jedoch unterhalb von 2.300 Punkten liegen. Es bestehen weitere Formen von Barriere-Scheinen. Bei einigen Knock-out-Papieren beispielsweise verfällt das Optionsrecht bei Erreichen der Schwelle zwar, dennoch bekommt der Optionsinhaber die Differenz zwischen Schwelle und Basiskurs am Verfalltag vom Emittenten ausgezahlt. Auf weitere Erklärungen wird hier verzichtet. Knock-out- bzw. Kick-off- sowie Jump-in-Optionsscheine sind in der Finanzzeitung gemeinhin mit entsprechenden Kennzeichnungen ausgewiesen. 
Money-back-Scheine	Money-back-Scheine werden mit einer Garantie ausgestattet, mindestens die ursprünglich gezahlte Optionsprämie am Verfalltag des Scheins zurückzuerhalten. Die Scheine besitzen somit einen Floor, also eine Verlustgrenze. Sind die Gewinne der Scheininhaber nach oben nicht begrenzt, so spricht man auch von Protected Long Calls. Eine zweite Form der Money-back-Scheine stellen die sogenannten Protected Bull Spreads dar, die Banken und Broker mit Bezeichnungen wie **G**uaranteed **R**eturn **o**n **I**nvestment (**GROI**s), **I**ndex **G**rowth **L**inked **U**nits (**IGLUS**), **C**urrency **L**inked **O**uterformance **U**nits (**CLOUS**), **G**uaranteed **R**eturn **I**ndex **P**articipation Units (**GRIPS**) versehen. Protected Bull Spreads verbriefen neben einer Absicherung gegen einen Kursverfall eine überdurchschnittliche, aber wiederum nach oben begrenzte Gewinnchance und sind infolgedessen sowohl mit einem Cap als auch mit einem Floor ausgestattet.

Chooser-Scheine	Die Optionsscheininhaber können innerhalb einer bestimmten Frist »wählen« (»choose«), ob die Option nach Ablauf der Frist ein Call oder ein Put wird. Die sonstigen Ausstattungsmerkmale der Scheine entsprechen denen von Plain-Vanillas.
	DAX V. 2000/Citi* 21.8.97 1,00 G DAX Cap. Chooser/Citi 17.10.95 1,26 G DAX K. 1900/CoBk* 14.6.95 2,62 G
Best-of-Scheine	Der Emittent legt zwei Referenzgrößen als Basispreis zugrunde. Der aus Sicht des Optionsinhabers günstige wird dann bei der Wertermittlung am Verfalltag herangezogen. Der folgende Ausschnitt ist den Optionsbedingungen eines Best-of-Währungsscheins entnommen. **Best-of-Währungsscheine** Der bei Ausübung des Optionsrechtes zu zahlende Betrag ist der zum DM-Ausübungskurs von US-Dollar in DM umgerechnete, größere der folgenden Referenzbeträge: Referenz 1: $50\ US\text{-}\$ - \left(50\ US - \$ \times \dfrac{Basispreis\ DM\ /\ \$}{Ausübungskurs\ DM\ /\ \$} \right)$ Referenz 2: $50\ US\text{-}\$ - \left(50\ US - \$ \times \dfrac{Basispreis\ YEN\ /\ \$}{Ausübungskurs\ YEN\ /\ \$} \right)$ Basispreise: DM: 1,4440 DM/US-\$ Yen: 86,50 Yen/US-\$ Die Notierung des vorstehend beschriebenen Optionsscheins ist in der Finanzzeitung zu finden.
	M.Ly. 10.2.97 DM Swap K. 0,52 G M.Ly. Best of $/DM-$/Yen 15.5.97 8,25 G M.Ly. 5.3.97 Yen K.1,70* 1,23 G M.Ly. 5.3.97 Yen V.1,40* 4,64 G
Capped-Scheine	Der Emittent von Capped-Call- und -Put-Scheinen fixiert in den Optionsbedingungen einen Höchst- bzw. Tiefstkurs (Cap), zu dem die Ausübung höchstens erfolgen kann. Der maximal zu erzielende Gewinn steht für die Inhaber der Kauf- bzw. Verkaufsrechte somit von vornherein fest. Beispielsweise erhalten sie bei Optionsscheinen mit Cash Settlement im günstigsten Fall eine Zahlung, die der Differenz zwischen Basiskurs und Cap entspricht, niemals jedoch einen größeren Betrag. **Emissionsbedingungen** **Capped Call und Put Warrants auf den DAX** Emittent: Merrill Lynch Wertpapier GmbH Stil: Europäisch Basispreis: Call: 2.450 Indexpunkte Put: 2.450 Indexpunkte Cap Level: Call: 2.750 Indexpunkte Put: 2.150 Indexpunkte Settlement: Cash Settlement Ausübung: Automatische Ausübung am Verfalltag, vorausgesetzt, die Option ist in the money.

Optionsscheine 611

In den Kurszetteln der Finanzzeitungen sind im allgemeinen ausschließlich die Notierungen einiger ausgewählter exotischer Optionsscheine eines Emittenten abgedruckt. Die aktuellen Kurse sämtlicher Scheine werden von Geschäftsbanken und Brokern aber auf speziellen Seiten über Nachrichtensysteme, etwa Reuters oder Telerate, verbreitet. Abbildung 7/77 zeigt die Reuters-Seite »TUBE«, auf der das Bankhaus Trinkaus & Burkhardt die Notierungen für den in Abbildung 7/75 skizzierten power warrant publiziert.

```
1016  TRINKAUS U BURKHARDT  DUESSELDORF   TEL. 0211-910-68      TUBL
      J.GILLES  /  U.KEBSCHULL  /  S.THIEDE          SEE INDEX TUBA
25.03.  YEN AKTUELL:          1,476              106,320
813863  POWER $Y CALL 1      90.00  17.06.96   12.35-.45  -13.5 12.16
813864  POWER $Y CALL 2      93.00  17.06.96   12.06-.16   -9.7 12.31
813877  POWER $Y CALL 3      96.00  17.06.96   11.38-.48   -7.0 13.36
813878  POWER $Y CALL 4      99.00  17.06.96    9.67-9.77  -4.4 15.77
814884  POWER $Y CALL 5      99.00  14.03.97    6.42-6.52  -2.8 24.50
814885  POWER $Y CALL 6     102     14.03.97    5.25-5.35  -0.7 30.03
814886  POWER $Y CALL 7     105     14.03.97    4.20-4.30  +1.4 37.97
814887  POWER $Y CALL 8     108     14.03.97    3.24-3.34  +3.6 49.68
                                                                 1:1
```

Abb. 7/77: Reuters-Seite »TUBE«

Klassische versus nackte Optionsscheine 7.3.4.1.4

Optionsscheine sind entweder Bestandteil eines anderen Wertpapiers, etwa einer Anleihe, eines Genußscheins oder einer Aktie (»klassische Scheine«), oder aber Titel, die von vornherein ohne ein anderes Wertpapier – also quasi »nackt« – begeben werden. Für sie ist die Bezeichnung »nackte« Optionsscheine geläufig.

Klassische Scheine

Klassische Scheine verbriefen immer das Recht,

- ein Finanzobjekt, das Underlying,
- innerhalb eines bestimmten Zeitraumes, der Bezugsfrist,
- zu einem festgeschriebenen Preis, dem Bezugspreis,

zu erwerben. Sie sind daher niemals Puts. Das Bezugsrecht gilt vorwiegend für Wertpapiere[1] und wird von Aktiengesellschaften gewährt, um Anleiheemissionen attraktiver zu gestalten bzw. Fremdkapital zu günstigeren

[1] In ganz seltenen Fällen werden Währungsanleihen mit einem Bezugsrecht auf Devisen ausgestattet.

Konditionen aufbringen zu können. Die zugrundeliegenden Wertpapiere stammen zumeist von der ausgebenden Gesellschaft selbst.[1]

Die Ausübung eines klassischen Optionsscheins auf Aktien oder Anleihen führt grundsätzlich zu einer veränderten Kapitalstruktur des Emittenten - im Falle eines Aktienscheins erhöht sich das Eigen- und im Falle eines Anleihescheins das Fremdkapital. Deutsche Aktiengesellschaften dürfen Scheine zum Bezug von Aktien daher ausschließlich im Rahmen einer bedingten Kapitalerhöhung emittieren. Die Zustimmung der Anteilseigner ist folglich immer erforderlich.

Im Unterschied zu nackten Optionsscheinen wird bei klassischen Scheinen das Underlying erst zum Zeitpunkt der Ausübung geschaffen. Bildhaft erläutert stellt der Emittent das Aktien- bzw. Anleihezertifikat erst bei Ausübung der Option aus.

Abb. 7/78: Charakteristika eines klassischen Optionsscheins auf Aktien und Anleihen

stock-option-/debt warrant

In den USA benutzt man für Optionsscheine,

- die sich auf die Aktien der begebenden Gesellschaft beziehen, die Bezeichnung **stock-option warrants**, und für solche,
- die zum Erwerb eines Schuldtitels des Emittenten berechtigen, den Terminus **debt warrants**.

Die Identität des Emittenten eines stock-option warrants sowie des dazugehörigen Underlyings kommt im *Wall Street Journal* effektvoll zum Ausdruck. Die Notierungen der Scheine sind dort nicht in einer separaten Tabelle ausgewiesen, sondern erscheinen zusammen mit den Basiswerten in ein und demselben Kurszettel.

[1] Die DG-Bank beispielsweise hatte 1990 Optionsanleihen begeben, deren Bezugsrechte sich auf die Aktien der BHF-Bank bezogen. Der Schein fällt durch das hier beschriebene »Raster« und kann weder den klassischen noch den nackten Scheinen eindeutig zugeordnet werden.

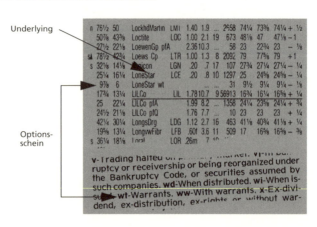

Während Aktienscheine, deren Merkmale mit denen US-amerikanischer stock-option warrants übereinstimmen, in Deutschland recht häufig vorkommen, sind Optionsscheine mit Bezugsrechten auf Anleihen des emittierenden Unternehmens hier weitgehend unbekannt.

Das Handelsblatt plaziert die Kurse für Aktienscheine, die aus bedingten Kapitalerhöhungen in- und ausländischer Gesellschaften resultieren (»stock-option warrants«), in der Tabelle »*Optionsscheine*« im Abschnitt »*Aktienscheine*«. Klassische Optionsscheine auf Anleihen (»debt warrants«) sind in den Kurszetteln nicht erfaßt.

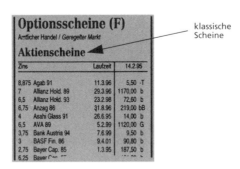

klassische Scheine

Nackte Optionsscheine stellen heute die größere Gruppe der Optionsscheine dar. Sie beurkunden sowohl Kauf- als auch Verkaufsoptionen. Die Underlyings laufen im Ausgabezeitpunkt der Scheine bereits um, so daß etwa die Ausübung eines nackten Aktien-Call-Scheins nicht zu einer Erhöhung des Grundkapitals der betreffenden AG führt. Dieser Aspekt ist letztendlich zu vernachlässigen, da die Emissionsbedingungen nackter Optionsscheine generell ein Cash Settlement vorsehen.

nackte Optionsscheine

Notierungen für nackte Aktienscheine stehen im Handelsblatt in der Tabelle »*Optionsscheine*« unter der Überschrift »*Covered Warrants*«. Hierdurch ist eine klare Abgrenzung von den klassischen Scheinen im Kurszettel »*Aktienscheine*« möglich.

Sämtliche Kurszettel in der Finanzzeitung – mit Ausnahme des Abschnitts »*Aktienscheine*« – enthalten in aller Regel ausschließlich nackte Optionsscheine.

Gedeckte versus ungedeckte Optionsscheine

7.3.4.1.5

Besitzt der Schreiber eines nackten Optionsscheins das Underlying während der Laufzeit des Scheins, so spricht man auch von einem gedeckten

covered warrant

Optionsschein oder **covered warrant**. Grundsätzlich können all diejenigen nackten Optionsscheine, die sich auf konkrete Vermögensgegenstände, etwa Aktien oder Anleihen beziehen, als covered warrants begeben werden. Der Begriff findet jedoch im allgemeinen nur im Zusammenhang mit nackten Aktienscheinen Verwendung (vgl. Abb. 7/79). Diese durften Banken und Broker-Häuser aus Gründen des Anlegerschutzes in Deutschland zunächst nur als covered warrants auflegen. Seit dem Wegfall der Vorschrift wird die Mehrzahl der Papiere aber ungedeckt begeben.

Abb. 7/79: Aktienscheine

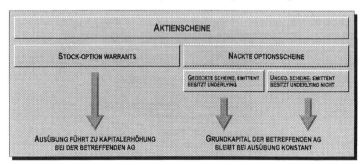

Die Emission gedeckter Aktienscheine ist insbesondere für Versicherungs- und Kapitalanlagegesellschaften interessant. Diese verfügen gemeinhin über umfangreiche Wertpapierbestände und können durch den Verkauf der Optionsscheine zusätzliche Finanzierungsquellen erschließen - und zwar insbesondere dann, wenn mit einer Ausübung nicht zu rechnen ist. Die Unternehmen

- begeben covered warrants zumeist im Namen einer Geschäftsbank,
- schreiben die Scheine auf eigene Wertpapiere,
- streichen die Optionsprämien selber ein und
- zahlen der Bank eine Provision für die Abwicklung der Transaktion.

Sollte es wider Erwarten zu einer Ausübung der Calls kommen, so liefern sie die Papiere aus dem eigenen Bestand.

Die Aktienscheine, die das Handelsblatt in der Tabelle »*Optionsscheine*« im Abschnitt »*Covered Warrants*« erfaßt, können sowohl gedeckt als auch ungedeckt sein. Auf die Kurszettel wird im folgenden Abschnitt näher eingegangen.

Optionsscheine in der Finanzzeitung

7.3.4.2

Tabelle »Optionsscheine«

7.3.4.2.1

Notierungen für Optionsscheine vom letzten Börsentag erscheinen im Handelsblatt unter anderem in der Rubrik »*Wandelanleihen, Optionsanleihen, Optionsscheine*«. Es gibt insgesamt zwei Tabellen mit der Überschrift »*Optionsscheine*« (vgl. Abb. 7/80). Eine erfaßt solche Scheine, die an den deutschen Wertpapierbörsen in den Segmenten »amtlicher Handel« und »geregelter Markt« notieren. In der anderen sind Scheine zu finden, die Marktteilnehmer im Börsen-Freiverkehr bzw. per Telefon (»OTC«) handeln.

Abb. 7/80: Tabelle »Optionsscheine«

Die beiden Tabellen mit der Kopfzeile »*Optionsscheine*« liefern die Vereinigten Wirtschaftsdienste (vwd), Eschborn, täglich gegen 14.00 Uhr. Sie werden in den folgenden Abschnitten gemeinsam beschrieben, da sich die verwendeten Abkürzungen, Kurszusätze usw. sehr ähneln.

Die Tabellen enthalten grundsätzlich sowohl Plain-Vanilla- als auch exotische Optionsscheine. »Exoten« lassen sich für gewöhnlich an den Abkürzungen erkennen.

Das Handelsblatt markiert Calls durch ein »*K*« für »Kaufoption« und Puts durch ein »*V*« für »Verkaufsoption«.

K./V.

Ob es sich bei einem Optionsschein um einen Schein europäischen oder amerikanischen Typs handelt, ist der Tabelle nicht zu entnehmen. Entsprechendes gilt für das Bezugsverhältnis. Diese Informationen muß ein Anleger, genau wie die exakten Ausstattungsmerkmale, immer beim Emittenten selbst oder bei einer Geschäftsbank erfragen.

**Kurszusatz/
Börsenplatz**

Die Optionsscheinkurse werden – abhängig vom jeweiligen Marktsegment – entweder von amtlichen oder aber von freien Maklern täglich zwischen 11 Uhr 30 und 13 Uhr festgestellt. Die Makler beachten dabei das Meistausführungsprinzip und versehen die Notierungen mit den Zusätzen, die von Aktien und Renten bekannt sind. Wird hinter der Kurzbeschreibung eines Optionsscheins auf die Angabe des Börsenplatzes verzichtet, so stammt die Notiz grundsätzlich aus Frankfurt. Die anderen Börsenplätze sind an den üblichen Kürzeln, zum Beispiel »*(D)*« für Düsseldorf oder »*(M)*« für München, zu erkennen.

Unter der Überschrift »*Aktienscheine*« (vgl. Abb. 7/81) listet das Handelsblatt ausschließlich solche Scheine, die ursprünglich einer Optionsanleihe, einem Genußschein oder – was jedoch sehr selten ist – einer Aktie anhefteten.

Abb. 7/81:
Aktienscheine

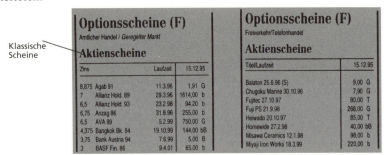

Der Kurszettel »*Aktienscheine*«, der die Börsensegmente »amtlicher Handel« und »geregelter Markt« abdeckt, war bereits Gegenstand des Abschnitts 6.6.5.1. Sein Pendant für die Segmente »Freiverkehr« und »Telefonhandel« unterscheidet sich in der Weise, daß die Spalten »*Zins*« und »*Laufzeit*« nicht separat ausgewiesen, sondern sämtliche Ausstattungsmerkmale in einer Spalte »*Titel/Laufzeit*« zusammengefaßt werden (vgl. Abb. 7/81).

Die Kursnotierungen für nackte Aktienoptionsscheine, die sowohl gedeckt als auch ungedeckt sein können, publiziert das Handelsblatt unter der Überschrift »*Covered Warrants*« (vgl. Abb. 7/82). Die Scheine beziehen sich entweder auf

- Aktien einzelner Gesellschaften, wie AT & T, BMW, Veba usw., oder
- Aktienkörbe, die zumeist aus verschiedenen Aktientiteln einer bestimmten Branche zusammengesetzt sind.

Die erste Tabellenspalte ist generell für jeden Optionsschein gleich aufgebaut. Es erscheinen

- der Name der Aktiengesellschaft bzw. die Bezeichnung des Aktienkorbes,
- die Art des verbrieften Optionsrechts, gemeint ist hier die Unterscheidung zwischen Kauf- und Verkaufsoption,

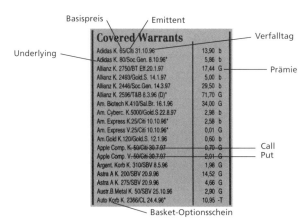

Abb. 7/82: Covered Warrants

- der Basispreis,
- der Emittent sowie
- das Verfalldatum eines Scheins.

Einen Überblick über Optionsscheine, deren Underlyings in- und ausländische Aktien- und Rentenindizes sind, erhält der Leser unter der Überschrift »*Indexscheine*« (vgl. Abb. 7/83).

Abb. 7/83: Indexscheine

Weiterhin liefert das Handelsblatt unter der Überschrift »*Zinsscheine*« (vgl. Abb. 7/84) eine Zusammenfassung der Kursnotierungen für Optionsscheine, denen entweder

- ein Zinssatz, wie etwa der Libor oder Fibor,
- ein Swap-Satz,
- der Kurs einer konkreten Anleihe oder
- der Preis eines Zinsfutures

zugrunde liegt.

Die Basiswerte der Titel sind für gewöhnlich anhand der verwendeten Abkürzungen zu identifizieren (vgl. Abb. 7/84). Optionsscheine, die sich auf Währungen beziehen, erscheinen in der Finanzzeitung schließlich im Kurszettel »*Währungsscheine*« (vgl. Abb. 7/85).

618 Optionen und Optionsscheine

Abb. 7/84:
Zinsscheine

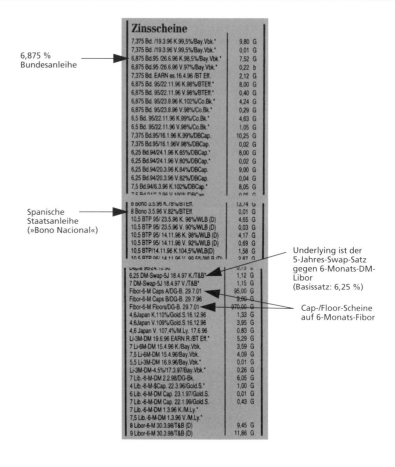

Abb. 7/85:
Währungs-
scheine

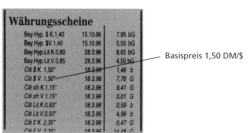

7.3.4.2.2 **Tabelle »IBIS-System«**
Einige Optionsscheine, die ursprünglich den Optionsanleihen oder Genuß-
scheinen bedeutender »DAX-Gesellschaften« beigefügt waren, können
Marktteilnehmer auch über das IBIS-System kaufen und verkaufen. Die im
Computerhandel für die Papiere am Vortag zustande gekommenen Preise
sind in der Finanzzeitung in der Tabelle »*Ibis-System*« unter der Rubrik
»*Aktien*« zu finden (vgl. Abb. 7/86).

Ibis-System

Abb. 7/86: Ibis-System

22.2.96	Tages Hoch	Tages Tief	17.00 Uhr	Umsätze
Dax	**2425,99**	**2400,74**	**2421,93**	
Adidas	93,30	90,50	91,80	247000
AEG	161,00	161,00	161,00	600
AGIV	25,50	25,25	25,25	10000
Allianz	2779,00	2748,00	2753,00	52400
Altana				
AMB NA				
Asko				
AVA				
BASF	351,00	345,60	349,75	252000
Bankges. Berlin	392,00	386,00	392,00	1800
Barmag				
Bay. Hyp	37,35	36,96	37,16	347000
BMW	814,50	805,00	813,00	57000
Bay. Vereinsbk.	43,61	43,35	43,54	339200
Bayer	437,00	431,00	434,60	314000
Beiersdorf				
Bekula	410,00	410,00	410,00	400
BHF-Bank	42,00	41,50	41,85	44800
Bilfinger & Berger				
Brau u. Brunnen	216,00	216,00	216,00	400
Bremer Vulkan	16,40	14,55	15,10	170400
Buderus				
CKAG Colonia				
Commerzbank	338,90	335,50	338,30	137000
Continental	25,10	24,65	24,80	483800
Daimler - Benz	804,90	797,30	802,30	399000
DBV Hold.				
Degussa	535,00	529,00	529,00	15000
DePfa-Bank				
Dt. Babcock	112,00	90,00	98,00	125000
Deutsche Bank	73,75	73,08	73,47	3357000
DLW	135,00	134,00	135,00	400
Douglas Hold.	49,40	47,90	49,40	98200
Dresdner Bank	38,75	38,45	38,62	606000
Dürr Bet.				
Dyckerhoff VA				
Escada VA				
FAG Kugelfischer	219,00	215,00	219,00	4200
Felten & Guilleaume				
Fielmann VA				
Fresenius VA	201,40	195,00	196,10	28800
Gea VA				
Gehe				
Gerresheimer Glas				
Grohe VA				
Heidelb. Zement				
Henkel VA	561,00	554,00	560,00	17600
Herlitz				
Hochtief	667,00	667,00	667,00	200
Hoechst	442,00	437,00	442,00	269000
Holzmann				
Hombach VA	94,50	94,00	94,00	3600
Hombach Baum.				
Horten				
IKB	290,00	289,00	289,00	1000
IVG				
IWKA	276,00	275,00	275,00	1000
Jungheinrich VA				
Kampa-Haus				
Karstadt	579,50	565,00	577,00	24200
Kaufhof	454,90	448,25	452,00	19400
KHD	8,90	8,85	8,85	2000
Klöckner-Werke	57,50	56,50	56,50	4000

22.2.96	Tages Hoch	Tages Tief	17.00 Uhr	Umsätze
Kolbenschmidt				
Krones VA				
KSB VA				
Krupp Hoesch				
Linde	890,90	878,00	885,00	23400
Linotype-Hell				
Lufthansa	226,95	221,50	226,40	158800
MAN	426,60	418,60	424,30	34400
Mannesmann	502,00	496,50	500,50	427000
Merck	62,40	61,25	61,80	273600
Metallgesellschaft	33,19	32,50	32,65	159600
Münch. Rück NA				
Plettac				
Porsche VA	905,00	896,00	905,00	600
Preussag	431,00	425,50	429,00	97600
PWA				
Rheinelektra				
Rheinmetall				
Rütgers				
RWE StA	60,30	59,25	60,24	1071000
RWE VA	46,20	45,70	46,12	306200
Salamander				
SAP StA	228,00	225,00	227,50	26400
SAP VA	228,50	225,00	228,20	188400
Schering	107,90	104,00	106,60	506400
Schmalb. Lubeca	245,00	245,00	245,00	200
Schwarz Pharma	80,00	80,00	80,00	2000
SGL Carbon	130,50	128,00	128,00	8000
Siemens	829,30	815,50	818,00	703000
SKW Trostberg	31,00	30,60	30,75	77600
Spar VA				
Strabag				
Südzucker VA				
Thyssen	277,10	275,40	277,05	208000
Varta				
Veba	66,25	65,00	66,17	2450000
VEW				
VIAG	626,95	620,50	626,00	82000
Victona Hold.				
Volksfürsorge				
VW StA	540,50	533,50	538,40	279000
VW VA	399,50	394,00	398,00	17200
Wella VA				
Weru				
Optionsscheine				
Allianz 89/96	1505,00	1500,00	1500,00	800
Allianz 93/98	85,50	83,30	83,50	96000
Bayer 87/97				
Bay. Hyp. 92/99				
Bay. Hyp. 86/96				
Commerzbank 87/97				
Continental 93/2000				
Deutsche Bank 92/97	28,50	27,50	28,00	333000
Dresdner Bank 86/96	17,00	16,70	16,70	6000
Dresdner Bank 92/97	14,70	14,70	14,70	11000
RWE VA 86/96	276,20	272,00	276,20	11000
Siemens 92/98	168,80	151,50	168,30	40000
Veba 93/98	273,00	265,00	273,00	7000
VW 86/95				
VW VA 88/98	162,00	158,00	161,70	11000

Umsätze bei Aktien in Stück.

Das Handelsblatt gibt für jeden Schein neben dem IBIS-Schlußkurs von 17.00 Uhr den jeweiligen Tages-Höchst– und -Tiefst-Kurs sowie den »Stück-Umsatz« bekannt.

TUBOS

7.3.4.3

In der Tabelle »*Deutsche Indizes/DAX*« erscheint täglich der Stand des Trinkaus und Burkhardt Optionsschein-Indexes, kurz Tubos, vom letzten und vorletzten Börsentag.

Den Index entwickelte – wie sein Name bereits vermuten läßt – die Düsseldorfer Privatbank Trinkaus & Burkhardt, im folgenden kurz TuB. Die Grundgesamtheit bilden sämtliche an deutschen Börsen gehandelten Opti-

Deutsche Indizes / Dax

	15.12.	14.12.
Dax (30.12.87 = 1000) (Jahres-H/T 2320,22/1893,63)* 38/200-Tge.-Ø 2210,99/2145,64 Tages-H/T 2284,77/2276,11 Tages-E/S 2284,77	2284,77	2285,85
Dax K	2282,48	2287,90
Ibis-Dax Tages-H/T 2293,66/2276,64	2283,84	2286,21
Dax best ask Tages-H/T 2293,67/2277,72	2287,38	2287,49
Dax best bid Tages-H/T 2288,32/2274,38	2282,72	2283,98
Dax 100 Tages-H/T 1175,39/1172,08	1175,36	1176,16
Dax 100 K	1173,15	1177,02
Dax 100 Kursindex	979,69	984,07
VDax (% p. a.)	12,61	12,99
Tubos-Index (30.12.87 = 1000) Jahres-H/T 1804,66/1222,41	1574,20	1585,72

onsscheine auf Aktien inländischer Gesellschaften, die ursprünglich im Rahmen einer bedingten Kapitalerhöhung begeben wurden (klassische Scheine). Einen Überblick über die aktuellen Börsenkurse der entsprechenden Papiere vermittelt das Handelsblatt in der Tabelle »*Aktienscheine – Geregelter Markt/Amtlicher Handel*« (vgl. Abb. 7/81). Das nachstehende Tableau zeigt eine Auswahl derjenigen Titel, die dem TUBOS am 1.2.1996 zugrunde lagen.

Abb. 7/87: Optionsscheine im TUBOS mit der stärksten Gewichtung am 1.2.1996, (Quelle: Trinkaus & Burkhardt)

Optionsschein	Emissionsvolumen (in tausend)	Gewichtung (Marktkapital.)
Allianz 89/96	660,00	15,31 %
Allianz 93/98	5.320,00	7,42 %
AVA 89/99	200,00	2,25 %
BASF 86/01	2.820,00	3,18 %
BAYER 87/97	2.500,00	3,65 %
Deutsche Bank 92/97	15.000,00	5,83 %
Krupp 86/96	1.600,00	2,01 %
Münchener Rück 94/98	850,00	2,72 %
RWE VA 86/96	3.500,00	12,84 %
Siemens 92/98	3.000,00	7,08 %
Veba 93/98	1.680,00	6,53 %
Viag 87/97	1015,00	7,32 %
VW 86/01	1.200,00	2,64 %
VW VA 88/98	3.870,00	9,16 %

Anders als bei einem Aktienindex ändert sich die Zusammensetzung des Optionsschein-Indexes aufgrund der begrenzten Laufzeiten der einbezogenen Titel regelmäßig. Auslaufende Scheine werden am Tag, an dem die Notierung eingestellt wird, aus dem TUBOS herausgenommen, neu begebene ab dem Tag ihrer ersten Notierung hinzugefügt. TuB unterstellen folglich, daß ein Anleger neu begebene Scheine am Tag der ersten Notierung erwirbt und anschließend bis zum letzten Handelstag hält.

Genau wie der DAX hat auch der TUBOS eine Basis von 1000 Punkten am 31.12.1987. Indexstände liegen seit dem 2. Januar 1984 vor. Vor 1984 wurden an den deutschen Börsen weniger als 20 Optionsscheine notiert, was die Berechnung eines repräsentativen Indexes bis dahin ausschloß. Der Wert des TUBOS wird, ebenso wie der DAX, mit Hilfe der Formel von Laspeyres berechnet. Zudem repräsentiert der TUBOS einen **Performance-Index**. Abbildung 7/88 zeigt DAX- und TUBOS-Verlauf über einen Zeitraum von ungefähr acht Jahren.

Performance-Index

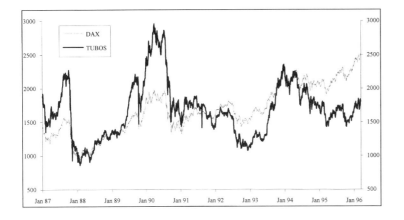

Abb. 7/88: Verlauf – Tubos vs. DAX seit 1987 (Quelle: Trinkaus & Burkhardt, Düsseldorf)

Kennzahlen

7.3.5

Einführung

7.3.5.1

Es existiert eine Vielzahl von Kennziffern, die eine rasche Beurteilung einer Option unterstützen, vor allem aber einen direkten Vergleich mit anderen Optionen ermöglichen sollen. Die wichtigsten Kennziffern sind in Abbildung 7/89 übersichtlich aufgeführt.

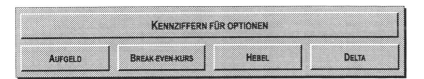

Abb. 7/89: Kennziffern für Optionen

Aufgeld

7.3.5.2

Das Aufgeld (»Agio«) drückt aus, um wieviel die Ausübung einer Option teurer ist, als der direkte Kauf bzw. Verkauf des Underlyings. Aufgeld ist im Grunde genommen nur eine andere Bezeichnung für den Begriff Zeitprämie. Es kann absolut oder in Form eines Prozentsatzes angegeben werden. Das absolute Aufgeld entspricht der Zeitprämie und ergibt sich bekanntlich, wenn der Innere Wert von der Optionsprämie subtrahiert wird. Das relative Aufgeld ist dagegen ein Prozentwert, der folgendermaßen zustande kommt.

$$\frac{\text{Zeitprämie}}{\text{Aktueller Preis des Underlyings}} \times 100\ \%$$

In der Praxis werden die Agios zumeist auf ein Jahr bezogen, um in erster Linie Optionen mit unterschiedlichen Restlaufzeiten direkt miteinander vergleichen zu können.

Beispiel 7/19

Zwei Call-Optionsscheine der Citibank, die beide auf der Aktie der Adidas AG basieren, weisen am 28.2.1996 die weiter unten aufgeführten Notierungen auf. Den Kurs der Adidas-Aktie an diesem Tag zeigt die Tabelle »*Fortlaufende Notierungen*«.

Covered Warrants							
Adidas K. 65/Citi 31.10.96	30,20 G						
Adidas K. 75/Citi 30.4.97*	24,70 b						
Adidas V. 75/Citi 30.4.97*	3,00 G						

Fortlaufende Notierungen (F)

28.2.96	Div.	Anfang	Verlauf	Kasse	Schluß	+/-	H 96	T 96
A. A. A. Anlageverw.	0	36,00b	36,00 32,00	32,00b	32,00b	-4	42	28
ABN Amro H. (Holl.)		66,30b	66,30 66,30	66,30b	66,30b	+1,3	68	61
Adidas (5)	0	92,50b	94,85 92,50	93,50b	94,85b	+3,15	75	75
AMB vink. NA	20,0	965,00-T		965,00-T	965,00-T	-3	1145	900
AMB Inh.	20,0	891,00B	891,00 891,00	891,00B	891,00B	-2	1002	900

Für beide Scheine gilt ein Bezugsverhältnis von eins zu eins. Folgendes Tableau zeigt das Aufgeld separat für jeden Call.

Adidas K. 65/Citi 31.10.96	Adidas K. 75/Citi 30.4.97
$\dfrac{\overbrace{30,20\text{DM}}^{\text{Call–Prämie}} - \overbrace{(94,85\text{DM} - 65\text{DM})}^{\text{Innerer Wert}}}{94,85\text{DM}} \times 100\% = 0,37\%$	$\dfrac{\overbrace{24,70\text{DM}}^{\text{Call–Prämie}} - \overbrace{(94,85\text{DM} - 75\text{DM})}^{\text{Innerer Wert}}}{94,85\text{DM}} \times 100\% = 5,11\%$

Der Erwerb der Adidas-Aktien über die Optionsscheine ist in beiden Fällen ungünstiger als der Direktkauf. Wenn ein Marktakteur beispielsweise den »Adidas K. 65/Citi 31.10.96« jetzt kauft und den Schein umgehend ausübt, so zahlt er 0,37 % mehr, als bei einem direkten Kauf der Adidas-Aktie.

Der »Adidas K. 65/Citi 31.10.96« verfällt in acht, der »Adidas K. 75/Citi 30.4.97« in 14 Monaten. Somit lassen sich folgende auf ein Jahr bezogene Agios bestimmen.

Adidas K. 65/Citi 31.10.96	Adidas K. 75/Citi 30.4.97
$0,37\ \% \times \dfrac{12\text{ Monate}}{8\text{ Monate}} = 0,56\ \%\text{ p.a.}$	$5,11\ \% \times \dfrac{12\text{ Monate}}{14\text{ Monate}} = 4,38\ \%\text{ p.a.}$

Der »Adidas K. 75/Citi 30.4.97« weist ein ungefähr achtmal höheres Aufgeld p. a. auf als der »Adidas K. 65/Citi 31.10.96«.

Problematik

Die Annualisierung ist im allgemeinen ungenau, schon allein aufgrund des überproportionalen Zeitwertverfalls, und die Formel für das Agio wohl eher eine »Faustformel«. Folgt man der »Praktikermethode«, so führte beispielsweise ein Aufgeld von 14 % für einen Aktien-Call mit einer Restlaufzeit von zwei Jahren zu einem Agio von 7 %, bezogen auf ein Jahr. Dies läßt sich so ohne weiteres kaum mit dem Aufgeld eines Aktien-Calls vergleichen, der vielleicht nur noch ein Jahr »läuft«. Die direkte Gegenüberstellung einzelner Agios erscheint ohnehin unzulässig, vor allem bei unterschiedlichen Underlyings. Zwei Optionsscheine etwa, denen jeweils eine andere Aktie zugrundeliegt, weisen – auch bei ansonsten identischer Ausstattung – naturgemäß verschiedene Zeitprämien auf. Die Marktakteure setzen für verschiedene Aktien eben oftmals unterschiedliche implizite Volatilitäten an. Genaugenommen eignet sich die Kennziffer »Aufgeld« deshalb nur zum Vergleich einheitlicher Optionen.

WKN	CALL PUT	AM/ EU	BEZUGS- VERHÄLTNIS	STRIKE CAP	VERFALL	OS KURS 28.03.M	AUF- GELD	HEBEL	DELTA
SAP 815 466	Call	AM	1/1	DM 200	20.02.1997	38.80 DM	14.5%	5.4	71.0%
815 467	Call	AM	1/1	DM 250	15.06.2000	67.80 DM	52.4%	3.1	52.0%

Auszug aus einem Optionsschein-Prospekt

Ab und an weisen Optionen sogar ein Abgeld (»**Disagio**«) auf. Dies trifft vor allem für europäische Calls und Puts zu, die sehr »tief im Geld« sind und noch eine relativ lange Restlaufzeit haben. Wenn die Marktakteure davon ausgehen, daß der Kurs des Underlyings bis zum Verfalltag nicht weiter steigt bzw. sinkt, kommt möglicherweise eine Prämie zustande, die unter dem aktuellen Inneren Wert liegt.

Disagio

Break-Even-Kurs
Der Break-Even-Kurs ist derjenige Preis, den das Underlying spätestens am Verfalltag der Option erreicht haben muß, damit der Optionskäufer keinen Verlust erleidet.

7.3.5.3

Break-Even-Kurs beim Call	Break-Even-Kurs beim Put
Basispreis $+ \dfrac{\text{Optionsprämie}}{\text{Bezugsverhältnis}}$	Basispreis $- \dfrac{\text{Optionsprämie}}{\text{Bezugsverhältnis}}$

Optionskäufer und -verkäufer vergleichen einen Break-Even-Kurs oftmals mit dem aktuellen Preis des Underlyings. So läßt sich vergleichsweise einfach feststellen, welche Preisbewegung das Underlying wenigstens vollziehen muß, damit der Käufer bzw. der Verkäufer keinen Verlust erleidet. Die Akteure können anschließend prüfen, ob eine solche Preisänderung innerhalb der Optionsfrist realistisch erscheint.

Die Finanzzeitung zeigt die Notierung zweier amerikanischer Optionsscheine der Citibank am 22.2.1996.

Beispiel 7/20

Adidas K. 65/Citi 31.10.96	26,00 b
Adidas K. 75/Citi 30.4.97*	24,10 b
Adidas V. 75/Citi 30.4.97*	3,50 b
Adidas K. 80/M I v.30.5.97	10,10 b

Das Bezugsverhältnis lautet bei beiden Scheinen eins zu eins. Den Break-Even-Kurs für den Call- und den Put-Optionsschein zeigt folgendes Tableau.

Break-Even-Kurs beim Adidas-Call	Break-Even-Kurs beim Adidas-Put
$\underbrace{75\,\text{DM}}_{\text{Basispreis}} + \underbrace{24,10\,\text{DM}}_{\text{Call–Prämie}} = 99,10\,\text{DM}$	$\underbrace{75\,\text{DM}}_{\text{Basispreis}} - \underbrace{3,50\,\text{DM}}_{\text{Put–Prämie}} = 71,50\,\text{DM}$

Der Käufer eines Calls erleidet keinen Verlust, wenn die Adidas-Aktie bis zum 30.4.1997 den Kurs von 99,10 D-Mark oder einen höheren erreicht. Lautet der Preis für die Aktie etwa am Verfalltag genau 99,10 D-Mark, so könnte der Call-Inhaber die Option ausüben und die Aktie für 75 D-Mark beziehen. Der Verkauf der Aktie auf dem Kassamarkt bringt 99,10 D-Mark ein und es verbleiben schließlich

$$99,10\ \text{DM} - 75\ \text{DM} = 24,10\ \text{DM},$$

was der am 22.2.1996 bezahlten Prämie entspricht. Beim Put ist es umgekehrt. Der Kurs der Adidas-Aktie muß mindestens auf 71,50 D-Mark sinken, damit ein Käufer des Scheins keinen Verlust erleidet.

Die Adidas-Aktie notiert am 22.2.1996 zum Schlußkurs von 92,80 D-Mark.

Fortlaufende Notierungen (F)

22.2.96	Div.	Antang	Verlauf	Kasse	Schluß	+/-	H96	T96
A. A. A. Anlageverw.	0	36,00b	36,00 36,00	34,00-T	34,00-T		42	35
ABN Amro H. (Holl.)		64,80b	64,80 64,80	64,80b	64,90b	+1,3	68	81
Adidas (5)	0	92,50b	93,30 92,50	92,80b	92,80b	+2,8	93	75
AMB vink. NA	20,0	935,00b	35,00 25,00	930,00b	925,00G	±0	1145	925
AMB Inh.	20,0		90,00 90,00	900,00bG	900,00bG	±0	1002	900

Der Kurs der Aktie muß bis zum Verfalltag folglich mindestens um

$$\frac{\overbrace{99,10\,\text{DM}}^{\substack{\text{Break-even-Kurs}}} - \overbrace{92,80\,\text{DM}}^{\substack{\text{Aktueller Kurs}\\\text{der Adidas-Aktie}}}}{92,80\,\text{DM}} \times 100\ \% = 6,79\ \%$$

steigen, damit die Gewinnschwelle für einen Call-Käufer überschritten wird und wenigstens um

$$\frac{\overbrace{92,80\,\text{DM}}^{\substack{\text{Aktueller Kurs}\\\text{der Adidas-Aktie}}} - \overbrace{71,50\,\text{DM}}^{\substack{\text{Break-even-Kurs}}}}{92,80\,\text{DM}} \times 100\ \% = 22,95\ \%$$

sinken, damit ein Put-Käufer keinen Verlust erleidet.

Hebel und Delta

7.3.5.4

Optionen weisen in gewisser Hinsicht, genau wie unbedingte Termingeschäfte, einen **Hebel** (»Leverage«) auf, weil sich mit relativ geringem Kapitaleinsatz eine vergleichsweise hohe Menge des Underlyings »bewegen« läßt. Dieser Leverage-Effekt wird in der Praxis oft mit einer einfachen Kennzahl, dem sogenannten Hebel, beschrieben.

Hebel

$$\text{Hebel} = \frac{\text{Aktueller Preis des Underlyings} \times \text{Bezugsverhältnis}}{\text{Optionsprämie}}$$

Er soll angeben, um wieviel mal stärker die prozentuale Änderung der Optionsprämie im Vergleich zur prozentualen Wertänderung des Underlyings ausfällt, wenn sich der Preis des Underlyings in naher Zukunft um ein Prozent verändert. Dabei wird einfach unterstellt, daß sich im Zeitablauf nur der Innere Wert der Option anpaßt, die Zeitprämie aber mehr oder weniger unverändert bleibt. So gesehen ist der Hebel eher eine Faustformel. Dies verdeutlicht etwa folgendes einfache Beispiel. Der Juni-600-Call (Daimler) notiert am 30.5.1995 an der Deutschen Terminbörse zu 83 D-Mark, die Daimler-Aktie zum Kurs von 680,50 D-Mark (»Ibis Schluß«).

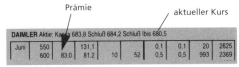

Die Option ist mit folgendem Hebel versehen.

$$\text{Hebel Juni} - 600 - \text{Call} = \frac{\underbrace{680{,}50\,\text{DM}}_{\substack{\text{Ibis-Schlußkurs für} \\ \text{die Daimler-Aktie}}} \times \overbrace{1}^{\substack{\text{Für einen Call} \\ \text{kann eine Aktie} \\ \text{bezogen werden}}}}{\underbrace{83\,\text{DM}}_{\text{Call-Prämie}}} = 8{,}2$$

Danach fällt die relative Wertänderung des Juni-600-Calls um das 8,2fache höher oder niedriger aus, wenn der Kurs der Daimler-Aktie steigt oder sinkt. Diese Angabe ist nur dann zuverlässig, sofern der Zeitwert des Juni-600-Calls unverändert bleibt und nur der Innere Wert, je nach Kursentwicklung der Daimler-Aktie, steigt oder sinkt. Die Daimler-Aktie ist am nächsten Tag (31.5.1995) um 4,50 D-Mark auf 685 D-Mark gestiegen, was einer Wertänderung von

$$\frac{\overbrace{4{,}50\,\text{DM}}^{\text{Kursanstieg}}}{\underbrace{680{,}50\,\text{DM}}_{\substack{\text{Kurs der Daimler-} \\ \text{Aktie am 30.5.95}}}} \times 100\% = 0{,}66\%$$

entspricht. Bliebe die Zeitprämie des Juni-600-Calls konstant, so würde nur der Innere Wert der Option zunehmen, und zwar genau um 4,50 D-Mark.

$$\text{Prämie des Juni-600-Calls am 31.5.96 bei unveränderter Zeitprämie} = \underbrace{83\,\text{DM}}_{\substack{\text{Prämie des Calls}\\\text{am }30.5.96}} + \underbrace{4{,}50\,\text{DM}}_{\substack{\text{Kurssteigerung der}\\\text{Daimler-Aktie}}} = 87{,}50\,\text{DM}$$

Die Prämie wäre dann um

$$\frac{4{,}50\,\text{DM}}{83\,\text{DM}} \times 100\% = 5{,}42\%$$

gestiegen, im Verhältnis zur Daimler-Aktie also

$$\frac{\overbrace{5{,}42\%}^{\substack{\text{Änderung der}\\\text{Call-Prämie}}}}{\underbrace{0{,}66\%}_{\substack{\text{Kursänderung}\\\text{der Daimler-Aktie}}}} = 8{,}2$$

mal stärker. Der Juni-600-Call notiert am 31.5.1995 aber tatsächlich zu einem Kurs von 86,10 D-Mark, was folgender Ausschnitt aus der Finanzzeitung belegt.

Die Prämie ist nur um

$$\frac{86{,}10\,\text{DM} - 83\,\text{DM}}{83\,\text{DM}} \times 100\% = 3{,}73\%$$

gestiegen, was am Rückgang der Zeitprämie liegt. Sie sank vom 30.5. bis zum 31.5.1995 um

$$\underbrace{\left[\underbrace{83\,\text{DM}}_{\substack{\text{Call-Prämie}\\\text{am }30.5.95}} - \underbrace{(680{,}50\,\text{DM} - 600\,\text{DM})}_{\text{Innerer Wert am 30.5.95}}\right]}_{\text{Zeitprämie am 30.5.95 (2,50 DM)}} - \underbrace{\left[\underbrace{86{,}10\,\text{DM}}_{\substack{\text{Call-Prämie}\\\text{am }31.5.95}} - \underbrace{(685\,\text{DM} - 600\,\text{DM})}_{\text{Innerer Wert am 31.5.95}}\right]}_{\text{Zeitprämie am 31.5.95 (1,10 DM)}} = 1{,}40\,\text{DM}.$$

Im nachhinein ergibt sich damit ein Hebel von

$$\frac{3{,}73\%}{0{,}66\%} = 5{,}65.$$

Kennzahlen **627**

Je höher der Hebel, desto mehr Risiko birgt die betreffende Option. Er stellt im Grunde eine Risikokennziffer dar, die sowohl die Chance für Wertgewinne, aber auch die Gefahr für Verluste signalisiert. Seine Aussagekraft ist jedoch vergleichsweise schwach, wenn man bedenkt, daß der Zeitwertverfall völlig außer acht bleibt. Soll die Sensitivität der Optionsprämie bei Preisänderungen des Underlyings zum Ausdruck kommen, so geht man immer mehr dazu über, statt des Hebels das sogenannte **Delta** heranzuziehen. Es erfaßt nicht nur die Änderung des Inneren Wertes, sondern auch den Zeitwertverfall. Das Delta läßt sich eigentlich aber nur dann bestimmen, wenn der exakte mathematische Beziehung zwischen den Einflußfaktoren und der Optionsprämie bekannt ist. Bei Aktienoptionen greift man etwa auf die Formel von Black/Scholes zurück, die eben diese Beziehung widerspiegelt. Die Ableitung des Deltas ist jedoch eine relativ komplexe Aufgabe, die eher mathematischen als ökonomischen Sachverstand erfordert, so daß hier auf weitere Schilderungen verzichtet wird. Das Delta einer Option liegt immer im Bereich zwischen

Delta

- Null und 1, bei Calls;
- -1 und Null, bei Puts.

Folgendes Tableau zeigt die möglichen Ausprägungen des Deltas für einen Call. Die Angaben lassen sich auf Puts entsprechend übertragen.

Call ist »deep out of the money«	Call ist »out of the money«	Call ist »at the money«	Call ist »in the money«	Call ist »deep in the money«
Delta liegt nahe Null	Delta liegt zwischen Null und 0,5	Delta liegt nahe 0,5	Delta liegt zwischen 0,5 und 1	Delta liegt nahe 1

Bei einem Delta[1] von 0,7 ($\approx$ 70 %), etwa für einen Aktien-Call, steigt oder sinkt die Prämie um siebzig Pfennige, wenn der Kurs der zugrundeliegenden Aktie um eine D-Mark steigt bzw. sinkt. Angenommen, der Preis für die Aktie steigt von einem auf den anderen Tag um eine Mark, so klettert die Prämie insgesamt nur um siebzig Pfennige. Diese ungleiche Preisänderung läßt sich ganz einfach erklären. Der Innere Wert der Option steigt von einem auf den nächsten Tag verständlicherweise auch um eine D-Mark, die Zeitprämie hat jedoch um dreißig Pfennige abgenommen (»Zeitwertverlust«), so daß sich der Optionspreis alles in allem um

$$\overbrace{1\,\text{DM}}^{\substack{\text{Zunahme an}\\\text{Innerem Wert}}} - \overbrace{0{,}30\,\text{DM}}^{\text{Zeitwertverlust}} = 0{,}70\,\text{DM}$$

1 In der Praxis wird das Delta ab und an in Form eines Prozentwertes angegeben. Es zeigt, im Unterschied zum Hebel, eine absolute und nicht relative Änderung an.

ändert. Ein Aktien-Call beispielsweise kann nur dann ein Delta von 1 aufweisen, wenn die Prämie nurmehr aus dem Inneren Wert besteht. Dies ist bei amerikanischen Calls der Fall, die sehr »tief im Geld« sind. Calls dage-

Optionen und Optionsscheine

gen, die sehr »weit aus dem Geld« sind, haben ein Delta von ungefähr Null. Preisveränderungen des Underlyings üben keinen Einfluß auf den Inneren Wert oder die Zeitprämie aus.

Auszug aus einem Optionsschein-Prospekt

WKN	CALL PUT	AM/ EU	BEZUGS-VERHÄLTNIS	STRIKE CAP	VERFALL	OS KURS 28.03.96	AUF-GELD	HEBEL	DELTA
SAP									
815 466	Call	AM	1/1	DM 200	20.02.1997	38.80 DM	14.5%	5.4	71.0%
815 487	Call	AM	1/1	DM 250	15.06.2000	67.80 DM	52.4%	3.1	52.0%

Das Delta ist, genau wie der Hebel, eine Kennziffer, die »heute« bekannt ist, aber eine Prämienänderung in der Zukunft angeben soll. Dies gelingt im Grunde genommen aber nur dann, wenn die Optionspreise bei künftigen Kursänderungen des Underlyings genauso reagieren, wie das Modell, etwa das von Black/Scholes, es vorgibt. Delta-Werte sind deshalb umso verläßlicher, je mehr sich die Marktakteure bei der Prämienfindung an eben diesen Modellen orientieren.

7.3.6

VDAX

An der Deutschen Terminbörse werden tagtäglich DAX-Optionen gehandelt. Die Marktteilnehmer müssen sich dabei auf einen Optionspreis einigen, damit ein Geschäft überhaupt zustande kommen kann. Käufer und Verkäufer orientieren sich bei der Prämienfindung naturgemäß an denjenigen Faktoren, die sich unmittelbar auf die Prämie auswirken.[1] Hierzu zählen etwa das aktuelle Zinsniveau, der Basispreis oder der aktuelle Stand des DAX – vor allem aber die Volatilität des Indexes, die von Käufern und Verkäufern der DAX-Option in der Zukunft erwartet wird. Die Marktteilnehmer kennen die künftige Volatilität des DAX zweifelsohne nicht und müssen daher Vermutungen über die zukünftige Entwicklung anstellen. Genau diese Vermutungen, die implizite Volatilität eben, soll der Volatilitäts-DAX, kurz VDAX, zum Ausdruck bringen. Er wird von der Deutschen Börse AG seit Dezember 1994 veröffentlicht und erscheint regelmäßig in der Tabelle »*Deutsche Indizes/DAX*« der Finanzzeitung.

Deutsche Indizes / Dax

	30.12.	29.12.
Dax (30.12.87 = 1000)		
(Jahres-H/T 2282,60/1953,23)*		
38/200-Tge.-Ø 2067,84/2116,65		
Tages-H/T 2106,58/2075,84		
Tages-E/S 2075,84/2106,58	2106,58	2077,03
Ibis-Dax Tages-H/T 2098,88/2095,80	2097,51	2074,68
Dax 100 Tages-H/T 1097,81/1083,89	1097,81	1084,01
VDax (% p. a.)	17,67	19,10
Tuhos-Index (30.12.87 = 1000)		

Volatilitäts-DAX

1 Einflußfaktoren auf eine Optionsprämie sind im Kapitel 7.3.1.3.2 beschrieben.

Der Stand des VDAX gibt an, welche Volatiliät die Marktakteure innerhalb der nächsten 45 Tage für den DAX erwarten. Die Idee zur Berechnung ist eigentlich recht einfach. Die Deutsche Börse AG bezieht ausschließlich DAX-Optionen mit einer Restlaufzeit von ungefähr 45 Tagen ein. Abgesehen von der impliziten Volatilität sind sämtliche Faktoren, welche die Höhe der Optionsprämie letztlich bestimmt haben, direkt zu beobachten. Die Prämien selbst stehen natürlich auch zur Verfügung. Außerdem ist der funktionale Zusammenhang zwischen der Optionsprämie und den Einflußfaktoren bekannt. Mit einfachen Worten: Die Deutsche Börse AG zieht die Formel von Black/Scholes heran, in die man die Ausprägungen der Einflußfaktoren einsetzen muß, um zur Optionsprämie zu gelangen. Als einzige »Unbekannte« verbleibt schließlich die implizite Volatilität.

Ein stark vereinfachtes Beispiel soll einmal deutlich machen, wie die Deutsche Börse AG zu einer impliziten Volatiliät gelangt. Sie beobachtet an einem ganz bestimmten Börsentag einen DAX-Call, der

- eine Restlaufzeit von 45 Tagen und
- einen Basispreis von 2.500 Indexpunkten

aufweist. Der DAX steht an diesem Tag bei 2.480 Punkten und der Satz für Termingeld mit einer Laufzeit von 45 Tagen liegt bei 4 % p. a. Bis auf die implizite Volatilität sind alle Größen bekannt, die Einfluß auf die Prämie der Option ausüben. Der DAX-Call wird an diesem Börsentag mit einer Prämie von 450 D-Mark gehandelt. Nun läßt sich mit Hilfe der Formel von Black/Scholes die implizite Volatilität bestimmen.

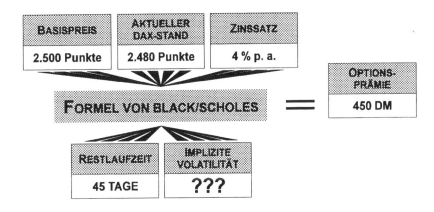

Die Gleichung muß nurmehr nach der **impliziten Volatilität** aufgelöst werden.

implizite Volatilität

Die Deutsche Börse AG zieht zur Berechnung des VDAX nicht nur eine einzige DAX-Option heran. Sie greift vielmehr auf zwei Optionsserien zurück und wählt die beiden Verfalltermine so aus, daß sie eine Laufzeit von 45 Tagen umschließen. Der VDAX ist also ein Index im wahrsten Sinne des Wortes, da implizite Volatilitäten einfließen, die aus mehreren Optionsprämien abgeleitet sind.

Sämtliche zur Berechnung erforderliche Daten werden an jedem Börsentag um 13 Uhr 30 erhoben und aufbereitet. Da man Volatilitäten üblicherweise in Prozent per annum angibt, wählt die Deutsche Börse AG für den

Interpretation

VDAX dieselbe Darstellungsweise. Der aktuelle Stand des VDAX signalisiert, welche Schwankungen, ausgedrückt in Prozent pro Jahr, Akteure »heute« für den deutschen Aktienmarkt, repräsentiert durch den DAX, erwarten. Ein Vergleich des VDAX etwa mit der historischen 30-Tage-Volatilität des Deutschen Aktienindexes ist ab und an recht aufschlußreich. Er kann etwa anzeigen, wieviel Vertrauen die Marktteilnehmer der vergangenen Entwicklung beimessen, wenn es um die Einschätzung der künftigen Schwankungen des DAX geht.

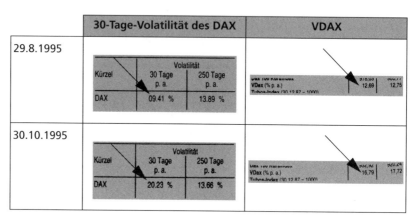

Da die implizite Volatilität einen großen Einfluß auf die Optionsprämie ausübt, deutet ein vergleichsweise hoher (geringer) Stand des VDAX auf ein hohes (geringes) Prämienniveau hin. So gesehen erfüllt der VDAX auch die Funktion eines Optionspreisindexes.

Der VDAX läßt sich von einem Prozentwert in eine absolute Schwankungsbreite, ausgedrückt in Index-Punkten, umrechnen. Hierzu dient folgende Formel:

absolute Schwankungsbreite

$$\text{Erwartete absolute Schwankungsbreite} = \frac{\text{VDAX}}{100} \times \sqrt{\frac{45\,\text{Tage}}{365\,\text{Tage}}} \times \text{aktueller DAX} - \text{Stand}$$

Die Marktteilnehmer erwarten den DAX-Stand während der nächsten 45 Tage in einem Bereich, der durch eine Ober- und Untergrenze umgeben wird. Die obere Grenze entspricht dem aktuellen DAX-Stand zuzüglich der erwarteten absoluten Schwankungsbreite. Durch Subtraktion der erwarteten absoluten Schwankungsbreite vom aktuellen DAX-Stand erhält man die Untergrenze.

$$\text{Erwartete DAX-Obergrenze (Untergrenze)} = \text{aktueller DAX-Stand} \;\substack{+ \\ (-)}\; \text{erwartete absolute Schwankungsbreite}$$

Dies soll an einem Beispiel verdeutlicht werden. Die Notierungen des DAX und des VDAX am 3.4.1996 zeigt die Finanzzeitung.

Die absolute erwartete Schwankungsbreite läßt sich durch Einsetzen der Tabellenwerte in die Formel bestimmen. Sie beträgt

$$\underbrace{\frac{13{,}13}{100}}_{\substack{\text{VDAX}\\ \text{am 3.4.96}}} \times \sqrt{\frac{45\,\text{Tage}}{365\,\text{Tage}}} \times \underbrace{2.494{,}40\,\text{Indexpunkte}}_{\text{DAX am 3.4.96}} = 115\,\text{Indexpunkte}.$$

Damit ergibt sich eine Obergrenze von

$$\underbrace{2.494{,}40\,\text{Indexpunkte}}_{\text{DAX am 3.4.96}} + \underbrace{115\,\text{Indexpunkte}}_{\substack{\text{absolute erwartete}\\ \text{Schwankungsbreite}}} = 2.609{,}40\,\text{Indexpunkten}$$

und eine untere Grenze von

$$\underbrace{2.494{,}40\,\text{Indexpunkte}}_{\text{DAX am 3.4.96}} - \underbrace{115\,\text{Indexpunkte}}_{\substack{\text{absolute erwartete}\\ \text{Schwankungsbreite}}} = 2.379{,}40\,\text{Indexpunkten}.$$

Die Marktteilnehmer, genauer gesagt Käufer und Verkäufer bestimmter DAX-Optionen, vermuten, daß sich der DAX innerhalb der nächsten 45 Tage im Bereich zwischen 2.379,40 und 2.609,40 Indexpunkten bewegt.

Indexpartizipationsscheine   7.4

Begriff   7.4.1

Als eine Mischform aus Aktien, Indexfutures und -anleihen sind die sogenannten Indexpartizipationsscheine, oftmals auch als Indexzertifikate bezeichnet, zu sehen. Sie stellen eine besondere Wertpapierform mit zumeist mehrjähriger Laufzeit dar. Der Emittent verpflichtet sich, den Scheininhabern am Fälligkeitstag einen Betrag zu bezahlen, der exakt dem Stand eines

Aktienindexes bzw. einem Bruchteil davon, und zwar ausgedrückt in Geldeinheiten, entspricht. Nach der Emission werden Indexpartizipationsscheine grundsätzlich zum Börsenhandel eingeführt.

Der folgende Ausschnitt entstammt den Emissionsbedingungen eines DAX-Zertifikates des Bankhauses Trinkaus & Burkhardt.

»... Bedingungen der 50.000 DAX-Zertifikate mit garantiertem Auszahlungsbetrag von 1992/1997

Die Trinkaus & Burkhardt Finance N. V. ist nach Maßgabe der Zertifikatsbedingungen verpflichtet, dem Inhaber eines DAX-Zertifikates am 18. März 1997 den Betrag zu zahlen, der dem in Deutsche Mark ausgedrückten DAX-Schlußkurs am 14. März 1997 entspricht, mindestens jedoch den Betrag von DM 1.775 je DAX-Zertifikat ... nach Börseneinführung können DAX-Zertifikate einzeln gehandelt und übertragen werden ...«

Der Börsenkurs eines Partizipationsscheins kommt für gewöhnlich in etwa dem tatsächlichen Stand des Indexes, umgerechnet in Geldeinheiten, gleich. Das belegt der folgende Ausschnitt aus der Finanzzeitung vom 6.12.1995.

Marktteilnehmer kaufen und verkaufen Partizipationsscheine quasi zum jeweils aktuellen Indexstand. Der Wert dieses Instrumentes hängt infolgedessen nahezu vollständig von der Indexentwicklung ab, so daß die Eigentümer von einem Anstieg des Indexes profitieren bzw. unter einem Rückgang leiden. Im Gegensatz zu einem Indexoptionsschein besitzt ein Indexzertifikat keinen Hebeleffekt.

7.4.2 Tabelle »Indexscheine«

Die aktuellen Notierungen für Indexpartizipationsscheine kann ein Anleger in der Tabelle *»Optionsscheine«* unter der Überschrift *»Indexscheine«* ablesen. Die Tabelle verdeutlicht, daß einige Indexzertifikate nur in Bruchteilen des jeweiligen Indexstandes notieren.

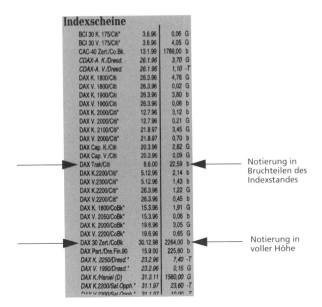

Abb. 7/90: Indexscheine – Amtlicher Handel/Geregelter Markt

Notierung in Bruchteilen des Indexstandes

Notierung in voller Höhe

Bericht »Terminmärkte«

Im Tagesbericht »*Terminmärkte*« fassen die Redakteure der Finanzzeitung das Marktgeschehen an der DTB sowie den Optionshandel an der Frankfurter Wertpapierbörse zusammen. Hier werden die Umsätze vom Börsenvortag aller an der DTB gehandelten Optionen und Futures aufgelistet sowie die Open Interests genannt (vgl. Abb. 7/91).

Abb. 7/91: Marktbericht »Terminmärkte«

TERMINMÄRKTE / Tagesbericht DTB und Optionshandel

Keine große Aktionsbereitschaft

HANDELSBLATT, Dienstag, 14.2.95 ina FRANKFURT/M. Auch am Dienstag stand die DTB Deutsche Terminbörse ganz im Zeichen eines flauen Handels. Die Umsätze im einzelnen:
● 33 249 Aktienoptionen (21 640 Calls und 11 609 Puts), Put/Call-Ratio: 0,54;
● 83 351 Dax-Optionen (43 852 Calls und 39 499 Puts), Put/Call-Ratio: 0,90;
● 81 Dax-Futures-Optionen (80 Calls und 1 Put), Put/Call-Ratio: 0,01;
● 260 Bobl-Futures-Optionen (100 Calls und 160 Puts), Put/Call-Ratio: 1,60;
● 488 Bund-Futures-Optionen (184 Calls und 304 Puts), Put/Call-Ratio: 1,65;
● 13 591 Dax-Futures;
● 28 820 Bund-Futures;
● 20 864 Bobl-Futures;
● 26 Buxl-Futures;
● 915 Fibor-Futures.
Beim Aktien-Optionshandel gab es folgende Umsätze (Anzahl der Kontrakte; zunächst Calls, dann Puts): Allianz Holding (437, 140), BASF (1 139, 580), Bayer (1 524, 660), Hypo-Bank (279, 10), BMW (166, 562), Vereinsbank (11, 0), Commerzbank (745, 958), Daimler-Benz (3 206, 1 350), Deutsche Bank (3 055, 1 350), Dresdner Bank (125, 42), Hoechst (462, 272), Lufthansa (300, 80), Mannesmann (763, 241), Preussag (99, 400), RWE (1 190, 177), Siemens (3 374, 1 231), Thyssen (683, 426), Veba (265, 243), Viag (265, 243), VW (3 768, 2 812).

Das „open interest" wurde von der DTB bei den Aktienoptionen mit 320 885 Calls und 230 798 Puts, bei den Bund-Futures-Optionen mit 11 325 Calls und 11 379 Puts, bei den Dax-Optionen mit 404 725 Calls und 424 706 Puts, bei den Dax-Futures-Optionen mit 2 155 Calls und 2 185 Puts, bei den Bobl-Futures-Optionen mit 3 475 Calls und 3 189 Puts sowie bei den Terminkontrakten mit 117 174 Dax-, 188 183 Bund- und 149 173 Bobl-, 332 Buxl- und 9 585 Fibor-Futures angegeben.

Im Frankfurter Optionshandel an der Präsenzbörse tendierten Calls und Puts kaum verändert. Anteil der Verkaufoptionen am Gesamtumsatz: 37,4 (+29,4) %. Es wurden 642 Kontrakte (-10 gegenüber Montag) gehandelt, entsprechend 32 200 (-600) Aktien. Davon entfielen 240 (+188) Kontrakte über 12 000 (+9 400) Aktien auf Verkaufoptionen. Nennenswerte Abschlüsse:
● Degussa-Calls April 480, zu 12 DM, 2 000 Aktien;
● Preussag-Calls April 480 (460), zu 8,50-8,70 (19) DM, 6 000 (7 000) Aktien;
● MAN-St.-Puts April 460 (400), zu 11 (5,50) DM, 4 000 (2 000) Aktien;
● Schering-Puts April 1 100, zu 19 DM, 2 000 Aktien.
[1] = Umsätze bis um 16.00 Uhr MEZ.

Außerdem geben die Redakteure für bedeutende, an der DTB gehandelte Optionen jeweils eine **Put-Call-Ratio** an, die sich immer auf den Börsen-

Put-Call-Ratio

vortag bezieht. Sie kann für ein ganz spezielles Underlying, etwa die Volkswagen-Aktie, bestimmt werden, aber auch für eine ganze Gruppe gleichartiger Underlyings, beispielsweise alle DAX-Papiere. Die Ratio läßt sich folgendermaßen ermitteln:

$$\text{Put} - \text{Call} - \text{Ratio} = \frac{\text{Gehandelte Puts}}{\text{Gehandelte Calls}}$$

Sie drückt folglich das Verhältnis von an einem Börsentag gehandelten Puts und Calls aus. Eine Put-Call-Ratio zählt genau genommen nicht zu den Optionskennziffern und soll vielmehr zur Einschätzung der Marktstimmung dienen. So gesehen stellt sie ein Prognoseinstrument dar. Wird beispielsweise für die DAX-Option eine Put-Call-Ratio größer als eins ermittelt, so hatten die Marktteilnehmer mehr Puts als Calls ge- und verkauft. Hieraus ließe sich dann ein künftiger Index-Rückgang ableiten, wenn das Handelsvolumen in erster Linie auf Spekulanten zurückzuführen ist. Hatten aber Marktakteure an diesem Börsentag Puts gekauft, um damit gleichzeitig aufgebaute Aktienpositionen zu hedgen, käme durch die hohe Ratio eher eine positive Erwartung zum Ausdruck. Die Put-Käufer rechnen in einem solchen Fall prinzipiell mit einem allgemeinen Anstieg der Aktienkurse und die Ratio drückt dann gerade keine pessimistische Marktstimmung aus. Allein aus der Zahl der gehandelten Optionen geht verständlicherweise nicht hervor, aus welchem Motiv die Akteure die Geschäfte abgeschlossen haben, so daß die Zahl ohne diese Zusatzinformationen keine zuverlässigen Prognosen gestattet.

Kapitel 8

INVESTMENTFONDS

Einführung 8.1

Begriff und gesetzliche Grundlagen 8.1.1

Ein Investmentfonds stellt das gemeinsame Vermögen von zumeist mehreren tausend Anlegern dar. Dieses besteht in aller Regel aus Wertpapieren, Immobilien sowie Termingeld und wird von der Gründerin des Fonds, der Investmentgesellschaft, verwaltet. Investoren, die sich an einem Fonds beteiligen, heißen im Fachjargon **Fondsanleger**. Sie erwerben einen oder mehrere **Fondsanteile**, wobei jeder Anteil Miteigentum an sämtlichen Objekten des Fondsvermögens verkörpert und in gleicher Weise am Wertzuwachs sowie an den laufenden Erträgen partizipiert. Die Beteiligung bietet gegenüber der Direktanlage eine Reihe von Vorteilen, etwa Anlageentscheidungen auf ein professionelles Management zu delegieren. Hierauf wird in Abschnitt 8.1.3 näher eingegangen.

Fondsanleger

Fondsanteil

Die Ansprüche eines Fondsanlegers hängen von der Anzahl seiner Anteile ab. Darüber erhält er einen Beleg, das sogenannte **Investmentzertifikat** (vgl. Abb. 8/2).[1]

Investmentzertifikat

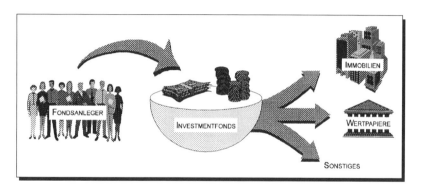

Abb. 8/1: Idee des Investmentfonds

Investmentzertifikate sind für gewöhnlich nennwertlose Wertpapiere – lauten also ausschließlich auf die Anzahl der Anteile, nicht aber auf einen Geldbetrag – und können entweder in Form von Inhaber- oder Namenspapieren ausgegeben werden. Sie erhalten Wertpapier-Kenn-Nummern und setzen sich zumeist aus zwei Urkunden zusammen. Zum einen ist dies

- der Mantel, der die Miteigentumsrechte verbrieft, und zum anderen
- der Bogen, der aus mehreren Ertragsscheinen zur Empfangsberechtigung der Ausschüttungen sowie einem Erneuerungsschein (Talon) besteht.

Für Investmentfonds existieren sowohl im In- als auch im Ausland spezielle gesetzliche Vorschriften, die in erster Linie den Anlegerschutz sicherstellen. So wurde beispielsweise in den USA bereits im Jahre 1940 der Investment Company Act erlassen, der Investmengesellschaften unter anderem umfassende Publizitätsvorschriften auferlegt und zudem Regeln für die Bewertung des Fondsvermögens enthält. Die Aufsichtsbehörde für US-In-

[1] *Fondsanteile werden heute zumeist nicht mehr auf effektiven Urkunden verbrieft, sondern im Giroverkehr übertragen.*

Abb. 8/2: Investmentzertifikat

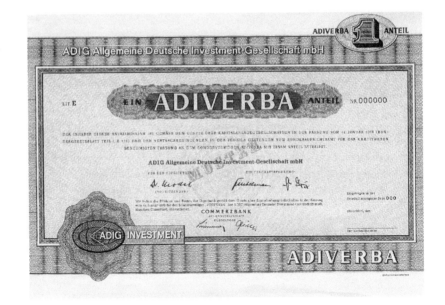

vestmentgesellschaften ist die Securities and Exchange Commission (**SEC**), die prinzipiell alle Wertpapieremissionen und den -handel überwacht.

Im Jahre 1957 schuf der deutsche Gesetzgeber das »Gesetz über Kapitalanlagegesellschaften« (**KAGG**). Hier finden sich Bestimmungen über die Organisation deutscher Investmentgesellschaften, im Gesetz als **Kapitalanlagegesellschaften** (**KAG**s) bezeichnet, sowie Vorschriften für die Zusammensetzung der Portfolios und steuerliche Regelungen. Das Gesetz bezieht seit der letzten Änderung am 5.10.1994 inländische Kapitalanlagegesellschaften ein, die Wertpapier-, Beteiligungs-, Geldmarkt- und offene Immobilienfonds[1] auflegen. KAGs zählen zu den Kreditinstituten, so daß sie – genau wie Geschäftsbanken mit Sitz im Inland – unter das **Kreditwesengesetz** (**KWG**) fallen und ihre Aktivitäten durch das **Bundesaufsichtsamt für das Kreditwesen** (**BAK**) beaufsichtigt werden.

Deutsche Anleger können sich nicht nur an Investmentfonds deutscher KAGs, sondern auch an **Auslandsfonds** beteiligen. Unter dem Begriff »Auslandsfonds« faßt man im allgemeinen all diejenigen Fonds zusammen, die von ausländischen Investmentgesellschaften verwaltet werden. Für sie gelten verständlicherweise die gesetzlichen Vorschriften des jeweiligen Landes. Sollen Anteile eines ausländischen Fonds in Deutschland jedoch öffentlich zum Verkauf angeboten werden, so hat die betreffende Investmentgesellschaft die Vorschriften des **Auslandinvestmentgesetzes** (**AuslInvestmG**) zu beachten. Danach ist ihr der öffentliche Vertrieb der Fondsanteile nur gestattet, wenn sie

- ein inländisches Kreditinstitut oder eine zuverlässige, fachlich geeignete Person mit Sitz im Inland als Repräsentanten bestellt,

---

[1] Vgl. hierzu Abschnitt 8.2.1.6.

- die Objekte des Fondsvermögens von einer anderen Bank, in diesem Zusammenhang Depotbank genannt, verwahren oder – im Falle von Grundstücken – Bestandszu- und -abgänge von letzterer überwachen läßt,
- inländische Kreditinstitute als Zahlstellen benennt und zudem
- eine Reihe von Publizitäts- und Informationspflichten beachtet.[1]

Die Genehmigung zum öffentlichen Vertrieb ausländischer Fondsanteile erteilt das BAK. Zugelassene Auslandsfonds heißen auch registrierte Auslandsfonds. Der deutsche Gesetzgeber kann Investoren natürlich nicht verbieten, Anteile nicht registrierter – also nicht öffentlich vertriebener – Auslandsfonds zu erwerben. Für Anleger ist eine solche Beteiligung aber mit steuerlichen Nachteilen verbunden und daher oftmals nicht lohnenswert.

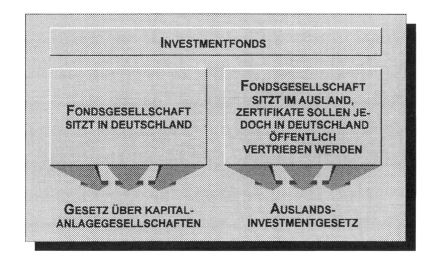

Abb. 8/3: Gesetzlicher Rahmen

Die Investmentgesellschaften eines Landes sind zumeist in einem Dachverband organisiert. In Deutschland ist dies der **B**undesverband deutscher **I**nvestment-Gesellschaften e. V. (**BVI**), in den USA das **I**nvestment **C**ompany **I**nstitute (**ICI**). BVI und ICI unterstützen ihre Mitglieder unter anderem in rechtlichen Fragen, untersuchen die Auswirkungen neuer Steuergesetze und stellen Anlegern Informationen über die Organisation inländischer Investmentfonds zur Verfügung.

BVI/ICI

Organisation

Das Geld der Fondsanleger sowie die für den Fonds erworbenen Objekte, im Wortlaut des KAGG **Sondervermögen** genannt, müssen strikt vom Vermögen der Investmentgesellschaft, beispielsweise dem Verwaltungsgebäude oder der Büroausstattung, getrennt werden. Gerät die Kapitalanlagegesellschaft in finanzielle Schwierigkeiten oder meldet sie gar Konkurs an, ist die Inanspruchnahme des Fondsvermögens zur Deckung ausstehender Verbindlichkeiten in jedem Falle ausgeschlossen.

8.1.2

Sondervermögen

1 Für Investmentanteile aus EU-Ländern gelten besondere Vorschriften, worauf hier aber nicht näher eingegangen wird.

Auszug aus KAGG

»... §6. [Sondervermögen]

(1) Das bei der Kapitalanlagegesellschaft gegen Ausgabe von Anteilsscheinen eingelegte Geld und die damit angeschafften Vermögensgegenstände bilden ein Sondervermögen. ... Das Sondervermögen ist von dem eigenen Vermögen der Kapitalanlagegesellschaft getrennt zu halten. ...«

Die Kapitalanlagegesellschaft übernimmt hauptsächlich Verwaltungsaufgaben, führt also beispielsweise die Bücher des Fonds oder faßt Rechenschaftsberichte und Verkaufsprospekte ab. Außerdem zeigt sie sich für den Erwerb und die Veräußerung der Vermögensgegenstände verantwortlich. Dafür engagiert sie **Fondsmanager**, denen jeweils zumeist mehrere Fonds der Gesellschaft zugeteilt sind.

Abb. 8/4: Arbeitsplatz eines Fondsmanagers (Quelle: Hypo-Bank, München)

Die Manager richten ihre Entscheidungen am sogenannten Anlagerahmen aus, der vom Anlageausschuß des Fonds vorgegeben wird. Der Ausschuß setzt sich etwa aus Vorstandsmitgliedern bedeutender Geschäftsbanken zusammen und könnte beispielsweise vorschlagen, Aktien einer bestimmten Region oder Branche zu präferieren.

Die Anlagepolitik der Manager wird in den Rechenschaftsberichten kurz skizziert, was der nachstehende Ausschnitt belegt.

Ausschnitt aus dem Rechenschaftsbericht des Fondamerika der ADIG

»... *Angesichts der haussierenden US-Börse wurde die Anlagequote nach einer vorübergehenden Rücknahme, die mit Blick auf den weit fortgeschrittenen Konjunkturaufschwung erfolgt war, mit US-amerikanischen Aktien wieder kräftig aufgestockt. Wegen des im Jahresvergleich kräftig gestiegenen Ölpreises und der damit erwarteten Ertragsverbesserung erwarben wir insbesondere Aktien von Unternehmen aus dem Öl- und Gassektor...* «

Bei sämtlichen Kauf- und Verkaufsentscheidungen müssen die Fondsmanager die gesetzlichen Vorschriften sowie die in den Vertragsbedingungen festgeschriebenen Anlagegrundsätze beachten. Sie sind außerdem dazu verpflichtet,

- sämtliche An- und Verkaufsaufträge für Wertpapiere bzw. Immobilien immer über die **Depotbank** abzuwickeln und
- das Fondsvermögen von ihr verwahren zu lassen.

Die Depotbank erfüllt eine wichtige Kontrollfunktion, da sie Aufträge nur dann ausführen darf, wenn sie sowohl den gesetzlichen als auch den vertraglichen Anlagegrundsätzen entsprechen. Zudem wirkt sie bei der Berechnung des Anteilswertes mit, gibt Investmentzertifikate aus und nimmt diese zurück (vgl. Abb. 8/5). Die Depotbank sowie die Investmentgesellschaft stellen dem Fonds für ihre Tätigkeiten Depotbank- bzw. Verwaltungsgebühren in Rechnung.

Depotbank

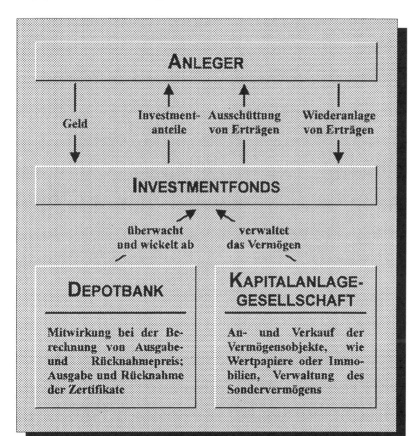

Abb. 8/5: Klassische Organisation eines Investmentfonds nach KAGG (In Anlehnung an: Stiftung Warentest, Handbuch Geldanlage, Berlin 1995)

Der organisatorische Aufbau eines Investmentfonds, der unter das KAGG fällt, unterscheidet sich möglicherweise von dem ausländischer Fonds. In den USA etwa umfassen die Verwaltungsaufgaben einer Investmentgesellschaft (fund's sponsor) zwar auch die Buchführung für den Fonds oder die Rechenschaftslegung gegenüber den Anteilseignern, Anlageentscheidungen trifft die Gesellschaft häufig aber nicht. Vielmehr beauftragt sie dafür ein außenstehendes Unternehmen, den sogenannten Investment Adviser.

US-amerikanische Investmentfonds[1] sind für gewöhnlich in Form von Aktiengesellschaften organisiert. Die Anteile werden mit Stimmrechten ausgestattet und lauten im allgemeinen – genau wie »herkömmliche« Aktien – auf einen bestimmten Nennwert.

Auszug aus einem US-amerikanischen Verkaufsprospekt

> The Fund, formerly known as "Whitehall Money Market Trust," and then as "Vanguard Money Market Trust, Inc.," is a Maryland corporation. The Fund's Articles of Incorporation permit the Directors to issue 37,000,000,000 shares of common stock, with a $.001 par value. The Board of Directors has the power to designate one or more Portfolios or classes of shares of common stock of such Portfolios and to classify or reclassify any unissued shares with respect to such

An der Spitze eines US-Fonds steht das board of directors.[2] Dieses wird auf der Jahreshauptversammlung, dem annual meeting, zu einem Großteil

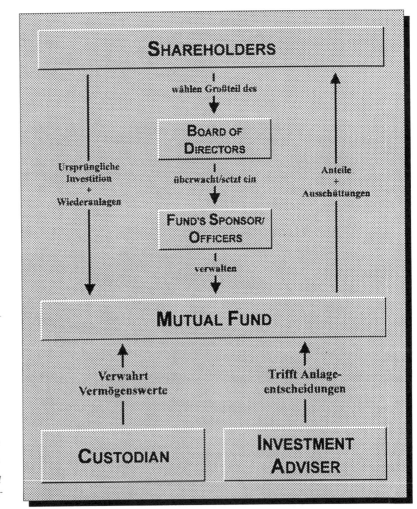

Abb. 8/6: Organisation eines mutual funds

---

[1] Gemeint sind hier ausschließlich offene Publikumsfonds.

[2] US-Fonds können auch als Treuhandvermögen, sogenannte business trusts, organisiert sein. Sie werden dann vom board of trustees überwacht, dessen Aufgaben mit denen des board of directors übereinstimmen.

durch die Fondsanleger gewählt und vertritt deren Interessen. Das board ist dem Aufsichtsrat einer Aktiengesellschaft sehr ähnlich. Es bestimmt beispielsweise die Geschäftsführer des Fonds (officers) und ist für die permanente Überwachung des Investment Advisers verantwortlich (vgl. Abb. 8/6).

Das Vermögen US-amerikanischer Fonds muß – genau wie das deutscher Fonds – vom Vermögen der Investmentgesellschaft getrennt werden. Die Verwahrung übernimmt der custodian, zumeist eine inländische Geschäftsbank. Er erfüllt – ähnlich wie die Depotbank deutscher Kapitalanlagegesellschaften – wichtige Kontrollfunktionen und stellt sicher, daß das Geld der Fondsanleger ausschließlich entsprechend den Anlagegrundsätzen verwendet wird.

Investmentfonds versus Direktanlage 8.1.3

Der Kauf von Investmentzertifikaten ist – schlicht formuliert – nur einen Schritt vom direkten Kauf von Wertpapieren, Immobilien usw. entfernt. Konzentriert sich ein Investmentfonds etwa auf Aktien oder Anleihen, ist die Wertentwicklung des Portfolios von der des Aktien- bzw. Rentenmarktes abhängig. Der Fondsanleger kann dem Risiko schwankender Wertpapierkurse in einem solchen Fall genauso wenig ausweichen wie ein Direktanleger.

Marktrisiko

Ähnliches gilt auch für das **Inflationsrisiko**, sofern ein Anleger etwa Anteile an Wertpapier- oder Geldmarktfonds erwirbt. Er entgeht diesem Risiko möglicherweise durch den Kauf von Anteilen an Immobilienfonds, da Mieten zumeist an die Entwicklung eines Preisindexes gebunden sind. Preissteigerungen werden womöglich in vollem Umfang durch Anteilswert- oder Ausschüttungserhöhungen ausgeglichen.

Inflationsrisiko

Außer dem Markt- und Inflationsrisiko existieren noch weitere Risiken, zu deren bedeutendsten das Management- und das Devisenkursrisiko zählen (vgl. Abb. 8/7). Die Fondsmanager sind vielleicht nicht in der Lage, die Anlagegrundsätze und -ziele des Fonds umzusetzen, oder vernachlässigen die Interessen der Investoren, was mit dem Ausdruck **Managementrisiko** beschrieben wird.

Managementrisiko

Besteht das Fondsportfolio etwa aus Wertpapieren, die auf eine fremde Währung lauten, ist der Anleger – ähnlich wie bei einer Direktanlage – einem **Devisenkursrisiko** ausgesetzt.

Devisenkursrisiko

Investmentfonds bieten Investoren gegenüber der Direktanlage dennoch eine Reihe von Vorteilen, wie folgendes Schaubild übersichtlich zeigt.

a) Diversifikation
Fondsanleger erwerben einen Anteil an einem diversifizierten Portfolio und entgehen damit – zumindest teilweise – den unsystematischen Risiken. Für

644 **Einführung**

Abb. 8/7:
Risiken – Fonds
versus Direkt-
anlage

	Investment-fonds	Direktanlage
Inflationsrisiko	X	X
Marktrisiko	X	X
Management-risiko	X	
Devisenkurs-risiko	X	X

die meisten Investoren ist ein vergleichbarer Effekt durch Direktanlagen nicht zu erzielen, da ihnen das Geld zum Aufbau eines breit gestreuten Portfolios fehlt. Anleger haben darüber hinaus die Möglichkeit, sich mit relativ geringen Kapitalbeträgen etwa sowohl an gut diversifizierten Aktien- als auch an breit gestreuten Rentenportfolios zu beteiligen.

b) Professionelles Management
Das Fondsmanagement setzt sich aus Fachleuten zusammen, die hervorragende Kenntnisse über die Immobilien- oder Finanzmärkte vorweisen. Sie greifen auf Informationsquellen wie das Research der Depotbank zurück, die Privatleuten nicht zur Verfügung stehen. Von den Fachkenntnissen und dem Informationsvorsprung profitieren die Anteilseigner des Fonds.

Die Leistung der Manager wird von Privatanlegern, Journalisten usw. kritisch beobachtet. Ihr Ziel kann es aus diesem Grunde nur sein, einen möglichst hohen Ertrags- und Wertzuwachs zu verwirklichen. Schließlich ist zu berücksichtigen, daß die Manager bei sämtlichen Anlageentscheidungen die Vertragsbedingungen und die gesetzlichen Vorschriften beachten müssen und permanent, etwa von der Depotbank, kontrolliert werden.

Ein Fondsanleger sollte bedenken, daß er dem Management alle Anlageentscheidungen überläßt und folglich keinerlei Einfluß auf die Objektauswahl oder das Timing hat. Bei Direktanlagen kann ein Investor demgegenüber Entscheidungen selbst treffen und persönliche Präferenzen sowie seinen individuellen steuerlichen Kontext berücksichtigen.

c) Günstige Konditionen
Investmentfonds verwalten zumeist relativ hohe Kapitalbeträge und erreichen deshalb gegenüber Privatanlegern Konditionenvorteile, etwa beim An- und Verkauf von Wertpapieren oder bei Geldanlagen und -aufnahmen. Zudem werden sie häufig steuerlich bevorzugt behandelt. Deutsche Investmentfonds beispielsweise dürfen Kursgewinne auch innerhalb der Spekulationsfrist steuerfrei vereinnahmen. Die Manager können Anlageentscheidungen infolgedessen weitaus flexibler treffen als etwa ein einzelner Investor.

Preisbildung

645

d) Liquidität

Die gesetzlichen Vorschriften für Investmentfonds sowie deren Vertragsbedingungen sehen grundsätzlich vor, daß Anteile jederzeit zum gültigen Anteilswert von der Gesellschaft zurückgenommen werden müssen. Fondsanteile zeichnen sich somit im Vergleich zu anderen Wertpapieren, etwa Aktien ohne Börsenzulassung, durch eine hohe Liquidität aus. Im Gegensatz zu vielen alternativen Anlagen kann die Rückgabe von Investmentzertifikaten in aller Regel zudem gebührenfrei abgewickelt werden.

Zu beachten ist aber, daß zumindest bei in Deutschland aufgelegten Fonds oftmals Ausgabeaufschläge berechnet werden. Hierdurch ist ein kurzfristiges Wechseln zwischen Fonds, im Fachjargon »Switching« genannt, für gewöhnlich teurer, als etwa die Umschichtung eines direkt erworbenen Aktien- oder Rentenportfolios.

e) Komfort

Direktanleger müssen sich permanent um die Wiederanlage von Einnahmen kümmern, die beispielsweise aus Dividenden- und Zinszahlungen resultieren, wohingegen Fondsmanager die Anteilseigner von dieser Aufgabe befreien.

Weiterhin kann ein Anleger die Ausschüttungen eines Fonds, anders als Dividenden- und Zinszahlungen aus einer Direktanlage, gemeinhin vollständig reinvestieren. Investmentgesellschaften lassen oftmals den Erwerb von Anteilsbruchteilen zu (vgl. Abschnitt 8.3.5).

Eine Anlage in einen Investmentfonds bietet außerdem den Komfort, daß die Wertentwicklung des umfangreichen Fondsportfolios täglich durch eine einzige Zahl, den Anteilswert, ausgedrückt wird. Dieser ist für gewöhnlich im Wirtschaftsteil einer Tageszeitung zu finden, und Investoren können die Wertentwicklung somit problemlos verfolgen.

Regelmäßige Überprüfungen und Umschichtungen sind bei Portfolios, die aus Fondsanteilen bestehen, aber genauso notwendig wie bei Direktanlagen. Ändert sich beispielsweise das Zinsniveau, kann es durchaus sinnvoll sein, Anteile an Rentenfonds zu kaufen (verkaufen) und im Gegenzug Anteile an Aktienfonds zu veräußern (erwerben).

Preisbildung

8.1.4

Der Preis für einen Fondsanteil bildet sich, anders als etwa Aktien- oder Anleihekurse, grundsätzlich nicht frei durch Angebot und Nachfrage. Er wird vielmehr täglich von der Investmentgesellschaft berechnet. Die Grundlage stellt das zu aktuellen Preisen bewertete Fondsvermögen dar. Davon werden Kredite sowie die sonstigen Verbindlichkeiten, die beispielsweise aus offenen Terminkontrakten resultieren, abgezogen. Das Ergebnis ist der sogenannte **Nettoinventarwert**.

Nettoinventarwert

> Tageswert sämtlicher Vermögens-
> gegenstände des Fonds
> + Bankguthaben
> − Kredite
> − Sonstige Verbindlichkeiten
> _____
> = Nettoinventarwert des Fonds

Anschließend wird der Nettoinventarwert durch die Anzahl der Fondsanteile geteilt. Es ergibt sich der aktuelle Wert eines Anteils.

$$\text{Anteilswert} = \frac{\text{Nettoinventarwert}}{\text{Anzahl umlaufender Anteile}}$$

Rücknahmepreis

Deutsche Kapitalanlagegesellschaften müssen Fondsanteile zum Anteilswert zurücknehmen. Dies führt dazu, daß der Rücknahmepreis immer mit dem Anteilswert übereinstimmt.

Beispiel 8/1

Die folgende Übersicht stellt einen Auszug aus dem Rechenschaftsbericht des »Deutschen Rentenfonds«, aufgelegt vom DIT, aus dem Jahre 1994 dar.

Vermögensaufstellung »Deutscher Rentenfonds« am 31.12.1994:	
Öffentliche Anleihen	749.589.700,00 DM
Anleihen von Spezialkreditinstituten	40.287.500,00 DM
Pfandbriefe, Öffentliche Pfandbriefe, Kommunalobligationen	556.419.000,00 DM
Sonstige Bankschuldverschreibungen	42.960.000,00 DM
DM-Auslandsanleihen	165.874.500,00 DM
Optionsanleihen	7.122.500,00 DM
In organisierte Märkte einbezogene Wertpapiere: Sonst. Bankschuldverschreibungen	9.565.000,00 DM
Geldmarktpapiere	29.690.721,00 DM
Bankguthaben (DM)	3.977.152,57 DM
Sonstige Vermögensgegenstände	67.035.607,63 DM
Sonstige Verbindlichkeiten	− 963.164,12 DM
Gesamt:	**1.671.558.517,08 DM**
Anteilumlauf:	**19.958.122 Stück**

Hieraus ergibt sich am 31.12.1994 ein Wert von

$$\underbrace{\frac{\overbrace{1.671.558.517,08 \text{ DM}}^{\text{Nettoinventarwert}}}{19.958.122 \text{ Anteile}}}_{\substack{\text{Anzahl} \\ \text{umlaufender Anteile}}} = 83,75 \text{ DM/Anteil}.$$

Der Rechenschaftsbericht weist eben diesen als Rücknahmepreis aus.

Der Fonds in Zahlen

	31.12.1994	31.12.1993
Rücknahmepreis pro Anteil in DEM	83,75	92,19
Anteilumlauf in Stück	19.958.122	19.825.175
Fondsvermögen in Mio. DEM	1.671,6	1.827,7

Er entspricht verständlicherweise dem Rücknahmepreis, den der DIT auch im Handelsblatt vom 2.1.1995 publiziert.

Der Verkaufspreis eines Fondsanteils, im Fachjargon **Ausgabepreis**, ist der Rücknahmepreis zuzüglich des jeweils gültigen **Ausgabeaufschlags**.

Ausgabepreis/-aufschlag

$$\text{Ausgabepreis} = \text{Rücknahmepreis} + \frac{\text{Rücknahmepreis} \times \text{Ausgabeaufschlag in \%}}{100}$$

Mit dem Ausgabeaufschlag, auch front-end load genannt, decken Investmentgesellschaften in erster Linie die Kosten für den Vertrieb der Fondsanteile. Er wird in Form eines Prozentsatzes veröffentlicht, der sich gemeinhin auf den Rücknahmepreis (Anteilswert) bezieht.

> **AUSGABEPREIS, RÜCKNAHMEPREIS UND KOSTEN**
>
> **§ 12 Ausgabe- und Rücknahmepreis**
>
> 1. Die Berechnung des Ausgabe- und Rücknahmepreises wird börsentäglich vorgenommen.
>
> 2. Der Ausgabeaufschlag beträgt 6 Prozent des Anteilwertes. Der Gesellschaft steht es frei, einen geringeren Aufschlag zu berechnen.

Die Höhe des Ausgabeaufschlags hängt vom Anlageschwerpunkt des jeweiligen Fonds ab und kann im Zeitverlauf schwanken. Darüber hinaus staffeln Investmentgesellschaften Ausgabeaufschläge oftmals nach dem Anlagevolumen.

648 Einführung

Beispiel 8/2

Der Ausgabepreis für den DIT-Rentenfonds aus Beispiel 8/1 läßt sich unter Berücksichtigung

- des Rücknahmepreises und
- des Ausgabeaufschlags in Höhe von 2,5 %, der den Vertragsbedingungen des betreffenden Fonds entnommen werden kann,

berechnen.

$$\overbrace{83,75 \text{ DM}}^{\text{Rücknahmepreis}} + \overbrace{\frac{83,75 \text{ DM} \times 2,5}{100}}^{\text{Ausgabeaufschlag}} = 85,84 \text{ DM}$$

Dieser Preis ist am 2.1.1995 in der Handelsblatt-Rubrik »*Investment-Fonds*« zu finden.

DIT Wandel u. Opt	81,25	59,47	59,50
DSQ-Multispar-SKA	93,75	90,57	90,79
Dt.Berenberg-Uni.			57,45
Dt.Rentenfonds	85,84	83,75	83,87
Dt.Rentenfonds K	81,06	79,47	79,47
DVG-A	31,10	30,01	30,18
DVG-I	51,57	49,11	49,44

Aufgrund der in Deutschland zumeist relativ hohen Ausgabeaufschläge ist ein k u r z f r i s t i g e s Engagement in Investmentzertifikate inländischer Gesellschaften oftmals nicht lohnenswert.

Die Berechnung des Anteilswertes erfolgt bei ausländischen Investmentfonds grundsätzlich in ähnlicher Weise wie bei deutschen Fonds. Der folgende Ausschnitt wurde dem Verkaufsprospekt eines Aktienfonds der US-amerikanischen Vanguard Group entnommen (vgl. Abb. 8/8). Er zeigt die Ermittlung des Anteilswertes, für den man in den USA den Begriff »net asset value« (**NAV**) verwendet.

net asset value

Art und Umfang der Kosten, die Anlegern direkt oder indirekt beim Erwerb bzw. der Veräußerung von Anteilen ausländischer Investmentfonds entstehen, sind im Vergleich zu den Kauf- und Verkaufskosten deutscher Fonds häufig recht komplex. In den USA oder Luxemburg beispielsweise berechnen Investmentgesellschaften bei der Rückgabe von Fondsanteilen möglicherweise Rücknahmeabschläge, sogenannte back-end loads, oder ersetzen Ausgabeaufschläge durch eine verhältnismäßig hohe laufende Vertriebsgebühr.

TOTAL COMMON STOCKS (Cost $6,785,282)		8,194,819
CONVERTIBLE PREFERRED STOCK (.1%)		
RJR Nabisco Holdings Corp. Class C $.6012 (Cost $11,376)	1,770,700	10,403
TEMPORARY CASH INVESTMENTS (7.4%)		

	Face Amount (000)	
U.S. Treasury Bill 5.77%, 6/22/95	$ 600	595
Repurchase Agreement Collateralized by U.S. Government Obligations in a Pooled Cash Account 5.93%, 5/1/95	662,172	662,172
TOTAL TEMPORARY CASH INVESTMENTS (Cost $662,767)		662,767
TOTAL INVESTMENTS (99.1%) (Cost $7,459,425)		8,867,989
OTHER ASSETS AND LIABILITIES (.9%)		
Other Assets		103,613
Liabilities		(28,015)
		75,598
NET ASSETS (100%)		
Applicable to 497,465,399 outstanding $.01 par value shares (authorized 600,000,000 shares)		$8,943,587
NET ASSET VALUE PER SHARE		$17.98

»Mittelverwendung«

AT APRIL 30, 1995, NET ASSETS CONSISTED OF:	Amount (000)	Per Share
Paid in Capital	$7,415,095	$14.91
Undistributed Net Investment Income	84,763	.17
Accumulated Net Realized Gains	35,043	.07
Unrealized Appreciation of Investments	1,408,686	2.83
NET ASSETS	$8,943,587	$17.98

»Mittelherkunft« und »Rücklagen«

Abb. 8/8: Berechnung des NAV eines US-amerikanischen Aktienfonds

Arten
8.2

Klassifizierung der Grundformen
8.2.1

Einführung
8.2.1.1

In- und ausländische Investmentgesellschaften legen in aller Regel nicht nur einen, sondern zumeist mehrere Investmentfonds mit unterschiedlichen Anlageschwerpunkten und -zielen auf. Die Spezifikationen eines Fonds können nicht allein aus dessen Bezeichnung abgeleitet werden, was Namen wie »Investa« oder »Adiverba« belegen, sondern sind beispielsweise dem Verkaufsprospekt oder dem Rechenschaftsbericht zu entnehmen. Die wichtigsten Kriterien zur Klassifizierung von Fonds zeigt Abbildung 8/9.

Abb. 8/9: Kriterien zur Fondsklassifizierung

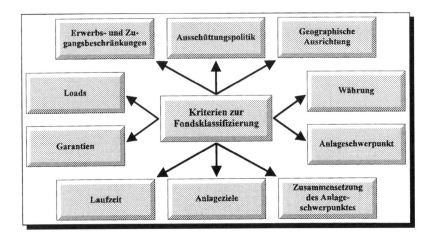

8.2.1.2 Erwerbs- und Zugangsbeschränkungen

Investmentfonds können bei der Kapitalaufbringung Anteile grundsätzlich

- in unbegrenzter Anzahl ohne Verkaufsfrist, die sogenannte Zeichnungsfrist, an jedermann (offene Publikumsfonds),
- in unbegrenzter Anzahl innerhalb einer Zeichnungsfrist an jedermann (Laufzeitfonds),
- in unbegrenzter Anzahl und ohne Zeichnungsfrist, aber ausschließlich an einen speziellen Erwerberkreis (Spezialfonds) oder
- an jedermann, jedoch nur in begrenzter Anzahl sowie innerhalb einer bestimmten Zeichnungsfrist (closed-end funds)

emittieren (vgl. Abb. 8/10).

Abb. 8/10: Erwerbs- und Zugangsbeschränkungen

	Anteilsverkauf in begrenzter Anzahl	Zeichnungsfrist	Spezieller Erwerberkreis
Offene Publikumsfonds			
Laufzeitfonds		X	
Spezialfonds			X
Closed-end funds	X	X	

Klassifizierung der Grundformen

Bei der Mehrzahl der weltweit aufgelegten Investmentfonds handelt es sich um **offene Publikumsfonds**, die in den USA als mutual oder open-end funds bezeichnet werden. Offene Publikumsfonds verkaufen – vereinfacht ausgedrückt – so viele Zertifikate, wie von Investoren nachgefragt werden. Mit jedem Anteilsverkauf wächst das Fondsvolumen (Fondsvermögen), wohingegen es mit jeder Rücknahme sinkt. Der für einen offenen Publikumsfonds jeweils ausgewiesene Anteilswert entspricht exakt dem Vermögenswert je Anteil. Die Investmentgesellschaft verpflichtet sich, Anteile jederzeit zu eben diesem Preis, bei Auslandsfonds möglicherweise unter Abzug einer Rücknahmegebühr, von den Anlegern zurückzunehmen.

offene Publikumsfonds/ mutual funds

In der Finanzzeitung erscheinen in der Rubrik »*Investment-Fonds*« ausschließlich die Preise offener Publikumsfonds.

Investment-Fonds

Geldmarkt-Fonds	28.2.98 Ausg.	28.2.98 Rückn.	27.2.98 Rückn.	DT. FONDS (DM) Wertp. Fonds	28.2.98 Ausg.	28.2.98 Rückn.	27.2.98 Rückn.	BENELUX Wertp. Fonds	28.2.98 Ausg.	28.2.98 Rückn.	27.2.98 Rückn.	BENELUX Wertp. Fonds	28.2.98 Ausg.	28.2.98 Rückn.	27.2.98 Rückn.
Adig Geldmarkt 1	88,17	88,17	88,17	Gerling Rendite	50,43	48,96	49,03	Latin Am. Inc A ($)				UK Enterprise (£)		4,00	4,03
Allianz Geldmarktfonds	100,92	100,92	100,91	Gerling Reserve	107,95	107,41	107,42	Alpha (DM)	1131,36	1103,79	1103,87	US Discovery ($)	4,94	4,87	4,84
Allianz Geldmarkt II	100,87	100,87	100,86	GKD-Fonds	88,20	84,80	84,54	A.L.S.A. Asien Tiger	82,16	79,25	78,15	FondLux (DM)	99,83	37,84	37,75
Aufbfonds-Universal-GM	100,73	100,73	100,73	Gotharent	99,02	95,58	95,76	A.L.S.A.-Dit (DM)	113,69	110,38	110,19	Forex Fund	1085,48	1053,86	1057,43
BB-CM GM-Invest	52,42	52,42	52,42	Gothaer-Glob. BB Inv.	75,34	72,44	72,23	A.L.S.A.-DM-Med. Rent	91,95	90,05	89,76	Frontrunner I			
BB-Multi GM-Invest	96,33	96,33	96,15	G&P Univ. Akt.	105,41	102,34	102,1	A.L.S.A.-DM-Rentp.(DM)	129,70	128,42	128,38	Dan. Bonds (dkr)		161,32	161,32
BFG Invest GM DM	101,80	101,80	101,80	Gries H.DF Dt.1	95,68	90,26	90,17	A.L.S.A.Laufz.6/97(DM)	133,15	130,54	130,43	Dan.Kron.Res.(dkr)		108,03	108,03
BWK Geldmarktfonds	104,45	104,45	104,45	Gruneltus Int.DVG	110,69	107,46	106,72	A.L.S.A.Laufz.1/97(DM)	89,26	88,16	88,05	Ecu Res.(Ecu)		105,57	105,57
CB Geldmarkt Dbl.	101,53	101,53	101,52	GWP-Fonds FT	102,48	102,48	101,80	A.L.S.A.3/98(DM)	95,16	93,99	93,94	Eur. Equ.(Ecu)		132,56	132,56
CB Money Market DM	10091	10091	10090	HMT-Promt	99,10	95,75	95,90	A.L.S.A.-Rent (DM)	125,68	123,00	122,53	Far East Equ.(Ecu)		85,91	85,91
CB Money Market Ecu	5307,31	5307,31	5307,89	HMT-Proinvest	109,50	104,29	103,38	A.L.S.A. VB Renten 1	1056,40	1056,40	1054,82	Germ.Mark Res.(DM)		104,11	104,11
CB Money Market Pfund	3202,58	3202,58	3202,21	Hanseatfeld	51,95	49,48	49,07	A.L.S.A. VB Renten2	1092,40	1092,40	1088,98	Global Bonds(DM)		141,46	141,46

Laufzeitfonds sind, wie die Bezeichnung andeutet, Investmentfonds mit begrenzter Laufzeit[1]. Sie stellen eine Sonderform der offenen Publikumsfonds dar und unterscheiden sich von letzteren – neben der begrenzten Laufzeit – dadurch, daß ihre Anteilsscheine ausschließlich während einer festgesetzten Frist gezeichnet werden dürfen. Innerhalb der Zeichnungsfrist wird das Fondsvolumen durch die Nachfrage nach Fondsanteilen bestimmt, so daß – genau wie bei herkömmlichen offenen Fonds – keine Mengenbeschränkungen bei der Anteilsausgabe bestehen. Für Laufzeitfonds verwendet man daher gelegentlich auch den Begriff »einseitig geschlossene Fonds«. Der folgende Ausschnitt stammt aus den Vertragsbedingungen eines Rentenlaufzeitfonds, der im Jahre 1991 von der ADIG aufgelegt wurde und dessen Laufzeit im Jahre 1998 endet.

Laufzeitfonds

»...§16 Begrenzte Dauer

1. Das Sondervermögen wird für die Zeit vom 28. März 1991 (Tag der Auflegung) bis zum 30. Juni 1998 gebildet. Das Recht der Gesellschaft, die Verwaltung des Sondervermögens zum Zwecke der Auflösung des Fonds zu kündigen ... ist ausgeschlossen.
2. Anteile werden nur am 28. März 1991 ausgegeben. Die Gesellschaft stellt die Ausgabe von Anteilen an diesem Tag endgültig ein.

Auszug aus Vertragsbedingungen

§17 Abwicklung

1. Die Gesellschaft wird das Sondervermögen in der Zeit vom 1. Mai 1998 bis 30. Juni 1998 abwickeln; dabei werden die Vermögensgegenstände des Sondervermögens veräußert, die Forderungen eingezogen und die Verbindlichkeiten getilgt.
...

---

1 Vgl. Abschnitt 8.2.1.9.

3. Der bei der Abwicklung ermittelte Anteilswert wird von der Gesellschaft in hinreichend verbreiteten Tageszeitungen bekannt gemacht. Die Anteilinhaber können die Auszahlung dieses Anteilswertes ab dem 1. Juli 1998 bei der Depotbank gegen Rücknahme der Anteilsscheine verlangen.«

Gegenüber den Besitzern herkömmlicher Investmentzertifikate haben die Anteilseigner von Laufzeitfonds grundsätzlich keine Liquiditätsnachteile. Auch diese verpflichten sich, Anteilsscheine jederzeit nach Ausgabe zum aktuellen Anteilswert zurückzunehmen. Die Preise für Laufzeitfonds werden in der Finanzzeitung, genau wie die Preise anderer offener Publikumsfonds, unter der Rubrik »**Investment-Fonds**« ausgewiesen. Laufzeitfonds sind zumeist an zwei Jahreszahlen zu erkennen, die Laufzeitbeginn und -ende angeben.

Spezialfonds

Im Gegensatz zu Publikumsfonds, bei denen prinzipiell jeder beliebige Anleger Anteile erwerben kann, ist eine Investition in **Spezialfonds** nur institutionellen Anlegern, wie zum Beispiel Versicherungsgesellschaften, Stiftungen, Pensionskassen oder kirchlichen Organisationen, vorbehalten.

Auszug aus KAGG

»...§1. *[Begriff; Rechtsform; Namensaktien]*

... (2) Spezialfonds im Sinne dieses Gesetzes sind Sondervermögen, deren Anteilsscheine aufgrund schriftlicher Vereinbarungen mit der Kapitalanlagegesellschaft jeweils von nicht mehr als zehn Anteilsinhabern, die nicht natürliche Personen sind, gehalten werden. ...«

Die Zahl der Anteilseigner eines Spezialfonds ist in Deutschland durch das KAGG auf maximal zehn beschränkt. Obergrenzen für das Fondsvermögen schreibt das Gesetz jedoch nicht vor, so daß Spezialfonds praktisch eine Sonderform der offenen Fonds repräsentieren. Das Geld der Anteilseigner investieren Spezialfonds, genau wie Publikumsfonds, vor allem in Wertpapiere und Immobilien. Dementsprechend lassen sich zum Beispiel Aktien-, Renten-, gemischte oder Immobilienspezialfonds unterscheiden. Da das KAGG für Publikums– und Spezialfonds gleichermaßen gilt, müssen auch Spezialfonds die dort festgeschriebenen Anlagegrundsätze sowie die Vorschriften zur Organisation, etwa die Pflicht zur Verwahrung des Sondervermögens bei einer Depotbank, beachten. Im Unterschied zu Publikumsfonds wird für jeden einzelnen Spezialfonds ein separater Anlageausschuß gegründet. Dieser

- setzt sich aus Vertretern der Kapitalanlagegesellschaft, der Depotbank sowie der institutionellen Anteilseigner zusammen und
- übt in erster Linie eine beratende Funktion aus, besitzt aber – abhängig von den vertraglichen Vereinbarungen – unter Umständen auch Entscheidungsbefugnisse.

Klassifizierung der Grundformen

Die Anteilseigner eines Spezialfonds stehen durch den Anlageausschuß in engem Kontakt zur Fondsgesellschaft, werden über die Anlagepolitik ständig informiert und können die Entscheidungen des Fondsmanagements gegebenenfalls beeinflussen.

Die Vorteile der Spezialfonds sind denjenigen sehr ähnlich, die Publikumsfonds für Privatanleger bieten. Selbst für große Versicherungsgesellschaften, die problemlos eigene Wertpapierhandels- sowie -analyseabteilungen einrichten und an den Finanzmärkten zu ähnlich günstigen Konditionen wie die KAG agieren könnten, ist eine Beteiligung an einem Spezialfonds mit Vorzügen verbunden. Der Verwaltungsaufwand ist beispielsweise geringer, weil nur Anteilskäufe und -verkäufe erfaßt werden müssen, nicht jedoch die permanenten Portfolioumschichtungen. Schließlich erlaubt der täglich berechnete Anteilswert dem institutionellen Anleger eine einfache Erfolgskontrolle.

Zu den größten deutschen Spezialfondsgesellschaften zählen etwa die **D**resdner **B**ank **I**nvestment **M**anagement Kapitalanlagegesellschaft mbH (DBI) und die zur Deutschen Bank gehörende **D**eutsche **G**esellschaft für **F**ondsverwaltung mbH (Degef). Als erstes inländisches Industrieunternehmen hatte Siemens im Januar 1993 eine eigene Kapitalanlagegesellschaft gegründet, die einen Wertpapierspezialfonds auflegte (vgl. Abb. 8/11).

SIEMENS / Spezialfonds werden in eigener Regie geführt

Anlagegesellschaft gegründet

HANDELSBLATT, Dienstag, 12.1.1993 gw MÜNCHEN. Die Siemens AG, Berlin/München, gründet eine Kapitalanlagegesellschaft, um ihre Spezialfonds in eigener Regie zu führen. Obwohl dies eine Premiere in der deutschen Industrielandschaft darstellt, mißt man bei Siemens dem keine allzu große Bedeutung bei. „Wir versprechen uns lediglich eine effizientere Organisation für einen Teil unseres liquiden Vermögens", erklärte dazu der Leiter der Hauptabteilung Finanzierung, Dr. Gerhard Kluth.

Nach einer Startphase könnte Siemens in einigen Monaten 5 bis 6 Mrd. DM in die Spezialfonds der Siemens Kapitalanlagegesellschaft mbH (SKAG), München, einbringen, deren Eintragung in das Handelsregister demnächst erfolgen wird. Das Bundesaufsichtsamt für das Kreditwesen hat die Genehmigung schon erteilt. Von der gesamten Liquidität von fast 20 Mrd. DM, wozu rund 15 Mrd. DM Pensionsrückstellungen zählen, werden bereits über 3 Mrd. DM in Spezialfonds gehalten. Davon entfallen allein 2,5 Mrd. DM auf zwei Spezialfonds, die seit fast zwei Jahren von der Deutschen Bank-Tochter Degef verwaltet werden. Auch sie sollen künftig von der Kapitalanlagegesellschaft gemanagt werden. Laut Kluth habe die Degef die Fonds gut verwaltet, doch könne dies bei so großen Beträgen Siemens in eigener direkter Regie effizienter und rascher, ohne die Mannschaft zu vergrößern, abwickeln. Die unterschiedlichen Vermögensteile könnten in klar definierte Fonds gegeben werden.

Auch die steuerliche Verwaltung der Fonds sei in eigener Regie einfacher. Keineswegs hätte die Höhe der an die Banken zu entrichtenden Gebühren bei der Gründung der SKAG eine maßgebliche Rolle gespielt. Siemens werde auch weiterhin sein Geschäft über die Banken abwickeln, die zudem für die Spezialfonds als Depotbanken fungieren.

Abb. 8/11:
Spezialfonds
der Siemens AG

Neben offenen Investmentfonds werden in den USA auch geschlossene Fonds, sogenannte **closed-end funds,** aufgelegt. Grundsätzlich erfüllen offene und geschlossene Fonds die gleichen Aufgaben – beide investieren das Geld der Anteilseigner in Wertpapiere oder andere Vermögensgegenstände, sorgen für die professionelle Verwaltung des Portfolios und lassen den Fondsanlegern laufende Erträge zukommen. Der wesentliche Unterschied zwischen open- und closed-end funds besteht jedoch darin, daß die Anzahl der Anteile im Falle

geschlossene
Fonds/closed-end
funds

- von open-end funds unbegrenzt ist und für die Emission der Anteile gemeinhin keine zeitliche Frist bestimmt wird;
- von closed-end funds von vornherein beschränkt ist und die Anteilsausgabe einmalig im Rahmen des sogenannten initial public offering (IPO) erfolgt. Nach dem IPO schließt die Investmentgesellschaft den Fonds und beantragt für die Anteile eine Börsenzulassung. In vielen Fällen werden die Anteile ausschließlich OTC gehandelt. Die Rückgabe der Zertifikate ist bei closed-end funds im allgemeinen ausgeschlossen.

Anteile an closed-end funds werden genauso gehandelt wie Aktien. Deshalb bezeichnet man entsprechende Fonds auch als publicly- oder exchange-traded funds. Investmentgesellschaften veröffentlichen für sie ebenfalls einen net asset value (NAV), wie ein Ausschnitt aus dem *Wall Street Journal* belegt (vgl. Abb. 8/12). Für den Fonds »Adams Express« beträgt er am 8.12.1995 beispielsweise 21,37 US-Dollar.

Abb. 8/12: Closed-end Funds im Wall Street Journal

Da Anteile an closed-end funds börsen- bzw. OTC-gehandelt werden und die Investmentgesellschaften keine Anteile zurückkaufen, publiziert das *Wall Street Journal* für closed-end funds keine Ausgabe- oder Rücknahmepreise, sondern nur einen sogenannten market price. Dieser

- bildet sich frei durch Angebot und Nachfrage und
- zeigt an, zu welchem Preis die Marktteilnehmer Anteile untereinander handelten. Ausgabeauf- oder Rücknahmeabschläge zahlen Fondsanleger nicht.

Obwohl der market price sehr stark durch den NAV beeinflußt wird, weicht er in aller Regel von diesem ab, was ein Blick in die Tabelle »Closed-end funds« im *Wall Street Journal* bestätigt. Für einen Anteil am »Adams Express«-closed-end fund hätte ein Marktteilnehmer am 8.12.1995 beispielsweise einen market price in Höhe von 18 $\frac{3}{8}$ US-Dollar zahlen müssen (vgl. Abb. 8/12), einen Preis also, der um

$$\frac{18\,^3\!/_8\ \text{US-\$} - 21{,}37\ \text{US-\$}}{21{,}37\ \text{US-\$}} \times 100\ \% = -14{,}0\ \%$$

vom NAV abweicht. Die Differenz in Höhe von 2,99 US-Dollar wird auch als discount (Disagio) bezeichnet und in Form eines Prozentsatzes in der Tabellenspalte »Prem/Disc« ausgewiesen.

Fund Name	Stock Exch	NAV	Market Price	Prem /Disc	52 week Market Return
General Equity Funds					
Adams Express	N	21.37	18 ³/₈	− 14.0	29.9
Alliance All-Mkt	N	24.31	21 ³/₈	− 12.1	37.5
Avalon Capital	z	9.96	N/A	N/A	N/A
Baker Fentress	N	N/A	16 ⁷/₈	N/A	32.8
Bergstrom Cap	A	126.25	110 ¹/₂	− 12.5	41.1
Blue Chip Value	N	9.48	8 ³/₈	− 11.7	40.4
Central Secs	A	20.72	21	+ 1.4	44.4
Corp Renaissance -c	O	12.20	9 ¹/₄	²⁵ ²	−6.4

Liegt der market price über dem NAV, so spricht man von einem Anteilsverkauf mit premium (Agio).

Der Börsen- bzw. OTC-Handel der Fondsanteile hat für die Manager von closed-end-funds den Vorteil, daß sie – im Gegensatz zu den Managern offener Fonds – nicht mit permanenten Schwankungen der Barreserven konfrontiert werden und ihre Anlageentscheidungen somit weitaus flexibler treffen können.

Die in Deutschland bestehende Form des geschlossenen Fonds, der sogenannte **geschlossene Immobilienfonds**, fällt nicht unter das KAGG. Solche Fonds werden grundsätzlich in Form einer Personengesellschaft (KG, GbR) geführt und ihre Anteilseigner sind nicht nur Miteigentümer der Immobilien, sondern auch Gesellschafter der KG bzw. GbR, die ein unternehmerisches Risiko tragen. Geschlossene Immobilienfonds, häufig aus steuerlichen Aspekten gegründet, sind nicht Gegenstand der folgenden Abschnitte.

geschlossene Immobilienfonds

656 Arten

8.2.1.3

Ausschüttungspolitik

Die Erträge eines Investmentfonds setzen sich für gewöhnlich aus

- regelmäßigen Einnahmen, etwa Dividenden-, Zins- oder Mietzahlungen,
- Veräußerungsgewinnen, die beim Verkauf von Vermögenswerten (Aktien, Anleihen, Immobilien usw.) entstehen, sowie
- Veräußerungserlösen, die der Fonds beim Verkauf von zum Beispiel Bezugsrechten realisiert,

Nettoertrag

zusammen und stehen nach Abzug aller Aufwendungen den Fondsanlegern zu. Die Rechenschaftsberichte deutscher Kapitalanlagegesellschaften weisen für jeden Fonds einen sogenannten »**Ordentlichen Nettoertrag**« aus. Er repräsentiert den Saldo der »Ertrags- und Aufwandsrechnung« des Fonds, in der Bruttoerträge und Aufwendungen der jeweiligen Abrechnungsperiode (z. B. Kalenderjahr) einander gegenübergestellt werden. In der Ertrags- und Aufwandsrechnung erscheinen nur die Zins-, Dividenden- und Mieterträge (»ordentliche Erträge«). Kurs- bzw. Veräußerungsgewinne sowie Erlöse aus Bezugsrechtsverkäufen usw. sind zusammengefaßt in der Übersicht »Berechnung der Ausschüttung« (vgl. Beispiel 8/3) in der Position »Realisierte Gewinne« zu finden. Die folgende Abbildung zeigt die »Ertrags- und Aufwandsrechnung« eines Aktienfonds für das Jahr 1994. Die Erträge setzen sich verständlicherweise zum größten Teil aus Dividenden-, aber auch aus Zinszahlungen für kurzfristige Geldanlagen zusammen. Nach Abzug der Aufwendungen, die etwa die Verwaltungs– und Depotbankvergütung umfassen, ergibt sich schließlich der »ordentliche Nettoertrag«.

Ertrags- und Aufwandsrechnung

Ertrags- und Aufwandsrechnung
(inkl. Ertragsausgleich) für den Zeitraum vom 01. 01. 1994 bis 31. 12. 1994

	DEM
Inländische Dividenden	54.051.284,95
Inländische Zinsen aus Geldanlagen	3.770.431,46
Erträge insgesamt	**57.821.716,41**
Verwaltungsvergütung	− 9.257.183,96
Depotgebühren	− 251.443,69
Depotbankvergütung	− 851.660,91
Berichterstattungskosten	− 380.848,16
Veröffentlichungskosten	− 44.336,09
Prüfungskosten	− 65.058,91
Einlösungsprovision	− 156.244,80
Notierungsgebühren	− 7.116,19
Aufwendungen insgesamt	**− 11.013.892,71**
Ordentlicher Nettoertrag	**46.807.823,70** ◄

Investmentfonds belassen die zugeflossenen Zinsen, Dividenden und Mieten sowie realisierte Kurs- bzw. Veräußerungsgewinne und sonstige Erlöse zunächst im Fondsvermögen. Sie halten die vereinnahmten Gelder auf Bankkonten oder verwenden sie zum Kauf von Wertpapieren bzw. Immo-

Klassifizierung der Grundformen **657**

> **§ 15 Ausschüttung der Erträge**
> 1. Die Gesellschaft schüttet grundsätzlich die während des Geschäftsjahres für Rechnung des Sondervermögens angefallenen und nicht zur Kostendeckung verwendeten Zinsen und Dividenden – unter Berücksichtigung des zugehörigen Ertragsausgleichs – aus. Veräußerungsgewinne und sonstige Erträge können ebenfalls zur Ausschüttung herangezogen werden.

Ausschnitt aus Vertragsbedingungen

bilien. Die Vertragsbedingungen der meisten Fonds sehen jedoch vor, die angefallenen Erträge in bestimmten Zeitabständen ganz oder teilweise auszuschütten. Solche Fonds heißen **ausschüttende Fonds**.

ausschüttende Fonds

Die Erträge dieser Fonds erhöhen das Vermögen bzw. den Anteilswert bis zum Tage der Ausschüttung. Dann fließt jedoch ein Teil der liquiden Mittel ab und das Fondsvermögen sinkt am Ausschüttungstag grundsätzlich um den jeweils ausgeschütteten Betrag. Dabei ist zu beachten, daß Dividenden deutscher Aktiengesellschaften der **K**örperschaf**s**teuer (KSt) unterliegen. Da deutsche Investmentfonds selbst von der KSt befreit sind, können sie Dividendenzahlungen zunächst brutto, also inklusive KSt, vereinnahmen. Am Tage der Ausschüttung muß die Steuer dann jedoch für Rechnung der Anteilseigner an das Bundesamt für Finanzen abgeführt werden. Das Fondsvermögen vermindert sich – neben der eigentlichen Ausschüttung und unter der Annahme konstanter Kurse usw. – zusätzlich um den Steuerbetrag. Dies wirkt sich verständlicherweise auch auf den Anteilswert und somit den Rücknahme– bzw. Ausgabepreis am Ausschüttungstag aus.

Körperschaftssteuer

Der folgende Ausschnitt stammt aus dem für das Geschäftsjahr 1994 veröffentlichten Rechenschaftsbericht des »DIT-Concentra«. Er zeigt die »Berechnung der Ausschüttung« für den Aktienfonds.

Beispiel 8/3

Ausschnitt aus DIT-Rechenschaftsbericht

Berechnung der Ausschüttung

	insgesamt DEM	pro Anteil DEM
Vortrag aus dem Vorjahr	262.926.759,36	7,14
Ordentlicher Nettoertrag	46.807.823,70	1,27
Realisierte Gewinne	214.743.335,60	5,84
Für Ausschüttung verfügbar	**524.477.918,66**	**14,25**
Der Wiederanlage zugeführt	– 205.401.007,43	– 5,58
Vortrag auf neue Rechnung	– 270.991.602,83	– 7,36
Gesamtausschüttung	**48.085.308,40**	**1,31**
davon		
– Ausschüttung	34.958.632,95	0,95
– Körperschaftsteuer	13.126.675,45	0,36

Zins- und Dividendenzahlungen (netto)

realisierte Kursgewinne, sonstige Erlöse usw.

Arten

Die Gesamtausschüttung, einschließlich der Körperschaftssteuer, beträgt für das betreffende Geschäftsjahr insgesamt 1,31 D-Mark je Fondsanteil. Dieser Betrag wird am 15.2.1995 ausgeschüttet, was der DIT in einer Finanzanzeige im Handelsblatt bekanntgibt.

Finanzanzeige im Handelsblatt

DIT und dam schütten aus:

Am 15. Februar 1995 werden die Erträge des Geschäftsjahres 1994 an die Anteilinhaber ausgeschüttet. Nähere Informationen entnehmen Sie bitte der Tabelle. Über Einzelheiten der Zusammensetzung der Ausschüttung informiert Sie Ihr Berater der Dresdner Bank. Dort erhalten Sie auch die aktuellen Verkaufsprospekte.

Ausschüttungen der Fonds der DIT-Gruppe für 1994 pro Anteil:

Fonds	Zahlung auf Kupon Nr.	Ausschüttung DM	Körperschaft-steuer-gutschrift DM	Gesamt-ausschüttung DM	Bemessungs-grundlage für KapSt** DM
DIT-FONDS FÜR VERMÖGENSBILDUNG	25	2,10	0,86	2,96	0,08
CONCENTRA	41	0,95	0,36	1,31	0,08
DIT-WACHSTUMSFONDS	9	0,70	0,28	0,98	0,03
DIT-SPEZIAL	9	1,30	0,52	1,82	0,05
INDUSTRIA	7	1,25	0,11	1,36	0,07
INTERGLOBAL	24	1,50	0,12	1,62	0,12
TRANSATLANTA	35	0,45	–	0,45	0,03
DIT-PAZIFIKFONDS	11	0,50	–	0,50	0,01
DIT-FONDS FRANKREICH	6	0,50	–	0,50	0,06
DIT-FONDS GROSSBRITANNIEN	6	1,45	–	1,45	0,09
DIT-FONDS IBERIA	6	1,25	–	1,25	0,04
DIT-FONDS ITALIEN	6	0,35	–	0,35	0,10
DIT-FONDS SCHWEIZ	6	1,00	–	1,00	0,11
DIT-ROHSTOFFONDS	11	0,90	–	0,90	0,13
DIT-TECHNOLOGIEFONDS	11	0,50	0,04	0,54	0,04
DIT-FONDS FÜR WANDEL- UND OPTIONSANLEIHEN	11	1,35	–	1,35	1,33
DEUTSCHER RENTENFONDS	29	5,35	–	5,35	5,31
DEUTSCHER RENTENFONDS »K«	9	4,25	–	4,25	4,22
DIT-KAPITAL PLUS	1	1,45	0,03	1,48	1,19
DIT-EUROZINS	7	5,30	–	5,30	5,31
ARA-Renditefonds DIT*	9	3,25	–	3,25	3,24
VEREINTE RENDITEFONDS DIT*	7	4,40	–	4,40	4,33
Magdeburger Wert-Fonds DIT*	9	4,85	–	4,85	4,85
NB-EURORENT DIT*	6	4,75	–	4,75	4,76
VERMÖGENS-AUFBAU-FONDS*	19	1,85	0,18	2,03	0,10
VERMÖGENS-ERTRAG-FONDS*	17	5,85	–	5,85	5,87
DIT-DRESDNER BANK GELDMARKTFONDS	1	0,50	–	0,50	0,41
DIT-DRESDNER BANK GELDMARKTFONDS SPEZIAL	1	0,35	–	0,35	0,26
DIT-LUX DM LAUFZEITFONDS 2002	1	5,55	–	5,55	5,54

* Diese Fonds werden nicht über die Geschäftsstellen der Dresdner Bank verkauft.
** KapSt = Kapitalertragsteuer (offizielle Bezeichnung für Zinsabschlagsteuer).

◆ **DIT-Gruppe**

DIT DEUTSCHER INVESTMENT-TRUST
dresdnerbank asset management S.A. (dam), Luxemburg

Da die Ausschüttung, also der Abfluß liquider Mittel, den Anteilswert um 1,31 D-Mark mindert, sinken auch Rücknahme– und Ausgabepreis am 15.2.1995, zumindest rechnerisch, um einen entsprechenden Betrag. Außerdem wirken sich auch Aktienkursveränderungen am 15.2.1995 auf den

Anteilswert aus, so daß die Differenz zwischen den Rücknahmepreisen am 14. und 15.2.1995 nicht in voller Höhe auf die Ausschüttung zurückzuführen ist. Im Handelsblatt vom 15. und 16.2.1995 werden für den Concentra-Aktienfonds folgende Preise ausgewiesen. Sie beziehen sich jeweils auf den Anteilswert vom Vortag.

Ausgabe-/Rücknahmepreis 15.2.1995			Ausgabe-/Rücknahmepreis 14.2.1995		
Ceros Univers.-F.I.	147,70	141,34	Citibk.Priv.Inv.-Un.	93,85	89,38
Citibk.Priv.Inv.-Un.	94,10	89,60	Citibk.Priv.Ren.-Un.	83,85	81,40
Citibk.Priv.Ren.-Un.	83,85	81,60	Concentra	51,70	49,24
Concentra	50,46	48,06	Condor-Fd.-Union	78,70	74,95
Condor-Fd.-Union	78,80	75,02	dbi-Assecura I	103,68	103,16
dbi-Assecura I	103,84	103,32	dbi-Fonds V1	45,02	45,02

Der Rücknahmepreis ist am 15.2.1995 gegenüber dem Vortag um

$$49,24 \text{ DM} - 48,06 \text{ DM} = 1,18 \text{ DM}$$

gesunken. Die Ausschüttung hätte den Anteilswert rein rechnerisch um 1,31 D-Mark mindern müssen, so daß die Differenz zwischen rechnerischem und tatsächlichem Preisrückgang in Höhe von

$$1,31 \text{ DM} - 1,18 \text{ DM} = 0,13 \text{ DM}$$

durch eine Wertsteigerung des Fondsportfolios zu erklären ist. Sie gleicht den Anteilswertrückgang teilweise aus.

Inländische Investoren können

- sich die von der Kapitalanlagegesellschaft abzuführende Körperschaftsteuer auf ihre persönliche Einkommenssteuerschuld anrechnen lassen[1] oder
- den Steuerabzug sogar umgehen, wenn sie der Zahlstelle, etwa der Hausbank, rechtzeitig vor Ausschüttung entweder einen Freistellungsauftrag mit ausreichendem Freistellungsvolumen oder eine Nichtveranlagungs**bescheinigung** (NV-Bescheinigung) vorlegen. Voraussetzung für die Erstattung ist, daß die Anleger ihre Anteilsscheine bei der Kapitalanlagegesellschaft im Inland oder einem anderen inländischen Kreditinstitut verwahren lassen.[2]

Weiterhin unterliegen ausgeschüttete Zinserträge teilweise der **Kapitalertragssteuer**. Verwahrt ein inländischer Anleger die Anteilsscheine in einem Depot im Inland, nimmt die depotführende Stelle im Zeitpunkt der Ausschüttung einen Kapitalertragssteuerabzug in Höhe von 30 % des steuerpflichtigen Teils der Ausschüttung vor. Das Anrechnungs- bzw. Erstattungsverfahren der Kapitalertragssteuer ist dem bei der Körperschaftsteuer sehr ähnlich. Es bleibt, genau wie ausländische Quellensteuern oder steuerliche Vorteile von Immobilienfonds, im folgenden unberücksichtigt. Anzumerken bleibt, daß Gewinne aus Wertpapier- bzw. Immobilienver-

---

1 Die KAG erteilt ihnen über den anrechenbaren Betrag eine Steuergutschrift.

2 Das Steueranrechnungs- bzw. -erstattungsverfahren ist dem bei Dividendenzahlungen sehr ähnlich, so daß an dieser Stelle auf die Ausführungen in Kapitel 2 verwiesen wird.

käufen sowie Erlöse aus dem Verkauf von Bezugsrechten usw., die dem Fonds entstehen, vom Anleger grundsätzlich steuerfrei vereinnahmt werden können.

Ausschüttende Investmentfonds behalten sich in den Vertragsbedingungen zumeist vor, einen Teil der Erträge eines Jahres

- für Ausschüttungen in späteren Geschäftsjahren vorzutragen - dadurch wird eine gewisse Kontinuität über längere Zeiträume gewährleistet;
- zur Substanzerhaltung teilweise oder vollständig dem Fondsvermögen wieder zuzuführen.

Ausschnitt aus Vertragsbedingungen

> 2. Ausschüttbare Erträge gem. Absatz 1 können zur Ausschüttung in späteren Geschäftsjahren insoweit vorgetragen werden, als die Summe der vorgetragenen Erträge 15 v. H. des jeweiligen Wertes des Sondervermögens zum Ende des Geschäftsjahres nicht übersteigt. Erträge aus Rumpfgeschäftsjahren können vollständig vorgetragen werden.

> 3. Im Interesse der Substanzerhaltung können Erträge teilweise, in Sonderfällen auch vollständig zur Wiederanlage im Sondervermögen bestimmt werden.

Im Gegensatz zu deutschen schütten US-amerikanische Fonds Erträge aus Dividenden- oder Zinszahlungen (ordinary income) in aller Regel in einem anderen Turnus aus als realisierte Aktien- oder Anleihekursgewinne (capital gains). Der folgende Ausschnitt aus dem Verkaufsprospekt eines US-Rentenfonds belegt, daß der Fonds Zinszahlungen jeweils am ersten Werktag eines Monats, Kursgewinne aber nur einmal jährlich ausschüttet.

> **DIVIDENDS, CAPITAL GAINS AND TAXES**
> Dividends are paid on the first business day of each month
>
> Dividends consisting of virtually all of the ordinary income of each Portfolio of the Fund are declared daily and are payable to shareholders of record at the time of declaration. Such dividends are paid on the first business day of each month. Net capital gains distributions, if any, will be made annually.
>
> The Fund's dividend and capital gains distributions may be reinvested in additional shares or received in cash. See "Choosing a Distribution Option" for a description of these distribution methods.

US-amerikanische Finanzzeitungen versehen mutual funds, die am vorhergehenden Werktag eine Ausschüttung (distribution) vornahmen, mit besonderen Kennzeichnungen. In der Tabelle »Mutual Funds Quotations« im *Wall Street Journal* vom 18.12.1995 sind vier der insgesamt acht »Pilot Funds« mit einem »e« für ex-distribution (nach Ausschüttung) versehen.

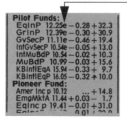

Klassifizierung der Grundformen

Viele Investmentgesellschaften bieten Fondsanlegern die Möglichkeit, Ausschüttungen kostenlos, also ohne Ausgabeaufschlag, zu reinvestieren.

Behandlung der Erträge	Im Deka-Zuwachs-Konto automatische Wiederanlage der Ausschüttung zum Rücknahmepreis, also völlig spesenfrei.

Ausschnitt aus DEKA-Rechenschaftsbericht

Von ausschüttenden sind **thesaurierende** (»wiederanlegende«) **Investment**fonds zu unterscheiden, deren Erträge in voller Höhe im Fonds verbleiben, also ganz in weitere Vermögenswerte investiert werden. Die laufende Wiederanlage führt zu einem ständig steigenden Anteilswert. Ein Investor realisiert Gewinne erst dann, wenn er erworbene Fondsanteile zu einem höheren als dem ursprünglichen Kaufpreis wieder veräußert.

thesaurierende Fonds

THESAURIERUNG DER ERTRÄGE UND GESCHÄFTSJAHR

§ 14 Thesaurierung der Erträge

Die Gesellschaft legt die während des Geschäftsjahres für Rechnung des Sondervermögens angefallenen und nicht zur Kostendeckung verwendeten Zinsen und Dividenden sowie die Veräußerungsgewinne und sonstigen Erträge im Sondervermögen wieder an. Auf Erträge entfallende Teile des Ausgabepreises für ausgegebene Anteilscheine werden zur Wiederanlage herangezogen (Ertragsausgleichsverfahren).

Ausschnitt aus Vertragsbedingungen

Thesaurierende Fonds müssen, sofern sie deutschen Steuergesetzen unterliegen, die auf Zins- und Dividendenerträge anfallenden Kapitalertrags- bzw. Körperschaftssteuern, die bei ausschüttenden Fonds direkt dem Anleger angelastet werden, selbst abführen. Der Anteilswert vermindert sich entsprechend zum Ende des Geschäftsjahres.

Die nachstehende Abbildung zeigt die »Berechnung der Wiederanlage« für einen thesaurierenden Rentenfonds. Der Anteilswert sinkt zum Geschäftsjahresende aufgrund der Steuerzahlung und unter sonst gleichblei-

Ausschnitt aus
Verkaufsprospekt

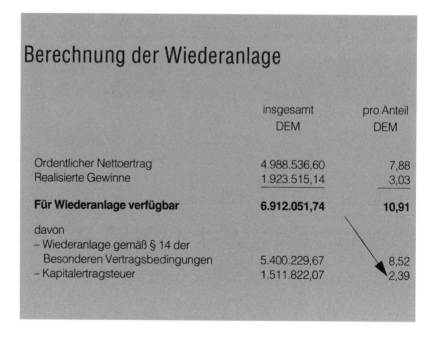

benden Bedingungen um 2,39 D-Mark. Für den Anleger bietet die Thesaurierung aber keine steuerlichen Vor- oder Nachteile, da die von der Kapitalanlagegesellschaft gezahlten Steuern

- auf die persönlichen Einkommensteuern anrechenbar sind respektive
- in voller Höhe gutgeschrieben werden, wenn die Anteilsscheine in einem Depot bei einer inländischen Geschäftsbank bzw. der Kapitalanlagegesellschaft liegen und der Fondsanleger rechtzeitig eine NV-Bescheinigung bzw. einen Freistellungsauftrag mit ausreichendem Freistellungsvolumen vorlegt.

8.2.1.4
Internationale Fonds

Geographische Ausrichtung

Investmentfonds, die in einem erheblichen Umfang Wertpapiere oder Immobilien im Ausland erwerben, werden gemeinhin als **internationale Fonds** bezeichnet und dadurch begrifflich von Fonds mit dem Anlageschwerpunkt »Inland« abgegrenzt. Sie lassen sich beispielsweise wie folgt klassifizieren.

Fondsart	Beschreibung
Globalfonds	Globalfonds halten inländische Wertpapiere, mischen dem Portfolio aber auch ausländische Titel bei. Beispielsweise investieren US-amerikanische global stock funds durchschnittlich 75 % des Kapitals in US- und den verbliebenden Teil in Aktienwerte anderer Länder. Globalfonds deutscher Gesellschaften sind an ihren Namen zu erkennen, wie ein Ausschnitt aus dem Handelsblatt belegt.
Internationale Fonds	Internationale Fonds stellen ihre Portfolios ausschließlich aus ausländischen Vermögenswerten zusammen und beziehen dabei die bedeutendsten Länder weltweit ein. Der folgende Ausschnitt stammt aus dem Verkaufsprospekt eines Aktienfonds der US-amerikanischen Vanguard Group.
Regionalfonds	Regionalfonds, auch Regionenfonds genannt, konzentrieren sich auf die Wertpapiere bestimmter Regionen, wie »Nordamerika«, »Asien-Pazifik« usw. Sie sind – genau wie Globalfonds – meist an ihren Namen erkennbar.
Länderfonds	Diese Fonds konzentrieren sich auf einen ganz bestimmten ausländischen Staat. Ein Länderfonds »Italien« hält beispielsweise ausschließlich italienische Vermögenswerte. Die großen deutschen Kapitalanlage-, aber auch ausländische Investmentgesellschaften, verwalten zumeist eine Vielzahl von Länderfonds.

Abb. 8/13: Fondsarten nach der geographischen Ausrichtung

In der Praxis wird die Unterteilung von den Investmentgesellschaften nicht immer so strikt vollzogen wie in Abbildung 8/13 dargestellt. Ein Anleger sollte in jedem Fall den Verkaufsprospekt sowie den Rechenschaftsbericht heranziehen, um sich ein genaues Bild über die jeweilige Portfoliozusammensetzung zu verschaffen.

Emerging Market Fonds

Eine Sonderform internationaler Fonds stellen die sogenannten **Emerging Market Fonds** dar. Die Manager kaufen normalerweise ausschließlich Wertpapiere solcher Unternehmen, die ihren Sitz in Schwellenländern haben. Ein Beispiel für einen Emerging Market Fonds liefert der folgende Ausschnitt aus dem Verkaufsprospekt der US-amerikanischen Vanguard Group.

INTERNATIONAL FUNDS CONTINUED

■ **EMERGING MARKETS PORTFOLIO**
Portfolio Number: 533
Inception: May 4, 1994
Seeks to provide investment results matching those of the unmanaged Morgan Stanley Capital International–Select Emerging Markets Free Index, a broadly diversified index that comprises common stocks in twelve countries in Southeast Asia (Hong Kong, Indonesia, Malaysia, the Philippines, Singapore, and Thailand), Latin America (Argentina, Brazil, and Mexico), and Europe (Greece, Portugal, and Turkey). The Portfolio intends to invest 95% of its net assets in a statistically selected sample of the stocks included in the Index; the remaining 5% will be invested in cash reserves for liquidity purposes.

Average Annual Total Return

Period Ended September 30, 1995	Emerging Markets Portfolio*	Morgan Stanley Capital Int'l.– Select Emerging Markets (Free)
1 Year	–16.84%	–14.98%
5 Years	4.92**	2.92**
10 Years	—	—
Expense Ratio	0.60%***	—
Market Risk	Above Average	—
Currency Risk	Very High	—
Country Risk	Very High	—

Emerging Markets

8.2.1.5 Währung

Fonds können grundsätzlich in in- oder ausländischer Währung aufgelegt werden. Rücknahme- und Ausgabepreise lauten also entweder auf in- oder ausländische Währung. Der folgende Ausschnitt aus der Finanzzeitung verdeutlicht, daß einige der abgebildeten Fonds Anteilswerte zum Beispiel auf Basis des US-Dollars oder des Schweizer Franken berechnen und in der jeweiligen Währung veröffentlichen.

Hält ein Anleger Fondsanteile, die in ausländischer Währung abgerechnet werden, haben Devisenkursänderungen ähnliche Auswirkungen auf das D-Mark-Vermögen des Investors, wie bei einer Direktanlage in Währungsanleihen oder ausländischen Aktien. Wertet die betreffende ausländische

Währung gegenüber der D-Mark auf oder ab, so steigt bzw. sinkt der Wert der Fondsanteile, ausgedrückt in D-Mark, in gleichem Maße.

Für gewöhnlich legen Investmentgesellschaften sämtliche Fonds, also etwa auch Regional- oder Länderfonds, in der jeweiligen Inlandswährung auf. Deutsche Kapitalanlagegesellschaften verkaufen ihre Fondsanteile – unabhängig von der geographischen Ausrichtung des betreffenden Fonds – grundsätzlich in D-Mark. Anleger können in den Rechenschaftsberichten daher diejenigen Devisenkurse finden, die für die Umrechnung der Vermögenswerte internationaler Fonds in D-Mark verwendet wurden. Im allgemeinen sind dies die amtlichen Devisenkassamittelkurse der Frankfurter Devisenbörse.

Anteile an Auslandsfonds muß ein Anleger – was sich aus vorstehendem Absatz folgern läßt – generell in der betreffenden ausländischen Währung bezahlen. Eine Ausnahme bilden jedoch viele Auslandsfonds, die von deutschen Geschäftsbanken oder deren Töchtern in Luxemburg aufgelegt werden, was nachstehender Ausschnitt aus der Rubrik »*Investment-Fonds*« verdeutlicht.

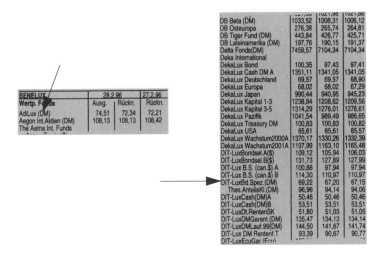

Anlageschwerpunkt   8.2.1.6

Grundlagen   8.2.1.6.1

Investmentgesellschaften fixieren den Schwerpunkt eines Fonds in aller Regel auf ganz bestimmte Anlageinstrumente – zumeist Aktien, Anleihen oder Immobilien. Im folgenden werden die wichtigsten Anlageschwerpunkte kurz beschrieben, wobei die Fondsformen, die das KAGG vorgibt, im Mittelpunkt stehen.

8.2.1.6.2 Geldmarktfonds

Geldmarktfonds legen die ihnen zur Verfügung stehenden Mittel hauptsächlich in

- Tages- und Termingeld,
- Geldmarktpapiere,
- Schuldverschreibungen mit einer Restlaufzeit unter einem Jahr sowie
- Floating Rate Notes

an. In Abhängigkeit von der Struktur des jeweiligen Geldmarktes setzt sich das Portfolio in- und ausländischer Geldmarktfonds gegebenenfalls sehr unterschiedlich zusammen. Abbildung 8/14 zeigt die Vermögensstruktur des »ADIG-Geldmarkt 1«. Sie verdeutlicht, daß die Mittel am 30.6.1995 zu einem Großteil in Termingeld investiert sind.

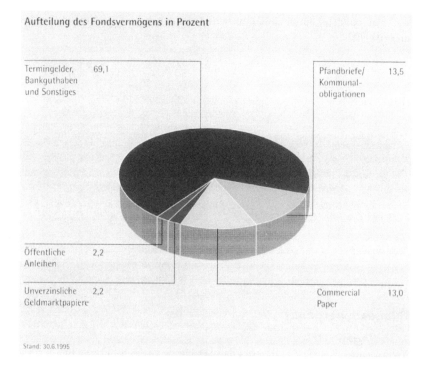

Abb. 8/14: Vermögensstruktur des ADIG-Geldmarkt 1 (Quelle: ADIG)

»Reine« Geldmarktfonds, also Fonds, die ausschließlich in Geldmarktpapiere, Termingeld usw. investieren, sind erst seit dem 1.8.1994 in Deutschland zugelassen. Bis dahin existierten nur sogenannte geldmarktnahe Fonds.[1] Ein Blick in die Finanzzeitung des Handelsblattes belegt, daß die Gruppe der Geldmarktfonds in Deutschland bisher einen nur geringen Teil aller umlaufenden Fonds ausmacht. Gemessen am Fondsvolumen liegen sie hinter Renten-, aber vor Aktienfonds.

[1] Geldmarktnahe Fonds durften sich höchstens mit 49 % des Fondsvermögens am Geldmarkt engagieren.

Geldmarkt-Fonds	28.2.96 Ausg.	28.2.96 Rückn.	27.2.96 Rückn.
Adig Geldmarkt 1	88,17	88,17	88,17
Allianz Geldmarktfonds	100,92	100,92	100,91
Allianz Geldmarkt II	100,87	100,87	100,86
Aufhäuser-Universal-GM	100,73	100,73	100,73
BB-DM GM-Invest	52,42	52,42	52,42
BB-Multi GM-Invest	96,33	96,33	96,15
BFG Invest GM DM	101,60	101,60	101,60
BWK Geldmarktfonds	104,45	104,45	104,45
CB Geldmarkt Dtld.	101,53	101,53	101,52
CB Money Market DM	10091	10091	10090
CB Money Market Ecu	5307,31	5307,31	5307,89
CB Money Market Pfund	3202,58	3202,58	3202,21
CB Money Market US $	4991,85	4991,85	4991,20
DIT-Geldmarktfonds	50,45	50,45	50,45
Deka-Geldmarkt L: DM	104,58	104,58	104,57
DIT-Geldm. Spezial	100,82	100,82	100,81
DWS Geldmarktfonds	105,19	105,19	105,18
DWS Geldmarktf. Plus	105,47	105,47	105,46
FT Accugeld DM	104,45	104,45	104,44
FT US-Dollar Plus	50,78	50,78	50,77
HansaGeldmarkt	100,97	100,47	100,46
HMT-Prozins	103,46	103,46	103,46
Hypo-Invest GM-Fonds	101,62	101,62	101,62
MAT Ano Liquid	101,59	101,59	101,59

Die Konditionenvorteile, die ein Anleger durch eine Fondsbeteiligung gegenüber einer Direktanlage zumindest indirekt realisiert, dürften insbesondere bei einer Anlage in Geldmarktfonds zum Tragen kommen. Die Höhe der Verzinsung orientiert sich bei kurzfristigen Geldanlagen und -aufnahmen hauptsächlich am Transaktionsvolumen sowie am Standing der jeweiligen Kontrahenten, so daß ein Fonds hier üblicherweise höhere Zinssätze bei Geldanlagen bzw. geringere Zinssätze bei Geldaufnahmen erzielen kann als ein einzelner Anleger.

Da Geldmarktfonds häufig ohne Ausgabeaufschlag begeben werden, bieten sie Anlegern flexiblere Ein- und Ausstiegsmöglichkeiten als etwa Wertpapierfonds – also eine höhere Liquidität – und sind zudem relativ sicher. Der Anteilswert eines deutschen Geldmarktfonds unterliegt im Zeitverlauf für gewöhnlich nur geringen Schwankungen. Anteilswertverluste sind nahezu ausgeschlossen. Abbildung 8/15 zeigt die Anteilswertentwicklung des »ADIG-Geldmarkt 1«, einem thesaurierenden Fonds. Seit dem Tag der Auflegung ist der Anteilswert – mit Ausnahme zweier Tage – permanent gestiegen. Der größte Kursrückgang war vom 30.6. auf den 3.7.1995 zu verzeichnen, weil das Geschäftsjahr endete und der Fonds Steuerzahlungen leisten mußte.

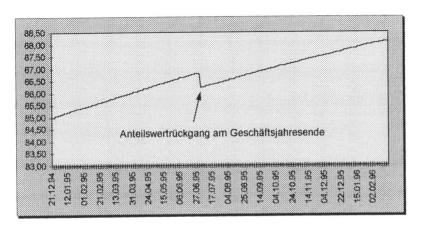

Abb. 8/15: Anteilswertentwicklung des »ADIG-Geldmarkt 1«

Im Gegensatz zu deutschen Geldmarktfonds erwerben US-amerikanische money market funds in erster Linie Geldmarktpapiere, zum Beispiel Commercial Papers, Certificates of Deposit oder Treasury bills (vgl. Abb. 8/16).

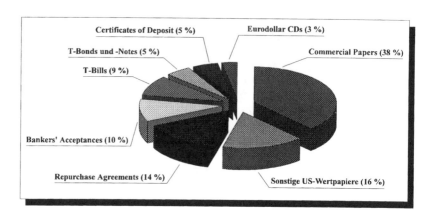

Abb. 8/16: Durchschnittliche Vermögensstruktur der US-money market funds (Quelle: ICI, Washington D.C., Stand 31.12.1994)

Gemessen am Fondsvolumen repräsentieren money market funds in den USA die größte Gruppe der mutual funds. Sie weisen die Besonderheit auf, daß die durchschnittliche Restlaufzeit der Vermögenswerte im Fondsportfolio aufgrund einer Vorschrift der SEC 90 Tage nicht überschreiten darf und der Anteilswert in aller Regel **konstant einen US-Dollar** beträgt. Money market funds sind bestrebt, den Anteilswert permanent auf dem Niveau von exakt einem US-Dollar zu halten – gewähren Anlegern jedoch keine Garantie dafür. Ausschüttungen nehmen die Fonds tagtäglich vor.

konstanter Anteilswert

Jeweils donnerstags veröffentlicht das *Wall Street Journal* eine spezielle Tabelle »Money Market Mutual Funds«, in der es – neben dem Namen der Investmentgesellschaft – für jeden Fonds

- die durchschnittliche Laufzeit des Portfolios (»Avg. Mat.«),
- die sogenannte »7 Day Yield«[1] sowie
- das Fondsvolumen (»Assets«)

ausweist (vgl. Abb. 8/17). Aufgrund des konstanten Anteilswertes erübrigt sich die Publikation der Ausgabe- und Rücknahmepreise.

8.2.1.6.3 Wertpapierfonds

In Deutschland fällt die Mehrzahl der offenen Publikumsfonds unter die Gruppe der Wertpapierfonds. Sie legen den Anlageschwerpunkt auf eine oder mehrere Wertpapiergattungen, also beispielsweise Aktien und/oder Anleihen. Dabei ist jedoch zu beachten, daß das KAGG nicht jede Wertpapierform als Anlageschwerpunkt zuläßt. Die Auflage »reiner« Optionsscheinfonds ist in Deutschland etwa verboten, was der nachstehende Auszug aus dem KAGG verdeutlicht.

---
[1] Vgl. hierzu die Ausführungen in Abschnitt 8.3.2.3.4.

Klassifizierung der Grundformen

Abb. 8/17:
Money Market Mutual Funds

»... *§8 a. [Zulässige Werte]*

... (4) Die Kapitalanlagegesellschaft darf in Optionsscheinen nur bis zu 10 vom Hundert des Wertes des Sondervermögens anlegen. Sie darf jedoch einen höheren Anteil anlegen, wenn dies in den Vertragsbedingungen vorgesehen ist und der Faktor, um den der Wert des Optionsscheins rechnerisch stärker steigen darf oder fallen kann als der Wert der Bezugsgröße, für den Zeitpunkt des Erwerbs in den Vertragsbedingungen begrenzt ist. ...«

Auszug aus KAGG

Folgendes Schaubild zeigt diejenigen Wertpapierfonds, die von deutschen Kapitalanlagegesellschaften aufgelegt werden dürfen.

All diese Fonds müssen die Anlagegrundsätze des KAGG beachten, die vor allem eine Diversifikation gewährleisten sollen. Es sei beispielhaft ein Auszug aus den Anlagegrundsätzen des Gesetzes angeführt.

»... *§8 a. [Zulässige Werte]*

... (1) Die Kapitalanlagegesellschaft darf in Wertpapieren und Schuldscheindarlehen desselben Ausstellers (Schuldners) nur bis zu 5 vom Hundert des Wertes des Sondervermögens anlegen; in diesen Werten dürfen jedoch bis zu 10 vom Hundert des Wertes des Sondervermögens angelegt werden, wenn dies in den

Auszug aus KAGG

Vertragsbedingungen festgelegt ist und der Gesamtwert der Wertpapiere und Schuldscheindarlehen dieser Aussteller ... 40 vom Hundert des Wertes des Sondervermögens nicht übersteigt ...«

Für die Schuldverschreibungen einiger bedeutender öffentlicher Schuldner, wie Bund, Länder oder Organisationen der Europäischen Union, wird die vorstehende Vorschrift im KAGG modifiziert. Ein Investmentfonds darf gegebenenfalls mehr als 20 Prozent des Vermögens in diese Papiere investieren. Hiermit wird dem enormen Kapitalbedarf der öffentlichen Stellen Rechnung getragen.

Aktien-/Rentenfonds

Aktien- und **Rentenfonds** existieren in sehr unterschiedlichen Varianten. Die Portfolios einzelner Fonds derselben Kategorie können erheblich voneinander abweichen. Während Aktien- und Rentenstandardfonds sehr stark diversifiziert sind, konzentrieren Aktien- und Rentenspezialitätenfonds ihren Schwerpunkt etwa auf Titel ganz bestimmter Emittenten oder besondere Aktien- bzw. Anleiheformen. Weitere Ausführungen dazu folgen in Abschnitt 8.2.1.7.

Bei einer Beteiligung an Aktien- und Rentenfonds sind grundsätzlich die gleichen Timing- und Risikoaspekte zu beachten, wie bei einer Direktanlage. Abbildung 8/18 zeigt die Anteilswertentwicklung eines Renten- sowie eines Aktienfonds für einen Zeitraum von fünf Jahren. Sie belegt, daß die beiden Fonds unterschiedlich starke Wertschwankungen aufweisen.

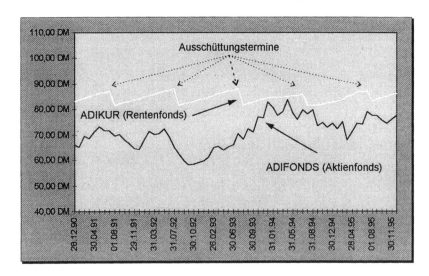

Abb. 8/18: Anteilswertentwicklung eines Aktien- und eines Rentenstandardfonds

Genußscheinfonds

Neben Aktien- und Rentenfonds legen Kapitalanlagegesellschaften möglicherweise »reine« **Genußscheinfonds** auf. Das gesamte Emissionsvolumen dieser Papiere ist jedoch im allgemeinen zu gering, um ein effizientes Portfolio zusammenzustellen. Genußscheine werden daher zumeist zu geringen Anteilen Rentenfonds beigemischt.

gemischte Fonds

Weiterhin stellen auch **gemischte Fonds**, in Deutschland gelegentlich als Mischfonds und in den USA als balanced funds bezeichnet, eine Form der Wertpapierfonds dar. Im Gegensatz zu Aktien- und Rentenfonds setzt sich ihr Portfolio nicht schwerpunktmäßig aus ein und derselben Wertpapiergattung zusammen, sondern besteht möglicherweise zu gleichen Anteilen zum Beispiel aus Beteiligungs- und Forderungspapieren. Die folgende Übersicht zeigt die Vermögensstruktur eines gemischten Fonds des DIT.

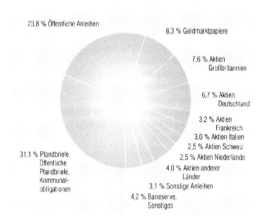

Ausschnitt aus DIT-Rechenschaftsbericht

Im Hinblick auf eine starke Diversifikation stellt ein gemischter Fonds sozusagen die Vollendung des Investmentgedankens dar. Gegenüber »reinen« Aktien- oder Rentenfonds

- ist er in aller Regel durch geringere Schwankungen des Anteilswertes gekennzeichnet,
- fallen die Erträge zumeist aber niedriger aus, was in erster Linie mit Kompensationseffekten innerhalb des Portfolios zu erklären ist. Die Wertentwicklung der Komponenten ist unter Umständen gegenläufig – eine Wertsteigerung des Aktienportfolios könnte beispielsweise mit einem gleichzeitigen Verlust der Rentenposition einhergehen.

Gemischte Fonds sind in der Praxis trotz der breiten Streuung relativ unbedeutend, was wohl auf die verminderten Ertragsaussichten zurückzuführen ist.

Das Handelsblatt weist alle Arten von Wertpapierfonds unter der gleichlautenden Überschrift in der Rubrik »*Investment-Fonds*« aus. Eine Zuordnung zu einer Kategorie läßt sich allein anhand der jeweiligen Bezeichnung zumeist nicht treffen. Dafür ist der Verkaufsprospekt heranzuziehen.

8.2.1.6.4 Immobilien- und Beteiligungsfonds

Immobilienfonds

Offene **Immobilienfonds** sind nach dem Wortlaut des Gesetzes Grundstücks-Sondervermögen. Ihre Manager

- kaufen etwa bebaute Geschäfts- und Mietwohngrundstücke, aber auch Wertpapiere (vgl. Abb. 8/19) und
- müssen dabei – genau wie Wertpapier- und Geldmarktfonds – bestimmte Anlagegrundsätze beachten.

Auszug aus KAGG

»... §28. [Mindestbestand; Höchstwert einzelner Grundstücke]

(1) Das Grundstücks-Sondervermögen muß aus mindestens zehn Grundstücken bestehen.
(2) Keines der Grundstücke darf zur Zeit seines Erwerbs den Wert von 15 vom Hundert des Wertes des Sondervermögens übersteigen. ...«

Abb. 8/19: Vermögensstruktur des Despa-Fonds zum 30.9.1995 (vereinfachte Darstellung)

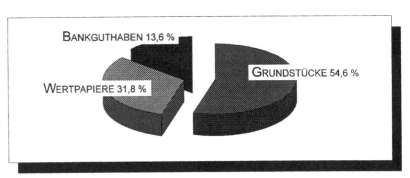

Da Immobilien, anders als beispielsweise Wertpapiere, nicht an Börsen gehandelt werden und deshalb keine Kurse für die Bewertung des Fondsvermögens zur Verfügung stehen, gestaltet sich die Preisbildung recht schwierig. Das KAGG schreibt für jeden offenen Immobilienfonds deshalb die Bildung eines Sachverständigenausschusses vor, der mindestens einmal pro Jahr sämtliche Grundstücke bewerten muß.

Auszug aus KAGG

»... §32. [Sachverständigenausschuß]

(1) Die Kapitalanlagegesellschaft hat einen aus mindestens drei Mitgliedern bestehenden Sachverständigenausschuß zu bestellen, der in den durch dieses Gesetz oder die Vertragsbedingungen bestimmten Fällen für die Bewertung von Vermögensgegenständen zuständig ist. Die Kapitalanlagegesellschaft kann auch mehrere Sachverständigenausschüsse nach Satz 1 bestellen. ...«

Trotz der Bewertungsproblematik ermittelt die Kapitalanlagegesellschaft die Ausgabe- und Rücknahmepreise gemeinhin täglich. Die Grundstücke werden dabei mit dem zuletzt vom Sachverständigenausschuß festgestellten Wert angesetzt, die Wertpapiere mit den aktuellen Börsenkursen. Das Handelsblatt publiziert die Ausgabe- und Rücknahmepreise für Immobilienfonds unter der gleichnamigen Überschrift in der Rubrik »Investment-Fonds«.

Immob.-Fonds			
BfG ImmoInvest	105,78	100,27	100,27
CS Euroreal	106,70	101,58	101,58
CS-WV Immofonds	109,10	103,83	103,83
Despa-Fonds	103,10	97,95	97,95
Difa-Fonds Nr.1	211,99	201,39	201,39
Difa-Grund	119,64	113,66	113,66
Grundbes.-Inv.	86,50	82,37	82,37
Grundwert Fds.	157,70	149,48	149,48
Hansaimmobilia	104,54	99,56	99,56
Haus-Invest	82,30	78,36	78,36
iii Fonds Nr.1	143,90	137,01	137,01
iii Fonds Nr.2	92,70	88,28	88,28
Interswiss(sfr)	193,73	184,50	184,50
WestInvest 1	49,05	46,49	46,49

Der vierte Abschnitt des KAGG enthält besondere Vorschriften für **Beteiligungsfonds** und beschreibt diese anschaulich.

»... §25 a. [Beteiligungs-Sondervermögen]

Für Kapitalanlagegesellschaften, die das bei ihnen eingelegte Geld in Wertpapieren und Beteiligungen als stiller Gesellschafter (stille Beteiligungen) im Sinne des §230 des Handelsgesetzbuches (Beteiligungs-Sondervermögen) anlegen, gelten die Vorschriften des Dritten Abschnittes [Besondere Vorschriften für Wertpapier-Sondervermögen] sinngemäß, soweit sich aus den nachfolgenden Vorschriften dieses Abschnittes nichts anderes ergibt.

§25 b. [Erwerbsbeschränkungen]

(1) Die Kapitalanlagegesellschaft darf für ein Beteiligungs-Sondervermögen nur erwerben
1. Wertpapiere und Schuldscheindarlehen;
2. stille Beteiligungen an einem Unternehmen mit Sitz und Geschäftsleitung im Geltungsbereich dieses Gesetzes (Beteiligungsunternehmen), wenn
a) Wertpapiere des Beteiligungsunternehmens weder zur amtlichen Notierung oder zum geregelten Markt an einer inländischen Börse zugelassen sind noch an einem inländischen organisierten Markt gehandelt werden ...«

Mit der Zulassung von Beteiligungsfonds verfolgte der Gesetzgeber das Ziel, »kleineren«, noch nicht börsennotierten Unternehmen verbesserte Möglichkeiten der Kapitalaufbringung zu verschaffen. Bis zum Frühjahr 1996 sind aber noch keine entsprechenden Fonds aufgelegt worden.

> Beteiligungsfonds

> Auszug aus KAGG

Terminbörsen- und Optionsscheinfonds

8.2.1.6.5

Die Auswahl eines Anlegers ist in der Praxis nicht auf die im KAGG festgeschriebenen Fondsarten beschränkt. So existieren beispielsweise Auslandsfonds, die den Schwerpunkt auf Derivate, etwa Futures, Forwards und Optionen, legen. Das KAGG gestattet in Deutschland aufgelegten Wertpapierfonds, Derivate zur Absicherung von Wertpapierpositionen zu halten, nicht jedoch, um zu spekulieren. In den Rechenschaftsberichten schildern die Gesellschaften Motive für eine Absicherung.

»... Wegen wachsender Unsicherheiten über den Verlauf des amerikanischen Aktienmarktes haben wir in den letzten Monaten des Geschäftsjahres 1994/95 sukzessive Teile des Portefeuilles durch Finanzterminkontrakte auf den US-Aktienindex Standard & Poor's 500 abgesichert. ... »

> Ausschnitt aus dem Rechenschaftsbericht des Fondamerika der ADIG

Optionsscheinfonds

Auslandsfonds mit dem Schwerpunkt Derivate sind Optionsschein- und Terminbörsenfonds. Erstere kaufen börsen- und OTC-gehandelte Optionsscheine, was zu enormen Schwankungen der Anteilswerte im Zeitverlauf führen kann. Fondsanleger setzen sich, verglichen mit Anteilseignern von Geldmarkt- und herkömmlichen Wertpapierfonds, hohen Risiken aus. Deutsche Kapitalanlagegesellschaften mischen Optionsscheine allenfalls einem Portfolio bei, das zum Beispiel Aktien oder Renten umfaßt.

Terminbörsenfonds

Terminbörsenfonds bauen Long- und Short-Positionen in Forwards, Futures sowie Optionen auf. Das Geld der Fondsanleger verwenden sie infolgedessen nicht oder nur in geringem Umfang zum Erwerb von Wertpapieren usw. Vielmehr decken sie damit die erforderlichen Margins ab und halten den verbleibenden Teil des Geldes, der prinzipiell den größeren Anteil am Fondsvermögen darstellt, auf einem Bankkonto vor. So können Nachschußpflichten jederzeit erfüllt werden.

Die folgende Graphik stammt aus dem Verkaufsprospekt des »HCM-Future-Vision«, der in Luxemburg aufgelegt wurde.

Struktur des »HCM-Future-Vision«

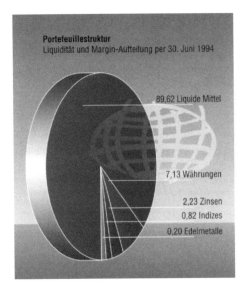

Die Organisationsstruktur eines Terminbörsenfonds unterscheidet sich grundsätzlich von derjenigen bisher beschriebener Arten. Engagiert sich der Fonds beispielsweise an US-Terminbörsen, so muß die Investmentgesellschaft neben der Depotbank gewöhnlich

- mehrere **Commodity Trading Advisors (CTAs)** bestimmen, die für die Anlageentscheidungen verantwortlich sind, also festlegen, welche Terminkontrakte ge- und verkauft werden,
- einen **Trading Manager** einschalten, der mit Verwaltungs- und Kontrollaufgaben betraut ist, sowie
- einen **Principal Clearing Broker** bestellen, der die Transaktionen ausführt, abrechnet und arrangiert.

Hierdurch entstehen oft vergleichsweise hohe Verwaltungskosten. Der folgende Ausschnitt aus der Rubrik »*Investment-Fonds*« im Handelsblatt zeigt die Ausgabe- und Rücknahmepreise für einige Terminbörsenfonds.

Terminbörsen-Fonds	28.2.96		27.2.96
	Ausg.	Rückn.	Rückn.
Barclay EuroFut. ($)		804,64	792,45
Dt.Terminmarktfd (DM)	1118,43	1065,17	1065,17
Global Fut. I (DM '00)		281,80	281,80
Global Fut. II (DM '00)		280,08	280,08
Global Fut. III (DM '00)		225,58	225,58
Global Fut. IV (DM '00)		213,29	213,29
H.C.M.Fut.Vision(DM)	98,27	93,59	93,59
JHC Pro Pool ($)		45,30	45,30
KIM Fund Ltd.(DM)		10,62	10,62
Multifonds($)¹		1325,00	1325,00
New Cont.Fund(DM)	1212,70	1212,70	1212,70
WBB Int. Fut. Fds.($)*	9,25	9,25	9,16

Auf Fondssonderformen – im Hinblick auf den Anlageschwerpunkt sind hier beispielsweise Waren- oder Leasingfonds zu nennen – wird im folgenden nicht näher eingegangen.

Zusammensetzung des Anlageschwerpunktes

8.2.1.7

Eine Investmentgesellschaft verwaltet im allgemeinen mehrere Fonds mit dem gleichen Anlageschwerpunkt, zum Beispiel mehrere Aktien-, Renten- oder Geldmarktfonds. Auf diese Weise will sie den Anlagewünschen und Risikopräferenzen möglichst vieler Anleger entsprechen. Um einen ganz bestimmten Investmentfonds von den übrigen abzugrenzen, legt sie für diesen ein spezielles Konzept fest. Außerdem stellt die Gesellschaft das Portfolio aus Objekten zusammen, die in den anderen Fonds noch gar nicht oder aber in einer anderen Gewichtung enthalten sind.

Fonds mit identischem Anlageschwerpunkt lassen sich in Standard- und Spezialitätenfonds unterscheiden. Die Vermögens- und Risikostruktur eines **Standardfonds** entspricht in etwa der des jeweiligen Gesamtmarktes. Ein deutscher Rentenstandardfonds etwa könnte die Emittenten- und Laufzeitstruktur des deutschen Rentenmarktes nachbilden.

Standardfonds

Das Anlagekonzept eines **Spezialitätenfonds** sieht demgegenüber vor, den Diversifikationsgrad gegenüber Standardfonds einzuschränken. Folgende Übersicht zeigt einige Aktien- und Rentenspezialitätenfonds (vgl. Abb. 8/20). Die Reihe solcher Fonds kann beliebig erweitert werden, da Investmentgesellschaften im Zeitverlauf ständig neue Varianten auflegen. Zudem sind Merkmalsüberschneidungen nicht ausgeschlossen. Auch Geldmarkt-, Terminbörsen- oder Immobilienfonds lassen sich in Standard- und Spezialitätenfonds einteilen, worauf hier nicht weiter eingegangen wird.

Spezialitäten-
fonds

Abb. 8/20:
Spezialitätenfonds

	Aktienspezialitätenfonds
Fonds mit besonderen Aktienformen	Fonds spezialisieren sich gelegentlich auf besondere Aktienformen, wie etwa Vorzugsaktien. Dies belegt der folgende Ausschnitt aus dem Verkaufsprospekt eines Aktienfonds der US-amerikanischen Vanguard Group. VANGUARD PREFERRED STOCK FUND Portfolio Number: 038 Inception: December 3, 1975 Seeks maximum dividend income that qualifies for the 70% "corporate dividends received" deduction under Federal tax law. Minimum initial investment is $3,000. Note: Only corporations are eligible for this deduction; therefore, the Fund may not be as suitable for individual investors. The Fund invests primarily in the preferred stocks of domestic corporations. Preferred stocks offer a fixed rate of income that is generated from corporate earnings and, therefore, are similar in many ways to corporate bonds. However, unlike bonds, preferred stocks lack a fixed maturity date and are subject to greater price fluctuations as interest rates change. Average Annual Total Return Period Ended September 30, 1995 — Vanguard Preferred Stock Fund — Merrill Lynch Perpetual Preferred Index 1 Year — 20.85% — 15.15% 5 Years — 12.17 — 12.77 10 Years — 11.00 — — Expense Ratio — 0.51% — — Credit Risk — Medium — — Income Volatility — Low — — Principal Risk — High — —
Cap Funds	Der Terminus »cap fund« steht in den USA als Abkürzung für **cap**italization fund. Mit diesem Begriff werden Aktienfonds umschrieben, die bei der Titelauswahl die Grundkapitalausstattung der Aktiengesellschaften in den Vordergrund stellen. So existieren beispielsweise **small-** oder **mid-cap funds** mit dem Schwerpunkt auf Aktien »kleiner« (small) bzw. »mittelgroßer« (**mid**dle-sized) Unternehmen. Diese Spezialisierung wird auch von deutschen Kapitalanlagegesellschaften umgesetzt, wie nachstehender Ausschnitt aus dem Verkaufsprospekt des DIT-Spezial verdeutlicht. »...Der DIT-Spezial erwirbt Aktien deutscher Unternehmen mit einem Grundkapital von bis zu 400 Millionen D-Mark. Das Konzept dieses Spezialitätenfonds zielt vor allem auf Gesellschaften, die insbesondere in aufwärtsgerichteten Konjunkturphasen überdurchschnittliche Kursgewinne versprechen...«
Branchenfonds	Der Anlageschwerpunkt eines Branchenfonds ist ausschließlich auf die Aktien einer bestimmten Branche beschränkt. Fonds legen den Schwerpunkt etwa auf die Bereiche Medizin, Technologie, Energie, Rohstoffe, Versorgung oder Dienstleistungen. Die nachstehende Abbildung stammt aus dem Rechenschaftsbericht des ADITEC, der in internationale Technologieaktien investiert, und zeigt dessen Branchenaufteilung (Quelle: ADIG). 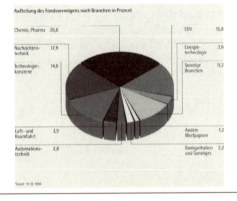

Klassifizierung der Grundformen

Quant Funds	Der Begriff »quant fund« stammt aus den USA und beschreibt Aktienspezialitätenfonds, deren Manager mit Hilfe spezieller Analyseverfahren, etwa künstlichen Neuronalen Netzen, einen Marktindex, wie den S & P 500, schlagen wollen. Sie • konzentrieren sich auf einige wenige Titel, • achten darauf, daß die Charakteristika der Portfolios hinsichtlich Risiko und Rendite in etwa mit denen des zugrundeliegenden Indexes übereinstimmen und • kaufen große Volumina (**quant**ities) der ausgewählten Papiere. Dem nachstehenden Ausschnitt aus einem Verkaufsprospekt kann die Anlagephilosophie eines quant fund, den die Vanguard Group verwaltet, entnommen werden. 

Rentenspezialitätenfonds

Fonds mit besonderen Anleiheformen bzw. Anleihen spezieller Emittenten	Rentenfonds spezialisieren sich auch auf besondere Anleiheformen, wie Wandel- und Optionsanleihen, oder Anleihen spezieller Emittenten. Nahezu jede deutsche Kapitalanlagegesellschaft verwaltet einen oder mehrere entsprechende Rentenspezialitätenfonds. Die folgende Übersicht zeigt die Vermögensaufteilung des »DIT-Fonds für Wandel- und Optionsanleihen« (Quelle: DIT). 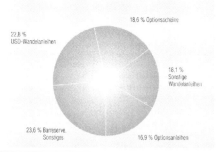
Fonds mit Anleihen besonderer Rating-Kategorien	Zu dieser Gruppe zählen all diejenigen Rentenfonds, die sich auf besondere Rating-Kategorien spezialisieren, also zum Beispiel ausschließlich Triple-A-, Triple-B- oder Junk Bonds erwerben. Das durchschnittliche Ausfallrisiko ist im Vergleich zu einem Rentenstandardfonds vielleicht geringer (Triple-A-Fonds), möglicherweise aber auch höher (Junk Bond Fonds).
Fonds mit Anleihen besonderer Laufzeitbereiche	Rentenspezialitätenfonds konzentrieren sich außerdem auf Laufzeitbereiche und erwerben etwa nur kurz-, mittel- oder langfristige Anleihen. Dementsprechend werden auch Kurz-, Mittel- oder Langläuferfonds unterschieden.

Spezialitätenfonds, die sowohl reine Aktien- oder Renten-, als auch gemischte Fonds sein können	
Länder-, Regionen-, Emerging Market Fonds	Die bereits in Abschnitt 8.2.1.4 vorgestellten Regionen-, Länder- und Emerging Market Fonds werden mitunter auch den Spezialitätenfonds hinzugezählt.
Conscience Funds	Das Ziel von conscience (»Gewissen«) funds ist es, umwelt- oder sozialpolitischen Ansichten durch die Anlagephilosophie Rechnung zu tragen. Unter diese Fondsgruppe fallen unter anderem »Öko-Fonds« (green funds). Diese könnten bei der Titelauswahl zum Beispiel die Aktien oder Anleihen solcher Gesellschaften meiden, die Umweltauflagen mißachten, hohe Schadstoffemissionen verursachen oder Tropenhölzer importieren. Des weiteren gibt es conscience funds, die etwa keine Titel von Rüstungsunternehmen erwerben oder Papiere solcher Unternehmen ausschließen, die Tierversuche durchführen.
Steuersparfonds	Investmentgesellschaften legen Steuersparfonds mit dem Ziel auf, Erträge zu erwirtschaften, die zu einer vergleichsweise geringen Steuerlast beim Anleger führen. Ein Rentenspezialitätenfonds könnte etwa Anleihen mit niedrigen Nominalzinssätzen wählen, die zwar geringe laufende Zinszahlungen nach sich ziehen, möglicherweise aber relativ hohe Kursgewinne zur Folge haben. Kursgewinne können Anlegern, anders als Kuponzahlungen, ohne Steuerabzug ausgeschüttet werden. Für deutsche Anleger sind Steuersparfonds insbesondere dann vorteilhaft, wenn Freibeträge ausgeschöpft sind oder die Einkünfte einem hohen Grenzsteuersatz unterliegen. Der folgende Ausschnitt stammt aus dem Verkaufsprospekt des »Rendite 2002«, einem Steuersparfonds der DWS. *»...Der Rentenlaufzeitfonds 2002 investiert vorwiegend in festverzinsliche DM-Anleihen sowie in währungsgesicherte Fremdwährungsanlagen. Der Fonds bevorzugt Niedrigkuponanleihen und vergleichbare Anlagen mit möglichst geringem zu versteuernden Zinsertrag und gleichzeitigem Kurspotential...«*
Spenden-, Bildungsfonds	Die »Spezialität« dieser Fonds liegt darin, laufende Erträge nicht an die Fondsanleger, sondern zum Beispiel an Stiftungen oder Universitäten auszuschütten. Über die Ausschüttungsbeträge erhalten die Anleger gewöhnlich Spendenquittungen. Ansonsten unterscheiden sich die Anlageschwerpunkte nicht von denen anderer Fonds.

Indexfonds

Eine Sonderstellung zwischen Standard- und Spezialitätenfonds nehmen **Indexfonds** ein. Bei der Titelauswahl orientieren sich die Manager an der Struktur eines Indexes, etwa eines Aktien– oder Rentenindexes, und verursachen dadurch vergleichsweise geringe Kosten. Die Abbildung auf der nächsten Seite stammt aus dem Verkaufsprospekt der Vanguard Group, in dem die Anlagestrategien zweier Indexfonds skizziert werden.

8.2.1.8

Anlageziele

Im Verkaufsprospekt für einen Fonds beschreibt die betreffende Investmentgesellschaft zumeist die Anlageziele. Diese lauten für Aktien- und Rentenfonds häufig

Klassifizierung der Grundformen

Beschreibung
zweier Index-
fonds

Fonds
dupliziert
S & P 500

- **500 PORTFOLIO**
  Portfolio Number: 040
  Inception: August 31, 1976
  Seeks to match the total return performance of the Standard & Poor's 500 Composite Stock Price Index by investing in all 500 stocks in the Index in approximately the same proportions as represented in the Index. Dominated by large "blue-chip" stocks, the unmanaged Index covers approximately 70% of the total U.S. market capitalization. This Portfolio was the first index mutual fund available to individual investors.

- **TOTAL STOCK MARKET PORTFOLIO**
  Portfolio Number: 085
  Inception: April 27, 1992
  Attempts to match the total return performance of the Wilshire 5000 Index, an unmanaged market barometer that includes all regularly traded U.S. stocks. Purchases of this Portfolio are subject to a 0.25% transaction fee paid directly to the Portfolio to help defray the costs of investing new cash flow.

- **Einkommen** (current income): Der Fonds investiert in Objekte, die besonders hohe laufende Erträge erwirtschaften;
- **Wachstum** (future growth): Ziel ist es, langfristig einen überdurchschnittlichen Vermögenszuwachs, also hohe Kursgewinne, zu erzielen;
- **Einkommen und Wachstum** (income and growth): Der eine Teil des Fondsvermögens wird in Titel mit hohen laufenden Erträgen angelegt, der andere jedoch in solche, die besonders hohe Kursgewinne versprechen.

Einkommen/
Wachstum

Ein anschauliches Beispiel für Anlageziele zeigen zwei Ausschnitte aus den Verkaufsprospekten deutscher Fonds.

Vermögensbildungsfonds

»Der Fonds investiert in Aktien, die sich durch vergleichsweise geringe Kursschwankungen und hohe Dividendenrenditen auszeichnen.«

Auszüge aus
Fondsprospekten

Wachstumsfonds

»Der Fonds investiert in Unternehmen, die eine hohe Ertragskraft und starke Expansion aufweisen.«

Anlageziele (investment objectives) werden insbesondere in den USA dazu herangezogen, um Wertpapierfonds zu klassifizieren. So teilt man Aktienfonds beispielsweise in equity income funds, growth funds sowie growth and income funds ein. Die laufenden Ausschüttungen und Anteilswertveränderungen der drei Fondskategorien unterscheiden sich in ihrer Höhe oft erheblich voneinander. Dies verdeutlicht folgende Tabelle.

Ertragskomponenten im Zeitraum von 1977 – 1992			
Fondsart nach Anlageziel	∅-laufende Ausschüttung p. a.*	∅-Anteilswert-veränderung p. a.**	∅-Total Return p.a.
Equity Income	+ 6,2 %	+ 7,8 %	+ 14,0 %
Growth	+ 2,7 %	+ 12,9 %	+ 15,6 %
Income + Growth	+ 4,3 %	+ 9,4 %	+ 13,7 %

*   Ausschüttung aus den laufenden Dividenden- und Zinserträgen des Fonds, jeweils bezogen auf den Anteilswert am Anfang des Jahres
**   einschließlich wiederangelegte Ausschüttungen aus Kursgewinnen

Die jährlichen total returns der drei Fondsarten sind nahezu identisch. Der Anteil der Ausschüttung am jährlichen Gesamtertrag beläuft sich bei den growth funds im Durchschnitt jedoch nur auf 17 %, bei den equity income funds aber immerhin auf 44 %.

Fondsart nach Anlageziel	∅-Prozentanteil der Ausschüttung am Total Return p. a.
Equity Income	44 %
Growth	17 %
Income + Growth	31 %

Wie Abbildung 8/21 zu entnehmen ist, fügt das *Wall Street Journal* der oben aufgeführten Aktienfonds-Klassifizierung nach Anlagezielen noch eine weitere Gruppe Aktienfonds, die sogenannten capital appreciation funds, hinzu. Capital appreciation funds stellen eine Sonderform der Wachstumsfonds dar. Sie streben ein rasches Vermögenswachstum durch häufige Portfolioumschichtungen an.

Abb. 8/21:
Mutual Fund
Objectives

Fonds nach
Anlagezielen

MUTUAL FUND OBJECTIVES

Categories compiled by The Wall Street Journal, based on classifications by Lipper Analytical Services Inc.

STOCK FUNDS

Capital Appreciation (CP): Seeks rapid capital growth, often through high portfolio turnover.
Growth (GR): Invests in companies expecting higher than average revenue and earnings growth.
Growth & Income (GI): Pursues both price and dividend growth. Category includes S&P 500 Index funds.
Equity Income (EI): Tends to favor stock with the highest dividends.
Small Company Growth (SC): Stocks of lesser-known, small companies.
MidCap (MC): Shares of middle-sized companies.
Sector (SE): Health/Biotechnology; Natural Resources; Environmental; Science & Technology; Specialty & Miscellaneous; Utility; Financial Services; Real Estate; Gold Oriented funds.
Global Stock (GL): Includes small company global. Can invest in U.S.
International Stock (IL) (non-U.S.): International; European region; Pacific region; Pacific Ex-Japan; Japanese; Latin American; Canadian; Emerging Markets; international small company.

TAXABLE BOND FUNDS

Short-Term (SB): Ultrashort obligation and short investment grade corporate debt.
Short-Term U.S. (SG): Short-term U.S. Treasury; some funds can also hold agency debt.
Intermediate (IB): Investment grade corporate debt of up to 10-year maturity.
Intermediate U.S. (IG): U.S. Treasury and government agency debt.
Long-Term (AB): Corporate A-rated; Corporate BBB-rated.
Long-Term U.S. (LG): U.S. Treasury; U.S. government; zero coupon.
General U.S. Taxable (GT): Can invest in different types of bonds.
High Yield Taxable (HC): High yield high-risk bonds.
Mortgage (MG): Ginnie Mae and general mortgage; Adjustable-Rate Mortgage.
World (WB): Short world multi-market; short world single-market and general world income foreign bonds; Emerging-Markets debt.

MUNICIPAL BOND FUNDS

Short-Term Muni (SM): Short municipal debt; Short term California; single-states short municipal debt.
Intermediate Muni (IM): Intermediate-term municipal debt including single-state funds.
General Muni (GM): A variety of municipal debt.
Single-State Municipal (SS): Funds that invest in debt of individual states.
High Yield Municipal (HM): High yield low credit quality.
Insured (NM): California insured, New York insured, all other insured.

STOCK & BOND FUNDS

Stock/Bond Blend (MP): Multi-purpose funds such as Balanced; convertible securities; income; flexible income; flexible portfolio; global flexible and other multi-purpose fund that invest in both stocks and bonds.

Laufzeit

In Abschnitt 8.2.1.2 werden **Laufzeitfonds** angesprochen, also Fonds mit begrenzter Laufzeit. Sie investieren die während der Verkaufsfrist zugeflossenen Mittel vorzugsweise in festverzinsliche Wertpapiere, deren restliche Laufzeit mit der des Fonds in etwa übereinstimmt. Rentenlaufzeitfonds

- schreiben den Anteilseignern die in den Folgejahren regelmäßig anfallenden Zinszahlungen gut oder erwerben dafür zusätzliche Wertpapiere und
- lösen das gesamte Vermögen am Ende der Laufzeit auf und schütten den Liquidationserlös an die Anteilseigner aus.

Gegenüber Investmentfonds ohne bieten solche mit Laufzeitbeschränkung den Vorteil

- eines festen Planungshorizonts – der Anleger hat von vornherein Kenntnis über die Zeitpunkte der Kapitalrückflüsse und manchmal sogar über die Höhe der laufenden Verzinsung;

8.2.1.9
Laufzeitfonds

Investmentfonds

Mit fester Laufzeit

Abb. 8/22:
Laufzeitfonds in der Wirtschaftswoche

„Wir richten uns nach den Wünschen der Kunden, und die wollen nun mal steueroptimierte Laufzeitfonds", begründet Axel-G. Benkner, Geschäftsführer der Deutschen Gesellschaft für Wertpapiersparen (DWS), die Auflage ihres neuen Rentenfonds Rendite 1997. Die Manager legen das Fondsvermögen in Anleihen mit mittlerer Restlaufzeit an. Am 30. September 1997 erhalten die Anleger ihr Geld wieder zurück. Neue Laufzeitenfonds haben auch die Dresdner-Bank-Tochter Dresdnerbank Asset

neunziger Jahre – bei hohen Zinsen – brachten die Investmentgesellschaften diese Fonds erstmals auf den Markt, um die Nachfrage nach hochverzinslichen, kurzfristigen Anlageformen zu befriedigen. Inzwischen wurden einige der Fonds wieder aufgelöst, und auch in den kommenden Monaten erhalten viele Anleger ihr Kapital wieder zurück.

Zwar konnten Anleger oftmals gut acht Prozent jährliche Rendite mit diesen Zertifikaten erzielen. Wer direkt Anleihen kaufte, erreichte je-

Wie Anleihen

Wertentwicklung 1995 auslaufender Laufzeitenfonds

Fonds	Gesell-schaft	Durchschnittliche jährliche Anlegerrendite		Ende der Laufzeit
		in 1 Jahr*	seit Auflage*	
BB-DMrent 9/95-Invest	BB-Invest	4,93	8,25	29.9.1995
Dekalux 7/95	Deka	4,66	8,18	31.7.1995
A.L.S.A. Laufzeitfonds 6/95	Adig	3,99	8,21	30.6.1995
Dit Lux Laufzeitfonds 3.7.95	Dam	3,70	5,22	3.7.1995
BfG Invest Zielrent '95	BfG Invest	3,60	6,79	30.6.1995
Uni 92/95	Union	3,11	6,17	30.6.1995

*in Prozent

Management (Dam) in Luxemburg und die zum Volksbanken-Verbund gehörende Union-Investment-Gesellschaft im Angebot.

Dabei schien die Hoch-Zeit dieser Fondsprodukte vorbei zu sein. Anfang der

doch ähnliche Erträge. So brachte der 1991 aufgelegte BB-DMrent 9/95-Invest eine durchschnittliche Rendite von 8,25 Prozent, eine Bundesobligation wurde zum gleichen Zeitpunkt mit rund 8,40 Prozent verzinst.

- relativ geringer Ausgabeaufschläge – Laufzeitfonds werden in aller Regel mit Ausgabeaufschlägen von nicht mehr als 2 % begeben.

Im Zeitpunkt des Anteilserwerbs ist die zukünftige Ertrags- und Wertentwicklung im allgemeinen jedoch recht schwierig vorherzusagen, da keinerlei Vergangenheitsdaten vorliegen. Der vorstehende Artikel aus der »Wirtschaftswoche« (vgl. Abb. 8/22) verdeutlicht weiterhin, daß die Renditen der Laufzeitfonds diejenigen von Direktanlagen möglicherweise nur geringfügig überschreiten oder sogar unter diesen liegen.

8.2.1.10 Garantien
Garantiefonds

Investmentgesellschaften legen **Garantiefonds** auf, um die Sicherheit für Fondsanleger zu erhöhen. In den Vertragsbedingungen für einen Garantiefonds könnte ein Investor beispielsweise einen Mindestrücknahmepreis, eine Mindestausschüttung oder eine Garantie auf Kapitalerhalt finden.

Im Falle eines garantierten Mindestrücknahmepreises verpflichtet sich die Gesellschaft, Fondsanteile entweder

- innerhalb eines begrenzten Zeitraums oder
- zu einem bestimmten Termin

zu einem festgeschriebenen Preis zurückzunehmen. Dies verschafft dem Anleger Klarheit über die Mindestverzinsung der Fondsanteile und erleichtert daher Renditevergleiche mit alternativen Direktanlagen.

Die Garantie auf eine Mindestausschüttung ist für solche Anleger vielversprechend, die ein regelmäßiges Einkommen beziehen wollen, etwa Pensionäre. Eine Gewähr auf Kapitalerhalt, also eine Rückzahlungsgarantie für den ursprünglich investierten Geldbetrag, wird vorwiegend im Falle von Aktienlaufzeitfonds ausgesprochen.

Das BAK untersagt deutschen Kapitalanlagegesellschaften, für Investmentfonds in irgendeiner Form Garantien einzuräumen. In Deutschland angebotene Garantiefonds stammen daher immer aus dem Ausland und werden hauptsächlich in Luxemburg aufgelegt.

8.2.1.11 Loads

Investmentfonds lassen sich anhand der Ausgabe- und Rücknahmegebühren, also der jeweiligen loads, klassifizieren. Obwohl Bezeichnungen wie »front-end«, »back-end« oder »no-load« aus den USA stammen, haben sie sich auch in Deutschland durchgesetzt und werden in den Verkaufsprospekten der Kapitalanlagegesellschaften zur Abgrenzung herangezogen.

Auszug aus Vertragsbedingungen

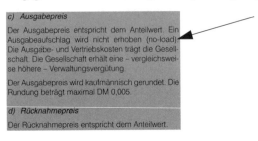

Klassifizierung der Grundformen

Der Verzicht auf jegliche Ausgabeauf- und Rücknahmeabschläge kennzeichnet **no-load funds**, wohingegen **loaded funds** entsprechende Gebühren erheben (vgl. Abb. 8/23).

no-load vs. loaded funds

Abb. 8/23: Fondsarten nach loads

Während US-amerikanische Investmentgesellschaften für viele Wertpapier- und Geldmarktfonds keine front- oder back-end loads berechnen, begibt die Mehrzahl der deutschen Kapitalanlagegesellschaften in erster Linie Anteile an Geldmarktfonds ohne Ausgabeaufschlag.[1] Rücknahmeabschläge dürfen deutsche Fondsgesellschaften grundsätzlich nicht in Rechnung stellen.

Eine neuere Form der no-load funds repräsentieren in Deutschland die **Trading-Fonds**. Die Anlageschwerpunkte unterscheiden sich gemeinhin nicht von denen herkömmlicher Fonds. Trading-Fonds engagieren sich etwa an den Geld-, Aktien- oder Rentenmärkten, sehen aber von Ausgabeaufschlägen ab. Diese kompensieren sie durch vergleichsweise hohe Verwaltungsvergütungen. Ziel ist es, Investoren flexiblere Ein- und Ausstiegsmöglichkeiten zu gewähren und so ein »trading« mit Anteilsscheinen, also ein kurzfristiges »rein – raus«, zu ermöglichen.

Trading-Fonds

Loaded funds differenziert man in

front-/back-end loaded fund

- **front-end loaded funds**, das sind Fonds, die einen Ausgabeaufschlag berechnen, und
- **back-end loaded funds**, also Investmentfonds, die den Rücknahmepreis bei Anteilsscheinrückgaben um eine Rücknahmegebühr reduzieren (vgl. Abb. 8/23).

Zudem ist es in den USA üblich, front-end loaded funds noch weiter in regular-loaded funds mit Ausgabeaufschlägen zwischen 4 und 6 % und low-load funds mit Ausgabeaufschlägen zwischen 1 und 3,5 % des Anteilswertes zu untergliedern.

1 Zu beachten ist, daß US-amerikanische Fonds im Vergleich zu den Fonds deutscher Kapitalanlagegesellschaften hohe laufende Kosten aufweisen und den nicht berechneten Ausgabeaufschlag somit im Laufe der Jahre ausgleichen.

8.2.2 Sonderformen

Investmentgesellschaften offerieren Anlegern mitunter die Möglichkeit, Anteile an einem bestimmten Fonds gebührenfrei, das heißt, ohne Berechnung eines Ausgabeaufschlags oder einer »Switchgebühr«, in Anteile anderer Fonds derselben Gesellschaft zu tauschen. Bietet diese ausschließlich Fonds an, die keine oder aber gleiche Ausgabeaufschläge berechnen, ist eine solche Vorgehensweise unproblematisch. In den USA verwalten Investmentgesellschaften häufig nur no-load funds und erlauben Fondsanlegern deshalb für gewöhnlich ein kostenloses Switching.

Ausschnitt aus Verkaufsprospekt

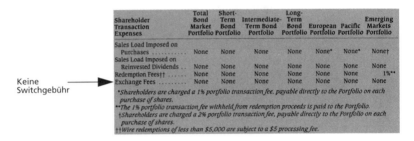

Keine Switchgebühr

Demgegenüber stellen deutsche Kapitalanlagegesellschaften im allgemeinen jedoch unterschiedlich hohe Ausgabeaufschläge in Rechnung, so daß ein vergleichbarer »Service« mit erheblichen Nachteilen verbunden wäre. Ein Anleger könnte beispielsweise

- Anteile an einem low-load Fonds, etwa einem Laufzeitfonds, erwerben und sich so einen »kostengünstigen« Einstieg in eine Fonds-Gruppe verschaffen, und
- diese kurze Zeit später in Anteile eines anderen Fonds innerhalb der Gruppe tauschen, der einen erheblich höheren Ausgabeaufschlag berechnet.

Um ein solches Vorgehen zu unterbinden, erheben deutsche Kapitalanlagegesellschaften oftmals Tauschgebühren.

Gelegentlich werden Fondsgesellschaften, die Anlegern ein gebührenfreies Switching gestatten, als **Umbrella-** und die einzelnen Fonds innerhalb des Komplexes als Sub-**Fonds** bezeichnet. Diese Begriffe stammen aus Großbritannien, wo die Beteiligung an Umbrellafonds lange Zeit mit steuerlichen Vorteilen verbunden war.

Umbrellafonds

Dachfonds

Eine weitere Fondssonderform sind **Dachfonds**. Ihr Anlageschwerpunkt liegt, im Gegensatz zu den bisher beschriebenen Arten, nicht etwa auf Aktien, Renten oder Geldmarktinstrumenten, sondern auf Anteilen anderer Investmentfonds. Daher heißen sie im englischen »funds of funds«. Die Anteile, die ein Dachfonds kauft, können sowohl von derjenigen Gesellschaft stammen, die den Dachfonds selbst aufgelegt hat, als auch von anderen Investmentgesellschaften vertrieben werden. Die Auflage eines »reinen« Dachfonds ist deutschen Kapitalanlagegesellschaften grundsätzlich nicht gestattet, was der folgende Auszug aus dem KAGG belegt.

Auswahlprozeß 685

»... §8 b. [Unzulässiges Sondervermögen]

(1) Für ein Sondervermögen darf die Kapitalanlagegesellschaft Anteile eines anderen Sondervermögens und ausländische Investmentanteile ... nicht erwerben. Abweichend von Satz 1 dürfen bis zu 5 vom Hundert des Wertes des Sondervermögens in Anteilen eines anderen Wertpapier-Sondervermögens oder in ausländischen Investmentanteilen an einem Vermögen aus Wertpapieren angelegt werden, sofern die Anteile dem Publikum ohne eine Begrenzung der Zahl der Anteile angeboten werden und die Anteilinhaber das Recht zur Rückgabe der Anteile haben ...«

Auszug aus KAGG

Im Ausland bestehen entsprechende gesetzliche Vorschriften in aller Regel nicht. Beispielsweise muß in den USA die Gründung eines Dachfonds zwar durch die SEC genehmigt werden, ist aber grundsätzlich nicht ausgeschlossen. Dies verdeutlicht das nachstehende Zitat aus einer Veröffentlichung der Vanguard Group.

»... Prospectus Supplement

Vanguard STAR Fund ... has recently received an order of the Securities and Exchange Commission permitting the Fund to acquire up to 100 % of the voting shares of any funds in The Vanguard Group of Investment Companies in which it invests. The recent order supersedes a prior order which permitted the Fund to operate as a »fund of funds« (purchasing shares of other mutual funds) subject to the limitation that STAR could not acquire more than 10 % of the outstanding voting shares of any Vanguard Fund it acquired. ...«

Auszug aus Verkaufsprospekt

VANGUARD STAR FUND – STAR PORTFOLIO	Average Annual Total Return		
Inception: March 29, 1985			
Portfolio Number: 056	Period Ended September 30, 1995	Vanguard STAR Portfolio	Lipper Composite Fund Average**
Seeks growth of capital and income through an asset mix of nine Vanguard Portfolios. STAR Portfolio invests 60% to 70% of its assets in six equity portfolios* (Vanguard/ Windsor Fund, Vanguard Windsor II, Vanguard/PRIMECAP Fund, Vanguard Explorer Fund, Vanguard/Morgan Growth Fund, and Vanguard U.S. Growth Portfolio), 20% to 30% in two fixed-income portfolios (GNMA Portfolio and Long-Term Corporate Portfo-	1 Year	22.77%	19.34%
	5 Years	15.04	13.81
	10 Years	12.51	11.71
	Expense Ratio	0.39%***	1.13%
	Income Volatility	Low	—
	Principal Risk (Bonds)	Medium–High	—
	Market Risk (Stocks)	Average	—

lio), and 10% to 20% in a money market portfolio (Prime Portfolio). STAR Portfolio's allocation of assets is expected to be constant (with the majority in stocks) in the belief that a steady investment program is likely to provide favorable long-term returns. Because of its "fund of funds" approach, STAR is particularly suitable for retirement plans, such as Individual Retirement Accounts (IRAs). Minimum initial investment is $500.

Abb. 8/24: Vanguard Star Fund

Fondserwerb

8.3

Auswahlprozeß

8.3.1

Ein Anleger trifft die Entscheidung für bestimmte Assets, etwa Aktien, Anleihen oder Immobilien, immer vor dem Hintergrund der persönlichen Vermögens-, Einkommens- und Steuersituation sowie der individuellen Anlageziele und Risikopräferenzen. Außerdem muß er die Verfassung und Entwicklung der einzelnen Märkte berücksichtigen. Hat der Investor die Vermögensaufteilung, englisch **asset allocation**, festgelegt, so steht er vor der Wahl, direkt anzulegen oder Fondsanteile zu erwerben (vgl. Abb. 8/25).

asset allocation

Entscheidet er sich für den Kauf von Investmentzertifikaten, sucht er aus einer Gruppe mehrerer gleichartiger Fonds, also beispielsweise aus einer Gruppe Aktienfonds mit dem Anlageschwerpunkt »deutsche Technologieaktien«, den für ihn besten Fonds aus. Bei der Fondsauswahl stellt sich daher nicht mehr die grundsätzliche Frage, ob Aktienfonds etwa Renten-, Geldmarkt- oder Immobilienfonds vorzuziehen sind.

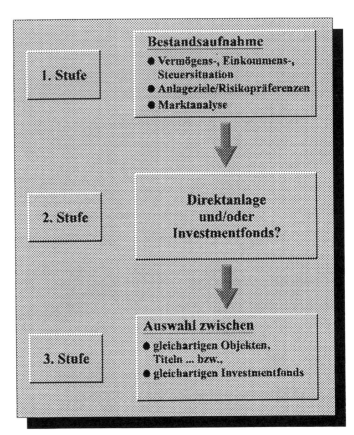

Abb. 8/25: Asset Allocation

Die folgenden Ausführungen beschreiben die Auswahl eines bestimmten Investmentfonds aus einer Gruppe gleichartiger Fonds. Geschlossene und Spezialfonds sind dabei ausgeklammert. Investmentfonds, die in

- der geographischen Ausrichtung (z. B. »Deutschland«),
- dem Anlageschwerpunkt (z. B. »Aktien«),
- der Zusammensetzung ihres Anlageschwerpunktes (z. B. »Standardwerte«) sowie
- den Anlagezielen (z. B. »Wachstum«)

homogene Fonds

übereinstimmen, werden ein und derselben Gruppe zugeordnet. Die Auswahl erfolgt nur innerhalb dieser Gruppe, auch »**Gruppe homogener In-**

vestmentfonds« genannt. Weisen Fonds Besonderheiten wie auf fremde Währung lautende Anteile, Garantien oder beschränkte Laufzeiten auf, so sind sie von »herkömmlichen« Fonds zu trennen (vgl. Abb. 8/26).

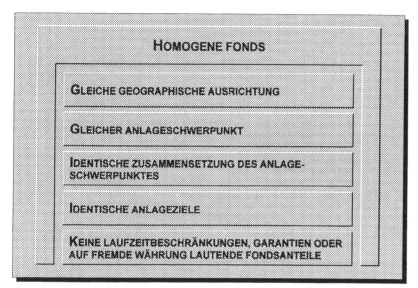

Abb. 8/26: Kennzeichen homogener Fonds

Mit Hilfe des Verkaufsprospektes, den Vertragsbedingungen und dem Rechenschaftsbericht ist die Zuordnung zu einer Gruppe vergleichbarer Investmentfonds zumeist problemlos möglich, was folgendes Beispiel eindrucksvoll illustriert.

Im folgenden werden Anlageausrichtung und Portfoliostruktur zweier Aktienfonds einander gegenübergestellt.

Beispiel 8/4

ADIFONDS	DIT-Concentra
»Aufgrund positiver Erwartungen hinsichtlich eines Kursaufschwungs hielten wir diesen auf deutsche Standardwerte ausgerichteten Aktienfonds trotz vorübergehend schwächerer Tendenzen an der Börse in der ersten Hälfte des Geschäftsjahres 1994/95 hoch investiert. Den Anlageschwerpunkt bildeten dabei neben den Branchen Chemie und Pharmazeutik sowie Fahrzeuge und Reifen vor allem die zinssensitiven Banken und Versicherungen, die wir nach einer Reduzierung in der Phase steigender Zinsen gegen Ende des Berichtszeitraums wieder ihrer Marktbedeutung entsprechend höher gewichteten ...«	»... ist ein auf deutsche Standardaktien ausgerichteter Aktienfonds. Im abgelaufenen Jahr nahmen wir beträchtliche Veränderungen der Branchenstruktur dieses Fonds vor. So reduzierten wir im ersten Halbjahr den Anteil der Banken wegen nachlassender Zinsphantasie deutlich auf 16,6 % zugunsten zyklischer Werte, die von der Konjunkturerholung besonders profitieren sollten. Später kauften wir Finanzwerte wieder zu, wobei wir unter den Versicherern Allianz wegen ihres über dem Branchendurchschnitt liegenden Ertragszuwächsen bevorzugten ...«

Der Anlageschwerpunkt des DIT-Concentra und des ADIFONDS liegt auf »deutschen Standardaktien«. Zusätzlich wird nun die Zusammensetzung des Fondsportfolios sowie die Gewichtung einzelner Titel betrachtet.

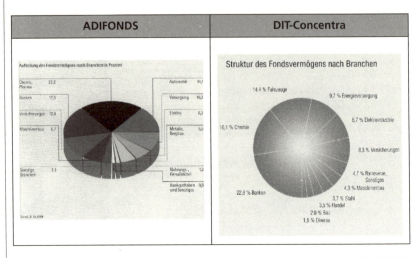

Gewichtung am 31.12.1994		
Aktientitel	ADIFONDS	DIT-Concentra
Allianz AG	8,79 %	7,04 %
BASF AG	6,47 %	3,39 %
Bayer AG	7,18 %	3,99 %
Bayerische Hypo	2,06 %	4,12 %
BMW AG	3,91 %	2,29 %
Bayer. Vereinsbank	3,52 %	3,12 %
Deutsche Bank	4,62 %	5,98 %
Hoechst AG	4,33 %	3,42 %
Siemens AG	4,81 %	8,13 %
VEBA AG	5,48 %	4,78 %
...	...	...

Die Aktienfonds könnte man ein und derselben Fondsgruppe mit folgenden Merkmalen zuordnen.

Fondsgruppe	
Geographische Ausrichtung:	»Deutschland«
Anlageschwerpunkt:	»Aktien«
Zusammensetzung:	»Standardwerte«
Anlageziele:	»Wachstum im Marktdurchschnitt«

Die Auswahl eines bestimmten Investmentfonds sollte ein Anleger generell anhand der in Zukunft zu erwartenden Ertrags- und Wertentwicklung, kurz der zukünftigen Performance, treffen. Diese ist aber angesichts der Prognoseprobleme in der Realität kaum zu bestimmen, so daß auf »Hilfskriterien« zurückgegriffen wird (vgl. Abb. 8/27).

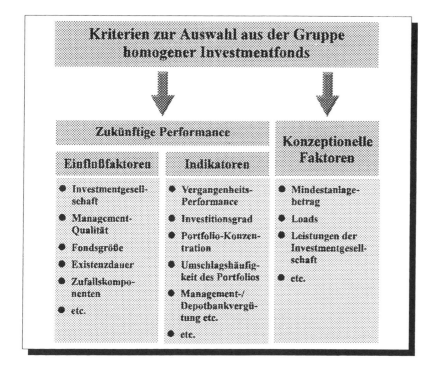

Abb. 8/27: Auswahlkriterien

In der Praxis ziehen Anleger häufig die Vergangenheits-Performance als einzigen Indikator für die zukünftige Ertrags- und Wertentwicklung heran. Möglichkeiten zur Berechnung und Interpretation zeigt Abschnitt 8.3.2.3. Vorab werden jedoch diejenigen

- Faktoren untersucht, die nachhaltige Auswirkungen auf die zukünftige Entwicklung des Fondsvermögens sowie laufende Erträge haben können, etwa das Standing der Investmentgesellschaft oder die Qualität des Fondsmanagements, und solche
- Indikatoren vorgestellt, die wichtige Anhaltspunkte für die zukünftige Performance liefern können, wie der Investitionsgrad oder die Portfoliostruktur.

Für den einzelnen Fondsanleger sind ferner die mit dem Erwerb eines Fondsanteils verbundenen Kosten, beispielsweise der Ausgabeaufschlag oder der Service der jeweiligen Investmentgesellschaft (kostenlose Kontoführung usw.), von Bedeutung. Auch diese Aspekte, die »konzeptionellen« Faktoren, sind Gegenstand der folgenden Ausführungen.

8.3.2 Auswahlkriterien

8.3.2.1 Charakteristika der Investmentgesellschaft

Eine Investmentgesellschaft schafft die Rahmenbedingungen für die Auflage eines Fonds, entwickelt beispielsweise ein Anlagekonzept oder wählt das Management aus. Ihr Einfluß auf den zukünftigen Erfolg des Fonds ist beachtlich, da die Kaufbereitschaft der Anleger und somit das Fondsvolumen in erster Linie vom Ansehen und den Absatzkanälen der Gesellschaft abhängt. Ist diese etwa die Tochter einer bedeutenden Geschäftsbank oder eines großen Versicherungsunternehmens, steht ihr zumeist ein umfassendes Vertriebssystem zur Verfügung.

Bei der Beurteilung einer Investmentgesellschaft ist außerdem die Wertentwicklung sämtlicher von der Gesellschaft aufgelegter Fonds zu beachten. Haben sich bereits mehrere über einen längeren Zeitraum etabliert, können gegebenenfalls Rückschlüsse auf die Sorgfalt bei der Auswahl der Manager und die Organisation geschlossen werden. In den Rechenschaftsberichten findet der Anleger zumeist eine Übersicht über alle Fonds der Gesellschaft und die Zusammensetzung des gesamten Fondsvermögens (vgl. Abb. 8/28).

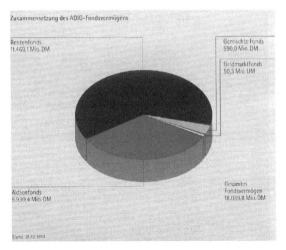

Abb. 8/28: Zusammensetzung des Fondsvermögens

Die Investmentgesellschaft kann sowohl die laufenden Kosten eines Fonds, beispielsweise die Management- und Depotbankvergütung, als auch Ausgabeaufschläge beeinflussen und so auf die Nettoerträge der Fondsanleger einwirken.

Obwohl das Vermögen der Gesellschaft strikt von dem der verwalteten Fonds zu trennen ist, ist ihre Bonität bei der Fondsauswahl beachtlich – der Konkurs der Gesellschaft kann zur Auflösung sämtlicher Fonds und das wiederum zu Anteilswertrückgängen führen. Rechtliche und finanzielle Rahmenbedingungen sind daher immer genau zu prüfen.

Ein Anleger sollte eine Investmentgesellschaft schließlich hinsichtlich ihrer sonstigen Leistungen und Auflagen analysieren. Ansatzpunkte sind unter anderem

- die Abwicklung beim Anteilskauf,
- die Transparenz der Abrechnungen,
- Mindestanlagesummen,
- der Informationsservice, etwa home-banking, oder
- sonstige Dienstleistungen, wie die kostenlose Führung eines Anlagekontos oder die gebührenfreie Wiederanlage laufender Erträge.

Fondsspezifische Charakteristika

8.3.2.2

Einführung

8.3.2.2.1

Wichtige Anhaltspunkte zur Beurteilung der zukünftigen Performance liefern fondsspezifische Charakteristika, etwa das Vermögen, die Zusammensetzung des Fondsportfolios oder das Risiko. Im folgenden werden diese Charakteristika unter den Überschriften

- Fonds- und Portfoliostruktur sowie
- Risiken

abgehandelt. Die notwendigen Informationen findet der Anleger für gewöhnlich im Rechenschaftsbericht oder in den Vertragsbedingungen.

Fonds- und Portfoliostruktur

8.3.2.2.2

Das **Fondsvolumen** hat eventuell erhebliche Auswirkungen auf die Kostenstruktur und somit auf die Nettoerträge des Fonds.

Fondsvolumen

Der Fonds in Zahlen	31.12.1994	31.12.1993	31.12.1992	31.12.1991
Rücknahmepreis pro Anteil in DEM	49,09	54,21	38,47	41,03
Anteilumlauf in Stück	36.798.561	35.342.761	28.206.772	27.133.258
Fondsvermögen in Mio. DEM	1.806,6	1.916,0	1.085,0	1.113,3

Auszug aus DIT-Rechenschaftsbericht

Je größer das Volumen, desto geringer sind die fixen Kosten pro Fondsanteil. Der Vorteil wirkt sich für Anleger aber nur dann aus, wenn die Investmentgesellschaft diesen beispielsweise über eine Senkung des Verwaltungskostensatzes, etwa von 0,5 % auf 0,4 %, an die Anleger weitergibt. Große Fondsvermögen können aber auch nachteilig sein. Ihre Umschichtung, etwa ein Aktienverkauf, kann zu ungünstigen Marktpreisen, hier sinkende Kurse, führen.

Ein Anleger sollte sich vor dem Kauf von Fondsanteilen einen Überblick über die Mittelzu- und -abflüsse aus Anteilsverkäufen bzw. -rücknahmen in der Vergangenheit verschaffen. Ist das Volumen in den zurückliegenden Jahren beispielsweise aufgrund hoher Mittelabflüsse gesunken, so könnte dies Aussagen über die Akzeptanz eines Fonds zulassen. Mit einer Beteiligung setzt sich ein Investor in diesem Fall dem Risiko aus, daß die Gesell-

Auszug aus ADIG-Rechenschaftsbericht

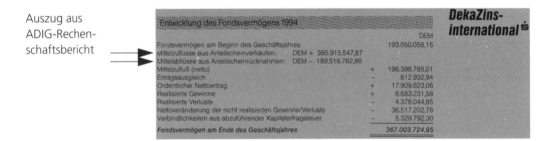

Fondsauflösungen

schaft den Fonds in Zukunft auflöst. Ähnliches ist auch denkbar, sofern das von der Investmentgesellschaft angestrebte Volumen, etwa aufgrund von Fehleinschätzungen, nicht erreicht wird. Folgender Artikel aus dem Handelsblatt vom 13.1.1993 (vgl. Abb. 8/29) beschreibt eine **Fondsauflösung** – ein Schritt, der in der Praxis allerdings selten zu beobachten ist.

Abb. 8/29: Fondsauflösung

Umtauschangebot für Augsburger Fonds

vwd FRANKFURT/M. Die E.I. Euroinvest Kapitalanlagegesellschaft mbH, Frankfurt, hat ihren Anlegern ein Umtauschangebot für die beiden Fonds Augsburger Aktienfonds und Augsburger Rentenfonds unterbreitet, die zum 28.9.1995 geschlossen werden. Die Ausgabe von Anteilsscheinen der Augsburger Fonds ist nach Euroinvest-Angaben mit Wirkung vom 22. Mai 1995 eingestellt worden. Begründet wird die Schließung damit, daß sich seit der Auflegung der Fonds im Jahre 1988 die Investment-Landschaft gravierend verändert habe. Die Vermarktung von speziellen Augsburger Fonds erscheine der Augsburger Aktienbank AG, Augsburg, nicht mehr zeitgerecht, heißt es. Der aktive Vertrieb von Exklusivprodukten solle daher eingestellt werden.

Eine hohe Anzahl an Anteilsaus- oder -rückgaben kann verständlicherweise auch auf Markteinflüsse zurückzuführen sein. Ein steigendes Zinsniveau etwa könnte die Anteilseigner eines Rentenfonds zum Verkauf von Zertifikaten veranlassen. Das Management ist dann unter Umständen gezwungen, zuvor erworbene Vermögenswerte mit Verlusten zu veräußern, um Liquidität für die Rücknahmen zu schaffen. Positive und negative Markteinflüsse wirken sich gewöhnlich jedoch in etwa gleich stark auf die Ertrags- und Wertentwicklung homogener Fonds aus, so daß dieser Aspekt einfach unbeachtet bleibt.

Alter des Fonds

Das »**Alter**« eines Fonds drückt die Dauer seines Bestehens aus und kann dem Verkaufsprospekt entnommen werden. Es läßt zwar prinzipiell keine Aussage über die zukünftige Performance zu. Dennoch ist zu beachten, daß für ältere Investmentfonds eine Fülle an Daten vorliegt, die dem Anleger eine relativ sichere Entscheidungsgrundlage bieten.

ADIRENTA			
Anlageschwerpunkt: Deutsche festverzinsliche Wertpapiere			
Auflagedatum: 17. März 1969			
Geschäftsjahr		1994/95	1993/94
Berichtszeitraum		1.7.94 bis 30.6.95	1.7.93 bis 30.6.94
Fondsvermögen	Mio DM	2.851,7	3.145,5
davon festverzinsliche Wertpapiere	Mio DM	2.759,1	3.032,4

Auszug aus ADIG-Rechenschaftsbericht

Die Beteiligung an einem neu aufgelegten Fonds ist demgegenüber mit einer vergleichsweise hohen Unsicherheit verbunden. Der Anleger ist gezwungen, die Untersuchung auf die Gesellschaft selbst oder deren bereits existierende Fonds zu beschränken.

Gleiches gilt für die Beurteilung des **Fondsmanagements**. Die Anteilseigner deutscher Fonds beispielsweise sind allein auf die Fähigkeit der Kapitalanlagegesellschaft angewiesen, ein adäquates Management für das Fondsvermögen zu rekrutieren. Da nähere Informationen über die Manager, anders als beispielsweise in den USA, nur schwierig zu beschaffen sind, muß sich der Fondsanleger ausschließlich auf das Standing der Investmentgesellschaft selbst verlassen. Er vertraut sein Geld sozusagen einer Gruppe anonymer Personen an.

Fondsmanagement

In den USA enthalten Verkaufsprospekte dagegen im allgemeinen Informationen über die Fondsmanager, wie Namen, Ausbildung oder berufliche Karriere, was ein Ausschnitt aus dem Prospekt eines US-amerikanischen Rentenfonds illustriert.

»... *Andrew N. Capsuleman, Senior Portfolio Manager*

Andrew N. Capsuleman has been responsible for portfolio recommendations and decisions since inception of the Fund. He has a Bachelor of Science degree in business from Columbia University, has been in the municipal securities industry since 1956 and with the Firm since 1985. He is a member of the Financial Analysts Federation. ...«

Auszug aus Verkaufsprospekt

Zum entscheidenden Faktor könnten schließlich die mit der Beteiligung an einem Fonds verbundenen **Kosten** werden. Dies sind diejenigen, die

Kosten

- die Investmentgesellschaft direkt beim Kauf und Verkauf eines Anteils in Rechnung stellt, wie Ausgabeauf- und Rücknahmeabschläge, sowie solche, die
- mit dem »Halten« des Anteils verbunden sind, etwa Depotbank- oder Verwaltungsvergütungen.

Die letztere Gruppe fällt unter den Oberbegriff »Verwaltungskosten«. Des weiteren sollte ein Anleger die sogenannten »unsichtbaren Kosten« beachten. Diese entstehen dem Fonds durch die laufenden Kauf- und Verkaufstransaktionen.

Die aktuellen Ausgabeauf- und Rücknahmeabschläge sowie die sonstigen Gebühren, die beim Kauf bzw. der Rückgabe eines Fondsanteils zu entrichten sind, schreibt eine Gesellschaft in den Vertragsbedingungen fest. Der folgende Ausschnitt stammt aus den entsprechenden Unterlagen einer deutschen Kapitalanlagegesellschaft.

Auszug aus Vertragsbedingungen des AriDEKA

Neben den Kosten beim Erwerb sowie der Veräußerung von Anteilen sind die Verwaltungskosten des Fonds zu berücksichtigen. Um die gesamten Aufwendungen mehrerer Fonds direkt miteinander vergleichen zu können, kann ein Anleger beispielsweise den prozentualen Anteil der Verwaltungskosten am durchschnittlichen Fondsvermögen berechnen. Dafür wird oftmals der Begriff **expense ratio** verwendet. Das durchschnittliche Fondsvermögen läßt sich einfach mit folgender Praktikerformel feststellen.

expense ratio

$$\varnothing\text{-Fondsvermögen} = \frac{\text{Fondsvermögen } t_1 + \text{Fondsvermögen } t_2}{2}$$

mit:
t_1 = Fondsvermögen zu Beginn des Betrachtungszeitraums
t_2 = Fondsvermögen am Ende des Betrachtungszeitraums

Die expense ratio ergibt sich anschließend anhand folgender Formel.

$$\text{expense ratio} = \frac{\text{Summe Verwaltungskosten}}{\varnothing\text{-Fondsvermögen}} \times 100\ \%$$

Beispiel 8/5

Es sollen die expense ratios zweier Aktienfonds berechnet werden, die sich derselben Fondsgruppe zuordnen lassen. Nachstehende Angaben sind dem jeweiligen Rechenschaftsbericht vom 31.12.1994 entnommen. Die Berechnung des durchschnittlichen Fondsvermögens sowie der expense ratios erfolgt in der Tabelle weiter unten.

Auswahlkriterien

DIT-Fonds für Vermögensbildung	DekaFonds
⌀-Fondsvermögen	⌀-Fondsvermögen
$\dfrac{1{,}6043 \text{ Mrd. DM} + 1{,}3446 \text{ Mrd. DM}}{2} = 1{,}4745 \text{ Mrd. DM}$	$\dfrac{3{,}7899 \text{ Mrd. DM} + 3{,}0422 \text{ Mrd. DM}}{2} = 3{,}4161 \text{ Mrd. DM}$
Expense Ratio	Expense Ratio
$\dfrac{0{,}0097 \text{ Mrd. DM}}{1{,}4745 \text{ Mrd. DM}} \times 100\ \% = 0{,}6579\ \%$	$\dfrac{0{,}0225 \text{ Mrd. DM}}{3{,}4161 \text{ Mrd. DM}} \times 100\ \% = 0{,}6586\ \%$

Die expense ratios unterscheiden sich nur geringfügig voneinander und lassen keine Aussage über die Vorteilhaftigkeit einer der beiden Fonds zu.

Der Anleger kann die Kosten eines Fonds problemlos ermitteln und mit denjenigen anderer Fonds vergleichen. Die Gegenüberstellung sollte jedoch über mehrere Jahre erfolgen. Die Verkaufsprospekte US-amerikanischer Investmentfonds enthalten üblicherweise die expense ratios der letzten Jahre. Dies erleichtert die Analyse der Verwaltungskosten erheblich.

696 Fondserwerb

Ausschnitt aus Verkaufsprospekt der Vanguard Group

Ratios/Supplemental Data										
Net Assets, End of Period (Millions)	$8,246	$7,486	$4,878	$3,298	$2,087	$2,162	$1,485	$1,323	$814	$133
Ratio of Expenses to Average Net Assets	.39%	.39%	.41%	.48%	.52%	.53%	.58%	.49%	.65%	.80%*
Ratio of Net Investment Income to Average Net Assets	3.26%	3.11%	3.72%	4.51%	4.93%	5.29%	4.94%	4.11%	4.33%	4.56%*
Portfolio Turnover Rate	24%	26%	23%	41%	20%	22%	25%	46%	50%	1%

unsichtbare Kosten

Die dritte, bei der Fondsauswahl wichtige Kostenart, sind die »**unsichtbaren Kosten**«. Hierbei handelt es sich um sämtliche Transaktionskosten, die dem Fonds bei Wertpapier- bzw. Immobilienan– und -verkäufen entstehen, also beispielsweise Maklercourtagen oder Bankspesen. Die Höhe wird von der Gesellschaft gemeinhin nicht veröffentlicht, worauf sich die Bezeichnung »unsichtbar« zurückführen läßt. Da die jährlichen Umsätze in Vermögenswerten, etwa Wertpapieren, die einzige Bestimmungsgröße der unsichtbaren Kosten sind, haben Faktoren wie

- die Anlagephilosophie des Fonds,
- der Umfang der Anteilsverkäufe und -rücknahmen innerhalb eines Jahres,
- Absicherungsmaßnahmen,
- die Restlaufzeit von Schuldverschreibungen usw. und natürlich
- die Veränderungen allgemeiner Marktbedingungen, wie das Zinsniveau,

erheblichen Einfluß auf die tatsächliche Höhe. Im Falle von Wertpapierfonds betragen die Transaktionskosten in aller Regel 0,5 bis 2 % des durchschnittlichen Fondsvermögens. Sie liegen unter Umständen über den Verwaltungskosten und sollten bei der Fondsauswahl daher generell Berücksichtigung finden.

Die exakte Höhe der Transaktionskosten ist für einen Außenstehenden eigentlich jedoch nicht feststellbar. In den Rechenschaftsberichten deutscher Kapitalanlagegesellschaften werden für Wertpapierfonds beispielsweise durchweg nur die Stückzahlen der ge- und verkauften Titel ausgewiesen, so daß ein Anleger bereits bei der Ermittlung des Umsatzvolumens auf D-Mark-Basis vor einem nahezu unlösbaren Problem steht. Fondsprospekte US-amerikanischer Investmentgesellschaften bieten hier einen Vorteil. Im »Financial Highlights Table« findet der Investor die **portfolio turnover rate**, was mit »Umschlagshäufigkeit des Fondsvermögens« übersetzt werden kann. Dies erlaubt einen direkten Umsatzvergleich einzelner Fonds.

portfolio turnover rate

Auszug aus Verkaufsprospekt

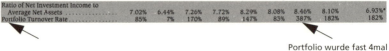

Portfolio wurde fast 4mal umgeschlagen

Bei der Berechnung der portfolio turnover rate setzen die Gesellschaften das Umsatzvolumen, wofür sie – je nachdem welcher Wert kleiner ist – entweder die Kauf- oder Verkaufsumsätze heranziehen, zum durchschnittlichen Fondsvermögen ins Verhältnis.

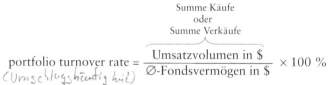

$$\text{portfolio turnover rate} = \frac{\overbrace{\text{Umsatzvolumen in \$}}^{\substack{\text{Summe Käufe}\\\text{oder}\\\text{Summe Verkäufe}}}}{\varnothing\text{-Fondsvermögen in \$}} \times 100\ \%$$

(Umschlagshäufigkeit)

Die portfolio turnover rate ist demnach Ausdruck dafür, wieviel Prozent des durchschnittlichen Vermögens im Laufe eines Jahres erworben oder veräußert, kurz umgeschlagen, wurden. Beträgt das Vermögen beispielsweise durchschnittlich 100 Millionen US-Dollar, und tätigen die Manager im Laufe eines Jahres Wertpapierkäufe und -verkäufe für jeweils 50 Millionen US-Dollar, so ergibt sich eine portfolio turnover rate in Höhe von 50 %. Folglich wurde die Hälfte des durchschnittlichen Fondsvermögens umgeschlagen.

Investmentfonds mit großen »Umsatzraten« verursachen verständlicherweise relativ hohe Transaktionskosten. Investoren sollten die turnover rates einzelner Fonds, sofern veröffentlicht, immer über einen Zeitraum von mehreren Jahren miteinander vergleichen.

Die Rechenschaftsberichte im In- und Ausland enthalten weiterhin Angaben über Struktur und Titel des Fondsportfolios. Ein Anleger kann auch darauf bei der Fondsauswahl zurückgreifen, etwa um persönliche Präferenzen (z. B. Vorliebe für Automobilaktien) zu berücksichtigen.

Auszug aus DIT-Rechenschaftsbericht

Titelgewichtung

Eine bedeutende Hilfsgröße stellt der **Liquiditäts-** bzw. **Investitionsgrad** dar. Der erstgenannte gibt – einfach ausgedrückt – an, wieviel Prozent des Fondsvermögens am Stichtag in Form von Barreserven gehalten werden, der Investitionsgrad hingegen Aufschluß über den Anteil der verbleibenden Vermögenswerte.

Liquiditäts-/Investitionsgrad

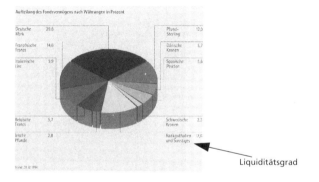

Auszug aus ADIG-Rechenschaftsbericht

698 **Fondserwerb**

Das Vorhalten von Barreserven ist insbesondere bei offenen Publikumsfonds erforderlich, um den jederzeitigen Anteilsrückkauf zu gewährleisten. Über einen langen Zeitraum hinweg sollte die Liquidität einen gewissen Anteil des Vermögens dennoch nicht überschreiten, da die Mittel relativ unrentabel angelegt sind.

8.3.2.2.3 Risiken

Investmentfonds mit identischem Anlageschwerpunkt und ähnlichen Anlagezielen bergen für Investoren, trotz weitgehend übereinstimmender Merkmale, möglicherweise unterschiedlich stark ausgeprägte Risiken. Dies läßt sich etwa auf die Objekte, deren Ausstattung sowie die Gewichtung im Portfolio zurückführen. Die fondsspezifischen Risiken beurteilen die Anleger unter anderem anhand

- des Diversifikationsgrades,
- statistischer Kennziffern, wie Betas, Korrelationskoeffizienten, oder – im Falle von Rentenfonds –
- der Duration des Portfolios.

Diversifikationsgrad

Der **Diversifikationsgrad** ergibt sich aus der prozentualen Gewichtung der einzelnen Objekte. Er wird in aller Regel nicht konkret bestimmt, sondern nur verbal umschrieben, etwa durch die Begriffe hoher, mittlerer, geringer Diversifikationsgrad. Ein bestimmter Aktienfonds, dessen zehn am stärksten gewichtete Aktientitel zusammengenommen beispielsweise die Hälfte des Fondsvermögens ausmachen, ist gegenüber einem anderen, gleichartigen Aktienfonds, der diese Titel etwa nur mit einem Fünftel gewichtet, relativ schwach diversifiziert. Je geringer die Streuung, desto höher sind die titelspezifischen Risiken.

Weitere Risikomaße sind statistische Maßzahlen, etwa das Beta oder die Standardabweichung der Renditen. Mit dem Beta wird die Ertrags- und Wertentwicklung eines Fonds der Marktentwicklung gegenübergestellt. Es ist Ausdruck für die Volatilität eines Anteilswertes in der Vergangenheit, bezogen auf die Veränderungen eines Indexes. Ergibt sich beispielsweise für einen Aktienfonds ein Beta von 1,2, so waren seine relativen täglichen Anteilswertveränderungen von einem auf den anderen Tag durchschnittlich 1,2mal so stark gestiegen (gesunken), wie die Tagesrenditen des Indexes.[1] Je größer das Beta, desto heftiger reagiert der Fonds auf Marktschwankungen.

Risk Analysis

Time Period	Load-Adj Return %	Risk %Rank[1] All	Obj	Mstar Score Return	Risk	Morningstar Risk-Adj Rating
1 Yr	36.02					
3 Yr	17.10	77	52	1.46	0.88	★★★★
5 Yr	18.38	75	44	1.43	0.83	★★★★
10 Yr	16.78	69	40	1.82	0.89	★★★★★
Average Historical Rating	(122 months)				5.0	★ s

[1] 1=low, 100=high

Other Measures		Standard Index S&P 500	Best Fit Index SPMid400
Standard Deviation	11.11	Alpha	1.7	4.7
Mean	17.53	Beta	1.03	1.03
Sharpe Ratio	1.20	R-Squared	58	78

} Risiko-Kennziffern

---

1 Vgl. hierzu auch Abschnitt 2.4.5.

Der vorstehende Ausschnitt stammt von der **Morningstar Inc.**, Chicago, einer Gesellschaft zur Analyse von Investmentfonds. Er zeigt unter anderem das Beta und die Standardabweichung für einen Aktienfonds.

Bei Renten- und Geldmarktfonds spielen insbesondere die Zinsreagibilität sowie das Rating der Schuldverschreibungen und sonstigen Anlageinstrumente eine wichtige Rolle. Zur Beurteilung der Risiken solcher Fonds werden in der Praxis häufig Kennziffern wie die durchschnittliche Restlaufzeit, die Duration oder das durchschnittliche Rating im Portfolio enthaltener Titel herangezogen. In den USA ist es üblich, durchschnittliche Ratings und Restlaufzeiten in den Rechenschaftsberichten zu publizieren.

Fiscal Year Portfolio Results

| | | | Net Asset Value Per Share | | Twelve Months | | | SEC 30-Day |
Portfolio	Average Maturity	Average Quality	January 31, 1994	January 31, 1995	Income Dividends	Capital Gains Distributions	Total Return	Annualized Yield
Long-Term U.S. Treasury	22.0 years	Aaa	$10.75	$ 9.23	$.665	$.119	-6.7%	7.77%
Long-Term Corporate	20.4 years	Aa3	9.36	8.18	.617	.072	-5.1	8.21
High Yield Corporate	8.6 years	Ba1	8.14	7.24	.679	—	-2.5	10.24 (1)
Intermediate-Term Corporate	8.4 years	A1	10.04	9.07	.587	—	-3.7	8.09
Intermediate-Term U.S. Treasury	8.7 years	Aaa	10.82	9.76	.603	.027	-3.9	7.63
GNMA	8.6 years	Aaa	10.39	9.71	.693	.007	+0.4	7.70
Short-Term Federal	2.6 years	Aaa	10.38	9.79	.550	.010	-0.2	7.24
Short-Term U.S. Treasury	2.4 years	Aaa	10.41	9.89	.532	.020	+0.4	7.41
Short-Term Corporate	2.6 years	Aa3	10.94	10.40	.596	—	+0.6	7.64

IMPORTANT NOTES:
(1) *High Yield Corporate Portfolio. Yield reflects a premium based on the possibility that interest payments on some bonds may be reduced or eliminated. Also, since bonds with higher interest coupons may be replaced by bonds with lower coupons, income dividends are subject to reduction.*

Auszug aus Rechenschaftsbericht

Seit Anfang der 80er Jahre erstellen Rating-Agenturen wie Moody's oder Standard & Poor's auch Ratings für Geldmarkt– und Rentenfonds selbst. Ratings liefern einem Anleger ein weiteres Hilfsmittel bei der Fondsauswahl, da durch sie die Sicherheit der Geldanlage zum Ausdruck kommt. Im Falle US-amerikanischer Geldmarktfonds beziehen sie sich in erster Linie auf die Fähigkeit der Manager, den Anteilswert zukünftig konstant bei einem US-Dollar zu halten. Die Initiative für ein Fondsrating geht von den jeweiligen Investmentgesellschaften aus.

Fonds-Rating

Die Rating-Verfahren für Geldmarkt- und Rentenfonds sind nicht identisch. Standard & Poor's etwa erstellen die Ratings für die erstgenannte Fondskategorie auf Basis der Kredit- und Marktrisiken, die die Fonds berühren, sowie der Qualität des Managements. Die Höhe des Kreditrisikos leiten S & P aus dem Rating der Vermögenswerte im Fonds oder – beispielsweise bei Termingeldanlagen – aus der Bonität der Schuldner ab. Das Marktrisiko hingegen bestimmt die Agentur vorwiegend anhand der Reagibilität des Anteilswertes auf veränderte Marktbedingungen (steigendes Zinsniveau usw.). Als wichtige Indikatoren dienen S & P die durchschnittliche Restlaufzeit des Portfolios, die Liquidität der Geldmarktinstrumente oder der durchschnittliche Bestand an Floating Rate Notes. Im Mittelpunkt der Management-Analyse, dem Management Review, stehen unter anderem folgende Gesichtspunkte:

- Berufserfahrung;
- Performance zuvor verwalteter Portfolios;
- Risikoeinstellung;
- Häufigkeit und Intensität interner Kontrollen.

Fondserwerb

Abb. 8/30:
US-Money Market Fund Ratings (Quelle: Standard & Poor's: Guide to Mutual Fund Ratings, October 1995, Übersetzung der Verfasser)

US-Geldmarktfonds-Ratings (Symbole und Definitionen)	
Ratings für US-Geldmarktfonds beziehen sich auf die Sicherheit, daß das investierte Kapital erhalten bleibt.	
AAAm	Die Sicherheit ist hervorragend. Der Fonds besitzt außerordentlich gute Fähigkeiten, das eingesetzte Kapital zu erhalten und Verlustrisiken zu begrenzen.
AAm	Die Sicherheit ist sehr gut. Der Fonds besitzt sehr gute Fähigkeiten, das eingesetzte Kapital zu erhalten und Verlustrisiken zu begrenzen.
Am	Die Sicherheit ist gut. Der Fonds besitzt gute Fähigkeiten, das eingesetzte Kapital zu erhalten und Verlustrisiken zu begrenzen.
BBBm	Die Sicherheit ist zufriedenstellend. Der Fonds besitzt eine ausreichende Fähigkeit, das eingesetzte Kapital zu erhalten und Verlustrisiken zu begrenzen.
BBm	Die Sicherheit ist fragwürdig. Es besteht das Risiko, daß das eingesetzte Kapital an Wert verliert.
Bm	Die Sicherheit ist beschränkt. Es besteht ein hohes Risiko, daß das eingesetzte Kapital an Wert verliert.
CCCm	Es besteht ein extrem hohes Risiko, daß das eingesetzte Kapital an Wert verliert.
Dm	Der Fonds ist in der Vergangenheit nicht in der Lage gewesen, das eingesetzte Kapital zu erhalten. Realisierte oder unrealisierte Verluste übersteigen 0,5 % des Anteilswertes.
G	Der Buchstabe »G« für Government wird dem Rating-Symbol hinzugefügt, wenn das Fondsportfolio in erster Linie aus Wertpapieren der US-Regierung besteht.

Abb. 8/31:
Fondsrating

RATING / Erste Geldmarktfonds bewertet

„Triple A" für Fonds der Commerzbank

HANDELSBLATT, Dienstag, 14.2.1995

kr FRANKFURT/M. Das erste Rating für in Deutschland zum Vertrieb zugelassene Geldmarktfonds liegt vor. Wie Moody's Investors Service, eine der beiden großen internationalen Bewertungsagenturen, mitteilte, hat sie den von der Adig Investment Luxemburg S.A. (A.L.S.A.) verwalteten Fonds „CB Geldmarkt Deutschland I" und „Commerzbank Money Market Fund: D-Mark" ein „Aaa"-Rating erteilt.

Gesponsort und vertrieben werden die beiden Fonds von der Commerzbank. Beim Commerzbank Money Market handelt es sich um einen sogenannten Umbrella Fund. Bewertet wurde nur dessen D-Mark-Unterfonds, in dem derzeit 2,6 Mrd. DM angelegt sind. Das Fondsvermögen des CB Geldmarkt beläuft sich auf 10 Mrd. DM.

„Triple A" stellt die Spitzenbewertung im Rating dar. In ihr spiegelt sich nach Darstellung von Moody's die sehr hohe Qualität der Anlagen der Fonds, wozu auch die Fähigkeit zähle, ein kontinuierlich hohes Liquiditätsniveau zur Erfüllung von Anteilsrücknahmen sicherzustellen. Sowohl A.L.S.A. als auch die als Investment Advisor verpflichtete Pariser Commerzbank-Tochter Caisse Centrale de Réescompte (CCR) verfügten über hochentwickelte Handels-, Controlling- und Revisionssysteme sowie über eine umfassende Erfahrung in der Verwaltung von Investorengeldern. Fondsmanager und Investment Advisor verwalten nach Angaben von Moody's umgerechnet insgesamt 35 Mrd. DM. Aktionäre der A.L.S.A. sind die Commerzbank AG, die Bayerische Vereinsbank AG und deren Fondstochter Adig Allgemeine Deutsche Investment-Gesellschaft mbH, München.

Moody's hebt hervor, daß das Anlageprofil der Fonds der gegenwärtigen Struktur des deutschen Marktes für kurzfristige Anlagen entspricht. Es sei geprägt von Einlagen bei der Commerzbank und deren Luxemburger Tochtergesellschaft Cisal. Moody's geht aber davon aus, daß diese Konzentration mit einem zunehmenden Angebot von Geldmarktinstrumenten abnehmen wird.

Die Ratingagentur weist ferner darauf hin, daß die Fondsmanager gehalten sind, Anlagen in Fremdwährungen voll abzusichern. Derivate dürften ausschließlich zur Absicherung von Währungs- und Zinsänderungsrisiken eingesetzt werden. Leih- und Pensionsgeschäfte mit Wertpapieren seien zulässig; auf den Einsatz dieser Techniken werde derzeit jedoch verzichtet. Keinen Zweifel läßt Moody's daran, daß das Rating nicht die künftige Entwicklung der Fonds hinsichtlich Wertsteigerung, Rendite oder Volatilität der Anteile berücksichtigt.

Die Ergebnisse der Risiko- und Management-Analysen werden – analog zum Anleihe-Rating – zu Symbolen verdichtet. Abbildung 8/30 zeigt die von S & P für Geldmarktfonds verwendeten Rating-Symbole sowie deren Bedeutung.

Im Handelsblatt vom 15.2.1995 erschien vorstehender Artikel (vgl. Abb. 8/31), der das erste Rating eines in Deutschland verwalteten Geldmarktfonds beschreibt. Die Notwendigkeit von Geldmarktfonds-Ratings wird in der Praxis gelegentlich angezweifelt. In den USA beispielsweise weisen viele der untersuchten Fonds sehr ähnliche Strukturen und deshalb häufig identische Ratings auf. Als einziges Entscheidungskriterium kommt das Rating folglich nicht in Frage.

Der Rating-Prozeß für Rentenfonds gestaltet sich etwas diffiziler als bei Geldmarktfonds und umfaßt, etwa bei Standard & Poor's, eine Analyse

- des Portfolio-Risikos (portfolio risk analysis),
- des historischen Risikos (historical risk analysis), aber auch
- des Managements (management-assessment) (vgl. Abb. 8/32).

Abb. 8/32:
Kriterien beim
Rentenfonds-
Rating

Portfolio Risk Analysis:	S & P untersuchen die Portfoliozusammensetzung und -struktur im Zeitverlauf und nehmen eine Risikobewertung vor. Hierbei stehen solche Maßzahlen und Charakteristika im Vordergrund, wie die Duration, die Verteilung der Laufzeitbereiche und Kuponzahlungstermine, die Struktur der Kapitalrückflüsse oder die Ratings der Anleihen. Zudem simulieren S & P für jedes Portfolio verschiedene Zins-Szenarien, um die Anteilswertschwankungen bei Marktveränderungen abschätzen zu können.
Historical Risk Analysis:	S & P analysieren die total returns in der Vergangenheit, untersuchen beispielsweise die Konstanz der Wertzuwächse im Zeitverlauf, errechnen Schwankungsmaße und stellen diese Werte anschließend einer Benchmark gegenüber.
Management-Assessment:	Im Vordergrund stehen unter anderem Erfahrungen und Ausbildung der Manager, von ihnen angewandte Verfahren zur Wertpapier- und Risikoanalyse sowie Anlage- und Hedging-Strategien.

In der folgenden Übersicht (vgl. Abb. 8/33) sind die Rating-Symbole von Standard & Poor's für Rentenfonds wiedergegeben. Diese werden in Risiko- sowie Credit-Ratings untergliedert. Die Unterschiede gehen aus der Abbildung hervor.

Abb. 8/33: Bond Fund Ratings (Quelle: Standard & Poor's: Guide to Mutual Fund Ratings, October 1995, Übersetzung der Verfasser)

Credit-Ratings für Rentenfonds (Definitionen und Kriterien)	
Credit-Ratings beziehen sich auf die Fondsanteile selbst. Sie stellen eine aktuelle Beurteilung der Bonität der Schuldner des Fonds dar und sind Ausdruck für den Schutz vor Verlusten angesichts des Ausfalls von Zins- und Tilgungszahlungen.	
AAAf	Die Titel sowie die Kreditnehmer des Fonds bieten einen hervorragenden Schutz vor Verlusten angesichts des Ausfalls von Zins- und Tilgungszahlungen.
AAf	Die Titel sowie die Kreditnehmer bieten einen sehr guten Schutz vor Verlusten angesichts des Ausfalls von Zins- und Tilgungszahlungen.
Af	Die Titel sowie die Kreditnehmer bieten einen guten Schutz vor Verlusten angesichts des Ausfalls von Zins- und Tilgungszahlungen.
BBBf	Die Titel sowie die Kreditnehmer bieten einen annehmbaren Schutz vor Verlusten angesichts des Ausfalls von Zins- und Tilgungszahlungen.
BBf	Die Titel und/oder die Kreditnehmer bieten einen nur zweifelhaften Schutz vor Zins- und Tilgungszahlungsausfällen.
Bf	Die Titel und/oder die Kreditnehmer offenbaren eine Anfälligkeit für Verluste aus Zins- und Tilgungszahlungsausfällen.

Risiko-Ratings für Rentenfonds (Symbole und Definitionen)	
Risiko-Ratings spiegeln S & P's gegenwärtige Einschätzung der zukünftigen Ertragsschwankungen wider.	
aaa	Bezüglich sich verändernder Marktbedingungen weisen aaa-geratete Fonds eine sehr geringe Sensibilität auf. Diese Klasse bietet die größte Ertragsstabilität.
aa	Im Hinblick auf sich verändernde Marktbedingungen weisen die Fonds dieser Ratingkategorie eine geringe Sensibilität auf. Ihre Erträge sind kurz- und mittelfristig stabil.
a	A-geratete Fonds sind bezüglich sich verändernder Marktbedingungen insbesondere auf kurze Sicht sensibel. Sie bieten gleichwohl über mittel- und langfristige Anlagezeiträume stabile Erträge.
bbb	Die Fonds dieser Kategorie sind bezüglich sich verändernder Marktbedingungen sensibler als höher geratete Fonds. Im Vergleich zu letzteren schwanken die Erträge bbb-gerateter Fonds stärker.
bb	Hinsichtlich sich verändernder Marktbedingungen sind die Fonds dieser Rating-Kategorie sehr sensibel. Ihre Erträge können volatil sein.
b	B-geratete Fonds sind in hohem Maße sensibel mit Blick auf sich verändernde Marktbedingungen. Viele der Fonds weisen zudem die Charakteristika einer spekulativen Investition auf. Die Erträge b-gerateter Fonds können über alle Anlagezeiträume sehr volatil sein.
ccc	Eine Anlage in Fonds der triple-c Kategorie ist hoch spekulativ und mit erkennbaren Risiken verbunden. Akzeptable Erträge sind von diesen Fonds nur zu erwarten, wenn sich die Marktbedingungen günstig entwickeln.

Historische Performance	8.3.2.3

Begriff 8.3.2.3.1

Einen wichtigen Indikator für die zukünftige Ertrags– und Wertentwicklung eines Investmentfonds stellt dessen Anlageerfolg in der Vergangenheit dar. Dieser wird häufig mit dem Begriff »Performance«, was übersetzt »Leistung« heißt, umschrieben und drückt die prozentuale Änderung des Anteilswertes innerhalb eines bestimmten Zeitraums aus.

Häufig legen die Investmentgesellschaften eines Landes bei der Performance-Messung eine einheitliche Methode zugrunde, was Anlegern direkte Vergleiche zwischen einzelnen Fonds erlaubt. In Deutschland hat sich für alle Arten offener Publikumsfonds die **BVI-Methode**, benannt nach dem Bundesverband deutscher Investment-Gesellschaften, durchgesetzt. Der BVI mißt die Anteilswertentwicklung während des Betrachtungszeitraums und unterstellt, daß ein Fondsanleger im Falle eines

BVI-Methode

- ausschüttenden Fonds Ausschüttungen inklusive der Körperschaftssteuer wieder anlegt, indem er am Tag der Ausschüttung Anteile zum Rücknahmepreis erwirbt;
- thesaurierenden Fonds die Kapitalertrags- und Körperschaftssteuer an dem Tag reinvestiert, an dem der Fonds die Steuerzahlungen leistet.

Der BVI behandelt die Steuerzahlungen eines thesaurierenden Fonds wie Ausschüttungen. In der Praxis werden der Mehrzahl der Fondsanleger die Kapitalertrags- und Körperschaftssteuern in voller Höhe gutgeschrieben. Folglich könnten die meisten Anleger die betreffenden Zahlungen umgehend reinvestieren.

Außerdem nimmt der BVI an, daß ein Investor Anteilsbruchteile erwerben kann. Ausgabeaufschläge bleiben unberücksichtigt. Unter diesen Voraussetzungen läßt sich die BVI-Performance in folgenden drei Schritten ermitteln.

1. Schritt: Der BVI berechnet zunächst die Zahl der Anteile, die ein Anleger am Ende des Betrachtungszeitraums besitzen könnte, wenn er

- zu Beginn der Periode einen einzigen Anteil hält und
- für Ausschüttungen (inklusive der Körperschaftssteuer) respektive vom Fonds abgeführte Kapitalertrags- und Körperschaftssteuer weitere Anteile kauft.

Die Ausschüttungen bzw. Steuerzahlungen dividiert der BVI durch den Anteilswert am jeweiligen Geschäftstag. Schüttete ein Fonds den Anteilsinhabern beispielsweise 5,50 D-Mark aus bzw. leistete er eine Steuerzahlung in entsprechender Höhe, und betrug der Anteilswert zu eben diesem Zeitpunkt 110 D-Mark, so konnten durch die Wiederanlage des Ausschüttungs- bzw. Steuerbetrages insgesamt

$$\frac{5,50\,\text{DM}}{110\,\text{DM/Anteil}} = 0,05\ \text{Anteile}$$

erworben werden. Sind ansonsten keine weiteren Ausschüttungen bzw. Steuerzahlungen innerhalb der Periode erfolgt, besitzt der Anleger am Ende des Betrachtungszeitraums somit 1,05 Anteile.

2. Schritt: Der BVI multipliziert die Zahl der Anteile am Ende des Betrachtungszeitraums mit dem aktuellen Anteilswert. Angenommen, dieser lautet am Ende des Betrachtungszeitraums 115,00 D-Mark, dann beträgt das Vermögen des Anlegers

$$\underbrace{1{,}05}_{\substack{\text{Anteile aus} \\ \text{Schritt 1}}} \times \underbrace{115{,}00 \text{ DM}}_{\substack{\text{Anteilswert am Ende} \\ \text{der Betrachtungsperiode}}} = 120{,}75 \text{ DM}$$

3. Schritt: Nun berechnet der BVI die Differenz zwischen dem Anteilswert am Ende (t_2) und am Anfang des Betrachtungszeitraums (t_1).

Anteilswertänderung in DM = Anteilswert (t_2) – Anteilswert (t_1)

Anschließend wird diese zum Anteilswert am Anfang des Betrachtungszeitraums ins Verhältnis gesetzt.

$$\text{BVI-Performance in \%} = \frac{\text{Anteilswertveränderung}}{\text{Anteilswert } (t_1)} \times 100 \text{ \%}$$

Hätte der Anteilswert im Ausgangspunkt beispielsweise 100 D-Mark betragen, so ergäbe sich für den Anleger eine Performance, vor Kosten und Steuern, in Höhe von

$$\frac{120{,}75 \text{ DM} - 100{,}00 \text{ DM}}{100 \text{ DM}} \times 100 \text{ \%} = 20{,}75 \text{ \%}.$$

bereinigte BVI-Performance

Den Anlageerfolg unter Berücksichtigung des Ausgabeaufschlags kann ein Investor mit Hilfe der **bereinigten BVI-Performance**, auch Effektivperformance oder Anlegerrendite genannt, feststellen. Die Auswirkung des Ausgabeaufschlags auf die Performance ist im allgemeinen abhängig von der Haltedauer eines Fondsanteils. Je länger ein Anteil gehalten wird, desto geringer ist sein Einfluß. Die bereinigte BVI-Performance berücksichtigt den Zeitaspekt aber nicht.

$$\text{Bereinigte BVI-Performance in Prozentpunkten} = \left[\frac{\text{BVI-Performance in Prozentpunkten} + 100}{1 + \dfrac{\text{Ausgabeaufschlag in Prozentpunkten}}{100}}\right] - 100$$

Der Rechenschaftsbericht, die Vertragsbedingungen und die Finanzzeitung erlauben es dem Investor, sowohl die BVI- als auch die bereinigte BVI-Performance für einen Fonds zu berechnen.

| | Auswahlkriterien | **705** |

Der folgende Ausschnitt stammt aus dem Rechenschaftsbericht des »DIT-Fonds für Vermögensbildung« für das Jahr 1994. Er zeigt die Rücknahmepreise für einen Anteil zum Ende der Geschäftsjahre 1991 – 1994.

Beispiel 8/6

Der Fonds in Zahlen

	31.12.1994	31.12.1993	31.12.1992	31.12.1991
Rücknahmepreis pro Anteil in DEM	102,62	109,00	81,19	91,03
Anteilumlauf in Stück	15.633.428	12.335.481	9.522.171	6.522.132
Fondsvermögen in Mio. DEM	1.604,3	1.344,6	773,1	593,7

Ein Anleger, der am 31.12.1994 einen Anteil an diesem Fonds erwirbt, zahlt dafür 102,62 D-Mark. Transaktionskosten, Ausgabeaufschläge und Mindestanlagesummen bleiben aufgrund der Prämissen des BVI unberücksichtigt. Am 15.02.1995 erhält der Anleger eine Ausschüttung, inklusive Körperschaftssteuer, in Höhe von 2,96 D-Mark, was der folgende Ausschnitt aus dem Handelsblatt vom 15.02.1995 belegt.

DIT und dam schütten aus:

Am 15. Februar 1995 werden die Erträge des Geschäftsjahres 1994 an die Anteilinhaber ausgeschüttet. Nähere Informationen entnehmen Sie bitte der Tabelle. Über Einzelheiten der Zusammensetzung der Ausschüttung informiert Sie Ihr Berater der Dresdner Bank. Dort erhalten Sie auch die aktuellen Verkaufsprospekte.

Ausschüttungen der Fonds der DIT-Gruppe für 1994 pro Anteil:

Fonds	Zahlung auf Kupon Nr.	Ausschüttung DM	Körperschaftsteuergutschrift DM	Gesamtausschüttung DM	Bemessungsgrundlage für KapSt** DM
DIT-FONDS FÜR VERMÖGENSBILDUNG	25	2,10	0,86	2,96	0,08
CONCENTRA	41	0,95	0,36	1,31	0,08
DIT-WACHSTUMSFONDS	9	0,70	0,28	0,98	0,03
DIT-SPEZIAL	9	1,30	0,52	1,82	0,05
INDUSTRIA	7	1,25	0,11	1,36	0,07
INTERGLOBAL	24	1,50	0,12	1,62	0,12
TRANSATLANTA	35	0,45		0,45	0,03

Dieser Betrag wird nun entsprechend der BVI-Methode reinvestiert. Am Tage der Ausschüttung lautet der Rücknahmepreis für einen Fondsanteil 100,68 D-Mark.

DEVK-Spar...	71,00		
DIT Dt. Akt. RB	49,81	47,44	47,34
DIT Eurozins	65,47	63,56	68,77
DIT f. Verm.	105,71	100,68	103,40
DIT Frankreich	69,03	67,0	67,90
DIT-Fonds Großbrit.	65,89	63,97	65,91
DIT Iberia	58,39	56,69	57,48
DIT Italien	57,30	55,63	55,53
DIT Kapital Plus	48,80	47,38	48,84

Für 2,96 D-Mark können folglich insgesamt

$$\frac{2,96 \text{ DM}}{100,68 \text{ DM/Anteil}} = 0,0294 \text{ Anteile}$$

erworben werden und der Fondsanleger besitzt am Jahresende 1995

$$1 + 0,0294 = 1,0294 \text{ Anteile.}$$

Um zur BVI-Performance zu gelangen, muß er die Zahl der Anteile mit dem Rücknahmepreis am 31.12.1995 bewerten.

DEVK-Sparda-Rent	75,00	72,44	72,32
DIT Akt. Dtld. AF	65,84	65,84	66,12
DIT Akt. R. Dtld. AF	63,26	66,28	66,35
DIT Dt. Akt. RB	47,79	45	45,65
DIT Eurozins	75,16	72,87	72,87
DIT f. Verm.	108,65	103,48	103,66
DIT Frankreich	72,06	69,96	70,48
DIT Großbritannien	77,21	74,86	74,80
DIT Iberia	69,08	67,07	67,13
DIT Italien	45,48	44,16	44,33

Das Vermögen beläuft sich auf

$$1,0294 \times 103,48 \text{ DM} = 106,52 \text{ DM.}$$

Unter Berücksichtigung des Anteilswertes am Jahresanfang und -ende ergibt sich schließlich eine BVI-Performance in Höhe von

$$\frac{\overbrace{106,52 \text{ DM}}^{\text{Anteilswert am Jahresende}} - \overbrace{102,62 \text{ DM}}^{\text{Anteilswert am Jahresanfang}}}{\underbrace{102,62 \text{ DM}}_{\text{Anteilswert am Jahresanfang}}} \times 100\ \% = 3,80\ \%$$

Dieser Wert wird auch in der »DM-Fonds Aktuell«, Ausgabe Nr. 3/96 vom 12.1.1996, ausgewiesen.

Fondsname	Wertentwicklung				Rendite pro Jahr *		Volatilität **
	1 Jahr	3 Jahre	5 Jahre	10 Jahre	5 Jahre	10 Jahre	
Deutschland							
Adifonds	6,65	41,06	36,05	65,06	5,32	4,63	4,278
Adig-Aktien-Deutschland	7,36	-	-	-	-	-	-
Alte Leipziger Fonds A	4,96	35,85	45,97	-	6,81	-	3,892
Aufhaeuser Fonds I	6,67	34,02	25,45	-	3,63	-	3,923
Baer Multistock German	7,14	-	-	-	-	-	-
BB-Deutschland	6,05	42,06	54,32	-	8,01	-	4,14
BBV-Invest-Union	5,48	25,35	-	-	-	-	2,818
BfG-Invest Aktienfonds	3,17	34,90	42,81	-	6,55	-	3,895
BWK-Aktien Deutschland	0,73	29,83	-	-	-	-	3,452
Citiportfolio German Equity	3,27	31,08	21,20	-	2,91	-	4,085
Citibank PrivatInvest	5,70	29,09	38,24	-	5,65	-	3,019
CMI German Equity	10,82	30,77	32,31	-	5,34	-	4,251
Concentra	5,16	43,17	48,10	96,91	7,13	6,49	4,279
CS Germany Fund	1,05	29,77	-	-	-	-	3,876
DekaFonds	3,55	41,26	28,85	59,08	4,13	4,22	4,376
Delbrueck Aktien	1,16	29,69	-	-	-	-	3,466
Deut.-Berenberg-Fonds	4,18	39,54	42,24	-	6,67	-	3,917
DIT-Deutsche Aktien RB	-1,36	-	-	-	-	-	-
DIT-Fonds fuer Vermoegensb.	3,80	42,71	41,15	130,33	6,10	8,17	3,659
DIT-Wachstumfonds	5,58	40,64	31,67	-	5,04	-	4,707
DVG Select-Invest	7,00	-	-	-	-	-	-
Invesco Am. Enterprise	17,00	19,05	116,86	-	15,38	-	4,328
Mercury North Am. Opport.	17,33	33,79	180,67	-	21,68	-	4,226
Schroder US Smaller Comp.	28,99	69,95	315,83	-	31,55	-	3,824
Von Ernst US Sm. Comp.	41,74	65,09	97,38	-	13,41	-	4,807

* Ausgabeaufschlag berücksichtigt, ** Kennzahl für die Schwankungsbreite der Fonds-Performance in den vergangenen drei Jahren. Je höher diese Kennzahl, desto risikobetonter die Anlagepolitik. Alle Angaben in Prozent (auf Mark-Basis) unter Berücksichtigung sämtlicher Ausschüttungen

Auswahlkriterien

Schließlich soll die bereinigte BVI-Performance (Anlegerrendite) berechnet werden. Der Ausgabeaufschlag des »DIT-Fonds für Vermögensbildung« beträgt gemäß den Vertragsbedingungen 5 %. Damit ergibt sich eine bereinigte BVI-Performance von

$$\left[\frac{3{,}80 + 100}{1 + \dfrac{5}{100}} \right] - 100 = -1{,}14$$

Sie entspricht einem Wert von − 1,14 %.

Informationen über die Entwicklung der Performance und der Ausschüttungen eines Fonds stellen Investmentgesellschaften zur Verfügung. Performances werden insbesondere von spezialisierten Unternehmen, sogenannten **Performance-Meßgesellschaften**, ermittelt und publiziert. Diese gehen immer mehr dazu über, neben Rendite- auch Risikoaspekte einzubeziehen.

Performance-Meßgesellschaft

Risikoadjustierung

8.3.2.3.2

Die Performance sollte eine risikoadjustierte Wertentwicklung widerspiegeln. Um dahin zu gelangen, wird etwa die BVI-Performance durch die Standardabweichung der monatlichen total returns dividiert.

$$\text{risikoadjustierte Performance} = \frac{\text{BVI-Performance}}{\text{Standardabweichung der monatl. total returns}}$$

Der Verkaufsprospekt eines Aktienfonds zeigt eine risikobereinigte Performance, die als »Sharpe Ratio« ausgewiesen ist.

Risikoanalyse (seit Gründung)

Sharpe Ratio	$\dfrac{\text{Durchschnittsertrag}}{\text{Standardabweichung}}$	0,25	0,10

Ausschnitt aus Verkaufsprospekt

Mit Hilfe der risikoadjustierten Rendite kann ein Anleger Fonds vergleichen, die zwar einen identischen Anlageschwerpunkt aufweisen, aufgrund unterschiedlicher Portfolio-Zusammensetzungen jedoch durch unterschiedlich hohe Risiken gekennzeichnet sind.

In der folgenden Abbildung aus dem Handelsblatt vom 16.6.1995 (vgl. Abb. 8/34) führen die Micropal Deutschland GmbH, eine Performance-Meßgesellschaft, und der BVI eine Risikobereinigung der Fondsrendite für insgesamt 33 Aktienfonds mit dem Anlageschwerpunkt USA »graphisch« durch. Sie stellen

- die durchschnittliche jährliche D-Mark-Rendite sowie
- die Standardabweichung der Monatserträge

in einem zweidimensionalen Diagramm einander gegenüber. Der Untersuchung liegt dabei ein Zeitraum von 5 Jahren zugrunde, der von Mai 1990 bis April 1995 reicht.

Abb. 8/34: Risiko-Rendite-Relation bei Fonds

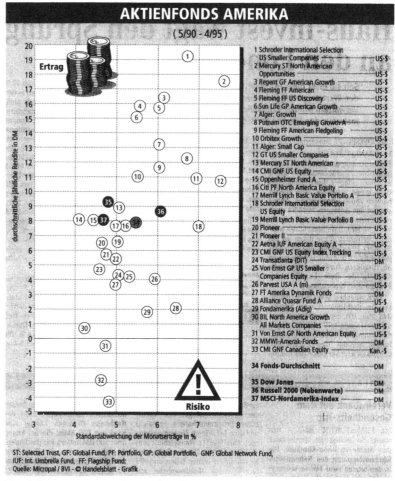

Die einbezogenen Fonds weichen hinsichtlich der Portfolio-Zusammensetzung teilweise erheblich voneinander ab. Einige investieren beispielsweise sowohl in blue chips als auch in Aktien mittlerer und kleinerer Unternehmen, wohingegen andere ihr Portfolio ausschließlich aus Aktien »kleiner« Unternehmen (small cap companies) zusammenstellen. Dies führt zu unterschiedlich starken Ertragsschwankungen, die auch in der Graphik zum Ausdruck kommen. Der Fonds ① etwa erzielte mit den Aktien kleinerer US-amerikanischer Unternehmen (»US Smaller Companies«) bei relativ hohem Risiko die höchste durchschnittliche D-Mark-Rendite. Demgegenüber realisierte der Merrill Lynch Basic Value Portfolio A mit einem gemischten Aktienportfolio aus Standard- und Nebenwerten eine nur durchschnittliche Rendite bei »mittlerem« Risiko.

Die Graphik verdeutlicht weiterhin, daß beispielsweise die Fonds ④ und ⑤ in etwa dieselbe durchschnittliche Rendite, genau gesagt 16 %, erwirtschafteten. Ein Anleger, der nur die Rendite als Auswahlkriterium heranzieht, kann daher keine eindeutige Entscheidung fällen. Schließt er in die

Betrachtung das Risiko ein, so dominiert Fonds ④. Dieser erreichte in den zurückliegenden fünf Jahren denselben durchschnittlichen Ertrag bei einem geringeren Risiko. Folgendes Beispiel illustriert, wie ein Anleger eine risikoadjustierte Rendite ermitteln kann. Dabei wird auf Abbildung 8/34 zurückgegriffen.

Abbildung 8/34 können folgende Renditen und Standardabweichungen für die Fonds ② und ⑦ entnommen werden.

Beispiel 8/7

	Fonds ②	Fonds ⑦
Rendite	17,5	13,0
Standardabweichung	7,5	6,0
Risikoadjustierte Rendite	$\dfrac{17,5}{7,5} = 2,33$	$\dfrac{13,0}{6,0} = 2,17$

Die durchschnittliche Rendite pro Einheit Risiko war in den letzten fünf Jahren bei Fonds ② größer als bei Fonds ⑦.

Anwendungsmöglichkeiten

8.3.2.3.3

In Relation zu den bisher erläuterten Auswahlgrößen sind Performance-Kennziffern ein sehr komfortables Entscheidungskriterium. Sie bringen die Ertrags- und Wertentwicklung mehrerer Fonds in der Vergangenheit sozusagen auf einen gemeinsamen Nenner und bieten Anlegern somit eine direkte Vergleichsgrundlage. Dennoch sollten sie nicht als einziges Kriterium bei der Fondsauswahl dienen. Es stellt sich etwa die Frage,

- zu welchen Anteilen die historische Performance auf die Fähigkeiten des Managements oder aber Zufallsfaktoren (»Glück«) zurückzuführen ist und
- inwieweit sie überhaupt zuverlässige Aussagen über die total returns in der Zukunft zuläßt.

Ein Investmentfonds erzielte in der Vergangenheit grundsätzlich nur dann eine akzeptable Performance, wenn er

- über mehrere Jahre hinweg und zudem
- in kurzen Betrachtungsperioden

total returns lieferte, die überwiegend über den Durchschnittserträgen einer Gruppe homogener Fonds lagen. Ein Verfahren, mit dem eine solche Performance gemessen werden kann, ist der sogenannte »Long-over-Market«-Vergleich, kurz **LoovMark**. Dabei vergleicht man die Performance, etwa die nach BVI, die ein einzelner Fonds über einen Zeitraum von mehreren Jahren von Monat zu Monat erzielte, mit der jeweiligen Durchschnittsperformance der homogenen Gruppe.

LoovMark

| **Beispiel 8/8** | Die Verfasser führten in Zusammenarbeit mit der Micropal Deutschland GmbH eine Untersuchung durch, in der die »1-Monats-Performances« 24 gleichartiger Aktienstandardfonds von Monat zu Monat jeweils der durchschnittlichen 1-Monats-Performance der Gruppe gegenübergestellt wurden. Der zugrundeliegende Untersuchungszeitraum umfaßte insgesamt 61 Monate. |

Es stellte sich heraus, daß der »beste« Fonds die Durchschnittsperformance in 42 von 61 Monaten übertreffen konnte, was auch »outperforming« genannt wird, wohingegen der schlechteste dies nur in 16 von 61 Monaten erreichte.

outperformance

Die LoovMark läßt sich auch graphisch darstellen. Hierzu wird die 1-Monats-Performance aller betrachteten Fonds indexiert. Jeder Fonds startet bei einem Ausgangswert von 100. Um den Indexwert am Ende eines bestimmten Monats (t_2) zu ermitteln, wird dem Indexwert am Ende des Vormonats (t_1) jeweils die relative Performance des betrachteten Monats hinzugerechnet.

$$\text{Indexwert } t_2 = \text{Indexwert } t_1 + \frac{\text{Indexwert } t_1 \times \text{Performance in } t_2}{100}$$

Damit die relativen Performance-Änderungen, die ein ganz bestimmter Fonds von Monat zu Monat aufweist, mit den durchschnittlichen Performance-Änderungen der Gruppe verglichen werden können,

- dividiert man den Indexwert eben dieses Fonds zu jedem Zeitpunkt durch den durchschnittlichen Indexwert der Gruppe;
- trägt man sodann die Quotienten in ein Koordinatenkreuz ein.

Abbildung 8/35 zeigt den graphischen LoovMark-Vergleich zwischen der indexierten 1-Monats-Performance des »Gruppenersten« der in Beispiel 8/8 beschriebenen Untersuchung sowie der indexierten Durchschnittsperformance der betreffenden Fondsgruppe. Auf der y-Achse ist das Verhältnis

$$\frac{\text{Indexwert des Gruppenersten zum Zeitpunkt t}}{\varnothing\text{-Indexwert der Gruppe zum Zeitpunkt t}}$$

aufgetragen. Die x-Achse stellt die Zeitachse dar. Steigt der dargestellte Graph von einem Monat zum anderen, hat der Gruppenerste den Durchschnitt relativ outperformed, sinkt die Linie hingegen in einer Periode, gilt die Aussage entsprechend umgekehrt. In dem in Abbildung 8/35 zugrunde gelegten Betrachtungszeitraum von 25 Monaten konnte der Gruppenerste den Durchschnitt in insgesamt 18 Monaten »schlagen«. Der Chart weist insgesamt einen steigenden Trend auf.

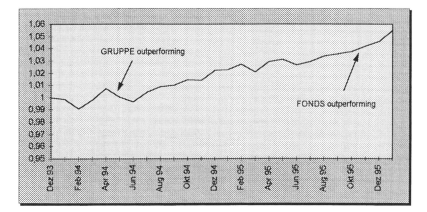

Abb. 8/35: LoovMark

Finanzzeitungen publizieren regelmäßig »**Fondshitlisten**«, die mehrere Investmentfonds entsprechend ihrer historischen Performance in eine Rangfolge, auch Ranking genannt, bringen. Die Aussagekraft solcher Rankings ist alles in allem schwach. Dies belegt die folgende Tabelle. Sie zeigt das Ergebnis einer Untersuchung, die im Zeitraum von 1982-1992 in den USA durchgeführt wurde und sich insgesamt über 681 Aktienstandardfonds erstreckte. Für die zehn besten US-Aktienfonds eines ganz bestimmten Jahres – gemessen an der 12-Monats-Performance – wurden jeweils die Rangplätze im darauffolgenden Jahr erfaßt und schließlich die »durchschnittlichen Ränge im zweiten Jahr« ermittelt. Für all diejenigen Fonds etwa, die irgendwann zwischen 1982 und 1992 den ersten Platz belegten, ermittelte man den Rang im Folgejahr. Als Ergebnis läßt sich festhalten, daß die Fonds, die 1982, 1983, 1984 usw. jeweils die Spitzenposition einnahmen, im Folgejahr durchschnittlich auf Platz 100 »landeten«.

Fondshitlisten

Rang im ersten Jahr	durchschnittlicher Rang im zweiten Jahr
1	100
2	383
3	231
4	343
5	358
6	239
7	220
8	417
9	242
10	330

Beim Rückgriff auf Performance-Hitlisten im Rahmen einer Auswahlentscheidung ist obendrein zu beachten, daß

- die einbezogenen Fonds nur dann direkt miteinander vergleichbar sind, sofern sie einer Gruppe homogener Fonds angehören;

- die Fonds in unterschiedlichen Währungen aufgelegt sein können;
- eventuell keine loads berücksichtigt und die Vergleiche nur über sehr kurze Zeiträume durchgeführt wurden.

Einmal wöchentlich publiziert das *Wall Street Journal* sogenannte Performance Yardsticks (vgl. Abb. 8/36). Hier werden unter anderem die Performances

- verschiedener Aktien- und Rentenfondskategorien (How Fund Categories Stack up),
- der »besten« und »schlechtesten« Aktien- und Rentenfonds (Fund Leaders und Laggards) sowie
- der Aktien- und Rentenfonds mit den größten Volumina (Largest Stock and Bond Funds)

für jeweils unterschiedliche Zeiträume abgebildet.

Abb. 8/36: Performance-Yardsticks aus dem Wall Street Journal

Die Performance Yardsticks vermitteln einen Überblick über die Entwicklung der gesamten US-Investmentindustrie, lassen aber keinen direkten Vergleich einzelner Fonds zu.

Die von Fondsmanagern erzielten total returns werden häufig mit der Wertentwicklung des betreffenden Marktes (Aktien-, Rentenmarkt usw.) verglichen. Man stellt hierbei die Performance eines ausgewählten Fonds einer **Benchmark**, etwa DAX oder REXP, gegenüber. Der Vergleich eines einzigen Fonds mit einer solchen Meßlatte liefert einem Investor jedoch keinen Anhaltspunkt über dessen Vorteilhaftigkeit gegenüber anderen homogenen Fonds, da diese den Index vielleicht ebenfalls schlugen.

Benchmark

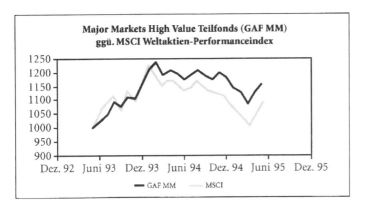

Ausschnitt aus Verkaufsprospekt

Ein Anleger sollte bei Benchmark-Vergleichen, die beispielsweise Verkaufsprospekte ausweisen, prüfen, ob

- das Fondsportfolio in seiner Struktur und Zusammensetzung mit dem des Indexes in etwa übereinstimmt;
- der Index ein Performance-Index ist und sein total return somit – genau wie der des Fonds – alle Ertragskomponenten, wie Dividenden, Stückzinsen usw., erfaßt.

Die im *Wall Street Journal* abgebildeten »Benchmarks for Mutual-Fund Investors« (vgl. Abb. 8/36) zeigen die total returns US-amerikanischer Aktien– und Rentenindizes. Der Dow Jones Industrial Average etwa ist unter Berücksichtigung der Erträge aus Dividendenausschüttungen in der Zeit vom 1.1.1995 bis zum 14.12.1995 um 38,55 % gestiegen.

Benchmarks for Mutual-Fund Investors

ON A TOTAL RETURN BASIS

	YEAR-TO-DATE	FOUR WEEKS	ONE YEAR	3 YRS (annualized)	5 YRS (annualized)
DJIA (w/divs)	+ 38.55%	+ 5.45%	+ 41.98%	+ 19.52%	+ 18.00%
S&P 500 (w/divs)	+ 37.59	+ 4.07	+ 39.17	+ 15.66	+ 16.69
Small-Co. Index Fund[1]	+ 26.95	+ 3.65	+ 33.73	+ 15.50	+ 21.11
Lipper Index: Europe	+ 12.99	+ 0.03	+ 16.13	+ 14.97	+ 7.55
Lipper Index: Pacific	+ 3.73	+ 5.93	+ 7.54	+ 15.37	+ 9.30
Lipper L-T Gov't[2]	+ 15.61	+ 1.37	+ 15.80	+ 6.31	+ 8.01

[1] Vanguard's: tracks Russell 2000   [2] Includes government agency debt

bereinigte Performance des DOW

Lipper Analytical Services Inc.[1] bereinigt den Dow, der – anders als der DAX – kein Performance-Index ist, um Dividendenzahlungen, damit ein direkter Vergleich mit Aktienfonds möglich wird. Die Bereinigung führt in diesem Falle zu einer Benchmark-Performance, die die Wertsteigerung des unbereinigten Dow Jones um 3,4 Prozentpunkte übertrifft.

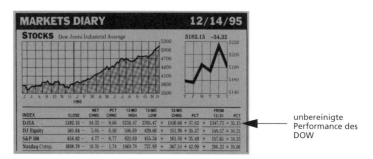

Benchmark-Vergleiche bieten sich insbesondere bei der Beurteilung verschiedener Index-Fonds an, die allesamt denselben Index duplizieren. Je exakter die Wertentwicklung eines Index-Fonds mit der des Indexes übereinstimmt, desto eher war das Fondsmanagement in der Vergangenheit in der Lage, den Index tatsächlich nachzubilden. Abbildung 8/37 gibt die relativen Wertveränderungen des S & P 500 sowie die eines Index- und Wachstumsfonds für eine Zeitspanne von neun Jahren wieder. Der total return des Index-Fonds entwickelte sich nahezu identisch mit dem des S & P.

Abb. 8/37:
S&P 500 gegen Index- und Wachstumsfonds

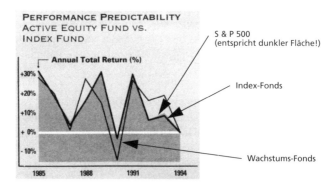

8.3.2.3.4 Performance-Messung bei US-Money Market Funds

Die Anteilswerte von US-Geldmarktfonds sind gewöhnlich keinen Schwankungen ausgesetzt, sondern betragen grundsätzlich konstant einen US-Dollar. Für sie entwickelte die SEC besondere Performance-Kennziffern, zu deren wichtigsten die annualisierte

- »seven-day simple yield« sowie die annualisierte
- »seven-day compound yield«

zählen (vgl. Abb. 8/38).

---

[1] Lipper Analytical ist eine der führenden Performance-Meßgesellschaften für Investmentfonds in den USA. Allein dort analysiert sie Fonds mit einem Volumen von mehr als 2,5 Billionen US-Dollar.

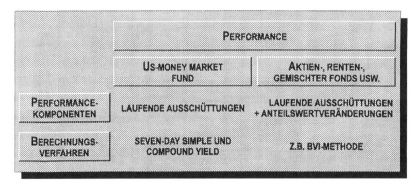

Abb. 8/38: Performance US-Geldmarkt- versus sonstige Fonds

Ausgangspunkt der Berechnung der beiden SEC-Performance-Maße bildet jeweils die in den vergangenen sieben Tagen pro Fondsanteil geleistete Ausschüttung. Anschließend wird dieser, auch als base period return bezeichnete Betrag zum ursprünglich investierten Kapital von einem US-Dollar ins Verhältnis gesetzt und die Annahme getroffen, daß ein Fondsanleger den Ertrag der letzten sieben Tage auch in den kommenden 51 Wochen erzielt.

$$\text{simple Yield p.a.} = \frac{\text{Base period return in US-\$}}{1 \text{ US-\$}} \times 100\,\% \times \frac{365 \text{ Tage}}{7 \text{ Tage}}$$

Bei der compound yield berücksichtigt die SEC – im Gegensatz zur simple yield – den Zinseszinseffekt und unterstellt demnach eine permanente Wiederanlage der wöchentlichen Ausschüttungen.

$$\text{compound Yield p.a.} = \left[\left[\frac{\text{Base period return in US-\$}}{1 \text{ US-\$}} + 1\right]^{\frac{365}{7}} - 1\right] \times 100\,\%$$

Die compound yield liegt immer geringfügig über der simple yield. Dies wird durch einen Artikel aus dem *Wall Street Journal* belegt (vgl. Abb. 8/39).

Abb. 8/39: Money Market Fund Yield

Die in der Tabelle »Money Market Mutual Funds« im *Wall Street Journal*
für jeden Fonds publizierte Rendite repräsentiert den Wochendurchschnitt
der seven-day simple yield.

Fund	Avg. Mat.	7 Day Yield	Assets	Fund	Avg. Mat.	7 Day Yield	Assets
QualivestGvA	64	4.76	92	FidInTxEx	67	3.44	1755
QualivestY	37	5.29	68	FidCA	65	2.89	716
QltyCsh	51	4.81	152	FidCT	60	3.04	320
QuestCshGov	26	4.76	99	FidDlyTE	80	3.01	536
QuestCshPr	47	4.88	1671	FidMA	62	2.90	825
RNC Liq	44	4.60	26	FidMI	43	3.01	228
RemTreasTr	36	5.12	116	FidNJ	74	2.97	440

8.3.3 Informationsquellen

8.3.3.1 Verkaufsprospekt, Rechenschaftsbericht, Sonstiges

Informationen über die Anteilswert-, Ertrags- und Kostenentwicklung eines Investmentfonds können Anleger aus verschiedenen Quellen beziehen.
Die bedeutendsten stellen dabei die Investmentgesellschaften und deren
Vertriebsstellen dar. Erwirbt ein Anleger einen Anteil an einem nach deutschen Recht organisierten Investmentfonds, so sind vor Vertragsabschluß

- ein Verkaufsprospekt,
- die Vertragsbedingungen,
- der aktuelle Rechenschaftsbericht,
- der anschließende Halbjahresbericht, sofern er vorliegt, und
- eine Durchschrift des Zeichnungsantrages

kostenlos auszuhändigen. Die Investmentgesellschaften ein und desselben
Landes gestalten Verkaufsunterlagen zumeist ähnlich. Deutsche Kapitalanlagegesellschaften

- beschreiben auf den ersten Seiten der Rechenschaftsberichte für gewöhnlich allgemeine Entwicklungen, etwa auf den Finanz- und Immobi-
  lienmärkten,
- weisen sodann für jeden Fonds die Anlagepolitik, die Zusammensetzung
  des Vermögens, die Ertrags- und Aufwandsrechnung sowie die Ermittlung der Ausschüttung bzw. Wiederanlage aus,
- skizzieren außerdem die steuerliche Behandlung der Ausschüttungen
  und Anteilswertzuwächse und
- zeigen ab und an auszugsweise die Vertragsbedingungen der betreffenden Fonds.

Investmentgesellschaften nutzen zunehmend innovative Medien wie das
Internet, um Informationen über Fonds zu verbreiten. Abbildung 8/40
zeigt die Internet-Home-Page der DWS.

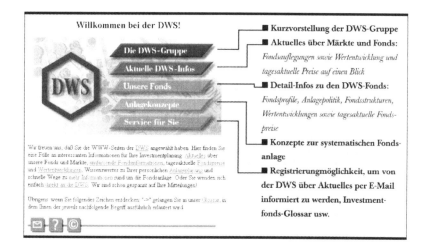

Abb. 8/40: DWS-Home-Page im Internet

Weitere Informationsquellen sind etwa

- Nachrichtendienste wie Reuters oder Telerate, die auf speziellen »Seiten« unter anderem die aktuellen Ausgabe- und Rücknahmepreise für Fonds veröffentlichen (vgl. Abb. 8/41),
- Unternehmen, die sich auf die Analyse von Investmentfonds bzw. die Datenerfassung spezialisiert haben (Wiesenberger Investment Companies Service, Verlag Hoppenstedt usw.), aber auch
- Fachzeitschriften, wie beispielsweise »DM-Fonds Aktuell« oder die »Wirtschaftswoche«.

```
                                         Wednesday, 31 January 1996 10:51:32
0000 ADIG-INVESTMENT FRANKFURT TEL. 069-756001-O TX O524269 ADIG
FONDS       AUSGABE RUECKN. VORTAG  ZWGEW. WE  %  WPKNR   ART  W *
ADIASIA      60.33   57.46   57.49   0.07  1.41 847117  AIF  DEM
ADIFONDS     87.32   83.16   83.19   0.01  7.30 847103  AD   DEM
ADIGLOBAL    75.48   73.28   73.22   4.62  2.48 847124  RI   DEM
ADIKUR       88.57   86.83   86.86   2.23  0.71 847115  RDK  DEM
ADIRENTA     24.23   23.52   23.57   0.82  1.42 847107  RD   DEM
ADIRETH      88.47   85.89   85.98   1.14  1.38 976955  RD   DEM
ADIREWA     163.84  159.07  159.11   3.63  2.31 847112  RI   DEM
ADIROPA      85.35   82.86   82.99   5.62  1.41 847121  RI   DEM
ADITEC       91.05   86.71   86.29   0.02  3.16 847110  AIB  DEM
ADISELEKT    96.54   91.94   91.98   0.04  4.79 976956  AD   DEM
      PREISE VOM 30.01.96
```

Abb. 8/41: Fondspreise über Reuters

In den USA zählen der **Wiesenberger Investment Companies Service** und die **Morningstar Inc.** zu den bekanntesten Fondsanalysten. Seit nunmehr 50 Jahren publiziert Wiesenberger ein jährlich aktualisiertes Handbuch über mehr als 3.000 closed-end und mutual funds. Dieses enthält die expense ratios, die Kosten beim Kauf und Verkauf eines Anteils, die historische Wertentwicklung sowie die Höhe der Ausschüttungen in der Vergangenheit.

Sehr umfangreiche Analysen finden Investoren in der alle zwei Wochen aktualisierten Publikation »**Morningstar Mutual Funds**« (vgl. Abb. 8/42). Morningstar Inc. veröffentlichen für einen Fonds

- die Anlageziele,
- eine Beschreibung des Investment Advisers,
- Benchmark-Vergleiche sowie
- statistische Kennziffern.

Die Untersuchungen von Morningstar sind auf Aktien-, Renten- und gemischte Wertpapierfonds beschränkt.

Abb. 8/42: Morningstar Mutual Funds

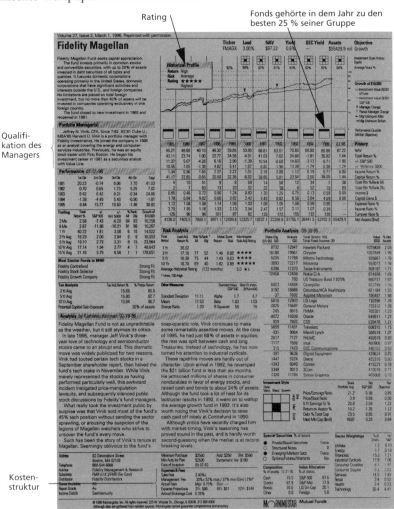

Die Ergebnisse verdichten Morningstar zu einem sogenannten »Star Rating« – sie ordnen jedem Fonds ein Rating zu, das von einem Stern (star), für das schlechteste Rating, bis zu fünf Sternen, der besten Gruppierung, reichen kann. Als maßgebliches Rating-Kriterium dient die risikobereinigte Vergangenheits-Performance eines Fonds. Diese wird denen gleichartiger Fonds gegenübergestellt. Die Interpretation der Rating-Symbole zeigt die folgende Übersicht.

Rating	Definition
5 Sterne	Gemessen an der risikoadjustierten Performance fällt der Fonds unter die besten 10 % in seiner Gruppe.
4 Sterne	Gemessen an der risikoadjustierten Performance fällt der Fonds unter die der Spitzengruppe folgenden 22,5 % in seiner Gruppe.
3 Sterne	Gemessen an der risikoadjustierten Performance fällt der Fonds unter die den beiden Spitzengruppen folgenden 35 % in seiner Gruppe.
2 Sterne	Gemessen an der risikoadjustierten Performance fällt der Fonds unter die der Mittelgruppe folgenden 22,5 % in seiner Gruppe.
1 Stern	Gemessen an der risikoadjustierten Performance fällt der Fonds unter die schlechtesten 10 % in seiner Gruppe.

Dem Fonds-Handbuch des Wiesenberger Investment Companies Service ist das in Deutschland seit über 30 Jahren erscheinende »Vademecum der Investmentfonds« sehr ähnlich. Es wird vom Hoppenstedt Verlag, Darmstadt, einmal jährlich im Juni herausgegeben und enthält für jeden deutschen Fonds die Anlagegrundsätze, die Entwicklung des Vermögens sowie des Anteilswertes im Zeitverlauf und die Zusammensetzung des Portfolios zu einem bestimmten Stichtag (vgl. Abb. 8/43).

Abb. 8/43: »Vademecum der Investmentfonds«. (Quelle: Verlag Hoppenstedt GmbH)

Außerdem existieren Fachzeitschriften, die entweder

- ausschließlich über die Entwicklungen der Investmentindustrie berichten, wie »DM-Fonds Aktuell«, oder
- zumindest eine gesonderte Rubrik »Investmentfonds« unterhalten, wie beispielsweise die »Wirtschaftswoche«.

Die folgende Abbildung entstammt der »DM-Fonds Aktuell« vom 19.1.1996 und zeigt die Rubrik »Fonds der Woche« (vgl. Abb. 8/44). In dieser werden unter anderem die Wertentwicklung und die Portfoliostruktur ausgesuchter Fonds, deren Manager sowie Anlagephilosophien vorgestellt.

Abb. 8/44: »Fonds der Woche« (Quelle: DM-Fonds Aktuell, Ausgabe 4/96, Seite 2)

Fonds der Woche
RG Pacific

Schlußspurt nach dem Sommerloch
Wertentwicklung des RG Pacific im Vergleich zum Index (in Prozent, auf Mark-Basis)

Quelle: Micropal, Stichtag 5. Januar 1996

Foto: Cees Lutz

Erfolgreich gegen den Trend: Jan Ooms

Manager eines Pazifikfonds, die die ihnen anvertrauten Gelder in der gesamten Region streuen, hatten es in der Vergangenheit nicht immer leicht – zu unterschiedlich entwickelten sich seit Beginn der neunziger Jahre die einzelnen Hauptmärkte. Beispiel 1992: Während in Hongkong die Kurse explodierten, rutschte die Tokioter Börse zweistellig ins Minus. Zwei Jahre später war es umgekehrt, bevor 1995 der Trend erneut kippte.
Behält Jan Ooms von der niederländischen Robeco-Gruppe recht, ziehen Hongkong und Tokio auch 1996 nicht an einem Strang. So traut der Manager des RG Pacific zwar der japanischen Börse eine Fortsetzung ihres jüngsten Höhenflugs zu. Den Optimismus vieler Kollegen für die am 1. Juli 1997 an China fallende britische Kronkolonie teilt Ooms jedoch nicht: „Angesichts stagnierender Unternehmensgewinne und der unsicheren Zukunft nach 1997 dürfte sich der Markt nur unterdurchschnittlich entwickeln."
Konsequent nutzte er deshalb die im Frühjahr 1995 einsetzende Erholung und fuhr den in der vorangegangenen Baisse kräftig aufgestockten Hongkong-Anteil von 27 auf unter 15 Prozent zurück. Da Ooms in China und Taiwan in Kürze ein Ende der steilen Talfahrt erwartet, will er dort zu Lasten von Hongkong weiter aufstocken. Mit seiner antizyklischen Anlagepolitik und einer aktiven Währungssicherung etablierte sich der Niederländer mittlerweile in der Spitzengruppe der Pazifik-Fonds: Ein Plus von 42,58 Prozent seit der Gründung im Mai 1991 bedeutet Rang drei unter zwölf Mitbewerbern (Durchschnitt: 12,59 Prozent). Auf der Währungsseite gibt der Japan-Experte, der seit 14 Jahren für Robeco arbeitet, Entwarnung: „Nach den kräftigen Kursverlusten gegenüber dem US-Dollar sehe ich kaum noch Potential für eine weitere Yen-Abwertung."
Besonderes Kennzeichen des RG Pacific: Wie bei allen Fonds der 1933 gegründeten Robeco werden seine Anteile in Form von Aktien an der Börse gehandelt. Allerdings sorgt die Geschäftsführung durch ständige Rückkäufe dafür, daß der Aktienkurs jederzeit dem inneren Wert der im Fondsvermögen enthaltenen Aktien und festverzinslichen Wertpapiere entspricht. Anleger, die mindestens 20 000 Mark investieren wollen, kommen am schnellsten über die hauseigene Robeco Bank zum Zuge. Sie unterhält seit Mai 1990 eine Repräsentanz in Frankfurt (Spesen für An-

GRÖSSTE POSITIONEN	
in Prozent des Fondsvermögens	
Broken Hill (AUS)	1,6
Daiwa House (J)	1,6
Cheung Kong Holdings (HK)	1,5
Fuji Bank (J)	1,5
Mitsubishi Estate (J)	1,5

und Verkauf: jeweils 1,615 Prozent der Anlagesumme, jährliche Depotgebühr 0,2 Prozent). Der Vorteil gegenüber dem Kauf über Dritte: Beim Tausch in andere Robeco-Fonds fällt nur der halbe Spesensatz an, zudem werden etwaige Ausschüttungen auf Wunsch automatisch und gebührenfrei wiederangelegt.

DATEN UND FAKTEN
Aufgelegt am: 1. Mai 1991
Ausgabeaufschlag: —
Volumen: 712 Millionen Gulden
Mindestanlage: —
Sparplan: —
Kontakt: 0 69/5 97 60 60

Die aktuelle Depot-Struktur
Alle Angaben in Prozent

Fonds in der Finanzzeitung 8.3.3.2

Rubriken »Investment-Fonds« und »Mutual Funds Quotations« 8.3.3.2.1

Informationen über Fonds kann ein Anleger auch im Wirtschaftsteil einer Tageszeitung finden. Es erscheinen die aktuellen Ausgabe- und Rücknahmepreise für Fonds deutscher Kapitalanlagegesellschaften, aber ebenso die Preise für ausgewählte Auslandsfonds sowie Berichte über die Investmentindustrie.

Eine sehr umfangreiche Übersicht über die aktuellen Ausgabe– und Rücknahmepreise enthält die Rubrik »*Investment-Fonds*« in der Finanzzeitung des Handelsblattes (vgl. Abb. 8/45). Die Tabelle wird vom »Fonds-Service« der Vereinigten Wirtschaftsdienste (vwd) zur Verfügung gestellt. Sie ist anhand verschiedener Kriterien untergliedert, zu deren wichtigsten das Sitzland einer Investmentgesellschaft sowie die Anlageschwerpunkte der Fonds zählen.

Bei den Auslandsfonds kann es sich sowohl um beim BAK registrierte als auch um nicht registrierte handeln. Viele der Fonds unter der Überschrift »*Benelux*« fallen beispielsweise unter die registrierten Auslandsfonds, wohingegen einige Fonds unter den Headlines »*Sonstige/Europa*« und »*US-Fonds($)*« nicht beim BAK registriert sind.

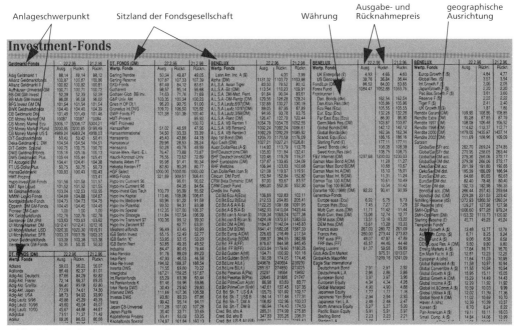

Abb. 8/45: Rubrik »Investment-Fonds«

Die publizierten Ausgabepreise beziehen sich ausschließlich auf den Geschäftstag, der dem Erscheinungstag der Finanzzeitung vorausgeht. Rück-

722 **Fondserwerb**

nahmepreise werden demgegenüber sowohl für den letzten als auch den vorletzten Geschäftstag abgedruckt.[1]

Deutsche Kapitalanlagegesellschaften berechnen Ausgabe- und Rücknahmepreise für gewöhnlich börsentäglich gegen 14 Uhr, also direkt nach Börsenschluß, und übermitteln die Werte umgehend an die Nachrichtenagenturen. Kauf- und Verkaufsaufträge, die bei ihnen oder den Vertriebsstellen an einem Geschäftstag bis zu einem gewissen Zeitpunkt – zumeist 12 Uhr – eingehen, rechnen sie grundsätzlich zu dem am Nachmittag festgestellten Anteilswert ab.

Der am nächsten Tag veröffentlichte Ausgabe- und Rücknahmepreis ist für den Erwerb bzw. die Veräußerung von Anteilen dann gemeinhin nicht mehr gültig. Ausgenommen sind die sogenannten Tafelgeschäfte. Solange keine neuen Ausgabe- und Rücknahmepreise bekanntgegeben werden, legen die Vertriebsstellen der Investmentgesellschaften beim An- und Verkauf effektiver Stücke diejenigen Preise zugrunde, die in den Tageszeitungen publiziert sind.

Fonds im Wall Street Journal

Das **Wall Street Journal** gestaltet die Rubrik »Mutual Funds Quotations« freitags anders, als an den übrigen Wochentagen. Während in den Ausgaben von montags bis donnerstags für jeden Fonds lediglich

- der Anteilswert des letzten Geschäftstages,
- die absolute Veränderung gegenüber dem Vortag sowie
- die Performance seit Jahresbeginn

publiziert werden, enthält die Freitagsausgabe zusätzlich

- Anlageziele und -ausrichtungen (investment objectives),
- Performances über mehrere Zeiträume unterschiedlicher Länge,
- Rankings, durch Buchstaben ausgedrückt, sowie Ausgabeaufschläge und expense ratios (vgl. Abb. 8/46).

Das Ranking erstellen Lipper Analytical Services Inc. anhand der Performances und zwar separat für jeden Betrachtungszeitraum. Sie vergleichen nur Fonds miteinander, die identische Ausstattungsmerkmale aufweisen, und ordnen die Ränge wie folgt zu.

Ranking	Definition
A	Der Fonds gehört zu den besten 20 % seiner Gruppe.
B	Der Fonds gehört zu den der Spitzengruppe folgenden 20%.
C	Der Fonds gehört zu den »mittleren« 20 %.
D	Der Fonds gehört zu den der Mittelgruppe folgenden 20 %.
E	Der Fonds gehört zu den schlechtesten 20 %.

1 Die Legende zur Tabelle verdeutlicht, daß diejenigen Preise, die mit zwei Sternchen gekennzeichnet sind, nicht für das ausgewiesene Datum, sondern für den jeweils vorausgehenden Tag gelten.

Im Gegensatz zum Handelsblatt zieht das **Wall Street Journal** die Namen der Investmentgesellschaften als wesentliches Gliederungskriterium in der Rubrik »Mutual Funds Quotations« heran. Ein bestimmter Fonds ist im-

Informationsquellen 723

mer unter dem Namen der Gesellschaft zu finden, die ihn auch verwaltet. Anlageschwerpunkte werden bei der Unterteilung der Rubrik nicht berücksichtigt – Geldmarkt- und geschlossene Fonds in gesonderten Tabellen erfaßt.

Net Asset Value — Investmentgesellschaft — Performance seit Jahresbeginn — Ranking — expense ratio

MUTUAL FUNDS QUOTATIONS

NAV	Net Chg	Fund Name	Inv Obj	YTD %ret	4Wk %ret	1Yr-R	3Yr-R	5Yr-R	Max Init Chrg	Exp Ratio
8.34	+0.03	GIGVC †	WB	+12.2	+1.5	+12.1 C	NS ..	NS ..	0.00	2.18
10.17	+0.01	GIMgdC †	MP	+10.7	+1.6	+12.5 E	NS ..	NS ..	0.00	3.36
10.43	...	GvSEC †	LG	+14.7	+1.5	+15.1 D	NS ..	NS ..	0.00	1.78
8.49	+0.01	GyVVC †	LG	+13.4	+1.3	+13.6 D	NS ..	NS ..	0.00	1.66
11.16	-0.02	HYVUC †	HM	+12.0	+1.2	NA ..	NS ..	NS ..	0.00	1.75
9.86	...	ReEstC †	SE	+9.0	+4.7	+16.6 D	NS ..	NS ..	0.00	1.62
Vance Exchange:										
238.48	-1.77	CapE	GR	+37.9	+1.6	+39.6 A	+15.5 B	+17.0 B	0.00	0.76
117.87	-0.19	DBst	GR	+37.7	+3.6	+38.8 A	+11.9 D	+14.9 D	0.00	0.83
225.76	-0.94	Divrs	GR	+32.8	+2.9	+35.2 B	+12.5 C	+14.8 D	0.00	0.79
266.65	-0.89	EBos	GR	+33.4	+3.1	+35.8 B	+11.3 D	+13.8 D	0.00	0.80
349.23	-1.61	ExFd	GR	+36.2	+3.1	+38.6 A	+13.8 C	+15.6 C	0.00	0.71
191.44	-1.19	FdEx	GR	+36.8	+2.4	+39.2 A	+9.6 E	+14.5 D	0.00	0.83
162.09	-0.76	ScFid	GR	+30.5	+3.7	+33.5 C	+11.3 D	+13.1 E	0.00	0.82
Vanguard Group:										
10.58	...	AdmIT	LG	+19.1	+1.5	+19.5 A	NA ..	NS ..	0.00	0.15
11.05	...	AdmLT	LG	+27.6	+2.9	+27.9 A	NA ..	NS ..	0.00	0.15
10.16	+0.01	AdmST	SG	+11.4	+0.8	+11.6 B	NA ..	NS ..	0.00	0.15
17.06	-0.09	AssetA	MP	+35.5	+4.0	+36.4 A	+14.8 A	+15.2 A	0.00	0.50
11.69	-0.11	Convrt	MP	+17.4	+1.4	+18.9 E	+8.4 E	+15.2 A	0.00	0.73
16.54	-0.07	EqInc	EI	+36.1	+5.2	+35.5 A	+15.8 A	+16.0 B	0.00	0.42
48.91	-0.23	Explr	SC	+24.0	+2.4	+29.4 D	+13.9 C	+21.0 C	0.00	0.70
10.71	-0.09	HznAggGr	GR	NS ..	3.7	NS ..	NS ..	NS ..	0.00	NA
9.68	-0.26	HznCpOp	CP	NS ..	-0.2	NS ..	NS ..	NS ..	0.00	NA
10.65	+0.02	HznGAAP	MP	NS ..	-3.0	NS ..	NS ..	NS ..	0.00	NA
10.50	...	HznGblEq	GL	NS ..	+4.2	NS ..	NS ..	NS ..	0.00	NA
11.72	-0.02	LIFEinc	MP	+22.1	+2.1	NA ..	NS ..	NS ..	0.00	NA
11.94	-0.03	LIFECon	MP	+23.6	+2.5	+24.5 C	NS ..	NS ..	0.00	NA
12.40	-0.04	LIFEMod	MP	+27.2	+3.1	NA ..	NS ..	NS ..	0.00	NA
12.65	-0.05	LIFEGro	MP	+28.6	+3.5	NA ..	NS ..	NS ..	0.00	NA
15.27	-0.21	Morg	GR	+35.3	+1.7	+39.2 A	+13.0 C	+15.2 C	0.00	0.50
27.02	-0.52	Prmcp	GR	+35.7	+1.0	+40.2 A	+22.1 A	+20.9 A	0.00	0.50
21.03	-0.10	Quant	GR	+36.3	+3.9	+38.1 A	+15.9 A	+16.6 B	0.00	0.48
15.83	-0.07	STAR	MP	+27.8	+2.9	+28.5 A	+12.7 A	+14.2 B	0.00	0.00
11.87	+0.08	WMBal	MP	+23.7	+1.3	NA ..	NS ..	NS ..	0.00	NA
13.30	-0.18	WMCap	GR	+33.7	+1.8	+37.5 B	NS ..	NS ..	0.00	NA
13.24	-0.10	TxMGI	GI	+37.5	+4.0	+38.9 A	NS ..	NS ..	0.00	NA
32.98	+0.23	TrInti	IL	+7.4	+3.3	+10.4 B	+14.0 C	+7.3 D	0.00	0.34
38.04	-0.43	TruS	GI	+32.4	+2.0	+36.0 B	+15.3 B	+15.0 C	0.00	0.73
10.28	...	STTsry	SG	+11.3	+0.7	+11.5 B	+5.9 B	NS ..	0.00	0.28
10.21	...	STFed	SG	+11.4	+0.7	+11.6 B	+5.9 B	+7.1 B	0.00	0.28
10.87	+0.01	STCorp	SB	+11.9	+0.8	+12.1 A	+6.4 A	+7.7 A	0.00	0.28
10.78	...	ITTsry	SG	+15.0	+1.5	+19.3 A	+8.6 A	NS ..	0.00	0.28
10.38	+0.01	GNMA	MG	+16.0	+1.2	+16.4 A	+6.9 A	+8.7 A	0.00	0.30
10.06	...	ITCorp	IB	+19.8	+1.7	+20.0 A	NS ..	NS ..	0.00	0.28
10.85	-0.01	LTTsry	LG	+27.7	+2.8	+27.9 A	+11.9 A	+11.6 A	0.00	0.28
9.36	-0.01	LTCorp	AB	+24.3	+2.4	+24.3 A	+10.8 A	+12.3 A	0.00	0.32

NAV	Net Chg	Fund Name	Inv Obj	YTD %ret	4Wk %ret	1Yr-R	3Yr-R	5Yr-R	Max Init Chrg	Exp Ratio
7.83	...	HYCorp	HC	+18.2	+1.2	+19.9 A	+11.4 B	+15.2 D	0.00	0.34
9.47	+0.01	Prefd	MP	+24.9	-0.2	+25.3 B	+9.4 D	+11.0 D	0.00	0.51
10.07	...	IdxTotB	IG	+16.9	+1.4	+17.1 A	+8.0 A	+9.0 A	0.00	0.18
10.07	...	IdxTBlst	...	NA	NA	NA ..	NA ..	NA ..	NA	NA
10.03	...	Idx5TB	SG	+12.0	+0.8	+12.1 B	NS ..	NS ..	0.00	0.18
10.30	...	IdxITB	IG	+19.5	+1.6	+19.6 A	NS ..	NS ..	0.00	0.18
12.95	-0.06	Idx Bal	MP	+27.8	+2.6	+29.2 A	+11.8 B	NS ..	0.00	0.20
58.34	-0.44	Idx 500	GI	+37.6	+4.1	+39.0 A	+15.5 B	+16.5 B	0.00	0.19
24.40	-0.19	IdxExt	MC	+31.7	+2.2	+36.5 C	+14.9 C	+18.9 C	0.00	0.20
15.17	-0.12	IdxTot	GR	+35.2	+3.3	+37.6 B	+14.8 B	NS ..	0.00	0.20
14.17	-0.11	IdxGro	GR	+39.5	+3.5	+41.4 A	+13.6 C	NS ..	0.00	0.20
14.84	-0.10	IdxVal	GI	+35.6	+4.7	+36.7 B	+17.2 A	NS ..	0.00	0.20
19.03	-0.02	IdxSmC	SC	+27.0	+3.6	+33.7 C	+15.5 C	+21.1 B	0.00	0.17
10.62	-0.01	IdxEMkt	IL	-2.3	+8.1	-7.2 E	NS ..	NS ..	0.00	0.60
14.13	+0.14	IdxEur	IL	+20.2	+1.1	+23.9 A	+16.9 B	+10.3 B	0.00	0.32
11.47	+0.09	IdxPac	IL	+1.5	-8.6	+5.9 D	+15.6 B	+5.9 D	0.00	0.32
58.75	-0.44	IdxInst	GI	+37.7	+4.1	+39.2 A	+15.6 B	+16.6 B	0.00	0.07
10.67	-0.02	MuHY	G/A	+16.7	+1.2	+17.6 B	+7.9 A	+9.5 A	0.00	0.20
13.30	-0.02	MuInt	IM	+12.7	+0.8	+13.3 C	+7.3 A	+8.5 A	0.00	0.20
10.73	-0.01	MuLtd	SM	+8.0	+0.4	+8.2 B	+4.9 B	+6.1 B	0.00	0.20
11.00	-0.03	MuLong	GM	+17.4	+1.6	+18.3 A	+8.0 A	+9.3 A	0.00	0.20
12.48	-0.03	MuInlg	NM	+17.1	+1.6	+17.8 C	+7.8 A	+8.9 A	0.00	0.20
15.60	...	MuShf	SM	+5.5	+0.3	+5.8 E	+3.8 E	+4.7 E	0.00	0.20
10.42	-0.02	CAInslT	NM	+17.2	+2.2	+12.9 C	NS ..	NS ..	0.00	0.19
11.27	-0.02	CAInsLT	NM	+17.1	+1.7	+18.1 B	+7.8 A	+8.6 A	0.00	0.19
10.95	-0.02	FL Ins	SS	+16.1	+1.6	+17.1 B	+8.0 A	NS ..	0.00	0.22
11.76	-0.02	NJIns	SS	+16.0	+1.5	+16.9 B	+7.8 A	+8.7 A	0.00	0.21
11.00	-0.02	NYIns	NM	+16.4	+1.4	+17.1 C	+7.7 A	+9.0 A	0.00	0.22
11.62	-0.02	OHIns	SS	+15.6	+1.3	+16.5 C	+7.5 A	+8.7 A	0.00	0.23
11.26	-0.02	PAIns	SS	+15.2	+1.2	+15.7 D	+7.5 A	+8.8 A	0.00	0.20
17.31	-0.02	SPEnrg r	SE	+21.4	+8.5	+22.9 C	+15.6 C	+10.2 D	0.00	0.30
12.20	-0.08	SPGold r	SE	-4.0	+3.2	+0.1 E	+20.8 A	+9.2 D	0.00	0.25
50.30	+0.05	SPHlth r	SE	+42.1	+4.0	+46.0 A	+19.8 B	+20.2 B	0.00	0.30
12.51	-0.04	SPUtil	SE	+30.9	+3.7	+29.8 B	+12.0 C	NS ..	0.00	0.52
21.41	-0.19	USGro	GR	+39.7	+2.3	+41.1 A	+12.6 C	+16.6 B	0.00	0.52
15.15	+0.08	IntlGr	IL	+12.8	+3.3	+15.6 A	+18.3 A	+9.0 C	0.00	0.46
20.74	-0.04	WellsI	MP	+27.1	+3.2	+27.1 B	+12.1 B	+13.0 C	0.00	0.34
24.16	-0.07	WellIn	MP	+31.5	+3.9	+32.8 A	+14.4 A	+14.7 B	0.00	0.35
14.45	-0.08	Wndsr	GI	+29.4	+2.8	+30.0 D	+16.7 A	+18.2 A	0.00	0.45
20.51	-0.14	WndsII	GI	+34.4	+4.6	+38.4 A	+16.2 A	+17.4 A	0.00	0.39
Victory:										
11.45	-0.04	Balance	MP	+25.5	+3.1	+26.1 B	NS ..	NS ..	4.75	0.87
13.33	-0.09	DvrsfdSt	GR	+34.6	+4.8	+35.5 B	+15.8 B	NS ..	4.75	0.89
10.00	...	GvtBd	IG	+16.4	+1.5	+16.3 B	NS ..	NS ..	4.75	0.63
12.93	-0.10	Growth	GR	+32.6	+3.7	+33.0 C	NS ..	NS ..	4.75	0.94
10.01	...	Incm p	MG	+14.4	+1.0	+14.5 C	+5.8 C	NS ..	2.00	1.12
12.60	+0.11	IntlGr	IL	+6.7	+2.3	+10.5 B	+14.2 C	+8.0 C	4.75	1.48

Fondsname — Anlageziel/-schwerpunkt — front-end load

Abb. 8/46: Mutual Funds Quotations im Wall Street Journal

Tabelle »HB-Fonds-Index«   8.3.3.2.2

In der Rubrik »*Investment-Fonds*« veröffentlicht die Finanzzeitung den sogenannten Handelsblatt-Fonds-Index. Er erscheint in einem speziellen Tableau mit der Überschrift »*HB-Fonds-Index*« (vgl. Abb. 8/47).

HB-Fonds-Index

Deutsche Fonds - 31.12.1966 = 100	Aktienfonds	Rentenfonds	Gesamt
27.2./28.2.1996	311,45	354,09	330,82
26.2./27.2.1996	312,07	354,48	331,37
Ende 1995	304,71	354,93	326,57

Intern. Übersicht - Ende 1969 = 100	Dt. Fonds gesamt	Inter. Fonds	US-Fonds
26.2./27.2.1996	241,45	117,97	164,92
23.2./26.2.1996	241,33	117,95	165,58
Ende 1995	237,96	118,58	161,41

Abb. 8/47: Tabelle »HB-Fonds-Index«

Hinter dem HB-Fonds-Index verbergen sich insgesamt sechs verschiedene Indizes, die das Handelsblatt bereits seit Ende der 60er Jahre berechnet. Bei der Ermittlung berücksichtigt es ausschließlich offene Wertpapierfonds,

724 **Fondserwerb**

deren Anteile in den Ursprungsländern öffentlich vertrieben sowie Ausgabe- und Rücknahmepreise täglich von den Gesellschaften publiziert werden. Die in der Tabelle unter den Überschriften »*Deutsche Fonds*« und »*Intern. Übersicht*« erfaßten Investmentfonds definiert das Handelsblatt folgendermaßen (vgl. Abb. 8/48).

Abb. 8/48:
Abgrenzung der
Fondsgruppen

Deutsche Fonds, Berechnungsbasis 31.12.1966 = 100	
Aktienfonds	Alle Wertpapierfonds, die nach deutschem Recht organisiert sind, unter Aufsicht des BAK stehen und überwiegend in Aktien investieren.
Rentenfonds	Alle Wertpapierfonds, die nach deutschem Recht organisiert sind, unter Aufsicht des BAK stehen und überwiegend in Renten investieren.
Gesamt	Die Gruppe »Gesamt« bilden sämtliche Fonds der ersten und zweiten Gruppe zusammengenommen.

Internationale Übersicht, Berechnungsbasis 31.12.1969 = 100	
Deutsche Fonds gesamt	Alle Wertpapierfonds, die nach deutschem Recht organisiert sind, unter Aufsicht des BAK stehen und entweder überwiegend in Aktien oder größtenteils in Renten investieren; diese Gruppe entspricht von der Zusammensetzung her der Gruppe »Gesamt« unter der Überschrift »Deutsche Fonds«. Die Indexbasis ist jedoch eine andere, so daß die Indexwerte nicht identisch sind.
Internationale Fonds	Die Fonds dieser Gruppe sind weder beim BAK noch bei der SEC registriert. Derzeit* werden ca. 14 Wertpapierfonds erfaßt, deren Investmentgesellschaften ihren Sitz zum Beispiel in der Schweiz, Luxemburg oder außereuropäischen Ländern haben. Die Anteile der Fonds dieser Gruppe lauten grundsätzlich auf die D-Mark.
US-Fonds	Unter diese Gruppe fallen bedeutende US-amerikanische Wertpapierfonds, zur Zeit* ca. 22, die bei der SEC registriert sind und von letzterer beaufsichtigt werden. Sämtliche Fonds wurden in US-Dollar aufgelegt.

* Stand: 29.2.1996

Für jede der vorgenannten Fondsgruppen ermittelt das Handelsblatt einen separaten Index. Die Berechnungsmethoden unterscheiden sich nicht voneinander und umfassen grundsätzlich drei Rechenschritte.

1. Schritt: An jedem Berechnungstag addiert das Handelsblatt die Rücknahmepreise sämtlicher Fonds einer bestimmten Gruppe auf.

2. Schritt: Zur Summe der Rücknahmepreise wird die Summe der Ausschüttungen seit dem Basistag hinzugezählt.

3. Schritt: Den in den ersten beiden Schritten ermittelten Wert dividiert das Handelsblatt durch die Summe der Rücknahmepreise am Basistag (»Basis«) und multipliziert das Ergebnis mit 100. Für die

Gruppe »Deutsche Fonds« wird dabei die Summe der Rücknahmepreise vom 31.12.1966, für die Gruppe »Internationale Übersicht« hingegen die Summe der Rücknahmepreise vom 31.12.1969 herangezogen. Das Handelsblatt bereinigt die Basis beider Gruppen im Zeitverlauf permanent, um etwa Fondsauflösungen oder -neugründungen zu erfassen.

Die Division der Summe aus Rücknahmepreisen und kumulierten Ausschüttungen durch die Summe der Rücknahmepreise vom Basistag drückt aus, daß das Handelsblatt für jeden Tag

- den Verkauf sämtlicher Fondsanteile zum jeweils gültigen Rücknahmepreis sowie
- eine permanente Wiederanlage der Verkaufserlöse und Ausschüttungen zum aufsummierten und bereinigten Rücknahmepreis vom Basistag

unterstellt.

Vertrieb und Verwahrung von Investmentanteilen

8.3.4

Anlegern stehen grundsätzlich mehrere Wege offen, Anteile an Investmentfonds zu erwerben. Die wichtigsten Vertriebsquellen stellen in Deutschland folgende Institutionen und Personen dar (vgl. Abb. 8/49).

Investmentgesell-schaft	Investoren können sich telefonisch oder schriftlich direkt an die Investmentgesellschaft wenden und Verkaufsunterlagen anfordern. Die Gesellschaften offerieren zumeist besonders günstige Konditionen für die Verwahrung von Fondsanteilen, etwa eine kostenlose Depotführung und die Wiederanlage laufender Erträge.
Geschäftsbanken	Nahezu jede deutsche Geschäftsbank ist an einer Kapitalanlagegesellschaft beteiligt. Die Banken empfehlen oftmals Anteile derjenigen Fonds, die von verbundenen Gesellschaften aufgelegt werden. Diese heißen auch institutseigene Fonds. Kauft ein Investor Anteile an institutseigenen Fonds bei einer Geschäftsbank, genießt er dieselben Vorzüge wie beim Direkterwerb über die Gesellschaft. Er kann die Anteile beispielsweise spesenfrei erwerben und kostenlos verwahren lassen. Investoren haben verständlicherweise die Möglichkeit, Anteile institutsfremder Fonds zu erwerben. Dabei sind jedoch durchweg Verkaufsspesen zu entrichten. Für die Verwahrung der Fondsanteile stellt die Bank zudem Depotgebühren in Rechnung. Eine besonders attraktive Form des Anteilserwerbs bieten Direktanlagebanken, auch Discount Broker genannt. Anteile institutseigener Fonds können in aller Regel mit relativ geringen Ausgabeaufschlägen erworben und gebührenfrei verwahrt werden.

Abb. 8/49:
Vertriebsformen

Versicherungs- und freie Vermittler	Deutsche Versicherungsgesellschaften sind, genau wie Geschäftsbanken, häufig an einer Kapitalanlagegesellschaft beteiligt. Sie greifen für gewöhnlich auf eigene Vermittler zurück, um Fondsanteile zu vertreiben. Neben den Vermittlern der Versicherungsgesellschaften verkaufen auch freie Finanzmakler Fondsanteile.
Fondsboutiquen	Fondsboutiquen sind von den Kapitalanlagegesellschaften unabhängige Vertriebsstellen. Sie führen gemeinhin eine sehr breite Palette an Investmentfonds unterschiedlicher Gesellschaften, sind aber in Deutschland noch nicht weit verbreitet.

Anleger haben die Möglichkeit, Fondsanteile

- in Form effektiver Stücke zu erwerben, also die Investmentzertifikate nach dem Kauf tatsächlich in Empfang zu nehmen, oder
- im Rahmen des Giroverkehrs auf das Depotkonto bei der Investmentgesellschaft oder einer Geschäftsbank übertragen zu lassen (»Girosammelverwahrung«).

Tafelgeschäft

Beim Erwerb effektiver Stücke spricht man auch von einem Tafelgeschäft. Der Kunde tauscht, vereinfacht ausgedrückt, Bargeld gegen Anteilsscheine und verwahrt die Wertpapiere anschließend beispielsweise daheim. Gegenüber der Verwahrung bei der Geschäftsbank spart er einerseits die Depotgebühren, muß sich andererseits aber permanent selbst um die Einlösung der Ertragsscheine kümmern und geht zudem das Risiko ein, daß die Zertifikate verlorengehen oder gestohlen werden.

Es ist zu beachten, daß am Bankschalter vereinnahmte Erträge aus Ertragsscheinen einem höheren Kapitalertragsteuersatz unterliegen als solche, die Anlegern auf Depotkonten gutgeschrieben werden. Tafelgeschäfte sind heutzutage unüblich.

8.3.5 Anspar- und Auszahlpläne

Erwirbt ein Anleger Fondsanteile direkt bei der Gesellschaft, richtet diese für ihn ein Investmentkonto ein. Das Konto wird zumeist kostenlos geführt und ist oft mit umfangreichen Zusatzleistungen verbunden. Der Investor kann die Gesellschaft beispielsweise veranlassen, laufende Ausschüttungen umgehend in Fondsanteile zu reinvestieren, und zudem häufig auch Bruchteile eines Anteils erwerben. Investmentgesellschaften vereinen diese Leistungen in Ansparplänen, auch Zuwachskonten genannt.

Ansparplan

Ein **Ansparplan** ermöglicht es einem Investor, permanent Einzahlungen auf das Investmentkonto zu leisten und damit weitere Fondsanteile zu kaufen. Er kann bei Kontoeröffnung etwa einen gewissen Geldbetrag festschreiben, den die Gesellschaft dann regelmäßig, beispielsweise monatlich, von seinem Bankkonto abbucht, auf das Investmentkonto einzahlt und zum Kauf von Fondsanteilen einsetzt. Ansparpläne sind gemeinhin sehr flexibel und erlauben es dem Anleger, sowohl die Höhe als auch den Turnus der Einzahlungen im Zeitverlauf zu modifizieren.

Aufgrund der mit dem Ansparplan verbundenen Option, regelmäßig einen festen Geldbetrag in Fondsanteile zu investieren und dabei zudem Bruchteile zu erwerben, eignet sich diese Sparform hervorragend zum sogenannten **Cost-Averaging**. Hiermit wird im allgemeinen eine Vorgehensweise beschrieben, bei der ein Anleger in regelmäßigen Zeitabständen und unabhängig von der jeweiligen Marktsituation einen gleichbleibenden Geldbetrag etwa in Aktien, Anleihen oder Investmentzertifikate investiert. Aufgrund des permanenten Engagements erwirbt er sowohl in Baisse- als auch in Hausse-Phasen Wertpapiere.

Unter der Voraussetzung schwankender Kurse führt die permanente Investition eines gleichgroßen Geldbetrages dazu, daß sich der Anleger automatisch »antizyklisch« verhält. In Zeiten sinkender Kurse kauft er relativ viele Wertpapiere, und in Phasen steigender Kurse relativ wenige. Der durchschnittliche Einstandspreis ermäßigt sich dadurch sowohl gegenüber einer einmaligen Anlage als auch dem regelmäßigen Erwerb einer festen Anzahl Aktien, Anleihen oder Investmentanteile. Dieser Effekt, auch Cost-Average-Effekt genannt, tritt in der folgenden Abbildung aus dem Handelsblatt vom 22.2.1996 eindrucksvoll hervor (vgl. Abb. 8/50).

Cost-Average-Effekt

Abb. 8/50:
Cost-Average-
Effekt

Vorteil regelmäßiger Fondsanlage		regelm. Anlage mtl. 1 000 DM		einm. Anlage 12 000 DM		Erwerb von mtl. 10 Anteilen	
Monat	Ausgabepreis	Anteile	Preis	Anteile	Preis	Anteile	Preis
Januar	100	10,000	1 000	120	12000	10	1 000
Februar	75	13,333	1 000			10	750
März	63	15,873	1 000			10	630
April	97	10,309	1 000			10	970
Mai	112	8,929	1 000			10	1 120
Juni	108	9,259	1 000			10	1 080
Juli	100	10,000	1 000			10	1 000
August	81	12,346	1 000			10	810
September	89	11,236	1 000			10	890
Oktober	107	9,346	1 000			10	1 070
November	111	9,009	1 000			10	1 110
Dezember	102	9,804	1 000			10	1 020
Durchschnitt Summe	100	129,444	12 000	120	12 000	120	11 450
Depotwert			13203		12240		12240

Quelle: Hypo-Bank

Abbildung 8/50 skizziert unter anderem

- die regelmäßige Anlage von monatlich 1.000 D-Mark für einen Zeitraum von einem Jahr sowie
- die einmalige Anlage von 12.000 D-Mark am Anfang des Jahres

in einen Investmentfonds. Die Ausgabepreisentwicklung ist dabei vorgegeben.

Beim Cost-Averaging reduziert sich der durchschnittliche Einstandspreis gegenüber dem einmaligen Erwerb von 120 Anteilen um

$$\underbrace{\frac{12.000\,\text{DM}}{120\,\text{Anteile}}}_{\substack{\text{Insgesamt erwor-}\\ \text{bene Anteile beim}\\ \text{Einmalerwerb}}} - \underbrace{\frac{12.000\,\text{DM}}{129{,}444\,\text{Anteile}}}_{\substack{\text{Insgesamt erwor-}\\ \text{bene Anteile beim}\\ \text{Cost-Averaging}}} = 100{,}00\,\text{DM/Anteil} - 92{,}70\,\text{DM/Anteil} = 7{,}30\,\text{DM/Anteil}$$

(Anlagebetrag über beiden Brüchen)

Ein Anleger sollte in diesem Zusammenhang im Auge haben, daß

- sich der Cost-Average-Effekt grundsätzlich nur bei schwankenden Kursen einstellt, im Falle permanent fallender oder steigender Kurse jedoch zumindest im Vergleich zu einer einmaligen Anlage am Anfang (steigende Kurse) bzw. am Ende (fallende Kurse) des Betrachtungszeitraums mit Nachteilen verbunden ist,
- eine Einmalanlage gegenüber der regelmäßigen Anlage immer dann Vorteile aufweist, wenn das Kursniveau im Ausgangszeitpunkt in den Folgejahren nie wieder unterschritten wird,
- das Cost-Averaging umso vorteilhafter ist, je länger diese Vorgehensweise beibehalten wird und je stärker die Kursschwankungen ausfallen.

Abb. 8/51: Fonds-Sparpläne (Quelle: »DM-Fonds Aktuell«, Ausgabe 4/96, Seite 3)

FONDS-SPARPLÄNE

Wenig Bewegung im Spitzenfeld

Die Tabelle zeigt jeweils das Führungs-Quintett der deutschen und internationalen Aktienfonds über 20, 15, 10 und 4 Jahre sowie das jeweilige Schlußlicht. Berücksichtigt wurden nur Fonds von Gesellschaften, die ihren Kunden regelmäßige Ratenzahlungen ermöglichen.

Fonds	Gesellschaft	20 Jahre	Rang	15 Jahre	Rang	10 Jahre	Rang	4 Jahre	Rang
Aktienfonds Deutschland									
FT-Frankfurt-Effekten-Fonds	Frankfurt Trust	414 554	1	211 496	1	83 826	5	26 557	26
Investa	DWS	385 696	2	209 983	2	89 233	3	27 593	9
Concentra	DIT	369 061	3	204 042	4	85 551	4	26 690	22
DIT-Fonds für Vermögensb.	DIT	358 770	4	204 736	3	90 557	2	26 470	27
Adifonds	Adig	328 557	5	182 218	5	78 659	9	26 597	23
Provesta	DWS	--		--		94 003	1	28 203	4
Veri-Valeur-Fonds	Veritas	--		--		--		29 731	1
Lux-Linea	MM-Warburg	--		--		--		29 408	2
Ring-Aktienfonds	DWS	265 889	15	158 744	14	82 946	6	28 413	3
Trinkaus Capital Fonds	Inka	--		--		--		28 043	5
MMWI-Progress-Fonds	MM-Warburg	244 140	18	151 603	17	80 061	9	27 913	6
Universal-Effect-Fonds	Universal	261 766	16	139 629	18	62 293	19	23 137	60
Hauck-Kontrast-Universal	Universal	--		--		--		20 646	66
Durchschnitt		*316 265*		*175 821*		*79 357*		*26 053*	
Deutsche Renten (REX)		286 545		174 389		92 187		29 330	
3-Monats-Festgeld		213 765		136 350		79 324		25 917	
Summe der Sparraten		120 000		90 000		60 000		24 000	
Aktienfonds International									
Templeton Growth	Templeton	406 068	1	174 684	4	86 263	1	25 306	17
Akkumula	DWS	403 948	2	211 108	1	85 243	2	27 004	10
FT-Interspezial	Frankfurt Trust	356 513	3	190 279	2	84 946	3	26 687	13
Kapitalfonds Spezial	Gerling	328 902	4	180 893	3	84 498	4	27 894	2
Gerling Dynamik Fonds	Gerling	318 045	5	174 680	5	80 673	6	26 931	11
Ivera Fonds	Gerling	300 307	10	169 484	7	81 140	5	27 160	5
MI-Aktien-Privatfonds W	Metzler-Invest	--		--		--		28 003	1
Mundus-Universal-Fonds	Universal	--		--		--		27 733	3
NB-Portfolio FT	Frankfurt Trust	--		--		--		27 639	4
Uniglobal	Union	163 029	18	98 735	17	60 894	17	24 328	21
Dekaspezial	Deka			90 399	18	54 756	19	23 578	26
Sun Life Global Recovery	Sun Life	--		--		--		22 436	27
Durchschnitt		*286 347*		*152 373*		*74 683*		*26 216*	

(Kopfzeile der Wertespalten: Kontostand in Mark* bei einer monatlichen Rate von 500 Mark)

Quelle: Micropal/BVI, Stichtag: 29. Dezember 1995; * Ausgabeaufschlag berücksichtigt

Ein weiterer Vorzug des Ansparplans ist der **Kumulativeffekt**. Er entsteht durch die permanente Reinvestition laufender Ausschüttungen und beschreibt quasi eine Art »Zinseszinseffekt« (bei einer Anlage in thesaurierende Fonds stellt sich der Kumulativeffekt verständlicherweise automatisch ein). Während mit Hilfe eines Ansparplans selbst sehr geringe Geldbeträge wieder in Fondsanteile angelegt werden können, ist dies bei einer Investition in Aktien, Anleihen oder Immobilien nicht möglich, da hier immer ganzzahlige Einheiten erworben werden müssen (vgl. Abb. 8/51).

Neben Ansparplänen bieten Investmentgesellschaften auch **Auszahlpläne** an. Sie ermöglichen einem Anleger, in regelmäßigen Abständen einen gewissen Geldbetrag vom Investmentkonto abzuziehen. Die Auszahlungen können etwa durch den Verkauf von Fondsanteilen finanziert werden, die der Anleger im Laufe der Zeit erworben hatte. Auszahlpläne eignen sich zur Altersvorsorge (»Zusatzrente«).

Kumulativeffekt

Auszahlpläne

A

a („Kurszettel") 80
Abgeld
– bei Investmentfonds 655
– bei Optionen 623
Absatzkanäle 690
Abschmelzungseffekt 444
Abweichungsschwelle 34
Abwertung 265
Abzinsung
– Barwert 339
– Finanzierungs-Schätze 426
Abzinsungs-
– anleihe 302
– papiere 426
– satz 207
Actual/360 305
AD-Linie 127
Additional Margin 510
ADR 67, 156
ADS 156
Advance-Decline-Linie 127
AEX-Index 175
Affärsvärlden Index 180
AG 43
Agency Bond 401
Agio
– bei Closed-End Funds 655
– bei Optionen 621
– bei Wandelanleihen 322
AIBD 354
Aktie im Blickpunkt (HB) 88
Aktien-
– arten 58
– Begriff 41 ff.
– gesellschaft 43 f.
– indizes 106 ff., 164 ff.
– kennziffern 131 ff.
– KGV 133
– Marktbericht (HB) 87, 188
– risiken 131 ff.
– Schwellenland 186
– teilung 154
– umsatz 128
Aktien-Optionshandel (HB) 594
Aktienfonds
– Anlageziele 679
– Begriff 670
– Spezialitätenfonds 670, 675 ff.
– Standardfonds 670
Aktienindexfutures
– Begriff 506
– DAX 506
– FT.-SE.100 513
– MMI 513
– S & P-500 513

*Aktienkurse ausländischer
Börsen* (HB) 159
Aktienkurstabellen
– im Handelsblatt 55 ff.
– im Wall Street Journal 163
Aktienoptionen
– an der DTB 584 ff.
– an der FWB 593
Aktienscheine
– Begriff 603
– im Handelsblatt 395, 613, 616
Aktienscheine (HB) **395**, 613,
616
*Aktienumsätze der Deutschen
Börsen* (HB) 128
All Ordinaries Index 180
All Share Index 177
Allg. Index 175
Alter Optionsmarkt 593
Am Geld 561
American Depositary Receipt 67,
156
American Depositary Share 156
American Stock Exchange 160
American-Style-Options 552
Amerikanische Option 552
AMEX
– Begriff 160
– Index 171
Amtlicher Devisen-Mittelkurs
281
Amtlicher Handel
– Begriff 49
– im Handelsblatt 81
An.A. 310, 386
Andienung 465, 473
Anfang („Kurszettel") 80
Anlage-
– ausschuß 640, 652
– grundsätze 640
– politik 640
– rahmen 640
– schwerpunkt 665
– vorschriften (KAGG) 669
– ziele 678
Anlegerrendite 704
Anlegerschutz 637
Anleihen-
– Annuitätenanleihe 309
– Auslosungsanleihe 311
– Ausstattungsmerkmale 301
– Begriff 299 ff.
– bewertung 345
– Börsenplätze 385
– calls 602
– Cum 320
– Doppelwährungsanleihe 315

– Erstrangige 314
– Ewige 313
– Ex 320
– Federal National Mortgage
Association 401
– Festverzinsliche 304
– Gesamtfällige 309
– Gleitzinsanleihe 309
– Government National Mort-
gage Association 401
– im Handelsblatt 383 ff.
– Industrieanleihen 440
– Industrieobligationen 440
– Junk Bond 403
– Kombizinsanleihe 309
– der Länder und Städte 433
– mit Optionsschein 387
– mit Zusatzverzinsung 387
– Nachrangige 314
– der Öffentlichen Hand 404
– ohne Optionsschein 387
– Optionsanleihe 316
– Ramschanleihe 404
– schein 603
– Schundanleihe 404
– Step-Up/-Down-Anleihe 309
– Student Loan Marketing Asso-
ciation 402
– umsatz 128
– Unverzinsliche 302
– US-Bundesstaaten und Kom-
munen 401
– US-Industrie-Anleihe 402
– Variabel-verzinsliche 304
– Verkaufsangebot 408
– Vorzeitig kündbare 312
– Währungsanleihe 315
– im Wall Street Journal 399 ff.
– mit Wandelrecht 316
– Zinsberechnung 303
– Zinscap 306
– Zinsfloor 306
– Zinsphasen 308
*Anleihen Ausländischer Schuld-
ner* (HB) 389
Annual Meeting 642
Annualisierung 11
Annuitäten-Anleihen
– Begriff 309
– im Handelsblatt 386
Ansparplan 726
Anteilsschein 637
Anteilswert
– bei Auslandsfonds 648
– Begriff 646
– entwicklung 667, 670
– bei thesaurierenden Fonds 661

– bei US-Investmentfonds 648
Arbitrage
– mit Devisentermingeschäften 490
– mit FRAs 497
– auf dem Geldmarkt 198
– mit Termingeschäften 469
As=4A (Kurszettel) 67
Asiatische Optionen 607
Asked
– Devisen 254
– T-Bills 235
– US-Anleihekurse 399
Asset
– Allocation 11, 685
– Begriff 11
– Swap 246
Association of International Bond Dealers 354
ASX-Index 180
At the Money 561, 566
At-the-Money-Option 561
ATX-Index 181
Aufbaukonto 726
Aufgeld
– bei Investmentfonds 655
– bei Optionen 621
Auflagedatum 693
Aufsichtsbehörde 637
Aufsichtsrat
– AG 43
– Investmentfonds 642
Aufwertung 265
Aufzinsungsanleihe 302
Aufzinsungssatz 210
Aus dem Geld 561
ausg. („Kurszettel") 80
Ausgabeaufschlag 647, 694
Ausgabepreis
– Begriff 647
– Währung 664
ausgesetzt 80
Ausgleichsfonds Währungsumstellung 405
Ausländische Aktienindizes 164
Ausländische Börsen 149
Ausländische Fondsanteile 638
Ausländische Indizes (HB) 175
Ausländische Leitzinsen (HB) 245
Auslandinvestmentgesetz 638
Auslandsaktien 66
Auslandsfonds
– Begriff 638
– Gesetzliche Vorschriften 638
– Kosten 648

– registrierter 639
– Steuerliche Behandlung 639
AuslInvestmG 638
Auslosungsanleihe
– Begriff 311
– im Handelsblatt 386
Ausschüttende Fonds 657
Ausschüttung 656 ff.
Ausschuß für Kreditfragen 434
Außenfinanzierung 90
Außenhandelsbilanz 268
Außerbörslicher Handel 55
Aussetzung 80
Austrian Traded Index 181
Ausübung 552
Auszahlplan 729
Average Price Options 607
Average Strike Options 607

B

b (B) („Kurszettel") 76 ff.
Baader Gold Index 121
Back-End Load 648, 683
Baisse 127
BAK 638
Balanced Fund 670
Banca Commerciale Italiana Index 179
Banco Totta Acores Index 177
Bandbreiten-Optionsscheine 608
Bankakzepte 233
Bankers' acceptances 233
Bankschuldverschreibungen 435 ff.
Barausgleich **473**, 506
Bargeldumlauf 28
Barriere-Scheine 609
Barwert
– Begriff 338 ff.
– Berechnung mit Forward Rates 350
– bei Floating Rate Notes 346
– Kritik 349
BAs → Bankers' acceptances
Basis-
– bei Futures 544 ff.
– gut 6, 551
– preis 551
– punkt 194, 255
– Swap 246
– wert 465
Basket Warrant 602
bB („Kurszettel") 78
BCI-Index 179

Bedingte Kapitalerhöhung 91, 318
Bedingtes Termingeschäft 474, 551
Bellwether Bond **363**, 461
Benchmark
– Begriff 106, 445
– Vergleich 713
Benchmarks for Mutual-Fund Investors (WSJ) 713
Berechnung
– der Ausschüttung 657
– der Wiederanlage 662
Bereinigte BVI-Performance 704
Berichtigungsaktien 91
Best-of-Scheine 610
Bestens 77
Beta
– Begriff 141
– faktor 141
– Fondsauswahl 698
– Interpretation 146
Beteiligungs-
– fonds 673
– papiere 4
bezahlt 78
bezahlt Brief 78
bezahlt Geld 78
Bezugsfrist 92
Bezugskurs 319
Bezugsrecht
– auf Aktien 91
– Begriff 91
– handelszeit 92
– rechnerischer Wert 93 f.
Bezugsrecht-Handel (HB) 96
Bezugsverhältnis
– Kapitalerhöhung 92
– Optionen 551
bG („Kurszettel") 78
BHF-Bank-Performance-Index 450
BHF-Bank-Rentenindex 450
Bid
– Devisen 254
– T-Bills 235
– Terminbörse 479
– US-Anleihekurse 399
Big Board 160
Bildungsfonds 678
Billigst 77
Black/Scholes **565**, 629
Blanko-
– indossament 60
– zession 60
Bloomberg-Seite 578
Blue Chips 50

Board of
– Directors 642
– Governors 225
– Trustees 642
Bobl 409
Bobl-Future
– Begriff 526
– im Handelsblatt 527
– Kontrakt 526
– Option 592
Börs.-I. 177
Börsen-
– Begriff 4
– berichte (Ausland) 188
– berichte (Inland) 87
– Devisen 279
– gesetz 45
– handel (Derivate) 475, 499,
  579
– handel (Anleihen) 332
– handel (Fondsanteile) 654
– handelszeit 57
– Handzeichen 480
– leitung 45
– ordnung 45
– termingeschäfte 475
– träger 45
– umsätze 128
– verwaltung 45
– wetter 88
Börsen-Index 177
Börsenkammer Index 181
Börsenoption 579
Börsenplatz
– Aktien 76
– Anleihen 387
– Begriff 76
– Optionsscheine 616
Börslicher Handel 49
Bogen
– Aktien 68
– Anleihen 301
– Investmentzertifikate 637
Bogenlos 68
Bolsa de Valores de Lisboa
  Indizes 177
Bond Fund Rating 702
Bond-Stripping 324
Bonität
– Begriff 25
– Risiko 378
Bonus 70
bp („Kurszettel") 324
Br („Kurszettel") 76
Braeß/Fangmeyer 354
Branchenfonds 676
Break-Even-Kurs 623

Break-Even-Punkt 554
Bretton Woods 33
Brief-
– Caps 577
– Devisen 254
– Floors 577
– Geldhandel 194
– kurs 37
– Kurszusatz 79
– Optionen 571
– T-Bills 235
– Termingeschäfte 481
Broken Dates
– bei Devisentermingeschäften
  488
– bei FRAs 495
Broker 478
BTA-Index 177
Buchgeld 255
Bund-Future
– an der DTB 516 ff.
– an der Liffe 530
Bund-Future-Option
– an der DTB 591
– an der Liffe 594
Bundesanleihe 407 ff.
Bundesanleihekonsortium 409
Bundesaufsichtsamt für das Kre-
  ditwesen 638
Bundeseisenbahnvermögen 406
Bundesobligation
– Ausstattung 429
– Begriff 409 ff.
Bundesschätzchen 421
Bundesschatzanweisung 412
Bundesschatzbrief
– Ausstattung 428
– Begriff 421 ff.
– Rückgabesperrfrist 423
– Rückzahlungswerte 424
– Typ A 422
– Typ B 422
Bundesschuldbuch 429 ff.
Bundesschuldenverwaltung
  429 ff.
Bundesverband Deutscher Invest-
  mentgesellschaften 639
Bundeswertpapiere
– Begriff 404 ff.
– börsengehandelte 404 ff.
– Lieferung 429
– nicht börsengehandelte 421 ff.
– Verwahrung 429
BVI
– Begriff 639
– Methode 703
– Performance (bereinigte) 704

BVL
– 30 177
– General 177
– INC 177
– Index 177
– Index National 177
– Sectorials 177

C

CA-Index 181
CAC 40 Index 180
Call 551
Cap
– bei Anleihen 306
– Floater 306
– Fund 676
– Level 610
– bei Optionsscheinen 609
– Zinsbegrenzungsvertrag 576
Capital Appreciation 680
Capital Gains 660
Capital Growth Bond
– Begriff 302
– im Handelsblatt 388
Capital Stock 151
Capitalization Fund 676
Capped-Scheine 610 f.
Caps 576
Car Sales 461
CARGO 60
Cash-Management 198
Cash Settlement
– bei Aktienindexfutures 506
– bei Aktienoptionen 586
– Begriff 473, 509
– beim Fibor-Future 536
– bei Korboptionsscheinen 602
CATS 324
CBOE 478
CBOT 478
CD → Certificate of Deposit
CDax
– Begriff 121
– Gesamtindex 122
– Gesamtindex K 122
CDax (HB) 121
Cedel 441
Certificate of Deposit
– Ausstattung 222
– Begriff 221
– Euro-CD 241
– Euro-Geldmarkt 241
– Inland 221
– Jumbo-CD 232
– US-Geldmarkt 232

Certificate of Incorporation 151
Chance-of-Optimal-Leverage-
  Schein 606
Chart-Reading 271
Chartist 116
Cheapest-to-Deliver 521
Chooser-Scheine 610
ci („Kurszettel") 324
Cibor 244
Circuit Breaker 168
Clean Price
– Begriff **337**, 345
– Index 460
Clearing-
– Begriff 475
– house 475
– lizenz 482
– mitglied 476, 482
– stelle (DTB) 475
Close 164
Closed-End Fund 653
Closed-End Funds (WSJ) 654
CLOUs 609
CME 478
Collared Floater 306
Commercial-Paper
– Dealer 232
– Euro-Geldmarkt 241
– Inland 215
– Nondealer 232
– Programm 218
– Rating 221
– US-Geldmarkt 232
Commerzbank-Index 124
Commerzbank-Index (HB) 124
Commerzbank Rentenindex 448,
  451
Commodities 473
Commodity Future 485
Common Stockholder 151
Composite 121
Compound Warrant 607
Compound Yield 714
Computerhandel 475
Computerhandelssystem 51
Conscience Fund 678
Consumer Credit 461
Consumer Price Index 461
Convertible Debentures 403
Cool-Optionsscheine 606 f.
Corner 550 ff.
Corporate
– Bonds 402
– Charter 151
Corporation 151
Corporation Bonds 402
Cost-Average 727

Cost of Carry **469**, 544
Cotation Assistée en Continu 40
  Index 180
Counterpart 196, 255
Country Fund (Länderfonds) 663
Coupon Stripping 324
Covered-Call Writing 556
Covered Warrants 613 f.
Covering 556
CP → Commercial-Paper
CPI 461
Credit Anstalt Bankverein Index
  181
Cross Currency Options 598 ff.
Cross Rate **262**, 297, 599
CTD → Cheapest to Deliver
CTD-Anleihe 521
Cum 320, 325, **387**, 439
Cumulative Default Rates 379
Currency Trading (WSJ) 296
Current Income 679
Custodian 643
Customized DM Options 597

D

D („Kurszettel") 76
Dachfonds 684
Dachverband 639
Daily-Accrual-Range-Trade-
  Scheine 608
Daimler-Benz 156
DART-Scheine 608
Daueremission
– Bundesobligation 409
– CP 215
Dawes-Anleihe 415
DAX
– Absolute Schwankungsbreite
  630
– Begriff 106 ff.
– Berechnung 108
– Bereinigung 110
– Branchen 106
– Chart (HB) 116
– Erwartete Obergrenze 630
– Erwartete Untergrenze 630
– Gewichtung 107
– Graphik im Handelsblatt 116
– im Handelsblatt 117
– Nutzung 114
– Performance-Index 112
– planmäßige Verkettung 113
– Titelauswahl 106
– Zusammensetzung 107
DAX-100 119

DAX 100 K 119
DAX-100-Kursindex 119
DAX best ask 118
DAX best bid 118
DAX-Capped-Warrants 610
DAX-Future 506 ff.
DAX-Future-Option 588
DAX-Jump-in-Schein 609
DAX K 118
DAX-Kick-off-Schein 609
DAX-Option
– Begriff 586 ff.
– im Handelsblatt 587
DAX-Zertifikat 632
DCM 482
Dealer 233
Dealer-CP 232
Dealing
– Slip 192, 285
– Systeme 192, 284
Debt Warrants 612
Deep in the Money 561
Deep out of the Money 561
Default Rates 379
Deferred Future 499
Degab-Euro-Index 120
Degab-Index, DM 120
Delta 627
Deport 259
Depositary Trust Company 441
Depot-
– führung 725
– gebühren 431
– gutschrift (Anleihen) 431
– konto (Anleihen) 430
– stimmrecht 45
Depotbank-
– Aktien 45
– Begriff 641
– gebühren 641
– Research 644
– US-Investmentfonds 643
Derivate
– Begriff 6, 463 ff.
– Forwards 487
– Futures 499
– Indexpartizipationsscheine
  631 f.
– Klassifizierung 472
– markt 6
– Optionen 551
– Optionsscheine 551
– scheine 604
Deutsche Ausgleichsbank 438
Deutsche Börse AG 46 f.
Deutsche Bundesbahn 406
Deutsche Bundesbank 8, 28, **205**

Deutsche Indizes/Dax (HB) 117
Deutsche Leitzinsen (HB) 206
Deutsche-Mark-Future (CME) 540 f.
Deutsche Reichsbahn 406
Deutsche Siedlungs- und Landes-rentenbank 438
Deutsche Terminbörse 481 ff.
Deutsche Terminbörse (DTB) (HB) 580
Deutscher Aktienindex 106
Deutscher Aktienindex (Dax) (HB) 138
Deutscher Kassenverein **48, 429,** 441
Deutscher Rentenindex 445
Deutsches Zertifikat 67
Devisen-
– Begriff 251
– börsen 279
– Charts 271
– Futures 540
– händler 285
– handel 272
– Kassamarkt 272
– Marktbericht (HB) 298
– Pensionsgeschäfte 274
– Terminmarkt 272
Devisen-Cross Rates (HB) 290
Devisen im Freiverkehr (HB) 288
Devisen – Optionsscheine (HB) 383, 395, 397
Devisen- und Sortenkurse (HB) 285
Devisenkurs-
– Begriff 255 f.
– Determinanten 268
– im Handelsblatt 285 ff.
– Kassa (Begriff) 257
– Kassa (im Handelsblatt) 286
– risiko (Aktien) 157
– risiko (Anleihen) 382
– risiko (Investmentfonds) 643
– Termin (Begriff) 257
– Termin (im Handelsblatt) 286
– im Wall Street Journal 296 f.
Devisenkurse Lateinamerika (HB) 289
Devisenmarkt-
– akteure 273
– Begriff 5
– Motive 273
Devisenoptionen (HB) 575
Devisenoptionen (PBOT) 595 ff.
Devisenschein 604
Devisentermingeschäft 487 ff.
DG Bank Rentenindex 450

Differenzarbitrage 275
Direkt-Clearing-Mitglied 482
Direktanlagebank 725
Dirty Price 337, 345
Disagio
– bei Closed-End Funds 655
– bei Optionen 623
Discount
– Broker 725
– bei Closed-End-Funds 655
– Rate 227, 230
– Rate (T-Bills) 235
– Window 226
Diskont-
– kredit 207
– politik 30, 207
– rate 216
– satz 30, 207, 230
– bei Zero-Bonds 302
Diversifikation
– Begriff 18 ff.
– Grad der 698
– bei Investmentfonds 643
– bei Währungen 293
Dividende
– Abschlag 77, 110
– Bardividende 70
– Begriff 43
– Bekanntmachung 69, 74
– Berechnung 70
– Bruttodividende 70
– Garantie auf 66
– im Handelsblatt 69
– Kumulative 59
– Kupon 68
– Limitierte 59
– Nettodividende 73
– Prioritätische 59
– Rendite **136, 164**
– im Wall Street Journal 163
Dividendenschein 68
Dividendenvorzugsaktien 59
Dividends 660
Dividends Reported (WSJ) 68
DJ-
– 20-Bonds 170
– Begriff 166
– Transport 170
– Versorgung 170
DJIA 166
DKV 441
DM-Auslandsanleihen 389
DM-Caps 577
DM-Euroanleihen → DM-Aus-landsanleihen
DM-Floors 577
DM-Fonds Aktuell 720

DM-Option (PBOT) 596
DM-Renditen (HB) 361
DM-Standard-Option 596
DM- und ECU-Terminkontrakte (HB) 505, 581, 594
DM/$ („Kurszettel") 387
Dollar Denominated Delivery Options 598
Dollar-Index-Future 543
Doppelt gespannte Kurse 283
Doppelwährungsanleihe 315
Dow 166 ff., 713
Dow Jones
– Begriff 166 ff.
– Bereinigung 713 f.
Dow Jones Industrial Average 166
Downgrading Risk 382
Drei-Monats-Ecu-Future (Liffe) 537
Dreiecksarbitrage 275
Dreimächteausschuß 414
Dreimonats-Eurodollar-Future 538
Dreimonats-Sterling-Future 538
DSL Bank 438
DtA 438
DTB
– Begriff 481
– Computer-Netzwerk 482
– Futures 499
– Optionen 581
DTC 441
Dt.Zert. 67
Duration
– Macaulay 366
– Modified 373
– bei Investmentfonds 699
Durchschnittliches Fondsvermö-gen 694

E

EARN-Scheine 608
Echte Zero-Bonds **302,** 388
ECU
– Anleihe 315
– Begriff 34, 253
– Berechnung 292
– Bond-Indikatoren 460 f.
– im Freiverkehr 293
– im Handelsblatt 291
ECU-Anleihen (HB) 394
Ecu-Bond-Indikatoren (HB) 460
Effektengiroverkehr 429
Effektiv-

- performance 704
- verzinsung 357
- zinssatz 357
Effektive Andienung **473**, 519, 586
Eigenhandel 274
Einheitskurs 57
Einkommensteuerveranlagung 71
Einlagenzertifikat 221
Einseitig geschlossener Fonds 651
Einzelschuldbuchforderung 432
EM. 387
Emerging Market
- Begriff 186
- Fonds **664**, 678
- Index 186
Emission
- von Aktien 43
- von Anleihen 330
- Fahrplan 434
- Formen 330
- von Optionsscheinen 573 f.
Emissionsbedingungen 301
Emissionsrendite 356
Endl. („Kurszettel") 313, 386
Endvermögen 360
Entschädigungsfonds 405
Equity Income Fund 679
Erblastentilgungsfonds 405
Erfüllungspflicht 474
Erfüllungstag 508
Erneuerungsschein 68, 637
ERP-Sondervermögen 406
Ersteinschuß 510
Erstrangige Anleihe 314
Ertragsschein 637
Ertrags- und Aufwandsrechnung 656
Erwerbsbeschränkungen 650
Euro-
- anleihen 441 ff.
- banken 238
- CD 241
- CP 241
- DM-Futures (Liffe) 537
- geldmarkt 237
- markt 237
- methode (Anleihen) 305
- methode (Geldmarkt) 204
- Tagesgeld 239
- Termingeld 239
- Zins-Methode 305
Eurobondrenditen (HB) 365
Euroclear 441
Eurodollar-Future 538
Eurogeldmarktsätze (HB) 238

Euromark-Future-Option (Liffe) 595
Europäische Optionen 552
Europäische Währungseinheit (HB) 291
Europäisches Währungssystem 34
European Currency Unit 34, 253
European-Style-Options 552
Eurotrack-Index 178
Ewige Anleihe **313**, 386
EWS 34
Ex („Kurszettel") 387
Ex Distribution 660
Ex Dividende (ExD) 78
Exchange Fees 684
Exchange-Traded Fund 654
Exotische Scheine 605 ff.
Exotische Währung 289
Expected-to-Accrue-Return-on-Nominal-Scheine 608
Expense Ratio 694

F

F („Kurszettel") 76
(F) → Börsenplätze
Fälligkeitsjahr 386
Fannie Mae 401
FAZ-Index 120
FDAX 506
FED 224
Federal Funds
- Begriff 228
- Overnight 228
- Rate 230
- Term 228
Federal National Mortgage Association 401
Federal Open Market Committee 225
Federal Reserve
- Bank 224
- System 224
Feinsteuerung 211
FF-Staatsanleihe-Future 530
Fibor
- alt 203
- Begriff 201
- Fixing 202
- Future 531 ff.
- im Handelsblatt 204
- neu 204
Fiktive Anleihe 444, **515**
Financial Future 486
Financial Highlights Table 696

Financial Times Indizes 178
Finanzierungs-Schätze
- Begriff 426 f.
- im Handelsblatt 428
Finanzierungspapiere 214
Finanzkurs 290
Finanzmarkt 3 ff.
Finanzobjekte 473
Finanztermingeschäft 466
Finanzzeitung → Handelsblatt
Fiskalpolitik 39
Flache Renditestruktur 360
Flat-Notierung
- Anleihen 337
- Fundis 419
- Genußscheine 101
- US-Anleihen 403
Flat Price 337
Floater 304
Floating 33
Floating Rate Note
- Barwert 346
- Begriff 304
- Rendite 356
Floor
- bei Anleihen 306
- Broker 478
- Floater 306
- bei Optionsscheinen 609
- Zinsbegrenzungsvertrag 576
FNMA 401
FOMC 225
Fonds-
- alter 692
- anleger 637
- anteil **637** 646, 725
- auflösung 692
- auswahl 685
- Begriff 635 ff.
- Börsenhandel 654
- boutiquen 726
- Erwerb 685
- Geldmarktnahe 666
- gründer 637
- hitliste 711
- management 643, 693
- manager 640
- OTC-Handel 654
- preise (Reuters) 717
- rating 699
- sparplan 728
- struktur 691
- vermögen **645**, 690 f., 694
- volumen 691
- währung 664
Fonds deutsche Einheit 405
Footsie 178

Forderungspapiere 4
Fortlaufende Notierungen (HB) 55
Forward
– Begriff 485
– Devisen 258
– Devisenkurse im Wall Street Journal 296
– Devisentermingeschäft 487
– Rate 492, 494
– Rate Agreement 492 ff.
FRA → Forward Rate Agreement
Frankfurt Interbank Offered Rate 201
Frankfurter Fixing 280
Free Lunch 469
Freie Vermittler 726
Freihändiger Verkauf 410
Freimakler 51
Freistellungsauftrag 73, 659, 662
Freistellungsvolumen 662
Freiverkehr 50
Freiverkehr (HB) 85
Fremdemission 331
Fremdwährungsanleihe 315
FRN („Kurszettel") 304, 385
Front-End Load 647, 683
Front-Future 499
FT. Goldminen 178
FT.-SE.
– 100 178
– 100-Aktienindex-Future 514
– Eurotr.100 178
– Eurotr.200 178
Full Price 337
Fund of Funds 684
Fund's Sponsor 641
Fundamental-Analyse 116
Fundierung 415
Fundierungsschuldv. 417 ff.
Fundierungsschuldverschreibung 414 ff.
Fundis 414 ff.
Fungibilität
– Begriff 5
– Risiko 382
Futures
– Begriff 485, 499 ff.
– auf Devisen 540
– auf fiktive Anleihen 514
– auf Geldmarktpapiere 539
– im Handelsblatt 504
– Hebel 548
– Höchstkurs 501
– im Internet 500
– Komfort 550
– Leerverkauf 550

– Leverage-Effekt 548
– Lieferbare Anleihen 516
– Preisbildung 544
– Schein auf Futures 604
– Standardisierung 499
– auf Termingeld 531
– Totalverlust 549
Future-Kontrakte
– Bobl-Future (DTB) 526
– Bund-Future (DTB) 517
– Bund-Future (Liffe) 530
– DAX-Future (DTB) 507
– Deutsche Mark Future (CME) 540
– Dollar-Index-Future (Finex) 543
– Drei-Monats-Ecu-Future (Liffe) 537
– Dreimonats-Eurodollar-Future (Liffe) 538
– Dreimonats-Sterling-Future (Liffe) 538
– Euro-DM-Futures (Liffe) 537
– Eurodollar-Future (CME) 538
– FF-Staatsanleihe-Future (Matif) 530
– Fibor-Future (DTB) 532
– FT.-SE.-100-Future (Liffe) 514
– Jap.-Yen-Future (CME) 543
– MMI-MAXI-Future (CME) 514
– Municipal Bond Future (CBOT) 529
– Pfund-Staatsanleihe-Future (Liffe) 529
– Pfund-Sterling-Future (CME) 542
– Pibor-Future (Matif) 539
– S & P 500 Future (CME) 514
– SFR-Future (CME) 542
– T-Bill-Future (CME) 539
– T-Bond-Future (CBOT) 528
– T-Note-Future (CBOT) 528
Future-Style-Verfahren 589
FWB → Frankfurter Wertpapierbörse
FWB
– Index 125
– Optionen 593 f.

G

G („Kurszettel") 79
GAAP 156
Garantie-
– fonds 682

– Optionsschein mit 609
GCM 482
Gebrochene Restlaufzeiten 354
Gedeckte
Optionsscheine 614
Schuldverschreibungen 435
Gegengeschäft 466
Gegenwartswert 338
Geld-
– anlage 10
– b.a.w. 197
– bis auf weiteres 197
– Caps 577
– Devisen 254
– Floors 577
– handel 194
– kurs 37
– Kurszusatz 78
– menge 28
– Optionen 571
– politik 38
– politische Instrumente 32
– T-Bills 235
– Termingeschäfte 481
Geld-zurück-Garantie 609
Geldhandel
– Euromarkt 237
– Inland 191
– USA 224
Geldmarkt-
– Begriff 5, 189 ff.
– bericht im Handelsblatt 223
– Euromarkt 237
– fonds 666 ff.
– Handel 191
– Handelsobjekte 193
– Inland 191
– Laufzeiten 195
– papiere 213, 231, 241
– sätze 194
– USA 224
– Usancen 191
Geldmarktnahe Fonds 666
Geldmarktsätze (HB) 194
Gemischte Fonds 670
Genehmigtes Kapital 91
General-Clearing-Mitglied 482
Generally Accepted Accounting Principles 156
Genußschein-
– Begriff 100 ff.
– fonds 670
Genußscheine (HB) 101
Geometrischer Index 121
Geregelter Markt 50
Geregelter Markt (HB) 84
Ges.-Index 178

Gesamt-Index
- Madrid 178
- Oslo 180
Gesamtfällige Anleihe 309
Geschäftsbank 8, 35
Geschl. („Kurszettel") 165
Geschlossen 165
Geschlossene
- Investmentfonds 653
- Immobilienfonds 655
- Position 466
Gesetz über Kapitalanlagegesell-
    schaften → KAGG
Gespannte Kurse 283
Gestrichen 79
Gewinnschranke 609
Gewinnschuldverschreibung 323
Gewinnschwelle 554, 623
Gewissen-Fonds 678
Gezeichnetes Kapital 43, 97
Ginnie Mae 401
Giroverkehr 429
Glatte Laufzeiten 488
Glatte Vorlaufzeiten 495
Glattstellung
- Devisentermingeschäfte 492
- FRAs 499
- Futures **476**, 486
- Optionen
Gleitende Durchschnitte 115
- 38 Tage 115
- 200 Tage 115
- Begriff 115
Gleitzinsanleihe 309
Global Government Bond Index
    457
Global Industry Indizes 187
Global Stock Fund 663
Globalfonds 663
Globalurkunde 60
GNMA 401
*Government Agency & Similar
    Issues* (WSJ) 402
Government National Mortgage
    Association 401
Gratisaktien 91, 110
Green Fund 678
GRIPs 609
GROIs 609
Gross Price 337
Growth and Income Fund 679
Growth Fund 679
Grundkapital 43
Grundpositionen 552
Gruppe homogener Investment-
    fonds 686

H

H („Kurszettel") 76
H (mit Jahreszahl) 81
Händler-Jargon
- Devisen 285
- Geldhandel 194
Halbjahresbericht 716
Half-Turn 500
Halte-
- erträge 545
- kosten 469, 544
Hamster-Scheine 608
Handel
- Aktien 49
- Anleihen 330 ff.
- an ausländischen Börsen 149
- Derivate 475
- Devisen 279
- Fondsanteile 654
- Geld 191
- Termingeschäfte 475
Handels-Phasen (DTB) 484
Handelsblatt
- Aktien-Optionshandel 594
- Aktienkurse ausländischer Bör-
    sen 159
- Aktienscheine 395
- Aktienumsätze der Deutschen
    Börsen 128
- Anleihen Ausländischer
    Schuldner 389
- Ausländische Indizes 164, 175
- Ausländische Leitzinsen 245
- Bezugsrecht-Handel 96
- CDax 121
- Commerzbank-Index 124
- Deutsche Indizes/Dax 117
- Deutsche Leitzinsen 206
- Deutsche Terminbörse (DTB)
    580
- Deutscher Aktienindex (Dax)
    138
- Devisen-Cross Rates 290
- Devisen im Freiverkehr 288
- Devisen – Optionsscheine 392
- Devisen- und Sortenkurse 285
- Devisenkurse Lateinamerika
    289
- Devisenoptionen 575
- Dividendenbekanntmachung
    69, 74
- DM-Renditen 361
- DM- und ECU-Terminkon-
    trakte 505, 581, 594
- ECU-Anleihen 394
- Ecu-Bond-Indikatoren 460

- Eurobondrenditen 364
- Eurogeldmarktsätze 238
- Europäische Währungseinheit
    291
- Fibor 204
- Fortlaufende Notierungen 55
- Freiverkehr 85
- Fundierungsschuldv. 417
- Geldmarktsätze 194
- Genußscheine 101
- Geregelter Markt 84
- HB-Fonds-Index 723
- IBIS-System 86, 384, 619
- Indikative Swapsätze 250
- Industrieanleihen 440
- Internationale Renditen 10jähr.
    Staatsanleihen 365
- Internationale Terminkon-
    trakte 505
- Investment-Fonds 721
- Kassakurse – Amtlicher Han-
    del 81
- Länder und Städte 434
- Merrill-Lynch-Weltindizes von
    Staatsanleihen 457
- MSCI-Indizes der Welt-Aktien-
    märkte 182
- Neue internationale Anleihen
    443
- NYSE-Statistik 173
- Öffentliche Anleihen 398
- Optionsanleihen 395
- Optionsscheine 615
- Regionale Umsätze 129
- Salomon Brothers World
    Government Bond Market
    Performance Indices 452
- Sonderziehungsrechte 294
- Spezial-Institute 436
- Tagesstatistik Frankfurt und
    Rentenindizes 125, 362, 448
- Telefonhandel 86
- Titel des Bundes 427
- Umsatzstatistik 130
- US-Zinssätze 227, 362
- Währungsanleihen 397
- Wandelanleihen 395
- Wandelanleihen, Optionsanlei-
    hen, Optionsscheine 395
- WestLB-Aktienindex 123
- Zero-Bonds 387
- Zinsen 394
Handmappe über Bundeswert-
    papiere 337, 406
Handzeichen 480
Hang Seng 176
Hardy-Index 106

Hauptversammlung
– AG 43
– Auslandsfonds 642
Hausse 127
HB → Handelsblatt
HB-Fonds-Index 723
HB-Fonds-Index (HB) 723
Hebel
– Futures 548
– Indexpartizipationsscheine 632
– Optionen 625
– Optionsscheine 607
Hedger 467
Hedging
– Begriff 28, 467
– Bund-Future 524
– DAX-Future 513
– Devisenoptionen 598
– Devisentermingeschäft 489
– DM-Future (CME) 541
– Fibor-Future 534
– FRA 495
– Optionen 555
– Termingeschäfte 467
Helibor 244
High 164
High Yield Bonds 404
Historical Risk Analysis 701
Historische
– Kursverläufe 564
– Performance 703
– Volatilität 139, 564
Hitliste 711
Hockeystick-Diagramm 555
Holding 66
Homogene Investmentfonds 686
Hoppenstedt 719
Housing Starts 461
Hypax 120
Hypothetische Anleihe 444, 515

I

Ibex 179
IBEX-35 179
IBIS
– Aktien 51 ff.
– Aktienschirm 52 ff.
– Anleihen 333
– Begriff 51 ff.
– DAX 118
– Handel 51
– Optionsscheine 618
– Rentenschirm 333
IBIS-System (HB)
– Aktien 86

– Anleihen 384
– Optionsscheine 619
ICI 639
IGLUs 609
Im Geld 561
Immobilienfonds
– geschlossene 655
– Inflationsrisiko 643
– offene 672 f.
Immunisierung 375
Implizite Volatilität 565, 629
In the Money 561, 566
In-the-Money-Option 561
Ind. EC 175
Ind. EC Blue 176
Index-
– 1. Sektion 181
– anleihen 329
– BHF-Bank 450
– Börsenzeitung 106
– Commerzbank 451
– DG Bank 450
– EC 175
– EC Blue 176
– fonds 678
– of Consumer Expectations 461
– optionen (DTB) 586
– partizipationsschein 631 f.
– schein 603, 617, 632
– zertifikate 631
Indikation 191
Indikative Swapsätze (HB) 250
Indizes
– ausländische Aktien 175
– inländische Aktien 106
– Renten 444 ff.
– Volatilität 628 ff.
– Währung 543
– zusammengesetzte 121
Industrie-Index 179
Industrieanleihen 402, **440**
Industrieanleihen (HB) 440
Industrieobligationen 440
Inflation 269, 382, 643
Informationsmemorandum 216
Inh. („Kurszettel") 59
Inhaberaktien 59
Inhaberpapier
– Aktien 59
– Anleihen 302
– Investmentzertifikate 637
– Schuldverschreibung 302
Inhouse-Banking 9
Initial Margin 510
Initial Public Offering 654
Innenfinanzierung 90
Innerer Wert 558

Institutseigene Investmentfonds
725
Institutsfremde Investmentfonds
725
Integriertes Börsenhandels- und
Informationssystem 51
Inter-Dealer-Broker 229
Interbankenhandel 195
International Fund 663
International Securities Market
Association 354
Internationale Fonds 663
*Internationale Renditen 10jähr.
Staatsanleihen* (HB) 365
Internationale Terminkontrakte
(HB) 505
Internationaler Währungsfonds
253
Internet-
– Futures 500
– Investmentfonds 717
– Optionen 581
Interventionssystem 34
Inventarwert 645
Inverse Floater 307
Inverse Renditestruktur 360
Investitionsgrad 697
Investment
– Adviser 641
– Company Act 637
– Company Institute 639
– gesellschaft 637, 690
– Konto 726
– Objectives 679
– zertifikat 637
Investmentfonds
– Anlageschwerpunkt 665
– Anlageziele 678
– Anlageziele im Wall Street
Journal 680
– Arten nach Loads 682
– Auflösung 692
– Ausschüttungspolitik 656
– Auswahlkriterien 690
– mit begrenzter Laufzeit 651
– Begriff 635 ff.
– Berechnung der Wiederanlage
662
– Beta 698
– Charakteristika 691
– Diversifikationsgrad 698
– Duration 699
– Einseitig geschlossene 651
– Ertrags- und Aufwandsrech-
nung 656
– Erwerbs- und Zugangsbe-
schränkungen 650

- Garantien 682
- Geographische Ausrichtung 662
- Geschlossene Fonds 653
- Grundformen 649
- im Handelsblatt 721
- Homogene 686
- Instituteigene 725
- Institutsfremde 725
- Internationale 663
- im Internet 717
- Klassifizierung 649
- Kosten 693
- Laufzeit 681
- Luxemburg 665
- Offene Fonds 651
- Ordentlicher Nettoertrag 656
- Organisation 639 ff.
- Preisbildung 645
- Risiken 698
- Schwellenländer 664
- Spezialitätenfonds 675
- Standardfonds 675
- Statistische Kennziffern 698
- Steueroptimierende 678
- Tafelgeschäft 722, **726**
- Thesaurierende Fonds 661
- Transaktionskosten 696
- versus Direktanlage 643
- Vertrieb 725
- Verwahrung 725
- Vorteile 643 ff.
- Währung 664
- im Wall Street Journal 722
- Wiederanlegende 661
- Zusammensetzung des Anlageschwerpunktes 675
Investment-Fonds (HB) 721
IPO 654
ISMA-Formel 354
IWF 253

J

Jahreshöchst- und Tiefstkurs (H.../T...) 81
Jap.-Yen-Future 543
Jge. („Kurszettel") 63
Jgste. („Kurszettel") 64
Johannesburg Stock Exchange Index 176
J. P. Morgan Index 296
JSE-
- Actuaries Equity Indizes 177
- Goldminen 176
- Industrial 176

Jüngste 64
Jumbo-CDs 232
Jump-in-Schein 609
Junge 63
Junge Aktien **92**, 110
Junk Bond 403
Junk Bond Fonds 677

K

K. („Kurszettel") 615
KAG 638
KAGG
- Begriff 638
- Beteiligungsfonds 673
- Dachfonds 684
- Derivate 673
- Fondsarten 665
- Immobilienfonds 672
- Spezialfonds 652
- Wertpapierfonds 669
Kansallis Osake Pankki Index 176
Kapitalanlagegesellschaft 638 ff., 690 f.
Kapitalbindungsdauer 366
Kapitalerhöhung
- aus Gesellschaftsmitteln 91
- bedingte 91
- Begriff 90 f.
- gegen Einlagen 90
- genehmigte 90
Kapitalertragssteuer 73, 659
Kapitalherabsetzung 97 f.
Kapitalmarkt 3
Kapitalmaßnahmen der AG 90
Kapitalverwässerung 93, 320
Kapitalzuwachsanleihe **302**, 388
Kapitalzuwachskonto 726
Kassa-
- geschäft 465
- handel 465
- kurs 57, 82, 257
- markt 272, 465
- objekt 465
- preis 465
Kassakurse – Amtlicher Handel (HB) 81
Kasse 80
Kassenvereine 48
Kauf auf Termin 465
Kaufauftrag für Wertpapiere 57
Kaufkraftparität 270
Kaufoption 551
Kennzahlen
- für Aktien 131 ff.

- für Anleihen 338 ff.
- für Optionen 621 ff.
Key Currency Cross Rates (WSJ) 297, 599
KfW
- Begriff 437
- Stripping einer KfW-Anleihe 325
KGV 133
Kick-off-Optionsscheine 609
Klassischer Optionsschein 611 ff.
Kleinaktionär 92
Knock-out-Optionsscheine 609
Körperschaftsteuer
- bei Aktien 71
- Anrechnungsverfahren 71, 659
- bei Investmentfonds 657, 659
Kombizins-Anleihe 309
Kommissionsgeschäft 274
Kommunalobligationen 435
Konsortial-
- banken 409
- führer 409
- quote 409
- verfahren 409
Konsortium 409, 330 f.
Kontrakt
- Begriff 475
- bei Futures 499
- größe 475, 499
- bei Optionen 572, 585
Kontraktspezifikationen
- Aktien-Optionen (DTB) 584
- Bobl-Future 526
- Bobl-Future-Option 592
- Bund-Future (DTB) 517
- Bund-Future (LIFFE) 530
- Bund-Future-Option (DTB) 591
- Bund-Future-Option (LIFFE) 594
- DAX-Future 507
- DAX-Future-Option 588
- DAX-Option 586
- Deutsche-Mark-Future (CME) 540
- Devisenoptionen (PBOT)
- Dollar-Index-Future 543
- Drei-Monats-Ecu-Future (LIFFE) 537
- Dreimonats-Eurodollar 538
- Dreimonats-Sterling-Future 538
- Euro-DM-Future (LIFFE) 537
- Eurodollar-Future 538
- Euromark-Future-Option 595
- FF-Staatsanleihe-Future 530

- Fibor-Future 532
- FT.-SE. 100 Aktien-Index-Future 514
- Jap. Yen Future 543
- MMI-MAXI-Future 514
- Municipal Bond Future 529
- Pfund-Staatsanleihe-Future 529
- Pfund-Sterling-Future 542
- Pibor-Future 539
- S & P 500-Future 514
- SFR-Future 542
- T-Bill-Future 539
- T-Bond-Future 528
- T-Note-Future 528
Kontraktspezifikationen 506
Konv. („Kurszettel") 64
Konversionsfaktor 516, **519**
Konvertierung 64
KOP Hex 176
Korboptionsschein 602
Korrelation 141, **143**
Korrelationskoeffizient
- Begriff 143
- Fondsauswahl 698
- Interpretation 146
Korridor-Scheine 608
Kreditabwicklungsfonds 405
Kreditanstalt für Wiederaufbau 437
Kreditaufnahme 24
Kreditinstitute mit Sonderaufgaben
- in den USA 401
- in Deutschland 436 ff.
Kreditwesengesetz 483, 638
Kreuger-Anleihe 415
Kündigung
- bei Anleihen 312
- Risiko 382
Kumulativeffekt 729
Kunstwährung 253
Kupon-
- bei Aktien 68
- anleihe 303
- im Handelsblatt 385
- stripping 324
- im Wall Street Journal 400 ff.
- zins 301
Kurs-
- makler 83
- pflege 413
- risiko 370
- schätzung 56
- zusätze **77**, 384, 616
Kurszettel-
- Aktien 55 ff.

- Anleihen 383 ff.
- Devisen 285 ff.
- Futures 504 ff.
- Indexpartizipationsscheine 632
- Investmentfonds 721
- Optionen 580 ff.
- Optionsscheine 615 ff.
Kurs-Gewinn-Verhältnis 133
Kursabschlag 110
Kurse
- für Devisen 254
- rückläufig 126, 173
- unverändert 126, 173
- verbessert 126, 173
Kursindex 125
Kursindex (Anleihen) 444
Kursindex K 126
Kurzfristige Schuldverschreibung 215
Kurzläuferfonds 677
KWG 638

L

Länder und Städte (HB) 434
Länderfonds **663**, 678
Langläuferfonds 677
Langlaufende Option 573
Laspeyres 108
Laufindex 108
Laufzeit-
- abschmelzung 444, 515
- bei Anleihen 302
- bereiche (Eurogeld) 239
- fonds 651, **681**
- bei Investmentfonds 681
- bei Optionen 552
LEAPS 573 f.
LEAPS-Long Term Options (WSJ) 574
Leerverkauf 466, 487, 550
Leitzinsen 206
Leitzinssatz (USA) 363
Letztbezahlt (Optionen) 580
Letzter Handelstag 508
Leverage-Effekt
- bei Futures 548
- bei Optionen 625
Liability Swap 248
Libid 244
Libor
- Begriff 241
- Fixing 241
Lieferbare Anleihen 516, 519
Liefermonat 499, 507
Liefertag 518

Liffe-
- Begriff 478
- Futures 514, 529 f., 537 f.
- Optionen 594 f.
Limean 244
Linienchart 89
Lipper Analytical Services 714
Liquidität
- Begriff 23
- bei Investmentfonds 645
Liquiditätsgrad 697
Liquiditätsmanagement 198
Liquiditätspapiere 214
Lit.A 63
Lit.B 63
Litera 63
Loads 682
Lombard-
- kredit 210
- politik 30, **207**
- satz 30, **210**
London Interbank Offered Rate 241
Londoner Schuldenabkommen 414
Long
- Begriff 466
- Call 552
- Dated-Forward 488
- Hedge 467
- Position 466
- Put 552
- Term Equity Participation Securities 573
- Term-Option (Aktien) 573 f.
- Term-Option (Devisen) 597
Look-Back-Scheine 607
LoovMark 709
Lot-Trading 162
Low 164
Luxemburger Fonds 665
Luxibor 244
LZB-Konto 193

M

M („Kurszettel") 76
M1 28
M2 28
M3 28
Macaulay-Duration 366
Madrid General Index 178
Magisches
- Dreieck 24
- Viereck 35, 38
Major Market Index 172

Makler
– amtlicher 51
– Devisenmakler 279
– Freimakler 51
Management
– Analyse 699
– Assessment 701
– Risiko 643
Mantel
– bei Aktien 68
– bei Anleihen 301
– bei Investmentzertifikaten 637
Margin
– DTB 483
– bei Futures 501
– Konto 510
– bei Optionen 579
Mark to Market 510
Market Maker
– Begriff 37
– an der DTB 584
– Lizenz 484
– für Optionen 572
– für Optionsscheine 574
– Terminhandel 484
Market Price 655
Market-Timing-Warrants 607
Markt-
– barometer 114
– pflege 413
– risiko 643
– tiefe 5
– zinsniveau 371
Marktbericht (HB)
– Aktien (Ausland) 188
– Aktien (Inland) 87
– Anleihen 461
– Devisen 298
– Geldmarkt 223
– Terminmärkte 633
Marshall-Plan 406
Matching 475
Matif 478
MDAX 119
MDAX K 119
m.D.G. 66
Meistausführungsprinzip
– bei Aktien 82
– bei Devisen 281
– bei Optionen 593
Member Banks 225
Mengennotierung **256**, 296
Merrill-Lynch-Weltindizes von
   Staatsanleihen 457 ff.
*Merrill-Lynch-Weltindizes von
   Staatsanleihen* (HB) 457 ff.
Mibor 244

Mibtel 179
Mid-Cap Fund 676
Mid Month Options (PBOT) 597
Middle-Sized
– Capitalization 676
– Unternehmen 676
Milano borsa telematica Index
   179
Mindest-
– ausschüttung 682
– nennbetrag 62
– ordervolumen 57
– reservepflicht 201
– reservepolitik 29 f.
– rücknahmepreis 682
Mini-Max-Floater 306
Mischfonds 670
Mittel-
– abflüsse 691
– kurs 281
– zuflüsse 691
ML Global Government Bond
   Index 457
MMI 172
MMI-Maxi-Future 514
m.O.
– bei Anleihen 395
– Begriff 395
– bei Genußscheinen 104
– im Handelsblatt 387, **395**
Modified Duration 373
Monats-Geld 198
Money-Back-Scheine 609
Money Market
– Begriff 224
– Fund (Begriff) 668
– Fund (Rating) 700
– Fund (Yield) 714
Money Market Mutual Funds
   (WSJ) 669
Money Rates (WSJ) 229
Month End Options 597
Moody's Investors Service 378,
   699
Moosmüller 354
Morgan Stanley Capital Interna-
   tional Indizes 182
Morningstar Inc. 698, 717
Morningstar Mutual Funds 717
Mortgage-Backed Securities 401
MSCI-Indizes
– Begriff 182 ff.
– Branchen 187
– Emerging Markets 186
– im Handelsblatt 182
– Länder 185
– Märkte insges. 187

– Regionen 185
– Schwellenmärkte 186
*MSCI-Indizes der Welt-Aktien-
   märkte* (HB) 182 ff.
Municipal Bond
– Begriff 400
– Future 529
– Index 529
Mutual Fund
– Ausschüttungen 660
– Begriff 651
– Organisation 642
Mutual Fund Objectives (WSJ)
   680
Mutual Funds Quotations (WSJ)
   722
m.W. („Kurszettel") 64
m.WR. („Kurszettel") 64
m.ZV. („Kurszettel") 387

N

NA („Kurszettel") 59
Nachrangige Anleihe 314
Nachschuß 510
Nackte Optionsscheine 611 ff.
Naked-Call Writing 556
Namensaktien 59
Namenspapier
– Aktie 59
– Anleihe 302
– Investmentzertifikat 637
Namensschuldverschreibung 302
Nasdaq 161
Nasdaq Comp. 172
Nasdaq Composite Index 172
National Association of
   Securities Dealers 161
NAV 648
NCM 482
Nearby-Future 499
Negativklausel 314
Negotiable CDs 232
Nennwert-
– bei Aktien (Inland) **43**, 62
– bei Aktien (USA) 152
– bei Anleihen 301
– herabsetzung 62
– bei Investmentfonds 637, 642
Nennwertlose Aktien 152
Nennwertloses Wertpapier 637
Net Asset Value 648
Netto-
– aufwendungen 469
– inventarwert 645

Neue internationale Anleihen
(HB) 443
Neue Spitzen 174
Neue Tiefs 174
New York Exchange Bonds
(WSJ) 403
New York Stock Exchange 160
New York Stock Exchange Composite Transactions (WSJ) 163
Nicht-Clearing-Mitglied 482
Nichtbanken 8, 26
Nichtveranlagungsbescheinigung
73
Nihon Keizai Shimbun Index 181
Nikkei-225 181
Nikkei-300 181
Nikkei Index 181
No Accrual 403
No-Load Fund 683
Nominalbetrag 301
Non-negotiable CDs 232
Nondealer-CP 232
Nonmember Banks 225
Nordamerika (Aktienindizes)
165
Normale Renditestruktur 360
Notierung
– für Aktienoptionen (DTB) 585
– an ausländischen Börsen 162
– für Devisen 254
– Flat-Notierung 101, 337, 403,
419
– für Futures 501
– Prozent-Notierung **335**, 385
– Stück-Notierung **65**, 388
Notionelle Anleihe → Hypothetische Anleihe
np („Kurszettel") 324
Null-Kupon-Anleihe 302
NV-Bescheinigung 73, 659, 662
NYMEX 478
NYSE 160
NYSE-Index 170
NYSE-Statistik (HB) 173

O

Obligation 302
ODAX 586
o.D.G. („Kurszettel") 66
Odd-lot-trading 163
Öffentliche Anleihen (HB) **398**,
404, 413
Öffentliche Haushalte 8
Öffentliche Plazierung 332
Öko-Fonds 678

Off. Kontr. 502
Offen. Kontr. 580
Offene Immobilienfonds 672
Offene Kontrakte 502, 580
Offene Position 466
Offene Publikumsfonds 651
Offener Zuruf 480
Offenes Interesse 502
Offenmarktausschuß (FOMC)
225
Offenmarktpolitik 32, **211**
Offers 479
Officers 643
O/N 197
o.O.
– bei Anleihen 395
– Begriff 395
– bei Genußscheinen 104
– im Handelsblatt 387, 395
Open-End Funds 651
Open Interest
– Begriff 502
– bei Futures 502
– im Marktbericht (HB) 633
– bei Optionen 580
Open Market Operations 226
Open Outcry
– bei FWB-Optionen 593
– an Terminbörsen 480
Optionen
– American-Style 552
– Amerikanische 552
– Arten 552
– Asiatische 607
– auf Bobl-Future 592
– auf Bund-Future 591
– auf DAX-Future 588
– Ausübung 552
– Begriff 474, **551**ff.
– Black/Scholes-Modell 629
– Börsengehandelte 572, **579**ff.
– Devisenoptionen 595
– an der DTB 581
– Entstehung 571
– Europäische 552
– European-Style 552
– Funktionsweise 553
– Future-Style-Verfahren 589
– Handel 571
– im Handelsblatt 575, 580, 593
– Innerer Wert 556
– im Internet 581
– Kennzahlen 621
– Langfristige 573f.
– Laufzeit 552
– Letztbezahlt 580
– Market Maker 572

– Motive 555
– Optionsfrist 552
– OTC-Handel 571
– Paar (DTB) 582
– Prämie 551, **556**, 562, 565,
585, 587
– Preisobergrenze 559
– Preisuntergrenze 559
– Schreiber 552
– Serie 582
– Stillhalter 552
– an Terminbörsen 581
– Underlyings 552
– Verfalltag 552
– im Wall Street Journal 574,
595
– Wert am Verfalltag 557
– an Wertpapierbörsen 573
– Zeitprämie 556
– Zustände 561
Options – Philadelphia Exchange (WSJ) 595
Optionsanleihe-
– Begriff **316**ff., 573
– cum 396
– ex 396
– fonds 677
– im Handelsblatt 395
– Optionsfrist 318
– Optionsverhältnis 319
Optionsanleihen (HB) 395
Optionsbedingungen 600
Optionsfrist-
– Anleihen 318
– Begriff 552
Optionsgenußschein **104**, 573
Optionsprämie 556
Optionspreis-
– bildung 556
– formel 629
– index 619ff.
Optionsscheine
– auf Aktien 603
– aus Aktie 397
– Amtlich gehandelt 615
– auf Anleihen 603
– Asiatische 607
– Bandbreiten 608
– Begriff 317, 551, 573, **600**ff.
– Börsenhandel 573
– auf Commodities 601
– Cool 606
– auf Derivate 604
– auf Devisen 604
– Einfach strukturiert 605
– Emission 574
– Entstehung 574

- Exotisch 605
- Fonds 674
- Freiverkehr 615
- Gedeckte 614
- aus Genußschein 397
- Geregelter Markt 615
- im Handelsblatt 615 ff.
- auf Indizes 603
- Kennzahlen 621
- Klassifizierung 600 ff.
- Klassische 611
- Korb 602
- Laufzeit 573
- Look-Back 607
- Market Maker 574
- mit Zusatzprämie 606
- Nackte 611
- OTC **573**, 615
- Plain-Vanilla 605
- Prämie 606
- über Reuters 611
- Sammelurkunde 600
- Telefonhandel 615
- Underlyings 601 ff.
- Ungedeckte 614
- auf Währungen 604
- auf Zinssätze 603
Optionsscheine (HB) 615 ff.
Optionsserie 582, 587
Optionsverhältnis 319
Ordentlicher Nettoertrag 656
Order 77
Ordergeschäft 274
Ordinary Income 660
OTC
- Begriff 5
- Optionen 571, 575
- Termingeschäfte 475
OTC-Handel
- Aktien 50
- Anleihen 334
- Devisen 283
- Fondsanteile 654
- Forwards 487, 494
- Geldhandel 194
- Optionen 571
- Treasury Bonds und Notes 363
Out of the Money 561, 566
Out-of-the-Money-Option 561
Outperformance 710
Outright-Quotierung 259
Over-Hedge 547
Over-the-Counter 5
Overnight
- Devisen 283
- Federal Funds 228
- Geldhandel 197

- Order 283
o.W. („Kurszettel") 64
o.WR. („Kurszettel") 64

P

p. a. 194
Par Value 642
Pari 336
Parkett-
- gehandelte Optionen 593
- handel 49, 475
Partizipationsfaktor 105
Partizipationsschein 520
- Index 631 ff.
- Schweizer Aktien 65
PBOT 478, 595
P/D 136
P/E → Price/Earnings Ratio
P/E Ratios & Yields on Indexes
  (WSJ) 135
Pension Fund 232
Pensionsgeschäft
- Devisen 274
- Geldmarkt 211
Pensionssatz 212
PER 133
Perfect Hedge 513
Performance-
- Begriff 22, 703
- Historische 703 ff.
- hitliste 711
- index 112, 444, 621
- maßstab 112
- meßgesellschaft 707
- messung **703** ff., 714
- Zukünftige 689
Performance Yardsticks (WSJ)
  712
PEX 449
PEX-Performance-Index 449
PEXP 449
Pfandbrief-
- Begriff 435
- index 449
Pfund-Staatsanleihe-Future 529
Pfund-Sterling-Future 542
Philadelphia Board of Trade 595
Philadelphia Stock Exchange 595
Pibor
- Begriff 244
- Future 539
Pit 478
Pit-Observer 480
Plain-Vanilla-Scheine **605** f., 615
Platzarbitrage 275

Plazierung 330
Plus/Minus (+/-) 81
Politische Ereignisse 270
Portefeuille → Portfolio
Portfolio-
- Begriff 11
- Diversifikation 643
- risiko 701
- Risk Analysis 701
- struktur 691
- Turnover Rate 696
Positionseröffnung 500
Post-Trading-Phase 484
Postumwandlungsgesetz 406
Power Warrants 605 f.
Prämien
- Caps 578
- Floors 578
- Optionen 551
- Optionsscheine 606
Präsenz-
- börse 478, 481
- handel 49
Pre-Opening-Phase 484
Pre-Trading-Phase 484
Preferred Stock
- Begriff 151
- Fund 676
Preferred Stockholder 151
Preisbildung
- Investmentfonds 645
- Optionen 556
Preise am Bankschalter 287
Preisnotierung 256, 296
Premium 655
Present Value 338
Preußen-Anleihe 416
Price/Dividend Ratio 136
Price/Earnings Ratio 133
- Begriff 133
- im Wall Street Journal 133,
  164
- in der Wirtschaftswoche 133
Primärmarkt 4
Prime 219
Prime Rate 231
Private 8 ff.
Private Plazierung 332
Protected-Bull-Spread-Scheine
  609
Protected-Long-Call-Scheine 609
Prozentnotierung
- Aktien 65
- Anleihen 335, 385
- Zero-Bonds 388
Prozentzeichen (%) („Kurszet-
  tel") 65

PS („Kurszettel") 65
Publicly-Traded Fund 654
Publizitätsvorschriften 637
Put 551
Put-Call-Ratio 633

Q

Quant Fund 677
Quote 481
Quotenaktien 63, **153**
Quotes → Quotierung
Quotierung
– Cap 578
– Devisen 254
– Floor 578
– Geldhandel 194
– Termingeschäfte 481

R

(R) („Kurszettel") 76
R. („Kurszettel") 387
Rahmenvolumen 215
Range 608
Range-Scheine 608
Ranking 711
Rating-
– agentur 378
– von Anleihen 380
– Begriff 378
– von Geldmarktfonds 700
– von Geldmarktpapieren 218
– von Investmentfonds 699
– kurzfristig 221
– langfristig 380
– von Renten 380
– von Rentenfonds 702
– symbole 218, 380, 700, 702
Rationiert 78
Rationierung 83
Real-Time-Index 108
Rechenschaftsbericht 640, 650, **716**
Rechnerischer Kurswert 338
Rechnungsbetrag 520
Record Date 68
Referenzperiode 492
Referenzzinssatz
– Begriff 201
– bei Caps 576
– Fibor 201
– bei Floating Rate Notes 304
– bei Floors 576
– bei FRAs 492

– Libor 241
Refinanzierungspolitik 30
Regional-
– fonds 663
– werte 76
Regionale Umsätze (HB) 129
Regionenfonds **663**, 678
Registered in Street Name 152
Registrierter Auslandsfonds 639
Reihe 387
Reine Währung 253
Rendite-
– 30jährige US-Staatsanleihe 363
– 30jähriger T-Bond 363
– Begriff 11, 352
– brutto 12
– effektive 14
– Faustformel 354
– bei Floatern 356
– historische 13
– Kritik 357
– am kurzen Ende 360
– am langen Ende 360
– nach Steuern 13
– netto 13
– reale 14
– schwankungen 15
– standardabweichung 16
– struktur 360
– strukturkurve 360
– vor Steuern 13
– bei Zero-Bonds 355
– zu erwartende 13
Renten-
– Begriff 302
– fonds 670
– Fonds-Rating 702
– indizes 444 ff.
– laufzeitfonds 681
– spezialitätenfonds 670, 677
– standardfonds 670
Reoffer Preis 442
Repartiert 78
Repartierung 83
Report 259
Research 644
Reserve requirements 227
Restlaufzeit
– bei Anleihen 302
– Gebrochene 354, 488, 495
– Glatte 488, 495
– bei Investmentfonds 699
– bei Optionen 552
Reuters-Seite
– Anleihen 374, 379
– Devisen-Kassakurse 284
– Eurogeldmarktsätze 240

– Fibor 204
– Forward Rates 494
– Geldmarktsätze 192
– Investmentfonds 717
– Optionsscheine 611
– Swap-Sätze 260
– US-Geldmarkt 364
– US-Kapitalmarkt 364
Reverse Floater 307
REX
– Begriff 445
– Berechnung 446
– Gesamtindex 446
– Gewichtung 446
– Kursindex 445
– Performance-Index 447
– Subindex 446
REXP 447
Risiko-
– adjustierung 348, 707
– bei Aktien 131 ff.
– bei Anleihen 366 ff.
– Begriff 15
– Devisenkurs 157, 382, 643
– Fondsauswahl 698
– bei Futures 547 ff.
– historisches 701
– bei Investmentfonds 643
– kennziffern 131 ff., 366 ff., 547 ff., 621 ff.
– maße → Risikokennziffern
– bei Optionen 621 ff.
– bei Optionsscheinen 621 ff.
– Standardabweichung 16
– systematisches 21, **132**
– Totalverlust 549
– unsystematisches 20, **131**, 643
Risiko-Rendite-Relation 707
Risikoadjustierte Performance 707
Risikoadjustierung
– bei Fonds-Performance 707
– bei Zinssätzen 348
Risk Based Margining 483
Roll Over 513, 548
Round-Turn 500
Rückgabesperrfrist 423
Rücknahmeabschlag 648, 694
Rücknahmepreis 646, 664
Rückzahlungs-
– betrag 301
– garantie 682
– kursrisiko 383
– werte 424
Rumpfgeschäftsjahr 76
Runner 478

S

S („Kurszettel") 76
S. („Kurszettel") 387
S & P-100 172
S & P-500
– Begriff 171
– Future 514
– im Wall Street Journal 172
Sachverständigenausschuß 672
Sallie Mae 402
Salomon Brothers World Government Bond Market Performance Indices (HB) 451
Sammelschuldbuchforderung 430
Sammelurkunde
– bei Aktien 60
– bei Anleihen 301
– bei Optionsscheinen 600
– variable 60
Sammelverwahrung 48
SBV-Index 182
Schattenquote 415
Schatzanweisung 412
Schatzwechsel 214
Schein → Optionsschein
Schluß 80
Schlußabrechnungspreis
– beim Bund-Future 520
– beim DAX-Future 509
– beim Fibor-Future 533
Schlußabrechnungstag 508, 518, 532
Schlußkurs
– Aktien 80
– Futures 501
Schreiber 552
Schuldverschreibungen
– Begriff 301
– Gedeckte 435
– Kurzfristige 302
– Langfristige 302
– Mittelfristige 302
– der Öffentlichen Hand 404
– Ungedeckte 436
Schweizer Bankverein Index 182
Schwellen-
– land (Aktien) 186
– land (Begriff) 186
– land (Investmentfonds) 664
– märkte (Begriff) 186
– optionsschein 609
SEC **156**, 638
Second-Rank Währung 289
Sector Fund (Branchenfonds) 676

Securities and Exchange Commission **156**, 638
Sektorindizes
– Merrill Lynch 457
– Salomon Brothers 453
Sekundärmarkt 4
Selbsteintritt 83
Selbstemission 331
Seller's Option 516, 521
Selling Rates 296
Serie
– bei Anleihen 387
– bei Bundesobligationen 410
– bei Optionsscheinen 574
Settlement
– Begriff 465
– bei Futures 501
– bei Optionen 580
– Price **501**, 580
Seven-Day-Yield 714
SFR-Future 542
Share
– Aktien 151
– US-Investmentfonds 642
Shareholder
– Aktien 151
– US-Investmentfonds 642
Short
– Begriff 466
– Call 552
– Hedge 467
– Position 466
– Put 552
Sibor 244
Sicherheitsleistung 483
Sichteinlagen 28
Siemens 653
SIMEX 478
Simple Yield 714
Simplex-Scheine 606
SKAG 653
Skontrobuch 82
SLMA 402
Small-Cap Fund 676
Small-lot trading 402
SMI-Index 182
Soffex 478
Sondervermögen
– des Bundes 404
– Investmentfonds 639
Sonderverwahrung 48
Sonderziehungsrechte (SZR) 253, **294**
Sonderziehungsrechte (HB) 294
Sonstige Verbindlichkeiten 645
Sortenkurs **255**, 286
Spar 64

Sparaktien 64
Spekulation
– Bund-Future 524
– DAX-Future 512
– Devisentermingeschäft 489
– Fibor-Future 534
– FRA 497
– Geldmarkt 199
– Optionen 555
– Termingeschäfte 468
Spendenfonds 678
Spezial-Institute (HB) 436
Spezialfonds
– Begriff 652
– Siemens 653
Spezialitätenfonds 670, **675**
Spitzenbetrag 57
Split-Verhältnis 154
Spot
– Devisen 257
– Market 465
Spread
– Devisen 254
– bei Floating Rate Notes 304
– US-Anleihekurse 399
StA („Kurszettel") 58
Staat 37
Stämme 58
Stammaktie 58
Standard & Poor's 378, 699
Standardabweichung 16
Standardfonds 675
Standardisierung 476, 547
Standardized DM Option Contract 596
Star-Rating 718
Stellen 578
Step-Down-Anleihe 309
Step-Up-Anleihe 309
Steueroptimierende Fonds 678
Steuersparfonds 678
Stillhalter 552, 571
Stimmrecht
– Auslandsaktien 69
– US-Fondsanteile 642
– Vollmacht 44
Stimmrechtlose Aktien 59
Stock
– Begriff 151
– Certificate 152
– holder 151
– holders' ledger 151
– Option Warrants 601, 612
– Split **154**, 164, 167
Straits Time Industrials 180
Streifbandverwahrung 48
Strike 551

Strike Price
- Begriff 551
- bei Caps 576
- bei Floors 576
- bei Optionen 551
Stripped Bond 324
Stripping 324
Strips 324
Student Loan Marketing Association 402
Stückelung 301
Stücknotierung
- bei Aktien 65
- bei Zero-Bonds 388
Stücknotiz → Stücknotierung
Stückzinsen **336**, 403
Sub-Fonds 684
Swap-
- Geschäft 274
- Quotierung 259
- Satz (Devisen) 259
- Satz-Schein 604
- Vertrag 248
- Währungs-Swap 246
- Zins-Swap 246
Swiss Market Index 182
Switchgebühr 684
Synthetic Strip 324
Systematische Faktoren 132
Systematisches Risiko 132
SZR 253, **294**

T

T (mit Jahreszahl) 81
Tafelgeschäft 722, **726**
Tagesgeld-
- Begriff 197
- am Euromarkt 239
- satz (USA) 228
- terminiertes 198
- am US-Geldmarkt 228
Tagesrendite 141
Tagesstatistik Frankfurt und Rentenindizes (HB) 125, **362**, 448
Talon
- bei Aktien 68
- bei Investmentfonds 637
Tauschgebühren 684
Taxe 56
T-Bill
- Begriff 234
- Future 539
- im Wall Street Journal 235
T-Bond

- Begriff 362 ff.
- Future 528
- Stripping 324 f.
- im Wall Street Journal 399 f.
Technische Analyse 115, 277
Teil. („Kurszettel") 418
Teil-
- einzahlung 61
- gutschrift 416
- schuldverschreibung 301
Telefon-
- handel 55
- papiere 55
- werte 55
Telefonhandel (HB) 86
Telerate-Seite
- Fibor 202
- Libor 242
Tender-
- papiere 409
- verfahren 409
Term Federal Funds 228
Termin-
- einlagen 28
- geld (Euromarkt) 239
- geld (Inland) 197
- geld (verbrieft) 221
- kurs 257, 487
- objekt 465
- preis 465
Terminbörsen-
- Begriff 475
- fonds 673 f.
- Marktbericht (HB) 633
- optionen 572, 581
- Weltweit 478
Termingeschäfte
- Bedingte 474
- Begriff 465 ff.
- an Börsen 475
- Handel 475
- Klassifizierung 472
- Motive 467
- OTC 475
- Unbedingte 474
- Underlyings 473
Terminhandel
- Begriff 465
- an Computerbörsen 481
- an Präsenzbörsen 478
Terminiertes Tagesgeld 198
Terminmarkt-
- Begriff 465
- für Devisen 272
- Marktbericht (HB) 633
- teilnehmer 472

The Bond Buyer Municipal Bond Index 529
Thesaurierende Investmentfonds 661
Thesaurierungsfonds 661
Tick-Size
- bei Futures 501
- bei Optionen 580
Ticker
- Geldhandel 204
- Terminbörse 481
TIFFE 478
TIGRs 324
Tilgung 309
Tilgungswahlrecht 387, **392**
Timing 22
Titel des Bundes (HB) 427
T/N 197
T-Note
- Begriff 362 ff.
- Future 528
- Stripping 324 f.
- im Wall Street Journal 399 f.
Tobls 405
Tokio Stock Price Index 181
Tom/Next 197, 239
TOPIX 181
Toronto Industrie Index 172
Total Return 360, 369
Total-Return-Index 112
Totalverlust 549
Trader 478
Trading-
- card 480
- floor 478
- fonds 683
- phasen 484
- pit 478
Tranchen 215
Transaktionskosten 696
Treasury 27
Treasury Bills
- Begriff 234
- im Wall Street Journal 235
Treasury Bonds
- Begriff 362 ff.
- Stripping 324 f.
- im Wall Street Journal 399
Treasury Bonds, Notes & Bills (WSJ) 399
Treasury Notes
- Begriff 362 ff.
- Stripping 324 f.
- im Wall Street Journal 400
Treasury Strips
- Begriff 324 f.
- im Wall Street Journal 400

Treuhandanstalt
– Anleihen 405
– Begriff 405
– Obligationen 405
Trinkaus & Burkhardt Options-
  schein Index 619
Triple A 380
Triple B 380
Triple-A-Fonds 677
Trustees 642
TSE 300 172
TUBOS 619 ff.
Turbo-Warrant 607
Turboscheine 607

U

U-Schätze 214
Über-Pari-Notierung 336
Umbrellafonds 684
Umlaufrendite
– Begriff 356
– Durchschnittliche 362
– im Handelsblatt 362
Umsatz
– bei Aktien 128
– bei Anleihen 128
– bei Futures 502
– index (CDax) 126
– im Marktbericht (HB) 633
– bei Optionen 580
– rate 696
– spitzenreiter 174
Umsatz-Statistik (HB) 130
Umschlagshäufikeit 696
Umtauschangebot 692
Unbedingtes Termingeschäft 474,
  485, 551
Under-Hedge 547
Underlying
– Begriff 6, 465
– Fiktives 473
– Konkretes 473
– für Optionen 552
– für Optionsscheine 601 ff.
– Synthetisches 473
– für Termingeschäfte 473
– für unbedingte Terminge-
  schäfte 486
Ungedeckte
– Optionsscheine 614
– Schuldverschreibungen 436
Unlimitierte Order 77
Unsichtbare Kosten 693, 696
Unsystematische Faktoren 131
Unsystematisches Risiko 131

Unter-Pari
– Emission 61
– Notierung 336
Unternehmen 8
Unverzinsliche Schatzanweisun-
  gen 214
Upgrading Risk 382
US-Dollar-Index 543
US-Geldmarkt 224
US-Geldmarktfonds
– Begriff 668
– Ratings 700
– im Wall Street Journal 669
US-Investmentfonds
– Ausschüttungen 660
– Begriff 642
US-Kommunalanleihe 400
US-Money Market Funds 668
US Treasury Issues 235
US-Zinssätze
– Anleihen 362
– Geldmarkt 227
– im Handelsblatt 227, 362
– im Wall Street Journal 229
US-Zinssätze (HB) 227, 362
USDX 543

V

V. (Kurszusätze) 615
VA (Kurszusätze) 58
Vademecum der Investmentfonds
  719
Variable Globalurkunde 60
Variabler Handel 56
Variation Margin 510
VDAX 628 ff.
Vehikelwährung 284
Verankerungsprinzip 392
Verfallmonat
– bei Aktienoptionen (DTB) 585
– Begriff 582
– bei Devisenoptionen (PBOT)
  597
– bei Futures → Liefermonat
Verfalltag 552
Verkauf auf Termin 465
Verkaufsoption 551
Verkaufsprospekt
– für Anleihen 326, 390
– für Investmentfonds 640, 650,
  716
– für Optionsscheine 600
Verkettungsfaktor 113
Verlauf 80
Verlustgrenze 609

Vermögensstruktur 666, 674
Verschmelzung 64
Versicherung 553
Vertragsbedingungen 716
Verwaltungs-
– gebühren 641
– kosten 693 f.
Vink. NA (Kurszusätze) 59
Vinkulierte Namensaktie 59
Virtual Currency Options 598
Vobax 121
Volatilität
– 30-Tage 139
– 250-Tage 139
– des Anteilswerts 698
– Begriff 139
– Einfluß auf Optionsprämie 564
– historische 564
– implizite 565
– eines Indexes 628
Volatilitäts-DAX 628
Volleinzahlung 61
Vorlaufzeit 492
Vorstand 44
Vorzeitig kündbare Anleihen
– Begriff 312
– im Handelsblatt 386
Vorzeitige
– Ausübung 568
– Kündigung 312
Vorzüge 58
Vorzugsaktie 58

W

Wachstum 679
Wachstumskonto 726
Währung
– Anleihe 315, 397
– bei Investmentfonds 664
– Korbwährung 543
– Kunstwährung 253
– Kurssysteme 33
– Reine 253
– Optionsschein **604**, 618
– Swap 246
Währungsanleihen (HB) 397
Wall Street-
– Aktienkurse 163
– Anleihekurse 399
– Begriff 160
Wall Street Journal
– CAC-40 180
– Closed-End Funds 654
– Currency Trading 296
– Devisenkurse 296

- Dividends Reported 68
- Government Agency & Similar Issues 402
- Key Currency Cross Rates 297
- LEAPS-Long Term Options 574
- Mibtel 179
- Money Market Fund Yield 716
- Money Market Mutual Funds 669
- Money Rates 229
- Mutual Fund Objectives 680
- Mutual Funds Quotations 722
- New York Exchange Bonds 403
- New York Stock Exchange Composite Transactions 164
- Options - Philadelphia Exchange 595
- P/E Ratios & Yields on Indexes 135
- Performance Yardsticks 712
- S & P-500 172
- Treasury Bonds, Notes & Bills 399
- US Treasury Issues 235
- Weekly Tax Exempts 401
- World Value of the Dollar 297

Wandelanleihe-
- Begriff 316 ff.
- fonds 677
- im Handelsblatt 395

Wandelanleihen (HB) 395
Wandelanleihen, Optionsanleihen, Optionsscheine (HB) 395

Wandlungs-
- aufwand 322
- frist (Anleihen) 318
- preis 319
- recht (Aktien) 64
- verhältnis 319

Warrant
- Begriff 317, 600
- DAX-Capped-Call 610
- DAX-Capped-Put 610
- Market-Timing 607

Wechsel 207
Wechselkurs 256

Weekly Tax Exempts (WSJ) 401
Weltindex 185
Wertp. Fonds 671
Wertpapier-
- fonds 668 ff.
- handelsformen 48
- leihe 550
- pensionsgeschäfte 211
- sammelbank 48

Wertpapier-Kenn-Nummer 63
Wertpapierbörse 45
Wertpapiere des Bundes und seiner Sondervermögen 404
Wertrechte 430
Wertrechtsemission 430
WestLB-Aktienindex 123
WestLB-Aktienindex (HB) 123
WGBI 451 ff.
Wiederanlage 661
Wiederanlagerisiko 368
Wiederanlegende Investmentfonds 661
Wiesenberger Investment Companies Service 717
WKN 63
World Government Bond Index 451 ff.
World Value of the Dollar (WSJ) 297
Worst Case 510
WSJ → Wall Street Journal

Y

Yield 364
Young-Anleihe 415

Z

Zahlungs-
- reihe 338
- strom 338
Zeichnungsfrist
- bei Anleihen 332
- bei Investmentfonds 650

Zeit-
- arbitrage 275
- prämie 560
- wert 560
- wertverfall 567, 627
Zentralbank-
- Begriff 8
- geldmenge 28
- interventionen 270
- rat 205
Zero-Bonds
- Begriff 302
- Echte 302
- im Handelsblatt 387
- Rendite 355
Zero-Bonds (HB) 387
Zins-
- begrenzungsverträge 576 ff.
- Begriff 194
- bogen 387
- cap (Anleihen) 306
- elastitzität 372
- floor (Anleihen) 306
- formel 303
- futures 514
- kupon 301
- niveau 269
- optionen (DTB) 591 f.
- optionen (Liffe) 594
- phasenanleihe 308
- politik 30
- satz (risikoadjustiert) 348
- satz-Calls 602
- satzschein 603
- schein 602 f., 618
- struktur 360
- strukturkurve 360
- swaps 246
- termin 301, 303
Zinsen (HB) 394
Zone des verminderten Verlusts 554
Zsbg. (Kurszusätze) 387
Zugangsbeschränkungen 650
Zulassungsantrag 50
Zusammengesetzte Indizes 121
Zusatzrechte 315
Zuwachskonto 726